U1000505

南京大學域外漢籍研究所專刊

朝鮮時代文獻所見筆談資料彙編

◆ 中 ◆

張伯偉 徐毅 陳俐 編校

鳳凰出版社

五二、盧以漸《隨槎録》

【解題】

《隨槎録》不分卷，盧以漸撰。

盧以漸(1720—1788)，字士鴻，號楸山，朝鮮萬頃人。乾隆四十五年庚子(朝鮮正祖四年，1780)五月，以隨從的身份，隨朝鮮進賀兼謝恩使團出使中國。使行於五月二十五日從漢城出發，六月二十四日渡鴨緑江，八月初一日到達北京，八月初五日離開北京向熱河進發，八月初九日到達熱河。八月十五日，離開熱河向北京進發，八月二十日回到北京。九月十七日離開北京，十月二十七日回到漢城。庚子八月初十日，在北京衙門外閭舍兩次與兵部員外郎博明筆談。

《燕行録全集》收録，兹據以輯録資料。

(庚子八月)初十日朝，雨灑即止。朝後出，衙門外閭舍，與兵部員外即博明酬以筆談。余曾見俞判書彦述爲書狀時《日記》，則盛稱博明學術文章，心甚嘉之。來此後，欲爲邂逅，而其道末由矣。余訪此處文學之士於首譯及趙主簿明會。明會爲人桀驁，素爲此中人所稱，而與博明善。博明方搜集我東詩文，而亦訪之於明，謂趙以余對之今日。明早來要見，余出而見之，明下堂而揖，余答揖，遂分榻而坐，要與酬酢。余先書於明之紙曰："夙慕聲望，而生在偏邦，尚悒承候，今奉謦咳，曷勝感幸，而不通華音，無异聾瞽，殊庸鬱沓。"明書於紙面第二行曰："衰朽學人，所植荒陋，今承惠顧(惠顧書於上行)，不勝欣慰。"余又書曰："曾聞大人有歐、蘇之文章，得程、朱之餘緒，此平生所欲承誨者也。"明又書於他行曰："程、朱、歐、蘇，夫何敢言?

少時蜚有虛聲耳。"余又書曰:"曾聞大人居内翰,今居何官耶?"明書曰:"兵部員外郎。"余書曰:"員外郎唐時稱臺閣,今則何如耶?"明書曰:"所謂武庫郎官也。"余書曰:"海外謏學欲聞大道,末由逢大方家,願大人幸教之。"明書曰:"本無淹貫,倘有所叩,無不答也。"余曰:"曾聞中國道學分而爲二,朱陸并行,今則折成歸一耶?"明曰:"道學至北宋而大明,朱子承周、程、張四子之後,集其大成,自爲嫡派。同時象山翁崛起於江右,其學以尊德行爲主,遂與朱子异,然所异無甚大也。明陽明王氏一以陸爲法,主'致良知'。'致良知'本出《孟子》,非异説也,但其冥心求道,不覺流入祥家矣。其初顯與朱异,後復爲晚年定論之學,將欲援朱而入陸,則不可也。陽明其忠孝大節,文學武功震於一時,學人爲其所讋,遂入王矣,然道學究以程、朱爲正。"余曰:"朱陸之學所异者,具在於'尊德性''道問學'之間,而朱子云子静好處難掩,而終有葱嶺常來氣味。至陽明翁則扶抑懸殊,考其文可知也。當今之學者以陸、王爲正耶,以程、朱爲正耶?"明加圈於"程、朱爲正"之傍矣。余書曰:"教承誨音,如披雲霧,何感如之!今之學者有能得程、朱之嫡傳者耶?"明曰:"天下大矣,岩穴自修之士何患無人?"余曰:"文章之士,則唐之韓、柳,宋之歐、蘇、王、曾,明之方、王、李、汪,俱爲大家,今則推誰爲大家耶?"曰:"文章自漢人以後,昌黎韓氏直接古人,七家續興,此真大家也。元明以來及本朝,以文章著者多矣。若以之配八家,則不能。非人不能,文運不能也,亦如唐人之不可爲漢人耳。"又曰:"本朝之侯朝①宗、韓菼、汪琬、朱彝尊、查慎行、方苞皆古文名家,各有全集,觀之可見。"余曰:"方今科舉文字用何體耶?聞有八股體,其體何如?"曰:"經義也。"余曰:"全尚經義而更無他文耶?詩賦儷策等文不用於時耶?"明曰:"初場:經藝三,性理論一,遵程書之學也;二場:經藝二,詩一首;三場:策問五。"余曰:"詩用古體耶,用排律耶?"明曰:"五言八韻

① 朝,原文誤作"歌",徑改。

排律，唐制也。”余曰：“三代所尚各有損益，天朝所尚三教之中誰爲最崇耶？”明曰：“無三教之名，儒之外有二氏也。”余曰：“崇儒之教，欽仰，欽仰。”明曰：“儒，人理也。二氏自爲异説以行其志，今二氏之後衰矣，不過借其教以養生，古之所謂大養濟院，誠是也。”自注曰：“養濟院，養資民之所。韓子闢佛同時，僧人皆大學問，而行足以與儒敵。韓子若生於今日，見無賴僧人，心不闢佛。”余曰：“大學即首善之地，賢士之所關也。當今培養之規果何如耶？”明曰：“天下之讀書人何啻億兆，各有學官。京師則有大學及各官學不下數十處，皆餼廪。”余曰：“《戴記》自進士通仕籍，當今之制亦然否？”明曰：“同明制。”余曰：“當今天下州縣，毋論大小，皆有學校耶？”明曰：“府州縣皆有學。”余曰：“程、朱之孫有聞顯人耶？”明曰：“近日薨之太學士程諱景伊者，程子之後也。”余曰：“本朝從享，朱子子孫襲封爲侯，果然耶，是或齊東之言耶？”明曰：“襲《五經》博士矣。朱侯者，明朝之後人也，三恪之義。”明曰：“尊經何官而年幾何？”余曰：“鄙人年六十一，三十七忝升國庠，後以蔭補西部奉事，即古所謂洛陽令也。外邦之人一欲觀風於上國，而其道末由，今兹跟大行人以記室名入來，故例着戎服，而非業武矣。”明問：“進士初試題。”答曰：“夢至京師見城闕遣使朝宋。”明問：“是何人之夢耶？”曰：“高麗明宗事。”曰：“此事見《三國史》，抑係高麗事。”明又曰：“詩題否？”曰：“然矣。”明曰：“幾韻耶？”曰：“七言古詩十八韻。”明又問：“覆試題。”答曰：“上書訟灌仲孺罵生事。”余又問曰：“燕昭王黄金臺遺址在何處耶？”明曰：“戰國至今年久遠，今有朝陽門外一土埠，相傳謂黄金臺，想非真也。”余曰：“《禹貢》曰：‘太行恒山，至於碣石。’皇都後龍似是太行，而碣石在何處耶？”明曰：“在東海中。”余曰：“樂毅封昌國者是何縣耶？”明曰：“昌國，今昌平州，在京師北八十里。”余曰：“或云撫寧縣乃昌黎韓子所生之地，然否？韓子本河陽人，恐傳之者誤矣。”明曰：“韓子生於孟縣，昌黎乃韓氏之望郡也。若以爲韓子生於京東，其時京東非唐地，韓子何由生耶？今昌黎地乃唐盧龍地之北，與契丹接壤處。”余曰:“京師,戰國時與趙接界,距邯鄲幾里耶?”書此段,未及問而因擾甚,明已起去矣。同時我人之來見者甚多,而與卞季涵亦有醫經問答,云:“《内經》是秦人醫和輩所擬作,而《七略》不及之,可怪也。”又曰:“秦人皆無筆札,以口相授,季漢人如筆而成書,然文不類先秦,其文似非季漢文矣。《内經》爲醫方之祖,第其文義甚古,且多錯簡,其中復有漢人附會之論,爲難讀耳。”仍曰:“《中庸》亦漢人所述,觀其載‘華嶽而不重’,可見孔子未入秦,所言者衹泰山。至西漢人建都長安,無人不識長安矣。”又曰:“秦焚書,一二經師皆以口授受,其大義,若文章則不妨略爲損益,故曰‘述’。”余嘗疑此章之言近於漢儒之辭。博言如此,异哉!

(八月)二十二日,晴。博員外又來訪,余即出見,燕岩次至。博曰:“愧荷佳咏,氣格蒼老,韻調流麗,足徵素養,但承過譽,實愧於中,願步佳韻,另日上瀆。”余書曰:“向日之仰塵者,衹出於仰慕之心,而荷此過奬,不勝歉嘆。”仍曰:“平生粗讀聖賢書,而疑礙者多,今奉邃學,仰質如何?”博曰:“謹當如戒。”余曰:“《大學》首章‘明德’,指性而言耶,指心而言耶?”博曰:“宋儒所説性,即理也。蓋性善之性,非知覺運動之性。若離理言性,則是佛書之明心見性,道書之性命雙修,而非吾儒之性也。心之當然,即理之本然。”余曰:“謂之性,則衹言理,謂之心,則無理氣而言耶?”博曰:“有覺,謂之心;心之本,曰性;性之本,則理。”余曰:“格物之‘格’字,象山翁謂之‘捍’也,未知何如耶?”博曰:“以朱注爲正。”余曰:“《中庸》即載道之書也。首章天命之性,朱子釋之以各正性命。人物之性各自不同,然雖有偏全之殊,而一原則同,禽獸草木皆有仁義禮智之性耶?”博曰:“《中庸》之書,闢异端之書也(此謂未稱古人言迹)。蓋子思子之時,正异端大行之時,子思作《中庸》以明道,故謂各正者,人之皆正也。至能盡物之性,則兼物而言。蓋人具五性之全,禽獸則間有具一二性者。草木之性,則順天地以爲性,而不可與人比也。”余曰:“《論語》云‘性相近也’,性豈有相近耶?”博曰:“性有剛柔、健順之不同,大段不同，然其爲善之理則一，如柔者，吝於改過而仁慈，則爲善；剛者逞，憎暴而敏於改過，則善，揆其本原，則不相遠，故曰近。入習氣，則南轅北轍矣。”余曰：“愚之所問者，以爲天賦之性，則舜、跖無异，而孔子謂相近，故疑之也，指氣質之性而言之耶？”博曰：“相近二字極爲員融，聖人之言也，孟子斷爲善即相近處而言耳。若舜、跖，則下文之上智下愚耳。”余曰：“孟子之書多言‘仁義’二字，且言‘氣’字，孔子所不曾兼言者也。聖賢之言，有偏言仁者，有兼言仁義與氣者，何也？”博曰：“孟子之言仁義，孟子之正也。老氏言道德而不言仁義，讀《原道》篇，可見‘氣’字，性之大用也。”余曰：“《書經》道政事者多也，而大道之首載者即‘欽’之一字，爲萬世心學之本也。其文灝噩，而《盤》《誥》不類於前，不類於後，抑或後人之所述耶？何其佶屈聱牙之甚也？”博曰：“‘欽’字爲千古主敬之本。佶屈聱牙，當時訓誥之體，如今之俗語耳。”余曰：“《詩經》之義奥而難知，朱注與程注大异，中華則尚何注耶？”博曰：“詩義數百種皆有所發明，《通志堂》所録皆注疏程、朱之外者也。”余曰：“《春秋》，夫子爲治之書也，傳之者有四家，未知何説最長耶？”博曰：“《春秋》四傳皆不能得聖人之義，自宋人已有去傳言經之學，今有《御製春秋直解》一書，盍求觀之？”余曰：“《禮記》經秦火後，多漢儒所傅會，其真本無由觀矣。既是漢儒傅會，則不可謂之經耶？”博曰：“《禮記》之中醇者無多，亦皆《儀禮》之義疏，餘皆醇疵相半，豈得謂經耶？”余曰：“先儒謂异端之中，佛氏彌近理而大亂真，佛氏之治心，雖與吾儒略有相似，而遺棄五倫，頭腦誤矣。賢者初頭無不中毒，何也？”博曰：“佛氏治心全不與吾儒同，其教亦自廣大精激，吾輩不學耳。”余曰：“濂溪《太極圖説》爲後學之指南，‘太極’二字雖見於《易》繫，而可謂發前聖之所未發，象山以‘無極’二字謂近於莊説，未知如何？”博曰：“濂溪，宋儒之首出者也。其大處、密處全在《通書》《太極圖》，陳圖南之學近，且‘無極之真’之‘真’字、‘二五之精’之‘精’字皆出道書，六經無真字。”余曰：“兩程夫子得濂溪之道而大之，《定性》之書‘性即理也’之説'敬爲主宰'等説,可謂發前聖之所未發,而朱夫子又集其大成矣。似聞以朱子嘉惠後學最多,於前儒聖廟從享,位次列於十哲,果然耶,其或傳者之誤耶?"博曰:"康熙年間,隮考亭於十哲,所以尊朱注也。"余曰:"張子之學一變至道,其言氣質之性,即先儒所未説得者也,子孫有聞人耶?"博曰:"横渠崛起關中,初學二氏,遊而歸道,造賢域,其言氣質者極明,今後人二,有傳士。"余曰:"邵子之學雖出於希夷,而其人温温君子也,程子居鄰數十年,雖不言一數字,而豈可以此而少之耶? 其子孫有聞人耶?"博曰:"邵子見道處甚多,獨其《皇極經世》將萬物俱分作四段,不能解也。亦有博士,觀《縉紳全書》,俱載之。聖門之有後嗣皆有。東野,周公後人;顔曾孟,顓孫;端木、諸冉氏皆然。"余曰:"聖賢之後雖未博通五經,皆例襲博士耶?"博曰:"廕生。"余曰:"真西山亦大儒也,雖以濟王事有所雌黄,而不可易得之人也。《心經》之要切無异於《近思録》,有功於後學多矣。子孫有聞人耶?"博曰:"真氏子孫亦多讀書人,今在福建。"余曰:"許魯齋仕於元朝,有事業耶? 其子孫有聞人耶?"博曰:"許亦大族,子孫甚多。"余曰:"明時學者推何人耶? 薛文清正而未高,王陽明高而未正,此外更有真正嫡派耶?"博曰:"明理學薛文清、蔡虚齋諸君子外,則皆陽明學者也,理學至明替矣。"余曰:"天朝理學,則誰爲大儒而得程朱之嫡傳耶? 當今之事,漠然不知,諺所謂'燈下不明者'也,願歷言之。"博曰:"本朝學者甚多,當覓觀其集,此不可臧否者也。"余曰:"近蕘程太學士明道之孫耶,伊川之孫耶?"博加圈於"伊川之孫",又曰:"明道後人甚少。"余曰:"闕里去京城幾許里,而尚有弦誦之風耶?"博曰:"去京師千餘里,城中皆孔、顔二氏子孫,無别姓,亦多二氏之廟祠。"余曰:"鄒去京城幾許里,而多孟子之子孫耶?"博曰:"一千七百里,而皆孟氏子孫。"博使其隸人備茶、酒、梨子、蒲萄等物進之。余謝曰:"平生不能飲,未副勤意,感愧交并。曾讀諸家文,而未得其糟粕,今逢大方家,烏得無一言之評留乎? 幸乞毋惜齒牙間餘論,開發蒙蔀,如何?"博曰:"請問之。"又進酒而勸之,余又辭謝曰："盛眷難孤，而初無東坡五合之量，奈何，奈何，慚愧，慚愧。"更以好茶進之，余受而飲之，又曰："秦漢之文尚矣，無容更評。此則置之於馬肝辭，而韓子之文可謂起八代之衰矣。愚嘗以爲《原道》一篇，即《孟子》後始有文字也。第論治平而闕部格致一段工夫，朱子之斥以無頭，宜矣。未知爲何如耶？"博曰："唐時儒學不能如宋時之明，朱子之論昌黎，亦責備賢者之意。"余曰："愚則以爲昌黎非不知格致工夫，而《原道》之書爲闢异端而作，故就釋教之有體無用而言之，不可論於治國，故單提治國而不及格致，未知如何耶？"博曰："此唐人未入賢域之説也。"余曰："河東之文簡而精，博而雅，其渾然天成，雖遜於昌黎，而人巧極處可奪天工，可以并稱，而第《晉問》之奇，韓文亦未見《封建論》，亦天地間不可無之文字，未知何如耶？"博曰："河東遠不逮韓子，《永州》以後，文始佳耳。"余曰："歐陽之文似韓子而又有風神，第其骨格遜於昌黎。茅鹿門論文章，以子長之文比秦中，昌黎之文比劍閣，歐陽子之文比金陵，可謂格論，未知如何？"博曰："歐陽之文學《史記》傳、贊者也。抑揚唱嘆，低回不盡，其骨力遜昌黎。昌黎，古文也；廬陵，宋之時文也。鹿門之論，秦中大國也，百二山河爲天下之險。昌黎比劍閣'翠屏千仞合，丹嶂五丁開'城之險，昌黎之險以之。歐陽'南遠山色似金陵'亦甚(以下字未詳)。"余曰："三蘇之文同入於大家，而以愚見之，子由雄渾不如其爺，俊奕不如子瞻，而有委卑小骨之意，何爲以同入於大家耶？"博曰："文定遜於父兄，古人評之久矣。"時博之妻侄黄姓者入而與余相揖，坐於椅子。博以吾輩事多與黄稱道，而未曉華音，未知其何語也。博書示於黄："朴以高明，盧君沉潛，春華秋實，二君以之。"余曰："南豐之文尚《詩經》博而且雅，《學舍記》之見識非歐、蘇所可及，而其他諸篇風采似遜於二家，未知如何？"博曰："南豐學劉子政者，紆餘爲妍，其氣格優近漢，特雜學耳。八家之文首闢者爲韓子，才大者大蘇，南豐則法漢人峭刻剛爲，半山□以法論，則昌黎與半山爲最。"余曰："半山之文雖精覈，而風神似遜於歐、蘇，未知如何？"博曰:"文人薄行,自相如也,然矣。"余曰:"元時文章有能繼歐、蘇者耶?"博曰:"古文至元衰矣,如宋人之不能爲唐詩,宋詩雖佳,終遜三唐。"余曰:"明時之文,如方遜志、王若明似無愧於歐、蘇矣。其餘荆川、崆峒、晉江、鳳洲諸人,雖體格各异,而不害爲一家言也,當以何家爲最耶?愚意則無劣於遜志,未知如何?"博曰:"相傳明文三變,而入明初,務爲臺閣,王、李不爲漢以下言,贋矣,所謂優孟衣冠也。震川學歐者也,艾千子以八家之文興於西江,川子以東漢之文鳴於松江,若以八家之真比之,亦未必非贋者也。"余曰:"大朝之文當推誰人爲大家耶?"博曰:"不昌題,本朝有《望溪集》甚妙,當覓讀之。"余曰:"詩之亡久矣。蘇、李始爲五言,而《古詩十九首》甚高,無名氏,未知何人所作耶?"博曰:"漢之碑銘、詩章多無名,古人之雅也,大約東京人。"余曰:"後之言詩者必以老杜爲最,其詩律果無敵於今古耶?"博曰:"古今詩人,老杜衰時,自覺千古□。"余曰:"宋詩多尚古實,誠如明人之論,而明人之詩專尚虚聲,亦非唐人之渾然也。風氣升降,惡得不然?當今之詩,未知何如耶?"博曰:"本朝詩人甚多,然遜於明。"博書卓子上曰:"字某耶?"余答之,復問:"號某耶?"又答之,時日已暮矣,將罷歸。余曰:"終日承誨,益聞所不聞,感幸多矣。而繼此奉候,實無其期,不覺悵黯。"博曰:"必圖後晤。"余曰:"伏承更誨之教,感幸萬萬。日已晚矣,恐致尊體勞倦,敢以辭退矣。"臨門,博遂下堂,握手有悵惘之意,時燕岩歸已久矣。博之於經義實不精詳,且其爲人多才,每見問處,衹見初頭數字而輒對之。燕岩亦多有問者,左右酬應之際,誤對者多矣。然其博識,實非俗儒之所可及矣。余欲問山川、道里、風謡、物態、凡節,而以日暮罷歸,殊庸悵嘆。

五三、朴趾源《熱河日記》

【解題】

《熱河日記》五卷，朴趾源撰。

朴趾源(1737—1805)，是十八世紀朝鮮著名實學家、思想家和文學家，“北學派”代表人物之一。字美仲，號燕岩，又號烟湘、洌上外史，潘南人。漢城世族名門出身，知事弼均孫，錦陽尉彌五世孫。歷任義禁府都事、司憲府監察等職。有《燕岩集》傳世。乾隆四十五年庚子(朝鮮正祖四年，1780)五月，以軍官子弟的身份隨朝鮮進賀兼謝恩使團出使到北京和熱河。使行於五月二十五日從漢城出發，六月二十四日渡鴨緑江，八月初一日到達北京，八月初五日離開北京向熱河進發，八月初九日到達熱河。八月十五日，離開熱河向北京進發，八月二十日回到北京。九月十七日離開北京，十月二十七日回到漢城。庚子年七月十日、七月十一，在瀋陽藝粟齋、歌商樓與田仕可、李龜蒙、吴復、費稚、裴寬、穆春、温伯高筆談；同年，在熱河與博明筆談；八月初十日，在熱河太學與王民皞、郝成筆談；同年，在熱河修業齋與尹嘉銓、王民皞筆談；同年，在熱河太學、熱河太學郝成寓所與郝成筆談；同年，在熱河太學王民皞寓所與王民皞、郝成筆談；八月初九日及某二日，在熱河太學三次與尹嘉銓筆談；同年，在熱河與尹嘉銓、奇豐額筆談；同年，在熱河與敬旬彌筆談；同年，在熱河太學與鄒舍是筆談；八月十三日及某日，在熱河太學兩次與奇豐額筆談；同年，在熱河太學與汪新筆談；八月十四日，在熱河太學與屢一旺筆談；同年，在熱河某樓與破老回回圖筆談；同年，在熱河街上與趙光連筆談；同年，在北京琉璃廠六一齋、北京某地兩次與俞世琦筆談。

此書版本較多,本書以上海書店1997年版朱瑞平校點本爲據輯録資料。

粟齋筆談

(七月十日)。

田仕可,字代耕,一字輔廷,號抱關,無終人也。自言田疇之後,家住山海關,與太原人楊登開鋪於此。年二十九,身長七尺,額闊鼻長,豐彩煒然。多識古器來歷,與人款洽。

李龜蒙,字東野,號麟齋,蜀綿竹人也。年三十九,身長七尺,方口闊頤,面似傅粉,朗然讀書,聲出金石。

穆春,字綉寰,號韶亭,蜀人也。年二十四,眉眼如畫,但目不知書。

温伯高,字軒,蜀成都人也。年三十一,目不知書。

吴復,字天根,杭州人,號一齋。年四十。頗短於文墨,而爲人温重。

費稚,字下榻,號抱月樓,又號芝洲,又號稼齋,大梁人也。年三十五,有八子。工書畫,善雕刻,亦能談説經義,而家貧好濟人,爲其多子養福也。爲穆綉寰、温軒夥計,朝日纔自蜀歸。

裴寛,字褐夫,盧龍縣人也。年四十七,身長七尺餘。美鬚髯,善飲酒,筆翰如飛,休休然有長者風。自刻其《薖亭集》二卷,又有《青梅詩話》二卷。妻杜氏,十九卒,有《臨湘軒集》一卷,屬余爲序。余數人皆碌碌不足録,且無穆、温之風骨,真裨販之徒,故兩夜周旋而失其名。

余問:"穆韶亭眉眼如畫,少年離鄉若是之遠,何也?與麟齋、温公俱是蜀人,未知俱係親戚否?"麟齋曰:"不須問他。他雖美如冠玉,其中未必有也。"余曰:"殿最太嚴。"麟齋曰:"温兄與綉寰爲從母兄弟，與僕不相干。吾三人舟載蜀錦，丙申春仲離蜀，舟下三峽，轉販吴中，逐利口外，開鋪此中亦已三年。”余甚愛穆春，欲與筆談，李生摇手曰：“温、穆兩公口能咏鳳，目不辨豕。”余曰：“豈有是理？”裴寬曰：“非爲謊話。耳藏二酉，眼無一丁。天上無不識字神仙，世間還有能言之鸚䳇。”余曰：“若果如是，雖使陳琳作檄，未可頭痛便瘳。”裴寬曰：“滔滔皆是。聽漢立六國後，便驚此法當失，是所謂口耳之學。現今黌塾之間慣是念書，不曾講義，故耳聞了了，目視茫茫，口宣則百家洋洋，手寫則一字戛戛。”李生曰：“貴國如何？”余曰：“臨文訓讀，音義兼講。”裴生打圈曰：“此法盡是。”余曰：“費公幾時離蜀？”費生曰：“春初。”余曰：“自蜀距此幾里？”費曰：“該有五千餘里。”余曰：“費氏八龍，都是一母所乳否？”費微笑。裴曰：“還有兩小夫人左右夾助。吾不羨他八龍，慕渠一奸。”滿堂哄笑。余曰：“來時經劍閣棧道否？”曰：“然。鳥道一千里，猿聲十二時。”裴寬曰：“真是蜀道，水陸俱難，所謂難於上天。俺辛卯年泝江入蜀，七十四日始抵白帝。舟中時值季春天氣，兩岸花樹，最是蓬窗旅榻，獨夜難曉，鵑啼猿鳴，鶴唳鶻笑，此江空月明時景也。崖上大石崩落，江中兩石相觸，自生電火，此夏天霖雨時景也。雖百鎰黄金，錦綉千純，争奈頭白心灰。”余曰：“雖然苦景如此。每讀陸放翁《入蜀記》，未嘗不仙仙欲舞。”裴生曰：“未必然。”

是夜月明如晝，田仕可爲辦酒食，二更始回。餑餑兩盤、羊肚羹一盆、熟鵝一盤、鷄蒸三首、蒸豚一首、時新果品兩盤、臨安酒三壺、薊州酒二壺、鯉魚一尾、白飯二鍋、菜二盤，該價銀十二兩。田生進前恭謝曰：“略具地主薄儀，有失良宵陪話。”余下椅謝曰：“有勞尊體，還愧生受。”諸人齊起稱謝曰：“遠客賁臨，倒愧生受。”於是齊起，下閉鋪門。梁上挂一對扇式紗燈，皆畫花鳥，更有名人詩句；一對琉璃方燈，晃朗如晝。諸人各勸一兩杯。鷄、鵝皆存嘴脚，羊羹臊甚，不堪胃性，惟啖餅果。田生遍閲談草，連稱“好好”。田生曰：“先生晡刻要買古董，未知何樣真品？”余曰：“非但古董，更要文房四友、稀奇古雅,不限價本。”田生曰:先生非久入都,倘訪廠中,不患不得,但患真贋難下,未知先生鑒賞如何?”余曰:“海陬鄙人,鑒識固陋,那免桅蠟見欺。”田生曰:“此中雖稱行都,中國一隅,賣買衹仰蒙古、寧古塔、船廠等地。番俗椎魯,不喜雅賞,諸秘色古窑亦罕到此,何況殷敦周彝乎? 貴邦珍尚亦异内地。嘗見賣買人,雖如干茶藥,不揀頂品,衹取價廉,何論真假? 非但茶藥如此,諸般器物,爲其載重難輸,例於邊門貿回。故京裹裨販,預收内地筞伯,轉輸邊門,互相騙詐,以爲機利。今先生所須迥出流俗,萍水片語已成知己,雖不得中心貺之,亦安可造次相負?”余曰:“先生此語流出肝膈,可謂‘既醉以酒,又飽以德’。”田生曰:“錯愛! 第於明朝再枉,遍賞鋪中所有。”裴生曰:“不必預講來朝事,且畢尊前此夜歡。”諸人皆曰:“是也。”田生曰:“子欲居九夷。”又曰:“君子居之,何陋之有? 相公雖生偏邦,氣宇軒昂,文能識孔孟之書,禮能達周公之道,即一君子也。但恨人居兩地,天各一方,寸心未盡,轉眼即别,奈何奈何?”李龜蒙無數打圈曰:“纏綿悱惻,實獲我心。”酒又數行,李生問:“酒味較似貴邦?”余答:“臨安酒太淡,薊州酒過香,似非本分清香。敝邦法醸都有。”田生問:“亦有燒酒麽?”答:“有。”田生起身,取下壁間琵琶,爲弄數操。余曰:“古稱燕趙多悲歌之士,諸公必能善歌,願聞一闋。”裴生曰:“無善唱者。”李生曰:“古云燕趙悲歌,乃偏伯之國,士不得志。今四海一家,聖天子在上,四民樂業。賢者羽儀明廷,賡載是歌;愚者烟月康衢,耕鑿是歌,都無不平,安有悲歌?”余曰:“聖天子在上,可以出而仕矣。諸公皆當世之英杰,才全學優,何不出身需世,而碌碌浮沉於市井之間?”裴生曰:“此事獨有田公當之。”一座皆大笑。李生曰:“還有時命,不可强干。”李生抽架上選文一卷,請余一讀。余讀《後出師表》,不爲諺吐,句讀也。高聲一讀,諸人環坐聽之,莫不擊節稱好。李生俟余讀畢,拈讀庾亮《辭中書監表》,乍高乍低,音節分明。雖未能逐字曉聽,亦足以知其讀到某句。聲韻清亮,如聽絲竹。

時月落夜深,户外人迹不絶。余問:“盛京無邏禁否?”田生曰:

“有。”余曰：“路上行人不絶，何也？”田生曰：“他應有事。”余曰：“他雖有事，那得夜行？”田生曰：“如何不夜行？無燈者不敢行。巷首街端皆有軍鋪，甲軍守之，槍棒都有，所以詗奸，無晝無夜，豈得禁人夜行。”余曰：“夜深思睡，持燈歸寓無妨否？”裴、田皆曰：“不便不便，去不得！必爲守鋪所詰：‘如何深夜裏闌出獨行？’必究驗往來處所，恐致紛紜。先生既然思睡，則暫於草榻上攲枕。”穆春起拂榻上鬃席，爲余設寢也。余曰：“此刻睡思頓清。恐諸公爲緣待客，失了一夜睡。”諸人曰：“都無睡意。陪奉高賓打了一宵佳話，真是畢生難得之良緣。如此度世，雖十旬秉燭，有甚倦意？”諸人俱興勃勃，更命暖酒，重整蔬果。余曰：“不必暖酒。”諸人曰：“生酒攻肺，酒毒入齒。”吴復終夜端坐，視瞻非常。余曰：“一齋先生離吴中幾年？”吴生曰：“十一年。”余曰：“緣何離鄉栖栖？”吴生曰：“爲賣買做生涯。”余曰：“未知寶眷隨在此中否？”吴生曰：“年雖不惑，未委羔雁。”余曰：“吴西林先生諱穎芳，杭之高士也，未知與君爲宗族否？”吴曰：“否也。”余曰：“陸解元飛、嚴鐵橋誠、潘香祖庭筠俱西湖高人，君知之乎？”吴生曰：“都未嘗與他聞名。俺離鄉久，但一見陸飛手畫牧丹，他是湖州人。”少焉，鄰鷄互動，余亦倦甚，且爲酒困，椅上乍攲即鼾，直睡到天明驚起。諸人者亦相枕藉榻上，或椅上坐睡。余獨斟兩杯酒，摇起裴生告退。即還寓，日已暾矣。張福熟睡，一行上下都不覺也。蹙起張福，問有誰訪我否，對無矣。因促持盥水來，裹巾，忙往上房，諸裨譯方齊謁矣。無人覺得，心裹暗喜，更囑張福愼勿出口。

略啜早粥，即往藝粟齋，諸人皆已起去。田生與李麟齋擺列古器，見余至，皆驚喜曰：“先生夜來能不倦否？”余曰：“夙夜匪懈。”田生曰：“且吃一碗茶。”少坐，有一美少年自外入來，即捧茶來勸。問其姓名，曰傅友梓，家住山海關，年十九歲云。田生擺列畢，請余鑒賞。壺觚鼎彝共有十一坐，小大圓方，制各不同，鏤刻光色，件件古雅，考其款識，皆周漢物。田生曰：“不必考文，此皆近時金陵、河南等地新鑄，花紋款識雖法古式，形既不質，色又未純。若置真正古銅之間,史野立判。僕雖身居市廛,心委學校,既見君子,如獲百朋,豈可造次相瞞,百年負心?”余於諸器中持戟耳彝爐石榴足者細玩,臘茶色,製頗精美。捧視爐底,陽印“大明宣德年製”,余問:“此鑄頗佳否?”田生曰:“實不相瞞,亦非宣爐。宣爐以臘茶水銀浸擦入肉,更以金鑠爲泥,火久成赤,豈民間所可仿佛?”余問:“古銅青緑珠斑,入土年遠,所貴墓中物是也。今此諸器,若云新鑄,則何能發出這樣光色?”田生曰:“此不可不知。大約古銅入土則青,入水則緑。墓中殉器多發水銀色,或謂尸氣漬染者,非也。上古多以水銀爲殮,或出於帝王陵墓,水銀沾染,年久入骨。大約新舊、真贋易辨。古器非但銅肉質厚,本身發光類能天然瑩潤,而水銀色亦非全體純發,或半面,或耳或脚,時有漸染。其於青緑朱斑亦然,半深半淺,半净半濁。濁不爲穢,堆重透松;净不爲燥,津潤如濕。時有硃砂點子深銹透骨,最重褐色,入土年久,青緑翠朱點點成斑,如芝菌斑,如雲頭暈,如濃雪片。此非入土千年不能若是,是爲上品。前明宣宗喜仿褐色,所以宣爐多褐色也。近陝西新鑄輒仿宣德,而殊不識宣銅初無花紋,爲花紋者皆近日僞鑄也。其仿出顔色者,例於鑄成後刀刻紋理,鑿畫款識,掘地坑,傾鹽汁數盆,俟涸,仍置銅其中,埋藏數年,頗有古意。此下品劣法也。巧手以鵬砂、寒水石、硇砂、膽礬、金砂礬爲末,鹽水調和,蘸筆均刷,候乾更洗,洗又蘸刷,若是者日三四度。坎地爲深坑,熾炭其中,坑烘如圍爐,因將釅醋潑下,坑内沸爛即涸,乃置器其中,更以醋糟厚罨,覆土加厚,無空缺處。三五日出看,更生各色古斑。又燒竹葉,用薰其烟,色更深青,以蠟擦之。要發水銀色者,乃以鋼針爲末摩擦,更以白蠟揩摩,即成古色。或有故墮一耳,或缺傷器體,以爲商、周、秦、漢之物,尤爲可厭。他日廠中俱是遠地駔儈,收買之際,不可糊塗取笑。”余曰:“可感先生如此披誠。僕明日早朝發向皇都,願先生開録文房書畫、鼎彝諸器古今同异、號名真僞,以爲冥途指南。”田生曰:“先生若不見外時,不難爲此。當於《西清古鑒》《博古圖》中參以陋見,清單仰報。”遂約以乘月更來。

起還站寓，已報朝飯矣。暫歷上房，忙飯復出。鄭進士與季涵、來源亦出行遊覽，誚余曰："獨行遊賞，有何滋味?"來源曰："實無可觀。譬如廣州生員初入京，左右顧眄，應接不暇，輒爲京人所唾。今吾輩亦何异於此? 吾則再來，尤爲無味也。"路逢費稚，引余入氈子鋪，囑以夜會歌商樓。余辭以已與田抱關約會藝粟齋，昨夜諸公更勞齊會。費生曰："俄刻已與抱關熟講。今先生歌鹿上都，匀是爲賓；咏駒空谷，各求爲情。裴公已與蜀中温公料理薄具，未可爽約。"余曰："昨夜過被諸公盛眷，供張太費。今又若前，未敢更勞執事。"費生曰："山有嘉木，惟工所度。振鷺斯容，彼此無斁。十二行窩，元無定約。四海同胞，孰爲厚薄?"來源輩徘徊街上，尋余入鋪中。余忙收談草，首肯爲諾。費生亦會余意，含笑頤可。季涵索紙欲與問答，余起出曰："無足與語。"季涵笑而起。費生臨門握余手以諭意，余點頭而去。

商樓筆談

(七月十一日)，是夕，暑氣猶熾，天末赤暈四垂。余促飯吃訖，暫往上房，少坐即起，獨自語曰："困暑特甚，當早宿。"遂下庭徘徊，爲乘間出門之計，而來源、周主簿、盧參奉飯後步庭，捫腹噎噫。時月影漸生，塵喧暫息。周隨影步匝，誦傳副使遼陽所題七律，又誦其所次。余忙步上堂去，出語盧君曰："兄主太伈伈。"盧君曰："使道寂寞矣。"即向堂裏去。周君憂形於色曰："近來恐生病患。"即向堂裏去，來源亦隨而去。余遂忙步出門，且囑張福曰："善彌縫如昨日。"季涵自外入來，問余奚往，余密語曰："乘月偕往好處夜話否?"季涵曰："何處?"余曰："毋論某處。"季涵方停武趑趄，首譯入來，季涵問："乘月夜行，無傷否?"首譯大駭云云，季涵笑曰："事當若是。"余亦漫應曰："似然矣。"即後先還入。首譯與季涵上堂不顧，余仍自後潛出。

既出大街上，始浩然矣。暑氣乍退，月色布地。先往藝粟齋，已掩鋪門,田生出他,獨有李麟齋。李請少坐吃茶,田公少頃當還也。余言:“商樓諸公想已畢集苦等也。”李生曰:“商樓佳約已知道了,弟亦當陪往。田生手持紅色羊角燈入來,促余偕行,遂與李生含烟出門,大道如天,月色如水。田生懸手中燈於門首,余問:“手不拿燈,無傷麽?”李生曰:“尚未向夜。”遂緩步街中,左右市鋪皆已掩門,門外皆懸羊角燈,間有青紅諸色。商樓諸人方列立欄下,見余至,皆喜溢於貌,迎入鋪中,裴寬褐夫、李龜蒙東野、費稚下榻、田仕可抱關、温伯高齋、穆春綉寰、吴復天根俱會矣。裴生曰:“朴公可謂信士。”堂中懸一對扇式紗燈,桌上點兩枝燭,久已排設魚肉蔬果,北墻下亦有一桌供張。諸人勸食,余曰:“夕飯未下。”費生手注一碗熱茶以勸。坐有生客,余問姓名,答馬鏷,字耀如,山海關人。來此做買賣,年二十三,略會書字。

費生曰:“‘五十讀《易》’,或以爲‘正卜讀《易》’,‘卜’字添内一畫。先生以爲如何?”余曰:“‘五十讀《易》’雖有‘卒’字之疑,今謂‘正卜’之誤,則恐是鑿空。《易》雖卜筮之書,《繫辭》言占言筮,不見‘卜’字。且‘卜’字丨外加點,元非一畫可添。”費生曰:“或謂‘無若丹朱傲’之‘傲’字,乃‘奡’字之誤,看下文‘罔水行舟’,當作兩人。”余曰:“奡能陸地行舟如罔水行舟,義似妙合,而但傲、奡音雖相似,字形懸殊。且奡浞乃是夏太康時人,上距虞舜時遼闊。”李東野曰:“先生辨之極是。”余問田抱關曰:“古董名目已爲開録否?”田生曰:“午刻緣些他冗,誊寫未半,未免摺置。明曉台駕歷路,暫於鋪前停轡,恭當親手交付從者,誓不遲誤。”余曰:“有勞先生如此費心。”田生曰:“此朋友常事,還愧宿命。”余問:“諸公曾遊千山否?”曰:“離此百餘里,無人往遊。”余問:“兵部郎中福寧,知之乎?”田生曰:“不曾,諸敝友亦無知者。他是朝士,僕輩做賣買,如何去謁他?”東野曰:“先生此去,當爲面駕麽?”余曰:“使臣有時近光。我是從人,未保參班。”東野曰:“往歲鑾駕朝陵時,貴國從官皆得接駕恭瞻,吾曹倒羡他。”余問:“諸公如何不恭瞻?”裴褐夫曰:“那敢唐突,衹得閉户屏息。”余曰:“皇上臨此時,想應黄童白叟顛倒野次,争瞻羽旄。”曰:“不敢不敢。”余曰:“當今閣老中,山斗宿望,誰也?”東野曰:“俱載《滿漢搢紳榮案》,一經稽查便可知也。”余曰:“雖覽榮案,何知事業?”東野曰:“吾輩俱是草萊疏逖,殊不識當朝誰爲周召、孰膺夢卜。”余曰:“瀋陽城裏,經術文章之士可得幾人?”裴生曰:“碌碌無聞。”田生曰:“瀋陽書院有三五輩舉人,爲趁科期,京師去了。”余曰:“自此至京師千五百里,聞人高士沿路必多,願得姓名,以便尋訪。”田生曰:“關外係是邊鄙,地氣高寒,人士勁武,沿路皆乾没如我輩人,無足道者。且薦人最難,不過舉其所知,未免阿其所好,一經高眼,苟不概心,在我爲爽口,在人爲失望。如今甚風吹到,覿面飽德,剪燭論心。此豈夢想所到,莫非天緣巧凑。天下得一知己足以不恨,足下行將自得,豈由他人安排鋪置?”

酒行數巡,費生磨墨展紙曰:“穆綉寰願得先生筆迹爲上珍。”余爲書潘香祖《送金養虚》七絶一首,東野問:“潘香祖貴邦名士麽?”余曰:“非敝邦人,這是錢塘人,名廷筠,即今中書舍人,香祖其字也。”裴生又出空帖請書。墨濃毫柔,字畫大佳,余亦不自意如此,諸人大加稱賞。一觴一紙,筆態恣横,下方數頁,以焦墨畫古松怪石。諸人益喜,争出紙筆,環立求書。又畫一條墨龍,彈筆作濃雲急雨,但髻鬣梗直,鱗脊無倫,爪大於面,鼻長開角,諸人大笑稱奇。田生與馬鑅持燈先歸,余問:“話方濃矣,足下緣何早罷?”田生曰:“非欲徑還,但爲踐誠。明日臨門,自當叙别。”余持所畫墨龍就燭欲燒,温軒急起接手奪之,摺藏懷中。裴生大笑曰:“關東千里,恐值大旱。”余問:“何以致旱?”裴生曰:“若化火龍去時,齊叫得苦。”一坐都笑。裴生曰:“龍有善惡,火龍最毒。乾隆八年癸亥三月,關外閭陽野中墮了條龍身,無雲有雷,不雨恒雹,關外暮春天氣忽變六月炎暑,龍傍百里内都作洪爐世界。人畜渴死不計其數,商旅不行,居人晝夜渾脱,手不停扇。皇上敕發關内凌藏數千車,遍與關外散悶。大約近龍處,樹木土石倍添烘焙,井泉皆沸。龍卧十日,忽大雷以風,潑雨如豆,大陵河廬舍雨中自火,獨不傷害了人畜。龍去時,人争出看。方其離身欲騰,初甚遲懶,仰首拖尾,如駝馬立,長纔三四尺,口噀火焰,以尾貼地,動身一蜿,鱗鱗耀電,輒發雷聲,空裏雨傾。及挂身古柳上,從首至尾,兩樹間十餘丈,暴雨翻河,俄頃即止。已看天衢矯矯,東雲露角,西雲露爪,爪角之間不啻數里。龍之既去,風日清美,還是三月天氣。龍卧處滙成數丈清池,池傍木石俱焦,多有半體牛馬,毛骨燒爍,魚類巨細堆積成丘,臭穢難近,獨怪龍挂柳樹不墜一葉。是歲關東大旱,至九月不雨。吾恐此龍去作此患也。"一坐復大笑。余自酌大碗痛飲,曰:"賴有此大下酒物。"諸人曰:"是也。皆於此次碗兒行酒,爲朴公佐歡。"余曰:"諸公知此龍何名?"或曰應龍,或曰旱魃。余曰:"否也。此名罡鐵。我東鄙諺云'罡鐵去處,秋亦爲春,'謂其致旱歲歉也。故貧人謀事違心,稱'罡鐵之秋'。"裴生曰:"龍名古奇。我生之初,乃丁是辰,罡鐵之秋,如何不貧?"乃長吟曰:"罡處!"余呼曰:"罡鐵!"裴生復呼曰:"罡踐!"余笑曰:"非音賤也,如饕餮之鐵。"東野大笑,仍大呼曰:"罡青。"一坐都笑。蓋華音"曷""月"諸韻不能轉聲也。

余曰:"諸公俱是吴蜀客商,遠地經歲,能無鄉思否?"吴復曰:"正思得苦。"東野曰:"每一念至,魂神飄蕩,天涯地角,所争錐毫,而暮閭空倚,春閨獨掩,雁書久斷,鶯夢不到,如何不令人頭白?更值月白風清,木落花發,尤難爲情。奈何奈何!"曰:"若此時,何不永還本鄉,躬耕隴畝,仰事俯育,而專逐末利,遠别家鄉,雖富埒猗頓、名如陶朱,有何樂哉?"東野曰:"此還有不然者。吾鄉之士,亦多囊螢錐股、朝虀暮鹽,天可憐見時,雖得沾微禄,遊宦萬里,等是離鄉,或丁憂論罷,一般苦景,有官守者死於職下,或不謹持,追贓覆業,雖嘆黄犬,復何益哉?吾輩學殖荒落,望絶鴻漸,而亦不能血指汗顔,黄耳枯項,粒粒辛苦,斷送百年。生老病死不離鄉井,守諒溝瀆不可語冰,似此百年,不如死之久也。開鋪貨居,雖云下流所歸,天開一部極樂世,地設這座快活林。泛朱公之扁舟,連端木之車騎。悠悠四方,都無管鈐;通都大邑,樂處是家。長檐華屋,身閑心逸;嚴霜烈日,自在方便。以此父母敦遣,妻子不怨;進退兩裕,寵辱雙忘。其視農、宦兩業,苦樂何如? 吾輩俱有友朋至性,三人行必有我師;二人同心,其利斷金。天下至樂,無逾於此。人生百年,苟無友朋,一事都没佳趣,裹布噉飯的,總不識此味。世間多少面目可憎、言語無味者,眼中祇有些衣飯碗,胸裏全乏個友朋樂。"余曰:"中國四民雖各分業,却無貴賤,婚嫁、仕宦,不相拘礙否?"東野曰:"我朝有禁,仕宦家不得與商工通婚,以清仕路,所以貴道賤利、崇本抑末。吾輩俱是家世做賣買的,未得士家爲婚。雖納貲輸米,權補生員,亦不許鄉貢爲舉人。"費生曰:"此法祇施於本貫,離鄉則未必然。"余曰:"一爲諸生,則許以士類否?"李曰:"然。諸生亦有許多名目,有禀生、監生、貢生,以生員升補。一爲生員,九族生輝,四鄰蒙害,把持官府、武斷鄉曲,此乃生員之專門伎倆。士流亦有三等,上等仕而仰禄,中等就館聚徒,最下干求假貸。諺所謂做個求人面不成,生涯都絶,不得不做個假貸人,奔忙道路,不擇寒暑,向人囁嚅,情狀先露。不謂當年高談之士,化作世間可厭之人。諺所稱'求人不如求己',所以做賣買的自無此惡况苦景也。"余曰:"中國觴政,必爲妙令。今兩夜群飲,不爲酒令,何也?"裴褐夫曰:"此中古觴政也,今時看車掌櫃的都會了,非爲風流雅事也。"費生曰:"笠翁《笑史》録龍子猶高麗僧令云,朝使出高麗,高麗使一僧陪宴,行一令曰:'項羽、張良争一傘,羽曰雨傘,良曰凉傘。'朝使倉卒對曰:'許由、晁錯争一胡盧,由曰油胡盧,錯曰醋胡盧。'麗僧何名?"余曰:"此令全没理致,僧名無傳也。"

道見一婦人,乘太平車而行,面施粉白,衣錦綉。車旁一人,跣足拂鞭,驅車甚疾。髮短覆肩,而端皆卷曲如羊毛,以金環箍額。面赤而肥,眼圓如貓。隨車行觀者雜沓,緇塵漲空。初,驅車者形殊不類,故未及察車上婦人。更熟視之,非婦人,乃人形而獸類也。手毛如猿,所持物若摺扇。瞥視則貌似絶艶,然視之審,如老嫗而妖厲,長纔數尺餘。車褰幨帷,左右顧眄,目如蜻蜓。大抵南方産,能解人意云。或曰:此山都也。

余與蒙古人博明問:"此何獸?"博明言:"昔從將軍豐公升額出玉門關,距敦煌四千里,宿山谷間。朝起失帳裏木匣、皮箱,當時同遊幕侶取次見失,軍中有言:'此野婆盜之也。'發卒圍之,野婆皆乘木,捷如飛猱,勢窮哀號,不肯就執,皆自經樹梢而死。盡得所失箱篋,封鎖如舊,開視之,器物亦卒無所遺毁,而箱内悉藏朱粉,多首飾奩,裝得佳鏡,亦有針綫刀尺。蓋獸而效婦人都冶自喜者也。"

琉璃廠中六一齋,初遇俞黄圃世琦,字式韓,目清眉秀,疑其爲潘庭筠、李調元、祝德麟、郭執桓諸名士也。此諸人者,有先余交遊者,故名芬牙頰,若數鬚眉。及與俞筆語之際,爲寫柳惠風送其叔父彈素詩:"佳菊衰蘭映使車,澹雲做雨九秋餘。欲將片語傳中土,池北何人更著書。"黄圃問:"池北何人是誰?"余曰:"此用阮亭著《池北偶談》載敝邦金清陰事也。"黄圃曰:"《感舊集》中有諱尚憲字叔度。"余曰:"是也。'淡雲輕雨小姑祠,佳菊衰蘭八月時',是清陰作。阮亭《論詩絶句》:'澹雲微雨小姑祠,菊秀蘭衰八月時。記得朝鮮使臣語,果然東國解聲詩。'惠風此作,仿阮亭也。"黄圃曰:"惠風詩未易得,果然東國解聲詩也。願聞其他作。"余又寫"看書淚下染千秋,臨水騷人無限愁。碻士編詩嫌草草,《豸青全集》若爲求"。黄圃摇手,筆指《豸青全集》曰:"有禁。鐵君祖系貴國人。"余問:"緣何有禁?"黄圃不答。"有個詩人郭執桓,澹園聯唱遍東韓。至今三載無消息,汾水悠悠入夢寒。"黄圃批之,問:"郭是何地詩人?"余曰:"郭是太原人。"問:"師東望、楊維棟何如人?"對皆不知。問:"書肆中有新刻《繪聲園集》否? 卷首有師、楊兩序,亦有僕序。"黄圃即書"繪聲園集"四字,送人文粹堂書肆扁額求之,還言無有。余問:"足下知潘庭筠學士乎?"黄圃曰:"未嘗證契。"余問:"潘宅在宗人府間壁。"僕來時有言曰:"尋宗人府,歷大門右轉,其閑壁乃潘宅云。宗人府距此多少路?"黄圃問:"足下當知禮部?"有一客入座,即曰:"不必尋宗人府,潘宅離此不遠。楊梅書街段氏白膏藥鋪對門便是潘寓。"黄圃與客云云，即曰："去歲秋間，潘移寓於此。先生緣誰識他?"余曰："敝邦洪大容，乾隆丙戌隨貢使入都，遇潘。其後繼有相交者。僕雖未見，神情默契。潘工書畫，嘗自寫桃柳，題詩贈洪曰：'吾家西子湖邊樹，淺碧深紅二月時。如此江南歸不得，軟塵如粉夢如絲。'"黄圃大加墨圈曰："願聞貴友洪秀才佳句。"余曰："未曾有記。惠風送彈素詩：'淺碧深紅二月時，軟塵如粉夢如絲。杭州舉子潘香祖，可憐佳句似南施。'吾東艷慕中州名士如此。"黄圃復圈之曰："潘誠名士，然惠風亦自大佳。"黄圃即收其紙納懷中，曰："僕方録《毬堂詩話》，幸得一段佳話。"同出門，分袂，黄圃指示曰："此去楊梅書街路也，段鋪牌畫大魚者是也。"

俞黄圃問余漠北异觀，余言駝鷄。黄圃賀曰："此乃極西奇畜生中國者，聞名而未睹形。公外國人，乃能見之也。"爲言山都，皆無見之者。余自熱河還時，至清河，市中有一矮人，長纔二尺餘，腹大如鼓彭漲，類所畫布袋和尚。口眼皆尾低，無腕無脛，即有手足。含烟昂藏而行，張手回旋而舞，視人輒大笑。獨不剃髮，爲髻於腦後，繫仙桃巾。布袍袖闊，坦然露腹，狀貌臃腫，難以言語盡其形容之詭奇也，造物者可謂太嗜詼諧。余舉此言於黄圃，黄圃諸人皆曰："此名天生异物，人而鱉弄者也。即今市肆間多見之云。"平生詭异之觀，無逾在熱河時，然多不識其名。文字之所不能形者，皆闕不録，可恨也哉！平溪雨屋燕岩識。

(八月)初十日丙辰，晴。飯後入後堂，王舉人民皥迎揖。王舉人號鵠汀，與山東都司郝成同炕。成字志亭，號長城。鵠汀問我東科舉之制試取何樣文字、何樣製作，余略對梗概，又問婚嫁之典，余曰："冠婚喪祭皆遵朱文公《家禮》。"鵠汀曰："《家禮》乃朱夫子未定之書，中國未必專仿《家禮》。"鵠汀曰："貴國佳處，願聞數事。"余曰："弊邦雖僻居海陬，亦有四佳。俗尚儒教，一佳也；地無河患，二佳也；魚鹽不藉他國，三佳也；女子不更二夫，四佳也。"志亭顧鵠汀，有相語云云者久之。鵠汀曰："樂國也。"志亭曰："女不更夫，豈得通國盡然?”余曰:“非謂舉國,下賤氓隸盡能若是。名爲士族,則雖甚貧窮,三從既絶而守寡終身,以至婢僕皂隸之賤,自然成俗者四百年。”志亭曰:“有禁否?”余曰:“無著令。”鵠汀曰:“中國此俗亦成痼弊。或有納采而未醮、合卺而未媾,不幸有故,終身守寡,此猶之可也。至於通家舊誼,指腹議親,或俱在髫齔,父母有言,不幸而至有飲鴆投繯,以求殉祔,非禮莫大。君子譏其尸奔,亦名節淫。國憲申嚴,父母有罪,而遂以成俗,東南尤甚。故有識之家,女子及笄然後始通媒妁,此皆叔季事也。”余曰:“《留溪外傳》所有孝子,至有割肝療親。趙希乾之刳胸探心,誤傷其腸尺餘,烹而療母,瘡合無恙。由是觀之,斷指嘗糞,盡是疏節;冰笋凍魚,乃爲笨伯。”鵠汀曰:“如此者多。”志亭曰:“即今山西孝子旌鄉事,可异也。”鵠汀曰:“冰笋凍魚,已是天地之氣一番澆灕也。”相與大笑。志亭曰:“陸秀夫之負帝赴海,張世杰之瓣香覆舟,方孝孺之甘湛十族,鐵鉉之翻油爛人,不如是不足以爲快。後世之爲忠臣烈士者,其亦難矣! 鵠汀曰:“天地之生久矣,非狠快無以成名,南華老仙之謂豈太息而言孝者是也。”余曰:王先生一番澆灕之論極是。醴變爲燒則未可論醇,口能吸烟則非復語辣矣。此等若索言深論、排節義論復作於世矣。”鵠汀曰:“是也。貴國婦人衣冠之制如何?”余略對上衣下裳及髢髻之法,如圓衫、唐衣,略畫其製於卓面,兩人皆稱善。志亭辭以“先與人有約,當蚤還陪席,請先生復坐一坐”,因起去。鵠亭盛稱志亭:“雖武人乎,文學富贍,當世罕儔。方今四品兵官。”又曰:“貴國婦人亦纏脚否?”曰:“否也。漢女彎鞋不忍見矣,以跟踏地,行如種麥,左摇右斜,不風而靡,是何貌樣!”鵠汀曰:“獻賊京觀,可徵世運。前明時至罪其父母,本朝禁令至嚴,終禁他不得,蓋男順而女不順也。”余曰:“貌樣不雅,行步不便,何故若是?”鵠汀曰:“耻混韃女。”即抹去,又曰:“抵死不變也。”余曰:“三河、通州之間,白頭丐女滿髻插花,猶自纏脚,隨馬行丐如鴨飽食,十顛九仆。以愚所見,還不如韃女遠甚。”鵠汀曰:“故是三厄。”余曰:“何謂三厄?”鵠汀曰:“南唐時,張宵娘俘入宋宫，宋宫人争效其小脚尖尖，勒帛緊纏，遂成風俗，故元時漢女以小脚彎鞋自爲標异，前明時禁他不得，韃女之嗤漢女纏脚以爲誨淫，則冤矣，這是足厄。洪武時，高皇帝微行，至神樂觀，有一道士結網巾，便於韜髮，太祖借他一着，照鏡大悦，遂以其制令天下。其後漸以鬃網代絲，緊箍狠纏，瘡痕狼藉，名虎坐巾，謂其前高後低如虎蹲踞，又名囚巾。當時亦有譏之者，謂天下頭額盡入網羅，蓋多不便之矣。"筆指余額曰："這是頭厄。"余笑指其額曰："這個光光，且是何厄？"鵠汀慘然點頭，即深抹"天下頭額"以下字。又曰："這烟萬曆末遍行兩浙間，猶令人悶胸醉倒，天下之毒草也。非充口飽肚，而天下良田利同佳穀，婦人孺子莫不嗜如蒻蔘，情逾茶飯，金火迫口，是亦一世運也，變莫大焉。先生頗亦嗜此否？"余曰："然。"鵠汀曰："敝性不喜此，嘗試一吸，便即醉倒，嘔噦幾絶。這是口厄。貴國計應人人吃烟？"余曰："然，但不敢吃向父兄尊長之前。"鵠汀曰："是也。毒烟向人已是不恭，况父兄乎？"余曰："非但如此，口含長竿以對長者，已慢無禮。"鵠汀曰："土種否，抑自中國貿回否？"余曰："自萬曆間從日本入國中，今土種，無异中國。皇家在滿洲時，此草入自敝邦，而其種本出於倭，故謂之南草。"鵠汀曰："此非出日本，本出洋舶。西洋亞彌利奢亞王嘗百草，得此以醫百姓口瘡。人脾土，虚冷而濕，能生蟲，口蠹立死。於是火以攻蟲，克木益土，勝瘴除濕，即收神效，號靈草。"余曰："吾俗亦號南靈草，若其神效如此，而數百年之間舉天下而同嗜，亦有數存焉，先生世運之論極是。誠非此草，四海之人安知不舉皆口瘡而死乎？"鵠汀曰："敝不嗜烟，行年六十未有此病，志亭亦不嗜烟。西人類多誇誕，巧於漁利，安知其言之必信然否也？"已而志亭還視"敝不嗜烟，志亭亦不吃烟"，大加墨圈曰"他有"毒，相與笑。余因辭起還寓。

朝日，隨尹亨山嘉銓、王鵠汀民皞入修業齋閲視樂器。還過亨山所寓，尹公蒸全羊，爲余專設也。方論説樂律古今同异，陳設頗久而未見勸餉。俄而尹公問："羊烹未？"侍者對曰："饗設已冷。"尹公謝耄荒憒憒，余曰：“昔夫子聞《韶》，不知肉味，今鄙人得聞大雅之論，已忘全羊。”尹公曰：“所謂臧穀俱忘。”相與大笑。遂次其筆語，爲《忘羊録》。

余曰：“五音爲正名，六律爲虚位。聲出而度之，其中者爲律，不中者非律，則宜無古今之异、雅俗之别，而代各殊樂，風雅變遷者，何也？抑製器有古今之异，而聲律隨變歟？”

鵠汀曰：“否也。敝素昧是學，而第不無一二管窺，常欲一正於大雅之君子矣。聲之出乎喉、舌、唇、齒者各殊其形，則音亦隨异，故强起號名，逐聲分配。惟其有定名，然後可以知所變；惟其知所變，然後吹萬不同者可以按名取準，此五音之名所由立也。然自其變者而觀之，則音何必五，雖謂之百音可也。律者，法律之律也。聲之出乎口者，既有高低、清濁、巨細之分，則耳力所及，始乃製器而律之。譬如文法之有差等，各當其律，惟其待聲，然後始可以擬而準之，故六律爲虚位。然自其差等而度之，律豈止六，雖謂之千律可也。敝雖不知何者是宫羽，何者是鐘吕，而若其切切於秬黍辨尺，紛紛然葭灰候氣，則亦見其惑也。”

余曰：“器譬則谷也，聲譬則風也。知谷之不可改，則風之出也無變，特有厲風、和風、猋風、冷風之异耳。由是論之，律之有古今之殊者，無其器改而聲變歟？”

鵠汀曰：“然。律聯而爲調，調諧而爲腔，腔合而爲曲，律無奸聲而調有偏音。果是一谷之風，有厲、和、猋、冷之不同，曉、夜、朝、晝之變焉，此其腔曲之所以情變聽移、隨時聳沮，而始有古今之异、正蛙之别爾。唐虞之世，民俗熙皡，其悦耳者《韶》《濩》之聲，則又其所黜可知也；幽、厲之時，民俗淫靡，其悦耳者桑濮之音，則又其所黜可知也。如近世雜劇，演《西厢記》則倦焉思睡，演《牡丹亭》則灑然改聽。此雖閭巷鄙事，足驗民俗趣尚隨時遷改。士大夫思復古樂，不知改腔易調，乃遽毁鐘改管，欲尋元聲，以至人器俱亡，是何异於隨矢畫鵠、惡醉强酒乎？”

余曰："鄙人至瀋陽，有吹笙簧者，取而一吹，果合鄉音；聯音起調，亦諧土律。既入皇城，至琉璃廠，又一吹之，未知即今笙簧。其律竅吹窩金葉，能不變女媧之舊制否?"鵠汀曰："此係工造，敝未曾接手細玩。"亨山曰："如何不變？八音之匏，笙簧是也，久已削竹根以代匏。"

鵠汀曰："律吕之變，非樂器之罪。桑濮之間，其所吹者非管籥則已，如其所吹必管籥也，其制宜唐虞之舊也。其所考者非鐘磬則已，如其所考必鐘磬也，其律宜《韶》《濩》之遺也。然其所起之調出自某音，而連音和律，然後正奸始分。所合之腔感於何心，而緣心成曲，然後古今迥异。其翕純皦繹者，正音也；淫靡哀厲者，奸聲也。方其單音單律之時，何論乎《韶》《濩》，而亦奚有乎桑濮也?"

余曰："五音之聲可得聽乎?"鵠汀曰："敝口不能鳴之，其形則有聞焉。廣大雄深者，古所謂宫音也；高亮而噍煞者，古所謂商音也；確而止者，古所謂角音也；熛疾而激揚者，古所謂徵音也；沉而細者，古所謂羽音也。聲之發也，莫不由七情之所宣也。又有變宫、變商、變角、變徵、變羽之聲律，則依聲而和之。心之所感有偏正，而音隨以動，律隨以諧，調隨以成。"

余曰："五音還有善惡否?"鵠汀曰："何謂也?"余曰："如宫音之廣大雄深者，是善也；如商音之噍煞、徵音之熛疾，是不善也。"

鵠汀曰："否也。五音皆正聲也。所謂廣大雄深、噍煞熛疾，祇是形容各聲之體，而其德則莫不正。非宫、非商、非角、非徵、非羽，是謂間音，爲間於五音之間，是乃奸聲也。五音則變而爲半音，又截而爲半之半，不失本律，則清濁相和，高低相應，故連音起調而後善惡可論。有一事可證，宫乃首出之正音而爲君之像。然而琵琶新聲，宫聲往而不返，則王令言獨知煬帝之不返。宫豈有不善哉？其往而不返者，連音起調之罪也。王莽獻新樂於明堂，其聲哀而厲，聽之者謂非興國之音；陳後主作無愁之曲，聞之者莫不哀怨隕涕；隋開皇初新樂既成，萬寶常以爲淫厲而哀，天下不久盡矣。蓋樂之成，在旋宫起調。旋宫起調者,如音起於商則商爲宫,音起於角則角爲宫,音起於徵則徵爲宫,音起於羽則羽爲宫之類是也。”

亨山曰:“劉宋順帝時,尚書令王僧虔奏言:‘今之清商,實由銅爵三祖。風流遺音,洋洋盈耳,中庸和雅,莫近於斯。十數年間,亡者將半。民間競造新聲雜曲,煩淫無極,宜命有司悉加補綴。’大約魏承漢,漢承秦。秦都咸陽,距周鎬京不遠。况秦聲之夏,冠於列國,則宜其流風餘韻猶有存者。《晉志》所稱鼙舞,漢時用於宴饗。江左舊無雅樂,楊泓云初到江南,見白符舞,或言白凫鳩舞。蓋吴人患孫皓虐政,其曲有‘白鳩濟濟,獨禄碣石’。或言白符舞乃伯符舞槍,莫能當,江東民聞孫郎至皆褫魄。事定,江東小兒遂傳歌謡云。銅爵三祖者,魏武起銅爵臺於鄴,自作樂府,被之管弦。文明之間,遂置清商,令以掌之。雖未必中庸和雅如僧虔所稱,然去古未遠,其遺音盈耳者是也。自晉氏播遷中原,古樂流離。苻堅得漢魏清商之樂,傳於前後二秦。宋武帝定關中,收其工器,悉遷於江南。及隋平陳,悉獲之,復入於中原。此其古今沿革也。隋人謂江南所獲工器本是華夏正聲,而乃沿清商之舊號而置署焉,總謂之清樂。吾故友太山費Ａ,字雲起,號魯齋,妙精律吕,有《三籟精義》三十卷、《清商理董》三十卷。僕參修《大清會典》時,Ａ抵纂局書,兼進其所著樂學諸書,俱論聲器,繪之書之,歷代雅樂變置纖悉無遺,如數掌紋。然唯渠獨能自知,他人不甚理會。又其書中多觸忤大臣,又有不悦費君者,其書不果上,識者至今惜之。僕年少時一覧,猶未能曉解,邇來年久,都忘了,尤爲可惜。”亨山書此,兼示鵠汀,鵠汀連點頭。兩人酬酢頗久,似論費Ａ事也。

余問:“歐邏銅弦小琴行自何時?”鵠汀曰:“不知起自何時,而要之百年以外事也。”亨山曰:“明萬曆時,吴郡馮時可逢西洋人利瑪竇於京師,聞其琴,又有所持自鳴鐘,已自有記。蓋萬曆時始入中國也。西人皆精曆法,其幾何之術爭纖較忽,凡所製造皆用此法,中國纍黍反屬粗莽。且其文字以聲爲義,鳥獸之音、風雨之響,莫不審於耳而形於舌。自謂能識八方風，能通萬國語，亦自號其琴爲天琴。”問其紅籤所書是何所標。鵠汀曰：“這是調弦，工工尺尺。貴國亦有是琴否?”余曰：“自中國貿歸，初不識諧律，但其絲絲丁東，聲如盤珠，最宜老人少睡、小兒止啼。”二人皆大笑，問：“貴國琴瑟如何?”余曰：“琴瑟俱有。敝友洪大容，字德保，號湛軒，善音律，能鼓琴瑟。敝邦琴瑟，制异中國，彈弄之法亦殊。古新羅時製此琴，有玄鶴來舞，故號玄琴。又有伽倻琴，剖大瑟之半，爲十二弦，其彈弄類中國彈琴之狀。湛軒始解調銅弦琴，能諧伽倻琴。今則諸琴師多效之，都能和合絲竹諸器。”

余問：“中國還有《韶》《濩》遺調否?”亨山曰：“都無。”鵠汀曰：“且道《韶》《濩》之時，是何等世界也？其民彝物則、時尚俗好可知也。以堯爲君，以舜爲臣，以皋陶爲師，妙選當時士大夫極聰明才俊之胄子以入於學宫，所謂居移氣而養移體也。其所以教之者，又何等事業也？寬簡温直，陶鑄性情，鼓舞神氣，而心靈耳神，弱齡開悟。則又有如夔之審音通理者爲典司之官，率天下素教之子弟，造成一代之樂，象其君之德政，合其民之趨向。以之殷薦上帝則天神饗，以之祼獻宗廟則祖考格，以之風動四方則百姓悦，無一事捍逆，無一物屈抑，充塞兩間者都是一團太和元氣，宜乎其樂之至於斯也！千百載之下，得如吾夫子者，一聽其音調之架領、節奏之餘韻，而渺然像想，自不覺其三月忘肉，而況當時親見其儀鳳者乎？其手之舞之，足之蹈之，從可知矣。武王之時，又何等世界也？拔斯民於酒池脯林之中，一洗其巫風，而其舊染污俗猶有存者，則痛革宿習，誠非一朝一夕之故。總干山立，既遜於揖讓垂拱；而發揚蹈厲，又非寬簡温直之比也。由是論之，《大武》之成當在成、康之世，而猶以一‘武’字名之，則不待夫子之評而其未能盡善可知矣。當周之盛，雖使后夔典樂，其所成就不過如斯而止耳。然而皇祐、元豐之間，范、馬諸君子未能曉解固有之律吕，而依俙談説於古樂之理，欲復簫韶九成之舊，未知當時德政能合天人之心否？尤有可笑者，蔡氏《新書》以元聲爲必可得,未知可得之元聲,捨其本律,更在何處?設如蔡氏之説,尋得元聲,依樣九成之製,時君世主苟無中和之德、位育之功,則譬如無題之功令、無尸之飣餖耳。"

余曰:"禹,聲爲律,身爲度。古者太子生而太史吹律,使瞽審之。倘成一代之樂,必以君聲爲律歟?聖人,元氣之會也。聲音之發宣必廣大和平,莫不中律,則古昔聖王宜亦與禹同律,而獨稱禹聲,何也?"鵠汀曰:"帝王之家天下久矣。落地豺聲,當屬何律?斯干之喤喤,夏啓之呱呱,必皆中律而爲侯爲王歟?"亨山曰:"記云:'凡音之起,由人心生也。'大約極貴遐壽之人,聲如洪鐘發舒雄暢,或有中乎黄鐘之律。然至若身爲度、聲爲律,極贊神禹之言行毫無過差、動合律度也,非其聲音之清濁合於律吕,身材之長短中於尺度。身先天下而標準於民彝物則之中,自爲四方億兆之所取法也。"鵠汀曰:"尹大人説得極是。"

亨山曰:"貴國樂律如何?倘有聖神作爲君師,竭其心思耳目之力以造律歟,抑爲依仿中華否?宗廟之祭、方内山川,亦皆用樂否?舞用幾佾?"余曰:"東方三國時,雖不無聲樂,皆東夷之俚音。唐中宗時,有新羅樂府。則天時,楊再思反披紫袍,爲句驪舞,想必鄙俚不雅。宋徽宗時,賜高麗大晟樂,并皆世遠不可考。前明洪武時,賜敝邦八音,舞用六佾,以備先君之祭祀。其樂器始出自中國,其後多方内效造。然鄉音易訛,古尺難準。先君莊憲王有聖德,獲黑黍古玉之瑞,以定雅樂,第未知當時中國樂器盡合古律,而以土出秬黍準之,則果無差謬於書記所傳。"亨山離椅俯躬曰:"東方聖德之君,願聞貴邦樂歌數章。"余於《夢金尺》《龍飛御天》諸歌,未能倉卒誦對,且未知忌諱與否,因爲他話,則亨山亦不更問。

鵠汀問曰:"貴國音調如何,先生能形容否?"余曰:"僕本無口才,未能形容。但知其音調舒長,節奏希闊。"亨山曰:"真君子之國也。"余曰:"鄙人初入遼東,聞路傍歌吹,尋聲入聽,觱篥一、管一、横吹一、琵琶一、月琴一以和歌,鼓碗大鼓子以應節。觱篥聲類哨呐,横吹類敝邦羽調，倍清。”鵠江曰：“甚麽？”余曰：“所謂羽調，非五音之羽，乃調名，故亦號雨調，敝邦俗樂。又有界面調，乃羽調之翻音也。倍清者，凡言律皆稱清，又非清濁之清。倍清云者，如言倍高於本律也。”鵠汀曰：“這是本律之半也。”余曰：“昨聽皇上御前鼓樂，則亦類遼東所聽，又有鉦鉢以節之，未知是雅樂耶？何其音調之太高而節奏之太數也？”亨山曰：“先生昨日入班乎？”余曰：“不入班，但於墻外聽之。”亨山曰：“此非雅樂，乃聽戲時一本樂也。雅樂無鉦鉢。”

余問：“雅樂如何？”亨山曰：“概沿前明之制。大朝會，用樂工六十四人，引樂二人，簫四人，笙四人，琵琶六人，箜篌四人，筝六人，方響四人，頭管四人，龍笛四人，杖鼓二十四人，大鼓二人，板二人。協律郎先期陳懸於丹墀，鑾駕將出，雲麾仗動，則協律郎舉常，唱：‘奏《飛龍引》之曲。’俟五雲駕座，常偃樂止。鳴贊官唱：‘鞠躬。’協律郎唱：‘奏《風雲會》之曲。’樂作，百官拜叩，畢，興，樂止。和碩親王升殿，國公、閣輔隨升，協律郎唱：‘奏《慶皇都》《喜昇平》之樂。’今其號名雖殊，工器不易，音調無改。”余問：“樂工服色如何？”亨山曰：“曲脚幞頭，紅羅生色畫花大袖衫，塗金束帶，紅羅擁項，紅結子，皂皮靴。”余問：“此似漢兒制度？”亨山曰：“否也。雅樂不用綾緞錦綉蟒袍，亦不戴蕃帽。太常雅樂凡四等，曰九奏，曰八奏，曰七奏，曰六奏，禁糾淫過凶慢之聲。大祀，樂生七十二人，舞生一百三十二人，先期演肄神樂觀、太和殿。漢時甚重太常官，凡大政下，丞相、列侯、九卿議，博士未嘗不預焉。如公卿將相列名上請太后廢昌邑王，奏曰‘臣敞等謹與博士議’云云，此天下何等大事，而必先依據博士之言。位卑人微而其重如此，蓋爲其典祀天地神祇，宗廟禮樂之本。前明之贊禮，即宋之大祝。宋亦重其官，必以宰相之任子爲之，亦是古之選教胄子之遺意也。明初亦處以文學之士，後乃以黄冠羽流充之，非矣。古者官不易方，材不兼授。夷禮夔樂，各效一職，專精會神，講習有素，以此終身。非特夷夔之終身於厥官，唯可以世其職者，獨太史與領樂之官爲然。然而後世不常厥職，上不及后夔，下不及伶人。倉卒舉職如新婦初來,姆保是憑;執旗丹墀如省曹階前樹,最爲可笑。貴國典樂之官亦當如此也。”余曰:“鄙人此來,愧乏季札觀周。”亨山曰:“敝故友陶逵章,齊人也,嘗官太常,遺僕赤蹄,爲詼語自嘲曰:‘竊愧奚唐之云立,每疑田父之紿左。’所謂林蛙論樂,梁燕誨知。”相與笑哄一堂。

亨山曰:“洪武初,置神樂觀於天壇之西,教習樂舞。高皇帝自製圜丘方澤分祀樂章,後定合祀,更撰合祀樂章,禮成,歌九章,識者已病其音律之未復於古也。詔尚書陶凱與協律郎冷謙定雅樂,又命學士宋濂爲樂章,凡園陵之祀無樂,凡郊廟樂器不徙。洪武六年,以祀後還宫時,宜用樂舞生前導,命翰林儒臣撰樂歌,以存敬慎鑒誡之意,有曰:‘朕嘗恨後世樂章虚辭頌美,此佞神乎?諂其時君乎?’於是儒臣承旨分撰《甘酒》《峻宇》《色荒》《禽荒》諸曲,凡三十九章,名曰《回鑾歌》。此可謂知樂之本,而猶未免應文之歸。至於聲律,則當時識者猶謂之全未也。又十二年詔曰:‘朕起自寒微,君臨天下,以奉上下神祇。若或不誠,非所以爲生民祈福,且無以延保靈長之景命也。昔成肅公受脤而惰,君子知其不終。故動作威儀之則所以定命也如此,而況音聲之所由起,莫不感乎至誠而發乎?謂無神而不信者,誣也;佞神而禱福者,惑也。朕設神樂觀,備樂以祀享天地神祇、宗廟之靈而已,非苟效前代帝王矯飾荒誕,以邀長年之道。此道設或有之,不過修心清净,速去疾來,使無艱阻而已。若果有長生之道,殷、周之父老何去,漢、唐之耆宿安在?’因爲刻石,立於觀中。觀乎此碑,可謂明樂之理而達道之論。然以道流提點,終非古意。則我聖祖仁皇帝以禮祀天地之備樂,協和萬方之盛典,非可使黄冠羽士所宜管領,乃悉歸之太常。且以鄭世子之精於審音而當時不能用,深加慨惜,今其《律吕精義》等書是也。大聖人建中和之德,樂入本朝始正大雅。”

鵠汀曰:“貴國樂器、樂工,當仍高麗之舊,是必崇寧所頒大晟樂也。”余曰:“即今敝邦所用,乃洪武所賜。”鵠汀曰:“洪武所賜,其實大晟之遺也。朱子謂崇寧之季，奸諛之會、黥涅之餘，惡足語天下之和哉？然宋既南渡，而金太宗悉取汴京樂器、樂工，遷之北去，改號太和樂，其實大晟樂也。及金喪亂而又復南遷汴、蔡，及汴、蔡陷没而中原舊物悉入於元。元人吴萊以爲太常所用樂本大晟之遺法，令舊工教習，以備太祀。故元之樂户子孫，猶世籍河汴。及明逐元，悉得其工器，故太常雅樂及樂官所肄猶稱大晟樂。以至隊舞百戲，率皆元舊。高皇帝一革元政，而至於大晟樂，則謂金沿宋、元沿金，其來已久，必中國之遺，故不復改創。以是知洪武所頒，本一大晟樂也。”

余問：“舊説以天子中指寸爲律，埋之土中以候氣，此理如何？”鵠汀曰：“此乃方士魏漢津取徽宗之指，以造大晟樂也。漢津，本蜀之黥卒。漢津謂聖王之稟賦，與天地陰陽爲一體，聲爲律，身爲度。乃請徽宗中指三節，以定黄鍾之律，以合天地之正，以備陰陽之和。蔡京獨奇其説，諂佞附會，説帝先鑄八鼐。此最可笑。古昔首出之聖王，初作斛尺，無所憑據，則適以指寸爲之律，納幾顆秬黍以準之。又當世四時之氣不失其候，所謂風不鳴條，海不揚波。其候得四時之氣，理或無怪。至若後世不念中和位育之功，衹欲以指律葭灰迎致好氣，是不識繪事後素之義，而所謂不揣齊末。假令候得氣至，未知所至之氣果屬何氣？況人之指節長短不齊，則崇寧指尺既長，而樂律遂高。漢津大懼，潛謂其徒任宗堯曰：‘律高，是北鄙之音也。鎮北鼎溢，天下其將有變乎？’樂既成而遂有靖康之禍，聲之不可誣也如此。漢津小人，雖有審音之才而無作樂之德。當時士大夫又無漢津之才而顛倒阿附，則朱子斥以奸諛之會、黥涅之餘者，是也。”

亨山曰：“不然。冷謙所定樂舞在洪武六年，與大晟律大相不同。大晟迎神，初奏爲南吕之角，是大吕之變調也。洪武所製爲太簇之羽，是中吕調也。冷謙七匀，自太簇、夷則、夾鍾、無射、中吕皆正調，而惟清黄鍾、清林鍾爲變調。本聲重大，爲君爲父；應聲輕清，爲臣爲子，故曰四清聲。苟不用四清聲，是無感應，君德亢而臣道絶,父政竭而子職闕,漢津之律每下古制二律,其林鍾爲宫者,商、角爲正調,其餘皆屬變調;南吕爲宫者,惟商一音爲正調,其餘皆屬變調。是七匀之中,變者居五。論者以爲,君道微細而民神事物靡然不振,是真亡國之音,哀淫怨咽,不堪久聞。宋潛溪謂漢津製樂爲亂世之音者,是也。朱子稱建陽蔡元定匀調候氣之法,縝密通暢,其考證禮書樂制、樂舞、鍾律等篇,大率本之蔡氏《新書》而互演之。然朱子於音律不甚明白曉解,傅信蔡氏,所謂先入之見。其斥漢津,亦非審音而知其善否,但爲其蔡京之所主張,故攻之不遺餘力。元定書未能驗之行事,漢津樂皎然驗之當世,後之論説者易以指摘也。其實蔡氏曉律勝於考亭而未免穿鑿執拗,漢津審音精於元定而出於附會諛佞。及冷謙定樂,雖曲襲其舊而其聲則非宋元之律也。敝參修《會典》時,考究諸家,洪武所定實與大晟大异。王老爺所論貴邦洪武所頒爲大晟之舊者,説得非是。”鵠汀曰:“豈其然?”亨山笑曰:“即然。”

亨山曰:“大率中原樂工亡於晉,樂器亡於隋。雜劇百戲之亂雅樂,唐玄宗當爲罪魁。”余曰:“願聞其説。”亨山曰:“春秋之世,天下雖喪亂,去古未遠。秦漢以來,雖大難數起,禍自中作,工器未遷,典刑猶存。有國者捨干戈則先索笙鏞,故伶官、瞽師必與代俱興,風塵甫清競抱其器就廩於官,子孫傳業,手口從心,見聞習熟。及晉氏播遷,五姓交亂,四海分崩,太樂細伎流離塗炭。而石氏據鄴,則銅爵清商飄零已盡。慕容超獲李佛太樂,贖母於姚秦,而舊工已亡。宋武入關,其所收可知,而又其蹌踉東還,其所遷亦可知也。故敝嘗謂中原樂工亡於晉。

“《隋書》所載歷代銅尺十有五:周尺、漢之劉歆銅斛尺、東漢建武時銅尺、晉荀勖律尺、祖冲之銅尺,莫適所用。所謂周尺,最不可信。新莽十五年中,凡所製作,必仿周爲名,已多虚僞;而又復師心,朝作夕毁,尺度無常。後世名爲周尺者,往往歆、芬輩僞造。而宇文氏又一假周,則其所寶藏旋爲隋有。文帝本不好學,性又不善音樂。

既得天下，不可不勉强立樂，而當時沛國公鄭譯妙能知音，言古樂十二律旋相爲宫，各用七聲，世莫能通。先是，周武帝時白蘇祇婆，龜兹人也，善琵琶，一匀之中，間有七聲。所謂婆陀力者，華言宫聲也；鷄識者，華言南吕也；娑識者，華言角聲也；侯如藍者，華言應聲也，即變徵也；沙獵者，華言徵聲也；般贍者，華言羽聲也；利箑者，華言變宫也。譯乃推演其法爲十二匀八十四調，又於七音之外，更立一音謂之應聲。譯本無賴傾巧之士，賣國反覆，文帝始悦而終惡之。譯之法雖似得之，然本出彝樂而翻之，故律稍高厲。萬寶常所造諸器率下鄭譯二律，其聲淡雅，則又不爲俗耳所悦。故二人者俱不能以其術得志於當世。何妥、蘇夔、牛弘輩各立朋黨，而何妥阿帝，言黄鍾者象人君之德。帝悦其言，止用黄鍾一宫而不假餘律。牛弘等復附順帝意，不用旋宫，又并毁銷前世金石，由是而歷代樂器典刑無徵。敝以爲中原樂器亡於隋。

“唐初，命祖孝孫定雅樂。孝孫嘗與何、蘇輩議不合，絀於隋而伸於唐，則與張文收等議定，頗號典雅。然太宗急於功利，雅不喜樂，謂無關治理。此似質而實鄙，殊不識禮樂爲致治之本，而認作俳優悦耳之具。張文收又阿世，作《河清景雲歌》，仿《朱雁》《天馬》，名《燕樂元會》。而唐世雅樂，不過應文備數而止耳。及玄宗善曉音律，則更置左右教坊，謂之皇帝梨園弟子，身率樂工、宫女自教之。天寶盛際每酺宴，雜陳高昌、高麗、天竺、疏勒諸部，以至舞象、舞馬，於是歷代相沿之法部架領，掃地盡矣。未幾，禄山之禍遂令塗炭。此唐玄宗曉音之罪也。”

余問：“《霓裳羽衣曲》如近日所觀《西厢》雜劇耶？”亨山曰：“然。《霓裳羽衣》十二遍，世傳河西節度使楊敬述所獻。帝得之甚喜，遂自演之，是爲後世雜劇之始。其聲緩哀靡靡。”

余曰：“宋以仁厚立國，崇寧以前，雅樂當有可觀。”亨山曰：“此和峴所定雅樂，宋太祖時，以周王朴所定律尺較西京古石尺差短，故樂聲高，不合中和。乾德四年，詔峴仿古制造尺，史言和峴雅樂，音調和暢。然此阿世附時之言也。得國纔閱歲耳,有何深仁厚澤,光被四表,致其民物之雍熙乎？和峴所謂以揖讓得天下,爲玄德升聞之舞,一行十六人,爲八行,以倍八佾,尤爲可笑。玄德升聞,則虞賓何在?”鵠汀亦大笑,援筆疾書曰:“在於房。”

亨山曰:“大抵帝王不可不曉樂,亦不可曉樂。不曉樂則如隋文帝、唐太宗,可謂致治之主,而雖勉强立樂,其本領陋甚;如唐之明皇、宋之道君,素號知音,而天寶、靖康之亂,所召者何等也？大約樂之德如候蟲時鳥,樂之才如市井,樂之事如史,樂之名如謚。”余曰:“何爲是蟲鳥?”亨山曰:“螽斯、沙鷄本爲一蟲,黄鳥、倉庚元是單禽,隨時變化,鳴聲各异。”“何謂是市井?”曰:“市可以觀和,井可以觀序。以物交贄,兩意相當,市道也;後至者不怨先來,列器待次,滿志則止,井道也。夫史體質直,謚著褒貶。”

亨山起,開小皮箱,出黑紙小扇以示余,意像陶然。又出小小瓷盒,列置桌上,莫曉其意。逐盒開視,滿貯石緑水碧,乳金泥銀,據桌展箑,畫老石稚竹。余曰:“鄙人不料先生有龍眠高手。”亨山曰:“聊以寓意耳,何如?”余曰:“自蛇跗蜩翼,便有千尋之勢。”亨山大笑,因自題“緑竹瞻君子,卷阿矢德音。揮毫開便面,握手得同心”四句,又印名字小印於他紙,割付左傍,摺叠以贈余。

余曰:“古樂終不可復歟。”鵠汀笑曰:“先生亶好泥古之論也。大約世之論樂者,論律不論詩,論詩不論德,論德不論世,論世不論風,論風不論運,紛紛然徒尋上黨羊頭山黑黍、秦淮葭灰,而樂終不可得以古雅矣。旋宫起調之法,前説已略陳鄙見。而至於歌詩,古人由中之語,不得已之事也。如歡愉者之不得不笑,悲慽者之不得不哭,饑者之不得不號食,渴者之不得不喚水,無虚僞假飾,無勉强苟且。其感於心者,雖不無樂極則淫、哀過則疚,然亦莫不由中而出,所謂‘《詩》三百,一言而蔽之,曰思無邪’者是也。尹大人市井之喻,深獲樂情。兩相貿遷,争其錙銖,有不滿志則交易不成,未有脅人勒市者,和之至也。故三百篇,皆交感之所由作也。以上論《詩》。

雖然，維天執競比之敉天賡載，則真樸少遜，辭華太勝。至若漢魏樂歌，自《安世房中》《朱雁》《天馬》、三祖詞章，其極意鋪述，果如維天執競之比乎？譬如聽訟，理直者貌毅而氣充，辭簡而音暢；理曲者容怍而色厲，語絮而聲哮。後世詞臣之杜撰，專出乎矯誣諛佞，則已不勝其德之慚而聲之屈矣。無論神格人和，其工歌之際，無异不歡强笑、不悲强哭，其感乎心而發於聲者，謂當和暢乎，愧屈乎？其咏言者如此，則其依永之聲可知也；依永之聲如此，則其和聲之律可知也。愚且未知西山蔡氏所謂元聲，將何從憑尋，將亦在律乎，在德乎？此爲德爲本而詩配之，聲爲主而律次之也。以上論德。君子創業垂統，未嘗不建萬世不拔之基，如周公之治魯、太公之治齊，然亦無奈乎末孫之不肖，則二公俱有所論。其世既坐致百世，則樂亦將不勝其變遷矣。以上論世。至於風，四方各异，所謂‘百里不同風，千里不同俗’者是也。故刑政之所不及、口語之所難喻，惟樂能宣。幾之神而用之妙，風動而光被之，鼓舞於不知不覺之中，其功化之速。至如兩階舞羽，七旬格苗，雖謂之移風易俗，一變至道可也。然其實南方之柔、北方之强，不可易也；鄭聲之淫、秦聲之夏，不可變也。是乃土之聲而氣之禀，則聖人亦無奈乎風之所异，故曰放鄭聲而已矣。以上論風。聖人之所未可能者，運也。盈虧消長者，天之運也；孤虚旺相者，地之運也。久則思變，舊則思新，窮則思通，此運之際也。佛氏所稱七日劫，吾儒謂之五百年之期。聖人生值其際，則順其時運而財成輔相而已。夏之尚忠，殷之尚質，周之尚文，嬴氏之罷封建、壞井田，爲千古罪案，然其實時運之所不得不然。芻豢，人之所同嗜也，至於久病之人，雖全鼎大美，聞臭虚嘔；雖草根木實，欣然接味。雖有善唱，一曲恒歌則座者皆起。法久弊生，不知更張者謂之膠柱鼓瑟，此乃人情之所同然。故治非堯舜，則雖有《韶》舞，嚮背之間，神人難和。此聖人無奈乎世運之循環也。以上論運。且夫文字之生久矣，夫子之删述，即天地時運之一大變，固夫子不得已之事也。自夫子殁而百家之言紛然雜出乎其間，其書滋多而人自師心。雖五尺之童,徑造乎天人性命之窟,而六藝之學視爲弁髦,則師道遂廢。師道廢而古之司徒之職、典樂之官,爲虚位癏曠、苟然徒説而已。由是而樂歸於伶人賤工、子弟之聰明秀俊者,虚度其舞勺、舞象之年。雖上弦下管、八音克諧,固不識何者爲宫羽、何者爲鍾吕。閭里之間,設有耽嗜音律,彈弄琴簫,率不免浮浪破落之歸,則子弟之所耻,父兄之所禁,鄉黨之所賤,古聖人陶鑄至治之神機妙用,專責於伶人賤工,萬萬無此理也。"亨山曰:"説得是。周時以舞教國子,令大胥正舞位,小胥正舞列。此法至漢猶存,卑者、賤者之子,不得舞宗廟之酎,凡取舞生皆二千石至六百石、關内侯至大夫之適子。是猶去古未遠,故其選之精而教之豫也如此。"

余問:"七匀、十二匀,何謂也?"亨山曰:"匀者,齊也,調也,如言韻也,如作詩者之言四韻、八韻、十韻。七匀者,七聲之一韻。十二匀者,十二律之一韻也。古無韻字,故稱匀。"

亨山問曰:"貴國有《樂經》云,然乎?"余曰:"此齊東之語也。中國所無,豈合在外?"鵠汀曰:"此未可以有書。世恨《樂》書入秦火,然愚謂中國初無《樂經》。"余曰:"史傳箕子避地朝鮮,携《詩》《書》,禮樂,醫巫、卜筮、工伎之流五千人從之,與俱東出,故謂六藝全部獨漏秦焰而流傳敝邦也。"鵠汀笑曰:"是本中州好奇之士傅會爲説也,如馮熙之古書《世本》是也。所謂箕子朝鮮本者,箕子封於朝鮮,而傳《書》古文,自《帝典》至《微子》,其下祇附《洪範》一篇,而八政之下添多五十二字。顧亭林《日知録》據王秋澗《中堂事記》,已辨其僞撰。"余曰:"鄙人自入瀋陽,逢秀才則輒問敝邦古文《尚書》,蓋爲箕子東出時所携,或衛滿所持。衛滿雖自椎結爲蠻彝服,亦自豪杰,其黨數千人亦不無儒士避秦抱經而從者,理或無怪。然高句驪本尚武力,喜鈔略,設有遺經,不知尊尚。且屢經喪亂,東方千餘年來未聞有《古文尚書》。"鵠汀曰:"先輩朱錫鬯辨之矣。《周書·孔安國序》曰:'成王既伐東○(一點夷字,對余故諱之,而大約盡諱胡、虜、夷、狄等字),肅慎來賀。王俾榮伯作賄肅慎之命。'其傳曰:'海東諸夷,句驪、扶餘、馯貊之屬，武王克商皆通道焉。’朱以爲《周書・王會》篇始見稷慎、濊良，未有句驪、扶餘之號，引東國史，句驪建國，始以漢元帝建昭二年。孔氏承詔時，句驪、扶餘未通中國，况克商之初乎？朱子以爲，人生八歲皆入小學，教之以禮樂射御書數之文。此論上世學校，上世安得有其文？所謂灑掃應對即是禮，咏歌舞蹈即是樂，射御書數，推此可知。謂之教六藝之事則可也，謂之教六藝之文，則此由後世臆説。上世侯以明之，撻以記之而已，孔子曰‘遊於藝’者是也。又曰十有五年，則自天子之元子、衆子，以至公、卿、大夫、元士之適子與凡民之俊秀，皆入大學。説得是。其言教之以窮理正心、修己治人之道，此由後世臆説。講習六藝，是皆窮理正心之事，古人篤於躬行則自然心得，十五以前安可草草學六藝之文？十五以後便捨六藝，徑先理會於修己治人之道乎？未知上世何許道學先生坐在州校里塾，開何等理學全書，教如此是形而上者、如此是形而下者。十三舞勺、十五舞象、二十舞大夏，恐是上世小、大學次第不過如此。後儒不識上世元無六藝之文，開口罵秦，輒疑火前全經流落海外，好個歐九《日本刀歌》，尤爲可笑。大約盈天地間事物，不離形色情境也。試以六藝觀之：禮者，履也。履必有迹，正己而發，此射之形也。執轡如組，兩驂如舞，此御之法也。一與二爲三，自此以往，千歲之日至可致，此數之術也。書之六義，象形爲多。惟樂也者，有情有境，獨無其形。凡有形者，粗迹也，皆可以言語形容、文字記述；而無形者，神用也。風諭於渺莽之際，動蕩於慌惚之中，其藏也寂然，其發也翕然，嘉會似禮，命中似射，調匀似御，假借似書，加倍似數，繚遶乎毛髮之林，經行於血脉之腠。其來也僾然欲迎，其去也杳然難追，摸之而無得也，視之而無見也。使人筋骨酸悲，臟胃甘悦。往而復返，如有所戀；斷而更續，如有所謀。至清故無香，至微故無影，至密故無間，至大故無外，至和故無散，至雅故無色，至神故無心，至妙故無言。夫以言語之輕敏而所不能形，而况文字之糟粕乎？故敝以爲，三代以來，初無《樂經》。”亨山無數打圈，曰：“發前人所未發。《樂記》一篇，反屬笨伯。《樂記》本是漢儒浮浪之文。"

余曰："聖人著書，所以繼前聖、開來學也。夫子自衛反魯，删《詩》正禮，何獨於樂而無所述乎?"鵠汀沉吟良久，曰："斷無所述，夫子删《詩》正禮，是個樂學。樂之體寄乎詩，樂之用寓乎禮。夫以言語教人者，其物情矯；以文字教人者，其天機淺。夫樂也者，其感人速而不迫，顯而不露，深而不幽，婉而能毅，直而能曲，俯仰感慨，欷歔懇切。其入人之際，悚然以懼，慄然以警，怛然以虚，回然以思。是言語文字之外，别開難言之語、不字之文。崇高配天，卑下配地，屈伸配鬼神，循環配歲時。其潤物也，不借雨露之澤；其曉人也，不待日月之光；其鼓動也，不争風霆之疾；其漸漬也，不效江河之浸。金、石、絲、竹、匏、土、革、木之聲，非孝、悌、忠、信、禮、義、廉、耻之行，而口之所吹，指之所彈，臂之所揚，脚之所踏，四端油然，七情汗然，是孰使之然哉? 故人之四肢百體，不言而諭者，此之謂也。蓋上世文書未廣，街歈巷謳，收入學宫。字而句之，被之絲竹。故古者大學教人，未必方册，咏歌、舞蹈乃是學問。點瑟回琴，遺像獨存；《清廟》三嘆，文王可見。故五音者，聲之文理也；六律者，聲之志意也；异體而同歸者，聲之德行也。純一無雜，粹然彰外之謂雅。雅也者，聲之光輝也。故聖人獨留此不著之書、不言之旨，使人自得之，上者知德，下者知音，是乃聖人繼往開來之意也。敝以爲初無《樂經》。"

余曰："六藝之無樂書，既聞命矣。還有其譜否?"亨山曰："可惜盡焚之，古譜今無傳焉。"余問："秦火乎?"亨山曰："否也。隋萬寶常撰《樂譜》六十四卷，具論八音旋相爲宫之法、改弦易柱之變，爲八十四調、一百四十四律，終於八千八百聲。當時士大夫擯斥之，寶常竟餓且死，憤而悉焚其書。明嘉靖時太僕丞張鶚所著樂書，一曰《大晟樂舞圖譜》，自琴瑟以下諸樂逐一作譜，一曰《古雅心談》。同時有遼州同知姚文察所著樂書，《四聲圖解》《樂記補説》《律吕新書補注》《興樂要論》，其後有《律吕精義》《五音正義》《樂學大成旨訣》等目，皆聲器度數之論也。琴譜有調弦、弄弦、手法、手勢，有螳螂捕蟬、平沙落雁、一竿明月、感君恩，是皆琴師口訣。”鵠汀曰：“大約樂可無譜，窮神知化，則一部羲《易》，樂之譜也；樂可無訣，觸類引長，則一部虞《韶》，自在於天地之間矣。古人叠字書盡是樂訣，如風之習習、雨之凄凄、鹿之呦呦、鳥之嚶嚶、雁之嗈嗈、狐之綏綏、雎鳩之關關、蟲之薨薨、羽之肅肅、盧之令令、鑾之將將、鑿冰冲冲、伐木丁丁，皆可按而爲訣也。”余問：“中國樂聲，一字一律否？”鵠汀曰：“否也。一字有清濁按舉之法、平上去下之异，况歌是永言。永言爲咏也。”

余曰：“子謂伯魚：‘汝爲《周南》《召南》矣乎？’由後世論之，一朝可誦，不必有問於賢子。然而不曰‘讀’而曰‘爲’，則‘爲’是弦歌之事否？”鵠汀曰：“先生説得是，發前人所未發。古之弦歌，即後世之讀書也。上世書籍，不過《易》《書》《詩》《禮》，皆藏於天子之都。夫子適周，問《禮》於老聃者是也。雖以夫子之聖，五十而始讀《易》，七十子之徒未嘗有談《易》者，所言不過《詩》《禮》，而皆口授，非若後世之日增繁文。當時所習，不越乎籩豆尊俎之間，俯仰揖讓之中，文羽武戚，朝弦暮歌而已。子曰：‘夏禮吾能言之，杞不足徵也。殷禮吾能言之，宋不足徵也，文獻不足故也。’其流來口授可知也，所謂學而時習者是也。故子謂伯魚下章禮云、樂云，又諷其本之有在乎俎豆弦歌之外也。《關雎》之爲詩也，丁寧反復，誠懇惻怛。流出於心之德而愛之理者，蓋其辭旨也；樂而不淫、哀而不傷者，蓋其聲音也，故曰‘師摯之始、《關雎》之亂，洋洋乎盈耳’者是也。後世之爲《詩》也，廢弦歌而臨方册，由是而聲與詩判而爲二，則朱子注《詩》，鄭、衛之風盡歸之淫奔之科，此諭義而不諭聲之過也。男女私悦，惟恐人知，豈有沿道歌呼，自述其醜亂之行乎？然則夫子之答顔淵，何不曰‘放鄭詩’而曰‘放鄭聲’乎？故若以鄭聲歌之，則《摽梅》《野麢》當屬淫詩也。且夫聲，審之目乎，審之耳乎？學士大夫究竟本原，邂逅仿像於作樂之理，則乃復特地尋律於目剽之中。古之聖人竭力於耳，今之君子乃欲一朝得之於目，是不識朝弦暮歌之爲何等工夫，而閣廢聲律，徒讀於紙上，此有宋諸大儒開口談律，不識審音，反爲樂工之所笑,卒不免固陋之歸耳!”

余曰:“秦、漢以來,非但難復古樂,雖時運好還,亦無作樂之人乎?”鴟汀曰:“何爲其然也? 當周之衰,文之弊極矣。及諸侯强大,争尚武力,所以虚館設席、分庭抗禮者,皆權謀智術之士。由是而百家之言,縱横雜沓,各是其説,各私其學。然要其歸趣,未嘗不本之仁義,假經術而爲説。身離校宫,紛紛攘攘,禮樂之理,徒設於口,而不習於體。尊俎之容,日去於前;笙鏞之音,日遠於耳,不可斯須去身之實。徒爲虚器,不復服習,此浮文明理者之過也。人情不得不厭文思質,惡華取實,疾奢尚儉,憎繁想簡,則爲天下者,使其黔首之民,驅而納之黑暗愚樸之域,未必非古聖人致治之要。其燔燒坑殺,在秦則固不免失策,而在漢則儘爲幸矣。又劉、項之間,天下之子弟肝腦塗地。其幸而得脱於鋒鏑之下者,始能人含其聰明,舉全固有之天常,是乃時運一大好還之期會也。當此之時,刑不過三條之約,則法不甚密矣;争功者擊柱醉呼,則臣不甚抑矣;朝廷之上多木訥長者,耻言人過失,則俗不甚薄矣。豪右兼并者,死亡流離,土無常主,則天下之田,始可并矣。文、景之際,漢興四十餘年,休養生息。阡陌之間,馬畜成群,太倉之米,陳陳相因,則郡縣之學校,可以設矣。學士大夫猶能屈首於博士之家,則容有可教之地,此無他。漢初挾書之律,久猶未除。天下圖籍都在相府。百姓徵信縣官,而處士莫敢横議。”余笑曰:“此乃段師遣康昆侖,十年不近樂器,使忘其本領。”鴟汀曰:“是也。希世之如叔孫通者流,當在遠佞之科,年少聰明,更得如鼂錯、賈誼等百十輩,塞其目不令見他書。乃以律吕像文學,弦歌諭行誼,一揚手而遠之事君,一蹈足而邇之事父。夫然後立魯之兩生爲司徒之職,未必非作樂之人,而復使兩馬輩列之學宫,未必非作頌之才耳。第未知何功可紀,何德可述,而猶賢乎唐宋之作,全無可像也。”余曰:“兩馬取其文辭否? 賈誼、鼂錯亦豈下於兩馬哉?”鴟汀曰:“非但取其文章也。古者律曆皆隸太史,漢《律書》其始不言律而言兵,不言兵之用而言兵之偃。樂之於兵亦遠矣,然以爲天下富庶，百姓嬉遊，此和樂之本也。蓋亦深達制樂之意。”

余曰：“漢之有天下，若是其盛乎？”鵠汀曰：“先生是何言也？何先生之小覷漢家也？敝以爲漢高功不讓武王、德不慚周室，但所少者，西伯之世家、周公之叔父、召公之大臣、天禄之八百、仲尼之遺民耳。夫三代之際，天子之所以制治者不過千里。千百諸侯各治分地，自非大奸宄，無所關於天子。天子者五載一巡狩，同律度量衡而已。自非大不軌，青陽左個，穆然垂拱，夫復何爲哉？上下維持，强弱牽制，所謂蟲之百足，至死不僵也。秦漢以來，提封萬里，匹夫匹婦之饑飽寒暖，都係天子之一念。一念之差，土崩瓦解，曾無門庭之限。雖以苻堅之强，竇建德之量，得天下半而一朝身擒，興滅勃忽。尺土一民必歸一人。自非大歷數，無以享延；自非大制度，莫能鎮壓。其難易之驗，古今之勢异也。當周之興，前乎夷齊者，太伯、仲雍，後乎夷齊者，管叔、蔡叔也。漢家之起亦有是否？第高帝有其功而無其心，文帝有其德而無其學，武帝有其志而無其識。可惜未央宫全不築址，不揀面勢。土一團，石一塊，且不任工手，忙築數仞糞土墻，囫圇耐住四百年。譬則田舍翁，黄蘼麥飯適口充腸，都不聞紅雲社中風味也。雖然，三老董公賢於吕尚，縞素一檄勝於《秦誓》。”余曰：“先生所論漢功過矣。初無拯救斯民之心，乘醉妄呼，不過見阿房宫起，意乃群盗之桀黠者，安可與周德比隆哉？若執成迹而論功，則古來亂世之奸雄，皆可有辭於後世矣。天下既定，雖不無一二可像，亦不過推時利害，占得便宜而已。所謂侯門仁義，曷足貴哉？項羽之爲漢驅除，放殺義帝，天也。若使項羽留此一段難處之事，漢王還能三分有二，俯首屏氣，執玉帛死生之物於義帝之庭乎？”鵠汀大笑曰：“請先生息怒。”余大笑曰：“鄙人元無可怒之事。”鵠汀曰：“使漢王服事義帝，此先生充類至義之論也。三代以上不可不論德，三代以下不可不論功。觀乎天命所篤，短長可占。周漢之德，雖未可同日而語。若又較之欺孤寡取天下，豈非霄壤之分乎？故歷祚短長，視功多少，魏、晉報復，固有先輩之論；而唐、宋之有天下，曾不數傳。禄去王室，大亂輒生。自天寶以後，可謂國不國、君不君矣。較之兩漢，若哀若靈，猶能君綱在手，金甌無缺。是在得國之正與不正，而天命之篤與不篤，足可驗矣。且義帝存，然後漢之功德，當益光顯。當時援立，不過項氏一時之權宜，適出居巢老人之拙計。則風塵之際，造次名分，非可論於草昧英雄。其縞素聲討，譬如兩造對訟，分外瑕謫。假令漢高敗死濉水，不過綱目書例稱。義帝元年，漢王劉邦起兵討項羽。不克，死之，充類至義，則立箕若微，退處藩服，不害爲殷室之純臣；寢處淚痕，終畏天威，不害爲更始之賢宗。然而不詰清宮之興居，反遂移罪於成濟。平心徐究，則項家所尊，於漢何有？即義帝在封之江湘百里之國，爲賓於漢，不害爲四百年第一盛德事，其處義帝亦何難之有？且後世君子立論務高，耻言漢唐，漢德遂卑，無人咏嘆。然漢世諸帝率能傳家孝友、用人則先循吏、導民則獎力田，此三者，天下之大本而歷代之所罕也。汲黯之守正、霍光之輔幼、子陵之高尚、黄憲之範俗、諸葛之出處、河間之好禮、東平之樂善、天下之元氣而歷代之所不及也，凡此數事者，質直忠愨，真意藹然，所謂能合心之德而不失乎愛之理也。是皆作樂之實而有足以咏歌感嘆，立一部《大雅》，宜無愧色也。天下生靈，習熟於漢，故久而能思。劉淵假漢，繼安樂而立宗廟。劉裕入關，父老説其十陵。劉知遠劉龑，猶藉金刀以立大號。此雖不足有無於前漢，而民彝缺，不似他家一敗塗地也。"

是時日已嚮夕，而盡日所飲，各已十餘杯。亨山自午於椅上熟寐，鵠汀頻拔刀，割羊大嚼。又數勸余，而余甚嫌其臊，惟啖餅果。鵠汀曰："先生不嗜齊魯之大邦耶?"余笑曰："大邦膻臊。"鵠汀有愧色。余亦覺其觸犯，即墨抹之。因謝曰："鄙人愛非子貢，情同王肅。"齊王肅初入魏，不食羊肉，常飯鯽魚。高祖問："羊肉何如魚羹?"肅對曰："羊比齊魯大邦，魚比邾莒小國。"彭城王勰曰："卿不重齊魯大邦，愛邾莒小國，明日爲卿設邾莒之食。"鵠汀見余不食羊肉，本譏余出自小邦，不識大邦之味。及大邦膻臊之對，還觸所忌，故有愧色。

鵠汀曰："高麗公案，公知之乎。"余曰："此載《東坡志林》。高麗無罪，而東坡最憎之。高麗名臣有金富軾、富轍，慕蘇爲名，而坡殊不知也。"鵠汀曰："子瞻上札論高麗入貢，無絲髮利而有五害，請勿許買書籍。然《册府元龜》，其時所出，貴邦廣爲綉印否?"余曰："東坡札論未免失言，小國慕華而來，大邦何必曰利?"鵠汀曰："然。宋政和中，升高麗使爲國信，禮在夏國上。改引伴、押伴稱接送館伴，而高麗事遼臣金，多負中國禮意，宋高宗甚恨之。高麗貢路常由明州、明越，困於供給，中國所以館遇燕賚之費以巨萬計，淮浙之間騷然。昔荆南高季興，五代時節鎮也。當時雄據一州者無不自霸一方，而高氏謙卑，利其錫賚，遍向稱藩，故時人目之爲'高無賴'。宋時，淮浙亦號高麗爲'高無賴'，蓋苦之也。蘇氏五害之論有以也。故御史胡舜陟及侍御吴芾皆論之，非但以靡弊爲言，蓋憂其窺覘虚實，爲金之間也。"

余曰："是誠冤枉。東方慕華，即其天性也。考究二十一代史，號爲新羅、高麗，上下數千年間，有夫一驚邊上之塵者乎？朝鮮殺漢使者，即衛滿朝鮮，非箕子朝鮮也。隋唐拒命，即高氏之高句驪，非王氏之高麗也。中國史傳，輒皆去句省馬，通稱高麗。是王氏立國之前，已有其號也。後先倒置，名實混淆，足爲寒心。我東三國時，新羅最先慕唐，以水路通中國，衣冠文物悉效華制，可謂變夷爲夏矣。《王制》'東方曰夷'，夷者，柢也。言仁而好生，萬物柢地而生，故天性柔順者是也。高麗繼新羅，延歷五百年間，不無六七之作。雖其繼體時有粃否，然不替慕華之誠。至發於夢寐，得中州好文，必盥手而讀之。二醫之還，密輸陰雨之戒。凡此數款，史不絶書。其乃心中華誠切尊攘，足可表見矣。當時士大夫不諒高麗之本心，反疑强鄰之間諜，不亦冤乎？建炎天子自昧復雪之大義，輕信應誠之迂計，欲借捷路，潛圖竊負，而卒符翟帥之先見，則乃及致憾於弱國。愚謂此非高麗公案，乃高麗冤案。王氏本爲契丹所隔斷，通貢無路，雖不來庭，亦非汴京聲教所能坐致。然而梯航萬里，不憚險遠，尋新羅之舊迹,履不測之鯨鱷。前檣摧覆,後棹繼至,達其忱誠於萬死之餘,此乃陪臣之常職,豈敢規利於大邦哉?不腆之土物,不足以備天子之庭實。然以今想古,侯度不愆。何黄何纁,筐之包之,拜送於庭,悃愊無華。此乃慕華之誠,豈爲要寵於上國哉?高麗雖國小民貧,其紅稻香粳足以供粢盛,其絲麻足以備祭服。鼓山煮海,不藉他邦,安敢饕冒上國之餼廩,瀆擾天子之有司哉?宋之諸帝,不惜館穀之費,所以柔嘉勞徠之意,有加他邦,爲其久傳箕聖之教。素號禮義之邦,而接遇甚盛,可見中州藪藏海納,萬物攸歸也。安有四海之富而惜費於一介之使,天子之尊而計利於玉帛之會哉?子瞻學識淺短,不知厚往薄來之意,遽發絲利五害之論,有若商賈互争長短,是以市道交於四方,而絶萬國來王之心也。鄙人嘗謂軾之此札,羞辱當時之朝廷也。"

鵠汀曰:"先生説得是。雖然,由後世論,則大體却乖。自當時計,則慮得深長。朱子以蜀洛之故,其極詆子瞻有甚於孔文仲之謗程子爲五鬼之魁。秦觀、李薦之徒,目之爲浮誕輕佻,以南軒交誼,推尊張浚。君子之不黨,亦難矣。今先生挾朱子定論,其斥蘇更嚴於朱子,未免爲高麗逞憾。"因大笑。余亦大笑曰:"訟冤則有之,何爲逞憾?"鵠汀曰:"聊相戲耳。千古公是公非,人情大同。孰令勸之?孰令沮之?"余笑曰:"黨同朱子,固所甘心,而對面錯過,蜀黨儼臨。"鵠汀大笑曰:"不是不是。民睥朱門之子路。"余曰:"在門墻則麾之。"鵠汀曰:"黨同朱子,漢兒希世,漢兒文弱,朱子分過。"余曰:"朱子千古義理主人,義理勝處,天下莫强,何憂文弱?"鵠汀裂"漢兒希世"投爐中,曰:"不必索言,自當理會。"

鵠汀曰:"《弘簡録》群書目,列鄭麟趾所撰《高麗史》。先輩顧寧人,稱其得史家體,而恨吾未之得見。無錫王晏所抄《高麗紀略》,斥外國,不識大一統之義。其建國之始,紀年繫事,首揭賊梁僞號。"余曰:"高麗初興,實在朱梁貞明四年。中國既無一統天子,則外國紀年,將於何附見?"鵠汀曰:"亂臣賊子何代無之?而其僞定一時者,猶皆依仿先王，而朱温本末純是盜賊，以其簒奪次序尊爲帝統者，獨司馬光一人以孔明正大光明之識，謂劉豫州帝室之胄，則當時聞見之確，豈適後世圖譜之比哉？後之作史者，不徵信於孔明，而將安所取義？寇者，潛入他人之室而竊偷之謂也。孔明，帝室之宗臣。自入其室，逐捕他盜，天下何人道個不字？若諸葛子爲寇者，天下文書雖剔盡義字，不妨吃著。其言昭烈，雖云中山靖王之後云者，尤令人氣短。雖云者道聽途説，邂逅未定之辭也，有誰云之？朱温云然乎？李昪本是權臣之假子，巧圖楊徐之基業。及其得志也，又耻簒奪之迹，背義父於既骨，托鼻祖於文皇。天下姓李，非獨隴西，柩前稱嗣，邈佶猶然。乃爲予統於賊梁，援而比之於堂堂帝室之胄。抑何肝膽，以爲朱氏代唐。四方幅裂，朱邪入汴，比之窮、新，致恨於運歷年紀之不數。《綱目》書例雖是大居正，猶不若益都鍾尚書羽正得其權衡也。其正統論，峻斥司馬、歐陽之非，以爲三代及漢唐宋正統也。正而不統者，東周君、蜀漢昭烈帝、晉之元帝、宋之高宗也；統而不正者，秦始皇、晉武帝、隋文帝也。雖非正統，而天下無久虚之理，則作史者不可不予帝。至若曹丕、王莽、朱温，義既不正，勢又不一云云，而猶不若長洲宋實穎黜梁紀年之嚴，以爲王莽不得書'新'，禄山不得書'燕'，則全忠凶逆，誰得書'梁'？况當時晉、岐、吴、蜀移檄興復，則唐室未亡也。共稱天祐，至於二十年之久，則唐室猶存也。晉雖唐室之賜族，乃以諸侯之宗盟，君仇國賊，手自誅剿，則是天下未嘗有全忠之梁也云云。當時外藩不識中州共主之真僞，或由慕華誠切，或由自衛境土，或由援結大國，以自鎮衆，扶服稱藩，奉其年號，事理無怪。但由後世作史者論之，真僞較然，得失著明。中土文書，歲渡鴨水，教遵太師，學宗紫陽。禮義著稱，由來千載，春秋之義，責備賢者。"余曰："雖以温公之賢，黜陟之際猶有此失，况外國乎？敝邑雖同内服，而猶於中州無异穿壁借照、隔面模真，又况見識未曾到此乎？今聞先生黜梁之論，不覺爽然自失。然則麗史王正，當係何處？"鵠汀曰："此有當時晉、岐、吴三例，考之則易定耳。"遂起，開桌上小皮箱。亨山鼾息如雷,時時頭觸屏風。鵠汀笑而大聲高咏曰:“木枕十字裂。”亨山鼾息即止,須臾更鼾。余乃大咏“木枕十字裂”。鵠汀手拿小册,瞠曰:“會也!”謂能爲漢語也。小册即舉子抄集便覽歷代紀年。鵠汀披閲後唐莊宗紀年,自同光元年甲申,逆數至梁均王友貞貞明四年,曰:“高麗建國似在唐昭宣帝天祐十五年戊寅也。天祐四年,全忠廢帝爲濟陰王,明年戊辰被弑,而唐之正朔猶寄於當時之諸侯者十六年,是亦‘公在乾侯’之義也哉!”

余曰:“即今海内學問,朱、陸何尚?”鵠汀曰:“都尊紫陽,如毛甡之逐字駁朱,這是天性不畏王法。駁朱,合處少,拗處多。其合處未必有功於儒門,其拗處乃反有害於世道。欲殺者爲知己,不打則不識情。駡祖駡佛,還是愛根。毛之駁朱,雖曰自居以功臣。打得見血,孰信其愛。朱門結鄰,宜不得不忙投臨安府,告了一道狀。包閻羅不問曲直,拿了毛甡,先賞了三十竹箆。這毛甡忍過了一看不攢,都呼‘打得好’!包公大怒,更唤壯健做公的加力猛下,這毛牲終不承了。毛甡平生自認‘知我罪我在駁朱’。朱子獨於《春秋》都不著手,大是通曠。補亡一章,消受了小兒輩許多利嘴。盡去小序,未免毒遭老拳。《參同契注》。”日暮罷起,未了其説。

余自札什倫布先還寓,志亭(郝成字,號長城)迎問曰:“先生俄見活佛,狀貌何如?”余對曰:“公未之見否?”志亭曰:“活佛居在深嚴,非人人所可得見。况有神通法術,洞見人臟腑。挂一寶鏡,人懷奸淫,必青色照;人懷貪賊,必黑色照;人懷危禍,必白色照;維忠孝一心敬佛人至,必紅霞帶黄,如慶雲曇華氤氲鏡面。此五色鏡可畏。”余曰:“此仿始皇照膽鏡,以神其説。然照膽鏡亦非正史所傳,則安足信也?”志亭曰:“壁間曾無此鏡否?”余圈“五色鏡可畏”字曰:“公自無青、黑、白三心,何畏此鏡?”志亭曰:“《法華》《楞嚴》諸經偈俱嚇人,不敬此書,即有是禍,反復證難,怖畏衆生,勸歸善道,大類此鏡。鏡是不字之經,經是非銅之鏡。吾十日食淡,十日洗沐,或肝頭肺葉有一毫不齊,安知無三色發現乎?”即裂其紙投火中。又曰:

“果真切神通也。拜佛者脱帽叩頭,活佛親手摩頂,含笑則大蒙福祐,不笑則福祐不廣,合眼則其人大懼,燒香懺悔,冤痛刻骨,自然罪過消滅,再無不善。此活佛不消言談教訓,一伸手間,功果如此。和碩親王、和碩額駙,常常朝拜叩頭,外人庶品真實難見。”余因問其來歷,志亭曰:“乾隆四十年間,西方人藉藉言活佛法王現世,或言法王能知四十世前身事。即今蒙古四十八部方强,而最畏西番,西番諸國最畏活佛。活佛乃藏理大寶法王。自前明時,楊三寶、僧智光、吾鄉霞客諸人遍行西域諸佛國,烏斯藏去中國萬餘里,有大寶法王、小寶法王投胎奪舍,遞相輪換,俱有道法,生即神聖。即今活佛,乃古元時西天佛子大元帝師。去歲,内閣永公陪皇六子備法駕儀仗往迎活佛,活佛已知皇帝貴臣當來迎我,離京日子及貴臣名某,名永貴,現任内閣學士。寵臣云:所居皆黄金屋,其侈麗更盛於中國。在道多有神通。所經諸國番王,至有爇體焚頂、斷指刻膚。愚民有不孝其父母者,一見活佛,忽生悲心。父有奇疾,此子刀剔左脅,割肝頭小片燒進,病即瘳。不孝子左脅立完,轉爲孝子。已奉玉音,旌鄉復身。山西有一鄙夫世富,平生性吝一金。在途拜望,轉生悲心,遂銷十萬金,建成一座浮圖。此活佛功德大略也。遇水,不橋不舵,跣足履水,波不没踝,先在彼岸。又有大虎,伏道摇尾,皇子抽矢欲射,活佛止之,降輿慰虎。虎銜其衣裾,若有所訴,仍南去,活佛隨去。有大石竇,虎方乳,有大蛇兩頭,圍繞虎穴,欲吞其子,一頭拒乳虎,一頭拒雄虎。虎牙距無所入,悲號氣盡。活佛拄杖説咒,蛇兩頭自觸石碎死,腦中俱有大珠,光明不夜。一珠獻予皇子,一珠獻予學士。虎護駕十日,甚爲恭順。皇子欲與偕行,納圈中,活佛不可,乃止。遂戒虎有所云,虎叩頭乃去。此其法術神通也。兩珠奉獻爲乘輿物,水旱瘟疫爲秘幣,無不靈應。”余問:“活佛前生事,譬如槐葉青蟲截入蜜房爲蜂子,大松蝗斑毛若豹,蜕爲鬼車蝶,蠶爲蛾,蠐爲蟬,鳩爲鷹,鷹爲雉,雉爲蜃,鷄爲蛇,蛇爲黿,莫不變化,俱有覺性。據此化身,能知前形否?若蘧周栩蝶,夢醒各异,不相關屬,則無關輪轉。

若其洞知,果如活佛宿世,此身爲某地某氏子,今生此身復爲某所某姓兒,宿世父母,今生爺娘,如今無恙,俱大慈悲,歷歷識認,各各號喚,將誰怨恩? 哀樂何居?"志亭忽瀉淚數行,加圈"哀樂何居"字。

一日,余訪亨山,赴闕未出。亨山,名嘉銓,姓尹氏,亦寓太學中。官大理,今年春致仕。轉歷志亭炕,空無人。方旋出户,志亭出他方還,見余歡甚,握手入其炕,卸帽挂壁上,且呼茶且言:"鄒舉人,狂士也,先生切勿再見。"余問:"何謂狂士?"志亭曰:"這一肚皮都裹慷慨。與人商論,不肯下,輒善罵。或恐老爺不識他疏戇,吃他老拳。"余笑曰:"其狂不可及。"志亭曰:"如成者,其愚不可及。"相與大笑。余曰:"活佛係是楊璉後身,今將軍何故深諱也?"志亭曰:"這是鄒生狂也,借他辱他。"余謬問:"楊璉是何等辱也?"志亭慘然曰:"不忍言,不忍聞。"余曰:"如王八、馬泊六等最狠耶?"志亭摇手曰:"否也。楊是番僧,元時入中國,都發宋朝陵寢,毒於兵禍,積聚寶玉如丘山。他有秘術,有開山寶釖,念咒一擊,雖南山石椁下錮三泉無不立開,金凫玉魚托地自跳,珠襦玉匣狼藉開剥,甚至懸尸瀝汞,批頬探珠。江南人相詛盟,稱'粲獻麻楊'。今活佛番人故,所以借他一罵,非爲後身也。"余問:"這何故肆罵?"志亭曰:"這是業儒,故不服他。"余曰:"這若業儒,前者何又罵儒?"志亭曰:"這狂也。不怕天雷,不畏王法,罵聖罵佛,惟意所欲。痛罵一頓,便下頂氣。"志亭曰:"貴國寢墓之制何如?"余曰:"雖仿古禮,國俗尚儉,不殉寶玉。自公卿貴人下至匹庶,喪葬之制皆用文公《家禮》。且壤地僻隅,兵禍不頻,自無此患。"志亭嘆曰:"樂國樂土,樂生樂死。周公制禮,啓萬世盗賊之心。匹夫無罪,懷璧是罪,况帝王家乎? 不以天下儉其親,禍千古帝王之語。是以一經喪亂,無不被發。京師琉璃廠中所售古玩,皆歷代陵寢中物。即埋旋發,其埋愈久,其發愈頻,而愈稱寶器,多有十回出地者。目今雖使釋之秉鍤,劉向操簣,以葬楊侯,盗且不信。"余曰:"墓中器玩凶冥臭穢,不祥甚矣,何寶之有?"志亭曰:"是也。殷敦周彝,流毒萬古,而後世好事者,書丌畫厨,尊位嚴閣,非此等不祥之器，莫可排當。鑒賞家方以歷歷識别爲博，收藏家亦以孜孜鳩集爲趣。”余問：“將軍宅裏亦有古器可玩否？”志亭曰：“成武人，不能收買。祖世農家，無有舊物。衹剩得如掌古硯，世傳東坡手製，有元章款識。又有元豐銅造緑觚。”余求一玩。志亭曰：“這是不難，此來寄寓，實不携帶。”余曰：“愚聞吴中所出書畫器玩多巧匠贋造，然否？”志亭曰：“是也。成家所有兩器，安保非閶門濫手？成鑒識本淺，未免癡暗。”余因問：“活佛真有是行否？”志亭曰：“甚麽行？”余書“楊”字，志亭摇手曰：“否也。他真切神通。”且囑曰：“慎毋再訪。”他意鄒是危妄人也，余對以領戒。又問：“所謂喇嘛何種，皆蒙古别部耶？”志亭曰：“否也。喇嘛，西番道德之稱。所謂喇嘛者，皆僧也。目今蒙古爲僧則皆喇嘛服，京裏雍和宫所居僧皆稱喇嘛。滿漢人投喇嘛爲僧者多矣，以其衣食裕厚。大約元、明時，番王或身朝使貢，傔帶不下三四千人，入徼常得厚利，或留塞下不還。洪武初，嘗敬重番王，寵錫無比。自永樂至武宗時尤盛，留養京師諸寺。本年春間，爲創金宫，迎來活佛居之。然比諸古元前明時，則其供億殆不如也。西番諸法王，其所居殿黄金瓦、白玉階，窗櫺欄檻皆沉香降真烏木，水晶玻瓈爲牖户，而壁皆飾火齊瑟瑟。今其所居殿屋，視該土製作，猶土階茅茨也。不樂久留，請還甚固。車駕約明歲遊五臺山，當親送之山西，已有定期。善諧音占八風，能十方語。”余曰：“果能十方語，則何以重譯？”志亭曰：“雖然諧音，安能立地通義？且其來時，聞香叢薄中拔一靈樹盆栽而來。”余問：“甚麽靈樹？”曰：“此名天子萬年樹，交柯布枝皆成天子萬年字。莊周所謂三千年爲春，三千年爲秋，或曰即此樹冥靈也。”余曰：“如今閣裏梅花，結勒柔條爲横斜影。此係人巧，豈由天造？”志亭曰：“否也，葉側理皆成‘天子萬年’字。”因畫示其葉。余問：“公曾見此樹否？”志亭曰：“未見其形，衹聞其名。堯庭之蓂，楚樹之靈，四海播馨，萬國咸寧。四時長華，花十二瓣，花萼始吐則知朔月；載生明，日開一瓣，全開則知望月；載生魄，日掩一瓣，蒂落則知晦矣。故名蓂樹，又名靈樹。嘗對皇上吃茶，忽南向灑之。皇上驚問,聖僧恭對:'方見七百里外大火延燒萬家,纔得送雨救火。翌日,部臣遞奏:'正陽門外琉璃廠失火,延燒譙樓,火勢浩大,非人力可止。時方晌午,天晴無雲,忽有猛雨從東北來,即刻滅火。'蓋灑茶送雨,正值火時。"余曰:"僕未入京師,已多道聽此説。然此有欒巴噀酒已例,曷足奇哉?自皇城到此爲四百餘里,何謂七百里?"志亭曰:"是也。此足驗其神通。大約口外去京七百里,仁祖常常駐蹕口外,和碩親王、閣部大臣皆憚跋涉,仁祖時特爲剪站爲四百餘里,常得馳馬奏事。此聖人安不忘危之意也。"余語志亭:"每頌東漸之化,訖四之文教,是故樂與款語。而鄒生有所妄發,則故爲張皇,以愚余聽也。"

鵠汀筆談

昨日語尹公所,不覺竟日。尹公時時睡,以頭觸屏。余曰:"尹大人倦矣,請退。"鵠汀曰:"睡者睡,語者語,不相干。"尹公微聞其語,向鵠汀數轉云云,鵠汀首肯,即收談草,揖余同出。蓋尹公老人,因余早起,過午酬酢,其昏倦思睡無足怪也。鵠汀約明日設朝饌,要余共飯。余曰:"每談席常苦日短,明當早赴。"鵠汀唯唯。次日五更,使臣起趨班,余同起,因赴鵠汀,明燭而語。郝都司成相會,而尹公曉已赴朝也。且飯且語,易數三十紙,自寅至酉凡八時,而郝公晚會先罷。故閲次談草,爲《鵠汀筆談》。

余曰:"尹大人昨日甚倦,客心不安,得無有視日早晚意乎?"鵠汀曰:"無是。尹公每值午刻暫爲龍虎交,不欲令人見他熊鳥小數,并無倦客意。"鵠汀問:"尹公何如?"余曰:"神仙中人。先生與他舊契否?"鵠汀曰:"蓬藋桃李,門逕懸殊,此來證交一旬之上。"

鵠汀曰:"公子當精幾何之學。"余曰:"何以知之?"鵠汀曰:"頭炕奇按司盛言高麗朴公子精通幾何,稱我東曰高麗,如東人之稱中國曰漢、曰唐。諸人又或稱余爲公子。言月中有世界,當似此地;言地在太空,當一小星;言地當有光,遍滿月中,皆奇論,可謂經緯天地。”余曰：“鄙人老，實未曾窺幾何半個字。前夜偶携奇公賞月前堂，不覺奇興悠然，因此縱談不顧，乃一時談語。况此臆致，非幾何所推。”鵠汀曰：“不必過謙，願聞地光。此倘有光，未知受日爲光否，抑自發光色否？”余曰：“如夢讀緑字書，此刻并已忘之。”鵠汀曰：“愚有平生獨見之語，而亦不敢向人説道，恐令海内諸公大驚小怪。因此胎得痞結伏積證，冬夏苦劇，正恐先生感成此證。”余曰：“不如此刻道破，收幾年勿藥之效。”鵠汀摇手笑曰：“否否。”余曰：“客不先舉，禮也。”

少頃飯至，先置果蔬，次茶酒，次餅餌，次猪炒卵、煮飯，最後至粳白而羹羊肚也。中國飲食皆用箸，無匙，勸酬留連，細酌佐歡，無長匙摶飯一飽即掇之法，時用小勺斟羹而已。勺如匙而無柄，如爵而無足，形類蓮花一瓣。余持勺試一舀飯，深不可餂。余不覺失笑曰：“忙招越王來。”志亭問何爲，余曰：“越王爲人長頸烏喙。”志亭扶鵠汀臂噴飯嚏嗽無數。志亭問：“貴俗抄飯用何物？”余曰：“匙。”志亭曰：“其形如何？”余曰：“類小茄葉。”因畫示桌面，兩人尤爲絶倒。志亭曰：“何物茄葉匕，鑿破混沌竅。”鵠汀曰：“多少英雄手，還從借箸忙。”余曰：“飯黍毋以箸，共飯不澤手。自入中國未見匙，古人飯黍，將以手抔乎？”鵠汀曰：“即有匕，不若是長。飯黍飯稻慣用箸，所謂操成習，古今亦自不同。”

余曰：“鵠汀先生滿腹輪囷，定然難産。”志亭問：“甚麽？”余曰：“大驚小怪胎。”鵠汀笑曰：“合用兜羅綿湯。”志亭曰：“可謂囫圇吞棗。”余曰：“若非安期棗，無乃魏王瓠？”鵠汀大笑曰：“是也。”余曰：“還不禁遍身燥癢。”鵠汀曰：“何處更請麻姑爪？”志亭更請地光之説，余曰：“鄙人第以妄言之，先生以妄聽之否？”鵠汀曰：“不妨。”

余曰：“晝則萬物照耀，夜則群品黯黑，何也？”鵠汀曰：“此受日爲明。”余曰：“萬物自無明體，其本質則莫不黯，譬則昏夜對鏡，頑然與木石無异，雖含照性，其不能自具明體可知也。借日然後乃發光色，其反射處還生明影，水之於明亦猶是也。今夫地外環海，譬則大玻瓈鏡也,若自月中世界望此地光,亦當有弦望晦朔。其面面對日處,大水大土相涵相映,受照反射遞寫明影,如彼月光遍此大地。其未及受日處,自當黯黑如弦前初月,留挂虚魄;其土膚厚處,當如月中黯影扶疏。”鵠汀曰:“敝亦嘗妄意地有光影,與先生所論稍异。”余曰:“不必相似,願聞其説。”

志亭顧鵠汀,連道幾句“山河影”云云,鵠汀掉頭連稱否否。余問:“甚麽否否?”鵠汀曰:“先生纔説地光,郝公錯認山河影。”余曰:“佛説以月中婆娑爲山河影,是認月爲一圈虚明,如鏡照物,俯寫大地。所謂凸凹形,亦爲山河巃嵸,如畫副本,仰渲月中,皆非地月本分。鄙説月中世界者,非謂真有世界,本欲辨説地光,而無地可見則設爲月中世界,如云易地而處。設使吾人易處月中,仰看地輪,應似地上望彼月明。”鵠汀曰:“是也。先生此説,愚已明白會聽。既有月中世界則自當有山河,有山河則自當有凸凹。至遥相望,自應如此。不借大地寫得影子,第此地光云云,妄謂此非借日出影,自有本分輝映。大凡物大則神守,物久則精凝。老蚌吐珠,光能不夜者,神精所聚故也。地是可大可久,嵌空寶珠,則許大神精,自應光明。譬如君子,和順積中,英華發外,視彼滿天星河,都有出身光耀。”志亭且讀且笑,打圈於“月中世界”“望此地光”,又打圈於“地是”“嵌空寶珠”,曰:“兩個先生當不免月中一走,訟明於姮娥娘娘,是時無追郝成作證。”鵠汀大笑,打圈於“訟明姮娥”句。

鵠汀曰:“月中若有世界,世界如何?”余笑曰:“既未及月宫一走,則安能知何樣開界?但以吾等塵界想彼月世,則亦當有物積聚凝成,如今大地一點微塵之積也。塵塵相依,塵凝爲土,塵粗爲沙,塵堅爲石,塵津爲水,塵暖爲火,塵結爲金,塵榮爲木,塵動爲風,塵蒸氣鬱,乃化諸蟲。今夫吾人者,乃諸蟲之一種族也。若使月界以陰爲地,則水其塵也,雪其土也,冰其木也,其火水晶,其金琉璃。未必月世真切如是,雖鄙人情量設辭,然亦安有許大成形,比德於陽,配體於日,而獨無一物氣聚蠕化乎?今夫吾人者,入火則焦,入水則溺，然亦未嘗離火離水。以他界視此，則雖謂之居水居火可也。今夫諸蟲水居，不獨魚鱉，雖鱗介爲主，亦有羽毛之族種種爲賓。雖魚鱉置陸則死，亦有時乎深藏淤泥，是鱗介之族亦未嘗離土也。敢問職方之外，定有幾個世界？”志亭曰：“以西人所紀爲信，則果有狗國、鬼國，飛頭、穿胸，奇肱、一目，種種奇怪，非情量所及。”鵠汀曰：“不特西人所紀，於經有之。”余問：“何經？”鵠汀曰：“《山海經》。”余曰：“環此大地，定不知幾處鱗皇、幾位毛帝，則以地料月，其有世界，理或無怪。”鵠汀曰：“月世有無，不涉塵寰，則所謂越人肥瘦，無關秦人，前聖之所不論。今見先生之言，使我塵煩頓除，如坐廣寒宫，衣冰紈，飲冰漿，與伯夷、於陵揖讓先後之也。乘桴浮海，乃夫子别界妄想。若先生泠然御風，皡也不敢後仲由氏。”志亭打圈於“别界妄想”曰：“吾不辭趯趯爲兔，躍躍爲蟾。”相與笑哄一堂。

鵠汀曰：“吾儒近世頗信地球之説。夫方圓動静，吾儒命脉而泰西人亂之，先生何從也？”余曰：“先生則何信？”鵠汀曰：“雖未能手拊六合之背，頗信球圓。”余曰：“天造無有方物，雖蚊腿蠶尻、雨點涕唾，未嘗不圓。今夫山河大地、日月星宿皆天所造，未見方宿楞星，則可徵地球無疑。鄙人雖未見西人著説，嘗謂地球無疑。大抵其形則圓，其德則方；事功則動，性情則静。若太空安厝此地，不動不轉，塊然懸空，則乃腐水死土，立見其朽爛潰散，亦安能久久停住，許多負載，振河漢而不泄哉？今此地球面面開界，種種附足，其頂天立地，與我無不同也。西人既定地爲球而獨不言球轉，是知地之能圓而不知圓者之必轉也。故鄙人妄意以爲，地一轉爲一日，月一匝地爲一朔，日一匝地爲一歲，歲一匝地爲一紀，星一匝地爲一會。看彼貓睛，亦驗地轉。貓睛有十二時之變，則其一變之頃，地已行七千餘里。”志亭大笑曰：“可謂兔嘴乾坤，貓眼天地。”余曰：“吾東近世先輩有金錫文，爲三大丸浮空之説，敝友洪大容又創地轉之論。”鵠汀停筆，向志亭云云，似傳洪字與號也。志亭問：“湛軒先生乃金錫文先生弟子否？”余曰：“金歿已百年，非可師授。”鵠汀曰：“金先生字號并有著書幾篇?”余曰:“其字號并不記憶,亦未曾有所著,洪亦未曾著書。鄙人嘗信他地轉無疑,亦嘗勸我代爲著説。鄙人在國時,卒卒未果。前夜偶同奇公賞月,對月思朋,因境起興,不知所以裁之,大約西人不言地轉者,妄意以爲若一轉地,則凡諸躔度尤難推測,所以把定此地,妥置一處,如插木橛,然後便於推測也。”鵠汀曰:“敝素昧此學,曾亦一二窺斑,如服七碗茶,不復勞精。今先生所論,亦非西人所發,則吾不敢遽信爲然,亦不敢遽斥爲非。要之渺茫難稽,而先生辯説甚精,如高麗磨衲,針孔綫蹊一一明透。”

志亭曰:“如何是三大丸,如何是一小星?”余曰:“浮空三丸者,日、地、月也。今夫説者曰星大於日,日大於地,地大於月,信斯言也。惟彼滿天星宿都不與此地相干,獨此三丸自相鄰比,爲地所私立,號日月,資日爲陽,資月爲陰,譬如人家求火東鄰,丐水西舍。自彼滿天星宿視此三丸,其羅點太空,自不免瑣瑣小星。今吾人者,坐在一團水土之際,眼界不曠,情量有限,則乃復妄把列宿分配九州。今夫九州之在四海之内者,何异黑子點面?所謂大澤礨空者是也。星紀分野之説,豈非惑哉?”志亭自“信斯言”至“瑣瑣小星”亂圈之,鵠汀甚稱“奇論快論,發前人所未發”。

余曰:“鄙人萬里間關,觀光上國。敝邦可在極東,歐羅乃是泰西,以極東、泰西之人,願一相逢。今遽入熱河,未及觀天主堂,自此奉敕東還,則不可復入皇都。今幸忝遊大人先生之間,多承教誨,雖適我大願,然於泰西遠人無路相尋,是爲鄙人所恨。今聞西人從駕亦在是中云,願蒙指教,或有相識,幸爲紹介。”鵠汀曰:“此等元係監中奉敕,道不同不相爲謀。且駐蹕之地,總是日下;人山人海,尋覓自難,不必枉勞。”志亭辭晚間有冗,先起,收談草五六頁而去。

鵠汀曰:“洪湛軒先生頗能曉占乾象否?”余曰:“不是不是。曆象家與天文家不同,夫以日月暈珥、彗孛飛流、芒角動摇預斷休咎者,天文家也,如張孟、庾季才是爾;在璇璣玉衡,曆象日月星辰以齊七政者,造曆家也,如洛下閎、張平子是爾。《漢書·藝文志》有天文二十餘家、曆法十數家，判然爲二。敝友頗能留心幾何，欲識躔度遲疾而未能也，嘗斥宋景三言熒惑退舍、處士加足、客星犯座爲史家傅會。”鵠汀曰：“古之號精渾儀者，閎、張以外，有蔡伯喈，吴之王蕃。劉曜光初中有孔定，魏太史令晁崇，皆得璣衡遺法。而宋元祐中，蘇子容爲宗伯時，參考古器，數年而成。及西術之來，中國儀器盡屬笨伯，但其學術淺陋可笑。耶蘇者，如中國之語賢爲君子、番俗之稱僧爲喇嘛。耶蘇一心敬天，立教八方，年三十遭極刑而國人哀慕，設爲耶蘇之會，敬其神爲天主。入其會者必涕泣悲痛，不忘天主，自幼立四條信誓，斷色念，絶宦欲，有敷教八方願，無更還故土戀。名雖闢佛，篤信輪回。明萬曆中，西土沙方濟者，至粤東而死，繼有利瑪竇諸人。其所爲教，以昭事爲宗，修身爲要，忠孝慈愛爲工，務遷善改過爲入門生死大事，有備無患爲究竟。西方諸國奉教已來千餘年，大安長治。其言多誇誕，中國人無信之者。”余曰：“萬曆九年，利瑪竇入中國，留京師二十九年，稱漢哀帝元壽二年，耶蘇生於大秦國，行教於西海之外。自漢元壽至明萬曆一千五百餘年，所謂耶蘇二字，不見於中國之書，豈耶蘇出於絶洋之外，中國之士未之或聞耶？雖久已聞之，以其异端而史不之書耶？大秦國一曰拂菻。所謂歐羅巴，乃西洋總名耶？洪武四年，捏古倫自大秦國入中國，謁高皇帝而不言耶蘇之教，何耶？大秦國未始有所謂耶蘇之教，而利瑪竇始托天神，以惑中國耶？篤信輪回，爲天堂地獄之説而詆排佛氏，攻擊如仇仇，何耶？《詩》云：‘天生烝民，有物有則。’佛氏之學以形器爲幻妄，則是烝民無物無則也。今耶蘇之教，以理爲氣數。《詩》云：‘上天之載，無聲無臭。’今乃安排布置，爲有聲臭。這二教孰優也？”鵠汀曰：“西學安得詆釋氏！釋氏儘爲高妙，但許多譬説，終無歸宿，纔得悟時，竟是一幻字。彼耶蘇教，本依俙得釋氏糟粕。既入中國，學中國文書，始見中國斥佛，乃反效中國斥佛，於中國文書中，討出上帝主宰等語以自附吾儒。然其本領，元不出名物度數，已落在吾儒第二義。彼亦不無所見於理者，理不勝氣者久矣，以堯霖湯旱爲氣數使然。敝友介休然先生,頗信氣數之論,以爲氣數如此,本一理也如此。介號希庵,字太初,又字北宫翁伯,學貫天人,有《翁伯談藪》一百卷、《北里齊諧》一百卷,又有《羊角源》五十卷。今年六十餘,尚不廢著書。《羊角源》一書,尤深天根月窟之理、地轉之説。如或有之,否也。其解説之如鳶飛戾天,信足握固;魚躍於淵,恃膘翢漲,萬物莫不附地重心。地重心者,如雹自包,其不動處如輪有軸。此等皆其妙處。敝年少時,不肯細心一讀,衹覶其多少題目,到今亦忘其大旨。"余曰:"介希庵先生願於此刻拜謁,幸藉先生爲蟠木之容。"鵠汀曰:"介非在是間。本蜀人,今在易州李家莊,販茶爲生。此距京師二百餘里,敝亦相見已七年以外。"余曰:"希庵先生相貌何如?"鵠汀曰:"窈目高觀。閣老兆公(惠)薦介經行於朝,特授江西教授,稱疾不起。介嘗美鬚髯,一朝自斷其鬚,以明兆誤薦,仍授七品帽服。有一達官,將薦其所著諸書,介欣然諾之,一夜廬舍失火,書皆燼,未果奏。"余曰:"先生痞證可以道破。"鵠汀曰:"僕元無此證,老革多奸,烹魚洋洋,何損君子?"相與大笑。鵠汀曰:"太初著書,實未曾燒,秘在其友董程、董稽所,必傳於後無疑。公外國人,僕所以暢襟一泄。"余曰:"介先生著書,多忌諱否?"鵠汀曰:"并無忌諱。"余曰:"然則何故秘之?"鵠汀曰:"比歲禁書,該有三百餘種,并是他君公顧厨。"余曰:"禁書何若是夥耶? 總是崔浩謗史否?"鵠汀曰:"皆迂儒曲學。"余問禁書題目,鵠汀書亭林、西河、牧齋等集數十種,隨即裂之。余曰:"永樂時,搜訪天下群書爲《永樂大全》等書,賺人頭白無暇閑筆。今《集成》等書,并是此意否?"鵠汀忙手塗抹曰:"本朝右文,度越百王,不入《四庫》,顧爲無用。"

余曰:"前者先生何貶趙宋?"鵠汀曰:"不成統。太祖無鴻功偉業,邂逅得國,不過當時印板天子。立經陳紀,每在顧成之廟,而太宗在家,未免負心之人。"余問:"燭影一案若道是真,奚特負心而已!"鵠汀曰:"此誠千古誣枉。是時太祖已大漸,争朝夕耳,何苦作此大事? 迹其行事,宜招是謗。此案元出胡一桂、陳桱私史,始於李燾之《長編》，乃吴中僧文瑩所著《湘山野録》啓之也。一緇徒何從知此嚴密？‘大約’下語，不無用意。遥見燭影揺紅，及聞大聲好爲，不過十數字，惹千古無限疑端。燭係昏夜之具，影是熹微之事，揺紅乃倏翕明滅之光也。大聲者，不和平之音；好爲者，無别白之辭；遥見遥聞，又是不分不明之際。真成千古疑案，可謂狠筆。當時士大夫，一不是於不逾年改元，二不是於逼嫂爲尼，死不成服，積不是於廷美、德昭之死，如何厭得天下不是底心？六國之士積怒嬴秦，必欲先六國而亡之，巧撰吕不韋一段奇貨，又况攄毒於焚坑之餘乎？漢之策士，一番罵秦，便成奇文。燭影一案，并是此意也。仁宗英氣巽於漢文而學識過之，神宗圖治勝於漢武而才略不及。建炎以後，無可足論。所可痛者，忘仇認親。既非天倫，那得稱侄？力屈而服，是爲畏天，稱僕稱臣，無奈天何，至若稱侄稱孫，辱孰大焉？當時士大夫欲免陪臣之耻，易臣爲侄，陰納其君於蔑倫之地。其蔑倫敗常，石晉一轍，而重貴猶能坐招翁來，臨安君臣方此厭然稱賀，無識甚矣！不講目前之急務，空談影事，誠爲可厭。理宗四十年格致之工，博得身後一理字，可笑可笑。未知平生所窮之理，果是何様物事。自古人臣莫不欲其君之典學，而千載寥寥，僅得一宋理宗，然無益於勝敗存亡之數。置之龜山門中，可稱高足，其學問遠不及目不知書之石世龍、邈佶烈。天下未可作漂麥看。仇士良致仕，誡其徒勿令大家讀書。然如寶慶、景定之間，天地四十年昏霧四塞，‘坐窮今古掩書堂，二頃湖田一半荒’，正道此時也。道君皇帝盡是名士，雖乏個東坡先生松筠氣節，其風流鑒賞，未必遽讓於陳、黄諸公。”亨山大笑曰：“勝比諸漢成，尤是浪蕩首。夏，皇上敕諭講官，有曰‘朕每觀前史，臣佞主驕’云云，大成門右墻張榜是也。”余曰：“衛武抑戒，無以加之。”鵠汀曰：“儘是。”昨日余隨三使入謁聖廟，時王鵠汀及鄉舉人舍是爲主人前導。大成門窽置烏石於墻，刻康熙、雍正及今皇帝訓諭。其右墻帖新榜，乃皇帝敕諭講臣之文，大矜自家之學問文章，歷詆前代右文之主無實得，徒增虚僞。“殿上山呼，臨朝發嘆”等皆其詔敕之語。

大抵戒群下緣飾文義以諂上，爲人辟者徒恃己長以蔑下。余與鵠汀一讀，纍纍千餘言，皆自矜自誇。余問“殿上山呼”，鵠汀言：“經筵講討，人君有得，則左右皆叩頭呼萬歲；侍講得之，而人主賜可，則左右亦呼萬歲。歸美上躬，謂從善也，又賀其得善言也。漢陸賈每前奏一篇，上未嘗不稱善，左右呼萬歲者是也。”余曰：“理宗，有宋垂亡之末主，其典學與否本不足論。而至以世主好學爲作聰明之資，則先生之言誤矣。苟使漢文、宋仁之美質，漢武、唐宗之英資，得兼程、朱學問，則真個堯、舜不足讓也，何必預憂其詞章之末藝、記誦之流弊，徑要人辟之寡學哉?”鵠汀掉頭曰：“做不得。吾本不論宋理宗，亦觀《宋史·刑法志》，殊令人憒憒。愚所論典學流弊，概論前代聰明英睿之主，正爲漢武、唐宗設耳。先生所謂‘得兼程、朱學問’云云者，乃是設辭。這個設辭，真令千古志士多少悵恨?”余曰：“何以多少悵恨?”鵠汀曰：“‘出師未捷身先死，長使英雄淚滿襟’，這是多少悵恨。”余問：“甚麽?”鵠汀曰：“若使曹孟德頭痛而死，豈不是漢家齊桓?”余問：“這話甚麽?”鵠汀笑曰：“如先生所言，苟使若使等云者，乃是假設譬諭語，非真的也。假使諸葛亮殺得司馬仲達，長驅入中原，豈不快哉? 假令唐明皇還至馬嵬驛，逢楊貴妃嫣然轉眄，豈不快哉? 假令宋高宗斬秦檜頭，豈不快哉? 假令程、朱兩夫子臨之九五之位，當一日萬機，復有一個程、朱在傍，事事以堯、舜責難，還當作如何悵心? 李夫人轉身一見，當又作如何悵心? 大約一代人主，除極昏庸大乖謬，號稱中主，參商較挈，還勝當世之名碩。使當世名碩易地，則還有做不得處。”余曰：“自古帝王好臣其所教，不能親君子遠小人，故其趨在下風者，固是耽榮冒禄之輩，其不及世主固宜。若使明良相遭，則必不如此。明明揚側，立賢無方，則板築入夢，漁釣協卜，乃能同德。若彼有不求之，豈應天之降才爾殊哉?”鵠汀曰：“不然不然。做時不如説時，旁局勝似當局，所謂孟公綽優於趙魏老，而不堪作滕薛大夫，此敝看史平心究竟處。使宋仁宗降誕濂洛之間，其道學之美，當不讓諸賢。紫陽平生精力尤深於四書，而其實仁宗先已風諭之。王堯臣及第，則於《戴記》中另賜《中庸》一篇；吕臻及第，則又拈《大學》篇以賜之。其學識之高明，迴出世儒；其表章二篇之功，已在范文正之先。後儒責漢文帝不立賈誼作相，爲漢業作無限缺望，復以斥張釋之高論，爲文帝卑鄙斷案。然其實文帝賢於賈生遠矣。不見賈生，自以爲過之，今不及，這是文帝由中語，非自屑屑與賈生較賢否。要欲大做，故量己料彼，先帝將相大臣，如何一朝令未經事眇然一書生彈壓調伏？宣室前席，已傾倒他囷廩，要將老其才而用之。彼賈生，雅量不及李鄴侯。鄴侯由白衣相左轉至江西判官，未嘗爲此自貽伊戚。賈生常鬱鬱，欲吐出胸中許多震耀。文帝善藏用，不露許多客氣，此文帝有工夫處。封三庶孽，分天下半，當時素富貴諸公，出自推鋒排刃，方安坐享鍾鼎，孰肯出頭赫赫做事業？文帝固已先賈生痛哭太息矣。賈生不勝其躁擾，乃發憤指切，言某事作痛哭太息。所謂立談之間，遽爲人痛哭，果作如何駭惑人。梁楚之劍客，先剚袁盎之腹；河朔之死士，當碎裴度之首，文帝固已慮及於此耳。”余曰：“爲國譬如圍棋，人君，當局者也；人臣，傍觀者也。先生所謂旁局勝似當局是也。當局迷時，何不聽他旁局提訓？”鵠汀曰：“否否。馬上得之則每誇十指生血，踐阼守成則袗衣女果，若固有之。舉天下之事，盡屬之陸下家事者久矣。此千古不易之案，若消得一朕字時，便是立地堯舜。若遣不得這一字時，有誰敢伸手出袖？孔子誅小正卯，未免震主之威；周公營洛邑時，還犯東帝之嫌。三代以下，經術大臣無如王莽。王莽初非利天下，篤信聖人，要驗平生所學。其自任以天下之重，何嘗以事君爲悦者？第其禀性躁擾，與其坐談堯舜之道，不若施之當世，驗之行事，必欲於吾身親見之。”余笑曰：“聖人何嘗教人作賊？”鵠汀亦大笑曰：“此論人臣做時，不如一代帝王之證。黄老治天下，或能收一代之效；經術做時，未嘗不壞人國，塗炭生靈。王介甫學術，非范、韓諸公所及。要之，賈誼、王莽、介甫、方遜志，一例躁擾人。”

有一人衣蟒袍，掀簾入坐椅，不着補服，亦不着帽。熟視余語云云,余對不解。其人與鵠汀耳語數轉,即起去。余問:"彼是何人?"鵠汀曰:"這是濟南人,姓鄧名洙,見任户部主事。這個粗莽漢子,何所見而來,何所見而去。"余問:"這位是先生親知否?"曰:"否也,但知其鄧洙而已。俄刻不識貴邦爲震朝同文之國。"余問:"濟南尚有白雪樓否?"鵠汀曰:"於鱗舊樓初在韓倉店,後改作於百花洲上。在碧霞宫西,今趵突泉東有白雪樓,乃後人所建,非舊迹也。"

余曰:"先生貴黄老而賤經術,縱國賊爲篤信聖人,推王介甫賢於范文正,抑揚太過。經術爲壞天下之具,聊試鄙人否?"鵠汀曰:"先生如此見罪,小子何敢復言乎?"余曰:"先生所論皆高遠,非拘儒陋見所可幾及,不無河漢之驚,非敢以先生爲處士横議也。"鵠汀曰:"可感先生納污之量。大約天下事,不可詭遇獲禽,亦不可枉尺直尋,如此處置,都無説話;仲尼之門,五尺之童,羞稱五霸,如此立論,更無一事。韓昌黎所謂人其人、火其書,還應天下太平;董仲舒所謂正其誼、不謀其利,還應天下道不拾遺。且道先王三代已下,經術做治,還得幾人?倉公醫人,火齊湯要煎大黄四斤,二百年之間,張仲景八味湯已用附子五兩。轉頭之頃,古今不同。伯夷、叔齊叩馬之時,還有扶去之太公望。若道天下無兩是雙非,則這兩老子中,一個當不免黑龍江刺配。大約天下事,譬如兩頭引絙,引絙絶處,短者先沛,更不言初時力敵。故天下有逆順而無是非。既有皎然成敗之迹,則逆順二字還爲燈後耳語。凡談道者,如烏藏肉。烏之藏肉也,望雲而識之,雲則去矣,藏失故處。天下無鑿成底義理,隨時推移。經生措事,多少望雲客。"余曰:"雲去肉不逃,雖時移事往,古今不同,然義理自在,特人不索之耳。"鵠汀曰:"都是先入定關中者王之。"余曰:"經術壞國,豈經術之罪也?陋儒衹盜經術之名,所以亂天下者,皆經術之糟粕也。若能真用經術,向所謂天下之田始可井也,天下之諸侯始可五等也。"鵠汀曰:"先生真個認僕大膽斥經術否?古來言者未必有其心,作者未必有其言,一部虛僞世界。先生所言,還是丹家一套語。"余曰:"何謂丹家套語?"鵠汀曰:"文成將軍食馬肝而死。”

余曰:“聖人亦不肯就小動手,此不無古今之异。湯七十里、文王百里興,孟子動引殷、周以説時君。然滕文公,天下之賢君也,而作之主;許行、陳相,天下之豪杰也,而爲之民。至於班禄經界,已舉大綱,而未嘗眷戀於滕者,所謂絶長補短,將五十里不過。爲大國師,碌碌不足與着此經綸大手。齊、魏之君至不肖,猶眷顧回遑不忍去者,以其土地之廣也、人民之衆也、兵甲之利也、貨賂之多也。因其勢則易爲力焉,所謂以齊王由反手。”鵠汀曰:“孔子曰期月,孟子則已言五年、七年之别。道非加尊於齊而有貶於滕也,古今之形殊而大小之勢异也。孟子决不先言帝王,令人倦睡。”余問:“衛鞅先言是何許帝王?”鵠汀曰:“特假黄帝、堯、舜之號,謬爲汗漫没要之語,故令人厭聽。此孫子三駟之術也。”鵠汀於論辨古今人物、學術義理,類多抑揚縱横,蓋欲有意試余,而余初不覺,猶恐見笑大方。問答之際,僅自守經。鵠汀每下筆數牘,而欲有所言,輒復含糊。余晚始覺之,出《孟子》一段以試之,鵠汀主論亦醇如也。此下數端失之,語不相屬。

鵠汀曰:“諸葛武侯學出申、韓,却是冤却,未嘗細心讀書,如後世經生。然其於孟子,却見得大義分明。其胸中鏤得一公字,眼中都不見成敗二字。三代以還,獨孔明一人可當大臣之責。其論治道則曰‘宫中府中,俱爲一體’;其勉君德則曰‘不宜妄自菲薄,引喻失義’,其自任以天下之重則曰‘諸有忠慮於國者,但勤攻吾之闕失’,此可謂萬世身死勿補大丞相。”余曰:“取劉璋,豈不是枉尺直尋?”鵠汀曰:“未必孔明教他座中襲取。劉璋合當聲討,不宜學螳螂捕蟬。自其父焉據全蜀天府之國,不佐諸侯討國賊,此其意何在?劉表擁荆州九郡之地,興學校,陳雅樂,此何等時也,而其雍容若是?若究其無漢之心,當先正同姓諸侯之罪。此草廬高卧之日,久已憤懣於表、焉之徒,苟有一帝室之胄,信義素著者,明目張膽,必先櫂操而致討。程、朱每恨孔明學未純正,爲取蜀惜。然跨有荆、益,本是草廬開卷第一義，此孔明眼明國賊、學術正大處。但劉焉有可討之辭，而在璋則無詐取之義；荆州無代據之勢，而於琮則有襲奪之機。劉琮明以國土納賊，昭烈明以大義取之，則天下夫孰曰不可？抵死守信於荆州，忽露奸雄於益州，不食嗟來，竟未免抮臂。"余曰："使個鴛鴦脚，踢倒支離疏。"鵠汀大笑曰："先生亦會使官話。我東俚語，侮弱奪物謂奪小兒染涕餅，又謂踢矮痤頤。余於路聞通官雙林責其僕與人争詰，有鴛鴦脚云云，蓋與踢頤同意而句雅。此刻語次，以華音用此語，而口鈍不成聲。鵠汀不識爲何語，余書之，鵠汀大笑，有此譏。假使成王殺周公，召公豈敢曰在家不知？朱子《答魏元履書》亦論昭烈不取荆州於劉琮迎操之日，狼狽失據，則乃出於盜賊之計，謂之經權俱失。然愚謂是時雖得荆州，亦守不得。曹公已以八十萬壓境，焉能以區區新造之荆抵當得它？不如堅守廉讓之節，還剩得天下信義之聲。所以不取於迎操之日，此經權俱得處。劉璋暗弱，不恤士衆。草廬初見之日，已質其兼弱攻昧之術，當不曾教他詐取。致堂胡氏規規以玄德公從遊盧植、陳元方、鄭康成，真個以經術學問之士推之，可笑哉！這時雲蒸龍攄，啖人不俯眉之梟雄，無事則愁欲哭，有聲則起問變，天地間獨患無身，急則棄妻子走，何有乎劉璋小猴子？此刻孔明决不當西向呼莒。後儒徒執成迹，責備先主，遽欲出湯武之右，此亦後世私意於湯武一二事，敢怒而不敢言，於伊、吕例用庇護。滔滔千古，一座東林，牢不可破，伯禽被撻，竟是何罪？正恐夫子未出於正。一例事功，分戡心迹，此後儒黨比之習。伯仲見伊、吕，此善評也。大約千古君臣俱有斷案。一夫一婦不獲其所。若已推而納之溝中，爲人主者舉有是心。至若推斯心加諸彼，則殺一不辜、行一不義王天下，不爲也，斷無是心。此後辟之斷案。雖暴君暗辟，猶或有納忠奬直之舉。雖一代之賢弼，未聞甘受勤攻，自開言路。在人主則雖雍齒之仇，或能恃而不恐；在人臣則雖韓富之賢，歿身不能釋憾。此千古人臣之斷案。"

余與鵠汀共處五日，每談次，頻發嘆息之聲，其聲喟，古所謂喟然太息者是也。余問:“先生平居,何頻發嘆也?”鵠汀曰:“此吾痞證,噫氣遂成長喟也。平生讀書,千古不如意者十常八九,安得不成此痞患!”余曰:“讀書時每發三嘆,則先生所嘆,當多賈傅六萬太息矣。”鵠汀笑曰:“天下事每隔一水,衹争濟不濟耳。敝讀書至‘夫子臨河,曰某之不濟,命也’,吾未嘗不三嘆;項羽不渡烏江,未嘗不三嘆;宗留守三呼過河,未嘗不三嘆。衹此九太息,已多賈傅六太息矣。”相與大笑。余曰:“頭厄已發,志士萬太息。”鵠汀色變,已而色定,裂“頭厄”投爐中曰:“魯人獵較,某亦獵較,豈不是時中之聖!李卓吾忽自開剃,這是凶性。”余曰:“聞浙中剃頭店,牌號‘盛世樂事’。”鵠汀曰:“未之聞也,是與石成金快説同意。”前日與鵠汀語,有頭、口、足三大厄之説。

余問:“明朝立國何如?”鵠汀曰:“禮稱勝國是也,不必論。孔子稱殷人賢聖之君六七作。宋朝無可觀,武力不競,范、韓有其責。立國規模如奕世詩禮家,其子弟雍容尊俎,未嘗疾言遽色;僮僕委蛇階庭,不見急步大唾。第是揖讓未畢,飣豆已爛,寢廟方焚,祝史是招。”余曰:“可做禮樂否?”鵠汀曰:“固不乏多方依様。漢世如飲暹羅燒酒,氣猛,酩酊大醉,歌者、哭者、舞者、駡座者,使得天真都出來;宋朝如飲其退糟,相顧稱醇,泊然整容,雖終日不亂,真意都喪。宗室大臣未見一河間獻王,有誰朱[1]載堉?”余問:“鄭是何代人?”鵠汀曰:“前明宗室鄭王之世子,名載堉,著《律吕精義》,前明可謂金聲而玉振之。”余問何謂,鵠汀曰:“始終本末,終是光明,無一苟且。”余問:“果能若是否?”鵠汀曰“太祖”云云,點筆而向余云云,不肯書,似是掃逐胡元,爲正大光明也。“建文大内壽終,大奇事。唐元宗竟未免銅絲籠彼天靈蓋。”余問:“甚麽?”鵠汀曰:“李輔國椎碎。張良娣常進鴟腦酒瘖肅宗,天順復位,大是奇事,千古無雙。天子被拘,孰能免行杯執蓋之辱?崇禎十七年,拜得五十相。用人之顛倒如此,

① 朱,原作“鄭”,徑改。

其作事無漸可知。君子寧有玉碎,不爲瓦全,這是大居正,其興亡可謂千古無雙。"余方細書"四海遺黎",鵠汀遽曰:"本朝得國之正,無憾於天地,創業者莫不爲仇於革命之際。國朝還有大恩於定鼎之初,爲前朝報仇,惟我朝是已。八歲小兒渾壹區夏,自生民以來未之或有也。我世祖章皇帝,初非有利天下之心,祇爲天下明大義、復大仇,拯救斯民於血海骨山之中。天與之民歸之,首褒殉難之臣范景文等二十人。往歲皇上追查崇禎死事諸臣,通與忠愍、愍節等謚,一千六百餘人。大公至正,扶綱植常,自三五以還未之或聞也。有天下者無庭内慚德,然後能享國久長。"余求見乙未十一月内閣奉諭崇禎死事諸臣獎忠詔,鵠汀許夜間眷示。

余問:"前者先生言,前乎夷、齊者,太伯、仲雍;後乎夷、齊者,管叔、蔡叔者,何謂也?"鵠汀微笑不答。余强之,鵠汀曰:"自古義理譬如鎔金注範,金無自成,隨範爲器;又似覷貝,自有定色,而覷者正側各自不同。決東決西,祇此一水。"余曰:"激水在山,豈水之性?"鵠汀曰:"正爲天下事多倒行。孔子曰:'太伯三以天下讓。'商辛之於太伯之時,未及胞胎養生;古公之於諸侯之國,過要荒附庸。未知當時天下竟是誰家,未知太伯三讓果向何人。朱子言季歷生子昌,有聖德,太王因有翦商之志。此謬也,可謂太早計。克昌吾家則有之,豈合因此妄希非望? 朱子又謂亦出於至公之心,説得非是。未知至公,果是何心? 但周家肇基之迹,必有其故,而後世無傳焉。孔子忽嘆到太伯身上,而周家肇基之迹,隱然有甚樣物事。雷公駁朱,還如刁民具控。"余問:"雷公誰也?"鵠汀曰:"毛奇齡,國初大家也。"余笑曰:"毛臉雷公。"鵠汀曰:"是也。又稱蝟公,謂其遍身都是刺也。"余曰:"《西河集》愚亦曾一番驟看,其經義考證處,或不無意見也。"鵠汀曰:"大是妄人也,即其文章亦如刁民具控。毛蕭山人也,其地多書吏,善舞文,故明眼人目毛曰蕭氣未除。"

余曰:"文王乃太王季子之子也,見小孫聖德之時,太王壽考當不下百歲。自岐雍至荆蠻,道里不下萬里,捨百歲之親而采藥萬里之遠，所謂三年之病求七年之艾也。然而孔子稱太伯爲至德，朱子稱太王爲至公，非如伯夷、太公之不相悖也。由太伯而論，則太王不應爲至公；由太王而論，則太伯不應爲至德。聖賢至微至精之旨，有非膚學淺見所可窺測，而鄙人亦不能無疑於此也。”鵠汀曰：“先生説得是，然亦不可迫人於隘。蘇子瞻祇外面看，遽斥武王非聖人，此子瞻讀書粗處。《論語》稱文王至德，三分天下有其二，猶服事殷。其集注以爲，荆、梁、雍、豫、徐、揚歸周而屬紂者惟青、兖、冀，此誤也。愚謂三分，非如蜀漢、吴、魏之鼎峙也。如虞芮之斷訟而退，三分天下之心，二分歸周也。乃若莽、操則真據天下二分之勢而已廢服事之禮，文王則真得天下二分之心而不知有我、不見紂惡，若子弟之服勞於父兄，蚤夜自行於臣道之中，非如説者之謂真有九州之六，其勢足可以代商而姑爲此盡臣分爲恭也。苟如説者之言，則孟德之周文王，曷足爲至德哉？三分乃分數之分，其至德正爲文王，若愚人然，都不辨是非，後世所謂‘天與人歸者，於我何哉？’朱子以爲高於武王是也。天下有視其身爲龜毛兔角，則紛紛以天下看作大事者，不過鷦巢鼴飲而止耳。上世固不乏此個學問，則孔子未必過許於太伯，而太伯是個頂天立地之漢子，太王是個强厲忍詬底爲人。”余曰：“《史記》論伍子胥强厲忍詬，莊周稱殷湯强厲忍詬。”鵠汀曰：“是也。仁而能殺，禮而能武，智而能問，勇而能伏，信而能變，此强厲忍詬底性情。不如此，亦不能撥亂反正。大約肇基創業者，非挾風霜，不能乾清坤夷；天地交革，非風霜雷雹，不能成歲。十月之交，乃天地革之時也，安得無大震剥乎？周公鋪述先懿，好作一篇神道碑。玲瓏共玩中秋月，誰道前宵雨打窗。後世真認太王無心於天下，點檢醉睡渾不知，何异庖丁磨刀念經？不容榻外他人睡，肯自營中醉似泥。太伯至德不在讓天下，讓天下，孔子倒叙將來事。其至德正在民無得而稱焉。非愚則聾，都不識商室有何許惡天子，還未省家裏生出何許聖德兒，自家未免大癡不慧人。非我太伯忘天下，天下都忘我太伯，所以民無得而稱焉。朱子以爲高於文王是也。《春秋傳》稱太伯不從，是以不嗣，此妄也。太王將喋喋與謀之，而太伯將侃侃然諫之乎？若使天下稱至德時，還敗乃公事，此吾所謂頂天立地的漢子。向所謂前乎夷、齊者，祇從語注一番説，與今説不同。”余曰：“後乎夷、齊者，管叔、蔡叔，然則先生亦將比德管、蔡於太伯乎？”鵠汀曰：“敝本旨與此不同。祇漢家創業正大光明，非謂管、蔡還有至德也。有稱管、蔡殷室之忠臣，文王之孝子者，此雖憒曲學之阿世，激陋儒之苟同，然如此立言，豈不悖哉？僕祇惋徒看古今成敗之迹，曲成義理，義理之上叠帽義理，所謂揚之則出青天，抑之則入黄泉。吾儒亦不無縱横之習。抑揚太甚，亦一縱横也。漢平始中，王莽不受新野田，吏民守闕上書者前後四十八萬七千五百七十二人，諸侯王公、列侯宗室叩頭請加安漢公九錫。以當日論之，則翟義、陳豐，豈不是流言之管、蔡？若使管、蔡得行王法於周公，公案已成，則雖有千手觀音，難扶姬某。”余曰：“王安石詩：‘假使當年身便死，一生真僞有誰知？’不令便死，使聖奸立判，豈非天意？”鵠汀曰：“這非荆公詩，乃樂天作也。周室固多變之家，周公多謗之聖，掊斗折衡，縱捨盜賊，雖是吊詭之論，而洞照百代之弊原。孔子作《春秋》，自述其功罪，則周公製作，固將自傷爲禍首。近世造墨者皆仿詹成圭製，造針者盡借李公道名。唐太宗將藉口於齊桓公，則急購副本之管夷吾。魏徵，天下之奸人也，應聲而出，唱個大喏，抗顔中天下而立，曰：‘管仲在此！’有問：‘爾管仲，何不死於子糾乎？’魏徵仰看白日曰：‘聖人許我不死。’問曰：‘何許聖人周全汝乎？’對曰：‘魯國之孔夫子，多聞博識、至公血誠之聖人，萬世之師表，一唾落地，爲金爲石，質諸鬼神而無疑，建諸天地而不悖，俟百世聖人而不惑。’問曰：‘夫子何嘗許汝不死？’魏徵揚聲曼咏曰：‘豈若匹夫匹婦之諒也，自經於溝瀆之間而莫之知也。豈不是仲尼許我？’此非但魏徵自解脱，所以投契太宗，平生獻媚處，若要當里保正，飛報四鄰手本，則夏侯令女恐無截耳之日。”余曰：“何不再問於魏徵曰：‘小白，兄也；子糾，弟也。管仲，子糾之不成臣。’”鵠汀曰：“是也。魏徵與秦王世民，俱是大唐太子建成之臣。魏徵發迹黄冠，乃是米道，其十漸之疏，若耳提面命、市門謎語。千古無殺死之仲父，則貞觀天子不須殺我田舍翁。君臣駔儈，上下徵利，此今古成敗之一大斷案。成敗二字，非可形於儒者口角，侯之門仁義附焉。《帝範》一書，真是摹堯裝舜。吾儒所説天命，跳不出氣數二字。這個氣數，還是成敗之迹。常時説天與之人歸之，這是一套笨話。古來逆取順守者，何莫非天命所篤？誕后稷之穡，有相之道，何莫非神享民安？日聞漢民頌莽功德，未見虞神吐晉馨香。"鵠汀此語陰有所指，非泛論歷代也。雖極口每誦清得國之正，談説之際，時露本情，特借歷代逆順成敗之迹以俯仰感慨。

余曰："但説氣數，則天地間都無着手處。聖人罕言命，所以爲世立教不得不如此。然時來風送滕王閣，運去雷轟薦福碑，天地間都是時來運去。"鵠汀曰："然。所謂財成輔相，天工人代。自世教看，雖云順理；自天意看，還有傷巧悖拂。"余曰："人有恒言，天不容僞，而方其興也，王霸之詭言冰堅，天亦從僞；至誠禱祝，未必遂願，而方其亡也，張世杰之瓣香祝天，快副其誠。天下之至公莫如鷄鳴，使孟嘗得脱虎口，則一人蹙口，萬鷄隨唱；天下之大信莫如潮汐，使宋朝莫能復延，則錢塘江潮三日不至。興亡之際，鬼神造化之迹，亦有僞信互用、誠詭并行。其所欲與者，未必天之所説，而潛扶默護，曲有恩意；其所欲奪者，未必天之所憎，而殘忍慘毒，若報深仇者，何也？"鵠汀曰："我朝貝勒博洛統兵趨浙營於江岸，而是時江潮又連日不至。"

余問："中國所稱攝政王，誰也？"鵠汀曰："這是睿親王諱多爾袞，我皇清之一個周公。順治元年四月，賜睿親王御前纛傘，自盛京統領大軍，方進向寧遠，而流寇已碎皇城，則平西伯吴三桂迎我師入關，復仇除凶。睿親王諭示官民，取殘不殺、共享太平之意，民大悦。五月睿王進朝陽門，御輦陳，明鹵簿，受明文武衆官朝賀武英殿。"余曰："是時天下都是睿親王得之，何不遂自做天子？"鵠汀曰："故是我聖清之周公。當時事亦還有做不得處，當時諸親王個個英勇，人人豪杰。我世祖九月入京師,外則江左未平,内則親賢翊輔。”余曰:“當時諸親王,功德如攝政王者幾人?”鵠汀曰:“列聖《實録》未及遍班中外,則宜先生未知也。明亡後,福王稱尊江寧,改元弘光。順治二年五月,豫親王統師南下,乘勝渡江,直抵江寧。福王遁入蕪湖,六月,爲總兵田雄、馬得功所縛降。”余問:“豫親王名爲何?”曰:“多鐸,其英武不下睿親王。英親王名阿濟格,追剿自成。肅親王剿擊張獻忠,親射殪之,快雪神人之憤。肅王名豪格,天所建也,孰能當之?”余曰:“弘光若斥馬士英輩而全仗史可法諸賢,則江南之地如之何不世守也?”鵠汀喟然嘆曰:“天所廢也,孰能興之? 迹其行事,幽、厲、桓、靈曾所未見也。睿親王遺史可法書,引《春秋》大義‘君弑不討賊,不當立君’以責之,且説之曰:‘闖賊手毒君親,中國臣民未加一鏃。朝廷除棄宿嫌,爰整虎旅,掃滌凶穢,爲天下復君親之仇。首崇懷宗帝后,咸如典禮。國家之定都燕中,乃得之闖賊,非得之明朝也。宜削尊歸藩,永綏福土,朝廷待之虞賓。’史可法答曰:‘國破君亡,社稷爲重。迎立今上,鵠汀自注謂“明福王”。天與人歸。殿下入都,爲我帝后發喪成服,凡爲大明臣子者,孰不感激圖報! 而乃欲引《春秋》來相詰責,若坐昧大一統之義,將何以維繫人心? 莽移漢祚,光武中興;不廢山陽,昭烈踐阼;懷愍北轅,晉元嗣基;徽欽蒙塵,康王纘統,是皆亟正位號於國仇未報之日,而紫陽大書綱目不斥爲非’云云。皇上御製書事一篇,明定是非。又《御批通鑒輯覽》:‘大公至正,欽許。福王稍能奮志有爲,則未嘗不可同宋之高宗南渡偏安。乃任用馬、阮奸黨,是非顛倒,雖史可法力矢孤忠,無奈乎一木傾厦。’欽此。聖諭可與天地同大。自古廢興,有數如此,奈何奈何?”余曰:“史可法書又曰:‘貴國夙膺封號(余亦自注:“貴國,原書謂今皇清。”),今驅除亂逆,可謂大義。乃反因以規此幅員,爲德不卒,是所謂以義始而以利終也。’其書可與日月争光。”鵠汀大驚曰:“公外國人,何從讀此?”(兩書俱載李玄錫《明史綱目》,而鵠汀之意,似以余爲外國人,當未能詳知明清之際,故爲之備説史之答書,而截注下段“夙膺封號”等語。其意以攝政王入關事爲與國之救灾恤難，故余爲繼誦，則鵠汀驚其能備知此書）余曰：“史公此書亦係禁書否？”鵠汀曰：“不是禁書，皇上手親載之御撰諸編。我朝寬大，不諱前代所稀。”余曰：“這兩書義理孰是？”鵠汀微笑曰：“互引《春秋》而斷爛已久，俱稱天命而孰聞諄諄？”隨即抹去。余問：“睿親王身後緣何被籍？”鵠汀摇手曰：“多少説得長，《鴟鴞》之詩所以作也。程子稱《金縢》如近世祝文，當焚埋而重其事，故藏之金縢。此巧就周公。若然，則李宸妃水銀殯斂，亦一金縢。華林鳴蛙，爲公乎，爲私乎？大約爲世教立言，不得不爲之遷就，則各尊所聞，又從而爲之辭。宋之士大夫喜談理學，然心與佛教者有之，躬行道教者有之。廿一代全史，都是演義；《十三經注疏》，太半傅會；諸子百家之語，多少寓言。此等區區自得，不可獻諸君上，不可傳與子孫，不可輒向同窗强辨。今逢海上异人，畢生無再會之地，又安得不激我衷情？”因潸然淚下，又大笑曰：“邵堯夫每事分作四柱，大是局滯。”余問：“如買盆，占其成毁否？”鵠汀曰：“如春夏秋冬、仁義禮智、皇王帝伯、金木水火，其學術無活機，似精而實粗。朱子評康節不及張子房，又評其奸雄手段不及莊周十倍，逃不得朱夫子光明眼。朱子評莊周，其論道體甚好，其名理非後儒所及，此朱子公明處。”余曰：“盈天地間萬事萬物，非朱子勘定，便似贋本。”鵠汀熟視余，良久曰：“後朱子而生者，皆土木形骸否？偏聽陳亮，則按唐仲友，恐傷於刻；誤解《通書》，則抵史局書，似涉於誣。所謂無極而太極，不知怎地話，一筆句之可也。”

余曰：“上國文教訖於四海，敝邦雖被東漸之化，而中外既殊，則即如立國規模、傳受心法，莫得而知也。鄙人不無悵恨於同文之域。”鵠汀曰：“立國規模指得甚麽？”余曰：“五帝不同樂，三王不同禮。即如夏尚忠，殷尚質，周尚文。”鵠汀曰：“觀其所因，則雖百世，可知其損益。昔人以天下比之金甌，今日金甌即如善熟之西瓜。”余曰：“金甌無缺而西瓜易破？”鵠汀摇手曰：“否也。西瓜外青内黄，多仁爽利,所謂藏天下於天下。徵前朝流寇之患,凡賑貸之政靡不用極,外兼三王而内濟二教,驅策天下士大夫,囿之文教名分之中,而小民自行乎其素。前代强本弱枝之術,不過隳名城、殺豪杰,不然,則徙諸田屈昭於關中,而不識所以撫綏之方。本朝文謨武烈遠過前代,尊尚儒術,專畀中土,陰銷豪杰不逞之心;推廣封典,遍加外藩,潛分夷狄兼并之勢;挫抑滿洲,待之以韎韐弓馬之事,以壯根本之地;頻開河功,聚天下奇技淫巧之士,以慰遊食之徒,恭己正南面而已,夫天下何思何慮?堯、舜垂衣裳而天下治,蓋取諸《乾》《坤》。民可使由之,不可使知之,此堯、舜之意,而孔子述之而秦人用之也。"余曰:"又是奇論,願聞其説。"鵠汀曰:"耕鑿隨分,帝力何有?此微服康衢暗歡喜處。自衛反魯,删《詩》《書》,正禮樂,此爲世道迫不得已處;破封建,壞井田,焚詩書,坑儒生,此一統天子大有爲處。自古帝王,比德於堯、舜則喜,比德於秦皇則怒,而未聞學堯、舜者也。於始皇則祖述之、憲章之;未聞有一代之主,令天下曰'此堯、舜之事,其議行之','此亡秦之事,其議罷之'。此所謂十三經、廿一史都無開卷處。宰相比之蕭、曹,則逡巡而不敢當;比之鞅、斯,則欲食肉而寢皮。然自蕭、曹、房、杜,號稱一代之良佐者,皆鞅、斯之罪人也。彼鞅、斯猶能强公杜私,上下相信,然功烈如彼者,罪在所學。蕭、曹元無可罪之所學,僅能自免於其身爾,得乎上則失於下,媚乎民則猜於君,未知一代之贊治何事?隔架遮欄,一失手則倒撞下來。"

余與鵠汀談最多,蓋六日對窗,通宵會話,故能從容。彼固宏儒魁杰,然多縱横反覆。余離我京八日,至黄州,仍於馬上自念,學識固無藉手入中州者,如逢中州大儒,將何以扣質?以此煩冤,遂於舊聞中討出地轉、月世等説,每執轡據鞍,和睡演繹,纍纍數十萬言,胸中不字之書,空裏無音之文,日可數卷。言雖無稽,理亦隨寓,而鞍馬增憊,筆硯無暇,奇思經宿。雖未免沙蟲猿鶴,今日望衡,分外奇峰,又復隨帆劈叠無常,信乎長途之良伴,遠遊之至樂。既入熱河,先以此説贊諸奇按察豐額,奇雖頷可而不甚理會。鵠汀、志亭亦多聽瑩，然鵠汀亦不以此説爲甚非也。蓋鵠汀敏於酬答，操紙輒下數千言，縱横宏肆，揚扢千古。經史子集隨手拈來，佳句妙偈順口輒成，皆有條貫，不亂脉絡。或有指東擊西，或有執堅謂白，以觀吾俯仰，以導余使言。可謂宏博好辯之士，而白頭窮邊，將歸草木，誠可悲也。及入皇京，與人筆談，無不犀利，又見所作諸文篇，則皆遜於筆語，然後始知我東作者之异於中國也。中國直以文字爲言，故經史子集皆其口中成語，非其記性别於人也。爲之强作詩文，則已失故情，言與文判爲二物故也。故我東作文者，以齟齬易訛之古字，更譯一重難解之方言，其文旨黜昧，辭語糊塗，職由是歟？吾歸而遍語之國人，則多不以爲然，良足慨然也已矣。罨溪雨屋謾書。

秋八月初九日乙卯巳時入寓太學，已前記在道，午後記留館也。是日極熱。卸鞍直入後堂，有一老人脱帽踞椅而坐，見余，下椅迎勞曰："辛苦！"余答揖坐定，老人問余官居幾品，余對以"秀才觀光上國，從三從兄大大人來"。中國人稱正使曰大大人，副使曰二大人也。詢余姓名，書示之。又問："令兄大人尊名，官職階品？"對以"名某，一品，駙馬，内大臣"。又曰："令兄大人翰林出身乎？"對曰："否也。"老人出一片紅紙刺，示之曰："鄙人是也。"右旁細書"通奉大夫、大理寺卿致仕尹嘉銓"，余曰："公既謝事，何以出塞遠來？"尹公曰："奉旨。"有一人曰："弟亦朝鮮人也。賤名奇豐額，中庚寅文魁，見任貴州按察使。"尹公曰："方今四海一家，出門便是同胞兄弟。高麗朴寅亮計是門望？"余曰："否也。朱竹垞《采風録》所列朴某，是僕五世祖。"奇公曰："果是文望上卿。"尹公曰："王漁洋《池北偶談》俱詳詩文。所謂燕鴻背飛，馬牛不及，今天緣巧，凑塞上萍水，係是書中云仍。"座有一人嘆曰："誦其詩，讀其書，不知其人，可乎？"奇公曰："雖無老成人，尚有典刑。"又曰："貴國年成可有幾分？"余曰："六月渡鴨西，成尚遠，第來時雨調風潤。"座上一人名王民皞，舉人也，問曰："朝鮮地方幾何？"余曰："傳記所載稱五千里，然有檀君朝鮮，與堯并世；有箕子朝鮮，武王時封國也；有衛滿朝鮮，秦時率燕衆東來，皆偏據一方,其地方似未滿五千里。勝國時,并高句麗、百濟、新羅爲高麗,東西千里,南北三千里。中國歷代史傳,其記朝鮮民物謡俗頗失實迹,皆箕子、衛滿時朝鮮,非今之朝鮮也。爲史者略外,故因襲舊紀,而土風國俗各有一代之制。至於敝邦,專尚儒教,禮樂文物皆效中華,古有‘小中華’之號。立國規模,士大夫立身行己,全似趙宋。”王君曰:“可謂君子之國。”尹公曰:“莬有太師之遺風,可敬可敬。《詩綜》所有令尊先公,何無小傳?”余曰:“非特僕之先人闕漏字號官爵,其有小傳者還不免訛謬。僕之五世祖諱彌,字仲淵,號汾西,有文集四卷行於方内。明萬曆時人,昭敬王駙馬錦陽君,謚文貞公。”尹公收納懷中曰:“當補闕遺。”王舉人曰:“他餘謬録,願得郢政。”奇公曰:“是也,天假之便。”余曰:“僕記性鹵莽,請臨本考證。”奇公顧王舉人有所酬酢,尹公亦相與語頗久。王舉人即書“明詩綜”三字,呼曰:“來也!”有一少年前拱手,王舉人給其題目,其少年疾走去,似去借他處也。其人即還,跪告曰:“無有。”奇公又唤人,給其題目,即還,有所云云。王舉人曰:“塞外元無書肆。”余曰:“敝邦李達,號蓀谷,而録李達詩又别録蓀谷詩,是認號爲别人姓名也,而各録之。”三人者皆大笑,相顧曰:“是也,是也,鴟夷、陶朱,故是一范。”尹公忽有忙意,起抽紅刺三片及所製《九如頌》予余曰:“替勞尊體轉謁令兄大人。”他人皆起曰:“尹大人方赴班也,改日再會。”尹公已帽服挂珠,隨余而出,踵至正使炕前,此出門歷路而余亦未識頭緒。他人者皆言尹公方赴班云,而尹之傳刺如是其簡率,余實未料其踵余直來也。正使晝夜撼頓之餘,纔得卸卧,副使、書狀亦非余所可通謁。且我東大夫生貴甚矣,見大國人,無滿、漢一例以胡虜視之,驕倨自重,本自鄉俗然也,當不察彼是何許胡人、何等官階,而必無款接之理,雖相接,必以犬羊待之,亦必以我爲不緊矣。尹公住躅而庭立,事甚難處。余入告正使,正使曰:“事不當獨見,將若之何?”余甚閔久庭立老客,出而辭曰:“大人晝夜原隰,不勝撼頓,有失恭接,改日謹當躬造候謝。”尹公即曰:“是也。”一揖而出,察其色似憮然者。飄然乘轎而去，其轎莊嚴輝煌，真貴者所乘也。從者十餘人，皆袨服綉鞍，簇擁而去，香風馥郁。通官問於任譯曰："爾國敬佛乎？國内寺刹可有幾處？"首譯入問使臣曰："通官此語非出渠意，何以對之？"三使相議，令答以國俗本不崇佛，寺刹則外邑有之而都城則無有。

少焉，軍機章京素林馳到館中，三使下炕東面坐，因地勢也。素林口宣皇詔曰："朝鮮正使，班立二品之末。"蓋敕陳賀日班序，此乃無前寵禮云。素林翩然回身而去。又禮部送言館中曰："使臣之升參右班，恩禮曠絶，當有叩謝之節。以此意呈文於禮部，則當爲轉奏皇上。"使臣對曰："陪臣奉使，雖蒙被皇上曠世之殊遇，私自稱謝，所不敢也，其禮如何？"禮部曰："無傷也。"連加催督。蓋皇帝春秋高，御宇之日久，權綱在手，而聰明不衰，氣血逾旺。然海内升平，君道日亢，猜暴嚴苛，喜怒無常。其廷臣皆以目前彌縫爲上策，以悦豫帝心。爲時義，則今此禮部之迫令呈文，蓋曲意承奉之事，而微覘舉措，則其旨意亦專出於禮部云。任譯曰："往年瀋陽使時亦有呈文鳴謝之舉。今此事例似無异同。"於是副使、書狀相議，構草送呈禮部，即奉知道。禮部又知委明日五更入闕恭謝皇恩云。蓋謝二品三品右班參賀之恩也。

夕飯後又往尹公所寓，則王君已移他炕，奇公寓中堂。與尹公同話奇公所。尹公，愷悌樂易人也，曰："俄刻甚忙，未畢麈談。願聞《詩綜》闕謬，以補先輩遺略。"余曰："敝邦先輩，生老病死不離海陬，螢飄菌萎，僅以寂寥詩篇見收大邦，榮且幸矣。然而墮井之毛遂，驚座之陳公，不幸甚矣。敝邦先儒有李先生珥號栗谷，而李相公廷龜號月沙，《詩綜》誤録李廷龜號栗谷。月山大君，公子也，以其名婷而疑女子。許篈之妹許氏，號蘭雪軒，其小傳以爲女冠。敝邦元無道觀女冠，又録其號曰景樊堂，此尤謬也。許氏嫁金誠立，而誠立貌寢，其友謔誠立，其妻景樊川也。閨中吟咏元非美事，而以景樊流傳，豈不冤哉？"尹、奇兩公皆大笑，户外僮僕莫知何故，皆來列立而笑。此所謂聞笑而笑，未知僮僕所笑何事，余亦不耐笑。永突來召，故辭起,兩公隨出户外相送。

時月色滿庭,隔墻將軍府已打初更四點,刁斗木柝之聲四動。入上房,則下隸爛宿帳外,正使已入寢睡,而隔一短屏設余寢。一行上下五日不睡,今乃真得睡矣。正使枕邊有兩瓶,摇之則一空一滿,月明如此,不飲而何?遂潛瀉滿酌,吹燭而出,獨立庭中,仰看明月。有聲圂圂墻外,此駝鳴將軍府也。遂出明倫堂,提督、通官輩各聯兩桌,寢卧其上。彼雖胡人,無識甚矣!其所寢卧乃先聖先賢釋奠釋菜所供之卓,豈敢爲榻也,豈忍寢卧哉?桌皆紅漆,有百餘副。入右廊,三譯四裨同宿一炕,交頸連股,不掩下體。無不雷鼾,或如倒壺水咽,或如引鋸齒澀,或嘖嘖叱人,或唧唧埋怨。萬里同苦,宿食與共,想應情同骨肉,死生以之,而同床异夢,楚越肝膽矣。爇烟而出,犬聲如豹,出將軍府,刁斗如深山子規。徘徊庭中,或疾趨或矩步,與影爲戲。明倫堂後老樹重陰,凉露團團,葉葉垂珠,珠珠映月。墻外又打三更二點,可惜良宵好月,無人共玩。是時何獨我人盡睡,都督府將軍睡矣。吾亦入炕,頹然抵枕矣。

尹亨山自班出,直至談所。余與鵠汀下椅肅揖,尹公忙扶余坐椅,出懷中鼻烟壺以示之,紫瓊瑚造成也。尹公又自懷中出黄袱,裹异錦二匹,解而示余。鵠汀連稱欽賜,尹公滿面喜色。一鴉青羽緞,綉桃花;一醬色雲紋緞,金綫綉仙佛。亨山忙閲談草一頁,即涉筆曰:“建文大内壽終,元無是事,王先生傳聞之誤。”鵠汀曰:“傳疑亦一史家體。”余曰:“吴亮擲鑾故事豈不是真?”鵠汀曰:“固多前輩辨説短長,此等不必索言,必無。萬一真時,豈不是千古奇事?雖係籬落卧被之書,亦一歸來望思之臺。筆筆心頭血,一落染天地。”余問:“史仲彬《致身録》,豈後人擬作否?”鵠汀曰:“‘環佩空歸月夜魂,年年杜宇哭冬青’,此苦心人妄想也。”亨山曰:“昨王先生言漢興無慚德,可興禮樂,説得非是。發號出令於朝廷之上,雷動風行,仁聲所及,四方億兆皆得以考其得失。其閨壼燕私之時,隱行細德,有非外庭所得而知也。故必有賢宗室如河間獻王者,爲之歌咏叙述,又妙能審音,然後可以合其德。所謂琴瑟友而四時和,律吕調而萬物統也。漢之樂歌,《安世房中》最似近之,而獨枕一宦者股。仰數未央宫椽,元首叢脞,《大風》之烈委地矣。至於辟陽之慚,外庭難諱;人彘之酷,神人共憤,則造端之始,觀刑可知。薄姬,魏豹之美人,孝景王皇后奪之金王孫。陰麗華之寤寐思服,未知誰所歌咏乎? 王室至親,無如河間之賢,而《關雎》之化、螽降之美,非所可論。故樂自樂而德自德,從可知也。"余曰:"白登奇計是甚麽奇計?"鵠汀曰:"其計秘,世莫得而傳焉。"余曰:"這條奇計,莫不是城下長跪? 事不自愧,緣何秘之?"尹公大笑曰:"發前人所未發。"余曰:"是時冒頓當不會講銜璧輿櫬許多儀注。"鵠汀曰:"自古中國未嘗得志。康居授首,頡利起舞,是要啼偶打。"余曰:"先天下之憂而憂,則萬乘真個苦。漢高祖枕股仰屋時,八年經營,所得何事? 霜降水落,回首齒冷,想應是時天下都似鷄肋。"亨山曰:"宰相亦然。酒色財氣都唤不應時,想到五雲唱名,是誠何心?"鵠汀曰:"老爺穎尾求田,著數筆點綴。"亨山大笑曰:"眼前汲汲,都是身後計,蠶老自成繭,非期衣綉人。"余問鵠汀:"尚不廢省圍否?"鵠汀曰:"已付鄧禹,笑人寂寂。"問:"先生如何?"余曰:"一樣。"鵠汀曰:"白頭荆圍,士之耻也。"亨山把筆欲書,先自大笑,嚮鵠汀語,鵠汀亦大笑。余曰:"兩先生如此嘔噱軒渠,當有絶奇事。鄙人不識裏面,無以捧腹助歡。"兩人尤大笑絶倒,亨山曰:"康熙己卯省闈間,有百二歲舉子,姓黄名章,廣州佛山諸生也。自言今科且未中,來壬午省闈,亦未可中。至歲乙酉,吾年百八歲,始當獲雋,尚有許多事業爲國家效力耳。"余亦不覺絶倒,問這黄章果中乙酉科否,兩人掉頭,尤不耐笑。鵠汀曰:"這個不中時,都快留作世間缺陷事。若符其言時,都没味也。"

亨山曰:"先生來時,曾遊千山否?"余曰:"千山迂行百餘里,且緣行忙,衹望天外數點螺鬟。"亨山曰:"老僕曾於歲戊寅降香醫巫間,有貴邦人墨題姓名。"余曰:"姓名爲誰?"亨山曰:"六七輩,其姓名偶未之記。"余曰:"敝邦先輩金昌業,字大有,號老稼齋。曾於康熙癸巳遊千山，而醫巫閭山亦當有題名處。”亨山曰：“千山敝無緣一見，稼齋金公還有幾佳句作否？”余曰：“有數卷文集，不能記一二佳句。金稼齋亦於暢春苑見李榕村先生，當時閣老。”亨山曰：“榕村先生，康熙癸巳間想已南歸矣，那緣相見？”余曰：“榕村先生諱李光地也否？”兩人皆點頭，亨山曰：“癡欲煎膠粘日月。”是時日已暮，炕内沈沈，故已唤燭矣。余曰：“不須人間費膏燭，雙懸日月照乾坤。”鵠汀摇手，又墨抹“雙懸日月”，蓋日月雙書則爲“明”字。余則偶對粘膠句，而“雙懸日月”頗諱之也。

余曰：“昨謁聖廟，朱子升配殿上，然則爲十一哲矣。何時升享否？”亨山曰：“康熙時躋享，十哲元非孔門恰當底定論，不過一時與難於陳、蔡之間爾。自唐訖今，無敢議者。夫有若之言四見《論語》，以其似聖人，子夏、子張之徒至欲以事孔子事之，則其賢可知也。公西赤志於禮樂，有爲邦之才，則不亦遠優於宰我、冉求乎？求、予之言行，不必徵諸史傳，考之《論語》中，其優劣不可同日而語。宜進祀二子於殿上，改求、予於廡中，先輩鄭端簡，王貽上論皆如此。王爲國子祭酒時，具疏欲改正，爲人所沮，疏未果上。此可謂萬世之公論，士流至今惜之。”

亨山問：“朴先生今有著書幾卷？亦有佳集携至中國否？”余曰：“平生學殖鹵莽，未曾著得幾卷書。”亨山曰：“雖有周公才美，若涉驕吝，餘無足道。先生有如……”此下未及書畢其説，而奇豐額入，來示余皇賜鼻烟壺，遂罷起。余所衣白紵袷，日暮稍凉。時月方垂軒，相與散步階上。亨山摸余衣曰：“坐中不勝清癯。”

奇麗川，滿人也。性驕傲，顯有藐視尹亨山之色。亨山佯若不知，容辭謙下。尹長奇二十餘歲，位亦差高，而漢人既爲羈旅之蹤，則勢所使然。麗川所居與余所寓對户，余欲往晤亨山，則必經奇户，故必先歷奇。尹不解余意，必踵余而至。須曳起去，告以他往。奇笑而背指曰：“尹公之他。”尹公亦嘗背評曰：“鳩眼未化。”滿漢仇疾類此。麗川嘗潛謂曰：“有一山東布司，苦乏廉聲，嘗出一對，榜之衙門曰：'視民若子；立法如山。'夜有續其下曰：'牛羊父母，倉廩父母，恭爲子職而已矣；寳藏興焉，貨財興焉，此豈山之性也哉？意似指尹。余偶一問尹曰："公曾莅山東布司否？"尹公曰："然。"及還燕談次，問識奇，則皆掉頭。冯秉健奮然曰："士大夫安知鞀子！"問亨山何如人？皆欣然曰："樂天一流人。"

熱河酒樓，繁華不減皇京。壁上多名人書畫。流霞亭題"功名富貴兩忘羊，且盡生前酒一觴。多種好花三百本，短籬風雨四時香"。又飲翠裘樓，壁間所題墨痕猶濕。類于敏中、阿克敦筆。問諸酒傭："知此書主名否？"對："俄有一客，寫揭纔去，不知書者姓名。"其詩："致主初心陋漢唐，暮年身計落農桑。草烟牛迹西郊路，又卧旗亭送夕陽。"兩詩不知何代誰作，而臨風一咏，令人感慨。俱書扇面，歸問尹亨山，則俱以名對，而余又忘之。

尹卿問："高麗朴寅亮於君爲何？"余曰："猶毛遂之於毛聃。僕是土姓，分爲八望，貫係各异，不相爲族，亦不敢慟哭汾陽。"尹卿曰："康熙中，有朴雷，字鳴夏，朝鮮人。今大清中外一家，俱無青唇之嫌。"余問："何謂青唇之嫌也？"尹卿曰："宋元豐中，高麗使至明州，象山尉張中以詩送之。朴寅亮答序有曰：'花面艷吹，愧鄰婦青唇之動；桑間陋曲，續郢人白雪之音。'有司劾中，小官不當私交外彝。神宗問左右：'青唇何事？'皆莫能對。乃問趙元老，元老對曰：'《太平廣記》有睹鄰夫見婦吹火，爲詩云："吹火朱唇動，添薪玉腕斜。遥看烟裏面，恰似霧中花。"其妻告其夫曰："君豈不能學耶？"夫曰："君亦吹火，我當效之。"夫乃爲詩云："吹火青唇動，添薪墨腕斜。遥看烟裏面，恰似鳩槃茶。"'此出王闢之《澠水燕談録》云。"

尹卿出黑紙小箋，畫竹石，乳金書"緑竹瞻君子，卷阿矢德音。揮毫開便面，握手得同心"，下方書"尹嘉銓題，時年七十"。

《明詩綜》載余五世祖錦陽君《大同館題壁》一絶："高句麗起漢鴻嘉，宫殿遺墟草樹遮。怊悵乙支文德死，國亡非爲《後庭花》。"高句麗起非在鴻嘉，乃漢元帝建昭二年，成帝鴻嘉三年，百濟太祖高温祚都稷山,先祖偶失點檢。而俞式韓《毬堂録》引《日知録》用東史所證《書大傳》以辨此詩鴻嘉之誤。中州之士勤於考據辨析,以爲博雅,類多如是。

長洲尤侗悔庵著《外國竹枝詞》,首以我國,其下百餘國民謡土産,著其大概。而觀其所述朝鮮事,尚多舛謬,况四海外萬里之遠,而無文字可以通其土俗哉?其撰《朝鮮》曰:"高句麗降下句麗,未若朝鮮古號宜。千里王京陳百戲,漢城猶見漢官儀。"注云:"古朝鮮并入高句麗,隋征之不服,貶爲下句麗。明洪武中入貢,奉詔更號朝鮮,以漢城爲王京。每詔使至,雜陳百戲。"又曰:"長衫廣袖折風巾,硾紙狼毫漢字真。自序世家傳國遠,《尚書》篇内九疇人。"又:"小兒八歲號黄昌,舞劍能誅百濟王。更唱嘉俳會蘇曲,朝來蠶績已盈筐。"注云:"新羅國黄昌郎八歲,爲王往百濟,舞劍於市。王召入宫令舞。因刺之。七月望日,王使王女率六部女子,績於廣庭。八月望日,乃考其功,負者設酒,相與歌舞,謂之嘉俳。一女起舞,爲會蘇之曲。後朝鮮破新羅,擬爲黄昌、會蘇二曲。"奇麗川出《昭代叢書》,拈此相示。余謂尹亨山曰:"降號下句麗,乃王莽事也。"尹曰:"然。"余曰:"自序世家句極謬。箕氏朝鮮爲衛滿所逐。"尹卿曰:"此錯綜言東方三國時,非專指貴國。其曰傳家遠者,概論國號朝鮮肇自箕聖,所以贊美貴國之極致。大約此非佳作,如痴人説夢,隔靴爬癢。"余曰:"注云朝鮮破新羅,尤謬。敝邦承高麗,高麗承新羅,則安得破五百年前新羅?"麗川大笑曰:"所謂乙丑、甲子。"

余問尹卿曰:"當世詩人,海内稱首者,可得聞名歟?"尹卿曰:"以海内之大,固不乏鴻匠妙才。而敝年老,斷置人世事,年少才子未能相識。敝老友袁太史枚,字子才,高蹈不羈之士也。不樂仕宦,放迹山水,最工懷古之作。"因高咏數句。余未曉聽,請書示。其《博浪城》詩曰:"真人采藥走蓬萊,博浪沙連望海臺。九鼎尚沈三户起,六王纔畢一椎來。虎龍有氣黄金盡,山鬼無聲白璧哀。大索十日還撒手,如君終古儘奇才。"觀其詩,可占中原士大夫之心,而亨山之獨咏此篇，其意尤著。然不諱於奇麗川，何也？康熙戊午。江右女子季文蘭爲胡人所掠，賣往瀋陽，到榛子店，題詩壁上曰："椎髻空憐昔日妝，征裙換盡越羅裳。爺娘生死知何處，痛哭春風上瀋陽。"下題："奴江右虞尚卿秀才妻也。夫被戮，今爲王章京所買，將往瀋陽。戊午正月廿一日。灑淚拂壁書此。惟望天下有心人，見此憐而見拯。奴年今二十有一。"後六年癸亥，清城府院君金公錫冑使過此店，録而歸。後三十餘年，老稼齋金公昌業又過此店，則壁間題墨猶有存者。今余後稼齋六十餘年，而又過此店，徘徊咏想，而壁上所題不可見矣。余偶舉此詩，語之奇豐額，奇潸然淚下，問："榛子店在於何處？"余曰："在山海關外。"奇即題一絶曰："紅妝朝落鑲黄旗，笳拍傷心第五詞。天下男兒無孟德，千金誰贖蔡文姬？"

班禪額爾德尼，西番烏斯藏大寶法王。西番在四川、雲南徼外，烏斯藏蓋在青海之西，經唐吐蕃故地，去湟中五千餘里。或曰班禪乃藏理佛，所謂三藏乃其地也。班禪額爾德尼，番語猶云光明神智法僧。自言其前身巴思八，其言多誕怪不經，然道術高明，時有徵驗云。

……余在熱河時，蒙古人敬旬彌爲余言，西番，古三危地。舜竄三苗於三危，乃其地也。其國有三，一曰衛，達賴喇嘛所居，古之烏斯也；一曰藏，班禪喇嘛所居，古亦曰藏；一曰喀木，更在西，無大喇嘛，古曰康國。其地在四川馬湖之西，南通雲南，東北通甘肅。唐玄奘法師入三藏，乃其地也。玄奘去時，其地無人，乃大水。及回時，即水消而有聚落，至中唐時輒成吐蕃大國，爲中原患，然未知奉佛。元初，佛教北流，有蕃僧曰巴斯巴（巴與八同音，乃巴思八也），亦號，非名也，具大神通，元初封爲帝師、大寶法王，皆身歿，以侄爲嗣。明初，諸法王來朝，成祖有鑒於唐，皆優禮之。其僧亦皆有幻術，益見尊禮。今之喇嘛，大約始於明之中葉。有异僧曰宗喀巴，來亦遠方，入西藏，有异術，一見即令人傾倒，且有投胎奪舍之説，諸法王皆以爲師而自甘退就弟子之列。宗喀巴傳有二弟子，長曰達賴喇嘛，次曰班禪額爾德尼。達賴喇嘛目今投胎七世，班禪喇嘛投胎四世。本朝天聰時,班禪越過大漠遣使來貢,知東方之生聖人,自是年年遣使入貢。康熙時,仁祖欲其入朝而未嘗來,去年萬壽節(自注:即今本年)。乃請入覲,故優禮之。大約其教僧名而道家實也,其觀想、運氣、持咒與道家相類,而其書之博深誇大亦過道家。此二人外又有胡圖克圖者,皆其弟子也。亦能投胎奪舍,有五六世者多矣。國王之師無神通,但善言禪理。又曰僧名道實之説即此。其爲説頗不分明,與王晟所言大有异同,其言曰明之中葉有异僧曰宗喀巴,其弟子長曰達賴喇嘛,次曰班禪額爾德尼,又曰天聰時班禪越過大漠來貢。天聰距中明可百餘,今距天聰又百餘年。以一人而常住至今耶,抑投胎四世而常襲其一名耶?所謂胡圖克圖者,又誰弟子也?余又詢國王之師善言禪理者,又指誰也?旬彌皆不對,竟爲他語也。

還入塞時,與一客語長城下,詢西番事。客對曰:"西番,故吐蕃地也。奉藏教,亦名黄教。本自其國俗然也,非另立僧名。而中國人謂之僧,其實大异佛教。目今中國佛教廢久矣。"在熱河時,雖朝貴,反問余班禪狀貌。蓋非親王額駙及朝鮮使者,未之得見故也。

既還燕,日與俞黄圃、陳立齋諸人遊,而諸人者未嘗一言及班禪。即余有所詢,輒曰:"有元、明間已例。"又曰:"吾輩所不能詳。"竟莫肯一言。一日,余與高太史棫生飲酒段家樓,高太史言班禪事。方發端,座有馮生者目止之,余甚怪之。久之,聞山西布衣有以七條上疏者,其一盛論班禪,帝大怒,命剮之,我東驛夫多見之宣武門外云。自是不敢復詢班禪事,雖相歡如俞、陳兩生。又不得山西布衣姓名,或曰上疏者,舉人張自如云。

西番始末,大抵莫詳於王曉亭所言,如灑茶滅火、凌波渡河,俱有欒巴、達摩往迹,故不著於此。

忽有引户響,志亭急擦紙在握中。及開户,乃同舍王民皥也。繼有入者,亦王君同舍,鄒舍是也。俱舉人,客遊口外,去歲新創熱河太學,制視京師,二人者方藏修此中,爲訪余來也。志亭向二客縷縷説,音若誦書。二客且聽且指圈桌上,似誦傳吾語也。王舉人書吾姓名字號，示鄒舉人。王有宿面，而鄒乃初見也，鄒生曰："貴國佛教始於何代？"余曰："蕭梁大通中，僧阿道始入新羅。"又問："貴國士大夫於三教中最崇何教？"余曰："粵在羅、麗時，士族雖賢者不無習西教。至敝邦立國四百年，士族雖愚者但知誦習孔子。方内名山，雖有前代所創精藍名刹而皆已荒頹。所居緇流，皆下賤無賴，維業紙屨。名雖爲僧，目不識經，不待辭闢而其教自絶。國中元無道教，故亦無道觀。所謂异端之教，不期禁絶而自不得立於國中。"鄒生曰："可謂天下中樂國矣。异端之害，聖人已憂其人將相食，使當時聽之者必以爲過矣。今山中往往有吃人道士，養小兒尤艱，純陽童子最好蒸啖，至有夜藏櫃中，猶患失之，所在省府另行逐捕，焚毁道觀，則乃反竄名僧籍，庇身佛寮。而至於房中秘術，惡瘡奇方，皆貧道士所製。故人多樂從之遊，潜學其術，幻怪難名。中國禪釋已乖本旨，仰漏所謂僧名道實之言是也。"仰漏者，蒙古人，敬旬彌字。與余言，有僧名道實之論，前此余言之志亭，此刻語次，志亭似誦之也。又曰："貴國古亦有神僧，願聞其名。"余曰："敝邦雖在海隅，俗尚儒教，往古來今，固不乏鴻儒碩學，而今先生之問不及於此，乃反神僧之是詢。弊邦俗不尚异端之學，則固無神僧在，固不願對也。"王君曰："异端之中亦有异端，反有以害其道。乃者鄒敝友正欲知貴國儒、釋同异也。"鄒生亦曰："然也。"余曰："雖聞僧名，安能辨儒、釋同异哉？"鄒生曰："儒門中亦有道學理學之號，貴國儒門中亦有是科否？"余曰："聖門設教衹是四科，一貫之道衹是此理。學此問此，是爲學問，豈得儒門另設他科，有此兩號？"鄒生曰："是也，先生言之極是。孔門七十子之徒，所問於師，不過曰仁曰孝。後世不然。弟子初來，開卷便講理氣；先生整襟升座，輒道性命。今之學者，學貫天人而不能治一郡；理察鳶魚，而莫能辨一事。此個學問，謂之理學先生。鄉塾之間，稟質固滯，動止迂怪，略習經傳，粗通訓詁，未嘗不專席開講，味陳腐爲菽粟，穩補綴爲裘褐。子莫執中，反爲守經；胡廣處世，自謂中庸。此個學問，謂之道學君子。此猶無足道也。昔之异端逃墨歸儒，逃儒歸楊，反目分背，越肝楚膽。今之儒者亡不出境，兜攬采地，益築《六經》以堅其壁壘，時换群言以新其旌旗，半朱半陸俱爲逋主，頭没頭出遍是水泊。養蠹魚爲狐鼠，則考證爲其城社；抑騏驥爲駑駘，則訓詁爲其鉗橛。或有懸軍深入，反遭攻劫，其勢不得不下馬受縛，雙膝以跪。今之儒者，絶可畏也，怕也怕也。敝平生不願學儒也。有能張目開口倡爲异端之學者，敝將不遠千里，贏糧往師。今見先生之論，確然守正，還令小人之腹一喜而一悵。"觀鄒生容貌磊砢，言辭放蕩，似譽似嘲，變幻譎詭，全事侮弄。余曰："俄承先生闢异之論，不勝欽服。反爲此乖刺之語，何也？鄙人生於海陬，聞見謏寡，學殖鹵莽，見笑大方，固其宜也。嘉善而矜不能，君子德義正當如是。且足下身居聖廟，欲學异端，使其言真也，不意上國首善之地有似此言議也；如其假也，譏嘲外國一腐儒，恐非柔遠之德義也。慚愧請退。"鄒生謝曰："非敢如是。敝適有激於中，不覺話頭横縱到此。乃先生如此見罪，僕不敢長侍足下也。"鄒生離椅叩頭，此乃致謝之意也。王君曰："敝友老實人，旨意本不如此，乃先生錯疑。欲師异端，乃欲居九夷之意也。"相與大笑。余亦隨笑，然意思竟未快暢。欲居九夷之諭，尤令人愧恨也。鄒生曰："先生此來，專爲拜望西佛來耶，爲賀聖誕來耶？坐間志亭少出户外。"余曰："專賀皇上七旬慶節。若無詔旨，安得前來熱河？昨見活佛，亦被皇詔也。"王君曰："朴先生非使臣也，從其族兄大人觀光上國來也。"鄒生熟視余良久，曰："先生此來，不畏嗽人乎？"余問："甚麽嗽人？"鄒生曰："楊璉真珈復生於世。"王君色變，若争言狀。余雖不識其爲何語，而但兩人氣色不好，似責讓鄒生。此際志亭還坐，視其紙，急手裂，納口嚼之，目視鄒生，久無所語。偷余不視，撮嘴指余，且目鄒生。偶敵余眼，甚有愧色，因呼茶而曰："貴國馬生得何宵？"余曰："馬生時辰何以知之？"諸人皆大笑。志亭曰："小宵之宵，蓋音同則用。"余曰："國小，故畜産亦隨而小也。"余甚欲詳得班禪來歷，鄒生所説甚有蹺蹊，而兩人者似深諱，故未敢造次扣問。鄒生茶後即辭去，志亭亦有他擾，余亦起，王君隨余出。

（八月）十三日己未，曉少灑雨，朝快晴。使臣爲參萬壽節賀班，五更赴闕，余得穩睡。朝起，徐行至闕下，覆黄褓者七架子，置門下休息，皆玉器玩。金佛一座，大可如中人坐者，皆户部尚書和珅所進云。是日宣饌三巡，又賜使臣瓷茶壺一、茶鍾具臺一、藤絲結檳榔囊子一、刀子一、紫陽茶錫壺一。夕間，小黄門臨宣一錫方壺，通官曰："茶也。"黄門即馳去。以黄絹封壺口，於是解其封，則色黄而微赤，如酒。書狀曰："故是黄封酒也。"味甘氣香，全無酒意。盡瀉，則有荔支十餘個浮出，僉曰："此荔支所釀也。"各飲一杯，皆曰："好酒也！"遂及裨譯，則有不飲者，不敢一呷，恐致大醉。通官輩亦延頸流涎，首譯爲丐餘瀝以給之，則輪嘗之，莫不稱贊曰："好宮釀也！"久之，一行相顧曰："醉也。"及夜訪奇公，以一盞示之，奇公大笑曰："此非酒也，乃荔支汁也。"遂出燒酒五六盞以和之，色清味洌，异香百倍。蓋香乘酒氣，尤發藴馥。向之飲蜜水而論香，嘗荔汁而言醉者，即何异聞鍾揣日，望梅止渴耶？

是夜月益明，余携奇公出明倫堂，步月欄干下。余指月而問曰："月體常圓，環受日光，由此地觀，有盈虧乎？四海今宵，一齊看月，隨地測影，月膚肥瘦，有淺深乎？星大於月，日大於地，視有巨細，由近遠乎？信兹説也，日地月等，浮羅大空，匀是星乎？自星望地，亦若是乎？其將地綫絡日聯月，耿耿三星如河鼓乎？地膚所傳種種萬物，形皆團圓，無一方者，獨有方竹及益母草，雖其四楞，方則未乎，求物之方果無一焉，何獨於地議其方乎？若謂地方，彼月蝕時，暗虚邊影胡成弧乎？謂地方者，諭義認體；説地球者，信形遺義。意者大地其體則圓，義則方乎？日月右旋，翻轉如輪，圈有大小，周有遲疾，歲期月朔各有其度，左旋繞地，匪井觀乎？地之本體團團挂空，無有四方，無有頂底，亦於其所旋如楔子，日初對處爲朝暾乎？地球益轉，與初對處漸違漸遠，爲中爲昃，爲晝夜乎？譬諸窗眼，漏納陽光如小豆子，窗下置磨，對光射處以墨識之，於是轉磨，墨守其陽不遷徙乎,抑相迤迂不相顧乎?及磨一周,復當其處,陽墨纔會,瞥然復別,地球一周而爲一日亦若是乎?又於燈前試觀紡車,紡車轉處面面受明,非彼燈光繞此紡車,地球晦明亦若是乎?然則日月本無升沉,本無往來,篤信地静,謂無動轉,乃其惑乎?求説不得,則謂此地春夏秋冬各隨方遊,謂其遊者,謂有進退,謂有升降,與其遊方,寧無轉乎?彼其惑者謂地轉時,凡載地者莫不顛倒傾覆墮落,如其墮落,歸何地乎?信若是也,則彼麗空星辰、河漢隨氣轉者,何不顛倒墮落乎?有不動轉,塊然死物,安得不且腐壞潰散而常住乎?地之皮殼,生物傅焉,緣球合武,莫不戴天,譬諸蜂蟻,或有緣行,或有仰栖,誰爲横縱與竪倒乎?今此地底,應亦有海,若疑生物傾覆墮落,彼地底海誰爲堤防而常盈乎?彼列星者,其大如許,亦有皮殼如地球乎?既有皮殼,其傅生物亦若是乎?其有生物,各開世界相子牧乎?地球團圓,本無陰陽,珠日而火、鏡月而水,猶彼家生,求火東鄰,資水西舍,一火一水,爲陰陽乎?强名五行,相生相剋,大海風浪,炎火煽熻,其何故乎?冰有蠶焉,火有鼠焉,水有魚焉,彼諸蟲者,皆以所處各爲其地,若謂月中亦有世界,安知今夜不有兩人同倚欄頭,對此地光論盈虚乎?奇公大笑曰:“奇論,奇論!地球之説,泰西人始言之,而不言地轉。先生是説,自理會歟,抑有師承否?”余曰:“不知人,焉知天?僕素昧度數之學,雖漆園翁之玄妙曠達。至於六合之外則存而不論。吾非心得,乃是耳剽。吾友洪大容,號湛軒,學問好,不局滯。嘗與我對月戲作此語,大約荒唐難稽,雖有聖智,未可難倒。”奇公大笑曰:“他人夢中,不可去走一遭。貴友湛軒先生有著書幾卷?”余曰:“敝友未嘗著書。先輩金錫文先有三丸浮空之説,敝友特演説以自滑稽,亦非見得委實如是,又不曾要人委實信他。吾亦於是刻對月偶思吾友,特又演説一番,如見吾友。麗川异於漢人,故不敢道。”湛軒,杭士,舊遊。奇公曰:“金錫文先生,可聞一二佳句。”余曰:“未諳他曾有佳句。”奇公携余入其炕,已張四枝燭,大桌設饌,甚盛,爲余專設也。香糕三器,雜糖三器,龍眼、荔支、落花生、梅子三四器,鷄、鵝、鴨皆連嘴帶足，全猪去皮，錯以龍荔、棗栗、蒜頭、胡椒、胡桃肉、杏仁、西瓜仁，爛蒸如餅，味甘膩而太鹺，不堪食矣。餅果盛皆高尺餘。良久，盡撤去。復設蔬果各二器，燒酒一注子，細酌穩話（話載《黄教問答》）。鷄已二唱，乃罷還寓。轉輾不能寐，而下隸已請起寢矣。

轉往麗川所寓（麗川，奇豐額字，滿洲人）。麗川出示四川御史端禮詩七絶五十首，咏皇賜孔雀羽詩也。武官四品以上懸羽帽頂，文官受賜乃得懸，故爲榮也。詩纖巧妙麗有絶響，晚唐胡元時體。麗川屬余批評，余固讓，麗川亦固請，蓋欲觀吾才識也。余亦不欲露拙，竟辭焉。麗川即點其違簾三處，已復摺置卓上。出示亨山一律，筆拈其頷聯所對燕毛、熊掌以示，微笑曰："狗屎！此公政事糊塗，大類其詩。"余曰："何乃輕薄！"麗川即裂"狗屎"二字嚼之，余大笑曰："譏切長者，好自吃罰。"麗川亦大笑。俄而亨山來坐，鼎話即去，相視而笑。一日，麗川散步明倫堂，一人奉盥隨行。麗川立類面，持帨拭且行。見余，遥呼"朴公"，余即赴。麗川曰："俄刻御賜黄封，願得少嘗。"余即返，傾壺視之，祇餘一觴。余手自持往，麗川笑曰："此荔汁也。荔支離樹一日，即變香色。萬不一來，故沉之蜜中，猶失色味十九。若離樹之初，雖十口十手，實難形容。弟到都，受賜非一，而昨日亦得賜此。"因出一盞，和燒酒五六盞以勸余。余飲一盞，清香滿口，甘洌無比。余回勸麗川飲，麗川掉頭固辭。余怪而問之，對曰："弟已從佛戒，斷飲久矣。'日食荔支三百顆，不妨常做嶺南人'，這是東坡詩也。"又曰："弟今居臬司，常常吃此。"又曰："嶺南，古謫戍地。"一日，夜中月明，同徘徊臺上，夜深露凉，麗川請入其炕。問曰："使臣不肯見佛，何也？"余曰："使臣奉詔往也。"麗川曰："使臣下馬，坐路中不肯去，因詔賜罷。何故遲遲？"其言頗有關係，類欲鈎探情實，故未及遽對。麗川曰："班次藉藉也。"余曰："道中下馬，非不肯去也。通官言軍機大臣當來，可俟偕往，故蔽宫城樹陰，下馬避暑，所以遲待軍機之來也。俄有詔旨，故中道罷還，非故自遲遲也。"麗川曰："使臣幾被糾參，禮部諸大人以此悸慄廢食。昨日更奉皇上恩旨,此曠世盛典也,高麗當益堅事大之誠。”兩大人相寵賀,俄刻廟中晤德大人,不勝其喜。余不覺驚怪,徐對曰:“弊邦之於大國,事同一家。今吾與公既無内外之别,而至於法王,係是西番之人,則使臣安敢造次相見乎? 此固人臣無外交之義也。然屢奉聖詔,則使臣亦安敢不往見乎?”麗川曰:“固當也。昨日使臣拜彼佛乎,拜皇旨乎?”使臣實未嘗拜佛,而所詰轉深,故不敢明言不拜,把筆趑趄。麗川先曰:“奉詔往,當肅聖恩也。”又曰:“尊兄亦拜佛耶?”余曰:“衹得望見。”麗川指“望見”二字曰:“望見已是佞佛。尊兄既非被旨,則何必顛倒衣裳。”余不覺愧服,因謝曰:“耽嗜觀光,義不出此。”麗川又大笑曰:“然也。固是責備賢者,萬乞恕罪。”余曰:“吾既萬里爲觀光來,不者,安從見此金殿玉階?”麗川曰:“固也。”又曰“弟前身固僧也,後未嘗”一題下云云數十字焦黑疾書,語未了了。余適就燭爇烟,未及諦視,方欲再見,已引燭焚之投炕下,因曰:“弟固有髮老比丘也。”余問:“公曾拜彼佛乎?”麗川曰:“非親王額駙及蒙王,不可得見也。”又曰:“我是衣儒冠儒矣,平生不拜泥身古佛,何乃肉身假佛乎?”余視“有髮”及“冠儒”等語,不覺失笑,乃大加墨圈。麗川似未解余旨,亦大笑不已,即燒投炕下。余曰:“公自言儒者,又言言稱老比丘、有髮僧,何也? 責人佞佛,而以吾觀之,公可謂假佛弟子,勉强學佛。”麗川大笑,大加墨圈於“假佛弟子”,曰:“使兄多財,吾必爲之熟主顧。”余問:“甚麽?”笑曰:“善償債。”又曰:“韓昌黎暮境竟悦禪旨。”余曰:“陽明學問雖偏,固不似昌黎依希。”麗川曰:“新建伯名理頗勝,其斥佛深次肌骨,然其快人心目,竟未似昌黎壯猛。”又曰:“嶺雲思家,關雪念馬,已是追悔。”余問:“當今文章巨公,亦有兩老子比乎?”麗川不對,因漫書曰:“空則是色,色則是空。”余曰:“我則是爾,爾則是我。”麗川前執余手,良久,自指其心,又指余胸。因問曰:“彼僧狀貌何如?”余曰:“類如來尊者像也。”麗川曰:“當肥也。”大書“貪”字,曰:“無不求,無不取。”余曰:“不像出家。不甚持戒否?”麗川曰:“無不嗜者,馬牛駝羊、狗猪鵝鴨都吃。能吃全驢,故肥也。”

問："貪色否?"曰："此一字竟不犯。"問法術神通，曰："都無。"又曰："阮籍後身爲顔太師，顔太師後身爲包閻羅，包閻羅後身爲岳武穆，此奸細人導之也。"問志亭所言五色鏡，麗川曰："果有此云，此火齊鏡也。"問萬年樹，曰："未之聞也，甚麽様?"余略舉所聞於郝成者，曰："若果如此也，真靈樹也。"麗川大笑曰："尊兄安從得此佞樹?"又曰："彼佛自言其學問，臨終時當傳一句云。"

余既還入皇京，與士大夫遊者多，然未見深言斥佛如麗川者。一日，余當户而立，麗川持鏡自照，因來照余面，又戲摸余所佩囊，有聯珠，笑曰："此非儒家應有之物。"余曰："此笠纓也。"麗川曰："究須借觀方信。"余即出諸囊中而示之，麗川大笑，蓋初意其爲念珠也。余指壁上所挂朝珠曰："這是甚麽東西?"麗川曰："此是國家名器，不得不爾。"蓋朝衣則頸挂念珠，故謂之朝珠，或價至千萬。于閣老敏中，字耐齋，今年歿，七月籍其家，縣官方斥賣其朝珠四個，價銀爲三萬七千兩，以其價重，故無敢售者云。

汪新，字又新，浙江仁和人也。見任廣東按察使。聞余姓名於麗川，約麗川訪余來也。相晤麗川座，一見輒傾倒如舊。身長七尺餘，疏髯，面色黑，寢陋無威儀，不修邊幅。與吾同年月，少余十一日。余問："吴西林穎芳無恙否?"汪曰："吴西林先生，吴中高士也。年八十餘尚康强，不廢著書。"問："陸筱飲飛無恙否?"汪驚曰："不識尊兄何從識吴、陸耶?"余曰："筱飲乾隆丙戌春赴試在京，吾邦之士有得遇旅邸者，其詩文書畫膾炙東韓。"汪曰："筱飲奇士，今年回甲，落魄江湖，以詩畫爲性命，山水爲友朋。益飲大醉，狂歌憤罵。"余問："何所憤而罵耶?"汪不答。問嚴九峰果，曰："吾離鄉久，不識下落。陸是弟至歡，時人號陸解元，比之唐伯虎、徐文長。不出西湖三十年，富貴極矣。弟離鄉十年，但有聲風寄。然茶鐺酒碗，概知其得意人也，不比弟乾没風塵。"汪約再明再來極歡。麗川謂汪曰："朴公善飲酒，須購椰子釀。"汪點頭。又曰："燕岩性不嗜羊，喜食落花生。"汪又點頭。遂送之門，麗川顧余曰："這是海量。"謂飲户寬也。

次日,汪送傔申囑,明日切勿他駕,相等。明日遽發還燕,不復相見。

(八月)十四日庚申,晴。三使未明赴闕,獨自爛宿。

……有一人問:"燕岩朴老爺誰也?"奇公傔人指余。其人向余揖,容色欣欣,如逢舊要,曰:"俺乃廣東按察使汪老爺管幹也。俺老爺向日遇老先生,不勝之喜。明日午刻當再來陪歡,自有浙扇,泥金、書畫帶來要獻。"余對曰:"向者過蒙汪公錯愛,未將不腆之儀而先受珍貺,於義未可。"其人曰:"俺此來不曾賫携,汪老爺來時自當陪送。明日午刻,老爺切勿他駕。"余首肯曰:"謹當如約。老相公係是何地方人,貴姓尊名?"其人曰:"俺江蘇人,姓屢,賤名一旺,號鴛圩。從汪老爺入廣東。先生離貴國幾歲?"余曰:"本年五月離國。"屢曰:"比俺廣東,猶門庭耳。"又曰:"貴國皇上元號云何?"余問:"甚麼話?"屢曰:"元年紀號。"余曰:"小邦奉中國正朔,那得紀元?當今是乾隆四十五年。"屢曰:"貴國豈非中國對頭的天子麼?"余曰:"萬方共尊一帝,天地是大清,日月是乾隆。"屢曰:"然則那得寬永、常平年號?"余曰:"云何?"屢曰:"海上見貴國海舶漂到,滿載寬永通寶。"余曰:"此日本僭號,非敝邦也。"屢點頭。余察屢動止言語,貌雖豐雅而似無知識者,當初所詰非有深意。錢是禁物,而彼所問之者,非詰禁物也,真認我國爲天子之邦,故問當今年號。其曰"貴國皇上",已判其無識。雖以寬永、常平認爲我國年號,似非爲僭稱者。我人漂船之載錢,無甚怪事,而亦豈有滿載寬永通寶之理?彼必見寬永通寶,或又見常平通寶,混認爲我國錢爾。彼實不識我行中國正朔,見錢而認我亦有紀年,非詰奸之意也。屢茶罷,申囑明日切勿他駕,余點頭,則屢眷眷有惜别之意,一揖而去。

一日,自闕下獨步歸。偶登一樓,樓上獨有一人,方飯。見余舍箸,如逢舊識,降椅笑迎握手,請坐其椅,自拖他椅對坐。各書姓名,及見其名,乃破老回回圖,字孚齋,號華亭,職居講官。意其爲滿洲人,問之,則乃蒙古也。觀其操紙疾書,筆法精敏。余問:"君知博明乎?"曰:"與弟一樣。""知潘庭筠乎?"曰:"曾一晤武英殿矣。"博明博識工書，余數十年來多見其筆迹。爲其同是蒙古，故問之。且彼云職居講官，故問潘消息，欲知其家住何坊，似未相親矣。余問："世有三教，貴國最崇何教?"孚齋曰："豈以中國之大而獨有三教? 行其道者皆得稱教。"余曰："貴國是蒙古，非中國之謂也。"孚齋曰："弟生長中華，不識沙漠。然彼亦大國之餘，吾道宜盛。貴國凡有幾教?"余曰："衹有儒教。"孚齋曰："人生何莫非儒也? 稱儒，則已退居九流之列。以吾道之廣大無外，反自狹小於三教之中，以一儒字磨勘，兹所以長异端也。"方有回子數人來飲，余問："彼亦西番部落耶?"曰："否也。回子即唐時回紇，有功於唐，亦大爲中國患，亦名回鶻。五代時西侵突厥，遂據漢西域故地，行其所謂清真教，是亦异端中一教也。天地間衹有吾道而已，得吾道之一端者，自爲一教。吾人之學道者，直曰吾道而已矣，不可名儒教。"余曰："不然。稱己曰吾，對彼之辭也。以吾對彼，物我相形，非獨吾已自小，已不勝其私於物我之間矣。道是天地間至公之理，亦惡得把作吾一己中物，不容他來窺? 愚則以爲，吾道二字亦非廓然大公之號也。儒則已聞命矣，至於教，豈不曰修道之謂教乎? 曰文教、曰聲教、曰名教，皆聖人之教化也。此曰教，彼亦曰教，則耻混异端，將廢教字。今曰吾道，彼亦將號其教曰吾道，則悻悻然并將吾道而削之耶?"孚齋曰："非謂其然也。世儒不知异端即吾道中一事，紛紛然排擊之，彼始昂然舉頭，與吾道對峙矣。楊墨、老莊之言，皆吾道所有。至於佛氏因果之説，吾道之所深斥，而其實吾道先言之矣。"余問："因果非輪回耶?"曰："非也。因果衹是緣此事有此功。譬如耕田，種者爲因，生者爲果；耘者爲因，獲者爲果。種樹亦然，其華者爲因，實者爲果。如曰惠迪吉，從逆凶，乃吾道之因果也。其迪逆，因也；吉凶，果也。言吉凶之不足，曰猶影響惠從之間，其孚應之驗若斯其捷也。如曰積善之家必有餘慶，積不善之家必有餘殃，此吾道之因果也。言殃慶之不足，曰必有餘，見此必有者誰也? 爲佛者初言因果，則極高明矣。觀於吾道報應有迹，乃爲輪回之説以實之，實吾道病之也。如曰作之善降之百祥,作不善降之百殃,此吾道之因果也。第其降之者誰也?泰西人居敬甚篤,攻佛尤力,而猶爲堂獄之説。彼見吾道之一心對越,曰臨曰監,曰視曰聽,明有主宰,則得一降殃祥之降字以自罔也。大約佛家并無輪回説,中原人翻經時言殊文异,難以形容,則繹爲報應輪回之説,并與因果而纍之。後世禪説者且耻言因果,以爲佛氏之糟粕,此不可不察也。"余曰:目今法王投胎奪舍之法,非輪回之證耶?孚齋曰:"否也。投胎奪舍者,非輪回也。所謂輪回者,即此有猛獸忽懷佛性,异日嘉應必爲善人;今日衆生乃有禽行,他生惡報當爲業畜,不過譬説粗鹵淺近耳。《詩》云:'孝子不匱,永錫爾類。'輪回之證,本自如此。至若法王奪舍,乃轉身换骨,如今衣裘垢弊,更换他服。"余問:"真有是理否?"孚齋曰:"其持咒運氣之術似涉道家,而其實禪家所稱魔禪爾。大約此事在若有若無之間,既不身自爲僧,安能知其真僞?昔在滇南,公暇時嘗以此事問於今太學士阿公桂,曰:'所見入藏地者,智不足以知此。將軍明哲人也,其事究竟如何?'公曰:'不必問此事實有實無。設如我輩家生一極聰明之子,自四五歲時不令知一毫世事,日使老師宿儒不離於座,惟以聖賢之言灌溉其心。即長而又衣食無憂,金玉錦綉人間可欲之物,過目不使留,敬之如神明,日起惟知向道,安得不爲聖爲賢?此輩甚幼,惟令老僧育之,日説法,知作功矣。即使督作功尊敬之極,自幼至長,不以世法嬰其心,亦安得不爲佛乎?'"夕訪亨山,問:"法王投胎何异輪回?"亨山曰:"這個一樣轉身。但此肉身既爲風雨寒暑所侵鑠,鶴髮鷄皮,不禁耄老,則土水風火,自付造化。惟此光明信識金剛寶體,固無童耄,薪盡火傳。譬如適千里者,未有負家而行,必遞宿傳舍。雖天下有情人,未聞顧戀傳舍,爲此淹留。火緣薪起,聊暫相悦,去緣他薪,不復戀灰。法王投胎衹自如此。輪回之説,乃佛家律書也。昔漢竇太后讓趙綰、王臧,安得爲司空?城朝書[①],亦以儒家言爲律書也。

① 城朝書,即"城旦書"。

彼言輪回如時王制典，五服五刑，俱有憲章；慶賞威殺，各得考文。如此照勘，未見功罪，先有其具。爲佛者見世間功罪不當、刑賞未信，足蹈目視，人所易忽，則移之幽冥不測之地，趨避勸戒於不聞不睹之中，古人所謂陰操世主之權是也。雖然，吾儒家亦不必專攻如仇敵，聖人神道設教亦有如此。且天地許大，風俗各异；氣有正偏，理亦隨寓；如水在器，圓方從形。古宙今宇，亦不無輪回，亦不無投胎奪舍，亦不無斷火食，亦不無長生久視。且謂之全無此理者，惑也；謂之俱有此理者，惑也。第是理也往往而有，以往往之事，思所以貫萬理、易天下，則尤惑也。"余曰："秦、漢以來，爲天下者皆异端也。秦之刑名猶能兼并，漢之黄老足以富庶。聖人雖憂异端充塞仁義，然使今法王投胎之術爲之天下國家，則還將依附吾道，周旋於仁義禮樂之間，行立乎民彝物則之内，要之不可與入於堯舜之道也。"亨山瞑目良久，口中邕邕若念佛者久，乃開眼微笑曰："先生言之極是。异端之於吾道，雖有邪正粹駁之别，其設心以爲興利行仁、除殘去殺，未始不同也。"余問："法王法術是名何道？"亨山曰："所謂黄教。"余曰："黄教乃黄老之道耶，抑亦黄白飛升之術耶？"亨山曰："天地間别界别人，其道貴無名。清真安樂，其生也；順時歸化，其死也。其生無樂，其死無怛；遞相投轉，萬劫不壞。不樂爲侯牧。其知如寐，其寐如覺；昏昏屯屯，法天無言。不喜兵殺，夢幻此世。以事物爲妖妄，以言語爲邪佞，以成住爲虛誕，以愛慕爲障礙。非釋非禪，無思無慮。是所謂天地間别部世界，一别種學問。古之至人神人之道、無己無功之學，子休所謂'其神凝，則民不疵癘而年穀登'，'堯觀於姑山汾水，而窅然自喪其天下'者，即如是道也。非獨西番諸國咸服其教，即亦大漠諸部莫不崇信。本朝治化上軼唐虞，聲教所訖，咸維順寧，而徼外風塵常清。蓋其鬥殺寇盗，番俗所忌，則抑亦黄教與有補於中國聖化之萬一云爾。"適有他擾，即起。

是日，鴻臚寺少卿趙光連聯椅觀幻。余謂趙卿曰："目不能辨是非、察真僞，則雖謂之無目可也。然常爲幻者所眩，則是目未嘗非妄而視之,明反爲之祟也。"趙卿曰:"雖有善幻,難眩瞽者目,果常乎哉?"余曰:"弊邦有徐花潭先生,出遇泣於道者,曰:'爾奚泣?'對曰:'我三歲而盲,今四十年矣。前日,行則寄視於足,執則寄視於手,聽聲音而辨誰某則寄視於耳,嗅臭香而察何物則寄視於鼻。人有兩目,而吾手足鼻耳無非目也,亦奚特手足鼻耳!日之早晏,晝以倦視;物之形色,夜以夢視。無所障礙,未曾疑亂。今行道中,兩目忽清,翳瞙自開。天地寥廓,山川紛鬱,萬物礙目,群疑塞胸,手足鼻耳顛倒錯謬,皆失故常,渺然忘家,無以自還,是以泣爾。'先生曰:'爾問爾相,相應自知。'曰:'我眼既明,用相何地?'先生曰:'還閉爾眼,立地汝家。'由是論之,目之不可恃其明也如此。今日觀幻,非幻者能眩之,實觀者自眩爾。"趙卿曰:"然。世言飛燕太瘦、玉環太肥,凡言太者,已甚之辭也。既論其肥瘦,而輕加以已甚之辭,則已非絶世之佳人。彼二帝之目獨眩於肥瘦之間,世之無光明眼、真定見久矣。太伯之文身采藥,幻以孝者也;豫讓之漆身吞炭,幻以義者也;紀信之黄屋左纛,幻以忠者也。沛公其幻也幟,張良其幻也石,田單以牛,初平以羊,趙高以鹿,黄霸以雀,孟嘗君以鷄,蚩尤之幻銅頭鐵額,諸葛之幻木牛流馬。王莽之金縢請命,幻之未成也;曹操之銅雀分香,幻之破綻也;禄山之赤心、盧杞之藍面,皆幻之拙者也。自古婦人尤能善幻,如褒姒之於烽也,驪姬之於蜂也。然聖人神道設教,亦有然者。愚雖未敢致疑於階草之指佞,庭鳳之儀韶,而亦未能盡信於負舟之黄龍、流屋之赤烏。自古神聖愚凡,莫不有一番不可知之事。或有嗜瘡痂者,或有好驢鳴者。雖謂之幻,可也;雖謂之性,亦可也。幻之爲術也,雖千變萬化,無足畏者。天下有可畏之幻,大奸之似忠也,鄉愿之類德也。"余曰:"胡廣之三公,幻以中庸;冯道之五代,幻以明哲,而笑中之有刀,酷於口裏之吞劍耶?"相與大笑而起。

五四、李田秀《農隱入瀋記》

【解題】

《農隱入瀋記》三卷，李田秀撰。

李田秀(1759—?)，字君稷，福源侄，朝鮮延安人。乾隆四十八年癸卯(朝鮮正祖七年，1783)六月，以軍官子弟的身份隨朝鮮聖節兼問安使團出使中國。使行六月十三日從漢城出發，七月十八日渡鴨緑江，七月三十日到達瀋陽。九月二十二日離開瀋陽，十月初九日回到高陽。

此書爲筆寫本，分上、中、下三卷。據内題紙，此燕行録出自《家山全書·農隱遺稿》卷十九和卷二十。上卷至中卷包括行中座目、凡例以及燕行日記部分，中卷爲《萬泉録》，爲李田秀、李晚秀與張裕昆的交遊筆談記録。凡例云"《萬泉録》即仲兄所草也。自逢張裕昆後，記往來酬醋者"，可知爲李晚秀所整理。下卷爲燕行雜記，記載清朝制度謡俗，包括宫室、衣服、器用、飲食、財貨、鳥獸、言語、雜俗等八題。癸卯年(1783)八月初八日，李田秀、李晚秀在瀋陽宣聰宅與宣聰弟筆談；十八日，在瀋陽文廟旁孝子祠與滿族王監生筆談；十九日，在瀋陽宿所與楊秀才、張秀才筆談；八月二十日、九月十四日，在奉天府與楊姓、石姓秀才筆談；八月二十三日、二十五日，在瀋陽佟宅與禮部教官劉克柔筆談；八月二十三日、二十六日、二十七日、二十九日、九月初一日、初三日、初七日、初八日、初九日、十一日、十二日，在瀋陽張裕昆宅、瀋陽宿所十一次與張裕昆筆談；九月十四日，在瀋陽宿所與張裕昆、文廟楊秀才筆談。

李日躋(1683—1757)，字君敬，號華岡，朝鮮全州人。辛亥年

(1731)十一月,以朝鮮謝恩兼三節年貢使團書狀官的身份出使中國。同年在瀋陽與林本裕筆談。本書曾摘抄若干,亦附見於後。

此書藏韓國首爾大學奎章閣,《燕行録全集》收録。兹以此爲據輯録資料。

(癸卯八月)初八日丁卯,早雨,晚晴。飯後,陪仲兄訪宣家。是日頗寒,令姜同回取衲衣,吾兄弟入坐路北一當鋪,即内治門外大路傍也。主人方吃蒲萄,饋我一朵,給清心丸,則再送我一朵,而且進茶。問:"宣進士家在何處?"答:"西邊間壁是也。"問:"此鋪是'隆興當'否?"答:"然也。"俄而,姜同持衣來,遂共往宣進士家。門首一人着弊衫,方與我人買綿布,問:"何爲來訪?"吾曰:"欲見宣進士也。"又問:"曾有會面否?"曰:"未也。祗聞是文章名士,故特來一訪也。"其人曰:"今方不在家矣。"問曰:"然則宣進士有兄弟麽?"其人曰:"即吾是也。"仍請屋裏坐着。其人則旋爲入去,俄而改着貢緞挂子、紅纓藤帽而出。進茶叙話,請筆硯,書問:"尊兄往那裏?"答曰:"治中衙門。"問:"往治中衙門作何官?"答:"暫充幕賓。"問:"治中是何衙門?"答:"奉天府所屬。"問:"尊兄年紀幾何?"答:"四十八。"問:"旗民何居?"答:"民家本是浙江紹興府人也。"壁上有博明八分、孫鎬草書、查桐七古及畫跋,故問:"孫鎬、查桐是尊兄所親乎?"答:"都是朋友。孫鎬今爲山西潞安府知府,查桐今爲遼陽州吏目矣。"查桐七古之下,有"請蘭溪先生是正"者。問:"蘭溪是誰?"答:"家兄之號也。"畫跋之下書"秋塍"。問:"此是字耶?"答:"那人之號也。"問:"古薌豈非號耶?"答:"此是其人所居之地也。"問:"其人所居何地?"答:"浙江省杭州府也。"問:"尊兄何時當在家?"答:"日暮而歸,清朝而去。若欲逢見,則明日日出時再來云。"故遂爲辭出。

(八月)十八日丁丑,晴,晚風。陪仲兄與大有、子和往謁文廟,此日則不可用軍服,故改着袍笠以往。廟在德盛門内東邊城底,前作版墻,左右作翊門而門鎖不得入。西邊一破院,門扁以"儒學",即明倫堂前門也。

……堂後一祠，扁“孝思惟則”，則奉天府孝子祠也，庭前鞠爲茂草。問守者：“以此有讀書儒生乎?”一人引余輩入西邊院中，中有正廳，廳後一炕，垂門簾子内有面麻戴金頂子者，又有二少年自外入，列坐凳上。請出筆硯，問：“何官?”答：“教生徒者。”問：“二位是何人?”答：“秀才。”問：“三位，旗、民何居?”答：“都是民家。”問：“若是秀才，則必有詩稿，願賜一見。”其人笑而辭之。如此之際，有一醉人自外而入，見吾輩更不打話，直奪其筆，書問吾輩官職、年紀。又問朴、柳、李(即朴齊家、柳得恭、李德懋也)諸人安否，及戊戌年往三義廟與使臣筆談之事。其外閑雜之言，殆乎手不停筆。一自其人來後，當初三人皆嘿無一言，似有畏怵之意。故試問旗、民，則果稱旗下。問：“何姓?”答：“王。”問：“何官?”答：“監生。”問：“有詩稿否?”答“有之，而邦禁甚嚴，不得出示外人”云。此亦似是欲以嚇在傍人矣，茶罷即出。

(八月)十九日戊寅，晴。飯後，昨日文廟二秀才來訪。問其姓，一人姓楊，一人姓張。書問曰：“昨日之先生何不來耶?”書答曰：“因課日，無暇到此。”問：“課者考諸生文章之謂耶?”答：“是也。”問：“然則兩位亦皆中選否?”答：“此常試，非大考也。”問：“非大考，則早已知之，而雖小考，豈無中不中耶?”答：“有中有不中者，但課卷未批完，尚在未定。”問：“詩耶，文耶?”答：“文、詩、賦皆有。”問：“詩題云何?”答：“賦得月中桂得香字，五言八韻。”問：“盛什願聞之。”答：“不堪玩。”强之而後書曰：“鷲峰三徑滿，蟾窟一輪香。色從雲外度，影向鏡中揚。羞同松嶺茂，笑比閶河芳。仙境塵堪拂，騷人思更長。”此即楊之作，而張則稱未做，不得書。仍問曰：“貴邦亦有制科否?”仲兄答曰：“然。”問：“貴邦士子擢科者以文耶，以詩賦耶?”答：“小科以詩賦、經義取士，大科以對策、駢儷取士。”問：“列位想已擢科，不知大小，願聞詩賦、經義之題何。”仲兄書答曰：“鄙人祇中得古詩一場。”問：“古詩有題否?”答曰：“題曰‘玄圭告成功’，押告字。”問：“共限多少韻?”答:“不拘多少,而少不下十八韻。”吾書問曰:“尊稱秀才,昨日王姓人稱監生,秀才、監生亦有别乎?”其人列書秀才、貢生、舉人、監生,曰:“秀才補廪後,出貢生,自貢生選舉人,自舉人選進士。監生是以銀捐納,他是八旗内合字號,八品之識。鄙人是民人,下科夾字號,正九品。”蓋華人每事皆用字號以表之,想此亦然矣。問:“幾年一考?”答:“三年兩遭,承德縣定額是七人。在京赴大場,奉天一省衹四人。京裏考的二百五十,各省考的三百六十。”蓋承德縣定額七人與我國初試之類,京裏、各省考的即一科所舉進士數也。問:“此中有姓查名桐的狠會文章,認得麽?”答:“不認得。”仲兄曰:“吾輩路上見此人扇面詩,甚欲一會,而無由得。或傳是瀋陽人,或稱爲遼東官。尊若有可知之路,則雖於後會,必爲報知。”其人曰:“諾。”仍出二别扇、二清心丸給之,則堅辭不納,久而始受,約改日再會而罷。

(八月)二十日己卯,晴。飯後,昨日楊秀才與遼東石秀才來訪,蓋楊秀才因昨日問查桐之故,爲石秀才知其根,因而與之偕來也。寒暄罷,書問石秀才曰:“尊駕是遼東人,則何幹來此?”答:“接駕來。”問:“尊駕既接駕來,查先生亦當接駕來否?”答:“查老爺是本城四衙,於八月初六日奉上文委辦皇差來的。”問:“這個人八月初六日自遼陽來瀋陽麽?”答:“是也。”問:“方住何處?”答:“尊駕問承德縣捕廳費老爺便知住處。”問:“費老爺方住何處?”答:“此人本城典吏,在大西之贈也。”遂以藥果、脯鰒、丸劑之類饋送之。

(九月)十四日壬寅,晴。仲兄以患候之尚未恢復,不得離側,余與景明同訪裕昆,蓋踐前日之言也。至仍不遇,遂呼老婢請紙筆,書置來訪之意而歸,則裕昆已來坐,向日文廟楊秀才又在坐。問交違之由,則裕昆書答曰:“舍下被官中要作公館,弟匆匆面告,恐致虚枉。”驚問其故,答曰:“京都隨駕官員要住。”書曰:“如此時,先生必定忙擾多日,我們歸日亦不遠,何時當在第,可叙别否?”答曰:“相處甚邇,僕不時特來晤面。”仍與楊、石兩人接語。蓋裕昆雖在此中,而窮巷少相識，此兩人亦素昧故也。書問二生曰："皇上還到盛京時，當設科耶？"石生書答曰："我們在書院肄業，俱各獻詩賦。意皇上必召試，召試者即赴科也。"景明書問曰："獻賦，則賜第否？"楊生書答曰："舉人、進士無所不欽賜。"問楊生曰："尊駕獻詩賦當於何處？"楊曰："我們接駕在北門外御花園，離城七里。因皇上五更祭北陵，故迎接在此耳。"書曰："查古薌果隨駕來，亦可會面否？"楊曰："這人方在差務武。"忙書曰："查先生必欲一見，萬乞尊駕爲之周章，使得霎面，亦是三生有緣。"楊曰："駕來後，當打聽送信。"裕昆指仲兄曰："那先生好訪名士。"仲兄書曰："衹得一萬泉先生足矣，而必欲盡識汝南諸賢，可謂得隴望蜀，好笑。"

（八月二十三日），是日與仲兄相顧怡然，以昨日有一訪之約，故歸路歷求通家永，頗有歡迎之意。入其室，有金頂者稱主人，座上又有一人，面貌端潔，衣服整美，問其姓，曰："劉。"問年紀，曰："三十六。"問漢滿，曰："漢人。"問所住，曰："本來瀋人，住小車門外。"問："何官職？"曰："禮部教官，八品官。"與主人少語，劉書示曰："聞貴國人精深翰墨，鄙處有李北海筆，欲一看否？"書答曰："是唐李邕否？"曰："是也。"書曰："願見之。此外貴案想多古今書籍，可許一玩否？"書答曰："不無一二可觀。"問："有詩稿否？"笑答曰："亦有一二章。"仍書曰："約二十五日午刻，恭候駕枉。"書曰："雖欲相訪，奈不知貴莊何？"答曰："在小東門外，而恐難尋，約此人同來可知。"仍指示坐傍面麻者。主人曰："他姓七，是師弟之間也。"約訖，劉先起，吾輩亦即告辭。因主人小酌，情飲難拂之，飲數口而歸。佟通則明日當接駕去云。

（八月）二十五日甲申，晴。飯後，陪仲兄往永家，永通及大主人不在，惟面麻者在。問："主人何處去？"答："衙門去。"問："主人是你之何親？"答："哥哥，接駕去者是侄子。"問："你姓七，接駕去者姓佟，安得稱侄子？"答："吾們本姓佟，而滿洲法以名上字作姓，吾名乃四個字'七克湯阿'是也。"問："七克湯阿是清語否？"答："是也，即漢語

‘倫常’也。凡滿洲人名字,長者皆滿語也。”茶罷,遂與偕訪劉家。東北上數鵠許,西轉小胡同便是。門前有老槐一樹,庭列草花四五盆,怪石數坐,一小盎貯金色細鱗,位置整齊清絶,面墻及門扇貼大紅紙,上書“捷報”。劉老爺克柔爲禮部教習升六級,蓋我國科場送秘封之類也。主人降階迎,相揖就坐寒暄。設茶畢,主人書問曰:“貴邦朝鮮之稱,或以爲潮顯,或以爲昭宣,未知孰是?”書答曰:“朝鮮二字是朝日光鮮之義,或以爲朝水、鮮水二水而有是名。潮顯、昭宣未知誰説,而似是訛傳矣。”仍與數語往復,無甚可觀。出示所謂李北海筆,即横軸行草真書者,今距李北海已過千年,豈有不拓之遺本哉? 且所書詩句中有“沈香亭畔春風笑,贏得三郎盡日看”之句。《長恨歌》猶托漢皇,則況北海際於開元而豈容如是斥言耶? 仍指出此句,言其決是贋作之由。劉書曰:“祇知筆法之可觀,真贋之則未詳。”書曰:“此筆亦似是宋元間高手,祇恨假人名字。”劉稱是。又出示《淳化帖》《玄秘塔》,米元章、沈石田《水墨山水圖》,兩書帖皆是劣品,米、沈圖亦未詳真贋也。最後出示一絹軸,展見,可知圓嶠筆,即庚申作,道是買藏者,而叠紙裹護,可見珍惜。書曰:“是我邦人少時作,晚來筆尤佳。”劉曰:“真名筆也。聞是李姓人,而名與號云何?”書示之。又問:“有官爵否?”答以士人,則頗有嗟惜之色。要示詩稿,即出五六册,而大抵卑俚不足評。初謂或是可語者,而談説詩文俱無所取,微察其意,似欲鬻書畫,要我輩來見也。遍閲案籍,亦無甚開眼者,而《説文長箋》《古文淵鑒》《丹鉛叢録》《西湖志》板本稍佳,故要售,而主人又難於言價,相看囁嚅,還覺一笑。有《違礙書目》者,列録近日毁板禁行諸書,無慮數百部,其中可觀書籍甚多,牧齋所著諸書尤夥矣。日暮茶罷,約廿八再訪而歸。

八月二十三日壬午,晴。(《萬泉録》始此)飯後陪仲兄訪張裕昆,由館西上,北轉小胡同,路左當字鋪即廣發號也。暫憩鋪裹,鋪人設茶,問:“張裕昆家那裏?”答:“出鋪門東行數武,小橋邊黄土墻,墻内數十株緑楊,門向南開的便是張先生。爲營生業,常常往來小東門内北街上長春號鋪裏，今日敢是不在家?”遂如鋪人言，轉尋其家門，臨萬泉河十數間屋子僅避風雨，可知寒士生涯。門前有老媪迎客，碧眼銀髮，問之語不能曉，僅叩主人姓字，答以方在街上未歸。要得紙筆，留拜帖。老媪入内屋。茶晌，主人出迎，頒白顔髮，中人身材，頗有林下氣，蓋老媪諱之也。内屋左右室，左帳之所居，四壁下叠放古今書籍，多是書鋪所未見者。几硯茶香，净灑可喜。主客數語，接禮訖，辭以不嫻漢語，請筆硯。仲兄書曰：“(此後凡稱‘書問’‘書答’者，筆談也；衹稱‘問曰’‘答曰’者，口話也)僕等東海鄙人也，初入大邦，願一與瀋中名士會面。聞宣蘭溪是此邦巨擘，三訪其家，竟皆題鳳。昨者有人袖示《潘梅軒詩集》，卷中有先生跋文，真好文章！讀其文不能不慕其人，今日特來相訪，得接華範。何幸，何幸!”張拱手辭遜數回，仍書曰：“僕係布衣，并非名士。”問曰：“先生是民家，是旗下?”答曰：“旗下。”初聞是漢人而不覺憮然。書問曰：“是本來滿洲人，是本來漢人而入旗下麽?”書曰：“原籍山東登州人，國初遷瀋，係漢軍。”又書曰：“寒家無人持門户，僕不時照理鋪户，故少年廢學。”仍以手指其書曰：“僕是市人，實非命士。”問余兩人姓名年紀，書以答之。余亦問其年，書曰：“虚度五十七歲。”余書徐乾學姓名，問：“是何人?”書其下曰：“健庵。”書問：“朱竹垞?”書曰：“彝尊。”書問：“顧寧人?”書曰：“炎武，學問最博。”蓋前此所見諸人皆是村學究，如弇山之名字多不能識，故張君亦不免吾輩之嘗試也。張書曰：“貴國有閨秀許素樊，八九歲能咏詩，果然否?”仲兄書“景”字於“素”字之傍曰：“素字乃是景字之訛，而何以知其人也?”答曰：“鄙所藏此文集矣。”案上有《明詩綜》一套，即朱竹垞所編也。披見數本，其朝鮮詩中有月沙先祖五律詩載入者，先祖姓諱下注曰：“號栗谷。”仲兄書曰：“此是僕之七代祖，號曰月沙。而此卷誤書‘栗谷’，栗谷亦吾東大賢，姓李名某，似因姓相同錯認入録矣。”張曰：“然乎?”仍細書“月沙”二字於其下以識之。余曰：“尊駕此後如逢文人詞友，遍語此誤録之故，幸甚。”張曰：“諾。”書問曰：“萬曆時丁應泰誣我國通倭,我國送使辯誣,此事知之否?”答曰:“知之矣。”曰:“其時奏文即僕之先祖月沙先生所撰,尊或見過否?”答曰:“未曾見。”張問曰:“尊先祖與栗谷姓同,籍亦同否?”書答曰:“非也。僕之祖先本是中國人。始祖唐中郎將,從蘇定方平百濟,封延安伯,子孫仍籍焉。”張書曰:“可謂奕世公卿。”又書其下曰:“仙李蟠根大。”又書曰:“貴國王是鐵嶺人麼?”書答曰:“我們主上本籍是完山,興王於咸興,鐵嶺是咸興近地,似是錯認矣。”仲兄列書近日燕中諸名士程晉①芳、陳崇本、戴衢亨、潘庭筠名字以示,問其識面與否,皆答以不曾相識。又書問曰:“宣作謀文章真個如何?”書曰:“八股不過應制詩文,稍可。”書問曰:“何以則可以識荆?”書曰:“久不會此公,聞在榮大人府設帳,他家在後街。”書曰:“僕等來此,遍歷城内外,日日逢着强半是交易人。古亦有君平康伯,而眼中未見其人,好生怊悵。今來宅下,蕭然圖書,已令人頗消鄙吝。先生雖欲謙挹,能辭瀋陽名士之稱乎?”張又拱手,稱不敢當。仍問曰:“尊兩位有何官職?”仲兄答曰:“僕是進士,那兄弟是秀才。”仍語進士、秀才之异制。張曰:“貴邦則聞以論策取士,必有古意之餘存,而此中人士汩没於八股中,更無可觀。浩嘆,浩嘆。”仲兄書曰:“八股出後,驥未展步。”余書曰:“尊駕是騏驥困鹽車,何當一展步?”張書曰:“余乃駑駘,正好駕鹽車。”又書曰:“現今官途甚難,學人出仕等三十年,猶難作州縣官,詞林出身雖清高,非家道殷富培植不可。某退居林下,教子務本業,亦足自娱,何必慕名士之虚名而不能副其實也。”書曰:“聲聞‘過情,君子耻之’,先生真古之人。”仍曰:“先生必有詩文華稿,請一玩。”書答曰:“僕筆硯早荒,并未存稿。即有稿,亦不敢呈覽,恐見笑大方。”書曰:“尊駕不必過謙,不論詩與文,雖見一臠,足知全鼎,千萬出示,以見厚意。”書答曰:“如有稿,政好奉請斧削,何反不呈?實未有。”書曰:“傾蓋如故,政謂今日。盛稿如委實無,則願得一首瓊琚,以警俗

① 晉,原文誤作“震”,徑改。

眼。”書答曰:“少年雖學步邯鄲,今已忘其故步。”張書“吾妻見”三字問曰:“見此書否?”書答曰:“這是日本國史書,衹知其名,未見其書。”答曰:“僕亦未見之,衹見尤展成先生咏外國詩引此書矣。”仍遍觀案上諸書,多未能盡閱,如《綱目》《明史》《歷代史纂》《性理大全》《經義考》《潜確居類書》《水經注》《朱竹坨集》,皆書鋪所未有也。張出示《梅軒遺草》,問曰:“何由見此書?”答曰:“海州單姓士人袖示,真是有才無命,可惜,可惜。”余拈卷中《題張裕昆桐陰小照》詩曰“手把玉版愛談禪”句,問曰:“先生果愛此耶?”書答曰:“禪家頓悟,别有妙解。”書曰:“大乘豈易易,羊鹿車亦自可人。”書答曰:“自羊鹿車而漸入,何難直超無上乘?”書問曰:“此處亦有談禪之和尚否?”書答曰:“不過應付僧人,并未有談禪高釋。”張書曰:“貴邦有書畫名筆亦小幅一二紙,未知允否?”書答曰:“僕等并無帶來者,歸問同行諸人,有即呈覽。”案上有曰《醫鑒》者,書問曰:“此是我們之《東醫寶鑒》否?”書答曰:“今上御制《醫鑒》。”書其下曰:“不見佳。”卓上有《香祖筆記》四卷一套,叢書類也,請暫借見,諾之。兼借《梅軒集》,辭以看過,書曰:“此集尚多訛誤,未校正處,幸以大筆,隨覽賜斤。”辭以不敢當,縷縷若要,不得已受之。問曰:“尊駕日日在家否? 我們寓處不遠,閑時可得相會付書。”答曰:“尊駕要談論,到後編廣發當鋪相會,城裏長裕號魚街、長春號北街也是一街。如駕進城可到小鋪相叙,不在家就在鋪裏。”遂留約而别。數十日東尋西找,終未見一人,此子雖未見大可意,亦自骯髒肮略,少城市態,談説亦頻頻可喜,即其室中圖書足令人開眼。

(八月)二十六日乙酉,微雨。欲訪裕昆,而因雨咨且。忽報張來,傾喜可知。迎入寒暄訖,書曰:“今日政欲進叙數昨餘懷,忽蒙光顧,何等欣荷!”書答曰:“連日事冗,未得來謁,今者稍暇爾,此拜晤。”書曰:“小東門外劉教官克柔先生知之否?”曰:“會過其人,家裏有若干書籍。”問:“其人會文章否?”曰:“未有聞矣。”指《梅軒遺草》宣作謀序文“瓣香”句,問曰:“此語出於何書,亦何義?”書答曰:“出梵典,係歸心之意。”書問曰:“八股文尊未嘗作否,抑中年輟業耶?”書答曰:“少年曾學做,今已久廢。”書問曰:“方今天下,誰爲第一文章?”書答曰:“愚困守家庭,實不知誰爲第一,不敢妄答。”書問曰:“天朝以朱彝尊爲文宗,果然否? 毛西河淹博,不減古之學者,而所論多與宋儒相反,今之君子以爲何如耶?”書答曰:“國初作者咸推魏叔子(禧)、侯方域(朝宗)、施愚山(潤章)、王漁洋(士禎)、汪鈍翁(琬),竹垞著作雖多,實不逮此數公。毛西河好詆朱子,平生第一病痛。”又書曰:“魏、侯兩人文集現在犯禁,故不傳。”書曰:“錢受之握明末文柄,頤氣涕唾亦足以升沈天下士,後之尚論者果如何?”書答曰:“牧翁有才無行。”又書曰:“現今讀書人尊奉公令,焚滅其書,後世學者自有定論。”書問曰:“仕本朝何官?”書答曰:“禮部尚書。”仍曰:“此翁若在明時有病而死,則倒好,衹緣多壽壞了身名。”似有嘆詑之意。余曰:“此翁亦是東林中一人,顧、魏、楊、左諸人皆能立奇節,而獨小一死,輾轉至此,可恨,可恨。”仲兄書曰:“弇山力追秦漢,意未嘗在歐、蘇以下,而無論他文,即其碑版傳紀未免煩瑣冗複,有依樣隱括之病。六一用退之,子瞻喜賈、陸,而一語未嘗犯古人,以此之恐非偷狐白手,未知如何?”書答曰:“此評,鳳洲雖在,定當首肯,而亦自是明朝一大家矣。”書問曰:“王錫爵有女稱曇陽大士者,知之否?”書答曰:“鳳洲先生有傳。”書曰:“鳳洲非但有傳,乃師事之,傳中所載尤涉荒誕不經,果實有此事否?”書答曰:“衹是好奇。”書問曰:“虞山説,乩仙謂他是惠遠後身,果是否?”書答曰:“夙世業緣。”又書曰:“唐宋未聞此,愚見未必真仙,多半才鬼假托。”書問曰:“關帝、文昌之崇奉亦莫盛於近日否?”書答曰:“氣運之盛,適逢其會。”書問曰:“文昌是梓橦帝君張亞子否?”書答曰:“果是張亞子矣。”書問曰:“程孟陽《松圓集》亦在邦禁否?”書答曰:“然矣。蘇黄文集當日禁之甚嚴,海外流傳頗廣,語言文字之禍,世代常有,總不禁更免横議。”問曰:“是指處士横議麽?”張首肯,以筆抹去“總不禁”以下七字,又曰:“免不得。”余拈出《梅軒集》中《漫興》第三首,曰:

"此詩似有含蓄意，能不被人碍眼否？"張批閱良久，書曰："容刪去。"又書查秋塍'髠'字詩以示，曰："此是查典書詩，僕等路中見此詩於過客扇面，得其人於詩中，懇欲會面，而實無其便，好生怏怏。"仍欲更有云云，而交淺不敢造次，遂易以他語，張亦不更提。書問曰："我東則尊尚朱學，而近見本朝文集或有譏訾之論，未知中國學者多用陸氏否？"書答曰："尊朱不尊陸。"書問曰："近日西學大行，先生曾亦講此否？"書答曰："耶穌天主教耶？未見全書，而講道理與《中庸》《大學》有同處。"書問曰："《庸》《學》奥義想已熟講？"書答曰："不過循古注，略曉大義。"書問曰："《庸》《學》是《禮記》中所載，何時表章來耶？"書答曰："宋以前即單行，至二程夫子始表章。"問曰："《庸》《學》皆自宋以前單行耶？"書答曰："《中庸》則在宋前已單行，《大學》則後來始行。"問曰："曾見江南否？"答曰："連京裹亦未見過，十年前一見醫巫閭矣。"曰："男兒四方志，何爲坐老一鄉？"答曰："家裹無人，不能遠遊。"問曰："千山見過否？"書答曰："亦未見，而閭山蒼老，千山秀拔。"少頃改"秀拔"曰"秀媚"，又書曰："東國有何名山？"書答曰："金剛山在弊邦東海濱，爲一國名山之最。"仍歷書萬二峰九淵萬瀑之勝以示，書答曰："山川鍾靈，宜乎人物之輩出。"書曰："山川不异今昔，人物今不逮昔。"仍書問曰："潮信往來是何氣息？先儒之論亦不一，先生以爲如何？"書答曰："恐衹是隨月朔望。"書曰："我國東邊即大海，而獨無潮信。沙净水恬無异江湖，應是天下所無。朱夫子亦未聞此，故未當説到。"書答曰："梵書有香水海，或此是歟？潮信隨地异候。廣東亦與北海有异矣。"書問曰："鄭芝龍即三叛中一人耶？"書答曰："不是，三叛是吴三桂、尚可喜、耿精忠也。"仍書"吴三桂"下曰："不忠不孝，當初衹爲歌姬圓圓起兵矣。"書問曰："吴至其孫始滅耶？"書答曰："然矣。三桂僞國號周，年號'利用'，其子曰'弘化'。"仍指案上古錢有"利用"文者曰："此是吴時所鑄矣。"書問曰："尚、耿則在其身即滅耶？"書答曰："是矣。"張書問曰："貴邦泉貨鑄何字樣？"書答曰："是大邦流出，無有异制矣。"蓋不敢言也。仲兄書曰:"僕雖無才學,平生愛蓄古人書,甘作蠹魚契活。取陸務觀舊號,名其室曰'書巢',思得一好文章發揮其義,今奉先生儘是奇緣,幸賜一篇記文,俾蓬室增光,如何?"書答曰:"小巫見大巫,神索氣沮,曷敢班門試斧?"書曰:"此是先生一揮筆事,何至慳惜如是?"書答曰:"并非慳吝,腦中實無點墨,焉敢刻畫無鹽,唐突西子,一笑。"余笑曰:"僕等是東施,先生是西施。"張大笑,捋其鬚曰:"焉有如此老醜西子,仍作東鄰效嚬之狀?"仲兄笑曰:"豈可以貌取也?"相與絶倒。張書曰:"忝在相契,豈必長套。"仲兄曰:"既承盛諾,專等專等。"以五枝筆贈之,苦辭不已,未書曰:"愧之瓊琚之報。"書曰:"若必求報,則是市交。"即書答曰:"愚失言。"仍受之,請告起。仲兄書曰:"今日猶未罄懷,明當與卯君偕進請教。"張書曰:"卯君字義,愚未解。"仲兄書曰:"潁濱是卯生,故坡翁常呼以卯君。吾弟亦卯生,故用故事。"書曰:"弟學問淺陋,實未能仰答明教。"遜謝久之。不識卯君不足言,而不知爲不知,可以得其人也。仍相與揖别。此日所與討論者,不過膜外説話,不足盡其所有,而即其數轉語也,覺透露面目,顯有暮年窮廬,俯仰感慨之意,古今書籍,亦可知涉獵頗廣,誰謂瀋中無人士也? 夕後,七哥又來,以廿八更往劉家觀書相約而罷。

梅軒《漫興詩》:"犬羊文其身,終與虎豹异。良駒縶其足,不忘千里志。所性貴不遷,窮達安所置。詭守警無良,守正寧多忌。與世逐方圓,自知非其類。"

(八月)二十七日丙戌,微雨。飯後與仲兄方欲更訪裕昆,東鄰胡生來求扇書於仲兄,寫給摩詰"間柳發紅桃"句。雨少歇,即起訪張家,至其門,寂若無人。數三叩扉,裕昆始出迎,蓋厭閑人也。相揖而入,書曰:"昨既約會,雖雨,謹此來訪。"書答曰:"二公誠信士也。"書曰:"有何佳品筆帖否?"出示《淳化帖》右軍父子卷、《玄秘塔》、董其昌臨《黄庭經》《松雪帖》,皆非常品,《玄秘》《黄庭》尤佳。仲兄書曰:"《玄秘塔》最難佳品,而此帖不失顔公面目。董太史筆來東者亦不少,而贋本甚多。此帖獨得晉人筆髓,儘難得矣!"張書問曰:“貴邦時尚何人筆法?”書答曰:“弊邦有士人李匡師,筆法號數百年罕有。年八十猶臨鍾、王,可惜今也亡了。”仍指右軍筆,書曰:“江左諸賢,右軍自是第一流,而畢竟未免爲筆法所掩,以此言之,則技藝自是害事。”張首肯曰:“誠然,誠然。”余閱案上有沈確士《説詩粹語》一卷,問曰:“沈是近來人否?”書答曰:“歸愚江南老名士,論詩頗好。”張指卷中語牧齋處,書曰:“牧齋持論不公,專爲門户起見。”余答曰:“牧齋每詆王、李,而李則未可知,王則何可當也? 弇山雖在唐宋,必不寂寥。”仲兄書問曰:“願聞先生字號。”書示“萬泉居士”四字。書問曰:“中國押韻之法可得聞歟?”書答曰:“不過依韻譜。”書問曰:“如東冬相通,魚虞相通之類否?”書答曰:“亦祇如此。”仍書曰:“填詞、樂府、詩餘、南北曲,東邦必有善此者。”書答曰:“東人不解清濁,故不能作填詞。”書問曰:“天朝官制如何?”書答曰:“大概沿前明建官,至滿洲則從本朝之制。”書問曰:“本朝亦有科道否?”書答曰:“明十三科道,本朝十七科道。”書問曰:“本朝不立太子,何也?”書答曰:“金匱藏名,閣老知其處。預立則恐臣下黨附耳。”書問曰:“僕等來此後,往來城内外,略得遊覽殿廨、廟觀,而東門外有一廟堂號‘鄧將軍廟’。朱門黄瓦,極其宏麗,似非尋常神祠之比。未知此是誰人之廟歟?”書答曰:“此是本朝極密諱之事,係不敢言,而於先生故,略言其概,千萬慎口! 明朝一名將爲本朝太祖皇帝所誘殺,其人爲厲祟,侵困太祖,太祖不勝痛苦,設祭祈命。其人托夢來言曰‘你要命,認親我,祭我先於你祖’云云。故京師及諸行宫皆立廟。每歲元朝,皇上先謁其廟,然後方進太廟,凡所尊奉,與太廟一體。”問曰:“其將姓名,先生曾聞之否?”答曰:“姓鄧,而名則不知。毛文龍之副將云,大抵大氣魄底人。”書問曰:“往在丁丑,本朝與我國講和時,我國斥和人尹集、洪翼漢、吴達濟三人爲本朝所逮拘北,入其後究竟不明白,先生或有聞,可詳教否? 此則未必爲秘諱之事也。”書答曰:“三人事,僕未曾有聞,而大抵前明之末,如此人極多,皆被誅滅,此三人亦當如此究竟。”又書曰:“三人在你國忠臣。”仍扯其紙,手指其口,吾輩亦止不復言(《萬泉録》草本凡係秘諱之事皆作謎語,故今悉改録,而時書原段以資覽者之一粲,後仿此。書問曰:"根晨不立,豆曉何也?"書答曰:"黄篋弆字,元棠知之,龍强俱類。"書問曰:"聽有禹室。"書答曰:"椴副作巡,瞞暈籲供。"書問曰:"鼎客如何?"書答曰:"靠不昏者周黎,此亦當一樣鼎也,在你中心仍手唇。")。張以一封茶、四茶碗欲相贈,好意難拂,受茶而辭碗。又要仲兄書斗方字,諾之。日色已晚,約數日後更來而歸。

(八月)二十九日戊子,晴。

……遠步脚疼,雇車而歸。至,萬泉裕昆先訪吾輩去,仲兄則前日老嫗已請入坐内室,故遂與共等其歸。少頃,裕昆果回,笑容可掬,相語俄者巧違之事。張又謝詩箋之贈,書示曰:"拙詩極知露醜,而衹爲博得瓊琚。"書答曰:"適蒙頒惠佳詩名箋,不能自外,謹已什襲珍藏。詞句清新俊逸,即誦一過,芬人齒頰,直沁心脾。第獎藉過情,使僕汗浹背也。"余等稱不敢當。張以不妝《玄秘塔》榻本作回禮,屢辭而苦要,不得已受之。又出示《谷園印譜》,刻法古雅,而印文皆用傳奇詞句,可欠。張曰:"此等書元是玩好,不足耽着。"余等亟稱是。案上有通潤注《楞嚴經》,余適批閲。仲兄曰:"僕不識此書爲何物,而吾弟平生最好此。"又問:"先生於此復不淺,僕則真所謂道不同也。"仍相與大噱。仲兄書曰:"禪教分門已自如來,門徒有之,吾儒則至朱、陸,方有尊德性、道問學之説,即此可知佛氏之教不可與論於吾夫子一貫之道矣。"余曰:"如來之時未嘗有禪教,而至於知行之分,則吾儒之説亦久矣。烏足以定其優劣乎?"張適看他事,未有答。余書問曰:"戒環注看過否?"張曰:"未曾看。"余曰:"此即唐時比丘也。"張曰:"注此書者不下百家。"余書曰:"禪家有四相:衆生相、人相、我相則可解,而壽者相未詳,願剖釋之。"張書曰:"我與你比相,我爲壽者相。"余書曰:"《金剛經》上多説四相,而每以四相爲不好底相,如六塵十二根之欲爲絶去。若如先生之説,則人、我相固不好,而衆生、壽者乃是境界中固有者,何欲絶之也?"張書曰:"無非即四相而破四相也。"仲兄書問曰:"此中冠昏喪祭之制,如今却如何?"張書答曰:"冠禮久廢不行,婚不過通名、納幣,六禮不全。喪、祭用朱文公《家禮》,亦有名無實。"書問曰:"僕等來此,聞或有喪祭作樂者云,然否?"張書曰:"民人少如此。"書問曰:"今日滿漢相婚云,然否?"書答曰:"前不爾,近頗然。"書問曰:"近聞蒙古漸盛云,然否? 本朝升平日久,兵力尚能如前耶?"書答曰:"本朝兵力則無遜於前,而蒙人則近果漸盛矣。"(書問曰:"邇有黄黑共色,果否?"書答曰:"前不爾,近則然。"書問曰:"銀子頗多云,然否? 黄米如何?"書答曰:"黄米恐無凶荒之慮,而銀子近頗至賤矣。")仍要書對子(華俗於長紙上竪書古聯四六長句對貼於壁,謂之"對子")數紙,胡亂草還。日已晚,語不能悉而歸。

九月初一日己丑,晴。晡時,張裕昆來訪,蓋有《施愚山集》一借之約,携全部以來,其意誠辛勤也。架上適有道袍,余欲示我國衣冠之制,着來曰:"此是我們上服也。"張書"法服"二字,余又作拜揖之禮以示,張書曰:"此是漢禮,如今於文廟則行此禮。"仍有傾喜歆艶之色。書曰:"漢女裹足昉自何代,出於何義?"答曰:"始自六朝,蓋禁婦女遠遊也。"書曰:"古有金蓮三寸之稱,此恐不過冶容中一事,畢竟不好底風俗。"張書"誨淫"二字,又書曰:"多一番情趣。"向曛,語未竟,以再明約會而别。姜問與七哥往劉教官家,買來《西湖志》《杜詩》《左傳》《古文淵鑒》。

初三日辛卯,晴。陪仲兄訪裕昆,書問曰:"永曆皇帝不知究竟,或云後在安南云,然否? 其亡果在何時?"書答曰:"在緬甸,與其子孫俱爲吴三桂所誘殺,國遂亡。"書問曰:"三桂之叛本朝,爲明朝地耶,抑自圖割據耶?"書答曰:"衹欲自伯一方,後因移封起兵。"書問曰:"吴之國名云何,初在雲南,後封何地? 傳聞其子爲駙馬,則何故反耶? 或云三桂之侄多勇善戰而中丸死,兵遂不振云,然否?"書答曰:"僕晚生未得其詳,大約康熙十三年反,二十七年平。又云吴逆祖塋在定遠界,本朝破其壙。"書問曰:"聞本朝國姓每朝皆擇好姓落點云,然否?”書答曰:“没有此事,本朝本覺羅氏,翻華姓爲趙。”(書問曰:“長書不知究,或云去寧午,是耶? 太公何時?”書答曰:“在遠畿,俱爲人參、肉桂所誤,不救。”書問曰:“參桂是内托之劑耶,欲祇湯耶?”書答曰:“欲用伯道矣,因加入於他方中,反有害矣。”書問曰:“參桂邦名云何? 初在雲南,後入何藥? 胤玉潤何? 爲誰陽,或謂次阮善閧而當圓而盡,故遂不千仞岡,然否?”書答曰:“寧皡蘭成反,項羽少一平,晚生不詳,厥立康迴,根晨破之。”書問曰:“聞曰閈根晨,名上字一晨,皆落點否?”書答曰:“没有此事,根晨根醒列中,反堯舜子。”)書問曰:“聞覺羅是宗室親王云,此是誤傳耶?”答曰:“近支稱愛姓覺羅,遠支稱覺羅,愛姓覺羅繫黄帶子,覺羅繫紅帶子。”書問曰:“本朝田制如何?”書答曰:“有官地、旗地、民地三樣,官地有黄莊①、有親王地不税,旗民地什一而税。”書問曰:“税一畝該若干,官地不税,則所出盡入帑藏耶? 旗地係旗下自買田地耶,是自官給之耶? 自官給之,則亦有定數耶?”書曰:“僕無立錐地,故不知上税若干,旗地係自己買的,官兵有賞的,兵死則另給新兵,民地許旗下買,旗地不准民人買。”書問曰:“黄莊大約幾何?”書答曰:“未詳其數,而惟内地有,外地則無。”書問曰:“盛京、吉林、黑龍江、寧古塔、烏喇等處是内地乎?”答曰:“然矣,亦稱外三省,有將軍總領。”問曰:“外地是邊外乎?”答曰:“不是,東西南十七省皆稱外地。”書問曰:“租庸調法如何?”書答曰:“唐時三樣出税也,本朝惟内地有此,外地無,外三省所出地丁錢糧不當兵餉,每年京中發銀餉來。”書問曰:“八旗一旗大約幾何? 今番扈駕來者幾何?”書答曰:“八八六十四佐領,每佐領管下約千數兵壯。扈駕軍兵多寡,僕未有聞。”書問曰:“然則舉天下之兵而祇爲六萬四千而已耶?”書答曰:“祇就盛京言也,天下大數則未詳。”書問曰:“漢軍創自何年? 是漢中人,如何人爲漢軍耶?”書答曰:“國初民人投順,撥在旗下,故名漢軍。”書問曰:“是本朝未入關

① “黄莊”,即皇莊。

前投順者耶?”答曰:“然矣。”書問曰:“然則八旗及漢軍外,如南方民人等,無入軍籍者否?”書答曰:“南方係緑旗兵,民人充行伍,係提督總兵管下。”書問曰:“向來班禪僧是何方人? 果有何道行耶?”書答曰:“是西藏人,班禪梵語大海,有夙慧。”又書曰:“至京生痘死了,可笑。”書問曰:“西藏是四川西邊唐吐蕃地否?”書答曰:“與雲南近,即烏思藏也。”書問曰:“聞大邦人稱蒙古爲韃子,韃子之稱,古史無聞,或韃靼之稱誤作韃字耶?”“又有真韃、假韃,西韃即唐時吐蕃,假韃則未之聞也。”書問曰:“金川亦是西韃否?”書答曰:“金川係苗獠。”又書曰:“又有席白韃子,滿洲僕人。又有新滿洲,稱一車滿洲,一車,漢語爲新。”書問曰:“北方聞有喀爾喀鄂羅斯云,如今也亦然否?”書答曰:“有之矣,西北方有一女主國,在萬里外,最强,不歸王化。”書問曰:“這國不服王化,則本朝連年用兵耶?”書答曰:“兩不往來。本朝曾詔問:‘何不以男子爲主?’答言:‘若用男人爲主,早被爾國擒去云矣。’”問曰:“此非女人國乎?”答曰:“不是,衹女人爲主云矣。”又書曰:“當今西藏開疆展土約二萬餘里。”書問曰:“開疆若至二萬之遠,則西域諸國當盡入内服,恐是傳聞之過也。”又曰:“此是今皇帝之武功耶,既闢土地,當立州縣别作一省否?”書答曰:“此係實事,并非傳聞,建立安西府,新設州縣甚多,有《王會圖》可考。”語闌,設小酌以待,山查煎刀切者一楪、橘餅一楪、白葡萄一楪、松子一楪、青梅糖一楪、核桃(我國胡桃)一楪、燒酒一壺,頗清楚可口。吾輩皆不解飲,而情餉難却,各飲一杯。裕昆醉後談笑淋漓,頗露氣麁。小頃,有兩童子自外入拜見吾輩,其一即裕昆長子,前所見也,其一聞是裕昆之外孫、潘梅軒之族孫,方讀明文云,極丰容可愛,且善應對,名文典。四兄弟文謨、文訓、文誥亦是漢軍也。仲兄書曰:“我們大人甚喜年少有將來人,令郎及宅相眉眼秀朗,令人可愛。我們回去時使兩君同去,拜我大人來,如何?”答曰:“明日僕當領去叩見。”又請我們書字,與仲兄亂揮數三張以還,要裕昆書一紙,雖是拙筆,亦頗不俗。裕昆曰:“僕有書癖,柳先生篆書再得一二本是禱,前日曾見景明篆字而稱佳故也。”答曰:“謹當覓呈,更有吾東名筆李匡師行草數紙,亦當同呈。”裕昆拱手稱謝,書問曰:“我們見《盛京志》物産有鰱、魴等魚,果有之否?”答曰:“魴魚則未之見,鰱魚則有之,而與鯉魚相似。”問曰:“是海魚乎,河魚乎?”答曰:“河魚也。”問曰:“俗名云何?”答曰:“稱鰱子魚。”裕昆書問曰:“貴邦有名花异卉,此地所無者乎?”答曰:“亦或有之而不足品題矣。”裕昆列書荔枝、松子、梅、橘、香圓以問之,余曰:“香圓是櫞之誤耶?”答曰:“果然矣。”書曰:“我方名物甚鹵莽,每多假托之名,故或有博古之人謂今之所謂柚則中國之櫞云。”書問曰:“聞此處紅參甚是佳品,有勝於上黨參云,然否?”答曰:“果然矣。”書問曰:“是何處挖來的?”書答曰:“杏海産的。”書問曰:“杏海是寧古塔近處否?”書答曰:“離寧古塔有千里路,大約是東北。”書問曰:“天下此處外不産紅參否?”答曰:“果然矣。”又書曰:“貴邦海參不如北海出的甚大。”書問曰:“聞此中有紅麯爲名者,置之魚肉之上,雖夏天不餧敗云,然否?”書答曰:“紅麯染顏色之物,此處有憨葱置之菜上,蝇不敢落。”書答曰:“此中人衣袍皆用紐子,自明時已然否,抑本朝之制耶?”書答曰:“元時即有。”仍書曰:“‘我將你紐扣鬆’,此是元人曲。”裕昆書曰:“昨日先生評施愚山詩文誠然,虞山翁未免阿其所好。”答曰:“雖然亦有,是多積薄發,祇少風神生色。”裕昆書曰:“本朝後輩評朱竹垞、王阮亭:朱貪多,王愛好。”問:“愛好之義?”書答曰:“沾沾自喜。”又書曰:“三河少年風流自賞。”又書曰:“竹垞先生間有誇傳之意,故第云然。”書曰:“竹垞經術最可畏。”書答曰:“本朝第一人。又有陸稼書先生,現入兩廡從祀,貴邦亦配文廟耶?”答曰:“無有矣。”裕昆書曰:“梅軒亡表弟有同胞兄弟欲求兩先生《贈梅軒遺草詩》,軒弟若得二公瓊章,九泉當含笑。”書答:“以當忘陋構呈,以副勤意。”裕昆稱謝,書曰:“瀋城現在弟無知己。”仲兄曰:“豈無宣作謀耶?”書答曰:“作謀先年係好友,近日要做好官,弟是寒士,氣味不甚相投。”又書曰:“彼亦寒士,不得不爲名兼爲利,諒他。”又書曰:“鄙友何寧一進士比弟更寒,現任順德教授。”仍撫掌大笑，蓋醉後語也。又列書天文、堪輿、子平、星緯、風鑒、刻漏、日晷、渾儀、自行車、自鳴鍾，問曰：“東方亦有此學、此器否？”答曰：“少年時見過。”“本處有一姓戴名梓字文開者，善詩畫，兼能太西奇巧術，曾製此車，可惜死已三十餘年。此人本南人，發遣瀋陽爲民。”書曰：“雖未詳其制，可言其大略否？”書答曰：“雖其子不能傳授。”問曰：“亦有輪軸，能載幾斤，日行幾里？不用牛馬，不動人力，而雖是險道亦能行得否？其人雖死，車則應存，或可得見否？”書答曰：“有輪有軸，日可行六十里，每行十里，再轉機關方行。不過二三百斤，險阻及轉灣抹角不能行，今其車亦不知所在矣。”裕昆書問曰：“西湖有高麗寺，知之否？”答曰：“不知矣。”展示案上《虞初新志》：“有西湖僧轉世高麗爲王子，啼不止。有一僧來見臂上文，認其師後身，遂以名其寺者。”書答曰：“外史誕妄，何足信也。我國前朝甚是好佛，文王時第二子爲僧，入中國，得《大藏經》以來，而此事未之前聞也。”裕昆書曰：“天地至大，何事不有，本朝世祖章皇帝亦係佛轉世，世祖不甚讀書而深解佛法，天生异人也。”裕昆書問余詩中黄花齏出處，書答曰：“劉禹錫以菊苗、齏蘆、菔鮓易白香山六班茶，拙詩蓋用此語，以爲我們霜毫之贈不及菊苗，乃蒙先生之佳茶也。”書曰：“弊邦僻陋，文籍鮮少，貴案上《經義考》及《楞嚴經》若蒙見惠，當以土宜數種爲回禮，相契頗厚，冒羞奉浼，可許之否？”裕昆即諾。書問曰：“《首楞嚴經》‘首楞’是何義？”答曰：“佛三十二相，不見首相，不過最上義。”書問曰：“乞食是何道理？”書答曰：“佛書檀施係一義，無所不施也。二先生要此數部書，僕獨不施乎？”相與一粲，日夕罷歸。

（九月）初七日乙未，晴。裕昆持數種糖果來訪。書曰：“前日接駕，聞聖眷甚好？”書答曰：“皇上慰問勤摯，遠人不勝感惶。”書問曰：“此中人所謂和大人，知之否？”書答曰：“係現在當權的，他有聰明。”書問曰：“福常安、康安是如何人？”書答曰：“亦係大臣，是傅恒之子，本馬姓。”又曰：“皇上會諸國話，你國話亦會，特不在你們前賣弄耳。”裕昆書曰:“彼此盤桓也,不過七八日。”又書曰:“江文通云‘黯然銷魂,惟别而已’。”書示曰:“樂莫樂兮新相知,悲莫悲兮相别離。”裕昆徐答曰:“方識此言之切。”書問曰:“宣作謀何時回來?”書答曰:“不知回期。”書問曰:“各處接駕官當入城中耶,直爲回去耶?”書答曰:“皆隨駕。”書問曰:“此中燒磚處在那邊,地名云何?”書答曰:“大西關外八九里,名寄桑園,又名十里馬頭。”書問曰:“頃見貴案有《參同契》《悟真篇》,汞鉛之術,或曾留意否?”答曰:“弟所未解。”書問曰:“陶貞白《真誥》,曾看過否?”答曰:“未見之。”以飯時且迫,告别而去,以白下半行二紙,圓嶠行草八紙贈之。

飯後,又挈其兩子及外孫而來,蓋踐前言也。兩兒入拜家大人,還歸,裕昆仍留語。書問曰:“我們前日爲觀光,入見大内鳳凰樓下有一竿,植庭畔上,用帛韜,而守者云是皇上磕頭處,僕等未解其故,敢問此何去處?”書答曰:“名爲忌諱杆子,大祭時放祭肉少許於杆上,這是滿人規矩。”書問曰:“這杆子果是甚麽模樣?”書答曰:“衹豎一杆,上頭有小盤,色紅無飾,滿人則家家有之,原是邊外風俗。”書問曰:“查典書桐,僕等切欲一會,聞其人纔以接駕事來此,而住處無由知之,先生則往來城裏,或有打聽相報之道耶?”書問曰:“當往治中公署訪問,治中姓張,聞是一理學。”書曰:“僕等初來時,往訪治中衙,他稱此中多上司,不能接外國人云矣。”書答曰:“避嫌疑。”又書曰:“中國士人不許文字交通外邦,是邦禁,然而不必。”書問曰:“天朝閣老幾人?”書答曰:“四正四副。”下分書滿、漢二字。書問曰:“漢唐宋明皆有朋黨,本朝亦有此弊耶?”書答曰:“本朝聖祖時,禁學校約盟結社,嗣後雖不立門户,而座主、門生未免分袒,但不敢私立名目。”書問曰:“雖不敢標榜,必有某人某黨之分,其中大者可以略聞,今亦有名目之餘存者耶?”書答曰:“大約各省士人好尚不同,各私其鄉,高自位置,未免黨同伐异,而國禁甚嚴,實所未詳。”又書曰:“聞江浙此風仍前明故習。”書問曰:“曾聞聖朝皇帝第十三子得罪於世宗,時至今皇時,始出重獄,使之輔政,大有德業云,此是實事耶?”書答曰:“聞有此事,十三王即碩和怡賢親王。”書問曰:“金川平定之後,更無用兵之處乎?”書答曰:“聞俱歸化,未有不奉正朔者。”又書曰:“西域之極西有一部落,離西藏約萬餘里,其國甚殷富,其人初不知東方有中國,今日平定西域,方知有清朝。”問曰:“彼國名云何?”答曰:“殆佛書所稱極樂世界,金玉寶石砌爲屋宇,四時常爲春天云矣。”又書曰:“中國偏在東北邊,崑崙方是地之正中,羅盤、定南針所以不用正子午。”書問曰:“西域皆作内服否?”答曰:“然矣,遣官鎮守,有漢官通知、通判等官,憲書俱有地名。”余出示《時憲曆》而問之,則指回部曰:“這是西域也。”書問曰:“西洋國人如今亦住天主堂云,其國亦皆歸化耶?然則亦如我國年年進貢耶?其國在於何處?其王何姓?中國之人亦多行其教者耶?”書答曰:“現在欽天監,歸化則有之,而進貢則未之。聞聽是禮部行文聘來考校數學、歷法(諱也),始入監作官。又聞彼國王無定準,國人推有德者主教。其國之在何處未詳。”書問曰:“皇上東巡誠是盛事,而但沿路治道供億之弊亦似不少矣。”書答曰:“地方官不善辦理。”書問曰:“先生雖不遠遊,海内名士應有結識,經術文章或有卓卓可傳者否?”書答曰:“余西遊不過數百里,至錦州即回,真乃坐井觀天。”書問曰:“或傳本朝太祖幼時養於李成梁家云,然否?”書答曰:“石牌坊至今不毁,本朝人稱李總爺。”書問曰:“楊鎬四路兵時,李如柏與本朝潛通,故逗爲留云,然否?”答曰:“未之聞矣。”裕昆請摘帽,仍令吾輩皆卸笠安坐,蓋語闌禮數寬之意也。仲兄書曰:“僕等既與先生心期相照,不敢自外。先生乃是漢人,見僕等衣冠,想有悦慕之心矣。”書答曰:“不言而喻。”(草作佛,焉二有?)又書曰:“本朝待漢人比元朝甚盛,漢人稱臣,滿人稱奴才。”(根臣大者,人比遠黄,甚盛者,稱巨,兩點盈,稱星)又書曰:“滿人表章稱臣,奏事摺子稱奴才。”(盈四六巨,兩點報事,才習子星)書問曰:“本朝廟制如何?”書答曰:“皇上九廟,王五代,大夫四代,士三代,余係庶人,祇供二代。家祠高曾祖稱俱奉木主,頗覺僭分,而因未有定制,故隨意供奉。”書問曰:“曾聞大國人於一木主上四面環書高曾祖稱云,此是真話否? 主制與《朱子家禮》上圖本一様否?"書答曰:"四面環書,無有此事,木揀堅硬者,栗木甚少,尺寸遵《家禮》周尺。"問曰:"滿人亦如此否?"答曰:"祇供一坐香爐。"書問曰:"以忌日祭乎,以時節祭乎,亦有廟祭乎?"書答曰:"忌日祭,元朝、中元上供,清明墓祭,十月初一日、年終燒紙錠。"問曰:"中元是中秋耶? 十月初一日是何節?"書曰:"中元是七月十五日,十月初一送寒衣。"仲兄歷書我國四時節祀以示裕昆,書冬至,下曰"南方祭是日",書上元八月十五,下曰"供月"。書問曰:"祭禮亦用《家禮》否?"書答曰:"未能全用。"書問曰:"有三獻禮否?"書答曰:"喪禮,間有行者,必請禮生,方行得,穿吉服行事,又有引通贊儐。"書問曰:"闔門禮,亦有之否?"書答曰:"垂簾作樂,如發科甲、升官大喜事,方舉行。"書問曰:"祭物用何品?"書答曰:"隨家有無。"仍書曰:"猪羊三鮮、五鹽。"裕昆曰:"貴國行親迎禮否?"書答曰:"有行者。"裕昆書曰:"然則冠禮自當行。"書答曰:"亦未盡行。"裕昆書曰:"我們則諸禮皆從簡便,冠禮則無之,此地大約行旗下禮。"又曰:"冠禮,我們行不得。"仍捫其頂,指其辮髮曰:"這是查古薌所謂'滿山紅葉未全髡'耶?"遂大笑,又曰:"旗人以民人行三獻禮當作笑譚,貴邦人穿朝服,本地人當戲看,可笑。"問曰:"聞戲臺人穿我們朝服云,然否?"答曰:"果然矣。"書問曰:"禮生是何如人?"答曰:"揀拔貢生中知禮者。"書問曰:"所穿吉服何服?"書答曰:"襴衫也,有大袖,有緣。"問曰:"然則領襟亦如我們制度否?"答曰:"此則不同,衣前則用紐子,蓋是參用也。"書問曰:"此中有道觀否?"答曰:"西關外有三清觀,而無有可觀。"裕昆書問曰:"先生府第在王京,即住平壤故都耶?"書答曰:"平壤,即高句麗舊都,我國王京是漢陽。"裕昆書問曰:"貴國所進貢物想有定例,還是隨意?"答曰:"豈無定例。"仍略舉方物以示。余書曰:"近來我人帶來買賣之清心丸多是不好的,不可輕服。僕送呈者乃僕親手製來,并無此慮。"書答曰:"謹已寶藏。"裕昆列書清、安、蘇三丸及紫金丹,問:"用何病?"余略注其下,仍書問曰:

“清心丸是古方中藥，材料亦是中國所有，而此中必要我國所製者，何也？”書答曰：“牛黄短故也。”日已夕矣，告别而歸。

（九月）初八日丙申，晴。晚與仲兄及景明同訪裕昆，景明亦有一訪之約故也。裕昆倒屣歡迎，入其室，東西壁挂着數幅名人字畫，南壁揭今皇帝御筆。几硯爐碗，别覺净灑，意似待吾輩之來也。數語後，景明指案頭古銅香爐有宣德年款識者曰：“此是真個古品否？”答曰：“未知真贋，而此號分襠繩耳，爐象其形也。”景明請見米元章、沈石田、趙松雪、仇十州。書答曰：“惟有沈畫，趙則最多贋本矣。”仍出示石田《淡墨山水圖》一軸、《錦莧圖》一軸。《山水圖》甚佳，《錦莧圖》裕昆以爲贋本，而亦非俗筆。錦莧，裕昆曰“一名雁來紅，又稱老少年”云，即我國所謂唐莧也。又出示戴梓《樵夫問經圖》，戴是自行車主人，而筆法似是北宗矣。又示傅雯《漁翁圖》，即指頭畫云，而筆勢蒼然，極有古意，驚喜諦視之，一漁翁被破布衣，穿麻鞋，右手持貫魚，左手荷釣竿，鬚眉欲動，依然有山澤氣味，上書“閭山傅雯寫意”。曰：“傅雯是近來人否？真名畫也。”裕昆書答曰：“果是大有名稱，今上一日召雯，授御畫一軸，使之䌽染，久不進，上詢其由，雯對曰：‘御畫一筆不入格。’上命打出，不許爲人畫，餓死了，好一個狂士也！”仍相視而笑。最後出示一横軸，中有一人，年可三十許，眉宇清秀，蔭碧梧，手持一卷書而坐。前有太湖石一坐，雜花數朵，又其前朱欄俯池，荷花盛開，小魚繞行荷間，一童方洗硯池水。坐後一童吹火煮茗，有鶴拳一足，回顧刷毛。其人顔貌依稀可認。問曰：“彼何人斯？”裕昆大噱曰：“此僕之三十歲行樂圖也。少年頗不寂寞，今却骯髒可笑。”仍書曰：“這個數軸畫中，二公就一佳本題詩文，俾燕石增價，如何？”仲兄答曰：“僕等不欲題他軸，當作先生真贊，以副勤意。”景明又請見案上諸筆帖，向日所見董其昌臨《黄庭經》，更爲詳閲，則唐開元時長公主筆，而董題其下者也，筆法遒勁，少無裙釵意，亦异事也。景明曰：“先生可謂富於書畫矣。”裕昆書曰：“不足療饑。”又書曰：“柳翁篆書可賜一二本否？”景明書曰：“依樣葫蘆，不足塵覽。”

裕昆曰:"你作葫蘆來,吾當貯酒飲之。"仍作大吸狀,相與大笑。須臾,又出酒果以待,余等辭以不能飲。景明與裕昆遞酌造飲,裕昆數巡後,漸露本相,坐側有唾壺,裕昆唾壺欲碎之,又揎拳遽呼曰:"你們將酒杯果楪都碎了,無妨。"仲兄書"老驥伏櫪,志在千里。烈士暮年,壯心未已"句,裕昆曰:"此非曹孟德之言乎?"仍激仰久之。又曰:"先生一蹴龍門,便當奉使我邦。"裕昆書曰:"明歲當應童子科。"又相與絶倒。裕昆書曰:"今日可嘉話。"仍高聲吟"佳節屢從愁裏過,壯心還倚醉中來"句。仲兄書曰:"明日是重陽佳節,先生可能相訪,以破客中愁悶耶?"裕昆書曰:"謹當如命。"仍要景明寫八分、大篆各數本。賓主皆醉,日亦向曛,罷歸。

(九月)初九日丁酉,晴。晚後,裕昆來訪,設花糕、鷄湯以待。裕昆書曰:"劉郎不敢題糕字,即此是耶?"仲兄答曰:"即我國所謂菊花糕,重陽節時食也。"余指白蜜,書曰:"粔籹蜜餌,有餦餭些。"裕昆書答曰:"此處蜂蜜色赤,不如貴邦産的。"余出示所草真贊及題後文,裕昆諷誦數過,亟稱不敢當。書曰:"僕等既承勤托,不得不強拙,而終恐佛頭遺矢。"裕昆笑捫其頂曰:"這個光光頭上放矢何妨?"景明書問曰:"我聞大國風俗尊奉佛教,其次關帝,其次孔聖云,果然否?"書答曰:"果然,關帝尚在兩可。"景明書問曰:"關帝尊奉專爲忠義否? 或聞多有顯聖之事,然否?"書答曰:"前朝及本朝顯靈助陣事迹甚多,征李闖與三藩時,風聞大内稱爲'嗎法','嗎法'乃清語'祖宗'之謂,京都廟宇已易黄瓦。"書問曰:"關帝尊奉,昉自何代何時?""前明征胡元、陳友諒、張士誠時,皆顯靈,而大約永樂後始盛,他有三千年旺運,今爲一千六百餘年矣。"又書曰:"明封三界伏魔大帝、神威遠振天尊、護國明王佛。"書問曰:"關帝是漢人,助漢、明朝則固也,緣何助本朝耶?"書答曰:"國初,有一老儒曾在廣東理事官具呈控告,内言:'關聖受我明朝二百餘年香火血食,今何不顯聖助一臂也?'理事官即懸牌,遣衙役到關帝廟,持牒訊關帝,香爐下忽飄一紙,言明朝當到公堂面告此事。至次日午刻,果理事官堂前見帝現形雲霧間言‘本聖奉上帝玉音，扶助清朝，亦係天運，不得不然’云云。此係真語，并非傳訛。”余問：“龍虎山張天師，近亦世襲否？”答曰：“近聞亦然矣。”仍指仲兄之題語曰：“僕少年時，果不無一二師友相資益者矣。”問曰：“先生之先生是何如人？”書答曰：“弟之先生姓英，滿洲人，善篆書、八分，英的先生姓林，係江南人，緣事遣戍瀋陽，時稱‘遼東三老’。”問曰：“三老是董闕三老之流也？”書答曰：“非也，一即林先生，忘其名，排行四，耳聾子；一是戴梓；一是前朝侍郎之子，爲和尚，自稱剩人和尚也，有詩文及《語録》，即謝翺之類也。”問曰：“這《語録》果是何語？”答曰：“大約不耑言禪教，未免言載風話，本朝下令毁其文。”又書曰：“毁不盡。蘇、黄書當時豈不犯禁？而高麗人金富軾、金富轍乃襲其名字矣。”仲兄書曰：“剩人和尚《語録》雖燒燬了，先生案上必有餘件秘藏。我們既傾蓋如舊，則不必作俗人相諱，或可出示否？置之貴篋，猶有前頭之慮，盍使傳之東方，以保片玉於崑崙之火，如何？千載之後，若欲求文獻於海外，亦豈不爲其人之幸耶？”書答曰：“此詩文，容弟回家揀揀。”問曰：“宣作謀是先生少年交耶？”書答曰：“宣朋友少年落拓嗜酒，家徒壁立，弟輩勸伊奮志讀書，發科甲。近日在官途作幕，日久頗有習氣體面。何寧一，弟之貧賤契友，心地好他，方在順德，乃古襄國也。”書示曰：“僕等適成《重陽》詩，萬乞俯和。”裕昆曰：“必當敬和。”余以爲真話，稱謝，裕昆書其下曰：“姑妄言，姑妄聽。”又書曰：“詩則實已荒廢，免作一贈行文。”又要景明大宗篆，景明書贈“嶽峙淵渟”四大字，曰：“此乃先生真贊也。”裕昆書答曰：“剩水殘山。”遂大笑。日已暮，别歸。

（九月）十一日己亥，晴。欲得通州眼藥，使舌人輩四求市上，終不得。余往問裕昆，以爲自家親知中有藏置者，晚後當有報云云矣。食後，裕昆持藥來訪，果是真品，悶迫之中，喜幸何言。又録來《洗眼方》以示，意甚辛勤，良可感也。仍留坐，與語。裕昆出示一小翰，曰“昨曉間始歸，接得惠頒九日佳吟，朗誦一過，至今齒頰芬芳，但巴人下里之歌尚不能和，况《陽春》《白雪》，引商刻羽，雜以流徵之辭，敢效顰學步乎？昔潘邠老《九日》詩始成一句，爲催租人所敗興，今余一字亦不能成，當爲'滿城風雨'句解嘲，不得已，强顔下一轉語。作詩贈俗人，即是一癡。人不能和而强索，未免一癡。以二癡抵二癡，八兩半斤，正相償耳。聊草數字，用博一粲"云云。蓋今朝欲送答，而自家來訪，故袖來也。書問曰："剩人和尚《語録》，昨蒙覓示之教，今不可得耶？"書答曰："并無刻本，曾聞一朋友遊千山見其抄本，如今焚了。"仍出《明詩綜》一卷，中有曰函可字祖心，博羅人，尚書韓文恪日纘子。少爲諸生，忽棄家，入羅浮江南，既下坐事，戍瀋陽，有《剩人詩》云。凡五六首，而多隱譬語，蓋混迹人也。書問曰："與先生相識有日，而尚未詳華胄，先生於近代有何名祖爲一世聞人否？願聞之。"書答曰："僕家世，先明爲山東登州籍，明末隨耿藩來瀋，撥置内務府漢軍，代以耕讀爲業，先世并無顯人可告，鼎革經兵火之後，家譜一無可考，可嘆可嘆。"書示曰："别日漸近，後會難期，先生終不賜一言以當千里顔面？"書答曰："中心莊之久矣，如終不能作，僕之小照作一質物，如何？"書曰："這豈不好，而小照上吾輩蕪辭留作吾輩之面目，且使積禄輩（裕昆之稚子）他日見之，豈非美事？"書答曰："陋本曾蒙朋友先輩題贈，頗有因乏，筆腕未寫上，然是敝處契交酬應之常。今蒙東方名士見賜珍什，使他日子孫輩觀覽，亦有榮焉。"書曰："題賜文字可許一玩否？"答曰："張天授，承德縣民，曾任曲江諭，號瑞庵。郭瑾，山海人，舉人，有題贈詩文。其外，余性疏懶，汩於産業，多已忘逸矣。"又書曰："先嚴謝世甚早，余孤，幼失學，且因家寒，不得已握籌營産，以爲糊口計，如今幸有薄産，始逃宿孽。"余問曰："先生亦會籌法乎？"書答曰："商人所常用歸除乘法而已，漸忘却。"仲兄書曰："卯君幼年有此毛病，此中若有精通者，甚欲一會。"書答曰："無有。"又曰："先生於佛書、醫理、諸子百家無所不通，又能深究數學，真通才也。子平之法亦必講到，試觀賤命如何？"仍書示四柱曰："丁未歲、辛亥月、癸卯日、壬戌時。"余與仲兄不覺絶倒。裕昆又書曰："想是要卦，金吝而不批。"仲兄曰："僕能觀命，當奉數語。”仍書其下曰：“曠達如阮嗣宗，鬱悒如董邵南，早慕康伯，不言二價，晚學匡衡，遺子一經，五十七歲，當遇海外二狂生，不作一詩而罷。”又曰：“下段可謂奇中。”裕昆書曰：“阮步兵風流放達，董生懷抱利器，匡衡説詩解頤，余無三子之長，康伯之席或忝一二。”遂相視大笑而罷。

（九月）十二日庚子，晴。裕昆來訪，蓋爲問患候而來也。答以尚未差復，悶迫度日。仍書問曰：“空青是眼藥中神品，果在何處？”答曰：“是石髓也，點睛可以見垣一方，南直海島産也。”問曰：“先生曾見過否？”答曰：“未曾見真品，市肆賣買者都是假的，不可用。”書問曰：“金聖嘆何如人？末後作何究竟？”書答曰：“前明李卓吾之流，三代以後取《南華經》《太史公》《屈原》《杜工部律》《水滸傳》《西厢記》六種爲外書，此是六才子書，内書名才子必讀。半是談禪語，筆力横極。畢竟腰斬，這書亦在邦禁。”問曰：“聖嘆是何義？其名與號云何？”答曰：“其名即人瑞，聖嘆是字。蓋其母夢麟而生，故名與字皆用此義，號唱經。”又書曰：“狂極，好詆呵古今巨公。”書問曰：“前明遺民想非一二，或有卓卓可傳者否？”書答曰：“僕株守一隅，實無見聞。大江以南，國初甚多不歸化，或逃禪，或隱屠釣，必有人秘録而未之見耳。”仍指《尤西堂集》中有屈大均者，曰：“這人亦是遺民中一人，番禺人，號熊山，善詩。”書問曰：“《聊齋志异》中狐仙事甚多，近日果有如此事否？”書答曰：“狐仙事不可殫述，雖不害人，非好事，東邦亦有之否？”曰：“我東則無有此患。”又書問曰：“亦無符咒可以禁他否？此地方亦或有之否？”書答曰：“伊若害人，有善符咒者驅遣，遇臣言忠，遇子言孝，講的是道理話，且此方則特少也。”書曰：“若如此，衹乩仙一樣，安知其爲狐狸也？”答曰：“果然矣。”出示《贈行序》草本，請點竄。曰：“贈人文字而要受贈者删改，未聞有此事，而自我作古，亦何妨觀其文，衹是叙得邂逅顛末，別無命意立論之可言，似是久廢述作之致，而亦自完圓，無指的庇類。”覧訖，求净寫以來。裕昆書曰：“數日間，二公同柳翁到舍下一談，小酌數杯，何如？”

仲兄書答曰:“僕等因家大人有患候,連日未進,容俟差復。再明間當進晤。”留約而歸。

(九月)十四日壬寅,晴。

……裕昆與二生相語,略舉我國山川風俗,仍問曰:“東邦國代年紀,此中人皆所未詳。”仲兄曰:“僕當略言其概。”書示曰:“我國上古有桓雄、桓固、檀君,號‘東方三聖’。檀君元年,即帝堯甲辰也。至周初,箕子東來,封於朝鮮,朝鮮之名昉於此。箕子之孫箕準,在漢初爲燕人衛滿所逐,爲辰韓,又有馬韓、弁韓,此則‘三韓’也。馬韓之末,於鷄林地,天生神人,即新羅太祖也,同時有百濟、高句麗,割據三方,號爲三國。百濟、高句麗爲唐高宗所滅。新羅之末,有弓裔、甄萱兩盜,國遂削弱。弓裔之臣王建殺弓裔,遂統和三國,此即高麗太祖也。高麗之末,逆僧辛盹之子禑亂王氏之統,我康獻王爲衆推戴,奄有東方,此即我東歷代本末也。”裕昆曰:“僕今始詳聞矣。”仍納其紙於袖中。余書曰:“我東有他國所無之兩個事:得箕子之聖而爲之主,一也。新羅立國於漢宣帝時,至後梁時纔亡,享國九百九十餘年,即外國勿論,雖中華亦未之前聞,二也。”又書曰:“我朝政教風俗又有他國所無者三焉:深山窮谷,三尺童子皆知孔子之爲大聖,尊其道而讀其書;皂隸下賤莫不服喪三年;國朝三百餘年,士夫之女無一人再醮者,此亦漢唐以後所未有也。”裕昆書答曰:“可敬,可敬。”又指再醮句,書曰:“中國不能,雖以古人言之,范希文亦冒朱氏矣。”裕昆又書問李仁任事,書答曰:“李仁任是麗末小人,即非我朝國姓,因遠外傳聞之謬誤,明朝史臣至載簡册,我朝屢遣使辯誣。至萬曆間,始得昭洗,改頒《大明會典》。此事中國之人想亦知之,而先生之言如此,甚矣,訛聞之難正也。”仍詳陳其不然。裕昆拱手謝不知,又納其紙於袖中。茶罷,楊、石二生先起,裕昆後,書問曰:“先生雖不在家,家人則抑不出避耶?”書答曰:“官人不依,衹得盡眷移出,僕方如坐針氈。”書問曰:“這官人何等人?”書答曰:“乃是小官,不欲與大官同住,圖便宜。”又曰:“滿城百姓遑遑無定居者甚多,僕之一家何足道?東邦王上出巡時,亦有此事否?”書答曰:“我國則幸行時,扈從諸臣自有公衙吏廨住接,并無占奪民家之弊矣。”裕昆曰:“僕方煩至親向官人講情去了,心裏擾亂,不能久坐。”仍告别而歸。

後見李參判丈日躋燕路筆談,有與林四老父子相話者,略付其概。

《聞見録》云:瀋之西街有林四老者,名本裕,自號辱翁,以其排行居第四,故人則稱四老云。其家族即宋朝林義士之後孫,籍居蓋州,而其父明末宦遊江南,其山水之美,仍家焉。其後入清,屢官爲雲南布政使,本裕隨往,父子與雲南王吴三桂相善。及三桂敗,本裕猶官爲陜西知洮州矣。人或告之以吴藩之黨,遂削官回籍,來居瀋陽城西,而托以病聾不與世事,惟以書籍自娱。聞來使之過,或來見之,頗有慕悦之色云。故到瀋館遣人致意,即來相訪。年方八十云,而其眉目清楚,舉止軒快,殊無弓刀之氣。已可喜而欲憑譯舌,則索筆硯,書一“聾”字,請以筆談,亦覺雅。蓋此人生於吴楚,長於雲貴,官於陜西,回籍於關東,中原四方幾乎足迹殆遍,而且懸筆疾書,文字燦然可觀,論説古今,衮衮有理,或不無悲慨之意自露於紙墨之間,仍以迤及清朝事,則輒皆呼燭而燒之,亦可見樞機之周慎也。(此則筆談紙頭追書者,此下方是筆談者)

“願聞吴王心迹,或謂之忠,或謂之逆,何説爲的?”答曰:“事成則忠,事敗則逆。然而失着,不立義帝。”書示曰:“不立義帝,自着黄袍,大錯,錯不特此也。守山海關,而君亡不能死;作《絶父書》,父死,絶不死。以此言之,則雖謂忠孝兩失可也,况親授雲南王印綬,不得志,然後白首始舉事。(此下缺而父死終不死,傍書答:“請兵須仇,白首始舉事。”傍書答:“此則非其本心。”)林又列書:“雲南、貴州、廣東、四川、廣西皆全省,陜西四府、湖廣、湖南全、江西三府。”而此則似是反清應吴者。又書曰:“初起他不過荆江大兵,着他親在湘潭縣駐,與荆州隔一江。清差三萬蒙古兵過江,一陣殺乾,衹二三百人回去。彼時即渡,事不可知。他想兒子講和,豈非婦人女子見識乎?”又書曰:“人能以愛子之心孝父母,即是真孝,何其責吴藩之深也?”

五五、李喜經《雪岫外史》

【解題】

《雪岫外史》一卷，李喜經撰。

李喜經（1745—?），字聖緯，號綸庵、十三齋、雪岫老叟等，朝鮮陽城人。著有《綸庵集》，日本天理大學有藏本。其一生中曾五次出使中國：乾隆四十七年壬寅（朝鮮正祖六年，1782）十月，隨從三節年貢兼謝恩使團赴燕。乾隆五十一年丙午（朝鮮正祖十年，1786）九月，隨從謝恩兼三節年貢赴燕。乾隆五十五年庚戌（朝鮮正祖十四年，1790）五月，隨從進賀兼謝恩使團赴燕。乾隆五十九年甲寅（朝鮮正祖十八年，1794）十月，隨從進賀使團赴燕。嘉慶四年己未（朝鮮正祖二十三年，1799）七月，隨從進賀兼謝恩使團赴燕。

此書爲筆寫本，藏日本東洋文庫。現存僅一卷，爲殘本。此書完稿當約在乙丑年（1805）。兹據以輯録資料。

戴翰林衢亨①嘗謂余曰："先生讀大清《一統志》否？"曰："曾已披覽矣。"曰："《一統志》中山川、道里、地方，多有舛誤，貴國州縣亦皆錯亂。黄海道之邑或在嶺南，嶺東之縣或在關西。皇上方欲釐正改刊，先生須即考證，如得其正，則幸莫大焉。"細思之本國關防形勝，不可明示异國，故謾應之曰："不可草草修改，歸當詳證而傳之。"後仍不施。

中國女子之纏脚，余則謂末世惡習，而未得考據，每以爲恨。丙

① 亨，原文誤作"昌"，徑改。

午冬,與陳崇本、戴衢亨兩人相與飲酒談話,仍問纏脚之由。陳曰:“此始於六朝張窅娘矣。”戴曰:“此習未知始於何代,或云出自妲己。蓋妲己以狐精化爲人,猶未變其足,以帛纏之,掩其本形,兹後襲而爲俗,而此未載書史,亦未可信也。然漢宫有弓鞋之名,漢時已有此俗,可知也,非始於近代明矣。”余戲之曰:“此爲尋常房閣之事,而未知創始之原,餘何足道哉?”陳大笑曰:“且樂眼前酒,何論足下疵。”余知其戲之,又曰:“人苦不知足。”戴曰:“貴邦亦纏脚否?”余又曰:“天生麗質,不必纏迫。”戴又曰:“此亦足矣,不必辨其有餘不足也。”仍一座閧堂劇飲而罷。

余往年入中原,與李墨莊談話。李,蜀人。語及蜀事,問:“石不轉果真有否?”李曰:“何獨杜子美時然也,其石至今宛存,尚如昨日所積。石非大而難動,不過江邊水磨小石累之作幾堆,夏雨泛濫,漂蕩散盡,更無前樣。即見水退,復還爲堆。未知武侯有何神術,而千載之後能拾舊石復作陣勢也,甚可异也。”

五六、沈樂洙《燕行日乘》

【解題】

《燕行日乘》一卷，沈樂洙撰。

沈樂洙（1739—1799），字景文，號一丸齋、恩坡，朝鮮青松人。歷官弘文館校理、經筵侍讀、濟州牧使等。著有《恩坡散稿》，其卷七爲《燕行日乘》。乾隆五十一年丙午（朝鮮正祖四年，1786）五月，朝鮮世子李𫍯病故，同年五月，以告訃賫咨行使團正使身份赴北京告訃，并請求清廷遣使賜祭。《燕行日乘》即此次行程中的所見所聞記録。使行於五月三十日從漢城出發，六月十七日渡鴨緑江，七月十八日到達北京。閏七月十五日離開北京，八月十八日回到漢城。丙午年六月二十一日，在鳳城關帝廟與秀才白琇筆談；七月十一日、閏七月二十一日，在撫寧縣徐紹薪宅兩次與進士徐紹薪筆談；閏七月初一日，在北京國子監與進士滿洲人景文筆談；閏七月初一日、初二日，在國子監、朝鮮使館與國子監助教陳木、虞友光筆談；初九日，在虞友光宅與虞友光兄、虞鳴球、陳木、虞友光筆談。

《燕行録全集》收録抄本二種，兹據以輯録資料。

（丙午六月）二十一日，迎送官未來，又留甚鬱。所留不數十步有寺觀，設關壽亭侯塑像，東西廡守者數僧。廡外小舍衆兒童讀書，聲如蛙鳴。一儒生坐椅看書，群兒讀聲。余使通事問所居，不答，覓紙筆書曰："一直南去，轉灣却向西門旁有報字，便是我寒家。敢問大人尊姓、高職、貴處，自後筆談。"余曰："俺姓沈，壯元及第，前任經筵侍讀，見帶禮曹正郎奉使入來。尊則業鄉貢公車耶？"曰："我非商賈，亦非兵爨門，秀士即吾躬，年歲今當整三八。姓白名琇，字瑶圃，敢問貴庚?”余曰:“四十八歲。”白生曰:“暫寓栅門地，輕駕訪文友。衣語雖不同，氣味固相似。”余曰:“行役暫留，忽聞弦誦聲，欣然來訪。尊是儒士，前果發解鄉貢耶?”曰:“未也。”書一詩曰:“奉差跋涉抵邊陲，幾歷山巔共水涯。越些寂寞蕭然境，鈎得鰲頭日午歸。”其詩劣甚，下句猶没意。余强曰:“把筆成章，才調贍敏。經書中最習何經? 俄見童輩讀《詩》，尊亦治此?”曰:“專治《詩》《書》《易》。”余曰:“尊家世有卿相仕宦?”曰:“前輩居六品職，今不過生員、貢生。”余曰:“旅寓無聊，尊可枉見。”曰:“今聞大人呼唤，身穿白衣，足履素鞋，敢不應允，遂與同到。”余曰:“素衣白履何故?”曰:“杏月念三日丁憂。”又書一詩:“萍水相逢幸有緣，忽爾覿面話臨泉。今將詩句殷勤寄，争奈巫山别一天。”余又曰:“詩思甚敏。”仍饋蜜果，白生曰:“此名何物?”余曰:“國俗，麵和油、蜜，名藥果。”曰:“大人有賜，士當先偏。”余曰:“先偏甚語?”曰:“此地俗語，獨食道謝。”余曰:“中國今有德行文章大名世之人乎?”曰:“本邦人内虚外文，不如貴國實若虚而衣冠不改，仍是舊家風。”余曰:“衣冠不改舊家風之説甚惑，中國有何所改?”曰:“凡欲求名者，必須財利，尚利不尚文，始終大要費過千餘兩。”余曰:“所答异於所問。”曰:“風俗改質尚文，人才不尚德，尚佞。”余曰:“似有未盡説，何待之外也。”曰:“因此知彼，并非外待。”余曰:“中國人父母喪，行三年制，葬祭用《朱子家禮》?”曰:“文官行三年，武官不然。民人行三年，旗人不然。至於葬祭或用《家禮》，貴地亦有此書?”余曰:“小國專用《朱子家禮》，無貴賤，文武一也。”曰:“發引用銘旌乎?”余曰:“成殯至發引皆立銘旌。”余曰:“中國賦法如何?”曰:“六畝地爲一日耕，一日地賦錢七百五十甲。春放倉米，按力量散，一斗征錢八貫。”余問:“甲者何也?”曰:“錢數一元爲一甲，二元爲一十文。”余問:“朝廷用人貴文乎，貴武乎?”曰:“用人貴文，而文官不能督武官，武官偏能督文官。”余曰:“然則權在武官。”曰:“然。如奉天府將軍身居侯爵，文武官員莫不趨謟。鳳城城守尉督此一城,并無文職,舉一而推百也。”余曰:“北京沿路文士可語者,何地何人,一一指示。”曰:“路旁盡是山東謀館之人,不可談論。欲求可語者,城中訪之,遼城東街文廟中有姓趙名肇遠、瀋陽城書院姓裴老師,所教者盡是學監生員。”余曰:“此地居人皆是漢人耶?”曰:“漢人三分,清人七分。土地盡是旗地,并無民地。”余曰:“漢清人相婚嫁否?”曰:“凡旗人嫁女、娶媳俱有皇賜賞銀,民則不然。旗與民婚姻不得領賞,旗人對旗人婚姻者,互相遞呈衙門,各自領賞。”余曰:“天下人婚姻何可盡賞?”曰:“凡有當兵爲官者,本身娶妻者,賞銀十二兩。娶兒婦賞銀六兩,嫁女四兩,喪父母十二兩,身故二十四兩。凡旗人生時名與歲俱在册。”余曰:“旗人皆是清人耶?”曰:“然。”余曰:“漢人、清人俱是民,此何太相异耶?”曰:“皇帝旗人,旗人俱係從皇祖得天下來者,漢人後移此。”余曰:“然則無賞之故,漢清不相婚嫁耶?”曰:“作親不敢呈狀領賞,此爲私婚。”余曰:“然則漢人百事不及清人,必有歆羨之意。”曰:“至於禮,則不及漢人遠矣,旗人男女無分,衹圖方便。”余曰:“無田無財,衹守虛禮,猶無羨慕之心乎?”曰:“旗人好奢華,民人好節儉,節儉之中亦有財。旗人多閑散,民人好貨殖,貨殖之中即有財,有財何患無田?”余曰:“民人好禮,侮旗人無禮耶?”曰:“不可一例論。”余曰:“民人、旗人相親愛,無彼此耶?”曰:“旗人亦有義氣者,但粗率耳。”余曰:“尊何不力學課文,捷科從仕,衹教授兒童?”曰:“按律應廬墓,不可遠行。”余曰:“今則然矣,過三年當赴舉耶?”曰:“學淺力薄,何敢過望?”余曰:“中國科舉何文取人?”曰:“四書題一道,經題一道,律詩一篇,賦一篇。”余曰:“皇城宰相有文章名世者何人?”曰:“凡爲宰相盡是雙榜出身,惟有竇善、邁常、王爾烈、劉永四人才學最高。”余曰:“雙榜何也?”曰:“雙榜鄉貢雜職。”余曰:“此四人今爲何官?誰爲漢人?誰爲清人?”曰:“竇善,清人,欽天監中書。邁常,清人,常侍皇帝,爲宰相。王爾烈,漢人,翰林。劉永,漢人,吏部天官。”余曰:“尊漢人耶,清人耶?”曰:“遼陽里仁社九甲民。”余曰:“先世仕何世?”曰:“康熙年間任遼州，其前永平府。”余曰：“最久先世仕何朝？”曰：“明朝，曾祖爲訓導。”余曰：“漢管寧舊居遼東，今有後孫乎？”曰：“并無此姓。”曰：“大人有隨帶清心丸，賜士一丸。心若清兮何用藥，志若潔兮豈在滌？願得君家清心藥，啓發鄙人之茅塞。”忽有一人自外至，立窗外向白生語，白生答語辭氣不平，余曰：“彼人何語？”白生曰：“他問所談何事，生答：‘談古談今。’”來者似是清人。白生與余筆談頗久，故來觀。屏筆硯，其人即去。余遂裹贈清心一丸、二筆、二墨。白生即筆硯書示曰：“初見有此厚賜，却之不恭，受之有愧，何以報此？”余曰：“何足云云，多問好語，甚幸。”曰：“明日扶轅再送，即此暫别。”余曰：“明早當發，便勿更枉，回時當逢。”曰：“謝謝。”仍辭去。白生爲人甚精詳，往往語意不分曉，亦有諦知者，可悲也已。

（七月）十一日，朝過撫寧縣，縣號昌黎韓文公所封云。聞縣城中舉人徐紹薪文華可語，路出其門前就見之。庭宇整楚，圖書輝映。紹薪出迎，對榻坐，置筆將筆談。余曰：“尊是舉人，治何經？”答曰：“秀才家六經無不涉獵，僕專治《麟經》。”余曰：“《麟經》大義精微，此有專業，可知學問深造。”答曰：“不過場屋作《春秋解》五通耳。”仍問：“尊職何官？”答曰：“原任經筵侍讀兼春坊文學，方帶禮曹正郎奉使入來。”余曰：“今中國有何學問、文章大名世之人，願聞之。”答曰：“詩學，吴錫祺號穀人，余集號秋室，吴省欽號白華，紀昀號曉嵐，張德懋號荷洲；經學，周永年、戴震、竇光鼐，俱是翰林，或一品或七品，總在南城矣。”余曰：“尊亦善詩？”曰：“粗有所解。”指壁上所題七言絶句五首曰：“此拙作。”其詩頗纖濃。余曰：“盛詩聲調纖濃可愛。”答曰：“齊梁綺麗，詩家不取。”壁上有刻板一絶句，印章曹参判命采也。余曰：“曹詩與筆并無可觀，揭板何也？”答曰：“詩果不好，筆則好。”仍引余入小室，壁上尹判書淳草書唐詩一絶句挂簇。問曰：“此謂如何？”余曰：“此人筆名國中。”仍贈清心丸一、墨二、扇一，曰：“薄物表情。”答曰：“謝謝。”余曰：“歸時欲投宿貴館，肯許？”答曰：“問於班押官。”余上轎，送至門敬禮云。

(閏七月)二十一日,過撫寧縣徐紹薪家。紹薪出迎,對榻而坐,慰余遠役。案上有《國朝詩選》,禮部尚書臣沈德潛删正,余問曰:“沈公文章近來罕有,其子孫方有顯仕否?”徐曰:“未能承家,見方流竄。蓋以近來以《錢謙益文集》連有大獄,沈亦與此事矣。”余問:“《牧齋集》行世已久,何乃至此?”徐曰:“家藏此集者,多爲其仇人所告,其子孫或至有大辟者,慘矣慘矣,但《牧齋集》必有藏置,以俟後日者。”余曰:“沈公以徐守髮事罪及泉壤云,尊亦知之否?”徐嚬蹙曰:“掘死人事何必提説?”遂裂去酬酢所書之紙,納於口中咋噬,揮手而不復言,仍又更書他紙而示曰:“公此去後又以宰輔奉使入來,則可得相見。”余曰:“再奉使命非可必也。偶爾相逢,别去甚悵,惟是萬里兩地一心相照而已。”徐又曰:“此後如欲寄書,尊稱謂何?”余曰:“書面衹題沈校理便可。”遂作别出門,紹薪送至門外,見余乘車,合手道:“悵甚,行李保重。”

閏七月初一日,詣國子監,謁聖廟。……監官索筆硯,請筆談。余問:“公監中何官?”曰:“博士。”拈示官案,博士加一級。景文,滿洲白旗人,庚辰進士。余問:“庚辰進士,官位尚在此耶?”答曰:“内閣選班太遲遲。”余曰:“石鼓移置在何朝?”答曰:“在元朝。”余曰:“其前在東洛鎬京?”曰:“然。”監官問曰:“居何官? 赴京何事? 尊姓大名、字號、年齒可聞之?”余曰:“原任經筵侍讀兼春坊文學,禮曹正郎,本國世子喪事告訃,奉使入來。姓沈,名樂洙,字景文,號一丸,今年四十八。賤字與貴名同,却是异事。”監官笑嘻嘻曰:“奇事,賤齒五十五。”余曰:“中朝文章名世之人可聞之?”答曰:“太學士梁國治、劉墉。梁是詞學,劉是經學。”余曰:“監中儒生幾人?”曰:“二百人。”余曰:“儒生齋舍可見否?”曰:“儒生今日現在彝倫堂,赴四書文試,可往見。”余曰:“監中古迹一一指示。”曰:“元時古槐、新建(辟雍),可一觀。”余曰:“俄來路過文丞相祠,此果所謂柴市丞相畢命之處,欲參拜,外門關閉,有守者否?”曰:“文丞相死於學舍傍柴市,故立祠在此,其實非柴市。有一趙姓老爺,此人便可開門。”余贈筆墨臘藥，曰："薄物表意。"答曰："謝謝。"

（閏七月）初一日……余請往見儒生文試，監官揖。前行出西墻小門，過小街入一門，南迤又入門，至彝倫堂。堂可五六十間，極通闊。儒生分東西列，椅匝坐八九，前各置一長卓，設筆硯其上，磨墨濡毫，持小卷寫之。余歷見其卷，試題執圭，其文如我國《四書疑》，發明多用經傳注脚，無立見論辨，委靡無可觀。東西椅儒生約數三百人，呻囈諷誦，啾唧如蟲鳴。堂中別設二椅，坐（數人），前卓亦置筆硯。余就爲筆談，問："公等亦諸生耶，監中官員耶？"一鬚白者拈官案以示，助教加一級，陳木，質齋，浙江錢塘人，指同坐者曰："助教加一級，虞友光，潤軒，江蘇金壇人，庚子進士。"余問陳木曰："公則何年進士而累千里旅宦京師耶？"答曰："本省舉人，未中進士。朝廷既有國學官職，又何旅與不旅之异？東西南北惟君所使耳。"余問："未進士，由何途拜官？"答曰："進士爲甲班，舉人爲舉班，甲舉兩班皆可出仕。"余問："未進士亦累官至卿相耶？"答曰："儘有之。"余問："公是錢塘人，江南有何學問文章第一人，願聞之。"答曰："所問者今人耶？"曰："然。"答曰："浙江有姓趙名祐者，山東有姓竇名光鼐者，所謂南趙北竇是也。"余問："趙、竇皆是經學耶，詞學耶？"答曰："若此二公不可以一節名，經學、詞學兼有之，故舉而副明問矣。"余曰："二公皆在城中從仕否？"答曰："趙任山東學政，竇任浙江學政。真可謂交易得其所矣。"余曰："二公詩與文可得見否？"答曰："二公惟任學政，皆不在京城，二公之稿皆屬家藏，或有坊間購之。"余問："坊間何以購之？果有印本耶？"曰："有。坊間問二公文集，可云趙鹿泉先生、竇東皋先生稿，可得也。"問："臨安距錢塘幾何？"答："舊日臨安即錢塘別號，今則別設臨安縣治，相距百里。"問："宋朝南渡所都即何處？"答："即在錢塘。"問："宫闕尚有遺址可訪？"答："僅有存者。"問："岳飛墓在何處？"答："在西子湖頭。"問："岳有後孫？"答："明德之後必有達人，今岳鍾琦世襲提督。"問："江南人喪祭，皆用《朱子家禮》？"答："讀書人用之，闤闠中未必盡然。"問："吴越有舊迹可訪?”答:“唐僧有詩云:‘到江吴地盡,隔岸越山多。’似乎浙西爲吴地,浙東爲越地,而其實非也,吴越交界在今嘉興,有可謂禦兒城者,此其一也。又浙東尚有紹興府,城係句踐時所建,餘俱湮没矣。”卓上有數卷文,余取見。虞友光曰:“適所看文字,皆各省諸生來應鄉試録科者,非監中諸生作也。”余問:“何省人試卷?”答:“旗人作。旗人即滿洲,并無省分,各省俱有。”問:“旗人到處皆赴試,不以所居地赴舉耶?”答曰:“各省貢監可不在本省鄉試,旗人應在京鄉試。”仍以十餘卷請余考評,余固辭。二人請愈,苦不得已,略定甲乙以示。二人相視有喜色,招居甲儒生示之,諸生亦環立傳視。虞問:“箕子封於朝鮮,今有後裔否?”余曰:“箕子都平壤,尚有井田遺制,鮮于氏即其裔也。”虞問:“鮮于氏今尚居官乎?”曰:“别無顯官,朝廷使鮮于氏世襲九品官,奉箕子祀。”虞問:“貴國幅員延袤約幾何?”余曰:“地方等語,奉使人不得與他國人語矣。”虞曰:“得體極矣,殊愧失問。”曰:“問之何妨? 要是不敢答耳。”余曰:“嘗於史氏諸家見江南山川文物之盛,心嘗想像,今與公等語幸矣,但忙甚,無以長語問答,可嘆。”虞曰:“萍水相逢幸有緣。”余曰:“似欲爲聯句,方以喪事奉使,禮不可吟咏耳。”虞即點頭。余曰:“鄙館甚寂寥,或可枉訪萬幸。”陳曰:“當竭誠奉謁。賤姓陳,名木,异日賤刺即是也。”余曰:“蒙此一枉之諾,如得拱璧。”虞曰:“僕亦與弊同年同往。”余曰:“未及并請,固是所願。”曰:“明日午間,當偕往也。”余贈二筆曰:“略兹表情。”陳曰:“謝賜,敢不拜嘉。”二人送至門外。

(閏七月)初二日,留館。食後,守館隸胡納小紅紙二,陳木、虞友光刺也。使傔人迎入,各就坐筆談。余曰:“蒙此賁臨,感幸。”虞曰:“前蒙見招,不敢爽約。”曰:“公則庚子進士,何文中第?”曰:“四書文三篇,論一道,詩一首,經文四篇,策五道,中第十一名。”余問:“此後當遷何官?”答:“内遷六部主事,外遷知州。”曰:“非狀元甲科不得入翰院耶?”答:“必登翰院,方入黄閣。”曰:“不由翰院,不得爲卿相耶?”陳木替對曰:“敝同年誤對,另詳於後。昨承賜筆,雖中山兔毫無以過也，謹謝。古有投縞獻紵，舉世奉爲美談，弟輩不敢自擬於子産，先生居然吴季子也。敝同年特備《古槐碑》與聖祖太學所賜《聖經碑》二種。僕則携筆一匣、墨二錠以當芹獻，或可作他年韻事，幸賜粲納。”余答：“仁賜固是感荷，况引古之諭，辭意鄭重，有不敢當。碑紙宸翰，海外人何以得此？（當奉）歸帖，藏筆墨珍品，感不容言。”陳曰：“筆係敝地湖州府土宜，墨二錠今上所賜。先生試啓匣視之墨識，非天子豈有此語？一題‘太平雨露’，一題‘光被四表’。”遂曰：“内賜珍貴，有此嘉貺，尤感。”虞曰：“古人乃古之今人，今人即他日古人，何謙謙乃爾。四海一家，共睹天章煜熻爲快，故敢奉致。”曰：“四海兄弟，今人孰知此義？”虞曰：“前歲貴處金探花來京，僕係庚子進士，金亦庚子進士，在本衙門晤談良久，甚相得，想久已回國。相厚否？晤時祈致惓惓。”余曰：“近年奉使來者，無庚子榜出身，可訝。祗記其姓而不記其名耶？”答曰：“深以忘其名爲憾事。金公能漢語，自述如此，年約三旬。”余始認得是金洗馬載璉也，曰：“此則非奉使者，陪其大人金相國入來。相國次子名載璉，果登庚子進士。金公竣事歸本國，金君以暴疾死。金君年少能詩，士友中所推許，與公談討，必多好語。”虞曰：“金公少年英俊，聚語既多，筆談亦復不少，灑灑洋洋，可稱風流學士。暴疾夭亡，深爲可慘。”虞曰：“昔聞關白相侵，中華往救，收復舊土，彼時境中分八道。昨日公云‘十郡試士’，豈增地耶，抑八道所分耶？”余曰：“八道中一道即京畿。赴京試，其餘分左右道取士，故昨所云云耳。”陳曰：“先生尊姓大名、尊字及大號詳書於左。拙書雖屬塗鴉，現有一聯欲作雷門布鼓，幸詳示以便落款耳。”余即書示曰：“姓沈，名樂洙，字景文，號一丸居士。海外之人獲與諸公談討，已極榮幸。賤名之傳於江南勝地，又奇事。”陳出示二片長紙，各書篆四字：一書“含今茹古”，一書“賞奇析疑”。可見其深屬旨意也。筆畫頗熟練，遂楷字旁書曰：“爲景文先生書。”余曰：“獲奉君子心畫，歸當珍藏，得之又不能不望蜀。謹當備紙，願書所欲得者。”答曰：“不嫌塗抹，儘當呈醜。”陳曰：“《左氏》云：‘言語

不達。'夫言語不達,自古而然,重譯之所由設也。即舉中國而言,河南爲天下之中,語音皆中聲。若在閩廣偏於極南,使操其土音,即中國之人猶不能解之,况异域耶? 然而閩廣人捨其土音而學爲官話,又未嘗不可解。今假如'行止'二字,'行'與'盈'同音在平聲,'止'與'子'同音在上聲。平仄想彼此皆同,諒不能以'行'爲上聲、'止'爲平聲。敢隨書數字於左,僕先念一遍,先生能聽得出否? 亦求先生念一遍,或僕亦能聽得出否?"遂書'天地'。陳高聲曰:"틴。"余曰:"쳔。"陳又高聲曰:"치。"余曰:"지。"相對呵呵。余曰:"海外偏音,平仄無常,猝不可相曉。往往有同音者,或有近似者,而全然相殊者甚多。蓋華音聞之無入聲,此所以難曉。"虞曰:"非華音無入聲,中原韻無入聲者,乃河南一省耳。看《欽定佩文詩韻》自明。"余曰:"語音不相曉則已矣,今幸合席,幸須劇談古今,以筆爲舌好矣。"陳曰:"中國取士,四書宗朱子《集注》,《易經》宗朱子《本義》,《書經》用蔡沈《傳》,《詩經》用朱子《集傳》,《春秋》主胡《傳》,《禮記》主陳澔《集説》,貴國亦如是耶?"余答曰:"一同文軌,定無少异。"余曰:"江南,宋朝南渡舊都,其時名人皆有後裔承家者。明朝南京亦在江南,弘光又南渡,其時之人亦有某某家可聞者,并詳示。"虞曰:"宋南渡後,大敗金兵於采石磯之虞公允文,即吾十八世祖也。此外或盛或衰,無從縷述。"余曰:"嘗於《宋史》讀虞公事,不意今日與公後孫相對,不勝欣倒。檜也亦有後否?"答曰:"其後多顯官,亦天道之不可解者。"余曰:"今亦有顯官否?"答曰:"秦蕙田(似是别號)係大司寇,近已物故。秦鐄兄弟俱爲運使,其子二人俱爲翰林。次子名潮,現點雲南主試。"余曰:"可謂蟬赫,定不可知者,天理也。人不以檜之後孫爲累,而亦不羞與之相從。"答曰:"此亦'與其潔也,不保其往'之意。"虞曰:"俄未詳言,進士一百六十人帶領引見,欽定鼎甲,定授翰林。或授翰林,或授部曹,或用知縣,或歸班候,選至卿相,不必定由翰林也。"適厨人進饌,陳曰:"皆嘗中國之食,未嘗貴國之物。形如皮者,何物? 四方如糕者,何名? 碗中其爲茶耶,酒耶?"余曰:"碗中

水即五味子，煎膏調蜜，所以解渴。四方如糕者，以麵和油蜜煎成，名爲藥果。國中稱珍品如皮者，即牛肉乾脯，但中國脯脩、果何樣耶?"答曰："貴國珍品獲嘗，幸矣，謹謝。中國脯脩其形體無定制，要亦聽庖人治之。"余曰："爛脔造方長者稱平脯，用於祭享，此則中國有之耶?"使人持平脯示之，點頭笑曰："此或有之。"陳曰："敝同年尊大人以大京兆，昨年予告致政，今年七十九，先生可一往相見，弟輩亦謀再會於此。"余向虞書曰："公是宋朝名臣之後，對話已奇。幸况聞尊府大人年位俱高，欲一瞻望顔範，從容承誨，此豈非至願? 而但人臣無外交，奉使之人遽然納刺，甚覺非便，恐難承教。"陳遽曰："專對之才，極爲得體。"虞曰："前蒙相邀，敝同年故於欲行時以此相答，非敢必欲如是也。"諦觀二人色若不平。余曰："萬曆年間，本國奉使之人多謁中朝名公，如故月沙李相國與王弇園、李滄溟契好，相從跌宕，文酒之會，至今傳爲盛事。昨因謁聖與諸公相逢，作此對話甚幸，餘懷猶自耿耿。回程似在旬間，誠欲破戒一進，更得穩晤。"虞答曰："相聚劇談已爲欣幸，再圖後會可耳。"余書示陳木曰："欲得尊筆者，願書'一丸齋'扁額三字長幅，願書《葩經》下泉章，欲妝簇挂壁常目耳。"答曰："敢不如教。"虞曰："聚談已久，足徵學識。尊作定屬高明，如有刻本，祈賜一本，以便携歸捧讀。"余曰："鄙稿豈有印本? 况國俗，雖有巨儒，未卒，世元無刻印之法矣。"虞曰："見公眉宇清淑，必有超凡拔俗之見。"余曰："庸品豈有异見?"仍曰："儒佛老三教亘古今而相參，中國或有解釋此三教源委者耶?"二人相視，有累累語而不可曉。虞遂書示曰："中國髫稚之童即讀聖賢書，延名師，窮究其義，比户皆然，豈無解釋源委者? 至於佛老，不明究其根源，何以能直斷其差之毫釐、謬以千里之處? 特難於盡述其人耳。"書罷即欲起去。余書示曰："菲薄之物敢以奉獻? 何其太忙忙催歸。且陳公既許以篆書，何當賜副，二公所居何處? 欲送人往候，亦望詳教。"仍以扇藥、筆墨各裹以贈。陳書示曰："承賜盛儀，謹謝。僕寓宣武門外將軍教場頭條胡同，至敝友寓處，適纔已奉聞。篆書越五日當送至尊寓。”虞曰:“順城外菜市西,坐北大門。”陳曰:“尚有别件公事,告辭。”忙忙起去。觀其辭色,似以三教説有難對辨,彌縫書數語而托辭催歸,可笑。二人俱是好人,陳醇良,吴亦明敏。政好談話,而却悔拖出不緊三教之説,便即散去,可嘆也。

(閏七月)初九日往虞友光家。入門,庭宇軒敞,花木齊整,虞出迎,至堂上。東西置座椅,主人固讓東坐,余亦執讓,移時不得已,余就東坐。虞爲筆談,示曰:“承駕枉顧,殊爲榮幸。”答:“向日承誨,猶有餘懷,且知尊門爲宋名臣之後。一登庭陛,實爲海外人没世之榮,兹敢造拜。”俄而一人自内而出。友光曰:“家兄矣。”友光讓座於其兄。其兄曰:“久欽雅範,幸仰手標,可爲欣慰。”余曰:“向與季氏猥托末契,今又承誨於尊,尤覺欣幸。季氏進士,尊亦出身否?”答曰:“由己亥恩科補景山教習三年,今八月間應選知縣。”余曰:“景山教習何官?”曰:“教習專管官學生讀書作文之事。其中舉人、生員、童生俱有,教讀勤而成效多者爲上等,始得知縣。”余曰:“教育英材好事,所管學生、童蒙約幾人?”答曰:“每教習應管學生二十人,不論大小及舉、貢人、童生,總以教習,以後學生考試時,能升一等者爲成效,每教習應下成效須有三人方爲合例。”友光問:“貴處鄭公夢周爲東方理學之祖,所著書有傳否?”余答:“鄭公果是理學之祖,公何由知之?所著有文集若干卷。”虞曰:“僕之知有鄭公,猶公言及吾祖,公深知之,同一理也。”余曰:“尊先祖即宋朝名臣,載在史策,四海皆誦,無不知之。鄭公即外國人,公以中國人亦能知之,豈不异哉?”答曰:“有外譯一篇載列國事頗詳,深重鄭公爲人。此外唐有崔公,明有金公俱在中華成進士。何日下無紹其餘風赴中華應試者?”余曰:“崔則似是名致遠,而金則誰耶?唐、元時多有應赴中國試,如元時李穀,號稼亭,李穡,號牧隱,文章名世,皆中制科,官或至侍郎、學士。似於其時,天子特命許赴,而其後無此例耳。”虞曰:“然。金濤,洪武年中宋濂榜進士,而李穡文章華美,中國人嘗稱之。”有一人自内出,友光曰:“小兒。”余曰:“公之庭蘭耶?”曰:“然。”余曰:“公年幾何？而有頎然大夫子耶？”答曰：“賤齒四十二。”余曰：“令胤風骨俊邁，可認德門餘慶，學問工夫想已成就。”答曰：“庚子科已叨鄉薦，蒙聖恩叙授内閣中書，年二十三。”問其名，爲衡實，骨格俊邁，有勝於父。亦有兩童子明秀可愛，皆是友光子。余曰：“德門後進皆奇俊，可賀可賀。”答曰：“過蒙奬許，可愧。”俄而一老人褰簾而出，友光曰：“家父。”余即下榻，固讓東坐。老人扶我兩臂，堅請東坐，不得已就坐。余曰：“偶與令胤猥托末契，且知尊門宋名臣之後，不勝欽仰，謹造門屏，方欲候謁，遽蒙出臨，敢當賓主之禮，不勝悚蹙。”老人答曰：“我已經奏請告老之人，在京閑居，八月内再行回江南。得見貴國人才，實爲萬幸。”余曰：“海外庸品，不足仰承明誨。”老人曰：“貴國開科取士係幾年一次？”余曰：“三年大比，其間或稱慶，視學設科取士，其數減於大比。”老人曰：“做官人出身除鄉、會試外，尚有幾途？”余曰：“文有蔭仕，家世蔭任多止郡縣，大率無轉升公卿之人。武科亦有至於一二品矣。”老人曰：“官共有幾品？州郡是七品否？”余曰：“九品至一品，而郡縣自六品至三品。”老人曰：“箕子之後尚有人否？”余曰：“鮮于氏即其後世，授九品職奉祀。”老人曰：“百姓自以種田爲業，此外還做何事？田内所出五穀以外，尚有何物？果有梨李等物好否？”余曰：“四民皆有，而業農者爲多。五穀外别無他種。果品梨、柿、棗、栗、桃、杏、李等皆好，如中國南方龍眼、荔枝皆無之。”老人曰：“尊職係禮曹正郎，六曹皆有否？正郎以下有員外、主事否？今同來之副使司直又係何官？尚有觀察使等官係管何事？”余答：“今可帶禮曹正郎即以使事單差，而原任經筵侍讀兼春坊文學。同來之人非副使，即譯官，司直即軍銜也，六曹皆有。正郎、佐郎如員外、主事，觀察使即外官，如中國布政按察之任矣。”老人曰：“田論畝否？一畝田應完多小錢糧？或尚收五穀否？”余曰：“畝有多小，故俗稱結卜，隨土品上中下爲定，一結公税爲四十斗，一卜爲數三升矣。”老人曰：“卜字係畝字否？”余曰：“概言之，則似是畝字之義，而亦有异焉。一卜落種不過數升矣。”老人曰：“原任經筵侍讀係文學之臣，自有好詩文,可賜觀否?貴處亦重詩學否?從前使臣常有詩留咏,載於《池北偶談》中。”余曰:“承乏忝職,豈敢以文學自居。亦嘗粗讀古書,略有著述,而猝難奉塵於崇覧。至於詩,固所昧昧,且以喪事奉使,不宜有吟咏。來時過山海關,登將臺壯觀,不得有一詩。”陳木自外而至,亦就坐,曰:“承諭寫直幅一丈,今已寫就奉上,敢希斧正。”披見其篆書,書以《范氏心箴》,下有小識。余曰:“篆書長幅,承此卒惠可感,而小識論評尤可見工夫之入妙,歸當挂壁常目,以替萬里之面。”老人曰:“中國尋常坐法以東爲上。”蓋其意以余或不知其爲尊待而言之也。余曰:“主東客西即是古禮,俄所以固讓而大人不許,心甚不安。”陳木曰:“誠如所教,則貴國常以阼階爲主位,西階爲賓位,尚尊用古禮耶?”答曰:“然。”老人曰:“可請升冠否?所謂升冠,謂去冠也。”余答曰:“國俗對客不去冠,况在尊敬之地,不敢不敢。”陳木曰:“《詩》有‘臺笠緇撮’,尊冠即臺笠之制。”余曰:“箕子畫像所戴即臺笠,比今國制差小,似仿於此矣。”余向老人曰:“七十致政,禮也,懸車養閑。令胤二人亦登仕,晚境清福歆仰,但江南絶遠,想有鄉園之思矣。”老人曰:“江南離京三千里,八月内水路行,一月可到。尊行渡遼自有定候,約於何日可行?天使致祭,約何時起程?可同行否?”余曰:“回程一時爲急,同行譯官私事淹滯。聞天使從近發程,其前將發行矣。”俄而進饌,糖糕、果品、龍眼、茶盛設,老人輒手持一器勸之。既掇,余曰:“兹有土物扇把,敢奉獻,以當士相見之禮贄。”遂贈四扇。老人曰:“承惠謹謝,拙詩及書院碑文附覧,扇箋微物,聊志微敬。”余披見,即老人致仕歸鄉時留寄故舊之詩,七律八首,印刻之本。江南花箋二匣、扇一匣、書院碑一帖也。余曰:“懸車後盛什印本,奉覧詞藻,不勝欽嘆。奉而歸國,遍示縉紳諸人,俾知中國盛事,其餘所賜亦皆珍謝。”老人曰:“貴處四書用以取士否?五經中有《易經》否?二十三史俱有否?周、程、張、朱《語録》等書亦有之?”余曰:“四書亦有取士之制,五經即《易》《詩》《書》《春秋》《戴記》,二十三史、周、程、張、邵《語録》亦有之。”老人曰:“何以不言朱子?”余曰:“朱夫子尤是集大成,不暇并及。”余曰:“中國昔有陸象山、王陽明之學,今亦有緒否?”曰:“今中國以其學頗近於禪,故宗之者少。然其書亦有足感發人處,況陽明做的事業却不可少此人。”余曰:“雖斥以近於禪教,而陸學亦自不易,陽明又是异人,盛教果當矣。嘗讀其全集,妙解處有不可易論矣。”老人曰:“國内有講仙道及佛法否? 有和尚、道士否?”余曰:“國俗不尚佛教,至於仙術,尤無講求者。所謂僧徒,不過避役就閑者,甚賤之。”余曰:“日既向夕,敢告辭退,此别更無後期,惟以一點靈犀兩地相照而已。或有親信、譯官之往來,當以書尺憑信,而臨别不勝怊悵。”老人曰:“予告之人不便訪客,幸恕其不能奉報之非。”余曰:“此何教耶? 不敢當矣。”余向虞友光曰:“宋張浚、韓世忠、胡銓、朱弁諸人,今有後孫之立朝顯名者耶?”答曰:“諸人之後無顯名者。”余向陳木曰:“館中偶得歸愚沈公《全集》披讀,詩文俱成一家,果是近世宗匠耶,抑又有勝於此者耶?”答曰:“可謂一時宗匠,近因其别集中欠點檢處,已仆其墓碑矣。”余曰:“仆碑果何故? 所謂欠點檢亦何事? 别集不得見之耳。”陳曰:“有所謂徐守髮者,有悖逆字樣書籍,沈公嘗爲之作序耳。”余曰:“字樣書籍云云未認解耳。”陳曰:“連上悖逆字作一句讀。”余曰:“連讀亦未解意。”陳曰:“不過謂其觸犯本朝耳,即舉其人之命名而曰守髮,亦即其一端。”余曰:“其名則早已認解,果是庶民耶,朝士耶?”陳曰:“庶民矣。”余曰:“聖朝寬大,何至以文字罪及泉壤?”陳曰:“我不敢言。”老人見余所書,嘘唏數聲而止。余向陳木曰:“公常在京否? 或致書而無或有未達之慮耶?”陳曰:“既爲京員,自是常在京師,敝寓在順城外將軍教場頭條胡同中間,路西官房内耳。”余向虞友光曰:“相别甚覺怊悵,未見時兩相不知爲何人,而人情乃如是耶?”虞曰:“此後公或再奉使命,以此跂予。”余曰:“此亦不可知而何可必也。”虞之兄與諸子皆列立作别,老人尤眷眷執手,遂相揖而出。老人以下皆送至門,余回立揖而請入,則傳言欲見上馬,終不入去。余步至十餘步,不相見而始上馬歸館。老人名鳴球,字拊石,以官大京兆致仕,年今七十九而精旺神爽,若五六十歲。問答皆有條理,子孫滿前。友光、衡寶父子皆拔萃之人。陳木以徐守髮事問答之時,老人父子皆愀然有不平之色,陳亦投筆熟視余良久。嗟乎!可知其意,天下亦豈獨老人父子與陳木數人而已哉?悲夫!

五七、徐浩修《燕行記》

【解題】

《燕行記》四卷，徐浩修撰。

徐浩修(1736—1799)，字養直，謚文敏，朝鮮達城人。一生中兩次出使中國：乾隆四十一年丙申(朝鮮英祖五十二年，1776)十一月，其以朝鮮進貢兼謝恩使團副使的身份出使中國；乾隆五十五年庚戌(朝鮮正祖十四年，1790)五月，以進賀兼謝恩使團副使的身份出使中國。此行使團任務是賀清乾隆皇帝八十壽誕。使行五月二十七日從漢城出發，六月二十二日渡鴨緑江，七月十五日到達熱河，七月二十一日離開熱河，七月二十五日到達北京。九月初四日離開北京，十月二十二日回到漢城。《燕行記》即是對此使行見聞的記載。庚戌年七月十六日，徐浩修在熱河避暑山莊與吏部漢尚書彭元瑞筆談；十八日，徐浩修在熱河鐵保宿所與禮部侍郎鐵保筆談；三十日在北京行宫外與禮部漢尚書紀昀筆談。八月三日，在北京圓明園與軍機大臣王杰筆談；二十五日，在北京正陽門外翁方綱宿所與翁方綱筆談。

《燕行録全集》收録。兹以此本爲據輯録資料。

(庚戌)七月十六日甲午，雨，留宿熱河。

……吏部漢尚書彭元瑞問於余曰："貴國有《海東秘史》《東國聲詩》二書云，可得見乎?"余曰："小邦本無秘史，有鄭麟趾《高麗史》，金富軾《三國史》，而今行適未携來，詩類則有康熙間所進《東詩選》而已，亦無他選。或因漁洋王士禛'東士解聲詩'之句而傅會歟?"彭曰:"古文真本,惟貴國有之云,果然否耶?"余曰:"此齊東好怪之言,荒唐正如日本《尚書》爾,今、古文源委,顧亭林辯之極分曉,前此諸儒所不能及也。"彭曰:"亭林博學,果稱近世冠冕,而經説亦多考證之精詳處爾。貴國結負法,中國頃畝法之同异,可得聞乎?"余曰:"小邦田制,十把爲束,十束爲負,百負爲結,而中國田制,十步爲分,十分爲畝,百畝爲頃,是小邦之結負,即中國之頃畝也。然小邦量尺,準周尺七尺,中國弓尺,準周尺六尺。故一把爲正方,周尺四十九尺,一步爲正方,周尺三十六尺,所以結與頃之實積有多少也。"

七月十八日丙申,晴,留熱河。

……宴退訪鐵侍郎於寓館,茶沸香清,簾几瀟灑,架有《明詩綜》《佩文韻府》,余曰:"再昨和中堂先進進賀表文、封典咨文於御前,或因皇旨而然歟?"鐵曰:"王中堂具列表咨幾度某事以聞,有旨取進進賀表、封典咨也。"余曰:"封典咨文,即小邦至重至大事,貴部將何以請旨?"鐵曰:"王中堂管理禮部,故再昨已面奏得旨,著照咨文所請矣。"余曰:"然則貴回咨何不成送?"鐵曰:"回咨則例於貴行起程前數日完送爾。"余曰:"貴稿前夜略綽看過,氣格遒雋,意致醇雅,句法字眼,皆出性靈之自然,以漁洋之清切,兼牧齋之綺麗,非俺等管見所可窺也。"鐵曰:"僕於詩學,志勤而才疏,果好王之詩,而未躡其藩籬,足下推奬太過,愧甚愧甚。"余曰:"昨所奉《質渾蓋圖説集箋》,果無疵類否?"鐵曰:"僕粗解詞章而已,至於律歷,真是瞽者丹青,何敢以叩盤而捫燭之見,强爲之評乎?第觀其繪圖立説,亦可知專門絶藝也。"余曰:"方今宰相中,精於律曆考爲誰。"鐵曰:"有翁閣學方綱,李閣學演,而翁則見在盛京,考校《四庫全書》,李則見在京裏。"余曰:"閣下與翁、李皆有雅分乎?"鐵曰:"俱親熟矣,再昨彭尚書所問聲詩,貴國果無是書,則何爲傳名於中華?"余曰:"王漁洋《詩話》有曰:'記得朝鮮使臣語,果然東國解聲詩。'或者因此傅會聲詩之名歟?康熙間孫公致彌東來時,選進東詩,此外别無詩選矣。《牧齋集》方爲禁書,閣下何從得見?"鐵曰:"凡禁書之法,止公府所藏而已，天下私藏，安能盡去？牧齋大質已虧，人固無足觀，而詩文則必不泯於後也。”

七月三十日戊申，晴，留圓明園。曉，禮部送言，皇上今日辰時旋蹕，早向祇迎所，然後可免窘束。黎明，余與正使、書狀具公服，騎而行（在圓明園，公行俱用騎）。通官啓文前導，到行宮東門外二里地，留京王公、大臣以下及回子、安南、南掌、緬甸從臣使臣皆已先至，惟生番不在。蓋聞賀班、宴班以外，如接駕賜遊等處，皆令生番勿參，因皇旨云。余下馬坐路傍，適與禮部漢尚書紀勻，滿尚書常青，内閣漢學士沈初對席。余進前請安，皆起答曰：“毋庸過禮。”紀尚書直隸獻縣人，號曉嵐，以博雅有盛名，編纂《四庫全書》。余問曰：“聞公奉敕校正《明史》《大清一統志》云，已完工否？”紀曰：“《明史》中地名、人名之差舛者，事實之疏漏者，皆已訂補付剞。《一統志》則秩巨，而訛謬尤多，必欲徹底校正，故尚未就緒爾。”余曰：“且以俺等今行所經地方言之，合懶甸，以《金史》、麗史參互，明是小邦咸鏡南道界，而《一統志》以九連城傅會。古北口潮河川營，以亭林所記證今之道里，潮河營實在口外，而《一統志》計程，反在口内，恐非細失。”紀曰：“如此等誤，難以枚舉，蓋山經地志多屬傳聞，及其足躡目睹，必不免相左爾。”余曰：“新校《明史》可得見乎？”紀曰：“雖易付剞，姑未有頒行敕旨，待頒行，當以一部奉呈也。貴國鄭麟趾《高麗史》極有體段，僕藏庋一部矣。”余曰：“然則《高麗史》已翻刻於坊間乎？”紀曰：“即貴國板本也。貴國徐敬德《花潭集》編入《四庫全書》别集類，外國詩文集之編諸《四庫》，千載一人而已。”余曰：“所欲奉質者，非猝乍可盡，當於入京後，送人門屏請教，禁例所拘，無以躬進，可恨。”紀曰：“弊廬在於正陽門外琉璃廠後會同館胡同矣。”

（八月）三日辛亥，晴，留圓明園。

……軍機大臣王杰退自召對，問於余曰：“貴國有《東國秘史》《東國聲詩》二書云，今行或有携來者否？”余曰：“向於熱河宴班，彭尚書亦問二書，而小邦史記鄭麟趾《高麗史》、金富軾《三國史》以外，更無他史。詩類,則康熙間孫公致彌東來時選進東詩,此外更無他選矣。"王曰:"是處不從容,當送人往復。"及宴退歸館,王閣老書求《牧隱》《圃隱》二集。又問我國可觀書籍,余書答曰:"牧隱,即李穡號,圃隱,即鄭夢周號,此皆高麗時人,去今四百餘年,多經兵燹,全集不傳,小邦經生學子足迹不出數千里,見聞極其謏寡,所著述,安能備大方之觀?如權近《禮記淺見》、韓百謙《箕田考》稍稱博雅,然亦不足步武於亭林、竹坨之後塵爾。"王回報曰:"貴國平壤,即箕子所都,其田制必有可觀,幸於冬至使行付示《箕田考》一部。"蓋退自召對,如是屢求懇切,安知非出於皇旨,將欲編入《四庫全書》耶?還到鳳凰城邊門,書報内閣,陳達筵席,印《箕田考》二十本,付諸冬至使行,分送於王閣老杰、紀尚書匀、鐵侍郎保。

(八月)二十五日癸酉,微雨。留南館。聞翁閣學方綱爲參萬壽賀儀,自盛京來留正陽門外,送柳檢書得恭《質正渾蓋圖説集箋》。翁請借四五日看詳,因問:"某現在撰《春秋四家朔閏表》,以杜元凱所定長曆與一行之説不合,正在互相考訂。不識徐副使以某家之説爲是。"又問:"徐公自然見過一行大衍曆,以爲是否?"又問:"某意欲求轉致徐公,將夙日所見春秋朔閏之説,略寫數論見示,以便載於拙著内。"

五八、金正中《燕行録》

【解題】

《燕行録》,金正中撰。

金正中(1743—?),字士龍,號自在庵,家居大同江畔。乾隆五十六年辛亥(朝鮮正祖十五年,1791)十月,以布衣身份隨從朝鮮冬至兼謝恩使團出使中國。此行於十一月三日在平壤與朝鮮使團會合,二十三日渡鴨緑江,十二月二十二日到達北京。次年正月二十八日離開北京,三月十五日回到平壤,與回還漢城的使團分别。辛亥年(1791)十二月三十日,壬子年(1792)正月初三日、初十日、二十五日,在北京琉璃廠聚好齋與程嘉賢、胡寶書筆談;壬子年(1792)正月初四日,在庶常館與舉人朱瑞椿、章姓文人筆談。

《燕行録全集》收録,兹以此爲據輯録資料。

(辛亥十二月)三十日,晴。

……朝飯後,余共尹奉事、洪禮卿復遊琉璃廠,所見祇是奇玩而已。余自思曰:遊於某市,無昔時悲歌屠狗之客,豈或有其人隱於屠販之間,吾未得及見耶?抑時移俗變,實無一個奇偉男子也耶?歷覽市門春貼,徒以"福"字爲第一祝辭,全没迎春韻語,可知文翰之士如風掃地,何其寥寥也!晡時,悵然而歸。過一書肆,其側畔有小店門,門上扁曰"聚好齋",筆甚奇古。禮卿呼余入其門,有二丈夫對坐桌上,傍置酒鐺香爐,四壁皆名人書畫,視其人,疏容白皙,無一點塵俗氣。見余至,即下榻相揖,喜色浮動眉宇間,坐余蒲壇上,出黄粉紙及筆一、硯一、墨一,共作筆談。余先問曰:"敢請二位高姓大名?"

其人書曰:“僕姓程名嘉賢,字少伯,號聲路,江南人。此友姓胡名寶書,字錦堂,亦廣東人,流寓在此,栖栖度日。”余又問曰:“公等或明道先生、胡文定公之苗裔耶?”曰:“是也。”余曰:“屠販之間得此風人韻士,甚幸。况中州文憲在二位身上,豈與昔時悲歌士比乎?”曰:“何敢當也?”余曰:“今居何官?”曰:“僕爲國子監肄,胡友則稱廣陵秀才。”因問余曰:“足下在貴邦今居何職? 姓名誰? 年紀幾何?”余答曰:“僕姓某名某,號自在庵居士,家在殷太師井田之間,近買一書樓爲晚年消送資,樓在大同江上。古詩云:‘東方有一士,被服常不完。’”又云:“我五十羈遊在京洛,二詩所云非他人,即我也。”曰:“公筆頭有舌,儘律語也。”余欲覘其人所有之淺深,曰:“是日佳辰,酌酒賦詩,願爲一宵之遊。”曰:“歲暮多事,以卜他日,未知如何?”仍拈新年初六日爲約。余留諸出門,其人隨出,市邊分手之儀如有日暮之嘆。

(壬子正月)初三日,陰。是日,松園初度日也,厨房具盛饌以進,余同盤共吃。仍出見琉璃廠雜戲,……轉向東街,訪聚好齋主人。主人喜甚,迎我榻上,出文房諸具,對作筆談。少伯曰:“聞東方有井田,至今行其制也。”余答曰:“弊邑是殷太師古都,區畫猶存,溝洫可想,但井田不廣,居民漸密,不能殷周古制,而至今閭巷有相助之誼。”少伯曰:“東方尚青而衣白,何也?”余曰:“殷尚白,是以衣白。”少伯曰:“東方甚寒,居人皆衣皮,然乎?”余答曰:“東方亦南北,南則暖,居南者衣布;北則寒,居北者衣裘。”少伯曰:“按《朝鮮采風録》,其詩章足可諷誦,東方素多詩人耶?”余曰:“不但詩人,雖武夫賤卒皆通一經。”少伯曰:“昨聞禮部之宴東方節使也,使臣及從人皆一樣冠帶,何其無等威也?”余曰:“雖賤者,有勞於國家,則必寵之以假銜以酬其勞,冠帶則似無等威,而其實則皆假銜也,與漢時關内使同。”少伯曰:“聞東方以門閥用人,得無遺珠之嘆耶?”余曰:“世卿世將及蔭補之官,自古皆然,何獨東方有此法也? 若有卓异之才,則不計門閥而用之。”少伯曰:“使臣不加帽,而其所戴貂皮者,何制也?”

余曰:“此是中華舊制,子或未聞耶? 其名曰暖帽,冬則着此,春夏之間,或烏帽金冠。”少伯曰:“足下之行想有所得,其道里經過,果得聞乎?”余曰:“過遼野,入秦關,登望海亭,謁孤竹廟,至薊州,觀李翰林題‘觀音閣’三字,所得秖此而已。”少伯曰:“僕之所經過者,即東南耳,過謁孔聖陵。歷蘇、杭,渡淮、浙,所得不可一一勝舉。”余曰:“蘇杭聞名久矣。民物之富庶,樓臺之美麗,與燕京孰多?”少伯曰:“燕京係是天險關防,至於山川風光,不可與蘇杭較勝。唐人詩云:‘江南四百八十寺,多少樓臺烟雨中。’此一句足想其梗概矣。”余曰:“足下之居歙州者凡幾世矣?”少伯曰:“自皇宋南渡,衣冠之族隨以徙居,子孫之落南西者,不啻僕之家而已。”余曰:“歙,大州也,其土所産,可以指示耶?”少伯曰:“魚稻足,柑橘賤,且貢硯。”余曰:“歙與徽州幾里?”少伯曰:“歙,徽之屬邑,徽之南有朱文公三世墓,且程朱闕里春秋享祀,兩家後裔皆在執事之位。”余曰:“昨出西直門外,見有喪之家有吹竹彈絲者,路遇喪車,車前必張樂前導,凶禮用樂,抑有所據耶?”少伯曰:“風俗在在有异,江南則不然矣。”余曰:“中國有再醮之事耶?”少伯曰:“窮賤寒餓之家或有之也。”余曰:“頃過東關,見關壁上有告示關文,其文云:‘若有冒喪匿名,來占場屋者,定爲户下家奴。’中國之科弊一何至此? 是故如足下者,至四十無聞。”少伯笑而不答,良久而言曰:“東方亦公道耶? 以足下之才,何至白首無成?”余曰:“如僕者,車不可盡載,斗不可勝量,有公道,故無成。”少伯大笑曰:“辯哉! 子之言也;遜哉! 子之約也。”余曰:“何敢當,何敢當? 余曰:“燕市古稱多慷慨悲歌之士,而吾未之見,足下居此久矣,見之而不吾告,何也?”少伯曰:“今聖明在上,復何有悲歌之士乎? 勿復言。”余曰:“中原科制可得聞乎?”少伯曰:“有三年大比之科,又間有博學鴻詞之科,其文則用詩、賦、論、策、義也。”余曰:“入格科文,放榜後刊行云,然乎?”少伯曰:“然。”“當今詞翰之爲海内所宗者,誰也?”少伯曰:“竇光鼐、孫思毅即其人。”余曰:“張照、蔣和以善文鳴於京國,果如所聞否?”少伯曰:“此二者特見知於主上,故名譽素著，其窮而在下者，如梁山舟、劉夢樓，殆米襄陽之亞。"余欲觀其意，伺座上無人，促膝問之曰："黄衣，天子之服，而蒙胡僭之。弓鞋，害身之物，而唐女用之。脚戲，侏儒玩好之具，而先登於宴享之席，未知何故也?"少伯即以墨抹其字而一笑而已。方是時，茶烟初歇，酒力微醺，復磨墨近前，語無所不到。余右手把扇子，打少伯所着麻霞羅曰："焉用此?"少伯曰："今夕衹可談風月。"勸余詩賦題壁，余作四律一首以示之曰："語雖荒拙，既許知音，則敢不披露心素，奉塵高眼，以待斤正。"詩曰："一樹扶桑下，琴書自掩門。東風隨上价，寒雪入中原。大地黄河走，深宫北極尊。縱爲誇有眼，長嘯依乾坤。"少伯評曰："大得唐人風骨，敬服敬服。"仍書示其詩曰："伊洛傳先派，當躬頗自慚。文章差可信，性道詎能諳。何幸來京邑，同君一劇談。始知仁化遠，大地猶抱含。"要余題評，余曰："一字加減不得，焚香可誦。"曰："不敢當。"談罷，進香茶一杯，但指壁上牧丹圖障子曰："此畫近代高手，可取去否?"余謝不敢。以日暮告歸，其人出門外送，更以初六日爲約。余曰："謹如教。"

(壬子正月)初十日，晴。皇帝幸天壇，行郊祀。鷄鳴後，使家詣午門外祗送，日出還館。午食後，共金護軍、洪禮卿往琉璃廠，過聚好齋。少伯開門，迎我坐榻上，胡友亦在傍。余以畫一、清心元四贈少伯。少伯曰："惠貺多矣，何以爲謝?"余曰："尊之一篇勝於百朋，幺麽二物何足提道?"時有一少年自外來，見吾輩筆談，遂與我揖，喜其款洽。少伯即書示曰："此友姓馮名宬，家在山西代州，以舉人出身，今爲菜田上街官，年二十六，有文章，喜結交。"余曰："觀於燕市，得程少伯，座上又得足下，將歸家誇東人曰：'吾有中州二友，其人尊文理甚長。'""敢問高姓大字?"少伯又書示曰："金友外號自在庵，海東高人也。"其人曰："生長雁門(雁之北向者，坐叫門而止，故名之云矣)，每仰貴邦人物，今邂逅此地，甚愜所望。"俄而，胡錦堂出宫箋紙二張，要余書贈，而橘紅匣爲潤筆之資，曰："此物産於廣東化州，每年貢上，可謂佳品也。市肆藥中非無陳皮，而皆非化州産，中國之所以爲奇也。"余曰:"僕字不成樣,安敢盛貺?"辭不受。錦堂曰:"此物性味温而良,能治痰止嗽,當此秋冬交節,旅候若愆和,則物雖不腆,豈無少益也?"余曰:"僕之老爺方有痰嗽之症,倘如足下之言,歸獻館所,以佐一夕之飲。"遂袖歸,奉獻使家,使家曰:"綉匣紅絲妝琉璃,外面視之,必非常物,再明往海甸酌西山第一泉,出此藥煎之,以試其效如何。"

(壬子正月)二十五日,晴。朝飯後,使家出扇子二柄、清心元二丸、井田畫一丁、色筆二枝,使余贈程少伯。余袖而過琉璃廠,訪少伯贈之,誇道昨日盧溝之壯觀。少伯微笑曰:"江南地勢卑下泛溢,如盧橋者處處有之。宋時蔡襄守福建,跨海造石橋,長八十里,其上設市肆房,以便行旅之往來,名曰'洛陽橋'也。足下不聞耶?"余茫然有失曰:"井蛙之見何能及此?"因問易水距蘆溝幾里,少伯曰:"易水在易州,去蘆溝可數十里也。"對語良久乃告别,少伯挽止,勸酒三杯,出墨二笏、圖硯一介曰:"此古人縞紵之義也,勿辭,笑領焉。僕徽州歙縣人也。此墨,州人也曹素功所製。此硯産於吾鄉龍尾山下,有眉文者字最良。往年貢上五百餘個,其時貢人有相識者,擇其良贈余。"問其價,則答曰:"市肆中絶無如此佳品,雖白金數十兩,不易得此。余動其理潤,作小銘刻硯背,朝夕摩挲,元不釋手。北來時帶來此硯,燕臺之士莫不艷看,而不肯與人。今當足下之行,以資遠贐,仍占一絶,子何不和韻酬我也?"其詩曰:"十載隨身一硯存,烟雲滿處筆騰奔。此行倘若經滄海,爲掬波濤洗墨痕。"余隨以和贈曰:"眉文如畫完然存,龍尾山深雷雨奔。歸路潛蛟應有怒,爲君珍重掩苔痕。"其座上有貌少年見余詩,謂少伯曰:"此詩無偏邦人口氣。"余問其姓,少伯云:"此友亦江南人,姓江名堅,號班香,江文通三十三世孫也。有文詞,爲吾輩中所推宗。"余曰:"更得夢中筆耶?"其人笑曰:"墜先久矣,何望也?"仍與顛倒,恨其相知之晚而已。告别之際,余出門執手路側,良久乃分袂而歸。

(壬子)正月初四日,晴。

……出其門,行數十餘步,入庶常館,即翰林學士之薇垣也。翰林以職務出外,有守卒數人。俄而二人自外而入,此亦訪翰林而來者,即與之筆語。一人晦庵二十二世孫,號砥齋。一人姓章,皆浙江人也,應舉來京云。余云:"朱夫子牖後之功不下於孔聖,吾東之士讀其書,服其行,恨生世之晚,而未及摳衣於滄洲門下矣。今邂逅足下,典禮猶存,僕之壯觀到足下盡矣,豈不喜幸也歟?"曰:"吾先夫子手書及小像在浙江敝舍,不得對足下奉玩,可嘆。今寓居順直門外第幾洞,若足下不吝臨枉,當掃榻而待,同作竟日之歡,未知尊意若何?"余曰:"諾。"時從人告曰:"夕矣。"即遂相揖出門,遂還館所,遍詑行中諸人曰:"吾今日見朱夫子之孫也。"

五九、柳得恭《熱河紀行詩注》

【解題】

《熱河紀行詩注》二卷，柳得恭撰。

柳得恭(1749—?)，字惠甫、惠風，號冷齋、冷庵、古芸堂，朝鮮文化人。曾三次出使中國：乾隆四十三年戊戌(朝鮮正祖二年，1778)閏六月，隨朝鮮問安使團出使中國。乾隆五十五庚戌(朝鮮正祖十四年，1790)五月，以朝鮮進賀兼謝恩使團檢書官身份出使中國。嘉慶六年辛酉(朝鮮純祖元年，1801)二月，以朝鮮謝恩使團檢書官身份出使中國。此書爲乾隆五十五年柳得恭在熱河根據見聞而撰。庚戌年(1790)，柳得恭在北京朝鮮使館與紀昀筆談；在四川會館與李鼎元筆談；在圓明園中書朝房與中書舍人莊澤珊筆談。

此書爲筆寫本，《燕行録續集》收録。兹以此本爲據輯録資料。台灣廣文書局1968年出版《灤陽録》，乃同書异名，取以爲校。

海内詞宗藉藉名，蕭然來訪兩書生。朱輪駐處留紅刺，提督衙門半日驚。

紀昀，號曉嵐，直隸獻縣人，禮部尚書，海内推爲詞林宗匠。圓明園東門外接駕時，見與侍郎沈初同坐序各國使，就與略談。及到城裏訪其第，延之上座，恪執賓主之禮。余辭曰："不佞後生，小官不足以動長者。"曉嵐曰："古禮如此，國制亦然，不必謙也。"余問："遼金元明《史》及《一統志》俱重修云，已完否？"曉嵐曰："俱係奉敕重修甫畢。遼金元官名、人名、地名繙繹多從徹底考正，所以未即刊行，刊完當有以奉贈也。"又曰："貴國徐敬德《花潭集》已録入《四庫全書》别集類中。外國詩集入《四庫》者,千載一人而已。"又曰:"朴次修携《冷齋集》到,已拜讀矣。天骨秀拔,與次修一時之瑜亮。昨與次修集俱品,以味含書卷,語出性靈,不勝佩服之至。連日官政冗忙,稍遲當赴館暢談。"

後數日曉嵐命駕到館,問:"柳、朴兩檢書在否?"余與次修適出遊未歸。提督通官惶忙酬接,曉嵐留紅紙小刺而去。提督者,提督會同四譯館。禮部儀制,司郎中兼鴻臚寺少卿來住館中,通官輩附麗稱衙門,妄自尊大。及逢尚書,惶忙膝跪之狀,人皆見之,以此爲耻。半日虚喝未已,日暮後余與次修歸館。首譯來見,頗以爲憂。余笑之曰:"吾不請禮部尚書來,彼自來,亦且奈何?"其後曉嵐書五律一首於扇以寄之曰:"古有鷄林相,能知白傅詩。俗原嫺賦咏,君更富文詞。序謝《三都賦》,才慚一字師。惟應傳好句,時説小姑祠。"序謝《三都賦》自注云:"《冷齋集》,匆匆未能作序。"又贈金日追《儀禮正譌》十七卷,亦贈次修詩扇及《史記考异》。《冷齋集》,曉嵐云:"姑留,欲録存。"副本竟不還也。余更以《二十一都懷古詩注》贈之。曉嵐贈余及次修詩,檢書稱以檢理,疑其誤書,從羅允纘得灰拭之法,將改書。尋與諸名士語,多稱檢理或秘校,始知其用文淵閣校理號,爲之一笑,遂不改。後聞羅兩峰言紀公最好古,曾因得罪發遣烏魯木齊,距京師萬里,離巴里坤尚有數千里,帶回漢碑,即永和二年敦煌太守裴岑帶三千兵誅呼衍王紀功之碑,隸書不過六十字。余訪曉嵐時,不知有此事,未能索觀,爲可恨。《四庫全書》開局以來傍求軼書,我東文籍流傳中國者想多,獨《花潭集》收入,爲可异。圓明園宴班王中堂杰求《東國秘史》《東國聲詩》於副使,本國無此二種,又求《圃隱》《牧隱》二集,徐公或慮有忌諱處,并辭以無。王中堂懇問他書,不得已以韓久菴《箕子井田圖説》應之,後竟筵稟校正,付柳根、許筬、李瀷諸説,名以《箕田考》印送。東國聲詩者,王漁洋《詩話》有曰:"記得朝鮮使臣語,果然東國解聲詩。"未知何人選東詩,摘此語名之。王中堂屢求東書,亦欲收入於《四庫》中而然歟?

周旋洌水總前塵，《涵海》書燈照碧岷。燕邸西風吹淅瀝，驚看滄海夢中人。

李鼎元，號墨莊，李驥元，號鳧塘①，四川羅江人，雨村從父弟，十餘年來信息相聞，天涯舊識也。墨莊曾寄洌上諸子詩云："自從別後廢吟哦，洌上周旋近若何。幾度夢遊滄海上，醒來猶自怯風波。"漢學士之憂果如此。墨莊，翰林侍讀，鳧塘，編修，兄弟同寓四川會館中。余與次修再訪，歡飲竟夕。是年春，自燕還者藉藉言彼中學士多求《四家集》，集中之人即某也。余頗疑之，問於墨莊。墨莊云："雨村兄撰刻《涵海》一部，凡一百八十五種。二十套中有楊升庵四十種，雨村亦四十種。其《詩話》三卷，李君《清脾録》及柳公佳句"別來幾日非吴不，和者無人又郢中"之類皆收入。甫刻，就以事罷去。板已入川，惜此處無其本。即我輩逢人便説，故知之者甚多，而未得睹全集，所以求之耳。傳者之説，果有所因。太和殿賀班有候補舉人周立矩者亦言見洌上諸子詩。問於墨莊，周亦孝廉中才子也。余觀墨莊、鳧塘二集，言雨村罷官事，語多憤慨。秋庫則指爲放縱所致，未可知也。過口外朝陽縣時，關廟壁上見雨村詩，問於居僧，云五年前李以通永道巡到題過及聞其歸田。信筆書七絶三首托墨莊寄，云："魚雁沈沈二十年，一天明月共嬋娟。數行秋柳朝陽寺，忽見羅江涴壁篇。""淡雲微雨舊詩情，蕭瑟輶軒萬里行。燕邸何人談竟夕，滿盤愁對落花生。""桐酒沈冥緩客愁，翰林詩思竟悠悠。連綿一路秋山好，磊落人歸磊落州。"涴壁吟雨村集名，竟夕談落花生，皆有舊事，見《并世集》中。墨莊問余曰："近有著作如《歲時記》之類否？"余曰："没有。"墨莊嘆曰："一行作吏，此事遂廢，自古而然。"余觀墨莊兄弟俱居翰院而氣象牢愁。雨村歸矣，又聞祝芷塘以御史妄論人革職，方買舟南下，墨莊輩所以多悵悵語。潘蘭公之深居禮佛有味乎哉？

---

① 鳧塘，據柳得恭《灤陽録》補。

易知難忘是君家，紫禁城西轉小車。棕扇題詩凄别意，無因再品雨前茶。

莊復朝，字植三，號澤珊，江南常州府人，中書舍人。余在圓明園時，入中書朝房，都是旗人，有祗揖請坐者，曰侍讀，那琪，滿洲正黄旗人。又有瑚圖靈額者，蒙古中書，方書蒙古字，運筆如飛。蓋滿洲中書治滿洲文書，蒙古中書治蒙古文書，漢字則不知亦可也。與之筆談，殆不成文理。漢中書祗有張經由一人，湖南長沙人，輕薄少年，所談者不過娼女、戲子、男色、婦人小脚，褻不足答。諸中書又請圍棋，以不能辭。閔閔没趣之際，有一中書自外而入，眉眼如畫眄睞，笑問其姓名，即澤珊也。余問："秦侍讀瀛在何處？"澤珊曰："先生何以知之？"余曰："'勞我江南十年夢，緑楊春巷枇杷門。'其佳句也。"澤珊曰："秦侍讀住宣武門外將軍教坊胡同，先生試訪之。他出入軍機處，在家時恨少。"復曰："此處不佳，到京裏進館劇談。"余曰："館裏亦不佳，僕當就拜。"澤珊曰："最好。"然坐屈未安，仍書示曰："僕住西華門内拜斗殿胡同梁中堂宅内。"入城後一再過，皆不遇云。在衙門，與其弟會琦談。會琦，字約亭，號稚卿，亦美秀才也，所寓爲故大學士梁國治第。梁之子即澤珊妹婿也。澤珊尋抵書，深以未晤爲恨，寄一扇，題五律二首，有曰："獨憐塵事擾，坐失劇談多。"又曰："硬黄非舊拓，乳碧試新茶。"余過澤珊時，案上有張得天司寇《落葉》詩帖，嘆賞之，稚卿數數勸龍井茶，故其詩云。

六〇、柳得恭《燕臺再遊録》

【解題】

《燕臺再遊録》一卷，柳得恭撰。

嘉慶六年辛酉(朝鮮純祖元年，1801)二月，柳得恭以朝鮮謝恩使團檢書官身份，第三次出使中國。此行使團主要是對清廷敕封朝鮮世子李玜爲朝鮮國王表達謝恩之意。而柳得恭隨團出行的任務，《燕臺再遊録》有云："二十八日，内閣知會隨謝恩使一行赴燕，購朱子書善本。"使行於二月十二日從漢城出發，三月初三日渡鴨緑江，四月初一日到達北京。五月初三日離開北京，六月十一日回到漢城。往返凡一百七日，停留北京凡三十二天。此書即記録柳得恭此行過程的主要中國見聞以及與清文人間的交遊。辛酉四月初二日，在北京紀昀宅柳得恭與紀昀筆談；同年，在北京李鼎元寓所、琉璃廠五柳居兩次與李鼎元筆談；同年三月，在瀋陽書院與諸生筆談；同年三月二十六日，在豐潤胡迥恒宅與胡迥恒之子筆談；同年三月，在沙流河站與一佚名老翁筆談；同年四月，在北京松雪庵與舉人蒲文甲筆談；同年四月，在北京玉河館、十三王廟兩次與舉人張智瑩、張玉麒、張問彤筆談；同年四月，在北京雲間會館曹江寓所多次與曹江筆談；同年四月，在北京琉璃廠五柳居數次與陳鱣筆談；同年四月，在北京琉璃廠數次與崔琦、陶正祥筆談。

《燕行録全集》收録。兹以此本爲據輯録資料。

(四月初二日)，入燕京之次日，訪紀曉嵐尚書昀，昀引入書堂中，茶訖。余曰："拜别已逾一紀矣，先生年德兼劭，松柏益茂，實幸再瞻。曾有詩扇之賜,至今莊誦。”曉嵐曰:“别來政憶,蒙提往事,又不勝今昔之感。”余曰:“生爲購朱子書而來,大約《語類》《類編》等帙外,此如《讀書紀》載在《簡明書目》,此來可見否?”曉嵐曰:“此皆通行之書,而邇來風氣趨《爾雅》《説文》一派,此等書遂爲坊間所無,久爲貴副使四處托人購之,略有著落矣。”余曰:“如《白田雜著》可得否?”曉嵐曰:“此本寒家之本,一入官庫,遂不可得。幸王懋竑有文集,此書則入其集中,亦托人向鎮江府刷印也。”又曰:“此數書多在南方,故求之不易。受托之人,又以爲不急之物可以緩求,故悠忽遂至今也。前者已標以催諸友,大抵有則必有,但不能一呼立應耳。”問:“李編修鼎元奉使琉球,已回否?”答:“此時官中書舍人,已回。其弟驥元敝門人也,已亡矣。”問:“李雨村尚在成都,落拓否?”答:“徵歌選妓,玩水遊山。兼作《詩話》若干卷,甚得意也。”問:“翁覃溪在京師?”答:“翁公已以鴻臚奉祠東陵。”問:“比部孫星衍在京?”答:“淵如外轉道員,現在丁憂。”余曰:“聞其博雅,善小篆。”曉嵐曰:“此公學問、文章皆有端緒,作官山東亦有清名。”余曰:“庚戌年中來此,時孫中堂之子中書舍人衡聲名藉甚,尚在京師否?”答:“此物爲我捕得,已解令回籍矣。京師有四凶,此其一也。内行不修,爲士大夫所不齒。奉旨斥革,仍遊蕩京師生事,老夫掌總憲時,逐之返矣。”余曰:“四凶之名可聞否?”曉嵐曰:“皆巨公家不才子也,不欲道之。”余曰:“蘇州七子之目可得聞歟?”曉嵐曰:“此王禮堂、錢辛楣之同社也。中多佳士,亦有好名者附其間,今已無人道之矣。七子社祗王、錢二公爲實學,他皆依草附木耳。二公皆敝同年也。”余曰:“辛楣所著《廿三史刊誤》,已成完帙否?曾聞其子東壁夙慧能詩。”曉嵐曰:“辛楣之子才亦可取,而不及其侄東垣能世其家學,新舉於鄉。”余曰:“韋祭酒謙恒詩何如?”曉嵐曰:“此敝門人也。其文勝其詩,其子邃於三《禮》,能傳父學。”余曰:“聞其女婿龔協罣誤在謫,的是何事?”曉嵐曰:“此龔禮部之子,王漁洋之外曾孫。人不醇正,究以撞騙獲罪。”余曰:“《灤陽銷夏録》及他盛作,可以一寓鄙目否?”曉嵐曰:"近有人合刻五種爲一編,稍遲取來,可以奉贈請教。"余曰:"近來二卷請教。"曉嵐曰:"謹當拜讀。此數日内,典禮繁重,須至册立禮成,方稍暇也。"余見紀公年逾七十,不挂曖曃鏡,亦作蠅頭細字。天氣頗熱,對椅酬酢。鼻端有汗,久坐不安。請退與令郎、令孫話。曉嵐曰:"此皆豚犬,不足仰扳大賢也。"余聞紀公嗜烟,烟杯之大幾如小鍾,終日不離口,殆過韓慕廬,尤愛東烟云。故送致關西香烟,曉嵐以《花王閣賸稿》一卷示余,乃其高祖名坤號厚齋所著。坤係崇禎間諸生,其詩峭潔,多憂時感事之作。有云:"恩怨亦人情,吾寧怪諸老。且願緩報施,稍待風塵埽。"深得風刺之旨。

訪李墨莊舍人鼎元敘舊。問雨村先生平安。答:"尚平安。"問:"先生賜一品服,銜命破浪,册封藩王,可謂榮矣。先生是副价,誰爲正使?"答:"趙公名文楷,丙辰壯元。"問:"琉球水程幾何?"答:"七千餘里。從五虎門至彼通計如此,前人有云萬里。又云四千餘里,似皆不確。"問:"琉球國王姓尚,新受封王名云何?"答:"尚温。"問:"渡海有何奇觀?"答:"無甚奇觀,遇海賊擊逐之。"問:"舟中人役幾何,有兵仗否?"答:"人役二百餘人,大炮兵仗悉具。"問:"到彼風俗衣章如何?"答:"王及官着草�,平民皆赤足,衣章何論?"問:"想多大作,如《周詩講略》。"答:"此行有詩三百餘首,使録一書外,有琉球譯書上下二卷已脱稿,詩録尚未清出。"墨莊曰:"吾新渡海,欲得貴國文獻,勒成一書,爲外藩冠冕。"余曰:"老子羞與韓非同傳。"墨莊大笑,飲紹興酒,不甚猛,而竟日强勸,不可堪。余曰:"公不怕吐茵乎?"墨莊曰:"此非丞相家。"墨莊又曰:"君海士海量,何川之不納。"余曰:"君發迹江源,無濫觴。"一坐皆大笑。吃蒸魚。問其名,曰:"此處稱海鯽,俗名大頭魚,貴俗云何?"余曰:"我處甚多,號秃尾魚。杜草堂詩中'徐州秃尾不足珍'者是也。"墨莊曰:"此魚之美在頭,其妙處又在二目。"墨莊曰:"貴邦曾與琉球通商,後成隙。今究如何?"余曰:"國初伊來貢。今不來,别無嫌隙。"墨莊曰:"僻小可笑。"余曰:"伊屬倭子。萬曆中,平秀吉拿他國王去。"墨莊曰:"伊屬倭子,此事其國人甚秘之,故不便入紀矣。"墨莊曰:"君轉外官,貴處内重乎,外重乎?"余曰:"雖出外,常兼閣銜,與在内同。"墨莊曰:"曾有哭懋官詩,寄其子。近何爲?"余曰:"詩見過,其子近亦補官。"墨莊曰:"《二十一都懷古詩》刻否?"余答不足刻。余曰:"公十年詞垣,今復中書。久索長安,米果如何?"墨莊笑曰:"久絶妄想,行將擇地歸,教子一經。"余曰:"何曾見一。"墨莊曰:"此爲功名急流者言,我輩尚無此身分。"余曰:"買山有資乎?"墨莊曰:"古人不買山而隱,要之天下無餓死名士。"余問:"令郎幾個?"墨莊曰:"大兒名朝塏,次名朝塽,三名朝塙。"余曰:"皃塘葬在何處,有兒子幾個,尚不异烟否?"答:"前因人口多,曾兩處住,今復移來同居。有子二女三皆幼,尚無力扶櫬。"余問:"四川近不被兵乎?"墨莊曰:"間不免,不必言也。"墨莊曰:"貴處作律詩,歌麻尚通否,是亦諸君之責也。"余曰:"他自通,何關鄙事。"墨莊大笑。余曰:"此行要求朱子書善本,坊間難得,如《讀書記》可購否?"墨莊曰:"書雨村曾購得,今坊間絶少。除却書肆,又别無購處。雨村憶書樓已回禄矣。"余曰:"絳雲餘燼,尚有幾種?"答:"惟《涵海》板尚存,古書佳者盡亡矣,可惜。"余曰:"《涵海》中詩話可見否?"墨莊曰:"當奉贈。"墨莊曰:"前英公到貴國,曾見之否?其人少年能書,尚可言文。貴處防之甚過禮,不得遊覽各形勝。然乎,何拘客之嚴乎?"余曰:"英公未曾見,聞其秀雅,亦見其筆迹矣。且問先生在球陽時,遊觀乎?"墨莊曰:"然。閟則出遊,輕騎減從。觀海山縱飲,亦大樂事。"余曰:"區區島國則可也,至於敝邦,主客俱秉禮,詔使尊重,自不必遊觀。敝邦何敢拘客?"余曰:"張船山可見否?"墨莊曰:"船山極佳士,不墜家聲。其兄問安字亥白,孝廉,亦通士也。《雨村詩話》四卷,携歸館中見之,記近事特詳。李懋官《清脾録》及余舊著《歌商樓稿》,亦多收入。中州人遇東士,輒舉吾輩姓名者,蓋以此也。"

彭蕙支,號田橋,四川眉州人。王霽,號伯雨,宛平人。墨莊與二人飲馨白館,訪余於五柳居。尚帶餘醉,出詩草示之,墨莊詩云:

“我起披衣客叩門，招來牖下日初暾。從知趙李經過熟，一見彭王笑語温。麥秀遥憐時雨足，花嬌尤愛曉風翻。無端感觸盟鷗意，漫把愁懷遣市樽。”田橋詩云：“遲遲日色放平明，醉夢方醒又解酲。幾度名場餘熱淚，尚留酒伴未寒盟。縛鷄無力身同瘦，談虎何心色謾驚。狂舞不知方白晝，劍光如聽夜鷄聲。”伯雨詩云：“雨過銅街印軟泥，直驅薄笨出城西。樓頭簫管催車轍，眼底蓬蒿没馬蹄。談到名山翻緯學，乞將柔翰寫新題。興闌却悔歸來早，人静虚堂聽午鷄。”余覽過。田橋詩稍佳，而聞鷄起舞。此時不必引，衹言俱好。墨莊曰：“二君皆孝廉名士也，今科暫作劉蕡。”余曰：“暫蹶何傷，會展驥步。伯雨扇，張船山畫。請余題詩。”余題云：“石上無枝數樹，疏疏點綴微紅。衹應寫意而已，莫問是花是楓。”三人傳覽。田橋謂余曰：“吾詩兩鷄字可改否。”余曰：“俱不可改。且此夜鷄，是引用古語，未必爲疵。”田橋大喜。顧謂二人曰：“何如？”是日又設酌。墨莊曰：“行當别矣。”公再來有日，我不歸田，定得晤叙。余曰：“四海一家，千里跬步。萍水凑緣，可以再逢。”墨莊引筆書之曰：“燕燕飛飛處處家，何必論地。”余曰：“大挑一千七百人，皆公選乎。”墨莊曰：“欽派王大臣挑，故至公。”余曰：“衹取年貌，何以知其才不才？”墨莊曰：“尚須外省督撫甄别。一等者知縣，二等者教官佐雜。”墨莊扇面，題詩語多新警。款寄廬，問寄廬何人。答：“詩僧衡麓字寄廬，衡山僧也。曾同至琉球，此其所作竹枝詞也。今其人已圓寂。”墨莊曰：“吾著《琉球譯》，始名《球雅》，何如？”余曰：“非草木蟲魚，衹翻其言語文字，故不當曰雅耶，何故改之？”墨莊曰：“雅不止草木蟲魚，五雅皆以雅立名。昨有人言球語球字不足爲雅，故改以譯。”余曰：“人既云然，改之何難。”墨莊曰：“國書，各國不同。琉球國書，日本字也。”余曰：“此日本以吕波也。以中國二十餘字，作半字爲字母。”墨莊曰：“今其字母共四十七字，有真有草。”余曰：“日本更有片假文，不可曉。書於漢字傍，此其句讀也。伊初不知作文，如飲酒曰酒飲。作詩曰詩作，用片假文定句讀，教人。然後稍稍能文矣。”墨莊問曰：

“貴處婦女穿耳否?”答:“或有之,士族則否。”又問:“裹脚否?”答:“無此風。”又問:“尚節烈否?”答:“我國婦女不再嫁,視以爲常,故必須下從,然後稱烈。”墨莊曰:“可謂加一等矣。殉是古人弊俗,然不得不謂之烈矣。”墨莊又問:“貴處有妓女否?”答:“有之。”余問:“此處土妓謂之嫖子,嫖是何義?”墨莊曰:“嫖爲美女之稱,愛其美而淫之。故嫖爲惡習。”余曰:“愛之者過耳,嫖豈罪也哉?”一坐大笑。余曰:“琉球使臣姓鄭者,善漢語。”墨莊曰:“鄭得功乃洪武入琉球之閩人後也。入中國已四次,能漢語。其姓毛者,漢字一個不解。大抵其國但有番薯,别無一物。金亦來自日本,銀亦然。馬較貴處稍大,所見皆牡,然無牝,何以有牡耶?”余曰:“船山何故不來?”墨莊曰:“人多持無私交之議,如我不汲汲於功名富貴,可以任天而遊。”余曰:“此何菜也?”墨莊曰:“龍鬚菜。”余曰:“敝邦産龍鬚,祇可織席。”墨莊曰:“菜與草异,此菜出自天壇,故又名壇菜,别處俱無。”墨莊又曰:“君深於本草,青莊之伯仲耳。天下一物一狀非親見,不可妄議。古人著書,從無武斷。一部《群芳譜》,錯者十之四五。”余曰:“目見亦難定。他有原名,别稱。方言與時代遭變。”墨莊曰:“時代變,方言不變。故子雲之書可貴。”余曰:“洌水間言,今無一存者。戴東原注方言,恐未必盡合。”墨莊曰:“東原學問人多宗之。余以爲未出户庭,猶少見也。”墨莊有《登岱》《過海》二圖。袁子才、紀曉嵐、翁覃溪、錢辛楣諸名士莫不題詩,亦請余詩。余《題登岱圖》云:“羅江詩話姓名留,西笑如今又幾秋。燕邸青燈東岱帖,夢中人作畫中遊。”《過海圖》云:“球陽風物問如何,詔使樓船百丈峨。姑米村娘呈板舞,彩毫題遍竹枝歌。”

(三月),瀋陽書院,舊所遊也。旋車歷造,見諸生森集。有曰:“八十太。”曰:“呑多布。”曰:“明文。”曰:“雅隆阿,滿洲人也。”曰:“覺羅富坤興,祖質皇帝之後孫云。”于溹,王開緒,漢軍也。吴化鵬,承德縣人也。温岱,徐祥霖,復州人也。董理、馮天良、王潔儒,寧海縣人也。有金尚絅者,字美含。舊交金科豫,笠庵從子,年二十,美貌,恭執後生之禮。問其伯父安信,答知射洪縣,係川省,距此八千里。問諸生:"此處文溯閣可登否?"答:"禁地,非有功名人,不能也。六月六日曬書,學院大人率僚屬,始得一登。"

(三月二十六日),遊豐潤城中,偶步一胡同。聞童子讀書聲,入其室,多挂名人書畫,童子年可七八歲,所讀者《孟子》也。其師據椅而坐,詢之縣吏目,胡迴恒家也。胡赴衙門未回,胡之子與數人者聚磨墨,匆匆治文書。見客起揖,引至别炕,請坐接話。其人老實,啜茶數碗。問:"川楚匪擾未平,此處亦抽兵出征否?"答:"然。"問:"伊賊有僞稱否?"答:"國號代漢。"問:"不是大漢?"以指頭畫甓書"代"字,曰:"這個字。"

(三月),沙流河站,問主人翁年,余之同庚也。其人走沽燒酒、猪肉、藕菜而至。洗桌設盞,欣然相勸,謂之同庚禮。余固辭不可,解包出清心元幾丸及烟囊二部以謝之。見壁上有贈金珠芳卿詩,言其善彈琵琶,而詩殊不佳。問主人翁:"金珠芳卿是二人?"主人笑曰:"是一人,芳卿即其字也,此處嫖子也,如今不在此。"問:"題詩者誰也?"答:"湖州知府,不知他姓名。春初過此,悦金珠,爲留七日。"問:"如今何故不在此?"答:"瀋陽將軍送銀五百兩買去,見在衙門裏,誰能再看他。"嫖子者,彼中或稱土妓,我東所謂私娼也,關内外處處有之,鱉山站最盛。見其一群,頭插步摇金鳳凰、蝴蝶綵花,姈娉來去。有名貴玉,蘭香,俱以才色擅。此類多從熱河、天津來,或有不裹脚者,滿洲女亦爲之也。

蒲文甲,字筆犀,號中庵,四川潼川人。奚大壯,字安趾,號果齋,與蒲同鄉。楊鼎才,字禹廷,號養田,四川西昌人。俱以舉人,同寓松雪庵,庵在玉河館之左。馬頭輩得蒲所書殿試策稿本而來,其論時務處剴切可喜,遂訪之。問:"認李雨村?"蒲答:"認。"問:"墨莊?"答:"年伯。"問:"貴鄉亦被匪擾否?"答:"幸免。"問:"川亂始末?"答:"始有楊寡婦托白蓮教作亂,嘉慶二年捕斬。賊寇劉之協,近亦剿獲。"問:"匪黨衣帽何色?"答:"與平民同,但用白巾裹首。"隨問略答,不欲暢説,故不復問。蒲之父方爲廣東知縣,蒲自廣來。寢帳衾具皆番錦,極其華鮮。若使我東舉子躡草屩肩青袱者,見之必大驚。後日再訪,蒲擢進士赴南宫,餘皆移住。

(四月),張智瑩,字學海,號小農,又號愚亭,浙江長洲人。張玉麒,字瑞紱,號漁川,河南洛陽人。張問彤,字受之,號飲杜,四川遂寧人。愚亭、漁川俱以舉人,同住玉河館之右十三王廟,來訪館裏。請見余詩集,有抄本數葉贈之。

其翌日,又與飲杜來訪。飲杜即張船山問陶從弟也。余見愚亭扇詩,稱好。愚亭曰:“請指教。”余曰:“盛作云‘懶與時流通姓氏’,而肯訪海外客,何也?”愚亭曰:“東國聲詩,想慕有素,又讀尊製,甚快。”余曰:“果然東國解聲詩,王漁洋雖有此語,而僕則未敢當。”余問飲杜:“貴省被匪擾,今如何?”答:“近日匪類將就剿滅,絶無騷擾,似是訛傳。”余曰:“即今出征大軍駐何處?”答:“駐梁益之交,不久奏凱矣。”

後訪廟中,愚亭、漁川皆在,漁川中進士,愚亭見屈矣。問:“飲杜所住?”云:“甚遠。”余謂漁川曰:“弱冠登第,人皆艷之,公豈有雙親在堂受賀?”答:“具慶。”又問:“乘龍於何門?”答:“定聘姚氏,尚未娶。”問:“貴寓中更有何人?”答:“河南偃師縣舉人褚廷蘭也。”漁川問:“詩中學藝爲何人?”余答:“僕長子名本學,次名本藝也。”愚亭扇詩云:“賦罷閑居意不孤,人生有味是爲儒。評千百代成公案,聚《十三經》討《説郛》。懶與時流通姓氏,喜將兒輩作生徒。憑誰傳我家庭樂,畫幅關門課子圖。”漁川時年二十,余詩稿中題語皆絶妙,有云:“初年學杜晚歸蘇。請問先生盡也無。似此陸離光怪者,昌黎應亦下工夫。”

(四月),曹江,字玉水,江蘇青浦人。書肆中識之,年二十一,美姿容。問其所寓,正陽門外蔣家胡同雲間會館也。出遊琉璃廠時,多歷訪。見其獨處習隸書,日益親備。問家閥,玉水父錫寶,字劍亭。乾隆末,以監察御史劾奏太學士和珅,現贈副都御史。玉水恩給七品廕生，奉母寓居京師，聘户部尚書朱珪從孫女。曹習庵仁虎乃其同宗叔輩，副都御史陸錫熊、王蘭泉昶子肇嘉，皆其姊夫也。姻族多名流，而性沈静可喜。約遊廠中，則不肯曰："此名利場，易招謗。"其言又是也。臨别贈余扇，題詩云："奇緣萬里種，握手一歡然。雅望中朝著，新詩古驛傳。投情縞紵外，歸路海雲邊。縱復來持節，相逢也隔年。"又以劉中堂墉一對及其館師唐晟一對見贈。

余一日訪玉水，見坐側設龕，龕中安其讀書塑像，酷肖，小如我國之香童子。余曰："此誰所製也？"玉水笑曰："在南方時，有人製如此。"像前又有小兒像，展兩脚，望遠而坐。"問："此何兒也？"又笑曰："無其兒，不過補耳。"玉水謂余曰："每見君呼僕人，似是伊隆納。何也？"余曰："我見君呼僕曰：'來啊。'此之類也。"玉水曰："君何其長也。"余曰："君何其短也。"與之一笑。余問："君居公館，無租屋之費乎？"答："惟吃用係自出資斧。"余問："此屋厥初誰作之？"答："范侍郎棫士主其事。銀兩係同鄉公捐，他省會館俱係創於明代，其公捐亦用此例。"

陸慶勛，字樹屏，號建庵，江蘇松江人，副都御史錫熊子也，以舉人充《實録》謄録官。曹玉水處每見之，即其甥侄也。年長於玉水，而體貌又肥健。余謂樹屏曰："玉水雖少，君拜乎？"答："謙則可拜，不謙則不拜，無定也。"余曰："何無定也？"答："從簡不妨。"玉水微笑而已。玉水寄到一扇，畫山水纖妍可愛。款"甥蔭香寫，應母舅大人命"。必是樹屏也。

沈剛，號唐亭，江蘇松江人。皇明侍講學士度後孫，曹玉水處識之。玉水每戲之曰："此公雖孝廉，胸中却無一個字，衹善畫梅。"余曰："孝且廉，何必多識字。"尋得其梅花一幅，果好。題朱子詩句云："仙人冰雪姿，貞秀絶倫擬。"又於扇面寫梅贈余，題云："冷澹孤高清瘦奇，此花惟有此君知。自從和靖先生後，不着人間一句詩。"筆迹亦絶妙爾。詩稱澹吟樓句，不知誰作甚佳，或其自號。

康愷，號起山，江蘇青浦人，善畫，亦寓雲間會館之外廡。以舉人屈於會闈,又不能入於大挑中。貸銀五十兩雇車,灑淚而歸。見之可悶。曹玉水贈余詩扇,其一面乃起山畫也。

(四月),陳鱣,字仲魚,浙江海寧人,孝廉。書肆中相逢,清癯美鬚髯。問余曰:"尊處列學官者用宋儒,抑用漢儒?"余曰:"尊奉朱夫子傳注章句,研經者又不可不參看古注疏。"問:"有爲六書之學?"答:"或有之。"仲魚曰:"通此學,方可讀經。"余曰:"非但讀經。韓文公曰:'凡爲文宜略識字。'"仲魚曰:"此所謂名不正,言不順。"又問余曰:"新羅、百濟、高句麗三國如今盡是貴國版圖否?"答:"然矣,但高句麗之西北境鴨綠江外,則或入於吉林、奉天府地方,《一統志》中可查。"問:"《爾雅》斥山文皮,或説斥山在樂浪?"答:"今未可考。"問:"王會解前兒何魚?"答:"《説文》中樂浪七魚尚難考,况王會解乎。"問:"葳邪今何地?"答:"濊者東夷之號亦作薉。《説文》薉邪頭國,薉或誤作葳。先生以葳邪之頭國看之乎?"仲魚大笑曰:"似是吾錯了,當查邪頭果何地?"答:"又未可考。"問:"《山海經》不咸山,今長白山,在貴國北界否?"答:"然。此山亦名白山,又蓋馬山,又白頭山。以華東語較釋,則蓋馬者,白頭也。"仲魚曰:"貴處尚音學否?"答:"係是絶學,古人亦云:'我輩數人定則定矣。'"仲魚曰:"珙師三十六字母,貴處可通否?"答:"亦可通。然戴東原之説則云:'學者但講求雙聲,不言字母,可也。'大抵讀若最古而實簡捷。"仲魚曰:"字無二字本不通,今'之'直音某即古之讀若也。東原門下有王君念孫、段君玉裁,曾知其人否? 王君注《廣雅》甚精,段君有《音均表》。"余曰:"音隨時代而變,《公羊傳》登來者得來之也。又《管子》:'齊桓公與管仲登臺,口開而不下,東郭郵知其伐莒。'今以東音讀之,登得初聲相同。莒爲開口聲,以華音讀之不然,豈非東人尚守古音而中國則變歟?"仲魚曰:"似或有如是者。"仲魚著有《〈説文解字〉正義》三十卷,以稿本示之。卷首小像,即其室某氏筆也。"余曰:"可謂凡父之陸卿子。"仲魚曰:"《〈説文〉長箋》謬説居多,亭林言之詳矣。"余曰:"顧先生亦有錯處。"仲魚曰:"所論《説文》及《石經》最謬。"余曰:

“亭林不見秦中石本，衹取書坊漏本爲説。”仲魚曰：“其所見《説文》乃《五音韻譜》，非真本也。其論《廣韻》亦非全本，東原言之頗詳，東原先生是大通人。”余曰：“然。亭林偶一見差耳。如此公者，古今幾人？”仲魚曰：“佩服之至。”余曰：“顧有子孫否？”答：“無子。以從子爲後，近亦不知其後人何如？曾欲作《亭林年譜》未成。”余曰：“其書頗不見毁否？”答：“不見毁。”余曰：“恐有禁？”答：“不禁。”余曰：“如翁山、叔子輩，皆見禁否？”仲魚曰：“翁山最禁，叔子次之。”余曰：“亭林書中，如崇禎過十七年以後，亦曰幾年，此豈非可禁之字乎？”仲魚曰：“此等處不過奉旨改。”余曰：“如改此等字，便無本色。”仲魚曰：“是則然矣。亭林《肇域志》，近欲商刻之。”余曰：“鄉人作書院，俎豆之乎？”仲魚曰：“將來必配食孔子廟庭，惟此公即屬經濟，所以謂之大儒，坐言起行。”仲魚又曰：“近代詩如袁、蔣諸公如何？”余曰：“當推首選，然比古人却可議。”仲魚曰：“本朝詩當推梅村否？”余曰：“詩各有門户。梅村從元、白來，惟放翁却從韓、杜、蘇、黄來。”與仲魚問答，多用漢語，或有談草，横書竪書，模糊不可辨，大略如此。紀曉嵐云“近來風氣趨《爾雅》《説文》一派”，仲魚蓋其雄也。余所答或中其意，則大歡樂之。

連日約會於五柳居。余曰：“公喜從遠人遊，恐惹人怪？”仲魚大笑曰：“其實無妨，爾我皆東夷也。萊夷、淮夷、徐夷，皆古之東夷也。”借余笠及唐巾，氅衣着之，闢門曳履徐步曰：“樂哉！”川楚匪亂，仲魚却不諱。座無他人時，書示曰：“天下將大亂矣。”余曰：“吾是海外人，於我何關？”仲魚曰：“浙省亂，則貴處何如？”余曰：“此則可憂，浙與我隔一海故耳。未知浙省亦有變否？”仲魚曰：“去年，海寇作梗，撫臺阮公擊破之，然至今海面未靖，各處海防甚嚴。”余曰：“阮公庚戌年中一晤，亦見其《車制考》，乃能辦賊，可謂文武全才。”仲魚曰：“此吾座師，有石刻小像。吾作贊，當奉示。”余曰：“海寇是何等寇？”仲魚曰：“皆漁户也。”仲魚又曰：“蒙古郡王拉旺多爾濟上書請討楚匪，朝廷不許，此事如何？”余曰：“此事不許，似得體。”仲魚默然久之曰:"吾可作管幼安,有容我者乎?"余曰:"今討賊剿撫二局,果何居?"仲魚曰:"非剿非撫,彼此支吾而已。"余曰:"大學士慶桂何如?"答:"何足道。"問:"劉墉何如?"答:"墉者,庸也。"問:"孰爲用事者?"答:"宗人府衙門第三親王也。"仲魚示其所述《論語古訓》十卷,悉引异本,以至於高麗本及日本之足利本山井鼎《七經考异》,博則博矣,或有未安處。贈余五律一首云:"東方君子國,職貢入京師。不貴文皮美,惟稱使者詩。客愁三月暮,交恨十年遲。此去應回首,關山落月時。"余和云:"斯世囂然古,其人何以師。形聲窮解字,名義守箋詩。居恨雲溟遠,談忘午景遲。相看俱老矣,寧有再來時。"仲魚稱:"其先祖某,皇明遺民,耻滿洲衣帽,丁憂,遂以喪服終身。嘗有句云:'更無後進思宗國,衹有新書號滿洲。'"談草爲仲魚所毁,不能記其名,可恨。

(四月),朱鎬,字二京,浙江錢塘人。畫蘭贈余,見其圖章,則文公十八世孫也。余曰:"此行求朱子書不得,而得公亦云多矣。"二京笑而謝。裘鏞,號葦田。孫琪,字玉樵,俱有贈詩。毛祖勝,號薌泉,贈詞二闋云:"筆奇意清,詞高句驚。長篇短草縱横,寫心聲數聲。

思誠憶誠,朝牽暮縈。高人隔斷蓬瀛,獨調與誰賡。(右調《醉太平》)""黄河流,碧海流,流到蓬瀛第幾洲。仙山點點浮。　　路悠悠。思悠悠,思到來時方始休。天風人倚樓。(右調《長相思》)"亦皆錢塘人,聚瀛堂書肆相識。崔琦,琉璃廠之聚瀛堂主人,陶生,五柳居主人也。崔是錢塘人,陶生亦南邊人也。自前李懋官遊燕時及庚戌秋,多購書於五柳居,故陶有舊好,崔則新面也。聚瀛堂特瀟灑書籍,又廣庭起簟棚,隨景開闔,置椅三四張,床卓筆硯楚楚略備。月季花數盆爛開,初夏天氣甚熱。余日雇車至聚瀛堂散悶,卸笠據椅而坐,隨意抽書看之,甚樂也。時或往五柳居,與陶生話。係大比之年,各省舉人雲集都門,多遊廠中,與之言,往往有投合者,或群輩沓至,問答姓名鄉縣,擾擾而散。崔生年少亦能詩雅人也。余問曰:"君何故離鄉在此販書乎?"答:"父命也。"余曰:"命甚事?"答:"爲功名。如今五六年矣，但此時非功名之時，欲捲歸，而書本若是浩大，一時亦難區處，所以躊躇也。”每日午，崔生勸藕粉粥和砂糖食之，甚美。問其劑法。答：“此西湖藕也。劑甚易，榨藕取汁，水飛曬乾而成，貴處無蓮乎？”歸而試之，後見其書厨中，有藕粉數十匣，潔白如菉豆末。川楚匪亂，彼中士大夫緘口不言，便成時諱。崔，陶兩生時時痛言之，似是市井中人無所忌憚而然耳。其言曰：“厥初川楚等省賦繁役重，窮民流而爲盗賊，滿洲大臣要取功名請勦，調鄉勇討之。一切驅督，繩以峻法。糧餉又不給，鄉勇悉變爲盗賊，所在滋蔓，官長被殺害，平民被燒劫，慘不可言。始發瀋陽、寧古塔、黑龍江等處各旗討之，其將領日吃肥猪麪餅，暖帳擁美人，玩愒度日。其兵不習風土，未戰而病死者甚夥。又太上皇帝在時，凡有征討。軍餉一邊用一邊奏，無不盡可。今不然，先奏後用，莫敢先用。設如奏十萬，剋減五萬，此所以迄無成功。如今都下訛言日至，雖有捷音，而亦未可準也。纔聞湖北又失機矣。匪原分青、黄、黑、白、紅五股，每股又分五股。今其一股入據南陽盧氏山矣。”余又問崔生曰：“蘇、杭賦税甚重，幾當天下之半，民何以堪乎？尚今晏然，川楚何故首發亂耶？”答：“自今蘇、杭民或聚黨、白晝毆打公差，亦豈非亂民耶？”崔、陶之言，大略如此。舉以問於諸交遊者，則曰：“川省、楚省皆已掃蕩，不日凱旋。”余曰：“似聞匪一股入據盧氏山，係河南省，豈非内地乎？”答：“此不過殘股，勦滅易耳。”有一四川舉人曰：“鄙鄉尚未太平。”坐中人有瞅眼禁之者，其人負手而去。崔生待余良厚，故贈以東筆、墨及藍浦硯一方，又解佩刀與之。崔以杭州紈扇謝贈，畫草花蛺蝶，花梨爲柄，卍字文錦飾邊。余曰：“此扇極雅，豈非貴處西子湖中翠袖低唱人所持乎？”崔笑曰：“公欲見其扇乎？”出一圓扇示之。玳瑁爲匡，織象牙絲爲面。珐琅柄，飾以金銀。又染象牙，刻草花蝴蝶粘扇面。持以障面，可以窺外。問其直，則十兩銀，計東錢爲四十兩。東人有能拋四十兩錢買一柄扇者乎？舊稱西湖爲銷金渦，信矣。

六一、朴長馣《縞紵集》

【解題】

《縞紵集》六卷，朴長馣編。

朴長馣爲朴齊家之子，此書輯録其父在北京與諸人文字交往。朴齊家(1750—1805)，字次修、在先、修其，號楚亭、貞蕤，朝鮮密陽人。正祖時爲奎章閣檢書官兼承文院吏文學官，檢書内閣十數年，恩寵冠於諸僚，與李德懋、柳得恭、徐理修齊名。後出補鎮岑縣監，升通政階爲五衛將。丁巳，除永平縣令。其博學多聞，詩詞清警，著述豐富，有《北學議》《明農草稿》《貞蕤詩稿》《蕤亭集》等行於世。一生共四次出使中國：乾隆四十三年戊戌(朝鮮正祖二年，1778)三月，隨朝鮮謝恩兼陳奏使第一次出使中國。乾隆五十五年庚戌(朝鮮正祖十四年，1790)五月，隨聖節兼謝恩使團第二次出使中國。同年十月，隨冬至兼謝恩使團第三次出使中國。嘉慶六年辛酉(朝鮮純祖元年，1801)二月，隨謝恩使團第四次出使中國。四次出使，使得朴齊家結交了一大批清文士。《縞紵集》即載録他與清人的交流事迹、來往詩文等。以"縞紵"爲題之用意，據本書《凡例》云："先君之慕諸人，與諸人之慕先君，并不可得以終泯，故擬柳子厚《先友記》之意，而爲此書命之曰'縞紵集'。"此書載録清文人分爲五類：一爲朴齊家親見者；二爲望風溯想者(陸飛、吴穎芳、沈初、袁枚四人)；三爲聞聲相思者(劉錫五、王學浩二人)；四爲折簡往復而未見其人者(郭執桓一人)；五爲詩筆相通而未得證交者(嚴翼一人)。庚戌年(1790)，朴齊家在北京與潘庭筠筆談；約同年分别與龔協、崔景偁、程樅有筆談。約辛酉年(1801)分别與紀昀、李鼎元有筆談；辛酉年(1801)分别與陳鱣、黄成、曹江、沈剛有筆談。

此書爲筆寫本，原本藏美國哈佛大學燕京圖書館。《楚亭全書》本（首爾亞細亞文化社，1992 年）影印收録。兹以此本爲據輯録資料。

1. 朴齊家與潘庭筠筆談

召見時即驟擢。（先君）

想恩眷甚隆，亦使職稱故耳。（潘）

誤被主眷，幸免大過，恐何以答將來也。拙句簸揚穅粃，即不敢不怨兩峰也。（先君）

十年前已讀大集，書九近如何？（潘）

他方升堂官，據雄府，即妙香山檀君故地。歸必曰："主盟藝苑。"（先君）

與先生同，冷庵未遷官？（潘）

見方帶燔瓦寺官，又編《輿地勝覽》，出入秘閣。（先君）

洪湛軒先生家後人如何？（潘）

職事繁，未能數相問。聞其子亦通音律云。（先君）

先生枋政日，未審能拔擢之否？（潘）

秉銓固不敢望，有間不惜齒牙餘論。要《梵雅》，一釋天文，二釋地理，有釋、鳥、獸、蟲、魚等目，共十五篇。（先君）

《梵雅》則未見，想是僧家吟咏文字，未必與大法有發明也，如《爾雅》類，此書與道無關。（潘）

《梵雅》是馬禮部應龍所著，出《池北偶談》，先生曾見過，必要買此書。（先君）

未知此書真行人子羽才，恐老於道路。（潘）

先生與兩峰皆佞佛，今日借一席談因果何如？（先君）

此一字，即是儒家我相重，故此字未必如"諂"字看，故自稱曰"不佞"。東方禪學盛不？（潘）

都是無室無家人遁迹，無士大夫削髪者，所謂士大夫亦頭出頭没於宋儒小注中,我到此方能一出口氣。江南王學浩椒畦相熟否?他畫山水寄吾,我今倦遊不得作天涯想,但王事來逼,必當復來,我今日又作一緣矣。尚憶潘郎少年時事,吾亦髮種種。當買一空帖,請公作詩跋及小畫,歸作案上思,想此事如來,當首肯。(先君)

歸期何日?(潘)

明年二月初。(先君)

如此則可從容作册畫奉贈,特不足觀耳。(潘)

2. 朴齊家與龔協筆談

衣冠是否行裝?(龔)

爲便道路,權着武服也。(先君)

唐制:一二服紫,三四緋,五六緑,貴處何如?(龔)

一至正三緋,從三品以下皆緑,無服紫。(先君)

正三堂上緋,從三堂下緑,尊官三品,何以衣緑?(龔)

堂上雙鶴,堂下單鶴,大朝會用黑團領,即有補子。(先君)

可將履歷、三代籍貫、閥閲,各書一紙交藏之?妻何氏?子何名?兄弟幾人?住何地?生日?(龔)

多感相念之勤。(先君)

龔協,字克一,號荇莊。辛未(乾隆十六年)十一月十三日生江南常州府陽湖縣,乾隆甲午(三十九年)科舉人,候補部司務國子監學録。父廉,乾隆壬戌(七年)進士,官禮部員外郎、刑部郎中、河南府知府,誥授中憲大夫。母王氏,山東新城大司寇,謚文簡,阮亭先生曾孫女,誥封恭人。娶韋氏,乾隆癸未(二十八年)探花,現任國子監祭酒,前貴州布政使護巡撫,名謙恒女,例封孺人,子逑祖,現分發江西縣丞,女一阿馨。(龔)

3. 朴齊家與崔景偁筆談

景偁有《竹樓圖》,係兩峰先生手筆,敬祈尊詩。(崔)

詩甚不工，俟間當構。（先君）

此圖必得大作乃增重爾。（崔）

此兩公皆當世名士，不敢厠身其中。（先君）

如此大才以之題小圖，似不稱耳。然承雅愛，故敢奉瀆爲我題此圖。（崔）

王元之謫居，方有《竹樓》，先生少年高步，何以托此？（先君）

因擬號"竹樓子"以見鄙志，非敢高擬元之也。（崔）

4. 朴齊家與程樅筆談

近代名家皆排比書畫彝鼎等字助其色態，觀堂詩從心中流出，自有天然音節，所以爲貴也。（先君）

尊論極是，我愧不敢當。（程）

天才、學問交相爲用。（先君）

偏於一者多多矣。（程）

使漁洋見之，當首推公作，近世諸作反不漁洋之弊也。（先君）

一生低首漁洋，不料爲君家看出。（程）

漁洋使事却當，先生雖高，恐微不及了。（先君）

確論。（程）

金山題却大又却陳，尊詩一聯，不動聲色，有李頎、李益之氣，所以深嘆。（先君）

此紙求法書，即求佳句。（程）

學詩須從平坦入，但一落凡常，便涉陳腐，此最可戒。（先君）

再多書卷，其詩仍大進。平坦好詩，衹著得八個單圈連圈。詩而能平坦，不可多得。（程）

5. 朴齊家與紀昀筆談

别來渴憶亦復相同。禮官職典屬國，例得相見，此又不以外交論也。頃在乾清宫奏知貴國使來，有旨明日准瞻仰。（紀）

《灤陽銷夏録》及他盛什等身,可以一寓鄙目,誠慰渴望。(先君)

近有人合刻五部爲一編,稍遲取來,可以奉贈請教。(紀)

如弇州《四部》之類。(先君)

共五種耳。(紀)

大約《語類》《類編》等卷外,此如《讀書記》載在《簡明書目》,可以即地見過否?(先君)

此皆通行之書,而邇來風氣趨《爾雅》《説文》一派,此等書遂爲坊間所無,四處托人購之,略有着落矣。(紀)

如《白田雜著》。(先君)

《白田雜著》本寒家之本,一入官庫,遂不可得。幸王懋竑有文集,此書刻入其中,亦托人向鎮江府刷印也。此數書想得求之其家中,又多在南方,故求之不易。受托之人又以爲不急之物,可以緩求,故悠忽遂至今也。前者已標,以催諸友,大抵有則必有,但不能一呼立應耳。(紀)

琉球使臣已回否?李編修鼎元此時官中書舍人,回在京師否?(先君)

已回。其弟驥元,敝門人也。(紀)

已亡矣。(先君)

初次謝恩使,皇上留之入大禮。現在貢使昨午已到,大約與貴國使臣同預慶宴也。(紀)

李調元尚在成都落魄否?(先君)

徵歌選妓,玩水遊山,兼作《詩話》若干卷,甚得意也。(紀)

翁公已以鴻臚奉使東陵。(先君)

翁世兄由翰林改刑部,此次會試分房。(紀)

韋祭酒謙恒詩何如?(先君)

此敝門人也,其文勝其詩。其子邃於三《禮》,能傳父學。(紀)

其女婿有龔協,亦詩聞,罣誤在謫,的是何事?(先君)

此龔禮部之子，王漁洋之外曾孫，究以撞騙獲罪。（紀）

比部孫星衍尚在京？（先君）

淵如外轉道員，現在丁憂。（紀）

他甚博雅，善小篆。（先君）

此公學問、文章皆有端緒，作官山東亦有清名。（紀）

孫中書衡在京師否？（先君）

此孫中堂之子也，先生何以識之？（紀）

曾在庚戌道上相逢，自稱名姓。（先君）

蘇州七子之目可得聞歟？（先君）

此王禮堂，錢辛楣之同社也。中多佳士，亦有好名者附其間，今已無人道之矣。（紀）

辛楣所著《廿三史刊誤》有傳本，已成完帙否？曾見其子東壁，甚少而慧。（先君）

七子社惟王、錢二公爲實學，他皆依草附木耳。二公皆敝同年也。辛楣之子東壁才亦可取，尚不及其侄東垣能世其家學，東垣新舉於鄉。（紀）

先生久坐不便，請退，與令郎、令孫一暢，亦繼世好耳。（先君）

此皆豚犬，不足仰扳大賢也。（紀）

6. 朴齊家與李鼎元筆談

讀尊策修對，既詳斷制，亦老中。如轉注之説，數千百年，被東原一語道破。依然是考老老字，可見足下讀書矣，而用心細且苦矣。（李）

東人不讀書，如弟亦鹵莽耳。且對策在入直禁中時，諸公又皆勁敵，如薑山、惠風、青莊外，有成青城名大中者。一日之中撰之不足，至夜方寫完，蒙恩賞甚多耳。（先君）

風檐寸晷中如得洋洋灑灑，原原本本之文，安得不嘆爲奇才！（李）

雨村所云:“不獲於今,而獲於古。”拙作大爲東人卑之,而公等嘆賞,抑有脾自殊氣耶?(先君)

如以此文爲卑,又以何文爲高?必塗脂粉以爲之乎?塗粉亦可爲中郎,直愛藥王像耳。(李)

如王偉人中堂,向在庚戌,苦向東使覓《四家詩》,我實在傍,不敢毛遂自薦,恐是葉公愛龍。今又位極人臣,不可到門。(先君)

此公當代第一人也。(李)

戴侍郎現任機務,尚可一造否?(先君)

其人無所不可,但無閑刻耳。(李)

入吾門者名士不少,恨舍窄不能容,如得一寬處一聚,又一時佳話,爲令嗣將來同氣矣。(李)

今冬有妥便,便教豚兒入都,亦猶遣勇入覲中國之意耳。“金石正三翁,丹青羅兩峰。清修比部衍,巨麗北江洪。”此余懷人作耳。半歸黄土,能無黄壚之感歟?(先君)

都在,惟兩峰死耳。(李)

孫星衍現居知州否?(先君)

以憂歸,未起居觀察。(李)

凡人無爲而作,半是獺祭世之言。博者吾見一人焉,曰彭蕙支,新孝廉,其人於書略能上口。(李)

相見甚妙。(先君)

雨村刻《函海》一部,如《漢魏叢書》之類,廿套,一百八十五種,中有升庵四十種,并雨村著作四十種。上及漢唐,甫刻就而以事罷去。多難畏事,故不敢送人。板已入川,此處便無覓處,四十種裏想有《詩話》三卷耳。(李)

如李君《清脾録》、柳君《廿一都懷古詩》當可收入否?(先君)

檢點收入,如別來幾日,非吴下和者無人,又郢中諸佳句皆選入矣。(李)

芷塘先生。(先君)

舊爲御吏，今告歸，即於本月廿六日買舟南下。千里故人見面難，別後相思，情真可憫然。書札往來，恐中途有浮沉，或落外人手，便多不妙。（李）

7. 朴齊家與陳鱣筆談

與閣下晤談，如見古之賢大夫。（陳）

鄙等碌碌，固不足與聞大論，但好古慕賢，自謂不下於人。（先君）

將來歸貴國後，附望以賤名時時道及，斯大幸。（陳）

先生將俎豆於九州，何待域外之名耶？（先君）

不敢，不敢。（陳）

凡學最忌皮毛，雖小道末技，必須真心孤詣。近日皮毛之學亦多矣。不講義理，衹講訓詁，俗人之排斥，良有以也。（先君）

閣下學本宋儒，詩近宋體。（陳）

學無淵源，詩亦鑿空。（先君）

詩有仙氣，字在歐褚之間。（陳）

公有田可耕否？（先君）

家有薄田，非凶年可一飽。（陳）

假使作一品中堂，何如擁書眠。（先君）

此日惟力耕著書以自娛，人爵固非所計。（陳）

偕隱躬耕，教子弄孫亦一樂事，恐天公不易與耳。（先君）

覽名山大川，一樂也；交四方賢士，二樂也；閱未見之書，三樂也。（陳）

何等閑人作此消磨日月？（先君）

僕每日以得見公爲快，但恐別後何以爲情？（陳）

先生比我尚少，數年亦耆老矣。不知別後尚得幾年空中思想，不如撥棄千斛愁，傾眼前一杯可耳。（先君）

京師貴相識亦多，得如孫、洪者何人？（陳）

洪稚存、孫淵如等最難。(先君)

稚存伏闕上疏已足不朽。(陳)

此中交遊頗廣,但傳人絶少,未知此世尚有卓然自立者乎?(先君)

辛楣詹事,竟如魯靈光矣。(陳)

生平以友朋書卷爲性命,不作浮光掠影之句,此詩聊見交情,字字真率,不計工拙也。(陳)

天然去雕飾矣。(先君)

蒙題小照,一字一珠,感謝,感謝,請即書於幅上。我欲具酌奉餞,未知行期究在何時?(陳)

餞不必具酌,賓主蕭然,作茗粥可矣。(先君)

曉嵐先生何日見過?(陳)

老人多病而忙甚,一進未晤。(先君)

尊作《懷人詩》駕於漁洋之上,褚遂良人品先高,書法焉得不佳?(陳)

8. 朴齊家與黄成筆談

貴國有畫像之妙手否?(黄)

有曾波臣者流。(先君)

陳五兄乃傳神妙筆。(黄)

十年前尚黑髮而少,庚戌年一過此地,追聞羅兩峰寫我照云,我人爲焚香云云。我以秀才二十九初入此地,此時尚美而無鬚,四十一歲再入,過兩峰,今比昔,有觀河之感。(先君)

9. 朴齊家與曹江筆談

貴國亦産名花、佳果,作何名目?(曹)

亦不問松柏,乃桂花奇草之問。吾家有大松,可坐三四百人,即天子奇觀,上有小樓,下有名泉,但有梨花數株,蘋婆數株,橡栗甚

多，繞屋陰陰，花朝月夕，友朋相追，今亦廢交遊，一行作吏，老白首矣。（先君）

我竊慕之，不拜佛，未能免俗。（曹）

惟山中有寺，緇徒不入城，關祠惟兩處，外邑惟星州、南原有之，亦中朝萬曆將士之造。無道觀，最多者祇是理學。（先君）

可有美人？（曹）

有官妓。（先君）

作何妝式？（曹）

不問理學，乃問美人。人之大欲存焉？君奉使東來，要索官妓矣。（先君）

寡人有疾，寡人好色，今日尚有好些紙乞書也。（曹）

此最不可解，何至厭鷄愛鶩若是？（先君）

非敢厭家鷄，實愛書好耳。（曹）

江南人重文乎，重董乎？（先君）

有重文，有重董，各如所好，大抵董貴於文。（曹）

亦確。（先君）

若以其爲人論之，則我從文矣。（曹）

文徵明細楷勝，書不能脱子昂範圍耳。（先君）

然也。采江姓唐，孝廉，此余師也。見大筆，瞻慕之極，乞書大作。（曹）

書人如兩點耳。（先君）

百合粉，此吾輩家鄉風味也。（曹）

恰同東味薏苡之類，酒後用葛粉，飢用高粱末，我髮不白，正當側執風幢，御李雲遊矣。（先君）

先生翩翩風雅，大有晉人手度。（曹）

新羅學唐常航海，自東晉已然，故尚有江左遺風。我若到貴鄉，則不以爲傖乎？（先君）

先生若到江南，則雲山生色矣。（曹）

不過一冬烘先生耳。(先君)

正恐天下無此冬烘。(曹)

傭夫販婦皆冰玉之地,著一畸人不得。(先君)

我有册頁,乞書一幅作數語,以爲座右良規。(曹)

前賢語録尚未足歟?(先君)

亦留之以爲异日思慕云爾。(曹)

書亦不難,勉君他日勿爲俗人所動,方可云交,否則即一識面者耳。(先君)

君言當銘肺腑,至人之言,所書必著國名、官職乃妙。(曹)

我兒今冬或入來,必見君,未可知。(先君)

君有幾子?(曹)

亦晚生,長者與先君同歲,次十四、次十二,女三人,一嫁而死。(先君)

請問三子名。(曹)

長稔,字爾穀,稍能文筆。長廩,長穐。(先君)

君有三子,繼起之事可無憂矣。我若到東國,必覓君舍飲我酒。(曹)

且問川師告捷,尚未奏凱,又聞入南陽云,幾時可以剿盡?(先君)

夏我水涸,可一鼓而擒。箕子之後直至於今耶?(曹)

爲衛滿所滅,試觀廿三史列傳。我國開國與明太祖同,其前爲高麗王氏。高句驪之後,分而爲渤海。今滿洲即高句驪之後,公豈未之知耶?天下髻樣推蘇州爲上,女服要取一副,教家人看也。中國女服不變,故欲效之。鄙家不用俗禮,用笄苦未真,到此見有幅巾者,喜古俗猶存矣。(先君)

裙用百褶白色者,袍用大袖,尺七八寸,冠用五梁,皆古製也。若朝服則更有五梁鳳冠,飾以金玉、珠寶,若致一冠,非百即千,甚華而大也。(曹)

我頗好禮,欲令家人盡效中國女服。古者婦人用花冠五梁,今衹取頭髮乎?(先君)

此便服以表冠氏之异耳。貴國女子有事亦着朝袍、朝裙乎?(曹)

命婦惟戚里赴闕,餘并不朝,燕居猶襲蒙元之制。(先君)

10. 朴齊家與沈剛筆談

剛久仰大名,今日幸會。(沈)

僕東海之鄙人,豈足煩遠聞耶?(先君)

前見尊作有"一天魂夢白鷗鄉",真名句也。先生字有淵源,貴家墨迹可奉玩一二乎?(沈)

現在未曾帶來。(先君)

刻本亦可請教,法書後書尊名及國名、官職,不必落弟號。因要歸去送一相州書家,使松江人傳播生色也。(沈)

不爲藏拙乃反播惡。(先君)

先生與弟輩情深之至。(沈)

比鄰不識萬里相好,亦反常之極。(先君)

相見即相知,相思徒恍惚。雲山一萬重,各對天心月。如此而已。(沈)

先生閲人多,或未可知,如弟則一生不可忘耳。(先君)

此番到京,既不挑又不中,衹落得與先生相晤,大快於心。本應在京讀書,因老親年逾七十。菽水無謀,故作歸計。明年入都,倘先生亦來相叙,更覺愜心矣。(沈)

我老恐難再至,雖至亦非定期,從此落落矣,言之悵然。(先君)

六二、徐瀅修《明皋全集》

【解題】

徐瀅修(1749—1824),字幼清、汝琳,號明皋,五如,達城人。徐命膺之子。朝鮮正祖七年(1783)文科及第,歷任司諫院大司諫、吏曹參判等職。著有《明皋全集》二十卷。嘉慶四年(朝鮮正祖二十三年,1799)七月,徐瀅修以進賀兼謝恩副使身份入京,往返途中,識得劉大觀;在京期間,拜訪紀昀,并請昀爲其文集作序,《明皋文集序》收在紀昀文集中。其後爲紀昀、劉大觀作傳,多記當時筆談語,文載《明皋全集》卷十四,有《韓國文集叢刊》本,兹據以輯録。

紀曉嵐傳

紀匀,號曉嵐,直隸獻縣人也。其高祖坤號厚齋,以崇禎遺民著有《花王閣賸稿》行於世。曉嵐長不逾中身,而容儀端潔,精英發越。年過七十,能不引鏡作蠅頭細字。性嗜烟,烟杯之大,幾如小鍾,終日不離口,人比之韓慕廬茭云。官至光禄大夫經筵講官禮部尚書兼文淵閣直閣事,提調四庫館三十餘年,撰《簡明書目》,又有所著五種書合刻者。而《灤陽銷夏録》尤稱博物巨觀。我正宗己未,余以謝恩副使赴燕,時上欲購朱子書徽閩古本,俾臣訪求於當世之文苑宗工。故自山海關以後,路逢官人舉人之稍解文字者,輒問經術文章之爲天下第一流者,則無不一辭推曉嵐。余於入燕後,先以書致意,并送抄稿請序。繼以小車造其門,則曉嵐顛倒出迎,歡然如舊。及對榻,曉嵐書示曰:"大作詩文及語録拜讀再三,卓然儒者之言。而其立論使事，一循作者檢柙，深爲佩服。”余答曰：“數十年工夫，尚未窺操觚家藩蘺，而蒙閣下推奬至此，愧甚愧甚。弁卷之文，已脱稿否？”曉嵐曰：“已撰得腹稿，連日冗忙，尚未書紙，大旨不外先生牛黄之説。”余曰：“牛黄之説非僕之言，即明末儒者俞汝言之言，而可謂千古名言。文章必有此黄，然後方得免於飣餖賃傭之陋。近日文體，大抵欲矯陳腐，務主尖新，輕肆浮浪，轉無端緒，彼皆無黄故也。曾讀閣下所著《耳溪詩文集序》，真古人所謂自出機杼，成一家風骨。而篇章字句之外，若有物結聚在中，孚尹旁達，精華外溢，僕所心服者在此。弊稿序文，竊願速得快讀。”曉嵐曰：“此非俞公之言，劉舍人云：‘取鎔經義，自鑄偉詞。’鎔字是從理中煉出，鑄字乃能筆下造成也。大較語録與文字本不相通，而南宋以來以文章名於世者，皆不免攙入語録。雖以唐荊川之號稱大家，晚年著作，亦有此病。一涉此病，則可謂之語而不可謂之文。大作諸篇，它姑勿論，根柢經術而不雜語録一字，此最難及。序文亦及此義，當即送上。”余曰：“仰托朱子書及前、后《漢書》，既蒙閣下石諾，感感。未知可得者爲幾種？”曉嵐曰：“《朱子文集大全類篇》，此板刊於建陽，其序即勻所作，現在市中者絶無，尚可購求於閩人。《朱子五經語類》係故友程徵君春疊之家刻其文，皆采自語類中，但以經分編耳，當札索之。其子《翁季録》久無其本，前、后《漢書》現行官本外，衹有南北監板及毛板，其大板皆宋刻，非藏書世家無之。”余曰：“康熙中，榕村李公疏請刊布《翁季録》得旨，豈尚未舉耶？”曉嵐曰：“勻即季文貞之再傳弟子，年前督學福建，就其家問之，亦未見《朱子全集類編》。昨問陳春溆副憲，云在閩得一部，但不記現在何箱中。囑爲檢查，大約下次貢軺可帶回。”余曰：“陳副憲豈朱門私淑耶？”曉嵐曰：“陳副憲，浙江平湖人，陸稼書先生之鄉人也。”余曰：“《朱子全集》《語類》所不載者，或有另行之遺編零簡否？前、后《漢書》宋本，終無可得之道耶？”曉嵐曰：“采録朱子説爲書者不可縷數，然皆以意去取，未必有當。至於《全集》《語類》所不載之零簡未見。宋板前、后《漢書》惟大内有一部，朱家宰家有半部,今何可得耶?”余曰:“願聞朱家宰名。”曉嵐曰:“朱珪。”余曰:“寡君尊朱一念,殆所謂至公血誠,欲以朱子之學爲陶鎔一國之爐錘。今此貢使之來,廣購古本諸種者,實奉君命而非其私也,望閣下博訪代覓,隨得隨付於日後貢便,使僕獲免於委命草莽之罪,區區之幸也。”曉嵐曰:“使軺歲歲往來。陸續得一種即寄一種也。”余曰:“閣下詩文已有刊行者否?所著書亦有幾種?”曉嵐曰:“少年意氣自豪,頗欲與古人争上下。後奉命典校四庫,閱古今文集數千家,然後知天地之不敢輕易言,文亦遂不敢輕言編刊。至於隨筆雜著,姑借以紓意而已,蓋不足言著作矣。”余曰:“顧寧人之博洽,魏叔子之文章,陸稼書之經學,爲本朝三大家,而閣下以一人兼有之,甚盛甚盛。”曉嵐曰:“萬萬不敢當此。勻但謹守先民法律,不敢妄作耳。”余曰:“耳溪詩文何如?在中國則可方何人否?”曉嵐曰:“耳溪詩文獨來獨往,不甚依門傍户,所以爲佳。其文在中國,則魏叔子之流亞;詩在中國,則施愚山、查初白之伯仲也。”余曰:“魏叔子乃近世最有規範之名家,而不知與邵青門何如?”曉嵐曰:“各一道也。邵青門人乃熱客,出入朱門,故其文不甚爲世重。”余曰:“人雖不足觀,文則必可傳。”曉嵐曰:“確論。”余曰:“覿德之願,蘊之幾年。今奉清誨,鯫生之幸,但恨意多席忙,無以罄此景仰之懷。”曉嵐曰:“謬承先生不棄,實所心感。王子安詩‘海内存知己,天涯若比鄰’,正不在晨夕握手耳。”余曰:“日已夕矣,意雖無窮,不得不告别。留館之頃,固當有往復,雖東歸之後,亦當因貢便寄訊起居,少紓此情曲也。”曉嵐曰:“耳溪雖不相見,然書問不絶,與相見一也。”余遂揖别而出,曉嵐送之門外,握手戀戀,見上車然後乃入。其翌日書送詩文集序。歸國以後,郵筒往來,頻致繾綣之意。所托朱子書諸種,亦次第覓寄焉。

評曰:考證之學,盛於明末,其源蓋出於楊升庵。而及至顧亭林、朱竹垞,雖謂之鄭服之青藍,不是過也。曉嵐爲學,亦主考證者。而其所著作,則布格嚴而無邅漫回遹之病,摛詞雅而無隱僻奇衺之譚,命意莊而無支離浮靡之見,叙事整而無凌亂龐雜之篇。以其儲蓄之富，文之以絢爛之才，而裒然成一家軌範。夫華藻見於外者謂之文，古今積於中者謂之學，則斯其成就，夫孰不曰真文學也乎？或以《簡明書目》中多有貶朱之微詞，疑其爲陸學。而大抵考證家之不能不貳於朱門，爲其名物詁訓之間，往往有信不及處，未必皆因於祖陸也。況曉嵐之學遠溯漢晉，而與宋講學之傳所入之門户，本自殊科也乎？又何有於朱陸之尋派哉。

劉松嵐傳

劉大觀，號松嵐，山東臨清人也。其九世祖嘉遇，官山西按察使，爲明萬曆間名臣。其祖士縉，仕清爲四川滎經縣知縣。其父爕，爲安徽桐城縣知縣。蓋世家也。松嵐以乾隆丁酉科拔貢，歷廣西天保縣知縣，今爲奉天寧遠州知州。能詩，善楷書，著有《玉磬山房集》幾卷。余於己未赴燕時，行過寧遠，見一官員，乘檐頂太平車，從者數十人，皆騎馬擁後，前有一騎，揮鞭呵引。余策馬而前，使隸私問其爲誰，則寧遠知州也。及抵客店，松嵐躡後來訪。余即出門揖迎，引入坑對坐，相與問答姓名爵里訖。松嵐書示曰："俄於路上，遥接閣下風範，自不覺心醉。貴國舊稱禮義之邦，文物風俗，至今能然否？"余曰："弊邦自箕聖以來幾千載，中土之所不能及者有二大端：親喪之必三年也；婦人之不再醮也。及至我朝聖神繼作，賢德夾輔，立經陳紀，蓋仿趙宋規模。而如學術之宗程、朱絀陸、王，文辭之主八家賓六朝，詩教之尚盛唐耻建安，雖比之鄒魯文獻，亦不多讓耳。聞近來中原學問，則强半是江西餘派，一轉而爲李卓吾，再傳而爲毛大可，詿誤既久，漸染益多云。此説儘然否？"松嵐曰："本朝自聖祖仁皇帝表章朱子之後，立之學官，誦法尊師者，更無二歧。而天下之大，豈能四方一轍。至如鄉塾講案，則朱陸相半。然此不可謂朱子之道不行矣。"余曰："即勿論朝廷草野，經學、文章之爲世眉目者是誰？"松嵐曰："今禮部尚書紀公勻、鴻臚少卿翁公方綱也。"余曰："陳公崇本曾爲我作《學道關序》，蓋相與於形骸之外者殷矣，今尚在日下否?”松嵐曰:“陳公以國子祭酒方任湖北學政去,閣下今行,恐不得相見。此公學問有本源,誠不草草,而亦陸學也。”余曰:“寧遠即明朝袁公崇煥多年鈐轄之地,舊迹遺芬,尚有流傳不沫者否?”松嵐曰:“見於史乘、塗人耳目者外,别無佚事异聞矣。”余曰:“猥蒙左顧,多感不鄙,而使程有期,不能竟晷繼夜,甚是恨事。”松嵐曰:“歸時必以此地爲宿站,秉燭津津,豈非浮生快事耶?”余曰:“荷此鄭重,敢不如戒。”松嵐起去,余揖送門外。及余自燕還,松嵐寄書迎問於數日程外。既抵寧遠,會余於玉磬山房。房在州城東一里許,而松嵐捐俸新築者也。把臂相勞苦,就話於西寮。松嵐曰:“閣下今行,山川風俗之可以開拓心胸者不在論也,身入大都,識得幾個名世之賢?”余曰:“識一紀曉嵐,此老腹笥四部五車、九流七録、國典朝常、竹頭木屑,無不畢具矣。”松嵐曰:“兩賢相對,傾囊倒庋,必多可聞矣。”余曰:“曉嵐爲序弊稿,幸先生取覽評隲。”仍以紀序授之,松嵐覽訖曰:“願得曉嵐一言以賭聲價者,天下何限,而閣下乃得之於傾蓋之間。須信有逸群之真才,然後可借伯樂之一顧。吾輩誠愧死矣。”余曰:“紀公文體不欲偭背規矩,亦不屑常談死法,而平生蹤迹,不離四庫館,博涉古今圖書,儲峙完具,逢源肆應,儘可謂不易得之一大家。最是文字與語録不同之論,尤爲特見創論,看透從前作者看未到處,先生亦以爲然否。”松嵐首肯曰:“極是名言。僕於此事心雖艷慕,愧未有真得實工耳。”仍設卓排饌,旨酒嘉殽,名果香蔬,相與舉酬,錯以談詼。松嵐曰:“僕是王漁洋先生姻家後進,年前過其家,拜其小像。今見閣下眉目風儀,宛如漁洋,無毫髮差爽。异代异國之人,何如是酷相似也?”余曰:“漁洋號稱一代名碩,然其學不越考證一步,其文亦僅以雅潔自持,詩特其所長。而先生以此望僕,僕未肯默受之也。”松嵐大笑曰:“閣下之所自待知應不止此,而僕亦以形貌之相似言耳。至如道德文章之成就地步,僕豈敢測海,而亦豈以漁洋望閣下哉。”余笑曰:“前言戲耳,漁洋豈可易言哉? 吕晚村學術,較諸近日諸儒,最爲醇正,最似親切下工。得其淵源者,今有何人? 而所著書亦有幾種?”松嵐熟視良久曰:“吕留良是大學問,然得罪本朝,不敢竭論。”仍摘其筆談中此句,投諸燭芨。向余呵呵而笑,余亦大笑。松嵐曰:“貴國科制何如,願聞其略。”余曰:“弊邦科制略仿明朝洪武初所定之遺規,子午、卯酉年分三場取士,而經義文詞,雙試并取。外此國有大慶則有慶科,令辰佳節引試功令各體,則有節製。但知貢舉不置專官,臨試差幹,此稍與中制不同耳。”松嵐曰:“貴國人或着圓頂帽,或着尖頂帽,豈文武之别耶?”余曰:“概言之則文武之分,而亦有時相通耳。頃在日下時聞之,則貴宗太學士即劉墉,年前高宗皇帝傳禪時,有大樹立,今皇帝以定策元老待之云,此説信然否?”松嵐曰:“果有此事。”余曰:“太學士,義理之學耶?詞章之學耶?經濟之學耶?名物之學耶?”松嵐曰:“經濟爲主,而大抵有識見底人,故立言立功,皆能脚踏實地。”酒闌,松嵐要余偕歸其官舍。遂乘檐頂車,與松嵐并驅入府。過聽事堂,歷待客廳,徑造其寢室。則几案圖籍,左右魚雅盆菊正開,香馥郁郁襲人,共坐花梨床上啜茗數杯。余求扁額及柱聯數幅,松嵐即寫“明皋静居”四字,及“於古人書無不讀,則天下事皆可爲”一聯,顧余而笑曰:“着題否?”余笑答曰:“不敢當。”相與促膝閑話,多不能記,至聽鷄然後乃罷。翌朝,又訪余所住客店,戀戀不能别,蓋多情人也。臨别,求示余詩文甚切。故歸國後,因貢便抄寄三册。其答曰:“伏讀閏月十五日書,深情雅愛,歷久彌篤,益令人有離睽之思。承惠大集三册,適在病中,頭如着雨之楊,垂垂而不能舉;目如受薰之鼠,瞶瞶而不能視。命侍婢扶腋,就隱囊讀之,未竟一板而委頓不支矣。屢仆屢輟,屢輟屢讀,讀竟而病亦豁然。是知蘇玉局每體中不康,讀陶詩一兩首輒愈,其言爲不虚矣。然陶晉人也,蘇宋人也,時代不相及,音容笑貌不相見,猶足以感發如此,矧僕於閣下生同時而情相契耶?集中詩文美不勝收,《學道關》一篇,爲閣下安身立命之主宰。僕出仕太早,於性理之學未能致功,不收以門外漢作貢諛之詞。然微窺閣下語言舉止,誠有所謂睟然見於面盎於背者,固知非有所養不能如是。養氣之功,不離乎道。入道之階,不離乎學。吾即閣下之人之醇正,可知閣下之文必如其人矣。僕將以此傳布中州,使中州士大夫咸知東國有此人。并使中州士大夫,咸知僕之交游有此友,豈非平生幸事哉?使旋略陳闊臆,并候起居,榮暢不一。"仍附尺牘一册,中有與余往復書數篇。

評曰:余見松嵐貌,端雅有精神,舉止詳整,無浮淺輕佻之態,知必有所志,而不可但以風雅筆札之近世小品目之。惟是早遊州郡,才未充而學未博,則其於性理名物儒者之多少事業,往往如隔壁堂下人窺影而尋聲者。夫一絇之絲,其絡幾何,松嵐豈肯安於小成者哉?余不能不重有望也。余友金國寶,後余使燕,亦與松嵐相遇。歸傳松嵐之言曰:"徐明皋之經學,陸稼書先生後一人云。"此殆松嵐疏於經學,故云然也。稼書以後有顧亭林、李榕村,余嘗讀其書,行間字裏,深知其不可及。屈指計度,至於什至於百至於千萬而猶未盡其級也,敢謂余一人乎哉?

六三、徐有聞《戊午燕行録》

【解題】

《戊午燕行録》,徐有聞撰。

徐有聞(1762—1822),朝鮮文士,字鶴叟,籍貫達城。嘉慶三年戊午(朝鮮正祖二十二年,1798)十月,作爲三節年貢兼謝恩使團書狀官出使中國。使行於十月十九日從漢城出發,十一月十九日渡鴨緑江,十二月十九日到達北京。次年二月初九日離開北京,三月三十日回到漢城。《戊午燕行録》即是對此行見聞的記録。己未年(1799)正月初二日,在北京致馨與李陽筆談;二十七日,在陳淵寓所致馨、李植與李雲、葉登喬、周源、韓休、陳淵筆談。正月二十六日,在徐有聞與紀汝似筆談;二月初二日,在朝鮮使館與户部王郎中筆談;十三日,在豐潤縣宿所與秀才谷延興筆談;二十九日,在白旗堡與蔣哥筆談。

此書有朝鮮諺文本、漢字本兩種不同的系統。林基中《燕行録全集》第62册頁449—598收録的諺文本《戊午燕行録》出自韓國成均館大學藏本。漢字本系統,《燕行録全集》收録有兩種不同的筆寫本:一爲韓國國立中央圖書館藏本,另一種出處不詳。兩種版本文字上略有不同,同一内容在兩版本中所處位置亦有少許不同。玆以《燕行録全集》本爲據輯録資料。

(己未正月)初二日,致馨與彼人李陽相與酬酢,問曰:"大國進士外有何科耶?"答曰:"無他名色。"曰:"然則以進士不入仕者有之乎?"曰:"每三年選進士甲科三人,謂之及第出身,付之中書官;乙科分付六府;丙科出爲外方通判。近來則不然,居下者登科數十年或有不仕者。"更問曰:"君讀書之士,曾爲赴舉乎?"曰:"廢科也,中國之法,富者以富相從,如我寒士何足算乎?且不當滿洲人之勢力,故樂爲市井也。"中國立法,不計地體,市井之子爲宰相,宰相之子爲市井,蓋有憤慨之意也。又問曰:"新皇上知政乎?"答曰:"新皇上日進五斤酒,不聽政事云。""外人何以知之?然有隱德"云。"蓋太上皇專任花臣,事事言聽,天下事皆決於其口,新皇上何有聽斷乎?卜將安亦是花大人之使人也,二人同心,四方賂遺,不可勝數"云。

(正月)二十七日,李光直昇南、方士李雲、葉登喬及清漢人數人詩酒筆談相和而故。致馨與敬仁李光直訪李雲於陳生(名淵)之客館,時江南士人葉登喬、李雲表弟周源,浙江人,韓休,山陰人,相會偶成奇會,相與若干酬酢,後陳生盛陳酒餚菜果而進大卓上列數器,鍾子及小杯六七各置於前。時李光直與李雲數語,周生驚曰:"朝鮮語法與中國無异。"葉生曰:"文法既同,語何有异,但語音多有不同處,筆談似好矣。"李生遂書各人姓名及居住以示之,又指周源曰:"此人有申韓之手段(周源好刑名,法律之學校稱之也),必成功矣。"一邊執筆而通情,一邊飲酒而詼諧。于野(光直别號)筆談之際,多有韻致。李生曰:"于野一飲幾杯?"敬仁曰:"酒量雖大,不過數杯已狂之矣。"于野曰:"我之狂非他人所能及也。"李生曰:"今始初見,可謂狂人矣。"于野曰:"完雲(奇生之别號)真我之酒朋也。"葉生曰:"烏用管仲之杯。"蓋取"管仲之器小哉"之義也。遂各各滿酌而進,李生飲盡則必覆杯以示衆人,蓋勸他人之意也。致亨、敬仁皆讓,大杯不飲,雖小杯亦不飲。李生曰:"詩酒皆有令,何以則好耶?"于野曰:"罰依金谷酒,申韓手段在傍,使之行令好矣。"李生即使周生滿酌而强迫致、敬兩人,敬仁曰:"于野欲用申韓之法,君將置我於何地乎?"致亨曰:"法亦隨時而變,吾從衆。"時陳生進一杯,形如蟠桃半剖之狀,以鐵爲之,立一仙人,臂不及杯,手掌及足掌皆有通穴及於盞底。酌酒至於手掌則漏酒,適中而至於足則不漏,神妙難測,蓋咸盈滿之意也，名曰：漏卮，漏酒之謂也。陳生舉杯賜于野，咸其過飲也。李生欲飲罰酒之時，用此杯一舉而飲盡，皆云好卮。時座中皆醉，陳生謂于野曰："君欲與完雲争雄乎？"于野笑曰："但爲某耳，今日之會，千載一時也。"李生叩于野之背曰："于野豪士。"又執鬢掀之曰："老矣白首。"連稱豪放。于野曰："此地不用豪放，用於何處乎？"李生曰："葉兄善詩，命題作詩以助勝會，如何？"于野曰："也不妨，題則用'漏卮'，如何？"諸生皆稱善，遂各呼韻。敬仁押"桃"字，致馨呼"糕"字，于野自擇用之，葉生呼"杯"字。李生曰："太易耳。"于野曰："詩出於性情，何用工歟？"李生曰："吾不能作詩，願以詩官自處者評諸詩，如何？"陳生滿酌一杯漏卮以罰之曰："君妄自尊大，豈讓罰卮？"李生曰："爲法自弊，我之謂也。"座中皆大笑，各成一詩，盡歡而罷。

（東南賓主鬥分曹，漏卮偏緣奠酒醪。渾沌何年傷鑿竅，東方有意復偷桃。通波有穴尋源易，穿石雲根導脉勞。那得携樽重陽會，龍山頂上更題糕。）李雲詩。

（落日金樽邀上客，酒鮮紅動綺筵開。三人雅欲傾千榼，闔座何曾進一杯。蟻穴潰堤從古有，尾閭泄海幾時回？憑教换取鸕鷀酌，醉倚梅花待月來。）葉生詩。

（今日偶逢天下士，百年長作夢中人。）此一句李光直詩。

光直本來善詩者，而其日大醉不能卒篇，使李生足成云。

（正月）二十六日，景山哭班上回。禮部尚書奇均之子奇生，鴻臚寺官員也，宴享時已有面分矣。是日，來訪於帳内，頗有殷勤之意。相與筆談，書狀先書示之曰："屢次相逢，一未售情，今屈尊駕，極爲感謝。"奇生曰："向雖霎奉，曾未接語，不勝耿耿，特來相訪。"言必稱大人，頗有禮待之意。書狀又書之曰："特地相逢，有欠禮容，更勿哂之。"仍問曰："外國之人不關於中國之事，皇上春秋幾何？皇子幾位，皇兄幾人，區區願聞。"奇生曰："皇上春秋四十一歲，皇子祇一位，方今十四歲，與滿洲舊閣老阿里昆之孫女定婚，待二十七朔後方可成禮。阿里昆即出將入相之人,其子爵位已高。皇兄二人,皇弟一人,上皇孫子十二人,玄孫一人,上皇真古稀天子(國書刻之)。"書狀又問曰:"萬萬壽聖節方物還出給使臣,故吾以小邦事情呈文禮部,請納禮幣,君亦聞之否?"奇生曰:"昨已奏御矣,四五日内當處分。貴國之於大國,視同内服,朝廷之禮待與他自别,必當許之矣。"且曰:"貴國素多文士,大國人相與親之者多矣。生與大人已交之矣,請得一首詩以光陋室,如何?"我固辭不能,奇生固請不已,我不得已許之,奇生致謝而去。

(二月)初二日,留館。數十餘日奔走之餘,無事度日,心甚無聊,閑步庭中,忽有景山班次相逢者來訪,即户部郎中王郎中也。笑而揖之,我亦禮貌。請先入室,王郎少辭,先入而坐,主人隨後而坐定。數語,語不相通,王郎曰:"使人代言不如吾紙筆通情。"遂執筆而先問曰:"向者班次望見,僅容而未展誠意,尚今耿耿。"余曰:"深感厚意。"王郎曰:"貴國人物欽仰者久矣,特來承顔。"余曰:"以文會友可也。"遂進茶,王郎飲而甘之,曰:"此東坡所謂陽羨茶味也?"余曰:"豈其然乎?吾嘗有病,常飲藿香茶,而近無好品,是何故也?"王郎曰:"前則采藥於山中,故頗有藥力,今則埋置於家中者多,豈有藥力?茯苓亦然。"余曰:"中國有良醫乎?"曰:"今也則亡。"因指余之衣服而問曰:"此皆大明時制度耶?願聞其詳。"余曰:"一身所着,無非大明制度,雖下賤,皆着之矣。金冠朝服本中國所制,且有佩玉鸞聲,噦噦之謂也。"又問笠,余曰:"此宋朝謝林泉所着者也,名曲容笠,又謂折風巾。"余又問曰:"大國閭閻衣服與朝廷同乎?"曰:"何以异乎?"仍有羞赧之色。又問我國服制,余應之曰:"全用朱文公《家禮》三年之喪,自王公達於庶人,否則得罪於名教。"余因問曰:"太上皇因山當用何月?"答曰"九、十月間擇日"云。余曰:"《禮》云:'天子七月而葬。'何如是屢乎?"答曰:"七月則山運不利,又恐有霖雨故也,且過百日則發引,詣陵所待吉日矣。"余曰:"公除後,則朝廷不成哭班耶?"曰:"間日行禮,皇帝親臨時有之(過一月則間一日,過二月則間二日)。”余問曰:“花臣處治後收殺,何以爲之?”曰“自盡以後,使之成禮葬之,其子駙名馬,豐信恩德,皇上出給朝服與澄子,使之自新,後當有處分”云。又問曰:“軍機大臣、九門提督及閣老果誰爲之?”曰:“皇兄之長子名昆勉是爲軍門提督,十一親王及大九衡等爲軍機大臣,景桂及柳甫爲内閣學士,其餘皆如前。”王郎中又問曰:“貴國外職何如人? 爲之幾年爲限?”余曰:“或三年,或六年,瓜遞而蔭官多焉。朝鮮地方南北四千里,東西二千里,分八道,置觀察使以司縣郡黜陟。”王郎曰:“然則由内及外矣。”余曰:“内重外輕,爲觀察使者品職雖高,其實左遷也。”王郎曰:“如此之風,但聞古語矣,未見今世也。”稱誦不已,其餘酬酢不能盡録。臨行,王郎曰:“吾家在於正陽門外,一番降臨,終日講論,如何?”余曰:“雖感珍重之意,行期不遠,且有身病,方欲調理,復逢難圖,豈不悵然?”王郎曰:“若然,則今日乃是闊别也,長路保重,千萬望之。”

(二月)十三日至豐潤縣,日寒,留宿。主人姓谷,名延興,號稱秀才,傍有一學生讀《左傳》,聽之則句絶與我國無异,然字音懸殊,又不懸吐,但聞其聲,則不知其何語也。問谷生曰:“教小兒之法,以何書爲先乎?”答曰:“先教四書。”余曰:“六七歲小兒豈知四書乎? 市上有《百家姓》册,或教之乎? 我國之法先授《千字》,次讀《小學》,先知字音,然後教之索音與文義。”谷生曰:“《百家姓》,即童與先生教兒之法,非正道也。”余曰:“童與先生何如人也?”笑曰:“酒幕訓長之稱也。”因舉紙筆而酬酢,學生撤讀而聽之。余曰:“客來有害於工夫。”谷生曰:“君子以文會友,客至何妨。”因問曰:“東國選士之法專用詩賦、表策,不用時俗之文云,果然否?”余曰:“時俗之文即大國八股之文耶?”曰:“然”。余曰:“我國亦無别樣之文,題詞之文隨時以變,豈非時俗之文耶?”谷生點頭。余問曰:“大國科舉之法?”答曰:“寅申、已亥年選貢生、秀才,謂之歲試。子午卯酉年選舉人,謂之鄉試。辰戌丑未年選會試、殿試。國有慶事,則别設一科,謂之家鄉試。”又問:“家鄉試亦有即時會試耶?”谷生曰:“會試亦與舉人合試之。”又問:“家鄉試額數幾何?”答曰:“十三省各選三百人。”又問曰:“貢生、秀才亦等分耶?”答曰:“貢生無職,秀才則見官長時,有主客之禮,被襴衫,着赤帽(幅兜),既爲秀才,則見人不拜。平人稱秀才者,皆假名也。今世老者謂之生員,亦此青衫類也。”谷生曰:“今月十六日有童子科,此亦前例云。”

(二月)二十九日到白旗堡,主人蔣哥有被喪者。問之曰:“誰服也?”答曰:“叔父服。”以大布爲頭巾樣,着之長尺餘,折而着之,又以大布如槖樣,裁之裹頂,結處在前。余因問父母居喪及親戚之服制。答曰:“父母與伯叔父母同,三年服。祖父母、兄弟皆百日服。堂叔父母及從兄、再從兄弟皆二十七日。妻父母及妻祖父母皆百日服。妻子與弟皆無服。此則皆漢人之服也,滿人則不然。漢人三年之喪,百日服之,漢人百日之服,二十七日後脱之,漢人二十七日之服,清人不服。”聞之可痛,孟子所謂近於禽獸者,此之謂歟?

六四、吴載紹《燕行日記》

【解題】

《燕行日記》一卷，吴載紹撰。

吴載紹(1727—1811)，字文卿，號醇庵、愚不及齋，謚文靖，朝鮮海州人。朝鮮英祖四十三年(1768)中進士，英祖四十六年(1771)文科及第，官至判敦寧府事。其先祖、父兄等多有出使中國的經歷。其兄吴載純，曾在1783年出使瀋陽。其父吴瑗，曾在1732年以書狀官身份出使中國。嘉慶六年辛酉(朝鮮純祖元年，1801)八月，吴載紹以進賀兼謝恩使團副使的身份出使中國。使行於八月二日離開漢城，八月二十四日渡鴨緑江，九月二十四日到達北京，十月二十九日離開北京，十二月八日回到漢城。辛酉十月十七日，在北京朝鮮使館與張立本、葉景孫、王金華、葉榮春筆談；十八日，在朝鮮使館與王金華、張立本筆談；二十二日，在朝鮮使館與葉榮春筆談。

《燕行録續集》收録。兹以此爲據輯録資料。

(辛酉十月)十七日，晴。張培庵來訪。葉景孫，號晴皋，望江人，亦因羽常來見，景孫自處以奇男子，語及江南風俗、中國形勢及科制、税政，頗有可聽，猶勝於王金華之畏約抵諱也。江南是皇明始終之地，人文昭朗，材智輩出，固當爲清人所深慮。而自吕晚村獄出後，斬刈箝束，常置八旗兵，嚴其防詗，南士積被疑忌，殆無生氣，諱講學而慎文字，專務贊揚皇道，附麗宗戚以釣禄全身。今則忘明久矣，但自傷其衣冠猖披而已。

問培庵以出處。答曰："生斯世，爲斯民，復何云哉，復何云哉？"

問晴皋以時事。答曰:“外强内乾,然言不可深,深言將赤吾族也。”頃見葉榮春,微勸其披露肝膽。榮春曰:“告以實不便,不告以實不誠,大人將何以處我乎?”

譯官劉運吉嘗指王金華之衣而笑曰:“此服好耶?”金華蹙然曰:“但遵國制,寧問好不好? 運吉之問太逼矣。若華夏全盛時,運吉輩何敢挾東夷制度侮南京士大夫乎?”彼亦自愧失身,却把禮樂文物、節義名教之柄欛都讓與我輩,終不能灑落自尊。蓋胡服爲其桎梏,永作先王之罪人,其低頭向人,即一段秉彝也,不亦悲乎? 中國性理之學,兩尊朱、陸,不置優劣,但經書注解皆從朱子,近世考試之法多取典傳,是以治舉業者,雖據十三經孔、鄭注疏,規規於名物度數之辨,其文義是非亦不敢背馳朱子矣。文體有古文、時文。時文者,科場八股之製也。余見其策論、詩賦,語鑿而磽,氣弱而蔓,降於明又一等矣。禮以古今典章輯成,《大清會典》以當一王之制,而胡漢异俗,各習故常,歲久污染,壞名亂實,歷路所見,無非大可駭者矣。近世文章推竇東皋光鼐、翁潭溪方綱、趙鹿泉佑、劉雲房權之、朱石君珪、紀曉嵐昀,彭芸湄元瑞,號“七大家”。理學推江慎修永、戴東原震[①]、邵晉涵[②],號三徵君。博學推朱竹坨彝尊、閻百詩若璩,何[③]義門屺瞻,號三博物。其餘著述之家,動以百數,最重書畫詩詞,以此銓衡人才。書祖董玄宰,而今劉墉、王杰、鐵保,號“筆家三杰”。畫主馬遠、唐寅,謂之“南北宗”。而清世王時敏,王原祁、王翬,號“畫家三王”。詩推高廷禮所選《唐詩品彙》及蘇、陸爲師。清人中亦多卓犖之才,其力剛氣厚,反有勝於華儒云矣。

(十月)十八日,晴。王寶山携徽墨、湖筆來贈,兼還日前所托畫帖。寶山之畫,蓋新學也。余亦贈鹽脯、全鰒、黄蠟、花箋、扇丸、筆墨之屬,以謝其意。脯與鰒,彼不知何物,蠟亦不認其燃燭,江南想

---

① 原震,原文誤作“園鎮”,徑改。

② 涵,原文誤作“韓”,徑改。

③ 何,原文誤作“河”,徑改。

皆無此。饋以藥果，嘗之甚喜，輒裹去曰："歸以遺細君。"自言"娶姑蘇徐氏女，絶美，善織綉以爲生焉"。張培庵袖紅黄等佳紙來乞余書，曰："書法古雅，不遐二王。"仍求唱酬，并揮灑而與之。其得余筆談片紙輒懷去曰："後生之模楷也。"余謂羽常曰："吾在東國未嘗以筆法見稱於世，今乃流傳江左，大爲光榮。俗所謂洞内名唱，離鄉則擅場者也。"

(十月)二十二日，晴。葉榮春持空帖及紅箋八幅，乞留墨迹歸作江南秘寶。余筆何能及此？然好意難孤，楷、草寫唐杜詩以塞其求。榮春極獎余詩，謂得少陵妙處。華人之交，相推譽亦例也。榮春又曰："大人名邦鴻儒，學問純正，想門下坐春風者以百千數。昔河南程子一見周茂叔，便吟風弄月而歸。僕今三過夫子之門，若不以不才見棄，受賜也多矣。"蓋吾東道學衣冠，素稱君子國，彼亦不得以遐陬待之也。

六五、李圭景《五洲衍文長箋散稿》

【解題】

《五洲衍文長箋散稿》六十卷，李圭景撰。

李圭景(1788—?)，字伯揆，號五洲、嘯雲居士。朝鮮著名文人李德懋之孫。此書囊括了朝鮮、中國及其他國家、地區古往今來的事物、事件、人物等各個方面的内容，有曆數、種族、歷史、地理、文學、音韻、宗教、書畫、風俗、冶金、兵法、草木、花鳥、魚蟲及典故等專題1400餘種。兼收并蓄，包羅萬象是其内容上的重要特點。撰者對所録事物事件等，均進行了細緻的研究和充分的辨證。本書亦記録嘉慶六年辛酉(朝鮮純祖元年，1801)徐有稷、柳得恭筆談資料各一則。徐有稷，徐理修族侄，辛酉年十月隨從朝鮮冬至兼陳奏使團出使中國，在北京與陳用光有關於《清脾録》大小刻本筆談，與李驥元(墨莊)有關於《清脾録》刻本筆談。

此書韓國首爾大學奎章閣藏筆寫本，兹以此本爲據輯録資料。

我純廟辛酉，蒼墅徐知縣有稷甫隨使遊燕都，撰《北遊録》。與江西新城人陳瘦石庶吉士用光筆談，瘦石曰："先生知《清脾録》誰所撰與?"蒼墅答以"此弊國李公雅亭先生某甫所著也，先生何以見問"? 瘦石曰："家侄希曾侍讀號雪香者，前年庚申以四川携回，今借友人吴侍郎淑卿矣。"蒼墅曰："此寫本耶? 劇本歟?"瘦石曰："爲蜀人李雨村調元所刻，共三卷。"蒼墅請見，辭以淑卿遠出，今未可索回云。

墨莊語冷齋云"雨村兄撰刻《函海》一部，凡一百八十五種，二十套。中有楊升庵四十種，雨村亦四十種。其《詩話》三卷、李公烔庵《清脾録》及柳君佳句收入。甫刻就，以事罷去，板已入川，惜此處無其本。即我輩逢人便説，故知之者甚多"云。

六六、李基憲《燕行日記》

【解題】

《燕行録》三册，李基憲撰。

李基憲(1763—1804)，字温仲，一字德輿，號白窩，全州人。著有《白窩漫録》。嘉慶六年辛酉(1801)十月，以冬至兼陳奏使團書狀官的身份出使中國。使行於十月二十七日從漢城出發，十一月二十四日渡鴨緑江，十二月二十四日到達北京。次年二月初六日離開北京，三月三十日回到漢城。此行參與筆談的朝鮮方面人員尚有曹允大、徐美修。曹允大(1748—1813)，字士元，號東浦，昌寧人，此行身份爲正使。徐美修(1752—?)，字五汝，一字公美，號澹浦，大丘人。此行身份爲副使。十二月十七日，三人在榆關宿所與舉人齊佩蓮筆談。

《燕行録全集》收録，兹據以輯録資料。

(十二月)十七日，朝陰，晚晴。……夕陽到榆關，止宿於蕭姓人家，與副使分入東、西炕。關屬臨榆縣，而亦一大村店，即秦蒙恬種柳爲塞處也。飯後往上使炕，副使亦在焉。有齊進士者持稿請見，使坐炕上，給紙筆，上使問曰："姓名甚麽?"答曰："吾姓齊，名佩蓮，字製裳，號紫村，一號黄崖散人，係鄉貢進士。數年來屢蒙貴東衆君子不棄，今又得晤台顔，何幸如之!"問："曾因東使之回，飽聞榆關有黄崖散人，今幸得接清範。此稿即是盛什麽?"答："拙作不堪對人，屢蒙説項，歉仄多多。耳溪老人太平否? 載瓚金公、在學李公俱好否?"答："耳溪洪公及金公載瓚俱無恙，李在學則已故矣。"仍問："已成進士，則再得官爵否?”答:“甲榜進士則選詞林等官，鄉貢進士則可得廣文等官，因家慈高年，尚未赴選。”問:“尊慈尊年幾何?”答:“家慈年七十六矣，僕年四十三歲。”問:“兄弟、子侄多少?”答:“兄弟三人，尚缺嗣。有侄二人業儒問賢。”問:“偕老麽?”答:“山荆佐讀無恙。”問:“鄙行到關外便見車馬闐咽，關内則反遜，未解其故。”答:“今年關内被水歉收，米價騰貴，關外車載米入關囤積，故關内車小矣，兼之西行是條路，此是中路，下路車尚多些。”問:“貴稿殊覺愛玩，容俟夜間披閲，明早完璧，肯許麽?”答:“如蒙大人郢削，明春返旆再交可也。”問:“蒙許携往，盛意可感，而第恐道間遺失，祇容夜間披閲，明早奉還固好，而聞仙莊離此有間，是甚難便?”答:“敝莊離此二三里路，此集交與店主人亦可。”問:“交付店主能無疏漏否?”答:“不妨。”問:“鄙行到關外多逢關東兵罷歸，果奏捷麽?”答:“川陝逆匪漸次平滅，雖有餘氛亦無妨，故將東兵罷回。”問:“猶有餘氛，則教匪渠帥尚遲獻馘麽?”答:“教匪頭目尚有數人未獲，亦不能成盛矣。”問:“尊所謂教匪原係何方人? 兵衆幾何? 始起何處? 陷郡幾何?”答:“教匪起於劉之協，在湖北，延於湖南。後四川達州冉添士等作逆，延於陝西。”問:“今則無虞否?”答:“今無虞矣。”問:“起兵爲幾何?”答:“嘉慶元年。”問:“不過是草賊者流，聚衆漸盛否?”答:“本係草賊，因伊據山谷之險，出人不意赴州縣搶村莊民人，不得已而爲其所累者多。”問:“前後用兵幾何? 最後破賊將軍姓名誰某?”答:“前後用兵最多，頭目劉之協、王三槐、李汗超、冉添享、冉添士俱已就擒。川湖教匪有四股，分藍、白、黄、綫四字號，藍字號元帥，名王四獅子，其僞總兵秦肖葛尚未就獲。”問:“所謂元帥即教匪元帥麽?”答:“是。”問:“破賊元帥姓名云何?”答:“川陝大經略是額勤登保，西湖經略是明亮，俱係滿人。”問:“尊是漢人麽?”答:“僕原籍江南，前明世襲指揮僉事，入籍撫寧。僕伯，雍正甲辰武壯元，提督兩湖，征金川有功。僕祖，乾隆乙丑武進士，任河南鎮總兵。”又曰:“自庚子冬，僕與貴東衆大人相晤，即蒙許可，迄今廿餘載。衆大人俱有詩章相贈,業已成集矣。最相契者金公載璉,唱酬之句甚多,可惜下世。"問:"唱酬集何不携來與我們看一看?"答:"家叔携至山東任所矣,尚記得數章。'匹馬榆關路,春晴物候新。三更孤燭夜,千里异鄉人。地勢雖分城,神交即比鄰。匆匆别離後,尺素可相親。'此在學李公句也。'愛君丰秀比南金,逆旅逢迎已許心。萬里行人初返節,三春佳景更開襟。樽前雅話停歸轄,林外和鳴有好禽。别後愁思滄海隔,衹應努力報知音。'此洪公耳溪老人句也。"問:"尊叔方任山東何官?"答:"家叔現居山東臨清衛守府。"問:"曾舉進士麽?"答:"以太學生蔭生得官。"問:"臨清離此幾日程路?"答:"一千五百餘里。"問:"這官幾年考滿?"答:"六年引見,後調繁。又三年,候升都閫。"問:"調繁二字是何樣官方?"答:"衛缺本管漕運,原分繁簡,江南、江西、兩湖俱係繁缺。"問:"能飲麽?"答:"亦能飲幾杯。"上使命厨房進紅露、乾殽及藥果,則舉杯頻頻呷下。一小杯呷六七次,而連飲三杯,蓋此處飲酒之法皆如此云。彼仍問:"二大人貴姓? 三大人貴姓?"上使曰:"副行人姓徐,三行人姓李,俺姓知之麽?"答:"僕已知矣,李公東郁尚居官否?"答:"已故。俺們衣冠看得可駭不駭?"答:"各處制度原難畫一,貴東衣冠頗有古風,中華則華靡鬥勝。僕性簡樸,好山水,故衣冠亦不肯入於浮靡。"問:"俺們衣冠能認得?""古制可敬。"答:"貴東文章制度俱於古人不相往來,僕素所深敬。"問:"我東服習箕師之教,敦尚禮義,非洛閩之書不讀,中國亦認以禮義之邦否?"答:"寰宇之中,建國本非一邦,屬貴東爲衆邦之冠。"問:"大國道學文章名筆,推某爲首? 願聞姓名。"答:"在朝名公屬彭尚書元瑞,戴壯元衢亨。"問:"道學尊尚程、朱否?"答:"講道學以朱紫陽爲歸,現講道學不隨流逐波者,則以朱御史珪爲好。"問:"朱御史係是紫陽後裔否?"答:"係通州人。朱紫陽後世襲五經博士,未聞顯名。"問:"既以朱御史爲好,則何謂未聞顯名?"答:"朱御史人品端方,學問優長,聖眷最高,在朝衆官俱推尊。若紫陽後裔則無顯名者。"問:"陸象山、王陽明之學俱見擯,無學習者否?"答:"陸象山、王陽明,中華儒者亦服膺久矣。”問：“陸、王之學與朱子背馳。既尊朱學，并尚陸王，能無駁雜不正之患否？”答：“試士皆尊朱注，故朱紫陽爲最。”問：“陸、王不以异端斥之乎？”答：“講學各存一見，如何以异端斥之？异端者，黄、老、楊、墨則真异端矣。”問：“近聞西洋人利瑪竇之學頗流布中國云，此亦不以异端斥之否？”答：“西洋人有西洋之教，吾等儒者亦不願聞，亦不願學也，却未見其學。”問：“間或有學習者否？”答：“未聞學者，西洋不過能造憲書，故中華用此等人。何如貴東講仁説義，禮遵《家禮》，最爲好也。”余問曰：（此條與下一條是余問）“盛稿乍讀，可敬。但其中《與張楚三書》以韓子之《原道》并列於《太極圖説》《易》《春秋》序，然則韓子與周、程若是班乎？”答：“韓子《原道》原爲周、程濫觴，故僕私意唐時以韓子爲最也。”問：“韓子博愛謂仁之説，與朱子仁者愛之理之訓，同乎否乎？”答：“韓子是大公無我，朱子仁者愛之訓是入於細微處。以僕私意論之，惟仁者愛之，則無駁雜之見存於胸中。博愛則不免有同流合污之弊矣，然此得聖人之慈心，不能得聖人之精微也，故講學以朱子爲最也。”問：“仁者，性也；愛者，情也。愛是仁之一端發出來者，性中衹有個仁義禮智而已，曷嘗有愛？不過是仁發而爲愛。若以韓子博愛爲大公無我，則恐有認氣爲理之病矣。”答：“是是。”仍曰：“貴東名公金尚憲，其後裔清陰先生、農岩先生有著作行世，不知是何幾種？”答：“清陰即金公尚憲之號，非後裔也。農岩先生是清陰曾孫，而有集行於世。”問：“諱昌協，諱昌翕者孰是？”答：“昌協即農岩，昌翕即其弟，號三淵，亦有集行世。”彼曰：“清陰先生著作，僕見過。風流蘊結，兼有耿耿之氣。其曾孫金公，聞名久矣，惜未見其集。”問：“耿耿之氣果是何語？”答：“耿耿者，忠義不没之氣也。”問：“忠義二字果何指的？”答：“僕在山東登州張孝廉家中，見其遺集，在瀋陽不屈，記事詩甚好，惜不復記憶矣。”問：“曾見全集否？”答：“衹見一册，剥落不堪讀，未審是全集否，第載三韓叔度之集。”問：“《清陰全集》爲二十餘册，在此者恐是一斑耳。”答：“想是如此。”問：“與金公同時，不屈之洪公翼漢輩三學士,亦能知之否?”答:“不知。”仍曰:“本朝蠶尾先生有論詩,即載清陰先生,見過否?”答:“未見。”仍問:“蠶尾誰也?”答:“姓名王士禎,號漁洋,其論詩云:‘淡烟微雨小姑祠,菊秀蘭衰八月時。記得朝鮮使臣語,果然東國解聲詩。’”上使曰:“漁洋詩曾已見過,清陰詩此一句亦知之,而特未知‘蠶尾’之爲漁洋一號耳。”答:“漁洋晚年頤養於蠶尾山,故有《蠶尾前後集》,後人俱稱蠶尾先生。”問:“清陰爲明朝守節,大國亦以爲忠義乎?”答:“忠義不没於天壤,伊爲明帝守節,本朝獨不重此人乎?”問:“爲本朝所重者,衹此一人乎?”答:“其餘不知。”問:“尊先世仕明朝爲何官,今爲幾世?”答:“明朝嘉靖年,世襲指揮僉事都督同知,至本朝定鼎遂失,迄今仕宦者尚不乏人。”問:“尊所着衣冠是古制否?”答:“生今之世,反古之道,灾及其身,既生於清,則不得不遵清制也。”上使曰:“君之此言,令人默會。”彼乃頷之,問:“唐女纏足之法創自何時?”答:“婦人纏足始於張麗華。”問:“創自張麗華,有可據文迹否?”答:“張麗華纏宫人足以媚後主,故唐人有《雙行纏》詞,《古詩原》記此一項。”問:“金蓮之説恐是美人足小之證,而設令纏過,何至如近日之艱步乎?”答:“齊東昏侯鑿池爲金蓮花,令潘妃行其上,此步步生蓮也。伊時尚無纏足之説,但相傳如此,未知是否。”仍曰:“大人一路勞困,待明春返旆,不自揣有俚言恭贈三位大人。家中有价來接,將告辭矣。”上使曰:“若蒙贐章相贈,何等感佩!過年回還時,謹當專候。”仍問曰:“貴莊村名云何?”答:“敝莊爲武王莊,離此西北三里。貴東蘇合丸乞送幾丸爲感。”上使曰:“謹當如教,又將清心二丸、海墨二丁、便面二把聊表微情,專望領收。”答:“未得申敬,反蒙先施,謝謝。”副使曰:“殊方邂逅,傾倒困廩,尊可謂有心人也。”答:“素慕貴東人物,故聞旌旗賁臨,即爲趨迎,但荒謬之語,不怪是荷。三位大人不棄寒微,銘感無既矣。”上使曰:“尊性喜山水,曾得幾處遊賞?”答:“髫齡隨祖任在江南,佳山水俱各遊遍。回家見黄崖頂峰巒秀逸,讀書其中,故號‘黄崖山人’也。”問:“黄崖離此多少路?”答:“四十里。一望北邊大山,即是也。”

問:"醫巫閭山餘麓否?"答:"醫巫閭山在關外,僕未見。"問:"江南即天下名區,山水人物比燕京孰勝?"答:"江南華麗之區,山水人物比燕京繁華多多矣。"問:"江南距此多少路?"答:"到江南界三千餘里,到蘇州虎邱三千七百餘里。"問:"金陵、錢塘爲天下之最勝,曾見之否?"答:"金陵爲明太祖建都之所,景固可觀,不如錢塘有西湖制勝。前月有《西湖全志》,業送與鄭公過看矣。廣陵山水更好。"問:"錢塘係是杭州地方否?"答:"錢塘係浙江杭州府管,僕到過此地。"問:"西湖荷花,今亦見存否?《西湖全志》過年回還時願見。"答曰:"西湖荷花如仙子臨風,夏景可愛。此《全志》係僕從彼處携來,内載山水之景、人物之奇、臺榭之壯,與本朝仁皇帝高宗之諸大臣名公之句,昨已送晚錫鄭公携去貴東矣。"問:"《全志》爲幾卷?"答:"十卷。"問:"漢滿不通婚嫁云,然否?"答:"然也。本朝最重關公,貴東知之否?"答:"知之,而我東則祇有東南兩廟耳。"彼曰:"本朝各村、各莊俱有關公廟,其始末全志,余家却有。"問:"過年回還時,可得見否?"答:"願携來。"問:"村村又有寺剎,亦重佛法否?"答:"佛法,滿蒙最重,流俗人之愚見,隨波逐浪者多也。"問:"盛什中女校書之稱云何?"答:"妓女也,因薛濤西蜀爲女校書,故云然也。"問:"州縣皆有妓女,私門亦有之否?"答:"州縣城中則無,西行大鎮店則多多矣。此去雙望堡、野鷄坨、沙流河兩家店,段家嶺别山俱有。"又曰:"妓女趙桂香係山東臨清州,能詩,能詞賦,亦妓女之矯矯者。余在山東,首唱此詩,海内和者數十家,目爲《遣情集》,即趙桂香亦有和。"問:"桂娘詩記得否?"答:"不復全記,尚記二句,云'墮入烟花已九年,情長情短見誰憐'。"上使曰:"桂娘詩清楚警絶,足可謂薛濤之類也。尊曾薦枕否?"答:"余在山東,頗蒙同人推許,兼之性又放蕩不藉,故與此等名妓鬥酒聯句,不敢諱而不言也。"問:"山東、山西據太行山分東西否?抑據恒山分東西耶?"答:"據太行山。"問:"山東出相,山西出將,何故?"答:"山東得聖人之餘光,讀書者皆務實學,故云相也。山西爲關公之家鄉,故云將也。"問:"黄河本過洛陽,由兖州入海,歷代河缺,近日河道與江淮相通云,然否?”答:“黄河自星宿海入甘陜界,由河南、山西入山東日照,與淮河相通,故今河工官員俱在宿遷、濟寧地方。”問:“宿遷是項羽本鄉,係是何郡何方?”答:“與山東日照連界。”問:“星宿海在昆侖山下,河源發於此。由陜界爲龍門底柱,歷蒲坂、山西、山東入海,此即故河道,而今則河觖就下,便與長江合流,古之河南洛陽今便在河北。尊所云云與鄙聞有异否?”答:“余未到陜、甘、山,而河南等處不過所聞如此,上江南、過黄河不過瞬息間耳。”問:“俺們姓字尊既知之,則名亦知之否?”答:“乍得識荆,未聆盛諱盛字,敢求一示。”上使曰:“俺名允大,字士元,號東浦。副行人名美修,字公美,號澹浦。三行人名基憲,字德輿,號白窩。”答:“明春拙句奉呈,貴號可題矣。”問:“夜已深,距貴莊稍遠,今亦還家,或留宿此村裹否?”答:“家中有人來接,告辭。直待回還時,更剪今夜燭。”上使曰:“專等過春再會,衹望今夜好還。”副使曰:“明春盛什,另望各贈三行人。”答:“謹當如教。”蓋齊之爲人頗有騷氣,能詩,善飲酒,其長文亦頗不俗,酬酢之際,至衣冠等句語,輒執筆長嘆,可見其志概也。一篇問答皆上使所書,而余與副使衹有數條問耳。齊去,鷄已三鳴矣。

六七、李海應《薊山紀程》

【解題】

《薊山紀程》五卷，李海應撰。

李海應（1775—1825），字聖瑞，號東華，朝鮮韓山人。著有《東華遺稿》三卷（韓國國立中央圖書館藏）。嘉慶八年癸亥（朝鮮純祖三年，1803）十月隨從朝鮮三節年貢使團書狀官徐長輔出使中國。使行於十月二十一日從漢城出發，十一月二十四日渡鴨緑江，十二月二十四日到達北京。次年二月初二日離開北京，三月二十五日回到漢城。癸亥十二月初一日，在甜水站與學究張士毅筆談。甲子年（1804）正月初八日，在北京琉璃廠、王庶績書齋兩次與王庶績筆談；初十日，在桂風山客館與秀才桂風山筆談；正月十八日、二十八日、二月初一日，在北京春樹胡同關帝廟三次與王榮筆談；正月二十二日，在春樹胡同關帝廟與清人王榮、劉紹叔筆談；正月二十四日，在春樹胡同關帝廟李海應、權禩、徐長輔與王榮、孝廉陳治鴻、王陳錫筆談；正月二十八日，在北京關帝廟與税官劉會琴筆談；二月初九日，在榆關韓姓人家與舉人齊佩蓮筆談。

《燕行録全集》收録此書，兹以此本爲據輯録資料。

（癸亥）十二月初一日，甜水村有講堂在九聖祠内。群童匝坐，有讀《詩》、讀《論語》、讀《春秋》者，而齊聲噪噪，不辨其句讀音語。案有《八股詩》《五經辨》諸書，是場各體也。有一學究方對案教授，遂略與筆談。叩其姓名鄉貫，則答姓張士毅，直隸遵化州豐潤縣人。問："豐潤聞士爲誰？"答"昔有谷應泰，名士也。今張庭槐、孫鵬越、魯鳳喈皆解元也。文章推鄭徵,書畫皆推曹慶篁爲最著”云。

禪房静寂闢西厢,學究書聲繞屋梁。兩國鄉音賓主啞,衹憑筆舌話文章。

(甲子)正月初八日戊戌,晴,玉河館留。

王時齋副榜韻席

朝出琉璃廠,入一書畫鋪,有一人容儀端雅,方閱畫帖,見余到門,注目良久,便欣然喜也。取筆書示曰:“萍水相逢,未識客官尊姓大名。”余曰:“班荆之座,偶接倚葭之貌,莫是萍水中一奇會期耶?僕姓名某,有季札觀周之志,作書記從戎之行。”因叩其姓名,則曰:“弟姓王,名庶績,江西九江府德化縣人。壬子科副榜,本以末學浪迹京華,恭逢威儀,三生有幸,請問尊寓,以便他日請教。”余曰:“見寓玉河館内。”又問其交遊中誰某,則曰:“有翰林李鴻賓者,再有喻姓名林者,亦係舉人,文章、書法見重一時,如不我遐,敝寓有李筆對聯當奉送,以誌一時見過之歡。且久聞四海皆兄弟,故北風塵見得光儀,今雖不能暢叙,弟還有十餘日閑暇,請光臨僕寓,副此懸望。”余曰:“受賜也多,謹當遵命,而茅萬户垂楊,不知君家阿那?”王曰:“去尊寓不遠,僕寓前門内西皮市四眼井登墀堂客舍。”余問年與號,王曰:“賤辰丙申,字敷九,號時齋。”仍又問余,余曰:“愧添一庚,字曰聖瑞,扁其室曰‘東華’。”王曰:“長僕一歲,是兄了。”余曰:“賤齒何足道哉?有先後進之别。”王曰:“尊言或是太謙,大要以學文爲主。君不聞艱於一第者乃大器晚成耶?”余曰:“學文於我何有?若以是定甲乙,尤全未全未。”王曰:“第幾行?弟之行七。”余曰:“行九。”又曰:“再晤有命,不可不指日期會。”王曰:“即以初十日早飯罷爲期,弟在寓等候。”他餘零碎,不録。遂同起出門。

清篁呼茶細細斟,市童閑掃落梅陰。高山流水琴中操,忽被鍾君聽有心。

正月初十日,王七時齋書室。

王出自桂館迎余，相肅，取筆書曰："中孚者，信也。君子不失信於人，然父在斯，爲子凡事當稟命而行。弟因於初八日啓館云，今日有約，特來一會，有失倒屣，望祈恕罪。"余曰："五倫有次序，大兄稟命之行，可謂自親而始。弟今奉約委進，聊誌抱柱之誼，貴駕言旋，從此作盡日之歡。"王曰："用早飯麽？弟處可用，雖疏食藜藿，願以奉獻，豈有枵腹談心者乎？"余曰："姑捨是，空洞無物，已本分事，且姑不枵。"王曰："吃麵罷。"余曰："鷄猪酒麵，逢着即吃，且爲客之弊，一至此哉。"用一大碗勸吃曰："《詩》云：'雖無嘉肴，式食庶幾，食則必飽。"余曰："既飽以德，何必待此而後飽。"因問："大兄被選於何榜耶？"王曰："舉人爲正榜，正榜後，另一榜十餘人爲副，不中正榜，終身不能做官。弟則如今年甲子開鄉試科，應試後，中正則正，不中仍是如此。"余曰："大凡副榜者何稱？"王曰："副貢生、亞元。正爲魁元、經元。"余曰："中正然後稱進士耶？"王曰："進士又是一層。如中正榜後，會試天下舉人，中者爲進士。"余曰："李翰林諸先生未得約會耶？"王曰："伊官翰林，此處律例，不許居官者交遊外國人，且弟等見接者亦不過瞞公不瞞私。"余曰："敝邦人前此來遊者，多與做官文士追隨結交，是誠何例？"王曰："或亦有私無公。"因出詩一律曰："此立春題詩也。一篇尚未完，代弟結下韻一聯，用祈兄台步韻的好，不要笑弟。"其詩曰："曉窗司啓報青歸，簾捲東軒見雪飛。臘意互針寒幾許，條風輕扇暖些微。謾裁綵勝簪疏鬢，且翦宜春貼板扉。"余即續就一句曰："會待曲江紅杏節，少年争奪錦花衣。"因曰："貂不足耶，以弟荒拙，續之甚悚。"王一咏曰："兄與我新年之願即此也。"又曰："弟前日不知干例約，至敝寓相見後，告之文，即同寓諸人皆云不可，此地近刑部、都察院、大理等寺衙，巡人最密。若見外國人往來親近，恐生嫉妒，可以爲口實。"余曰："區區律例，賺得男兒拘束。"王曰："所謂生於斯，長於斯，即得受此一番拘束。且父在，子不得自專，弟父年老，過慮恐致有懆，衹可偶然逢接，長則不便。"余曰："既承此示，益覺黯然，從此一去，無由再會。"王曰："既阻於時，又阻於勢,弟在他鄉,祇可作一千里神交,心間往來耳。"煩煩者漏載。遂臨門送余,愀然若繾眷。蓋彼人近與我人,雖或潛相交接,必忌諱他人聽聞,又必扯裂筆談之紙,王其甚者也。都下文士雖非外國人,亦不敢招朋引類,爛熳觴咏,非復舊日風者,專由治政之苛察。作如是説者,往往有之。

一言襟如水,一見顔如玉。水濬玉晶瑩,雅韻元不俗。謝君纏綿意,奈彼垣耳屬。玉河如東流,憑淚到鴨緑。

正月初十日庚子,晴。玉河館留。

桂風山秀才客館

王庶績約與今日相會,故早朝按地至登墀堂。王適出門未返,有一士人在鄰館迎接,略與筆談,則是桂姓,號風山,原係江南六安州人。余曰:"疇昔奉王時齋先生於琉璃廠書樓,趁今日爲約再晤,而所恨題鳳。偶接芝宇,可謂傾蓋如故,請問尊庚?"桂曰:"一見客官氣概如此,可知學問高明,欽佩之至,恨之晚也。王七今正啓館,若要相見,少俟之。鄙年三十五歲,二十入秀才,就寓京師。幼時好嬉遊,不肯勤讀,及少長,就出門在外,荒廢歲月。"又問余齒。余曰:"賤辰少尊肩隨之歲。"因求見其平日所著詩文,桂出《四書論》一篇曰:"如不見棄,願就正一二。"見其文,頗純淡。余曰:"擲地金聲,如弟者不得不袖手傍觀。"桂又出一律示之曰:"前日舍侄因事赴居庸關,余口占送别。"其詩曰:"一策匆匆等斷蓬,長城北走萬山中。囊垂可賦青錢句,裘敝誰彌紫塞風。村翳塵沙人絶迹,谷回石磴路盤空。此行辛苦須知奮,窮苦元來大有功。"余曰:"始知文章有力,弟可以拙句步就。"即席構寫,桂因舉筆,加圈兩聯曰:"真是宿學,詩法工部却過。"余問:"江南素稱文鄉,今之俗尚如古耶?"桂曰:"敝鄉念書者甚多,而純學者今也少。風俗尚樸直,比昔日少差。"桂又曰:"客官今下顧敝寓,一見如故,异日顯達,那時到此,請勿棄我。"余曰:"弟東海鄙人,且無素藴,何言顯達?"桂曰:"客官如如器宇,兼才學優深，安有虛度，但願卜日奉教。"時齋方自外至，邀致他館。

男兒浪迹似萍蹤，偶我行笻列館中。棐几即余拼雅韻，布衣從古有寒風。文章白首寧虛老，奇氣青霞薄遠空。滿紙瓊篇聊拭目，愛君平生著專工。

正月十八日戊申，晴。玉河館留。

王栢庭桀客館

景淵近與栢庭親知，因紹介約一會矣。今日一早，同車出館，王見住於春樹胡同關帝廟中。入門座定，余擎筆書示曰："夤緣敝友夙仰高名，故此透進得接光儀，可謂三生有幸。"王曰："賤學無識，叨荷光顧，感與慚并。"蝶莊王陳錫，桀之弟也，但聞其名而未識其面，故余又書問曰："仄聞白眉同寓，見今當座否，座上諸君子，僕未知某某。"王曰："頗似豐而微鬚者，爲敝同鄉方乾一，在國監作舉子業；腴而黃髯者，爲家表兄張秀三孝廉；其年幼者，爲四舍弟。"余曰："僕之此行非直爲山川樓觀之勝，切欲求吾所欲見者，今焉邂逅，東海鄙人何以得此奇會?"王曰："私衷切欲假叢之勝，足以遊賞者。奉屈文宗，作竟日歡，因不識風禁不敢冒昧，兼置新正酬應，鄙俗礰碌紛棄，兹聞行期又迫，殊深局促惋憾之至。敝俗與識好中有連句之會，本擬會集以暢此來之雅會，惜二三友均憚貽笑，不肯與會，亦缺陷事也。"余曰："如我遐棄則已，不然，則貽笑之教，僕不敢當，或者僕之好緣終此盡耶?"王曰："再回之期欲於廿二日，濱劇粗期一聚，兄可詳之。"余曰："廿二之約如宛，則可晤。"又曰："劉石庵筆法，僕已稔知矣。聞兄有雅分，借得數三幅揮灑否？如蒙珍諾，僕當帶紙伻報，亦不可無吾兄筆迹，以作日後珍玩。"王曰："石庵相國書似集諸家之大成，如叨賞鑒，當得轉浼，至桀蔑識，焉敢妄作，以污大雅之清矚耶?"遂與留二十日約而還。

春雪經宵净掃階，客登書房見雙鞋。逢君如入金陵路，漸覺江山面面佳。

春樹帖贈王陳錫

正月二十八日,自蘆構橋還,迂過春樹胡同,爲訪柘庭兄弟也。柘庭出迎曰:“明月擬造館謁,荷此枉顧,感謝感謝。”余曰:“素聞蘆構橋爲皇都八景之一,今曉率意獨往,一晌眺望而還,日勢尚未盡,故歷進門屏,明日枉顧之示,誠不勝欣榮。第西山亦一可觀處,大擬明往,未可改圖一二日否?”王曰:“溝蘆之遊樂乎?然其處一無意興,西山尤不如也,明日既擬出館,當於晦日入謁可乎?引泉亦擬明日同往,今如改期,恐又不能偕。”余曰:“以興觀之,無無意處,蘆構之可觀,專由不佞興不淺之故。晦日約,誠萬幸,向日蝶莊所屬詩帖,余已帶去館中,構一律書之,又求館中如干詩,完成一帖,而題其帖曰‘春樹帖’。今日之行,命人帶來矣。”仍問:“蝶莊令季適值駕言耶哉?原帖奉完,而但恨詩無足觀。”王展閱一篇曰:“尊什既佳而情致纏綿,令人讀不失手。舍弟在城内,今日且有友人招飲於廣德樓。當於晦日同進致謝。”王又曰:“欲得尊筆以侈藏玩。”仍出我國壯紙一張,屬余下筆。余曰:“筆拙可愧,且南人以竹爲薪,北人以竹爲梡,此紙手熟,僕不欲書。”王笑曰:“貴館絅庵大人以此紙二十張見惠,豈數見不鮮,而謂西施可唐突耶?”又出粉唐紙二片,再三苦懇,故余以宋詩二絶書贈之。

相逢却恨晚相知,萍水浮蹤未定期。春樹街頭高士館,秋山幅裏故人詩。傳觴盡日摩青眼,倚玉清風見白眉。悵悵東溟歸去路,帶君瓊墨慰余思。

題秋山送别帖

余謂王曰:“拙筆荒句,污了清帖,唐突太甚。”王曰:“當襲之深藏,永寶不朽。”

浮生無幾少年時,白首懷珍世莫知。詩癖瘦人憐賈島,琴伸證友待鍾期。洞庭龍蟄雲共暮,溟海鵬搏路太遲。會見宫林全樹借,且君何恨寄鷦枝。”

二月初一日，辛酉，雪。玉河館留。

樂志軒留别

朝詣栯庭所，爲謝昨訪，兼叙明别也。余曰：“昨日適離館，貴駕虚辱，可勝悚悵。明將離發，不得不一别，故擺却臨行事務，冒雪委進，聾岩未得偕，要我轉謝。”王曰：“昨日奉應不值爲悵，榮行在即，後會無期，耿結之衷，縱不灑臨歧之淚，終難免悲從中來。”余曰：“一别在邇，再晤無期，耿結之衷，猶屬歇後語。昨承珍貺，將補歸橐，銘謝那道留别表悃，略以橐中餘存者藉呈。惟足下昆季笑領否，睹物知心，則是所幸也，而慚愧無地。”遂以紙梳筆墨之屬贈之。王曰：“叩惠至再，領何可當？”又曰：“聾岩不訪，由行具之牽制耶？聾岩，迂拘士也。”余曰：“引泉終靳一别否？”王曰：“引泉豪放不羈士，即以身繫官，故不能自適，詩稿已送來，序文則倩教習范季之手，而又以石庵書對聯及自筆一聯、董誥筆堂扁奉送矣。”余曰：“迂拘者豪放者，俱高人一層，諸君子書法，不啻千金，當歸作珍藏，萬丈光怪，亘在扶桑樹。”王曰：“惟詳示在那裏址，容作异日千里奉寄之美談，如何？”余曰：“敝莊，王城蓮花洞，扁其室曰‘懷蘭室’。”王曰：“頒朔有差，歲終使尚寄惠好音，爲萬萬幸也。”余口占一絶書示曰：“覽此，可默會。”王曰：“洪橋故事，千古同恨。”蝶莊出硯一方贐余曰：“歙硯一方，不堪持贈，聊以此藉臨歧贈言之意。”余曰：“文房結友，百年寄情，證此金石之交，非不感且好，而物厚人鄙，恐不敢承當。”王曰：“金石結心，磨以不磷之意。”余曰：“心如石矣，何待硯方？”王曰：“可卷而懷之，聊結心交。”仍授余從者。余曰：“千金送人，終須一别。萬端情緒，書不盡意，僕請告别，從今以後，衹作萬里神交，往來一心上也。”王曰：“驪歌頓唱，五内若煎，惟願勞力前程，鄙人静聽好音，遥以申賀。”遂握手一别。栯庭與蝶莊俱作凄咽狀。

若憑千里信，當慰百年心。遠道難尋約，洪橋等古今。

正月二十二日壬子,大雪。玉河館留。

柘庭酒席與引泉劉紹叔共賦

是日,爲踐柘庭約,往至其所,主人已立門久矣。延余坐,呼茶訖,余與劉引泉作肅,叩其姓名,劉曰:"僕姓劉,名紹叔,號引泉,柘庭之内弟,因今日台駕惠臨,特來仰瞻丰采,一見雅人深致,使我敬佩之至。"余曰:"東海鄙人觀風上國,已極蓬萊之願,而況今日得接光儀,未知先生與石庵相公有親誼乎?"劉曰:"石庵相公係僕同宗祖行,且常至其府中,仄聞先生欲覓其書法,此事至易,昨聞柘庭言已面求之矣。今携來石庵、覃溪二公真草,《心經》墨各二張,聊當見面之贄,不知肯留納否?此石係曉嵐尚書家所刻,先生知翁覃溪其人否?"余曰:"疇昔果仰懇柘庭,欲得石庵書,今示如是,謀忠之誼,若是摯乎!草法雙擎玩閲,百朋之錫,蔑以加矣。曉嵐尚書,僕已飽聞,而第未知翁覃溪何如人?"劉曰:"翁覃溪官至侍郎,爲大興才子之冠,少與曉嵐齊名。其詩文書法,今頗難得。"余曰:"請問先生見任何官?貴甲子幾何?"劉曰:"候補兵馬司副指揮,乾隆五十三年中秀才,以議叙得是官,是正七品,本係山西洪洞縣人,今虚度三十四歲。"劉又曰:"僕昔年曾隨家父至福建台灣,杭海遨遊,得與吕宋人交契。今又與先生邂逅,可謂天涯傾蓋,而又敬佩外國名士,質樸忠誠,較世途滑稽之輩,不啻天關矣。"余曰:"眼底奇山川,副是腦中三萬卷,吕宋人既與先生交遊,似是天下士也。若以僕比諸他,先生之取人,其或失之僕耶?吕宋人何許人,文章書畫俱可以稱妙,住居那鄉,願因先生得聞奇士之名。"劉曰:"僕所識之吕宋,係伊木國二品官,問以文章筆墨,則不知。僕深服其能通天文并海道,所以嘗領教他,而言語難通,與之語難,憑通事,非若貴國人之能作漢語,妙於文章也。"余曰:"僕亦到貴國即亦聾啞人,是故滿腔情緒衹憑筆舌,而猶未若吾舌之在也。"劉曰:"以筆代舌,乃天下第妙事,誠思古之聖賢,何嘗與今人面談?所憑者幾卷詩書耳。"余曰:"書中劉聖,豈若親炙哉?”劉曰:“今日真面對無雙國士,僕幸甚幸甚! 既訂神交,當朝夕過從。再以後,彼此休以客套語相加,更加親密。”余曰:“國士僕實不敢當,一識荆州,素願幸遂,若於啓館前種種,得奉教音,此誠三。分離之際,惟以誌意,不足當大雅之觀,如尚荷許可,幸祈題之,以光鄙俗何如?”余曰:“以僕三昧之眼,猶知上國高士風流才情,第小巫叢鈴,豈望下手於大巫前耶?”王曰:“過謙即所以見棄也,幸祈暇時賜教爲感。”余曰:“勤教如是,謹當遵命,而容小俟,日間未知甚似。”余又曰:“石庵、曉嵐文章有賢愚否?”劉曰:“石庵詩文質實近理,有相國風度;曉嵐則詞林妙品而已。”余曰:“僕有若干首詩,擬欲一質高眼,吾誰適從?”劉曰:“如肯見示,當與諸詞人共相賞識,兼呈石庵品評。”余曰:“若如尊教,感幸何極。且有敝友零星詩文,而恐不足一挂清鑒,此是西澗昆弟所著也。”劉曰:“詩文原係公諸同好之物,一并求教,何如?”余曰:“僕所懇諸筆,既不鄙余留諾,且欲得先生書法,未知如何? 貴寓亦未聞知,是庸泄泄。”劉曰:“敝書庸拙,毫無可當高人青眸,既承雅屬,當勉書一聯,三日後奉贈。敝寓即順成門外,土地廟斜街路東都察院封條也。”王命進饌,轉眄門,可謂食前方丈,勸余下箸。余曰:“珍羞旨酒,停當醉且飽,第恐不當嘉賓之燕敖。”王曰:“粗餚享大賓,慚悚之至,幸祈暢飲,一快生平,切勿過謙。”拿一大壺曰:“此酒名紹興,出自浙江,酒如嫌酸,往换甜酒。”余曰:“飲小輒醉,不知其味。余當暢飲之席,甜酸何擇? 若過數巡,僕將亂矣。”王曰:“量海,庸毋過謙。况得幸會,縱亂何傷?”余曰:“天戒也。不然,卮酒安足辭?”蓋華人之語,善飲者,謂之量海;不解飲者,謂之天戒。劉笑曰:“人定足以勝天,況以酒合歡,良友相聚,豈可小清酒百壺乎?”余曰:“天下之好飲與不好飲皆無在余上。”劉曰:“先生此語,抵得長公半日禪也,可有東坡肉量否?”余曰:“祇嫌令人俗,不嫌令人瘦。”劉曰:“然而書法,即坡仙不厭先生其意乎?”余曰:“謂我畫葫於坡仙者耶?”劉曰:“廬山真面目,何謂畫葫耶? 我輩且鼓酒陣,勿紙上談兵,何如?”余曰:“酒軍詩兵,總是强敵,弟不得不偃旗息鼓。”劉曰:“陶貞靖節云‘我醉欲眠君且去’。何等高雅,我輩當效之,先生若過醉,即眠亦何妨,況不醉乎?”余曰:“弟若善飲,即當一斗亦可,一石亦可,第三酌不識,矧敢多又?”王曰:“今日會不可不一觴一咏。”劉曰:“惜無續貂之才,難作聯吟之會,尚有一詩,陳姓,少刻即至,待之可矣。”余曰:“陳先生爲誰?”劉曰:“陳名範川,浙江孝廉。少年多才,亦僕兩人之好友也。”王曰:“願求即席拈韻,硯已洗,墨已磨,可暫於内室一揮。”余因五律一首詩以示曰:“適構荒拙,惟祇祈斧正。”王、劉俱以筆圈其一聯曰:“詩固佳絶,愧不敢當。”劉又續和曰:“高情素筆墨,疏懶擬雲林。傾蓋留佳話,萍蹤惜寸陰。論文稱國士,走筆見芳心。流水高山在,撫琴有足音。”余朗吟一遍,曰:“正始得瓊報,鄙什益慚其不稱,僕則不敢加評。”劉取白琉璃三大杯,列於前曰:“三杯,請先生自擇其一,快飲一杯。”余曰:“三者於弟皆河海也。”劉曰:“弟生平好飲酒,然不對佳山水不飲;不遇良友不飲;不讀好書不飲。今既得良友,即欲先醉,先生勿以爲貪杯爲幸。”余曰:“先生用此杯,當爲幾能當百壺之飲耶?”劉曰:“全未全未。”王指一菜楪曰:“莩薺味固佳,食可以當肉。”又指鯨魚羹曰:“此魚,貴邦亦供烹饌乎?此間爲罕物,幸試嘗之。”余曰:“鯨魚雖産於東海,本是水族之巨者,罕爲人所釣。”劉又指猪肉曰:“此名東坡肉,東坡所嗜,故以名肉。”余曰:“一啖,便勝於説龍肉。”劉曰:“足下此一嘘傎,不亞於嘘肉上天。”余曰:“僕鄙夫,祇識肉食。”劉曰:“未免遠謀,不必過謙。”劉又問曰:“貴邦名勝數何地?祈示一二。”余曰:“山有金剛、俗離、九月、妙香、水落、白頭,水有豆滿江、瀛海等處,此其大略也。”劉曰:“神往久矣,未能一遊爲憾。貴邦酒最高者云何?”余曰:“千日酒、百花酒、梨薑、竹瀝之名皆是味佳者。”劉曰:“覽此,同飲過一樣。”劉又曰:“江浙勝景,可能一遊乎?”余曰:“祇就舊書卷中,略知其某處,平生願一遊覽,而局局海陬,鵬圖莫展,往往馳神,亦欲得宗少文臥遊法,而猶未易也。”劉曰:“《西湖志》,尊處有否?”余曰:“常一覽過。”劉曰:“貴邦札子往復亦同此文字,抑另有繕法?

祈云以廣鄙見。”余曰：“書同文矣，依樣古文簡牘，而隨其文法用之耳。”劉曰：“字似不同，表章即亦同此，文札抑另有别法否?”余曰：“書札有書札之法，表章有表章之格，大略則文勢相似。”王曰：“舍弟小照尚欲求教。”余曰：“心乎愛矣，豈必笑貌爲哉?”叩其年，則二十九歲，爲王之舍四弟。王曰：“先生量雅，而未不從實。”余曰：“因問大號，祈示文章德業，想是季方之雅也。科榜高第早已應選否?”王曰：“舍弟號蝶莊，名陳錫，字小照，幼而投荒。今有禁，故於科名不得妄冀，文章德業，更不敢言也。”余曰：“少年南荒之行，罹於何故而然耶?”劉曰：“蝶莊昆季皆以先人被讒，奉命投荒，今已奉恩旨昭恤回里，尚未許仕進。讒人者，和珅也，李侍堯也。和珅死後，柘庭昆季始奉明旨釋回，可見其威權之盛。然柘庭等非久困於人下者，先生再來，則見其飛騰矣。”余曰：“青蠅之污人，自古然矣。世路榮枯，亦屬一時，柘庭昆季風範如是，而終若虚老，僕不敢復相天下士矣。和珅一死，其闔門諸人皆作何狀?”劉曰：“家産歸於吾主，奴僕分賜諸王，珅祇一子，早尚公主，現在照舊供職，足見我主寬宏。”余曰：“柘庭與引泉同鄉否?”劉曰：“僕山西人，山東籍，由東省秀才而入仕。如論其人，則同梓里，論其現在之籍隸，則又爲齊人也。山西，古晉地；山東，即齊魯也。”王出一士人家狀帖，示之曰：“此係一友人所書，高朋以爲何如?”余曰：“才與行一般高名也，莫是吉甫之張仲乎?”余又曰：“陳先生有約，則此何遲延?”劉曰：“適遣人往約，云已出門，由他處轉來，是以尚未到。且範川因失偶，欲續弦，故連日奔忙。雖今朝失約，後日則必到。”余曰：“我之不遇，天也。若得再回之約，何幸何幸。”王曰：“尚未有數日工夫，僕必極力爲先生作一聚會。”劉問曰：“貴邦風俗禮儀亦與此不同否?”余曰：“敝邦則祇遵《禮記》《家禮》及朱夫子禮訓耳。”劉曰：“《禮》書有真有僞，不可不辨，惟朱夫子《家禮》可遵，然亦必循時而行。且《大清會典》昭若日星，率土皆所奉行耳。”余曰：“不可不因時酌宜，而同者同，异者异，若欲論同异之辨，則蓋常曰千里不同風也。”劉曰：“大抵皆遵時王之制，人心之安者即爲禮,四方幅負萬里,不過一心之所安而已。即如上國,本係箕子受封之土,是以與我國衣讓禮儀從古不衰,所謂水有源,木有本也。先生有志抗論《禮》經,非人中之杰而何?願努力典籍,爲一代文獻爲幸。”余曰:“杞猶不足徵也,僕以小國庸才,何敢當一代文獻之主?”劉曰:“《語》云:‘十室之邑,必有忠信。’‘五步之澤,必有芳草。’况朝鮮大邦,豈乏俊哲?先生可勿太謙。”余曰:“澤之慶忌,川之産藭,豈謂如僕者流耶?”劉曰:“柘庭今日謀諸而得此斗酒,足下可勿負其盛意耳。”因又以種種肴果,更品錯進。余曰:“洗盞更酌,恐不知東方之白。”劉曰:“多飲數杯,面有春色,以壯鄙懷,何如?”余曰:“愧非青春顏面。”劉曰:“酒冷飲佳乎,熱飲佳乎?”余曰:“本是飲河之腹,冷亦堪,熱亦堪。”劉曰:“恐先生讀《劉伶傳》,故爾相問,今欲效太白一杯熱酒,當漂出詩魔也。”余曰:“但恨僕之從者未及荷鍤而來。”王曰:“舍弟備素帖一本,適成佳章,願求一揮。”余曰:“鄙什即一時暢情,欲覆醬瓿而猶可惜也,何況精造編軸,以寫狂吟亂筆閱人高眼耶?”王曰:“過謙至極,如不吝教,或可入館中,兼邀諸高明同一揮賜,何如?原唱擬乞即書册右,引泉和章亦附録之。”余曰:“然則僕當爲引泉書之,雖然,今則日暮,不敢少緩,容俟歸館後帶去,并秋山帖一時寫呈。”王曰:“前來李聾岩今日失約,後日踐盟,先生可因與同行否?聾岩,景淵號也。”余曰:“敝友以私故適啓館,明日則不得不早自來謝。”王曰:“何敢再勞言謝?惟會情日少,倘得與先生再奉雅教,幸更無既也。”余曰:“敝邦權侍郎、徐學士俱中科第壯元人也。奉使貴國,欲得一見高士,聞僕等得奉先生,大擬一場打語,而未易圖,便是恨。”劉曰:“僕同柘庭皆赴館中相會如何?明日有敝事,廿四日准奉教,此亦煩人耳目。有不然者,約於琉璃廠橋東路南五雲堂全姓書鋪見面後,至柘庭寓中吃茶亦可否?”余曰:“謹聞命矣,規當歸議,奉遵高約,李友當偕進,且陳生有約,則不可無此君,敝稿及友人詩文亦當一切帶來。”余因起揖,王、劉俱深醉苦挽。余曰:“城門下鑰,則僕將中路經夜。”二人哂而送至門。時日已黑，雪不止，命車夫飛輪而入，纔及城鑰。

卓犖蓬桑志，逢迎翰墨林。高風士冀北，微雪路山陰。筆下方通話，杯中共見心。郢門呈一曲，商羽待知音。

正月二十四日甲寅，陰。玉河館留。

樂志軒和蝶莊韻

王、劉諸人以今日爲約，故往會於樂志軒。絅庵、秋陽次第出來，入其門，主人出迎，而蝶莊及陳孝廉範川已先到矣。陳舉筆相酬曰："素聞貴國人文之盛，自愧學植蕪累，未敢奉陪，敢問尊姓名及號。賤名治鴻，號範川，孝廉，即舉人也，現尚未受職。"余舉手揖而書曰："莫是陳孝廉先生？曾因柘庭、引泉二先生久慕鴻名，何幸今日之奉陪。僕姓某名某號曰某。"因問："尊位本住順天府耶?"曰："浙江嘉興人。"曰："浙江嘉興之間，素稱佳麗之地，文人才子近亦有勝於他處乎否?"曰："浙江山川秀麗，人文最盛，若僕者素不讀書，自增慚汗。"曰："西湖、虎邱，此是尊兄臺池，果遊覽幾次。"曰："僕居嘉興，與西湖相去二百餘里，虎邱尤近，惜以事留滯京華。僕家居一二年，偶作近遊，未了看山之願，因諸君子語及，棖觸鄉思，益自愧風塵面目，未免山水笑人耳。"陳又曰："向見貴國朴君齊家集一本，而有策一首，極古博，詩亦清老，想亦一著作手。"曰："朴果貞蕤也，詩文何以得見？柳泠齋得恭時亦同遊京師，多有所著，見之否?"曰："朴詩於友人齋頭見之，蓋曾到京，其詩集太半與京中文人贈答之作，集係浙江人陳姓者爲之代刻，而陳君想但與朴君相識耳。"陳又曰："敝邦文人雅士，今皆以公務繁劇，不暇交遊，今有船山、壽民輩亦詩酒之雄，惜先生不能逗遛，久與盤桓也。"余曰："船山莫是張翰林耶?僕且願晤而不可得者，大抵士夫之出世，如處閨之女，無良媒則不可。荏苒之間，行期不遠，僕之奇緣於此盡耶?"陳曰："船山，姓張，名問陶，既悉其人，初旬原期約會，惜出月二日，上幸翰林院，皆有所司，故未能邀晤耳。"余曰："敝友于野李光稷，詩酒豪散人也，往年來遊上國,與張船山逐日觴咏,相托深契矣。這次此友亦來而以不得見船山,念念心頭不捨。"陳又與絅庵、秋陽迭相酬和。栢庭書示余曰:"先生知範川其人否?範川爲我國甲寅歲魁首,年紀少而實富於腹,敏且超越,以向日違約,久益赧汗。今幸值諸公雅集,又欲奉教,而亦以俗冗,心内倥傯局促。"余曰:"今日劉引泉以甚故不至?"王曰:"適已遣人往邀,以實病失約耳。引泉人豪而敏,且今日之約實出引泉至誠,如非采薪,豈不致違素願?鄙懷亦殊切悚愧之至。石庵書可代乞親筆,而以初二日臨行翰林院大典,未免擬進詩册。典禮忙迫,非有他也。幸院大典今上所舉行,未免當道大人先生,皆多一番籌酒酌之故耳。行期如能過此,當另圖報命。"余遂裁抵引泉書,仍出示西澗詩文曰:"此是與引泉有約者也。"王曰:"謹當轉致尊命。"余曰:"皇帝幸翰院則進詩册,例耶?"王曰:"向例,凡由翰林出身,無論在朝在野,新皇帝登極臨幸,中外官員、已告休人員均當進詩册迎駕。况曾當掌院臣乎?翰林衙門老舊規,總以前輩爲重,諸人必請教其門,非比别衙門各司其事也。"因説酒饌、各種珍錯比昨尤勝。余曰:"真率之會,何必盛備乃爾,茶熟香清,有客到門,豈非可喜事耶?"余謂陳曰:"貴館在那裏?竊祈示知,作後日源源之路,則是幸。"陳曰:"僕寓既遼遠難尋,且居城中,出城多不便。月初足下得閑,定一日告知栢庭,改圖再晤,何如?"王曰:"範川現以孝廉充《會典》館謄録官,前言賦閑是虛語也。倘不棄,於鄙處相會。"余曰:"謹當遵教。"王曰:"舍弟企爾已深,終以不能朝夕奉教爲歉,其亦家城内,且患瘖疾,出入殊窘,比因諸君子惠唱,實力疾瞻陪,藉慰素抱耳。今當曜靈匿景,含意未伸,敬以一律藉呈,尚乞先生借不律作縞紵之投,何如?"其詩曰:"觀光齊鳳闕,佳語出鷄林。乞字看雲集,傾觴到月陰。神交由我好,眉語識仙心。更感《皇華》咏,嘉賓惠德音。"尾曰:"新正廿二日,集於樂志軒,東華先生即席成集。謹依原韻奉答,并請教正。蝶莊居士草。"余曰:"拭眼奉玩,可見月露上神造,厚誼難孤,敢露拙手。"遂步韻酬還。王兄弟曰:"拜讀佳什,不啻百朋之錫，謹當十襲珍藏。"仍與叙别而罷。

雅名藏墨藪，遊躅過禪林。座鬱青萍氣，堂清玉樹陰。談叢摻塵尾，衿海瀉杯心。一别天涯路，留傳惠好音。

正月二十八日戊午，乍陰。玉河館留。

蘆構橋

余聞蘆構橋之奇壯，爲皇都八景之一，向日秋陽之往也，爲攝柘庭之約，未遂意。今日領賞，余既無有關焉，且恐遷延時日，不及於啓館前，故仍不謀於衆，裝馬獨出。……過橋而有關帝廟，丹雘鮮潤，廟門外設廊閣，中有數三人治文簿，記商貨車輛之數。盖橋係西南諸省大路，置税官於此，以收車船之税也，叩其閣中人姓名，則一是劉會琴者。略相筆談曰："此城内有知縣，而所管何事?"曰："有西路同知姓蔣之人，而捕盗邦賊。"曰："此橋有收税，而四方漕船皆泊此橋耶?"曰："此永定河，下通天津，船隻不可通行，漕船則往於通州東門外石堤。"蓋此河之源，未詳自何處，因河石多子，水勢春間猛烈，故不能行船。渠所過，則經管蘆構橋錢糧事，仍復登橋欄，移時眺覽而還，橋距皇城四十里。

萬里遊觀眼欲窮，清晨策馬古橋東。三河水折朝宗處，一道虹飛泱漭中。勒石詩篇吟曉月，躡欄衣袂拂輕風。官倉日計千錢税，輻凑行裝濟不通。

二月初九日乙巳，晴，背陰。堡四十三里，民人王姓家午餐，榆關四十七里，民人韓姓家宿。

次韻齊佩蓮

夕抵榆關，主人即韓姓也。其家重門復壁，縈繞幽深，所列器玩皆光潤耀眼。榆關三里地，有恩選進士齊佩蓮者，頗以文藝稱。是夕來訪於店舍，略與筆談。叩其鄉籍，則曰："原江南溧陽，明世襲指揮僉事，寄居無寧，爲官者代不乏人。"問榆關諸勝。則曰："離此三十里有蓮峰海市,是一美觀,且一年蜃樓止一二次,清晨瞬息之間,車馬人物變幻多端。"齊因袖出平日所著詩文一卷,而洪耳溪良浩、曹尚書允大使燕時,爲之批評。跋篇之文、酬韻之詩俱謄載一卷,拈卷中卮字韻,要余和贈。

春雨榆關强引卮,忽逢高士展山眉。抹月批風詩一部,勝地光怪積波斯。

六八、元在明《芝汀燕記》

【解題】

《芝汀燕記》,元在明撰。

元在明(1763—1816),字孺良,號芝汀,朝鮮原州人。朝鮮正祖十四年(1790)司馬試及第。歷任司僕寺主簿、正言、副修撰、副校理、應教等職。嘉慶九年甲子(朝鮮純祖四年,1804)十月,以朝鮮謝恩兼冬至使團書狀官的身份出使中國。使行於十月三十日從漢城出發,十一月二十四日渡鴨緑江,十二月二十二日到達北京,1805年二月初三日離開北京,三月十五日返回漢城。甲子十二月初一日,在甜水站佛寺元在明、李義聲與張教授筆談;十七日,在永平府元在明、金思穆、宋銓與舉人張弼臣筆談;二十三日,在北京琉璃廠李義聲、金善民與崔琦、陶正祥、進士李鼎元筆談;二十六日,在琉璃廠李義聲、金善民與秘書郎曹江筆談;乙丑年(1805)正月十七日、二十七日,在琉璃廠、玉河館李義聲兩次與進士楊承憲筆談。

此書原本藏韓國成均館大學尊經閣,《燕行録選集補遺》中收録。兹以此本爲據輯録資料。

(甲子)十二月大初一日乙卯,晴寒。行四十里,甜水站中火,又行三十里,娘子山止宿。

……至甜水站中火,季鳴、希天、子明入一佛寺,金碧精麗,塑像皆有精神,稍可觀。庭左有炕,隔窗有讀書聲,似是學堂。入其堂,諸童輟讀,見我人,相顧亂嚷曰:“他們的甚麽驚怪視之?”取看所讀册子,皆經書,漢書八大家又間之。俄有一學究自外至,貌頗不醜,年可四十餘。相見施禮而坐,季鳴取卓上紙筆書之曰:“敢請尊姓名?”答曰:“僕姓張,山野之人,無名。”又問:“學生幾何?”答曰:“童子五六人。”又問:“教授之法何如?”答曰:“先念書,後講書。”又問:“念書、講書不同,何也?”答曰:“念書者念其文也,講書者講其義也。不解章句,安能知意義?是以先授音讀,謂之念書。念之既熟,乃能講説其義,曰‘講書’也。”又問:“教授之次序?”答曰:“教兒必先《百家姓》,次《三字經》,次《千字文》,次《大學》,先四書後詩書也。”張問曰:“貴國如是乎?”季鳴曰:“大同而少异。我俗必先《千字文》,次《史略》,次《小學》以至四書五經。雖蒙學,文義兼備。初無念、講之别也。”語未畢,使行已發行,遂告别。張出門揖送云。

(十二月)十七日庚午,行四十三里,永平府中火。又行四十里,野鷄屯秣馬。又行二十里,沙河驛止宿。

……上使先發,又逢一文士,請坐點茶,問姓名。答曰:“姓張名弼臣,方發解,留業知縣衙中。”副使以筆談,問曰:“科舉既發解,則何時當爲會圍?”答曰:“明春甫行去,未知得與否。”又問:“舉業八股體乎,詩賦乎?”答曰:“舉是八股,當秀才做詩賦。”又問:“當今海内,文章宗主爲誰?此地學政姓名爲誰?”答曰:“當今文章朱珪,詩賦紀昀。此地學政新點,姓名尚未得信。”又問:“尊姓字既得聞矣,居何地方?年紀幾何?何事來此?”答曰:“居山西太原府,年廿五歲,因家貧遊幕。”又問:“太原自古名碩甚多,白居易即其鄉人,近古亦有名可稱者否?”答曰:“尚可,爲時甚速,不及細言,大人行走迅速,今既幸遇,求將此紙寫賜小小一塊字,以作相會之紀,請書。”又曰:“誠如尊教,行忙不可多話,回還時如獲一遇於店中,可悉多少。”張又曰:“請賜大筆一塊何妨?”副使又曰:“筆本拙,不堪寫示中土人士,容俟後日可書數字奉贈。”張又曰:“年歲將終,恐欲歸去,不妨少寫數字。”副使指季鳴曰:“此少年以筆名於東國。”張曰:“請教。”季鳴遂寫“明年春色至,領取一行歸”十大字與之。張致謝分手,頗有悵然之意。

（十二月）二十三日丙子，晴。留館。

……季鳴與希天不率馬頭輩，聯步出正陽門。訪琉璃廠，語言莫通，東西不分，直過壕橋，出牌樓，遵大路。行三里許，入一鋪子，指書卓上索紙筆，藏櫃的請坐凳上，點茶，出紙筆書示："琉璃廠那裏去？"藏櫃的答書："北走了一里許，入一胡同，西南行一里便是。"遂起行還，向北一里許，入一胡同。憩坐一鋪子，又指書卓上，問："琉璃廠向方？"主人書示："老爺不辨東西，命一小奚前導，此距可三里。"遂書："依教，感謝。"出鋪門，一奚果前導而行，胡同回曲處，則奚回顧手指，至一處巷門，奚笑指楣上書"琉璃廠"三字，於是欣然尋得。示意奚回去，則摇頭不應，或前或後，歷歷指示旗牌，映耀書畫、器玩，左右眩晃。入聚瀛堂，主人姓崔，筆談少頃。又入五柳居，主人姓陶，年可五十餘，爲人淳實可語，見我人，揖迎請坐，親執茶碗點鍾，相勸筆談。通姓名，季鳴指希天曰："此友，姓金，自號清風，好文章，進士出身。俺則粗解文字，與此友願得一遊上都。又奉諸公之清儀，如入芝蘭之室，當繼此而源源也。"陶曰："此地可以源源，他處多不便。"傍有一人，年近六十，頗有文雅之氣。季鳴又書："請尊姓？"其人書："賤姓李，號墨莊。"陶曰："此會李墨莊曾經琉球國副使，與貴國朴、柳兩君相好。"季鳴曰："偶逢同姓，幸甚，方帶何職？"墨莊曰："現承乏兵曹主事。"又曰："貴國有余素好，係朴次修、柳冷庵，古人李懋官。"季鳴曰："俺是冷庵之親，知少年來此時，説及聚瀛堂、五柳居諸公之名，故俄訪聚瀛堂，主人出京未逢，來此幸逢陶公，又逢先生，喜甚。"墨莊曰："前年柳、朴二君來，在此聚數次。二君别來無恙？朴君仍爲縣令耶？冷庵在何處？現居何職？其子已成名，能卓立否？"季鳴曰："朴公方解職，在鄉。"墨莊曰："功名不遂意，可以高隱。"季鳴曰："柳公方帶内閣檢書之任，長在直中，故來此時不得面别，亦未有書於諸公云耳。其長子間出仕，見方解職，其次子又入内閣檢書之任。"墨莊曰："冷庵有子矣，次修子何如？"季鳴曰："次修素不親，故其子成就未詳。"墨莊曰："洪耳溪相公諱良浩，無恙耶？

其子名樂浚尚爲學士耶? 亦以顯官耶?”希天曰:“洪相公已捐館,其子姑未顯官。”墨莊曰:“可嘆。”又曰:“洌上四詩人李懋官、李薑山、朴次修、柳泠庵,與余相知已二十年,前事内惟薑山未晤,現居何職?”季鳴曰:“薑山未曾相識,而方帶關西觀察使。”墨莊曰:“二君來遊上都,必有奇才,願聞其略。”希天曰:“季友自號青流,善詞賦,工於筆畫,俺之文酒交也。”墨莊曰:“此行記程,得詩若干?”希天曰:“得若干。”少話,日已夕矣,更留後約而起,前導小奚尚在門外,復前導,回程以清心二丸給面皮。問其姓,姓王,至正陽門外告歸,其忠厚誠信類如此,真大國之風也。

(十二月)二十六日己卯,晴。留館。

子明同季鳴出往琉璃廠歸,言又入五柳居,希天亦來會,問墨莊消息於陶生,則方以職事出京云。有一美少年在傍,先與希天酬酌,其姓曹,其名江,字曰百川,號玉水,時年廿四,現帶秘書郎。陶謂季鳴曰:“曹玉水,佳士也,其大人見誤於和信,被罪而死。近日玉水蔭仕爲五品官耳。”玉水問:“貴邦程路幾許?”季鳴曰:“三千六百許里。”玉水問:“貴邦多名山大川,願一東遊而亦未易也。”希天曰:“‘願生高麗國,一見金剛山。’此華人詩也。”玉水曰:“諸公文章可蒙一覽。”季鳴曰:“我你文章不足塵大家眼目,而他日當袖記程詩若干,以副勤教。”玉水每稱希天以“穆如先生”,希天之號“清風”故也。

(乙丑正月)十七日庚子,晴,風。

季鳴往聚瀛堂,爲逢楊承憲故也。聚瀛堂主人言:“楊君今日與先生有約,故使人來待,已數刻矣。此人將爲先生前導,聚晤楊君家何如?”遂偕行訪楊家,家在琉璃廠南三里許保安寺傍。臨門,楊揖迎讓階入,就中堂東西椅坐,設一高卓於中央,置紙筆墨於卓上,相與酬酢。云:“日來學候萬安。”楊曰:“安敢安敢,托庇粗吉。先生日來萬安?”鳴曰:“蒙眷依遣,一會之後,耿結在中,固知會臨之。祇隔二宵,先此叩候,嚴兄在那裏?”楊曰:“日前暢聚,至今耿耿,先生今日枉顧,不勝欣幸,又可暢談。嚴兄因前日大風,感冒甚病,在家不出門，今日不能來會，甚悵惘也。”鳴曰：“奉慮萬萬，可當勿樂，無限悵懷，盡留再明會暢也。”琉璃廠中買書適携去矣，楊見此云：“先生今日出城，可曾至琉璃廠買書否?”鳴曰：“果然，買聚瀛堂三經來。”楊曰：“先生所買三經豈朱注耶，抑注疏耶？此爲何物?”答：“奎壁朱注。”楊曰：“先生貴國有《十三經注疏》乎？重漢儒之學耶，重宋儒之學耶?”答：“我國有之。文章家重漢以上，性理家專業朱書。”楊曰：“漢儒之解注，殊爲典博，用於文章，自爲沈博絶麗，宋儒則專言性理，故學者當重之，我朝亦然。”鳴曰：“頃與令季及嚴兄相好於廠中，各求拙詩，故玆以書呈，又呈先生，可以博噱否?”贈嚴兄詩曰：“奎華璀璨望江城，竟日行吟聽鳥聲。宛宛百朋欣筮契，謙謙七子憬齊名。風吹蓬絮無常住，星闊参商奈此情。惆悵海濤三萬里，衹留犀點照同明。”贈令季詩曰：“暫逢梅下屋，錦篋寵君詩。倘解投瓊意，難忘藴玉姿。海雲生薄袂，江月到深巵。芳艷尚多日，吴蒙勉後期。”贈先生詩曰：“江南多巨擘，今日偶相尋。萍水行人面，梅花處士襟。筆含言外志，詩贈路中吟。可奈東歸後，悠悠隔信音。”楊曰：“三作甚佳，其中警句如‘萍水行人面，梅花處士襟’，愈覺清微入妙，佩服之至。但起句‘江南多巨擘’，此二字僕何敢當?”鳴曰：“外門題户部職銜，是何故?”楊曰：“家大人現在户部員外。”問：“所管何省?”答：“現在廣東清吏司。”問：“先生本鄉何縣?”答：“現居常州府無錫縣。”問：“尊大人春秋幾何?”答：“五十一歲。”楊問：“先生具慶?”答：“慈侍下。”問：“昆玉幾人?”答：“兄弟四人。”問：“先生雁行第幾?”答：“序在第四。”問：“三位令兄爲何官?”答：“伯仲閉門讀經，叔出仕至五品。”問：“豈翰林耶?”答：“曾經鴻臚寺，歷司饔寺。”答：“司名甚古雅可喜。”卓上有丹青痕。鳴問：“此是畫痕？願一見之。”答：“此雖畫痕，尚未盡好，容日當畫一幅送先生也。”答：“何感何感！畫是先生手法耶？豈紫山耶？（紫山，承憲之弟，承惠之號）”答：“僕亦畫，紫山亦畫。”鳴曰：“可謂二難。”答：“豈敢豈敢，略解塗色而已。”曰：“先生何每每謙抑?”答：“近日因見先生高才，固當謙耳。”楊曰：“先生知舊中,又有文章之可稱者否?”答:“今行中有金善民,號清風者,文章奇杰之士也。病卧不能偕來,再明之會可以相逢。我東文學士固多,而進士金可淳號善淵,李寅溥號竹峙,二公詩文,適有袖來者,故兹呈一覽。先生須與儕友中好文章者,讀評如何?”答:“正欲快讀貴國文章,即望見示,幸何如之?”乃出示之,楊擊節嘆賞曰:“此二君學問文章真不可及,我國今有汪竹海、竹素兄弟,文章足以敵之。”鳴曰:“竹海、竹素之名云何? 僕固陋未聞。”答:“竹海名全泰,竹素名全德,俱甲子舉人。詩文中‘澹華太虚’誰也?”答:“‘澹華’即沈宜稷之號,好文章,壬戌冬隨使遊上都,與曉嵐先生論文章,‘太虚’即李憲琦之號,亦文章之大方也。”答:“諸公無由面,可恨,近日三大人在館萬安,何不出來?”答:“爲公事所縻,不能出來,苦企先生會館之約,掃榻久矣。”楊曰:“‘元�堂’有丸藥之惠,殊爲貴藥,可寶之至,蒙厚意,謝謝。”答:“微物何須深謝?”問:“關侍郎槐晉軒先生,與公相親否? 文學專尚漢以上,抑在宋儒否?”答:“不相識,此公文章固不足取也。日暮而歸,來館之約,須早朝圖之。”答:“僕同嚴兄、紫山偕來。”夜月色甚好,與希天、季鳴步月玉河橋賦一律。

(正月)二十七日庚戌,晴。留館。

楊進士爲訪季鳴來館,鳴適出琉璃廠。余遂邀見對話,問:“廠中一面記有否?”答:“廠中匆匆一識尊面,故未悉也。近日三大人百寧。”答:“即僕也。”楊問:“廠中係正月十四會見青流先生同筠堂先生。”偕答:“今月初十,先生與青流初會廠中之時,僕亦偕往,而其時以便服出門,不欲人知,故不能接話而歸,果能記得其時事否?”問:“昨聞青流、筠堂云明日東歸,故來一送,明日果歸否?”答:“來月初二日當還發,而兩人今適出他故,方使人請來矣。”楊曰:“能使人請來極好,僕尚有言告知青流也。”答:“僕因青流獲奉盛名久矣,即蒙臨話,甚幸。”楊曰:“今日尚未請問尊姓何,祈示知,并求大著一讀。”答:“僕姓元,著述則無可觀者。”楊曰:“邇來既蒙三大人及青流、筠堂見愛,何必謙之過也? 尚望示知,幸甚幸甚。”答:“非敢謙也,無已，則亦豈無塵覽之時耶？”楊曰：“青流何不見來？筠堂在家否？”答：“俱適出，他少焉似當來。”問：“嚴先生及紫山何不來耶？”答：“嚴先生同紫山偕抱疾在家，囑僕請安，故不能來。”問：“兩先生美疢可念，而失奉，尤可悵，青流贐章，想有携來，可得奉玩歟？”答：“雖有一章，實無足觀，當呈覽也。”曰：“古雅可讀。”答：“豈敢當‘古雅’二字，直如味同嚼臘耳。三大人著述何不賜讀？不必謙也。”答：“非但無足觀，亦無繕寫，現在者從當書覽也。”楊請尊年，答：“僕年四十三。”楊曰：“僕年二十四，三大人日來所看何書？”答：“客中病擾了，不看書。”問：“桌上所貯者何書耶？”答：“數種，行橐所貯者耳。”楊見《錢注杜詩》，云：“杜工部詩，此注甚好，善本也。”問：“先生此詩外又有帶來者乎？”答：“僕作實無足觀，尚有數卷，今未帶來，容當呈教。前明貴國有一詩女姓許景樊，實有其人耶？”“不知。”“此僕從《名媛詩集》中看見，既無此人，想係文人附會耳。青流、筠堂尚不見來，僕有微意三種，可留在三大人處乎？日晷已移，當出城耳。”答：“日尚早，何慮出城？兩人亦當還來。”楊出示善淵文草，曰：“此爲貴國金善淵先生文，前蒙青流先生見示，數日來暢讀百回，真爲沉博絶麗。前日青流所示數紙，愛其字迹古雅，喜而留之，今另録一帙奉還可否？其中錯字甚多，青流當校正。”答：“此本是録出者耶？此則當問於青流而爲之耳。善淵果是東國文章士，其文何如？”楊曰：“善淵先生實有抉雲分漢之才，而古文尤爲清削古醇，方之漢之司馬、曼倩，唐之青蓮、李嶠，不自過也，貴國文章斯爲奇作也。”問：“來遊上國以來，願一托交於鴻儒碩士，而自達無路。今與先生得一會，而又將東歸，無由源源，甚恨甚恨。”答：“我朝鴻儒碩士甚多，而文章則此時尤勝，僕則江南野夫，未能著述，今遇貴國諸先生及讀善淵先生之文，實爲幸甚。”問：“上國固多文章之士，此則既聞命矣。文章、道學本非二致，以學問爲尚，讀書自修之士想多有之，願賜詳教。”答：“文章、道學原本一途，有好華藻者，則歸於文章；有好自修者，則歸於學問，大約能文章者，則不可無學問以輔之，講道學者又不可無文章以美之，如此時有文章者,則痛抵道學;能道學者,則薄責文章,皆非得正體也。想貴國亦如之。"答:"所教甚好,貴鄉何縣? 曾聞而忘之矣。"楊曰:"敝鄉江蘇常州府金匱縣也,文章之士甚多。"答:"江蘇之間,自古稱文明之鄉,想世不乏人,而近日果多名士之可以稱道者否?"楊答:"近日可稱道者,則有洪學士亮吉、孫觀察星衍、阮中丞元,此皆文章之輩也。"答:"此諸先生俱是當今在朝耶?"楊答:"俱在朝,惟洪學士罷官居鄉。"問:"似聞近來江蘇有七才子以文章鳴,如古之雪樓,然否?"答:"近來江蘇七才子,如王夢樓輩俱已辭世,所存者亦寥寥。前日已告知青流矣,然以僕觀之,七才子之名,尚涉於虛耳。"問:"江蘇是浙江錢塘之間耶? 此地人物之盛,江山之美,平生願見,而無由自致,甚可恨,願聞此地概略。"答:"江南山水之美甲於天下,人物之盛亦聚藪。向聞貴國山川之奇峻,大海之波瀾,魚龍蛟蜃之變幻,實爲壯遠。僕平生亦願見之,然恐不能遂願,概略可示否?"曰:"東國山水、海嶽之勝果是向人誇道,而其中金剛之奇壯,東海之魁觀亦恐未易多也。"言未已,青流入來,與楊酬酢曰:"數日苦企尊駕,今幸辱臨,而僕有故出城外,未即迎候,亦庸罪悚,嚴先生之患節近復何如? 紫山公何不聯袂?"答:"僕聞先生同三大人將回東國,故來一送,候此久矣。并有送詩一首呈教,微意數種亦祈收之。"問:"善淵、竹峙之詩文批評乎?"答:"博觀者甚多,批評則大加佩服耳。見此文者恨不睹善淵爲恨。"又問:"何不批評?"答:"因聞先生行期太迫,故不及批評耳。"又言:"可用二三日,何不及也?"答:"如此甚好,此帙僕從當携去,批讀後再奉上何如? 或後日再來可耶?"問:"僕之歸期,定在初二日,初一日暫爲躬進作别,其前若批評置之幸甚。"答:"初一當奉候矣。"余曰:"今枉已極慰感,而匆匆作别,甚悵。且麗生、紫山俱未相會,大是恨事。晦日或初一更爲約會於近地廟堂,鼎坐一穩,未知如何?"答:"初一日即在聚瀛堂何如? 三大人如未能出城,當來談矣。"日暮告去,遂送至於門外。

六九、金善民《觀燕録》

【解題】

《觀燕録》卷上下，金善民撰。

金善民(1772—1813)，字希天，號穆如，金善臣兄，朝鮮善山人。嘉慶九年甲子(朝鮮純祖四年，1804)，作爲朝鮮謝恩兼冬至使團正使金思穆的伴倘出使中國。使團於十月三十日從漢城出發，十一月二十四日渡鴨緑江，十二月二十二日到達北京。次年二月初三日離開北京，三月十二日回到漢城。《觀燕録》以日記體對此行中的見聞作了記載。在京期間，曾與琉璃廠五柳居主人陶正祥、曹江、汪侍郎筆談。

此燕行録爲筆寫本，美國國會圖書館藏。兹以此本爲據輯録資料。

(甲子十二月)二十三日晴，留館。飯后與清流出自正陽門(門樓與朝陽門一規)，至正陽橋，問琉璃廠，廠在橋北小胡同。而余因迷路向西門彷徨顧眄，廛人見我失路，即使小胡導余，路傍有火德真君廟，與主胡筆談少選。前向聚瀛堂主人不在，又訪五柳居，主人即陶姓，意其爲泉明後屬，故遂問曰："先生得非靖節裔耶?"曰："僕甚愚拙，古人何可望也?"其言甚糊塗，遂不復問。傍有一人，號墨莊，曾經琉球(副使)，現任兵部侍郎，而爲人頗俊爽，可與語者，故遂留後期而還。

(乙丑正月)初五日晴。皇帝御天壇祈穀，三使曉往祗迎於午門外。余以疾未隨。飯后清流要作琉璃之遊，遂强疾出。自海大門轉向琉璃廠,訪五柳居。與陶鋪主略叙寒暄,對椅上坐一美少年,眉眼清揚,舉止温瀞,意其非泛泛人也。余取筆書示曰:"尊姓大名?"即曰:"姓曹名江,字百川,號玉水。"又書曰:"盛年幾何?"曰:"現今廿四,無聞可愧。"余又書曰:"吾觀先生之玉貌與筆法,符其妍妙,得非江南菰蘆中人也?"曰:"先生過奬,不敢當,不敢當。"余之姓名南伯罩已書示矣。因問余號曰:"清風詩云'穆如清風',其斯之謂歟?"因微笑。余意其戲笑,亦復栩然而笑。曹曰:"匪爲視誮先生之取義在此不?"余笑曰:"然。"因與南、李兩友移時筆談,約以再會。曹蓋江南人,天姿端美,文藝夙就,現任校書郎云。

十八日晴。與清流齊向玉水居。其人如玉,極可人愛。譚餘,玉水問余曰:"貴國亦用貨泉乎?"曰:"無有。"曰:"然則將何以貿遷有無?"余曰:"富者或用金銀,貧者耑以穀帛思麻秤直買賣耳。"曹曰:"僕不敏,亦頗好古。自秦漢之泉貝榆莢,以至於元明通寶,靡不鳩蓄。豈以貴國而不立泉府乎? 先生毋瞞我。"余笑曰:"先生豈好古敏而求之者乎?"曹曰:"何敢當,何敢當。"余曰:"我東有朝鮮通寶,或稱箕韓時鑄,或稱衛滿時鑄,年久散失,今其堇存者祇擲卜爾。"玉水即出《古鏡詩》一篇,視余云:"往嘗掘地,偶得魏晉間舊器,旋即破碎,因爲誄體而傷之者也。"壁上有劉閣老(鏞)筆迹,卓有康熙故器。北壁下以沉香木妝壹座小龕,龕中安壹塑像,倚卓看書,眉眼活現,精神到骨。背後樹壹株古松,枝葉蓬鬆。前對書桉,桉上有筆架、茶鍾之屬。南隅設小石假,蘚痕蘭馥,壹壹可玩。余問:"這像是誰?"曹云:"是東坡小像。"又指東椅上一人云:"這位是僕師丈。"余見其人年近五十許,身短貌侵,兜銜碧玉釘子,寂然箕坐。余請與相見,即下椅對席,先問尊姓大名,姓唐名晟,原籍浙江人,現任知縣(縣在陝西云)。爲人沉静寡默,見問則答,不厠閑話,亦頗能詩善書,有名當世。約略筆譚後,看看日曛,因留後期而歸。

二十三日晴。與清流伯罩往見玉水。余於磚洞主家(即洪山水)飫聞潘秋庫名字(潘秋庫名庭筠,洪山水大人即湛軒。湛軒燕行時嘗與潘秋庫及嚴鐵橋交契殷密),仍問玉水云:“潘庭筠近做何官?”曰:“現居吏部尚書,早晚當升閣老。”曰:“可得見未?”曹曰:“潘年已衰謝,不肯與外國人通情。”余問:“年紀幾何?”曰:“七十有餘。”余又問:有袁□者頗以詞鳴,僕往嘗聞名,先生知之乎?”曰:“不知也。”又問:“言侍郎紀昀號寒雲也者,以文章自任,現爲當代之金秤先生,豈有客習於寒雲者哉?”曰:“僕與彼瓜葛且款熟异常爾。”余曰:“可得見乎?”曰:“易耳。”是日多少談評漫漶不録。

二十八日晴。余與清流私謂曰:“行期漸邇,豈可無玉水一會哉?”遂與伯睪鼎往圍坐一卓,各叙離懷。玉水聞余喜飲,預備壹壺清酤,擺出一卓饌饈。浙橙、廣橘、菘菹、菜醬俱極精潔,且言:“衆先生想未大食,僕雖家貧饌薄,可共嚐未。”曰:“僕輩俱已朝飯,幸勿經慮。”曹即取飯獨飯。飯用□米,匕用挾箸。饌則全用葷素,蓋江南貧士切難吃腥云。曩余之過瀋陽后站也,見有商人頓飯,先取椀酒飲,飲已,將粉餅五六片、飯一(盂羹壹碗猪肉菜葅)列置卓前,取粉餅擘作細片就羹椀裏,骨董一發,便吃再取粉餅,羹飯依前完吃,又復完吃。完吃通計七次。余爲摇舌曰:“誰謂華人之腹秒食而簡飲乎?”及見玉水(則自)供甚薄,飯盂饌品纔足點心,乃知中華之品食亦有士商之别矣。酒後要賦一律爲别,遂信筆書贈:

不謂平生與子親,琴前小醉露真醇。水壺徹底神相照,玉樹臨風韻更新。從此海東無限水,可堪天末有懷人。男兒不作臨歧涕,衹信鬖髿兩鬢春。

玉水亦取摺叠小扇書兩絶贈余,而譚話未竟,逮將分手。天涯奇遇,乍得旋失。此種别懷不減於東亭南浦矣。依依悢悢悵如何,其但揮手振纓各言相思而已。

十七日風而晴。有汪侍郎者乘車到館,余與酬答。筆問鄉里,汪云:“居在山東,距曲阜四百里。”余曰:“先生想經歷洙泗,敢問蓬蒿之不入昌平,金石之長懸闕里,今猶然乎?”汪曰:“時移世遠,豈復有聖人仿像,但蓬蒿之不入式克至今。”余曰:“鄒魯之學終古不廢,間或有宏儒碩學尚襲古聖人遺風者不耶?”曰:“落落無可人。”且曰:“僕聞先生名有日矣。文章德業想從經史裏着脚,於經於史,以何爲尚?”余笑應曰:“謏聞寡學不足以溷先生。”汪曰:“文章亦有圓覺性。性覺妙明,本覺明妙,妙覺既圓,自然明覺,是之謂菩薩行徑,是之謂衆妙玄門。即以真如證文章,性以鼓橐參文章。用縱横辯論,濤湧而綺振,無非是老釋文字。”余曰:先生之辯,辯則辯矣。而竊觀文章之實際,不離於吾儒之雅訓,故生花足以證性,菽粟足以悟用,是僕平日之講究,尚患於未能者。若謂丹門之可入而執着虚無;寂性之可學而訂坐頑空,則僕不佞,誠不足以知此。然先生之力主此論,得非所謂瀾漫同歸,駘蕩而不返者乎?”侍郎曰:“否,不然也。僕聞高下相傾,有無相成,故嬰兒姹女不害爲《大易》之注脚,而水月蓮根可以明《中庸》之費隱,夫言豈一端而已哉? 有一言而互用者,亦有异言而同實者。僕所以憙譚公虚者,聊欲借此而炤彼耳,非欲釋彼而取此,先生豈不知耶? 淪虚落空之誚,誠可謂余心之不獲矣。”遂移時談話畢。乾粮判事引到三房,余亦偕往。一席筆談後,以倚馬法各賦壹絶。汪詩末句云:“三生應是有緣人。”蓋謂殊方邂逅亦似注定云爾。

七〇、佚名《中州偶録》

【解題】

《中州偶録》一卷，撰者未詳。卷頭第一頁題“磬山雜著”。

此書爲鈔本，凡一册。卷首自云：“余平生欲一見中原，而賫志未果。至是禮部尚書金陵南公（南公轍）充冬至正使，謂余當偕往。萬里附驥，庶不負男兒四方之志也。”使行於嘉慶十二年丁卯（1807）十月二十九日從漢城出發，十一月二十五日渡鴨緑江，十二月二十四日到達北京。次年二月初二日離開北京，三月三日渡鴨緑江。《中州偶録》即是對此行見聞的記録。丁卯年十二月初二日，在甜水站三使與童子劉士元筆談；十二月初四日、戊辰年（1808）二月二十三日，在爛泥堡村中兩次與秀才王元成筆談；丁卯年十二月初五日，在瀋陽一會館中朝鮮人佚名與文士劉天節筆談；戊辰年正月初三日，在北京褚裕仁書所朝鮮人與貢生褚裕仁筆談；正月初七日、十二日，在琉璃廠五柳居南濟北等人兩次與户部主事李林崧筆談；正月初九日，在海甸一石橋附近與進士吏部主事萬徹、吏部員外郎蔡炯筆談；正月二十二日，在南館與張青雲筆談；正月二十六，在南館趙聖會與張青雲筆談。

《中州偶録》原本藏日本關西大學圖書館，《燕行録續集》收録。兹以此本爲據輯録資料。

（丁卯十二月）初二日己巳，朝陰晚晴。

……到甜水站，三使招童子劉士元。士元，田家子也，年方十五，面姸雅，自稱“山西定平縣人，來此爲三十餘年”云。問：“讀書幾何？”對曰：“讀過經史。”“讀書將何爲？”曰：“要做進士。”贈藥果及清心丸,書一"謝"字而去。

(十二月)初四日辛未,晴。

……到爛泥堡村中,有遼陽人王元成秀才,做學究,字遂亨,年二十五。祖父爲原任大理寺少卿,名爾烈。問:"在此做何工?"答曰:"祖官清苦,元學又不成,舌耕度日。"問:"白塔舊稱'華表柱',或曰尉遲恭所築,一説孰是?"答曰:"考據功淺,不敢妄斷。"曰:"賜覽一詩何如?"元成沈吟良久,抬筆即書,詩思筆意俱翩翩可愛。曰:"當奉瓊什歸詑東國。"答曰:"元成何足惜? 適遺中土焉耳。"曰:"□□號云何?"答曰:"太子河,爲古梁水,故號梁溪。"以此觀之,則太子河之爲燕丹走死處,實非也。

(二月)二十三日己丑,晴。大風終日。

爛泥堡二十七里午餐,永壽寺二十八里宿。到爛泥堡,王元成來見。其誠信可喜,遂與之筆談。問:"今朝禮制何如?"答曰:"略仿古儀,而喪制不行。"曰:"不行則如之何?"答曰:"庶人不敢議政。"時鄰舍火起,元成爲救火而去,更未得别歸,可悵。

(十二月)初五日壬申,晴。

……入瀋陽城,門樓三檐,閭里之繁,市肆之富,自不必説。問瀋陽學宫有程偉元、時習之,皆佳士也。記四五年前,余一再見偉元筆,甚秀麗可愛。今往訪之,歸家已月餘矣。會館中遇劉天節者,即寧遠州人,年二十五,眉清而骨昂。余曰:"萬里相逢,盡是奇緣。"答曰:"尊趾賁臨,感幸交至。"曰:"願聞佳什。"答曰:"雖有應作,不堪入目。"曰:"毋多讓。"第書示答曰:"是老師考試題目,未能盡寫。"曰:"詞律書示。"答曰:"詞律,恐其不恭。"曰:"當世文章誰爲第一?"答曰:"高古者熊鍾靈①,風致者張京江。"曰:"二人俱在何處?"答曰:"袛讀其文,未詳其家。"余曰:"明春歸路,更容相訪。"答曰:"當俟還旆時拜聆教。"余即辭歸。

① 熊鍾靈,即"熊鍾陵"。

(正月)初三日庚子,晴。留南館。陝西湟中縣貢生褚裕仁號雪山,係遂良後孫,遇之書所,面妍白,風致極佳。相與筆談,應答如流,以至論道學文章,皆節節中理,真饒人也。問:"炕制自古有之?"答曰:"弊縣亦有房室,以近古所創。"問:"近古指本朝耶?"答:"然。"問:"婦人纏足始於何代?"答曰:"自漢末已有之,蓋女子不出閨門之義也。"信斯言也,女子必纏足而後可以不出閨門乎誰? 曰:"南房而北炕,抑北方之强者居之歟?"東人之好唐者,至以炕制爲三代所創,感之甚也。

(正月)初七日甲辰,晴。留南館。與濟北往五柳居,遇户部主事李林崧,號心庵,自稱浙江人,氣疏昂。余問曰:"久仰聲華,今忽邂逅,良可奇幸。"林崧曰:"二公豈爲遊覽,有此遠勞?"曰:"布衣之行實涉愧悚,敢問尊官何居?"答曰:"近來幸門一開,仕路淆雜,晚生始以詩酒潦倒,無意科宦,偶占一第,官至主事,蔬水供親之外,便同石隱。"曰:"風采如安仁,文筆如子瞻者,世有幾人?"林崧笑曰:"少文雅之氣,多市井之態,方可用於當世。"曰:"此足以觀世變。"答曰:"爲仕宦不過吃米。"曰:"禮樂觀乎文章,文章求之仕宦,仕宦當爲禮樂之始。"答曰:"文章關盛衰,禮樂有一王之制,三代所因之可知矣。"曰:"然一弛一張,文武之道也。"林崧曰:"可謂知辨。弊居有深衣,未知貴國亦有其制否?"曰:"誠有之。中朝僧徒所着又如弊邦道袍。"答曰:"此古制也,朝鮮衣章非不洵美,而從中恐爲頭厄。"曰:"洪武遺制也,此爲頭厄,則女乎纏足,獨不爲足厄乎? 其義安在?"答曰:"楊妃錦襪、潘姬蓮步已肇其端,至後唐李後主宫人張妙娘始裹足,上自宫闈,達於閭巷,無乃出於好色之致歟?"余謂濟北曰:"此説比雪山較精。"濟北曰:"看得有理。"林崧曰:"趙京原(景弘號也)文翰之餘,弈棋最高,二公曾亦有工?"余曰:"粗解糟粕,初不會心。"濟北曰:"不着爲高見者。"皆大笑,林崧曰:"山色已暮,不能久侍筆墨,倘容再會。"濟北曰:"敬造仙莊,重聆清誨。"遂辭歸。

(正月)十二日己酉,晴。留南館。聞皇帝昨日還宫,親行祈穀於天壇,侍臣衛兵之從行者甚盛云。與濟北會心庵於五柳居,文識博雅,語多慷慨,心庵曰:"數年以來,閩浙之間盜賊并熾。此不過狗鼠之輩,而將不用命,未即剿滅,可嘆!貴國沿海不無其慮,嚴防爲好。"答曰:"謹當如戒。"歸語書狀,載之别單。濟北仍與翰林陳用光、玉方陳希祖往心庵家相話。

(正月)初九日丙午,晴,夜雪。往海甸留宿。

出宣武門至海甸,入王姓人家小憩,遂步出石橋至虎園。……有二人徘徊於石橋之畔,貌甚疏朗,使人請來,一爲吏部主事萬徹,江西人,一爲吏部員外郎蔡炯,杭州人,俱進士及第。問:"蘇杭優劣何如?"炯答曰:"山川秀麗,杭勝於蘇;閭閻繁庶,蘇勝於杭。"徹問曰:"上使官幾品?"答曰:"一品。"曰:"宰相?"曰:"然。"二人俱諦視不言,蓋羡其黑頭而爲宰相也。要與偕往,不肯而去。

(正月)二十二日戊午,晴。留南館。張青雲持一眼鏡來謁余曰:"爲書'滹川'之禮也。"余受而挾視,果愜眼,遂贈以清心元,青雲以手摸之曰:"此贋作,無用。"余曰:"吾箱篋中所帶來,何謂贋作?"青雲曰:"當剖示。"剖之,裏白而無爽。余不覺顔騂,即謝以扇子。口問曰:"何以知真贋?"青雲曰:"此易知耳。置之掌中,冷氣達於肩,則謂之真品。至於腕,則謂之凡品。今此所贈,摸之外堅,置之掌中,冷氣不及指端,是以知之。"余曰:"此得之吾故人,故不疑而贈之,有此露醜,愧甚,愧甚。"青雲曰:"公無心而贈,吾有意而看,偶爾致此,何傷之有?"仍即辭去。蓋中原人觀物之法甚精,而清心元之所由來又不誠實,可勝嘆哉!

(正月)二十六癸亥,晴。留南館。余與趙聖會午飯,張青雲在坐,見聖會食魚膾,嚬眉曰:"得無腥乎?吾雖朝鮮之乾魚鮮肉尚不能食,况生之可言乎?"聖會曰:"吾若一見燕京猪羊獐鹿之肉,則輒膻臭逆鼻不堪近。"青雲曰:"朝鮮藥果最佳。"聖會曰:"燕京烹飧適胃。"余曰:"此性之所蔽也。《博物志》曰:'東人食腥而不知腥,北人食膻而不知膻。'人之生有風氣之各殊,而腸腑亦隨而别焉,此豈飲食之過也哉?"

七一、《金正喜及韓中墨緣》

【解題】

金正喜與翁方綱筆談手帖，藏韓國果川文化院。

金正喜(1786—1856)，字元春，號秋史、阮堂、禮堂、詩庵、老果、農丈人、天竺古先生等。金命喜之兄，金魯敬之子，朝鮮慶州人。嘉慶十四年己巳(朝鮮純祖九年，1809)十月，隨從其父金魯敬爲副使的朝鮮謝恩兼冬至使團出使中國。據李敬卨《燕行録》，使行於十月二十八日從漢城出發，十一月二十四日渡鴨緑江，十二月二十四日到達北京。次年二月三日離開北京，三月十九日回到漢城。停留北京其間，金正喜與清代學人翁方綱、曹江、徐松、洪占銓、李鼎元、吴嵩梁、周達、陳用光、葉志詵、李璋煜、鄧尚璽、劉喜海、阮常生、汪喜孫、張深、朱爲弼、徐有壬等交遊。其間當有不少筆談，惜存世筆談手迹，僅見約庚午年(1810)的金正喜與翁方綱筆談手帖。

2009年11月5日至11月16日，韓國果川文化院舉辦金正喜燕行二百週年紀念展，同年出版了此次展覽的圖録——《金正喜與韓中墨緣》。兹以此本爲據輯録資料。

(金)①築城伊淢，今板作"城"，注"淢"成"溝"也。

(翁)某一晨須(某一晨須早步)。

(金)東方初明時乃如，一開若門即來。

(金)願得先生手迹"寶覃齋"三字、"酉堂"二字。

---

① 括號内"金"與"翁"爲編者所加，"金"指金正喜，"翁"指翁方綱。

(翁)非特一見,願爲先生留莊。開尺寸。

(金)裔然之書,中國所傳是《孝經》《論語》耶? 欲一見之。

(翁)印本字畫甚好。山井鼎之書并非裔然所有,祇采汲古閣書,是近時所作。

(金)錢謙益《跋高麗板柳文》,先生見之否?

(翁)未見。

(金)我今行携來一本,當送之先生。

(翁)一定非錢。是墨筆否?

(金)跋是錢跋,在同本。

七二、李鼎受《遊燕録》

【解題】

《遊燕録》十一卷，李鼎受撰。

李鼎受(1783—1834)，一名士龠，號雪山、雪樵，李基憲之子，韓用儀外從弟，朝鮮完山人。嘉慶十六年辛未(朝鮮純祖十一年，1811)十月，以冬至兼謝恩使團書狀官韓用儀伴倘身份出使中國。使行於十月三十日從漢城出發，十一月二十五日渡鴨緑江，十二月二十六日到達北京。次年二月初二日離開北京，四月初八日回到漢城。辛未年十一月二十七日，在柵門關廟曹龍振、李鼎受與童蒙教授師席者、五六冠童筆談；二十八日，在柵門一寺廟李鼎受與師席者筆談；十二月初一日，在伯顔洞附近路傍店舍與兩童子筆談；初八日，在白旗堡楊姓人家與店主楊姓主人筆談；十八日，在范家莊與佚名文士及王玉方筆談；十二月二十一日，在豐潤縣縣學李文會、李鼎受與學正張舉人筆談。壬申年(1812)正月二十三日，在北京法藏寺李鼎受、李仁默與佚名僧筆談；二月初三日，在三河縣一店舍李鼎受、韓用儀與店家主人李貴筆談；十九日，在焦家屯李鼎受與佚名學究筆談；三月初三日，在柵門李禅、蔣譯宿所李鼎受與書生史書升筆談；三月初五日、初六、初九、初十、十四日、十五日、十九日、二十一日，在柵門使團住處及王夢祥住處，李鼎受與童蒙教授王夢祥筆談；三月二十二日，在柵門王夢祥住處李鼎受、韓用儀與王夢祥筆談；三月二十三日，在柵門使團住處李鼎受、李命祐與王夢祥筆談。

《遊燕録》原本藏高麗大學中央圖書館，《燕行録續集》收録。兹以此本爲據輯録資料。

(辛未十一月)二十七日壬寅,晴。栅内二十八里宿。

……蓋自此有村輒有關廟,有關廟輒有佛,佛與關廟一視而并享之。其民家,則壁間輒奉真影,前設爐盒,每朔焚香燒紙,稱以“關老爺”云。俄而書狀亦尋寺,聞左廊有讀書聲,入焉。炕上列坐五六冠童,都着氈帽,所讀乃明清以來八股時文,堆積數十卷,卷各殊題,而間有讀《楚辭》、古文及《魯論》者矣。見余輩,皆止讀,略有問答。其中一人書曰:“聞朝鮮國王京白岳山下有金進士正喜,知之否?”答:“唯唯。”蓋金正喜於年前隨其大人書狀行,爲彼人所知名云。書狀入見,越炕而出,言有所謂師席者,在炕上迎接,饋之酒,辭以不飲而出云。余亦入見,則雲卿方與筆談。余因後至,衹數句酬酌,約以明日再看,而起已迫暮矣。所謂師席,觀其狀貌筆語,即一村學究而已。

(十一月)二十八日癸卯,晴。留栅。

……夕陽,與濤叟及雲卿及蔣譯憲周再往後寺,則所謂師席者出他。與炕上數人略有筆談。日暮,諸人先起,余後之,將出户,師席者驀然從外入,立門頭,索紙筆書曰:“昨日酒後得罪。”余曰:“何謂也?”彼曰“幸恕”云云,而迫曛胡寫,略不可解。因答曰:“酒後事,彼此兩忘可也。”彼曰:“今日專等,何不早臨?”答:“有事。”彼曰:“古人云秉燭夜遊,請入坐。”答:“方有急幹,請退。”彼曰:“君子何如是之急也? 請入坐。”因令學徒上燈,余未及答,忽户外有人語聲,彼則忙出,執手笑話,引入越炕。旋命學徒傳言有客,請明日再會。

(十二月)初一日乙巳,陰或雪,夕晴。

……共入路傍一店少憩。主胡設數鍾茶於卓上,此中待客之禮然也。飲訖,又斟而來,不更舉,則止。問主胡姓名,答姓吴,衹舉其姓而不容易通名,亦此地俗也。給清心一丸,叩頭稱謝。有兩童子入來,其一年十五,問:“讀書麽?”索筆書曰:“讀《詩經》。”問:“何篇章?”不能對。問:“讀《關雎》乎?”亦不能對。其一年十六,皆姓杜,有問輒相視,囁嚅不發,似是蒙學或因羞澀而然也。

（十二月）初八日壬子，大寒，晴寒。新民屯三十五里中火，白旗堡五十里宿。

……飯後先發，夕到白旗堡主楊姓人家。余適有所構，磨墨濡毫之際，主胡頻頻來覘，甚苦。主胡是滿人而頗解字，因問："村名爲何義?"答："有白旗佐領官。"又問："村中多漢人、滿人?"答："多滿人。"問："村有幾户?"答："四百。"問："富户幾多?"答："有十家。"主胡亦參其中云，而炕舍則甚湫陋，未可知也。彼因持酒來勸，即沿路所賣白酒也，强而後進，連勸三杯，給清心二丸，又索蘇合，給一丸。蓋彼人往往有持酒或茶來勸者，而非必盡出於厚意，其實徵索臘丸之計也。

（十二月）十八日壬戌，陰，午後灑雪，夕晴。鳳凰店三十七里中火，榆關五十五里宿。

……行可四五里，至一所村莊，止車，請下，果是渠家也，向來居住皇城之説詐矣。門外設長凳使踞之，一村稍稍來集，其中一人狀貌頗佼俏，衣服亦鮮新，熟視余衣冠問："武乎?"答："非。"問："何官?"答："無官。"彼有怪色，自以手作彎弓狀曰："拉弓乎?"答："否。"問答皆掌上畫之。

俄一人持文房來。余始叩其姓名，答："王玉方。"彼又書曰："敬一呼酒。"因持酒來，連進兩杯，又强之，固辭，則退與大云矣。余給蘇合二元，彼問用處，答："關格等症，和茶湯用之爲妙。"將起，彼固問余官職，答："我是書生，爲遊觀來。"因作漢語云："明春再看。"彼點頭，天陰有雪意，因匆匆上車。

（十二月）二十一日乙丑，陰温。榛子店四十五里中火，豐潤縣五十里宿。

……還從來路少行，入東邊一巷，縣學在其北，南向。入正殿，中庭設席。副使以下行四拜禮，吾輩則不免以行中服色參禮，極知其未安也。入審殿内，北壁當中設龕，安先聖位板，書曰"至聖先師孔子神位"，傍以清書書之，不設櫝簾，塵滿其中，觸目興慨。左右配享四聖，復聖顔子、宗聖曾子、述聖子思子、亞聖孟子，顔、思在東，曾、孟在西。十二哲皆書曰“先賢某子”（十哲增有子，朱子爲十二，有子之升配在乾隆十五年，而朱子則雍正時升配矣）。北壁上揭三扁，曰“生民未有”，曰“與天地參”，曰“萬世師表”。東西廡皆鎖，未及見。庭南隅有齋室，入之有一齋生，迎之上炕，坐定，副使問：“諸生幾員，歲取幾人？”答：“諸生八百員，每歲科進學廿三名，武生廿名。請問大人貴姓？”副使答：“姓李。”問：“貴姓？”答：“姓張。”問：“莫非横渠先生之後？”答：“横渠夫子籍閩中，鄙縣不敢高攀。”又曰：“五百年前是一家。”問姓貫。答：“張姓，系出清河，歷代不可勝數。”問：“清河近何方？”答：“在河北。”問：“赴舉否？”答：“舉人出身，現居豐潤學正，官七品。”問：“今夜可得出城穩討否？”答：“今日幸會，刻下上司在此城内辦公，不敢夜半出城，奉拜聆教，奈何奈何？請二位大人少談片刻，何如？”因曰：“途路風霜辛苦。”以上皆與副使問答也。

曾聞縣學有商鼎，故問之，則張也指炕下一器曰：“即此是也。”使崔雲太舉而置之炕上，見其狀如大銅鑪，口可受五六斗，其質似烏金而帶赤色，三足皆象牛，各具一頭一蹄，其重可舉，而堅固精緻，絶無鎔化痕，腹有文篆刻四十餘字。請張也以楷書翻出，文曰云云（其紙爲大圭取去，旋失之不能記）。問：“商鼎是實？”答：“是。”又曰：“商鼎因建丑，丑屬牛，故作牛形，此歷代寶器，其中銘文古甚，文係鐘鼎篆法之始。”又言此器留之在此，供聖廟祀享時用，若有欲移置他所，則廟門外一步地轉動不得，似有神物護持者云。初欲使雲太試之，旋以舉措駭眼，且褻視古器爲未安止之，其言之真妄未可知也。張也未及問名，而人也似亦非醇實者，面目無文雅氣，一村學究也。

（壬申正月）二十三日丁酉，驚蟄，晴温。留館。

……循之而行百步許，即法藏寺……有一僧疏鬚半皤，面有文氣，與之語，粗解文字，問：“能詩乎？”僧點頭，謂余曰：“作詩一首。”

適見壁上貼翁守琨七律一首，首句曰“重到城東話昔緣”，其下則“年禪天傳”四字，而句法頗拙。余與濤叟書示曰：“今日甚忙，歸當次壁上韻送示矣。”僧又點頭，濤叟持新箑，僧愛玩不釋手，既出門行百餘步，始覺其忘置，送馬頭索之，則曰：“無有。”明知其所爲而無如之何，濤叟深恨其見欺，蓋以數句筆談賺得一扇。

(二月)初三日丙午，朝陰，午晴風。燕郊堡十七里中火，三河縣城内五十里宿。

……夕入三河縣，南門城堞多圮，内外人居凋殘，而店門外累砌數十級，炕户前僅容人出入，既窄且陋，下輩不免露處。蓋城中地勢不平，人家多據邱陵，故如是逼側也。主人進茶，問其姓名，李貴也，稍解字。問：“知縣爲誰?”答：“沈守恒，而秀才圈納出身，七品知縣。”問：“年成?”答：“七分(按《堯山堂記》云：“關中人語歲以六米、七米、八米，分上、中、下。此中人語歲輒曰：幾分者，即此類歟。”)。”問：“五穀所宜?”答：“都有，而其中老黄穀、大虎穀俱多，小青苗亦盛，一斗穀價東錢一千三百文。”東錢謂山海關以東也。欲更有問，而主人文短，艱於酬答，語亦不可了。書狀給清心、濟衆各一丸，彼進一封黄茶，笑受之。

(二月)十九日壬戌，晴，大風。中安堡三十八里中火，小黑山三十里宿。

日出發行，北望北鎮廟，距路甚邇，行數十里，始不見。午站後避淖，取左邊逕路，行過一村人家，有讀書聲撩亂，下馬入之。一個學究課十數村童，間有冠者。其人見余，欣然迎坐，對卓，出筆硯，纔數語，索清心，給一丸。問村名，焦家屯云。即起上馬，風甚，屢遭笠脱。

(三月)初三日乙亥，晴風。留栅。

午後有兩人來外炕李禆、蔣譯所住處，余適坐此，問其居止，則此近村人，在栅後寺讀書者。其一人姓名史書升，與之筆談，稍優談次，史呼韻，余即賦之曰：“有緣萍水隔年逢，萬里行人記舊容。憐爾孤庵猶旅蟄，春來何不去登龍?”史亦和之，而無足記。輒又呼韻，余又書曰:“身如鴻雁逐春秋,萬里翩翩此路由。塞上逢君春晝永,壯觀仍復説皇州。”史不更賦,即袖談紙而起曰:“明日再看。”追聞史生今春始栖此寺,而誤認以前冬相識,故首篇云云,而史生文筆荒拙,不甚曉詩意而明言之,可笑。

(三月)初五日丁丑,晴暖。留栅。

午後尋寺,史生欣然出迎,引見其師父,上炕坐定。余問:“貴姓大名?”答:“姓王名夢祥,登州海陽縣人,距此三千里,訓蒙來住已十年矣。”因叩余姓名,答之。王生曰:“昨見尊詩甚佳。”余笑答曰:“何必過奬?”王生遽出一題曰:“春晚眺鳳凰山,韻以清、明、晴三字。”余隨即書之曰:“鳳舞春天朔氣清,兹山實合孕文明。逢迎四海俱青眼,暇日招提趁晚晴。”王生諷咏一回,批點於第一二三句,圈其落句而評於其下方,曰:“似李長吉錦囊中語。”余曰:“盛奬不敢當。”因曰:“尊亦依韻賦之可矣。”答:“不能詩。”余曰:“何必過謙?”王生沉吟若構思者而不果題,輒呼史生傳示余詩於諸學徒。余問曰:“學徒幾人?”答:“十人。”問:“十人中可以進就者幾人?”答:“可以僥幸者三人。”問:“尊今連赴場屋耶?”答:“應舉子試者六次。”問:“中州科試三年一次云,然耶?”答:“然。”問:“試何文?”答:“首場試八股四書文三篇、五言律詩一首;二場試五經文五篇;三場試策五篇。”問:“定額幾人?”答:“舉人六十九名,副榜十三名。”問:“設場於國子監耶?”答:“鄉學入本省,國學入京。”問:“聞南州文士獨行萬里赴舉云,然否? 若占榜眼則幸矣,萬一見屈,何以渡灞? 恐遠途致身無策矣。又聞落榜之舉子仍留待後試,或起爲乞丐,或倦遊市肆間,妝撰雜種新説以資生活,蹇屯老病,竟死而不得歸者居多云,然否? 名利之累人,决生死於得失也如此,可爲太息。”答:“榜眼則殿試之第二名,會試乃有,鄉試無。”又曰:“現在累於京師者,不可勝數。”問:“有廪錢可以糊口者否?”答:“僕年十八入學,二十一補廪膳,生員每年得廪銀十二兩,不四五年即出貢矣。”問:“試士時卜晝乎,卜夜乎?”答:“卜其晝又卜其夜。”又曰:“三場共九天,不論晝夜。”問:“九天是何義?”答:“以九當陽,八月初十日起,十六日止。”因又曰:“君省將無同?”答:“亦略同。”王生曰:“君得非箕子後耶?”答:“箕子後在平壤,姓鮮于氏,僕今宗國支派耳。”因問:“大國許多名勝寺刹,何處不可,而乃反僻處塞外小庵也?”答:“願觀山水人物。”問:“如欲觀山水人物不於大都而何?”答:“未見朝鮮人。”問:“然則尊於山水人物飽經高眼否?”答:“除却詩文,何有癖? 獨於山水不能廉,况識盡天下好人耶?”又曰:“惟人物今乃於君得之。”余笑曰:“何其當面嘲人之甚也?”此外又略有談草,而留在王生所,不能悉記。蓋王生爲人儀狀温淳,動止雅飭,頗有髭鬚,極能飲酒,觀其酬酌敏速,亦不易得之士也。坐間饋酒數巡,意亦款真,日晡而歸,夕飯後與書狀出,步前川,王生遠來,學童呈一赫蹄,即次鳳凰山韻曰:“鳳山横黛極天清,叠嶂層巒寺外明。笑殺芙蓉峰一朵,濃妝猶趁雨初晴。”

(三月)初六日戊寅,午後細雨。留栅。

書狀委送私商二名於前路,使之催卜。雨中王生來訪,見於外炕,略與筆談,而談草爲王生袖去,不能悉記。談次沽黄酒數壺,對酌。王生以韻語書示余,答之曰:“蕭寺逢君晚,談心共在兹。空庭春雨細,賒酒可無詩?”屬李命祜以左書書之,以李生頗善左書也。王生見之,喜曰:“才人也。”王生又成七絶,余又答之曰:“愛君風味似醲醺,細雨行穿石逕雲。深掩小窗閑坐客,喜因拭目劇論文。”王生曰:“聞皇上於正朝引見貴使,殿試賞賜云,然否?”答:“非殿試也。下御製《除夕瑞雪詩》,俾三使賡進耳。”因曰:“僕於其時亦依韻試賦一首。”問:“得便抄出并尊詩均領教否?”答:“日間當録呈。”因問:“尊有詩稿携來山寺者乎?”答:“無之。”王生又問:“尊見漁洋詩否?”答:“曾見其概。”問:“詩如何?”答:“大家詩,僕何敢妄評?”曰:“過謙。”問:“《漁洋詩話》載敝邦金清陰詩句云,曾覽過否?”答:“覽過。”問:“方今海内,誰爲詩宗?”答:“敝省自王阮亭、趙秋谷、董曲江、宋①

① 宋,原文誤作“黄”,徑改。

荔裳而後,以詩名家者寥寥矣。”問:“四家名字請聞之。”答:“秋谷名執信,著有《海鷗小譜》《談龍録》《聲調譜》;曲江名元度;荔裳名琬,著有《安雅堂集》《二鄉亭詞》。”問:“阮亭?”答:“王士禎。”問:“漁洋是此人?”答:“‘阮亭’其一號。”因曰:“若欲解悶,將漁洋詩送來。”又曰:“敝館有帶來《荔裳詩》,係抄本。”問:“請一借看。”答:“欲看即差敝徒送到。”余曰:“此當送伻矣。”王生因要余偕往,答:“方有小幹,夕或明間當進。”王生唯唯而告退。

(三月)初九日辛巳,晴風。留柵。

午後出外炕,則聞其間王生連日來訪,而李命祜輩諉余感疾頭痛,不能出迎而自外謝遣云。蓋余與書狀同炕,而書狀不接閑客如留館時,故王生來,則見於外炕,諸人以接客閑談有妨自己緊幹,大爲苦之,有此稱托,可笑亦可嘆也。

夕陽上寺,王生笑迎曰:“來何遲也?”答:“間憂采薪,避風深蟄,今亦難振,而祇爲躬自摧謝來,幸肯恕之否?”因曰:“今日風甚不佳,閉門做得何工?”適見案上置小册子,王生方操毫點竄,見其題曰《省刑罰論》,文多旁改,其本文甚拙,而旁改者辭理俱精,乃八股時文也。問:“是尊之文章?”答:“批學生文。”曰:“學徒之文如此理勝,不問可知爲先生弟子。”答:“初學作文,大不明順。”又曰:“抹者是學生文,旁改者是僕之拙筆。”曰:“甚好,甚好。”王生曰:“尊文亦是八股否?”答:“大體則然,而敝邦功令之文不專爲是也。”王生曰:“貴邦大抵古文體者近是?”答:“東國所尚言必稱古文,而作之者未必盡然。”王生問:“場中課士亦有詩、賦、歌、詞、策、論、表、判耶?”答:“都有之,而敝邦試士有大小科之目,俱是三年一次。小科初試兩場,初場取詩賦二篇,終場取五經義、四書疑二篇;覆試同大科,初試三場,初場取論疑二篇,中場取賦表二篇,終場取對策一篇;覆試兩場,初場取賦表二篇,終場取對策一篇。殿試則賦、表、策、箴、銘、頌、制、誥中一篇,取之不一其揆,歌詩亦或有之。大科又有明經之目,其覆試并講四書、三經耳。”王生曰:“課藝勝敝邦多多矣。”因問:“近日有詩否？"答："坐隔百里鄉國，而欲歸未歸，方寸燥擾，無心做得。"因曰："春月益佳，少待沉疴之祛，當一來聽上方鐘，兼爲把酒論文計。"王生唯唯，因問："上國場中亦有五七言律否？"答："五律不用於場屋，七律則或十韻、二十韻至百韻。"因問："登州是海南界？"答："即齊魯地，聞今有闕里遺風。"答："武城、汶上、杏壇等猶仍舊名。"問："距貴鄉近遠？"答："不過四百里許。"問："現居名宦者幾多人？"答："孔門世襲聖人，顔、曾、孟世襲博士。"問："弦誦之風尚今不衰否？"答："久不聞弦歌之聲矣。"問："何爲其然也？"答："宰武城者非偃也。"時且迫曛，余曰："寸心言不盡，前路日將昏。"答："後會自有期，何必在此日？"因命學徒上燈，問："此山中無大蟲？"答："雖係深山大澤，却不生龍蛇。"余戲曰："然則山名上'龍'何也？"答："非也。名'孤山'。"問："是和靖舊莊？"答："和靖不到此。"余笑曰："僕聊爲戲言耳。"因問："山海關有所謂范家莊，俗傳范文正後裔居之，果然否？"答："山東濟南府鄒平縣有常白山，是范文正讀書畫粥處，城東有禮参店，是當年父老参拜范文正處，其墓在蘇州寒山中。"問："此則鑿鑿可據，既聞命矣。然則所謂范家莊果何爲者也？"答："當是好事者爲之。"曰："然則歷路所名村莊，多是假托，推此可知。"王生點頭，因告退，乘月歸次。

（三月）初十日壬午，穀雨，大風，陰。留栅。

……夕陽，往見王生，其學童在門外，見余至前，執手而導之，童子之唐突殊似可笑，而想是此中人待尊客之禮，亦親密款接之意，不必深怪。坐定，王生招史書升來呈一小紙於余前。視之，則乃余留館時所賦《瑞雪》詩而移寫一通，傍加批評者也。圈於第三句以下至結句，而第三句則評曰："承占豐。"第四句則曰："承殿歲。"第五六句曰："兩引入正題，甚的。"末二句則曰："此襯結法。"又曰："風雨是拗體。"

（詩曰："三白占豐理孔昭，六靈殿歲曉仍飄。暖融氣迓三陽節，翕散功歸萬里霄。授簡梁園知數异，和歌郢市見才饒。瑞徵應復吾東海,但願嗣今風雨調。")

余覽畢,謝以過奬,仍談及詩,王生曰:"荔裳詩'凄風苦雨懷沙賦,白雁青楓訪戴船',此句余甚喜之。"問:"奚取爾也?"答:"取其格韻耳。"問:"吕晚村詩曾見之否?"答:"見之。"問:"晚村名?"答:"名則不記。"問:"晚村爲明朝守節?"答:"然。居觀稼亭亦以爲號云。"余舊見晚村詩稿,其目有曰《倀倀集》《萬感集》,皆明亡後感憤之作。其節義可敬,而詩稿中不著其名,問之知舊間皆不知。今問之王生,亦不知誦其詩,讀其書,亦既知其人矣,而不知其名,可乎?彼此俱不免孤陋,可嘆。按《稼齋記》言,孤家子,與村人郭垣問答,問及近時文章道學爲世所推者,答"王礎生、吕晚村,浙江人,皆有《四書彙通解》行世"云。而名則彼此俱不及,似已習熟,不煩答問,而蓋晚村不特節義,其文章道學俱不在人下,亦可知矣。又見康熙時人江都朱顯祖雪鴻所編朱子《近思録》,諸跋中有語及吕晚村先生云云,其道學尤可信矣。其視錢牧齋依違晚節,專以文字塗飾者,豈不相萬萬乎?

(晚村事實追聞於永平,洛瑞台族兄則曰:"晚村初名光輪,明亡後改名留良,以自托於留侯張良云。"又曰:"晚村没後,其高第倪某也,居四川。康熙間有彗星見,四川布政使倪某之友也,倪某書於布政使,論天象可畏,而專歸之夷狄主中國之應,諷以舉義,布政使不敢匿,以其書聞康熙帝,逮致倪某繫之獄。既累年,適有景星見,使問於倪某曰:'夷狄主中國,何以有此?'倪某無以應。其後有一祥瑞,則輒以語之,倪某窘甚,且念困苦無已時,乃反以文字頌美皇清功德,每奏輒置不省,然終不殺亦不放,至乾隆間而死。方倪某之逮繫也,清知其爲晚村高弟也,乃窮搜晚村著述文字毁棄之,使不得行於世。"我使嘗入燕,有一文士潛以《晚村詩稿》若干卷授之曰:"歸傳於東國,使後世知有吕晚村也。"至今中國人不敢公傳晚村文字。間有流布者,輒藏其姓名,如唐板九方經書中四書頭注,往往墨林數三字,或連數三空圖而衹載其語,書以曰云云者,皆晚村《語録》云,略述傳聞,以俟考據。)

又問王生曰:"尊之先世有顯達者乎?"答"先世屢經知縣等職"云。蓋非顯族也。是日筆談頗多,而并留其紙,所記十不二三。迫曛歸次。

(三月)十四日丙戌,晴暖。留柵。

……夕陽,頗乘醉上寺,與王生筆談,多觸時諱,即席付火,中間彼此酬答都不記,而所記者,數日來登萊地賊變之説頗喧,藉故問之。王生答:"未知真的。"因曰:"山東有變,則難制矣。"問:"山東是天下精兵處故云,然耶?"答:"是。"問:"登萊距我國海路幾里?"答:"順風七日可到。"問:"我國有定州賊變,而皇帝命防守鴨緑沿江,非獨爲聲援地備禦之策然也? 登、萊果若有變,則我國顧獨無自守之舉,可乎?"答:"山東距京師不過千里,是固可憂也。與貴國隔海而遠,則何必爾也?"迫鐘忘起,大云尋到,導之而歸。

(三月)十五日丁亥,晴暖。留柵。

朝,卞復圭以代行首譯現謁,年七十餘,鬢髮皤皤,行步甚艱,自陳筋力無以趨承,書狀勞勉之,飯後與蔣憲周、李文養、李命聃聯袂將尋孤山,過首譯炕,立而數語,彼此無色。

過寺要王生與偕,欣然曰:"諾。"因導余先行,諸客并後,從谷中攀援雜樹而上,約行三里,轉步而右盡其頂,松陰下得一石,方廣如林,可坐數人。南望群山稠叠如波浪之勢,東則可望義州白馬城云,而杳莫能辨,日前雲太言,昔年一使行阻大水,留柵七十餘日,值四月八日登此,望見白馬山城燈火,其時則副敕使某淬死於中江云。今吾輩將無於此觀燈之慮耶? 顧語諸人,悶極生笑。山上往往杜鵑爛開,俯視柵村,桃杏映帶亦自可賞。來時余佩一鑞壺,袖一條脯,到此出之,頃刻而盡。

須臾,史書升與一童子肩擔一大壺而至,可知王生所使也。欣然有陶淵明菊籬下見江州白衣底意思,但恨不帶下酒物也,因折取杜鵑一大枝,插之石林前,開樽泛花,諸人數杯而止。余與王生摘花爲羞,連傾十數杯,到此王生亦不用呷酒本法,杯到即吞,甚快活也。因占一絶句,余詩即成而不持筆硯,故使李文養誦而傳之曰:“杜鵑花下石林高,把酒臨風客意豪。坐久不知蓬海遠,崚嶒山骨盡撑鰲。”王生諷咏一回,曰:“好好。”將起,酒猶剩半壺,因相與下山到寺,踞椅於外炕,買餔食一盤佐酒,題余詩於箋,因并口呼三首,擬諸人作各附於下,王生詩最後而并未及記。余又題曰:“山舍春氣燕初飛,與客携壺上翠微。塵世難逢開口笑,鵑花須插滿頭歸。”蓋點化小杜詩也。王生喜而評之曰:“若出己手。”席間李命聃頗使酒語侵王生,王生托醉避入,且曰:“有客强而後出見之。”即告退,是日得詩二首。

(三月)十九日辛卯,晴風。留栅。

早聞熊岳都統將出栅,屯於寺門前。與諸人往觀,士皆佩弓劍,馬皆具鞍韉,而衣服旗幟不甚鮮明,人馬大抵黄瘦。聞此中兵馬外面雖若可笑,其實精勇莫當云,未可信也。午前盡數出栅,上下服色略無分别,所謂都統竟不辨其面目。因尋寺,王生適出户,見余至,則有喜色。顧語學徒曰:“來來。”坐定,曰:“正擬專人邀請,不意先得我心也。”答:“數日阻晤,中心耿耿,雖無盛速,豈不翼如?”第問:“邀僕何幹?”曰:“請尊吃月兒羹耳,非有兼味。”答:“盛意可感,月兒是何名?”曰:“月兒羹,俗名餔食。”

(追考《堯山堂記》,則柳公權嘗以隔風紗作《龍城記》及入朝名品,號《錦樣書》以進,文宗方御剪刀麵、月兒羹,即命分賜云。月兒之名,蓋古矣。或曰:“月即肉字,乃肉兒羹云。今餔食之月兒名者,本非肉羹,則或者之説恐未然也。”)

俄而留栅,一灣校亦至,蓋亦王生所邀,而見余則蹙然,由其服色與余無别,彼人則一例視之,而在渠不自安故也。學徒進餔食一大楪,暖酒一小壺,此外猪肉細切者及葱菜、箐菜又各一楪,擺列滿卓,隨盡隨添,可謂盛設也。問:“副都統出栅有可聞説話耶?”答:“未聞其詳,總之沿江設障使賊望風而退耳。”問:“正軍幾名?”答:

“官員不過五六人,先鋒官係敝東那老爺、開大老爺,隨行不知何用。”問:“是姓,是號,名亦知之否?”答:“名雲布,本姓牟,旗人,姓如古,以王父之字爲姓,開某不知其名。”問:“那某現任何官?”答:“官鳳凰城防禦,一名蘇羅,奮人。”問:“奮人、旗人猶言某地人否?”答:“奮人如民人,武官守備,其品如文官知州等,所謂五品大夫。”問:“鳳凰城有守尉,此是其人其官否?”答:“城守尉是三品,爲大老爺,視奮人祇大一級。”問:“都統姓名。”答:“姓盧,不知其名,自十六歲出征四川,升山東德州城守尉,不數月即升熊岳都統,其岳父現任山東青州府滿洲城都統。”問:“其岳父姓名。”答:“不知。”問:“都統姓名或云禄成,未知信然,而盧、禄二字音相似否?”王生抹去前答中“盧”字而曰:“‘禄’是也。”因問:“尊昨日曾見禄大人否?”答:“未見。”曰:“年方三十有七,倜儻不羈。”問:“手下領幾個兵馬?”答:“帶領熊岳官員及兵二十名,外撥鳳城官員及兵七八十名。”問:“定州賊見方糧竭勢蹙,不日當就剿滅,固不必遠勞上國之兵,而假使賊勢真有猖獗之患,則百騎臨邊,何足以使賊望風而退耶?恐無是理矣。”答:“或先聲奪人亦未可知。”問:“登、萊地變,報果有真的耶?”答:“亦未得的信。”問:“尊幾時接見鄉信耶?”答:“舍弟到此不過五六日。”問:“賢弟臨發時無此等騷屑云耶?”答:“祇言到處搶奪,恐朝暮釀成大變。”問:“尊離鄉久矣,當此之時,勢不可歸,何不思拔宅避地之方也?”答:“月底即遣舍弟還鄉。”問:“尊之行止將何爲計?”答:“舍弟還鄉原爲挾眷赴此,僕在此静候。”問:“十年離鄉,尊之安於兹土久矣,能有此間樂底意耶?”答:“亦不能鬱鬱久居,但爲一時權計耳。”問:“然則計已定矣,考卜新莊距此遠近?”答:“去此三十餘里,地名楊矬子,現在家祖居其地。”問:“此是東使往來之路?”答:“僻地,然距此不遠,尊回府後尚有信寄僕否?”答:“東歸之日何時可忘?而雁使甚闊,寄聲未易,是爲悵悵,然年年貢使便,自當有憑。”問:“平安之路矣。”答:“是爲幸。”談次,有一人來炕前,年可三四十,王生退與冷壺使之添來暖酒,見其舉動惟謹,有怡怡色,意即其弟也。

王生又指余而稱曰:"翰林進士。"顯示誇奬之意,余聞之愕然。此蓋有苗脉,余之始見王生也,王生臨門送之,大云從余背後顧語王生曰:"翰林進士。"王生嘖嘖再三,余誚其妄,而若日後王生有問,則欲以實告矣,王生語終不及,故余亦無辭令,其稱又出於意外,故可愕也。余在北京時或冒稱進士,亦時着官服,則大云看作勝事,乃今於進士上加翰林二字,做出不成理之語,余之前後行止,實有以致之,而渠之蓄諸胸中則亦久矣,非臨時發之也,思之可笑。《稼齋記》以爲譯輩言各邑畏御醫之威,至呼藥房書員爲書員進賜,余曰:"此事無怪,昨日余之莊,人稱余爲進士大監,有進士大監時,豈無書員進賜乎?"衆皆絶倒云:"此與翰林進士可稱三絶。"因思雲卿着暖帽品服入圓明園官班,彼人問官品,則曰:"三品。"問實職,則曰:"太學掌議。"三品掌議亦奇,此等説并可入野談也。余又問王生曰:"聞山東飢民有皇旨區入於新利城云,此地可謂樂土否?"答:"不敢賦遠道難,亦不敢賦苦寒行。"問:"縱有閑曠地面,目下糊口之難,似與本鄉無异也。"答:"欲進不可,欲退不能者比比矣。"問:"入居此地者有别般賑濟云耶?"答:"苦無别路。"王生又曰:"上國善書者,可得小方字耶?"答:"作字者何限?而善手則無之。"曰:"何自謙,兼代爲謙耶?有則願求一二章小字。"答:"善書莫如尊,何必求諸人?"王生笑曰:"尊書是合右軍、松雪爲一手,回府後書小行書,遥寄可乎?"答:"如僕未免塗鴉,今蒙過嘲,直令羞死。"因問:"數日花事爛漫,有幾篇佳句?"答:"僕短於詩,又兼滿城風雨,能不索然?"曰:"滿城風雨正自好詩料。"答:"村村皆畫本,處處有詩材,但無潘大臨手筆。"余笑曰:"眼看春盡,詩何忍獨爲默?"王生問:"尊近日詩思曾得之驢子背上否?"答:"人非孟浩然,空負青驢背。"王生曰:"對客揮毫,尊真秦少遊一輩人。"又曰:"高陽一酒徒,可嘆負知己。"因指盤中肉勸使吃曰:"祇在此盤中,菜深不知處。"答:"可使食無肉,不可肉無酒。"王生笑而更酌,問曰:"京邑三兩日能到否?"答:"未的,而似不出廿三四。"王生連勸十數杯,辭曰:"本以窄量,强酬厚意,實有不勝杯酌之慮。”答:“量大嫌甜酒,才高笑小詩。”余曰:“詩酒非吾事,故人當面嗤。”王生曰:“有酒無肴,如此知己何?”答:“有客無詩,如此好酒何?”王生笑曰:“自古有花即有酒,如今有酒却無詩。”余因率爾書之曰:“美酒珍饈續續來,衹嫌窄户不勝杯。故人能解風流事,花下新詩正好裁。”王生朗誦一回,圈其下二句曰:“文不加點。”因濡毫沉吟良久,書曰:“不速故人兩兩來,自慚婺尾盡餘杯。憶君日午松陰下,别樣新詩手自裁。”余圈於下二句而曰:“尊詩首句欠蜂腰,妄意‘故人’二字改以‘親朋’,如何?”答:“唯唯。”蓋“兩兩故人”指余與灣校,而落句則指日者登高時事也。余又書曰:“對酒當歌,會面幾何? 譬如萍水,聚日無多。”王生曰:“讀尊詩,不覺如王處仲咏烈士暮年之句,唾壺欲碎矣。”又曰:“尊壯心欲已耶?”答:“壯心無已時,故人難再期。”曰:“相隔衹千里,何爲怨别離?”答:“不怨别離,怨邂逅,無邂逅,那有别離悲。”曰:“尊歸故里,詩當遥贈。”答:“恐是不可已之事,僕亦當留一詩。”酒闌,王生書曰:“相逢萍水竟知心,把酒論文思不禁。今日同君須盡飲,春宵依舊值千金。”余圈其下半曰:“多情風流人語。”即答曰:“四海論交衹此心,逢場把酒興難禁。東歸自有西飛雁,他日爾音無玉金。”王生諷過三四遍,圈於下半曰:“佳句得之眼前,尊可謂謫仙才矣。”又曰:“他日句亦是拗體。”又曰:“‘無’字改一‘莫’字如何?”答:“用《葩經》中本句語故耳。”王生點頭。問:“三使臣《賡韻瑞雪》詩如何? 勿吝高評可也。”答:“三大人詩,以愚觀之,未免落套。”因又曰:“妄妄。”余曰:“評甚當,正使詩如何?”答:“正使得恭和體,然銀華瓊雪,撒鹽積玉等已成習調。”“副使詩如何?”王生但指白雪黄雲一聯曰:“好。”因又曰:“總不如尊詩之渾成。”答:“過評,不敢當。”

(正使詩曰:臘前三白瑞徵昭,滕六紛紛暖更飄。往日銀華盈赤縣,今朝瓊屑降丹霄。撒鹽禁苑承天貺,積玉山田驗歲饒。劍佩元正騰賀祝,猗歟賡燭四時調。

副使詩曰:天用甲休上格昭,南溟已息烈風飄。一周星轉迎青節,六出花飛漫紫霄。白雪臘前三有瑞,黄雲秋後萬斯饒。衆區民物欣相告,善頌何能寸管調?

書狀詩曰:飛花滕六爛昭昭,一望祥霙萬里飄。影落銀河凝紫闕,光摇玉樹滿青霄。月恒川至三元始,民樂年豐上瑞饒。賡載宸篇叨善頌,於千景運太和調。)

因曰:"日向夕告退,明間又當奉討。"答:"虚邀。"曰:"盛饌留客,醉飽多多,何出此言,使客不安也?"王生問:"前作以'孤山留别'名題,當否?"答:"好。然而從當别有一詩。"曰:"尊若贈别,以七律可也。"答:"謹當如教。"因曰:"此紙袖去矣。"乃退。

(三月)二十一日癸巳,陰或雨,夜大注。留栅。

朝書一詩於色箋,題以贈别拾片先生,詩曰:"聞君來自武城東,賴有弦歌鳳栅中。千里愛山君復隱(以孤山故用林逋),十年射策仲淹窮(以王姓,故用王通)。人生會合浮萍水,客子光陰落絮風。海内從今青眼在,神交他日證飛筒。"兼爲致書送還漁洋、荔裳詩卷,并贈繭紙五十幅、色筆三枝、墨二笏、蘭竹畫扇各一把,清心五元、蘇合十丸。

人還後,王生别遣學童回書曰:"春杪,文軒榮貴賓館數親塵教,并拜佳儀,積歉殊深。倏聞德旗錦旋在邇,未獲少申餞敬,昔慚郇厨,今愧玉珮矣。兹具菲儀,伏祈哂納。晚晴奉晤,略慰繾綣,不知猶嫌絮聒否耶?即惟起居,統希丙鑒不宣,山左王夢祥拜。"

送來三種,各以紅紙封裹而書其名,一閩薑、一白毫茶、一仙膠。所謂仙膠,不知何物熬成而色赤而潤,味甘而香,略似我國煎藥,一邊多雜杏仁、西瓜仁,李命祐謂是鹿茸膏,蓋希品云。

飯後往見之,掃外炕而坐,酒進數壺,羞以魚炙,長尺而肥,亦盛設也。杯行八九,賓主俱醺然,談草留之不能記,而最後王生書示曰:"開關早,關關晚,放過客過關。"又書曰:"出對易,對對難,請先生先對。"因又傍書曰:"高出,有才子之名,係僕之表祖,明萬曆間人,進士,歷任按察使,著有《鏡山庵詩集》。以征遼臨陣而逃,詩板火烈,對初出,諸名家無以對,乃請吕仙洞賓對之,其對亦不對之對也。”余遽曰:“望雨急,雨雨遲,喜春日春雨。”屬使對之,辭以不能。余又書曰:“執謙易,謙謙難,對過客過謙。”王生良久乃曰:“求友易,友友難,惟好心好友。”余又曰:“告悵别,悵悵同,正一步一悵。”遂告起。

(三月)二十二日甲午,朝雨即晴。留柵。

車卜始畢到,行期定以明日,偶得一絶,呈王生曰:“孤山不堪别,風雨欲留人。蕭寺鐘聲午,虎溪花落春。”人還示曰:“望雨急,雨雨遲,喜春日春雨,‘急’字易一‘速’字,如何?‘日’字易一‘陰’字,如何?”又示一對曰:“爲師多,師師少,想善教善師。”細味二字之改易果勝,而其自爲對,則前後皆似拙矣。紙末又曰:“聞上國檄至,賊兵益煽,其信然耶,抑傳之非其真耶?各天同慨,千里知心,爲之懸懸。”送大云報曰:“鄙作蒙點化,甚善甚善。對語亦盡好。敝邦賊報想是虚傳也,然憂人之憂,僕知所感矣。”飯後,與書狀尋寺,王生下炕迎之,余索筆書曰:“三大人爲隨喜來。”王生立良久,余曰:“請尊上炕坐。”坐定,書狀曰:“留此已久,聲光密邇,而始接雅儀,一欣一悵。”答:“姓王,名夢祥,原籍山東登州府海陽縣人,訓蒙遼東已十年矣。玆得親大人光儀,幸甚幸甚。”書狀問:“教育英才,天下一樂,好學之弟子幾人?”答:“從學者十人,好之者不過一二人,餘皆玩愒。”書狀問:“此去登州幾里,而萊州亦不遠否?”答:“去登州陸行三千里許。登與萊接壤,以府去府二百五十里,即古萊子國。”又問:“是齊地,是魯地?”答:“是齊地,齊魯亦接壤,古齊城即今青州府,臨淄縣雪宫遺址尚存。”又問:“去泰山幾里?”答:“敝縣去泰山千一百里。”又問:“曾躡日觀高處?”答:“未登,而齊魯餘青不時遥望。”又曰:“到濟南府登城南千佛山可以遥看。”余問:“山有千佛?”答:“隨山鑿石,成佛不止千數,山中有吕仙洞,昔有赴秋闈者,聞洞賓語云:‘不喜錢,不喜酒,不喜婦人,衹因眉宇間少兩字英雄,遲誤了五百年出山正果也;要忠也,要孝也,要風流,幸得胎胞内帶三分蠢氣,險些兒十八灘上水扁舟。”余曰:“有薄酒,可同一觴否?”答:“與公等坐,如接公瑾,使人不飲自醉,何必醇醪?”曰:“懷瑾争如暖玉。”答:“公非裴叔則,照人則不啻玉山,僕與公坐,亦所謂倚玉也。”時書狀命從者帶一鑞壺酒來,因以茶鍾勸飲,辭以杯大,因代以小鍾,余與書狀自引大鍾,笑曰:“杯大小太不相敵。”又曰:“僕則已傾一大碗,尊須連倒三小杯。”答:“僕不能醉大白。”曰:“便醉何妨?”王生曰:“明晨不果錦旋,佇企移玉一叙。”答:“明若不果發,可續餘緣,而姑難的期也。”王生問:“大人年幾何矣?”書狀答:“四十一歲。”曰:“偶然相逢亦一奇事。”因問:“弧辰係何月何日?”答:“揆覽辰係四月六日。”曰:“僕則南至月吉日。”因問:“子姓幾人?”答:“豚犬二。”書狀曰:“告别悵黯,努力自愛。”答:“不敢永留。”因下炕而送之。余曰:“僕則少坐一刻,再叙餘懷。”因曰:“拙詩俄呈覽矣,逐疵斤正,是所望也。”答:“尊詩情真景至,遊夏莫贊,雖僕當奉和,不能不閣筆矣。”曰:“如是過奬,决非情交間相益之道,須更示實話爲好。”答:“非過奬。”曰:“僕是交淺言深之人,何敢望高明之一概?”答:“深交不在多日,但詩不加點,僕何敢妄?”問:“尊獨無一詩相贈乎?”答:“欲贈無詩,爲之奈何?”曰:“未之思也,豈曰無兮?”答:“薄乎云爾,無得無詩。”曰:“非敢厚也,詩復進也。”答:“其人甚邇,其詩則遠。”曰:“詩不遠人,人自遠詩。”答:“修詩以道,修道以人。”曰:“詩可以觀,别可以怨。”答:“不藏詩焉,則遠怨矣。”彼此酬酌風生,傍觀駭然。灣譯朴明玉在座,有醉意,卒然問曰:“惟大英雄能好酒色,先生也能好酒好色麽?”答:“不好。”又問:“若不好色,真是空褲子。”余笑曰:“色界上無英雄烈士,先生豈真不好哉? 不好其不好者耳。”王生亦笑,朴譯又曰:“賢賢易色,惟酒無量,豈非聖賢之言乎?”王生見其支離,顯有苦色而曰:“僕若好色,何苦風塵久曠?”余目視朴,朴不省,多呈醉態,余曰:“且休雜談,可惜此日。”因曰:“明日不雨,且無他拘,則便當長别矣。人生世間,大别千年,小别百年,何必惘惘爲可憐之態也,但尊之與僕,相知實難,不知何日重叙此懷否也。”答:“床頭顧婢子語,刺剌不能休，乃兒女子態耳，我輩後會自當有期，不必作離别可憐之色，然不日即望塵莫及矣。”曰：“請從此告别。”答：“明晨奉晤可也。”曰：“明當早發，奉晤何可期也？”答：“若非聞鷄着鞭，自可遠送。”曰：“厚意可感，而遠將徒增凄黯。”又曰：“努力愛春華，榮名以爲期。勿言一尊酒，明日難重持。”答：“僕自慚點頟，亦惟捧《登科記》以爲千佛名經耳，安能錦衣歸里作男兒耶？”因告别，夕間書狀送遺王生以各色箋二十幅、清心五元、蘇合十丸，是日得詩一首。

(三月)二十三日乙未，陰，微雨。留栅。

一行重檢卜物，頗以窘急爲患，書狀特令退行一日，飯後出外炕，王生來訪，余曰：“行事退一日，衹爲與尊餘緣未盡也。”答：“聞京包業已到齊，明朝大約錦旋，衹有一送，爲之黯然。”曰：“縱須一别，悵不必言，而都不如初不相知之爲愈也。”答：“今必束裝，大抵匆忙，從此告别可也。”曰：“少坐飲一杯爲好。”王生即書曰：“君歸我不歸，相見恨不數。臨行一杯酒，此意重山岳。”余答曰：“天地爲蘧廬，往來何數數。莫論歸不歸，仙會多名岳。”王生曰：“昨蒙大人寵渥，無物可獻，直令搔首問天矣。”答：“情匪在物，何必言報？”曰：“匪報也，永以爲好也。”答：“惠而好我，携手同行。”曰：“豈不欲往？畏我友朋。”又曰：“無方可化身千億，一樹梅前一放翁。”余遽答曰：“身如可化吾當化，伴住孤山啖杞翁。”曰：“便成佳句。”又曰：“僕之道號‘啖芑野客’。”因自以筆改“杞”爲“芑”。余進鑞壺勸飲，王生曰：“書我意，聽君歌，有酒不飲，當奈何？”因要余對酌，辭曰：“僕吃飯纔飽，不合飲酒，此杯衹爲尊設。”方纔舉杯，王生問：“大人何姓？”答：“姓韓。”又問：“是世禄之家？”答：“赫世簪纓。”余問：“拾片是一號？”答：“拾片是拾片紙，非號也。”問：“大占是何義？”答：“名夢祥。”曰：“然則是字？”答：“是。”因問余奚號，答：“賤號雪山，敝東有曰‘龍門山’，雪山是其一麓也。僕數年來卜築於此。”又曰：“昔司馬子長生龍門，壯遊天下，今僕亦居龍門遊中國，地相符而人不侔，是可愧也，豈以此山是虚名故耶？”答：“何山不虚？”李命祐傍坐，彼此汩董酬酌，間以諧謔。王生曰:“話長嫌酒冷,性懶恨書多。”又曰:“書不盡言,日旰君勤,可以别矣,從此長揖。”余曰:“何可長别? 暫圖更進。”答:“僕今日無事,恐君有事。”余笑曰:“彼武人輩都有事,無事者一個書生也。”蓋李命祐輩自處以武人故也。王生書示李命祐曰:“臘日高寒,可重會否?”答:“僕年近六旬,何可再遊?”曰:“獨不聞钁鑠哉此翁乎?”答:“今之此翁非古之此翁。”曰:“今之人猶古之人也。”答:“今之時非古之時也。”

王生笑而起,晚後余又往見,出匣中餘儲色筆十枝、花簡二十幅,令大云帶之。既到,坐定於外炕而曰:“不腆兩種,命學徒分領好矣。”王生受而付之史書升,又自開小櫃,出若干銅并付之,若有所囑。俄而以酒一壺,猪肉一大楪進,因與劇飲豪談,談次曰:“日前贈别詩誤認‘拾片’爲貴號,請還其紙,謹當改書以呈矣。”答:“‘拾片’何妨,僕欲因以爲號。”曰:“然則早晚間不可無自序以道其實,尊圖之否?”曰:“諾。”席間王生書曰:“塞上春風萬柳枝,晴橋欲折未成絲。不須便想鱸魚膾,且爲題詩住少時。”余遽答曰:“東風吹折萬花枝,久容鄉愁等柳絲。欲唱離歌酒先暈,春陰坐忘夕陽時。”王生圈其下半曰:“惟其情真,所以景至。”酒闌,王生索余他詩。余之今行作大抵多觸時諱,倉猝思其可者而不得,惟日前炕壁所題《盤山詩》不犯諱,仍爲王生誦之,并略道盤山之勝。王生圈其全篇,批第三句曰:“寫得如畫。”第五六句曰:“晚唐骨格。”曰:“過許至此,實深愧恧。”談草并留之,所記衹此。是日得詩二首。

七三、佚名《李尚書燕行日記》

【解題】

《燕行日記》，沈宜壽書。

李肇源（1758—1832），字景混，號玉壺，延安人。嘉慶二十一年丙子（1816）十月，以冬至兼謝恩使團正使身份出使中國，其子李麟秀隨行。《李尚書燕行日記》即載録此次使行見聞。本書爲《燕行日記》之“抄略”，今本爲筆寫本，韓國東國大學中央圖書館藏。表題“燕行日誌”。有刊寫記“歲在丙戌五月……沈宜壽謹書”。正文前題“黄橘李尚書燕行日記抄略”。有藏印“海圓樓珍藏”。其内容有此行在北京李恩元寓所，李肇源與李恩元筆談；在琉璃廠文盛堂，李麟秀與户部主事佘文銓筆談。

《燕行録續集》收録。兹以此本爲據輯録資料。

李倫齋，本江東人，近住直隸宛平，名恩元，唐之宗裔，係出隴西之李。黄橘李判肇源燕行時，與子麟①秀入京，相話以同宗，叙懷往復。

一日往汲古齋中，共諸面簇畢，倫齋懇請往其家，謂以“間二家，不過數步”云。與之偕往，入一小洞，書室瀟灑，几案净潔，而却甚窄隘。書室越邊有一屋，相去爲三間許，即其内屋。有一老女人立於廡下，頭不插花，衣則黑綉，一小鬟扶之，望見李尚書，且孰視其衣笠，意以謂“未嘗見朝鮮人形貌，今特出見之也”。倫齋曰：“此吾老

① 麟，原文誤作“鈴”，徑改。

慈也,出見者,以大人同姓共源之誼。”曰:“太碩人年歲幾何?”曰:“七十三歲。”又曰:“吾慈性慈順,平生無疾言遽色。”曰:“太碩人精力不似篤老樸,諸孫皆秀雅,如此可驗晚境壽福之徵,甚賀甚賀。”倫齋即以此語往告其母,其母笑而微點頭,少頃入去。倫齋曰:“有著一杯,菜數器,祈閣下一嘗。”仍呼人云云。酒肴出,而十餘器精約,味且不腴膩,酒正平淡,不帶甘意,連爲斟勸曰:“此酒,吾慈之所親製也,且食且話。”食訖進茶,茶味絶佳,清香觸鼻,曰:“此何茶?”“四香片也。”日晚告歸,其間話不能盡録。

數日後來見,曰:“昨欲送信,阻雨未果,今則赴闕纔歸,而惠然肯來可喜。”曰:“日前歸來安乎? 念切念切。”仍出小紅紙列書曰:“壽山章一方、壽山印盒一介、沉泥硯一方、蝦鬚宫簾一挂、瑪瑙筆一件、畫扇四柄、畫紈一柄。”且曰:“微物七種,祈哂納。”曰:“滿目粲然,所贈若是之多,感謝且正不安。”“不腆之儀,殊覺愧抱之至,定於何日回任?”曰:“束裝以待詔書,頒發之期,禮部之久未的確,似在非久矣。”曰:“惟是一别,情何以堪? 令人涕零。”曰:“此後更無來理,一别即永别,如之何不悲?”曰:“此番聚首較前更覺情殷,想足下亦然否?”曰:“頻見交情深,五年舊交再次數會,豈非天緣乎? 譬爲種木根之著愈久愈固,人之情根之著亦猶是也。”曰:“善喻。”曰:“蝦鬚宫簾見是細竹,以其細而比之於鬚蝦耶?”曰:“然。此簾乃内庭宫用之物,産於東洋,老慈囑弟轉達於閣下也。”曰:“太碩人厚意,不勝感謝。”曰:“大世兄今冬能來京否?”曰:“方出外爲黄海道布政使,秩滿而歸,可以赴京。”曰:“黄海道在何處? 離中國多少遠?”曰:“王京西去四百里也,自黄海又西爲平安道,自平安渡鴨江,即大國界也。”曰:“二世兄、三世兄見居何職?”曰:“仲子官名洗馬,如中國之詹事府官也,係是王世子言話之職也,季子舉人,無職。”曰:“日夕陽,當告别,悵悵!”曰:“吾老不可更來,惟以書相通情而已。”曰:“一年一度之書不必更説矣。”中間説話不能盡記,仍以北檻數種贈之曰:“奉呈於太碩人,代告微忱。”倫齋曰:“老人必當感謝。”仍握手而别。

李麟秀於文盛堂册肆中遇一人，有似官人而氣貌瀟灑，頗有文雅。叙禮筆談，操予立書："姓佘名文銓，字苹軒，號次卿，荆州之松滋人，現任户部言事，年三十八。"問："公子官今幾品？何年中進士？"曰："己巳中進士，東國之法，三十始許補官。"曰："科是式年乎？"曰："己巳王世子誕生，慶科兄弟聯榜，伯哥官今兵部左侍郎。"曰："弟亦於己巳中進士，以皇上五十歲稱慶科也。慶科中外一也，雖謂之同年可也。"又以"貴國箕子故都故迹"問答，而麟秀問曰："老兄居荆州，曾遊於南昌赤壁之間否？"曰："弟居湖北省也。赤壁，湖之南，相距絶遠，未曾往遊。"曰："荆州有關雲長祠堂否？"曰："荆州城内曾一見之，而有關公遺像。"曰："關公之像必以重臺之面睁鳳眼，倚劍而坐，縛跪吕蒙於庭下。"佘驚曰："果然。然荆州距貴國爲八千餘里，從何詳知如目見也？"曰："吾非目見而知之，日前往見岳武穆之廟，庭前有秦檜夫妻縛跪之狀，以理推之，關公廟前豈無吕蒙之跪乎？"佘拍掌大笑，麟曰："關公古之名將也，義士也，亦可謂奇男子，封之以王，猶可説也。而弟則遼燕之行，每見廟宇皆稱以關帝廟，而至有關聖者，'帝'字、'聖'字其加誰之，雲長有知，豈肯安之乎？""士友家亦家家崇奉，稱之以'帝'與'聖'耶？""江南亦崇奉，而不至甚於帝京，亦不稱'帝''聖'之字也。兄之所言極當極當。"又曰："兄之伯哥年今幾何？與兄同年而官已侍郎，可敬可敬。"曰："伯哥年今四十二，庚午由翰林屢擢至侍郎。弟家東國之大姓，中郎將李某以唐宗室，與蘇定方東出平百濟，名在《資治通鑑·高宗紀》，此即弟之始祖也。子孫蕃衍，至今簪纓相繼之。"曰："是也。"又書曰："又榮達甚盛甚盛。"麟曰："家内諸兄弟進士出身爲五六人之多，弟嘗懷盈滿之懼，欲退居岩泉以避榮道，以世禄之家，亦不能便訣明時也。"曰："避榮誠好，不得訣亦無怪也。"曰："弟之世代祖考月沙萬曆間入京，以辨誣奏文名於天下。江南人士多有誦傳者，兄或曾聞否？"曰："月沙之名曾因老師聞知，而未見其原本。"曰："尊師誰也？"曰："紀尚書曉嵐名昀也。"曰："此是曾經禮部尚書太學士，與吾東耳溪洪太學士相好,詩文相酬甚多。"曰:"洪耳溪有子若孫否?"曰:"耳溪有子有孫,并登科第之。來時洪友有言'必尋紀尚書子與孫,叙吾家爲好可也'云。故來此搜問,則曉嵐有孫補官湖北,果然否?"曰:"然。紀老師文章才識冠於一世,官至太學士,知貢舉三十年,舉天下人才八十餘人。"曰:"掌試三十年,登科名爲八十人耶?并被選者爲八十人耶?"曰:"登科、被選合數如此。宋有歐陽公,今有紀尚書。"曰:"紀公有文集刊行者乎?"曰:"有之,兄欲得之否?"曰:"願得之。入中國或接士友則舉,皆舉以翁方綱爲第一人物,故得見其集與書迹,則詩文體當東坡,而考據以爲博洽,原其實則不如所聞矣,其筆亦無雅韻。"余停筆,熟視麟良久。麟又曰:"翁氏之學禪也,從翁氏遊者非徒喪其志,抑恐爲背程朱之罪人。東方人亦曾多遊其門,而弟則今來不往見也。"曰:"兄之所見若是的正,深感深感!近世經術推文瑞,文章推吾師。文集明當奉呈兄,其玩味看之,千載之下自有公眼目。"曰:"謝謝。"曰:"吾家在正陽門贛陽會館下陳侍郎家,即弟寓所,貢使便可寄信,年年爲課,如洪耳溪之於紀公,未審如何?"答曰:"使紀公不專美於古,即吾所望於兄也。但此中人往往見東人書而不答,此蓋出忌諱也。兄若不以爲嫌,則何難付信?"曰:"此中人亦不答書,無禮之甚也。弟立朝十年,墻壁無依,故所謂仕宦若是嶒崚,吾交無所拘於通外國人書也。"仍握手相別。

七四、崔斗燦《乘槎録》

【解題】

《乘槎録》,崔斗燦撰。

崔斗燦(1779—1821),字應七,號江海散人,祖籍永川。嘉慶二十三年戊寅(朝鮮純祖十八年,1818)四月,由濟州島漂流至浙江定海縣,後輾轉前往北京。其途經路綫如下:四月至五月間,由普陀山,依次途經定海縣城、鎮海、慈溪縣、餘姚縣、上虞縣、會稽縣、山陰縣、蕭山縣。六月間,途經新安縣、石門縣、秀水縣、姑蘇城、長洲縣、無錫縣、武進縣、丹陽縣、江都縣、寶應縣、清河縣、桃源縣、剡城縣等。七月間途經沂水縣、蒙陰縣、新泰縣。此書用日記體記録了崔斗燦的漂海經歷,前往北京途經中國各地的見聞,以及與中國南方文士的文學交往等。戊寅年五月初二日,在定海縣崔斗燦、金以振與朱佩蘭筆談;初四日,在定海縣與吴申浦筆談;五月初五日,與孝廉李巽占、秀才竺世藏、秀才陳福熙、學官金士奎筆談;五月初六日,與縣衙幕僚姚繩齋、吴人筆談;初七日,與李嗣良筆談,同日又分别與陳廷麓、學官金士奎、秀才陳福熙、秀才童六一筆談。初八日,與秀才胡、高、曹、劉、陳五人筆談;九日,與秀才曹振絢等筆談,同日,與林良騏、林渭壯、程光輪筆談;初十日,與秀才鳳儀筆談;十三日,與邱秀才、何焚杜筆談;又與陳福熙、周勛筆談;十四日,與縣主沈泰開、吴申浦筆談,同日又與學官金士奎等筆談;五月二十二日、二十三日、二十四日,在杭州與文林郎周元瓘筆談;二十五日,在杭州與秀才楊勻筆談;二十七日,在杭州與秀才高瀾、憑智、陳應槐、高師鼎、高師頤、高士震等筆談;二十九日,與錢塘主簿汪焕筆談;五月二十八日、六月初五日、初八日等,與平湖教諭余鍔筆談;六月初一日,與陳雲橋筆談;初三日,與誥授中護大夫孫仰曾兩次筆談;初四日,與李堂、羅承烈、章黼、邵綸等筆談;初五日,與李堂筆談;初六日,與余鍔、孫樹果等筆談;初七日,與孫顥元、佚名等筆談;初九日,與吴福華、修梅居士等筆談;二十六日,在宿遷縣與魯正儒筆談;二十九日,在剡城縣與剡城縣主筆談;三十日,在紅花縣與知縣梁鉞筆談;七月初十日,在濟河縣與祝廩生王德懋在筆談;三十日,在北京與工部主事那拉慶善筆談;八月初二日,在北京與佚名筆談;十九日,在薊州與楊秀才筆談。

現存《乘槎録》至少有八種不同版本,有木刻本、筆寫本兩種類型,藏於韓國國立中央圖書館、哈佛大學燕京圖書館等。

《燕行録全集》本字迹較爲潦草,哈佛大學燕京圖書館所藏本較爲清晰完整,兹以哈佛本爲據録入,并以《燕行録全集》本校補。

(戊寅五月)初二日。黎明放船,午時到縣。……士人朱佩蘭來訪,余問曰:"公無乃子朱子之後耶?"朱曰:"否。我乃明太祖之後也。"金以振曰:"公得無黍離之感耶?"朱大不悦,取金以振筆談紙扯裂之。金亦慚而退,朱私謂余曰:"彼誠妄人。"①贈詩曰:"君自乘槎八月天,忽然風吹到江邊。河清海晏今爲定,共慶天朝萬萬年。"余應之曰:"碧海茫茫水接天,中流自謂四無邊。南來一識朱家丈,生老升平六十年。"姚繩齋者,讀書人也,給事縣門,隨處曲護,其意可感也。

一日姚持②縣主問情文字來,有曰:"何日開船?何處到泊?逢漁船是何處?棄原船是何處?"余使姚代草,姚援筆。就之曰:"雖不知詳面名目,而但見船内多存網具,似是漁采船。"余讀之曰:"逢漁船之處,即棄原船之地。"姚舉手謝曰:"非鄙人所能及。"姚又問曰:

①② 據《燕行録全集》本補。

“先生視我作何状人?”余曰:“君似是掾吏,然亦掾吏之有才能者也。”姚曰:“然,本是讀書人,晚作村門客。”又曰:“中國以吏目用人,故士夫子弟不憚爲之。”

(五月)初四,晴。縣主沈公使姚爲紹价,邀余相見作筆話。余赴召至縣門,謂姚曰:“今謁地主,將拜何處?昨則公饗,流隸謁地主之禮也;今則私覿,士見大夫之禮也,必有异同之教,敢問。”姚入小頃,以小紙來示,曰:“大夫不見士,士行相見,則長揖已而。”余曰:“此必有當之禮。”姚因前導就小齋,公以公事出外,使客杭州吴申浦主席行賓主禮。仍作筆話曰:“請問貴國山川、風俗。”余仍説:“山川,則南北約計四千餘里,東西一千五六百里;風俗,小邦僻處海隅,有‘東夷’之稱,而箕師東來,八條是明。君子識誠正之方,小人識忠敬之道、日用三綱、常行五倫。”仍説漂流以後事。吴又問:“山川、禮教已悉承教,而試文用何體?”余仍説詩賦、疑義、表策之别。吴呼茶,茶進,必舉手揖,余曰“以貴下賤,雖足下之盛事,遐土疏賤,不敢承當,請除過恭之禮”。吴愈益遜。俄而飯進,肉品甚豐,吴種種勸吃,惟恐余之不飽,其意甚可感也。吴仍作筆話曰:“薄海内外,疆域雖殊,五行旺衰,理數則一也。今因足下文優品篤,係貴國畸士,不才熟天悉理陰陽干支生克,故敢請足下將生年月日時,分明寫出以憑,惟冀足下一生福禄,而中國之筆墨亦可達於貴國焉。”余書四星以呈,吴熟視良久,曰:“詳視此造生於己亥六月二十三日未時,局内財貨妙。日支卯,一生主信義,宅心行事通達,惟嫌四十歲前一派火土,是使財氣愈旺,害正印,遂致有鵬圖之志,未能展舒其才也。俟四十五歲,行换卯木,爲日幹得禄,可以抒經緯文章,二十年昌熾。爲六十六七行丑字,乃金之庫地,乙木花果,未許利焉,過此皆吉。”余曰:“早事科業,命與仇謀,行年强壯,遂致漂泊,雖有吉星,做甚功名?家有二兒,敢問子宫之何如?”吴曰:“卯運一行,不但子孫奮起家門,即本身更見利達。以前淹留不振者,皆以土重來,壞浮水印故耳。”又曰卯星爲用,功名上達。

有樂秉彝者來訪,贈詩曰:"萬里烟波别故鄉,江山難越孰悲傷?知君不是凡間客,定有高才作主張。"余應之曰:"淮海維楊第一鄉,客心何事轉凄傷?此行來訪岣嶁石,今世無知好古張。"

(五月)初五日,晴。……本縣孝廉李巽占來訪,與①之筆談,邀余俱去,仍就竺秀才世藏世家,從容對話。余見其第宅之壯麗,問:"此乃尊兄宅耶?"曰:"否,此乃弊徒家也。"余問:"主人安在?"曰:"在外未還。"俄而茶進,茶數行,飯進,極水陸之味。方食,竺秀才自外而入,孝廉指之曰:"先生屈駕,弊廬生色。"極其歡洽。余視其年貌,則可二十餘。余問"秀才"之號,曰:"中國以入學者,謂之秀才。"余默識其動静,則師弟之間,情誼吻合,隱然溢乎辭表,真可謂有是師有是弟。余書之以示孝廉,孝廉辭謝。作筆話少頃,余謂孝廉曰:"離次久矣,物議可畏,請起去。"孝廉曰:"吾輩奉邀,於事無礙。"使一學前導。是日,陳福熙,號艅仙,謂余曰:"弟家有萬卷書,願一往覽?"余曰:"小邦僻在海隅,文獻不足,心常爲恨,不待借書之懇,有此開蒙之教,感荷之甚,而但遠人離次,必駭物聽,未敢承教。"艅仙曰:"有官人帶去,則無礙。"俄而,學官金士圭號爽華者來邀,與俱去。余曰:"帶去之教,是愛人之意,而若有物議,則非愛人之道。"爽華曰:"吾來時已禀縣主。"余隨之入城,即爽華家也。高門有園,粉墻四圍。升堂多設床卓,覆以紅氈毹,場砌皆布以熟石,無一點土,余知無爲甲富也。坐定,爽華要余周覽屋宇,周墻復壁,駭人心目。及至正寢,則東西翼室,羅列銀瓶不知幾百坐,綾羅錦綉之屬皆稱此。周覽畢出,就外舍,則皆吴下英俊之士也。余索筆作話曰:"三吴冠冕,萃於一門,左思所謂英駿之廛也。"仍題一絶曰:"金轂繁華一夢中,江南難得富家翁。看君宅第驚心目,七尺珊瑚正幾叢。"爽華應之曰:"我本浮家澤國中,江山萬里遇詩翁。自慚門第無多物,新種窗前竹數叢。"仍進茶,茶罷,煮餅,餅甚佳,又出火酒、黄酒以饋

① 與,原文誤作"余",徑改。

之，肴核極水陸之味。留吃夕餐，又出書册以示之，皆近代鳩集而我東所未有也。余心如貧兒暴富，請一借覽，則爽華許諾。是日，縣主賜流人衣一襲。

(五月)初六[①]日，晴。縣主又賜流人豬頭二顆、手巾一、角黍三個，使姚君傳諭。余手答曰："縣主閣下哀憐流人，惠以衣件，副以食物，以賁飾端午故事。我已報知各人，宣揚德音，流隸輩莫不感泣，煩君上達此意。"

余問："吴人曰《吴都賦》云'國税再熟之稻，鄉貢八蠶之繭'，信否?"曰："此土間年有之，而甌東每年有之。"余問："此去甌東幾里?"曰："四百里。"又問："此去會稽山幾里?"曰："六百里。""禹穴尚在否?"曰："有之。"余之流接此土已五六日矣，南土士大夫日相經過，邀余俱去。風土之淳厚，情禮之備至，尤可感也，而但流隸蹤迹不可離次，未遂掃門之願，甚可嘆也。

(五月)七日，晴。士人李嗣良來訪，曰："聞先生有佳作請教。"余將辭謝而業已廣布矣。仍出示之，李曰："小弟乃巽占氏之侄也。"余曰："令阮丈孝廉足下，日來安勝否? 今承清範，逃空之餘，當作跫音，喜感慰没。"李曰："何日敢邀先生屈駕過舍?"余曰："來汝之教，誠極感荷，而流隸蹤迹，不得自由，尤可嘆也。日昨諸君多般相邀，而已負蹇慢之罪，深庸悵悚，然盛意不可孤，當俟暇趨拜。"

(五月七日，晴)一貴遊來訪，問："尊兄姓名爲誰?"余見書以對。客曰："弟乃右營遊擊陳公之子也，名庭蘼，字舜階，居浙江衢州府西安縣。大人作官在此，故特來相訪。"余書"感慰"二字，以謝之。

(五月七日，晴)是日，金爽華、陳艅仙與同學六七人來，仍以馬《史》《兩浙輶軒録》見借。余作筆話曰："僉旆再屈，弊館生色，誰謂絶域之地有此神交?"仍問："共有幾人? 受業於何門?"答曰："同學共有六七十人，受業於李巽占先生。"蓋孝廉此土大儒也，其門人皆

---

① 六，原文誤作"五"，徑改。

雅飭之士,故余書:“不問可知爲先生弟子。”字以美之。

(五月七日,晴)有童六一者來訪,自言叔爲司馬,祖爲翰林,亦秀才人也。仍吟一絶曰:“天緣千里遇詩翁,新種窗前竹幾重。始覺才人無惰意,頓令心地却慚紅。”仍致粉紙一軸,余應之曰:“滁亭四十始稱翁,絶域忘年意幾重。筆話細論心内事,不知山外夕暉紅。”又書紙面以贈之曰:“童秀才眉目清婉,詞調敏速,他日所就不可量也。勿以已得者自多,更願進步竿頭,以副遠人艶仰之私也。”

(五月)八日,雨。秀才胡、高、曹、劉、陳五人來訪,曰:“本應閉户讀書,緣貴客在此,特來拜問。”余曰:“盛意感荷。”其中一人乃陳艅仙[①]弟也,余要與促席曰:“鄙與令伯氏契遇甚厚,故人所謂傾蓋如故者也。”今承清範,乃故人稚弟也。曹指陳謂曰:“伊相若何?”余答曰:“温恭雅飭,誠儒者之好氣像,而至若術家禍福之説,非愚昧所敢知也。”諸秀才又言:“明日特備小酌,先生懇光澤草舍?”余答曰:“陽關一杯,盛意可感,遠方之人不合離次,置之已飲之科,幸勿相邀,如何?”曹又曰[②]:“倘嫌路遠,於街頭弊館一會否?”余曰:“盛念及此,何敢膠守素戒? 明當進拜耳。”

(五月)九日,晴。曹秀才振絢使諸學送招飲帖,邀余及金君,至則諸賢咸集,仍吟一絶曰:“腰佩秋蓮三尺劍,視風上國故延陵。諸君頗盡新知樂,水陸登盤酒百朋。”相與盡歡而罷。

(五月九日)午後,微雨。縣人林良騏、林渭壯、程光輪來訪[③],請借《乘槎録》,余出示之。林覽畢,作筆話曰:“先生《乘槎録》之作[④],筆致蒼古,深得左思叙事之體,詩詞亦復不凡。第鄙人學淺,不能領略,明日再來承教。”余書“愧謝”字以答之。

(五月)十日,晴,午後雨。秀才鳳儀來訪,以《晝屏無睡待牽牛》

---

① 陳艅仙,即陳福熙,號艅仙。

② 原文無“又曰”二字,據《燕行録全集》本補。

③ 原文無“訪”字,據《燕行録全集》本補。

④ 原文作“乘槎之録作”,據《燕行録全集》本改。

爲題作八絶句索和。余問:“原題似是唐詩,此題指婚家女房中宫而言,蓋《七夕圖》也。”詩曰:

“紅豆抛殘憶少年,畫屏倚偏倩誰憐。星河有路橋填鵲,願作人間補恨天。”

“空庭獨坐慠鴛被,多少紅樓夢不成。寄語牽牛須風駕,一年一度話三生。”

“淡淡秋空洗玉塵,横船不渡似傳神。贈語織女休怊悵,郎豈人間負約人?”

“良宵寂寂轉生愁,未識銀河竟渡否。天若有情須早合,不應蹤迹遲牽牛。”

“西窗話别又經年,何處相思不可憐? 斜倚畫屏無一語,鵲橋星渡四更天。”

“空床怕蓋合歡被,夜半徘徊夢不成。舉頭云過銀河直,從知异地亦寒生。”

“秋何今夕凈無塵? 望斷天涯却悵神。明月自圓風自緊,累儂多作不眠①人。”

“西風瑟瑟動離愁,北地相思似妾否。怎及天孫今夜好,機邊拈綫候牽牛②。”

余和之曰:

“乍别光陰已一年,仙娥唱罷想天憐。橋頭鵲噪行人到,簾上銀鈎月上天。”

“紗白更理支機石,雲錦如烟織不成。却恐西風今夜發,秣牛河上碧波生。”

“玉臺金鏡凈無塵,强理雲鬟却悵神。别後相思顔面改,今年羞對去年人。”

---

① 眠,原文誤作“賤”,據《燕行録全集》本改。

② 據《燕行録全集》本補。

“北渚風多帝子愁,郎今欲渡平安否?金鷄叫罷雲車發,河水迢迢不辨牛。”

(五月)十三日,晴。邱秀才聞余發行在明,與其五人來訪,曰:“李巽占先生聞尊駕明日啓程,不勝怅怅,差弟特來送行。”余答曰:“孝廉足下眷厚至此,極用感荷[①]。尊兄之屈,雖緣函教,而好誼尤不可忘也。弟欲一晋,以道慕仰之私,而行期甚忙,不得展候,煩兄回告。”邱曰:“敬如命。”何焚[②]杜亦孝廉[③]徒也,贈詩曰:

諸仙托迹比蓬瀛,今日布帆一羽輕。窮河别離如杳夢,到江風俗最關情。星辰忽開他方夜,鷄犬偏疑古國聲。人事語言雖未悉,君來處處有詩名。

(五月十三日),是夕艅仙陳福熙、瘦峰周勛聞余就道有期,聯袂來訪。贈詩曰:

最多情是碧翁翁,吹送詩人到越東。海客乘槎遊亦壯,江郎有筆話能通。居然吟社添今雨(舊雨不來,今雨來。焚杜,號二伯),難得藩疆千古風。萍水相逢纔幾日,如何行色又匆匆?右艅仙。

怒濤不作海氣晴,重譯年年見使臣。忽報客從東國至,我來郊館訪詩人。

席地相逢有古風,雅冠博帶渡雍容。句麗累被人依舊,不改當年箕子封。

片帆吹送浙江濱,客本楊花渡口人。海外有才終莫秘,一時雙璧出沉淪。

---

① 荷,原文誤作“賀”,徑改。

② 焚,原文誤作“夢”,據《燕行録全集》本改。

③ 孝廉,據崔斗燦《乘槎録》前後文,此指李巽占。

不讀周秦以後書，恪遵古訓業三余。胸羅疇範衿期闊，剡子何勞左氏譽？

衣冠想像漢官儀，倚馬才高我幸知。五月江城家萬里，狼毫硾紙寫新詩。（端午贈以《憶鄉詩》見示）

同登吟社樂陶陶（月之四日，金爽華邀同社友，同飲于二雨吟社），把盞論文逸興豪。斗酒縱觀書萬卷，不辭酩酊醉後毫。

异地于今擬識韓，滿江霖雨不勝寒。乘槎有路都城録，九折黄河眼界寬（先生由内河作路）。①

記日風帆取次行，袖籠新稿出江城。贈言此去休怊悵，萬里皇輿似砥平。右瘦峰周勛。

一帆吹到海東濱，澤國來遊遍地春。客本無心天有意，故教風浪送詩人。

相逢萬里各天涯，小住由來便作家。寄語歸航莫早返，與君論心小中華。右寧海溶。

（五月）十四日，晴。將發，日已暮矣。縣主沈公使吏邀見。至則吴申浦在座，寒暄纔畢，申浦手致粉紙一軸，即《豳風圖》也，歷叙東土題咏，大意皆頌公勸農之勤也。邀余唱酬時，日已曛黑。舟方艤待，詩思甚忙，索筆立就。曰："我本三韓老措大，篝燈早讀循吏篇。河南吴公真第一，周邑龔遂同比肩。今年漂到定②海縣，秧針出水緑芊芊。男聲欣欣女顔悦，甘雨時降公私田。公堂有画画耕織，稷刘淳風千古傳。公明治政自有本，不比俗吏徒嗜錢。漢吏書中悃幅字，周公詩上場圃連。餘波又及漂流客，日日公館月俸捐。"吴將詩置縣主前，仍曰："先生文章高妙，令人起敬，苐當善寫八録。"余仍言："受公厚遇，不能無言，忘拙仰呈。覽已，乞付水火，勿煩人耳目

① 據《燕行録全集》本補。

② 定，原文誤作"静"，徑改。

也。”仍作别,縣主下卓,吴申簫下堂。姚掾史出門而送,姚又書告曰:“縣主見公詩,称文章神速,風格甚高,有紙一軸、筆一封、墨一封、扇一柄、南草六十封,奉遺之教人給錢五百文,白米、玉石以供船粮。”吴又以縣主言書示曰:“金士奎爽華聞先生在此,遣人相邀,此係歷路,可一叙别。”

(五月十四日),是日早朝,爽華躬到客館,邀與醉飲,而余以臨發告别矣。至是有縣主之教,送與差人同至爽華所。時定之多士已團聚爽華家,聞余履聲,倒履相迎者至十餘人。座席未定,請告别,爽華不應,仍大張燈燭,夕設杯飯,夜已深矣。請輟飲,且閉門可怕。爽華曰:“弟有分金之術,兄可安心細酌。”余笑曰:“權地,使地倅留門,此其不貧。”舉座大笑。酒一行,肴輒至,一下箸而退,至飲罷,率三十器。蓋俗飲酒,賓主同案,以大楪子盛魚肉同器而食,惟各設飯器,蓋中鉢也。食盡,則又進一中鉢。善食者,或三四中鉢也,又各設酒杯,杯之大,不及沙鍾子三分之一,而飲不盡卮,惟數數沾之口,至三四舉而卒酌。不喜酒者亦可飲一杯矣。每肴進,爽華先問金以振曰:“何肉?”金輒曰:“不知。”次問余曰:“何肉?”余曰:“鴨肉也,鷄肉也?”又問金以振曰:“何魚?”金又曰:“不知。”次問余曰:“何魚?”“魴魚也,鯉魚也?”爽華顧金曰:“此秀才不食肉底人也。”蓋金君以异方鱗羽之屬爲不可知,不思而對故也。余亦於其不可知處,則曰:“僕聞北溟有鯤,南溟有鵬,而東、西二海未聞有之。天下之物産不同,一也;且虎豹之鞟猶犬羊之鞟,烹飪之後,皮之不存,不可以强解,二也。苟非張茂先之博物,則何以周知耶?”余仍微笑,舉座大笑①。臨别索題②,余以小箋③答之曰:“此别甚悵,天限華東,地分涯角,一别之後形影無憑,江文通所謂‘黯然消魂者’也。惟願僉兄早拾科第,位至通显,則可於小邦命使,便問本國有江海散人者,以是慰勉焉。”衆傳示悵然。時艅仙,中書之子;李嗣良,孝廉之侄;金爽

①②③ 據《燕行録全集》本補。

(華),時在學馆,故云。

《答艅仙》詩曰:“南來浪迹號詩翁,晋代清遊又浙東。交道尚嫌言語淺,寸心遂把紙毫通。管弦共作蘭亭會,紵縞能忘季子風。遠客臨歧還惜别,向來談笑劇匆匆。”

《答何樊杜》詩:“功業遲登學士瀛,南來一舸布衣輕。江湖有約秋多夢,家室無憑日係情。巾服客從滄海色,文章君擅大家聲。吴人早解成人美,處處奚囊浪得名。”

金爽華贈粉紙一軸、畫箑一柄,瘦峰贈扇一柄,吴申蒲贈扇一柄。陳艅仙贈小印,曰:“此篆,即江海散人也,特奉江海散人。”金爽華又贈《爽華録》一卷,乃其幼時與蘭珍女史相贈答詩也。夫定海乃中國之一下邑,而金銀錦綉之富甲於南國,是以高樓杰閣,在在相望,無一茆竹之舍居,非錦綉則不着焉,非魚肉則不食焉。觀音寺,又定海之一小島也,而沙門外又設市井,與我東各營等。姚繩齋曰:“定海東接朝鮮,東南接日本,南通閩越,西通浙江,北京爲二月程云。”吴申浦又贈扇一柄。是夜還次江口。①

(五月)二十二日。……一官員見《乘槎録》,謂曰:“患難之際,得與諸名流唱和,亦屬三生有幸。急宜付之棗梨,以誌一時佳話。”又曰:“行色匆匆,不獲抄録以置案頭,殊爲可惜。”又曰:“尚有數日耽延,擬製一詩以付驥尾。”見《七夕》詩,嘆曰名作。仍和之曰:“小苑清幽玉露浮,齊擎瓜果上樓頭。銀河夜夜横清淺,兒女偏增此夕愁。”

(五月)二十三日,晴。送小序來曰:“斗燦孝廉,朝鮮宿學也。放洋遭漂泊於定海,得全身命之省,與余相遇於仙林左剎。出其《乘槎録》②見示,江海風景瞭於指掌,而唱酬詩作藻米繽紛。惜重洋睽隔,不獲時觀風雅,爰製一聯相續,以誌三生有幸云。”又書大字曰:“文從滄海聲中闊,字向神龍變處奇。中國文林郎周瓘并書。”

---

①② 據《燕行録全集》本補。

(五月)二十四日,雨。余聞西川外有西湖,問于土人,則曰:“三秋桂子,十里荷花,依舊無恙,而但未知憲府肯許一覽矣。”余仍吟二絶以寓躋勝懷曰:“藍輿晚到浙江城,西望長湖眼忽明。誰把烟霞都管領,却教荷桂未忘情。越中山水盡精神,最愛西湖景物新。恰似東家賢處子,隔墻相望不相親。”周郎批之曰:“未免多情,誰能遣此?”

(五月)二十五日曉雨,晚後始止,連陰。有秀才楊勻者贈诗曰:“薄海领正朔,朝鮮亦一家。長江浮鴨緑,故渡問楊花。遇合同萍水,登臨記物華。映帆如有助,旅次莫興嗟。”

(五月)二十六日,晴。土人送紙筆索句辭,余以九死之餘,精神昏憒,猶强之不已,故作述懷十六韻以贈之,曰:“飄飖三韓客,五月東南征。巾服人皆怪,形容鬼還生。却憶洋中事,猶得夢魂驚。滄溟忽風雨,船板日夜鳴。海闊鵬初徙,檣高烏或傾。篙師猶無色,老弱盡失聲。譬如焚林鳥,巢危共嚶嚶。天地茫無涯,風水易迷程。吴山似故人,一面雲際晴。支離普陀寺,漂泊浙江城。拊念三旬事,恍惚千劫經。性命衹空殼,心神已喪精。頭蓬足不襪,未老已衰形。單衫足汗臭,兩眼蠅營營。有時形吊影,君非舊典刑。吴人猶索句,乘槎浪得名。”

(五月)二十七日,晴。高秀才瀾,號荻浦子,與其内兄馮智字一枝,妹長陳應槐號米山,三弟高師昇字漱泉,高師頤字養和,高師震字春霆來訪,且曰:“讀公有懷西湖之作,敬次原韻二絶。”“十里西湖衹隔城,艶陽時節又清明。桃花已老黄鶯謝,莫怪東風不世情。”“羡君落筆意通神,吟到西湖句倍新。山水天然圖畫在,何須身涉始情親?”“草草録,供噴飯并希改正。”又贈小詩并作小序曰:“《惜字録》一卷,携以奉錦,還時祈爲廣勸,此讀書人第一要旨也。將别矣,小詩奉别。”詩曰:“一面成知己,君真磊落人。緣懷湖海志,來認錦江春。”余和之曰:“漂流稍自慰,吴下有詩人。見月遥相憶,華東同一春。”荻浦又序,澤和訪後重次以記此遇。“言語誠難達,聊爲唱和人。筆談成絶調，已荷十分春。”余應之曰：“問君詩上意，看我作何人。難把伯牙曲，共遊淮海春。”荻浦又序：“前詩失檢，和章見投，更次一絶并爲誌别。”“雅謔原無意，聊酬寂寞人。乘槎歸去後，可憶武林春。”余援筆作話曰：“新婦已老，海濤不渴，且作閑語以償詩債。”

余到浙江之三日，一長老來訪，鬚眉皓白，氣味淳古，坐語移時，慰誨備至。余感其意，奉贈一絶曰：“白髮蒼顔一老翁，殷勤相訪古人風。靈犀不以華東阻，夏口山前夕照紅。”後二日，公又來訪，贈真墨四丁，兼致四律。一首曰：“海宇無垠覆載同，萍交底事判西東。乘槎飛渡風雲會，走筆傾談意氣通。古寺隨緣成邂逅，歸途利涉莫憂冲。此情惟放原皆準，明德還期努力崇。嘉慶戊寅夏五月，遇至仙林寺，得遇名崔先生辱貺瑶章，占此奉和，即請誨正。錢塘秉燭老人程榮拜稿。”程公之侄潤寰來訪，亦秀才人也。中國用人之法，有秀才、廪生、膳生、貢生、捐生、增廣生。秀才戴銀頂帽，藍衣衫，未有品。廪生、膳生，即學師。貢生可做七品教官，增廣生可做七品知縣。中進士可做七品知縣、七品中書。中殿試可作鼎甲翰林。又有監生，與進士同品。

余公鍔，學士集之侄。曾經平湖教官者也。見《乘槎録》，謂曰：“讀大作，可敬可爱也。”乞西湖兩絶以爲奉和之資，余書：“謬奬。”字以謝之，又書原韻以奉之。

李西齋堂曰：“江南人物以學士余集、馬藥、翰林屠倬謂之‘三家’。”又曰：“余學士徒居吴門，世謂之‘吴門學士’。以文章德業知名海内。慈柏，其小阮也。功名雖不及其父，而詩書畫并稱三絶，亦吾浙第一名流也。”

（五月）二十八日，晴。答楊秀才句，詩曰：“西湖非勝概，東國是吾家。炎徼地蒸霧，雙林天雨花。乘槎同漢使，博物异張華。幸有新知樂，自無大耋嗟。日昨匆匆一晤，適有事①西湖，未得暢敢請談，

① 據《燕行録全集》本補。

曷勝悵悵！承賜佳章，因友人見愛，已被取去，敢祈别録一紙見贈，僕當藏諸舊篋，永作奇珍。再，前讀大集中有《七夕》諸詞，并乞抄賜一讀爲幸。本擬趨晤，緣賤軀偶感風寒，未得乘興一訪戴也。”

(五月)二十九日，晴。錢塘主簿石門汪焕，其作筆談論文，仍及應舉時事。問：“尊駕中鄉試幾榜?”余答曰：“庚午試舉人也。”公笑曰：“兄可謂早達矣。弟以戊辰舉人出仕。”仍贈《和西湖詩》曰：“此地山川盡有神，西湖風物更加新。自慚未得齊蘇句，三載遊船少無親。”公年已六十餘矣，雖老少不敵，猶論文字亹亹不厭。

是夕，余教官鍔與諸名士聯袂來訪，各和原韻以贈之，又携桃實一篋以饋。余作筆話曰：“《詩》云：‘投之以木果，報之以瓊琚。’木桃一時見投，顧此流人，何以仰答之也？祇切感悚。”(以下皆諸公子詩序)

戊寅仲夏江海散人被風至浙寓仙林寺僧樓，出《西湖》二詩見示，依韻奉答以請斧正

三面環山一面城，湖心亭子映波明。移舟若傍西泠住，楊柳千條係客情。暫客殊鄉莫悵神，却教眼界一時新。明朝風便乘槎去，應憶僧樓笑語親。① 右余鍔，號慈柏，官平湖教諭，居仁和。

和澤覃敷箕子城，九州演易著文明。高賢不獨通經義，弄月吹風亦有情。海外文章筆②有神，凌雲詞賦更清新。姓名敢望流傳遠，幸接豐容倍覺親。右孫傳贈，官內閣中書。

① 據《燕行録全集》本補。

② 文章筆，原文誤作“筆文章”，據改。

嘉慶戊寅五月夏,江海散人阻風留浙,出示《懷西湖》二絶句,依韻奉贈即請大雅之教[①]

阻風漫憶故鄉城,遥看湖光一鑒明。行篋攜將[②]畫圖去,西泠佳處最關情。詩篇畫法妙通神,偶合萍蹤結契新。我欲乘槎觀日出,海鷗何日重相親? 右章黼,號次白,官訓導,居杭州。

奉次西湖韻并求江海散人大教[③]

嵐影湖光淡隔城,翻教客裏眼逾明。也如識得廬山面,依遍僧樓亦有情。湖海相逢漫愴神,多君佳句遽清新。柳絲未老荷初放,幾個閑鷗暫可親。右李堂,號西齋,居古杭。

奉和江海散人原韻即正[④]

好句渾如唱渭城,彩箋傳寫眼逾明。湖山异日添佳[⑤]話,不獨乘槎係旅情。

雲海蓬萊定爽神,西來鴨水緑波新。土風八道憑君問,古佛龕燈笑語親。右縣熙元,號邵庵,官國子監博士,居仁和。

江海散人出示二絶《西湖》即次原韻奉呈以博一粲[⑥]

才名占斷古遼城,快得新詩眼倍明。也把西湖比西子(公詩有"東家賢處子"故云),知君落筆已多情。

萬里乘風定駭神,南來吟賞物華新。相逢莫作羈栖苦,不日還鄉笑語親。右孫顥元,舉茂才,號花梅,居仁和。

---

①②③④⑥ 據《燕行録全集》本補。

⑤ 佳,原文誤作"加",徑改。

戊寅夏五月過仙林寺奉晤江海散人，讀《西湖》佳作，次韻奉贈[①]

湖山遠眺隔重城，波影嵐光曲几明。漫説僧樓蕭索甚，六橋烟柳也牽情。長風吹下謫仙神，身歷滄溟句倍新。浮世萍蹤元不偶，天教萬里一相親。右羅承烈，號耕石，上舍，居古越。

敬叠元韻并請江海散人斤正[②]

面面嵐光繞郡城，梵宇高處望分明。先生坐踞蓬山上，領略全湖倍愜情。豐姿高古望如神，况復詩篇句句新。信是三生緣不淺，夜坐佛話暫相親。右邵倫，舉茂才，號香居，居武林。

六月初一日，晴。芝塘沈公早朝來訪，并索前稿改正，仍書"讀大作恭和原韻"："梯山航海到杭城，景物怡人照眼明。對面西湖成背面，天涯咫尺不勝情。"

一士人來訪，讀乘槎詩并以贈行詩曰："先生學富豈貧儒？天縱奇遊分外腴。莫道寶山空手入，《乘槎集》好語如珠。如今上客駕將還，想到重逢亦黯然。我未成名君已返，不知天使會何年？"右陳雲橋，居仁和。余曰此中甚擾不得奉和原韻，《西湖》詩以贈之，并序："陳雲橋乃余同庚友也，以懷西湖之心懷人，則其不忘也必矣。兄其諒之否乎？"陳又繼一絶曰："青衿廿載漸心厌，連日西齋户懶開。衹有仙林禪室裏，早諒兩庚覓君來。"余感其意，奉和曰："羈懷咄咄坐書厌，長日禪窗半面開。五月庚炎衿袍冷，清風還與故人來。"

有一貴遊到寺，汪公煥[③]其致書曰，"傾有兩廣總督少君來傳，欲與尊駕會晤。下樓至方丈内一叙。崔先生台電。余朝餐纔罷，汗浹

①② 據《燕行録全集》本補。

③ 煥，原文誤作"喚"，徑改。

遍身，待小傾將進晤，則報小君已還矣。”是日，余教諭與諸名士更爲來訪，各贈詩以致繾綣之意。

佛鐘清夜吼鯨鰲，萬里歸心寄大刀。頻向竿烏候風色，絶如櫪驥動拳毛。榻傍宿緣非淺笛，却寫離情調轉高。（用別刀韻）

一帆風送到江城，坐向僧樓夕照明。湖上山光青繞郭，望中聊慰旅人情。

盈盈西子美豐神，朝夕陰晴變態新。未泛扁[1]舟君莫悵，相思情景勝相親。右古杭徐秋雪未定稿。

長風漂泊到江城，小住僧樓放眼明。畢竟繁華歌舞地，不逢西子也移情。

羡君别具好精神，歷盡風波詩思新。不日乘槎歸故國，歡然重與室家親。右古杭沈學善。

行旌晚到古杭[2]城，遠眺西湖待月明。莫道烟霞都管領，却教館舍自安情。（公詩有“誰把烟霞都管領”之句，故云）

虎林山水妙如神，待得春來分外新。原把西湖比西子，芳姿難望更難親。右朱瑛（居仁和）

（六月）初三日，晴。誥授中議大夫孫公仰曾來訪，公年七十五矣。贈大字二張，兼致畫箑二柄而曰：“此畫如何？”答曰：“甚妙。”公曰：“此乃外甥沅蘭女史手法也。”又曰：“《七夕》詩甚佳，即云[3]輔元，是吾家兒。”余曰：“聖壽加二。”又有賢兄慶賀萬萬。又曰：“寢食若何？”公曰：“姑無損節。”俄而别去，前後扶擁者甚衆，似公子之若孫

① 扁，原文誤作“片”，徑改。
② 杭，原文誤作“江”，徑改。
③ 云，原文誤作“雲”，徑改。

也。聯曰:"不起妄心思世事,只將閑意養天和。"此所以致壽者也。①

六月初四日,晴。諸名士來訪。

航海曾經跨六鰲,隨身有筆似并刀。偶泛勝地留鴻爪,幸識賢才是鳳毛。十里湖光憑客攬,一時紙價爲君高(索公詩者甚多)。風恬浪静歸鄉國,歷數遊蹤氣自豪。《小詩贈别用〈乘槎録〉中别刀浦原韻奉孝廉崔先生斧正》,右耕石羅承烈。

欲把虹筆釣巨鰲,海天浩淼不容刀。霎時蓬卷驚沙礫,萬里鴻飛惜羽毛。緑鴨東歸秋水遠,金牛西望暮雲高。他年奉使乘槎至,名勝重遊興更豪。《和〈乘槎録〉中别刀浦原韻奉贈朝鮮國孝廉崔先生政》,右錢塘章黼。

梵王宫殿,高廠深林裏。杰閣出重霄,盡先生衿懷遠寄。憑窗試望,强半見西湖,界重城青一道,隱約烟光際。　　吟詩作畫,景色都堪擬。淡抹閑濃妝,似西施春眠乍起。珠簾十二,偷覷未分明,真個是繁華地,歸去應重憶。右調《蘇幕遮》,題奉崔孝廉先生斧正,右邵綸。②

(六月)初五日,晴。日前,余公慈柏以《慈柏》詩屬題,感而作,廣《慈柏》詩,并序:

余教論慈柏,吴中大老也。余之浙之三日,來訪於仙林之僧樓,問其號,則曰慈柏也。余竊謂先生之自號慈柏者,無乃取義於歲寒後凋之旨耶?然則多慈一字矣,不然,則世之漂號者,或以山名,或以水名,未知慈柏是山耶,水耶,柏耶?先生之號則不可知。余將慈柏之義質慈柏矣。一日慈柏先生持《慈柏》詩來示余,要余奉題,詩曰:"柏是慈母植,惟餘枯樹枝。披圖心

①② 據《燕行録全集》本補。

鬱結，如讀《蓼莪》詩。”余於是戚然而動，恍然而悟曰：“先生所以自號慈柏者，其孺慕之義乎？”孔子曰：‘大孝終身慕。’公年已七十六而拼柏慈號者，大孝而能如是乎？余亦夙抱風樹之痛者也，於《慈柏》詩不能無感，作《慈柏》院，賡《慈柏》詩以歸之，慈柏之門人小子，必有賡《蓼莪》者矣。”

詩曰：“余年十二三，已抱風樹悲。聲吞巾中澤，淚落身上絲。了了無所依，倚父如母慈。慈情念小子，爲是無母兒。伊來稍長成，歲月倏忽馳。頗知少艾慕，亦爲妻子哀。嬉戲及言笑，自同例人隨。渾忘跬步地，不念鞠養時。今朝涕如雨，三復《慈柏》詩。慈柏枝圖語，阿母手植之。葉隨堂萱茁，影伴庭槐垂。一自終天後，風霜三十朞。兒年已白首，況復親之枝。人物固一理，榮枯互相追。凄然返之身，皆自襁袱难。所以君子風，能令頑夫移。”慈柏批之曰：“妙在然則不然。”則又曰：“大作典而雅，雅而典，可敬可敬。然余何德以堪之？”

一日，余教諭謂余曰：“庚炎甚熱，先生有麻衣件乎？”余曰：“衹是隨之物已而。”慈柏曰：“心之憂矣，之子無衣。在家之人，五日更衣猶苦汗臭。”余答曰：“皇上寬仁，凡係衣廩俱有恩例。遠人無衣，非寡夫之憂也。”慈柏揮毫久之，舉手而謝。①

(六月)初六日，晴。

天遣飄零極可憐，如君已是再生年。萍逢不偶因風合，言語難通暫筆傳。半榻鐘聲驚客夢，一窗山影入詩篇。歸裝携得乘槎録，舉室相看定憫然。慈柏余鍔拜稿。

黑月吹送到江城，遥望西湖眼忽明。兩看新詩同白首，荷花桂子猶含情。用散人詩意。

---

① 據《燕行録全集》本補。

暫離鄉井莫傷神,正值江南景物新。况沐天朝恩浩蕩,車書一統共和親①。右小隱子方學啟。

是夕慈柏公致書曰:"屠翰林琴塢在京時,曾晤庚午貢使令金名魯敬,李名永淳,未知二公近狀何如。伏乞示知,以慰離緒并望致懷。"余復書曰:"金公魯敬方在慶尚監司之任。鄙家住所去營時五十里,知起居平安,而李公永淳現在内署,都鄙超超,無以承聞,伏乞傳告。"

(六月)初八日,晴。先是余教諭謂余曰:"屠琴塢見大集,欲作詩文奉遺。"余曰:"屠公是中國之巨公,鄙人詩何得見賞耶? 此必老爺過奬之耳。"是日,余教諭致書曰:"屠翰林頃抱病,不及作詩文。《是程堂初集》係其未入詞館時所刻,特奉上,乞撿入行旌。忽迫未及造譚,殊深繾綣。上孝廉先生,杭州余鍔拜手。"②

(戊寅六月)初九日,發程未上船,有二士人遍路,仍示筆話曰:"久仰尊名,緣忙未拜,特奉數詩,以致景慕之誠。"

天教閲歷到中華,習險遥乘貫月槎③。東望驪洋歸路遠,北朝鳳闕去途賒(問大吏,即日將送至京)。十洲波浪原堪駭,萬里題名洵足誇。华客莫增漂泊感,聖恩行錫指南車。右仁化瓊華。

本是句麗客,萍蹤萬里遥。乘槎參佛界,破浪到天朝。士習遵三德,家聲著八條。栅城歸路近,指顧聖恩邀。浙江修梅居士,江南寄籍。

---

① 親,原文誤作"新",徑改。
② 據《燕行録全集》本補。
③ 槎,原文誤作"塞",徑改。

西湖十景詩奉贈朝鮮江海散人①

勝迹傳蘇子，明胡對白堤。惜春人獨立，破曉鳥初啼。睡足憐花倦，眠餘認柳低。曙鐘三竺後，殘月六橋西。破鏡妝纔啓，山眉畫未齊。試窺西子面，猶似睡醒迷。《蘇堤春曉》

渾訝湖光瀉，還疑菱浪平。凝眸方見柳，側耳忽聞鶯。歌送枝頭滑，簧調葉底清。颺開絲草縷，傳出曲千聲。不是金梭織，安能翠大成。可能携斗酒，繫馬愜吟情。《柳浪聞鶯》

小港匝三徑，繁花點滿渠。臨淵渾忘我，倚檻且觀魚。剪錦銀刀疾，制羅玉尺徐。萍星翻翠候，桃浪唼香餘。一道開紅雨，雙跳出素書。天機真活潑，此樂樂何如？《小港觀魚》

一曲采蓮歌，蘭舟打槳過。當年曾曲浣，此日剩風荷。色借湘娥艷，香分少女多。留仙裙在手，微步襪凌波。闌外花鳥壁，簾前水叠羅。碧蘭成雅會，莫惜醉顔酡。《曲浣風荷》

并蒂碧芙蓉，層云亘古封。誰將湖上壁，插作日邊峰。翠聳三千仞，霄凌第一重。烟中屏樹峙，天外劍雙衝。深瓦奇難勝，氤氲秀獨鍾。兩鬟垂倒影，鏡裏佛頭濃。《雙峰插云》

地豈傳雷姓？山偏清皚客。南屏輝瑪瑙，西月映芙蓉。金壁亭臺耀，丹青草樹濃。霞標光萬丈，雲炫色千重。火是黄妃塔，人遊赤壁峰。一鞭殘照裏，歸與未教慵。《雷鋒夕照》

霄漢升明月，光輝侵碧潭。在天原是一，映水忽爲三。彩壁雙雙合，銀鈎乙乙探。界從金粟悟，禪向木樨忝，幻影何時隋，前身到□諳。放生池半畝，太極此中含。《三潭映月》②

會此胡爲月，今看月照湖。水平湖面闊，秋净月輪高。鑄出波心鏡，流還浦口珠。菱花天上艷，金粟浪中鋪。世裏窺銀界，人真在玉壺。廣漢宫不遠，亭内是仙都。《平湖秋月》

---

①② 據《燕行録全集》本補。

何處浦牢吼,悠然駐馬聽①。蒼茫迷晚寺,指點出南屏。普度岩雲白,音纏嶺樹青。一聲傳鏜鎝,萬竅透玲瓏。驚散枝頭鳥,和將殿閣鈴。管弦歸去盡,塵夢此時醒。《南屏晚鐘》

十里銀沙印,殘英尚未消。欣看梁苑雪,移入段家橋。對落花千片,堤鋪玉兩條②。梅應遂粉額,草不露裙腰。水月牽清夢,湖山付白描。爲尋和靖墓,驢背挂詩飄。《斷橋殘雪》

江南寄籍浙江修梅居士拜稿。

(六月)二十六日,晴。午時,到大安縣漁溝,有泰山行宫,日暮到宿遷縣之順何集。縣隸徐州府。吃夕飯,有人持高麗紙二絶請書,乃吾東草白紙也。余作《高麗白紙歌》以贈之,詩曰:

吾東土産産美楮,皮膚潔白霜雪明。紙工用之擣爲紙,厚者薄者皆有名。北出上國東日本,厥似翔踊千金輕。東人賤之不解惜,一日文房費千片。冬爲風雪補窗户,時付敧劂翻經傳。今年漂到浙江府,粉紙花箋穨匡床。遊人借謄《乘槎録》,墨客乞書《西湖》章。試將墨瀝一渾灑,紙性粗硬筆不行。臨紙却筆一長嘆,厥品殊非漢陽城。更欲毫揮手無功,所以廉公思趙兵。今朝始識故園面,天涯淪落同書生。右贈魯正儒。

(六月)二十九日,晴。朝食又闕,總之,兩日闕四餐,而衆不諠譁者,開諭之功居多。余仍念去國萬里,人衆數飢,商量之際,衆議齊發請赴愬本官,故余不得已入城,要見縣主,則官人阻遏多端,曰:"縣主引見入都,衹有代理之官,而不在署中。"余曰:"大皇帝優恤遠人,縣次續食,差官護送,則勿論大小吏,凡係職事者固當宣上德意,而官門咫尺自外牢拒,此豈主客相敬之意也?且代理之官亦是命

①② 據《燕行録全集》本補。

吏，則事無巨細，職當管攝，而何退托也？況此邦乃[1]吾夫子桑梓之鄉，則百世之下宜有遺風餘韻，可以興起遠人者，而今日諸君處事若此，豈不曰遠人無知，不足以禮貌相接耶？”於是見者矍然相顧，走白縣主。縣主始具威儀，開座邀余入見，行賓主禮，給筆札討話。余曰：“天朝大皇帝哀念遠人，視同内服，縣次續食，飢者以飽，侏以欲死方感泣不暇，而鄙等到紅花鋪，朝夕兩闕。昨於入城之時，泯然不言者不敢乾糇細故，嘵嘵臚列矣。今又兩餐俱闕，炎天人事，幾何不生病也？恐非宣揚之道，今此控訴，雖似飲食之人，而亦軀命所關也，惟閣下諒之。”縣主覽畢，慰諭備至，仍請回站。歸則朝餐已具矣。是日仍宿留本站。

(六月)三十日，晴。委送官梁公鉞曾經知縣者也，曾在紅花鋪送詩：“十丈紅塵夾路馳，且停亭上境清微。倦飛鳥有知還意，又向禪林暫息機。”是日奉答曰：“車如流水馬如飛，二使(梁公護送四十七人，又有成公恒鈺護送太平漂流八人[2])星馳近紫微。天子方求經濟術，知公未息漢陰機。”梁公復書曰：“大作流利清空，佩甚，但過獎[3]，抱愧。”

委官傳諭文字必稱雞夷。余答之曰：“昔孔子之作《春秋》也，夷而進於中國則中國之，小邦亦小中華。恐閣下不深原聖人著經之旨，而面斥如是也？鄙意甚未妥[4]。”梁公答書曰：“外夷者，對中國而言，非卑之也。”

(七月)初十日，晴。吃朝飧，將發，有[5]一官隸來告曰：“王相公來訪，公可小留交話。”有人作筆話曰：“公是孝廉耶？”余以《玉皇》韻示之，王乃操筆立就曰：“槎客聞來漢案仙，遥承箕聖幾千年。秋風已奏笙簧樂，慶榜今逢續盛緣。右古杭廩生王德懋拜稿。”

---

①②④ 據《燕行録全集》本補。

③ 獎，原文誤作“食”，徑改。

⑤ 有，原文誤作“食”，徑改。

(七月三十日),是日,工部主事那拉慶善來訪,問:"諸公涉險到此,愚身係官廩,國法不敢稍施地主之情,殊甚抱愧。今親身向候聆尊國風土。"余答曰:"一片靈犀不以華東阻隔。辱臨弊館,曲賜寵門,寂寞之濱,何感如之?伏問尊駕官爵、姓氏,以攄傾蓋之懷。"公曰:"賤姓那拉氏,名慶善,關東人也。現官工部主事,曾經翰林者也。仍謝客館供億之薄,祈原諒。"余曰:"漂流之人理合九死,而帝德寬大,衣廩俱豐,公何過謙耶?"①

(八月)初二日,曉微雨,巳時快晴。有人以《葛袍今日又西風》爲題要余依中國試體作五言六韻,詩曰:"葭灰飛玉管,中夜起西風。鴉脱霜前鳥,織催機下蟲。葛裘斯有節,絺絡是不窮。服蓋周姬續,履寒魏女工。挽脛纔補綻,捉肘半穿空。賦得淒其嘆,天高鴨水東。"②

(八月)十九日,晴。到薊之復順店吃朝飯,有楊秀才者到車前叙其寒暄。余問曰:"燕薊之間古稱多節俠,今其市中有昔時所謂狗屠者乎?"楊曰:"高歌放酒,乘高車,馭快馬,馳騁於燕薊之間者種種有之,而豪横使氣,爲人赴急難,如昔日荆高之類,恐未多得也。"余又曰:"黄金臺尚在否?"楊答曰:"未有聞也。"余仍感古賦一絶,詩曰:"九陌風塵滿目來,黄金到處起高臺(中國之俗,市井閭落以黄金飾之,故云)。當時樂劇從遊地,但見紅兜往復來。"③

---

①②③ 據《燕行録全集》本補。

七五、李肇源《菊壺筆話》

【解題】

《菊壺筆話》1冊，李肇源撰。

道光元年辛巳(朝鮮純祖二十一年，1821)正月，李肇源作爲朝鮮進賀使團正使出使中國。使團正月初七日出發，六月初二日復命。使團任務是賀道光登極、賀尊謚嘉慶、謝登極賜緞、謝登極詔書順付、謝尊謚詔書順付等。

此集爲稿本，藏中國國家圖書館。全書主要載録李肇源與周達的筆談。書名中的“菊”指周達，其號菊人；“壺”指李肇源，其號玉壺。筆談内容主要涉及兩國物産、中國江南山川風景風俗、中國女子裹足、中國南方的婚喪之禮等。

兹以此本爲據輯録資料。

道光元年春，余以賀使赴京，路遇貢使之回，正使李平泉謂玉河橋邊有江南雲間人周菊人在焉，亦已有語及者，必當相見，此人文士，可與從遊唱酬也。及到館數日，有一人入來，長揖，白皙疏眉，不問可知其爲文士也。索紙筆書之，曰：“平泉李公華谷，徐公紫閣。李公此次來時，甚相契洽，臨行曾提及大姓，并云或有書札代投，即托先生。弟係庚午舉人，姓周名達號菊人，濂溪之二十八世孫也。”余曰：“非惟我東諸公之所深交至契，即是先賢後孫，可愛可敬，選期在何年，本鄉又何處？”曰：“登科三年後可得官，係江南松江府華亭縣人。貴姓久已聞之，願聞尊名與字號。”余曰：“姓李名肇源，字景混，號玉壺耳。”曰：“貴鄉自是佳處，鱸魚、蒓菜必有遐思。”菊人曰：

“華亭爲二陸發科之地,明則董思翁其昌,本朝則張司寇名照,皆以文苑著名。蒓菜、鱸魚至今有之。”余曰:“松江鱸蒓,讀古書只知其名而不知其味,東國之人嘗所慨嘆,鱸之狀何如? 蒓亦何形? 并其味如何?”曰:“鱸是四腮,大不盈尺,夏間二腮,九、十月則四腮,其形圓而小,不過四五寸,其肉甚細。蒓則出於水中,有絲,故謂之蒓絲,亦海帶之類也。”曰:“松江尚有古迹可聞?”曰:“機、雲兄弟讀書堂故址尚存,九峰三泖、唳鶴灘、五色泉,至今傳名。五色泉,士人見之,必擢高第。”余曰:“五色泉,公曾見之否?”菊人笑曰:“若見之,豈尚不中進士耶? 相傳葛洪煉丹井,非常時有五色也。人見之而五色現,則是其人之祥而必中高第。有《松江志》二本,宋人撰者,明日帶來以消涔寂如何?”曰:“甚好。”且曰:“見今春闌,而北方則花信杳然,江南此時花應爛漫。”曰:“北地春寒,花較遲,如海棠、梨花尚未破萼,杏花纔放,而江南此時已‘一片花飛減却春’矣。”又曰:“弟以會試滯都,今十年,五薦未售,客中瀟灑自如,相去又近,可頻頻相叙。”余曰:“客館寥寂,若得頻存,何幸如之。真所謂不敢請固所願也。”約以更來而起去。

過一日,菊人至。寒暄後,余曰:“貴寓何處,如欲以詩札往復,則從何尋覓?”曰:“玉河上有御河橋,橋傍箭桿胡同口有小屋,即所寓舍也。改日重來,同尊伻去弊居,可無迷誤。”余曰:“離鄉久矣,孤寄旅館,單寒可念,不知何時可得一官?”曰:“一貧如水,家無儋石之儲,此時來京,有一婦一子一老嫗上下四人而已。去年得教習,萬一不中進士,三年後可作知縣。”曰:“可謂‘身兼妻子都①三口’矣。客中桂玉之愁,又可知不勝傷哉之嘆也。”菊人曰:“貴邦無桂蘭云,然否?”曰:“然。蘭或有之,知者以爲匪蘭伊蕙,較看於唐人所畫,非蘭又非蕙,且嗅之無香。”菊人曰:“桂爲九里香,蘭有十里香,不必嗅之而始聞香,想是萱草。萱花黄色,蘭蕙則淺緑色,蕙與蘭有分别,蕙

① 都,原文誤作“徒”,徑改。

則一本數花，蘭則一本一花。”余曰：“我東有紅白牡丹而未見黄者，江南想多有之。”曰：“姚黄世所罕有，江南或有之，而亦不能家家有也，紫白者多，而黄則近久不見。”又曰：“桂花大者，周圍數抱，高數丈，一株可照數間。先生可到京師，而不能至江南一觀光景，亦是恨事。”余曰：“人生世間不能觀中原之大，而老死一隅偏邦，豈不悲哉？”又曰：“藥用之官桂、肉桂、桂皮、桂枝，皆從此取之否？”曰：“非也，桂皮在四川等處，與江南之桂大异。”余呼厨人備酒肴來勸酒，菊人曰：“先生酒量何如？可飲一斗否？”余曰：“不過一兩杯而止矣，飲一斗是無量之酒户也，但中國之杯小如栗殼，古亦如此，則‘一日須傾三百杯’，也非難事。笑笑。”菊人曰：“北人但食猪羊，不嗜魚蝦，江南水國，故南人喜水族、海物之名。前詢貴邦諸友，已能識之，此勝讀《山海經》《爾雅》。”仍指諸器曰：“此八梢魚也，此江瑶珠也，此比目魚也。”余曰：“公何以詳知？”曰：“前次平泉、華谷因弟喜談海錯，各贈數种。”余曰：“我國疆土至小，不過數千里，多山少野，别無异産，惟是三面濱海之故，海物甚多而多不識名，亦不詳其性味也。”菊人曰：“俄所言桂玉之愁，言之慨然，離鄉十餘年，江鄉好米久不食，此間只黄米也，與吾鄉大相懸絶。貴邦米甚佳，恰似吾鄉之米，可分几斗以留雅情否？華谷亦曾有贈些。”余曰：“我國之米南方最佳，中州人嘗言與浙東長腰相似。今來者，我國之西米也，不及於南産遠甚。大車阻泥遲到，等了幾日，可以分味。”菊人曰：“遠物見珍，承賜甚感，可以每飯不忘。”余適有篆書柱聯“人在光風霽月中”之句者，示之曰：“粗解篆隸，有此一對所書，聊以奉贈，以結一段文緣。”菊人曰：“甚喜，此時纔來，少息幾日，當求書一額，或篆或隸。都下爲文墨之邦，而患書家少古致。”余曰：“以中國之大，豈無巨手筆乎？海外之人粗知畫葫蘆而已。若古致，則全未全未。”仍指“光霽”二字曰：“此書之歸於濂翁之孫，若不偶然。”菊人曰：“文字因緣，若天作之合，自來如此矣。”余曰：“這硯有人求售，呼價五百銀，此似是陶成者也。”菊人撫視良久曰：“非陶成也。硯以細潤而嫩者爲至高品，前代之硯如宋硯瓦當,不過古耳。硯以發墨爲妙,此時仿宋做而石性不細,不足貴也。硯石好者,價貴於玉,此時雖有五百兩銀,無五百兩的硯。如欲得發墨可用者,當代求令尊伻取看矣。"

酒數行起,往副房,余與書狀皆往會。菊人謂副使曰:"飲盡玉壺酒,鄙人貪飲,再添一杯可乎?文人放蕩不羈,勿笑。"副使又斟數杯而勸之曰:"天機爛漫,此會良好。'飲盡玉壺酒'一語成一妙句。"菊人曰:"四人相對,以五律聯句何如?"遂書"飲盡玉壺酒"(菊人),余書曰"春暉惜下山。才華誠可愛"(玉壺),副使書曰"談露却忘還。雅韻三杯後"(坡柯),書狀書曰"清風一席間。白頭傾蓋樂"(受齋),菊人書曰"孤館破蕭閑"(菊人)。余曰:"吾輩之句下俚也。"未及書其下,菊人疾書曰:"太謙太謙,陽春白雪也。明日録一紙以贈,爲他日鴻爪。"曰:"諾。"菊人曰:"此地逗留想不過一月,相去咫尺,正當日日奉教以結素願,但口音未通,以致筆談竟夕,洋洋數百言,不憚煩乎?"余曰:"何煩之憚,是真我自樂此不爲疲者也。"菊人以日間更來爲約而去,去時送一伻隨之,以知其寓而回矣。伻回而送一硯,且有書曰:"使至,嗣後可識鄙人門逕矣,如僕不能日日至館中,尊使可常通音問也。聯句詩明日録來,望甚。研一方令使帶去,未識合意否?雲間周達頓。"翌日送伻作答書曰:"夜深而歸,朝來起居平穩否?聯句録呈,又有一詩以寄,詩何足言,適足以見笑大方,可愧,第須和之也。硯石品佳而有所欠者,傍無細刻,如虬龍蟲魚草卉雲雷之屬,以侈面目也。蜜糕一器,黄露一壺呈上。莞領是幸,不宣。玉壺李肇源頓。"

余書聯句詩一篇,用其韻。又作一詩寄之,詩曰:"三韓迢遞路,車轍又燕山。一士初傾倒,孤居遂往還。點犀通海外,飛鶴想雲間。賴有源源樂,羈窗却遣閑。"

菊人答書曰:"城外回,適得手帖并妙句,傾倒之至。第'一士初傾倒'之句,奬許過分,愧甚,明日當勉和奉正。文字往還有如我幾人邪?蜜糕及酒,拜領之下恍得接席,附謝,順問起居。不具。玉壺先生大雅。”

晚後三房送伻,其回,菊人付書曰:“即辰佳安爲頌,適有客滿座,未能合榻論心,詩人所謂‘一日不見如三秋兮’,舊藏美人一軸,謹奉贈,以慰館中孤寂。法書極古,愈看愈佳,暇時尚欲求書一扇也。昨惠之酒甚妙,炊烟欲絶而香氣滿屋,賴而可解愁也,草草數行,聊當一面,不宣。”

送伻且作答書曰:“孤館永日,涔寂太甚,政企跫音,忽承書至,非不欣慰,猶不若對榻談話之爲爽豁煩襟也。畫軸可荷,勤念硯石刻法,終遣鄙願,玆還之。白粲,問之厨人,大車尚不至,見今計口排日,所儲不支云。而爲念寒士之屢空,四斗捐呈。‘前村猶有未炊時’,朱夫子詩也,雖甚些少,猶勝於葱麥薄味耶,一笑。五筆三墨奉贈,以備揮灑詞翰之用。不具。”

菊人答書曰:“索米長安,終年無獲,忽承遠人惠到白粲,感激萬萬。明日或可至館對話,以破寥寂。筆墨甚佳,亦已拜領。硯將代還友人,此復即候起居。不具。”

翌日,菊人先到,三房久而始至。余曰:“一日不見,實勞我思,與坡、受兩公多説好話,惜未共聽也。”菊人曰:“受齋筆話有‘江南佳麗’之句,可作起句、聯句,以消永日如何?”余曰:“江南雖好,既未躬履其地,目睹勝景,徒憑紙上之言而作詩,有何意趣?且作句若或失意,戛戛遲就,則反失談話之便,寸陰可惜。愚意則談勝於詩,江南風景,幸爲我道其詳。”菊人曰:“江南以蘇州爲第一繁華之地,蘇之府署即吴王宫基址。古迹名勝有西施響屧廊,西子足小,吴王欲聞足響,造廊以聞其音,尚今傳名。范文正墓前之石,皆如笏形,謂之萬笏朝天。香雪海,其地梅花甚多,不知幾萬樹,其香如海。春來士女遊船,相接數十里。閶門一路多妓船,名曰‘蕩湖’,其船皆用玻瓈窗、晶珠簾。夏秋則茉莉、桂花之香可以醉人。船中肴饌之精可敵易牙。摇船者皆女子,而娉婷可愛。虎丘山諸貨駢集,蓋奢華極矣。”曰:“錢塘曾見之否?”曰:“曾住一月。以西湖爲勝,湖水極淺而清澈見底,水中荇藻之屬,不受泥污,湖上名山,朝雲暮雨,出没無常,自有《西湖志》可考。古迹以岳王墳爲奇,墳前之柏皆南向,有鐵人跪之墳前,秦氏子孫往往以鐵人投之湖中,則水必臭惡,不得已仍運之墳前。至於錢塘波濤萬頃,浪湧如山,有一往難遏之勢。”余曰:“岳王墓樹之南指,固已聞知。檜本無子,熺是冒姓者,至今安有子孫?”曰:“此時皆以無錫縣秦氏謂檜之子孫,未知究竟是否。”余曰:“濱海之地,何處無鶴,而必以華亭爲言,何也? 華亭是産鶴之地乎?”曰:“華亭無鶴,揚州亦無鶴。”曰:“華亭既有唳鶴灘,又有華亭鶴唳,詎可聞之語,則華亭之有鶴可知,况洲渚之間,必多飛去而飛來者,即今市上多鶴羽,何言無鶴?”曰:“他處鶴黑脚,乃凡鶴也,華亭鶴緑足,是仙鶴也,近久不來。”余曰:“曲阜孔廟有古檜,昔則敷榮,近久不生葉,只有枯枝如鐵云,草木禽鳥亦有古今之异耶?”菊人曰:“閣下曾見檜幹乎?”曰:“不曾見之。年前之行,路遇曲阜人,詳問闕里山川,其説如此。”曰:“檜樹只有枯幹耳,弟有檜木筆筒,枯枝之落於地者,收聚造成,上下以紫檀鑲之,其枝如炭,博物君子皆知爲闕里鐵檜,市人則不知。”余曰:“中國人不難更得,外國人何由得見,是筒可見贈否?”菊人曰:“物不足貴,交情爲重,即當奉贈。檜木内有仁,作筒時皆撤去,所以輕而玲瓏,七穿八洞,即去中間之仁,非刻手也。且非一枝,共三塊合成者也。”余曰:“其形之奇,已是可珍,况孔廟之古檜乎? 得此萬幸,盛意又可感也。”又曰:“或言金陵城南門内外極繁盛,稍北則荒蕪云,然否?”曰:“南北長而東西短,北果荒蕪。江寧烏衣巷、桃葉渡尚存,烏衣是王謝家巷,桃葉,王獻之妾也。‘桃葉復桃葉,渡江不用楫’者是也。”余笑曰:“勿以我外國人爲何知,略看中國書,久已知之。”菊人笑曰:“勿以我南人識見淺陋,亦復交通海外矣。”余曰:“大江廣闊幾許? 渡涉能無風濤漂溺之患否?”曰:“南北之闊不過六七里,如遇風浪,不可行船,風穩,則一帆頃刻可抵江寧,即南京也,古名石頭城。”曰:“人言南京華麗勝於北京,城闕市肆勝於此地否?”菊人曰:“城比北京爲大,北京只有九門而無水城門。花柳較此間爲多，六朝楊柳尚有存者，以山水之佳、人物之秀、花木之盛而傳名。家家臨水，家家有園，列肆皆有朱樓，樓外盡是青山，其所謂繁華佳麗者，即以此也。”曰：“明之故宫尚存否？”曰：“故宫無存，只有遺址。”余曰：“西湖觀於《西湖志》，可知爲天下第一勝地，自唐始有名，至宋極盛，至謂之‘銷金窩’。今比之宋時，必當尤盛。”菊人曰：“西湖以白樂天、蘇子瞻兩個風流太守而始盛，各筑一堤，一曰蘇堤，一曰白堤，今堤尚存。因皇上南巡必至之所，故有行宫，真一幅畫圖。春夏遊人不絶，秋冬則稍覺寥落。山水以西湖爲第一，繁華以蘇州爲第一，江寧又次之。”余曰：“‘三秋桂子，十里荷花’，即‘金主送死之媒’，此古語也。宋主之無意恢復，亦未必非西湖爲宴安之鴆毒，而西湖又爲士大夫放蕩之淵藪。”菊人曰：“雖是放浪之所，而西湖却多淳樸，不若蘇州之多淫佚。”余曰：“嘗聞之陝隴人多健鋭，蘇杭人多輕薄，閩人多纖巧，惟湖南北多厚重敦實，此言如何？”菊人曰：“吴越人多秀良，然或有輕薄之譏。陝西人多健鋭，燕趙人多慷慨，而閩人却不纖巧，湖南人未必厚重。”曰：“古稱燕趙多悲歌感慨之士，而今再至燕山，所見皆是刀錐牟利之輩，未見有一個感慨之士。有之而未見耶，抑無其人也？”菊人曰：“古今人同不同，未可知也。京師爲名利之場，玉壺宜不見慷慨悲歌之士耳。然此行得遇一鄙人相與從遊，談論亦頗不俗否，但學淺才疏爲可愧也。”余曰：“非獨指燕山也。自遼至燕，數千里未之見焉，是足慨嘆。足下固文雅佳士，而若謂之燕趙悲歌，則未也。此老夫所以慨嘆。”遂與大笑。具午飯饋之，酒亦連斟。菊人曰：“放浪形骸也。”曰：“曠士本色，文人騷氣也。古語有之‘一飯之德必償’，菊人將欲何報？”曰：“以心向東海則報耳。”余笑曰：“心之向不向，何以透過覷得？”曰：“心不向則身不至炕下矣。”飯訖，菊人脱帽而坐。余曰：“厚綿造成壅蔽，太陽穴烘鬱，易成頭目之疾。且暘不得遮，塵不得辟，非好制度也。”仍以余所戴東坡冠加之。曰：“此坡制也，此冠倒而看，則程子冠也。坡翁每事欲貳於伊川，故於冠亦然矣。我東人或戴程冠,或着坡冠,又有方冠,均是古制也。"菊人曰:"前此戴平泉之冠,今次又戴玉壺之冠。"余曰:"見之堂堂名士矣。我國朝士又有金冠玉珮、上衣下裳之制,極古雅耳。"菊人引鏡自照曰:"好了,古貌古心。"余笑曰:"貌之古,外看或然,而心之古,有誰見之?且越人斷髮,無用章甫。"菊人大笑。余曰:"漢女之足樣尖小,始自何時?"曰:"何爲問及於此?"余曰:"人之生,當任其天生,而自幼縛而局之,縮而小之,失其本然之天,豈不可惜?所見不好,故問也。"曰:"閣下之論,袁子才名枚曾言之。然女子非小足不足以見美,其制始於隋煬,南人無有不小足者。"余曰:"或言西施足小,人之愛慕者,既效其顰,又效其足;或又云南唐李窅娘足小,國人慕而則之。二説不同,而今足下煬帝之説,係是新語。"曰:"煬帝尤爲奢淫敗俗。自天子至庶人之女,無有不小足者。"曰:"以隋煬之惡而化形天下至千餘年,寧有是哉?來路見滿女之足不如此,能保其天真,還覺可貴。"曰:"南人種田婦皆不裹足,故足大,祇士婦足小。玉壺欲聞明人小足之詩乎?當誦一篇。'幾日深閨綉得成,着來便覺可人情。一彎暖玉淩波小,兩瓣秋蓮落地輕。南陌踏青春有迹,西厢立月夜無聲。看花又濕蒼台露,曬向窗前趁晚晴。'"余曰:"此詩纖巧浮輕,蓋艷體也。"菊人曰:"弟於華亭起一樓,王子卿太守名澤登樓竟日,題額曰'看山讀畫樓'。有諸人所題詩帖,覃溪先生首題矣。願諸大人各賜一詩。"余曰:"詩宜寫景,而既未登斯樓而觀風光,其何以道得真境一二乎?"曰:"三泖、圓泖、横泖、長泖也。九峰、機山、横雲山、佘山、細林山、鳳凰山、薜山之類是也。此樓臨河,門對西林塔,後窗則見九峰之細林。三泖中有蒓菜、鱸魚。"余曰:"三泖九峰曾於畫圖中見來,且《名山記》已閲過矣。蒓、鱸之味獨不可以一嘗,甚恨。"曰:"南中之物皆可入京,獨此二物不能。范成大詩云'除却松江到處無'也。東坡云:'狀如松江之鱸。'特言其狀,非真鱸矣。"余曰:"季鷹思歸,而菊人不思歸,殆季鷹之不若。"曰:"我輩爲貧而求仕,季鷹仕後思歸,弟仕後亦若季鷹之歸矣。"余笑曰:"仕而安富尊榮,仍無可歸之時。

‘相逢每説休官去,林下何曾見一人?’”菊人大笑,仍辭醉而去,使人導燈而送之。人還,送檜筒且有書曰:

檜是罕覯之物,我輩亦罕覯之交,故爲割愛。倘坡受二公見而愛之,其必攫取無疑,閣下恐仍無有也,呵呵。扇頭書尊詩甚妙,看山帖呈覽。不宣。

翼日,作答書曰:

昨夕小翰,客懷大慰。檜筒極荷,非以木也,以闕里枯枝之可珍,又以足下之所贈也。坡受二公雖欲攫去,兩相攫,誰竟爲主?況吾死也不放乎,呵呵。扇書書呈,筆拙可愧,來書小印刻以‘懸磬室’,語甚不好。印是長用之物,久居懸磬室豈可乎?‘樓臺側畔楊花落,簾幙中間燕子飛’,此陳龍川詩,而朱夫子謂以做沂水舞雩意思不得,以其有富貴氣像。足下貧窮,竊願足下之速顯。昔賢謂氣象好時,百事是當,此印宜亟去之勿用也。不具。

菊人答書曰:

筆談竟日,步月始歸,且息一夕,益仰芝宇。接手書,如親麈誨。檜筒只一枚,而特與閣下,坡受二公未免生妬。謂以雖傾鴨波無以洩此恨,雖言近於戲,然二公好古之心亦可想見。扇頭書極妙,感感。再來教,懸磬室似近酸寒,然見明人嘗篆之,而僕之現在處境實如之,今承指及,當即改矣。五鳳二年石,未知曾見否?玆付使呈覽。尺牘一本,前則蘇齋之筆,後則惕甫之書,皆可傳也。此問玉壺先生安祉。

過數日,還其石與牘帖,有書曰:

> 數日不見,我心悄兮。客館孤寂,昨見幻戲,覺劉累擾龍、初平鞭羊亦斯術也,好笑。昨欲奉邀,因此未果。軸帖二種兹奉完,仍候起居。

菊人答書曰:

> 三日不見,如隔經年。可知文字緣深,有一刻不可離之勢。讀手翰,恍同接席,而總不若覿面之爲快也。客中孤寂之况,未識何似,因奉去吾鄉陸文裕字卷及明倪静存《奉使朝鮮史册》,以慰孤館寂居之悶,覽畢發還可爾。手巾一方,聊供洗濯之用。此係雙綫織成者,入水甚軟并能收水,非布可比,亦'除却松江到處無'也,笑笑。幸哂入。此復,順問起居。上玉壺先生左右。

翼日,菊人至,又先到三房,久而至,余曰:"久坐於受齋炕上,能無飢乎?"笑曰:"飢則能救我乎?"余曰:"飢則死矣,奈何令菊人死乎?"仍斟酒勸之。菊人曰:"'紈褲不餓死,儒冠多誤身。'鄙人在寓常飢,炊烟屢絶。今日玉壺雖能救我之飢,玉壺歸後,誰能使我無飢?"余笑曰:"玉壺豈濟人佛耶?吾有髮,非佛也。菊人無髮,是佛也。聞佛之道能普濟衆生。他猶可濟,豈不能自濟耶?如不能自濟,普濟何論?道術神明,神明則可以無飢。"菊人笑曰:"雖是戲語,然亦實話。"余曰:"適有以此間扇柄見贈者,不可以此白者東歸,足下明知,如有畫者,可代求一戲否?春深日永,羈愁如海,亦欲以此消遣也。"曰:"當代求矣。"且曰:"宣武門外有唐憫忠寺,唐高宗時征東將士死節者享之。又寺内有窑變觀音像,皆古物,其事甚怪。寺中花事方盛,何不一遊散悶,亦可尋迹。"曰:"窑變是何?"菊人曰:

“燒窑時忽化出觀音像一尊，五色窑的已載《宸垣識略》。”余曰：“俄見《瘞鶴銘》，即摹書也，印本真迹何處有之？”菊人曰：“玉壺要此銘否？鄙人齋中懸一幅，當奉贈。”曰：“在我固幸甚，而菊人能不惆悵？但此銘讀之，文理不接續何也？”菊人曰：“石裂五段之故，文理不接。覃谿師有圖，須看考，汪退谷有考，亦當并贈。”又曰：“欲與玉壺相戲，玉壺得此爲喜，獨不可使鄙人得玉壺物而爲喜耶。”又曰：“檜筒既割愛，鶴銘又携而東歸，我齋中自此無古物。”余曰：“‘草堂自此無顔色’也。我本無古物，只有今物。”曰：“何物？”余笑曰：“不可漏洩天機，且看下回分解。”兩各大笑。余曰：“詩有云‘南朝四百八十寺’，又云‘二十四橋明月夜’，至今南京寺與橋依舊盛否？二十四橋是何處？”曰：“寺是金陵，不可盡述。二十四橋在揚州一府，而有存者，有圮者。江南有橋之地不止二十四，杭州堤上六橋尚存。”余曰：“自遼至燕數千里，家舍之制皆是一規一字兒構築，初無回廊曲榭連絡之勢，有异於古之畫圖，未知江南家制亦如遼燕否？”曰：“江南不論大小人家，多有回廊曲榭，不比如此地房，皆中間三間或五間，兩邊厢房。”曰：“亦設炕爇火而寢睡否？古人言廳事，而燕以東無此制矣，江南或有之，而鋪以木板否？”菊人曰：“南方家家有廳，至於房室，不必全用木板鋪之。然一宅内，必有幾處用木板鋪者。睡炕則南方無之，皆用藤榻或木床。東國亦有炕有廳，家舍皆曲折連絡乎？”曰：“我東多寒，人家寢室或三間，或四五間，又或至六八間，皆以廣薄之石鋪之，從下爇火而温之，塗以染油之厚紙，平滑净潔，坐卧隨意。室之外雖小而二三間，大而八間十間，皆以木板鋪爲廳事。高闊平行，脱靴鞋於階上，以襪升而行焉。與中國之炕制不同，凡屋曲折回複，雖數百間幾皆相連，與中國之一字兒結構又不同。若見屋脊之轉折逶迤者，則恰如“目”“日”“田”“口”“己”“工”等字形。尋常小民之茅屋草廬，亦皆口字樣。宅雖深長，緣廡由廳可避風雨，以襪而行，不污泥土。”又曰：“江南地暖，不甚寒冷，故初不設炕，而借火温身否？”曰：“非也。江南冬日與燕天一樣寒冷，特二三月則必暖矣,所以無炕者,江南地濕,若磚炕則必潮濕不能睡,壁上亦不能糊紙。”余曰:“藤榻木床所以遠濕,而冬冷何以禦之?”曰:“冬時用火盆生炭薰之,不用煤亦無煤,或置火於木榻之傍。貴邦不用煤否?”曰:“我國多山,故多草木,樵伐而來,積之如丘陵。以此爇之,全室自燠。石炭無之,只有木炭,饌物之炙煮,茶藥之烹煎皆以此。”曰:“我鄉煮物不用煤,用稻柴,煮飯則不去湯,京中去湯。”余曰:“‘不去湯’三字未詳。”菊人曰:“煮飯令其自收水。”余曰:“我東煮飯,米幾升入鐵鍋,又入水幾升,覆蓋而爇火米水,相湯水自乾時,米却軟而大且爛熟,始去其蓋而出火氣。少頃,仍掬取盛於器。”菊人曰:“煮飯之法與吾鄉同,北方則不然,待飯熟,則去湯。”曰:“是以此處之飯皆乾燥,哽不下咽。”又曰:“余有大扇畫金剛山一面者,聊以奉贈。我國有金剛山,在東海上,總有一萬二千峰,峰皆白玉色,滿山都是楓樹。秋來如張紅錦帳,故又稱以楓嶽。全山皆石無土,故又號皆骨山。水則無非千層之瀑,百仞之潭,峰則多是獸蹲之形、禽飛之狀,蓋海外异境也。瀛洲、蓬萊、方丈爲三山,而古傳此爲蓬萊。子美所謂‘方丈三韓外’者,即指此也。中國人詩曰:‘願生高麗國,一見金剛山。’此山之名於天下久矣。足下既不可得以見之,試將此扇時時作卧遊也。”菊人看畢且曰:“願將此話大概題於扇上。”余曰:“諾。”仍笑曰:“金剛仙山也,菊人欲見之,何不乘桴浮於海東來。”菊人大笑曰:“平泉曾戲語以‘携手同行何如’云矣,今閣下之言亦如此也。”又曰:“貴國爲文物之方,而人皆存古心,且無浮誕之風,心甚喜之。貴邦人來必見之,有如閣下,輩輩必深交之。”余曰:“我國自箕子東來,以八條設教,禮樂文物,用夏變夷,古稱‘小中華’。近則反有文勝質之嘆。聞南方人士輕鋭浮薄者多,而敦樸厚重者少,文章亦以考據自誇,而學問無實踐之工,可勝惜哉!”菊人曰:“人心之浮薄甚矣,惟有名利二字在其胸中。富欺貧,貴凌賤,朋友之倫,殆絶矣。”曰:“江南,士大夫淵藪,而世風如此,他尚何説。三代以降,世濁俗淆,莫之可以回淳。雖孔孟復起,無以久道化成耶。”菊人曰:“南士近代多以時文爲業，全爲取功名之計，實踐之工甚少，然非其性使然，特耳濡目染之故也。”余曰：“曾聞西湖柳陰覆堤，荷花滿湖，樓臺縹緲，亭榭隱映，士女遊宴，晝夜如沸，桂棹蘭槳，往來如織云矣。或有言花柳頓減，物色蕭條，今果然否？”曰：“柳陰今尚盛，荷今無人繼種。士女之遊，春時特盛，秋冬則冷落。”曰：“何爲不種荷？昔盛而今衰又何也？”曰：“杭州一帶菱塘蓮港亦自不少。西湖今適蕭條，因皇上久不南巡，亭榭多不修葺，景致仍以寂寞。”曰：“然則蘇州爲盛乎？”曰：“蘇州爲往來孔道，繁華如昨。”曰：“閶門在何？”曰：“此乃古名，吴王取閶闔天門之意，言其高也，即蘇之城西門。臨水不遠，城下即湖船之往來通路，可達城内。曰‘石頭城’，孫權所築，而雉堞异於他城，皆凸字形，今亦如是修葺。而城一面插於水否，觀於‘潮打空城寂寞回’之句，可知城根插於水中也。”曰：“石頭城乃江寧城也，因南省鄉試之地，秋間極盛，四方人士、四方買賣多集於此。城不盡修葺，而城則臨水，水城門口極小，僅可容一小舟，而不能入城内。”又曰：“有一寺，梅花大三四抱，堤上楊柳亦如此，相傳是六朝之物。”曰：“梁武帝口苦索蜜，再曰荷荷，夫荷字何意？”菊人曰：“閣下知之乎？”曰：“知之則豈問之耶？不知故問也。或吴中方言耶？”菊人曰：“究亦不知何意，俟再考。”曰：“吴人語，今亦自稱以儂，稱北人曰傖乎？”曰：“至今吴人自稱曰吴儂，此俗語也，其實只應曰儂。”又曰：“南人欲知東方故迹與山川風俗，亦猶閣下之欲聞姑蘇、錢塘，盍爲我詳言之？”余曰：“倉卒無以盡録，留館尚多，餘日當於孤坐寥寂時，隨記隨録，另爲呈覽也。”時余眩症忽作，不可以語，闔眼倚枕，且請止話，菊人亦以日暮窗暗起去。翌日，送看山帖詩與副、三使詩，且有書曰：

夜來興居佳安，昨日話闌而久戴鬉鬛，眼眩忽作，話遂止而客又起，老者事不勝愧恨，看山卷送還，五紙入其中，幸收之。大扇略録金剛大概。四白扇，有勞煩請，而坡、受兩公，各求其一，此菊人廣交遊而自取其勞也，好笑。第代托妙手一揮，不宣。”看山讀畫樓帖詩曰:“三泖九峰未曾覼,只憑畫圖得一斑。畫圖如此况真境,勝地想應超人寰。山形水意即畫圖,聞君起樓於其間。變滅汀烟一床濕,拱揖峰雲西檐圜。晴窗隨意卧遊樂,安得携手去共攀。羡君如此江山圖,怪君風塵猶未還。仍憶我家紫芝居,臨流有樓堪投閑。聽鶯檻拂春山翠,打魚舟横秋水灣。我亦看山而讀畫,地境雖殊趣一般。談龍不如吃猪真,且歸看吾畫裏山。

菊人答書曰:

日昨談久,玉壺頗有倦意,亦因年高之致。甚矣,人之不可老。然達至公年,尚不能如此精神。大作極妙,諸君亦復异曲同工。感荷。聞坡、受二公出遊,獨閣下在館中,恐無以消日,覃谿詩一册,覽竟再還。不宣。

以東産各種送之,且有書曰:

阻久有日,悵想何極。不佞夜苦頭風,殆不省四到,日昨眩症,乃其兆也。尚此呻痛,客愁又深,奈何!車始至,東産各物表情而已,不足以爲寒士謀,多愧。不具。

答書曰:

數日鹿鹿,不得走談,殊深懸想。今讀手誨,并惠東物各種,粲然滿目。拜領之下,感愧交并。閣下孤館無聊,知添客思,諸惟珍護,不宣。

翌日菊人至,曰:“多日不見,念念,乃贈《瘞鶴銘》。”且曰:“此乃希世之寶，非市上所有，陳滄州太守出之江中者。其解亦從汪退谷考抄出十分之一，此小紙是也。此石在揚子江中，石多斷裂，覓之多年，去冬始得，今因知己轉贈。”余曰：“敢不拜賜，多謝多謝！”菊人又出示一小册曰：“岳丈翁珮山與松江女士唱和之作。女士號汝蘭，兹奉贈。松江尚有一閨秀，名歸盤山，其詩比汝蘭更佳，東國亦有女士佳詩否？”余曰：“吾東則以閨房吟詠易招人艷慕，爲士婦人恥辱而不爲也。”曰：“此乃吴俗，則然或有書畫者。若内子，則能識字讀古訓，而不知韻語耳。”曰：“士夫家婦女識字讀訓，然後可以通古今而長識見。大抵女子惟酒食是議，吟風詠月非所宜云爾，曰‘女子無才便是福’。江南風俗如此，甚至女人能桔槔，北則女子以食檳榔觀淫書爲事。”余曰：“北方水惡且長食猪羊脂膏，非檳榔無以開膈降氣，此不足爲怪。但觀淫書最不佳，或言本出於南，謂之南風云，然否？”曰：“南人詩禮家無此，惟小家女無以生活，或開酒肆，紅粉當罏，以畫春宫看淫書爲事，非此人無有，欲買而至者耳。”又出示一詩，即聯句韻所次也，詩曰：

> 心印壺中玉，神遊海上山（公以金剛全圖扇見贈）。識顔嗟我晚，携手惜君還。詩駕蘇黄上，書追秦漢間（公長於篆隸）。何由常促席，晨夕破除閑。

余曰：“過奬不稱，而詩則佳矣。”菊人曰：“别期漸邇，令人黯然消魂，不知閣下亦如此否。”曰：“中國人雖遠别，會須有更見之期，而遠方人一去未可更來，一别則永别，如之何不悲？”菊人曰：“前問及纏足之説，適閲《輟耕録》云：‘婦人纏足，惟《道山新聞》云李後主宫嬪窅娘纖麗擅舞，後主令以帛繞脚，使纖小屈上作新月狀。’唐縞詩‘蓮中花更好，云裏月長新’，爲窅娘作也。杜牧詩云‘鈿尺裁量减四分，纖纖玉笋裹輕雲。’若曰纖纖玉笋，則似此時已纏足矣。偶然閲得此二段，書之以破孤寂之愁。”余曰：“窅娘小足，固有是説，而向者煬帝之説,抑或不然也。"菊人曰:"行期已定否?"曰:"初十領賞,而頒詔在其後云,行期又將在其後矣。"曰:"春去夏來,光陰易過,獨居無偶,坐對書城。閣下去後,無人可與論古談心,大是恨事,今行期之稍遲,鄙人之幸也。"余曰:"菊人之幸,即不佞之苦也。"相與大笑。菊人曰:"寓居在玉河之濱,小屋如舟,故欲扁以'印月舫',或篆或隸書,惠此三字甚懇。"曰:"諾,但此河糞河,可惜好月之印矣。"菊人大笑,仍往副、三房而去。翌日自闕歸路,與副、三使歷訪,即河邊小巷,環堵蕭然而書帙滿架,几案净潔。菊人笑迎,余曰:"是真墻高於肩,屋小於斗者也。"菊人出示其子,方四歲,且言夢雙桃而生,故小字曰雙桃。余曰:"骨緊神足,可愛且可賀。"書狀曰:"可謂酷肖其翁矣。"余曰:"三旬九食之其翁,不肖亦可。"菊人大笑,仍示一錢,曰:"此名宜男錢,女人佩之必生男。"余笑曰:"然則雙桃從此錢生乎?賢閣何不長配,又生下來雙桃之弟,四五桃至八九十桃,而却藏在篋裏。"菊人呵呵大笑,又示一物,即一小刀,形甚异。菊人曰:"此名齊吉化刀,上有此三字篆刻,篆甚精工,閣下自能辨之。"曰:"此似古物,而竟莫省何用?"曰:"此齊桓時所用之錢,從地中出。"余曰:"是古所云契刀者耶?齊桓云云,《齊諧》之言也。吾斯來信曰:'無確據,實未可信,只以刀上齊字,後人或傅會耳。"菊人欲饋酒,余止之曰:"俄已吃早飯,今何可更飲,非以足下貧耳,實無以飲□也。"數語後辭歸。翌日送伻,且送苔紙、長軸與簡幅,有書曰:

> 昨日之晤,非不爲慰,而因日勢已晚,僕夫催歸,匆匆辭歸,悵耿经宵如結。前此相叙久矣,而每有餘懷,信乎人情之無窮也。海苔紙、簡軸二物,曾見其愛之,故今於束裝見有些餘,傾篋以呈。不備。

伻回,值出他,留書而來。其翌日,三房伻回,有書曰:

早間蒙賜手教，兼惠簡紙四十番，長紙二軸，拜領之下，歡喜無量，從此揮毫落墨，用之不窮，視鄭廣文之紅葉隸書，徐伯珍之甘蕉學字，又復何如？然而書慚舞鶴，意任塗鴉，孤負赫蹄，未免可惜，願閣下進而教之。不宣。

又另有書曰：

昨他出，歸讀手誨，隨即作覆，而無僕可送。甚矣，寒士之苦也。今交尊紀帶去。别離太速，怕聽驪歌，未知定於何日出都，示我爲幸。不佞久寄人籬，甚至爐置檐下，無作餐之地，小屋兩椽，一爲書齋，一爲卧室。風雨驟至，則烟火俱絶，在陳之譏，首陽之餓，常常有之。且身兼主僕，志在琴書，是以卒卒無須臾暇矣。别期漸迫，别思甚催，枯坐蕭齋，何以遣此？不具。

翌晚菊人至，數語後，轉往三房而復至。菊人曰："明日領賞回望一顧，欲備點心，以表鄙意。"又曰："'點心'二字，貴邦亦有此諺否？"曰："菊人貧士也，屢日絶火之家，安有點心之資，頒賞時之早晚未可知，無以轉而之他。'點心'二字自唐時已有之，適記唐鄭修爲江淮留後，其家人備夫人晨饌，夫人謂其弟曰：'晨妝未畢，爾可點心。'此似是療飢之意。我東則午未時所食，謂之點心，晨食夕食，則不謂之點心矣。"曰："諺語皆古典，惟博物君子則知之。吴俗起來先點心，午然後吃飯，申刻又點心。"又曰："鄙人交貴邦人多矣，當以閣下爲第一人，學問第一，道義第一，明白第一，書法、篆隸第一。篆則銀鈎鐵畫，隸則出漢入唐，行書則奔泉渴驥，成三絶矣。與閣下談，終日言之而不倦。"余曰："褒詡自有分數，今所云云太不稱停，這般話，更休題也。"曰："夫人年歲何，七十非人不煖，更有姬侍幾人？"曰："室人長吾一歲，今六十五，有一妾年四十，亦老矣，蒲質早衰，且多疾病，故不更畜小姬。"曰："所以問者，無一物寄别後之情，政在躕躇,内子自綉一鏡奩,欲以奉贈爲閨中妝具耳。松江之綉師傅最好,自明顧香園起之,而天下綉者皆曰'顧綉'。香園與董其昌同時,或綉山水,或綉人物,其人不能作字,董必落款。"余曰:"寒士有何所贈?檜筒、鶴銘足矣,更勿挂念。"曰:"有《山海經》一頁新印者,當奉贈。"余曰:"此則可耳,亦可謝也。"又曰:"南方之人,亦皆坐椅如北人否?父子長幼,亦對椅乎?"曰:"家庭之間,父子、夫婦團圓之樂,則皆同座。若論禮儀,兒皆侍立,或同飯,或談久。當睡時,則父在床,而子對床。"曰:"不宜踞見長者云者,爲其近於傲也已。自漢初,其不對椅可知,且明道之坐如泥塑,康節之百原静坐,皆坐椅也哉。今俗坐必以椅,似以褌窄而然矣。"曰:"今之小家則然,若詩禮簪纓之家,則雖至終日終夕,無對椅之禮。"曰:"《水滸傳》雖是稗官小説,其文章大佳,作者施耐庵何名?金聖嘆亦是奇才,或云未終不得其死,因何事也?"曰:"《水滸》文極佳,耐庵之名不知也。曾聞聖嘆以主考賣解元事,憤恨不平,將解元大罵。至聖朝,將孔子位請出而入以財神,被人告奏於朝而被禍。查其所著書,無違碍語,遂封爲土地神云矣。"余曰:"可謂妄人也。聖嘆稱王斲山,謂以口號風雲,又言自有《斲山語録》行於世。斲山之名云何?其語録曾或見之否?且言王文恪之後,文恪似是王鏊也。"曰:"不知其名,語録亦未見之矣。"余曰:"初以行期之在邇,欲奉贈留别之詩有所書置者,今行期退矣,詩雖荒拙,先爲請正。"出而贈之,詩曰:

> 曲巷移車款竹扉,雨餘風物正芳菲。主人謀醉不成醉,客子思歸今始歸。河上論襟風在木,橋頭分手月生衣。那堪一别終千古,重叠湖山夢亦依。

菊人以手圈於"一别千古"之語而蹙眉曰:"此語大不堪。"因日暮起去,翼日與書曰:

昨日之話日晚，猶未盡懷，可恨夜環。文履何似，有人贈江南蝦膏，而東人初嘗却不適口，玆以移贈，南士慣此，或應助匙加餐也。前借丹卷并還。不備。

菊人答書曰：

連日陰晴不定，正是江南黄梅天氣，特以久客京華，紅塵十丈，則覺無清致，幸得執事書至，一紓愁思。蝦子膏室人嗜食之，囑謝。綉花自製鏡奩一枚，笑納。昨有浙水人送木犀膏二包，今分其一，聞海東無桂，可一領江南風味也。丹卷均已收到。不宣。

過二日，三房送伻，伻回，菊人付書曰：

雨中客思如何？連日未獲奉教，殊切懸懸。别期定在何日？真令人銷魂，想執事亦同此情也。不佞旅囊乏絶，獨坐無聊，今日被風雨入檐，炊烟欲斷，謀生計拙，似甫里之忍饑；度日愁多，學淵明之微醉。執事聞之，必爲之憐之也。適有桐鄉陳氏自製墨一笏，奉供臨池之用，幸莞留。印月舫扁，興到則續成之，賜來裝績，以爲敝廬生色，瓶供婪尾春數枝與執事，有相離之意。睹物增愁，書不能悉。再前惠蝦子膏，細嘗之，乃蘇州醬豆腐而灑以蝦子，其味帶甜，不如貴邦之蝦醢遠甚，宜乎不合口胃也。南人喜鹹，北人喜淡，世每謂南人喜甜，謬甚。不備。

送伻致書曰：

所懷伊人，在河之濱，而書與面俱阻者有日，悵想良深。受齋伻人回，得手翰，良荷。歸期漸近，治任束装，一館紛然，且因苦雨,未之一邀。自今日稍静,政好穩叙多少也。篋中有小團扇,塗以安息香汁者,此不合於君子清拂。古人有“歸遺細君”之語,未知以爲如何,一呵。且有零瑣色箋、筆墨,雖略少,可傳給雙桃也。扁書、聯對,筆拙爲愧,第此呈覽,仍候安履。不具。

菊人答書曰:

連日風雨,囊空瓶倒,近況更貧,飢餓不能出門户,遂與玉壺阻面久,然此心無時不在座右也。得手誨良慰,聯額妙絶,當珍守之月。扇已交内子,囑謝雅意。筆墨與色箋留爲雙桃他年弄翰之資。《山海經》忘呈爲罪,今藉使帶去,即爲留别之意,寒士所贈,可笑。臨行時,有送至通州之願,并心與之俱往矣。今午得暇,可走訪兼呈送行詩奉教。新得佳茗,意欲分雅人共領其清芬如何?草復。不宣。

晚後菊人至,余曰:“何久不見,甚覺悵戀,行期隔以四五日,雖日日相對,猶恨日之不足。况以風雨,間阻屢日,此誠苦極。”仍呼酒共酌。余曰:“昨書有‘送至通州’之語,何以遠送於通州。”菊人曰:“州教諭姓陳名華,係是至契,其署中可留一宿耳。”出示其所次别詩,且手贈瓶茶。詩曰:“惜别連朝静掩扉,玉河橋外草菲菲。花開婁尾春難住,宴罷遨頭客又歸。對月無緣重把袂,臨風有淚欲沾衣。只憑雁使傳消息,海角天涯識所依。”余看畢曰:“合作矣,是謂出之久而愈妙者。愧吾急唱,便同蟬噪蛩吟,其聲不能透過十步也。”菊人曰:“此詩不佳矣,後幾字閣下自謙也。大抵别恨,言之難盡。”余曰:“詩人自古多用虚語夸辭,鄙詩説謊却多,而菊人則不然。”曰:“説謊何語?”曰:“貴寓何曾有竹扉?今當炎夏,春物芳菲之時則過已久矣。河上何曾有樹木可以生風?橋頭相見,即朝日非月夜也。以此觀之,豈非謊説鋪餙之耶?”菊人大笑曰:“鄙詩亦有此,玉河橋外無菲菲之草矣。”余亦大笑。余以篆隸各書“印月舫”三字而示之。菊人曰:“好矣,篆尤佳矣。更有懇者,紙有空地,願作小識於此下。”余曰:“文甚拙,雖數行短跋,豈不取笑於大方乎?”曰:“閣下於鄙人尚可用謙語耶?”余感其言,遂題於紙末曰:

菊人宅三泖,小舟載月,以詩酒爲樂,今候選寓玉河之濱。余嘗一造,屋小如舫,屬余扁以“印月”,蓋其夢想在於之泖之舟之月,假以自娱也。余居有小池,築一間茅亭,名之曰“舟屋”,與菊人同其意也。吾且登吾亭,見月印於池,則如見伊人。菊人南歸,泖上見月,亦應如見我。古人云:“隔千里共明月。”其信矣哉。海東李玉壺題。

菊人曰:“跋語儘妙。”又加圈於“隔千共月”曰:“真境實情也。”余曰:“盛作中婪尾未詳。”曰:“豐臺芍藥甚妙,爲天下冠,近日家家插瓶。芍藥一名婪尾。”余曰:“貴印有‘小琅環館’字。琅環,地名也,出處余未之記。”菊人曰:“張茂先爲建安從事,遊於洞宫,遇一人,共至一處大石中,忽然有門引華入,宫室嵯峨,每室各有奇書,住數十日,命小童引送出。華問何地,對以琅環福地。”又曰:“聖嘆作文多違碍語,蓋因文字而得禍,其説近似,前者吴人云云似謬。”余曰:“聖嘆終是才勝德之人也。且其文鋒鋭甚,其筆端豈無違碍語乎?宜其取禍也。”酒半酣,菊人曰:“欲送閣下及坡、受二公至通州者,坡、受二公或有再見之期,公則不更來,此别永訣也,所以必送於通州也。公擇店後,同至教諭署中亦可,或同教諭至店中亦可。陳教諭號萼林,忠厚風雅極矣。”曰:“吾行若早發早休,則午後足可以穩叙。如晚發至暮,則以夕爲期,與教諭同來店舍,或與弟同至署中,話至三四更,俱無不可,但未知教諭欲見我否也?”曰:“前因送公之聯書,伊爲之拜倒,欲在通州一見爲幸耳。”菊人起,往副、三房,日昏而至。余曰:“與二三大人話半日,想多异聞,恨有些冗擾,未得合席,尚留三數日,可更日日把晤。"曰:"明日復來。"

翌日又至,余曰:"昨日輪醉於三處而歸,得無憊乎? 酒是狂藥,古人謂之伐性之斧,宜節酌不可縱飲也。"曰:"昨微酣,不知在館不露醉態否? 我醉公醒,必看得細也。天時漸炎,早來者,欲談半晌。"時書狀來坐,與之筆話。余斟一杯,勸之曰:"向者逢一南士,能一氣吸之。菊人亦能一吸而盡之否?"菊人曰:"向見平泉飲酒一口吸盡,甚奇之,今玉壺勸我須一口吸之,相叙久而亦能之。然歸而告諸婦,婦曰:'若如是飲,則必醉死。'答以'東人飲法個個如此,而未聞有醉而死者'。"余曰:"大凡斟酒於杯,少嘗細呷而留之於杯,許久則氣洩香消,全失酒之性味,與飲冷水一般,不如一吸而盡之矣。"菊人曰:"蘇州蕩湖船妓女勸酒千方百計,或彼唱曲而我飲,或聯句而我飲,或一詩句流觴,如酒字飛至何人,其人即飲,甚至自吸於口、進之於我口。"余曰:"蕩湖不可近也,是使人蕩心喪身之所。"又曰:"菊人每談蕩湖娓娓不已,似有戀慕底意矣。"菊人笑曰:"南方多妓,俗又好遊宴,古人謂之紅裙飲。不佞生長姑蘇,却未坐蕩湖船,未親妓女,故余心不蕩。"曰:"蕩湖之名,蕩人也,君子不道,且觀菊人氣貌清弱,恐或有戕生之慮。朱夫子詩曰:'世路無如人慾險,幾人到此誤平生。'菊人後日至湖,决不可坐於蕩船。室中自有琴瑟鐘鼓,何必之蕩湖而喜鄭衛之音乎?"菊人曰:"夫婦乃真樂,然而世間多昏迷,以爲家鷄不如野鶩。"余笑曰:"默察菊人氣色,大有愛厥之風,即以家鷄看作岐鳳。"菊人大笑。余曰:"此固謔語,而大抵菊人氣弱,切宜慎攝,不可縱慾。"曰:"鄙人或不能制慾。"曰:"人孰無慾,制之爲貴,忘生循慾,昔人攸戒。制慾火滅,良醫有言:'若不能制時,焰焰燎原之勢,必至於五内皆焚。'知此理,則知所戒矣。須十分勉旃。每以'趙抃不得無禮'六字存於心,造次勿失。"曰:"時時自警,尚未到寡慾地步。"余曰:"寡慾是顔曾地步,豈人人可到? 只以傷生爲可畏,則自然節慾。節慾即養命之道也。"菊人曰:"内子常以死字勖之,且言人有壽而後能享百福。"余曰:"賢哉是言,觀於此言,可知菊人易蕩於蕩湖船，故每有閨門之良箴。”菊人大笑。余曰：“此又謔語，而大凡人之氣血充旺，精華盈溢，則百事皆亨。若或戕賊，其身精枯血竭，氣色蕭索，則富貴功名，初非可望。縱或不死，奄奄泉下，貌與死無幾。此個事理十分明的，瞭然可見。”曰：“今聞玉壺之言，當時時存諸中心矣。”余笑曰：“賢閣固賢，甚而天也無良，使之啼飢呼寒，不亦傷哉？良與粮通。”菊人拍手大笑。余曰：“通州何以致身？”曰：“車價不過一千錢，當竭力圖之。相知一月之久，不能分袂，又不可不分袂，所以必送，何惜錢哉？”曰：“貧士千錢亦豈少也哉？借一驢手策而去，亦却省事也。”曰：“今世借乘之風，亦已渺矣。”曰：“借乘之難，自孔子時已然矣。”曰“明當更來”而起去。翌日，菊人至，余曰：“歸期只隔三日，政宜盡日穩談，而求拙筆楹帖、扇書者甚多。談話則筆債無以償之，與我一邊談話，且一邊觀我所書，亦長日消遣法也。”曰：“一債纔了，一債又至，債何以盡償？”余且書且話，又備酒餚共酌，時慶春圃入來，菊人相與笑語娓娓。余曰：“公等何語，我則爲聾爲啞，令人躁鬱不堪。吾欲邀來副、三大人與語，而使公等作聾啞，以洩此憤。”皆大笑。菊人曰：“春圃言公多能。”曰：“我有何能，所能者獨好朋友耳。”曰：“多能者必曰我不能，不好朋友者必曰好朋友。”仍大笑，春圃曰：“筆債已盡償否？鄙欲以聯對扇書求而恐勞尊神。”余曰：“他人之求，尚此書之，况春圃乎？”遂於春圃紙扇以各體書之。菊人曰：“對客揮毫秦少游。”余曰：“使人疲腕慶春圃。”又曰：“令我勞神周菊人。”笑曰：“自招許多筆債，咎人何爲？”余又書聯書，書“相如有凌雲之氣，列子能御風而行”。菊人曰：“公喜書此聯，小齋已有其一。”曰：“頻書此句有意焉。泠泠御風，欲我之遄歸，飄飄凌雲，欲子之速顯。”曰：“此或真情。”春圃以署中有事先去。余又書篆。菊人曰：“俄觀公書，適成一絶。”仍書示曰：“飛烟結露更誰如，作罷行書又篆書。筆債如山何日了，揮毫對客午晴初。”余曰：“詩甚好矣。”曰：“公贈我各書，或隸或篆或小字詩札，不爲少矣。然聯句集中，獨喜‘四五百竿竹，二三千卷書’一聯，隨意書之，而萬一少暇,亦不多促。”曰:“東紙已盡,獨餘此短幅二丈,可合書此五字。殆菊人定緣,即刻當以鳥迹體書之。鳥迹體此來未曾書之,當爲菊人書之。”曰:“此甚妙,鳥迹今世無人知者,特終日把管,恐勞精神,心大不安,然爲知己揮毫亦人生快事。昔趙子昂爲人作畫,索者候門,期於必得,雖遭怒駡不去。今公乃乞書坌集,亦子昂後身。”余書畢,次其絶句曰:“尋常筆樣只如如,却訝金壹覓劣書。百軸剡藤堆似雪,清緣翰墨若占初。”余曰:“筆今老矣,腕弱故有些顫意,字亦有忘者,或查考矣。”曰:“如公之年尊而精神滿腹者不多見。至於篆法,今人少年臨紙落筆始查考者,十居其九。”菊人又題一絶曰:“翰墨緣深若個如,篆書寫罷又蟲書。象形會意無人識,令我神遊太古初。”余曰:“又是妙詩,且其捷不可及也。”余又次之曰:“濡毫真是畫葫如,十駕難追古法書。枉被江南高士賞,雕蟲堪愧習來初。”余曰:“强拙和之,而黔技止此。”仍笑曰:“士也當惜紙墨,今見菊人揮毫於硯池,一日壞一筆,左右横書,片時盡十紙矣。”曰:“紙筆曾所珍惜,遠方之紙筆尤爲珍愛。平時在敝齋中筆雖秃,用過即洗,紙雖小,未嘗抛去,此間非筆良墨精之地,故任意耳。”又曰:“話草之多,未有過於吾二人者。留京五旬之久,相去又近,共來館十數次,宜其多也。坡、受二公之言,不如公之多。公日試萬言而倚馬可待,故更多耳。”曰:“如我鈍劣,乃謂之倚馬耶,慚甚。”又曰:“竊覸菊人近於疏放,謂之精細則未也。”菊人圈於‘精細’二字曰:“二字銘疏放,鄙人所喜。”余曰:“疏放易流於放蕩,不可喜之。大凡人之自修也,宅心以仁,律身以禮。出言行己,一以義裁之。臨事應物,無大無小,務宜綜密精詳,不宜有半點兒粗疏之意。是又智術也,然後可爲備德之君子人矣。”曰:“相叙四十餘日,無事不誨迪,自存心接物以至日用飲食,無非戒勵。玉壺真可謂正直而極精詳。”曰:“愛之深,故言之勤,蓋爲賢者責備之意也。”菊人曰:“貴邦朋友之相與,長少之相接,文字稱謂之别,言辭敬恭之儀如何?”曰:“以方言分其尊卑恭倨,而五六歲上下年輩是爲朋友。言辭則曰君曰子,文字則稱兄稱弟。九歲、十歲、十一二三歲以上，稱老兄，自稱以少弟。十四五歲長，則禮貌頗恭，稱之以執事、座下。自稱以記下或下生。二十歲長以上等於父年，則父執也，禮貌尤恭，稱之以長者、長老、尊父，自稱以侍生、侍教生。朋友與老兄少弟相見，起而相揖。十四五歲長，則或鞠躬而肅揖，或進而拜而起而答揖。答拜父執，則進而拜，不起，只俯首而答之。”因日暮，約以明日更來。余曰：“菊人屢空可悶。束裝後問諸厨人，尚有數斗米餘者，使鄙伻持之以隨後，可作五六日之炊耶?”曰：“客館孤寂，政宜日日来話，而間者久未至者，非徒以風雨也。又蒙斗米之賜，感公情厚，愧我計拙。”仍起去。

翌日又至，時慶春圃、樊志華已先至，俱爲作别而来也。余曰：“菊人来何晚?”曰：“为風姨所阻。”曰：“燕京無日不風塵，何獨今日爲其所阻？今日之會别席也，可與共飲取樂。”仍使厨人備酒饌來，且曰：“今雖唤酒，奈春圃之不能飲何?”菊人曰：“以茶代之。”余曰：“可汲金谷冷水，以一大椀罰之。”皆大笑，各連斟數杯。酒酣，余謂志華曰：“能復飲乎?”蓋以志華爲會之後也。曰：“不可更飲。”余曰：“巵酒安足辭，辭則墜先風。”又皆大笑。余飲一大杯盡之，又勸志華更吸一杯。余曰：“壯士但恨此中無一生彘肩。”又無不大笑絶倒。余曰：“春圃性極温柔，樂易可愛。菊人，文士也，人又清疏不可多見。志華倜儻，又是奇士。鄙以海外之人再次來京，得此三友而去，充然如有得。此會又團圓可喜，而乃别筵也。賓主醉呼，雖談笑爲歡，而其奈别離當前，令人終日不樂，早知有别悔初逢矣。”菊人曰：“此一妙句。”曰：“可作此對。”菊人即題曰：“只恨無緣圖後會。”仍曰：“聯句而卒篇，何如?”余曰：“好矣。”遂於“圖後會”之下書“菊人”，“悔初逢”之下書“玉壺”，謂志華、春圃曰：“可續其下。”志華書曰：“山河萬里分疆域，志華。”春圃書曰：“魂夢時時度幾重，春圃。”余曰：“篇完可喜，然益覺别懷之難抑。”座皆愀然，無語良久。余曰：“惜離悵别，人情之常。”欲爲排抑，强作大談曰：“菊人何人？春圃何人？志華又何人？彼爲彼，我爲我，各國之人，平生素不相識者。偶然相逢,逢則談笑爲歡,及其散也,各自東西南北,魚相忘於江湖。吾何必悵悵悒悒乎? 於相離之際也,割斷之、忘袪之斯已矣。以此自語而自慰,霎時間,此個念頭不知去處,悵悵者悒悒者,依舊還集於腔子上,割斷忘袪他不得,是誠何心?"菊人曰:"舌下瀾翻,殆更僕難數。"余偶以小紙書野字甚廣,水字去傍,天字寫得長,鴻字鳥之二點作一點,醉字倒書,山字去其中畫,風字書之稍傾欹,雨字畫甚纖弱,而示之,仍請解作二句詩。三人相與聚者,移時,菊人指水字曰:"此水無邊也。"志華指醉字、山字曰:"此醉臥也,此空山也。"菊人曰:"邊、天當同韻也。"如是論説,而未即究解。余曰:"明時敕使華察東來書此,謂以二字含意,而使儐使賦詩。儐使即應曰:'廣野無邊水,長天一點鴻。醉倒空山裏,斜風細雨中。'華使亟稱之矣。公輩若構思稍久,則亦可作此二句詩。"余又曰:"因華敕使,我國曾被錢謙益之譏辱不少矣。"曰:"何事?"余曰:"華察意在困迫儐使,國字書以国字而使之析字,賦詩禁用或字、王字,又刻燭爲限。儐使又即應曰:'國内無戈坐一人。'其時華察又稱詡嘆賞。而及歸語人,全没其首尾實狀。謙益拈此一句,以爲是所謂東坡體也,而譏笑之至,以爲中國士大夫不可與外夷唱酬。服堯之服,行堯之行,是堯而已,且其詩文佳,則雖外夷,豈有不可唱酬之義? 吾東用夏變夷,自古有'小中華'之稱,若同歸之九邊而鄙夷之,不亦冤乎?"志華曰:"然貴邦即箕子所封而治教相傳,不可外之也。"余曰:"孔子之欲乘桴浮海,與欲居九夷,皆指我國。何以知其然也? 箕子東來,以八條敷教,煥然文物,菀有可觀,豈非殷禮在此故歟?《淮南子》曰:'東方有君子之國。'此亦指我國。又何以知其然也? 唐武德中新羅入貢,唐高祖曰:'此自古稱君子之國。'欲以不臣之禮待之,因温彦博諫而止。在漢唐猶許以君子以國,況其後千餘年人文益闢、禮樂大備者乎? 大抵夷者,裔也。雖中國人如非中原,則夷也。冀州以畿内之近地,而有島夷之稱。青徐以封内之古服,而有萊淮之説,是以舜爲東夷之人,文王爲西夷之人。夷之爲邊裔也明矣,錢自不識耳。"志華曰："其人文章則大佳矣。"余曰："其人禪學，非吾徒也，當被孔門鳴鼓之攻。其文章半儒半佛，未見純正。"曰："《初學集》則不然。"余曰："是則然矣，然而夫何足道哉？初是浪子，中年黨魁，末則降臣，又争枚卜，喪心無恥極矣。一言蔽之，明時之亂流，清朝之鄙夫也。今使謙益在此，我則不欲與此等人唱酬，吾言如何？"菊人曰："錢乃才子，而人品不高。公之不願與之唱酬，足見不凡。"余謂志華曰："今日之來，通官輩不爲阻搪否？"曰："今日彼適未見。"余曰："此輩在館，人之尋常出入一皆任之，而獨於文人雅士力拒之，是誠何意？若使黑旋風見之，一拳打倒討饒不得，不亦快哉？"衆皆大笑，余曰："惜别悵離，四坐惘然，脉脉無悰，故爲此一段憤怒語。譬如易水上，既祖取道，漸離擊筑，荆軻和而歌，爲變徵之聲，士皆垂淚涕泣，復爲羽聲忼慨，人無不瞋目，髮盡上衝冠者也，又無不呵呵大笑。"時春圃忽嗅臭蹙鼻，余曰："一日之留如三秋矣。時當夏天，而厩厠逼近，百惡都凑一窗，春圃之蹙鼻宜爾，然而此稀到之故也。菊人日日到此，未見一嚬，以其慣糞河之臭，是所謂入於鮑魚之肆者耶？"菊人曰："吾居乃玉河也，且三人共談，則同心之言，其臭如蘭。"余笑曰："春圃、志華與我如蘭，而菊人則不與焉。"曰："何故？"曰："以居糞河之濱而若有糞河之臭。"曰："公何改玉爲糞？"曰："向見其河，即黑濁之水，而兩岸下都是糞堆，玉之名可惜。""以此爲玉，菊人之玉异乎人之玉矣，菊字又可惜爲糞所污。"是時一座皆醉笑不已。菊人曰："玉壺可供菊。"余曰："吾有小玉壺，秋來壺口插一朵菊賞之，方擬每秋對菊而思菊人，今以後不可思之，誠以糞河之臭，若將浼之也。東歸而種菊於墻下小圃而思春圃，鞠有黄華，則思志華，見水邊糞堆，則思周舉人。不曰菊人而曰舉人者，以糞堆之近菊而或恐菊字之又污也。"菊人大笑曰："平日詡我誨我，意甚勤篤，今忽歸之糞堆。頃惠團扇，謂以安息香汁塗之，香不可以解糞臭乎，則焚諸河之濱而告河之神曰："此東國玉壺翁惡爾之臭，而扇香不能掩，故焚之也。如何？"余曰："菊人惡'糞河'二字而有是説，吾當解之，告河之神曰：

‘河今糞也,而賴有菊人芳鄰,菊香能掩爾之臭云。則何如?’”菊人大笑,余曰:“種菊小圃之菊,鞠有黄華之鞠,包得無數菊字,菊人自在其中。”菊人又大笑,余曰:“菊人始喜而大笑矣。”座皆呵呵大笑。余曰:“今日之會,吾輩雖醉甚,故作此一場詼諧笑語,小抑别愁,而席散之後,别愁自如矣,將奈何?”菊人曰:“鄙有事欲早走。”而春圃挽之,余曰:“欲走者可憎,挽之者可愛。”仍謂菊人曰:“欲更飲一杯否?”曰:“欲飲。”余顧語春圃曰:“酒將遲遲出之,吾之挽之之手段何如?”又皆大笑絶倒。菊人亦笑不已,曰:“是酒之挽我,非閣下之挽我,而自誇曰好手段耳。”余曰:“酒神係在我手,使之挽之,即我之手段也。”酒至,各更酌數杯,皆作别而去。菊人約以明日來别而去。

翌日早至,余饋朝飯曰:“此終條理也。明日以後,雖欲更吃吾飯不可得也。菊人前以我東之山川風俗録示爲言,故至是録數條,名曰‘節略’。”出而示之,其略曰:東方上古,草昧無君,有神人降於妙香山之檀木下,國人推以爲主,號檀君,國號朝鮮,其元年即唐堯戊辰也。有臣名彭吴佐之,鑿山通道,導水爲江,劃野分地,以定區域,與夏禹治水時同時。有子名扶婁,執玉帛送赴夏禹塗山之會,至今洟水上有大石名‘朝天石’,即扶婁發船處。文獻祇此,其他無傳。箕子以白馬東出,設八條之教,殺人者償命,傷人者分輕重罪之,偷盗者没爲奴婢,其餘忘未記。箕子之後分爲三國,曰辰韓、弁韓、馬韓,是故東國稱以“三韓”。漢時燕人衛滿亡命東來,據有三韓之地,恃險不服,漢武怒滅之,置玄菟、樂浪等四郡。五鳳年間,朴氏建國曰新羅,繼有百濟、高句驪,三分并立,驪最强,盡有遼東之地,隋煬、唐宗征之無功者是也。後有王氏統羅、驪、濟爲一國,號高麗,厥享國五百餘年。洪武壬申爲本國,洪武時,以朝鮮之名其來久,錫國名以朝鮮,分野箕尾,與燕同。此古今沿革之大略也。

朝鮮東西一千里,南北三千餘里,分爲八道,居其中曰京畿道,猶中國之直隸,國都在焉;京畿之東曰江原道,瀕於東海;江原之北曰咸鏡道,東接於海北,抵白頭山,西連平安道;畿之西曰黄海道;又其西曰平安道，二道皆西瀕於海，平安則北界鴨緑江；畿之南曰忠清道，東接江原，西濱於海；又其南曰全羅道，西南濱海，蘇杭、福建商舶多漂到；全羅之東曰慶尚道，東南瀕於海，其西北忠清，其東北江原。全羅、慶尚云者，取其道内二大州名作爲道名，如全州、羅州、慶州、尚州是也，他道皆倣此。此一國分劃之大略也。

箕子都平壤，今平安道。新羅都慶州，今慶尚道。百濟都扶餘，今忠清道。高句驪亦都平壤。高麗都開城，今京畿道。本國都漢陽。平壤箕子故宫，今爲祠廟，春秋以王禮享之。有箕子古井在廟内，且有井田遺址，尚有典刑之可尋。府北有箕子墓，萬曆壬辰倭亂將掘之，有鼓樂聲出於下，倭懼而止。慶州尚有半月城一面，鮑石亭舊址，城是國都，亭是王宫，千餘年前新羅故迹也。扶餘白馬江邊，又有百濟之故宫基址與唐高時將軍蘇定方釣龍臺。靴迹在石，深入一寸，如八字形。咸鏡之北即肅慎故墟，居民深畊，或得楛矢之石鏃與石斧、石刀之物。又其北即古女真地，有五國城故址，有二大陵，宋徽、欽所葬也。又有小墓數十環之，即有從官與宫姬也。土民入畊，多得宣和通寶、古鈿、古釵之屬。此故迹聞見之大略也。白頭山其南朝鮮，其北寧古塔，中國人謂之長白山，此一國之鎮而諸山之祖也。南走千五百里爲鐵嶺、金剛、五臺、雪嶽、太白、小白、鳥嶺、俗離、智异。諸大山入海千里，突起爲濟州之漢挐山，西爲妙香、九月諸山。此外，千條萬葉，盡是崇山叠峰，鬼巘獸嶂，散布四方。此山勢之大略也。

白頭山高三百餘里，上有大澤周五十里，盛夏冰結，人或近而笑語，則瞥然坼開，一澤涵緑，而雷雹風雨立至，人不敢久看。澤之水西流爲鴨緑江，入於西海；東流爲豆滿江，入於東海。兩水爲一國之界限。聞澤水北流爲混同、黑龍二江，皆入於東海云。妙香之水合衆川，一爲晴川江，故薩水也，一爲大同江，故浿水也，并西入於海。鐵嶺之水，西爲臨津，殿國都之北。五臺之水，西流爲漢江，環國都之南，并西入於海。俗離之水爲錦江，西入海。鳥嶺之水，南流爲洛同江,中分慶尚道,入於南海。此水源之大略也。

相府曰議政府,領議政、左右議政,此三相也。左右贊成、左右參贊,古之參知政事,今之協辦太學士也。吏、户、禮、兵、刑、工六曹判書、參判、參議,猶中國之六部尚書、左右侍郎也。各曹正郎、佐郎八員,猶郎中、員外也。其他各府、院、司、監、署,殆近百數官,亦爲四五百。又有大将五員,分統五營、馬、步諸軍。郡縣則總有三百六十餘,而道各有觀察使,州有牧使,府有府使,郡有郡守,縣有縣令、縣監。其大府或置府尹。牧使以下皆统於觀察使。道各有兵使、水使,兵使統陸軍,水使統水軍,又有僉使、萬户等官,各領舟師。此内外文武官之大略也。

科制,子、午、卯、酉三年一次,爲大比科。八道分鄉試,如中國之法。初試三場,第一場試論與疑,第二場試賦與表,第三場策。登選者,其翌春咸聚於京而會試四書、三經并注。背講一書不通,則不得入選。初試合取五百,會試取三十三人,始通仕路。壯元、探花如中國之法,此爲大科也。又有進士科,初試、會試皆兩場。初試賦三十句、詩二十句,終場疑四書義。三經、《禮記》亦分鄉試、會試,於京初取二千人,會試二百人,此爲小科,非如中國之進士也。登進士者謂之太學生,通蔭仕,内而監署,外而州縣。此外國有大慶,則别設科取士,有增廣、庭試等名,初試或有或無,皆以賦、表、策,臨時出一文試取選。初試者未登會試,則初試仍銷,此則异於中國之法。外此學校月課等科名亦有之。武科與文科并設,即龍虎榜也,試取倍多,無小科、進士之名。步射、騎射、使槍、放炮等技略,如中國之制。此文武科制之大略也。

箕子之衰,典章散亡,文教掃地,武力是競。及高麗興,文武并尚。至其末,鄭圃隐名夢周,始倡性理之學人本國,文學大闢,儒者輩出,是時程朱書未及東來,而踐履篤實,自合典則,審思明辨,動符閩洛,不學而能,殆同生知。由是國人觀感,士皆謹守禮法,人盡敦尚學教,四禮皆遵《家禮》。冠則戒鄉黨之賢者而爲賓,祝釐而三加之,祝辭如"棄爾幼志","乃加元服"等訓是也。婚則必親迎。貧無以備者,婿以儷皮爲幣,且作禮書,曉送婦家,具冠服,以生雁爲贄而往,醮酒爲禮,與婦共再拜。成禮三日後率婦而歸,婦以棗與雉爲幣於舅姑而拜謁,又謁於舅家先廟,仍居焉。喪則孝子以喪服倚廬枕苫,不見婦人,不接聲樂,不出門庭,廢科宦,終三年乃止。祭則春秋時享,内外子孫、男女各盛服行之。值亡日,則素衣素食三日致齋。當日行祭,祭需之豐儉隨家力之厚薄。自古無改嫁之女,自士夫家至庶人青年,哭夫皓首,自守下户。編氓迫於飢凍,雖或更適於他,亦或有鶉奔者,而人皆侮賤之,渠亦自愧而不敢厠肩。内外之分甚嚴,家舍必深宫固門。士夫家婦人出門皆乘轎垂帷,輿儓之妻亦皆擁蔽其面而行。東西班仕宦之家稱以兩班,其子孫雖貧,不業工商。工商之子雖有才智,無以入仕路。女子自幼學女紅,如織布、治枲、裁衣、縫裳是也,且酒食是議,長婦主饋。農民之婦,播穀踏種,去莠彈綿,其功力多於男子。大抵我東多山,無非高險之嶺路,屈曲之石逕,是以國中不能用車。東北山多野少,其餘山野相間,惟全羅一道山少而野多。然國中野無百里之廣,水無千里之長,山民貧而俗淳,野民富而俗薄,而蓄萬金者甚稀,積萬斛者絶無。惟是八域皆山,三面瀕海之故,山海之産頗饒,土地之性多沃。采山漁水而又勤於畎畝,則人鮮有餓死者。此風俗之大略也。

余以三梳、五筆、二墨贈之曰:"文士清貧,筆墨亦應艱乏,收拾行具,所餘只此,雖甚劣,亦終條理也。握管磨墨之時,必思我也。古人多泣别,而泣則近於婦人,然今日與菊人别,自覺釀涕,誠難以爲心。"曰:"筆墨之贈,又使文士難忘。公言泣近婦人,而鄙人則不能禁淚,窮途而遇异鄉之知己,故如是。唐詩云:'始知相結密,不如相結疏。'密則不能分袂矣。"余於節略拈出我東之婚喪祭條示之,仍曰:"依此細述南方此禮以示我。"菊人即書之曰:"南人婚禮,先書庚帖問卜,後即聘定,後擇日成婚。先期妝奩、首飾至夫家,翌日乃婚,亦以雁爲贄,或以鵝代之,用聘金十兩至千兩,以示聘則爲妻之意。

是日作樂,夫婦同拜,成合巹禮。新婦是日戴鳳冠穿袍,此古服也,告於祖廟。翌日見舅姑并諸父昆弟姊妹。一月後歸寧,在女家十日或半月,仍歸夫家。數日或半月或清明節,新婦至祖墓拜謁,翁姑侍奉如子弟然。”曰:“與我東大同而少异矣,願聞喪祭之禮。”曰:“喪禮,世俗大不孝,第一在作樂,此則南北皆然。父母死之時,用米及銀含之於口,亦有用小珠者,即沐浴穿裹衣,子婦舉哀,即焚平時所穿之舊衣履。翌日乃殮,殮用白布周身纏之,或用絲綿。棺内藏炭包或舊衣之灰。死者有官者穿補服,挂朝珠,戴朝帽,用高頂。柩前設一卓供酒肴,死者在棺蓋之上,子婦臨棺大慟,子婦叩頭蓋棺。親戚朋友皆吊,子婦在傍跪答。後停棺於一室,設白帷,設位挂像,供香燭,孝子居白帷内百日。初喪三日,食粥不茹葷,哭無時,朝起哭,供飯哭,夜眠時哭,燒紙錢、紙錠,一日數次。七日謂之首七,自首七至七七,共四十九日。每至七日祭,或誦經,或僧或道、知禮之士爲父母誦《心經》《金剛經》之類,然後擇吉地出靈柩,擇日出殯,用執事、方相等儀。孝子蔴衣,退行舉哀,用三梁冠,其形則古衣,無紐,束草繩,穿蔴鞋或草鞋,送柩至墓上,擇吉開地穴然後葬。葬後孝子載木主而歸,入祠祭之。”曰:“是又有同有异。我東則燒秫爲末而用之,不以炭包與衣灰。有官者以其當品之服,士則用幅巾深衣。翌日而殮,第三日入於棺,第四日設卓供酒果饍品,孝子蔴服,首腰皆草,經期功緦,各服其服,大慟而祭之以成服,男女相向而哭,然後出而倚於廬,親戚賓朋再拜哭吊,則孝子哭,再拜受吊。婦人不見外客,故無吊禮。”問木主之制如何,菊人曰:“木主或用栗,或用楠,而其制非晝不可。木主之式,内書皇清誥受某大夫某官某號府君之神主,外有套。點主字,在葬之前一日或臨葬,請里中有德有位者點之,或孝子自點。文公《家禮》,則子自點。喪服,父則斬衰,母則齊衰。三年祭禮,如清明、立夏、夏至、七月十五、十月朔、除夕,謂之時祭。清明則拜墓而祭於墓,或祭於墓祠。祭品或五碗、七碗、九碗,肴無定品,薦其時食,思父母平日所嗜,用水菓、糕餅、酒飯之屬。祭畢，焚紙錢送之大門外。”曰：“喪、祭禮又大同而小异，蓋遵文公《家禮》而亦有俗尚之參用也。死之翌日蓋棺，仍即設位受吊，居於白帷至出殯。”“其間無成服之禮耶?”曰：“蓋棺之日，觀天時凉燠，或翌日或二日、三日，初無定日，總不出十日内。”余以小紙要其畫木主之樣，即畫之曰：“此套也。”余曰：“此是櫝也?”曰：“然。”又畫之，乃木主圖式。余曰：“此即趺也？前面開之而裏有鑿處，名曰‘龕’，題後以前面開者，合之而插於趺乎?”曰：“然也。”又畫小圈於兩傍，余曰：“此穴也？而左右相通乎?”曰：“然也。貴邦題之如何?”曰：“葬之日始題主，龕中只書某官姓名，神主而前面用粉塗之，書以顯考某大夫某官府君神主，傍書以孝子某奉祀塗粉者，异日洗粉更塗，將改書以顯祖考顯曾祖考顯高祖考，傍題改以孝孫孝曾孫孝玄孫也。士大夫家祀四代，親盡則埋主於墓側。庶人只祭祖禰。下民無木主，以紙牌書揭，而只祭其父母耳。我東木主不用他木，只以栗木之理直者。”菊人曰：“《家禮》用栗木。今人不知木主，外用粉塗漆，取其滑而可洗，傍題亦同，而只祭三代。”菊人爲别副三房起去，久而後來，而日已暮矣。且勸數杯，菊人曰：“本有通州送行之意，今因借車未得，雇無行資不果。即於今晚話别，明早恐行色匆遽，無筆談之地，兼以人雜，不能送登轎爲恨，當以玉河橋爲銷魂橋矣。”曰：“言有窮而意無盡，千言萬語，畢竟一别而已。貧士雇車而遠送，已使我心不安，今無車，初不來，還覺省事爲幸。”菊人曰：“傷哉貧也！通州之行既不果，願公無忘一年一度之書。”余曰：“始知人不可以深交，交深則情深，情深則會當有一離之時，離時之難有不可言。當此時也，當以金剛慧刀嚓齗而斷去了這一莖情根耳。”曰：“吾今去矣。”仍相與執手下淚而送之。翌朝臨行，菊人又至，曰：“昨宵情已割斷，卧於床上忽又還生，今晨又來送行。‘春蠶到死絲方盡，蠟炬成灰淚始乾’。今適見橋頭一車，已以錢五百雇定。”曰：“可謂有志竟成也。必欲送行於通州，情則至厚，此意難忘，而貧士五百錢，亦足憐念。”又曰：“余有贈言，而晚或煩擾，今可書之。”仍書示曰：“持身須簡重，做事必周詳。”菊人曰:“臨歧握手,不憚煩言。中國人如翁學士、康河督名基田之後,無人勸勉,今以玉壺爲師可也。”余曰:“惡,是何言也?爲賢者加勉之且責善之,道也。”菊人曰:“車已雇定,先回寓裝束。教論在孔子廟,公送伻去,先尋鄙人。陳教論前已言之,他要見閣下甚切。”遂起去。晚到通州,聞州學不過一里許,急送伻尋菊人。伻回,而菊人有書曰:

達於辰刻由京上車,至通州,日未午也。見途中絡繹來而未見閣下,遂直抵學舍,與萼林焚香作詩,待閣下至旅舍,即聯袂而去。適使至,喜出望外,真所謂心相印矣。萼林即至,以印色呈,可見公一路結風雅緣矣。萼林羨慕公書,以爲千古未有之奇。俄鄙人作詩四絶面呈大教。草草不具。

夕後菊人至,而陳教論同之。菊人曰:“徘徊五旬之久,館中難别,店中又惜别,然人生聚散,自來在霎時,咽恨何極,小詩四絶以當一哭。”仍出示其詩,小序曰:

玉壺李判書長者,臨行已有拙句贈之矣,判書偶於筆話,得“早知有别悔初逢”之句。余於通州送别時,車中續成四絶,字字含淚出之,判書亦可知我心矣。

天生我輩是情鍾,離思較於歸思濃。只恨無緣圖後會,早知有别悔初逢。

赫蹄書盡話難窮,直欲身隨滄海東。大造倘能如我願,遍遊一萬二千峰。

惜别遲遲已二更,蠟垂紅淚到天明。閨人識我思公意,許典裙釵送客旌。

羡爾三人執手歸,鴨江波緑一帆飛。蒼茫烟樹扶桑外,悵望天涯淚滿衣。

辛巳四月廿又四日書於州學之來薰館，殊愧草草，即呈大教，留作他年鴻爪并請和之。雲間周達菊人稿。

余曰："館中、店中等是别耳。懷事作惡，而又此四詩之贈，意固繾綣，益增我黯然之思也。方與蕚林話，無以即和，當於路上奉和，而若其書呈，則在冬使也。"指"典裙釵"三字曰："此事不易，東坡婦不過藏斗酒，待夫子不時之需，而今典裙釵而雇車，使夫子送别遠朋，以成夫子之志，不獨賢於坡婦遠甚，殆往古所未有、所未聞之盛事。若有好文章記此而傳於後，則後之讀之者，孰不擊節感嘆於吾輩之交際乎？"時呼酒相酬。與蕚林話，夜矣深矣。菊人曰："公欲眠耶？别懷耿耿，睡魔亦不至矣。只是今夜而已，且盡杯中酒，各叙未盡之懷。"曰："達寓中只是一婦一兒一老一嫗，非公之多情，亦何能拋妻孥而遠行四十里送别乎？至於我兩人之情，愈説愈不盡，留作尺素中多叙，若警戒語，已書諸紳服膺矣。"曰："遠送於此，非情之深而信之至，何以有此？雖甚老昏，尚有省覺，豈不以此舉銘在心曲？千言萬語，竟歸一别，一見再見，終須一别。今當相别，而别之無他，只如昨夕館中之别而已，只益傷心。"又曰："貴寓孤單，一時可念，天未明時即爲還寓也。"曰："稍談一刻已值千金，今後復欲同席而不能矣。"言之又欲淚下，又曰："今宵此刻與玉壺别矣，言之於邑，途中保重。"又曰："故人遠矣，窮愁落寞之苦無人共喻。吾今去矣，送君千里，終須一别，無可奈何之事，彼此只可以心照之。"即起出，余又執手，兩相掩淚而别。而悄對孤燈，一念傷感。在道次其四絶，付送於冬使之行，詩曰：

永夕羈窗酒幾鍾，交情别恨暮雲濃。吾身可使浮萍者，容復風頭水面逢。

王寶臺前野欲窮，心隨河水日流東。江雲渭樹猶同域，蓬海三山泖九峰。

街鼓何忙報五更,離筵揮淚一燈明。此時心緒君知否,看取風前不繫旌。

畢竟通州送我歸,朝陽門外轍如飛。須知此别香千古,雇得征車典婦衣。

三韓李肇源稿。

七六、簡山《簡山北遊録》

【解題】

《簡山北遊録》，簡山撰。

簡山，朝鮮布衣，姓名不詳，簡山疑爲其號。據《簡山北游録》云："龜軒李相公拜陳奏使卜日出疆，以伴行之無人也，馳使僕□招之，遂以弊屩短褐爲之從焉。"道光元年辛巳（朝鮮純祖二十一年，1821）十月，隨從進賀兼謝恩陳奏使團正使李好敏出使中國。使行於十月十一日從漢城出發，十一月初三日渡鴨緑江，十二月初三日到達北京。十二月二十五日離開北京，次年二月初八日回到漢城。此書記載辛巳年十一月初八日，在連山關李姓人家簡山與學究孫姓人筆談；十二月初六日，在北京朝鮮使館，與禮部序班姓劉者筆談；初九日，在北京周達寓所簡山、李雅與舉人周達筆談；初十日，在北京周達寓所簡山與舉人周達筆談；十七日，在北京陳用光寓所與御史陳用光筆談。

此書爲筆寫本，原本藏韓國高麗大學中央圖書館，《燕行録續集》收録。兹以此本爲據輯録資料。

（辛巳十一月）初八日，雪，晴，寒劇。……過高家嶺六里，俞家嶺四里，至四里連山關，一名鵶鶻關，止宿於李姓人家。有孫姓人來話，云是"山東人，今吏部給事中孫汶之侄"云。數年前來此爲村學究，頗能詩。與之筆談，仍次其韻曰："英才玄圃藴明珠，君是山東好丈夫。讀盡五經餘腹笥，應將聲價擅西都。"又吟曰："蒼崖削立瀼西東，雪壓前林葉打紅。曉發連山關外去，臨岐更怯捲天風。"

（十二月）初六日，自鴻臚寺知委於使館，使之明朝隸儀於本寺。

蓋使行留館三日後,例有此舉云。禮部序班姓劉者以販貨入館,問其住,曰:"江西人。"與之筆談,仍問江西風物,則曰:"人物之繁華,城郭之鞏固,山川之秀朗,殆勝於北京,而今巡撫使名是毓岱,政治頗明云。"渠雖序班,若參進士科,則無礙名宦云。中州用人之法殆勝於北京,蓋可知矣。

(十二月)初九日朝後,與怡雲、李雅偕往崇文門内,訪周舉人家。小奚開竹扉以迎,主人携手入書室,扁曰"印月舫",號曰菊人。滿壁圖書,頗極瀟灑,對坐竹椅,擁爐爇香,相與筆談,纚纚不已。主人披示古圖墨帖,周先生《愛蓮帖》及《圖説》,尤可欽慕。煮茶喚酒,與之劇醉,當暮罷回。

(十二月)初十日,風饕寒就,崇門外有任仲子相術甚妙,送人邀致,相與筆話論相,半晌而罷。又與怡雲往周鞠人家,蓋續昨日未了之緣。以書樓甚冷,延入寢房,對坐紅氍毹上,揮毫美話,酌酒論情。隔炕,婦人供具以進饌,是肅親王府所來之物,酒是蘇杭之釀,色味極佳,相與醉飽。主人出一紈扇索畫詩,怡雲呵筆揮灑墨梅而就,余仍題扇尾曰:"疏蕊點秋水,孤高不受塵。寒姿澹相守,明月舫中人。"主人子名雙桃,年今四歲,能讀五言詩,丰姿可愛,贈丸劑數枚,菊人今爲肅親王府書記云。

(十二月)十七日,與菊人、錦洲偕往陳御史家,名是用光,號曰石士,亦山西名士也。延入書樓,扁曰"太乙舟"。壁貼詩畫皆漢人名宦者。列置交椅,相揖而坐。筆話淋漓,與之款洽。俄而白飯、青菽、羊膏、鴨蒸各盛大碗,備設大卓,環坐而食,又以蘇杭名酒,無巡勸酌,不覺醉飽。主人先賦五律,索和。令怡雲畫墨梅以揭壁,即和曰:"太乙仙扉静,清懷可是梅。雪凝全樹古,春伴好花來。淡抹從毫得,孤高逼意裁。他時驛亭夢,留看一枝開。"少頃,王侍御雲錦、金秀士念曾、嵇舉人曜、郭秀士子鴻,亦皆江西江南奇士也,聯袂齊進,面面相揖,酌酒論詩,蓋其日楊御史家婚日也,與宴諸人,多會於此。留結城外憫忠寺之約而罷,歸時主人以《雜集》十編相贈,甚感感。

七七、南履翼《椒蔗續編》

【解題】

《椒蔗續編》，南履翼撰。

南履翼(1757—1833)，字公勵，號芝雲，朝鮮宜寧人。道光二年壬午(朝鮮純祖二十二年，1822)七月，以朝鮮謝恩使團正使身份出使中國。使行於七月二十六日從漢城出發，八月二十五日渡鴨緑江，九月二十二日到達北京。十月十四日離開北京，十一月二十八日回到漢城。此書記載壬午年八月二十七日，在栅門與書堂老學究王燻筆談；九月十八日，在豐潤縣文廟與教官劉英華筆談。

此書是筆寫本。題爲"椒蔗續編"之由，南履翼《椒蔗續編》有云："《椒蔗録》，我祖考清獻公北行日録也。公在英廟壬申歲以賀正副使使燕，還而有《椒蔗録》。小子當今壬午歲以辨誣謝恩正使使燕，還而有椒蔗續編者，以其附前録而合弁也。"原本藏韓國國立中央圖書館，《燕行録續集》收録。兹以此本爲據輯録資料。

(壬午八月)二十七日戊辰，晴。昨日所見書堂老學究來謝，遂與之筆談。問其姓名、居住。"山東萊州府掖縣人，姓名王燻，年五十九，來此二十餘年。教訓爲數千餘人而多有成就，入仕籍者"云。餽以果脯，别去。

(九月)十八日己丑，晴，晚風。……豐潤縣五里……仍下樓騎馬往文廟，入門至教官所住處。教官姓名劉英華，年則與余同甲。與之筆談，劉出古鼎、象樽而示之，鼎則宋製，而樽則磁造，修文廟時，土中所得云也。劉勸茶，又勸飯挽留，遂謝之。與書狀各出清丸數個贈之。劉出示其兩子、二孫，皆秀雅也。

七八、權復仁《隨槎閑筆》

【解題】

《隨槎閑筆》，權復仁撰。

權復仁(1770—?)，字景曾，號天遊，朝鮮安東人。著有《天遊稿》。道光二年壬午(朝鮮純祖二十二年，1822)七月，跟隨其從族祖朝鮮謝恩使團副使權丕應出使中國。使行於七月二十六日從漢城出發，九月二十二日到達北京玉河館，十一月二十七日回到漢城。《隨槎閑筆》即是此行所聞見的記載。

此書爲權復仁歸國後整理，册末自撰跋文有云："自燕而返，搜橐中故紙一堆，皆敗筆凍墨，或塗乙不可讀。此是途中隨境識録者。令兒子眷諸册藏之。"書末附《塵史》，乃與陳沆、鐵林、周達、釋三明等人的交遊與筆談記載。壬午年在北京陳沆寓所與狀元翰林修撰陳沆、進士兵部主事蔡紹江筆談；在龔自珍寓所，與狀元陳沆、内閣中書龔自珍、舉人魏源、鄧尚璽筆談；在鐵林寓所與進士鐵林筆談；朝鮮使館和拈花寺與舉人周達、趙瀚及王某筆談。

此書原本藏韓國首爾鍾路市立圖書館，《燕行録續集》收録。兹以此本爲據輯録資料。

陳沆，號秋舫，江西黄州蘄水人。丁未生，己卯壯元，官翰林修撰、國史編修，住正陽門外爛麵胡同。往訪其家，值赴史局，入外堂，待其還。陳之子名弘榘，出迎接。問其年，十九，妍秀可愛，詞翰亦妙。少間，陳至，各叙姓名、官階、年號。余致因彝齋聞名之意，且云："外國人學問淺陋，晚而無成，先生早歲蜚英，譽聞方蔚，平日所藴必多,請賜教。”陳答:“少治舉業,幸而得第,其實疏淺耳。”出其課試一卷以示,即賦與五言排律也,略觀之,盡精工華贍。陳問:“鄙作何如?”余答:“俱是萬選青錢。”又問:“體制何如?”余答:“賦則檃栝江、鮑,詩刻畫大曆耳。”陳微笑,余又云:“此功令文耳,不足以盡藴奥。有他著述可賜觀否?”陳答:“詩文數卷散而未聚,容俟呈覽。”問余:“貴作可得見否?”答:“所做無多且荒拙,未曾帶來,後當奉訂。”陳問:“先生詩體、文法何主?”答:“早好看《文選》,而不免唐宋後聲調,喜讀《左》《莊》,而每墮八家窠臼,童習白紛,未臻其妙,常自愧耳。”陳答:“此是近代文人通病。”以茶糕相待,余問:“齊安是貴鄉,江山景物之勝可得聞否?”答:“臨皋亭、竹樓、快哉亭尚依舊耳。”又問:“東坡常稱方山子光黄間奇士,爲著傳,是先生同系否?”陳答:“方山子,光州人,與僕不同譜。”又問:“阿戎尚未娶,擇對而然耶?”答:“聘而未娶。”問:“上邦經術主漢儒注疏乎,主程朱訓詁乎?”答:“專用欽定經義。”問:“何朝欽定?”答:“康熙時。”問:“欽定主何義?”答:“古注程朱參用。”一客至,陳迎揖并坐,款語娓娓,客貌清癯,視瞻端正,陳書示余曰:“此友是僕同鄉同年蔡公也。”仍書問名字、年紀、官銜。蔡答:“名紹江,字清之,江西人,己卯乙科,年三十七,見任兵部主事。”問余年紀、名號與官階,答之如前。蔡問:“進士何無官階?”余答:“遊覽中州,攝副价從事來耳。”又問:“貴國科制何如?”答:“三年一大比,試以表策、詩賦、經義。”蔡答:“此唐宋古制也。”又問:“貴國多名山水否?”答:“金剛、妙香、太白、智异,古稱名山水。”問:“公曾遍遊否?”答:“金剛一往遊,餘未耳。”因互論山川、地理、文史,繁冗不盡記,蔡起去。有頃,日已曛,余問:“先生職務不至鞅掌否?”陳答:“史局間有公務,本職則閑耳。”余書:“晷短人意長,更俟再會,請告退。”答:“約日再面。”出起,陳送至中門外作揖。

一日,秋舫抵書相邀,約辰刻會話於龔中書家。龔名自珍,字守之,號定庵,年廿九,浙江錢塘人,見任内閣中書。家在正陽門外珠朝街,距秋舫家一里許。門堂宏敞,器服華美。湖南魏舉人源、浙東鄧尚璽亦來會秋舫,與其子踵至,各例叙寒暄。茶畢,余問龔:"早年治何經?"龔答:"爲舉業,故略治經史,性好金石古文耳。"更問:"金石、古文多曾收儲否?"龔答:"頗有之。"取王獻之書《洛神賦》出示曰:"此北宋刻本九行《洛神賦》也。"取觀之,下方題跋六七人,皆彼中近時名詞翰。龔請余續爲跋文,辭以荒鈍不敢,强請之,綴數行以副。魏源出其鄉試券示云:"鄙作何如?"答:"尺幅整遒,不失古法。"龔問:"貴邦禮儀法律用何?"答:"朝家用唐宋以來《五禮儀》,臣庶家用朱文公《家禮》。法律參用大明律。"龔又問:"貴邦亦尚内典否?"答:"鄙國羅麗時尊崇釋教,而東土本無道流,我朝則專尚儒教,故學無他歧耳。"魏在傍書示"東俗甚好"。龔問:"東使爲辨誣而來,誣案可詳聞否?"余録其顛末示之,龔與陳諦視,附耳語刺刺。龔書示:"近在内閣新刊《通考》,預其役,故知之。其時史臣模糊入録,可恨。"余答:"中朝許其刊誤,頒給弊邦,誣案昭晰,深幸。"龔答:"刊誤一編而已,全書未成矣。請移他所進午膳。"

自外堂歷二户,似是中堂,鋪置潔整。設桌椅環坐,進茶、食品,次第搬來酒、糕、羹、臛、飯、蔬,計碗楪凡二十餘事。飯用木箸,羹用磁匙,酒則飲過輒更斟。食訖,又進茶。龔請書柱聯,余辭書拙。龔出粉紅灑金箋,筆用紫毫,研墨請書,不得已,書副一聯。鰲山時與余偕往,以八分書贈一聯。龔問:"日本有秦火前古經,貴國得見否?"答:"敝邦與倭隔海,或通使命,而其國俗輕慓虚詐,自稱徐福之後。曾觀其文字,膚淺鄙俚,古經之無有推而可知。"又問:"貴邦或有唐宋以前金石、古文否?"答:"殘碑斷簡或有之,好者難得。"龔答:"鄙性好金石、古文,幸爲求致。"答:"如有所得,使行有親信人當奉副。"鄧出示其書,蓋學漢隸耳。余謂:"公書有古意,努力爲之,可以名世。"鄧請見詩文,余書:"途中所作一篇以贈秋舫,子時在傍。"余問:"近讀何經?"對以讀《儀禮》。余答:"甚好。昌黎云《儀禮》難讀,姬聖工夫專在此書。"余以開闢説示陳,陳爲跋書贈,又書扇《敬恕齋銘》贈余。余問:"路歷灤河夷齊廟,前有小阜稱首陽山,此則傳訛,中國首陽以何爲主?”陳顧魏微語,魏書示以河東爲主。日向暮,告歸,諸人并送至大門,内佇立,見上馬,始入。

鐵林,滿洲人,號荔岩,戊申生,癸酉進士,官刑部主事,兼國史編修,住西單牌樓錦拾街武定侯胡同,往通名條,出迎中門外,請入叙如禮。余書:“鄙人生於海外,姿魯學淺,聞高明經術淵博,故藉緒餘以開茅塞,幸賜誨焉。”林答:“鄙學問不廣,何能及人?公從何聞鄙名耶?”答:“彝齋族弟,稱道高明,故得聞矣。”林云:“彝齋見居何職?”答:“夏以御史往湖南,見爲館職。”林問:“彝齋有書否?”答:“官事倥偬,不及致書,托以式好無猶之意矣。”余問:“高明以何業决科?”林答:“經義。”又問:“高明著述可得覽否?”林答:“平日不事著述,無可示人。”問:“上國經義并遵程朱訓詁,信否?”林答:“然。”問:“古注參用耶?”答:“康熙、乾隆時欽定經義,專尚程朱,參以古注,天下并遵用耳。”問:“陸王之學今有餘派否?”答:“二家餘派,近不多有。”問:“陸、王亦間世名儒,姿禀極高,學識超詣,公以爲如何?”林答:“陸、王豈不大儒?其學之流弊出於其門下。”問:“門下爲誰?”林答:“慈湖、龍溪。”問:“如高明之邃學正論,幸獲從頌。當今又有鴻儒以道自任而聞名者耶?”林答:“名者,實之賓,君子疾没世而名不稱,名亦實也,爲學務實而已,足下何必以名而求人耶?”余答:“鶩名之喻,誠服砭誨,近世道衰而學駁,天下滔滔,安知其中無特立奮起者歟?是以欲聞之也。”林問:“貴邦學術純而無弊乎?”答:“東方學術專尚程朱,無他歧之惑,而任重,大致篤實者比前漸少,是爲可嘆耳。”林答:“此中一如是病。”勸茶進糕,林云:“鄙家方營女婚,家中有事不能竟話,可恨!”余書:“尊家既有事,日已晚,請告歸。”林書:“四五日後當往謝,館門出入無嫌否?”答:“敝寓静寂,一枉無嫌。”即起出,林至大門内,作别。

周達,號菊人,松江人,以舉人見任覺羅教習官,寓崇文門内,玉泉與之交頻。來館中,向余云:“從怡雲聞兄名久矣,願與托契。”余問:“尊於濂溪先生爲幾代?”答:“二十七代。”周要過其寓,一日偕玉泉往,壁揭《愛蓮説》,畫藕花一朵,下有翁覃溪贊,檐内庋菊花數盆。茶畢,余索紙筆,題詩贈周。出一畫帖,標識云"看山讀畫樓",即松江鄉廬,繪水墨,下方詩文甚多,間有東人題贈,要余續題,辭以匆迫。周自稱喜東人、喜東物,又云:"陳翰林用光,吾師也,當卜日約會。"

後幾日書邀云:"陳公今午刻當至,請會話。"與石湖偕至其寓,陳不果會。余以二絶題贈《看山讀畫樓帖》,又要書柱聯一聯以副。

後又請遊拈花寺,偕石湖、玉泉往,周辦午膳相待,叙寺中故迹甚詳。傍有二士人,問之,爲四川叙州趙瀚及王某,以鄉貢今春落第未歸者也。問:"叙州去成都幾里? 去京師幾里?"趙答:"成都六百里,京師六千里。"問:"錦城富麗,比古如何?"趙答:"來時路由成都,富麗依舊。"又問:"去雲南幾許?"答:"雲南界三百里。"寺前有文昌閣,五人共登眺,仍歸。東還時,周賃車追到通州,爲叙别於使家也。夜話至鷄鳴,余贈一詩,周書扇爲贐。

七九、李永得《燕行録》

【解題】

《燕行録》十六卷，李永得撰。

此書作者，林基中《燕行録全集》誤作書狀官徐有素。實爲李永得，書狀官徐有素伴倘，字號生平待考。道光二年壬午（朝鮮純祖二十二年，1822）十月，隨朝鮮冬至兼謝恩使團出使中國。使行於十月二十日從漢城出發，十一月二十五日渡鴨緑江，十二月二十四日到達北京。次年二月初四日離開北京，三月十七日回到漢城。此書卷帙豐富，但除卷六至卷八爲日記，出於作者之手，卷一卷二間有撰作外，其餘則抄襲他書而成。卷六至卷八的撰著時間爲 1822 年到 1823 年。其餘部分多爲抄襲中國及朝鮮典籍，抄録時間不一①。此書記載壬午年十二月初四日，在瀋陽太學與滿人華升、常保筆談；二十七日，在北京周達寓所與舉人周達筆談；癸未年（1823）正月初五日及後某二日，在聚泰局等地與舉人周向善、舉人陳嘉樹筆談；十一日，在琉璃廠與孫陽子、文盛堂主人曾昕筆談；十二日，在陳沆寓所與狀元陳沆筆談；十四日，在孫陽子寓所與孫陽子、顧立、大理寺司務何立山、欽天監博士方喬齡筆談；十九日，在天寧寺與僧釋海雲筆談；二十二日，在慶隆店與舉人陳自涵筆談；二十五日，在朝鮮使館，金魯敬與南方諸人筆談；二十七日，在蘆溝橋與孔子後孫孔允世筆談；二十八日，在琉璃廠與眼鏡鋪主王景文筆談。

---

① 關於此書的抄襲問題，參見張伯偉《名稱・文獻・方法——關於"燕行録"研究的若干問題》一文，《"燕行録"研究論集》，鳳凰出版社，2016 年，頁 18—22。

此書原本藏韓國國立中央圖書館。《燕行録全集》收録。兹以此本爲據輯録資料。

(癸未正月)初五日乙亥,陰,微雪。留北京。

……館門外百餘步有聚泰局,外門書揭曰"會試客寓"。有四川人周向善,號海月,廣東人劉厚祥,號藴秀,雲南人汪堅,號芝石,三人將應會試來留。周多知識,善詩文,出其稿示之,多佳作。劉與汪雖不及於周,亦巨儒。汪又善筆,而人品最佳,相與筆談移時,出茶酒連勸之,日暮辭歸。自此每往來時,或入訪之,座上有一人,江西靖安縣人舒恭壽,號㞒庵,亦翰林院庶吉士云。

中國人非惟天姿穎悟,聞見極博,且有積工,一生從事於文學科場,不敢倩人代述。凡舉人科文精熟,然後乃應舉。科試之題問經義,故舉人多專經者。其科製功令之文,即所謂八股文章,其要專在於起頭,撮其大要爲頭,辭無過數十字,故其爲文極難,巧拙易見。余所見文士若干人皆能文章,其中四川省成都府人周向善之文最佳,蓋巨儒雄文也。其文頗有縱横放肆之意,故余偶問曰:"仁兄無乃多讀蘇文耶?"周曰:"吾果好東坡之文而有十年之工,然兄何由知其然也?"曰:"嘗讀東坡《上神宗皇帝書》,今觀兄之文,其變化處頗相類,故所以妄言之耳。"周出示其所製《峨嵋賦》《成都雜咏》及《送友人歸東川序》,盡是佳作也。雲南人汪堅、廣東人劉厚祥、江蘇人陳嘉樹、江西人舒恭壽、陜西人葉文馥,皆精通經義,善爲古文,其科試功令之文,特其餘事。此中或已有登科者,雖未中,倥偬之中猶不輟佔僤之工,又皆善書,而劉、陳兩人尤善篆書,且能畫,可謂通才也。陳翰林沆,號秋舫,狀元及第,文章爲新進中所推轂,聞翰林院諸製述之事皆掌之云。如葉志詵、周達之輩皆能文能筆,其一談一咏頗有可觀處,大抵中國人其爲文,未必個個盡善,雖不無庇病,惟其規模工程,決非我國之文所可跂及也。遠省舉人之來留後選者,作小説鬻於市肆,即不過稗官鄙俚之作,而其運意排鋪之法,操縱短長之手，亦非我國能文之士所可能也，故所至彼人贈以詩，不得不即席酬之，雖得彼之虚獎，心愧面赧。因謂周向善曰："兄之文章，以余所見，非惟我國之所無，恐天下亦應鮮有其比，可謂今蘇也。"又問曰："當今天下以文章名者幾人？必有顯著有名之人，願聞之。"周曰："兄所稱子瞻之文，即通萬古文章也，世豈復有如此之文哉？以近世言之，如朱竹垞、魏叔子之文絶難得見，而吾鄉有趙珍、顔歸仁，江蘇無錫人馮野，河南商丘人吴胤瑞等四五人，以文聞於天下，盡是文章大家，然未知可班於朱、魏之倫否耶？孫玉庭、汪廷珍位至卿宰，主當世之文柄。湖北人陳沆、廣西人陳繼昌、四川人王炳瀛、安徽人凌泰封，今皆爲翰林之官，而亦號翘楚者也。朱方增、胡開益、顔檢，皆大官中稱文章高手者也。如僕之流，真所謂車載斗量，何足數乎？"余因問古今文體之變。周曰："宋人尚通，而其弊也流；明人尚奇，而其弊也隘。今世之文欲通而不能，欲奇而未就，蓋世愈降而文益衰矣。"周因問曰："貴國之文體如何？"余曰："海外偏邦，安能有文章之名？而惟其所以希望者甚高，文貴西漢，詩貴盛唐，然存其名而無其實。在古則有若崔文昌、李牧隱諸賢登中國制科，以文章聞於天下，今世安有如此之文乎？"陳嘉樹問曰："年前陳奏之文盡佳，辭意正當，條理俱暢，而文法極嫻熟，誰所製也？曾聞貴國之人能文章，果然矣。"曰："此是今正使西堂金公之文。"陳又問我國文章最著之人，且願聞其所著之文，遂略書姓名示之，且書示警句若干詩，陳與座中諸人諷咏稱賞。

程朱學、老莊學、陸學、禪學、玄學并行之。老莊學則寄於禪、陸、玄學之中，未嘗别立門户焉。凡以儒爲名者，各有所治一經及所尚之學，以爲依歸，不似我國士子之但事講誦尋摘，没無主張也。凡老莊、禪、陸之學皆不立於學官，科試之文用其旨義者皆黜之，然朝廷之上，未嘗以此爲疵累，沮格仕路，惟其徒各有朋黨，互相觝排，言論歧貳，趨向楚越。近世有伊秉綬者，以程朱之學名；有翁方綱者，以禪學名；有紀昀者，以陸學名；有彭紹觀者，以玄學名。四人皆爲文章巨儒,紀與翁位至卿相,各立門户,其徒實繁。爲陸學者,其論議背馳程朱、六經,不用朱子傳注;爲老禪者,其排斥程朱,雖不至陸學之甚,而頗不悦之。以余所見,如周向善、汪堅輩皆尚陸,葉志詵輩尚禪,周達、劉厚祥輩尚程朱。周向善嘗問於余曰:“貴國以禮義、文學聞於天下,凡學士大夫,其所宗尚者自應有之,所以趨向在於何處?”余答:“我國之人所習者程朱學,程朱以外之學,以爲异端而不取也。”周撫然有不悦之意,曰:“程朱學外,豈無可宗之學乎?”余曰:“我國之俗,稍至挾册讀書者皆學程朱、六經,非朱子傳注者不讀之,童習白紛,不出於此。”因問:“兄之所尚如何?”周曰:“吾輩非敢非斥程朱,蓋天下之理無窮,而知道者多矣,不必專主程朱之論也。”余曰:“兄以孔子、孟子何如人也?孔孟豈非傳道統之大聖乎?程朱之學實出於孔孟,我所以尊尚程朱,乃所以尊尚孔孟也。”周曰:“尊尚孔孟者,豈獨程朱爲然耶?凡天下之冠儒、服儒者,孰非孔孟之徒乎?”因問曰:“兄之言雖如是,貴國又有治陸學、禪學者否?”余曰:“寡陋之見,雖不能詳知禪、陸之源委,聞陸之爲學盡廢講習,大拍胡唤,偏守良知之見,坐俟頓悟之機,聖門所傳博約明誠□□互進之功,□□□□□□□□□□□□□嶺帶來之意,恐非吾儒所可服習。至若禪學,不出於虚無寂滅,即异端之尤者,不足更論。兄以此言爲如何也?”周曰:“世謂象山之學以悟爲宗,嘩然攻之,然殊不知其悟處爲萬化之本。凡倫常義理、日用常行之道皆自一個‘悟’中流出來,有非世儒言語文字之學也。當時雖爲朱子所譏,斥其道,則終不可廢。自宋至今,致君澤民之材、伏節死義之士多出於陸學,所以與程朱學并雄於一世也。”汪堅之論亦如是,蓋力主陸學者也。又嘗與周達、劉厚祥輩語,皆盛斥陸學,周則濂溪之後也。中國陸學多,程朱學少,當今立朝貴顯之人出於陸者蓋多云。禪學往往有之,祇立標榜、守其意見而已,不似朱、陸之互相冰炭也。乾隆間朱、陸之戰大起,延及朝著,久而後乃定云。玄學所習者不多,僅有存者爲禪學之附庸。玄學之外又有丹學,即玄學之一變者也,玄學又禪學之一變者也。丹學者專爲神仙修煉之方。玄學頗習《周易》,讀《道德經》。雖法老子之道,以清静無爲爲本,以無爲用,然存其名而已,未必有實云。浙江、福建、廣東人多尊朱子,河南、山東人尊程子,江西、湖廣、直隸人多尊陸象山,四川人皆尊東坡,陝西人皆尊張横渠云。

(壬午十二)初四日甲辰,晴,極寒。自十里堡行四十里,白塔堡午飯,又行三十里,瀋陽止宿。

……一行先往太學,行拜禮於大成殿庭,正殿安先聖位板,朱其體以金字書曰“至聖先師孔子神位”。左右從享四賢十二哲,及東西廡從享一如我國,而又有明清間新從祀六七人。殿内多揭扁額曰“萬世師”。康熙筆曰“生民未有”,雍正帝筆曰“聖集大成”,乾隆帝筆曰“與天地參”,嘉慶帝筆曰“聖協持中”。今皇帝道光筆傍有一廨,爲守直官所處,亦有肄業者。有一人出迎,名己克訥,傍有一人,眉目疏雅,舉止端正,名華升,皆滿人也,皆能文筆,應對敏給,略與筆談。

文昌閣在大成殿傍,閣爲二層,上層中央安文昌真君像,西有文昌司命像,東有朱衣點頭像。左右列架,藏書頗廣。有一人自太學隨來,終始共行。余以指就卓上塵織處問:“此像何神?”其人亦就卓塵書之,一一對之。問其姓名,常保,亦滿人也,爲人端妙聰敏。閣外有臺扁曰“瀋陽書院”。凡學規與科榜皆書揭於壁上,左右炕爲諸生讀書之所,常保亦住此肄業云。遂同入其炕,頗設文房,諸具皆精麗,積書册,極方正。案上有一册名曰“今文商”。常保出一册示之,名曰“鑒齋書”。所謂鑒齋,即其族親,方以文章名於世云。

(十二月)二十七日丁卯,晴。留北京。

……夕往訪周菊人,菊人名達,江南省松江府人,方以舉人候選留京,菊人其號也,爲濂溪後孫。聞其家在館不遠之地,而副房下人鄭仁喆知其家,遂率行其家,果在玉河橋東百餘步許。屋不過七八間,而外有一角門,書曰“松江周菊人寓”。仁喆先入通客來,菊人出迎,至堂邀坐勸茶,因與筆談。其人容貌端雅,文筆敏速。雖若輕率,未必不爲佳士也。家雖貧,堂中所列文房諸具頗備,案上積書册。日且昏,留後約而歸。

(癸未正月)十一日辛巳,晴。留北京。

往文盛堂册肆閱諸册,有一人已來坐。面目端雅,器宇不俗。見余至,起椅迎之,遂與筆談,文識亦優。姓名孫陽子,號耘亭,家住正陽門外取燈[①]胡同。要余一訪,固書留其所居胡同之名及所由之路。

鋪中積書廣,蓋無書不存,明清間所著書亦多佳者。鋪主出一册示之,名曰《簡明目録》,即乾隆所編輯《四庫全書目録》也。其書極博,共三千四百六十種,七萬五千八百五十四卷。宋之《太平御覽》、明之《永樂大全》號爲巨帙,而比此不能什一。如《周易》一書,爲一百六十六部,一千七百六十四卷,餘書皆如此,此書之博可知。文盛堂册肆人曾昕謂余曰:“安南、琉球嘗買此書全帙以去,而以貴國之右文,尚未聞買此,誠爲欠事。”其言實愧,遂强答曰:“此書不無冗雜者,如道家、釋家、雜家、術數等書,非儒者所可玩。經、史、兵、農、醫、藥之書,我國已有之,不須此書。”曾頗然之。

(正月)十二日壬午,陰寒。留北京。

往訪陳沆於正陽門外果子胡同。陳沆號秋舫,湖北蘄水縣人,己卯狀元,官今翰林院修撰。儀表雅飭,性度閑惠,待人恭謹款厚,以文章擅名,稱爲新進中翹楚。座上有二人,其一李鍾元,江蘇省上海縣人,官今太常博士,號靈壁。其一葉文馥,陝西長安人,官今刑部員外郎。俱有文章,博識且能筆,人品亦好。李、葉兩人俱要更見,各言其所住處。

(正月)十四日甲申,晴。留北京。

……訪孫陽子家,蓋以是日相約也。自正陽橋西走里許,有取

① 燈,原文誤作“市”,徑改。

燈胡同,使看車的問其家。至焉,外門雖不甚大,内頗寬廣。令馬頭人通之,陽子出户迎之,讓椅勸茶甚款曲。傍有一人,儀貌清秀,起揖而坐,與語,姓名顧立,號霞仙,家住宣武門内。又有一人相與酬酢,山西省靈石縣人何立山,官今大理寺司務。二人因陽子聞余至,特來會也,善文辭,能筆翰。主客四人環卓而坐,半日筆談。陽子出飲食,一卓餅果肉蔬,凡十餘品皆可吃。酒味尤好,問之貢酒云。其家似富贍,炕裏器物多别品,西偏别設一炕,滿儲書册。北户座帷處有笑語聲,面目衣表隱隱或現,似是陽子之内眷出而窺視者也。坐未罷,一人來,與陽子情熟,姓名方喬齡,官欽天監博士,與余共話良久。余有事辭歸,顧立要一訪,諾而出。

(正月)十九日己丑,晴。留北京。

……天寧寺在白雲觀南數里許,佛殿僧舍宏起廣構,亦巨刹也。有僧三四人出迎,儀表免陋,頗能應對。有一僧不剃其髯者,髯長過腹。余索紙書與曰:"削髮逃塵世,存髯表丈夫。"又書曰:"此乃我國比丘四溟堂之詩,特爲和尚書此寄之。"僧喜而受之。出茶果要吃,僧名海雲,本山西人,年十八出家爲僧云。

(正月)二十二日壬辰,晴。留北京。

與秋士出正陽門,向慶隆店訪陳自涵。秋士日前往光裕堂,遇自涵,知其所住處,以今日相約往訪也。自涵,字濟潮,號海門,湖南省長沙人,方以舉人來京待會試者也。自涵爲人端雅,富文辭,能筆翰,接人之際温恭和柔,蓋佳士也。有王永清者,號玉溪,山西人,亦舉人之來候會試者也,與自涵同留。面貌豐偉,文翰亦優,雖旅舍暫寓,頗具文房,略積書册。有一隸在其炕外,周旋給使,已而其隸以一壺酒來,且酌且話,竟日而歸。因問中國科試之法於自涵,備言之以爲昨年八月應鄉試,於本省中式,即發至京師。問長沙府道里,曰:"自京四千六百里。"

(正月)二十五日乙未,晴。留北京。

……南方人數輩來上房,西堂公問:"此處人好持鼻烟,未知鼻烟昉於何時?"其一人曰:"昉於本朝。"一人奮筆而書曰:"此是韃子所爲,豈士大夫所持之物?"其憤菀之心見於外面。曾已與漢人有識者筆談之際,惹出滿漢説話,以觀其應答之如何,則至忌諱處,存而不對,顯有畏約拘忌之意。惟此人則直斥不諱,蓋魁杰中人也。葉志詵嘗謂清山曰:"年前貴國有權姓人來此,與之筆談,語及本朝,滿座皆不樂而罷,自其後不欲見貴國人。"葉之此説謹毖,而實未免庸卑,渠以漢人,當其時設聞忌諱之説,外麾之而内許之可也。今對我人輒説其事,顯有深惡真諱之意,足爲一慨。嘗見葉志詵,面貌雖端皙,輕佻殊甚,决非重厚君子,爲國子監額外助教,十年不遷。

(正月)二十七日丁酉,晴。留北京。

……適有一人乘車而至,考其契於官,即山東省曲阜縣居孔允世。余乃就前揖而問之,果爲先聖後裔,頗機警,略與筆談。允世問曰:"聞貴國尊尚先聖,然否?"曰:"我國尊慕先聖,家誦而户習之,雖婦孺走卒,皆知孔子之爲大聖人。今適來此,親見先聖後孫,殊極榮幸。"允世曰:"中國亦知朝鮮之爲禮義之鄉,今見君,果然矣。"余復問曰:"孔氏之見於史册者,雖不可一一詳記,子思以後有孔穿、孔斌、孔甲、孔安國、孔僖、孔穎達、孔乘、孔巢父、孔戣、孔宜、孔元楷,以此觀之,先聖後孫多賢者,且其繁衍可知。"允世驚喜曰:"此果見於史册者,然君何從知之?"曰:"我國雖僻,猶有文獻,所以略有所知。"孔然之。又曰:"孔氏之在山東不啻千數,散在各省者不能盡記。"孔又曰"皇上以二月十七日展禮聖廟,衍聖公當參禮,余與衍聖公偕來,今詣此有所幹,衍聖公今日追上,欲待而偕入城"云。余問衍聖公名與年紀,曰:"名慶鏞,年今四十二,爲孔子七十二世孫。"余復曰:"吾國亦有先聖後裔,有孔胤恒者,登文科,已經五品職。"既而行事甚忙,因即罷起。聞衍聖公來朝,皇帝引見,賜燕賜第,待以殊禮云。

(正月)二十八日戊戌,晴。留北京。

……往文盛堂,因往王景文眼鏡鋪,鋪號曰"寶鑒齋",積眼鏡萬計。琉璃廠眼鏡肆，凡有九鋪，王景文鋪最名。余欲得合眼者，遍試之，終不如不着，蓋年少眼明故也。余求老少可以通用者，景文曰："眼鏡雖有好否之差，老少不可通用，合於老眼者不合於少眼，合於少眼者亦不合於老眼，豈有一眼鏡之俱合於老少眼之理？"問："貴肆所儲眼鏡中，品好者價幾何？"曰："不過三兩銀。"又曰："吾以不欺名聞天下，豈欺姥爺哉？今諸肆中稱好品而索高價者皆謊話也，不可信聽也。"

八〇、杞泉《隨槎日録》

【解題】

《隨槎日録》一卷，杞泉撰。

杞泉(1791—1835)，姓名不詳，杞泉疑爲其號。布衣，朝鮮恩津人。少貧，先得金正中提携，在其家塾任教。後又得李勉昇兄弟二人的照顧，在李勉昇身邊擔任文案。道光五年乙酉(朝鮮純祖二十五年，1825)十月，作爲冬至兼謝恩使團正使李勉昇的隨從出使中國。李勉昇(1766—1834)，字季來，號晚圃，朝鮮全州人。韓國學者金榮鎮認爲此書著者可能是閭巷中人金祐孫。使行於十月二十六日從漢城出發，十一月二十六日渡鴨緑江，十二月二十四日到達北京。次年二月初二日離開北京，三月三日渡鴨緑江。此書記載乙酉年十一月二十八日，在栅門李勉昇與秀才宿星見筆談；十二月初二日，在草河口杞泉、雨村與鄒姓學究筆談；初六日，在瀋陽李勉昇與秀才吴昌基筆談；初九日，在小黑山與店主馬文召筆談；二十八日，在北京琉璃廠杞泉、玄對、雨村與方姓江西文士筆談。丙戌年(1826)正月初六日、二十八日，在周達家、朝鮮使館與舉人周達筆談；十八日，在琉璃廠與一監生、書畫商薛仍筆談；二十五日，在琉璃廠與薛仍筆談；二十六日、二十七日、二月初一日，在李德隅寓所、朝鮮使館與舉人李德隅筆談；正月二十九日，在曹江寓所杞泉、玄對、雨村與曹江、周達筆談；正月三十日，杞泉寄信贈詩與曹江、周達。

此書爲抄本，原本藏日本東北大學附屬圖書館，《燕行録續集》收録。兹以此本爲據輯録資料。

(乙酉十一月)二十八日,曉雪,晚後大風,寒。留栅門。

朝啖後,雨村出外,遇一秀才,姓宿名星見,與之筆談。飯後作書邀來,觀其眉宇,頗有文字氣,使爺招入問:“寓栅定緣甚故?”答以爲“本貫萊州人氏,治舉業未中選,流寓栅門纔有時,朝夕饔飧,一依廟中道士”云。使爺以藥丸、蜜果及扇子等諸種賜之。

(十二月)初二日,晴。二十五里,草河口中火,二十五里,宿連山關。

草河口站舍比鄰,有鄒姓學究,狀貌淳古。室中左右擺列經籍,壁上揭楹聯一對,云:“文章司馬賦,書法换鵝經。”即主人筆也。與之筆談,問:“能詩?”則立寫一絶,辭格不甚奇警而敏給可貴,雨村亦和其韻,即席書示。聞玄對善草、行,囑其徒覓紙筆,要得數字墨妙,玄對辭謝不得,即操筆揮灑,其人稱善不已。雨村亦染翰一揮數紙,余從傍作筆話云:“貴姓鄒,何乃居此北鄙也?”主人答云:“君子居之,何陋之有?”飯後,匆匆起身,主人悵然,出門揖送。

(十二月)初六日,晴。四十里,中火白塔鋪,二十五里,宿瀋陽。

……秀才吴昌基,年十五,形貌秀朗,使爺招見,與之筆談。字畫楷精,使爺奇之,賜蜜果、藥丸及扇子、壯紙。秀才稱謝不已,懷其蜜果,將以進其親也。(自灣至瀋陽五百五十里)

(十二月)初九日,晴,晚後微陰。行五十里,二道井秣馬,又五十里,宿小黑山。

……店主馬文召頗識文字,與之筆談,自以爲“五經四書及唐宋詩文皆涉獵,專攻舉業”云。問:“此地方文士可與語者?”則以爲“去此三十里,有王百荷者,别字守璞翁,道號知微子,年今五十餘,隱居不仕,獨善其身,伯夷之流也”。行期匆匆,不得委訪,可恨。主人索丸劑,賜清心丸二介。

(十二月)二十八日,晴。留館。

……玄對、雨村又往琉璃廠,遇江西文士方姓人,與之筆談。轉往其寓所,半餉討文而歸。方也,即赴舉人也,爲觀明年會試留京云。

(丙戌正月)初六日,晴,風氣稍厲。留館。使爺答周菊人,兼饋藥果數十片。“昨書索東釀,而以邦禁不得帶來,故以藥果代之。”修書以送玄對往見菊人,余亦偕往。其家距館殆十里許,門巷静僻,無闃閧闐熱之意。外墻貼腥紅紙榜,禁旁近民人喧嘩作踐,此蓋做官人家例套也。使馬頭通刺,主人出外門迎揖,請客先入。入其堂,圖書滿壁,花卉稍列。有門徒數人侍立,主人請坐椅子,未及寒暄,直請入小齋討話。小齋即其内炕隔壁也,窗几清灑,種種書畫藏弆亦多。壁間墨妙,多半是東國諸公寄贈也。主人急呼僕進茶,磨墨抽管作話云:“一江之隔,衹因語淺,不得不借管城子以抒懷。”乃叩玄對名號及年紀。玄對操筆立對,次問余,余亦書示,又問我國諸名公安否。若洪澹園(義浩)、朴豆溪(宗薰)、申紫霞(緯)、趙北海(鍾永)皆其契好,其餘名流相知者亦多。問其官職,“見居覺羅斯學教習,期滿當升七品爲知縣”云。

俄而酒至,主人手斟以勸。先以紅酒,次以黄酒。黄是紹興地出也,味醇不覺醉。又有和闐杏子,大如烏梅,色黄,白肉厚而乾,味甘酸而可食。其他肴核多至四五品,且飲且話,觀其筆翰敏給,了不停滯。字畫得思翁法,又出示藏帖數三件,皆中朝巨工詩若文見贈自家者也。其兒子小字双桃,年方九歲,讀《論語》,儀狀亦端妙。余要見主人詩文,對以“後日當送呈”。又以爲“城西僻陋,尊駕乃臨,一見便爲知己。從今以往,自不無唱酬詩章,何幸,何幸”。余與玄對答以“不敢當”。日向暮,還館。

(正月)二十八日,晴。留館。

……云周菊人來到,先入上房炕,筆話叙寒温,使爺催進夕飯,與之分飯,飯了携至副房,數刻打話,天黑始送歸。

(正月)十八日,晴。留館。

使爺與副、三房欲往觀武穆祠,以明日有海淀公故妨於勞動,因停止。余往琉璃廠閲書半日,遇一監生、一生員,與之筆談。談未竟,其一人勤索清心丸,余答以“見今無帶來者”。其人又問:“貴館在那里？回路可以同往否?”余觀其眉睫，初無書史氣，緊緊一念專在討索。問:“爾居那里?”對以“鄙鋪在東華門外”。問:“做何業?”曰:“米鋪。”向所稱生員似是謊説語言，頓覺無味。歸路入書畫褙鋪，壁面挂長軸書畫，有鐵保和手墨一聯“四海聲名唐李杜，一時文彩漢班揚”，紙色古而墨瀋猶新，好事者遇之必傾橐購之。余問:“價值幾許?”答以“三兩銀子”。主人薛姓，年五十四，鬚眉古雅，意度醖藉，必非常流。與之筆談，隨問應之，少不停墨。“本貫山東北平縣人氏，祖與伯伯皆登仕籍，隨父任所，仍流寓遠鄉。入都將三十年餘，家寒以書畫褙裱爲業”云。余問:“尊既落拓市肆之間，賣漿屠狗暨牛醫馬磨之中，或有可與遊者乎?”答以爲“暇日再會，當細細相告”。已而客至，余即告歸，約以他日再訪。

(正月)二十五日，晴。留館。

飯後，余往薛仍書畫鋪，半晌筆話，問:“旁近人士有能詩筆者?”薛公即出歲初名紙十數葉以示余，謂曰:“那位現居某職，那人是秀才，那人是舉人。其中有史評者，見帶翰林，即與自家同鄉故舊，年今六十，能詩善書云，而又有馮涣、閻冀田、何昆、李德隅，皆舉人也。”李德隅家去薛鋪秪一里許，余以爲“登程期迫，無由頻頻偷隙，倘主人爲我紹价，今日可得見伊人否”。薛即命一伻前導，且書一紙，備道余相訪之意，以示余，曰:“鄙人終日冗擾，不能離座，不得與大兄同往李孝廉處，可嘆也。”觀其片札，文簡而意切，筆頭了無市氣，市肆販貨之中亦有士友者流，可异也。余隨薛家伻尋到太平巷，門徑僻静，薛伻入報，俄而童子出示夾紙云:“先生出門去了。”余索筆旋書:“那時刻還次否?”答:“以明日午刻來見。”余還至薛鋪，筆話數刻，以藥丸謝之。

(正月)二十六日，晴。留館。

使爺作書送伻於菊人，余與雨村各裁小札順付，余以藥果十片送付其兒子雙桃。向午出正陽門外，至李孝廉家，主人出門迎接，甚款款。觀其眉宇古雅，氣質淳謹，入其室，圖書滿壁，茶鼎筆床排置整整。急令童子進茶,茶畢,主人援筆疾書云:"昨日失迎,罪罪。"余答以"前日於薛老人鋪獲聞先生盛名,徑來相訪,顧惟遠方之人曾無信息相通,甚慚"。主人問余"此來現在何官",余對以"布衣從事,原無官職"。余又問其"原籍那地",李答以爲"本是湖廣人氏,國初入京,代有禄仕,因寓"云。見其外門以腥紅紙書揭"原任湖南南陽縣正堂"。余問:"大兄現任何職？門上有榜。"答云:"家君曾任知縣。"余問:"具慶否?"曰:"孤露。"問:"雁行多少?"曰:"兩兄皆早世。""有嗣子否?"曰:"有一子,今九歲。"主人亦有問,余隨問而對,出示八股文小册,問曰:"貴國功令諸體亦有此否?"余以爲"有《四經》《四書疑義》便是此體,但綴文設辭小异,又有策、略、箋、表、銘、頌及詩賦各體,又有明經取士"。問其年,"方四十九"。余問:"幾番赴試?"曰:"三赴試不中。"見余筆談字畫,問:"貴國筆法多尚顔、蘇否?"曰:"非獨顔、蘇,上自鍾、王,下至米、董,各有所宗。"又問:"有《十三經》否?"曰:"中國書籍近多東出,此等經書亦不稀貴。"話間,余得七絶一首,即書示云:"草草得拙語數句,衹傳一粲。"主人欣然展紙,余援毫即題:"步屧城尚二里餘,都人解説孝廉廬。過門寂若其人在,半桌新茶滿壁書。"主人即走次:"虛度光陰四十餘,門庭闃寂愛吾廬。有時疑義來相釋,枵腹真慚滿架書。"茶一行,日已西矣,仍告歸,主人云:"貴館有禁閽,不能造謝,甚悚。"余曰:"館中不許外人往來,不敢請枉,弟若有隙,當再來以抒今日未罄。"主人曰:"幸甚,幸甚。"日薄曛,回館。菊人有答書,且以自家筆楹聯一對見贈,書法極雅勁。

(正月)二十七日,晴。留館。

……飯後往見李孝廉,因昨日留約而來故也。以扇子、簡幅、藥丸遺之,主人亦以羊毫、銀毫、香墨報我,與之筆談數晌而還。

二月初一日癸丑,雪。留館。

菊人呈書於使爺,兼付山水亭匾額,即其手筆也,字畫頗奇勁。伊日玄對早早送伻於菊人,余亦致書乞柱聯及堂額數紙,并以紙本送之。余取唐人羅隱詩"滿船明月一竿竹"之意,乞寫"一竹軒"三字并原句。菊人用自家粉紅硾紙寫之以送，兼以唐墨二笏見贈。雨村送伻於玉水，伻回，亦以一札答余，并寄來東坡小像。昨日所送途中作十餘篇，一一評批。紙末另附數行云：“君詩天趣清麗，從此遊覽山川，得宇宙之元氣，以助我胸懷，則麗且壯矣。倚馬匆匆，得如許佳構，可勝拜服。”蓋示吹奬之意者也。

午刻，李孝廉再到館中，余迎入上炕，勸茶後，作筆話云：“昨日出外失迎，罪悚，罪悚。珍箑見貺詩筆，歸作世玩，二烏丸，尤荷尤荷。”亦塘曰：“不腆之儀，何至挂齒。吾兄他日得差大使，可以再奉。”余曰：“弟之得大使，譬如鮎魚上竹竿，惟望大兄今春會圍高捷，不數載差東使，何幸如之。”亦塘曰：“譬猶緣木求魚。”余曰：“向日委訪薛老人，巧違甚恨，此老人甚辛勤耳。明登程，無由再訪，爲我致意。”亦塘曰：“相交在心，不拘形迹，交乃深耳。”又云：“昨日見贈古體一篇，古茂樸實可服。”余以菊人、玉水兩人見贈詩筆示之，熟視良久曰：“清灑雅重。”伊日，余方束裝，以明日離京故也，孝廉即起身曰：“吾兄歸期已迫，諸事甚忙，弟即告歸。”余挽止要一杯合歡，孝廉云：“弟初不解飲。”苦辭之，勸以果子少啖之，又作筆話一餉餘。李云：“後日因節使可有寄書否?”余曰：“敢不努力。”

伊日，與其門生汪錫桂同來，其人年纔十六，儀狀亦俊秀，余以筆墨數事贈之，其人即起拜賜，余勉以力學。孝廉告歸，余甚悵然見於色。孝廉曰：“相知貴知心耳。萬里不足，多願行李珍重。”余送至門外，不勝悒悒。

(正月)二十九日，晴。留館。

伊日與曹玉水有約，偕周菊人會於玉水處。日向午，余與雨村偕往，玄對以感氣停止，沈生員與之同往。玉水家在宣武門外官米園南頭，去館殆十里餘。及至其家，菊人已先到矣，與主人出迎中門外，揖而請客先入。余與雨村辭謝一再，即先入。入其室，圖書充棟，椅桌齊整，清灑無一塵，四壁垂楹聯及畫軸，東壁揭“玉水仙舫”四字，即劉石庵鏞題墨也。又一聯云：“才冠江東，交傾海外；家藏諫稿,官再秘書。"茶畢,共據筆床作寒暄。主人出示摺扇二柄,皆其詩筆也。一遺雨村,一投余。詩意高雅,筆亦有篆隸古色。菊人又以向托扇子前面寫自家舊作二律,背畫墨蘭一叢,屬余曰:"此畫即閨秀所作,品格何如?"余曰:"僕不習繪事,安可妄評? 但女史手中又生出空谷佳人,真妙觀,閨秀爲誰?"菊人云:"閨女不以名號著聞,而何姓,琇其名也。"又以《松下清齋詩集》一卷贈余,云:"此江浙名士所著,足下好賦詩,所以奉贈也。"玉水贈余便面詩五律二首,其一:"讀畫酒來晚,論文客到遲。關心惟此事,炙手更何時? 慣下古人淚,懶賡今體詩。昨宵窗外雨,洗出最高枝。"又:"小草無心蔓,秋風着意吹。鄙哉陶令句,笑殺儻家兒。我自行吾樂,君無笑我癡。一般茵溷墜,千古有誰知?"余快讀一遍訖,指第一詩五六句、第二詩起結曰:"風流慷慨乃爾。"玉水歔欷而答曰:"墜糞溷者,即未必非弟也。"玉水又操筆書云:"弟比來胸次如是,使諸君知我懷也。"已而酒至,設椅桌於别炕,殽饌甚豐潔,果品則有荔芰、龍眼、蜜棗、桃杏仁、菰子之屬,菜有黄瓜、甘薺、菠菜,肉則羊猪鵝鴨,有曰:"火腿一名蘭薰,即以猪肉燔炙也。"玉水云:"江南人喜吃火腿,自宋時已有者也。"有松花蛋者,菊人云:"此物製法極奇,以生蛋帶皮,用灰與鹽製之,經月始成,以其中有松花形,故名云。"酒則色黄而味淡,即浙江地所出也。續續行二三巡,雖終日飲,不覺其醉也。又有麵湯、肉羹、稻飯、雜湯,大率如我國饌品。主人往日屢與東使交歡,稔認食性,故另意設此云。惟炊飯了無油膩之氣,若鐺底焦飯,盛以銀器,各以小砂碗分吃。蓋其飲法,凡同飲之人環坐一桌,桌上排着酒肴,主人請客主炕而坐,以小鍾行酒,初不一口盡吸,玩味而已。雖善飲者亦無暴醉,因循浹洽也。是日,玉水自斟一鍾一吸而罄,即以杯心示客,曰:"盡飲盡飲。"余與雨村推辭不得,各盡數觴。左右置筆硯,且話且飲。是行也,玄對以本國興陽海産怪石一叢携來,初欲品定於大都博物人,遍示廠中,莫不叫奇。蓋其枝節如楂卉,中通細孔,可容毫髮,色闇黯,外有皮殼,斑斑有點。凹處叩之,則鏗然有聲如擊磬，下有盤臺，重數斤。伊日帶往玉水家，菊人甚奇之，摩挲不釋手，問余“此石持來將貽誰”，余以爲“雨村袖來，欲得兩先生雅評耳”。及其對饌，有羊猪湯和以海参，菊人笑曰：“俄看怪石恰如此海参。”四座絶倒。余以爲“凡物之變化無常，老楓化爲人，粉巾化爲鼠，又安知不海参千百年化作此怪奇石頭邪”。兩人又皆噴飯，主人連勸三數觴，雨村不勝杯酌，面渥丹。菊人曰：“四人皆白面，君獨紅面。”余曰：“雨村有勺餘酒量，今已過觴矣。”菊人謂余曰：“何不以大白浮之。”余對以“浹洽”，仍吃麵湯，盡一碗。飲罷，主人拈筆書示：“諸兄飲酒似不盡量，意者作客套耶？使我至東國直醉眠不思歸耳。”雨村曰：“生於中國，慕我東方，以其身邊有個古物而然歟？”蓋微指衣冠也。玉水曰：“非獨古貌，抑有古心。”菊人曰：“非惟古心，亦有古衣冠。”玉水曰：“我輩以立品爲第一流，吾師朱子、王陽明，友則劉石庵鏞、翁覃溪方綱，陽明有太偏處，但不可及耳。”玉水問：“貴國尚有柳公惠風，僕亦與之有素，有‘空林如薺月如弓’之句。”雨村答：“惠風已故，有子二人。”玉水曰：“記嘉慶甲子、乙丑之間，僕曾以一書寓之，而無回書，不知伊尚能讀父書否？”雨村答以“文學、書法俱有名譽”。談未終，日已曛矣。菊人欲先起，於是遂各告歸。主人出送門外，玉水贈余三人各細筆五枝，余與雨村各以扇子及藥丸答之。

（正月）三十日，晴。留館。

使爺以感氣服香砂平胃散，朝間，余作書送一伻於玉水，和送昨日便面。原韻一首云：“四旬都下寓，一士眼中遲。華轂春風至，菊塍斜日時。（余與玉水邂逅於菊人家）古音賞緑綺，高意聽新詩。怊悵東歸日，不堪紅豆枝。”伊日并録寄途中作十餘首，要玉水删正，玉水適不在，使者空回。

飯後致書於李孝廉，尾附古詩一篇，蓋證交也。詩云：“我生東海表，藐然若礌空。心眼不自廣，文字詎能工？猶有遠遊志，足迹遍西東。譬如處井蛙，跳蟄樂在中。一渡鴨緑水，弊貂臨北風。壯觀亦有因,從我晚圃公。愧乏書記才,翩翩若赴戎。秦城萬里遠,遼野一望空。上觀天子都,包海以爲雄。城池據金湯,宫闕鬱蒼穹。四旬玉河寓,瑰賞頗自窮。訪古金臺下,斜日半規紅。揮涕望諸墓,馳賞郭隗宫。更惟歌筑人,當年意氣同。試向書肆遊,邂逅薛家翁(名仍,本以簪組家人寓京,賞書畫爲業)。間説李孝廉,深沈器宇弘。暇日特相訪,悵看松下童。而我心如渴,再期信息通。入室何所見,插架書叢叢。主人古高貌,布褐適掩躬。祇恨言語淺,管城見奇功。清翰曁新什,璀璨驚盲聾。茶香藹未了,酬酢兩朝終。我行有定期,迎别太匆匆。惟將紵縞義,萬里銘寸衷。"又以扇把及藥果、筆墨各二三事付之,亦塘亦以二錠墨、一把扇寄來,和詩二首并題扇面,詩云:"銘碗談心日午餘,文星耿耿照蓬廬。揮毫贈我清新句,又見當年晁秘書。"又,"聚散萍蹤瞬息餘,人間萬事等蘧廬。鴨江春水年年緑,可有雙魚尺素書。"向晚,亦塘來訪余於館中,余適出外,失迎可嘆。

八一、申在植《筆譚》

【解題】

申在植(1770—?),字仲立,號翠微,朝鮮純祖五年(1805),舉文科,平山人。著有《相看編》。一生中兩次出使中國:道光六年丙戌(朝鮮純祖二十六年,1826)十月,以冬至兼謝恩使團副使身份出使中國。道光十六年丙申(朝鮮憲宗二年,1836)十月,又以朝鮮冬至兼謝恩正使身份出使中國。據《同文彙考》和洪錫謨《遊燕稿》,丙戌年使行於十月二十七日從漢城出發,十二月二十六日到達北京。次年二月初四日離開北京,三月二十一日回到漢城。《筆譚》是丙戌之行申在植停留北京期間,與葉志詵、李璋煜、王筠、汪喜孫等清文人,圍繞漢學與宋學而展開論争的筆談記録。丁亥年(1827)正月初九月,在北京平安館中與葉志詵、李璋煜、王筠、汪喜孫、顔懷珠筆談;二十一日,在小石精舍與李璋煜、汪喜孫、胡衛生、張迺輯、宫塏筆談;二十四日,在朝鮮使館與清人王筠、張迺輯筆談;二十六日,在長春寺與汪喜孫、李璋煜、王筠、釋三明禪師筆談。

申在植《筆譚》有抄本,藏中國山東省圖書館。《筆譚》亦有現代刊行本,如韓國保景文化社 2004 年出版的申在植撰,李相敦譯注的《冬至使申在植的會友録——筆譚》。兹以現代刊本爲據輯録資料。

丁亥正月初九日,乙酉,晴。會於平安館。

葉東卿,志詵,字東卿,年四十八,湖北漢陽人。

李月汀,璋煜,字方赤,年三十六,山東諸城人。

王菉友,筠,字伯堅,年四十四,山東安邱人。

汪甘泉,喜孫,字孟慈,年四十二,江蘇揚州人。

顔丹泉,懷珠,字丹泉,年五十六,山東曲阜人。

與李月汀期會於葉東卿。是日,命車屏騶赴會於宣武門外虎坊橋之平安館。李月汀與王菉友先往待余。及余入門,東卿與二公出迎款洽,延入分座。東卿曰:"荷承枉顧,感甚幸甚。"仍指示二公曰:"此爲李月汀,此爲王菉友,皆儒林著作手也。"余曰:"諸先生聞名久矣,今始獲接芝宇,萬萬欣幸。雖曰今日始獲相面,詩與翰得其影子已多。曾於幾個歲月,僕之神魂已飄然在先生詞案左右矣。"月汀:"未晤之前,已有三函往復,既晤之後,又當如何?况復别後,又當如何耶?"余曰:"奈此天涯,而但賴一心相照,山川豈能間阻耶?"菉友曰:"在月汀處三見先生札,傾慕已久,幸得識荆。"余曰:"洪侄一能盛道先生,且玩尊札,慕往亦多矣。"月汀曰:"日昨門人宫生晉謁,竟爾至門而返。一面之難竟如斯耶?今獲良晤,可敵千瓊瑰矣。"余曰:"館門閽守,誠爲可悶,宫公虚還,豈勝悵耿?"東卿曰:"西堂父子俱平安?"月汀曰:"西堂現居禮部云,稍得暇否?秋史、山泉近居何職?"余曰:"西堂近居東宫賓客,秋史依前閣職,山泉方居桂坊,亦是東宫官,來時見其平安,而西堂贐章書在便面,見方袖來矣。"仍出示之,諸公輪看稱好。月汀曰:"格律甚高,情致亦纏綿。"指西堂所書"年弟"二字曰:"先生與西堂爲同年耶?"曰:"然。"又曰:"舉於何年何科?同年爲幾人耶?"余曰:"中乙丑增廣科,而同年諸人多不盡記於倉卒耳。"余之扇墜適用蘆實矣,東卿指問:"甚麽?"余曰:"東人扇必有墜,或以香,或以玉,或以貝物,而此則蘆實耳。"仍問曰:"東人之冬日把扇,每見笑於華人云,然否?"月汀曰:"不然,適觀而不甚適用,古稱便面,不盡取凉。"東卿曰:"此屋傍有子午泉,東國學士大夫皆有題咏。"仍出示一帖,詩篇蓋多東邦文人所製。東卿曰:"此册李玉壺丈來見後,東歸搜揖若干,而餘則每年奉使來者續咏耳。"余披玩再三,見有知舊許多人詩翰,得接於殊邦三千餘里,頗覺神奇。東卿曰:"先生亦不可無詩。"余曰:"知舊所製者,在吾鄉時,亦或有人見者矣。僕則詩才拙鈍，露醜是愧。”東卿曰：“未免過謙。”余請見子午泉，東卿導余下堂，循階灣曲，入一小門。門内有小井，深可三尺，大容一瓢。每於子時，水涌而取汲焉。午時又然，甘洌宜烹茶云。余曰：“子午泉聞名已久，今始來見，甚幸甚幸。”仍還坐堂中，與諸公閲子午泉詩帖。月汀曰：“曾與朴豆溪以詩相贈酬，而去歲貢使之歸致書而無答，何也？”余曰：“想討便未得也。”月汀曰：“余所交貴邦人士洪澹園，聞已歸道山云，其子雲畊如何？念念也。”余曰：“雲畊作宰金剛山下，澹園隨往，逝於官所，幸得終身於名山烟霞之中矣。”月汀曰：“清山近日安否如何？”余曰：“好在，而爲其亡兄舉緬奔汨無暇，未克有書於諸君子矣。”余問東卿曰：“秋史之最親於先生，因其同與翁覃溪有深契而然耶？”曰：“然。”余曰：“月汀亦授學於覃溪否？”月汀曰：“甲戌遊京，聞先生尚在而未及見。此番再來，已歸道山矣。”余曰：“聞覃溪全用力於蘇氏學云，然否？”東卿曰：“翁師恪守程、朱，兼溯漢儒，詩宗蘇老，亦兼及山谷耳。”余曰：“宅有子午泉，主人所咏想必多矣。”東卿曰：“亦曾有詩。”余曰：“先生全稿幾何，而亦有刻本否？”東卿曰：“零碎草稿尚未細細刊刻，何敢遽灾棗梨。”余向月汀曰：“先生詩稿有刻本否？”月汀曰：“山東風氣，少年無刻稿者，不似三江人好名，動灾棗梨也。”余曰：“在詩高下，豈在年紀老少耶？”月汀曰：“昨有即席贈洪、李二兄作，想見之矣。”余曰：“一臠已知其味。”月汀曰“僕素不知詩，偶有胡説，隨手散棄。昨見洪、李二兄，敬愛之私，有作兩詩，未及精寫，先以草稿塵清鑒，仍録示二詩”云云。余曰：“氣逸神清，情思惠好，自道不知詩，而作如此口氣耶？”余問蒹友曰：“王先生本家何郡？”蒹友曰：“年齒相懸，先生之稱斷不敢當。賤字伯堅，幸以字呼也。僕安邱人，安邱乃月汀鄰鄉也。”東卿爲辦酒肴，已設卓於廳事。請會中諸人出就座，蔬果、魚肉陳設整齊。連使家丁湯酒來斟，主人勸酒勸肴，而飲法大异我東。連呷乍止，即按以肴，余則以東法快飲之。月汀曰：“酒户頗不小矣。”余曰：“東俗飲酒，容易卒酌，非酒户本大而然也。”月汀曰：“詳《禮經》，獻酬有節次,似非久停其杯者,貴國想沿古法也。”余曰:“賓主一獻而百拜,禮儀必舒泰,卒酌亦必徐遲。若如東法,則勢將連爲百拜,終日傴僂,僕僕而止矣。”滿座皆笑。肴品中有初見而未解其名者,輒問月汀,月汀詳細録示之。適見有蟹,余戲月汀曰:“此是鰲屬,無乃月汀釣來耶?”月汀大笑曰:“月汀無餌致之。”余曰:“但以號爲鈎耶?”月汀又笑,滿座亦笑之。時有一士自外而至,座人皆驚喜,起迎延之一榻。月汀書示余曰:“此是汪户部孟慈,名喜孫,經學甚深,揚州甘泉縣人也。”余曰:“纔從月汀仰聆高名。僕本遠方之人,適從星槎來聘上國,得與中華文士文酒跌宕,邂逅識荆,榮莫大矣。”仍録示余姓名。甘泉曰:“嘗聞貴邦尚禮義而貴問學,僕所欽敬也。”

諸人醉飽訖,命僕撤饌,還就室中。甘泉曰:“周公、孔子之道,吾輩之所共學者,而漢儒中董仲舒、鄭康成諸人問學該洽,考證有據,宋儒之學,則訓詁詳細,人品亦好。貴邦經術,所尊尚何如?”余曰:“東邦之學者皆以朱子爲南車。竊以爲孔夫子以後,有朱子一人而已矣。吾東先輩有金河西先生,名麟厚,嘗有詩曰:‘天地中間有二人,仲尼元氣紫陽真。’東人至今傳誦而宗師之,於此可見所尚矣。”甘泉曰:“周、孔之道,漢儒、宋儒各具一體,而至若馬融,品學不及鄭康成。考《漢書·康成本傳》,人品固自卓絶,朱子亦嘗稱道之,於三《禮》最服康成。吾輩生千載而不可持門户之見,衹是考證訓詁不無异同,而不知訓詁内有義理。捨訓詁而談義理,恐近禪學耳。”余曰:“性理之奥,明於宋儒,節文之詳,考諸漢儒,此所以不可偏廢。然漢儒之博洽與宋儒之所闡明者,間多牴牾。叔季以降,互相雌黄,是可憂也。”甘泉曰:“漢儒之純者,何嘗不躬行實踐;宋儒之精者,何嘗不博學詳説,且宋儒并未雌黄漢儒,朱子之書可考也。後之不善學者自爲門户耳。”余曰:“各尊所聞,各守所見,到得意思不合處,勢不得不分,而至於相争則不可。”甘泉曰:“實事求是之學不在黨同而伐异。吾輩讀古人書,要善學古人而已,門户之分,即後世之事,於古無之,有門户則相争。南宋、前明之故習,我朝不如是也。”月汀曰："與其讀後人書，不如讀古人書，去孔子愈近而愈真，且理學不在空言，不在著書，試問諸公力行何如耳？"甘泉曰："顔子云：'博我以文，約我以禮。'千古門徑不出此二語。不講性情，祇作詩文，雖名聞一時，我輩弗屑與友。"余曰："《大學》云：'自天子以至於庶人，壹是皆以修身爲本。'苟無踐履之工，徒言何益哉？"月汀曰："嘗有楹帖云：'博綜馬鄭，勿畔程朱。'今番秋史有書，亦寫此二語相贈矣。"余曰："注疏多與程朱訓詁相反者，今欲博綜而無畔，恐近汨董，得無難處乎？"月汀曰："有洙泗之學在焉，是一定盤針也。"蒹友曰："請聞貴邦科舉之制。"余曰："有大科焉，有小科焉。"甘泉曰："何謂大科，想如我朝殿試（試進士）耶？何謂小科，想如我朝督學試（試秀才）耶？"余曰："大科晋用於朝，小科秀才升太學。"甘泉曰："貴邦取士之法尚用古制，仿漢晋策問試士，專論經濟，不尚詞章否？"余曰："其制不一。曰詩，曰賦，曰經書義，曰表，曰論，曰策，策則論經濟。"甘泉曰："太學，王制也；升太學，周制也；詩賦取士，唐制也；經書義，宋制也；論策，漢制也。足見貴邦取人不守門户也。"月汀曰："貴邦賦法是漢魏六朝遺制？是唐人遺制耶？"余曰："賦用六言，即騷賦餘韻，而後世文字，何可當古人典則耶？"月汀曰："騷亦賦也，梁昭明分爲各體，非是也。"余曰："東邦科賦自成一部規式，必以三十六句爲一篇，而有鋪頭回題之法。"月汀曰："箕子後人尚在否？"余曰："箕聖後裔尚多，有之不以箕爲姓，亦不以子爲姓，曰鮮于氏，曰皇甫氏。昨冬吾邦設科，而鮮于姓名鐄者參榜，東人皆貴之。"甘泉曰："《高麗史》，朱竹垞亦嘗見之，厥本尚傳，而抑後來更修否？"余曰："《高麗史》，國初有鄭麟趾所撰而傳於世，然猶恨其草略也。"月汀曰："廿三史有刻本否？乾隆年間，新出《舊五代史》曾流傳否？"余曰："東人不甚工於刊板，除非些少卷帙，未易入梓，不若内地容易刊布。《五代史》别有新舊兩本耶？何爲新出也？"月汀曰："在《永樂大典》，而乾隆時新輯刊行也。"余曰："愚未及見之矣。"月汀曰："東邦刊行韻書是沈約所編否？"余曰："東人全用《洪武正韻》。"月汀曰："貴國書有《吾妻鏡》，有刻本否？是説經史耶，抑小説筆記耶？”余曰：“聞是日本書，而吾東無此刻本，亦未及見之矣。”甘泉曰：“日本有皇侃《論語疏》，中國所無，貴邦有此書否？”月汀曰：“聞日本近甚好學，刊書頗多云矣。”余曰：“日本隔海，通信亦罕，不可詳知，而年前適有使介之往來，蓋聞其不甚高明矣。”月汀曰：“東國文士古文學漢乎，唐乎，宋乎？”余曰：“各有所尚，自稱學古而及古人者無多，蓋人之受氣賦質有古今之异而然歟。”東卿曰：“慨乎其言之也。”月汀曰：“文氣日下，天運使然。必學漢文，未有不壅腫者，不如學唐宋之敷暢也。”甘泉曰：“貴國學行兼優之士無不在位否？不知學宋人之學，抑如宋人人品否？”余曰：“科目取人之外，又有徵辟登用之制，全用力於濂洛之書，故乃所願，則欲如濂洛群賢，而今人不及古人，安得無降殺之嘆耶？”月汀曰：“《儀禮》亦有專門否？如吾東張稷若爾岐亦知其人否？此人精於經濟之學，《儀禮》句讀即一其端耳。”余曰：“東人專事四書、三經，至於三《禮》，每恨其涉獵，而張公，愚未嘗記得，願聞其詳。”月汀曰：“號曰蒿庵先生，隱居不仕，著有文集，天文、地理、風角，無一不精。其《周易説略》一書最佳，蓋明之遺民也。”余曰：“有後裔否？”月汀曰：“有曾孫二人。”余曰：“《蒿庵文集》幾卷也？”月汀曰：“三卷。”又曰：“顧亭林先生所謂‘精通三《禮》，吾不如張稷若’，即謂此公也。”余曰：“亭林與蒿庵想是同時人，而皆是崇禎以前人耶？”月汀曰：“國初尚在，亭林名炎武，山東濟縣人，所著《日知録》，想當見之，而入本朝不仕，有文集若干卷已刊行，所著《天下郡國利病書》未及刊行也。”甘泉曰：“朱子之學，湯文正斌最篤信之，著《三魚堂集》，我朝名臣李文貞光地、彭壯元啓豐皆爲朱子之學，曾見其書否？”余曰：“《榕村集》曾見之，而湯、彭兩公書，恨未及見之也。”甘泉曰：“東方性理之學，何人最高耶？”余曰：“我國立朝以後，從事性理之學者磊落相望，而有栗谷李先生，名珥，最爲著名。”甘泉曰：“栗谷先生有德政否？”余曰：“先生登用於朝，不幸年不稱德，去世今已二百年矣。”甘泉曰：“貴邦名臣何人？直臣何人耶？”余曰：“栗谷先生名臣也，直臣也,儒賢也。僕於平日最所景仰者,故嘗抄其《遺集》中五六編,雖未及精寫,然數卷藏在巾衍中,亦嘗携來在館中矣,意欲一奉覽於中國好學之士矣。今幸與孟慈先生相逢,論漢宋儒門,仰認用工勤篤,實合奉贈,日間謹當呈去,先生試一鑒焉。此書可以明性理而資致澤,不可不傳於世也。”時有一士入來座中,皆欣迎。向余自道曰:“山東曲阜人,顔懷珠,復聖後裔也。字丹泉,年五十六,敬來領教。”余亦録示姓名,仍曰:“聖門高學,願一承教。幸此會面,而賤齒猥加二歲矣。僕方與汪孟慈論漢儒、宋儒之學,兩説未始不合,而愚意則以爲孔夫子以後朱子一人而已。孟慈則謂當并看,僕將質諸先生,先生云何?”丹泉笑曰:“兩説俱堪佩服。”滿座皆笑。余曰:“昔蘇長公、秦太師訟虱於參寥大師,參寥以垢膩綫脚兩是之,不意聖人後裔强學空門折訟之法,先生無或意在不托泠陶耶?”座人又大笑哄堂。甘泉有携來詩文刊本幾卷,座中輪看,余亦披覽其詩,清健可愛,知是陽湖陸繼輅祈生所撰。余曰:“陸先生何由得見耶?”月汀曰:“此江南老詩翁也,欲識陸公耶? 孟慈可介。”東卿曰:“在此不遠,今日尚可或見。”甘泉曰:“陸君受寒,養病在青廠武陽館,數日後,方可出門。”余曰:“今日與諸益良晤,末由往訪,更卜日期會識荆,僕之願也。”月汀曰:“此行尚識何人?”余曰:“欲見吴蘭雪而未及諧。入都後,今日始作文酒會也。”月汀曰:“吾東有詩人單芥舟先生可惠,僕以師事之。《白羊山人集》昨歲始刻成,僕之眼中無甚匹儔,以諸生潦倒,現尚健在。其子濂,字廉泉,詩翰亦佳。”余曰:“單先生方在何處?”月汀曰:“現在萊州高密縣,即鄭康成之故里也。”余曰:“恨無由承顔也。”月汀曰:“張冬華,名迺輯,即雪鴻先生敔之子,欲一識荆於先生。慕太史如山,即僕之同年。日前造門之宫生,號爽齋,兩人皆求書於先生矣。”余曰:“書法本拙,固不敢露醜,而重違勤教。歸館後,當書呈也。”甘泉曰:“安邱曹元詢,字靈懸,年五十餘,文通武達,經世之才,先生不可不知也。”余曰:“後日同會甚妙。”甘泉曰:“不在京。”余曰:“可恨。”甘泉曰:“春秋之義,所以尊王大一統,七十子之微言,莫近於公羊,爲其爲子夏門人也。董仲舒,一代大儒,祇是通《公羊春秋》之學。天德王道莫備於是書,現從宋本翻刻一本奉贈也。”余曰:“可感厚眷,况《春秋》尤异於他書乎?”甘泉曰:“先君《述學》一册又此奉贈。”余曰:“先公所撰文字,荷此心貺,謹當敬玩也。”丹泉默坐向壁,余戲之曰:“丹泉向隅不言,使人不樂。”月汀笑曰:“仍是坐忘之遺風。”余亦笑曰:“不是華胄,坐忘之餘韻,無或近於禪門坐馳坐忘之故習耶?但見莊嚴之容,不聞其聲。”東卿大笑曰:“尊音亦何嘗有聞耶?但筆下有掃葉聲耳。”滿座又大笑,余曰:“僕有所望於諸君子,欲得中華文人韻士之筆翰,常目愛玩。東扇之制雖極拙劣,當搜篋分呈,同會諸公各賜尊翰也,將欲東歸後寶藏,以爲替面之資耳。”東卿即許曰:“各忘其醜,書以奉鑒。”甘泉曰:“聚散無常,光陰易過,共勉爲千秋傳人,乃爲友朋切磨他山攻玉之道,今日伊始始非虚會。”余曰:“今日筆談草紙,僕將盡爲持去,東歸後,撮其大概,裒成一録,以傳今日證交於後世也。”諸公齊聲稱好。月汀曰:“若成一編,因便寄示也。”余曰:“謹領。”東卿曰:“如不成,當罰用金谷。”余曰:“以酒東向噀之。”月汀笑曰:“則雨澤及遠矣。”菉友大笑曰:“雅人深致。”余曰:“僕之未歸前,不可無幾次會晤,而此後會長春寺,而凡今日同會之人及同會人同心之友,俱會爲望。”東卿曰:“何時當歸耶?”余曰:“期在二月初耳。”仍相别而罷。

王菉友《噀酒歌》,一名《酒海歌》。

噀酒西蜀能滅火,噀酒東方當成海。酒泉下浸貝闕深,酒濤上發三山彩。汪洋灝汗萬里餘,渴極思吞氣無餒。我酌東海西,君酌東海東。莫言曠望不可見,得此尊罍許相同。蠡酌瑣屑不可用,直上蜃樓礱魚龍。東有金剛可薦醯,西有泰岱可爲豐。折簡廣招諸君子,相與拍浮在其中。拍洪崖,挹浮邱,湘靈鼓瑟飛瓊謳。龍鮓麟脯懶下箸,暫邱登陟能寫憂。龍子鮫人霑餘瀝,頑仙無賴次長流。古稱千種堯舜百壺孔,我輩學之非達空,太尉雪夜羊羔熟。大官春醅馬乳挏,淵明太白稱豪飲。未見酒池此濛澒,但當吸呷如長鯨。直令滄海淺且清,蹇裳相就無畦町,問君談藪成不成?

丁亥正月九日,會翠微先生於葉氏平安館,談燕竟日。臨别收拾談草,云東歸後,將撰次成書以寄,且言如不果,就諸君子當罰以酒,東向噀之。似此雅謔,何可不紀,爰衍爲《酒海歌》以贈,即請郢政。

丁亥正月二十一日丁酉,晴。會於小石精舍。

李月汀,璋煜。

汪甘泉,志詵。

胡秋堂,衛生。

張冬華,迺輯。

宮爽齋,塏。

曾以書約於是日,與諸公會晤於李月汀之小石精舍,促飯赴期,諸公幾盡來待矣。余謂月汀曰:“聞尊體數日違和,今已快瘳否?”月汀曰:“因滯爲祟,連灌湯貼,幸得少可耳。”余曰:“尚觀月汀病容,恐妨於酬接諸賓也。”月汀曰:“與雅人對,不似見俗客也。”爽齋始得接面。余曰:“向者委訪阻閽,極庸悵恨。”爽齋曰:“已因洪三斯慕仰深矣。”冬華袖一畫帖而至。余曰:“夙聆高風,今始識荆,實慰我心,敢問先生年紀幾何?本鄉何地?今君何官?”冬華曰:“年今七十四,現居山東省城西門外,東流水,即其地名也。自暴自棄,以布衣作散人於江湖耳。”余曰:“可賀氣力康旺也。”月汀曰:“雪鴻先生日前已誦傳,而以書畫、詩詞見重於時,冬華乃其子也。”披看畫帖,果是高手,多有花卉,儘合當世墨寶,知是雪鴻所作也。秋堂曰:“邂逅相遇,因緣非淺。”月汀曰:“此即日前爲先生作扇畫之胡公也。”秋堂曰:“昔曾與貴邦五衛將方暉齋款洽。近日其子弟輩景况若何?幸示及也。”余曰:“慕仰高名,幸此識荆,見贈扇畫,有勞高手,尚切感佩,方五衛未省爲誰也?”秋堂曰:“方名禹鼎,昔偕沈斗室學士奉使來都矣,聞已作异物,故請問其後人耳。”余曰:“僕亦曾識其人矣,其子未及相見耳。”東卿曰:“拙書對聯一、横幅一、拙刻印章二、龍尾硯一,并希莞納。”余辭之不得,遂曰:“受賜誠多矣。歸詑故國,將有光矣。”仍問東卿曰:“邇來與東卿闕然阻候,近作何樣消遣耶?”東卿曰:“因初一日丁祭,陳設俎豆,演習禮樂,祇自煩冗耳。”東卿時爲國子典籍,故所答如此。余曰:“太學教士之法何如?”東卿曰:“日課月稽,不使懈怠耳。”余曰:“課何業? 稽何書?”東卿曰:“經解、策論、詩賦,古今文兼習禮儀。”余曰:“通一歲無休時否?”東卿曰:“冬令春初,放暇一月。有病,則聽其請暇休息,如有回籍省親者,亦聽之,祇不得任其嬉遊也。養之厚,待之嚴,以求成材耳。”余曰:“教習於太學者爲幾人也?”東卿曰:“漢學教官分六堂,十二人,敎諸生五百人,我輩總其成。滿學教官,八旗二十四人,敎諸生近千人,即閑散子弟也。又另設宗學,敎近宗也。覺羅學,敎遠宗也。有景山學,景山地名,敎滿之世族子弟。有咸安宫學,咸安宫名,敎功勛蔭生,并不下三千也。”月汀官居刑部主事,余問曰:“月汀職掌何事?”月汀曰:“掌江西一省大小刑政,故忙迫异常,又兼京中獄訟,屢屢不絶,休沐之期終歲不得。散直後,猶携簿書在家决之。”月汀、東卿、蕠友各副向求扇書,使余玩之,月汀東卿多作八分,蕠友以篆。余曰:“月汀所作,酷似漢隸。東卿書法亦從漢碑來耶?”月汀曰:“是仿西碑,如《開道通》及《燉煌太守碑》皆漢人所書也。蕠友深於許叔重《説文》之學,點劃無一訛者,故其體獨佳。”余曰:“東人之西遊者多矣,眼看中州文華而歸已矣。僕則收攬詩翰滿馱而還,僕之歸時,當有文虹耀船也。”諸公皆大笑。月汀命設酒肴,余亦携來饌盒而餉之。月汀曰:“筆墨之緣不在多儀,惟此心無隔於中外耳。”余適朝飧未久,腹果不得吃。月汀戲之曰:“先生口不能談,又不能吃耶?”余答曰:“談以手作,吃以眼飽。”諸公又笑之。月汀不能飲,取東饌中藥果而食之,曰:“僕則讓杯於諸公,食蜜果頗甘之。”余曰:“食而甘之,勝於飲而甘之耶?”月汀又大笑。余問菉友曰:“聞間有慎節,今則快差否?”菉友曰:“愈已三日,承問多謝。”余曰:“嗼酒、歌吟得太苦,所以有慎耶?”菉友笑曰:“否。”余曰:“吟不苦,必不至此清高雅健。”菉友曰:“胡説,見笑,爲我改削是幸,然朽木竟無可檃括也。”月汀曰:“菉友有所作送行詞甚佳,何不令其書出一看也。”菉友曰:“欲倩友人畫柳,扇頭題小詞相贈,乃其人不肯畫柳,則詞無着矣。”東卿曰:“紫霞是先生一族耶? 近况無恙耶?”余曰:“與僕同宗,近無大病,但年多乍衰耳。”月汀曰:“東國清心丸、蘇合元皆用引否? 所引者用薑湯耶,抑白水耶?”余曰:“并用之,而行氣疏滯,服蘇合,清熱消風,服清心,薑湯多用於疏滯時。”仍問曰:“我國清心丸緣何最見重於内地也?”月汀曰:“治痰厥甚效。”余曰:“治痰奚獨清心丸耶? 想必合於風氣,故然也。”甘泉曰:“高麗參以何形色爲真也?”余曰:“以形色求之,已多失之,惟以積年在山中采之,不失時者爲佳。”甘泉曰:“種參甚多,山參難得,奈何?”余曰:“我國亦患山參少而家種多,然功效則幾乎相近。”甘泉出示其先君墨迹及自家文集數册,曰:“願求先生題數語耳。”余辭拙不獲,遂許而受之。甘泉曰:“欲抄幾種好書奉贈先生。國初江蘇昆山顧亭林,名炎武,忠臣孝子,人品、學問、經濟皆横絶一代之通儒也。乾隆時,戴東原名震,學通天人,性情孤介絶俗,於儒者之業無所不通,兩人行迹皆曾見之否?”余曰:“未得見也。”甘泉曰:“當以兩人之書奉贈。”余曰:“何感如之。”甘泉曰:“學行兼全者,甚不多得,此二人言行相顧,非徒以著述傳世者。中國人才衹習詞華,不敦實行,非所重也。”余曰:“先生立論,得其正路,甚所欽仰,所以僕之贈李先生遺書,意實不爽,想見其書,而必許可也,但恨其未及精寫,亦未及妝潢也。”甘泉曰:“我輩讀書期於躬行,無事裝潢,以便刻刻誦讀,時時遵守。栗谷先生果是名臣也,名儒也。其書極佳,《君鑒》《臣鑒》之類也。”月汀曰:“先生入都有日,邇來又見何人耶?”余曰:“未及多見,因公擾少暇耳。”甘泉曰:“陸祈生曾於蘭雪座上識荆云,然否?”余曰:“然。”甘泉曰:“郭太史尚先直諒多聞,熟於掌故,有體有用之學也。”余曰:“此是願交之人,而恨未及相逢耳。”甘泉曰:“春秋兩國大夫相交,衹有子産、叔向最著,爲其道義之交耳。”余曰:“大夫之不相外交,即春秋戰争時事,然尚有子産、叔向之以道義相合者,竊覸華人之所待我輩,或有以外交稱者。顧今數百年來,天下一統云,而尚待以敵國之禮,實所聽瑩我輩即外夷人耳。以外夷而鄙之則可以,外交而疏之則不可。况吾儕證交不出於談義理、評詩文,則尚不悖於春秋之義也。”甘泉曰:“王者無外,况受正朔已二百年之久耶？箕子八條之教,我中國漢儒注經闡發最精,且《洪範》五行,天人之理,不可不知,學通天地人,然後方可爲儒也。”是日,月汀之門適多來訪之客,主人頻頻出門迎接,或待客於别館而送之。月汀曰:“今日會時已晚,不及前日之暢,又兼賓客酬應,致多擾耳。”余曰:“吾歸當在來月初,未前不可不話别,更期會於長春寺如何？今日適值紛擾,非不跌宕,差欠從容,長春則似静僻矣。伊日吾當設東饌於山堂。”月汀曰:“僧厨供養海外,饗飧兼此二妙,甚好甚好。”日仄,相别而歸。

李月汀贈詩:

浪傳海外悔浮名,阿好深慚故友情(翠微因金酉堂喬梓與余證交)。知禮儘多周柱史,傳經能説魯諸生。春醪釀碧緣何薄,夜月荒黄夢不成(謂朴豆溪,金清山諸故人)。記取平橋層石畔,偕來無忌是名甥(謂洪三斯首句意[①]浪傳姓字許班荆)。子午泉頭啜茗宜(在葉東卿平安館談讌竟夕),更穿槐市問禪師(再期會於長春寺三明禪師處)。澹雲微雨希前軌(金清陰句見賞於王阮翁君詩,不使專美於前),手板朝衫拜聖時。北學壯遊心罣罣,東方雅謔髮絲絲。歸來努力成談草,莫負王郎噀酒詩。

① 意,原文誤作“易”,徑改。

丁亥燕九日力疾書呈翠微先生即乞和章，東武禮南李璋煜稿。

宮爽齋贈詩：

河館曾來滅刺歸，班荆贈紵願全違。春風當日逢梅使（謂金西堂先生喬梓），舊雨今番拂釣磯（曩與吾邑李方泉孝廉同金清山歡劇，方泉歸里，清山聞已解職矣）。野鶴雲邊隨處住，驚蛇腕底向人揮（先生爲余揮翰最多）。歸槎此去容相憶，叠石層巒有落暉。

翠微先生正句，東武爽齋宮塏。

丁亥正月二十四日庚子，晴。王菉友、張冬華來訪。

王菉友，筠。

張冬華，迺輯。

從者報兩公臨門，余乃出門延入，座定，菉友曰："僕年少寡學，既承見招，恐無可談，特偕老友同來。"余曰："昨因私冗暫出，致失奉晤，今蒙枉顧，感荷感荷。"冬華曰："昨日承賜嘉紙，多謝多謝。"余曰："何足稱也。"菉友曰："月汀名列朝籍，不克如僕閑雲野鶴，恐被館人所呵，不得來耳。"余曰："朝官之出入館門，本無可憚之義，而館人不識事體，以操束商賈輩之餘習，用之於往來之文士，極可痛嘆也！"冬華曰："承惠清心丸，治何疾？"余曰："治風痰。"冬華曰："蘇合元何如？"余曰："爲行氣消滯也。"菉友曰："聞廣濟丸治腹疼，信乎？"余曰："治法同蘇合也。聞中國之重清心丸甚於東邦云，爲其遠方之物，稍覺神奇而然歟，抑風土使然歟？"菉友曰："清心丸在中國靈驗如神，僕嘗目驗之，如同仁堂藥至貴川廣，則尤靈驗，西域之人以中國太乙紫金錠治蠍螫，如神藥，性與土俗相宜者，蓋多有之。"余曰："見贈畫柳扇頭小詞，詞韻甚佳，厚誼可感，畫之者爲誰？"菉友曰：

"此是日前月汀所稱説之送行詞,而畫是弊友江南人吴桂字小山所作也,以東扇轉贈,可謂秀才人情,并無紙半張矣。"余曰:"足下篆法深得玉箸之餘意,甚是古態,學何法帖而然耶?"菉友曰:"古有杜撰,今有杜篆。僕素不識字,發憤讀《説文》一年,讀之既熟,依樣葫蘆,實未臨帖也。"余曰:"僕亦少日好看篆隸,喜閲秦漢諸碑,但恨東邦苦無好本,亦欠無多,而今則已老矣,眼昏廢學,然每見人善作篆隸,則未嘗不喜之也。"菉友曰:"周篆之存者止有石鼓文,秦碑,則《嶧山》已是翻刻。僕所見者瑯琊臺碑止二世所刻,其始皇碑爲一知縣刓去,不韻之至也。"余曰:"漢隸固多見之,而篆則未之見,或有碑刻否?"菉友曰:"所見漢篆止高祖《大風歌》耳,字大升許,未有款識。前人著録,傳以爲漢耳。"余曰:"至唐以篆名者,李陽冰似最佳。"菉友曰:"少陽筆法固好,然頗不講字體,如所篆鐵綫文謙卦,謙字凡數十體,如'詶'字豈可代'謙'耶?然宋夢英和尚則遠不及。"余曰:"夢英之筆何如?菉友曰:"陝西碑洞有之。《千字文》及《説文》五百四十部首皆流傳於世,然而頗有變易,似或尚不曉許叔重作《説文》之意也。近段茂堂先生,名玉裁,字若膺,《説文解字注法》共四函,京錢十二千可得其書,誠《説文》至好之本,其中有武斷處,然不掩其瑜,欲識字者非此莫由。"余曰:"足下亦會隸字否?"菉友曰:"不會。僕之所以識篆者,爲識楷書而設,若八分則踳駁甚多,故未嘗看也。"余曰:"字學之傳已久矣,自蝌蚪而爲篆,自篆而爲隸,爲楷,爲行,爲草,嬗變之際,轉相訛誤,一從《説文》尚可得其源委耶?"菉友曰:"字之訛也,自李斯小篆始,以其取整齊而趁姿媚也,如'乙'字象形而作'日',世豈有方日乎?王次仲作八方,程邈作隸書。隸者乃今之楷書也,一曰真書,一曰正書,初但施之於徒隸,故曰隸書。自歐陽公《集古録》誤稱八分爲隸書,世人翕然從之,宋末王伯厚作《玉海》駁正之,然《隸釋》《隸續》兩書仍名八分爲隸也。"余曰:"古調雖愛,今人不彈。今於篆隸,祇從已變之字體學而習之,猶可近古,而近來篆隸便看以别般書法,我東則習篆隸,而解字學者無多,未知中國則如何也?”蓑友曰:“昨見書“迎祥”二字於壁者,迎者作,如斗大而黏之壁上,想彼必自以爲不誤也,然‘迎’字當從從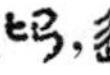,音引辵,音綽,‘丣’即古‘酉’字,不知其故,隨人作計,依樣畫之,終是無把鼻也。”余曰:“足下深解篆隸,當解印章也。”蓑友曰:“印章必先去匠人氣,始可入門。僕自知不能,故未嘗學印刻也。”余出示一方倩人刻來之印,即余姓名也。蓑友把玩訖,曰:“《説文》以申爲人腰,自申束,故從丨從臼,或曰申者電光也,故古篆作,以象其形也,今此無所據。在從才從土,而今此少一劃。植從木從直,而有違於十目爲直之義。今刻四字而誤其三,祇‘印’字是耳。”余曰:“僕方欲刻數方圖章,未逢高手,撫石空嘆,際奉足下聞先去匠人氣之論,已諳其妙詣,敢此煩請,可肯許否?”蓑友曰:“實係不能。僕平生不作欺人語,何敢於先生頓改故步耶?”余曰:“月汀會刻印否?”蓑友曰:“更不能,然月汀性好印章,曾見其案貯《印譜》,且多親友之會刻者,容與月汀商之。”又曰:“冬華先生印刻極佳。”余向東華請之,仍出未刻印石三方而示之。冬華曰:“此則須與月汀計之。僕自有印石,當另刻以贈也。”余謂兩公曰:“日寒,請小酌。”命僕進酒壺、果、魚而饋之,兩公喜吃藥果。蓑友指文魚之刀折者,問其名曰:“其理似肉,其式似花,何作之精緻乃爾也?”余曰:“足下《噀酒歌》甚佳甚佳,藏在篋中,時時披看耳。”蓑友曰:“先生尚不忘我之胡説耶?”余曰:“足下詩意在催成談録,而妙在噀酒而長相思。筆談之成録,其可勿亟也。”相與大笑,遂相别而送之門外。

題吴小山畫柳扇頭

東風料峭楊枝短,早把離懷結綰。水驛山程無限,處處回青眼。　　勸君略待春光暖,總覺情深杯淺。無那驪駒遄返,日近長安遠。調寄桃園憶故人。

奉送翠微先生東歸,蓑友王筠。

丁亥正月二十六日壬寅，晴。會於長春寺。

汪甘泉，喜孫，孟慈。

李月汀，璋煜，方赤。

王菉友，筠，伯堅。

釋三明禪師。

長春寺在宣武門外，土地廟斜街。長春之約，自余發之，將設東饌於三明禪師之室，與諸公話别。余馳往趁期，諸公未及。至時，三明坐禪堂，鳴鐘設齋，誦經未罷，余直入上方。釋虛堂延余坐。虛堂，即三明之徒也。相携登書樓，更上一層，聞萬曆皇太后畫真安於此，請開敬玩，訖纔下樓。三明齋罷，入室相見款洽，自言曾與東國士人相親者多云，出示筆翰書尺不少，蓋多知舊手迹也，見甚欣喜。少頃，諸公次第來會，移榻於佛宇之西廳事，軒暢可喜。葉東卿曾與相約而不來，送人書，探人回以爲有事往海淀，故不逢云。月汀傳慕太史如山朝者相遇，意欲來會，因事未諧云，竟違相面，可悵也。月汀曰："曾和拙詩否?"余曰："館中極撓，無暇吟詩，將未免負債而去矣。"月汀曰："曾聞爲關東道金剛山在部中云，果是白石千丈，楓樹朱殷耶?"余曰："三遭見金剛而謂是白石，則或近爽，實其石蓋與他山迴然不同，石必以苔衣之色，白如灑雪，遠看者不辨其本色之不白，近看方可辨之。楓樹宜土，霜後染紅，滿山如鋪錦綉帳。峰巒峭拔如束，强名爲一萬二千峰，而蓋舉大數也。"甘泉曰："長白山去東國若千里，東國在其山陰云，然否?"余曰："長白山在國之北，東距王都二千餘里。山上有天池，周百里，行無人之境數百里，始及到也。"月汀曰："孟慈袖有一函書，與清山辨漢儒之必不可廢，所關甚大，不可視同詞章家草也。"余請見之，見畢，曰："今覽抵清山尊札，欽仰博雅，蔑學如僕者，固不敢贅辭，而曾讀《大學》'以修身爲本'一句，實該上下千古爲人子、爲人臣、爲人父、夫妻、兄弟、朋友者所當行底道理，將吾一個身安頓在十分道理處，然後方可説起眼前許多事務。苟無踐履之實，吾身上當知當行處有所未盡者，則雖多識前言往行，該洽宇内,何所用哉?願先生姑勿費許多辭氣,先從誠意正心下工夫,到得義精仁熟,豁然貫通之域,則漢宋諸儒之孰真孰僞,從可自底無事邊也。”甘泉曰:“近來講漢學者,有不講人品而攻宋儒者,亦有不講大義而衹以破碎求之者,以致後人痛詆漢儒,遂成門户。東國即主宋儒。至於漢儒,雖非東國老師,亦世丈也,譬如老師之伯、叔、弟、兄行耳,何可謗訕?噫!清山過矣。”余曰:“無乃清山見孟慈偏主漢儒,有激而發此論耶?”甘泉曰:“清山説在前,僕辨之始於今日,僕并非不學宋儒人品者。”月汀曰:“清山以董仲舒、鄭康成爲非,其説何如也?康成,吾鄉之人也,三《禮》非此人,今已亡矣。”余曰:“僕非黜漢儒者,惟考亭是尊也,故漢儒之論若有與朱子不合者,則僕亦不取之耳。”月汀曰:“漢注、唐疏曾涉獵否?”余曰:“涉獵而未盡究也。”月汀曰:“先讀注疏,由訓詁而通之義理,所謂由博而反約也。湯潛庵先生《十三經注疏論序》謂漢儒得聖人之博,宋儒得聖人之約。若分門户,是漢儒宋儒之經,非聖人之經也。潛庵,理學大儒,而所言如此,可知非一人之私言也。”甘泉曰:“李剛主,名塨,直隸人也,著書經旨、理學數十種,已收入《四庫·儒林傳》。其書僕有之,當奉贈,而如已起身,隨後即寄亦可。”余曰:“厚誼誠可感。”月汀曰:“李剛主謂《大學》格物即《周官·司徒》之鄉三物,孝友睦婣任恤也,甚通甚通。古人除此,别無所謂理學也。”余曰:“《大學》屬之司徒,《中庸》亦屬何處耶?此與詆朱子訓詁者同習而异情,必以程子所定《大學》爲非者也。”月汀曰:“非謂《大學》屬司徒,乃司徒所教即《大學》之道也。先王治道不出《周禮》《儀禮》,《周禮》司徒一官以《大學》教萬民也,豈可舍先王之實教而講之乎?”甘泉曰:“《周禮》三物、孔門六藝皆周公所教也。”余曰:“似不可以《周禮》之三物釋《大學》之格物,格物之義足以該萬物,但以三物言者,不亦少乎?”月汀曰:“凌仲子,名廷堪,有以克己復禮,謂是五禮,其説亦通。”余曰:“無論三物與五禮,務從不悖於聖人之旨爲可解釋。經旨之詳,莫備於宋儒,宋儒亦非不看漢儒之書者,今坐數百載之下,但以年代之高下,把作彼此之優劣,以爲扶抑之論,則不可矣。”月汀曰:“不分優劣,不作低昂,但有其説亦不可一概抹倒也。”余曰:“儒與釋其道不同,諸公猶不得打破佛宇,驅逐衲子,時或徜徉於祇園,與三明輩談笑而樂之,雖非同輩,尚可優容樂與之諧,况同室之中以其稍相牴牾,是此非彼,有若不相爲謀者。然愚見則以爲均是讀聖人之書者,解聖人之經者,彼説如此,此説如此,并看無少害矣。與吾見合則好矣,雖不合,亦不妨適足以廣异聞也。”月汀曰:“通人之論,甚合於潛庵之説,不似清山之詆毁也。”余曰:“愚之此論,欲解紛於甘泉、清山之相辨耳。”甘泉曰:“朱子注《論語》《孟子》及《詩經》,凡各家説,自漢迄宋,無不徵引。《論》《孟》外,注往往有與己异説,又有注此經如此説,注彼經如此説,學問之道無窮,就我所見,未必是千古不磨之論故耳。明儒力争門户,釀成黨禍,遂至亡國,東林覆轍,專由學問者心術之所萌芽也。”余曰:“朱子平生以解經旨爲己任,至於易簀前日,猶爲惓惓苦心勤工,非後來凡儒所可企及,而不幸後出高明之士,宅心着眼,全以覓瑕詆毁爲技,至於林林聒聒,相師相傳,其害將有懷襄之禍矣。雖以顔子之聖,尚有三月不違之些兒處,朱夫子亦豈或無一二可疑於經旨訓詁之際?而大體看來,漢唐以後,能任此責,成此功,所以繼往而開來者,捨我朱夫子更有幾人也?”甘泉曰:“從前糾朱子,如毛西河諸人原非純儒,中國久已鄙棄,今已不列《儒林傳》矣。僕之所以與清山异説,作書分論,因清山痛詆漢儒,指爲邪説,并董仲舒而亦爲謗訕,不留餘地。董仲舒之學較清山何如?仲舒久祀孔廟,清山雖或不從其學,固當敬禮其人。東國栗谷先生,僕以清山詆仲舒者詆之,則可乎?不獨先儒,即同學老輩年長以倍,亦當敬禮之,肆口謾駡,後生不宜有此。”余曰:“董膠西間世出之士也。嘗曰:‘道之大,原出於天。’三代以後,初有正道明誼之論,以正功利之詿誤,程子亦嘗許以儒者氣像,是豈可輕易詆毁耶?想清山痛漢儒之傅會者,而未及區别其錚錚也。愚觀爲董氏純臣,無右於孟慈者,若享仲舒,以孟慈配食可也。”甘泉笑曰:“願同君配食。”菉友曰："孔子原説德之不修，學之不講，然修德難，講學易，故漢宋諸儒之卓卓者，皆修德而後講學。後人欲立門户，而患在無德，於是各依門户以自張大。其實學漢儒者止成瑣碎，學宋儒者淪於懸空。既各依附，互相排擊，不但不成其爲修德，并不成其爲講學，衹是村夫謾駡而已，不知博觀而約取之皆於己有益，拘一先生之言而守之，反於己有害。隘與不恭，君子不由，安得入主出奴，爲後人之謬耶？"余曰："如僕者，心兮無主，無或近於無適無莫耶？"蕣友曰："有適莫者斷不能義之與比，然無適莫而不義與比，便是子莫執中，先生豈有此乎？"相與大笑，仍命進東饌，以蔬、果别設一卓，爲三明戒葷。三明苦辭不欲吃，而力請，始見許。諸公皆喜，吃東米飯，而月汀指藥飯而問曰："食而不知其名，盍示之也？"余曰："名藥飯，棗栗和粘米炊作飯也。銅壺貯酒，出色甚青。"月汀笑曰："酒似盧杞之面。"余曰："非出於藍，而出於銅也。"月汀曰："僕不解其味，但解論其色耳。"余笑曰："先生嘗笑僕之以手代口，僕今笑先生之以眼代口。"蕣友笑曰："僕則老饕，口眼并用。"月汀曰："與共匕鬯，恍然此身已在鳳凰城東矣。"余曰："月汀隨我去不得，我從月汀居不得，惟别而已。"月汀曰："我不得見古人而尚友之，况三千里之相隔，隔以形不隔以神，書札往還可以替面，相交之深，又何必朝夕與處？"余曰："雖朝夕與共，不過賴書字通其情，三千里外何异對面耶？但書以一年一至爲期，是可恨也！"月汀曰："頒朔亦可通信，一年可兩至也。"甘泉曰："古人贈行必贈之以言，别緒如絲，何時再晤，惟望常通書問，以道義相切磨也。僕於年來學問欲觀其會通，讀經要知其大義，以之治己，以之治人。達則兼善，窮則獨善。期於不背天理，不拂人情，使此身不可無益於天下。今日世道人心，非有讀書明道之儒，正己以正百官，不能驅而之善，伏願執事益廣學識，蔚爲名臣，將來傳之千秋。吾二人有攻玉他山之助，今日離合之故，不足言也。僕曾默禱關帝城隍，居官行事如有貪贜枉法、弄弊營私之事，雷擊其身，火焚其宅，一片血誠，難得古道，如執事願共勉之。"仍書紙尾曰："丁亥正月廿六日,甘泉喜孫書。"余答曰:"僕與孟慈會晤,今爲三遭矣,未嘗不聞有實學有實理底話。日前,小序略暴區區之懷矣。僕則外夷也,孟慈華人也,此番逢着,果是邂逅而自謂有一片之相照。今承孟慈之言,庶見其不鄙我矣,縷縷所諭,皆從赤心中出來,敢不銘佩耶?"菉友曰:"僕有所作序以贈先生,以衛武公善謔爲況,先生其任受乎?"余曰:"雅謔是我輩本分也。"月汀曰:"先生玉樹,幾人已登仕版否?"余曰:"有一子,纔弱冠,未仕耳。"月汀曰:"今日之遊,視小山之集尤暢以從容也,然遊愈暢而情愈深,魂愈銷,誦江淹《別賦》而已。"菉友曰:"未歸前尚不可再見耶?"余笑曰:"魂若銷盡,則東歸後更有何物相思耶?無暇更抽身,勢難再會,惟從此相別而已。"遂出門,相與握手而别。

李月汀詩:

策車招提去,高閣敞前楹。和風昨夜至,庭樹多句萌。篆烟添晝静,啼鳥知春晴。木魚送梵唄,時雜幽篁鳴。行厨走健僕,异味羅香秔。長齋飯僧畢,樽酒難爲傾。昨遊若逝水,後會誰班荆?君見海濤在,是我操琴聲。小别奚悵惘,絶學期廓清。爬梳貫經義,紙札紛縱横。微言緒未墜,訓詁安可輕。奇籍壓歸橐(載書百餘匣而去),炳燭薄世榮。勉旃韋三絶,傳與魯兩生(謂洪一能、李周經二公)。

丁亥孟陬念六日,翠微先生治東方酒蔬招飲長春寺,璋與汪孟慈農部、王菉友孝廉譚讌竟日。其所撰論,皆古今學術源流之大者,歸後紀之,以詩即贈别焉。東武禮南李璋煜稿。

王菉友序:

冰衛武公賦抑戒賓筵以自警切,所以束身於禮度者,虎尾春冰,曾不足喻。年數九十有五矣,仍以左右交修,望之國人,何其嚴也！衛人爲之作《淇奥》之詩，歷咏其瑟僩赫咺，以爲頌美，《爾雅》釋之，《大學》述之，後之言學問者以是爲圭臬焉，獨於其卒章曰“善戲謔兮，不爲虐兮”者，何也？蓋把持太危者，或决爲放逸，而英華既積者，自徵爲和順，愈以知武公之學有根柢，而勉强化爲從容也。歲丁亥，朝鮮申翠微先生以副使入都，年逾週甲，式賢士廬，而某因時遘會，得參末座。先生以紀行諸作見示，雄深雅健，接武唐賢，愈樂從先生遊，而每有雅集，先生亦非某不樂也。相聚促膝，以筆爲麈，終日流連。曾無傾倚之容，而亦善謔，偶發一語，輒傾其座，人顧其謔，無一非莊語也。乃無幾相見，遽爾言别，再來之期，亦難預卜，不勝其仰慕無已之意，以爲此殆矜慎之至，發爲樂易者耶？抑某兄弟皆以竹名，而某之號曰菉友，即取諸《淇澳》。《爾雅》曰：“菉，王芻。”王芻蓋小草也。雖未出山，亦非遠志，惟樂與賢豪相周旋耳，乃菉竹竟不獲常傍君子乎？圭璧之度不能去懷，爰述武公之善謔而年登大耋者爲先生壽，即以言别。奉贈翠微先生，安邱王筠稿。

慕如山詩：

翠微先生天人姿，塵眊未識麟鳳儀。月汀秋曹道君品，垂虹白壁無瑕疵。三到金剛（海外三神山之一）縹渺處，手擷仙人青雲芝。流風傾倒浿水外，同朝爲賦皇華詩。東來道路隔滄海，何獨賢勞能載馳。山川豈不憚險遠？忠信涉歷泯崎嶇。薊門朔雪潤旄節，春入香烟瞻覲時。卧閣聯吟送晁監，青蓮（李月汀）摩詰（王菉友）争相知。昨朝有約在蕭寺，茗碗鬥茶開槍旗。俗子無緣接山斗，駑駘終日祗的羈。瑶箋持贈不我棄，研光五彩紛陸離。蔚藍天色自淡沱，黄如蒸栗紅臙脂。齋居亦欲近楮墨，世無右軍胡臨池。簪毫愧少擬椽筆，塗鴉之體書蹲鴟。數幅練裙污可惜,卷懷高誼難爲辭。但幸國工善潤色,潔白豈必涅不緇? 文采如此難磨滅,他日更訂瞻韓期。君尚饒藏載歸去,留寫閉邪陳善詞。

翠微先生約晤於長春僧舍,以公務不果赴,月汀同年持先生惠紙來,極道雅意,感而賦此,即以贈行。蓬萊慕維德。

八二、李在洽《赴燕日記》

【解題】

《赴燕日記》，李在洽撰。

李在洽，生卒年不詳，號石隱，職業爲醫師。道光八年戊子（朝鮮純祖二十八年，1828）四月，他"以醫兼裨"身份隨朝鮮進賀兼謝恩使團正使李球出使中國。《赴燕日記》記載了戊子年五月二十三日，在廣寧宿所與清人胡姓者筆談；六月二十六日，在北京張深寓所與解元張深、張際亮筆談；二十九日，在北京粗旗廟與張際亮、陳方海筆談。

此書原本藏韓國首爾大學奎章閣，《燕行録全集》收録。兹以此本爲據輯録資料。

（戊子五月）二十三日辛酉，晴。行四十里，中火於中安堡。又行四十里，宿於廣寧站。

……店主馬姓胡。燭下筆談。即進士文林郎之孫。問所讀，答云："五經、唐宋八家文。"即口拈經書句語而試詰之，太半不省。至"善敹乃甲胄"始瞭然口念，果是讀書者耳。掌櫃者是戴姓，而馬爲中表兄弟，似是同居矣。見其桌上露置主櫝，使之啓。初無難色，雙奉移置於床上啓之，是雙主合櫝。柳載春（即使道隨廳傔、宗親府書吏也）讀其題，即顯考戴云云，顯妣戴云云，蓋官號封氏。而瞥然看過，仍即閉之，不可詳悉矣。顯考戴云者，别無可疑。而顯妣戴者，究不得也。乾東坤西，蓋以東爲上，傍題則與我俗無异。木主造樣不類，高太長，廣太狹，跗方高，恰爲周尺四寸，而作細腰形雕刻，可怪。主櫝前面有雙穴若細眼形,又怪。櫝用澹漆,蓋此地風俗。

(六月)二十六日甲午,夜自二更大雨,至朝而霽。飯後雇車往琉璃廠,訪張縣令家。張名深,號茶農,江蘇鎮江府丹徒縣人,庚午解元,曾爲咸安宫教習官,日前爲山東省博平縣令,七月廿五、六將發程治任方。張拿筆叙談,俄而一客入座,與張相揖,又與余相揖,共就椅坐。張書示云:"此爲張亨甫先生,大名士也。"又傍書"名際亮,福建人"。詳問家鄉,即福建邵武府建寧縣,是福建之西鄙,地接江西省矣。仍通姓名,主人又書示云:"亨甫詩集甚富。"余書:"未或許覽。"客云:"現在付梓人開雕,尚未畢工。"余問:"不是舉人?"客答:"却不喜看舉生書。"余問:"舉業外,另有進身之學耶?"客答:"無有,但服習經子諸史百家言,求其無愧通籍而已。身之進黜,是有命焉。"余曰:"高士高士。"答:"高字何敢當,士之道固如是矣。"余曰:"非官非舉,然後可謂高人達人、畏友快友也。"蓋亨甫是鄉貢孝廉生,卸不得舉業者,特其言如是耳。余問:"主人那時還京?"答:"還京不可預言。一作外省官,大約終於外省者多耳。"余曰:"正然,則外官是不好的榮途也?"主人答:"外官升遷亦有至一二品者,特外官之一二品也。"客曰:"外官一二品,則朝中之宰相尚不是過也。本國人固願多爲外官,以政績可以及民也。本國蓋無中外之分,不同唐宋人,蓋自明已然矣。"余問:"内朝滿漢殊用否?"客答:"有同有异。"問:"同甚异甚?"曰:"滿人兼習文武。文可爲武官,武可爲文官,大抵習武爲長。漢人則文自文武自武,不爲互官,習文爲長耳。亦有武而爲文官者,如今之陝甘總督楊太保名遇春、楊清恪超是也,間代一見矣。"余問:"入京來,竊有規規管見。蓋上國延祚久遠,制度範圍薄海宏大,而但不用先王禮樂中國衣冠,是未忍捨舊而然耶?朝著不欲語到耶?列朝來有金石成規而然耶?"客答:"改制度、易服色,我朝重禁,朝臣有奏請者斬,此亦是天數也。又有戒於前者,魏改漢制而亡故也。"末乃書云:"此語見俗儒,幸無問及。"又書:"本日有事且暫别,另日可至弊寓再談否?以不便經造使館也。"余云:"貴寓在那裏？當委進。”答云：“在順城門外西河沿粗旗廟，即大隱禪院。明後日皆得暇在家，留一名片，可付看門者問之，即引接矣。”呼所帶僮出一紅紙與之。紙大如掌而差小，刻字墨打“張際亮”三字。上打小“期”字，時張有兄喪服未除故也。順城門，即宣武門也。此俗無此爲信則不許通客也，余乃受而藏之。客乃揖而出。主人年四十八，多與我人相交。今行中多有傳書來矣。人甚博雅，筆畫畫法，多有貨者。見方左右書籍，狼藉無次。束裝旁午，人客來去，酬接不暇，余亦揖出。主人出門送之。中州之人待客之禮，雖甚親熟者，見必揖拜，出必送門，無如我俗之慢客沒禮矣。客是三十年紀，文翰如流，清標動人，話未移時，無意相捨，盡南中佳士也。聞漢人皆旅遊於外城云耳。

（六月）二十九日丁酉，驟雨旋霽。飯後騎往西河沿粗旗廟，即張亨甫所寓也。以所携紅紙出與門者，是向日所約者也。俄有一卒出迎，引至最後一堂，亨甫在矣。相揖而坐，徐索筆硯，始叙寒暄。余云：“日前茶農座上，獲接清儀。歸甚耿耿，所以委進。”主人曰：“鄙人乃淺學後生，無甚識解。然竊聞貴邦尚文學有素，故正欲一談。倘有未諳忌諱處，章句罪也。”仍指壁間一隻長紙題七言律詩者曰：“此是弊處老前輩名下士也，字佳不佳？”余乃仰面，未看一過曰：“古奇透畫。”俄有一儒在傍，相與接言。彼曰：“敝姓陳，名方海，江西人，年三十五。”余以姓名年紀答之。主人又書曰：“字伯遊，壁間有詩。”余乃審之，即片紙細書五言古詩及七律一首。甚蘊藉可愛，頗類其人矣。看了書曰：“盡高手。”陳曰：“甚愧淺陋。”余曰：“諸稿并可奉玩否。”主人曰：“有刻本，已爲友朋取去，現有未刻之本耳。”即入寢内，搜出一册。陳又忙出外，持開刊一紅紙七律八首而來，即入京時道中作也。涉看張稿，都是詩律。老練精工，無刻薄峭險之氣，盡是早年高手，不覺自失也。余曰：“纔得一臠，全鼎可知。但不免爲一種苦海人意想，未知甚故。詩中多有凄楚故云。”答云：“生孩六月，慈母見背。十三而孤，諸兄早卒，伶仃一身。以讀書爲謀生，故多噍殺之音,亦竟使然也。”余曰:“良有然也,可恨可恨。”又看陳作,看了書示云:“以淺見言之,真蘊實精工矣。”陳乃辭以“拙拙”。陳問:“貴邦十三經,較内地异同何如?”余曰:“同。”又問:“貴邦取士定制何如?”余曰:“及第科試論、策、賦、表,明經背講,此乃大科也。進士科試經義、四書疑辨、詩賦,及小學講乃小科也。另有武科試取各技,科目外,亦有經學宿儒及修行人貢薦。又有蔭補,承襲仕路,即爲謂之南行官也。”陳曰:“背講係用注疏耶?”曰:“然。”陳又問:“到此幾次?”曰:“初行。”曰:“幾時回程?”曰:“八九月間。”曰:“以後仍來否?”曰:“今偶適然耳。”張問:“貴國寒暑氣候何如?”曰:“北京寒暑似浮矣。”又問:“貴國幅員,可得聞乎?”曰:“長四千餘里,闊二千里。”曰:“貴邦史書所載幅員官制仍舊耶?宋時日本屬於貴邦,今何如?”答:“幅員無增損,官制不無沿革,日本不係。”又問:“彼時修契丹及宋朝貢,何以支持。以今較之,似宜更富庶矣。”答:“邇來内朝殊遇,不侔疲奔之時,然富庶則恐未也。”又云:“中外一體,上下康樂,則吾輩與有福焉。”陳又問:“與日本通好否,文交如何?”曰:“不與通好,文交亦無所聞。”余問主人曰:“散文無有?”主人寢内取一册子來,展看之,或詩或文,其中有述他人詩集序者,乃知主人之爲孝廉舉也。余問:“捨家而旅,有甚所幹?”答云:“乃前科乙酉拔貢,兹在此應鄉試。中舉人之後則由進士出身,不中則可由此得七品官出去,故在此也。舉人是解元之一名,貢法十二年每縣舉取一人,拔一縣之英貢之朝廷。天子親考一次,不取以後聽另考耳。”余問:“以文藝居拔耶?”答:“先論敦篤品行,再試文藝,再試經術策論,再試楷字。”問:“考試當次正在何年?”曰:“明年。”蓋孝廉貢則自鄉試之,入選之後則赴京試,可以拔解爲舉人。一解之後則連赴進士試,凡鄉貢入選,則雖不中進士,必做外官云。而聞今八月試士貢院,明春會試,如我國子午卯酉大比之法。主人問:“貴邦通海道,知福建之台灣乎。”余曰:“自一都耶?”曰:“府屬也。四面皆海,六千里寬。日本、琉球、英吉犁皆往來貿易。前明之倭國也。本朝歸爲郡縣,屬福建省，爲台灣府，轄六縣二廳也。聞内地之山東、登州、青州，對岸即貴邦也，而禁不許行。此行從遼東來耶？何地登内地之岸？貴邦何地登舟？水程約多少里？陸行多少日？有陸地可由否？考古時貴邦離遼東甚近，今去鴨緑江多少里耶？即如内地人不奉使至貴邦，作何相待供給之耶？送令還内地耶？尚一一教之。”答：“登萊是弊邦西南海之西南岸。登萊上放舟，一風可泊於敝界。自我入京，非舟而陸。自灣府義州越小江，即是鴨緑。自後則連行陸地，所經乃遼東城、瀋陽、山海關、薊州、通州也。使行外他國人過者，不過漂海之人。凡係漂者，所過列州縣，皆供給有例。若中國人則送至京，俾致還鄉，無自敝國直還之例。海外人不管中國者，自海路還泛。”曰：“然則我輩欲來一遊，竟不便矣。”余曰：“有月窟禹穴之意耶？”曰：“台灣府系福建，而福建人至彼處，亦須官給照驗，始准渡海，歸時亦由彼處官給照驗。至他邦則更虛矣。”又云：“内地近年有人至貴邦否？”余答：“或有泊人，無縁相接。奉使來者，相通有禁，故未曾一接内地人。或者路上看過，脉脉而已。”仍問：“由海至敝邦多少道里？”張云：“海道以一百二十里爲一更，大約三十餘更。然又自敝界至台灣尚有十二三更耳。”余曰：“殆至六千里也？敝邦雖是遐陬，亦稱‘小中華’，彈丸之中殆多名勝。”答：“貴邦史册上盡多名勝，至於人物，亦自不乏，所以欲一行耳。然我朝非奉使命則不得往，非同唐宋元之無禁令也。”余曰：“可欠可欠。”又問：“内地幾時曾通使貴邦？”余答：“内朝出使，非有奉敕，則早晚未知。”又問：“貴邦來使亦有内地人交遊否？”余答：“無有。”又問：“内地使來者皆通人否？官居幾品，姑可奉使？有三再來者否？”余答：“不必皆達通。有稱者正使一品、副使二品、書狀官堂下四品，皆選文官。譯官輩自有别歧。其外從人，或士流或吏胥，下至馬頭牽卒等共二百餘人。鄙之入京亦值隨槎，計出附驥也。”陳問：“歸國當叙功否？”答：“衹一遊計。”張曰：“使行來，耗費必多，供應實煩矣。”余答：“奉表入使費了五萬銀兩，迎敕支使，殆近十萬餘。”相顧夥。張問：“貴邦勝境何處爲最，名山大川有幾?"余答:"金剛山有聞天下,餘外則樓臺江山間間有之。"又問:"箕子尚有後裔否?"曰:"自有。"曰:"貴顯耶?"曰:"顯用之,但無位高者耳。"仍問;"貴省内名勝某某。未詳坤輿,第略教焉。"答曰:"西北皆山,東南皆海,可戰可守,漢唐皆獨霸之國。自宋以來楊、李、朱三先生後,文教大通,頗富庶。大略濱海之省,頃所以問海道通否,意欲由台一至貴地一行耳。"問:"山是何名?"曰:"武夷、天姥,此乃洞天。福地漁梁,天下十大名山之一。以外則鼓山、烏石等類,不可舉數。"余曰:"九曲櫂歌,洋洋盈耳。"曾聞南中多是陸學云,故試問:"貴鄉士流,朱乎,陸乎?"答:"陸是江西,朱是福建,然講學爲聖人之徒則一也。但陸高明處多,朱篤實處多耳,甲乙何如。"曰:"學陸者流爲禪,學朱者弊少。若二先生之學則亦似朱爲勝。"余曰:"末流相攻云,然否。"答:"此弊前明有之,至本朝則不相攻矣。"又問:"貴地有禪僧否?"余曰:"有,乃士流之外道也。士而禪者絶無。"主人曰:"本朝亦無習禪之士。"又曰:"九曲櫂歌,是朱子之詩。朱子家在武夷。"余問:"尚有一二遺躅否。"曰:"全在。"曰:"弦誦咸萃否?"曰:"本地人在彼讀書外,另有書院供給讀書,乃出國家重文崇道之意也。"又問:"待客之羞,以何物爲重?"余答:"茶酒爲常。其外别供,隨辦無定。"又問:"食物無禁忌及諱陳設者耶? 餘常吃米吃麵?"余答:"食品無禁忌及諱。大概飯爲主食,一日三四供,在家者亦如之。待客之羞,或飯羹餅麵魚肉果品。""饌法隨能否多寡?"答:"與内地風俗一例矣。"又云:"初四日煩再顧。不知我們可至使館否?"余答:"臨館通報則顛顛倒倒,如其難便也,則館側有閑地,似刹似廟。曾屢風乎者,會此不妨,鄙亦再扣非難也。"時方過申,驟雨方集,乃書示云。語未終而雨欲下起了。主人云:"已令人買點心去了,且坐一回。且雨暴至,坐一回雨歇了,始可行,否則全衣皆濕。"余云:"差遲則恐貽主人憂。"答云:"雨即下矣,雨後再行不妨。"不得已更坐料。余問:"内地朝貢之國爲幾?"答:"琉球、日本、安南、英吉犁以外,不常至。蓋日本本不入貢,而張以台灣之入貢,認爲日本也。”主人問:“日本幅員,何如貴邦? 其人情風俗同否? 相侵伐否?”答:“不過海中一島,幅員恐未及弊邦。人皆淺儇,僧人知書,專尚兵器,詳則未也。頗久無釁。”又問:“相去約多少水程?”余答:“水路六七千里。”余問:“入京或聽倡戲,而其音節噍殺。閭巷之曲,與廟樂御樂歌頌等律不同而然歟。”答:“内城演唱多西人,其聲乃西方商聲也。外城多南人,然其聲皆習羌胡之調,樂皆胡樂。入廟之樂,自然不同,亦無唱戲。”又問:“貴國庶民之家,以何作生業? 有恒産否? 仕宦須世族耶? 亦有草茅寒素耶? 有頃以三貼餅供之,吃了。”答:“士農工商皆有所業,但士最無食。”答:“士無食則作何謀生?”余答:“以仁義禮智食於人,非晝墁求食也。”問:“亦教讀否? 應試之外,又作何事? 另有上給田産否?”曰:“教讀謀生,俗亦不數,應試不做,則無進身之路,蔭仕百不一二,亦無給田。商賈則永羞永羞,做農不拘。”曰:“士不作商賈,抑國中不貴商賈耶?”曰:“不重利故也。”曰:“此勝於内地多矣。”又問:“使館在於何處? 想係城内耶?”余答:“正陽門内東邊城底,會同四譯館是也。”陳問:“國姓今數百年矣。前朝是何姓,見宋時國王皆李姓,豈以國戚後遂有其地。抑中間便有一代耶?”答:“本朝延祚四百餘年,前朝是高麗王姓。”張云:“改日幸來一叙。”答云:“再圖一穩則幸幸,那裏更會?”答:“盡可再來弊寓。”仍相别而歸。時驟雨旋霽,日已向昏,主人出門送之。爲出一僕俾導前路。陳生乍語先出,不得叙别,意者與張同館异室也。燕法日墜閉城門,正陽門早先下鑰。由宣武門歸館,宣武門一隻已閉了,較我法時未早烽矣。閉門之時,門卒鳴小錚,長呼如歌唱焉,日暮到館。

(七月)十五日癸丑,晴。有往日之約,故與芝叟往粗旗廟,與張、陳二生穩話終日。是日,既望之日也。酒酣,曠世之感,悠然而興。回憶家山,漠無涯極,自唱界面數調。張曰:“貴邦之歌調,以何曲爲第一? 而唱法以何爲始耶? 願詳聞。”余答曰:“以宫商角徵羽爲法,則此是五音也。角爲仁春方木,徵爲禮夏方火,商爲義秋方金,羽爲智冬方水,宫爲信中君土也。以此爲歌也。”張曰:“然則今先生之唱,據何調也?”余答曰:“是界面調,即商聲也。”張曰:“美哉!正當此時之唱也,願更聞一唱。”余復唱數歌。“壯哉!真禮義之邦。文華詞藻冠於諸國,而至於歌調,亦是五音,何如是正禮曲之盡耶?”再三稱羡不已。入寢内持一把扇子,自題七言古詩一篇以授余,余受而以清心丸十個謝之。乘昏歸館。

七月二十三日辛酉,晴。往粗旗廟,張、陳兩人俱觸感呻吟,入寢叙禮畢,出一小箱開看,即我國人參也。張曰:“此是白參,比紅參孰勝乎?”余曰:“暫負也。”張曰:“然則價亦負乎?”曰:“負也。”余曰:“此何出也?”張曰:“貴邦馬頭輩來請買,故每兩重給銀二兩買置。而與伯遊日煎二錢,服之已三日矣。”聞其由則兩人俱是參熱,懇診脉。余看脉,題清凉解表之劑數三貼,或題給。因飲酒團樂,日暮告歸。陳曰:“返駕不遠,同往鄙處,又一穩話可也。”携手同去。入寢内設桌坐椅,以些少酒肴飲了。出雲海鍾靈墨一匣,清茶一封授余。謝謝,余受而歸館。

八三、朴思浩《燕薊紀程》

【解題】

《燕薊紀程》三卷，朴思浩撰。

朴思浩（1781—1859），字季詹、誠夫，號心田，朝鮮密陽人。司諫院大司諫朴天行之子。朝鮮純祖二十五年（1825）式年試進士。道光八年戊子（朝鮮純祖二十八年，1828）十月隨從朝鮮謝恩兼冬至使團出使中國。此行正使洪起燮，副使柳鼎養，書狀官朴宗吉。使行於十月二十五日從漢城出發，十一月二十五日渡鴨緑江，十二月二十四日到達北京。次年二月初四日離開北京，四月初四日回到漢城。此書記載與清人文字交流甚多，《應求漫録》是在北京時與清文士論經賦詩等交流的記載。《春樹清譚》是在丁泰的春樹齋，朴思浩與丁泰及進士沈洛、舉人金衍照、舉人勞宗焕、舉人鍾汪杰、舉人朱其鎮、内閣中書吴嵩梁、兵部郎中厲同勛、熊昂碧等人的筆談記録。《榆西館記》是在蔣鉞的榆西館，朴思浩與知縣蔣鉞、蔣鈁、熊昂碧、進士李辰豫、蔣星榆、張甘生等人的筆談記録。《蘭雪詩龕》是在吴嵩梁的書齋，朴思浩與丁泰、熊昂碧、吴嵩梁等人的筆談記録。《金臺詩集》是在北京時，與丁泰、吴嵩梁、朱其鎮、熊昂碧等人間的唱酬之作。《玉河簡帖》收録了在北京時，朴思浩寫與清友人的書信三十一封。《外藩賡詩》收録了朝鮮正使洪起燮、琉球國正使毛世輝、副使楊德昌賡和道光皇帝紫光閣賜詩的詩作。其中筆談資料有己丑年在北京大樹庵與證明大師筆談；在春樹齋與進士内閣舍人丁泰及進士沈洛、舉人金衍照、舉人勞宗焕、舉人鍾汪杰、舉人朱其鎮、内閣中書吴嵩梁、兵部郎中厲同勛、熊昂碧筆談；在榆西館與知縣蔣鉞、蔣鈁、熊昂碧、進士李辰豫、蔣星榆、張甘生筆談;在吴嵩梁寓所與丁泰、熊昂碧、吴嵩梁筆談。

兹以韓國首爾大學奎章閣藏《燕薊紀程》爲據輯録資料。

大樹庵夜話

余往圓明園,三宿大樹庵。晝則入園觀戲,夜則與同伴諸人酬酢古談,又與庵中證明大師筆談,收爲《大樹庵夜話録》。

昔元順帝北遁也,始放高麗使東還,麗使出館,然後始知天下有大明兵也。使臣留館,漠無聞見,每深夜鎖館,妄念無所不到。余語及此事,雲庫曰:"若然則適見黄河清,亦何妨也?"

王鵠亭民皞曰:"天下有三厄。南唐時,李宵娘俘入宋宫。宋宫人争效其小脚尖尖,勒帛緊纏,遂成風俗。故元時漢女以小脚彎鞋爲自標异。前明時,禁他不得。韃女之嗤漢女纏脚,以爲誨淫,則冤矣,這是足厄。洪武間,高皇帝微行至神樂觀,有一道士結網巾便於韜髮。太祖借他一着,照鏡大悦,遂以其制令天下。其後漸以髮網代絲,緊箍狠纏,瘡痕狼藉,名曰虎坐巾,謂其前高後低,如虎蹲踞,這是頭厄。萬暦末,烟茶遍行兩浙間,猶令人悶胸醉倒,天下之毒草也,非充口飽肚,而天下良田利同佳穀,婦人孺子莫不嗜如蔘蔘,情愈茶飯。金火迫口,這是口厄,亦一世運也。出《熱河記》。

余問證明禪師曰:"雍和宫齋室傍有番僧畫像,乾隆皇帝戀戀不能忘,立祠享之云,是何僧也?"曰:"西番大寶法王班師額爾德尼。"

……庵中,左設關帝廟,右設釋王殿,皆丹雘侈麗,而最下小廊閣三間。余與書狀及朴松溪諸人入處,見壁間有一神位板,塵埃滿壁,烟煤滿帳。揭帳而看,則位板書曰"文宣王孔子神位"。諸人相顧愕爾,遂拂拭塵土,凈掃閣内,遮幔而宿炕。余卧,誦安裕詩一絶曰:"香燈處處皆祈佛,管弦家家盡祀神。唯有數間夫子廟,滿庭芳草寂無人。"今日光景,不幸近之。設使關帝釋王有知,亦安得晏然於心乎？甚矣，中國之人崇佛祀神也。時一行多人處廟殿之中。松溪戲曰："吾輩入此寺，謹守聖廟於數間之屋，備嘗艱苦，當自任護聖之功，而非吾道者，鳴鼓而攻之可也。"余曰："神州陸沈，聖道榛蕪，《春秋》無可讀之地，義理非可伸之時，姑且休嘩。"相對一笑。

昔李益齋齊賢、崔孤雲致遠皆入仕中朝，遍觀巴蜀、江南，亦東人之罕有也。今燕京，北方一隅也。一有入燕者，輒曰："吾盡觀天下之大。"豈不夸哉？蘇轍，蜀人也，於水見黄河，於山見嵩嶽，於人見歐陽公，自以爲幸。况不見河，不見嵩，不見歐公者乎？

春樹清譚

春樹齋，卯橋莊也。與主人卯橋及雪門、曉峰、亦宜、元甫、九山、蘭雪、茶心、雲客諸人多日從遊，拾其筆談餘紙，作《春樹清譚》。

余問卯橋："玉胤今年廿二，文學成就否？願一識荆。"對："文學未成。今往楚州聘家，未還。"余曰："先生與鄙人同庚。迷豚今廿歲，與令胤一二年庚，誠非偶然。迷豚日後入京，與令胤相訪，則豈非世誼乎？迷豚名來錫，字稚玄。昨年發解漢城試，尚未得小成，愧乏教訓。"對："兩家各誼記念不替。"余問："關中、洛陽、金陵自古帝王之居，盛衰今何如？"對："關中，今之陝西，五季以後，金湯沃野變爲鞠草。洛陽，今之河南，天下之中也。舟車之會雖依舊，而繁華壯麗非復舊時，然兩地風俗古樸，俱稱樂土。金陵，前明舊都，地勢雄壯，而繁華不及蘇、杭。僕居蘇、杭之間，去金陵較遠，蘇、杭華麗，實過帝城。唐以後，名人故迹極多，兩漢、三國較少。金陵則三國時《吴志》中人物咸集。"余曰："曾於東坡諸名人紀迹，夙知蘇、杭之景物。東國人於天下名勝首稱江南，所以然也。"又曰："弊邦專尚程、朱之學。昨入太學見辟雍《石經》，慨然有業學中國之志，果有醇儒名師，大闡學教者乎？"對："雖有豪杰聰明之士，皆埋没於科臼中。學問固所崇尚，而惟應試以八股制藝。少年强壯之時，工夫爲其所奪耳。"余曰："科舉之累人，通天下之大患也。"卯橋大笑之，以墨加圈於'大患'字上。問:"陽明之學熾盛於中國,果然否?"對:"陽明宗陸氏之學,功業蓋天地,後人亦不敢輕議。但從其學者,易涉禪學,所以不如專宗朱子。"余曰:"自古豪杰之士多有高明而過之之弊。陽明之才學流入禪學,亦因高明而弊之也。弊邦人性多淳實,恪守朱學,所以寡過也。"答:"先生議論正大,實愜鄙衷,欽服之至。"余問:"先生詩學唐乎,宋乎?"對:"近體學唐,古體學唐而略參宋蘇、黄諸家。"因出卯橋草稿示之,又書一柱聯於紅箋曰"實學君能宗鹿洞,新詩我愧購鷄林"給余,曰:"此乃心貺也。歸國後,揭之書屋,如對故人。"又贈《學部通編》①一匣,曰:"此乃朱陸之辨也,留覽則可以瞭然。"余問:"佛教之盛衰非關國家之禍福。今自柵門至皇城三千里之間,沿路梵宇之穹崇華麗者,指不勝屈。而瀋陽之願堂寺、皇城之雍和宫、闕中之闡福寺尤極壯麗。皇都表正萬邦之地,何不崇儒重道乎?"對:"佛教自漢入中國,後世帝王希冀長生,建造梵宇,歷代相沿,難以遽廢。近日士大夫之有識者并不好佛。"問曰:"雍和宫喇嘛僧,是所謂西番之班禪活佛投胎托生之名耶?黄金之屋、錦綉之床是何尊敬?"對:"投胎托生前世謬傳,而非尊敬也,其實囚之也。"卯橋問:"貴國貢使三人俱不出城訪友否?"對:"國俗謹慎,有職名人不妄交人,故未曾出城,此是人臣無外交之義。"余問:"河源出星宿海而失其故道,溢爲中國患,其來久矣,近日何如?"答:"星宿海是西域。自此而下至陜,至中州。河上源甚通,下流爲患。河之患在豫、楊二州。龍門以上無足患也。"余問:"僕好隸書,壁上所挂姚元之書,果工精典雅,未知其人尚在否?請求一柱聯,如得拱璧。"對:"姚在内閣校書,乘間求言,奉副勤意。"卯橋問:"今年有别使云,果然否?"對:"皇帝有頒敕,故應有謝恩使,夏間當到京。"朱九山問:"貴國考試幾歲一舉行?用論策乎,抑詩賦乎,抑制藝乎?請詳示之。"對:"三年一次大比之科,用詩賦、表册、義疑。有初試、會試。大科

① 《學部通編》,當即《學蔀通辨》。

及第，小科進士。又講七書，是謂明經科。”問：“七書是何書？”答：“《詩》《書》《易》《論》《孟》《庸》《學》。”曰：“中國則并《禮記》《春秋》名曰九經。”問中國科制，答：“秀才應秋試獲雋者，爲舉人。舉人應春試，取中者爲進士。進士應殿試，甲第高者，授職京官，或出用爲知縣。”問：“以何文應試？”答：“以四書命題、詩一首爲頭場，以五經命題爲二場，策五道爲三場。合格者登科，乙科、甲科同例。”余曰：“先生與雪門、曉峰諸公，詩與筆風騷典雅，有濂洛遺韻。未知南中後洛後裔克紹先學，貴宗科宦幾人？楊龜山、李延平、羅豫章、蔡西山、張南軒、吕伯恭、陳同甫諸賢後裔，簪纓不絶否？地界有限，恨不得往遊東南，與諸賢周旋。”答：“諸賢後裔科宦極少，或紹修先業，遁居岩穴。自元、明以後，遂自不振，勢所然也。”問：“吴中程少泉偉元，伊川先生三十一世孫，曾作瀋陽太學教授，與東人酬唱，其詩與字畫甚佳，今尚在否？”答：“先輩也，未及識面。”余曰：“先生春試捷高第，幸寄書報喜也。登第後，益修家庭之學，能克承文公未卒之事業耶？夫子之業非但修齊、治平大綱領而已。尊華攘夷爲天下大義理，著在一部《綱目》，願先生闡揚之。”答：“先生高明廣大之教，勖之以先生志學，開拓心胸，如披雲見天。然孱孫不肖，安能肯構肯堂？”仍拾“尊華攘夷”等紙，入口嚼之，見余微笑。余喟然太息，即飲一杯，又勸一杯，九山又勸一杯。各三杯後，余書“今日始逢天下士，百年長作夢中人”，曰：“此乃吾東朴貞蕤詩也。吾輩襟期相詡，四海皆兄弟也。一别之後，豈非夢中人乎？悵悵殊甚。”九山涕涔涔欲下。金曉峰問：“先生何日起程？何日到京？”答：“十月二十五日起程，十二月二十四日到京。”問：“行篋中必有佳章，希賜借讀。”答：“拙構祇可覆瓿，不堪露拙於大方家，然不敢辭，選日更呈。”又曰：“僕有舊稿在蘭雪所，日間索回，可呈閲。”答：“獲睹瓊什，尤當感幸。”曰：“不敢藏拙，藉以訂校，且先生回國時，僕等各作一詩贈别。僕等皆江南人也，素有山水之癖，而東國亦有山水之勝。古人云：‘願生高麗國，一見金剛山。’比西山何如？”余曰：“金剛千岩競秀，萬壑争流，有一萬二千峰。削蓮堆玉,宛若畫圖,名庵大刹,燦若蜂房。東則碧海萬頃,滉瀁無際,此其大較也。但塔刹之壯麗,樓閣之輝煌,十七橋之宏杰,比西山望洋矣。"諸人皆口呿,齊聲好好。又曰:"樂國好山水。"余曰:"願生中華國,一見江南好。蓋因柳耆卿《望海潮》詞,可知其絶勝。'三秋桂子,十里荷花,烟柳畫橋,風簾翠幕',皆依舊否?"答:"無异昔時。"余曰:"飯稻羹魚,笙歌樓臺,俊人佳士,亦爲東南之美。此可謂天下樂國,如弊邦何足云乎?"勞亦宜問:"貴國金剛之外,亦多佳處乎?"答:"又有瀛洲、方丈、香山四郡,雪嶽、洞城、關東八景諸勝,而互有優劣。"諸人曰:"未見其地,或有詩集,可以得見遊賞乎?"答:"行中未有帶來。"余曰:"江南非但景物之勝,人物亦勝。年前江南人漂到弊邦,其船上梢工,亦皆俊雅,應是地靈鍾毓。"對:"弊邦人亦有陋劣難堪者,大都讀書人秀雅爲好,與貴邦人物不相上下。"余問:"雪樓才子名播海外,如王弇州、李東陽、李攀龍、何景明、袁中郎,近日王漁洋、朱竹坨、文太史徵明諸人,其後裔或能紹家風而仕宦者耶?"答:"中朝無仕者,後裔亦不甚顯。"問:"紀曉嵐、翁覃溪兩公詩文汪洋,大方家也,今尚在否?"對:"已作古人,其子孫亦零替。"沈雪門問:"貴國官職大小服色何以分别?"對:"弊邦衣服多非古制。士人之幞頭襴衫,官員之紗帽團領,戎服之朱笠貼裏,軍服之氈笠挾袖,大小皆同,而團領紅、藍兩色,堂上官着紅,堂下官着藍。董越《朝鮮賦》'長衫闊袖折風巾',乃譏其非古制也。"曰:"箕子封朝鮮,殷人尚白。太公封齊,齊衣履冠帶天下。貴國得非箕聖遺風而地近於齊而然耶? 今天下衣冠之國也。"余謬曰:"中國之帽子、狹袖,通用於朝賀、讌享、祭祀、征戰、燕居之時,這是華制耶?"座中相顧笑視,末乃愀然曰:"此非漢、唐、宋、明遺制也,國制也。"鍾元甫問:"心田、雲庫兩先生同宗否?"曰:"然。""官居何職?"答:"鄙人等俱是未第秀才,爲觀光上國隨上价來。"曰:"僕等江南人也。聞先生慣説江南風物,久客之餘,鄉思悠然而起。貴國住居必稱洞,俱近山否? 不然,何以稱洞也?"雲庫曰:"胡同之稱甚陋,故以洞稱也。"對:

“非陋也，方言各异耳。凡山溪之間曰洞，此必借以名之耳，江南巷名亦曰弄。”熊雲客贈詩集一卷曰：“拙詩一册，歸國後希賜披覽。思其人不見，見其詩，如見其人矣。”答：“吾東有水雲詩社，諸友皆好詩人也。以此瓊什歸詑，豈非萬丈光焰乎？”問：“李靈樵昨年來此酬唱，甚得相歡。聞其歸在桐廬山中云，先生歸國後，須致吾輩眷眷之意否？”答：“僕回國，即有留約往遊海嶽。桐廬山人，早晚圖晤，致及諸君子盛意。”余曰：“言語不通，以筆談代之。入座以後，便作啞聾，甚麼貌樣？”雲客笑曰：“字同音不同故也。”余曰：“昔孔明入吴中，舌戰群儒。今僕終日搦管，左酬右應，役役不暇，可謂筆戰。”諸人皆笑，加圈“筆戰”二字。吴蘭雪晚到，以其老人，故諸人皆起，迎於門外。談鋒淋漓，各叙寒暄。向余揖曰：“貴體百福，遠程辛苦。久聞大名，今瀉惄如。貴國南金陵聞已作相？”對：“首相。”“沈斗室近作何狀？”對：“退休鄉墅。”“申紫霞相好否？”對：“未有雅契。”又曰：“紫霞詩畫俱佳。其子小霞能畫梅竹，俱絶才也。趙羲卿、金秋史、金山泉、李藕船[①]太平否？趙官至亞卿，不知早晚能充使來耶？”答：“似不遠矣。”問：“貴國刊册或有行篋中，可以借見者否？《杜詩分韻》係内閣刊本，僕曾於李鍾山所見之，固佳本也。”余曰：“因趙經畹秀三雷慣大名，方欲進拜門屏，有此先施枉屈，甚悚悚。”答：“經畹詩才可愛，余詩交也，今居何職？”答：“細柳營從事。”余出南允明《詩稿》，請批評。即刻援筆，作小序題之，問曰：“是人詩與筆，大有佳趣，金陵之族乎？何南氏之多才也。”又出李審[②]夫古文一册，使之批評。出挂靉靆，良久繙閲，彈指吟讀，讀畢曰：“成家之文也。淵博典雅，深得古體，不可造次批評。請携歸弊廬，細玩評奉。此文於洪海居駙馬《三怡集》見之，已知其博雅君子也。”因約日更會於弊廬，與卯橋偕臨，即辭起，其酬酢敏速英發，非若老人精神。余曰：“蘭雪何遽歸

① 船，原文誤作“泉”，徑改。

② 審，原文誤作“深”，徑改。

耶? 鄙等或有失敬而然耶?”卯橋曰:“蘭雪有趙君請酌,本是因弟速其即來,所以不能久坐,并無他意。”遂以再明日約會於蘭雪宅。余問卯橋曰:“中朝威德遠覃,開拓新疆數萬里云,現在那方?”答:“新疆開拓在康熙聖祖時,在西北界。前年張逆不靖,盤踞四城,旋即克復。”卯橋問:“貴國參産於何處? 色品何者爲上?”余曰:“産於嶺南曰羅參,嶺東曰山參,江界曰江參,家種曰家參。色則白者未必不如紅。”曰:“京師參鋪皆以紅參爲上,枝長有鬚者爲老山參,皆貴國之參也。”余曰:“聞太行之山有檀參,然乎?”對:“絶無而僅有。”是日也,自早至暮,酒食果肴絡繹進排。每一器盡吃,又進一器。有全羊烹、隻鵝煮,炒卵、炒猪、湯、猪肉菜、竹笋蒸、荔芰、龍眼、橘橙、楂果、胡桃、熟棗、落花生、餹餅之屬,不可殫紀。最後進飯一甫兒。諸品皆精潔嫩鮮,飯則如酒米飯,大不如我國飯味。共設於一卓上,十人環椅而啖之。每人前必置一雙箸,一隻杯。杯太小,如我國鍾子之半。酒樽則長置卓上,空則復置酒,味香冽。茶則置爐於炕内,以大罐置其上,頻頻以畫鍾傾呷之,真所謂恒茶飯也。主人曰:“酒果俱江南産品,與東國稍异,未知可口乎? 先期未訂,無肴奉款,幸恕簡率。”余曰:“既飽以德,亦醉以酒,多感眷厚。”余曰:“曾聞江南有香猪肉,味甚佳云,然否?”對:“江南來者有生醃猪肉,味甚佳,久而不敗。江南家鄉,適有醃肉,先生如愛食,望於初三日,遣伻持器而來,弟於上夜煮熟奉饋也。”余曰:“曾聞醃猪,故偶及之耳,何敢以口腹累人? 如其久不敗,則以生醃惠餉否?”對:“何貽累之有,當如教。市上所賣北猪大,非南猪之佳。”余不好飲,而酒杯極小,且日氣峭寒,故不辭諸人之勸,而亦不至醉。日晚後,卯橋謂余非小酒户,連勸之,遂一觴一詩。余曰:“‘頻頻到口微成醉,拍拍滿懷都是春。’此康節詩也,酷愛其詩意,而其實天下之不好飲,無在余上,余有東坡之病也。”雲庫,善飲者也。初見佳肴美酒,又諸人愛其善飲,迭相勸杯,痛飲而醉,與主人論易理,酬酢淋漓。主人喜曰:“不圖先生深於易理如此也。”又曰:“行中有帶來書籍,可得一覽否?”答:“海外偏邦，書籍本自不敷，且無帶來，不得奉副勤教，甚悚甚悚。日前惠借先生詩集，歸館抄寫，字字可誦。他日歸到山家，一燈風雨，吟誦數篇，如見故人於萬里之外也。弊邦使价亦見先生詩文，大加欽誦，而不敢唐突求見。”答：“獎譽太過，萬不敢當，可愧可愧。”余於臨發更往告别，則卯橋略設餞别，而朱九山諸人以試期臨迫，各贈别詩贐物，未同餞席。主人執手怊悵，又贈《詩園清譚》《式敬篇》《福幼全書》等物，又贈筆墨匣轉贈家兒。

榆西館記

榆西館在順城門外小泉莊也。小泉、容齋、雲客、中峰、白庵、少白約會，余與雲庳偕往，竟日而還。迭相酬唱，隨録其筆談餘紙，作《榆西館記》。

中峰問：“貴國自古爲箕子屬封，殷都河南去洛陽僅三百里。予洛陽人也。曾云：‘萬里心儀箕子墓，淵源叙到是鄉親。’殷服制尚白，予獨非殷人乎？今日相會，如仰先民矣。”余對：“弊邦浿城有箕子墓。外城又有故宫遺墟、井田遺址。白馬東來，以八條教民，故士民禮義，婦女貞信不淫，蓋殷師之教化也。”曰：“樂國也。”余問中國科制，對：“鄙處科規：由舉人應會試，中後曰進士，再殿試後，定翰林主事，即用知縣。如未進士者，三科後大挑一等者知縣，二等者教官。”座上人皆賦詩，白庵獨不好詩，曰：“大兄頗有詩興，豈無酒量？愚弟既不作詩，請與痛飲，以伸繾綣。”諸人各勸一杯，余曰：“如是一日須傾三百杯也。”白庵曰：“三百杯不過一斗，安足辭也？昔談經之鄭康成亦設此飲。”余曰：“康成之經、青蓮之酒，豈能容易抵敵乎？”中峰曰：“小泉酒非小户。”余曰：“中峰詩是大家。”諸人競起加圈曰：“的對，好酒令。”又酌勸一杯，有菜肴香味絶勝，問：“是何物？”對曰：“江南水母蔬。”余曰：“海東山婦菜，可謂的對。”諸人又加圈勸酒，余笑曰：“不好飲酒無在余上，而出一佳語便得罰酒，豈不難堪乎？”雲客問：“貴國松茸其名甚佳，其味何如？”對：“味香淡而脆。”余贈蔣鈁紙、筆、墨。小泉曰:"貴國紙品堅滑可寶。狼毫、陳玄亦甚佳。學書者俱用此耶,抑别有真品耶?"對:"都不如中國真品。紙不如唐品之精清便用,筆不如貂毫、明月珠、羊毫等。東墨之佳者,如首陽梅月芙蓉堂、魚躍龍門等,皆産於海州,而大不及中國墨品。"小泉曰:"中國好墨多出於江南之徽州,當奉贈一笏。"雲客問:"完山李先生正履古文各體,曾於《三怡集》見其一序。洪海居兄弟詩文、經學俱有工夫,先生識其人乎?"對:"海居兄弟未識,而李即國東名儒也,在叢桂山中,博學而行潔,孝友愷悌,詩文尤甚高,與鄙人至交也。橐中有一篇古文帶來者,明當送覽,幸須批評否?"對:"若賜一覽,不啻拱璧,昂碧素敬東人,愛其文雅有信義。見冷齋、楚亭集,嘐嘐尚古,而近交申紫霞緯、李鍾山奎鉉、白壺隱漢鎮、李芝山窻在、趙幸人基謙叔侄、李靈樵壽民,眷眷不能忘。今逢大兄,情未洽而别已惜矣。歸國後,轉致眷眷之意於諸君,幸甚。僕於夏間,當有出京之行,梗泛萍飄,使价便惠我尺素,以慰飢渴,是所厚望。"余對:"士生斯世,有曠感千古。况吾儕生并海内,偶然萍逢亦是天緣,再作良晤,似有其期。臨别悵惘,涕簌簌欲下,但恨良辰雅集太匆匆也。諸先生亦同此懷否?"雲客汪然出涕,執手良久,遂書五絶曰:"久矣聞君名,君來行有日。更勸君一卮,匆匆將惜别。"余即和之曰:"人生貴知心,百年當一日。四座且停杯,聽我歌遠别。"諸人一時并起立椅上,齊聲"好好",加圈於詩上,各有評品:"清古淡遠,真樂府上乘。李中峰。""讀天籟於不經心,得之兩漢之遺。雲客識。""作者詩佳,閲者眼高。紅塵十丈,何謂無人? 小泉評。""詩甚高古,極得漢人之意。"小白題。"詩好不和,反浮一白。白庵贊。"仍各出花箋,請書此詩,以爲留别之資。小泉又出印朱盒贈之,以自家所刻贈圖書各押紙端。小泉又請大兄紀行詩中《榛子店次季文蘭詩》:"塞天漠漠曉啼妝,尚憶阿孃作嫁裳。夢裏江南春草緑,芳心應羡雁隨陽。"予最愛之,更書一紙留玩。余曰:"宋國梧臺,東野人。得燕石,燕石非寶也。過蒙諸公褒衮,甚愧甚愧。"余謂小白妙年夙成,丰采可敬,他日永勿相諼。小白曰:“詩才如此,閣下必多著作。回館於燈下,録出數首與我,他日一燈風雨,庶幾如見故人。”答:“帶來適無所貯,不堪持贈。”雲客曰:“小白即玉水愛婿也。玉水因入直少暇,未能訪叙大兄,咄咄致恨。”中峰曰:“李月汀,名璋煜,鄙人宗兄,先生曾見其人否?”對:“月汀先生大名,在弊邦飽聞,亦有李靈樵信帶來,故往造,未拜而回,心甚茹悵。”對:“篤學好詩,近在刑部,事繁。”余見小泉所贈家刻《阮嗣宗詩注》,乃其祖師錀所撰,而亦有文名於世者也。雲客曰:“向於卯橋宅與蘭雪留約,蘭雪宅此去不遠,約日與我同往,須枉臨鄙寓。”對:“幸甚,幸甚。”

蘭雪詩龕

蘭雪,吴中書嵩梁號也。余與丁卯橋、熊雲客會遊於詩龕。龕甚精緻,花卉、書畫、筆床、茶爐、文房、珍玩,極其瀟灑。拾其談話,名之《蘭雪詩龕》。

余問:“先生今居何職? 膝下兒孫多少?”曰:“僕由國子博士遷内閣中書,今以充玉牒館纂修官,優叙當出作刺史矣。男四人,長始十七歲,二六歲、三四歲,最幼未數月耳。”因問余曰:“貴邦有金剛山爲第一名勝,其風景可得聞乎?《明史》朱之蕃詩云:‘願生高麗國,一見金剛山。’良有以也。”答:“風景難以筆舌盡記,昔人問吴興山水,答以‘千岩競秀,萬壑争流’。以此句當何如?”曰:“見南金陵詩中,此山亦有九龍瀑布、五老峰、香爐峰等名,似與楊邦廬山相同。”曰:“‘青天削出金芙蓉’之五老峰,先生曾已往遊,則何必健羨乎?”曰:“曾一夢遊。次日金秋史以畫圖見寄,故私集中有詩紀之。”曰:“古人有卧遊五嶽洞天者,先生近之矣。”曰:“《清脾録》有持來刻本否?”曰:“僕秋間遊海嶽之間,臨使行,不多日啓發,故書册未曾帶來。”曰:“花木與此間相同否?”曰:“花木皆隨土宜,偏邦卉植安能與中國同譜? 或有别種异様,馨香可愛。”仍設餅餌酒果,問餅名,曰:“雪華、餑餑、麻餅、如意。”“僕生海外,幸睹中華文明。先生今世詩宗也,幸賜一詩以賁山房,畢生難諼。”曰:“先生何不首倡? 當屬和也。”“鄙人拙於詩,欲學大方家也。卯橋即來,且一聯句何如?”出《冷齋集》一卷,曰:“此貴國柳公得恭詩也。其懷古詩、山水人物皆可以備掌故。”答:“惠風此詩,詩史也。又有李雅亭《清脾録》覽否?”答:“此書四川李君調元曾采入刻本。朴齊家詩集已刻否?”答:“弊邦刻本極艱,姑未刻出。”曰:“紫霞欲彙抄貴邦之詩,寄爲選録,惜此書尚未收也。”余問:“中朝典文衡太學士姓名爲誰? 别號爲誰?”曰:“中朝文衡并無一定,臨試欽派。會試,則主派者爲大總裁,又有副總裁三人,俱一二品官,皇上親派。京中鄉試,即古京兆試,總裁三人,亦一二品官,皇上派試。外省鄉試名主考,有正、副二人。大省命侍郎,中省、小省御史翰林、講讀編修、中書郎官俱可。會試中者爲進士,鄉試中者爲舉人。”余問:“中朝視弊邦如内服,前後殊恩寵渥,與諸藩國迥异,何以得此?”曰:“貴邦以禮義之國,文章亦盛,其事本朝恭順可嘉,爲諸藩所不及也。”曰:“弊邦事大之誠,恪勤憧憧。至於文章禮義之盛褒,恐不敢當。”曰:“貴邦主文衡者多何官?”曰:“弊邦主文衡一人而已,官名大提學,使宰相中文學高明之人臨科考試取士。鄉試則職卑文臣中擇送取試。”卯橋晚到,余曰:“何其遲約耶?”曰:“持被閣中,直向此間耳。”余曰:“朝朝染翰侍君王,衣冠尚惹御爐香。”對曰:“但使主人能醉客,一片冰心在玉壺。”余曰:“昔孟浩然訪王摩詰於禁中直廬,有‘不才明主棄,多病故人疏’之句。今先生在直,亦有親友尋訪否?”曰:“閑雜人不得往來。”仍曰:“浩然奇才,而明皇以‘不才明主棄’一句棄之,太薄矣。抑亦浩然詩窮耶?”余曰:“弊邦友人完山李正履,字元祥,經學博覽,好治古文,詩宗唐。而其文集一卷已在主人案上。與蘭雪老人共賜覽評否?”蘭雪曰:“此公古文甚高,曾見其爲人作序。此册所論經學,俱有卓識。吾輩謏學,不可造次妄評。”余曰:“鄙家一後生,名定夏,字君保,號鷹觀,年未弱冠,頗有詩學字畫。來時有别章古詩,請祈兩公評品。”兩人聚首,吟誦彈指曰:“未弱冠如此,其進不可量。天才警敏,古意甚佳。《元祥集》苦請留贈。”余曰：“歸國後，當歸語元祥，繕寫精本奉寄也。”雲客聞余在蘭雪所，亦追到，問余曰：“東國多文章經濟之士，願聞塵論，以慰景仰之私。”余曰：“文章經濟多在於中朝人物，願先承清誨。”曰：“何謙也。貴邦素有南、柳、申、蔡、尹、朴、吴、盧八家詩文雜著，其在新羅、高麗，則崔孤雲、李牧隱、李栗亭、鄭栗隱、李月沙、崔簡易、車五山未必多讓於中朝。”余曰：“弊邦自箕子東來，被八條之教。東人事事慕中華，宦於朝廷，有節義諫諍之風。士則恪守程、朱之學，弦誦之聲不絶，民俗重禮讓忠厚之風。鴻匠巨儒、文章黼黻代不乏人，而國俗不沽衒，故岩穴之間亦多高士，不可以一概論也。”曰：“東國多畸人，向所深悉。近如朴貞蕤、柳惠風二先生亦復矯矯不群。前見《稗海》裁四家所著及《清脾録》云云，未稔行篋中亦有帶來一二種乎？”曰：“柳、朴兩公詩文，東國之所重，而《清脾録》，李雅亭德懋所著也，未曾帶來。”余問：“蘭雪先生詩詞遠播海外，乞賜一詩，以賁蓬蓽。”答：“當以刻本一二帙奉贈。”又出示其妻《琴香閣詩集》一卷，細玩之，恰似我國李玉峰詩，才而贍敏，疏朗則過之。又出一錦帖以示之曰：“此乃鄙人亡姬之字畫。没時年十九，而天才慧朗，畫格尤妙。其畫蘭多絶品，廿年前多爲申紫霞所持去。”余以南雪谷所畫一扇求畫題。蘭雪曰：“畫格古雅清真，願留贈鄙人，奉揚仁風。”又使其諸子出拜。余曰：“翠竹、碧梧、瑶環、瑜珥有才學否？琴香閣天才淑德，令人可敬。”答：“僕家世皆通翰墨，但未必可傳耳。”蘭雪向在卯橋席上，見雲庫論《易》理，向雲庫曰：“昨聞談經學甚淵雅，此事非詞章可比。如有著稿，留弊廬細讀。別後有所疑，願以就正也。”雲庫答：“僕失學迷方，鹵莽殊甚，且無著稿帶來。”蘭雪曰：“貴邦詩人甚多鈔傳拙作，僕亦好東詩，見壁間所挂金秋史、申紫霞諸詩可知也。紫霞今便寄文細衣料，亦是故人綈袍之意耳。”卯橋曰：“昨於禁直公役之暇，奉和絶句三首，别作七古一首，奉送行旌，尚未畢寫，容俟後日。”

八四、朴來謙《瀋槎日記》

【解題】

《瀋槎日記》,朴來謙撰。

朴來謙(1780—?),字公益,朝鮮密陽人。有《晚悟遺稿》《塔西遺稿抄》等存世。道光九年己丑(朝鮮純祖二十九年,1829)七月,以朝鮮問安使團書狀官的身份出使中國。使行於七月十六日從漢城出發,八月十九日渡鴨緑江,八月二十九日到達瀋陽。十月初一日離開瀋陽,十月二十四日回到漢城。《瀋槎日記》即是對此行見聞的記載。九月初四日,在瀋陽客館與清人助教繆圖箕筆談;初五日,在瀋陽客館與書院教授陳亮父子、教授劉承謙、秀才彭兆棣、秀才郭清鑒筆談;十八日,在瀋陽客館與陳亮、秀才彭兆棣筆談;二十日,在瀋陽繆公恩寓所與瀋陽文士符芝、金姓人筆談。又有朴龜夏,生平不詳,爲朴來謙侄子。己丑年七月,隨朝鮮問安使團出使中國。九月初三日,在瀋陽與清人筆談。

此燕行録爲筆寫本,《燕行録全集》收録。兹以此本爲據輯録資料。

(己丑九月)初三日,龜侄落後追來言:"轉一抹角,聞鼓樂之聲。入其家,即喪家也,方受吊而作樂,不勝駭愕。"佇立少頃,護喪者出來。書示曰:"在此看甚麽?"答書曰:"外國人適遊覽城市,聞門前鼓樂,來住暫聽,貴第鼓吹,未知何故?"護喪者答書曰:"此地辦喪事均係如此。"又書示曰:"是係何禮?"答書曰"此喪樂也"云。作樂而娱尸，自宋時已或有之，則何責乎今之人耶？路逢遭艱者，上衣則服素，而帽子與褲履皆不變，女子則祇不插花而已。以月代年，三月而除服云。

（九月）初四日，從人輩俱出遊玩。余則嫌於數出，塊坐客館，甚覺無聊。午後，繆楳澥之胤圖箕闖然入門，促膝筆談，文筆俱佳，亦可謂稱其家兒也。又袖示其大人蘭畫一幅，又聞其次子景昌善書畫，故給二箑乞畫，蓋楳澥父子皆官助教，而俱爲朝鮮使臣館伴，故逐日來館中云。使龜侄往見陳庾樓，因書送一絶句，以致願見之意。及歸，約以明日來訪云。

（九月）初五日午後，陳庾樓率其子洪京、洪寬而來，二妙皆風儀秀朗，玉雪如也。文翰夙就，已成巨儒，庾樓和贈昨日詩韻二首，亦佳作也。劉教授承謙號溪南，彭茂才兆棣、郭茂才清鑒并隨來，皆湖南文士，而劉則曾因洪台喜哉聞其人可與語，故前已要見者也。彭號棣華，湖南衡山人，其大人浚，號寶臣，壯元及第，曾經翰林，方任奉天府學正，隨駕當來云，而文章書畫擅名者也。諸人對坐筆談，水涌山出，可知湖南人士不并以北也，饋以酒膳，庾樓因請余筆迹，使龜侄篆贈一箑。向夕別去。

（九月）十八日，陳庾樓及彭兆棣聯訪，陳袖柱聯，彭袖詩章見贈。而筆談之際，陳書示曰："中華風俗自潘妃步蓮以後，競向纖步，婦女皆纏足弓鞋，習以成俗，東國亦有此俗乎？"余書示曰："東國則不然。曾聞明時網巾出後，人稱頭厄；烟茶出後，人稱口厄矣。今見中華婦女可謂足厄也。"因相與呵呵大噱。

（九月）二十日，楳澥設酌見邀，故余與龜侄往赴之。上使丈亦會焉，先有二客在坐，一是符芝，號壽潛，一是金，號富錫，皆瀋陽文士云，而與之筆談，果不虚焉。楳澥第宅雖不壯麗，而門庭、花卉極其齊整，書畫、筆研亦甚閑雅。壁挂六幅短簇，云是秦漢古瓦所印者，而觀其文，果皆爲篆，蝌蚪"未央長樂"等字也。又有敗瓦一片，亦刻漢時字。余書示曰:"曾見稗史,某人使一小奚送一瓦片於其友人,曰:'此銅雀瓦也。'友人見之,語小奚曰:'寧有是也,此必贋也。'奚曰:'小的老爺躬自監造,寧有贋理云?'今此瓦亦豈非先生之躬自監造者耶?"滿座閧堂,小遣酒饌并進,連續不絶,薄暮始歸。

八五、洪羲瑾《晚窩公燕行交友帖》

【解題】

《晚窩公燕行交友帖》，洪羲瑾孫編。

洪羲瑾(1767—1845)，字敬叟，一字景懷，號晚窩，朝鮮豐山人。朝鮮純祖辛酉年(1801)中司馬試進士，己巳年(1809)中增廣文科三等，官至户曹參議。嘉慶二十二年丁丑(1817)十月，其以朝鮮冬至兼謝恩使團書狀官身份出使北京。道光九年己丑(1829)十月，以朝鮮冬至兼謝恩使團副使身份出使中國。庚寅年(1830)在北京與陶澍、彭浚筆談。

此帖爲筆寫本，藏韓國國立中央圖書館。主要收録洪羲瑾燕行時清人寫與他的詩歌、尺牘以及雙方間的筆談。《燕行帖跋》有云："此帖吾先王考晚窩公赴燕時，華人交遊詩牘及筆談者也。"兹以此本爲據輯録資料。

"上、副行人俱切識荆之便，初擬今日齊會，適俱有采薪之憂，不得同來，倩僕轉致悵歉之懷。"

"前晶山説及列位使星，風雅之誼，深爲渴慕。今日擬得晤談，以傾積愫，忽聞雲山之舟，回引神風，歉仄奚似。然彼此心交，竟不在區區形迹，所謂'文章有神交有道'也。兩使星之丰采，已於前日詩中見之矣。"

"彭壯元聲華筆法，在敝邦時已得慣聞而艶慕矣。今獲相會，何幸何幸！"

"今朝已寄駱臯、晶山二聯矣，容遲當奉贈，但愧不能佳耳。"

“敢請貴庚?”

“年五十矣,己丑七月十九日生。”

“僕則今年五十二,丁亥生。”

“長弟二歲,真當兄事也。”

“雲汀足下於靖節先生,今爲幾世孫耶?”

“已六十餘世矣,子孫散處吴楚間,約不下千餘人,但詩書之澤不能緬美前人,爲可恧耳。”

“《靖節集》出來東國者,祇二册,中國亦然否?”

“此間所存亦祇如是,年代已遠,散逸者多耳。”

“僕之先叔父平生酷愛靖節詩,手誊全集,須臾不離几案。又有《和陶詩》一秩。蓋隱德不仕曠感之意,不但在詩,甚至所誊詩集身後殉納壙中。此行如知得逢足下,恨不携來《和陶詩》呈覽也。”

“耳溪先生文章哲匠,先師文達公時向不佞道及,是以知之。然不知其酷好靖節詩如此。文章千古,邃之心印,即誊詩納壙一事,已堪千古。不佞謹當載入詩話以爲美談也。《和陶詩》惜未得見,然高人雅致,可以意會耳。”

“耳溪僕之四從叔,與尊先師紀公交好,僕自少聞而知之。向見和章末句已領會矣。《和陶詩》即僕之仲父平生隱居山樊,不出世路耳。”

“不佞誤會,以爲令叔即耳溪先生也,今承示及,始知其非一人,學優行邃,而位不稱德,尤爲可惋。其生平嗜好如是,不可令此間不知其名也,望即詳書其諱字與號,不佞行當纂入詩話也。”

“諱則行是浩字,中字是絅字,而號則仁里耳。《和陶詩》來冬當因使价便付呈也。”

“《和陶詩》能寄以見示甚妙。倘弟或已外擢,即交寶臣殿撰處轉交,庶不致浮沉。”

“此間宦方,由給事中甚麽外擢耶?”

“不佞官翰林十年,擢監史,升給事中,今已三年矣。例當升九卿或外擢觀察使，尚未能定耳。”

“侍講比給事中，品秩何如？”

“同是正五品，若外擢，則當以三四品用。”

“寶臣足下何年登第？”

“弟以乙丑登第。頃承韓公雅什，明後日當致和也。”

“名字韻，弟欲和呈，而未及焉，擬俟後日矣。”

“前日承教，匆匆作答，未暇推敲，即付伻奉致。兹改正數字，附致大雅一粲。‘聖世波閪海泛槎，虹旍綷縩路無譁。清標未接心相許，佳句能來體自華。所愧投桃難報李，何當剪燭共評茶。耳溪文望應堪繼，知是東方喬木家。’”

“何其記功之妙！如此，雖古所云羅友，不能過也。向承寄惠尊先集及貴作，不但客館寥寥中敬玩，可以賫往敝邦誇示士友，深感深感！”

“承嘆極不敢當。不佞於詩道本不精，謬爲海内談詩者所詡，前二集，乃前年奉命巡按江南時所刻耳。自辛未至今之詩約計千首，尚存篋内。俟將來續付剞劂時，當以連日諸君子之什附刻集内，以作藝林佳話，何如？”

“足下以江南人宦遊北京，又嘗奉使於西，成都、巴蜀，無不足踏而目擊。如足下者可謂不負桑蓬，太史公南遊，不啻過之，文章安得不富？極令人欽艷。”

“往年之成都，係奉命爲四川考試官。上年巡按江南，乃奉命督查江浙等六省漕務也。文章山川之緣，皆君恩也。雕蟲小技聊以適意，紀輶軒所見耳。以云太史公浮湘探禹穴之比，則吾豈敢？”

“足下與寶臣足下俱是同鄉，而距北京爲幾里？雲汀所居亦近紫桑故里否？”

“寶臣居衡山之麓，不佞居湘江之西，相去三百餘里，距京師皆四千餘里。不佞與寶臣不但同鄉，且鄉試同年也。靖節先生之曾祖侃爲晉太尉，封於長沙。不佞即居其地，與桑紫相距數日耳。”

“前日答蓴山詩亦有未穩,兹已改正,另書箋頭,希爲轉致。”

“當如戒。”

“今日之晤亦不可無詩。兹再叠前韻奉贈,附書於後,亦他日雪泥鴻爪之緣也。《廠市晤晚窩詩伯,率叠一律奉塵》:‘打鼓星郵報海槎,天吴伏浪曉無譁。已從雲裏經三島,不數臺中望九華。筆落直須鶩疲竹,思清多爲飲名茶。相逢别有詩書味,何必金貂貿酒家。’庚寅正月下澣,雲汀陶澍草稿。”

“今日相晤甚幸,恐諸君須趕城,不佞亦有俗冗須去。此詩如欲見和,於明日午後見付可也。”

“明當和呈,歸期不遠,將無更奉之堦,極令人情黯。”

“莊子云:‘送君者皆自崖而返,君自此遠矣。’每讀此段,爲之黯然。今兹之遇,所謂終得相逢又别離者也,悵悵奚似!”

八六、姜時永《輶軒續録》

【解題】

《輶軒續録》四卷，姜時永撰。

姜時永(1788—1868)，字汝良、汝亮，號星沙，姜浚欽之子，朝鮮晉州人。朝鮮純祖十九年(1819)庭試文科，乙科及第。歷任修撰、忠清道觀察使、漢城府判尹、吏曹判書。一生中三次赴清：道光九年己丑(朝鮮純祖二十九年，1829)十一月，以進賀兼謝恩使團書狀官身份出使中國。道光二十八年戊申(朝鮮憲宗十四年，1848)十一月，以冬至兼謝恩使團正使的身份出使中國。咸豐三年癸丑(朝鮮哲宗四年，1853)四月，又以進賀兼謝恩使團正使的身份出使中國。著有《星沙文稿》等。《輶軒續録》即其以書狀官身份出使清朝的一部使行日記。使行於己丑年十一月初一日從漢城出發，十一月二十四日渡鴨绿江，十二月二十四日到達北京。次年二月初三日離開北京，三月二十一日回到漢城。本書記載己丑十一月二十九日，在草河口店舍姜時永與一學究山東人筆談；十二月十六日，在撫寧縣宿所分别與秀才楊礪軒、學究張生筆談；十九日，在豐潤縣宿所與王致顯、沈連枝筆談；庚寅年(1830)正月初九日，在北京葉志詵寓所與葉志詵筆談；正月二十七日、二月初一日，在北京吴嵩梁寓所、會寧局兩次與吴嵩梁筆談；二月初六日，在宋家莊與楊汝翼筆談；初七日，在豐潤縣宿所與諸生趙筠、魏士坦、魏士奎、沈連枝、王致顯筆談；初十日、十一日，在撫寧縣徐盤龍店舍、使團宿所兩次與王襄陛筆談；二十二日、二十三日，在瀋陽客館兩次與瀋陽助教繆公恩筆談。

《輶軒續録》原本藏於姜氏後嗣,《燕行録全集》收録。兹以此本爲據輯録資料。

(己丑十一月)二十九日,晴,晚陰。平明發行,過石隅,歷和尚莊。有佛舍頹圮,中安三座阿彌。至草河口午飯,有山東人以學究留店,初見士人,亦自開眼,略爲筆談,則少頃,書進一絶曰:"揮毫落紙本無他,衹爲腸中有小魔。願覓清心丸一點,遊人千里沐恩波。"

余遂解包贈之曰:"金丹一粒可以駐顔乎?"仍書示一絶曰:"一路班荆竟是他,憐君白首坐書魔。金丹歲暮聊相贈,爲向光陰駐逝波。"學究笑而受去。

(十二月)十六日,晴,晚風。早發過范家莊……歷吴家嶺,至撫寧縣止宿。

撫寧故多文學之士,而值昏入店,無路逢見。適有楊秀才礪軒來訪,年方三十歲,與之筆談。問中國科制,則答以"小場學院取中爲秀才,文章二篇、詩一篇;秀才鄉試,皇上欽命四書文三篇、詩一篇、五經題各一篇、策五問,以主考取中爲舉人;舉人會試如前制,大總裁取中爲進士;進士殿試,皇上欽點爲狀元、榜眼、探花三甲"云。問:"城中文士幾人?"答以"城南墳頭莊有吴進士蔭松,曾經知縣,年今七十餘;城東鄉有進士王瑞徵,見任刑部員外;北鄉有解元王松齡,無授職。本城舉人徐春貴亦無受職"。問:"北京公卿中,文章筆翰何人有名?"答"以居鄉不聞朝中事宜,但聞劉鳳誥善書能文,此是安徽人,前任翰林院編修,現理國史館事務"云。

(十二月)十六日,晴,晚風。早發過范家莊……歷吴家嶺,至撫寧縣止宿。

……又有學究張生來見,年可六十餘。問以文士,則答云"墳頭吴蔭松,距此十里,不能見。南望紫莊,離城三里,有文學張國均,亦過知縣,年今七十餘。本城雲從書院有文舉張化民,現今散學回府去了"云。有徐盤龍,以白丁在城内開鋪賣買,持箋紙來乞書,遂書贈數對,且書給楊、張二人,蓋明季故家大族多住於此,文獻尚有餘風,山川明秀佳麗,所以邑多文士云。知縣喜禄,滿洲正黄旗人,教諭王致和,武清人。

(十二月)十九日,晴。日有珥,平明發行,歷紅廟新平店,渡青龍橋,即承流河也,駕石爲橋,上有赤石欄,下有三個虹霓,沿路初見也。未一里到榛子店,午飯。

……乘車由南門出,次於店舍。夜有士人王致顯、沈連枝隨劉教諭第三子而來訪打話。余問皇城中文章士,則答以"顧元熙、吴廷琛,皆係知府而頗有名"。又問筆翰家,則答以石韞玉、金石聲、龍汝言、白瑢[①]最爲知名,而亦係知府矣。余曰:"良夜傾蓋,幸款蘭契,可無一言以紀,俾作後日顔面?"王沈二生曰:"固將請焉,幸聞命矣。"遂拈杜韻共賦,余適先成詩曰:"四牡遵幽薊,逢君一笑開。側身雲共遠,携手月同回。筆解南宫妙,文從北地來。豐城餘寶劍,紫氣尚佳哉。"沈生曰:"豐潤故用豐城,先生可謂善用故事矣。"遂援筆書曰:"春風應滿座,客館笑言開。佇見登車去,還看乘輿回。此間高士至,今夜俗人來,淺學真堪愧,相談意快哉。"王生即取沈生筆書之曰:"久待開茅塞,今宵塞始開。芝顔含笑雅,輕袖帶香回。月擁文星至,雲迎鳳輦來。燈挑深夜冷,共話亦幽哉。"余曰:"多蒙二位酬唱,感甚,感甚!別有一詩書呈,斤正是企。"詩曰:"燕市真多士,雙珠照眼開。東樓八咏後,滕閣一遊回。薊樹烟初合,豐垣月正來。清談須見跋,明發意悠哉。"二生曰:"先生意寄雖重,賤輩安敢當沈隱侯、王子安之喻乎?"氣色憮然,遂告退。余以東筆、東墨及清心元贈之,約以明春再逢,彼皆唯唯而去。二生年皆二十餘,聞谷、魯兩姓爲邑中文學之家,而值昏未逢一人,可嘆。知縣王仲槐,河南省滑縣人。

---

① 白瑢,即"白鎔"。

(庚寅正月)初九日,晴。與葉東卿有約,故飯後出正陽門,過琉璃廠向虎坊橋。橋北即吴梅村偉業之舊居,康熙時湯少宰右曾亦寓此,有詩曰"旁人錯比揚雄宅,异代應教庾信居"云。橋西即四川營,皇明時女帥秦良玉屯兵之所,毅宗皇帝賜詩曰"蜀錦征袍手製成,桃花馬上請長纓。世間不少奇男子,誰肯沙場萬里行"云。及到其家,則塞門粉墻,墨字鎸以前刑科給事中,東人誤認爲紀文達公昀之舊第,而今聞是朱竹垞彝尊之遺宅,朱竹垞自禁垣移居宣武門外,即古藤書屋也,有詩曰:"詔許携家具,書難定客蹤。誰憐春夢斷,猶聽隔城鍾。"亦有《槐市街移居》詩曰:"莎衫桐帽海椶鞋,隨分琴書占小齋。老去逢春心倍惜,爲貪花市住斜街。"其二曰"屠門菜市費羸驂,地僻長稀過客談。一事新來差勝舊,昊天寺近井泉甘"云。由此觀之,非古藤屋,則必槐市居也。主人葉志詵在門伺候,迎入中堂,茶行後與之筆談。出示《子午泉題帖》,皆東人詩,而老親所題在第一,聞以詩品爲第次而付之云。東卿年今五十二,鬚髮不白,面貌圓暢,而别無文雅之氣。有子二人皆業儒,招出使見,而東卿所着即灰色上衣,其上又着黑羊皮長裘,座内什物,奇巧華麗,决非居制者之所御。聞東卿於昨年八月遭母喪,而今乃如此,蓋清國之制,居喪百日而除,故漢人亦遵時王之制,而但百日後則爲心喪訖三年,今東卿亦在制而然云。少頃,與之同往見子午泉,泉在家後墻下,圍如一小甕,深則數三丈,北京之水蓋多淤濁,而出井則能於子時及午時清洌异常,其他時刻依舊淤濁,所以謂之"子午泉"。東卿謂曰"俄者所進之茶,即此泉午時出"云。而味果清爽,亦异也。出坐北邊書屋,凉簟石床寒氣逼人,似是夏日之所處凉室也。出果品五六種相待,架旁多庋道經、佛書,余問:"先生頗能留意於此個文字乎?"葉曰:"正經、正史爲茶飯菽粟,而道家者流、佛氏諸書亦不可不旁通。"余曰:"見今中國之士,經學以何人爲宗匠?"葉曰:"阮芸臺元是已,原係江蘇省儀徵縣人,曾經兵部尚書,現任都察院右都御史,總督雲貴等處地方,提督軍務兼理糧餉,中外學者視以爲則。"余曰:"劉鳳誥何許人乎？文章筆翰盛名如雷，在路已聞知矣。”葉曰：“此人果有此名，但使酒亢傲，已爲被罪革職還籍，亦有年矣。”余見其氣色全無顧藉之意，曾聞中朝朝士亦有偏黨，互相呰毁，此必劉非所好，故雖對遠人，如是非斥。向者佟貽恭之言，衹道那彦成之筆法，而於文學，則曰未敢説。今者葉東卿之言盛稱阮芸臺之經術，而於鳳誥則凌蔑之，此皆所好者阿之而异己者斥之之意也。葉曰：“東方近多文學之士，且尚宋儒之學，試以赴京者觀之，每歲使价無非彬彬可觀，甚可尚也。”余曰：“弊邦文治匪今斯今，祖宗盛時已自炳郁，而專對之外，亦多鴻碩，古所稱小中華者此也。”葉曰：“觀先生玉貌，文華彪炳，刻下筆話，足知全鼎之美。況尊甫大人曾爲賦子午泉詩，先生亦可繼而賜咏耶？”余曰：“既感不鄙，何敢以蕪拙辭，當留意耳。”余又曰：“紀曉嵐、董蔗林之後，誰復主盟？”葉曰：“姚文田遂雅堂、翁方綱覃溪其人耳。”蓋翁是葉之妻父云。少頃，余以觸寒辭歸，葉以爲更爲約日具齋蔬會話於龍興寺云，余曰：“歸期甚促，且上元當赴圓明園看烟火炮熗（即燈戲之名），又將費了三數日，無隙可圖，當以赫蹄奉訊矣。”遂還。

（正月）二十七日，晴。飯後往歷代帝王廟。

……午饌於一空廨，登車由宣武門出，訪土地廟前吴蘭雪所居。蘭雪名嵩梁，號澈翁，江西省東鄉人。有萬首詩名，葉東卿之同門生，現任貴州省黔州知州，疏眉玉骨，清瑩照人，鬚髪略有白者。對榻筆談，論詩論文多有可聽，略具茶果以相接。四壁題咏甚多，即與人酬唱者。出示《香蘇山館詩鈔》一匣，乃其詩集，而爲同鄉人顧蒓所刊者，詩果清警濃熟，無斧鑿痕，且曰：“東國詩人如金秋史正喜、申紫霞①緯皆隽才，而嘗有往復，若紫霞詩必當傳後，未知已爲入梓刊行否？”又曰：“鄙生將以初六往赴黔州任所，先生可有一詩送行否？”余曰：“黔州無乃柳文所稱黔無驢之黔州耶？如有詩料無靳録

① 霞，原文誤作“河”，徑改。

示。”吴曰:“王陽明先生忤劉瑾爲龍場驛丞,即此地也。地産烏蒙良駒,形小而步捷省。庭有海棠樹幾株,而樹甚老大,昔李謫仙流夜郎,夜郎亦此處也。”余曰:“某雖不文,既蒙勤索,敢不露拙,而惟望大人特念無德不報之義。”吴曰:“謹聞命。”遂書曰:“《拜别吴蘭雪先生出刺黔州》:‘白首黔州牧,龍場古驛亭。滇波迎惠雨,蠻峒映文星。果下駒登櫪,棠陰鶴戲庭。夜郎向處是,明月出東溟。’”紙末書以“庚寅孟春,三韓小行人晉陽姜時永未正稿”。吴曰:“甚盛,甚盛!”“日已向暮,城闉將合,無以久承良晤,卜日當造謝矣。”從者亦催歸,余遂告歸,促鞭入城,則城門幾乎下鑰,蓋中國之制,都城常有守兵在埤堄,日纔暮,已門閉禁出入矣。歸館留宿。

二月初一日,晴。

……吴蘭雪到會寧局邀話,所以謝日前委訪也。吴以一扇贈詩,所以次余贐行韻也。“使節先春到,停驂過草亭。探懷收古錦,摘句比華星。歸棹揚鯨海,家風起鯉庭。知君才力健,高唱繼三溟。”下方書以“澈翁吴嵩梁敢正”。扇之後面有一畫,即臨江草屋,遠山殘照,而柳陰泊以漁艇,筆床茶竈具焉。兩人對坐引白,舟子立艙頭如睡,即陸甫里生涯也。旁安一部圖章,諦視,則“石溪漁婦”四字,乃其室中所寫,濃淡得中,景致蕭散,甚可奇玩。又有二絶題於一扇,即家親《三溟詩草》所評也:“伽倻一曲感人多,玉笛横吹息萬波。傳編同江新樂府,白雲遠上即黄河。”“長句横縱騁逸才,微吟五字更徘徊。澄潭徹底遊魚定,想見漁舟晚泊來。”

詩草中有“伽倻琴萬波,息曲大同江”,皆海東樂府,故其評如此,“澄潭遊魚”亦詩草中語也。仍携還《三溟詩草》曰:“謹已校讀,他日當采入詩話也。”遂以茶果相接,少頃,吴告辭曰:“日已暮矣,且有遠役,不可久留。”仍爲起身握手惜别,有戀戀之色,曰:“相去萬里,何由更卜佳晤,千萬自愛,益懋遠業。”余曰:“异日替面盛稿存焉,少慰山仰之思。”仍就車促鞭而去。

二月初六日,晴。

……迤路向宋家莊，以昨冬有餘債故也。主人不在，但莊客出迎，即楊汝翼，與宋有戚分，頗有文氣，筆法酷模松雪，自言雖入郡學，久困棘闈，主人則名檀，字馨亭，往京都未回，而耕讀以資生。余曰："後面高樓可一登否?"楊曰："有樓果然，建自大明，主人未在家，先着人去問老太太，然後可登。"少頃，家丁還報曰："老太太已允矣。"遂與同入。歷内舍，經三重門，循梯而登。樓凡三層，縹緲入雲，而頹窗破甓，全不收拾。舊聞藏書，今皆無有。樓之東南角懸一小磬，刻以萬曆年造，爲一摩挲，題以一詩曰："高樓迢遞磬聲沈，萬曆風霜一片心。城下紅兜曾駐馬，海東歸客獨沾襟。"

下樓就書室，楊生書柱聯數對以贐行，余亦書贈數本，且以清心丸謝之。聞宋家尚能秋入千石，至親盤據，猶是巨族云。

二月初七日，晴。平明發行，午飯沙流河，夕宿豐潤縣。王、沈二生來到店舍，各贐以摺扇二柄、柱聯二對，聯則大學士英和筆，中朝筆家之最有名者。又有諸生偕至叙話，余曰："幸蒙諸位詞伯辱臨弊住，良夜逢迎，未有一詩記實，豈非欠事?"諸生曰："實愜愚忱，請大人限韻，可同賦之。"余取所携杜律拈韻以示，溗陽趙錡先書曰："仙吏承恩至，西來道路長。溗陽欣晤面，旅店幸遇床。愧我文章拙，欽君翰墨香。坐談情未盡，歸去已昏黄。"

溗陽魏士坦詩曰："適謁行旌客，行旌客滿床。無嫌蘭室小，且希教言長。和氣迎人藹，春風繞座香。欲歸情未已，争奈日昏黄。"

余亦書之曰："良夜賢星聚，逢迎喜拜床。眉霞當席起，心月燭天長。商鼎牛形古(豐潤縣學有商鼎尊彝)，燕金駿骨香。大方真可羡，佳句總蘇黄。"

溗邑魏士奎，即士坦從弟，其詩曰："旅館欽天使，清談客滿床。喜逢時序暖，何慮道途長。名列三臺回，身餘兩袖香。明晨歸馬後，一帶柳舒黄。"

景涵曰："某雖魯莽，難孤盛會，請書一詩。"詩曰："幸逢燕薊士，談笑對胡床。抱器誰能用，含杯意亦長。鶴鳴聲自和，麝過草留香。

嘉樹邀歡日,湎陽柳未黄。"

晴風沈連枝詩曰:"去歲欣如面,今宵客滿床。共期談笑久,更喜話言長。西去情彌摯,東來袖帶香。逢君應戀戀,不覺日昏黄。"

乙槎王致顯詩曰:"何故來多士,争拈筆在床。夜深嫌燭短,客散愛言長。座繞芝蘭靄,屏餘麝炷香。携歸書室静,月影伴爐黄。"

乙槎曰:"趙公是弊處老師,若羅秀才得枝,艾秀才廷拔,亦係知名之士云,而拈韻之詩避去他座,甚可异也。"夜既深,諸生告退。

(二月)初十日,晴。……午飯背陰堡,晚渡羊河橋,夕抵撫寧縣。歷訪徐盤龍店舍,叙阻進茶,徐以紙本請書對聯,遂揮灑以還之。鄰居有王生襄陛來見,相與筆談,頗解詩。王以一詩書呈曰:"仙馭初離尺五天,花驄綉服映春妍。遥瞻東國歌清晏,新荷恩綸到日邊。"余爲次韻以謝,曰:"四牡東歸二月天,市橋楊柳日清妍。輞川詩句蘭亭筆,不覺斜陽到酒邊。"到城外店止宿。

(二月)十一日,晴風。早朝,徐君與王生來訪,徐則携一册子以贐。一匣四卷,卷皆异編。一則《南陵無雹譜》,有畫有題;一則《古意》,即東坡及元清諸家名筆;一則《二妙》,即畫竹及畫題;一則《官子譜》,即棋譜也。余以摺扇、五色詩箋謝之。王則又贈以一詩曰:"半夕班荆各一天,星軺驛路靄春妍。槎仙衹在雲霞上,脉脉餘情繫日邊。"紙末書以"賡唐王襄陛"五字。余方登車,未及有和,遂告别發行。午飯深河澤,夕到紅花店止宿。

(二月)二十二日,晴風。平明發行,午飯大方身。夕宿瀋陽南門内去時所住處。有一朝士先已在座,故問之,則瀋陽助教,姓繆,名公恩,號楳澥,曾於桐漁李相國相璜、石崖趙尚書萬永赴瀋時相識,今適率其孫景文來候遊荷,而錯與余遇。相對筆談,年今七十五,所書如蠅頭,文華映發,可謂人瑞矣。

(二月)二十三日,晴風晚止。日高,繆助教來話,贈以圖書石二顆,所書壁聯二對,兼贈一詩曰:"邂逅逢新雨,三生有宿緣。仙槎春水去,翹首溯江天。"余以黄筆、真墨謝之,仍次其韻曰:"瀋水摇春柳，班荆定有緣。誰知南極彩，猶照北門天。”繆又贈一詩，余以行忙不得有和。其詩曰：“國啓青齊舊，孫枝表大風。片言霏玉屑，牖我入元中。”余曰：“元字似是玄字耶？”繆曰：“然。廟諱，故不敢斥書矣。”取抹“玄”字。又曰：“今行圓明苑應製，必有所作，願請一見。”余遂録示，繆曰：“可謂大國之風，願留捧讀。”遂袖而去，余亦發行。

八七、韓弼教《隨槎録》

【解題】

《隨槎録》六卷，韓弼教撰。

韓弼教（1807—1878），朝鮮後期文士，字輔卿，號霞石，朝鮮清州人。洪奭周的女婿。歷任穆陵參奉、濟用監副奉事、户曹參議、敦寧府都正、工曹參判等職。著有《霞石遺稿》六卷、《隨槎録》六卷等。道光十一年辛卯（朝鮮純祖三十一年，1831）七月，隨從朝鮮謝恩使團正使洪奭周出使中國。使行於七月二十二日從漢城出發，八月十九日渡鴨緑江，九月二十一日到達北京，十月二十六日離開北京，十二月十一日回到漢城。本書記録其本人及洪奭周與清人筆談，集中於該書之《班荆叢話》。辛卯年八月二十一日，在栅内何家莊一書堂與學究張文化筆談；二十二日，在鳳城一官衙與書記康姓人筆談；二十八日，在瀋陽太學與太學官差李汝雯筆談；三十日，在孤家子程家莊與少年馬紹祖筆談；九月七日，韓弼教、卞持華在錦縣雙陽店客舍與進士劉中興、拔貢張輝斗筆談；十一日，韓弼教、卞持華、洪奭周在中前所蘇家莊李文魁宅、使團宿所與清人秀才王逵亭、李文魁筆談；九月十三日，在撫寧縣城内、使團宿所分别與徐姓人、鳳眼將軍祥佑筆談；十六日，在豐潤縣一店舍與知縣歐聲振筆談；十七日，在玉田縣太學與教諭陳華、訓導張光奫筆談；二十日，在段家嶺與店主王姓人筆談，同日，在通州潞河韓弼教、洪奭周與揚州船主王姓人、杭州船主張姓人筆談；九月二十六日、二十七日、十月二十二日、二十四日，在玉河館外廛舍、高麗店韓弼教、洪奭周四次與清人韓韻海筆談。十月一日、四日，在李璋煜寓所韓弼教、洪奭周與刑部主事李璋煜筆談；十月一日，在北京玉河館韓弼教與大通官吉勒阿筆談；三日，在玉河館與秀才徐德謙筆談；五日，在北京鄂囉斯館與翻譯官高國禮筆談；十日，韓弼教、卞持華在萬壽寺與釋清岩、釋竹園兩禪師筆談；十二日，在玉河館與文士高玉堂筆談；二十三日，在北京歷代帝王廟與教授穆齊賢筆談；三十日，韓弼教、洪奭周在豐潤縣縣衙與知縣歐聲振筆談；十一月七日，在沙河一店舍與處士楊子江筆談；十二日，韓弼教、卞持華在小黑山店舍與秀才馬恩殊筆談。洪奭周(1774—1842)，字成伯，號淵泉，朝鮮豐山人。癸亥年(1803)七月，以朝鮮謝恩使團書狀官的身份出使中國。辛卯年八月二十八日，在瀋陽店舍與防守尉裕昌筆談；同日，在瀋陽文廟學舍洪奭周、俞應煥(副使)、李遠翊(書狀官)與瀋陽太學教授李廷輔筆談；九月十六日，在豐潤縣名宦祠與清人縣訓導趙姓人、教諭劉奕華筆談；十月初五日、二十四日在玉河館近店、玉河館與户部郎中劉喜海筆談；十月八日，在北京萬柳堂與文士毛士驥筆談。

《隨槎録》爲筆寫本，原本藏延世大學中央圖書館。《燕行録續集》收録。兹以此爲據輯録資料。

辛卯八月二十一日庚子，余與諸裨同往何家莊……至書堂，有一學究，率學徒十人，皆十餘歲，方讀《論語》《孟子》《詩傳》，祇讀字音，句讀而無吐，皆急數輕儇，欲求一唱三嘆之意而杳不可得矣。然乍高乍低，音節分明，雖未能逐字曉聽，足以知讀到某句。余執筆問其姓名，則曰："張文化。"又問居住，曰："海南山東。"又問："來住此幾年?"曰："在鳳城十年，到此二年。"又問："主人現做何官?"曰："武職驍騎校官，六品。"又問："學徒幾人?"曰："十二位。"又問："第一位能通幾經?"曰："通四經。"又問："通四經者姓甚名誰? 請一見之。"彼曰："這是何慶升。"仍招至前，即一秀才，眼明眉秀，頗可與語。問其年幾何，曰："十八。"又問："現讀何經?"曰："方讀《毛詩》。"余遂令群學徒各讀一板，於是衆聲齊發，聒亂不堪聽，一是八歲而能讀《論語》,一是九歲而方受《鄒經》,其講學之勤篤如此。張仍進茶,茶罷即歸。

八月二十二日辛丑,由鳳城南門而入,行數十餘步,有一官衙,門無守卒。過數墻而至正堂,堂亦不鎖。北壁下設一椅卓,左右各列長榻,庭之東西皆有翼閣,其西廊有五六書記各持刀筆,方修簿牒。及見余至,皆下床高揖,仍請就座,中有一人能解東語,向余問:"貴姓甚麽?"余亦以東音答之。彼又問:"年幾何?"余曰:"二十五。"仍問其姓,曰:"康。"又問其年,曰:"廿四。"仍取筆書問曰:"你何能知道了我們之話麽?"曰:"吾以今年曾使貴國,故盡能粗解了。"余問曰:"這面南之堂是將軍視事之所麽?"曰:"然。"又問曰:"既是政堂,則門墻内外何無一人?"守禁者曰:"閉時都無有。"又問:"你們現任何事?"曰:"掌書記了。"余遂起出,彼又進揖曰:"再看,再看。"余點頭曰:"太平,太平。"彼送至門外。

八月二十八日丁未,曉發十里河堡,夕抵盛京店,忽有一人來詣,榻下請話,其舌喃喃不可記聽。上使書示曰:"我不會官話。"彼乃書曰:"現任官委防守尉之職開原城,距瀋陽二百里,家住本院内。"上使又問:"既任開原城防守之職,緣何在這裏?"曰:"卑職祖現在京師當吏部尚書,諱書銘,丙午進士。"又問:"開原城距鐵嶺縣有多少里?"曰:"有一百里。"上使曰:"我們今赴京城,十一月時分當歸過此地,那時可得再見麽?"曰:"職奬此時在此院,能見老大人貴面。"又問:"此院是甚麽院?"曰:"職在此院念書當差。"又問:"念甚麽書?"曰:"晚生念墨卷、古文、唐詩、滿洲書。"又問:"三十年前曾過那中,獲與一二文人邂逅,中有一人姓名李維翰,不知尚在此間否?"曰:"晚生奬此人常會遇,晚生先年在鳳凰之時,貴國海大人面前授教。"又問:"這海大人是誰?"曰:"係本朝鮮人也,諱永義。"又問:"這地方曾有一人名潘文典,尚現在無恙否?"曰:"有,慢慢係早。"又曰:"晚生裕昌懇請老大人案下,奬此清心丸賞二株,家中有老母可用。"上使遂贈一丸,彼叩謝而去。

八月二十八日丁未，三使及余同入太學拜於廟庭，升堂而瞻。雨方下，衣冠盡濕，遂西入小廊，有四五人迎揖就座。余索筆書問其姓名，曰："賤姓李，名汝雯。"又問曰："諸位俱是舉人麽?"曰："當官差。"又問："甚麽官差?"曰："府庫差。"又問："廟中有舉人們來往麽?"曰："無有。"又問："既是文廟，何無一位士子?"曰："下鄉場去了。"又問："今年鄉設式科麽?"曰："是。"又問："瀋陽將軍姓名?"曰："姓瑚(後從他知其名爲松額)。"不肯道其名。又問："這城内民户約爲幾何?"曰："約有幾萬家。"又問："此地有幾位大人?"曰："十一二員。"又問："可得一見否?"曰："尚留兩三個日，則可見。"又問："貴們做何工業?"曰："并無做業，多愧多愧。"彼仍問曰："貴國亦有文廟否?"余曰："我國崇文之治冠於天下，太學之中，弦誦不絶，堂廡之制、簠簋之禮，恐不如此廟之蕭條矣。"彼曰："貴邦士子皆業經傳否?"余曰："我朝立國以來，儒教蔚興，文物粲備，環土數千里在青衿之列者，莫不以經傳爲業，故文章功德奕世相望耳。"彼點頭曰："曩言欠敬，恕罪恕罪。"余遂出門歸次。

八月二十八日丁未，三使偕詣文廟，退入學舍，學徒無一居者，聞皆赴鄉解云。有教授李廷輔，宣化府延慶州人，中戊辰科三甲，以今年六月赴是任云。貌粗而質厚，可知爲北邊人，然頗有文雅氣，與市井所見亦不同也。上使問："貴壽?"曰："五十三歲。"問："作何工夫?"曰："没有。"又問："學徒幾人?"曰："有三四十人，今皆赴試去矣。"副使問："那中亦有學行文章可稱者否?"曰："邊上無人。"上使曰："前朝時有賀醫閭先生，非此間人乎?"曰："今世安有似此人物。"李仍問："東國亦有《易經》否?"上使曰："《易》《書》《詩》爲三經，《論》《孟》《庸》《學》爲四書，敝邦都有。"仍問："先生想深於《易》學?"李摇手曰："少時曾念一過，不知其義也。"三使各出清心丸贈之。李起身曰："多謝多謝。"上使曰："物不稱情，慚愧慚愧。"李左右顧，似不解其意者，再三言之，終不能曉。上使曰："日已暮矣，請從此告辭。"李曰："明早當進尊寓回禮。"上使曰："我們行忙，明晨將發，回期在十一月時分,當圖再看。”李即下椅舉手而别。聞李有三子,其長能通《易》《書》云。

八月三十日己酉,是日飯於路邊城,晚抵孤家子,將宿於程家莊。有一少年自外而入,頗有儒雅態。相揖坐定,取筆問余曰:“上大人官居何職?”余曰:“判樞密院事,階一品。”時三价之弟李公遠翔及梁士益在座,彼又問曰:“三位大人官居何職?”余曰:“俱是散班。”仍問其姓名,曰:“舍下住山海關西北平昌黎縣,馬紹祖,父乙酉科拔貢士。”又問其年,曰:“虚度三十歲。”又問:“此地是承德縣地方麽?”曰:“當下撥在新民屯,撫民廳同知管轄。”又問:“新民屯是何縣所管?”曰:“并無所管。”又問:”此去興京(即建州,魯花赤肇起之處,魯花赤年號天命)爲幾里?”曰:“此處東至興京三百八十五里,盛京省八十五里。”又問:“自此距海爲幾里?”曰:“南至海三百六十里。”又問:“承德縣既是奉天府屬縣,則地界至周流河而止麽?”曰“承德縣,嘉慶年間管在渠流河(即周流河)界而止,以嘉慶二十年撥管承德,西至路邊城而止,撫民廳至西半拉門(即一板門)界而止,以半拉門西爲廣寧管”云云。方欲再問之際,夕餐適至,馬仍下炕不顧而去,不得畢話。

九月七日丙辰,是日飯於大淩河堡,止宿雙陽店。店中先有二人在座,見余揖迎。余問其姓名,一是劉中興,年二十九,丙戌進士,今以雲南知縣丁憂而歸。一是張輝斗,號星橋,年二十五,自言乙酉拔貢,俱是奉天府蓋平縣人。劉不肯問答,使張代之。張每操筆若思,問於劉而後始書,問余二人姓名。余問曰:“雙陽是錦縣所管,而錦縣終界西止何處?”曰:“西止八里堡。”又問:“寧遠終界西止何處?”曰:“西止紅墻子店,與臨榆縣交界。”又問:“臨榆何州屬縣? 而紅墻子距此幾里?”曰:“臨榆直省永平府營,紅墻店距此二百七八十里,細屬不曉得。”張仍問曰:“台兄居何官?”余曰:“布衣。”張曰:“有此青衣必是有官,何謂布衣,無乃自謙耶?”余曰:“要觀中國,從使車而來,故着此青衣,現無居職,實不相瞞。”張曰:“台兄有此清儀彬彬，真儒林之雅人也，必當高發，賀賀。”余曰：“過蒙奬詡，多愧多愧。”士裕曰：“紅箋談草將欲携去，未知肯許否？”張曰：“偶爾閑談，原皆俗語，何必携去，惟恐遺笑於大方也。”余曰：“千里邂逅，傾蓋立談，亦可謂三生有緣，何必過辭，以孤遠人之好意也。”張曰：“新將白箋上有筆談，弟欲留下以爲异時之快，未知可否？”余曰：“這裏有貴姓尊號，欲歸示同遊之人，以志萍逢之喜。”張乃投筆而取其箋紙看，看良久，割其上段而手扯之。余曰：“談紙携去，實無他意，而當面扯裂，顯有自外之意，終欠相敬之風。君子之待人固如是乎？竊爲足下不取也。”張謝曰：“姓氏已知，何必留箋，非薄待遠人也，實不堪入目。”士裕曰：“大丈夫處世，行不秘姓，坐不隱名，兩台兄獨非當世之丈夫乎？何其區區碌碌也？”張變色曰：“若此談論，非文人所出也，粗野語。”士裕曰：“台兄大失待人之道，故自發粗野語，恕罪恕罪。”張曰：“秘姓隱名，實係駡人，何可再與之語？”士裕曰：“駡人二字實是情外，不勝愧悚。”余解之曰：“這位之説，固妄則妄矣，然不過是率口而發，非駡人之計，則何不相恕，反生疑怒以傷君子侃侃之風也。”張曰：“如此口氣，非駡而何？”余曰：“男兒處事，惟當磊落光明，而今足下與人言，每有囁嚅趦趄之色，既露其名，復恐人知，區區若兒女之態，故這位欲示相警之意，有此不擇之言，苟究其由，是足下之自取也。盍思反躬之戒，獨無恕人之工也。”張默然良久，指“自取”二字而點頭曰：“是是。”又曰：“謝罪謝罪。”余曰：“旅次逢别，後會何時？”張曰：“中心藏之，何日忘之。”余起出，張下榻送之。

九月十一日庚申，是夕抵中前所，少憩蘇家莊，偕士裕出店門少迤，路南有一家門廊，頗雄麗。余使馬頭叩其主人，少頃出而相迎，引入客堂。余問其姓名，則曰：“李文魁，字占元。”又問其年，則曰：“三十。”又問：“此中有遠方文士來遊者否？”曰：“有。”“姓甚名誰，是何方人氏？”曰：“姓王名逵亭，號珠船，住昌黎縣。”余曰：“現在那裏？”曰：“在書房。”余曰：“可得相見否？”曰：“舍下面賓，即命人去請，不知來否？”李仍問余曰：“領教官銜。”士裕曰：“這位是我們大大人之東床,而姑未及官。"李叩頭曰:"失敬。"余曰:"幸爲我指導王公所住處。"李點頭,導前至一處,直入後堂。中有一人,風標端潔,舉止雍容,方焚香看書,見余忙起,舉手相揖,三讓而後座定。李向王數語,旋即進茶。余先問曰:"貴姓尊諱,既得聞矣,要接高範,敢來請話。"曰:"二公遠來,定有高論,願一聆之。"余曰:"僕遐土腐儒,生長海隅,耳目不廣,拘拘房闥,如埳蛙之淺觀,今幸以布衣從冠蓋而來,遠遊於大邦,庶不負乘蓬之志,而自愧謏陋,何有高論之可聞者也?"士裕曰:"大巫之前,豈敢言神?"王曰:"大巫小巫之談,非吾輩所敢言。公等將見天子,况我等乎? 請試言之。"余曰:"先生家住文公之鄉,文章談論必有超倫,乞賜一言以開茅塞。"曰:"居其鄉,慕其風者夙矣。世衰人遠,未能窺其萬一耳。"余曰:"我們大大人要見一遭,肯屈高駕否?"曰:"文公文起八代之衰,道濟天下之溺,宿儒應稔之。貴大大人定沐其高風,亦是文公一流人。吾淺儒耳目,自慚形穢,何必污其榻炕乎?"余曰:"萍海相逢,一榻做穩,若無宿緣,安能得此? 幸勿過謙,同我聯袂,以副遠人之意焉。"曰:"叨蒙不棄,即當仰攀。但他鄉作客,衣履不齊,恐難登瀛耳。"余曰:"先生獨不聞'衣敝緼袍,與衣狐貉者立而不耻者'歟? 況儉是儒者本色,何嫌之有? 言涉唐突,恕罪恕罪。"曰:"'不忮不求',仲由氏之學,知之久矣,太原公子不衫不履,請嘗試之。"余曰:"原憲不陋子貢,而快許同携,多謝多謝。"余又向李曰:"足下亦肯同往否?"曰:"既蒙相招,願隨安步。"

遂與同歸店中,蓋上使每欲求得文士以資消遣,而留意勤訪,終無可與言者。至是先使人告知此事,仍邀王、李就余榻上,而問曰:"昌黎距此幾里?"王曰:"一百五十里。"又問:"寧遠終界西止何處?"曰:"至紅墻二十五里既盡境耳。"又問:"中後所城裏有多少人家? 亦有官長麽?"曰:"居民甚少,鋪户極多,有巡檢一員、滿漢佐領二員、驍騎校二名、兵二百。"又問:"巡檢是幾品官?"曰:"未入流。"仍問曰:"貴大大人現居何官?"余曰:"翰林内閣學士,原任大冢宰,判樞密院事。”王笑曰:“不想今日竟應制科來了。”余曰:“文章德望,爲海東宗匠。”王曰:“仲式以何爵加之。”李曰:“吾必落孫山之外。”四座皆笑。余又問曰:“聞有皇子云云之説,信然否?”王曰:“在庶人不議之列,何由知之?”余曰:“會曾聞過去舉子之言,則有此説,故敢此奉問。”王、李皆默然良久。李取筆書其手背曰:“果有此説,而又生二位。”仍毁其墨痕。余點頭而已,蓋日前象譯李尚迪聞瀋陽舉子所傳而來,言皇子以今四月卒逝,年廑廿三,而三月皇帝又生一男云,故有此問矣。少頃,余與兩人引入上房,相揖就坐。上使先以漢語略問其姓名、居住。仍書問曰:“尊駕既住文公之鄉,宿學閎辭,必有可觀。願聞一斑,以啓愚蒙。”王曰:“文公《原道》《原毁》《諫佛骨表》,其卓卓大者,阿誰不讀,大人必稔習之。至於《進學解》文章,學步亦幼而授之堡師耳。”上使曰:“《原道》《佛骨表》誠百世不朽之文,鄙人亦曾一讀,但兩篇大義在於排觝异端,而今觀中土釋氏之宫,殆遍於天下,家家奉佛,處處建刹,與文公闢廓之本意不啻相反,竊所滋惑,敢請其故。”曰:“家家奉佛,誠如大人之言,但佛自漢明帝流入中國,亦非一日,孔子云‘始作俑者,其無後乎?’於今似所難言,但庸人不畏賞罰,但畏禍福,未必非聖人以神教之一意。不稔貴邦亦有佛廟否?至若‘一封朝奏九重天,夕貶潮州路八千’,則鄙人所不忍言耳。”上使曰:“‘福善禍淫’,《尚書》也;‘積善餘慶,積惡餘殃’,《周易》也。吾聖人設教已備,何必假天堂、地獄荒唐譎誕之説哉?雖然尊駕以爲於今所難言,則亦不敢更事煩複,姑請捨是而他言可乎?吾邦則自新羅、高麗頗尚釋教,寺刹不爲不多。而我朝立國,尊尚儒術,非孔、孟、程、朱之訓,不敢行於國中。前朝舊刹十不存一。雖有若干緇徒,亦不得與平民齒,以士爲名者,絶無拜佛念經之俗耳。”王曰:“孔、孟乃中國之儒,天下古今之聖,誰不尊奉?彼佛教者,或者以警昏愚之婦孺耳,儒者固不道,而師文公之言也。”又曰:“時云莫矣,敢勞一揮,未知許否?”上使曰:“一揮未知何意,尊駕既富文學,必當觀國用賓,未知已高捷於荆圍否?”曰:“尚未。”又曰:“現備紙張,求大人書法,時時仰觀。"上使曰:"素拙翰墨,未敢應命,同行人中有略解揮染者,如蒙不鄙,當使代斵。"曰:"領教。"上使使士裕揮灑,仍問曰:"昌黎縣聞有韓文公讀書遺址云,果然否?"曰:"北門内有文公祠,想即此處。"上使曰:"鄙行再明當過撫寧縣,自那裏距昌黎縣城約有幾里?"曰:"二城距五六十里,昌黎不通都京大路,恐不肯迂道耳。"上使曰:"鄙行乃是奉使,不敢迂回致延程期,可恨!"時自厨房備待酒肴。上使曰:"薄酒不足爲禮,旅次無物可以表情,萬望垂恕,開懷一飲如何?"二人稱謝,各飲數杯。另取藥果,裹以懷之,仍告歸曰:"旅次塵乏,不敢久擾,告辭,明晨再拜。"上使曰:"明晨當早起程,恐難穩話,今宵雖短,再請叙懷不妨。"王曰:"恐貴從環侍不便,即别可也。"又曰:"大人尊齒。"上使曰:"五十八。"曰:"健。"上使曰:"早衰多病,何足謂健?"王曰:"仁者,壽也。海表同文,誠如此言。"上使曰:"前人有詩云:'衣冠中外异,翰墨古今同。'信然信然。撫寧縣裏曾有齊進士佩蓮,尚今無恙否?"曰:"居隔异縣,未聞其名,不料大人知之也。惶愧惶愧。"上使曰:"曾在廿九年前過榆關店舍邂逅,那齊進士伊後更不聞信,所以奉問。撫寧縣裏又曾有徐知縣紹薪及其徒弟紹芬,他至今無恙否?"曰:"聞有徐某,并未晤面,亦不知存否?"上使曰:"那撫寧縣城内有文學知名者否?"曰:"僕居昌黎,知交甚少,更不知撫寧之士,爲廣交者愧也。"時士裕以草隸楹對二本、墨畫蘭竹一紙來贈兩人。兩人喜曰:"筆力甚好,多謝多謝。"上使各以清心元與之。王曰:"適承賜藥,感感不盡,此藥聞名已久,求之難得,還許光賜否?"上使又贈一丸,兩人口稱謝謝而辭退。至余寢所,余笑問曰:"既應科制,能免孫山之落否?"李笑曰:"幸免了。"王亦笑曰:"幾不免。"又曰:"海外文章交之不深,何時一樽酒,重與細論文。"余曰:"然則何不罄其所藴,而遽自告歸。"曰:"緣此夜深,恐大人不安。"仍下椅而揖曰:"明早再來。"余曰:"明日當一早登程,再難奉晤。"遂各道平安而别。

九月十三日壬戌,夕抵撫寧縣,少憩於店舍,與士裕、兢之、德潜同入城裏訪徐知縣紹薪，蓋上使曾在癸亥以三价過此，邂逅紹薪以做穩話，而一别三十年，未聞信息，今行必欲探問，故至是入城勤訪。家家門楣金榜玉扁，夾路相望，率多舉人進士，蓋此縣自古多文學之士云。所過諸處問："有可言者？"則皆曰："無有。"行至一處，書問曰："我們要見文士，請薦一位才子。"主人答曰："京城會士去了。"余曰："雖皆赴京，應有其叔侄子弟之在家者，請教之。"曰："東街路南徐先生尚在家。"余曰："是徐先生紹薪麽？"曰："是。"余曰："現在那裏？"曰："在本家開烟鋪。"余遂訪徐家而入，則果有一老人倚榻而坐，年可七十餘，鬚眉皓白，知其爲紹薪，而就前揖曰："主人麽？"彼欣然點頭曰："是。"又問曰："不是徐先生麽？"曰："是。"余乃書問曰："敢問尊諱？"徐摇手曰："我老且衰，耳聾目眩，不知不知。"時適日暮，或疑其眼昏不能看字，乃大書"尊諱"二字以示之。徐又皺眉蹙口，以手却之曰："吾不知道了。"頗有苦意。余又書曰："我們遠人今來請話，實係好意，何乃斥絶之若是也？"徐又摇手曰："不知不知。"余又曰："先生雖老，精力尚旺，可以立談，幸賜明教。"徐又摇手曰："吾不懂得。"余心甚疑之，又書示曰："先生能知癸亥年以書狀官過此的洪淵泉大人麽？"徐又却之曰："吾不知道了。"余又曰："洪大人今又奉使而來，現住城外店舍，要與先生一遭話舊。"徐又揮手曰："不知不知。"顯有怒色。余强示之，則乃厲聲曰："吾不知道，吾不知道了！"時西日看看欲没，而彼終不肯答。余心忙意煩，又書曰："日色已昏，萬乞賜答。"徐又揮手高聲曰："不知不知。"余却疑其或非紹薪，乃書問於在傍者曰："這位是徐先生紹薪麽？"彼點頭再三，叩問亦如之。余益心疑之，又書曰："請教。"徐又摇頭曰："不知不知。"於是余亦莫知其故，大書於紙曰："先生尊諱果是'紹薪'麽？"徐又曰："不知不知。"余乃進前强示，徐略視之，始曰："我非此人，這徐紹薪以進士曾爲知縣，以贓抵罪，死已久矣。其本家住於路北，而籍産屬官。"余大驚良久，無辭可問，遂别主人而起。蓋城中文士皆赴京場，今無一人之可與語者，而居民鮮有識字，但知其姓徐，而誤指其家，故余亦錯認以紹薪而屢請談話,這主人不過是賣酒賣藥的張三李四也。初則或冀其交易而欣迎,及其抽筆展紙,列坐開話,則乃有苦厭之意。稱以年老,視聽俱衰,而問輒搖頭但曰不知,賈竪重利,倘或無怪。而顧余見欺,浪費心力者,誠不覺絶倒矣。方起出之際,却見西壁上有大書'天下第一江山'六字。字畫如椽,筆力頗雄,其紙尾小書曰:"延陵吴琚題。"雖未知何時人,而其始書也,必當留神。今作酒肆塗壁之資者,恐不可謂得其主矣。遂出門,天已黄昏,舉燈而歸。

九月十三日壬戌,自撫寧城中徐家而歸,聞有瀋陽前將軍之侄,能通文字,方住本店,而即是皇親云,使上判事馬頭邀來一見。馬頭應聲而去,俄持一摺紅紙而來。第一行書祥爺,次書盡工部,又次書鳳眼將軍,此即通刺也。少頃,率從者數人而至,眉眼秀明,意氣驕豪,碧緞之衣,黄玉之頂,極其侈靡,自有貴介公子之態。入門環視,忽躊躇不肯進。余乃舉手揖曰:"高駕既屈敝寓,而有失相迓,愧甚愧甚,望須就坐。"彼顧與從者數語,仍踞坐於榻。余心竊笑之,書問曰:"尊姓大名?"彼熟視良久,取示其從者,從者讀以聽之,彼點頭含笑,遂使從者執筆替答曰:"祥佑。"又問其年,曰:"卅歲。"又問:"現居何官?"曰:"事習二品。"又問:"高駕今向那裏去?"曰:"上盛京宗人府。"又問:"在宗人府做甚事?"曰:"定無所管。"又問:"留盛京幾個月,日當還北京麽?"曰:"要在明年。"蓋有所問,則從者輒釋其義而諭之,又禀其答而書之。彼問余之官號,余曰:"布衣。"彼乃舉目低視而微笑口語曰:"無官的,無官的,是青衣。"其驕傲之態、慢易之習,令人可嗤。余曰:"敝邦崇文之治冠於天下,若非身通六藝,口誦百家者,不敢任職,故朝廷之上,文風彬蔚,雖宗親武臣亦無不學而竊位者。僕一介書生耳,學未通方,才不成器,故尚未能做官,良愧良愧。"彼稍有赧赧之色,而問余姓名,余故不答,彼再三叩問,余曰:"但知海東静觀樓主人霞石先生足矣,何必問姓。"彼乃默然,余且無言。彼忽自腰中解出時械之玉以爲質、金以爲飾者,誇示諸人以及僕隸，問曰："東國亦有此否？"皆曰："多有之。"彼又取出鼻烟壺之青玉其器、珊瑚其匙者，指而問曰："東方亦有此否？"馬頭自探其囊而出之曰："吾亦有之。"彼乃憮然，一座皆笑而鄙之，彼即起去。或曰："彼固癡獃，何足深誅。"余笑曰："彼以皇親挾貴驕人，自滿自矜，誠不滿一笑，况謂我遠人而侮之，其習可駭。彼以無官而嘲我，我以不學而譏彼，是亦翰墨間一段消遣法也。"仍相與大笑而就寢。

九月十六日乙丑，豐潤縣太學門外，北有名宦祠，即地方官有德政者合享之所也。三使及余先觀太學，退入祠中，則有一訓導自言姓趙。上使書問曰："此中聞有商鼎，可得一觀否？"曰："《地志》云有之，而未嘗見，今所有者，非商鼎，乃宋鼎也。"遂出以相示，即古董也。内有識十餘行，而皆古篆，不可識。上使又問："那商鼎縣治中亦無有麽？"曰："無有。"又問："這地方曾有孫進士名鵬越，做官主事，不知現在無恙麽？"曰："此是舍親，曾作知縣，未作主事，當下已作古人了。"又問："既云舍親，未知是何親戚？"曰："姻伯，舍妹之翁。"上使曰："鄙人三十年前曾到這裏，與孫知縣邂逅，一面如舊，亦有唱和詩篇。今聞已作古人，不任愴然，未知其家現住何處？而令妹夫與令甥亦能紹家學讀書攻文否？"曰："俱不能繼書香，尚能飽暖。"又問："莊名甚麽？"曰："樓莊子。"又問："是這城裏麽？"曰："然。"時有一老人在祠中，上使問訓導曰："這位老師是本縣人麽？姓諱什麽？"曰："此敝縣教官老師，是天津縣舉人，姓劉諱奕華。"上使曰："可得一見否？"趙乃引教諭至，年七十五，有五子扶腋以出。老不能操筆，令趙替書曰："因老病久失迎，候罪候罪。"上使曰："適聞尊體愆和，今乃枉賜清誨，好生不安。我們遠人千里邂逅，若無前緣那得有此，乞得一言以牖迷昧。"劉曰："三位大人貴姓高名？"上使曰："鄙人姓洪名某，現任判中樞府事，這位副使姓俞名應焕，現任禮曹判書，這位姓李名遠翊，現任宏文館校理。"仍問曰："先生既掌教胄，這裏儒生文學優長者約有幾人？可得一一聞名否？"曰："此地名士甚少。"又問："當今朝廷之上，以文章學行爲一代宗師者爲誰？"

曰:"無有。"時值日暮,劉又老病不能打話,遂歸城外店次。

九月十六日乙丑,自城内名宦祠帶昏而歸,飯訖,與士裕偕出店門遊玩市肆,忽見一官人乘彩轎,張紅傘,自城中而出,直入於路右店舍。余乃隨至,問而知其爲本邑知縣,蓋爲見迎送官而來云。余遂入其店,則知縣與迎送官對坐接話,見余欣然高揖請坐,仍使從者取紙墨來,書問曰:"遠道辛苦,貴官何職?"余曰:"俱是布衣。"仍問其姓,曰:"姓歐,雲南人,本縣知縣官。"又問其年,曰:"五十二歲,老了。"問余等姓名年號,又曰:"這三位大人姓高名,在貴國有多大品級?"余曰:"大大人判中樞府事,内閣學士,一品,姓洪名某;二大人官禮曹判書,二品,姓俞名應煥;三大人宏文學士,四品,姓李名遠翊。"歐曰:"二位所管何事?"余曰:"爲大觀中國而來,定無所管。"歐點頭。余問其名號,曰:"名聲振,號五皆。"又問:"何年拔科?"曰:"辛酉科選拔貢生,朝考一等,以知縣用。"又問:"尊駕緣何事務而來此店舍?"曰:"這位杜老爺,我們相好,來看他。"余曰:"杜老爺大名高壽?"杜不肯答,歐替書曰:"名爾諾,年六十。"又問:"現做何官?"歐又替答曰:"防禦使,武官。"又問:"幾品?"曰:"五品。"又問:"是滿洲人麼?"曰:"然。"余曰:"尊位官是幾品?"曰:"七品。"又問:"雲南此去幾里?"曰:"八千六百里。"又問:"莅此縣幾年?"曰:"到此纔一年,在直隸三十年,做過十四處州縣。"又問:"本縣終界東止何處?西係何地?"曰:"東界榛子鎮,西界沙流河。"又問:"灤州終界止於何處?"曰:"灤州偏在永平府南,大路上止管榛子鎮一村,村外即遷安縣。"又問:"遷安界東止何處?"曰:"遷安偏在北邊,過不着大路上,沙河驛是遷安管的。"又問:"盧龍、撫寧、臨榆等界東止何處?"曰:"盧龍界撫寧係雙望村,撫寧界臨榆係深河村,臨榆管至山海關門外紅墻子。"余曰:"我們大人竊要識荆,肯屈高駕否?"曰:"今晚尚有事,回來時我必請見,爲我先達意。"余遂以清心五丸贈之,曰:"萬里邂逅,定有前緣,而旅次無物,未遂縞紵,衹以囊藥奉贈。物雖不腆,情則無窮。"歐受而謝曰:"中心藏之,何日忘之。"時值夜深,歐乃收其談草而欲先起。余曰:“貴國境界地方寫在此箋上,定欲留下,以備歸時之考。”歐不許,曰:“境界地方,我回去必就開送來。”余點頭,各道平安而起。少頃,歐列録關内諸縣境界,遣人以遺之曰:“臨榆縣與撫寧縣界境,曰深河驛。撫寧縣與盧龍縣界境,曰雙望堡。盧龍縣與遷安縣界境,曰沙河驛。遷安縣與灤州界境,曰榛子鎮。灤州與豐潤縣界境,亦榛子鎮(以灤州偏處於南,所轄榛子鎮在通衢遷、豐兩邑之間也。余見自榛子鎮西行二十里,鐵城坎路傍有灤州西界之碑,則今此豐潤初界之東至榛子云者可疑,而爲地主者,豈有不知本縣境界之理耶?)豐潤縣與玉田縣界境,曰沙流河。玉田縣與薊州界境,曰鱉山店。薊州與三河縣界境,曰邦均店。三河縣與通州界境,曰燕郊堡。通州與京邑大興縣界境,曰定福莊。此紙奉上霞石、魏南兩先生,將來旋轍時,尚擬作一夕談也。五皆氏。”

余遂作答曰:“料表旅次,獲接高範,識荆之喜,尚切於中,際承委价,尤荷不鄙。來紙謹覽,而勤意至此,多謝多謝!當於東還之路,抱刺軒屏,以攄不罄之懷,統希雅亮。九月既望,海左霞石拜稽。”遂付來使,仍就睡。

九月十七日丙寅,玉田縣太學在城北,而略如豐潤之制,余與諸裨同入一堂,則有人邀余,相揖座定,余問其姓名,曰:“姓張,名光奫。”又問其年,曰:“四十七。”又問:“現任何官?”曰:“訓導。”傍有一老人,年可六七十者,向余欲語。余問其姓名,曰:“姓陳名華,現任教諭。”又問:“先生既掌教胄,有幾位學徒?”曰:“一百餘人。”又問:“這裏必有文學才藝之超衆者,可得相見否?”曰:“係到任日不多,尚未曉得。”又問:“先生家住那裏?”曰:“永平府臨榆縣。”又問:“這位住何地方?”曰:“保定府安州。”仍問余等姓名官職。余曰:“這位姓梁名鍾友,官僉使,武職,三品;這位姓洪名羲晉;這位姓卞名持華,官通德郎,俱是武職,七品。賤姓韓名某,布衣。”曰:“布衣之稱無乃過謙耶?”余曰:“才疏學劣,尚未做官。”曰:“布衣從使,定有所管。”余曰:“從遊萬里,爲觀中國人文之盛而已,無他所管,實不相瞞。”於是進茶。日已向黑,各贈清心一丸,兩人叩頭稱謝。余先起曰:"男兒他日再可相見?"陳曰:"冷署茅舍,不恭之至。"余曰:"萍蹤邂逅,良亦天幸,何有冷署之過謙? 還誦不安。"遂帶昏而歸。

九月二十日己巳,天未明,一行離自段家嶺,先向夏店。余獨晏起,乘車將行,忽聞厨子二名與店主相鬨,及見余行,忙急來告曰:"店主王姓人謂有失物,執馬奪衣,久猶不捨,前站午餐將不能及時,乞賜脱身之方。"王亦追至車前喃喃,蠻舌不可記聽。數十紅兜圍以三匝,不勝其擾聒。余問:"你能解書麽?"彼點頭,忽走入書房,率一學究而來,執筆進前。余書問曰:"你們有何事端,拘執厨人,使不得行?"彼曰:"我有些個器碗藏在這裏,朝起視之,不知所在。不是這厨人之偷去麽?"又問:"你親見而的知否?"曰:"曾屢見之矣。"又問:"所失者甚麽物?"曰:"鐵燭二個、飯碗二個、菜楪一個。"余曰:"果是厨人之所持去,則當歸告大大人,嚴治推還別定,你們中一人能隨我前往否?"曰:"吾店中人甚忙,無人前往,如有此三物,代來面交敝店可也。"余曰:"這厨人是吾行之供飯者,你若縶馬不許其去,則因此微事阻擋我遠行,决非好個道理,須即放去。"彼曰:"老爺言是矣。"仍還給衣馬,余曰:"這三物吾當推出,待東歸之路面交你們,使不至永失,何須多説。"彼叩頭曰:"請老爺太平上京去罷,不必此時追求也。"遂行至夏店以告上使,嚴飭搜覈,終未得。及歸,路過王店,上使命乾糧官使之問價交錢,王堅辭不肯,曰:"微物也,今何追提? 況非其物則已矣,寧論其價耶?"强而後始受,其半叩頭稱謝,面有赧色。

九月二十日己巳,通州潞河,蓋天下舟楫之所會處也,牙檣綉幔,彌江相連,余行乘舟泊於西岸,傍有二大船,一是揚州,一是杭州,綉旗大書曰"江南總運府"。上使及余試登其船,略觀其制。上使問船主人之姓,彼曰:"王。"又問:"貴鄉在那地方?"曰:"此船是江南揚州府,甘泉縣人。"又問:"曾聞揚州有平山堂、瓊花觀、二十四橋之勝,南至大江江畔有瓜步古渡,江中有金山、焦山,俱稱佳境,未知果然否?”曰:“此事俱有的。”又問:“揚州至此水路幾里? 旱路幾里?”曰:“水爲三千有零,旱爲二千有零。”又問:“水路由海洋麽? 衹由淮河、運河到天津麽?”曰:“俱是不義。”又問:“旱路由淮安入山東地方德州、河間涿州至京麽?”曰:“是的。”又問:“此船來時由海洋否?”曰:“不走海洋。”又曰:“大人請坐,我要吃飯去了。”仍進茶。遂回步又登杭州船,船主人姓張,迎入就坐。上使問曰:“杭州水路幾里?”曰:“三千五百里。”又問:“旱路幾里?”曰:“二千六百里。”張又進茶,時值日曛,乃下船乘車入通州城。

九月二十六日乙亥,韓韻海號季卿,浙江平湖人,年二十八,工於書畫,曾與李譯尚迪有契。是日,訪至館門外廛舍,上使聞其才學稍優,使李譯先通其欲見之意,即步往訪之。以漢語略叙問答,上使乃取筆書曰:“鄙人本無所解,但自少時頗好書籍,今兹北來,獲觀中土人文之盛,意必有奇文异書褊邦之所未睹者,幸乞指誨,俾得寓目。”韓曰:“經、史、子三部,貴邦已有之八九,惟集部不能遍海外,然素所著名者,亮貴邦亦久蓄之矣。”上使曰:“廿一代全史,雖幸粗窺一斑,而竊聞近代徐健庵尚書有《資治通鑑後編》一部,博贍精核,近古罕覯。先生必已飫觀,若蒙指示,切欲不惜厚直購歸一本。至於集部亦有一二涉獵,而如汪堯峰、王青箱未見全稿。《榕村文集》雖有一本,而雜録則未及偕備。王漁洋所撰《居易録》《古夫于亭雜録》《分甘餘話》亦所未睹。凡此諸秩中如有可求者,并望指導。”韓曰:“健庵尚書《通鑑後編》雖稱贍博,然其中亦有可議者,先生如欲購歸,當爲覓一部。至堯峰諸君集部亦易得者,當代爲購覓可耳。”上使曰:“石庵先生名德勛庸,山斗一代,海陬褊方亦所欽誦。聞有遺集亦既刊布,可得一秩歸示海左耶?”韓曰:“《石庵先生遺集》當向燕庭農部(户部郎中劉喜海)索贈一帙。”上使曰:“感感,黄南雷宗羲所撰《明文案》《明文海》二書,亦聞其名而未及過目,如可得購,亦所深願。”韓曰:“《明文案》曾見過,可以購得,《明文海》傳世者甚少,恐難得也。”上使曰:“曾聞江浙之間有稻種名料,水白者名‘香籽’,晚者皆能耐水旱得免歉荒云,未知果然,而此中亦可求得其種子否?"韓曰:"香稻米,江浙間俱有之,然水旱仍不能免荒歉也。此種都中不能即得,間或有之,亦外鄉傳來也。"上使遂題一詩曰:"我家東海上,君在浙江邊。萬里還相遇,三生定有緣。征鴻吳渚月,歸馬薊門烟。莫恨方言异,猶憑五色箋。"韓曰:"天色已晚,不能罄叙,明日午後先生如無事,再與此地一晤若何?"上使曰:"固所願也。"遂各起身歸寓。

翌日丙子,韓韻海來到館傍高麗店,使人納刺以紅紙,上印姓名三字,其下書曰:"奉請洪淵泉尚書一叙,何如?"上使即往訪焉。韓曰:"昨晚歸館後安健耶?"上使曰:"托賴盛眷,身子幸安,不審夜來尊候百福。"韓曰:"叨蔭粗平。"上使曰:"燕庭郎中可得一遭會面耶?"韓曰:"昨已述及,日來渠有公忙,遲日即當趨候也。"又曰:"先生昨日所言各書籍,望開示一目,容當代覓之。"上使曰:"如教。"仍贈以《退潮碑》拓本,曰:"這刻拓本係是敝邦故相許穆號眉叟筆,其篆畫頗奇古,在海東實爲難得,雖未裝繢成卷,而既荷俯索,謹兹呈玩,未知不見哂於大方耶?"韓曰:"陟州《東海碑》奇古可寶,既承見惠,感謝無已,何敢哂也? 不知先生尚有何種否?"上使曰:"素無鑒賞,收莊未富,不能多數帶來,殊庸歉咄。"韓曰:"我朝中外一統,文教之盛,與貴國無分畛域,先生此番儻携有海東書籍,乞見視一二如何?"上使曰:"敝邦雖自古崇獎文教,而僻處海外,俗又儉陋,中國文獻之外,實無足以流傳廣布者。此來又不曾携到,惟鄙人及兩胞弟平日唱酬詩文,見有一册帶來者,日間當奉請斤教。"韓曰:"大著當一領教。"上使曰:"昨日拙詩,深愧唐突,倘荷不鄙,請賜瓊報。"韓曰:"素不善吟,勉步一律,未足言詩。倘不見哂,當呈覽何如?"仍示以一箋,上有步韻詩曰:"問訊來琛貢,相逢玉水邊。詩書敦夙好(謂先生留心古籍),翰墨結重緣(先生亦有金石癖)。歸計渾忘月(予是日歸已暝矣),吟魂欲遶烟。知君能咏者,佳句付瑶箋(辛卯九秋廿有六日,淵泉尚書見惠一律,勉步原韻,即塵清覽并乞斧正。浙西韓韻海未定草）。

上使曰："刻畫無鹽，遂邀西子之一盻，聳喜無量，言不能既。"韓曰："見笑方家，言之益增恧顔。"上使以畫蝶扇示之曰："此扇子係是相識人所畫，雖非佳手，亦有風致，願得中州名公品題以爲重，倘賜數字評語，或以一絶句題於左方，不啻千金之重矣。"韓曰："當如教。"又曰："中華金石碑刻，先生藏有何種？"上使曰："素恨弇陋，無所裒粹，若蒙嘉惠，何啻百朋？"韓曰："歸時當檢出，多多奉贈。"上使曰："不任感佩。"韓曰："先生與雲石（趙相國寅永）、遊荷（趙尚書秉龜）相識否？"上使曰："既與同朝，俱有雅契。"又曰："海陬賤生聞見弇陋，不知當世宗工文章經術爲一代推重者，見方有誰？浙西又是才彦之林藪，芝蘭同臭，嚶鳴相求，朋遊之中，必多其人，願一聞之。"韓曰："近世經術則首推王伯申尚書（名引之），文章經濟則首推阮芸臺制軍，詩人則推吴蘭雪、曾賓谷，餘子紛紛不足數也。"仍書"蘭雪"傍曰："現任貴州同知。"又書"賓谷"傍曰："聞去年逝世。"上使曰："阮、吴諸公逖在滇黔，賓谷已作古人，衹有王尚書一人在都，而官位隆重，外藩之人難遽踵門，未知此外見在都下者更有幾位。""布衣之中，亦必有抱玉藴櫝者，尤所願聞。"韓曰："李比部月汀璋煜經學尚深，龔中翰自珍詩學、史學俱優，徐農部有壬經學等學甚精，都可交（比部者刑部，農部者户部，二人皆爲主事。中翰者，中書舍人也）。"仍書"中翰"傍曰："惟此人稍有習氣。"上使曰："聞紀文達有孫，方住都下云，其文學能世其家否？"韓曰："文達之孫現任漢黄觀察，文學不過平平。"上使曰："翁覃溪亦有後人否？"韓曰："有孫一人，惟不能繩祖武耳。"上使曰："嘉湖蘇杭之間，亦必有文士之知名者，願聞一二。"韓曰："鄙人離鄉十餘年，里中知名士竟不道其一二。"上使曰："鄙人三十年前曾一遭進京，邂逅吴江文士二三人，其一爲費編修蘭墀，其一爲袁秀才大勛，自言以中郎之裔流徙吴中云。費則後聞其訃，袁則南北渺然，不識其存殁，未審曾或有聞否？"韓曰："費編修曾聞其人，袁則不知也。"上使曰："近世窮經之士，有漢學、宋學之各异,亦有主訓詁考訂者,有不事章句而先務篤行踐實者;爲文章者,亦有模擬秦漢者,有步趨八家者,有以徐、袁、鍾、譚爲家計者,未知先生平日用力者何在?"韓曰:"鄙人學業譾陋,向無根柢,何敢自言平時用力之處耶?"仍即告别,而氣色頗异於前,其故未可知也。又曰:"今日尚有事羈身,容另日再於此地一叙,何如?"上使曰:"既聞有事,不敢奉挽,明日以後鄙人亦有事,故須待三四日後,始可再圖一穩。"韓曰:"初四五日趨談何如?"上使點頭而歸。

十月庚子二十二日,韓韻海又至高麗店,使人請見,上使往訪之,余亦隨往。相與揖畢,韓向上使指余問曰:"此東床耶?"上使曰:"然。"韓請余就椅,余索筆而書曰:"敝邦後生不得與長者對椅而坐,所以敬長之禮也,休怪休怪。"韓點頭曰:"請問高姓大名?"余曰云云,韓曰:"海外同宗,三生之幸也。"仍曰:"請問尊庚幾何? 現居何職?"余曰:"虚度五五光陰,以布衣爲觀中國而來矣。"遂問貴庚大號。韓曰:"耻長三齡,踐號季卿。"仍向上使書曰:"半月内俗冗碌碌,竟未一接清光,五中未免悵悵耳。"上使曰:"一别三旬,鄙吝積中,今承再枉,實慰瞻係。劉郎中燕庭亦曾留約,未知何時可得重晤耶?"韓曰:"日昨本擬偕燕庭郎中同來,適有事躲延。今日渠又出城,恐不能趕來,明後日當來一談也。"余曰:"尊姓則既知爲同宗,而未聞大名,請賜教。"韓曰:"名韻海。"余曰:"現居何官? 住何地方?"韓曰:"弟係浙江平湖人,以後秀生應京兆試,今秋又報罷矣。"上使曰:"鄙家先世文稿及三昆季唱酬遊戲之作,適有携來者,願以先稿一本奉寄燕庭,三昆季所作一卷願以仰呈於尊駕,未知如何?"韓曰:"承惠尊作,當拜領。又寄燕庭郎中一册,亦當携歸轉遞也。前開示各種書目内,《通鑑後編》一時竟難覓得,餘種已爲物色,明後日當仰呈,何如?"上使曰:"多感多感。間從書肆購得畢秋帆尚書所撰《續資治通鑑》一部,未知其書比《後編》何如?"韓曰:"據《四庫提要》所言,二書大旨相同。"仍向余曰:"近日見李月汀否?"余曰:"頃獲一見,嗣後連有約會,而每因秋官公冗,尚未再遻。"上使曰:"徐翰林廉峰亦曾留期，而未得一面，令人鬱鬱。”韓書於“廉峰”傍曰：“係先君門生。”上使曰：“平湖距此約有多少里？幾個月日可以往返耶？路程似當由蘇州、鎮江渡大江，由揚州、淮安、兖州、泰安、濟南、河間進京，如太湖、虎邱、金、焦、北固、平山堂、瓊花觀之勝，及孔林聖迹、岱宗名嶽，皆想飽觀矣。”韓曰：“平湖距京三千餘里，由太湖、蘇州、鎮江渡江而北，水路十二日，陸路十八日，往返二月，其間虎邱、金、焦、北固、平山，少時曾一瞻玩，泰安、岱宗名嶽、孔林聖迹，陸路所不經過者，并未一仰也。”上使曰：“太湖、金山平生所夢想者，其勝概之一二可蒙示及否?”韓曰：“太湖千頃，波濤溢涌，金山則在揚子江頭，但俯視大江南北而已，亦無奇异勝概也。”上使曰：“‘樹影中流見，鍾聲兩岸聞’，是張祜題金山佳句也。豈可不謂之勝概？向蒙宣召至圓明園，因得轉至昆明湖邊，遥望西山勝概，真是天上仙區，蘇杭名湖想比此中又當倍加佳麗，恨壤界有拘，此生無由得到。”韓曰：“蘇杭勝概不過如是，較之昆明湖各處，稍添真趣耳。”上使曰：“京師樓臺、寺刹、廛肆俱極壯麗，想蘇杭益當加侈。”韓曰：“不能及也，幽雅則過之。”上使曰：“杭州西湖亦曾遊賞否?”韓曰：“髫年隨侍來京，家鄉竟未遊玩。”上使曰：“鎮江以後水路由那個地方?”韓曰：“由平湖至鎮江，其間水路，則平望太湖、丹徒、丹陽、溧水各方，韋州、姑蘇。西湖則在浙西矣。”上使曰：“渡江以後，從何地方取路?”韓曰：“揚州、鎮江。”上使曰：“揚州以後，由何處取途至京?”韓曰：“由青江浦王家營至山東界迤北而來。”上使曰：“燕庭家中，聞有一布衣文士姓陳人，果然否?”韓曰：“與鄙人同鄉，姓陳名克明，號南叔，老名士也。善書畫，惟性懶不輕握管。”上使曰：“鄙人有季弟，是本國駙馬，甚喜文墨，所居齋扁以‘喜聞欲受’大字扁楣。陳先生聞工隸字，未知肯爲揮染否?”韓曰：“可以轉求，乞將行款開示。”上使曰：“所求書者祇是‘喜聞齋’三字，明當謹送紙本。”韓曰：“其紙本即送至鄙人寓處，當爲轉求，緣燕庭郎中門前恐駭聞也。”仍書於“鄙人寓處”四字傍曰：“寓東四牌樓南演樂胡同西口内，路北第三門黄陂縣韓寓。”上使曰：

"如教。我們歸國時,路當過東四牌樓,而無由歷入,室邇人遐,倍切悵黯耳。"韓曰:"貴邦人參以生白者爲佳,此來携有大枝者,乞贈少許。"上使曰:"謹當如教。"仍贈以幾片。韓曰:"感謝奚如。"又曰:"近日有吟咏否?"上使曰:"衰病才盡,久廢筆硯。"韓曰:"過謙。"又曰:"貴國平百濟碑,易得否?"上使曰:"已經二千許年,原刻磨減,拓本亦絶難求覔。"韓曰:"曾見雲石公贈燕庭郎中本,想舊拓耶?"上使曰:"想如此。"又曰:"徐廉峰翰林亦係尊友否?"韓曰:"向知其人,并非深交。"上使曰:"聞是健庵之從元孫(元孫,玄孫也,清國諱"玄"字,故國俗代用"元"字),健庵是近世宏儒,想其家學必不比尋常。"韓曰:"廉峰,翰苑才也,頗喜吟咏,雖係健庵遠裔,而其學問經術并非優優也。"又曰:"《豐山世稿》,先生尚有副本携來否?乞賜鄙人一帙,俾得廣開眼界,幸甚幸甚。"上使曰:"謹如教。"又曰:"王伯申尚書亦願一謁,而官品既崇,恐難卒卒,未知何階可以先容否?"韓曰:"似未便也,或托燕庭郎中代爲先容何如?"又曰:"品高事繁,似難相見。"上使曰:"《石庵集》後跋文,有燕庭名字而稱以從孫,未知燕庭是石庵兄孫否?"韓曰:"弟孫。"上使曰:"石庵親孫今有幾人?而亦在都下否?"韓曰:"親孫現有三人,俱年幼,在都中,與燕庭居相隔尺許。"上使令厨房設酒饌以進,曰:"不腆酒肴,願一下箸。"韓啖之,以次問魚果之名。上使曰:"此鰒魚乾者,名全鰒,此文魚,亦名八梢魚,這個名江瑶珠,是敝邦海味,曾見東坡詩亦稱其味,可比茘支者。"韓曰:"江瑶珠,味美逾常,昨歲趙遊荷携來時曾經快啖一過。"又曰:"此生吃耶,熟吃耶?"上使曰:"這是生的,但日久而乾,不如新采之美耳。"又曰:"此名藥果,用油蜜煎成。"韓曰:"藥果甚美,欲乞少許歸遺細君,先生其與我耶?"上使曰:"如教。"仍命加贈,韓裹紙以帶,曰:"天色已暮,亦須歸矣,廿四日當來此送别。"上使曰:"臨行雖甚匆忙,謹當一來告别。"韓向余問曰:"李藕船(李譯尚迪號)與閣下交深耶?"余曰:"素有雅分,况同作萬里之行,安得無深契耶?"韓曰:"廿四日午後當於此地偕藕船一談何如?"余曰:"臨行束裝,雖無片暇，當圖來會，以副盛意也。”韓曰：“歸後儻能不忘故人，尺素頻通，不啻面晤，何幸如之。”余曰：“萍海相逢，定有三生之緣。但恨歸期甚促，未得穩話，良覺悵惘，別後當以尺牘寓其不忘之懷耳。”又曰：“敝邦清心丸素號佳藥，欲以奉呈，未知肯收留否？”韓曰：“望惠我何如？”余贈以五丸，韓曰：“多謝兄厚意。”又曰：“藕船今日往城南去耶，晚間歸來，當爲致到。”余點頭而歸。

壬寅二十四日，韓與劉燕庭偕至館外，上使昨以摺扇五柄、清心五丸托韓季卿轉求齋額於陳克明矣，至是季卿送陳生所書扁二度，上使即往見鼎話，既叙寒暄。上使曰：“嘉興古之携李也，宋之秀州也，前餘杭而後姑蘇，右錢塘而左震澤、平望。八尺船檣如織，奇麗勝絶之境，必當富有，願聞一二，以當卧遊。”韓曰：“風景誠如公言，無他异境也。”上使曰：“平湖係是陸當湖所居，其後人尚今能世其學業，而遺風餘韻亦有可傳述者否？願聞一二。”韓曰：“稼書公後人漸已式微，尚能不墜家聲，至於傳述則甚鮮聞。”上使曰：“其門人弟子能繼嫡傳者爲誰？今亦有淵源之相承者否？”韓曰：“同里者甚少，他方或有，則耳目所不及聞見也。”又曰：“歸國後尚望時惠好音，以當面晤，弗使遠人懸懸幸甚。”上使曰：“雖微俯教，敢不銘念？但未諳尊駕常在都下與否？如或返轅南中，恐益無嗣音之路，是庸怦怦。”韓曰：“三四年内不即出都，即有南歸之期，當先報也。”上使曰：“未審寶眷俱團聚都下否？”韓曰：“賤眷在京數年矣。”又曰：“行期定在何日？”上使曰：“明日當詣午門外告辭，廿六日當出都矣。久客思歸，非不心忙，而乍合旋離，不能不恨恨。”韓曰：“良會匪易，言之悵悵，想彼此同是情也。”上使曰：“河山間阻，雲樹蒼茫，鄙人亦已老矣。蒲柳早朽，實難再作遠行。今兹之别，真所謂暫遊萬里，少别千齡，安得不黯然銷魂？”韓曰：“閣下精神矍鑠，他年重來都門，再圖良晤，未必無此翰墨緣也。”仍與之叙别而歸。韓，南士年少，頗楚楚自喜；劉，世家鐘鼎，官亦不卑，而舉止亦輕佻，近俗大抵多然也。語及文學與當世事，二人皆亂以他辭，不肯對。

癸卯,韓季卿送人呈一把扇子於上使,扇面畫梅菊,題二絶句於其上曰:“君來菊花開,君去梅花發。聊寫菊與梅,以誌歲單閼。”“盤桓三旬餘,駒光何倏忽。從此送君行,相思共明月。”“淵泉尚書行將東歸,寫此奉贈,即乞清正,浙西韓韻海。”扇背又有隸書題字曰:“雅歌吹笙,奉爵稱壽。相樂終日,於穆肅雝。上下蒙福,長享利貞,與天無極(《漢史晨奏銘》,道光辛卯小陽春月,韓韻海節臨)。”題蝴蝶扇詩曰:“花蝶兩相迎,文哉妙寫生。含豪真欲活,栩栩亦多情(淵泉禮曹判書命題,時辛卯小春,浙西韓韻海)。”又以唐碑拓本八種、歙硯一方、箋紙一匣,及《居易録》《堯峰集》爲贐。《亭林集》則燕庭所贐云。上使各以人參藥丸、箋紙爲謝,仍步扇面韻曰:“故人贈我扇,動摇清風發。吹我相思夢,萬里無障閼。”“三江入夢魂,千里坐超忽。君家太湖心,共我東溟月。”余以一詩留别季卿曰:“萍海多知己,騷壇又識荆。文章論雅契,山斗誦高名。白雪凝秋暮,蒼葭繞水清。那堪東去路,雲樹總關情。”其答以爲“深感故人惜别之意,而忙促未能即和,留俟明年東使之回,當有步韻以呈”云。

九月二十九日戊寅,李璋煜,青州諸城縣人,號月汀,又曰篛汀,年四十,現任刑部主事。深於經學,爲時推詡。東使之赴京者,莫不結交云。是月丙子,余與士裕偕出正陽門外,至驢駒胡同訪其家。值赴衙,未果遇,留小牘而歸,仍題一詩曰:“斜陽驅馬訪幽居,獨有黄花繞石除。葭露入懷人不見,秋風空自檢床書。”

厥明丁丑,月汀譴人致書於余曰:“日昨趨衙,驅從至門,有失祗迓,歸讀華牘,悵恨奚如?今早又匆匆應官,一面緣慳,咫尺千里,欲圖良晤,祈先期二日示知,方可屏當塵務也。璋煜端肅。”

翼日戊寅,余偕士裕再往訪之,先使人通刺,月汀出迎,引入客堂,相揖鼎坐。余取筆書曰:“我等海外鄙人也,久聞先生之聲望,而今再造軒屏,獲接高範,定有三生之緣,實爲遠人之幸。”李曰:“愚現官秋曹,案牘頗叢碌,故兄昨日賁臨時,有失祗迓,今日又將匆匆應官,非今日及早惠言,則又相左矣。”余曰:“敢問高壽?”曰:“見惡之年。”仍問余等姓名、年號、官職,余書以對。又曰:“虚度廿五光陰,尚係布衣。”李曰:“風標瀅秀,何謂無官?”余曰:“過蒙獎譽,不勝慚愧。”李問曰:“金公魯敬如何?金公清山善臣如何?洪君一能(良厚)、李君周經如何?皆舊相識者。”余曰:“皆平安。”李指西堂名曰:“罷官?”余曰:“何以得聞?”曰:“聞諸道路。”又問:“進謝行否?”余曰:“然。”又問:“今年有科試否?聞洪一能新捷,然否?”余曰:“洪君果高捷於春圍耳。”又問:“李鍾愚如何?”余曰:“尚無恙。”又問:“聞有心疾,愈否?”余曰:“未聞有疾,恐是傳者之訛耳。”又問:“貴邦金石甚富,前從秋史(金台正喜)、山泉(金命喜)昆仲購得四五十種,而趙公雲石所得尤多,吾兄此次行篋可有携來者否?”余曰:“素無金石之廣蓄,且緣行期之匆促,未能多携耳。”又問:“此行已充記室來否?聞向來正副使臣皆有記室隨行,然否?”余曰:“果有一二人之從行者耳。”又問:“金秋史昆仲已復官否?”余曰:“秋史近以散銜退居江湖。”又問:“其弟命喜如何?”余曰:“間治嶺邑,今則解官家食。”士裕問曰:“申翠微(申尚書在植)書函昨已留下,果即管覽否?”曰:“翠翁素相善耶,信函已收耳。”仍出示一片青石,即翠微所寄贈者也。問余曰:“此何石耶?産於何地?”余曰:“産於敝邦端川地,名曰‘青玉’。”又問:“十八道之一耶?”余曰:“關北都護府。”又問:“語言似可相通,從前曾到都耶?”余曰:“即是初行,曾未到都了。”仍曰:“我們大大人久聞先生之邃學,竊願識荆,將欲抱刺,敢效紹介,肯賜光許否?”李問曰:“貴大大人現居何官?”余曰:“内閣學士,原任大冢宰,姓洪號淵泉。”李曰:“既欲賁臨,當另待後期。”士裕曰:“淵泉先生早涉經史,博通古今,蔚爲海東之一代宗匠,先生倘或一見,不啻立談如故人,必有相遇晚之嘆也。這位是大大人之東床,才華拔萃,方有雅望耳。”李點頭曰:“觀其外,占其内,貌如其人。”仍向余曰:“頒朔後,想無多日留連矣,行期何日耶?”余曰:“歸期要在於開月初旬内外矣,另待後期。既蒙盛諾,而館務自多冗擾,塵話易失,從容會於佛宇、道觀之極僻静處,以做半日之穩恐好,未知尊意如何?”李曰:

"誠然誠然。從前與申翠翁俱聚於下斜街長春寺,未識與寺僧相晤否?客館我輩出入甚難,而鄙寓又多酬應,能在長春寺一晤較静。"余曰:"長春寺僧未曾相晤,而必須約日,然後可以屏務相會,幸望賜教。"李曰:"先期二日見示,當無不可偷閑一晤也。此來識得户部劉燕庭喜海否?"余曰:"未也。現住何處?行當相訪。"曰:"諸城縣太學士劉文正公名統勛之曾孫,石庵相國文清公墉之叔孫也,現住東華門外東四牌樓驢市胡同,離玉河橋不遠。"余問:"燕庭現居何官?"曰:"户部郎中。"又問:"他深於經學耶?工於詩史耶?"曰:"文章考據之學甚深,藏書籍、金石甲於一時。"仍曰:"今日匆匆,未得細談,容圖後晤如何?"余曰:"顧以遐陬末學,獲承大方之清誨,實愜宿昔之願,但今日先生又將赴公,未罄區區之懷,退俟他日,再來請話。"李曰:"淵泉大人既欲賁臨,或即在敝廬亦可。"余曰:"盡好盡好,即當歸告耳。"李曰:"總以先期一日,使尊使早爲通知,便當將公事稍屏當,方可半日閑耳。"余曰:"謹如教。"士裕自題詩二篇以贈之。李曰:"詩詞贊譽太過,容當奉和,惜匆匆官務,無八叉才耳。"余曰:"日已向晚,恐妨公務,請告退。"李亦起身偕出門,分路而歸。

十月庚辰,余送人貽書於月汀曰:"十月二日,海東韓某謹再拜上牘於篛汀李先生閣下:生以遐陬末學,飽聞閣下之聲望久矣。恒抱掃門之願,竊有執鞭之思,而疆埸有限,邈若异世,何幸天假以便,獲到中州再造軒屏,躬承清誨,誠愜宿昔之所想慕,而適值駕公,不遑悉展,歸來始悵,信宿愈切。伏惟尊體益膺百福,我們大大人切欲結交於閣下,故生於曩日敢效紹介,亦既承不鄙之盛諾矣。渴翹之餘,宜不淹日,而使事多務,再明始可乘暇,兹敢先期仰申恭佇進退之命,想宜鑒照也。不腆幣儀,聊表區區,物輕意重,真所謂千里鵝毛也。如蒙不棄,冀許收領。某白。"外清心元五丸,各色摺扇十柄,藥果三十粒。

其答書曰:"日昨匆匆未罄所懷,雨中伻來,兼以多儀相貺,文字之緣深至此耶?初四日再領塵談,此覆霞石先生。璋煜頓。"

月汀又作書於上使曰："淵泉先生閣下：久聞聲華，未獲摳謁，今幸初四日惠言，自當俟候，容面罄不宣。雨窗璋煜謹泐。"

初四日壬午，余陪上使往訪月汀家，士裕亦從焉，月汀出迎階下，引入就座，握余手而致款，以漢語問曰："數日來太平？"余謝曰："深荷盛眷，眠食粗安。"月汀曰："今日再來，辛苦。"余曰："我們大大人必欲納交於閣下，今陪杖屨而來，再獲承誨，實爲慰幸，何敢言勞。"月汀微笑。上使曰："久欽聲華，今幸識荆，實愜三生之願。竊聞先生窮經好古，富有著述，可得窺見其一二否？"月汀曰："僕少好摛詞，及遊都門，與諸前輩相往來，欲窮經義，緣年來官西曹，案牘紛沓，不暇著述，今春一病，幾至不起，今始稍平復，詩章亦不作矣。"上使曰："鄙人生長海陬，不解文詞，惟自弱冠粗業經藝，亦有一二論述，切欲就正有道，而未得其人，倘蒙不鄙，乞賜斤正。"月汀曰："甚願快讀，惜學業荒殖，無所發將爲可愧耳。"上使曰："此來唯挈《尚書札記》者一帙六本，歸寓後即當賫呈，萬望痛加針砭，俾開蒙陋，先生平日所論著亦願窺一斑。"月汀曰："先生於經學多所闡述，未審主訓詁一門耶，抑義理一門耶？"上使曰："義理非訓詁不明，朱子所謂未有不得其言而能通其意者，真格論也。至於剖析太甚，反歸穿鑿，亦非吾儒之所貴。要當以躬行實踐爲歸，始可謂儒者之學，然徒能言之而實無所得，上蔡鸚鵡之譏，深庸自惡。"月汀至"剖析太甚，反歸穿鑿之語"書之曰："誠然，誠然。"又曰："義理非訓詁不明，一語破的矣。《尚書》如《禹貢錐指》《尚書疏證》《尚書後案》等書，想已博覽之，先生著述，自能獨闢一門徑也。僕雖欲淹通經術，特以數年來爲法術家所困，辰出酉歸，不遑鑽研。通經貴致用，不可以定談無補，貽笑揚迂也。"上使曰："'通經貴致用'，此五字亦可謂破的，《錐指》《疏證》，曾窺梗概，《後案》則未及寓目。近世考證之學補拾殘佚，推究古義，亦不可謂無功，但未免馳騖於名物器數之末，究竟於躬行致用之實毫無裨益。愚竊謂漢學、宋學，其末流俱未免此弊，不識大雅之見以爲何如？"月汀曰："漢學、宋學居今日不必自立門户，惟當求其有益於身心内外,而可以施於有政者體驗之,則真能信古而不泥古者矣。曩與金清山(善臣)、秋史(金台正喜)、山泉(金命喜)暢論之矣。”又曰:“前見有《豐山世稿》,係君家刻詩,未審是同宗否?又聞有洪駙馬文章甚著名,是同宗否?前識洪公義浩,今已下世矣。”上使曰:“豐山是鄙人本貫,世稿係先代遺文,鄙人年前所纂輯,末附拙文一篇。駙馬是舍季,洪公義浩號澹寧居士,以禮曹判書致仕還鄉,下世已六年矣。”月汀問上使字號,又問曰:“有幾子?”上使曰:“祇有一子,年前夭歿,今但一女,適來韓生號霞石者,乃敝婿也。”月汀點頭,又曰:“秋史之尊甫酉堂先生健在耶?”上使曰:“尚無疾恙。”月汀曰:“欲寄秋史昆仲一信,可帶去否?”上使曰:“如命。申翠微頃有一緘,亦望賜答。”月汀點頭,問曰:“現居樞密職,即中國宰相耶?”上使曰:“敝邦中樞之銜,乃是散銜,如中國散秩大臣,但領中樞,非經一品職者不得任。鄙人曾經判書,是正二品,今因奉使乏人,濫升而來。”月汀曰:“曾官西曹否?貴邦刑名秋審生死,乾隆年間尚聽部覆,何年始改歸貴邦自行處治耶?”上使曰:“亦嘗濫叨刑曹判書,即中國之刑部尚書也。秋審刑名自古無開由大邦之例,但事涉邊禁者,移咨聽覆,其外則否。”月汀曰:“僚屬多少人?亦有主事、員外、郎中之稱否?”上使曰:“判書如尚書,參判、參議如左右侍郎,此皆三品以上官,稱堂上官,不論瓜限。正郎爲五品,佐郎爲六品,此則并以三十個月爲限。正郎如郎中,佐郎如員外、主事。”月汀曰:“考試今年爲大比年耶?幾年一應試耶?外官一年瓜代耶?”上使曰:“寅申己亥年發解,子午卯酉年會試。外官六年一交替,其資深者則三十朔一替。”月汀曰:“部官何年一交替耶?僚屬亦如此耶?”上使曰:“京官俱以三十個月爲限。”月汀曰:“三十個月即升轉耶?”上使曰:“有升轉者,有罷歸者,才具可任者,不待三十個月亦升轉。”月汀曰:“翠翁現居何官?其桑間亭風景甚幽僻,曾至其處一遊賞否?”上使曰:“今方爲北路巡察使,距王城八百餘里,桑間亭則未及往遊,祇在都下相訪。”月汀曰:“金善臣之才筆甚佳,今出仕否?”上使曰:“曾爲南路郵丞，今則解官家食。”月汀曰：“《豐山世稿》尚求一部，尚有三昆仲合刻一集者，似是君家。”上使曰：“果然，謹當如命。”月汀曰：“其中即有先生著述耶?”上使曰：“鄙人與兩弟詩文都有。”月汀曰：“前有李少華携來持贈，僕有四六文書札回答，極贊文章之華贍，未審一見否?”上使曰：“未及見。”月汀曰：“有善畫者，似是君家昆仲。”上使曰：“季弟略解點綴，亦無深工，不足稱善畫。”月汀曰：“有人曾以一幅見寄。”又指“季弟”二字曰：“前年曾以《豐山世稿》見寄，僕曾有回札，未審收到否?”上使曰：“回札未知付何人，尚未收領，深庸訝鬱。”月汀曰：“似托貿易人鄭姓彩鴻寄去。”又曰：“與君家昆季可謂有宿緣矣。”上使曰：“誠然。”月汀曰：“文章已有前緣，今日良覿已預兆之矣。”上使曰：“交以面者猶淺，交以神者爲深。文章者，神之所寓也，千載前後，尚如合席，况并時耶?”月汀曰：“先生耄年好學，如衛武公著述等身，可垂不朽，前讀昆仲刻稿，文筆醇正，學曾南豐，此外著作想充棟也。”上使曰：“本不能爲詩文，略有書卷之癖，意欲以經術爲平生工程，而五十以後屢嬰奇疾，又緣哭子，肝血全涸，今則區區舊業，亦已抛置無餘矣。著作元無足挂眼，今兹携到之《尚書劄記》亦是七八年前所作，近來則并與讀書而不能矣。”

月汀乃題詩一篇曰：“豐山累世驚知名，腰鼓君家好弟兄。早有文章傳海舶，昨宵風雨到簾旌。黄花紫蟹新醪味，叠石平橋舊雨晴(舊寓即小山平橋，山泉曾賦詩見贈)。我欲窮經繼齊魯，與君商榷話平生。”

仍曰“即席奉贈”。上使曰：“翠微、秋史皆鄙人所深交也，繇是飽聞尊名，不啻雷灌，今幸合席，又獲瓊琚之贈，何幸如之!”遂步其韻曰：“經術曾聞稷下名，清詞重見惠連兄。早知壁間逃秦火，更許騷壇樹漢旌。翰墨元無中外限，河山空管去留情。馮軒共指還家路，朐界東頭海日生。”

上使又曰：“拙構本不足挂眼，既荷盛惠，不容揜醜，一哂而屏之，毋令見笑於望望。”月汀曰：“真八叉手也。”仍設酒饌相待曰：“有薄酒可一啜也。"上使曰:"素不解飲,而厚意不敢終孤,謹當一釂。"月汀仍向余及士裕,勸其就椅,曰:"二公可同坐否?"余曰:"國俗不可與尊者對椅而飲。"月汀曰:"誠然,禮在則然。"遂別設一卓,分饌而進之。上使以次問其饌果之名,月汀曰:"此蟛蜞也。"上使曰:"是蟹類之小者否?"曰:"然,此鷄子用灰治之。"上使曰:"似是敝邦海參也。"月汀曰:"食鄉味也。"又曰:"此鷄肝也。此鐵雀也。"余曰:"鐵雀即小雀耶?"曰:"然。"又曰:"此蝦,此栗,此菘也。"上使曰:"是白菜?"曰:"然。"又曰:"此鯉魚也。"上使曰:"讀所謂'炰鱉膾鯉'者,自古以爲佳羞矣。屢辱盛饌,深庸感怍。"月汀問余曰:"已進士及第否?"余曰:"才疏學蔑,尚未釋褐。"月汀曰:"貴邦初應試爲何名目?初進身爲何階?"余曰:"以詩賦及五經義拔司馬試,始付蔭仕,或用論策及四六文擢大科,然後乃就顯官矣。"月汀曰:"貂裘亦有品級限制耶?"仍指余上着衣曰:"此何衣?"余曰:"此狹袖衣,俗稱袂子,即武官之服,而既從使車,故着之耳。"月汀點頭,仍執箸以勸曰:"不再食乎?未食麵乎?"余曰:"既飽以德,鼴腹已滿,不敢多食矣。"月汀指余所佩刀曰:"此何刀耶?"余曰:"烏銅刀。"月汀曰:"其製甚佳。"仍摩挲不已。余曰:"欲持此奉贈,以志萍逢之喜。"月汀點頭,喜溢於色,余乃解刀以贈。月汀受而深謝,仍示其腰刀曰:"此是洪三斯名一能(良厚)所貽刀頭,亦貴邦刀耶?"余曰:"似然。"月汀曰:"刀庫乃吾所製也。"又向士裕曰:"魏南已仕否?"曰:"尚無官。"月汀曰:"昨詩甚感,惜未能全和爲悵。"仍次前韻一首書扇面曰:"屋梁落月夢全非,聲價鷄林願已違。休怪近來詩思減,沈郎減却舊腰圍(辛卯初冬魏南過舍辱贈三詩,予因宿疴甫痊,久廢吟咏,勉和一絶以志縞紵云爾,諸城李簃汀)。"

士裕曰:"上二句本義未詳,願教之。"月汀曰:"君顏似曾於夢中相晤,故有首二句,鷄林用白樂天事。"士裕曰:"夢全非之意,詳教之。"月汀曰:"言夢幻之無憑也。"士裕曰:"前日相親之朝鮮人,皆零落無憑云耶?"月汀曰:"從前舊雨或故去,或淪落云爾。"仍贈余一扇，有詩題其面曰："公子翩翩最少年，神如秋水句如仙。金剛山色斜陽外，他日思君落雁邊（霞石風流藴藉，望而知爲有道君子，予學殖荒落，恐有所聞不逮所見之誚，率成七絶，祈和正之，諸城李籌汀）。"

余曰："珍箑瓊章，荷此心貺，如獲百朋，歸詑海外，而但詩意過奬，不覺慚恧。"月汀曰："未讀尊詩，深以爲憾。"余曰："賤詩固不足觀，盛意亦不敢孤，强效邯鄲之步，深愧西子之醜耳。"仍即席步韻曰："山斗高名仰幾年，文章千古并詩仙。逢場衹恨歸期促，餘意留看月一邊。"

月汀曰："才思敏給，甥如其舅。"余曰："意在求斤，反蒙過譽，衹益慚赧。"月汀曰："尊作新用全箋見賜，以志萍蹤，如何？"余曰："當如教，竊聞先生深於染翰之工，倘賜一揮否？"月汀曰："當書楹帖以贈。"又曰："霞石贈我烏銅刀，觀之凛凛寒生毛，佩此刀，行如銅之純，虚如竹之節，當爲詩謝之。"仍出示《知稼堂集》二本，曰："二册分贈二君，是先西園從伯所著，乾隆丁丑進士，官河南朱仙鎮同知。"余曰："荷此書卷之惠，多謝多謝。"月汀曰："與李壽民有交，號桐廬。"上使曰："李之子（名宅禄）見方來住館裏。"仍問曰："諸城是山東地方，未知在沂州管内否？抑在青州否？"月汀曰："諸城，青州邊海邑，即《春秋》所云'城諸及防'之諸也。莒與魯接壤地也，山有五蓮、九仙之勝，海有瑯琊之觀，人有劉文正、文清父子之相業，竇東皋總憲之學問。"上使曰："東皋名字，乞賜書示，是何時人？有文字著述否？"月汀曰："竇光鼐殁於嘉慶初年，官左都御史，有詩。"上使曰："海陬褊邦素乏書籍，今行欲購一二秘笈，而求之未可遽得，或可無靳於中郎枕中之莊，俾遠方蒙士得一開眼耶？"月汀曰："書籍貴邦流傳甚多，無多概中秘矣。"上使曰："徐健庵所撰《資治通鑑後編》、黄南雷所選《明文海》《明文案》二書，俱欲一見，而無從問津逮，未知何處可以求得？"月汀曰："數書書肆竟無刊本，或并州浙江有之。"仍出示《嶺南詩集》八編曰："此是吾宗人南澗先生詩，名文藻，益都人，知名進士,官同知,奉贈。"上使曰:"深感,深感。"即以《新羅僧神行帖》贈之曰:"適有敝邦新羅時石刻一卷,適兹携到,未知可供清玩否?"月汀曰:"《神行碑》拓本甚舊,曩時秋史寄一本,無此字墨也。劉燕庭喜海,劉文正公之曾孫,文恭公之長子,博雅好古,有輯《海東金石文字》八卷,加以考據,前人所未曾纂述者,先生不欲一識其人耶?"仍指《知稼堂集》曰:"即燕庭所輯。"上使曰:"燕庭飽聞其名,日者邂逅其妹婿韓季卿,已致願見之意。"月汀曰:"季卿,其友人,非妹婿也。"又曰:"《神行碑》祈携歸,爲加跋尾。"仍自書曰:"號篛汀,字方赤。"上使曰:"如教。"月汀曰:"治肝之藥,何者爲佳? 鄙人亦患肝疾也。"上使曰:"治肝曾聞地黄爲佳,但有濕痰者不宜。"月汀曰:"諸城海去貴邦千里而近?"上使曰:"登州海路甚近,但無舟楫往來耳。"月汀曰:"東國都人士皆崇尚氣節,力求實學,文章詞賦之選,亦代有聞人,必有留心掌故之人,搜輯各家著述,勒成一編者,行笈中如有携來者,尚望見賜。"上使曰:"東方學者亦不無人,而國小俗儉,絶少鋟梓,鄙行未得携來,無以副教,慚愧慚愧。"月汀曰:"先生金石想甚富收藏矣。"上使曰:"拙於筆畫,亦乏鑒賞,未有收藏之可言。"月汀仍出示《東國金石文》十卷,自羅麗以下訖於啓禎間,裒輯甚富,仍向余問曰:"翠翁贈以貂尾,可以作筆,此種如何作法? 或純用貂尾,或間羊毫耶?"余曰:"其法或有純用,而間以羊毫者最佳。"上使問曰:"見今讀書之士以經術文章見推者,未知有誰?"月汀曰:"翰林徐廉峰(又書其旁曰:黄樹齋)長於詩,明經張亨甫長於詩,副掾侯瘦鶴長於考據。"上使曰:"諸公俱在都下,可求見否?"月汀曰:"廉峰當告知,諸公皆與廉峰有舊。"上使曰:"廉峰名字爲何?"月汀曰:"寶善,住南横街路者。"上使曰:"北學中國,古人所貴。此行切欲遍交諸名士,但恨行期匆匆,未易如願。"李忽出迎一客以入,曰:"陳君松亭,余之同里,也來一謁。"上使舉手爲禮曰:"客席邂逅,良有前緣,敢問先生現居何官? 貴鄉在何地方?"陳曰:"住山東青州府,與月汀先生同縣,户部司務其官也。姓陳名鳳歧,號松亭,年卅二歲。"仍曰:"先生貴姓？居何官？”上使曰：“鄙人姓洪名某，年五十八歲，以判中樞府事充貢使進京。”月汀向上使曰：“陳公詩甚古雅，當索之。”上使問陳曰：“先生詩格甚古云，可得一玩否？”陳乃出示一紙曰：“此舊作也，請教。”其詩曰：“志士愛榮名，達人立高節。俠客重恩仇，身死魂不滅。人貴適其天，何必同一轍。火烈將自焚，木强必有折。斯言不我愚，聊以安吾拙。客自遠方來，别我明月前。良弓持相贈，再見知何年。臨行意纏綿，勸君無棄捐。强弩非所貴，所貴矢與弦，弦直堪爲佩，矢直追前賢。弦矢日在手，此道當拳拳。楊柳長道旁，柳花墮官渡。春風幻其形，萍蹤天涯去。柳條覆柳花，柳花不依樹。夙昔同本根，何一復相顧。”上使覽畢曰：“古意蒼然，其有陳拾遺、張曲江之遺韻，深可敬服。鄰架書籍頗富，可容鄙人一遭循觀否？”陳曰：“無好書。”仍辭去。月汀曰：“駙馬公曾入都耶？”上使曰：“二三年後似可一來。”月汀曰：“前與湖北葉東卿有舊耶？”上使曰：“果然。此來擬一訪他，聞作宰雲南。”月汀曰：“丁憂回籍，其令郎在寓。”上使曰：“寓在那裏？”月汀曰：“城外大街虎坊橋西路南第一門。”上使曰：“葉有《子午泉詩》一卷，鄙人三昆季所作都在那裏，不審曾入高眼否？”月汀曰：“曾拜讀，東卿裝爲巨册矣。”又曰：“東卿書藏八萬卷，何不一觀？”上使曰：“東卿今不在京，如何得觀。”月汀向余曰：“徐廉峰太史詩甚佳，何不訪見？”余曰：“今始聞名，擬將一訪，但歸期甚促，恐無間隙矣。”月汀向上使曰：“今此邂逅，再晤良難，緣館中出入不便，難以造謁，前與翠翁亦有此憾矣。”上使曰：“一别千古，誠覺黯然，館中出入固不便穩，館外店舍亦有閑僻處，倘蒙不鄙，實爲萬幸。鄙人固不憚再來，但使事多務，未敢預卜。”月汀曰：“歸時想得再續文字飲矣。”仍贈以一扇，扇面有詩曰：“寒雨夜來霽，輕泥一尺深。高軒今日賦，叢菊舊時吟。海國多知己，憑君證素心。句留文字飲，别恨忽難禁(辛卯小陽春淵泉先生見過，流連半日，余以宿疴初痊，久輟吟咏，勉成五律，以志雅會云爾。諸城李篛汀)。”

上使即步其韻曰：“秋殘三徑晚，酒暖一堂深。筆落黄庭訣，詩成白雪吟。關山饒别路,霜月管離心。莫誦文通賦,銷魂恐不禁。"

月汀曰:"前澹園和詩一日曾數叠,今無此清興矣。"上使曰:"才拙安敢望澹翁?"月汀曰:"有其過之。"又曰:"盛什祈歸寓後,再書見惠爲幸。"上使曰:"謹當如戒。"月汀曰:"《神行碑》祈於卷端題數語,以志見贈之雅。"上使曰:"容俟歸後徐圖。"余向月汀曰:"楹帖染翰,既蒙盛諾,束裝前倘許俯施否?"月汀曰:"當送。"仍曰:"半日筆談,未罄所懷,日短情長,此曷有極!"上使曰:"區區所藴,十不一展,第恨日晷易是,從者告疲,不容淹久,别意黯然,不知所裁。未審先生或可如前約見訪耶?"月汀曰:"文章之契,性命依之,無古今無中外,一也,所謂在遠分益親也。後會之期,容當再圖,但公事少暇,恐不克如願,奈何?俟與廉峰諸君商之。"上使曰:"先生居部幾歲?何間當遷升耶?"月汀曰:"爲主事十二年,尚未補缺,西曹補缺數十年始能補,補缺後遷升當易耳。澹園贈余詩云:'秋部小官朝帽黑。'今已歸道山,能勿黯然?"上使曰:"澹園與鄙人爲同九世之親,廿九年前與鄙人偕入中國,今者白首重來,陳迹依然,不勝存没之感。"月汀曰:"所識諸人尚有在者否?"上使曰:"曾見紀曉嵐尚書,今不在矣,餘亦無識面者。"月汀曰:"行期定於何日?"上使曰:"姑未的定,似在旬後。"又曰:"談草欲携歸,未知可否?"月汀點頭曰:"可。"遂相别而歸。

初六日甲申,上使遣馬頭致書於月汀,贈清心十丸,摺扇五把,《豐山世稿》《三怡集》《尚書補傳》,又跋《神行碑》以遺之,值其將赴公,不暇答云。

丙戌,月汀跋《三怡集》以送於上使,又寄余以柱聯三對,及《烏銅刀歌》一篇曰:"韓生贈我烏銅刀,見之凛凛寒生毛。恐有精靈鞘中語,元冰化鐵吹霜毫。此刀蕩磨淬海水,白晝森森魑魅逃。此刀入爐射北斗,赤焰閃閃蛟龍號。飾以竹節虚能受,塗以古漆光可韜。君才堪煉切玉手,英姿颯爽秋空高。平生愛刀如愛客,那肯輕解腰間韜。韓生韓生豈終善藏者,一鳴會見驚其曹。"(東武李翦汀稿)

戊子，德潛訪月汀不遇，得其所留抵上使書以歸，其書曰："昨與德潛談，未及裁奋，所論以持躬經濟爲主，極是。書中所論，匆匆未能悉覆。《尚書補傳》持論甚正大，頗似《唐鑒》筆法也，愚堂居士詩題數語，連日公冗，未暇細覆。此上淵泉先生，鎬汀頓。申、金二信祈帶去轉交爲感。"

庚寅，月汀又付書於上使曰："《尚書補傳》能發明大義，《書》以道政事，聖門漆雕開學《書》曰：'斯之未能信。'斯即所謂《書》也。讀所著，知服官悉折衷於是矣。佩甚佩甚。徐廉峰以其所著《臺閣詩鈔》及其尊大人詩章贈，求易《豐山世稿》及《三怡集》，前作《三怡集》小跋，未蒙來函道及，豈未見耶？鎬汀頓。"

辛卯，上使送《世稿》《三怡集》於月汀，俾傳廉峰，又送《訂老》於月汀，約再卜日與廉峰鼎話矣。月汀作答曰："《訂老》容再細讀，後會之期難預定，當徐圖之，或先期示知亦可。廉峰當致意。尊體偶爾違和，有神技如德潛者，當可應手而愈矣。霞石未見回音，昨爲賦《烏銅刀歌》，曾見之否？連日公冗，又有至好丁内憂者，爲之照拂一切。公私交困，意緒不堪，匆匆草此稟復，即請文祉，去名。"

丁酉，余貽書月汀曰："曩日文會，魂夢猶依，俯仰荏苒，歲益云暮。緬惟尊體際玆清毖，拱祝之悰，靡刻不勞。頃蒙染翰，兼以瓊投，盥手莊諷，芸香襲人，佩貺之摯，不啻拱璧。旅館臨歸，百冗相牽。拜賜之儀，稽至此日，悚甚！不敏無所逃責。驪駒之賦，尚隔半旬。竊擬更造以攄餘蘊，而未知在第之日。先玆仰請，兼謝怠緩，惟恭俟進退之命而已，不宣。"

戊戌，月汀作答曰："札來，未獲即答爲悵。德潛來，亦失迓，其鹿鹿可知矣。明日之會，恐不能往矣。失名謹復霞石足下。"

是日上使又寄書月汀，約以明日會劉燕庭於庶常館傍近處店舍，且送《孤雲雙塔寺碑》，爲永明都尉求書齋扁矣。月汀答書曰："連日忙甚，昨德潛來，致失迓。""喜聞齋"當即書出，《訂老》《書解》二種，謹留讀，《雙塔刻》收到，謝謝！明日之會，恐不能往，因無片暇耳。此覆淵泉先生,去名。”

庚子,上使作書别月汀,且送人參、蘇合元,求海稻種子(海稻者,青州所産,宜海濱斥鹵地)。值其不在,留書而回。月汀追答曰:“昨日之會,竟未能踐,樽酒談心,遽爾遠别,又何以堪耶?良药人參之賜,十朋襲之,故人之貽,良用珍愛耳。《訂老》《尚書補傳》二書留讀。‘喜聞齋’三字書出送呈。嚴冬長道,惟服食珍攝,不宣。”

“外呈田黄印章一方,以志縞紵,匆促之中,作詩一首贈别。去名。”

别紙有詩曰:“廿九年前客,兹來已白頭。皇華思舊侶(廿九年前與洪澹園先生同來,澹園甲申年重來,曾與唱和三十餘首,文談數次,已歸道山數年矣),故相亦荒邱(曾識河間紀相國)。杰作三珠樹(謂《三怡集》),浮生一白鷗(前年有裴師之傷)。壁中兼柱下,數卷足千秋(《尚書補傳》《訂老》二書)。句贈淵泉先生,即以志别。篛汀。”

辛丑,月汀又赴公,留書於上使曰:“此次與翠翁書亦甚了了,緣百忙中無好懷也。‘喜聞齋’三字,倚馬呵凍書之,可笑之至,容再書呈。兩昆仲之賢,每思寄以文翰,竟無暇着筆,急就章亦甚無取也。瑯琊稻自吾邑携來者,衹有一撮,送呈。廿三日辰刻留札,去名。”

月汀又致書於余曰:“霞石足下:一晤不及再晤,殊以爲悵。昨德潛再次過我,而皆失迓,得毋謂避客之深乎?其實皆一早出門故耳。詩中言之天涯咫尺,不必悵悵耳。魏南處亦未及作别,特道此意,廿三日失名泐。”

壬寅,上使既復書於月汀,遂和其韻曰:“逢場仍别路,摻袂更回頭。逝水奔灤澨,歸雲住薊邱。君隨池上鳳,我逐海邊鷗。後夜相思夢,衹應春復秋。”且以詩箋六十番、扁紙二張爲贈。余作答告别曰:“臨歸瞻咏,倍百恒情,耑翰遠墜,忙手披讀。拜認凝沍,尊體增鞏,慰瀉之深,足抵面譚。歸期隔在兩宵,束裝自爾棼冗,竟違一握,臨楮冲黯。但男兒重逢會當有緣,何必作刺刺語也。惟冀循序保重，頻惠德音，以慰遠懷耳。不宣，姓名再拜。”

辛卯十月一日己卯，我使到京之日，提督一員率通官數人伴留館中，檢察事務，如我東館伴，固例也。大通官吉勒通阿自稱姓徐，直隸保定人也，屢使我國，能解東語，爲舌官之首云。是日，余陪上使將出門，路過通官之炕，上使問曰：“癸亥九月，曾充書狀官來這裏，識過徐通官，名太平保，金通官名倭克精額，而雙通官名保德，那時亦似一見。”彼曰：“俱不在了。”仍取筆就“太平保”旁書曰：“本叔祖。”又曰：“竹坡老大人（徐尚書俊輔）安否？”上使曰：“平安。”

向晚，余偶到其炕，彼迎入讓坐，以東話問曰：“儞年幾何？”又曰：“姓甚名誰？”又曰：“儞能解書麽？”余亦以舌答之，仍問其年，彼以東諺書之曰：“六十九。”余故問曰：“此何書也？”彼曰：“儞不知儞邦之諺麽？”余又問：“何以識解？”彼笑曰：“我屢往儞國，學得是書。”又曰：“儞做何官？”余曰：“無官。”彼曰：“儞能作詩否？”余曰：“未能。”彼曰：“謊話（謊話者即所謂假説也）。”時侍表官趙鎮龜適在傍，彼乃向趙話問數刻，知余爲上使女婿，而後取筆書曰：“我欲見公子之詩，肯許否？”余曰：“才疏學蔑，素不解詩。”彼挽余衣曰：“何乃過謙？”又曰：“我國今春試題‘圓出於方’，限‘規’字，幸爲我即此製之。”余曰：“愧無八叉之才，恐難走作。”彼曰：“定要見貴國之詩格，務望公子休辭。”余曰：“如欲無已，則容俟歸館徐圖之。”彼點頭曰：“可。”又曰：“五言八扇。”余曰：“已領教。”遂歸，次賦送矣。翌日，徐和示一篇，而荒拙不足觀。

十月三日辛巳，是日遊賞晚歸，忽有一人來坐，高揖索筆書曰：“前日老爺所作的《圓出於方》之詩，余見之甚佳，故此有欲見之意。今既見，止不負前生矣。廣老爺（即指大通官吉勒通阿）是余之家伯，韓老爺可知之乎？”余曰：“日前令伯索詩甚勤，不嫌露拙，强筆題呈，今蒙過奬，不勝赧然。”彼曰：“過謙。余家伯有詩一首，即時上覆。”余曰：“若獲瓊報，尤當感佩。”彼出示一幅紅箋，上有詩曰：“句見清新是俊才，飄飄出世謫仙來。衷懷願會蓬瀛客，但恐雲門閉不開。"余曰:"是令伯之詩麽?"曰:"是余之所作,欲見老爺之意耳。"余曰:"詩句俊逸,不覺牙香。"仍問其姓名、年、號。曰:"名德謙,字子亨,號再之,年二十三。"余問:"工於何學?"曰:"皆無所工。"又問:"現居何官?"曰:"此時會官,乃一秀士耳。"余曰:"纔蒙令伯之厚抬,而客館有幹,未即趨謝,多愧多愧。"曰:"此刻在館上沉睡,方纔是余使人來耳。"余和贈原韻曰:"窮海書生愧不才,中原衹爲壯遊來。華箋忽得瓊琚字,却使塵襟萬福開。"彼曰:"出口成章,真奇才也,吾實不及遠矣。"余曰:"才拙辭荒,何勞過譽。"彼曰:"貴國詩與吾國相同,不知文亦同乎? 我國文有破題、承題、起講、領題、前股、點題、中股、謝股、結尾,共成六百餘字,五百亦可。貴國文體亦如是否?"余曰:"大略相同,而體各有异矣。"彼曰:"願老爺作篇文領教,不是余定要試探尊駕之學問,總要按貴國文之規矩耳。"余曰:"此等大篇不可倉卒構得,况素無嫻工,難以奉副,愧甚愧甚。"彼曰:"不必過謙,三日内作完即可,務望老爺不辭是幸。"余曰:"旅館臨歸,自多冗擾,恐負勤意,幸乞諒恕。"彼曰:"何謙之有?"又曰:"尊駕幾時起身?"余曰:"要在旬望以外耳。"彼曰:"明晨枉到敝莊一遊可乎?"余曰:"荷此相速,豈不造謝,但館内有事,無以抽身,容俟稍暇,再圖相訪矣。"彼點頭,仍問余名號。又曰:"三五日當敬呈我國文百篇一覽,可也?"余曰:"上國文章,固所願見,如蒙相示,何感如之。"彼曰:"海東京城有余契友徐應淳,可曾識否? 兵部尚書竹坡亦曾識否?"余曰:"竹坡是尚書徐公俊輔麽?"曰:"是。"余曰:"竹坡尚書及徐秀才應淳俱與僕同閈契厚,而皆平安耳。"彼曰:"前隨詔差帶邊信去,不知接否?"余曰:"未曾聞也。"彼曰:"應淳前有書信,但竹坡回信未聞,家兄托李枝盛帶去,大約此刻亦可帶到。尊駕回國,余有平安信一封,可以奉托帶至京城貞洞以交徐宅,可乎否?"余問:"此書函將交於竹坡耶,抑要傳於應淳麽?"曰:"二人俱有信,但是一封而已,傳於竹坡宅可也。"余曰:"當如戒。"彼欲起身,余贈以清心二丸、楮毫數種,曰:"物雖不腆,聊表縞紵之贈,幸賜收領。"彼受而謝曰:"明日再請安。”仍辭去。

十月五日癸未，是日往觀雍和宫歸，由玉河橋北入鄂囉斯館，中有七人，皆奉使入質者，而全不識字，亦不解語，故朝廷使旗人在傍教導之。余問其上坐者姓名，則旗人執筆替答曰：“姓高名國禮。”又問其年，曰：“二十五。”又問：“貴國在於何方？距此幾里？”曰：“在大清國北一萬里。”又問：“住此何幹？”曰：“在這裏學滿漢文。”又問：“尊駕在貴國何官？”曰：“作翻譯官。”又問：“自貴國由何境而到大清國？”曰：“揢何圖哭烈蒙古，就張家口大清國。”又問：“費了幾個月日，始可到此？”曰：“七八個月到此。”余曰：“日已向昏，不能久留，他時當再來一談。”曰：“狠喜歡情原意，奉請。”遂給清心數丸，則却之，次贈旗人亦不受，其意未可知也。

十月初五日癸未，劉燕庭喜海，青州諸城縣人，太學士文正公統勛之曾孫，閣老文清公石庵墉之從孫也。方爲户部郎中，嗜金石書畫，蓄累百千幅，我東碑刻亦多焉，與韓韻海友善。先是上使使舌譯李尚迪紹介，示其欲見之意，劉肯許之。上使以新羅金生、高麗崔仁渷兩刻本爲贈，皆已蓄之云。是日，會於玉河館近店，相揖就座，上使先書曰：“夙聞聲華，久勞欽企，今幸識荆，真可謂三生有緣，恭問貴壽。”劉曰：“三十八。”又曰：“聞昨曾訪月汀，其人與弟係親，學問人品俱優，弟所不可及者。”上使曰：“昨見月汀亦盛稱先生不離口，尤切馳仰。月汀文學風範俱非俗流所及，聞其深於經術，甚欲請教，而恨言語不慣，日晷有限，不能抒所藴之什一，歸後尚有餘悵。”又曰：“飽聞先生劬書嗜古，腹藏萬卷，願賜清誨，以啓愚昧。”劉曰：“嗜則有之，劬則未也。”指“腹藏萬卷”而曰：“過譽。”又曰：“學識既淺，兼之荒蕪，更恐爲大雅所噱。”上使曰：“過謙，竊聞貴架多蓄金石古迹，與歐陽《集古》殆相甲乙，可得窺其一斑耶？頃晤貴友韓公，僭求先相公《石庵遺集》一部，未知曾轉聞否？”劉曰：“謹當奉贈。”仍以《海東金石録》示之，指《蘇定方克百濟碑》曰：“有以此贈，餘者不得碑本，衹得其文耳。”上使曰：“碑云在扶餘而未嘗聞。”又曰：“鄙人素乏學術,惟有嗜書之癖,今行願購平生未見之書,以少償宿願,而市肆中絶難求覓,未知可蒙指導,俾得津逮否?”劉曰:“書肆中偶亦有之,但非倉卒可辨,習見諸本捆載不盡,若未見書則披沙揀金矣。”上使曰:“所欲購者,徐健庵《資治後編》、吴訥《文章辨體彙選》、黄南雷《明文案》、皇朝纂輯《續通志》。”劉曰:“《明文案》此書甚難得,止有傳抄本,弟亦求之有年,而未曾入手,前曾見三五不全本,其選甚精。”又曰:“《續三通》係殿本印行,其書尚有,然其值過昂。”上使曰:“又聞有《明文海》,此可購否?”劉曰:“明程敏政選,無刻本,較《文案》更難得,以卷帙過多故耳。”上使曰:“前明及國朝文選本有何書最好,亦可購得?”劉曰:“甚煩。”上使令厨房設饌以待,劉曰:“頃已午餐,何勞設此華筵,銘謝銘謝!”上使曰:“徐廉峰可得一晤否?”劉曰:“須問月汀。”上使曰:“亦曾與月汀語及,尚未得便。”劉曰:“貴邦書籍亦有目録否?目録可傳抄於外否?”上使曰:“内閣所藏有目録而未及刊布,外則無之。目録三卷,書籍則約爲一萬五千餘卷。鄙人曾叨閣官得一寓目,他人則不得見也。”劉曰:“金文靖富軾①集有之否?”上使曰:“所著《三國史》有本。”劉曰:“《破閑集》有刻本否?”上使曰:“有,今已漫缺。”劉曰:“《海東高僧傳》山立所作,尚有此書否?”又書曰:“《清溪劇談》?”上使曰:“有,但絶難得,鄙人亦未曾得見,東國貧儉,不能剞劂,故刊本絶少,所以書籍甚難得見。”又曰:“先生久在郎潛,匪久似當遷升,未知何時可轉何官?地部財計所管,想文簿甚是浩穰,職事之暇,恐難閑適,聞本部有崇文門監税,人員頗多云。九門之中,獨於崇文有此多員,未知何故?”劉曰:“總屬也。各門皆有吏役,而大事必稟。”上使曰:“度支歲入銀穀,約爲幾何?”劉曰:“浩繁,十四司各有所掌。”上使曰:“布政司有十六通計,直隸盛京當爲十八,而衹有十四,何也?”劉就“直隸”旁書曰“無”。

① 金文靖富軾,即高麗王朝文人金富軾(1075—1151),謚號文烈。“文靖”爲朝鮮著名文士金麟厚的謚號,此當爲劉喜海誤記。

又書“歸於”二字，又書“福建”。又曰：“貴邦亦有司耶？”上使曰：“有八道，而内職則不分該道，都是總管。”劉曰：“貴邦刻本書《鄭圃隱集》舊本，非新刻者，望寄一部。”上使曰：“當圖得。”仍就“舊本”二字旁書曰“但絶難得”。又曰：“二百年來，文章之士如朱竹垞、汪苕文、魏叔子、王阮亭、侯朝宗、方望溪諸公皆已膾炙藝苑，海外之人亦皆枕藉剩馥，此外又未知有幾人可稱名家。”劉曰：“近時如朱竹君筠、錢竹汀大昕、王西莊鳴盛，皆與翁覃溪同時稱盛。”上使曰：“這三公皆是近時人而官位亦崇顯否？遺集俱已刊行否？”劉曰：“不甚崇顯。”仍就竹汀旁書曰：“《廿二史考异》。”又就“西莊”旁書曰：“《十七史商榷》。”仍曰：“乾隆時諸公皆精於考證之學。”上使曰：“紀文達最精考證，頃年奉使，尚及一見，近時則阮芸臺亦號博雅，此外又有名家否？”劉曰：“好學者頗不乏人，而足名家者亦罕。”上使曰：“芸臺之子今爲永平知府，其學可繼家聲否？”劉曰：“小芸人真純可敬。”上使曰：“紀文達、翁覃溪俱聞有孫在京，其人亦能紹箕裘否？”劉指覃溪而書曰：“一孫尚幼，未可定也，其家甚寥落，無讀書者矣。”又指文達而書曰：“止有一孫，官湖北道觀察。”仍曰：“天色已暮，容圖後聚。”上使曰：“夕陽無限好，衹是近黄昏。願問後期之日？”劉曰：“十一、十三俱可。”上使曰：“向告《石庵集》，申乞勿忘。”劉點頭相揖而歸。

己亥二十一日，劉約以是日來訪，至晚始以書抵李譯尚迪：“今日有故，當遲一宿，且送《石庵詩》六卷及其書帖四卷，俾呈於上使。”

翌日庚子，上使方與韓韻海會話於鄰舍，劉燕庭晚始來會，以漢語略相叙懷。上使曰：“昨荷示《石庵遺集》及筆帖，謹已十襲珍藏，不啻受百朋之錫矣。”劉曰：“與月汀約何日相會？”上使曰：“他道公務倥偬，未可預卜。”又曰：“石庵墨迹，幸得奉玩，實愜宿願，本擬即謝。既蒙留約，方俟面吐，今又獲親酬對，尤庸忻感。”劉曰：“弟曾自潞水由揚州、蘇杭渡錢塘江至豫章，歷十八灘，過大庾梅嶺，抵粤東，回路長江二千里，登金山塔頂，亦壯遊也。”上使曰：“真個不負桑蓬，自恨匏繫，無由一騁遠眸，洵所謂井底之蛙也。”又曰：“南遊萬里，想富篇什,可得窺見一斑耶?”劉曰:“素不善吟咏,偶有所作,亦即棄去,不足當大雅。”上使曰:“過謙。”劉見余在傍,問於上使,上使答以敝婿,劉向余問姓名年壽,余書以對,又問何官,余對以布衣。劉向上使曰:“庚辰來趙雲石爲何官?”上使曰:“爲吏曹參判。”劉曰:“雲石伯兄現官户曹判書耶?”上使曰:“然。”劉曰:“其侄秉龜何官?”上使曰:“承旨是出納王命之官,如今通政使。”劉曰:“雲石何以未充貢使?”上使曰:“方以宰臣參聞廟務,無暇遠出。”仍指余及“雲石”二字而書曰:“表從叔。”劉點頭謂余曰:“見雲石時,道及弟相念之意。”余曰:“謹當如教。”劉向上使曰:“雲石同朝,自當時相晤面。”上使曰:“然。”劉曰:“雲石與弟爲十有六年至好。”上使曰:“雲石那時有書信寄來否?”劉曰:“此次無之。”又曰:“閣下歸國亦可通信否? 冬使可即賜一信。”上使點頭曰:“今年冬至正使鄭經山元容是鄙人同僚,文章甚高,且工筆翰,非鄙人比也,亦當願交於先生,先此告知。”劉點頭。上使曰:“青州聞有海稻種,宜斥鹵之地,一畝可收四五斛云,果然否?”劉曰:“無此事。”又曰:“大著《尚書補傳》《訂老》二書昨於月汀處見之,甚爲欽佩,此書仍留月汀處耶?”上使曰:“蕪拙之辭,何足挂眼,兩書皆留月汀處,而臨行忙急繕寫,恨無他本可以分呈耳。”仍以《世稿》贈之,劉曰:“永嘉《三怡集》如有,亦乞一册。”上使遂贈一帙。劉曰:“海東碑刻如有得者,敢乞數種,明便亦可。”上使曰:“今行不曾多帶,已以二本奉寄月汀,更無餘者,歸國後當因便覓呈。”劉曰:“鄭經山先生如有帶來者,囑其爲弟留之。”上使曰:“歸時可相逢於中路,謹當傳及。”仍曰:“日色已晚,别路在即,不覺惘然,真所謂‘寸心言未盡,前路日將斜’也。”劉曰:“再明可圖再晤。”遂各起出。

壬寅二十四日,劉燕庭、韓季卿偕至館外,上使即往見與叙别。劉曰:“中國書如有要購者,開示便當爲代求也。”上使曰:“略有購還者,而數種秘笈求之絶不可得。”仍曰:“《記法》三卷,聞是西洋人所作,《張中丞訂譜》一名《理學全書》,是張公伯行所撰。”劉就“伯行”二字旁書曰:“儀封人,正誼堂刻。”又曰:“此書種類頗多,而全者世間絶少，零星小種有‘正誼堂’三字者，皆是張氏刻也，須於書肆訪之。”上使曰：“已屢訪而不得。”劉曰：“如此等集實難購。”問：“河南人亦不知也。書賈學問有限，斷不能知。”上使曰：“可蒙爲我求得以相示否？”劉曰：“容留心購之，遇便奉寄。”上使曰：“歸期定以今廿六日，須於廿五日以前見寄，始便帶去。”劉曰：“此次不及。”上使曰：“葉水心、林艾軒二集亦未求得。”劉就“艾軒”旁書之曰：“無刻本。”就“水心”旁書之曰：“時有之，亦當訪求。”上使曰：“正誼堂在琉璃廠否？”劉曰：“是，其家中所刻，其板久散逸。”上使曰：“有武英殿聚珍板本否？”劉曰：“《四庫書》集部大半皆傳鈔者多，共刻有二百餘種。”上使曰：“秦淮海、張宛邱文潛、晁鷄肋、吕東萊、周益公諸集中如有一二，願得購去。”劉曰：“此數種俱不易得，而《益公集》更難，都中藏書家竟未必有之。弟曾於杭州見過，以價昂未得入手。”上使曰：“近代名士如陶石簣望齡、劉蕺山、黄石齋及國朝顧亭林、尤西堂諸集中，亦願求得一本。”又曰：“不敢虚當厚惠，切欲知價值。”劉曰：“舊儲易得者，不妨奉贈。”又指《顧亭林集》曰：“明日當奉寄也。”上使曰：“《李榕村全集》之外又有《經説雜識》，合爲一書名《榕村全書》者，在市肆可求否？”劉曰：“市肆中有賣，但不全者多。”上使曰：“孫徵君奇逢、黄陶庵淳耀文集俱可購否？”劉曰：“無。”上使曰：“昨入太學，觀孫公已配兩廡，如何無文集傳布？”劉曰：“其子孫無出仕者。”上使曰：“健庵《後編》既不可得，宋元以後編年之史未知何書爲佳？商輅《續綱目》、薛應旗《續通鑑》曾已一閲，此外願求一書。”劉曰：“《御批通鑑輯覽》。”上使曰：“亦曾敬閲。”又曰：“吾邦相國李德馨忠貞大節，無愧古人，而《明史》誤稱孌臣，《輯覽》中亦未免沿訛，大抵中國史册紀載外藩事，實未免錯謬。頃見錢虞山《初學集》中，《東征二士録》全是架虚説夢，顛倒黑白，殊令人惋恨，聞已毁板，今無見行者否？”劉就“虞山”二字而書曰：“人本無足取。”又就“初學集”旁書曰：“例禁。”又曰：“尚有存，皆秘不宣矣。”上使曰：“其人固無可取，其文則亦不可不謂之奇才。”劉點頭。上使曰：“不獨虞山而已，谷應泰《明史本末》亦叙征倭事,多失實狀,李如松、楊鎬二公在我邦實有再造之功,至今立祠,尸祝不絶,而却以爲冒功僨事。丁應泰構甚中外,全事虚罔,而爲史者反信其説,張閣學所纂正史,亦未免因襲其語,中國之人何從而知其説耶? 竊願將此問答播諸立言垂後之鉅工,俾得一雪其誣,小邦實有幸矣。"劉曰:"俱係傳聞之訛耳。"上使曰:"以一時傳聞之訛,載千秋不刊之書,流傳口實,遂成信史,受誣被謗者,豈不冤乎?"劉不答。上使曰:"陳先生筆法甚佳,齋區之寫,實蒙盛意,恨不得一番奉晤。"仍贈雪紙三匣,曰:"這是敝邦白紙,品雖不佳,係是土産,各用三函表情,未知可蒙收留否?"劉曰:"昨已承惠多珍,已深感仰,又承雅賜,却之不恭,謹謝領。"上使曰:"陳先生筆翰不俗,想亦富有文章,未知其著述可得一見否?"劉曰:"無留稿者。"上使曰:"近見街市路傍多以化胎、墮胎藥揭榜者,刳胎殺夭,王政之所當禁,而今乃公然行買,不加禁止,殊甚訝惑。"劉曰:"皆以瑣褻不便入告,故反致肆行。"上使曰:"雖不入告,一有司之號令亦足禁止,安可任其肆行?"劉點頭,而顧季卿作數語,不可記得,上使曰:"遠别在即,後會無期,悵悵之情,不知所喻。"劉曰:"唯先生行路保重。"時已薄暮,相與握手請安而别。

十月八日丙戌,是日觀萬柳堂,一名拈花禪林寺。堂有一士,上使問其姓名,曰:"毛士驥。"又問:"居鄉?"謂是"浙江人,而欲應京試來住是堂"云。又問:"浙江那個縣?"曰:"湖州府歸安縣。"又問:"是古吴興地麽?"曰:"是。"又問:"歸安係前明茅鹿門所居,今尚有後裔否?"曰:"不甚明白。"又問:"既應京試,已曾取發解麽?"曰:"未曾。"又問:"尊駕既遠赴試圍,文學必當富有,願問治何本經?"曰:"議叙知縣,候選來京,不專爲應試,五經俱讀,現已生疏。"又問:"即今可叙知縣否?"曰:"是。"又問:"雖非進士、舉人,亦可得知縣否?"曰:"國史館誊録。"又問:"誊録雖布衣,亦可與否?"曰:"癸酉科鄉試挑取。"又問:"鄉試用何文入選? 是經義否? 賦、詩、策、論否?"曰:"頭場四書文,二場五經文,三場策。"又問:"無五言八韻否?"曰:"頭場有。”仍問我國試取科體。上使曰:“小科用詩賦、五經、四書義,大科用賦及四六文對策。”毛又問:“大科取中多少名?”上使曰:“三年大比,取三十三人,間有恩科特取,不拘多少。”毛點頭。上使給清心數丸,則初不肯受,問其傍人知爲佳藥,而後始收之。

十月十日戊子,萬壽寺在德勝門外十里,寺中有二禪,一號清岩,名明月,工於筆;一號竹園,名海觀,善爲畫,俱稱佳手,客常滿座,東使亦多有求之者。余與士裕偕往訪之,相揖分座,竹園問曰:“二位今日過寺,有甚公幹?”余曰:“夙聞僉禪師之盛名,每有一見之願,而旅館多事,無暇請交,今幸躬接清儀,獲聽曇話,足慰宿昔之懷耳。”竹園曰:“衲無學德,何勞遠枉?”清岩問余姓名、年、號,仍進茶。余問其年壽,竹園曰:“已度了一甲子矣。”清岩曰:“知命之年。”又問:“住此幾年?”竹園曰:“學禪四十年。”清岩曰:“譚經爲三十春秋耳。”余曰:“曾聞僉禪深於臨池染翰之工,有通神之妙云。倘使海外塵眼,可以見鍾、李、王、閻之高手否?”清岩曰:“毫楮小技,徒費日月,何足過譽,良愧良愧。”余曰:“僕曾無宿雅,而今日之來,特爲此耳,名下必無虚士,幸勿過謙,以副遠人之意。”竹園見從者奉箋而立,謂余曰:“如欲寫楹對,可賜尊款?”余取以授之曰:“一寫右軍之筆,一施摩詰之畫,則幸甚。”清岩曰:“此二聯即落二位款耶?”士裕又出數紙曰云云。余曰:“這二對即僕之所携者也,倘賜揮灑,可以歸詑海外耳。”竹園曰:“畫甚麽? 或竹耶? 蘭耶?”余曰:“君子之居,不可無竹,同心之言,其臭如蘭,請并施之。”竹園笑曰:“謹如命,明日專人來可也。”余謝曰:“既荷不鄙,幸蒙盛諾,如獲十朋,珍感良深。天色已暮,歸路甚忙,請起身,容俟明日再當有報也。”彼送至門外。

翌日,余修書於兩禪曰:“蒲團清話,塵夢如醒,但羲輪甚促,未罄所懷,回首曇雲,徒有耿結,未諳宵回,僉禪味安穩,不任隨喜。臨池染翰,業蒙盛諾,玆伻如約,恭俟回音,不腆敝儀,自歉陋俗,而在情不在物,倘荷收留,幸何如之,不宣。十月十一日霞石頓。”且以藥丸、箋紙、摺扇爲贈,使馬頭賫傳矣。回言兩禪匆匆未能修答,受物稱謝云,而送以兩楹對,竹園畫墨牡丹,清岩寫古詩句,其筆法畫格俱極其精妙矣。

十月十二日庚寅,是日在館無所爲,方閑坐,手閱檔報,忽有一人自外而入,余舉手爲禮,及就座,余書問其姓名,答曰:“姓高名玉堂,號芝軒,係保定人。”又問其年,曰:“二十九。”仍問余姓名、年、號,余書以對,仍曰:“荷此委訪,定有高論。”高曰:“公子儀表端雅,必有文章之才,願以一詩訂交。”余曰:“海外鯫生,才拙識短,素不嫻吟咏,又何論文章之工?”高曰:“太謙太謙,昨見公子之詩,已見其飄然不群,何謂不嫻?”余怪問曰:“足下可以見拙詩?”高曰:“從徐秀才德謙已拜讀矣。”余曰:“荒拙之句,何足挂眼? 足下詩才必高,願聞其一二。”高取筆題詩曰:“聞君風雅貫朝鮮,昨讀佳章信果然。字麗辭新文錦綉,心靈氣老筆纏綿。才高海外三千里,名勝江東八百川。自恨無緣相遇晚,未知重會在何年。”余即席走和曰:“君從涿鹿我朝鮮,萍海論襟却豁然。夜静重關雲繞樹,天寒古木雪如綿。誰將藍玉輝生榻,翻作文虹影倒川。遊子一鞭輕萬里,相逢那獨在今年。”高微吟數遍,以筆加圈曰:“詩思敏速,句語俊逸,真八叉手也。”余曰:“既荷不鄙,强效西子,醜拙畢露,適足爲大方之哂,而過蒙奬詡,不勝愧恧。”高曰:“文墨緣深,何必過謙。”又曰:“徐德謙之詩何如?”余曰:“才思清新。”高曰:“不及公子遠甚。”又曰:“公子來此,交得文士者有幾?”余曰:“入都數旬,不能頻出,尚未得其可與語者,朝士則每稱外交有禁,不肯相接,所以結交者無多,恐未副宿昔之願。今此都會之地,必多遠方奇士之來遊,足下可能紹介否?”高點筆於“外交有禁”四字,曰:“果然,果然。”又曰:“遠士之在旅邸者,碌碌無足言。”余曰:“萍海相逢,偶成文字之緣,實有三生之幸,文士之薦引,望乞留心,勿忘。”高點頭,起身相揖而去。

十月廿三日辛丑,余與諸裨及三房打角李雅(書狀弟)偕出館門,信步而行,至阜成門内,路右有一大殿宇,朱其門而題曰“歷代帝王廟”。余顧謂諸人曰：“此可以入見。”遂至門外，閽者阻擋不許入，乃轉向廟傍小堂，則有人倚卓而坐，見余下床，揖而就座。余索筆問其姓名、居鄉。曰：“穆齊賢，號友蓮，原籍山東蓬萊人。”又問：“蓬萊距此幾里？”曰：“千餘里。”問：“住此幾年？”曰：“已住兩世。”又問：“在此做甚事？”曰：“教讀爲業。”又問：“年壽幾何？”曰：“辛酉，現年卅一。”仍問余等姓名，又曰：“在本國何官？”余曰：“這位是吾們三大人親弟，姓李名遠翔。賤姓韓名某，號霞石，俱是布衣。”穆向李雅曰：“此李姓是貴王宗室否？”曰：“然。”穆曰：“請問兩位貴庚？”余曰：“這位年五十一，賤齒二十有五。”穆曰：“今歲朝覲來否？”余曰：“爲進謝行來了。”仍問曰：“是廟即歷代帝王妥享之所麽？”曰：“是。”又問：“有守廟者否？”曰：“有，我便是。”余曰：“我們欲觀是廟，而爲閽人所擋，足下倘賜指揮，俾許其開門否？”曰：“每歲春秋二季祭祀後，永遠不許閑人擅入。”余曰：“前者我們人曾有入此廟瞻盛儀者，今何謂不許擅入，足下無乃相瞞耶？”曰：“間或有之，亦偶然耳。”余曰：“足下既掌其事，則我們遠人特許暫入，俾觀中國之儀度，如何？”曰：“邦有常禁，不敢違制，休怪休怪。”余知其終不許，乃辭别而出，使馬頭誘其守閽者，賂以扇、藥，始得開門而入。

十月三十日戊申，前月來時，余遇豐潤知縣歐聲振於店舍，與之筆談，以歸時爲約矣。十月戊申，歸車將歷宿是縣，余先寄書於知縣曰：“旅次鼎話，夢猶依依，别後頻結，倍覺勞神，居然改朔。水雪增寒，伏惟尊體莅政多福。生萬里驅馳，幸免顛仆。雷封漸邇，嚮風瞻往。我們大大人竊擬識荆，曩有仰浼，歸路訂交，既荷盛諾，今兹重到貴壤，宜即抱刺門屏，而政堂私覿，懼妨體貌，先兹仰申，恭俟回音。倘賜咫尺之地，俾托金蘭之契，何幸如之，不宣。十月晦日海左韓某再拜。”

及抵城外，則日尚早，而答書已至矣，其答曰：“貴國人物風流儒雅，僕亦願親炙，謹掃逕以待辱臨。如大使亦惠然肯來，尤幸甚。此迓即候，不具。餘空面申。歐聲振再拜。”

是夕，知縣又遣人通刺於上使及余，仍請屈駕，余與士裕陪上使入城東門，至縣衙，歐出迎於庭，揖讓而入，及階與席亦如之。引到後堂，請上使先坐，又向余請坐椅，余曰："敝邦之俗，不敢與長者并坐，休怪休怪。"歐曰："入中國當從中國之俗，今日則不妨權坐。"余再三固讓，久之，乃坐於西壁下。歐問余曰："遠途太平?"余曰："荷賴盛眷，在途身安。"上使曰："小邦行人獲蒙眷厚，得接容光，實有三生之幸。"歐曰："貴國文物稱勝，中國且不及，故願款洽，不必過謙。"上使曰："辱荷奬詡，深切感怍。聞先生桑鄉在滇南云，去此有幾多程途?"歐曰："八千五百餘里。"上使曰："比我們地方更有五千餘里之遠，我們東國與滇南相去一萬二千里，今幸邂逅合席，苟非三生有緣，安得至此?"歐曰："誠然，大人今年幾何？立朝勛業當甚美盛，可得聞乎?"上使曰："賤齒爲五十八，承藉先蔭，早竊科名。忝叨筆顯，無所報稱，近又多病，早襄逡巡清班，適因承乏，獲奉使命，袛切尸素之愧，有何勛業之可稱乎?"又曰："南方文物自古艶稱，西洱黔蒼之勝，素所夢想，未審貴鄉在何府何縣？以何年登朝、經歷仕幾處？願聞之。"歐曰："敝里雲南府易門縣，以拔萃科爲風塵吏三十年矣。拙宦俗吏不足道也。"上使曰："聞雲南地暖，一歲再種五穀，又一日之間寒暖不同，有晝服單袷暮衣挾纊者，日與列星皆倍大於中國云，未知果然否?"歐曰："然，以地較高，故視日月星較大。山太多，霧太重，故寒暖無常，夏無甚暑，冬不嚴寒，四時之氣不正，故多瘴癘，然無水旱之灾，人太樸陋，無欺詐之習，又五穀賤，人易爲生，無極貧，亦無巨富，實樂土也。"上使曰："真個是樂土也。今永平知府阮公之尊大人方爲雲南總督云，而文章經術一世推重，先生想與之親熟，亦曾見其著述否?"歐曰："然，著述甚富，已行世矣。"上使曰："聞有《研經堂集》及《十三經校勘記》，此外又有何書？永平知府號爲小芸，亦能世其文學云，果然否?"歐曰："然，其詩文集，公到永平，不妨向小芸太守求之，可得也。"上使曰："貴縣聞有商鼎云，向入太學求見，則袛有南宋時古鼎而已，未知商鼎見在那裏。"歐曰："并無商鼎，且非南宋,五代宋時物也。”上使曰:“曾見朱竹垞《日下舊聞》謂以弘治中耕田者於地中得鼎,形如牛,四足而鑿其腹,以容鼎實云。又言南門外有玉皇閣,前有石塔,六角皆刻龍形,東南角龍因雨飛去,缺其一角云。今來訪問,并無此迹,未知何故?”歐曰:“傳聞不能無誤。”又曰:“貴國箕子遺迹何如?”上使曰:“平安道平壤府,有箕子井、箕子墓,又有畫井授田之基,殷人七十畝之制,尚可想像。”歐曰:“貴國官制與中國同异如何?”上使曰:“大抵相近,然三公不曰丞相而曰議政,六部尚書則曰六曹判書,外職則布政使曰監司,又有牧使、府使、郡守、縣令、縣監,如中國知州、知縣。”歐曰:“賦税何如?選舉何如?”上使曰:“田有税甚輕,人丁有布,土産有貢,即古租庸調之法也。土貢亦皆令有田者量納,無田則否,爲士者免其丁布。選舉則有小科,有大科,皆三年一試,以四書三經及詩賦、四六文、對策爲試取。”歐曰:“服色等差何如?”上使曰:“朝衣正三品以上用緋袍紅帶,從三品以下用青袍黑帶,燕居之服,士大夫用袍,皂隸賤人用窄袖短衣。亦有闊袖者,如古所謂褲褶之類。”又曰:“豐潤亦畿輔大縣也,讀書能文之士亦必不乏,願聞其名。”歐曰:“不能悉數。”又曰:“貴國尚白,何以重緋?”上使曰:“尚白者謂士庶耳,卿大夫有官者則不然。”又曰:“雲南進京由貴州取途否?由四川取途否?”歐曰:“皆可,由貴州近,由四川遠。黔道未闢時,故由川行,今則多由黔矣。”上使曰:“由黔州則從湖南、湖北、河南進京否?”歐曰:“然。”又曰:“飲食、嗜好與都中近否?”上使曰:“不甚相遠。”又曰:“聞滇南多明珠、寶玉、犀象之産云,果然否?”歐曰:“明珠無之,寶玉則以碧霞璽、翡翠爲重,然不如白玉之可貴也。犀象甚夥,孔翠、鶴、鸛尤不奇。”上使曰:“京師象房之象亦是滇南來者否?”歐曰:“然。”上使曰:“滇南亦當多文士,願聞一二表著者。”歐曰:“明朝如楊文襄公,名一清。本朝如李鶴峰先生、尹楚珍先生名狀圖,錢南園先生名灃。”上使題示一詩曰:“南斗之南東海東,人間有路會相逢。從今萬里依依夢,多在蒼山黑水中。”歐曰:“超然不群。”上使曰:“非敢曰詩也,聊以表惜别之情,望須照亮。”歐問曰:“尊號?”上使曰:“淵泉。”歐曰:“可寫在箋紙上,好取藏。”上使另書一本以贈之,仍問曰:“邃庵則已稔聞矣。那三先生有文學行世者否?”歐曰:“有,尚未梓。”上使曰:“楊升庵用修雖非滇人,謫寓數十年,著述甚富,其遺躅亦想多有。”歐曰:“然。”上使曰:“良會難再,厚意難孤,而天色已暝,更鼓已動,不得不起身告别,明當早發,謹擬以數字留候而去耳。”歐曰:“纔得相逢便别離,何妨多談數刻,即明日晏發,亦無不可。”上使曰:“多謝厚意,但行期有定,不敢遲延,歸寓後更當以些品申情。”歐曰:“亦不久坐,漏二下可也。”上使曰:“如教。”歐仍設饌以待之,上使曰:“又蒙盛饌之設,好生不安。”歐曰:“貴處酸鹹甘苦以何爲嗜?”上使曰:“以甘爲上,鹹次之。”歐曰:“烹飪之法,醯醬孰佳?”上使曰:“都有,而醬爲多。”上使飲酒不盡一杯,歐曰:“詩人酒量必高,况大臣風度,尤當如夫子之無量。”上使曰:“何敢擬聖人,文章雖不及六一,而飲少輒醉則同之。”歐指以示幕賓,皆大笑。上使曰:“雲南饌品以何者爲佳?”歐曰:“與京都同。”上使書曰:“酒盡君莫添,壺乾我當發。”歐問曰:“貴國朝衣朝冠何似?”上使曰:“亦有兩種,上衣下裳,以金飾冠而爲五梁者,名朝服,大朝會及祭享用之;其他皆用兩角烏紗帽緋緑團領,三品以上用雙鶴補服,從三品以下用獨鶴補服,武官則用白澤、虎、豹。”歐曰:“如明朝之烏紗帽耶?”上使曰:“然。”仍問饌果之名,歐曰:“此倭瓜,此銀杏,此魚肚。”又曰:“聞嗜甘,故以甘蔗銀杏是也,可口否?”上使曰:“多蒙盛惠,其甘如飴。”歐曰:“貴國山珍海錯以何爲上?”上使曰:“大抵皆中國所有,而東海魴鰱、生鰒、紅蛤之屬頗稱佳羞,亦豈能及羊豕之味?”歐曰:“笑我們了,不謂食肉者鄙耶?”上使曰:“怎敢。”歐曰:“行冠以何爲製,藤耶,竹耶?”上使曰:“多用馬鬣鬃毛,此所着者笠子也,亦或用竹。”歐顧與二幕賓語,若誦詩敲推者。少頃書一詩於箋曰:“披塵東望海雲紅,使節從容趁遠鴻。不是梯杭逢聖世,如何下吏得趨風。(淵泉大行哂正,滇人歐聲振率草)”上使曰:“金玉之音,瓊玖之投,謹當十襲奉莊,留作他日相思之資。”

歐曰："貴國以三經取士，是何三經也？"上使曰："《易》《書》《詩》。"歐曰："三經之外尚有别經耶？"上使曰："有《禮記》《春秋》。"歐曰："經書文章亦如中國時藝否？"上使曰："小科則用五經義一篇，四書疑問一篇，略如中國時藝，大科則四書三經都背，文誦過不錯一字，然後更以賦及對策試定高下。"歐更勸酒，上使曰："酒户甚窄，不能多酌。"歐曰："不可暫除冠乎？"上使曰："冠者，成人之飾，無故不可輒去。"歐曰："私燕何妨？"上使曰："若有燕冠，不妨脱此，此來不曾携帶，見今所着在裹者，名以宕巾，不宜露出於客坐。"歐點頭，上使指一器而曰："如吾邦饅頭。"歐曰："饅首之名始自諸葛武侯，蠻俗祭神用人首，諸葛平孟獲後嘗祭，蠻人請用人首，武侯曰：'此何忍也，以麵爲之，作人首形。'此饅頭之所由也。"上使曰："亦曾聞之，渡瀘水時用此祭水神云，果然否？"又曰："前明時沐西平世鎮雲南，威德在人，今尚有其遺迹，而其苗裔亦在滇中否？"歐曰："沐氏裔尚多在大理府，沐王紀功碑、生祠則遍通省矣。"上使曰："緬甸則在中國輿圖之外否？"歐曰："緬甸真須重譯矣。"上使曰："亦有朝貢否？"歐曰："有。"上使曰："廣西去雲南幾里？"歐曰："在雲南城西三千里。"旋又曰："問廣西我對者緬甸，謬矣。廣西在雲南之東，相接壤，兩省城相距二千里。"上使曰："貴州是古牂牁夜郎地，其土風物産比雲南何如？"歐曰："同。"上使曰："款款之情，雖作十日飲，尚不能盡，而夜色亦將二鼓矣，請以告辭。相望萬里，後會無期，雲樹茫茫，悵如之何！"歐曰："行色匆匆，不能多留，奈何！"無已即唤飯也，仍又勸飯，上使僅進一匙而止曰："真所謂既飽以德，但奈飀腹已滿何？"歐又大笑。飯訖，上使曰："夜闌人倦，行期且迫，不得不告退，屈三閭有言'樂莫樂兮新相知，悲莫悲兮生别離'，今日之謂矣。來曉臨行，當送人替謝，惟望尊體茂對百寧。"歐曰："同此惓惓，來歲尚當至耶？"上使曰："衰病日甚，此後恐再無來期矣。"仍揖辭而出。

是夜，上使與歐知縣對榻而縱談，歐向余指其在傍者三人曰："此吾三幕賓，浙江許錦塘先生，同鄉竇雨村先生，同鄉陳鳳臺先生。”上使曰:“此間有谷霖蒼先生,名應泰,以文章聞於海外,今尚有苗裔否?”歐曰:“其族雖無顯官而書香不絶,其所著之《明史記事本末》爲傳,書不可得矣。”於是三幕賓揖余就東壁對椅而坐。余問其姓名、年壽,竇曰:“名懷曾,賤號雨村,行三,今年三十五歲。”許曰:“秀明,年四十。”陳曰:“衍慶,年三十七。”余問許曰:“貴鄉係浙江何縣?”曰:“山陰縣。”又問:“山陰是古會稽否?”曰:“是也。”上使問曰:“山陰是古稱名勝之地,鑒湖、剡溪,王逸少、賀季真遺躅尚依舊不泯耶? 大禹岣嶁碑亦尚在,可拓印否?”許曰:“岣嶁碑今不可印,蘭亭、鑒湖皆如舊,遺迹尚存,剡溪即府屬之嵊縣也。”余曰:“鑒湖八百里,依舊無減否?”曰:“然。”竇向余曰:“請教尊姓大印。”余書示姓名,竇問:“做何官?”余曰:“海外一布衣。”竇曰:“敢是秀才? 我亦雲南秀才。”又曰:“貴庚多少?”余曰:“虚度廿五光陰。”竇曰:“清雅可欽,進學幾年矣?”余曰:“就傅殆過十有五年,而才器淺短,無所將進,愧甚愧甚。”竇曰:“太謙太謙,能詩否?”余曰:“粗解雕蟲之技,而荒陋不足道也。”陳曰:“貴國取士亦詩文否?”余曰:“取士專用賦、策、四六文,而詩則衹取於小科耳。”陳曰:“亦同中國。”竇曰:“前見足下與歐公信函,文法書法俱佳,足下定工於四六矣。”余曰:“路次匆匆,辭不達意,而過蒙奬詡,多愧多愧。”有侍者一人,手持一扇請余曰:“願老爺揮筆。”其人曾屢奉知縣之書函刺紙來往店次,頗有顔好者也。問其姓名,則曰:“徐明。”余勸士裕畫墨蘭,而余題數語以贈之。徐明大喜,叩頭稱謝,於是左右侍者之持扇求書者幾數十人。余不堪其支離,或施或不施。竇曰:“書法大好,粗箑請書。”知縣又曰:“扇二握,請韓公一書。”余曰:“素乏臨池之才,恐貽大方之笑,自愧荒拙,難以仰副。”歐曰:“太謙太謙,適所書數紙取出與吾幕賓一看,且收去可也。”仍贈余以楹聯一對,且固請余筆。余曰:“厚蒙不鄙,難孤盛意,容當携歸店次,强效邯鄲之步,以供一粲矣。”歐曰:“亦可夜午當遣人去取。”竇曰:“單款一把,此二握,縣尊之三弟號曼泉者,求署雙款。”余曰:“請問曼泉大名。”竇曰:“歐聲純。”余曰:“既知縣尊爲令弟求書，雖愧拙筆，容俟歸寓後書呈。”竇點頭。歐知縣之文章似平平，而筆法甚熟，每於談話間縱筆淋漓，頃刻屢紙，皆可觀也。余向歐曰：“生之所居室扁以‘静觀軒’，欲受大字扁楣，今觀先生筆法極好，倘蒙不鄙，肯許揮灑否？”歐曰：“墨瀋不足用，又磨去矣。飯後燈下亦可書也。”少頃書贈軒額一紙。余謝曰：“荷此厚賜，可以歸詑海外，敝屋增輝矣。”歐曰：“過譽。”上使求齋扁，從行者亦請得其筆，歐談笑應之。士裕書贈一詩曰云云。歐向余曰：“韓公不賜以詩耶？”余曰：“才拙辭荒，適足爲大方之見哂，然終當有報命也。”歐曰：“太謙太謙。”仍設饌以饋，置卓於中，侍者捧器以進，纔一下箸輒撤去，又進一器，如是者凡四十餘器，相續而至。酒初行，許問余曰：“酒量好麽？”余曰：“素不解飲。”許曰：“古有一斗百篇之學士，足下何必讓他？”余曰：“詩肚酒户俱不及人。”許曰：“過謙。”余指一器蟹屬而問曰：“這是甚麽？”竇曰：“海蟹，貴邦有螃蟹否？”余曰：“沿海處有之。”竇曰：“貴邦天氣大寒大熱否？”余曰：“盛夏蒸熱，隆冬凝寒。”竇曰：“相同。”余又指問魚果之名，竇曰：“此花松。”余曰：“是木實耶，草實耶？”竇曰：“草實。”又曰：“此羊腸，此猪腸，以肉裝之。”又曰：“此倭瓜，此猪腰子。”余曰：“這不是銀杏麽？”竇點頭曰：“白果。”余曰：“産於何地？”竇曰：“此地遵化州所産。”又曰：“此海參，此白扁豆，此甜的，此鯉也。”又指鯉湯曰：“此尚可吃？”陳曰：“貴國亦有此魚果否？”余曰：“都有，但花松、倭瓜曾未得見。”竇曰：“遠行腹饑，多請菜。”余曰：“私次已吃了一饌矣。”仍問曰：“住此做何工夫？”竇曰：“作幕，幫東家辦書啓事件。”余曰：“縣衙有好個書册麽？”竇曰：“不甚好，有一二部。”余曰：“此地有册肆否？”曰：“無。”余曰：“聞本縣市肆多有品好的扇墨云，果然否？”竇曰：“不及貴邦多矣。”許取余所書贈徐明之箑，向余而請曰：“飯後再取店中，用上一圖章好看。”余曰：“圖章現在包裹裏深藏，今難倉卒開出，奈何。”許曰：“罷了。”陳曰：“再喝一杯。”余曰：“既醉以酒，既飽以德，鼴腹已滿，矧敢多又。”三客皆笑，余指酒而問其名，竇曰：“紹興府所出，名紹興，貴處也有麽?”余曰:“敝邦有湖山春、甘紅露、梨薑、竹瀝之膏、桂糖、蓮葉、菊花等酒名,而味各不同,飲輒大醺。”竇點頭,仍又喚飯,侍者以小器盛飯各進於賓主,皆和羹以箸而食。竇問士裕姓名、官職,士裕書以對。余問曰:“幕僚幾員? 月俸幾何?”竇曰:“同事四人,月俸多少不等,我辦書廪,月僅七八金。”余曰:“貴鄉距此多少里?”竇曰:“六百里。”余曰:“能無步月之思否?”竇曰:“思亦無可如何,非爲名即爲利,我爲名而來也。”余曰:“住此幾年?”竇曰:“三年,在京肄業來此,爲同鄉而來。”余曰:“雲南與福建相去幾里?”竇曰:“六千多,我曾到過。”余曰:“貴州相距遠近何如?”竇曰:“南至貴州一千八百里,至廣西三千里,廣東與福建相近,雲南與交趾國連界。”余曰:“雲南距交趾幾里?”曰:“離交趾雖連界,亦尚隔八九千里。”陳問余曰:“此去到貴邦,尚要走多少日子?”余曰:“尚費二十個日始可到栅門。”侍者又進茶,竇曰:“敝同鄉請用箋紙寫出,以便裱背懸壁。”余指士裕曰:“這位筆法極佳,何不請書?”竇乃向士裕固請,士裕許其歸寓書送,竇又向余曰:“所請寫扇四把,到寓一揮,交徐明携回毋忘,書法大好,隨書十數字存玩。”余曰:“勤意如此,當强拙寫呈,以志萍海之蹤,不負翰墨之緣矣。”仍與相别,陪上使出門,歐與三客送至中門外。見余上馬而後去,又使官隷數人持羊角燈前導侍者,徐明遂從余而來,及歸店,鷄已屢唱矣。

諸人方解衣欲寢,知縣又乘轎到寓,余與上使出迎於門外,引至榻上。上使曰:“既蒙厚待,又煩枉屈,深切感愧。”歐曰:“遠客禮應奉候。”上使曰:“遠地羈旅,無以爲報,慚恧尤深。”歐曰:“一夕之談,足慰契闊,何言報耶?”上使曰:“禮貴往來,情亦宜然,客中無物,祇有些少藥丸,明曉臨行,謹當搜出賫獻,而菲薄尤可愧也。”歐曰:“吾輩文字交,豈在酬酢。”上使曰:“延陵子産之縞紵,亦是禮也。聞先生歷黄河北山西諸邑,果是何州何縣耶?”歐曰:“安平、井陘、天津、懷柔、河間、獻縣、束鹿、大城、順義、密雲、寧河、豐潤十二縣,深州、延慶州二州。”上使曰:“都是直隷州縣,北方民俗想應透徹底裏,可知政績之蔚然，真所謂輕車熟路也。”歐曰：“慚愧慚愧。”上使曰：“在本縣幾個歲月？”歐曰：“甫一年，丁憂回籍數載，再來上官，以老馬識途，故仍奏請留此。”上使曰：“郭細侯再到并州，寇雍奴復借潁川，可想民情之愛戴不忘。”歐曰：“愧甚。”仍向余曰：“等天明可發行否？”余曰：“然。”歐曰：“逢别之際，悵何可言，足下明年可再到否？”余曰：“布衣遠遊，豈可再圖？”上使命厨房設酒饌以待，少頃，歐告别而去，各言保重。上使及余皆舉手相揖而送之，時天已微明，余取筆題歐、竇之所贈四把扇，仍修書於知縣曰：“千里重遻，一夕清話。萍水奇緣，良有天幸。歸裝太促，素藴未展。逢場别路，衹增銷魂。染翰之托，既荷不鄙。强拙書呈，莫掩醜狀。唐突西子，深浹慚汗。一篇蕪辭，意在求斤。雖不成章，情則無窮。天涯相望，統希心照。餘惟爲民社玉重，不宣。”

又以一詩另寫扇面曰：“煌煌膩燭照筵紅，白雪還堪咏暮鴻。休道天涯知己少，梅堂深處坐春風。海左霞石韓某謹呈知白子先生閣下。”遂交徐明帶去，仍贈摺扇一把、清心二丸，徐明叩頭拜謝而去。少頃，知縣作答曰：“静軒君足下：手示敬悉，佳詩匆匆未能和答，明歲或得足下再至，一罄渴懷幸甚，此報惟希珍重。不具。知白子手泐。”

翌朝，上使爲書以告行於知縣，以人參十根、獷毛筆二十五枝、松煤墨十笏、摺叠扇十把、清心五丸、蘇合五十丸，付馬頭致之，且寄一絶句曰：“滹陽官酒惜分携，風漏沉沉聽馬嘶。同是天涯萍水迹，相看那復計東西。”知縣答書向晚始到，曰：“淵泉大行人先生閣下：萬里跋涉，梯航匪易，而使天末俗吏得綰文字之緣，何快如之？晨興知旌節定已遄發，東望紅雲，悒悒靡已。迺承使至，寵以佳詩，情至文生，溢於筆墨之表，又拜多物之賜，却則不恭，衹登之餘，心焉藏之矣。明歲例貢西來，僕當仍羈於此，或韓君當復至，得再奉華札，豈止雙鯉魚之幸荷哉！雨雪載途，征鞍穩旃，先生往矣，神馳何如？伏惟珍重千萬。外奉去雲南普洱茶廿團，物非足珍，知是滇人之意耳。

辛卯十一月一日知白子歐聲振再拜。”余使馬頭致意於三幕賓,各以清心五丸、蘇合十丸、扇五把爲贈矣。其答以爲“拜謝珍貺,永言不忘”云。

十一月七日乙卯,早發至沙河,所見店壁上挂四弦器,問之則曰琵琶也。問店主人會彈否,曰:“不會。”然爲彈一曲,不甚可聽。有一年少者來求上使書,辭以不工,固求之。余引至炕,問其姓名,則“楊子江,號關外處士”云。余又問其年,曰:“三十二。”仍問余年、號,余答之。楊取筆寫一詩曰:“萍水遭逢朔雪天,勸君留咏意殷然。譚心漫感無多日,相會重訂後日緣。”余即席走和曰:“海東歸路正寒天,萍水論襟却豁然。男兒知有重逢日,應説當今翰墨緣。”上使聞之,書贈一詩曰:“白草黄雲歲暮天,關河歸客意茫然。相逢知是中州士,傳得明妃馬上弦。”楊覽畢,懷之曰:“偶爾相逢,得此瓊玖,當留作萬里替面之資。”仍謝去。

十一月十二日庚申,夕抵小黑山,店舍有馬恩殊者,字文召,號愚溪,年三十,忽來請話。余問其滿漢,曰:“吾輩即是民人。”仍指余巾服曰:“衣冠之不同,特遵時尚耳。”余又問:“住此幾年?”曰:“十九年。”又問:“做甚工業?”曰:“耕讀。”又問:“小黑山屬何州縣?”曰:“屬錦州府廣寧。”士裕問曰:“秋圍觀光否?”曰:“鄉試下第了。”又問科題,曰:“詩題‘圓出於方’,限規字(限,猶言押也)。”余曰:“足下廿載耕讀,想富文學,何尚不得魁捷也?”曰:“家貧所累,不能時至京師,故偃蹇至此,我父成進士爲文林郎,我不才未繼先志耳。”余曰:“聞此地近有竊發之患云,果然否?”曰:“然。”士裕問曰:“近聞皇子薨逝云,今尚有幾位麽?”曰:“曾聞今夏又生二位,未知的確否耳。”又問:“此地文士之有如足下者幾人?”曰:“文墨之士難以枚舉,足下之不得與見者,特未業此客邸之事耳。然我之作此主人者,爲西舍戴姓世世存宿海東過客,我亦不得不然,故足下得與談論詩文耳。”仍請賦詩,纔命韻,馬操筆而立書曰:“上國一寒士,欣逢海外人。室家雖是舊,笑語又生新。筆落騰龍虎,詩成泣鬼神。俚言君速賀,校字欲相親。”余曰：“簡古敏速，真八叉才也。”馬曰：“俚言衹足爲大方之笑耳，願見兩兄之詩。”余遂和之曰：“驪駒千里路，傾蓋又斯人。芸榻晴虹起，葭洲夜露新。春風開笑語，秋水會精神。他日相思夢，應隨海月親。”士裕繼書曰：“日暮投孤店，欣逢好主人。清宵三鼓歇，寒榻一燈新。傾蓋如知己，聽言且動神。明朝分手後，幾日更相親。”馬微吟曰：“高雅清新，詩如其人。”余曰：“不嫌露拙，意欲求斤，反媒過奬，深愧深愧。”遂以三詩呈覽上使，上使即步其韻曰：“似入吴門去，相逢市隱人。青雲嗟路晚，白雪喜調新。惜別燈生灺，論心筆有神。懸知送客後，獨與簡編親。”余以示馬生，馬讀之良久，曰：“卓乎難及。”又曰：“貴大人現做何官?”余曰：“内閣學士，原任大冢宰。”馬點頭。余曰：“偶爾邂逅，遂成文會，如非三生之緣，何以得此？然王程有限，明當早發，恐無以罄懷，回首願言，倍覺勞神。”馬曰：“果然果然，足下來歲或可再到否?”余曰：“明年則恐難再作此行耳。”仍贈以清心、楮墨數種，曰：“行橐已罄，物不稱情，愧甚。”馬受而謝曰：“荷此珍貺，深感不棄。冰雪載塗，保重保重。”余乃揖而送之。

八八、鄭元容《燕槎録》

【解題】

《燕槎録》，鄭元容撰。

鄭元容(1783—1873)，字善之，號經山，朝鮮東萊人。歷官藝文館檢閲、大司諫、江原道觀察使、禮曹判書、左議政、領議政等職。著有《經山集》《北征録》等。道光十一年辛卯(朝鮮純祖三十一年，1831)十月，以冬至兼謝恩使團正使的身份出使中國。《燕槎録》記録了此行的所見所聞。使行於十月十六日從漢城出發，十一月二十日渡鴨緑江，十二月十八日到達北京。次年二月初九日離開北京，三月二十七日回到漢城。此書爲筆寫本，由燕行日記和燕行詩兩部分組成。燕行日記後附《書狀官聞見事件》《首譯聞見事件》以及停留北京期間寫與翁立本、帥方蔚、蔣立鏞、顧蒓、韓韵海、卓秉恬、蔣祥墀、韓錦、梁中靖、馮震東、阮福、朱善旂、樊封、陳登之、王引之的書信，共計 26 通。又有筆談記録，辛卯年十二月二十七日、壬辰年(1832)正月初六日，在北京玉河館與翰林帅方蔚筆談；辛卯年十二月三十日、壬辰年正月二十八日，在玉河館與工部主事程德麟筆談；正月初三日，在玉河館與舉人朱善旂、金若徵筆談；初四日，在西三座門與進士蔣祥墀筆談，同日，在玉河館與工部主事程德麟筆談；初五日，在廣寧人參局與户部郎中劉喜海、刑部主事李璋煜、舉人王筠、韓韻海筆談；初六日，在蔣立鏞寓所與春坊庶子蔣立鏞、進士蔣祥墀、翰林朱襄、知縣蔣立銑筆談；正月初七日、二月初二、初七日，在玉河館與秀才李宗洭、樊封筆談；十二日，在午門外户部朝房與户部郎中阮福筆談；正月十二日、二十九日、二月初五日，在玉河館、江沛東局與朱善旗筆談;正月十八日,與進士卓秉恬筆談;二十一日,在玉河館與樊封筆談;二十三日,在吉祥寺與阮福、樊封、李宗溎筆談;二十五日,在玉河館與翁立本筆談;二十七日,在江沛東局與進士卓秉恬、卓秉愔、卓澐、吏部主事黄樂之筆談;二月初二日,在玉河館與朱善旗、優貢馮澐筆談;二月初三日,在北玉河館外近局與程德麟、孝廉馮震東筆談。

原本藏韓國延世大學中央圖書館,《燕行録續集》收録。兹以此本爲據輯録資料。

(辛卯十二月)二十七日,晴。石村帥翰林方蔚來訪,以筆酬酢。余曰:"久聞盛名,何幸俯存?"石村曰:"愧不敢當。昨見令郎,今特來詣,瞻仰光範,獲遂識荆之願。"余曰:"東國自箕聖敷教,俗尚禮義,士讀經書,宗程朱,公私用儀禮,亦可謂聲明文物,而常以未見中州人物爲恨。自前東人多交遊於中朝,往往爲大家詡與,今幸獲奉清標,聞家在江西,距京爲幾里? 風俗何如? 士皆讀書學問乎?"石村曰:"江西在京師西南四千餘里,與江南接壤,古吴越地,家弦户誦,無不讀書學問者,講學宗程朱,今天下大約皆然。僕嘗讀《漢書》,箕子至朝鮮作八條之教以訓導其民,其俗皆尚禮義,道不拾遺,蓋仁賢之化可貴如此,其後稍薄,至有六十餘條法令稍增,今風俗何如? 選舉科目、考試之法與中國同异如何?"余曰:"箕聖後,本朝右文尚禮,三年之喪,自王達庶,閨門之行,一醮不改,僧尼不入城内,微賤皆知尊經,風俗可謂彬彬,而朝廷規橅大抵仿皇宋,官職亦多宋制,士夫名閥巨族,則數千年譜系相傳,簪纓相承。兒生八歲皆入小學,科制則貳年秋設,初試以詩賦及經義取士,外道遣試官試取。翌年春會試,取進士二百人,子午卯酉以論策賦表,初試、會試取及第三十三人,以文科出身者始做美職,專尚地閥,地微者多未顯達。"石村曰:"風俗科舉法大略亦與中國同,至於尚門閥,世家舊族得美職,此是魏晉六朝遺風,恐寒族人才未免鬱抑矣。洪三斯(名良厚,申翠微上使時隨來)係何等人?曾否入仕?金邵亭解元(名永爵,與石村書字往復)是何科目?聞其頗好講學,墨守程朱,亦可尚也。"余曰:"高見儘然,人才或沈屈,國王每飭銓曹收用,然大抵不及世閥子弟矣。僕今春知貢舉取進士,洪三斯爲狀元,文學爲佳士。金邵亭姑未決科,頗潛心講學,可愛之士也。"石村曰:"洪三斯既係貴門下,現授何職?"余曰:"候選。"又曰:"中朝宰相名士中文學擅名者爲誰?"石村曰:"今曹相國振鏞(佩笙)、王尚書引之(伯伸)、湯尚書金釗(敦甫)、潘尚書世恩(芝軒)、黄尚書鉞(左田),皆其人也。"余曰:"聞阮元文章亦好云,然乎?今官外任耶?"石村曰:"現任雲貴總督,是老果名下。"余以碧香酒勸飲,石村曰:"與中國之膏粱酒相似,閣下如愛酒,當奉江南酒,味更醇濃。"余曰:"不解飲,衹愛看人飲。"石村曰:"叨飲佳釀,敬謝,日暮不能久留,容暇再訪。"

(壬辰正月)初六日,晴。石村帥翰林方蔚來見。余曰:"今擬造叙,幸屈尊駕。"石村曰:"特來拜賀新禧,以一扇書詩贈進士。"余曰:"喜與阿戎語,乃翁則不賜一字乎?"石村曰:"未敢遽以瓦礫瀆,方作一首奉呈,聊欲抛磚引玉。"又曰:"初九日祭太廟,皇上明日自園回宫。十三日祭天壇畢又至圓明園。"余曰:"皇上常時長住圓明乎?百官皆來往乎?"石村曰:"皇上冬三月住大内,正月祈穀後即幸圓明園,凡百官奏事皆至園,遞摺召見,如無應奏之事,各在衙門辦事。"余曰:"冬三朔外皆在圓明乎?"石村曰:"如遇大祭祀,皇上親詣行禮,則進皇城致齋三日。"余曰:"江西亦多書籍乎?"石村曰:"琉璃廠村賈皆江南、江西來者。"仍餽梨薑膏、藥果、薑粉丸。石村請惠果丸數,裹歸遺小子。

(辛卯十二月)三十日,晴。……是日以感氣扶病往,還來即委頓。自五六日前,輪感遍行館中,上下皆苦痛三數日,而得差工部主事達庵程德麟來見進士,曰:"尊大人前請安。"余曰:"病未迎接,幸賜曲恕。"達庵曰:"貴國幼輩見長者,當行何禮?"進士曰:"以中國禮行之亦可。"達庵曰:"未具公服,望先行稟明,伏乞恕罪。"達庵入拜,余數轉話後，達庵曰："初四定來賀禧。"因辭還。是日賞頒歲饌柑橘，他鄉守歲，倍切京闕之戀，紙銃爆竹之聲徹夜四起，聞自前成俗，家家放聲，歲前後十餘日爲然。

(壬辰正月)二十八日，晴。因禮部知委，與副使、書狀詣午門前領賞而還。達庵程德麟來見，曰："渴想甚殷，又恐館外人查禁，未能來候。聞大人回國在即，特此來會。"又以書一包，紙一束相贈，曰："少渠馮震東，同鄉人，本係至好，送上伊所著《續孝經》《少渠詩集》一匣，兼送上《空山吟趣圖》二册，請乞大人題詩，均祈檢收，并望指教。又紙對二副，晚生敬求大人一書，并乞賜款，晚生達庵行五也，少渠曾舉孝廉方正，現以知縣用。"余曰："何鄉人？"達庵曰："滁州人，歐陽修所作《醉翁亭記》有云'環滁皆山'，即此地也。晚生籍居全椒縣，去滁州五十里。"余曰："少渠年四十，詩集已被梓，其文學可知，何以知我而欲受詩乎？"達庵曰："少渠與晚生常相往來，晚生道及大人品學，少渠十分仰慕，故有此求。"余曰："可一見乎？"達庵曰："少渠現寓刑部侍郎戴大人宅，與弟寓數十步之近，大人欲見，一呼可至。"余曰："他日約少渠來會。滁州本有蘇碑？"達庵曰："少渠如有，即當奉贈。"余曰："舉孝廉者亦赴進士試乎？"達庵曰："孝廉方正亦是取士之科名，不必赴進士試，如赴舉則亦不禁。"余曰："舉孝廉者亦爲高官乎？"達庵曰："九卿職皆由科甲出身，衹以孝廉薦名做六七品職。"余曰："少卿幾年可移卿職？"達庵曰："不能預定，如人少，即於年内無不轉補。"

(正月)初三日，晴風。舉人朱善旗、金若徵通名帖求見，余迎見，問來意。朱舉人曰："元朝家大人在朝内遇見公子與各公卿，共相器重，回家説及，因不勝企慕，今日特來訪謁，惟善旗不嫻禮數，一切望涵恕，而本得有事，另日再來求教。"余曰："多謝，敢請春府現居何職？"善旗曰："大人現任太常寺卿，名爲弼，號棻堂。"余曰："家在何方、何州？"善旗曰："現寓永光寺西街八寶會試店朱宅。"余曰："朱氏是紫陽夫子之裔乎？"善旗曰："傍支祖也。"余曰："與金舉人同住一家乎?”善旗曰:“正是。”余曰:“金氏有何名祖?”若徵曰:“漢朝大相金日磾之裔也。”朱年二十八,金年二十,各贈扇丸筆墨,約以再會。

(正月十二日),還館後,朱善旗來訪,余曰:“尊大人文集被梓乎?”善旗曰:“少年所付梓者亦不多,板在南中,此地祇有一卷。歷年所作者,去年都抄寫成,約百餘卷,現方欲付梓,尚未刻成耳,將來寄贈。”余曰:“王引之、阮元二公文章爲最乎?”善旗曰:“伯申先生《經義述聞》學有根柢,芸臺先生《研經堂文集》及琅環仙館諸詩文雜著皆超邁前賢,與家君將來同是傳人,可以無愧通人矣。”又曰:“日内當以詩古文詞録呈求教,惟從事帖括雜作,未能精耳。”余曰:“如俯示甚喜。”善旗出贈紫陽書石刻楹帖及《律賦必以集》《葦齋集》《呻吟録》,又以自書臨蘇小楷帖請題跋,遂書贈。余曰:“近來書畫之工者有誰?”善旗曰:“顧南雅蒓書畫皆佳。”

(正月)二十九日,陰。建卿朱善旗來訪霎話,曰:“高麗子母書帶來乎? 望一賜讀。”余曰:“無帶來者矣。”似指諺文反切,而欲見也。午後與進士往見陳延恩,字登之,坐上有其弟三恩,字錫之,其子受,字伯俊,士人陸慶熙,字菊人,以七絶詩代筆話,互不停筆,率爾迭書者凡十四首。蓋前日登之忽有書邀會也,聞是侍郎用光之從孫。

(二月)初五日,晴。卓海帆與其弟秉愔、其子澐來坐江沛東局,出見霎話而還。朱善旗又來話曰:“昨日家大人升宗人府卿丞,三品也。家君下圓明園叩謝,現未回,今偷閑來矣。”余曰:“尊大人何日當還?”善旗曰:“本日即還。”余曰:“凡官職皆有叩謝耶?”善旗曰:“謝,現即謝恩也。”余曰:“每召見耶?”善旗曰:“恩眷好,則召見,否則但奉諭,故道耳。家君昨歲一轉通政,再遷太常正卿,簡在帝心,恩遇隆矣。”余曰:“《搢紳譜》中加一二三級之稱,何謂也?”善旗曰:“譬如現在正三品加二級即是正二品,又加一級是從一品,然此係虚級,不能用此加級頂帶,如有告老還家,則用加級頂帶耳。現任祇用本品,級任,虚設耳。”又曰:“見先生所賜書帖、跋文及詩篇矣,跋文氣勢開拓，且所言皆中肯要，可知先生素工書法，依此論則上與二王頡頏，何論蘇黄米蔡？服膺之餘，兼生感奮。至七言古詩最難，先生氣盛詞昌，嗣響唐音，欽佩無已。文即大兄之作，情辭款曲，且格律之工，俱見家學淵源，學養有素，蒙賢喬梓稠叠，瑶華之賜，感泐無既。”仍贈《百壽圖》《無量壽佛圖》《富貴長春圖》三軸，以寓祈禱之誠。又請作歌詩以贈家君，余曰：“臨行無暇。”善旗曰：“先生及文郎皆謙謙君子也，何謂無暇？”又請進士初七日來見其大人。

(正月)初四日，晴。皇上幸圓明園，五鼓詣西三座門。卯刻，皇上乘馬來過，前後騎馬侍衛雖多於城内動駕時，而亦甚簡易。班次有一老官人，顔貌瘦古，傴僂來前，畫掌問姓名，余答之。又問貴姓，書示蔣，名曰祥墀。余曰：“與笙陔爲何親？”蔣笑而答云：“是家兒，公何以知名？”余曰：“在東國時聞盛名。”蔣又笑而去。

(正月初四日)，還館所。午間，達庵程德麟來見，曰：“尊節已愈，特來請安賀禧。”余曰：“多謝。”達庵曰：“謹具數種，聊盡微忱，統乞哂存，曷勝忻感。”因以陸氏《四書大全》《三魚堂集》、李二曲《四書反身録》、紅箋紙十張、羊毫大小各十八相贈。余曰：“諸書俱欲見者也，且管城玉版不省攸謝，僕來時有帶來之書，兹奉贈。”達庵曰：“幸蒙教益，且承賜書册，俾晚輩得所未見，更多多益之喜矣。”余曰：“安徽去京師幾里？”達庵曰：“二千四百里。”余曰：“家鄉幾里？”達庵曰：“敝處去江南省城近一百里，現在京寓所至尊館僅三四里。”余曰：“江南風俗何如？”達庵曰：“士淳而文，民質而樸。”余曰：“家室之制亦是炕乎？”達庵曰：“皆用木床，所有起居日用之物皆用木。”余曰：“無房軒窗户之制乎？”達庵曰：“有。”余曰：“燃薪暖之乎？”達庵曰：“不用，蓋天氣温和，不似北方寒冷。”余曰：“明時之制至今不改乎？”達庵曰：“因是明時之制，此制自漢朝已如此。”余曰：“衣制今天下皆此制乎？婚姻祭祀之禮一用文[1]公《家禮》乎？”達庵曰：“然。”余曰：

① 文，原文誤作“温”，徑改。

“婦女衣裳之制亦與京師同乎?”達庵曰:“仍是明時之服制。”余曰:“他省概同乎?”達庵曰:“上裳下裙,天下皆同,與滿洲大异。”余曰:“裹足之法江南亦然乎? 此法何時始之?”達庵曰:“五代陳後主宫内所作。”余曰:“唐時已有弓鞋之稱,五代時可知。我國衣冠,明制也。”達庵曰:“貴國衣冠自周想已如此。”余曰:“殷師尚白,東人至今衣素,笠子網巾是明制。”達庵曰:“網巾所以束髮,笠子即所謂斗笠。”余曰:“江南飲食與北方同乎?”達庵曰:“魚米之鄉,與北稍异。”余曰:“尚書、侍郎皆有滿漢,公事則滿尚書爲之云,然否?”達庵曰:“滿漢并爲公辦。”余曰:“引見時左右史記言記動乎? 諸臣無獨侍之法乎?”達庵曰:“經筵臨講時皆可獨侍,平常引見無獨侍之法。”余曰:“引見時,起居注每每隨入乎?”達庵曰:“并不隨入。”余曰:“生員即所謂秀才乎?”達庵曰:“生員科,歲考,如列高等即可補廪,是謂廪生。三年一科,名曰鄉試,即古所謂舉於鄉,是謂舉人。天下舉人共集於京師,名曰會試,即古所謂進之於國,是謂進士。已得進士後即行殿試,分以三甲,一甲一名,名曰狀元;二名名曰榜眼;三名名曰探花;乙甲第一名名曰傳臚,其餘皆曰進士。”余曰:“舉人額數幾何?”達庵曰:“各省不同。”余曰:“進士額數幾何?”達庵曰:“每次二百餘名。”余曰:“皆是進士,則及第爲何?”達庵曰:“一甲三名皆謂賜進士及第;二甲以下謂賜進士出身;三甲以下謂賜同進士出身。狀元及第即授職修撰,榜眼、探花及第即授編修,其餘或授主事或授知縣,皆在引見時分爲等次。”余曰:“江南今有文章巨儒乎?”達庵曰:“作者甚多,然不過應制文字而已,求所謂專心實學者甚少。”余曰:“現任爲幾品?”達庵曰:“六品。”余曰:“禄俸幾何?”達庵曰:“一歲俸米四十八斛,俸銀六十兩,春秋二季分領。”出饋藥酒及藥果,達庵曰:“蜂蜜到處皆有,惟未能造成此果。”余曰:“中國人不食乾魚肉乎?”達庵曰:“亦能食之。”約以更會。

(正月)初五日,晴。户部郎中燕庭劉喜海、刑部主事月汀李章煜①、舉人王筠、韓韻海來坐廣寧人參局,要見,余出見,則書示曰:"去冬洪成伯尚書述,知先生品學淵深,欽仰已久,今得瞻光儀,不勝幸慰。"余曰:"諸公盛名稔聞,何幸一時齊會,成伯果有文章學識,如僕者魯莽不足言。"月汀等曰:"成伯所著《尚書補傳》《老子證》尚在案頭,不但文章言論足傳,其經術湛深可傳。"余曰:"非但著述可觀,學術甚淹博。"又書示曰:"丙子歲,與趙雲石(名寅永)相會契好,每有書札往來,必有金石文字之贈,以僕有金石癖也,此次有東碑携來者否?"多藏東碑,已集成《海東金石苑》,因贈《石刻詩》一本,曰:"以大人學問淵懿,故持此奉贈,非比他物,亦不輕與他人。"余曰:"東國金石有所求乎?"曰:"崔孤雲講堂寺碑自書碑在鴻山縣者耳。"又曰:"雲石聞在樞密,想爲同官,近況何如?"余曰:"同僚也,平安。"又問:"朴豆溪安否?"余曰:"今在關北巡營。"又曰:"副使金毅卿,即申翠微(在植)之甥,洪三斯(良厚)姨兄也,翠微、三斯與之有舊,願一見。"伻要毅卿,則病不能出,送酒果與鰒魚。月汀曰:"吾鄉諸城濱海,鰒魚附石而生,吾宗李漁村宏博,曾以此魚郵置都中,與一時名流朱竹垞、毛西河諸公爲鰒魚麵詩,傳誦於世。"余向燕庭曰:"足下於文清公石庵爲從孫云,文清筆法有名,可得一真本乎?"燕庭曰:"家中所存無多,遲日當以拓本《清愛堂帖》奉呈諸人。"請見東人詩筆,金楓皋《香山詩軸》適在篋中,公自書者也,出示之,諸人賞玩驚嘆曰:"盛哉!字仿襄陽,詩似山谷。"又曰:"爲誰?"余曰:"文章善書,官太學士,今國王之國舅也。"諸人曰:"洪駙馬善畫乎?"余曰:"成伯之弟也,工詩且解書畫,有王晉卿風味。"約以後會。

進士往訪卓海帆秉恬家,歸時贈《吴中唱和録》四卷、《問梅詩社抄》一卷,詩章一。

(正月)初六日……午後,出宣武門外,到將軍教場第三胡同,訪

---

① 即"李璋煜"。

見春坊庶子蔣笙陔立鏞,前冬臨行時,金楓皋來别,問:“欲見中朝士人否?”余曰:“無由相見。”楓皋曰:“問蔣笙陔一見,曾見其書法甚高,學晉體者也。”余識之,忽於班次逢其大人丹林。還後,笙陔先貽書要會,以其丹林之歸傳邂逅語也。笙陔出門迎,款入外堂,丹林老人笑揖,數語後,笙陔引余入中堂,設饌要同桌食云。有二客,其一朱翰林襄,安徽人,其一蔣之同鄉,湖北省天門縣錢姓人,相與同話。笙陔之弟名立銑,官知縣。聞丹林官副憲,因朝會時失儀,遞職候補。朱生善旗爲見主人適來相逢。筆談時,笙陔曰:“大人何由知賤名?”余曰:“行時金楓皋太史向余言中朝蔣笙陔,名士也,書法又甚高,當一晤。”笙陔曰:“楓皋何由知我?名何?官何?學術何如?”余曰:“楓皋名祖淳,文正相公之孫,世篤忠貞,早年入内閣,官經太學士,文章振一代,亦善書。”笙陔曰:“文與筆可得見乎?”余適携《香山詩》親書者一軸,欲付香山僧藏上元庵者也,過安州時未及傳致,仍藏篋中隨來,持以相示,則大驚賞曰:“詩與書俱清古出塵,可謂杰特之作,當寶玩久傳,盍留贈?”余曰:“欲携藏名山中古寺以傳後。”笙陔曰:“此寶當傳之中州大處,何必山寺?”遂懇請不已,余贈之而還。

(正月)初七日,晴。……廣東臨川秀才匯川李宗湝時年十六,與其師樊昆吾封來見,封年四十三。余曰:“何縣人?”宗湝曰:“祖籍江西,僑居廣東,距京八千里。”余曰:“讀何書?做何文?”宗湝曰:“現讀六經,兼習八股文。”余曰:“春府何官?”宗湝曰:“家父現任浙江金衢兵備道,現已調任候升。”余曰:“唐宋明有名祖乎?”宗湝曰:“唐有李世經,宋有李泉,明有李成梁。”余曰:“寧遠伯是君之祖乎?”宗湝曰:“大同總兵如梅之後裔。”余曰:“寧遠諸子中如松以提督來救朝鮮倭亂,東國人甚德之,至今祠宇享之,平壤亦有武烈祠,君與東國人有世好。”宗湝曰:“從此遂成世交,如松之後現在鑲紅旗。”余曰:“東國亦有提督後孫之仕官者。”昆吾曰:“李成梁之宅今現在崇文門内石大人胡同,此宅天順時英宗賜石亨,後賜嚴嵩,天啓中改賜寧遠，今則爲錢局矣。”宗溎曰：“有七歲所書大壽字，已經刻石，妝簇子，明日送來，求題跋耳。”余書示昆吾曰：“緣何往住廣東？”昆吾曰：“本係正白旗人，康熙二十一年削平三藩，聖祖仁皇帝命子弟兵分守邊藩。”余曰：“祖先有佐國功乎？”昆吾曰：“僕之先是祖大壽佐領下人，以獻錦州有功賜入旗籍。”余曰：“祖大壽、大樂後孫今有之乎？”昆吾曰：“正白旗中今有二支，一是大壽後孫，世襲兩子爵三佐領；一是祖澤清之後孫，世襲半個佐領。祖大樂之後孫今在雲南。”又曰：“貴國三田渡有寧遠之碑乎？”余曰：“三田渡有太宗勝戰之碑。”昆吾曰：“此事多訛傳，聞修《開國方略》時無大手筆人耳，三田渡始得於二貝勒阿敏，後爲大貝勒阿巴太所攘，我旗人相傳如此。”余曰：“廣東風俗何如？”昆吾曰：“俗尚奢華。”余曰：“家室皆塗金碧乎？”昆吾曰：“然。”余曰：“士子皆讀書乎？”昆吾曰：“多讀時文，不甚通經。”余曰：“祭祀冠婚用《家禮》乎，《儀禮》乎，俗禮乎？”昆吾曰：“各地不同，俗禮爲多。”余曰：“東國俗尚禮義，官制仿宋，儀物典章仿明，學宗程朱，文主韓歐，詩主李杜，大體如此，而各隨才分就耳。”昆吾曰：“久聆貴邦崇尚實學，士多通經，敢問時下有巨儒如先生者幾人？”余曰：“吾何足道哉？右文爲治，士皆談經作文，朝官以文學爲重，如内閣宏文之職是也。”昆吾曰：“文體尚八家乎，尚六朝駢麗乎？喜《文選》乎？”余曰：“尚八家，而才高者以班馬爲準。”余曰：“寧遠伯牌樓曾見之乎？”昆吾曰：“未曾見。貴國有山井鼎《七經考文》，知之乎？”余曰：“未聞。”昆吾曰：“乾隆時少卿翁方綱曾得之，是書全用鄭注，音則全用許氏，迴非宋儒之剽説所同。”余曰：“未之聞矣。足下學識淹博，近來三魚堂有四書之工，果何如？”昆吾曰：“陸松陽之學係王陽明廷徑，與陸子静亦有出入。”余曰：“稼書專主實地，與陽明之良知、象山之主静不同。”昆吾曰：“彼訓一貫亦力主一本萬殊。”余曰：“中散爲萬事，末復合一理之意耶？”昆吾曰：“敬字，《説文》從苟支，訓急急督事也，何嘗有冥心之旨？敬字遂説成冥心去，宋人説經獨喜高妙，故删去許慎之説而從之，敬字之真訓晦矣。”又曰：“《左傳》敬姜數語便是真敬字。”余曰:“然矣。若一主静字,已便有近禪底意。”昆吾曰:“《孟子》‘浩生不害問’,敬吾兄章可見。”余曰:“心不可一日放,亦不可一日忘。”昆吾曰:“二氏之説何嘗非要旨? 然舍實逐虚,故孟氏之徒起而攻之耳。”余曰:“敬非别樣工夫,瞻視動静,出門使民,何莫非敬工夫乎?”昆吾曰:“孔子教人專務實義,孟子始談性命,子思則放言誠明。”余曰:“夫子之罕言,而鄒聖始言性字、氣字,至漢董、劉、唐之韓愈亦未嘗析言縷説,至宋儒始辨之,辨之深,故言之多。程朱真知實踐,惟恐人不知,懇懇訓誨,後儒附會拖長,互相詆毁,爲己之學,不亦遠乎? 近日亦有王氏、陸氏之學乎?”昆吾曰:“近世學者馳於科第,埋首於八股時文中,六經尚不能全讀,安問陸王之學?”又曰:“方今宋儒之學滿天下,古訓碩言存者能幾何哉?”余曰:“八股文自明時始之乎? 唐以詩,宋兼用詩賦、經義?”昆吾曰:“八股即宋王安石之《三經新義》,旋興旋止,至明弘治二年李春坊①當國,始請用經義策士,不過如漢人貼經,約一百餘字而已;至英宗時遂有‘八股’之稱,八股者,仿唐人八韻詩之體;至世宗朝遂有破題、承題、小講諸格式,文法益密,而時論病之。我皇清康熙八年迄十二年曾廢之,十四年即復,至今更甚。”余曰:“足下言論淳正,博古通今,請約再會快談。”

(二月)初二日,晴。樊昆吾與李匯川同來,多以書帖管城等種相贈,曰:“此帖是覃溪先生玉硯所刊之縮本蘭亭也,係公八十一歲摹,石本現在廣東,此管城係匯川尊公在浙倩匠所造,奉贈以誌翰墨因緣,他日與周溪或有遭逢,却是一番佳話。”又以前日余之楹帖請圖章,曰:“敝省最重貴邦詞翰,若非圖章,不足誌榮遇。”余曰:“曩羅使由廣東去乎?”昆吾曰:“凡港脚西洋諸國皆由廣東貢道,雲南一路已罷。”又曰:“到京渡鴨緑江否?”余曰:“此江義州地也,由江入栅門,盛京爲四百餘里,此江不甚大而入於三大江之名,以源出長白

① 即“李春芳”。

歟?”昆吾曰:“惜桑欽、酈道元皆生長西北,足不抵黑水白山,後來注輿地者遂少依據,惟顧祖禹之《讀史方輿紀要》載之頗詳,此來曾購是書否?”余曰:“却不得購。”昆吾曰:“謁文信國廟乎? 當必有詩矣。文是江西人,鄉先生也,僕嘗謂江西一省與宋終始,一王荆公是禍首,一文信國是柱石。”余曰:“格言。”昆吾曰:“説者謂荆公以學術誤天下,此仍恕言,彼導神宗以掊刻嚴急,直是趙高之事秦二世。”余曰:“荆公實學强辯,虚名實行之云是矣。荆公之意未必害天下,而其意欲以小人行新法,以君子守之,却不料亂在守前,此所以温公之服吕公袖文之先見也。”昆吾曰:“偉論也,允論也。藝祖以代禪得國,無豐功偉烈,故子孫皆守文奉法,不嗜殺人。自安石以理利導之,悍然不恤其罪,曾與墨利自恣者,要有殊科,然四夷有北之迸,安石有難辭焉。陸宣公之論裴延齡、第五琦輩,亦因其以利擾天下也。《易》曰:‘開國承家,小人勿用。’實即二爻之陰柔能亂九五之視聽也。由安石而蔡京相踵,馴至賈似道而國亡,小人之害如此,可不畏乎?”余曰:“衆君子成之不足,一小人敗之有餘。宋仁厚立國,康節稱前代所無者四也,英宗若御位久,則何事不可爲? 韓琦一見知爲聖主,及神宗初立,一見而已知天下多事矣。治天下如老醫看病,不可妄投雜劑。”昆吾曰:“邵子有刀剖公間腹勾,隱然有所指,韓公是有宋一人,曾子布掖引安石之罪,可勝言哉?”余曰:“安石自初恬退,士大夫孰不相與? 蓋仁宗之時,士大夫極盛,盛則衰,理也,新法之講是衰之本也。畢竟因此而小人終之也。文丞相如東漢末之士氣表章也,向非秦檜、岳武穆,豈不得立功?”昆吾曰:“安石以術愚天下,即是王莽敝衣疏食事,權一到手,便易故轍。文丞相少年聲色自娱,及聞東京失守,遂屏絶奉御,以身殉國,是一代偉人。至岳少保之死,曾出謬醜秦長脚之意,然自係高宗之意,豈有無故罷兵誅帥而不之問耶? 宋高雖至愚,應不出此。”余曰:“皇明太祖聖人也,制禮作樂,至今遵行,但錦衣獄及廷杖一事,明人文集亦言之矣。”昆吾曰:“大抵由世家席帝位者多寬厚,由草澤崛起者多猜嫌,明祖與漢高便可概見,彼蓋思以威服天下,諸宿將老成皆所心許,但爲子孫計,不得不鋤誅,觀傅友德之無故誅死,與樊噲、韓信何异? 主少國疑,不得不如此,然皆不讀書,歷古事故也。《大風歌》思猛士,在誅韓信之後。左掖門與劉三吾相語,在誅傅友德之後,其心可見,亦可悲也。"余曰:"神宗援救倭亂之至恩大德,東人不能忘,毅宗之循社,前代所無。大清得國之事,康熙、乾隆祖孫一百二十年,及幅員之廣,亦前代所無。"昆吾曰:"故曰天也,凡天欲開一代升平之運,必生一二人以亂天下,如秦政之爲漢高驅除六國,五代之爲藝祖畫一,李闖之亂,蓋天爲皇清故耳。不殺人方可延國祚千古。不殺人而得天下者莫於清,祖孫百廿年傳祚者亦莫於清。周雖八百,然昭王南征不復,穆王八駿遍寰區,我清曾六傳却無弱政如前代者,周自百七十年之後便不綱。"余曰:"漢自元帝後衰,唐自玄宗後衰,宋則契丹、金、夏無寧靖時,今清之五六主二百年,史牒所無。"昆吾曰:"唐之得也在義正,其失也以亂亡,終至於女禍寺宦;宋之得也以仁厚,其失也以好虚名忘實害,一'和'字,誤於金人一'利'字,誤盡蒼生。我清龍飛,便自不同。自太祖之混一朔漠,高宗之大武十成,皆以仁厚勝殘,初非如漢武、秦皇之瀆武窮兵可論也。"又曰:"吴三桂進退失據,殊不足一噱,觀其族誅朱由榔,窮追朱由樘,便可見其用心。"余曰:"三桂之請清兵,其始心出於爲明室耶?"昆吾曰:"吴梅村偉業有'衝冠一怒爲紅顔'之句,則三桂之請大兵,實爲田太師家一侍妾名圓圓者,本朝之待吴三桂可謂始終如一。"余曰:"大清入都後,三桂下江南,然乎?"昆吾曰:"未嘗下江,吴爲福王,前驅入陝西轉至湖北而回,又三桂在滇多不法,爲朝士劾論,内不自安,請以子入質,又請撤藩回京,朝議如所請,又復遷延程期。上命御史往按其事,并命太學士圖[①]海往催其起程,於是康熙八年十月親往長洲,句深、馬寶等反,是時宿將多亡。三桂久在戎行,中原將吏半其偏裨,東南皆於是。

① 圖,原文誤作"圓",徑改。

廣東、西川陝相次起兵應之，始命康親王杰書率京兵經略其事，迄無成緒，復命貝勒岳樂、貝子洞鄂等統東西兵約五萬分送收捕。十三年，三桂在雲南以喉靡病死，其孫吴世蕃席其業，遂僭大號，而部下將更多亡去，上於是命固原提督王進寶、征西將軍趙良棟左右圍攻。十四年克其省城，世蕃自縊，擒其僞大學士方光琛等，雲南悉平。”余曰：“祖大壽子孫今仕宦乎？”昆吾曰：“祖大壽子孫係在正白旗漢軍，世襲子爵及兩個半佐領。”余曰：“足下幾代祖爲祖將部下乎？”昆吾曰：“僕先祖名謨，在天啓初戍守關外，至天聰年從龍瀋陽，有祖名紀鳳者，官牛録章京。”又曰：“嗣後有信來京，即寄前門外西珠市口前任刑部尚書大人名之望宅中，轉寄廣東爲可，皮面寫‘煩交前刑部尚書祖大人府中，祈轉致廣東省城十八甫欽命浙江金衢嚴兵備道李九大人之二少君名宗湝查收是幸。’”余曰：“祖尚書之望與匯川爲親戚乎？”昆吾曰：“伊伯嫂即祖公之女也。”又曰：“聞貴地六經頗甚完善，祈賜一本。”余曰：“求有集注者耶？”昆吾曰：“無注者更佳。芸臺師曾親向僕言東國之經學甚有實據。”余曰：“經書未曾帶來，仍贈《八子百選》一帙。”昆吾曰：“此番遊京師，買書不下數百種，匯川亦購已千金。僕性最木强，癖好典籍考據耳。”又曰：“是册是聚珍版刷印者乎？”余曰：“此非木版，範銅鑄字。”昆吾曰：“乾隆中開雕《四庫全書》時曾有銅字活枚。”余曰：“宋時高麗與契丹相鄰，高麗使至，閣學士爲館伴，爲悦麗使，移市肆於高麗館，蘇軾疏請禁書。”昆吾曰：“宋金之争高麗，猶晉楚之争鄭，得之則勢强，失之則勢弱也。今本朝之待貴邦禮儀，視外藩獨隆，位班都部之上，豫王尚名高麗王，則國初時貴邦之人隸八旗者不知凡幾也，現在俗稱如鄭王稱烏真王，豫王稱高麗，百年不易，此是太宗之子開國功王。”辭還。

(二月)初七日，晴。與進士往觀黑窑廠，在虎坊橋南，即都人文士遊觀處，又往天壇外，歷入岳武穆廟瞻拜，又玩金魚池而還。昆吾與李匯川來坐已久，與之欣話。匯川贈書帖曰：“此僕所臨《玄秘塔書》，兹奉送，惜不工，跋文當移誊他紙矣。”蓋此帖前有余題跋也，余曰:“次兒與君同庚,當以此帖贈之。”昆吾曰:“令伊得名達貴邦。”余曰:“何時可還鄉?”昆吾曰:“由京向南陸路十站至山東岱宗下,再八日抵江南北徐州(此即睢陽地,張巡所守者),渡黄河,一日抵秦淮,以下便是水路。過睢陽,歷石頭城,由蘇州入江西,亦可由長江黄天蕩(韓世忠破兀术處)下江西,亦可至江西贛河(王守仁擒宸濠處),十八日抵梅關(張九齡故里),起旱,一日進廣東境。買舟順下,便是五羊城,磔山險惡,雖曰一千二百里,然須半月方能到。”余曰:“皆從書卷中見之者,可費幾月?”昆吾曰:“百日爲期,如僕之夢想,鴨緑江鳳凰城耳。舊年二月初旬起程,五月中始到京。”又曰:“匯川九月場後到河南,廣州地成婚,吴殿撰其彦之族女也,其時或回京,或回廣東,未可知也。”余曰:“昨見一文集,婦人二十七於歸云,中國女子之嫁過古笄年者,有之乎?”昆吾曰:“無定法。”余曰:“婦一醮不改乎?”昆吾曰:“凡受一命者不許再醮,庶民則否。”又曰:“匯川伯兄名宗潢,年二十七,候選直隸知州,仲兄工部侍郎宗瀚,伊父名秉銓,秉字七,兄弟十二人,十二人之子爲五六十人。秉字仕宧者五人,江西人家,伊府爲最。”以文房茶香之屬贈贐,臨行甚有悵戀色,約以通書信。

(正月)十二日,晴。皇上幸天壇,行祈穀祭也。五鼓詣午門前,祗送。曉坐午門外户部朝房,有一朝士顔貌清端,近前書問姓名爵號,余答之,又問其姓名,答曰:“姓阮,名福,年三十二,江蘇揚州人。”余曰:“進士乎?”福曰:“廪生,現任户部郎中。”余曰:“與阮芸臺同宗乎?”福曰:“是家父。”余曰:“尊大人現任雲貴總督乎?曾經户、禮尚書乎?”福曰:“果是。”余曰:“伯氏自永平知府移何官?”福曰:“現署直隸清河道。”又曰:“金秋史近况何如?秋史曾從家君遊。”余曰:“平安。”又曰:“來時欲拜芸臺先生,聞在外任,可恨,猶幸與足下有緣。”福曰:“今秋冬家君述職還京,或可相值。”余曰:“使臣行非可頻數者也,先生文袛見《山海經序》,有全稿被梓者乎?”福曰:“文集雖梓成,奈京中存無多部,家君有新刻《皇清經解》,可知見否?惜卷數太多，且京中無存本，難以奉貽。昨李藕船（譯官尚迪）曾帶一部交與秋史，駕旋時可就見也。”余曰：“卷爲幾卷？”福曰：“卷爲一千四百卷。”約以更會。

（正月）十八日，晴。書狀官生朝在十五，而自本房今日追設饌品，一行會食。午間與進士往見卓海帆秉恬，書示曰：“班次霎晤，今荷容接。”海帆曰：“意外相逢，三生有幸，兹蒙枉顧，實不敢當，謹以拙詩奉贈，伏冀教我。”余曰：“讀《吴中唱酬録》，知詩詞才工之美，今荷投瓊，可以留迹。昔僕先祖陽坡相公使行時逢魏伯子於永平，伯子贈詩云：‘彝倫殷子弟，禮讓漢衣冠。東方君子國，洵與百蠻殊。’仍贈手寫詩文全稿，尚珍藏僕家。”海帆曰：“令祖陽坡相公僕亦聞名，伯子爲江西名人，宜其投契之厚也。閣下此時繼陽坡而起，僕則不逮伯子也，然閣下一見如平生歡，且與文郎相契，交誼亦不爲淺耳。”余曰：“僕之先祖尊，何以知之？”海帆曰：“陽坡相公之名，先師紀曉嵐文達公嘗稱道之，故聞知矣。魏氏子孫，僕亦未獲見聞，今日亦式微矣。”余曰：“尊是東京高密令後耶？聞世居泗川，壬戌科後寓京乎？”海帆曰：“僕乃漢褒德侯之裔，國初由粤東遷居於蜀，今五世矣。閣下世居何地？陽坡相公來京幾次？”余曰：“世居京城，陽坡公使行數次矣。”又曰：“曉嵐之文、覃溪之書俱可傳，近日阮、王文章何如？”海帆曰：“文章經術之士頗不乏人，而芸臺諸公尤著，同年顧南雅蒓文字皆佳。”余曰：“僕亦好著述，他年當請序文。”海帆曰：“恐貽大方笑耳。”以筆、扇、畫、茶、香五種贈余，余解佩刀贈之，曰：“昔陽坡贈伯子刀，梓室記之，今續故事。”海帆曰：“尊意極厚，可佩深情。”

（正月）二十一日，晴。樊昆吾封來見，余曰：“廣東書册皆備乎？”昆吾曰：“粤俗奢華强悍，惟梓人甲於天下，故書賈駢集，典册較京師最賤。”余曰：“廣東板册或携來否？”昆吾曰：“到京後購買者皆内府書，其他四庫我鄉大備，由江浙上山東有十八站，車路捆載最難，故不能帶來。”余曰：“匯川大人任何省？”昆吾曰：“伊父名秉銓，號薌甫,由貢生薦升浙江金衢嚴觀察使,現在因事奉調候升,約今秋可來京升見矣。”余曰:“觀察使幾品?”昆吾曰:“從三品,又稱兵備道,明季最重兵備者即此職也,今年五十一歲,有子六人,匯川居第二,匯川之祖號丹成者,有大陰德於江西,子孫最衆。”余曰:“吾固知其積累矣,人家子孫衆多,顯達者必有祖先之種德矣。”昆吾曰:“彼宗字派親伯仲已有七十餘人,皆一人所出也。”余曰:“足下自順治以後爲仕官乎?”昆吾曰:“寒家世居瀋陽五里屯,耕織爲生,天聰間從龍入旗,家雖以弓馬著籍,而世以讀書爲業。祖貢生,父庠生,無居顯職者。”余曰:“何爲遠移廣東乎?”昆吾曰:“國家草昧之際,粤東爲僞督羅成耀竊據,世祖命平南王尚可喜討定,遂封藩於粤東。康熙初尚逆之亂,將軍傅塔臘戡定後,便請八旗勁旅駐防,吾祖係康熙廿十一年到廣東。”余曰:“八旗同往者幾何?”昆吾曰:“二千大兵。”余曰:“有將領乎?”昆吾曰:“將軍王永譽、協領朴尚文,朴君係貴國人。”約以再明日會話。

(正月二十一日),寓寺。午間與進士往蔣笙陔家見丹林小話。笙陔曰:“承贈大作,奬借逾分,和韻得無見哂乎?”余曰:“清麗可誦。”笙陔曰:“中國文武職官皆有搢紳可稽,貴處若何?”余曰:“官制有三公六曹,多仿宋明之制。”笙陔曰:“南金陵現居何職?”余曰:“經首相,今閑居。”笙陔曰:“貴處輿地圖有帶來者否?《大清一統志》、各省府州縣《志書》皆載山川、人物、物産,貴處何書可廣异聞乎?”余曰:“我東亦有《輿地勝覽》等書。”笙陔曰:“聞往來皆渡鴨緑江,其水周圍若干。”余曰:“周圍不甚大,朱子之稱天下三大江,鴨緑居一,抑源出長白耶。”笙陔曰:“每歲使來,想是貴國王選充,歸去尚可重來乎?”余曰:“或重來。”笙陔曰:“令嗣丰采出衆,既成進士,何當服官?”余曰:“愚騃何足備官?”笙陔出酒饌待之,臨曛而還。

(正月)二十三日,晴。與進士往後門外吉祥寺,即樊封、李宗湝寓所也。少頃,阮福來會踐約也。余曰:“何遲一會?”福曰:“玉館不便出入,日前晤昆吾,定今日之聚。”余曰:“在東時,夙聞芸臺先生博識經術，常有一識之願，今逢賢嗣，少慰此心耳。”福曰：“家君著作一部《研經集》并載，愚亦有拙著《孝經義疏補》十卷，愚之先岳許周生先生所作《鑒止水亭集》一部，共三種，謹以奉呈。周生先生是明時許孚遠之後，明史《儒林傳》中有《許孚遠傳》，周生先生是家君丙午科鄉榜同年，後爲己未科家君總裁所取進士。”余曰：“三種書當謹閱，足下經術之美可謂箕裘，先生弟子爲幾人？”福曰：“姚文田、程國仁、吴鼒及禮部尚書王引之、兵部尚書湯金釗、倉場總督史致優、太常卿朱爲弼、毛式郇，總憲白鎔、楚督盧坤，江蘇巡撫程祖洛諸人也。”又曰：“欲求法書，惜無佳紙，願將貴邦詩文掌故、風土人情、山水草木隨意書示。”余曰：“明時東人交遊弇州、滄溟諸公，今則位高，人憚於交接。”福曰：“昔年秋史曾以弟子禮納交矣。”余曰：“東國朝章士禮一依宋明，祭、婚用《家禮》，經學宗程、朱，山川草木與此無异。”又曰：“阮氏之先，六朝時南北乎？”福曰：“晉時已分南北。”余曰：“王、湯諸人文字誰優？”福曰：“鍾草以王爲最。”余曰：“王伯申之父亦有名。”福曰：“號懷祖，名念孫，歲八十餘，終日孜孜不倦，手不釋卷，有《廣雅疏證》。”余曰：“顧南雅何如？”福曰：“詩賦畫三藝最精，經史非其所長。”余曰：“卓海帆何如？”福曰：“是詩人。”余曰：“蔣笙陔何如？”福曰：“詩駢體。”辭歸。昆吾曰：“閣下論書可謂震聾啓聵，與芸臺師所著《南北書派》之議論暗相吻合，足見高明，無微不通，欽佩之至。僕求二楹帖，一是老父恭岩，一是僕名，‘一堂榜’‘十三本梅花屋’。”余曰：“當書送。”匯川曰：“僕有家藏褚河南石刻二種，當奉上。”余曰：“向惠壽字簇子，副使、書狀俱稱賞，另圖分送。”匯川曰：“當奉贈。”余書楹帖贈匯川，曰：“勿忘。”匯川曰：“此後書信往來爲講世好。”余曰：“從何寄信？”匯川曰：“有書寄來京城臨川會館，信面上書明交臨川李宗濰可也。”昆吾曰：“江西撫州府臨川縣，王安石是此縣人。”余曰：“介甫有後孫乎？”昆吾曰：“多而富。”余曰：“是執拗人而文章經術俱美，求其心，則非欲爲小人者也。”昆吾曰：“八家中能出文公範圍者，老泉與臨川耳。”余曰：“然。介甫經術明，故其文多出色處,詩亦高雅。”昆吾曰:“天分既高,學力又勤,安能不越出群流。”

(正月)二十五日,晴,風。翁樹棠立本來見,余曰:“來東時見山川、風俗、人物、衣冠,果何如?”立本曰:“衣冠尚樸,人情儉質,山川則樹木森陰,澄清浩瀚,惜不能長住貴邦,久與盤桓耳。”余曰:“東物中何物最佳?”立本曰:“箋紙棉綢乃我國所無者,貴國之紙何以如此結練?”余曰:“筆墨何如?”立本曰:“筆有水旱之分,墨則頂烟爲最貴,其賤售之烟煤則不堪耳。”又曰:“筆尖甚勁,墨則少遜。”余曰:“東烟草何如?”立本曰:“草本同理,但廣東地道不同,總不如東草自有清味。”余曰:“中朝人物稱誰?”立本曰:“經濟則松筠,文筆則蔣祥墀也。”余曰:“阮元何如?”立本曰:“雖善文章,記誦詞章之學耳,蔣公則實有見識,非同泛泛也。”余曰:“卓秉恬何如?”立本曰:“文章爾雅。”余曰:“朱爲弼何如?”立本曰:“好古不倦。”以三�及苔紙四幅相贈,致謝而去。

正月二十七日,晴。卓海帆與其弟笋山秉愔、其子鶴溪澐及一名士來會江沛東局,邀見,與進士出接。名士向進士書問名號,進士答之,又問:“足下何官?”答曰:“賤姓黄,名樂之,號愛廬,癸酉科拔貢,壬午科舉人,現任吏部主事,聞盛名來會。”因設食饌,拈‘甸’字韻,各賦五言古詩六句,作帖書之,愛廬及笋山善畫,仍畫於帖面,愛廬又求詩,用帖中韻應之。江沛東爲雲南人,施麟爲其父督鎮求詩,書示事迹,遂作一律贈之。

(二月初二日),朱善旗與一士來見,曰:“此是戊子優貢馮竹生,名澐也,爲异姓昆弟。企慕丰采,特作詩對。”余曰:“多謝,何州人?”澐曰:“浙江平湖人。”善旗曰:“有壽畫,當裝就,兼作壽詩以奉祝。”又以吏部尚書潘世恩之子詩餘一卷相贈,曰:“此人欲一來謁。”又贈七言古詩一篇,請惠和章。余曰:“七古最難,初唐人得其正體。宋明來,言事每勝雜以歌行體。後人七言以韓蘇之叙事兼歌行體。見貴作,才與工具到,雅麗可愛。”

（二月）初三日，晴。達庵程德麟與少渠馮震東來往近局要見，與進士出迎，少渠以滁州人薦孝廉，候選知縣，來寓京師，畫滁州所遊之處，作帖求諸名公詩文，日前因達庵求余詩，故曾構草以置，即長短歌詩也。席上使進士書贈少渠，諷讀嘆賞曰："三唐之才也。"僕款款謝而還。

八九、任百淵《鏡浯遊燕日録》

【解題】

《鏡浯遊燕日録》二卷,任百淵撰。

任百淵(1803—1866),字保卿,號鏡浯,朝鮮豐川人。道光十六年丙申(朝鮮憲宗二年,1836)十月,隨冬至兼謝恩使團書狀官趙啓昇出使中國。使行於十月十六日從漢城出發,十一月十九日渡鴨緑江,十二月二十日到達北京。次年二月初三日離開北京,三月十六日回到漢城。丙申年十二月十二日,在榆關店舍與一老者筆談;丁酉年(1837)正月十一日,在北京天盛局任百淵、鄭焕杓與秦琳筆談;十二日,在北京寶寧局與吴筠筆談;十三日,在北京中和局龍泉庵任百淵、鄭焕杓與文士周誠之、周循方筆談;十四日,在北京寶寧局與姚涵、姚桐、姚實筆談;十六日,在北京全善宅與吴筠、全善筆談;正月十八日、二月初一日,在北京寶寧局與姚涵、韓韻海筆談。二月初一日,在北京寶寧局與汪喜孫筆談;初二日,在寶寧局與清人汪喜孫、吴筠筆談,同日,在朝鮮使館與吴筠筆談。

《鏡浯遊燕日録》爲筆寫本,原本藏高麗大學中央圖書館。《燕行録續集》收録。兹以此本爲據輯録資料。

(丙申十二月)十二日辛酉,晴而暄。日高發行,到深河驛中火。

……不逾時,已到榆關二十里,下馬率馬頭輩遍問韓姓人店。韓姓人,即己丑夏家大人留此時所親款者。歷問居人,皆未能詳。仍入關帝廟拜,人争聚觀,殆不能出門。入路傍一店,店舍開敞富麗,床卓器物位置楚楚。主者姓韓,人而年少敏妙。就筆研書示,已丑使行事，頗能記道，而文短不足詳問。使黄坡、馬頭汝玉問答之，始能略及其時事。店中諸人及鄰近老弱來會，就中一老者欣然道舊曰："老爺姓任而進士，善書矣。"仍索觀書本，答云："珍賞既久，多爲人持去耳。"仍問曰："此有張輞墅臨光住在鄰近乎？"曰："有名進光者，非耶？"余曰："進光吾所不記，而昔聞有號輞墅者，攻儒業，能書畫，故欲訪問耳。"曰："輞墅家甚貧，每往瀋京作訓學師，而家在店西，越一川便是，如欲往觀，當送人指導矣。"余曰："張君既不在家，今又日晚不必虚往。春還到此，倘爲我邀致一面否？"衆皆曰："諾。"仍周覽房舍庭宇，寬而邃，净潔可喜。已而三使轎過，余亦登車，衆皆相送，各贈清心數丸而行。

（丁酉正月）十一日己丑，晴。雪霽泥融，不能出門。

……晡時，與黄坡步往天盛局，局在館之西，不百步而近，即秦琳號藴山者所寓也。余於江文鐸振甫所一與相見，故爲訪史、黄諸人消息。徑入排闥，秦方於茶鑪傍踞床看書，驚喜下迎，招小兒取數椅來，挾余爲坐，徐引筆研爲談次，遽問曰："這位是誰？"余曰："此僕之同伴鄭黄坡先輩，以詩鳴者。"秦書示黄坡曰："僕誠固陋罕交，未能一走館下定契，而先生不嫌枉教，在下走何幸得御？"坡亦書示曰："僕因鏡浯習知主人翁，今幸及門，證此苔岑，實愜願言。"相視而笑，連勸熱茶。余曰："史梅裳、黄海華，自在敝邦聞名如雷，欲因先生得一輸款爲快，倘爲我先容耶？"秦曰："史襄齡梅裳，其間改名爲密，字梅叔，而現任東陵容大人處書帖先生。唯有慶伯蒼雨香在京，慶則僕當代謀之耳。"余曰："容大人何人？"曰："乃伯蒼之父，阿中堂文成公桂之後，阿文成配太廟。慶旗人，正白旗，滿洲係上三旗。"余曰："何謂上三旗？"曰："正黄、鑲黄、正白便是。"余曰："黄海華近住何處？"曰："海華舉人翩翩儘名士，精於詩文，湖北漢陽人，就在伯蒼所教讀其弟。伯蒼現在刑部主政，因係蔭生，不願就事。"余曰："李萃祺曉村近做何狀？"曰："曉村業已回里，曉村善畫。"余曰："曉村手畫，曾因姜對山得見，僕雖不能畫，已服其善，對山亦亟稱之。"秦曰：

"姜對山得非往年使來時名溍者乎？與舍弟仙居、與江振甫甚歡，彼此有書信。"余曰："昨訪振甫，未見仙居何也？"曰："寧適不在，微渠不現。"余曰："海華、梅叔詩若畫若筆可得見乎？"秦以筆指壁上一畫障曰："此是梅叔手法。"蓋山水障細畫，有款識，可知其良手也。秦曰："史有詩本，現亦刻就，每部五本，紋銀一兩，現在琉璃廠書坊出賣。詩本上有易名之故，明日取來一觀可知。"余曰："大川店朱子异曾有交好否？"曰："聞而未交。"余曰："頃寄書於子异，子异書以疾爲解，容俟他日云云，莫是疏外我耶？"秦笑曰："我輩人每於東使來，皆欲一得名士爲交，甚如飢渴，甚如東人，朱豈他腸哉？"余曰："公求士甚士求公，則卓之�[1]何靳一約？"秦大笑，以筆加傍圈於"公求士甚士求公"七字，曰："人於友生，誰獨不求？而我輩忒甚。"又加圈於卓之槏之"之"字，曰："此莫是'孟之反、舟之僑、尹公之他''庾公之斯'之'之'乎？"仍拍膝大笑，又曰："目下御史參奏甚多，不便與貴處往來，同來結交者廣矣，各有避忌耳。"余曰："御史參奏云者，明有邦禁耶？"曰："非有禁條。因年前一宰執得一外國人書與果品，朝議以爲不可，厥後稍相斂諱故耳，非有令禁。況貴國與他別，豈有嫌間乎？一兩日間，僕當代謀於慶、黄、卓諸人。"余曰："先生爲我紹介，則當裁書一約邪否乎？"曰："僕與諸人面約，就假敝寓一叙，彼如來時，即當速請通知也。"即起身，秦隨至門外送之。

(正月)十二日庚寅，晴。聞吴雪橋筠來會副、三使於寶寧局。余則追到，見黄坡諸人繞床而坐，遞相筆談，諧笑淋漓，若不勝其歡。余徑入奪筆書示曰："這位莫是'明月秦淮第幾樓'先生耶？"雪橋遽左執手，右援筆書曰："故人知我，我不知故人，慚愧，慚愧！"黄坡更書曰："此即俄所言任鏡浯者。"雪橋曰："聲聞灌耳，特未晤對，何幸今日得此邂逅？敢問大名。"余曰："任百淵，溥卿，即僕之姓名字也。近聞先生《秦淮絶句》及'相思滿樹開紅豆，伫望空江盡緑波'之句，

① 卓之槏，疑爲卓槏，字鶴溪，四川華陽人。

百回吟誦，想見其情與境，盡有動人之風致，思得一望清光以慰平生。今承謦欬，喜極而神揚，殆不知作何語瀉我心曲也。”雪橋曰：“吴江之楓尚發，不如所聞之嘆，秦淮之月，安有始可與言之獎哉?”仍大笑。諸人左扯右挽，輪流問對，語無倫次。離席一床，一少年白晳端好，不言不笑，有异等輩，怪而問之，即雪橋弟子名全善者，蓋雪橋徽州人，來寓京師旗人慶大人家。全善即慶大人之子，年方十八，招迎雪橋就學焉，而今日適與偕來，眉目明秀可愛。與之筆談，亦多奇語。其筆談走草之際，見其把筆勁直，字不甚工，而必端楷不亂行。竟日聚首談論，雪橋忽下椅，書示曰：“今日會晤非不可樂，而終不快暢，异日約先生與汾西、黄坡、愚山同會劇談如何?”余首肯爲約，雪橋曰：“人生聚散如浮萍，然浮萍無别離之感，而人則有之，人世爲歡無逾此樂，而如終須一别，何哉?”黄坡擊節抽筆，字字加圈曰：“有是哉，有情感者之能感人情也。”日暮告歸，仍與既望爲約會而散。送其門外，揖而乘車，遠望行塵，餘緒依依。夕，秦蘊山琳貽書，送史梅叔《詩集》五卷。

(正月)十三日辛卯，晴。上、副、三使會汪孟滋[①]於中和局龍泉庵。余與黄坡、愚山、汾西、李藕船約周誠之及其族弟周循方，同會於中和局外廊。誠之號澹隱，年方三十餘，白晳肥壯，聞是長春寺釋三明之弟。循方字汝凝，號怡生，江西人，今籍貴州，時寓順城門外騾馬市大成店，父頊爲禮部主事。二人者，多與我人交結，而周菊人達亦其同族，聞時在南鄉而無恙云。誠之筆談之際，略不經意，立草數十行，其詩亦然，若不構思，有韻即就。話間各賦一詩，周詩别無新語，而手敏則甚。

余偶入三使座，見一人顔貌豐碩，語笑豪健，年可五十許，見余熟視，書問上使，對以同來詩伴。即問名號，數語筆談，便欲移席就余。傍又一少年，面帶黧黄，若有病氣而儒雅可喜，瞪目睇視，亦自

① 汪孟滋，即“汪孟慈”。

書姓名以示,即姚涵,號恬庵。兩人相顧,欣然意欲挽止,而方三使穩會之地,突入傾座,甚不穩便,數句話即退。

聞循方號稱能書,汾西要得楹聯數十紙,用瓦硯磨墨,余亦請數紙。離席臨池,運筆直竪,字無妍態,而手熟足稱也。方其揮灑之際,諸人聚觀,誠之獨坐無應接者,色若不怡。仍與復會,黄坡又叠前韻以示曰:“數曲欄邊一笏庭,一雙鸚鵡羽毛青。曾聞鸚鵡能言語,爲誦新詩半日聽。”誠之見畢,勃然作色,援筆立就七古數十句,語語逼人。蓋黄坡見主家檐端懸一架鸚鵡甚馴,因所見趁韻,别無他意。而彼則以爲以鸚鵡能言,諷己而譏之,作詩反駁,語多戈戟,諸人交口解諭,談草成堆,而終不回悟。黄坡曰:“開元故事,《清平》三叠,令白鸚鵡誦傳,則高明之不見諒,亦太過矣。且此無那個鳥,則容或疑嫌,而今因所見以起興,何示人不廣若是邪?”逐句指辨,膠守難解,滿座失色,輪筆辨破。而備待酒饌適至,謀欲以酒解愠,交相謝勸,亦以不飲辭,便欲起身。余曰:“禰衡之賦,適足見疑,宜僚之丸,未能解紛,則今日之政,誰敢先執此杯?先生若以一語之憾,浼衆人之勸,則不幾近於魯酒薄而邯鄲圍者耶?”周始復就坐,而無釋憾之意。時汪孟滋爲見余而來,入門而喜其齊會,笑吃吃不已。座皆起身迎坐,遽勸以酒。豪談健筆,淋漓傾倒,傍若無人。周亦從風,辭色稍舒,略點茶饌。諸人一飲一話,談草滿案,語多警絶,間以諧謔,樂意陶陶,不知日之既暮,姚恬庵亦踵至,劇歡而罷。歸館,雪橋賫送近作詩草一卷,請諸人序跋。

(正月)十四日壬辰,晴。歷訪諸人叙話,晡後無事,偶同黄坡步出館外,道逢恬庵姚生,遽執手欣欣,要同往寶寧局,纔啓户,先有二人對椅而坐,恬庵引余相揖就椅。一是姚桐,號秋士,涵之兄。一是姚實,號秋田,涵之弟,相與歡適。恬庵曰:“聞秋史金侍郎集《海東金石録》幾卷多有古迹,每欲一賞希珍,兼資博考,而未有徑蹊。幸兄東轅後,爲我致意,得古紙幾本相示否?”余曰:“海東古物絶罕,檀箕尚矣。羅、麗以還,零金片石今無幾存,存亦殘缺,故東人嗜古者,亦得周鼓、漢鼎、峋嶁、嶧嶧之餘爲珍。兄乃反尋東拓，甚矣，人性之饜芻豢而味蔬茋也！"恬庵曰："苟欲尚古，殘缺固好。欲古而求完石，何异欲醉而求元酒也？周鼓、漢鼎、峋嶁、鄒嶧，獨非殘缺耶？"余乃語塞，大笑。秋士、秋田怪之曰："笑何事？"余曰："日者與黄坡同遊辟雍，見廡下石經碑，相顧贊嘆曰：'如得此新拓全本，何必岐陽之周碣，孤嶂之秦碑？强究殘字，僅辨頑石，自竊好古之名爲哉？'坡亦以弟言爲然，至今惜其寶山空回矣。今聞兄言，始知雅俗之相去不翅星淵，是以自笑。"一座復大笑，恬庵曰："物有越舊而越好者，亦有愈新而愈美者，薪炊而圖飽，則癸鼎不如里鐺；玩品而鑒形，則村碓敢擬獵碣。兄之好新，豈欲取碓而退碣？兄之斥古，豈必用鼎而代鐺乎？"余曰："鐺碓果不侔於鼎碣，以器用，則鼎碣亦不可代以鐺碓也，亦審矣。借使今日有殷之鐺、周之碓，人之貴之者，必不遜於鼎碣，兄猶欲退鐺碓而進鼎碣乎？然則貴賤烏在新舊乎？愚請妄論之，使周人而見石經，必棄鼓而取石經，秦人而見石經，必背碑而就石經，其貴賤烏在物乎？弟之美石經新拓者，亦尚古之論也。"恬庵曰："兄亦尚古，則借使兄得殷鐺、周碓，亦必不炊之磨之矣，烏在其不在物乎？烏在其不在新舊乎？"相視而笑，主人略設果糖之屬六七楪，意姚之設也。話間，恬庵解腰間所佩贈余，光氣燭人徹心，晶瑩似水晶而有紅暈，體長而圓，大如小兒拳，有孔穿一紅絛，絛懸一玳瑁曲鑷。余曰："此何名？何用？"恬庵曰："此乃銜紅寶石。"又以筆頭指鑷子曰："此虎牙剔齒具。李藕船謂余曰'此中國希寶無品，貝勒方以此飾帽上頂子，其大如是，價亦不些'云。"恬庵兄弟屢問李石友安狀，石友古東李尚書(詡會)胤也，謂有宿昔證交，書牘相問，而今也則無云。臨别，以寶石剔齒還授恬庵曰："此在兄爲貨，在我無用，謹以還璧。"恬庵曰："豈嫌貨取耶？"余曰："玉巵無當，雖寶匪用，此乃越人之章甫也。"恬庵莞爾收之。日欲暝，約十八日相會而罷。

(正月)十六日甲午，晴而風。與汾西、黄坡聯騎往尋吴雪橋寓所，爲踐約也。其寓乃全善宅，而在西安門外北邊一武西巷轉曲處。

入門有蒼頭數人迎,着麾手戒勿入。蓋門墻重複,恐生客誤入也。緑瓦紅墻,畫廊朱門,每門内設板墻,或緑或朱,第宅深而麗,宜其富貴旗人之居也。各以紅紙名帖,授蒼頭以入。俄有一人,導入一門,正路皆布磚,廂廡玲瓏,曲曲殊制。轉入一室,雪橋與虞卿出迎相揖,就坐設椅,交陳筆研,四壁多揭東人書幀詩箋。雪橋於床上出空紙方册三四卷,列置各人面前,爲筆談資也。相與輪回問難,語多可觀,而歸時雪橋盡收之,又多遺忘,可嘆。談次,雪橋請《海天虚舟圖詩》。余問海天虚舟之意,雪橋言:"圖是徽鄉友人所寫,滿幅海水浩淼,東邊紅日方升,一葉船上科頭吟望者,即余小照。其意蓋取心如虚舟之不繫迹,欲駕海而遠舉也。"余笑曰:"先生此行,襲魯連之蹈乎,慕宗慤之風乎?寫照而必科頭,遠遊而欲浮海。先生言外之旨有足喻者。且先生南士,乃以輕舟欲窮出日之鄉,若先生遂計之時,即吾輩再逢之地。僕歸國日,當與二三同志,携酒設席,相候於彼岸矣。"雪橋手拍余膝,大笑不已。少頃,自内門備陳酒饌,盛羞也,如餅果之屬,亦多創見。瓜子、蘭花豆、落花生之類,亦皆甘淡可悦。一人揭門突入,黧面短衣,問是虞卿之兄,自言名英善。余故問其姓,渠曰:"姓關。"還可一笑,欲與之談,雪橋片紙書示曰:"此俗輩耳。"仍不接話,渠亦無聊,駐足移時而退。正談間,聞後堂弦索聲,琮琤清刻,問之,曰:"胡琴。"主有西園别堂,樓臺園池,甚閑曠華麗,而今則善之大人出鎮外府,又值寒節,借人居樓,荒蕪不理,未便遊覽。琴則善之内堂人爲遣閑調弦也。薄暮辭歸,雪橋、虞卿相與隨後,至門外送之。歸館,恬庵有書來,送方香及色箋一函。

(正月)十八日丙申,晴。雪橋送人致書,約日再會。余與黄坡裁書答之。書楹聯壁帖八對,分與雪橋、虞卿,爲踐前日求書之意也。聞姚恬庵來候寶寧局,與黄坡出迎,座先有韓季卿,季卿名韻海,號仙蟾,浙江平湖人,白晳豐秀,又善隸楷,是日恬庵拉與同來。四人分椅隅坐,中設高足紅卓,移設筆研諸具,相與談討甚歡。恬庵曰:"秋史托求羊腸鐵胎葉數種,爲其舊件已敗,欲修改也,弟已求之市中耳。”余曰:“此物弟未曾見,可相示否?”恬庵曰:“有洋音樂盒,見過否?”大僅三寸,玳瑁爲盒,中有機關,奏十六闋,了了可辨。余曰:“是所謂自鳴琴耶?”恬庵曰:“然。昨燕翁交寄各件及送吾兄信物,已照數收到否?”余曰:“燕翁各件,非弟所及知,而芳翰珍貺已奉領矣。”恬庵曰:“今晨送寄遊荷趙公及方蘭生信物,亦收否?”曰:“余未及聞耳。”恬庵曰:“上洪公成伯信件已裝入匣中,囑遊荷轉遞吾兄,可致到是幸。海居以十扇求各人畫,因途上失其一,今以烏木扇賠送耳。都門能書畫者頗不少,而求之則難,况安有十人能工絶耶?所以一人畫之,名字各書爲好耳。”季卿曰:“昨至長春寺晤許青士否?”余曰:“未也。”恬庵曰:“昔來都下,葉潤臣問‘烏其鏡’三字,故弟答以此係日本‘吾妻鏡’,非‘烏其鏡’。且此書見於朱竹垞集中,有《吾妻鏡序》,世無傳其書。”“‘吾妻鏡’明是倭語耶?”余曰:“弟亦未深考,而聞是日本地名云。”恬庵曰:“倭書雖同文,而多有不可解者。彼書籍詩文亦如此否?”余曰:“天下雖同文,而大凡諸國風土、習尚、俚俗各异,故雖非日本,其造語下字略有不可强解者,其所札記事物,尤有不通處,勢固然也。若日本之《三才圖會》等書,固有可博采者。”恬庵曰:“東錢有大小之异,大小同價否?”余曰:“錢非東國之恒用,謂之無錢亦可。兄安所得見東錢耶?”曰:“此處小兒輩皆佩東錢以爲玩具,體樣有大小,陰文亦有不同者。”曰:“錢非恒用,則秖可作小兒輩玩具,而陰文不同,秖是標其某處鑄。”曰:“大小有當十、當五之用否?”曰:“否,舊鑄大,新鑄小,内地則錢恒用,故賤如土。東國錢不恒鑄,貴如金,若論其值,似大不相侔也。”曰:“然則恒用何物?”曰:“金、銀、銅、錫、布、帛、菽、粟,孰非貨乎?”須臾,爲設食具以饋之。恬庵凡於肉品却箸不吃,曰:“胃弱不能當大葷,且病,畏其羶。”余曰:“居此地,安能獨避羶葷耶?”恬庵熟視而笑曰:“兄亦慕羶,吾獨厭葷,且疾中尤多避忌,牛羊外,鷄猪酒麵逢着便吃耳。”曰:“猪之羶比牛甚,何捨牛而取猪乎?”曰:“此膾炙之所同嗜也。”曰:“然則非胃弱,是習性也。酒户如何?”曰:“無過三蕉葉。”仍舉杯向黄坡曰:"弟無愧於東坡,却愧於黄坡。"一座皆笑。余以清心十丸,分與姚、韓。恬庵曰:"此丸療疾如神,乞者甚多,大功德也。市中者大不佳。"恬庵方患痁,日晚,以痁作辭。

二月初一日己酉,晴。午,姚恬庵與季卿來寶寧局,遣人通館中。黄坡先往迎之,余踵至,至門,聞笑語哄堂。將入户,恬庵亦推户方出,餘笑在顴,遽前抱持喜不自勝。時余手携季卿小像軸而往,像即季卿自照也,托藕船轉請諸人題贊者。軸面畫一桐、一蕉、一丈石,而一人衣青帔脱帽,左手垂袖,右手執筆將題石面者,季卿也。像之大僅數寸,而像容眉目恰得七分真意。傍有一少年亦脱帽拱立,是季卿之子云。黄坡作一絶,余作一贊語,展而挂壁,姚、韓相見大喜。畫像而脱帽光頭之意可知,而故問曰:"既非孟嘉,又非張旭,君子胡爲不冠?"韓遽指畫中蕉、桐曰:"夏天也。"余首肯而笑之,姚、韓亦笑,若知余故問之意。余曰:"昨惠楹帖,可爲蓬蓽之輝,惜乏瓜桃之報耳。"季卿曰:"猥承屬書,不敢塗鴉奉題《相看編》。拙詩見過否? 在藕船□□□□□□□□□□,僕亦有題《相看編》,付藕船轉致矣。大作謹與同人共抄寫傳玩耳。尊稿全部,何不交弟代刻耶?"余曰:"驢鳴犬吠,技亦止此。豈有全稿可以向人污鑒斧而灾棗梨耶?"恬書示所居曰:"安徽省桐城縣人姚涵恬庵,住京都東四牌樓北六條胡同路南大門須問斌宅,僕係賃居耳。"余曰:"驪歌在即,足下何以誌别耶?"曰:"病廢筆硯,當竭力奉副矣。"曰:"明午尚可圖晤也。"仍席散。

(二月初一日己酉),是日雪橋有約不來,甚悵然。晡後率馬頭輩出街頭,信步向崇文門,未百步,見汪農部孟滋乘車而來。見余大喜,投下車來,欲語不能,相笑而已。汪蹰躇四顧,皺眉獨語,中若甚鬱,乃携手共載,疾驅至寶寧局門前。下車携入,促具筆硯曰:"聞東使不日將戒駕,僕欲至館相别,幸逢賢弟於道,心焉傾注,其奈啞聾相對,可不鬱陶!"即呼御者解進玄琴,以青玉飾其上下,雕刻精緻,製度工侈,而無罫無弦,直一張桐板。自置膝上,撫摩久之曰:"僕不解彈而愛琴，今日欲携與諸君相别，諸君者不至，獨賢弟在，可謂‘琴到無弦聽者稀’也。”余曰：“琴則美矣，無弦何意？”汪曰：“吾與賢弟終日相對，非筆硯則一啞一聾耳。然愛好之情，不言相喻，此琴之無弦，取其質也。况僕老矣，賢弟雖盛年，會合無期，相感之契，在心不在言也。”因書示曰：“携琴來送别，曠世此知音。高山流水意，鍾□□□琴。”又賦五古一篇，送館中，請别於三使。以所携四册一帙書贈之曰：“寶劍贈與烈士，此集唯賢弟可贈。”即援筆題其卷面曰：“劉文清公集，孟滋貽，鏡浯藏。”余曰：“鏡浯何人，敢當此盛眷？”仍問劉文清名號，汪曰：“劉名墉，字石庵，隆、慶間廉直賢宰相。”余素聞劉墉，當時剛直名流。今忽見“文清”二字，茫然不省，請其姓名，固陋可愧，乃瞿然謝曰：“生長東隅，未知文清爲石庵矣。石庵清德，常所欽誦者。”曰：“石庵書法見過耶？”曰：“未也。”曰：“東方廉吏爲誰，僕竟不知，可愧！能歷舉否？”曰：“自國初有清白之選，代不乏人，一選無過二三人，而近五百年選録有難枚舉。近世廉吏，未敢指陳某某。”曰：“秋史性似端方，山泉最孝，權彝齋似開展，秋史、紫霞何長何短？”曰：“不必長短，皆精敏博雅。”曰：“長短非人品也，經術與考據之謂耳。”曰：“經術文詞，兼善考據，由《相看編》諸作，各有其長，不敢盡評。而至如大作，僅有一字心評，如何？”曰：“願承教。”曰：“清矣。”曰：“素不工詩，雖有略干篇，皆率口趁韻。猥蒙先生之褒，一言足以與榮，而過情可愧！”曰：“清絶。愚山詩稿甚佳，但不喜談藝耳。愚山善駢體散文耶？”曰：“時或有之，而恒作律耳。”曰：“汾西十年舊雨，今番落落何也？”曰：“遠客在館，自多事幹，得間亦難，豈或落落也？”余又曰：“中國近日以漢學、宋學各立門户，請聞其略。”汪曰：“願以内地二百年道學宗派奉告，徽州宗朱子，紹興宗陽明，河南、陝西朱、王參半，福建宗朱子，直隸朱、王參半，吾郡寶應宗朱，泰州宗王，江西宗朱子。”曰：“先生何所宗？”曰：“僕本徽人也。”又曰：“有《宋學師承記》一書，江南寄來，當奉寄矣。”又曰：“城將合矣，明午會否？”余連聲諾諾而歸。

(二月)初二日庚戌,晴。朝,汪甘泉來寶寧局,上使就别即歸。余又獨往,甘泉相見甚喜。談次,手贈黄石小方印,陰刻“汪喜孫印”四字。余曰:“盛意可感,而先生大名,余將安用?”甘泉曰:“不妨不妨。秋史、彝齋處,亦皆有僕之名字印章。就賢弟所嘗愛畫譜、書帖,印此爲雅,亦不害爲萬里懷人之資。”余乃收之,以一扇書贈别詩,兼以合竹一扇及丸劑、筆硯墨數種謝之。汪曰:“諸君子於十月受朔時,幸附一書。如不知住所,寄東四牌樓六條胡同恬庵處,其兄兵部職方主事,内有兵部封條,轉交萬里勿失。”余曰:“謹記,不敢忘矣。”汪曰:“明欲送别於城外,未知啓行不太早耶?”曰:“當甚早,先生休勞杖屨。”汪曰:“明辰刻有公事赴闕,退食差晚,惜無以再會。送君千里,終須一别,願保重無相忘。”仍握手出門外,相揖而别。兩心依依,悵惘如失。

(二月)初二日……日向夕,雪橋與虞卿來,直入館中,信步入上使下處。上使與之談話。雪橋問:“鏡浯、黄坡安在?”上使送人通知,余即往見。雪橋大喜,即携手而起曰:“請同往兄之寓所。”仍與偕來,趣具酒饌。汾西、黄坡、愚山聞之追至,笑聲鬨堂,輪回抽筆,迭相答問,響應如流,語多警絶。雪橋曰:“昨以病未克如約,今日到館,萬無覓處,任足所之,適到申公寓房。兄等既不在,幾失所圖。詩幅及筆墨有所送贐,已收否?”虞卿曰:“詩幅諸贐在此。”即展示二幅長軸,雪橋自作自書者,一幅授黄坡。又有南茶二匣,盛以銀色紙壺,配以湖筆南墨及《周易闡要》一帙。虞卿亦以扇自書别章以贈。雪橋曰:“弟贈别詩頗得意,是出於真情者,兄以爲然否?”余曰:“青天白日,奴隸亦知清明。”余曰:“萬里之别,惟有一酌,無辭也。”雪橋曰:“臨别一杯酒,珍重故人情。”又曰:“今日樂甚,惜從前未來也,後日令人想殺次。”公云:“無多酌我。”雪橋則云:“須多酌我,我生平如此酒場未有到過。前年與南窗、壺觀豪飲幾場,而亦不於館内也。”時副、三使連送人請雪橋,雪橋不欲起,即書回一紙曰:“是時也,天子呼來不上船。”一座大噱。雪橋曰:“今日想已將明日行李打算停當，若已妥，我等可作半刻設，否則告歸也。”余曰：“萬里行裝，有一囊詩不盈擔、一條鞭不盈握而已。雖千忙百擾，豈可無半晌留期？况一出朝陽無故人，請盡此酒無遽歸。”雪橋曰：“日暮道遠，千古傷心，且吾輩會合難期，繼之以夜何如？”諸人相顧，喜其豪狀，仍念在館卜夜詩酒留連大是罕有豪舉，而一館人皆以爲未穩不便，於是諸人外視留連之意，内懷勸起之心，目視相喻，未敢先發。仍語雪橋曰：“三位行人見請之勤，如是懇摯，一向没没，恐失懸望，暫示顧答如何？”雪橋以爲然，仍起身，諸人相隨齊起，共到上价寓房。翠微丈方對案飯，聞其至，整衣徑出，遽前揖就别。雪橋憮然，亦舉手别。時諸人一擁在館庭，仍無勸留之心，俱帶惜别之意。雪橋仍就執余手，徐步出館門。兩心依依，不言相喻，隨到百餘步，乃交手揖别。虞卿亦前來告别，徊遑遲頓，悵惘如失。二人亦步步回顧，不忍遽歸。

九〇、金貞益《辛丑北征日記》

【解題】

《辛丑北征日記》三卷，金貞益撰。

金貞益(1813—?)，字士謙，號然堂。道光二十一年辛丑(朝鮮憲宗七年，1841)十月，作爲冬至兼謝恩使團副使金東健的副房軍官出使中國。使行於十月二十四從漢城出發，十一月二十二日渡鴨緑江，十二月二十一日到達北京。次年二月初六日離開北京，四月初四日回到漢城。辛丑年十二月二十五日，在北京馮志沂寓所與文士馮志沂筆談；壬寅年(1842)正月二十日，在北京和興局與馮志沂、翰林徐士穀、翰林黄贊湯筆談；二十二日，在朝鮮使館外寶寧局金貞益、朴成焕與御史大夫何栻筆談；二十七日，在北京和興局與馮志沂、翰林黄贊湯、翰林徐士穀、御史何栻筆談。

此書爲筆寫本，凡三卷：卷一《行邁程史》，卷二《玉河聞見》，卷三《歸來補遺》。原本爲私人藏本，《燕行録續集》收録。兹以此本爲據輯録資料。

(辛丑十二月)二十五日甲寅，晴。留館。

食後，與池君聖臣偕出崇文門，訪一文士，其姓馮名志沂也。雪滿城路，冰堅濠口，乘雪馬往尋。款其門，少頃，主人出迎，揖讓甚恭，顔貌端潔，年方二十。入其室，窗明几净，書秩堆積，各設交椅。茶訖，相對筆談，或詩家語及性理説，筆翰如流，真博儒雅士也。略進酒肴、香糕、甘果，酒味又清，仍拈韻酬唱而還，亦一殊方之奇事也。

（壬寅正月）二十日戊寅，晴。留館。

飯後，馮魯川志沂來坐於和興局，請見余。此局即高麗物貨賣買之處，而自前外人不得出入於使館，如有所知者，我國人必出外見之，即法令云也。余遂與朴君成焕往見。是時，道上遊子見余入此，隨來，盈庭如堵立玩。馮生與二人據椅對坐，方談笑如屑，見余至乃起立。二人俱是少年佳士，服着似登雲路，乃忙忙的起，揖迎甚恭。馮生笑問曰："日氣甚寒，身上太平？"余答："别無大病，僅保客體。"乃坐下，問其兩雅之姓甚名誰。一是徐士穀，號稼生，頗俊俏，年二十五；一是黄贊湯，號臨川，甚佳雅，年二十九，俱是翰林學士，年少登科，世世清宦之裔，而亦是漢人也。文才博洽，筆法神奇，仍與之筆談。少頃，掌櫃的孫哥（即局之主人也）使少奚備進酒肴一卓。酒至三巡（殊甚無味），孫乃擊板而歌，聲雖清亮，曲甚嘈啾，未解方言，徐生笑曰："應不識异國之歌曲矣。"仍書示之："乃云'在家千日好，爲客一時難'，豈非爲貴客之當句耶？"一座皆笑，余以清心丸酬賞，孫叩頭而謝。竟日穩談，日暮而歸館所。

（正月）二十二日庚辰，陰。留館。

飯後，欲往册肆，與朴成焕偕出，館外路邊有一市鋪，名曰"寶寧局"。余偶入玩看，欄干上有紅白梅爛開，异香襲人。見三人圍一小卓而對坐，一人方看小説册子，一人方寫"花如解笑還多事，石不能言最可人"之一對柱聯。紙黄墨玄，運筆甚易，就其前仔細看之，字雖藏拙，體甚魯鈍。寫了三人互相輪看，即挂於壁上。朴君顧余笑曰："何不試一筆才，驚倒這厮？此正吾兄得意之秋也。"余笑，據於椅，有一空紙聯軸，乃把其筆，濃蘸墨液，不問東西，亂草大書，曰："書到用時方恨少，事非經過不知難。"因擲筆而起，諸人争看叫笑曰："高麗好筆法。"乃挽余袖更請坐椅，又問姓甚名誰。朴君笑而書示之，一人點頭曰："君無乃馮志沂所親知耶？俺熟聞尊名如雷灌耳矣。不意今日邂逅於此席，亦一奇緣也。"乃曰："俺姓名何栻，家在江南，來此旅宦已爲數十年。年今三十五，官居御史大夫。俄者戲筆,適因無聊,幸勿俯嘲。”諸人大喜,近前争道姓名,忙進一碗茶,又爇烟相勸,瞬息之際,炎涼頓殊。一人持色紙軸數十餘張來請書,招朋引類,如堵立玩,余遂剪作柱聯書之,於是一人方磨墨,一人争收去,余遂隨展隨寫,手不停筆,如題訟牒,殆至數百餘張。如斯之際,日色漸仄,一人問:“客官飲酒麼?”余曰:“過麥田大醉。”何御史笑曰:“與兄初面相逢,未得穩叙,徒勞手力,不勝愧悚。”仍使小童持一罐湯酒、一盤果糕而來,連勸三杯,余與朴君不覺酩酊大醉,仍起而辭歸。何生耿耿難分,更期明朝之會矣。歸而暗思,則恰與燕岩小黑山首飾鋪書柱聯之事相似,實不勝一笑,一奇也。

(正月)二十七日乙酉,朝雪晚晴。留館。

飯後,馮魯川志沂、黄翰林贊湯、徐翰林士穀、何御史栻俱并轡而來,坐和興局。余出見,自厨房略設酒果而待之,竟日筆談。何生贈余以畫、柱聯一對,及玉帶錢一個、硯床一本;馮生贈余以《虞初新志》一匣、墨床一部、羊毫筆十柄;黄生贈余以《國色天香》一帙、《醫學要方》一匣、墨十張、筆十柄、柱聯軸一對、黑帶一部,以爲贐行之物。余并謝而受之,乃以扇柄紙卷略干種酬報,甚無廉矣。

九一、趙鳳夏《燕薊紀略》

【解題】

《燕薊紀略》四卷，缺第二卷，趙鳳夏撰。

趙鳳夏(1817—?)，字商皓，趙秉鉉之子，曾任奎章閣侍教，豐壤人。道光二十二年壬寅(朝鮮憲宗八年，1842)十月，以冬至兼謝恩使團書狀官身份出使中國。使行於十月十九日從漢城出發，十一月二十二日渡鴨緑江，十二月二十日到達北京。次年二月六日離開北京，三月二十九日回到漢城。壬寅年十一月二十六日，在通遠堡與商賈谷桂植筆談；十二月十六日，在豐潤縣太學與教諭尹同本筆談。

此書原本藏日本京都大學河合文庫，《燕行録續集》收録。玆以此本爲據輯録資料。

(壬寅十一月)二十六日庚午，朝陰，午後雪。黄家莊四十里中火，通遠堡四十里宿。

……夕有彼人年少者五六人來見，一人請與筆譚，余許之。問其姓名，乃谷桂植，而居遼陽爲商賈之業，文辭乾澀，無足與談，遂止之。持紙筆來，乞寫楹聯，余因揮拙以贈。

(十二月)十六日庚寅，晴，朝酷寒。榛子店五十里中火，豐潤縣五十里宿。

……城内有太學，外門扁曰“儒學”，又曰“禮門”。古鼎在教諭之所，而其形色似銅而黑，圜腹，弇口，三足。足上爲牛首，下爲牛蹄，宛如蠢動。兩耳曲而向上，刻雲物於全面，鼎腹古篆四十字曰：紀中甲八月丙寅，帝若稽古，肇作宗器，審厥象作，牛鼎格于太室，迺用享德協禋。休惟帝其保，萬世永賴("即甲申八月丙寅,帝若考古,肇作宋器,審厥象作,牛鼎格于太室,從用享德寧神。休惟帝時保,萬世永賴"之字)。按朱彝尊《日下舊聞》,弘治聞土人鑿井得之,重五百斤,圜腹,弇口,四足。足上爲牛首,下爲牛蹄,爲商時所造,今見此鼎,則其體樣皆如所載,而衹三足而已,抑或三與四字之誤耶?或以爲趙宋時所鑄之鼎云。余問於教諭尹同本,則答曰:"不知何代所作,而傳聞明時鄉人掘地得之,欲移送他處,則重莫能輸去,乃送之聖廟,則即輕輕而起,蓋未必的知其商時之物。"其爲器則誠古制,而尹同本筆法頗精,文詞稍嫻,故良久筆談。别時以清心元三丸贈之,則又懇多數,更以二丸加贈而發。

南京大學域外漢籍研究所專刊

朝鮮時代文獻所見筆談資料彙編

◆下◆

張伯偉 徐毅 陳俐 編校

鳳凰出版社

清代卷（三）

九二、尹程《西行録》

【解題】

《西行録》二卷，尹程撰。

尹程（1809—?），字景灝，號惠泉、知非軒、瑞墨齋，朝鮮坡平人。道光二十四年甲辰（朝鮮憲宗十年，1844）十月，隨其族兄朝鮮奏請兼謝恩冬至使團書狀官尹穳出使中國。《西行録》即尹程使行過程中聞見的部分記録，在其回國後而加以整理。使行於十月二十六日從漢城出發，十一月二十二日渡鴨緑江，十二月二十一日到達北京。次年二月初四日離開北京，三月十二日抵達九連城。本書記載甲辰十二月初十日，在寧遠衛與趙景年、祖庚筆談；乙巳年（1845）正月初三日，在北京張丙熼寓所與張丙熼筆談；初九日，在張丙熼寓所與孝廉王紹楕筆談；初十日，在吴贊宅與翰林吴贊、縣令張曜孫、翰林院編修莊受祺筆談；正月二十一日、二月初二日，在蘇璜寓所與孝廉蘇璜、孝廉李學善、孝廉周世泰筆談；二月初十日，在永平府客舍與李玚、李友良、陳世禄、徐柏筆談。

此書是筆寫本，原本藏韓國首爾大學奎章閣韓國學研究院。《燕行録續集》收録。兹以此本爲據輯録資料。

（甲辰十二月）初十日壬寅，晴。……抵寧遠衛三十里止宿。是日行六十里。

……到南門外下處，越廊下，有一人踞坐，狀貌甚偉，三個人侍立在傍。余召掌櫃的問："是誰？"曰："這是公行官人。"余進其炕，官人起身施禮，延坐進茶，問其姓名、官銜，曰"皇上同姓，名景年，官帶覺羅總官,居住瀋陽”云。又有一人入來,年近五十,形枯體弱,問其姓名,答曰:“姓祖名庚。”余曰:“既云姓祖,則君是牌樓之孫乎?”曰:“然。”景年曰:“緣何知這位家牌樓?”余曰:“祖氏即皇明赫閥大族,素聞此地有牌樓,今又目見,有此動問。”景年問東國科制、官階品秩,余隨問酬答。景年使從者磨墨進紙,求余書畫,略應幾幅,馬頭告飯,因歸下處。

飯罷步月庭中,一人進前施禮,乃祖庚也,邀余出門,入一僻静家,對榻坐定,拿筆叙話曰:“先生俄與景年説話,應知他的爲誰。中州滿漢有别,東人之於滿人,可與話而不可談情也。”余曰:“盛誨甚當,余亦知此個事,俄話不過通名答問而已。”余問曰:“滿漢相婚乎?”曰:“否。自京以南則不相娶,關以東民賤,則或有之。貴邦之於中朝,中外一家,年年東使之來,弟或有相識者,而其説各殊者,何也?”余曰:“未知所問之何事,而或有事同而論异者,此非特東人爲然也。”庚曰:“貴國何時建國,而用年號否?”余曰:“洪武八年建國,而海隅偏邦,豈用年號?”庚點頭稱是。使從者奉納一盤濃梨及糖,屬曰:“尊兄不解飲,故呈此果品。”余稱謝而吃,報之以兩草,夜深歸所。

(乙巳正月)初三日乙丑,晴。飯後與鄭友日愚往張虎頭家,路由長安街,歷回子館,回子人百餘家,自作一村而居,因名曰“回子胡同”。有數三個女出門走鄰,面皆美麗,編髮十餘條而後垂,年各二十餘,似是已嫁女,而髮輒編垂,編又多條,見甚可怪,中州人不與混處,故别作一村,互相嫁娶。其國距京絶遠,在西域地方,其人輕身有技,日以習藝爲事,每於皇上宴戲時,多賴賞銀,留館者多以此爲生云。

行數里到張虎頭家,即城内僻巷。虎頭名丙焕,虎頭即其號也。我東人多有親善,金秋史亦與訂交,爲人桀傲,文武兼備,副使丈往訪來,甚稱善。余使人先通來意,纔到其門,虎頭出門迎接,揖讓進階坐定,移筆叙話,殷勤若契厚者。有子兩人,其長名翊誠,號伯虎,性好武藝;次曰翊敬,號仲虎,存心於翰墨,侍立進茶,克敬克恭。余問虎頭曰:“我東人中親知者有誰?”曰:“與金秋史最善,李醇溪正履相識。”余曰:“曾聞尊兄以英夷之警,有事於遼陽間云,果然否?”答曰:“壬寅歲,曾爲人薦赴天津,自山東狼陀子口北至山海關,時居戎幕。”余曰:“與英夷相持之事可得聞乎?”答曰:“英夷之事,弟講求有年,無不悉者。壬寅歲,彼實未到天津,其時上恐其來,彼亦聲言必來,而無一船到天津,合塞外内七省之兵十餘萬者,住海濱者一年有餘,其時力主戰,故詳盡備禦之策,所費數十萬帑,而後上主於和,皆無用矣。”余曰:“虚費方略,竟不一試,切爲兄嘆惜。天生大才,必不虚老,异日應垂令名於竹帛,弟甚敬佩。”虎頭曰:“弟於武事,凡戰陣、水火、器械、刀矛、弓矢無不習者。嘉慶二十二年,隨先君於永平府任所,其時剿賊巢於灤州者多矣。”余曰:“此時則何賊猖獗?”曰:“内地賊匪劫掠者。”余曰:“以兄之這般才,官秩宜顯,而不然者,何故?”曰:“弟少承家學,事舉子業,久不售,又見時不可爲,决計棄青箱而習各世事,以故席先人蔭。當道者多知弟名,往往遇難事即相委弟,弟無不以身任者。日久彌著,上達宸聽,而以辦事無避忌,故恨者甚多。若前此内外所稱四大忠臣者,皆弟至交。十餘年來,凡剪除權貴、削平盜賊、貶斥貪污、斬刈奸民,大抵多出弟手。黄樹齋雅片之疏,亦與弟議。英夷始末之事,太半弟所指畫,而天不隨人,左傾右欹,以至斯極。功名事,弟久置度外,然人生世間,無非求有益於國家,有救於生靈耳。此刻世局極不閤手,所以伏處京城者,亦知事在不遠,無退藏引避之理。以弟世受國恩故也,雖萬無可爲,必思有以補救也。年前李醇溪來京,路遇黄樹齋於京東邦均地。時樹齋出使山海關,醇溪往見,語到英夷及邪教事,樹齋不及細言,寫一信屬其到京問弟,故弟與醇溪相善。英夷始末、邪教源流,備細告之。醇溪寫得數十紙以去,後聞醇翁殂,則弟所寫者不知歸於何所。英夷之禍尚未熾,而弟早知其如火燎原矣。貴國將來恐亦不免,須早爲法籌備。前日已將備細告知史埜先生(史埜,副使别號),果能預爲法備否耶?”余曰:“英夷不過海島少夷,似非别樣不破之兵,以中朝萬乘之威,足可以剪剿,亦可以懷柔歸化,而歲常羈縻,使邊虞不弛者,何故? 英夷所以日漸熾盛,中朝所以專主和議者,概可得聞乎?”虎頭曰:“英夷來據廣東、福建、浙江等省濱海之間,渠輩所據地,設馬頭管理。其地食其賦税,擅其生殺,朝廷所置知州、知縣無敢支吾。朝廷專主羈縻,當初講和時,英夷勒索十九萬而後肯罷兵,且立約條三四十件,威脅朝廷。朝廷一聽其管束,縉紳無人敢言,獨陳慶鏞、朱成烈數人争之不得。荷蘭等國亦西蕃,而見英夷之得利,亦欲效尤,來住西南濱海之地。朝廷輒與金繒而羈縻之,財貨日漸耗竭,蓋懼英夷、苟且無事者琦善(滿人),憤英夷之蹈躁,欲剪剿驅逐者黄爵滋(漢人,號樹齋)。朝廷不從爵滋而從琦善,苟且姑息,以至於今。貴國君臣、將相相和,無所掣礙,則禦之不難,否則可畏。千古平外賊易,和内難難。自古而然,今不异昔。”余曰:“先生所謂天下不隨人左傾右欹者,此歟?”虎頭曰:“然。”余曰:“朝廷所以爲懼者,勇無敵而然乎? 謀不測而然乎?”曰:“勇則未必謀果,多譎其船堅大、其法嚴酷而已。去辛丑,總督林則徐募水賊,用火大破於洋中。安南等國不敢近其境者,以其用旋螺之器沉其船故也。苟將帥得人,則此亦不難破也。”余曰:“兵不可輕用,亦不可輕言。自古及今,夷狄之爲患,何代無之? 秦漢、隋唐并皆有此,或懷之以寬,或擯之以威,而水草之性終難率服,况今不如古之時乎?”談話有頃,自内室進供酒饌,主客共卓而吃,問虎頭曰:“皇太子有聰明寬仁之姿否?”曰:“四阿哥平和願勤,五阿哥聰明而暴戾,六、七阿哥則幼少。”余曰:“一、二、三阿哥不存耶?”曰:“此大排行也,前有一阿哥卒矣。”余曰:“封建之法,無論賢否,必以長爲嗣耶?”曰:“近無封建,無論排行,上意可合者爲嗣,而皇上臨崩時,頒詔封建耳。”余欲更問,而君臣之可否,時政之得失,非輕易論説,或恐礙觸時諱,更不提問。虎頭曰:“自先生來京之後,飽聞大名,翰墨相酬即一美事,幸爲弟乞賜數幅,懸之座右可乎?”其子仲虎進紙墨。余辭拙不得,略應數紙,以其餘裹付馬頭。虎頭父子大喜稱謝,中州人於翰墨間事愛好之甚,彼亦未必盡善,而容易酬人,專尚奇雅,不憚其拙,以余庸才種種,有露拙焉,非特爲大邦人所笑,使我思之,亦足自笑。余問:“詩、書、畫等事誰稱其善? 翁覃溪、劉墉之外更有何高名之士乎?”曰:“翰墨間事亦漸不如古,見無非常卓越者。”余見壁上數幅山水與墨蘭,其法有可觀,問是誰繪,虎頭指其次子。余求其付壁者,虎頭更書頭題、打印章送余。談話間不覺日暮,約期更會,起身相别,虎頭父子出門揖送。

(正月)初九日辛未,晴。期會於張丙熪家,有一朝士在座,起身迎揖,問其姓名,乃河南人,姓王名紹楕,號青木,舉孝廉,來宦京師,性好詩酒,與虎頭交善。聞余期會,彼先來候,相與談筆。虎頭向求書畫,寫幾幅帶去,又以紫霞先生畫竹扇一柄贈之,虎頭欣喜稱謝。青木玩賞再三,進紙墨,要求一幅。余寫贈一朵菊,青木咏菊一律要和,其詩曰:“一枝傲骨鬱蒼蒼,萬里凌風植帝鄉。伴我春光纔十日,引人秋思又重陽。詩成平淡人都瘦,品到孤高節自香。不是尋常風雨夕,筆痕猶帶海東霜。”余和之曰:“海内詩人鬢已蒼,相逢一笑是萍鄉。苔岑深契來閑日,蘭室清談易夕陽。高士曾聞才藴玉,鹵姿敢説座留香。殊方此會誠奇遇,更卜前期問幾霜。”

青木曰:“今日盛會誠不易之奇緣,余心爽快,不可不暢飲一場。”余曰:“兄言縱好,弟但不飲,奈何?”青木指余畫幅曰:“兄既不飲酒,則印章上如何有酒癖二字?”余曰:“癖之爲言好也,好則好矣,飲少輒醉,不能暢飲。醉翁之意不在酒,而以醉名焉,古人亦有是也。”青木及虎頭俱笑。青木曰:“今日之會,大慰弟心。人生世間當如是快樂耳,奈何專事功名? 欲與兄穩談暢飲,兄必勿辭。”虎頭亦不解飲者,抽筆書曰:“青木乃灌夫耳。”相與雅謔大噱。自内室連供酒饌。青木以大杯連酌,虎頭及余以小盞飲數杯,竟日穩話。青木告歸,虎頭邀余入内别室,即其寢房,圖書四壁,帖軸堆案,其中亦多我東人筆迹。蓋其引入内室者出於款意,有嫌久坐,還出外舍,以兩印石求刻於虎頭,日暮歸館。

(正月)初十日壬申,晴。吴翰林、張縣令曾有約會,前日送車來邀,值出虛歸云,余甚恨之。早送馬頭先通去意,飯後與鄭友乘車往訪,有一奴出門望候,走入通之,吴、張兩人出門迎揖,讓路先進,升堂坐定,相與通名。吴翰林,名贊,字偉卿,官刑部陝西司員外,前翰林院庶吉士改授此官。張縣令,名曜孫,字仲遠,號復生,以縣令謁選吏部,即吴翰林妻弟也。問兩人本鄉,張曜孫曰:"主人吴偉卿,江蘇蘇州府常熟縣人。弟,江蘇常州府陽湖人,有履歷家世册子,可覽而知也。"乃使其傔人出册子置卓上,余覽一回,即張曜孫科試朱卷,内有履歷家世所書者。蓋曜孫累世官冕不絶,又以文筆相傳,有其妹四人,俱有文章卓异之才。其長姊名䌌英,即吴偉卿妻也,著《國朝烈女詩録》二十卷,又有《澹菊軒詩稿》。其次名綝英,字緯青,天質穎敏,幼喜爲詩,不學而成,談説古今,評隲文章。年十餘,詩已成帙,有《緯青詩稿》,適江陰國子監生章政平。其次名綸英,著有《緑槐書屋詩詞》,適國子監生孫劼。其次名紈英,著有《餐楓館文稿》及《鄰雲友月之居詩集》,適太倉國子監生王曦。其父名琦,官文林郎、經陶縣知縣,博學周覽,仕宦之暇,以著作文字爲事。其母湯氏亦有文才,有《蓬室吟稿》。曜孫爲人端雅,文筆俱佳,又善繪畫,公退之暇,以著述爲業,其世世從事文學如此,余自到京,多聞其雅名者也。相與談話之際,吴偉卿適因公幹出去,有一朝士入來,起身相揖,問其姓名。答曰:"弟姓莊名受祺。"曜孫曰:"此太史公也,古稱太史,今曰翰林院編修。其家在江蘇,與弟同鄉,爲仕宦在京。"莊受祺問余名姓,曜孫替余口答。見架上堆積册子,問:"何册?"曜孫曰:"弟之如干著述者。"概覽一卷,即經史釋義者也。曜孫曰:"向與貴國賢豪長者略有相識,今日又識公,萬里奇緣,欣幸無已。"余曰:"弟飽聞大名,一面之意切於方寸,今日幸得相識,有此穩話,大慰此心。昨日與張虎頭約會,侵暮歸館,貴使虛歸,聞甚悵恨,切欲犯昏來謝,而夤夜出館,有礙法禁,今纔來謝,望勿見罪。"曜孫曰:"昨日祗候尊兄,竟日未見光臨,經宵悵然。今蒙傾蓋,足慰此望。”莊受祺書一扇給余,曜孫以履歷家世册子及一書扇贈之,以作日後通信之資。少頃,進一盤饌品,皆雅淡嘉羞,三個傔人服侍左右,隨睫應令,吃罷,進茶燃草,伶俐敬勤。曜孫曰:“海内存知己,天涯若比鄰。况今中外一家,遐邇無間,相逢雖未易,交誼日篤,書問往返,亦如晤語,不在形迹疏密,公必努力時訂,以爲金石之交如何?”余曰:“同是宦遊人,盛會雖難再,心耿意切,書尺相探,可敵對晤。”曜孫曰:“秋史翁因何遷謫?或得罪於當路耶?”答曰:“我東别無指名當路者,宦海風波自有如是。”曜孫曰:“與秋翁有世契,故欲詳其事耳。”又曰:“自公之來,有名於翰墨間事,弟甚佩服,幸賜一幀如何?”余曰:“弟聞尊兄存心翰墨,政欲乞玩幾幅,弟當忘拙奉教,兄亦爲弟留意焉?”曜孫曰:“謹當呈教。”又曰:“貴國科制、詩賦及尋常著作文字如何?”答曰:“小邦科試,詩、賦、表、策之規,應有秋翁問答,而至於尋常著作,則不一其工耳。”大抵中州士子多以經學爲業,其尋常著述皆經史釋義,微辭奥旨,無不貫通。今此所問著作者,非我東科文製作之謂也,即經史注解之謂,彼問著述,此答詩賦,則豈成説哉?今余但答以著作之不一其工云者,即妝拙語。我東多以科文爲業,罕有釋經之人,大是欠事也。問曜孫曰:“中朝專以經學文術取士,并世高名之士有幾?”曜孫曰:“但舉相識中之至者以告,經學以阮相國爲最,習其學者至多,福建陳侍御頌南、江蘇羅茗①香、湖南魏默深等。工古文辭者,江蘇梅户部伯言、湖南何太史子貞。工詞章詩賦者更多,今此莊太史亦其一人也。”又問曰:“貴鄉江蘇則即古之江州、蘇州耶?”曰:“江蘇是省名,在大江之南。巡撫所駐爲蘇州,古姑蘇府;總督所駐爲江寧府,即古金陵也。”又問:“距杭州爲幾里?”曰:“杭州在於蘇州之南,爲三百里。”余曰:“蘇杭之間從古佳麗,昔日蘇東坡知杭州,浚河三十里爲長堤,堤植芙蓉楊柳,望之若畫圖,杭人名爲蘇

① 茗,原文誤作“苔”,徑改。

公堤,未知依舊補完乎?"曜孫曰:"今不如古也。"余謂莊太史曰:"萍水相逢,一刻清談,三生佳緣,而兄居江南,弟在海東,雲泥落落,再面無期,豈不悵然?"太史曰:"弟身縻薄宦,如非外補,則在京之日常多,信雁不絶,亦代面晤。"余曰:"從今至還歸之日,尚有幾十日,隨隙再穩,未知如何?"太史曰:"是弟所願,兄必指日更期焉。"日已西向,起身相别。回顧東墻内,平地上築小土山,上構一小閣。曜孫邀上山亭,扁其楹曰"挹爽",但幽静而别無可觀,因即下來。兩人出門揖送,其情極款。蓋外藩人之赴京者,皆不許任其所之。而至於我東人,則自譯官至馬頭私商輩近數百人,遍行城内外。馬頭輩則或爲賣參,納交於士夫家。其中慣熟者,或持如干土産望謁所親某某宅。甚者或問候内庭,其欣款無异出。家奴之還歸及其發行也,又往告歸,則其内外俱有如干贐物,必饋餽云。今以吾儕言之,交結朝士,竟日會穩有如是焉,可謂中外一家也。昔日明世宗令朝鮮使臣出會同館遊覽,謁太學。朝鮮奏求律管,許遣樂官赴京教習,以遵聖朝禮樂。其後大清立國,出館任行之節依舊不革,但經夜出宿則禁之。

(正月)二十一日癸未,陰。馬頭聖根率一人來,納刺紙曰"城内有蘇孝廉來坐館門近處,納刺請謁。此人即其家丁"云。余出館到其所住,蘇孝廉出門迎揖,入炕坐定,移筆叙話曰:"弟姓蘇名璜,家在河南,舉孝廉到京。近聞先生大名,特來祗候。見今中外一家,士君子之臭味相同,不計疏遠,有此尋訪,此豈非往古所無之事乎?"答曰:"弟自入京以後,多有訂交,而一面如舊,開懷暢話,此無非諸君子泛愛之度也。今日又蒙尊兄之屈,蓋盛意所感,不知攸謝,敢問尊兄年紀、法號?"孝廉曰:"弟年三十有二,號蒼溪,與莊太史受祺交善。向因莊兄飽聞尊兄姓名,幸因馬頭要彼通刺。"余曰:"莊太史近果平安耶?邂逅一晤,餘穎尚多,恨不能再圖一穩。"蒼溪曰:"彼有職事礙掣,近無其暇。此非坐談之地,陋室在於城内僻巷,足可容膝,敢蒙傾蓋否?爲兄等待一車,與弟聯轍如何?"曰:"謹當奉教。"

蒼溪欣然指揮,從者起身前導,余乃乘車同行,路由大市街行里許。至其門,蒼溪先下車,揖讓進門,門内有兩個人向余迎揖,余慌忙答禮,升堂分坐。蒼溪指兩人曰:“這位是李員外學善,號淡雲,通經學,多著述。這位是周孝廉世泰,號心田,工詞章,皆有名當世者。”余曰:“兩兄家住何地?”淡雲曰:“弟居河南開封地,周兄在浙江台州地。自大兄來京之後,大名自慣,意切一晤,無路可遂,幸因蘇兄之躬進,得奉尊駕之光臨,大慰弟心。”余曰:“弟以庸鹵之質,猥參諸君子偲切之席,縱有登龍之喜,實多慊悚之嘆。”蒼溪曰:“過謙則近疏,開懷暢話好矣。”自内室供酒饌,四人共卓而吃。心田曰:“貴邦地界幾何?”答曰:“東西二千里,南北三千餘里。”心田曰:“誠如兄言,與記傳所載相左何也?”答曰:“兄云記傳所載未知何如,而每與中朝人問答,有此相左之論,二説各有所據,兄之所問,乃古朝鮮也,弟之所對,乃今朝鮮也。古有檀君,朝鮮又有箕、衛滿朝鮮,其後分爲高勾麗、百濟、新羅,至高麗并合爲一,而又開拓北地。至於我朝疆域,别無損縮。自王都西距灣州爲一千八十里,東距平海爲九百里,南距巨濟府爲千餘里,北距慶興府爲二千三百多里,以此推之,弟言毫無相左。”心田點頭稱是。淡雲曰:“貴國冠裳已多目見,而婦女衣冠未知如何?”曰:“燕居服,則上衣下裳,禮服,則有圓衫寶飾之制也。”又問曰:“貴邦以禮義相傳,未知遵用何禮?”曰:“弊邦士大夫修身行己與宋儒相似。冠、婚、喪、祭一遵《家禮》也。”三人相顧而自相語,顯有自恨之色。余問曰:“弟入中州以來,多有訝惑者,而最是喪家之用樂。此出何禮?”蒼溪曰:“民俗間或有是,而亦不皆然也。”余曰:“弟於路上見侍郎喪行,亦以樂前導,以此見之,非特民俗獨然。詩不云乎:‘庶見素冠兮’,‘勞心慱慱兮’。”三人未及答,余更以好言曰:“俗或有一代之异,漢文之短喪,秦衣、楚服之各殊,亦皆當時之俗也,不必以弟問爲怪。”三人笑曰:“兄言好矣。”余曰:“每見器物中造得神妙者,皆洋人手法?”云:“西洋人才自昔已然,而其窺萬像造儀器,尤當爲古今第一。但其學不正,西人之航海以行者,相續於中外,其計欲廣其學而祖其道,此非後日之慮耶?""弊邦則禁防嚴密,雖愚民認是學如就死之門。余聞中朝羈縻其人,不禁其學云,果然否?"蒼溪曰:"中朝所以羈縻者,始奇其人才,而近益驕横,數爲邊患,至其學,則中朝亦不無禁令,而談天者間或祖其道,不出幾年,其將駸駸然入其中矣。力排异端,以扶正道,乃是士大夫之責,而時事多舛,有非人力所能爲也。"余曰:"譬人氣血之方壯,病不敢侵,及其真元之衰敗,邪氣横亘,終爲腹心之患。此非尋常砭藥之可治,今聞兄言,則雖有小范老胸藏萬甲,亦不能驚破其膽耶?"蒼溪曰:"有一范老則是有元氣也,邪其能肆其氣乎? 貴邦濱海之地,亦有洋人出没之弊乎?"曰:"時或有之。沿海邑知縣、知州問情而啓聞於國王,雖或有求請交易之事,一不許施也。"蒼溪曰:"後日恐難固守此規也。"又曰:"人生世間如朝露輕塵,知己相逢,雅談相酬,政是難再之奇緣,不可不暢飲。"命侍者進酒。余曰:"弟之酒腸不寬,不能更酌。"蒼溪曰:"貴邦人以大杯酌酒,至數十杯,兄之酒腸雖不寬,小酌數杯,何足辭乎?"乃執酌勸進。心田進大硯、墨、一綃軸要書,余乘醉書之曰:"余從遼陽至玉河,無一物可當情,及到辟雍庭畔,見幾片石堪共語(指十三經而言)。"心田叉手稱謝。蒼溪揭於壁上,大讀曰:"滿幅文雅,蓬窗動色。周兄之爲弟出力,尤極感謝。"心田曰:"物各有主,孝廉心法不當若是。"一座俱笑。蒼溪曰:"凡我社中之人,公私之暇,互相會晤,日以爲常。今日之會又有别焉,此是人間樂事,惟望尊兄期日更臨,再圖一晤如何?"余曰:"真率盛會,有非偏邦鹵劣者所可參席,而况有一怕,不敢再進。"三人驚怪而問曰:"有何可怕?"余笑曰:"酒已過於五行,食有濫於五味,是所可怕。"一座大笑。淡雲曰:"弟亦不解飲,而每爲蘇兄壓倒,聞會果怕從,可以定約立規以罰濫酌。"蒼溪曰:"罰以三大杯爲可。"余曰:"然則於兄非罰,伊賞古之洛士,無罰杯之規也。"淡雲笑曰:"孝廉專事利己,不可以洛規爲責。"蒼溪曰:"雖使包孝肅在座,不能强飲李員外(包孝肅置酒强飲王介甫,介甫終不飲)。"因大笑,談話間,日已迫暮。余曰:

“今日穩晤，實有遲暮之嘆。弟之行期在邇，恐不能更圖一會，此豈非悵然於中乎？”蒼溪曰：“當指日更報，以續未罄之懷。”淡雲曰：“東使每於二月回轅，行期尚有一旬餘，豈無一番良會之暇乎？”又曰：“萬里替面，莫如墨緣，當以一空帖送呈，乞賜數幅如何？如對故人，有時披玩，豈非美事乎？”曰：“第當副教。”蒼溪、心田亦要求，并許之。起身告歸，三人情悵顯色，出到前門，車已等候，原來主人之指揮等待，三人出門揖送。

（二月）初二日癸巳，晴。蒼溪、淡雲、心田來坐館外，通知余出見，謝之曰：“行期隔日，親知諸君子連日有約來見，勢不能抽身赴會，此心悵悚，歷日深切。”蒼溪曰：“弟等已知尊兄之無暇更晤，今爲面别齊到。”淡雲曰：“日後東使之來，望勿吝好音，以作金石之交如何？”答曰：“此不必多訂，弟雖闒庸，豈不知諸君子款厚之意哉？當頻付書尺，以伸微悃。”三人各一詩及册子送贐。蒼溪贐以監本《書經》一匣，淡雲贐以《左傳》一匣，心田贐以《唐詩合解》一匣。余曰：“弟入中州，識交衆名士，多蒙知己之感，而又有此雅贐，面别銘謝，僕將何以報之，維情與心。”指揮馬頭準備酒肴，共飲數杯而别，三人握手曰：“惟望在途大安。”余曰：“惟望僉兄勛歷崇顯，均享泰平。”三人欲去不去，有不忍捨之意焉。

（二月）初十日辛丑，晴。平明發行，野鷄屯二十里午炊，永平府四十里止宿。

……永平府方設科試，鄰近州縣舉子雲集。余於下處少歇，此日多士齊會，必有可與語者。步出通街，舉子各定住接，殆無空舍。余入一舍，有三個少年見余迎揖，讓榻坐下。一人問余姓名、官品。答曰：“姓尹名程，中進士，見無帶職，爲瑰覲隨槎到京，敢問尊姓大名？”答曰：“姓李名玠，以舉子爲業，所修不博，且甚數奇，尚不得一第。”余曰：“貴鄉何地？”曰：“時居玉田縣。”又問曰：“這兩先生姓甚名誰？”一人答曰：“弟姓李，名友良，與李兄同里。這是姓陳，名世禄，居豐潤縣。”余曰：“玉田、永平乃是士大夫之鄉也。前朝石尚書星、李總兵如松後裔或居此否?”李坊曰:“二公後孫皆在南州也。”余曰:“三兄年紀各爲幾何?”李友良曰:“弟年三十,李兄長我一歲,陳兄少我二歲。”陳世禄指余網巾曰:“所着網巾無乃頭疼乎?”余曰:“君之剃髮,無乃頭冷乎?”兩李俱笑,世禄有憮然色。余笑曰:“初着者未嘗不頭疼,而成習稍久,則心端神爽。昔日洪武皇帝定儒生巾服、藺衫、軟巾之制。帝嘗微行見一道士結綱巾,帝問之,對曰:‘以此裹首,亂髮皆齊矣。’遂得十三頂頒賜十三省,使貴賤通服。當其時,我東衣冠文物與中國相似,此是中州遺制。兄之先祖亦應着此,兄豈不知耶?”世禄無語。李坊曰:“兄逼陳兄太甚,偶然一問,所得不少也。”遂大笑。世禄面紅,强謝曰:“一言之失,無辭可贖。”余曰:“妄率所答,不無礙觸,惟望仁兄寬恕焉。”世禄曰:“方今中外一家,一問一答,無不由情,有甚礙嫌於其間耶?”友良曰:“疼則疼,冷則冷,都莫若非疼非冷耳。”仍大笑。余曰:“李兄可謂善爲謔也。此疼彼冷,兩隻各輸一款,而畢竟息訟於非疼非冷之間。若使兄聽訟,則必也無訟乎?”一座俱笑。余問李坊曰:“此府聞設科試云。士之爲文意在一第,主試者果秉公而無遺珠之嘆乎?”答曰:“近不如古,或不無公中之私也。”

政説間,有一人入來,揖余曰:“路上太平?”余答禮,問其姓名。曰:“姓徐名柏,居府南數十里地,爲赴舉到此。得聞先生行駕將到,祇候多時,公不是尹進士惠泉否?”曰:“然。兄何由知吾名姓?”徐柏曰:“昨冬貴价之過此,弟雖未瞻尊範,時從高進士飽聞先生大名,又得一幅墨緣,尚懸座右,心切奉晤,企望行塵,今日幸得相識,大慰此心。”余曰:“高君平安乎?”曰:“然。”李友良三人與徐柏相話,柏取見筆話紙,撫頂而笑曰:“冷固冷矣。惠泉先生善爲舌戰,高雅密博,令人敬服,而曰疼曰冷,均是可憫。李兄雙非之論,果是公决。”余笑曰:“有競有争,則必有分有辨。此之謂公决,而雙非之論,不近於忘形無竟之意乎?”滿座俱笑。柏曰:“先生排行居何?”曰:“在二。”曰:“二兄住京多日,應多訂交,有誰相識?”曰:“略有相識。張復生曜孫、李淡雲學善、莊太史受祺、周心田世泰、張虎頭丙熿，十餘人皆有交契。”柏曰：“張復生、李淡雲皆知名當世者，與弟至交，阻面已久，今因二兄得聞安信，其喜孔多!”余曰：“弟入中州識交衆名士，以情相酬，以心相許，不以交淺而疏之，不以中外而間之。留京四十餘日，日以雅會爲事。今到此地，又識諸公，此非奇緣耶?”柏曰：“每於東使之來，或要路識交，而至於二兄，尤有遲暮之喜，但恨行旅相逢，晤語不穩耳。”出一柄扇，一對幀，自書扇面而贈之，以幀要書，李玢三人亦各求書，并寫給。馬頭告飯，起身相別，四人下堂揖送。

九三、李遇駿《夢遊燕行録》

【解題】

《夢遊燕行録》二卷，李遇駿撰。

李遇駿(1801—?)，初諱有駿，字敬文，號夢遊子，太宗次子孝寧大君十三代孫，朝鮮全州人。著有《夢遊野談》《夢遊燕行録》《夢遊散稿》《蓬史》等。道光二十八年戊申(朝鮮憲宗十四年，1848)十月，作爲書狀官尹哲求的伴倘，隨從朝鮮冬至兼謝恩使團出使中國。使行於十月二十二日離開漢城，十一月二十一日渡鴨緑江，十二月二十一日到達北京。次年二月初四日離開北京，三月二十七日回到漢城。本書記載己酉年(1849)正月二十二日、二月初三日，在北京温忠彦宅、廣盛局焦姓人家與内閣中書温忠彦筆談。

《燕行録全集》收録。兹以此本爲據輯録資料。

(正月)二十二日，暘。驅人朴元吉每歲入燕，以賣參爲利，至一處，有仕宦人温中書，問行中有能文學俱來者，元吉以余爲對，再三要見。

是日早備車來迎，遂出正陽門，南行五六里至温家，門庭静深，堂宇軒敞。主人昆季出大門外迎揖，因隨入數重門，有東西兩階，相讓再三，遂升階入室。室左右架上，堆積册子爲累千卷，其餘鋪置，亦極齊整，炕東西各設交椅，因對踞而坐，間置一床卓，具楮毫在上。行茶數巡，温引紙書曰:“久仰令聲，今始拜面，三生有幸。”余乃繼而書曰:“累承勤教，緣擾稽謝，不勝悚恧。”温因書姓名曰:“温忠彦，官内閣中書。”其弟又書曰:“小生忠善行四，見補廪生監。”蓋本山西省人,從宦京師,兄弟四人俱登仕籍。見其容範端雅,禮數愈恭。因問三使姓名及余來歷所職,余乃以次書示。又問:“貴國賢王德政何如?大小臣僚職務何如?科第試取用何等文字?儒生著述用何樣體格?”“余以爲我國王春秋鼎盛,鋭意圖治,庶政咸和,百度惟貞,尤誠於事大。每修貢幣,必躬自檢察,公卿百官奔走率職。科文,則其體有六,曰:詩、賦、表、策、義、疑。心儒業,則不用六朝綺麗之體,袛尚盛唐,典重温雅,其義則皆取經世可補於治道而止矣。”曰:“可賀可賀。”余亦問:“上國科第最重何文?而尊所擢公車爲何題耶?”温因於卓上出一紅册,細書甚精,乃自家所捷場屋者,而其題曰:“己所不願,勿施於人。”文廑三十餘行,而其體與論、策略同矣。温又問:“官方政法、律名、教條耶?”兄弟遞相書來,有若試藝者,然余乃隨問隨答,紙去筆來,少不遲留。彼頗有驚奇底意,又問曰:“最讀何書?”余又書曰:“凡《千文字》不出於六經之外,是以粗習。”曰:“讀四子否?”余又書曰:“四子,六經之階梯,如何不讀?”曰:“熟諸史否?”余又書曰:“古今治亂興亡之迹,其文則史,不學墻面,所以有涉獵。”曰:“雜書有甚所嗜?”余又書曰:“儒業者不過孔孟、程朱之書,至於奇文僻書、异端老佛之流,非我朝所尚,故本不嗜玩。”曰:“閣下之言善矣,過矣。”又曰:“能題屏幛扇簇否?”余因思之,彼欲鬪我巧拙,而此乃余之所不能,欲無遜,則恐有黔驢之自露,一向謙退,則巽劣甚矣,乃書曰:“此固文人才子種種癖好,而特技之小耳。於儒者事不以爲近,故曾不留心。”又曰:“能善畫否?”余又書曰:“此則有工師在焉,昔唐弘文館十八學士,閻立本不得預焉,而兼以畫鳥殆羞於人,此非士大夫所習,故亦不試爲。”又曰:“能審音否?”余又書曰:“昔晉戴安道工琴,趙王倫召之,戴對使破琴曰:‘我不爲王門伶人。愚亦以音律爲樂府伶官之事,故亦無所學。’”曰:“閣下受意果美矣。”少頃又書曰:“有小酌,請與共飲。”余書以“諾”字。温引余至隔壁一炕,其鋪置器物亦一般,設一卓兒奉呼唤者,有二人連進十五六楪,精潔可口,遂鼎坐而食。余於飲酒亦不及人,纔傾半酌而止。彼乃自起勸飲,累强不住。余又引筆書曰:“鄙人文章雖不能歐陽子,而飲少輒醉則同矣。”乃大笑而止。既而夕陽在門,余又書曰:“知有前期在,前路日將斜,乞賜早還。”曰:“門外已備車以待。”遂謝別耶,兄弟又出門以送之。

(二月)初三日,陰。温中書來坐館外廣盛局焦姓人家,送銜請余,蓋朝士例不得入館内故也。日前正使聞余至温家,亦要與温相見,已有數次圖面。是日,其弟忠善因病不來,忠彦獨來請別。余即往赴,正使已先到,備厨饌以待,温見余甚欣,致款無已,出付小紅紙二幅,各題三首詩和余所送韻也。

一幅曰:“朵雲剛捧到,一紙送詩來。聲價登龍貴,文章倚馬才。論交名士列,惜別綺筵開。明日關山道,臨歧共舉杯。”“與君相晤已經旬,斜日横窗笑語親。來歲長安重奉使,玉河柳色共尋春。”“霏玉清言迥軼群,鷄窗風雨細論文。東風催得行人去,雨濕梨花獨憶君。”紙尾書曰:“奉呈李進士老爺文席。”又曰:“笛樓温忠彦小草。”即其堂號也。

又一幅曰:“東海人文萃,尋詩薊北來。横看天下士,歎抱不羈才。與我論心久,逢君笑口開。臨歧無限意,勸進夜光杯。”“走馬西來近十旬,春明握手倍情親。歸途莫負看山眼,隔樹鶯聲報好春。”“天涯芳草悵離群,欲賦驪歌愧不文。鄭重江湖波浪闊,書窗曉月夢逢君。”其尾又書:“留舫温忠善小稿。”見典詞格平穩,筆法亦精妙。

余乃引紙書曰:“前日詩,固知其見笑大方,而忘拙仰呈,以表微意,荷此報瓊,不勝珍感。”温書曰:“露醜無餘,還自愧恧。”既而,上房厨子進酒饌,鼎坐食畢,正使因與筆談不止,余則有事理裝,先爲告別,舉手相辭,悵然一般。遂還館所,整治行具,夜得一絶曰:“南館又離四十宵,天明擬發玉河橋。也應群馬知人意,永夜嘶風待詰朝。”

九四、權時亨《石湍燕記》

【解題】

《石湍燕記》三卷，權時亨撰。

權時亨，號石湍，生平不詳。道光三十年庚戌（朝鮮哲宗元年，1850）十月，以副房裨將的身份隨從朝鮮進賀兼謝恩歲幣使團出使中國。使行於十月二十日從漢城出發，十一月二十四日渡鴨緑江，十二月二十三日到達北京。次年二月初四日離開北京，三月十八日回到漢城。此書記載庚戌年十二月初五日，在瀋陽客舍與店主、伙計筆談；十二月二十五日，在朱蘭寓所與少詹事朱蘭筆談；辛亥年（1851）正月初二日，在北京歷代帝王廟與守廟官人跟班馮詡筆談；初七日，在朱蘭寓所與秀才余詡、朱惠然筆談；十一日，在寶寧局權時亨、權大肯、金德喜、閔致庠與進士黄爵滋、刑部主政楊熙、知縣倪印垣、書生錢江筆談；十六日，在黄爵滋寓所與黄爵滋、知縣倪印垣、書生錢江、孝廉宗學教習黄秩林筆談；十九日，在陶然亭權時亨、閔致庠與錢江、倪印垣、黄爵滋筆談；二十四日，在黄爵滋寓所與黄爵滋、黄秩林、錢江筆談；二十五日，在黄爵滋寓所權時亨、閔致庠與黄秩林、錢江、黄爵滋、黄爵澄筆談；二十六日，在琉璃廠外同文堂與吕傳孫、秀才汪昉筆談，同日，在四川館與舉人夏肇庸、馮舉筆談；二十七日，在朝鮮使館與西蜀僧竹禪子筆談；二十八日，在吕傳孫宅與翰林吕傳孫、汪昉筆談，同日，在黄爵滋寓所黄爵滋、倪印垣、黄秩林筆談。

《石湍燕記》原本藏韓國國立中央圖書館，《燕行録全集》收録。茲以此爲據輯録資料。

(庚戌十二月)初五日壬子,雲陰寒甚。……又有人手持一個鷄毛造成的旗纛一般樣東西。余問車夫,答道:“這是拂塵。”其外亦多初見物件,不可一一詳記。車夫道:“吾的哥哥(彼言거거,指其兄云)在盛京買賣,老爺下車後,吾則將往見哥哥。”余道:“你有幾個弟兄?”劉答道:“三弟兄。”余道:“你的哥哥在此做甚麽買賣?”劉道:“現做衣服鋪掌櫃的。”余道:“你居幾行?”劉道:“行二。”余道:“然則你弟在那裏做甚工夫?”劉道:“吾的弟兄(彼言디흉,指其弟曰弟兄)現在北京(彼言베딩),做東來局掌櫃的。”余笑道:“你的兄與弟,一在北京,一在盛京,皆做買賣掌櫃,俱各發財。你則甚麽緣故倒做車夫?多辛苦,真個是八不用東西(彼言바브융둥시,不用物)。”劉笑道:“真個八不用,亦八字所關,無奈何。”正説間,及到城門,有三層門樓高,可十數丈。城制極侈且密,皆用磚甓漸漸築上,如魚鱗形(每叠甓約二指廣,稍稍進築,統計則下廣上狹),雄壯高大,十倍遼城,大抵築城之法,不費片石之功,專尚甓磚。甓磚之於城役,可謂緊矣,我國何不一試此法,以除無限石役之糜費乎?

……行次以城外觀光,未及上站,余與碩甫同入客炕,炕舍甚净灑,床卓等物極其整齊。有一個女子,年可四十多少,容貌雖未免醜,言語爽朗,見余兩人叉手唱喏道:“天氣多冷(彼言흔릉),辛苦辛苦。”余答道:“好太平,好太平。”此是彼人例套人事。自栅難發,連日路上學些語,故爲此循例之答。那女一邊煎茶,一邊溝火,邀余兩人向煨,口裏諵諵説甚麽,來來往往擲梭也,似應對如流,真個是有情的婆子。余問:“你的掌櫃的往那裏去?”那女兩臉上堆着笑容道:“吾的掌櫃的無有(彼話메유)。”余答道:“甚麽無有掌櫃的?”那女笑道:“賣刀子,現在刀鋪,未歸。”余道:“無主,炕裏客人投宿,能不怕?”那女哈哈的笑道:“怕甚麽?不怕不怕。”正説間,使家入下處。余將陪往太學,使家道袍搜覓不得,竟未往觀,余從上三房至太學,太學在寓舍左邊不遠之地,門墻宫殿宏杰肅穆,外門上竪書“儒學”二字。歷重門入内庭,正殿楣上有“先覺斯民”四字。正殿内朱紅卓

上有一龕,龕壁上刻雲龍,以金彩填飾。其中安一位神櫝,以金字題"至聖先師孔子神位龕",楣上有"萬古師表"四字。其外又有"生民未有""聖集大成""聖協時中"等列朝御額,前左右配四聖神位,其後壁下有十哲神位,正面前行列置籩豆鍾。檐内三門外庭東西廡,有從享諸賢神位,左右各六十五位,皆是宋明清名賢。門外左邊墻下有神道碑一笏,即康熙撰製,而年久字頑,未能詳解也。太學右邊有瀋陽書院,外門上有"瀋陽書院"四字,額重門上有"聚升書院"四字,其門則不能開閉。從右邊夾門入内庭,庭中遍植花卉木,皆用黍莖包裹,以防凍寒。層階上有一土窨,其大爲四五間,即花草幕也。正堂皆是炕室,而無人居處,又從後墻夾門入其内,正面層階上有二層畫閣,制度極侈。上層有"文昌閣"三字金額,下層有"柱籍稽賢"四字。内有一座龕室,丹青照耀,前面放下黄羅帳,揭起來看時,朱牌書"文昌帝君神位",龕楣有"莊書室"三字。右壁下有數十層雲梯,拾級而上,其上又有龕室,如下層所見,楣上有"輝映宫墻"四字,有一位塑像嚴正端雅,此是文昌帝君塑像,右邊有一塑像甚端正,即所謂文曲星神也。左邊有一奇形塑像,以一足跨虬龍背上,手持一枝彩筆,向北斗星將寫之狀,此則文魁星神云。復從雲梯下來,還出重門。左邊墻門上有額"孝子祠",入其室,門上有"人稱願然"四字。内有二神位,一是組璽,一是玉瓚,皆是清人,其孝行事迹未知。右邊墻門上有額"節婦祠",入其室,門上有"矢志靡他"四字,内有五層,長卓以細書列名,五卓幾盡,不知其幾百節婦,清人之節婦何若是多多乎?看畢,復出門外,將向壁雍,吴興周告道壁雍稍間,日力將盡,往返實難。三房獨去,上使仍歸下處,余亦歸寓使家,直往壁雍觀光,帶昏還次。余之今日觀光兩處,皆是儒宫,意謂得見若而文士矣,無一個秀才,殊可恨也。

夕飯時,自厨房饋生鮮湯,而味極可嘗,問於乾糧馬頭鄭文圭(灣人,爲人甚精緊),答道:"此是方赤,爲名生鮮(彼言방치),瀋陽有名魚品。所以每於此站,依例供進。"余連日闕食,得此頗可開胃。

夕飯少吃,其味一似我國廣魚生鮮,甘厚之味,猶有勝矣。自入站後,此處人以各色毛物來要賣買(小屑皮、豚皮者,兒胡黄毛,皆此地所産)紛紛往來,聒聒不息。余之同炕人多買賣故也。余則與主婆打話,余不工於彼話,彼不嫻於我語,所謂問答,未免一般啞聾。夜深後,有一個羸老的漢子入炕,向余二人打個問訓,與主婆殷勤説數句話。余問:"其爲誰?"那婆笑道:"他是吾的掌櫃的。"余問其姓名,那漢答道:"姓李。"仍出去,向余道:"好睡了。"余囑那漢坐一坐(彼言조즈버),那漢少坐,余問道:"此處有藝粟齋商樓名頭否(彼言명두)?"那漢頗通文字,以書答道:"有有,這是書本鋪(書册鋪彼言슈븐푸)。"余又問:"吾們在東時,聞此兩處多有江南、西蜀才子來遊矣,未知今亦有見在者否?"那漢答道:"此鋪古多文人才子矣,今人多不如古,且比來買賣,亦异於前,遠商罕到,見存者别無可稱者云。"余於《稼齋日記》得知此事,擬欲往尋若而人,此人之言如是,又無可尋之暇,誠可嘆也。那漢出往,又有一女子,年可二十三四多少,與主婆自外而入,顔色可謂勝雪,而兩目俱是偏睛,所着亦未免草草,閃入隔壁炕裏。余招主婆問:"他誰的室婦?"那婆答道:"他是鄰家室婦,憐吾無子獨宿,時嘗來宿伴夜。"余又問:"他的掌櫃的誰耶?"那婆呵呵的笑道:"問他甚麽,他是本地方禮部胥班(彼言슈반,書吏也)。"余道唯唯,那婆之笑意概可想矣。夜深後,服地黄湯,余將就睡,碩甫睡已多時,那兩女睡在隔炕。其所居雖曰"間壁",無門扇,祗以門簾放下,無异同炕,若使吾輩有甚麽心思,則一夜之間無慮不到,而爲其夫者放膽出,他使其室婦伴宿异國行人,其俗之疏忽可知,不然則此輩多閲我人,故爲之慢守,誘取行人之盤纏耶?雖或爲此,彼輩初無悦人的顔兒,我們亦無偷香之風情。况余則疾恙,方苦同行,則睡夢將濃,這兩個醜婦之發痒處,誰能搔得一塘,還發一笑也。將卧,聞隔壁後家有甚麽彈琴一般聲,而静聽不是琴聲。余問於主婆,答道:"你的大人下處掌櫃的任二郎,能彈琵琶,這是琵琶聲也。"其聲一似我國伽倻琴,節調甚促,稍有剛意,今夜則余身痛

少，愈得睡稍多也。

（十二月）二十五日壬申，晴暄。早謁使家，自厨房饋白粥一器吃歇。與崔尚郁遊北市，行至一鋪門，上額“天成局”三字，即所謂裁縫鋪（彼人方言치풍）。……約行數里，尋至青廠，使車夫問朱少詹家。至其門，門庭甚整齊，左右門扇以紅紙書付時帶職銜，即大理寺少詹事，有數三個門者把住。興周持李判書書簡（李判書景在回還別使與朱少詹相親，付書，故余來也）替與門者入送，等不多時，一個根班出來，向余躬身請入。歷中門入庭，家舍甚侈。中門左右有翼室，那根班導余至左邊客室，又有數個人出門納頭，請余入室。余未知主人之爲誰，方逡巡未入，有一人自内室連忙出來，頭戴青水品雲月黑帽子，身穿青天色錦長袍，上穿水獺皮馬裹子（如我國背子），生得顔貌清瘦，眉目爽朗，脸上没了一根髭鬚，七尺身才，年可五十有餘，不是别人，他便是朱少詹也。揖余唱喏，討個問訊，語音清淡。余亦躬身作禮，朱又揖余，請入室。余又讓他先入，那裏讓得他。興周道：“中國風俗，客必先入云。”故余不得已，先入後堂。朱又請余坐交椅，余又固辭，朱苦苦請坐，余又黽勉就坐，兩各坐定，侍者進兩鍾熱茶，且勸且飲，朱始乃坼見李判書書簡。余則左右顧眄，滿壁書畫，無一不奇絶，真個是文人家光景也。詳觀其居處，則初無作炕，皆以平床上鋪毯毲之屬，室中鋪甓處必設地罏，燒炭令熏其室，與行路所經客炕不同。朱看書纔畢，有一個戴青的官人來到，朱囑余安坐，出外堂相待。數語還入後堂，使侍者進紙筆，朱先書問：“貴使此來爲賀元旦耶，抑爲他事耶？”余答道：“即年貢例行，而兼爲元旦賀儀也。”朱又問道：“今年正副使是何名姓？貴使何名何號？”余道：“正副使姓某名某，僕即副使從事，姓某，號石湍，本以蔑學武夫冒添使幕，多聞先生名望，不想今日來趨下風，大慰平生渴想之懷。”朱答道：“無須過謙，敢問李大人安抵東土甚慰，其後李稚郊號林士（此則今年皇曆賫咨官李埜）亦東去，不知到彼後身體如何？我與李稚郊别二十載，重晤不勝欣幸，今又别去，又不覺悶悶也。”余答道：“我們

此來,曾於灣塞上遇李大人東歸,稚郊則於遼東路上相見,并知其太平歸國,而誰想與先生如是交厚,數十年舊交,又作闊别,安得無悶悶之懷耶?”朱道:“行路風雪,勞苦不言可想,而此地較東土氣候若何?”余答道:“遠路馳驅,非無觸冒之勞,生長東隅,一見上國係是桑蓬宿願,所經壯觀適足以忘勞,北地氣候較東土别無异同,山海關以外風氣稍猛,入關以後,則陽和之氣倍於關外,知是佳氣所萃,地發湯和。”朱又道:“足下是何出身? 現在何官?”余道:“晚生是個武科出身,忝居三品。”朱道:“是何官名?”余道:“折衝將軍,五衛將便是前職。”朱道:“武臣而通文墨,大是難事。可敬,可敬!”余道:“不敢,不敢。”余又問:“先生貴鄉何處?”朱道:“祖貫是浙江府人氏。”余又道:“先生尊名貴號(名蘭,號久香)聞之熟矣,敢問官居何品?”朱答道:“小弟無才,忝居即三品大理寺少詹事職名。”余道:“登第入仕,今爲幾年?”朱答道:“居然三十春秋,愧無一字之補。”余答道:“休得過謙,先生山斗之望,誰人不敬?”朱道:“兄何出此言? 羞煞小弟。”余又道:“我們大人與李尚書有通家之誼,頗有别人之情分,中路得聞先生風範,竊欲相見,而王事縻身,姑未營私,使晚生替作起居之禮,异日或有相愛之道否?”朱答道:“僕入冬以後,動發肝胃之病,試藥亦多不效。雖勉力供職,不能久陪。貴使遠來,推李大人之愛以爲愛,豈敢相拒? 無如僕精力不繼,如相見失儀,恐不免貽笑貴使,敢煩足下婉諭之?”余答道:“不必如是過謙,先生既有恙疾,不能更煩筆話,當以此意歸報使行,而竊擬他日更拜門屏,或可勉許清誨否?”説猶未了,有一人頭戴白玉石雲月飄然入室,此是六品朝士。朱少詹向余唯唯,連忙起迎,那人與少詹施禮,猛見筆談紙,向余唱喏,余亦起身答禮,仍問其姓甚,其人答道:“小弟姓王。”朱笑道:“他是小弟親切之人,其家在玉河館東邊不遠之地,與足下相從不難。”余答道:“既然如此,時小弟當乘隙往訪,兄或肯許否?”其人唯唯,未及穩話,日已沉西,馬頭催歸,余即起身告别,少詹即收筆談,囑余再訪。余乃出門,兩人隨後出門,余舉手請入,少詹勸王生入室,隨余至門外而揖送。孰謂彼人無禮? 我行此來,自柵以後所見不過店人商客,纔到此地,得見這表人物,委曲遜順,動必中度,令人可敬。

(辛亥正月)初二日己卯,晴。使家以齒痛欠寧,往見三房,約同玩帝王廟即所謂古今歷代帝王廟。……崔君將出廟門,有一人從東廊出來見余,兩人向前唱喏,余亦答揖。那人以手劃地,作書問道:"貴姓甚麼?"余道云云。余又問那人姓名,答道:"小的是姓馮名詡,爲守廟官人根班。"余道:"你是他的根班,何不使吾們入去廟裏觀光?"那人笑道:"官人實不在,鑰匙他便帶去,不曾留下,其實不能,并非虚言。更約後日,則小的當前導。"余道:"真個如是,他日當復來。而廟中有甚麼觀光?"那人道"無有别异樣光景,但有古今帝王神位,而失德之君多不見參,如秦始皇、魏武帝等諸王也"云。與語數句,仍與崔君同出廟門。

(正月)初七日甲申,晴。午後風氣甚惡,飯後與金傔守默將往李雨帆家。使吴興周前導,出正陽門貰車而乘,尋至畫舫橋,問:"雨帆在家也?""不在。"門者又告道:"今又趁早出他,甚麼不早早來尋?"余欲見此人,前後來訪爲三次,而竟作虚行。一見名流,亦關數而然耶? 自畫舫橋仍向青廠朱少詹家,至其門,亦不在家。還出之際,庭東室中有數人從門縫裏窺見,問於家丁,答道"此是書室,而諸公子聚而讀書"云。余與金傔同入其室,有兩個書生方向卓寫册,見余起身請坐,連忙書道:"朱大人以拜年次早出。"余答道:"已知道,甚悵甚悵!"仍取紙筆問那人姓甚名誰,何處人氏,年紀多少。那人答道:"小弟亦浙江府人氏,與朱大人同閈,姓余名詡,賤年爲四十九。"余又問:"貴兄年紀如是高大,文翰又如是嫻煉,尚未免秀才,何潦倒之甚耶?"那人未及答,有一小兒從傍替寫道:"孔子厄於陳蔡,何論一書生?"余觀其童子,神彩清朗,筆法捷利,年纔十四五,不勝奇愛。答道:"誠然! 敢問貴秀才年紀多少?"那童答道:"賤庚今爲十五歲。"余又問:"朱大人於貴秀才爲誰?"那童答道:"爲小生之父親。"余道:"有眼不識朱大人之貴公子,多愧東人之鹵莽。"那童道:

“不敢,不敢!”余又問:“一見清範,可知靈芝醴泉必有根源。”那童答道:“愧煞,愧煞!”余又問:“貴名甚麼?”那童答道:“名惠然,字既餘。”余道:“僕於客歲獲拜貴大人,竊欲復拜門屏,兼爲賀年而來,巧值夙駕,悵慕益切。”那童道:“實不在家,并非虛言。”余道:“何須如此説? 都是僕誠淺之故,衹自紆菀而已。”惠然未及對,余生又從傍書道:“弟於此地,難以謀生,隨兄到上國,未知可否?”余見其人語意必是戲我,答道:“相見之初,兄何以戲語相待乎? 上國與敝邦雖有脣齒之誼,各有經界,無相混雜,係是莫嚴之防限,兄欲爲此,得乎?”惠然熟視余生,顯有未安之色,蓋責其失言,仍答道:“誠然!”余又問道:“僕即東隅莽人,所見不過井蛙,而一見大國已極快事,不想今日得接貴公子,風儀實不讓於荀御李君矣。再若得貴公子一幅書、一首詩,則受賜不少,未知肯許也否乎?”惠然道:“書不能,詩不能,奈何,奈何?”余道:“無須過謙。”惠然道:“不敢不謙。”余道:“君子不可無謙,過謙亦非禮。”又有一個少年貌似惠然,從傍答道:“謙謙君子,想見直道遺風。”余見那少年筆話甚妙,未叩姓名即答:“以僕村野鄙夫,何能當諸位談論?”那少年答道:“賤庚十八,名朗然,號韜夫。”余見此人兄弟物表才貨,真可謂難兄難弟,雖謝家玉樹,蔑以加矣。余又問:“雁行幾位?”朗然背後一小童道:“他是僕之弟兄,少惠然一歲。”余見那童時,一般是奇絶,余又道:“今日已晚,客館甚遠,不能久作穩話,他日當再訪門下,休得見外!”惠然道:“唯命。”朗然道:“想日後先生上館時,兄弟三人從事於詩書,未圖奉拜,徒胸中發鬱。”余道:“諸位常在書室,僕若再來,豈有不見之理乎? 但指日相會恐好?”朗然道:“好便好,日亦未必指,明日即初八日也,學究先生即到館了。朱氏家法,凡子弟在書房,不得在外應酬,我兄弟三人何能營私於其中乎? 深恨,深恨!”即此一語,朱少詹教子之法可知矣。余生又與一少年將欲戲語,余視其人,容貌動止,必非端人。余道:“俺外國人也,言語侏離,文筆短澀,實不敢久陪僉誨,且難免一齊之譏,容我告歸。”即起辭諸人,朗然三兄弟屢道悵缺,送至門外,揖余上車。余與金君從容歸寓。

（正月）十一日戊子，晴。是日即季父回甲日也。

……飯後，三使臣與黄樹齋諸人約會於寶寧局張哥所。那張哥名青雲，寶寧即其局號，本以南邊人，頗識字，多結識有文翰之朝士，故我國使臣欲見若個人，則必會於此人局。局在玉河館西百餘步地，余亦隨往。上使與一人對卓，余見其人時，生得八尺身才，體大貌胖，眉目朗潤，舉止軒昂。余之在東時多聞其風聲，入燕後亦因上使飽聞好處。此人政是黄樹齋，三使臣次第叙話之際，有三個人追後來到，各施禮就坐，書示姓名。一個姓楊，名熙，號朗山，楊忠武遇春之孫，西蜀人也，年可四十有餘，官居刑部主政。生得七尺身才，胖白面皮，眉目豪邁，筆法甚捷利，家在正陽門内西城根願學堂前。一人姓倪，名印垣，號府東，西蜀四川人也，舉孝廉，官至知縣，年可六十餘歲。生得九尺身才，體龐黑胖，眉目豐滿，舉止凝重，有長者之風。一人姓錢，名江，號東平，江南浙江人也，生得七尺餘身才，貌白體剛，眉目英悍，言語清爽，頗善詼諧。年可四十七八，無頂戴，必是白面書生，而其杰傲之態種種見於辭表。

諸人與三使臣筆談，余則入隔壁炕裏，有一個十四五歲少年，與李恒紀（行中譯員）筆談，見余躬身唱喏問訊。余亦答揖，問那人姓名。那少年答道："小子黄樹齋①之子，名秩桓。"余道："有眼不識樹齋先生貴公子，謝罪！謝罪！"那少年道："不敢！不敢！"余道："雁行幾位？"那人道："小子兄弟五人，長舉孝廉做官，其次三人皆在江西鄉家。小子陪家君入京。"問其年，十四。問其讀何書，讀《周易》，未講義云。筆談姑未嫻熟，不似朱少詹家兒。正説間，倪府東起身至余所，書問姓名，余答云云。仍問："貴姓尊名，纔已得聞矣。貴鄉爲四川云，距京師爲幾多路？"府東答道："爲八九千里各不同。"余問道："四川係是西蜀，路過甚麽地方？從旱路則過何處？由水路則過

① 原作"黄樹"，闕"齋"字，據補。

何地?”倪答道:“由旱則自秦西安出劍門,由水則自楚北達夔門至蜀。”余道:“洛之云遠,曷云往來萬里,旅館經年閱歲,能無江湖山藪之想否?”倪答道:“險阻多矣,所謂异昔同今者非耶?”余道:“爲國者不顧家,况當新皇帝履極之初,百度維新,雖山林隱伏之士,莫不欲延頸而將出,如閣下先朝舊德,詎能無涓埃圖報之心乎?”倪答道:“實不敢當此言,其中則未必無此心。”仍問余道:“十年前,弟與貴國申翠微翁(申判書在植[①])、李汾西(字周經,未知爲誰也)諸友唱和頗洽,未知安否何如?”余答道:“翠微相公已捐館,汾西果未知爲誰。”倪道:“人事多傷,高人已爲松塵,弟之衰朽未久,從可知矣。”正説間,黄樹齋又來余作禮,余即起答揖,仍問余姓名,余答道:“姓某名某,夙飽先生大名,願趨下風。向於士野大人赴會時際,因賤恙未果,今幸得拜,大慰平生。”黄答道:“無才淺識,虚冒浪名,可愧,可愧!”余又道:“諸位大人在座,未遑穩拜,异日當躬往門屏。”黄道:“兄若不棄,老朽改日當恭候耳。”仍問道:“李汾西若在貴京,可寄信致至否?”余答道:“不難,不難。”余又問:“先生名望雷動宇内,遊覽必多,願聞其概。”黄道:“名望不敢當,天下嶽有五而吾遊其四,州有九而吾歷其八,稍以爲平生差强意處,而先時因奉使行萬餘里,比年又浪遊萬餘里也。”余答道:“先生可謂壯觀天下矣!五嶽遊四,九州歷八,而尊駕未曾到敝邦,此亦東人之緣薄所致也。”黄道:“所以貴邦趙心庵(趙判書斗淳)贈弟句云:‘安得携君東海去,十洲親見好樓臺。’徒以是神往而已。”余又道:“改日當與星山宗人并拜門下(星山隨上使已有宿面也),雖未指日,計於望前後爲期,未知閣下意下何如?”黄道:“衹十五日與他友有約,餘日俱從尊便。”説猶未了,楊朗山又至,向余唱喏,余亦答禮,仍道:“尊姓貴號,俄於副大人筆談已知道了,貴鄉亦已聞知,敢問旅寓於何處?”楊道:“世居肖城之南崇慶州。”余又道:“楊忠武爲兄祖考,尤不勝欽嘆景仰。”楊道:“如弟之

① 植,原文誤作“湜”,徑改。

蔑識，徒爲忝祖之孫（楊忠武公遇春有大軍功，以武臣至閣老）。”余答道：“無須過謙，今日無多，且諸大人在座，與兄未討穩話，他日或可得拜乎？”楊道：“俟東平定有地方，當奉約領教。”楊道：“貴邦環玉爲一品云，而兄有雙玉耀鬢，未知官居何品？”余答道：“敝邦官制，無論文武，若至三品則懸玉。但雕與環有异，弟則忝居三品武官也。尊兄爲忠武公之孫，想不外待武官。”楊道：“不敢，不敢！甚麼外待？”余道：“今言誠戲，休得見怪。”楊道：“貴邦武技以何爲上？”余道：“十八般武藝，無所不通，然後方可謂名武，而小弟則楮管未工，韜鈐又昧，文不足稱，武不足道（欲妝拙而爲此謙語，不勝愧赧）。”楊道：“文武并重，敢不敬恭？”余又問道：“賈筠堂禎今生存否？”楊道：“現在禮部尚書，年方八旬（此人筆法名於當世，年前因燕行人得其筆，故今又動問而求書也）。”余又道：“卓海帆秉恬現居何官？”楊道：“太學士總領兵部，時任中書堂，與小弟同鄉。”余又道：“海帆先生之文名筆法稱爲當世第一，東人亦多得筆法，貴兄與他同鄉云，或爲我周旋，其詩句書帖俱各得惠否？”楊道：“遵便難得，容緩可求。”余道：“小弟當以紙本奉呈，必於此行未發得惠，如何如何？”楊道：“中堂事煩，恐未能刻期求得，當盡心周旋。”余又道：“改日之約，兄勿推却也。”楊道：“與兄相聚，誠所願也，兄何出此言耶？”余唯唯，諸人與三使臣輪回作話。日夕乃罷，余與錢東平未及討話，茹恨而歸。

（正月）十六日癸巳，晴。開凍時，副、三房往碧雲寺觀光，而余則與黄樹齋有尋訪之約，故不得隨去。飯後，率性淡於正陽門外，貰一輛車兒，尋至黄家，家在琉璃廠外果子巷兵馬司中街路北。至門，門下有三四人守門，使之通名帖，那門者入即旋出，邀余導客堂，未及入室，黄樹齋連忙出來作禮，讓余先入。余又勸他先入，他便苦苦推辭，那裏勸得他。余不得已，先入，相與就座，客宇甚軒敞，書畫多奇异。茶罷，黄書道：“承兄一顧之約，知當不錯，猶未知的在何日？今忽光臨而無先聲到來，使老漢頓失迎儀，甚悚甚悚！”余答道：“向拜未穩，歷日紆菀，爲探近候，得趨下風，已極榮幸，先生何出此言？

倒教晚生嚇煞!”樹齋道:“不須相讓,倒壞情分,擬於十九日約會於陶然亭,未知諸大人與星山諸公俱有暇否?”余答道:“既承俯邀,何難乘暇? 當以此意往復諸大人與諸公。”樹齋唯唯道:“錢、倪二君俱在此間,可以一談。”余道:“兩位既在貴所,則甚麽不請來做一席則個。”樹齋以談紙入送後堂。俄而,二人并肩而來,相與叙禮就座。東平道:“日前趨晤,政以未克深談爲憾,今辱降臨,欣幸欣幸!”余答道:“小弟亦於向席未叙片談,杳欲生病。不期今日獲接崇儀,深慰,深慰!”余道:“聞先生高名,見先生德宇,真個是經濟之士,頂戴未免秀才,是甚緣故?”東平道:“弟一謫戍放歸者,且功名本非所願,亦福薄之故耶?”余道:“自古文章多薄命,不遇之罪在先生,而白面秀才緣甚作譴謫之行耶?”東平未及答,樹齋道:“此君在嶺南率義勇打英夷,以不持撫議觸忤當事,被謫遠戍,適有軍功,僅得生還也。”東平道:“刺配餘蹤,何足多説乎?”余道:“如此罪謫,非謫伊榮,如兄可謂慷慨豪杰之士也,但謫戍何地方? 做甚麽軍功? 願聞其略。”東平道:“豪杰二字不敢當,謫在西邊伊犁,離京師一萬二千餘里,近俄羅斯邊。其南即回疆,屬伊犁將軍所轄,蓋方與二萬餘里,蒙古布魯扶安諸部落均雜處其間。弟在謫三年,曾周歷各城,蓋身行五萬餘里,年前在大將軍幕府時,回疆猖獗,弟自願出征,不出四五朔悉討平送裔,始蒙放還。今則落落一布衣,四海爲家,亦頗快活也。”余道:“壯哉! 兄休恨,落落布衣,數年之内屢萬里歷覽,足爲男兒快心樂事,况掃除邊醜以功見放耶?”樹齋道:“此君有捉賊殺生之手段。”余道:“可敬,可敬!”樹齋道:“閣下亦當出征之役耶?”蓋此語認余以中國之武官,聞余折衝將軍職名,必稱之以將軍,尤可羞煞。余道:“敝邦升平日久,内無城柝之警,外無烽諜之報,實無出征之舉,且晚生手無縛鷄之力,而冒忝武班,雖有意外之變,何敢當此役耶?”樹齋道:“如將軍可謂福將,亦可謂文武兼全也。”余道:“不敢,不敢。”余又問道:“向因士埜大人得見《孔母三世授經圖》,詳知孔内翰家法,况夫子家孫耶,切欲一見其人,未知緣何相見?”樹齋道:“孔内翰即吾榜中人，而其家法實令人可欽，明日似出城，弟亦欲招之，兄無負十九日之約。”余道：“不敢，請固所願，不敢負約，而但諸大人在座，似不能討穩，以是爲難。”樹齋道：“陶然亭有幾處座頭可以分設，以便穩叙，弟與錢、倪兩人同作主人，乞即告諸公務必同到，以是日巳初爲準，萬勿過遲，庶得半日之歡也。諸公處弟不再速，即望定意無誤也。”余道：“斷斷唯命。”余又問：“楊朗山亦同會耶？”樹齋道：“朗山近因搬家，甚忙，似未可必也。”正説間，侍者進三碗食物，即所謂元宵餅也。樹齋道：“今日倉卒，未能備酒，衹以薄味聊爲點心，望兄勉下一箸。”東平道：“今日即上元，翼日此餅正宜時食也。”余道：“適來承誨，貽擾貴厨，不勝悚悚。”看那餅即是於路上買吃之元小餅，而其色甚潔，且潤如玉，浸水吃之甚佳。遂吃盡一碗道：“此件甚可口！”樹齋道：“此件四時有之，但此品京師衹一處，他處賣者皆不如此。兄若以爲可吃，則他日當定做百元以奉。”余道：“好便好矣，不須如此過念。”樹齋道：“相距甚近，何難之有？”余道：“先生既如是勤念，恭俟一番更嘗。”東平道：“東國武備何如？火器何如？聞英夷近年頻到貴邦云，作何光景？”余道：“敝邦兵備火器諸般名色，本自俱全，而自壬辰島夷猖獗之後，大增其制，無物不備。比諸上國，何足爲哉？英夷則實未知何様人物，而或於沿海處，往往有异様，船帆自去自來，其容貌服色或認以英夷，未知其真假，且無邊大洋，船帆往來不是异事，彼我并無相涉，亦何光景之有？敢問大兄，力主剿論，雖未見用，如其不然，則果能討平而裔之乎？”東平咄咄奮然道：“可惜世無其人，如有同我者，何患破之不速乎？彼之不及中國者多，中國之勝於彼者亦多。以我之有餘，恐彼之不及，易於反手，且其船隻雖曰奇制，皆是樓船，大凡水戰之法，多用火攻，以相當之火器，仰而攻之，則何難之有？弟已算定器械模成圖形，兄試觀之。”即以一册子出示，諸般火器無所不圖，余則衹做披覽，安知其妙理乎？但點頭道：“兄可謂文章、經濟、氣節中人也，誰能與兄同仇？”樹齋道：“可惜虎頭早塵，蓋此人皆是同志者也，故有針芥之契。”余問道：“張虎頭何時去世?"樹齋淒然道:"虎頭,弟之至交,天津之役,事與心違,不能消了口氣(年前英夷至天津,道光送林則徐征之,張虎頭①亦從之,時穆彰阿間則徐,遂講和,剿黨恨之)。遂放迹於方外,往年客死於揚州,其子小虎尚在揚州(長誠敬,次翊敬,皆有文章氣節)。"余又問道:"張仲遠曜孫亦以文翰名世,未知在京否?"樹齋道:"現官湖北武昌,頗有政聲,亦與弟甚善。"余道:"恨不相見若爾人。"黄道:"貴邦茶葉有好品否?"余道:"敝邦本無産茶處,故一應茶種全聽於上國。"樹齋道:"弟亦有茶癖,而不易得真品,年置别莊於西湖,與龍井地相近。龍井烟霞洞有一種芽茶,此是真真品,每於先春生芽時采取,地産亦無多。那茶有四種,第一品爲蓮心,第二爲明前,第三爲雨前,第四爲頂春,通稱龍井茶。他處則并無,市上所有,皆是假品。弟之所得,尚有見存,他日可持贈一賞耳。"余道;"若蒙珍賜,則甘露靈芝必勝此也。"樹齋入内堂,手持二册子,揖余道:"此是弟近年所作,呈請賜教。"余道:"惡,是何言也? 賜教不敢當,不學武夫,何能答此盛眷? 愧煞,愧煞!"東平亦以一卷墨帖、數幅詩稿遺余。余起謝而視之,詩藻甚高,墨帖即乾隆皇帝改惇叙殿,與皇親王子弟及侍臣聯句刻石模本者也。余道:"不才時亨,有何不棄,教諸位先生如是錯愛,多謝無地。"東平道:"些小何足哉?"

正言間,有一少年,神彩清秀,年可三十多少,自内堂出來,向余納頭作禮。余即起身答禮道:"敢問貴兄高姓大名?"那人未及答,東平道:"此君即樹齋先生第二子,詩才超絶,議論高卓,吾輩之所未及也。"余謝道:"小弟有眼無珠,不識樹齋先生賢胤,罪悚罪悚,敢問官居何職?"那人答道:"久仰清標,今始識荆,幸甚,幸甚! 小弟名秩林,號子幹,冒舉孝廉,現居宗學教習之職,賤庚三十六,敢問貴庚?"余道:"賤年三十九。"秩林道:"長弟三歲,可兄事之。"余道:"可愧,虚吃多年。"正言間,樹齋向秩林説甚麽,秩林起身入内而已,手持一

① 張虎頭,原文脱"頭"字,據補。

簇子出來。樹齋命秩林展之，即一“壽”字，紅質白章，筆法甚奇，其下書七歲李宗淮書，七歲幼兒何能爲此？其下又有名流贊跋。余問：“李宗淮果是誰家英馨？”樹齋道：“即李宗瀚之弟，乃兄爲當世吉輩，工於文翰，與弟爲同閈弟，欲將此以爲趙心庵壽。”余道：“好，好。”余與秩林復討話，秩林又入去，袖來三册子遺余，道：“此是小子拙作，望先生賜教。”余答道：“不敢，不敢。”一席之間，父子各有詩集已成剞劂，可謂是父是子，余觀其册子，即《主静堂詩鈔》《燕臺吟草》等諸篇，暫見之，其文藻極佳。俄者，樹齋所遺即《己酉北遊録詩歌圖引》俱全，此人父子可謂當世三蘇。余道：“先生遍觀天下，足迹無不到處，因何事遊何地方耶？”樹齋道：“嘗東使山海關，臨渤海，南使閩，泛海到厦門即烏衣國，又西至長安，登華嶽，皆奉命讞獄也。”余答道：“閣下先生可謂馬遷後一人，小子此來得見先生，亦足謂壯觀天下也。”余又問：“東平大兄家在浙江，係是何省？”東平道：“浙江即一巡撫所住處，而江南金陵皆是同省，金陵爲總督所住處。”余道：“江西係是何處？”東平道：“江西亦一省，有一巡撫，統於江南總督。”余道：“然則兄已盡經否？”東平道：“内省十八都已盡歷，新疆二萬里，在十八省之外，亦已周覽矣。”余道：“如兄可謂大丈夫人也。”又問：“各省州縣官制何如？”東平道：“本朝分十八行省，每省周圍三四五千里各不同，每省州縣七八九百餘不等。文官則統以總督、巡撫，武官則設提督、總兵，滿營（清人也）則設將軍、副都督，皆一二品大臣，而總督則文武總轄，即唐之節度使。楊朗山之祖忠武公曾以武官而至總督，以其功大故也。”余道：“然則上國無文武之别，有勛功，則雖武官能至大臣閣老之位乎？”東平道：“漢人武轉文者甚少，若閣老則必由翰林，滿人則文武不分也（滿人，一稱旗人）。”余以槐翁族叔、石樵族兄、百涵宗人、李霽谷（亨秀也）詩跋出示諸人道：“此是小弟族人所著，懇弟一經高眼，兼乞賜教，望諸位先生肯許一覽否？此甚張皇，不可倉猝覽過，或可從容留神，各賜斤正否？”諸人道：“斤正不敢當，一見好好。”諸人各輪視一遍，稱云巨作，請皆暫留，容再細玩一番也。余道:"本有此意而來呈也。"仍道:"久仰之餘,得陪諸位先生,滿受清誨,實不覺日輪沉西。閣下以衰邁貴體久坐惱碌,此心甚不安,請以告歸,當於陶然之會復趨下風,望諸位珍重。"樹齋道:"日尚早矣,何必如是匆遽?"余辭謝而起,諸人復囑十九早會,并送之門外。倪府東因醉入後堂就睡,不能作話,又不得相别,衹以言囑而歸。副、三房自碧雲寺侵昏歸館,滿説觀光之奇,當夜無話。

(正月)十九日丙申,晴。余之感氣尤甚,早飯不得下箸。是日即陶然亭約會日也。三使臣將往,請余同行,余雖有微病,今日之會不可不强,故與星山宗人并車而行。尋至黄家,錢、倪兩人已候多時。三使臣及余二人入客堂,相與禮畢,主人各饋一碗圓餅,即日前吃的元宵餅,或稱湯圓。吃訖,樹齋入内舍,手持一竹籃兒及小櫝子向余道:"那櫝裏的是龍井茶二蠟瓶,這竹籃裏的是百元湯圓,供兄一賞。"此是日前有約,而信意可尚。余再三稱謝,使性淡收去。三使臣及余兩人與黄秩林叔侄(秩林叔,即樹齋之弟,名爵澄,號印波,年四十二,現爲秀才。爲人甚厚重仁純,有乃兄之風,頗工於筆法也)偕錢、倪兩人先往陶然亭,自黄家西距數里許,外城西隅廣野中有一座土山,如覆杯形,其下四面環鑿濠池,周三四里多少,池中都是蒹葭,與東陶然亭仿佛,西堤上有一閣臨水,雕窗紋户,琉璃通明。其西有小刹,至其門,門外石碑,書"黑窑廠""觀音庵",即明時創建者也。佛宇僧舍雖不宏麗,極其閑静。入其庭,由東墻門入,此是一座水閣,連亘十餘間。東壁皆是琉璃窗户,蘆池炯映,圖書滿壁,床卓整齊,此即京中文人才子避暑觴咏之所,號稱陶然亭也。黄樹齋同代六人修禊於此,往往來遊,而其人多不生存云也。

錢東平以寺中古迹及前人書畫次第來示,其中有懷素《曹娥碑》真本,間有蠹蝕,字畫嵌缺,宛然是舊物,其末果有"黄絹幼婦外孫齏臼"八字。又有唐人所畫十八禪師畫像,各有所贊,即東坡生筆畫法,筆格俱是絶倫。又有明沈石田畫帖,其外亦多可觀。黄樹齋追後而至,以一幅横軸圖披示,畫頂題"如此江山圖"。諸人披而玩之,則果是一座山水圖，而非畫非綉，甚奇絶。詳細看看，白綾畫本以黑綫刺綉，如墨畫樣。其下有小贊，書以侄女周琛繪，其外亦多名流詩跋，此則年前樹齋與其子秩林舟遊於鎮江揚子江。江中有焦山、北固三山，稱爲第一江山。歸猶在心，使其侄女周琛（名琛，嫁周氏，故云）繪之，仍寫自家父子舟遊之狀，此所謂《如此江山圖》。蓋江蘇之間，古多才女。婦女之工於書畫，聞之已熟，或有得見者，而此誠千古絶品，雖蘇氏《織錦圖》無以過矣。樹齋門人有姓銘名岳者撰之，即時輩中最吉者也。樹齋仍請三使臣續和，又向余屢屬，道："千不敢，萬不敢。"樹齋道："兄勿推辭，弟之欲爲此者，爲廣其事而奇之也，兄何相外耶？"余不得勉諾，仍問："孔綉山來否？"倪府東道："今日又以公幹未到，有書致謝也。"樹齋以龍井茶及江西橘各先來饋，茶香清馥，橘味甘淡，真個是平生初嘗也。三使臣與諸人打話，余則身疼粤甚，與星山同子幹叔侄出東墻，下至濠邊。少步，周覽其傍，有一六稜小石塔，四面有刻書，風磨雨洗，字畫多刓。雖未詳知其何樣文字，蓋多"羅嘛何"等佛經句語，考其創立，則即遼壽昌年間所立。與諸人復入墻門，出西庭，尋至一房，丈長窗高，户與水閣一般。其制幽邃清净，猶有勝焉。門上署"西山爽氣"四字，東壁上有石刻"陶然亭"，撰創在宋，至明時重修，書畫詩跋極多可觀。相與稱道周覽，北臨濠池，葦色滿户，蒼葭白露之時，恨不來賞。俄而自東閣邀余二人與三使臣隔壁定座。前排床卓與三使臣少無差等，樹齋叔侄父子、錢、倪諸人互相倫回對卓，一邊進食，一邊行酒，又一邊作話，飲食節次，與商輩大异。秩秩有序，鹹淡膩澀，各有條理，無非可吃之物。而第一清醬，味極奇异，人皆言北京醬不如我國，此則秖以市賣品論之也，以今日所見言之，則非但味甘，其色甚黑，而微有黄色，恰如熊膽，大勝於我國所造，而但甘味太過也。件件吃過，個個問知，皆是奇品。其中有名金鴨蒸，熏氣騰騰，中有一種蔓菁般的物，大切混煮。余則認以菁根。子幹以箸挾之，送余道："此是凍竹笋，福建所産，爲天下第一佳品。"余取而吃之，其味甚甘且厚，微有香氣,想其柔笋始抽之狀,必似大牛角,果是稀味。其外鯽魚白熟生鮮、神仙爐等許多佳需,不可勝道。余初到,身疼頗緊,無意對卓,强飲數杯,汗氣遍身,稍稍得好。且飲且言,酒至半酣,春和動座,樹齋手持一大盞,滿酌而來,書示"拇戰"二字,以作酒令。酒令之爲古法,余亦聞之已久。我國無此法,且拇戰未知何意,輪示星山,星山亦不解。蓋樹齋示使臣而不通,即來余而求知也。余二人亦不通,黄家父子兄弟皆以手指作甚麽卷舒之狀,或示以一指,或示二三指。余觀其形,必是猜拳法。余書示:"無乃猜拳行令?"樹齋諸人點頭唯唯,猜拳則以物知之,而以拇相戰,終涉未詳。余道:"不必拇戰,以不醉無歸爲令,未知何如?"樹齋欣然而道:"兄言甚合,此間不可無陶然,望諸位開懷暢飲,杯到莫停。"余道:"賓主相得,溪山如此,春候尚早,日氣清寒,政是千古一奇酒場。况果剥江西之橘,肴切福建之笋,亦千古一奇酒會。不醉無歸,政謂今日事,而奈酒户苦不甚寬,但恐虚負陶然之號。"星山道:"如此好會,雖醉葬於陶然亭下,何恨之有?"樹齋道:"石湍兄虚負之言,恐非矍索武夫之言,星山兄醉葬云云,真有劉伶之酒量,今日祇可陶然而已。"余道:"今日爲星山荷鍤,吾可爲之。"諸人皆閧倒,仍且勸且飲。余以栗殼小小酒量,幾過十餘巡,星山亦無素量,隨到强飲之,紅潮滿面,青眸頻拭,觥籌交錯,筆談淋漓。余之感症從醉中漸消了,遍身通汗,寒氣隨散,大抵男兒之一番疏暢,足以蘇沈疴。今日之會可謂平生壯遊,亦可謂平生壯觀。三使臣則杯酌不勝,便作壁上之觀楚,尤覺没味也。杯盤將盡,以一碗黄湯各饋,此則醒酒湯,而以黄粟煮粥,使之和解酒熱也。各自吃盡而嗽口吃茶,席將散也。當日筆談,醉不能盡收,姑存其略。

樹齋又前導而行,自那亭由城北角一里許,尋至一所古刹,門上署"興誠寺",而南臨濠池,與陶然亭對峙。入其門,正南壁上有一座水閣,門上署"瀛洲别館"四字,西曰"蓬萊",東曰"閬苑",恍然若神仙窟宅。入其室,書畫床卓,與陶然一般,亦詩人都會之所,而東壁上有“山光葦色”四字，又有“蒹葭簃”三字，以其壓臨蘆池故也。又回入招提，前面東西各有一小樓，西曰“翰山樓”，東曰“凌虚閣”，皆可登臨。樓之北庭，即法宇前面也。東檐下有一木如張蓋形，枝幹屈曲，如龍蟠蛇堆之狀，枝細下垂，一似垂楊。詳觀其木，明是槐類，而間有其實未落，粘在枝間，摘而視之，果槐實，此所謂北京名木龍爪槐也。

自那寺又北行數百步，有一刹名曰“龍泉寺”。佛宇甚古，方丈極精。庭中有數碑，皆成化間所立。西庭有一木甚茂，問於寺僧，答道“這木海棠，其花極繁，每於亂開，滿亭通紅”云。而詳觀其木，則與我國所謂海棠大不相同，體大且高，枝幹極繁，此必是真海棠也。於焉之間，日已向昏，馬頭立促一行與諸人作别。東平道：“此間有天王寺，可合一暢，若得貴暇，則當再圖一會，以叙餘懷。”相與留約，各自散歸，長驅而入，由宣武門歸館。天氣已昏，酒暈未醒。余之痛勢比朝出時便是快瘳，誠可怪矣。余之平日，則時或飲酒，未及一盞，頭疼輒發，今日則素有頭疼，而因醉反好。十餘杯酒，無餘害。南邊黄酒，雖曰平順，何能如是乎？此必是人境相得，心懷快然故也。當夜輾轉不得睡，追想陶然亭筆談，茫然記不得，猛起。東平所言有云“方今英夷剿黨中三人最有名望，英夷甚畏之。模三人畫像送於其國”云。此三人即林則徐、關天培、黄爵滋，皆漢人，而有文章氣節者云也。

（正月）二十四日辛丑，晴。三使臣往觀蘆溝橋，余則黄樹齋有候約，故未往。飯後與性淡往黄樹齋家。錢東平與子幹出迎，各叙近日安否。兩人并謝日昨惠物。余道：“薄表微悃，何足有謝？”秩林道：“昨見兄大作，不勝羨企，既嫻武事，又工文詞，中土惟有湯雨生（名貽分）①總戎能詩，與大兄當可拮抗矣（僞獎之言，不必記之，取其當場記事，今姑存之，見者其恕）。”余道：“無識村夫不敢當兄言。適

① 即“貽汾”。

因令尊大人勤囑之盛念,不容不冒濫,何能當此教?敢問湯雨生今在京闉否?"子幹道:"此人即當世文武之才,而亦英夷勦論力主者也。天津之役見事僨敗,不與於時議。今方退居金陵,數千里不得與兄相見,深恨深恨。"東平道:"雨生與弟亦至交,若在京時,何待兄求見而後見之耶?"余道:"緣小弟分淺,不能得見如此人也。"東平手持一匣册、一墨帖遺余,余受而見之,匣册即《明季稗史》十二卷也。墨帖即米襄陽草格,又以真玉烟竹一個留贈,余再三致謝。東平道:"微細之物,不須如此。"余問於子幹道:"周女史琛爲兄從妹,現居何處?其綉法甚絶异,或可得一片真迹耶?"子幹道:"女史能畫工書,又善詩詞歌賦,琴調笙曲無所不通,而綉尤妙絶無雙。郭羽可先生(亦當世名流而未及問名)常以針仙稱之,惜家在豫章,一時不能得其手迹也。"余道:"然則兄或爲我力求,續後惠寄否?"子幹道:"兄既如此説,惟當不忘以圖代索,而家嚴之《如此江山圖》三年始成,恐不能指時而言之。"余唯唯,子幹道:"數次相穩,未暇詳問,未知貴家何處?"余道:"弟本山南道永嘉府人,十年前旅遊京洛,見縻武衔,方在京中。"子幹道:"東土永嘉能如南土永嘉否?""謝公之屐讓兄,獨佳麗擅名南州,且士大夫園林相望,足可恣意着屐,而弟無靈運之風致,可惜讓與别人也。"子幹道:"弟少時亦曾學彈射擊剑,豪宕自喜,中因弱質多病,遂棄不習。每逢文武兼才之士,輒爲心向,得見大兄,大慰平生。"余道:"每到兄如此言,自不勝愧蹙,望兄再休虚奬。"子幹道:"兄言甚謬,弟與兄爲知己,何必相外乎?"余道:"揚子江在鎮江云,焦山、金山亦屬於鎮江否?"子幹道:"金山、焦山均在江心,而金山屬揚州瓜州司,焦山屬鎮江丹徒縣,北固在江南岸,亦丹徒所管。"余道:"甚風吹送得見如此江山?恨生東隅,眼孔不過側管。"子幹道:"名山大川到處有之,足下放開眼孔,萬里之外可一覽而得之矣。"余道:"東國山水之佳麗固無遜於南土八道,六七千里,弟幾盡覽過,而素無史遷之壯志,亦何足道哉?"子幹道:"吾兄胸中自有邱壑,況已經許多名勝乎?健羡,健羡。"即以其《廬山日記》付余,又以近日詩稿未定草者出示，其中多感古句語，而有《咏明史》八首，最有慷慨之語。且於酬酢間語到皇朝事，則現有咄咄憤慨之意。蓋此輩皆是皇朝名裔，雖剃髮左衽，皮裏春秋有能掩於辭色間，且與我人深許者，亦以此也，而俄者東平以《明季史》遺余者，亦豈無所主乎？子幹又言："皇朝事至不立燕王而立太孫事，亦爲之咄嘆一場。"仍扯其筆談滅之，此則必諱清人故也。余道："見兄詩集，每多慮飢恤窮之意，兄可謂憂以天下。他日大有望於吾兄也。"子幹道："未敢爲也，志未嘗不在范公，而恨才學疏淺也。"正言間，東平手持一隻柱聯以遺余，余披而視之，即小序贈余者也。

有云："太平之時，文武將吏習於懶散，拾前人之唾餘，高談闊論，盡似真才，乃稍稍遇一大事到手，則倉皇迷惘，無一幹濟之術，可嘆亦可恨也。士君子平日事事講求，在在體驗，臨時衹做得三五分，若平時全不理會，徒事迂談，則文不知武，武不知文。久之，且文不知文，武不知武，衹似紙舟塵飯耳。連日與石湍譚，是蓋以武士而博通文事者也。走筆書此，送其東旋，歸語國人，未識以余言爲河漢否？"

余見其文翰，文翰之神捷姑捨，不煩而簡，不浮而精，句句字字，無一不格言。若如此者，可謂踏實經濟之士。而顧余擣虛之類，終未免東平之罪人，可勝嘆哉！余即起身遜謝，東平又道："人能經濟，然後可以，愈久愈彰。晚唐詩人未必皆有經濟（此則蓋指黄樹齋工於詩詞，不□於經濟，而或□我人視自家於樹齋之下風，有此插入語也）。"余道："所以有'何不賦詩令退虜'之譏也。"東平道："兄便吾副手梢公。"余道："不敢不敢。"東平道："兄必不知吾之所好者，黄樹齋人望足以傳世，詩詞足以傳世，但文不如詩，吾輩奚翅若爾人而已哉？"余起而謝曰："先生之言果是矣，弟誠但知管晏之齊人也，敢問先生之所好者誰誰某某？願聞其概。"東平道："文章、經濟、氣節中人甚多，難以枚舉。以江蘇之人言之，臧[1]牧庵孝廉紓青、包慎伯明

---

① 臧，原文誤作"茂"，徑改。

府世臣,陳昔麓刺史世鎔、陳卓甫刺史鏞、湯雨生貽汾,其餘不可一一指名。陳鏞,今皇上新祚,初以文章經濟召對,頗多著述。其所作十餘册,今在弟所,要弟删正。”即以其册子出示,果然是名流。余道:“今而後知先生之所好者有如此人,坐井之見,何足道哉?”余又問:“穆彰阿何如人耶?”東平奮然道:“此人之罪,何可盡誅?”仍起而入,持一草本來示。余受而視之,即新皇上朱筆罪穆彰阿、耆英二人。

諭旨有曰:“任賢去邪,誠人君之首務也。去邪不斷,則任賢不專。方今天下因循廢墮,可謂極矣。吏治日壞,人心日澆,是朕之過。然獻替可否,匡朕不逮,一二大臣之職也。穆彰阿身任太學士,屢受知遇之恩,不思其難其慎,同德同心,乃保位貪榮,妨賢病國。小忠小信,謟諛以售其奸;僞學僞才,揣摩以逢主意。從前夷務之興,傾排异己,深堪痛恨,如達洪阿、姚瑩之盡忠盡力,有礙於己,必欲陷之。耆英之無耻喪良,同惡相濟,盡力全之,似此固寵竊權者不可枚舉。我皇考大公至正,惟知以誠心待人,穆彰阿得以肆行無忌,若使聖朝早觸其奸,則必立置重典,斷不姑容。穆彰阿恃恩益縱,始終不悛。自本年正月,朕親政之初,遇事模循,緘口不言。殆數月後,則漸施其伎倆,如英夷船至天津,伊猶欲行耆英爲腹心,以遂其謀,欲使天下之群黎復遭荼毒,其心陰險,實不可問。潘世恩(時閣老)等保林則徐(時總兵),則屢言‘則徐柔弱,病軀不堪動用’。及朕派林則徐馳往粤西剿辦土匪(叛賊也),穆彰阿又屢言‘則徐能去否’? 僞言熒惑,使朕不知外事,其罪實在此。至若耆英之自外生成,畏葸無能,殊堪詫异。伊前在廣東時,惟抑民以奉夷,罔顧國家。如進城之説,非明驗乎? 上垂天道,下逆人情,幾至變生不測。賴我皇考炯悉其僞,速令來京,然不即予罷斥,亦必有待也。今年耆英又召對時,數言及英夷如何,同畏如何,必應事因,旋欺朕不知奸,欲常保禄,徒是其喪盡天良,愈往愈彰,直同狂犬,尤不足惜。穆彰阿暗而難知,耆英顯而易見,然敗害國家,厥罪惟均,若不立伸國法,何以肅紀綱、定人心？又何以使朕不負皇考付托之重耶？第念穆彰阿係三朝舊臣，若一朝置之重法，朕心實有不忍者，從寬革職，永不叙用。耆英雖無稜已極，究屬追於時勢，亦著從寬降爲五品頂戴，以六部員外郎候補。至伊二人行私罔上，乃天下所共見者。朕不爲已甚，姑不深問，辦理此事，朕熟思深處，計之久矣，實不得已之苦衷，諸臣其共諒之。嗣後京外大小文武各官，務當激發天良，公忠體國，裨平素因循取巧之積習，一朝悚然設悔。毋畏難，毋苟安，凡有益於國係民生諸大端者，直陳勿隱。毋得仍顧師生之誼、援引之恩，守正不同，恭靖爾位，朕實有厚望焉。布告中外，咸使聞之朕意。道光三十年十月二十八日特諭，欽此云。”

余覽畢道：“新皇帝神明慈聖，即此一事，其餘可推，不勝敬服，而此輩見斥，賢人必當從此而進，弟實大有望於兄也。”東平道：“如弟菲才薄德，實無意於名途，而若賴二三子輔佐聖明，俾欹器復整，天下蒼生福，孰有大於此者乎？若無今皇上明哲之斷，變夏爲夷，不出此輩之手中也。”余道：“先生可謂以天下蒼生爲己任也。”

正說間，黄樹齋手持一雙柱對自内而出，屬余道：“正在渴思，適出門，嬲一二友飲市肆，輒有醉意。少睡，兒輩不即來攪，有失相迎，望足下恕過也。此楹語即拙手所寫，實不合遠致貴邦高眼，實出情副也。”仍謝昨日所送惠種，余道：“衹緣行期漸迫，要暫承誨而來矣。誰想倒攪先生甜鄉之夢耶？謝罪謝罪。況此墨寶，實是望外，受言東歸，足爲家藏之寶。晚生今行可謂能事畢矣。些少薄物，何敢當盛謝？”樹齋道：“出月之行定在何時？自當再圖一别，而弟欲爲兄詩贐，方構思，早晚當寄呈。”余道：“先生厚賜情曲，又欲寵之以詩，倒恐晚生福損，第月生之日可以返裝，若失今不來，則恐難再見。”樹齋道：“若然，則月底實難再圖佳會，明日當以一杯相餞，望足下歸諭貴使諸公，容弟再邀，以竟日爲度，叙未盡之懷，如何？弟亦送人替邀也。”余道：“先生既如是勤囑，曷敢不唯命？”話猶未了，東平手持一圓紈扇，一面畫數葉蘭，畫法甚妙，題以八歲童子姚師古寫。一面寫自家舊作《塞外校獵》二絶有云:"萬騎聲喧細柳營,將軍校獵日初升。書生亦有元戎膽,立馬荒灘看放鷹[1]。"其二曰:"豕牙突向馬前過,都護窮巡竟渡河。夕陽影裏健兒返,白兔黄羊挂駱駞。"(此則東平在謫戍邊時所作也)摺扇又寫小作有云:"吾人處天下事,衹消得安詳二字。雖兵貴神速,須從此二字做去,然安詳非遲緩之謂也,從容詳審,養奮發於凝静之中,是故不逸則不勞,不閒則不忙。若先怠緩,則後必急躁,是事之殃,十行九悔,豈得謂之安詳也哉?"蓋此人之言發,無不如此,其中之有藴蓄,庶可知矣,余受而謝之。子幹又以一隻簇子遺余,即自家手書,向余虚奬之説,有云:"石湍將軍,東國志士也,辭令嫺雅,與余終日譚,娓娓忘倦。昔郤縠説禮敦詩,祭遵投壺雅歌,若將軍者近之矣。"余回謝不敢,東平、子幹俱道:"再有别章,日間當定草以奉。"余道:"尤感,尤感。"余又道:"向以東國諸子詩文有請教矣,未知在念否?"二人俱道:"已有構思定論,并當副教也。"黄樹齋道:"貴邦知舊權彝齋(權相敦仁)、金遊觀(金相興根)、趙心庵、李石友許當有寄信,而其餘朴心田(名思浩)、李藕船(名尚迪)不得各訊,兄或以此意歸諭乎?"余道:"唯命。"樹齋又道:"貴邦有一種裱成空軸横卷,其紙何名?最便於用,即作一整卷,亦此種似是貴邦人士自携便用之物,而抑不常用者耶?"余道:"此是東人所稱空妝帖東紙,則以其土産也,故不以爲貴,每取用於上國市賣的。先生若要此件,則此是東土至易之物,惟當討便而得副也。"樹齋道:"多謝厚念也。"又道:"昨見足下大作,皆清真毫無俗氣,多得古人之體。弟之《如此江山》倍添光輝,龍井茶亦得好題品,實不知足下實地如此。"余道:"先生休如此説,無識武夫膽實粗大,妄恃先生之寬容,敢庸冒耻,曲恕曲恕。"正言間,子幹、東平以數種糲餅與果品極精妙,當奉揚仁風。余道:"既非謝東山之蒲葵,則有何仁風乎?"子幹道:"拂拭乘塵,亦大佳事。"余道:"何處有元規塵耶?"子幹

---

① 鷹,原文誤作"膺",徑改。

道:“以茂弘眼看,今世亦多元規也。”相與呵呵。余又道:“令尊大人那當歸,而兄現居時銜去就何如?”子幹道:“家君之行亦姑未定,弟則現充教習,三年報滿,且明年當試南宫也。以後書問盡可往來,而衹惜不得相瞻,千里相思,惟大圓鏡中有兄面,亦有弟面,萬里咫尺,足可相慰。”余道:“人生多悵,指月爲證,兄我一般也。”説話未畢,夕烟生檐,余即起身告歸。樹齋出來,勤囑明日之約。子幹、東平亦惓惓説道,余即促駕而歸。

(正月)二十五日壬寅,晴。早朝,將所作詩序使人先送黄樹齋家。飯後,與星山陪三使臣至其門。樹齋兄弟父子與錢東平出迎,同入後堂。正面一室,即樹齋所居。庭之南即東平寓所(東平早喪室,又無子女,自號放歸一民,雲遊南北,無定所,故來寓樹齋也)庭之北即子幹叔侄文房。三使臣與樹齋入後堂,余與星山從東平入客室。東平道:“石湍兄詩文真個是巨作,而知我不少。”仍出示星山,星山亦稱賞道:“實不圖此武能爲此文也。”相與呵笑。子幹持一把摺扇贈余,道:“足下文詞非吾輩之敢擬,衹以拙詩數語奉贈,供兄一燦。”余稱謝而披之,即七律一首,有云:“國使相逢歲幾何,軺車又向敝廬過。同來賓從嫻辭令,獨識將軍善雅歌。北極長依霄日近,陽春遥布海天和。知君快睹人文盛,肯道蘇門有小坡(余嘗譏子幹以小東坡,故有此語耳)。”東平又以一横軸贈七律一首,有云:“無端相見又相别,一路春風送爾還。但願斯行歸國日,長留此句在人間。緑楊垂處誰開眼,白雪消時政醉顔。剩有黯然難送意,舉頭明月照關山。”余再三稱謝,東平入後堂,黄樹齋手持一横軸遺余道:“閣下大作可謂武中才子,而惟愧鄙陋,難副盛心,僅以拙作贐之,望兄印可。”余謝:“不敢。”看了一遍,七律一首即次余韻,而别章五律一首,即百涵諸詩之評語也。七律云:“江關蕭瑟感流年,白髮青雲詎宿緣。舊事幾回當燕九,高談一笑禿豪千。液池春暖花猶勒,瀛海人歸月再圓。傳語太華山下客(指我家在華山,故云),清時憑眺尚陶然。”五律云:“臨風舒衆錦,驛路有光華。詎謂古今遠,伊興不及嗟。

山林邀杜筆,桂苑競崔家。我欲窮東海,珊瑚拂釣槎。"子幹又次有云:"見説三韓士,能文共賞之。待成采風録,争效退潮碑(上使以眉叟退潮碑篆本遺之,故云耳)。味辨洌江水,光分扶木枝。君歸爲我謝,惠好重相思。"余見畢,謝道:"足以歸慰諸子,而但其所願,祈各賜教評。"子幹道:"可否不敢,當與錢、倪諸公更定評議。"正説間,印波邀余兩人到後堂。兩處設卓,樹齋、東平與三使臣對坐,子幹叔侄與秩桓對余兩人。厨人將進食,水陸具備。子幹道:"今日即送别會也。去留之情悵惘,無醉不能理遣。兩兄杯行莫辭。"余道:"兄言是也。既以日盡爲度,勿以頓醉,祗做慢慢至醉。"星山道:"石湍言之極當。"子幹叔侄亦道好好,且飲且言。酒至半酣,厨人以一大魚蒸盛大碗進來,錦鱗閃閃,宛如生的。余問道:"那裏打來甚麽名魚?"子幹道:"這是桃花流水新肥之鱖魚。"余道:"莫不是青箬笠,緑蓑衣,斜風細雨打來酌?"諸人呵呵,試嘗之,果是美品。余道:"昔尹吉甫送申伯詩云:'炰鱉膾鯉,侯誰在矣,張仲孝友。'今日之餞炰鱖魚,孝友則有子幹也。"子幹道:"古人雖未及之,孝友則弟所留心也。"政飲間,子幹指其弟秩桓道:"此兒能舞春秋,兩兄何不一試其才?"余兩人道:"甚麽春秋舞?"子幹笑道:"此兒頗善舞關公春秋大刀。"余驚問道:"子幹醉矣,何謊話耶?"子幹、印波齊聲道:"并非虚言,天朝劉將軍綎,即弟同鄉人也,善舞春秋大刀,故綽號大刀,死於天朝之役。其後鄉人多效之。弟亦好,少時粗學武技,舞劍則與張虎頭同學,使槍則與楊朗山同學,各有諸般名頭,或稱'旋風滚雪',或稱'欺雹賽電',十八般武藝無所不解。近因弱質多病,荒之已久,再不能使用。這桓弟年雖幼弱,能舞大刀,後被阿娘苦禁,亦荒之,且無器械也。"余與星山固請一見。子幹叔侄道:"又有小春秋,其法無异。"勸秩桓持來舞一舞。那秩桓低了頭,紅了臉,默無答言。印波笑道:"他是童心怕小面(彼言ㅅ으면,猶言無顔也)。"仍道:"不小面,快快拿來。"秩桓强起入内,没多時,空手出來,與其兄叔諵諵的説些數句"不能不能"。印波笑道:"奈他的阿娘之不允何?"蓋秩桓即樹齋之

妾子，其母方來在於此，而慮秩桓身弱見傷，使不得更爲此舞，并與小春秋匿而不出云。子幹道："無奈何。"又向余道："兄亦必舞刀使槍，怎麽一見?"余聞此人此語，不勝愧煞，漸覺紅潮上臉，大着膽答道："敝邦亦有槍劍諸法，而弟則身弱才拙，初不能從事於此，衹以操弓射雀爲兒戲。"印波道："石湍兄必有李將軍射虎之手段①。"余道："不敢。"星山嘲余道："石湍將軍有百步穿楊之射法。"子幹道："恨不一試(若試，則將何以妝拙，誠可哂也)。"余道："中國弓矢都不如我國弓矢之捷利，雖欲試之未由(此蓋妝拙語也)。"星山顧余而哂之。子幹叔侄一者乘醉，二來動説槍法，心頭癢將起來，相與坐作槍法，把四個手腕指虛弄空，一高一下，飛電也似，來來往往，真個是高强手法，如余武夫，徒辱其名。統而言之，則我國武夫不辱其名者幾人矣。終日泥醉，將夕而罷。樹齋以摺扇五把、《養一堂詩話》五册遺之(《養一堂》，陸星農所著。星農得壯元於樹齋榜中，頗多所著，而年前不幸早死，樹齋收拾其詩話而刊之)。星山亦如之。余二人再三致謝。樹齋道："些少無足爲道，而惟祈再圖一面。"子幹亦云云。余道："惟當乘隙而圖之。"東平道："貴使將行，當更餞於朝陽門外。未前，兄或有枉，則尤妙。"余唯唯。侵暮歸館。

(正月)二十六日癸卯，晴。飯後，與星山同往琉璃廠外同文堂(書册鋪也)。買得數種册，將返，星山道："吾於日前此鋪逢四川舉人馮笏廷、夏京珊諸人，皆是少年才子，與我約會四川館，兄亦同往如何?"余喜而從之，與之同行，未及出門，有二人入書鋪，與星山作禮。一人身長面白，物表極俊，年可四十内外。一人體大面胖，年可五十有餘。星山道："這年少的即吕太史名傳孫，號星田，這年老的是汪秀才，名昉，號菽民，兩人俱有文才，頗工書畫。"余亦聞此人之才名熟矣。將欲打話之際，星山向汪昉道："此人即弟之宗人石湍也。擬於日間往貴寓，未知尊意何如?"汪道："好好。"仍向余作訊。

---

① 段，原文誤作"端"，徑改。

余答揖道:"日暮,市肆無緣討話,改日之約,當無誤矣。"汪唯唯,相與作别。

(正月二十六日)……與星山率性淡緩步而行,尋至四川館。館在青廠外數里許,至門首有守門的,拒而不納,此則例法也。使性淡苦懇,始乃得入。纔到中門,有一人徘徊庭畔,見余二人,欣然出迎,與星山作個問訊,又向余唱喏。余即答禮,觀其人時,生得面白目清,年可三十有餘。此人即星山所言夏京珊也,導余兩人入室中。館宇甚廣闊,與玉河館無异(内省十八各有京館,各有舉人,無京中眷黨者必寓諧館,如我國成均館),間壁爲炕,可容許多人,壁上往往有書聯畫。轉入西炕,有一人方對卓寫野鶴,鉛墨淋漓,見余兩人,猛然起身,叠畫紙,推在床頭。與星山施禮,又向余問訊,請就坐,此人即馮笏廷也。星山道:"近日安否?"因言:"這位是日嘗和兄説的石湍宗人,一見諸位,便是心願,今日特乘暇而來。"馮生向余道:"小弟姓馮,名舉,號笏廷。間緣星山大兄飽聞足下高名,無緣接風,懷思日渴,未知甚風吹得到此,使陋屋生輝。"余道:"小弟姓權名某,即海東一村夫,兄言不敢當,曾因星山宗人滿口稱道,得聞笏廷尊兄高姓貴號,欲追下風久矣。奈客事甚擾,未能彀早圖。末路斜陽,得遇意中之人,不勝幸甚。"京珊又向余道:"貴姓高號,聞之稔矣。小弟姓夏,名肇庸,號京珊,西蜀四川人也,與馮兄見擢考貢,誤下舉第。未即歸鄉,旅寓於此,今已四載矣。前日書鋪得遇星山,數語訂交,多聞足下好處。今日幸得相見,大慰平生。"余道:"海外賤夫何足道哉?足下風聲習聞於星山矣。男兒窮達,蓋有早晚,一番失擲,固無足芥懷。鳥道羊腸,備經辛苦,抱此飲墨之恨,爲兄甚慨惜也。敢問貴庚?"京珊道:"賤年三十二。"余道:"不及弟七歲,可謂富於春秋,前程萬里,早窮何傷?"京珊道:"無才見屈,早晚何論?"余道:"俄見馮兄畫法甚奇絶,何不一拭肉眼?"笏廷道:"小弟本不工畫,偶因看書之暇,信手戲筆,誤觸高眼,深愧深愧。"仍出示畫紙,真儒者畫格。

東炕又有數個人,亦與之談筆,未及問其姓名,際緣日暮心忙故也。余道：“笏廷兄貴庚？與京珊誰多？”笏廷道：“弟長二歲。”此二人俱是青春舉人，文翰物表，個個如玉，恨不早知也。正言間，一個根班以一楪果餅來饋。笏廷道：“貴使此來，空有一杯作禮，而倉卒書館無物輸情，兩位尊兄亦想恕過也。”余道：“白面書生，萬里旅館，何須如此生受？”吃訖，笏廷出二幅空頁（妝貼未付者也）授余兩人道：“兩兄無惜濡墨之勞，各賜一揮，以作他日思到披玩。”余道：“弟武人也，實不知操毫弄墨，難副盛心。”星山亦固辭，馮、夏兩人苦强之。余道：“天下萬事，各有工拙，無拙則亦無工。工何有奇，拙何有愧？兩兄既如是苦請，一番露拙，弟不敢辭。”猛然援筆草寫覓句圖數行，以余拙手，因紙本之膩滑，且筆墨副手，稍成字樣。笏廷道：“兄之筆格，多得米襄陽字體。”余笑道：“米襄陽，弟本不知，字體何以知之？諸兄休怪東人粗莽。”京珊道：“兄何過謙耶？”星山笑道：“石湍將軍入北以後，膽大如斗，氣高如山，殊無平日孱細之態，以此觀之，則不可不一見大國也。”星山亦寫一幅，諸人俱各稱好。笏廷再以四幅屏聯授余兩人道：“此是弟件，將欲求得各手所寫以作屏對，兩兄再休推辭，帶歸旅寓，興到時作揮，弟當躬往索來也。”余道：“既先露拙，後何必辭？不必待兄來索，且行期不遠，客館甚擾，不便諸位枉尋，弟等當改日袖呈。”馮、夏兩人俱道：“既然客館不閒，無緣躬餞，惟當恭俟後期，望勿有誤。”余與星山别諸人。

將出，有一人自外而入，與星山連忙作訊，向余唱喏。現有怊悵相失之狀，此人即李芝樓爲號者，而亦蜀人也。與星山有一面之約，而今適出外，作此憮然之態。諸人皆至門送之回路，入同文堂，收拾册子，迫昏歸館。當夜，構思笏廷所屬屏語，作小序并七律一首，冒拙寫一幅（那屏紙即義寶齋所造，紙品白如雪，堅剛膩活，勝似我國川紙以印朱作間也）有云：“余於謫仙詩中知蜀道之難，難於上青天矣。吾子自西蜀而來，從山路耶，由水道耶？山有鳥道羊腸之險，水有瞿塘灩滪之危。其險也何如，其危也何如？摧車覆舟，可謂險矣。然人能恐懼戒慎，順而行之，則未嘗不由險而出夷，由危至安。故

《易》坎之六爻曰:知節守機,不失其道而行。則險而不入於險。君子尚德行,習教事,却是從處難中做將出來。若不知其節,不守其機,則雖在平原曠野,坦無礙阻之地,終必由夷而入險,由安而至危,奚特遇險而不出而已哉?今吾子過羊腸之險,瞿塘之危,而坦如康莊,能得濟險之功,其大有爲於將來必矣。吾子益加勉旃哉!"繼之以詩曰:"君從西蜀我東溟,萍水燕雲拭眼青。傍海曾經箕聖國,聽猿幾度子雲亭。名區物色分天界,大雅文章地天靈。男兒聚散元無定,萬里流犀炯日星。"《又次黄子幹扇韻余亦題扇以贈》:"文章門户大如何,車轍應多長者過。金馬玉堂推雅望,陽春白雪有高歌。家庭承訓通千古,河海容人總萬和。自喜今行富眼孔,見君洽是小東坡。"《題七律一首於叠扇贈錢東平》:"長立乾坤浪一吟,滔滔皆是世人金。七弦流水琴無耳,三尺秋蓮劍有心。滿腹春秋常感舊,半生經濟每傷今。黄沙萬里陰風起,尚憶當年報捷音(東平有戰功故云)。"

(正月)二十七日甲辰,晴。是日即王母忌日正齋也。萬里客館,不勝悵感,終日不出。聞三房有西蜀僧來到,方畫梅而甚工云。故使人請來,有一僧,年可二十有餘,眉睫精猂,舉止豪俠,飄然就坐。余問道:"禪師自何地方來?現居甚處?道號爲誰?"那僧道:"賤道西蜀人也,雲遊四海,未嘗有定處,幕天席地,皆是我家,號稱竹禪子。"余道:"尊師雲遊天下,以天地爲家云,未知所經過爲幾個地方?"那僧道:"今朝數萬里江山無不見處,而但安南姑未得見,亦早晚間事。"余問:"其年纔二十二歲,其筆法亦横截。"出示一幅宣紙而請畫,那僧道:"不以此爲生活,然若欲得畫,請賞高麗國真真的清心丸與并他嘉種爲澆手之資。"余道:"不難,不難。"那僧劃然取筆,不待研朱,已寫盡一幅紅梅,用筆如驟雨。余再請八叠屏畫。竹禪道:"寓在德勝門外小庵,貴使根班姓張的已知道,使他代索,則當畫好以奉之。"余以數個清心丸及一把箑遺之。竹禪道:"此件甚些,再遺我幾件,然後方可。"余道:"張隸去時,當更表情。"以八幅紙本給送。行期漸迫,館中自多擾擾,而余則祇可束裝而已也。

（正月）二十八日乙巳，晴。早朝，使上判事馬頭張宗周往竹禪所覓畫，送詩箋紙八幅爲塞責。去不多時，覓畫而來，披而點之，用青紅彩間寫蘭梅，畫法甚嫻鍊也。

飯後，將往見汪菽民，使家道："君既與此人知面，請得其畫，爲山亭付壁似好。"余亦然之，持一對空柱聯率吴興周訪星山。星山有事，未去。余乃獨行正陽門外，貰車乘之，與興周先至畫舫橋訪李雨帆，又不遇。余之委訪此人今已四次，竟未得見一，見文人亦關數而然耶？此人以喪身真個連日出他，則亦無足可觀也。自畫舫橋直往菓子巷過黄樹齋門前，見有上房馬頭在門外，告道上使道在此。余道："汝知吕翰林宅否？"那漢前導指路南右邊第三家，使興周傳名帖，少焉，根班出迎，纔入中門，汪生揖余而入後堂，家舍甚侈麗，相與坐定。汪書道："前日書鋪一見尊顔，詢悉閣下係史埜先生之族。奈緣兩相匆遽，未借穩語，尚以爲恨，今承光顧，慰不可言。"余道："晚生飽聞先生貴名，願見已久。向於書鋪，幸而識荆。今日之來，實爲訂萬里深交，且副使金奎堂大人亦多聞足下書畫絶倫，替晚生持一雙楹聯而來矣。""金①副使公與遊觀同家耶？"余道："姓同貫异。"菽民道："尊姓貴號曾已有知，敢問官居何品？"余道："現忝武官三品。"菽民道："貴庚幾何？"余道云云。菽民道："小弟今年爲五十三歲。"余道："閣下以當世詞宗筆魁，白首風塵，尚未免敝貂，爲先生甚慨惜也。"菽民道："潦倒名途已卅年矣，賤命如此，尚復何言？如弟之偃蹇於風塵中者，頗不乏人也，可嘆可嘆。"余又道："文章窮厄，古今一般，無乃天意必不使一人兼有乎？"又問："吕太史與足下爲眷黨否？"菽民道："弟與星田居同里閈，又有族誼，此係莫逆之交，是以久寓於此。然長安不易居，大約三四月，將欲出京旋里矣。貢第已三次而不得售，名心已決矣。"余道："以足下之巨手文章三渡灞橋，豈非大可慨惜處乎？雖然大名之下必有其終，何必定意浩歸乎？"菽

① 金，原文誤作"汪"，徑改。

民道:"承此緩諭,曷勝感佩。但功名富貴有若浮雲,但能有身後微名,不與草木同腐,庶可以招知己耳。將於初一日,與星田太史將詣寶寧參局,與史埜相别,并與公等快談,是所望也。兄是日幸勿他往。吕太史有云,此番來使有權星山、李久齋、安石磵者,豈非兄號之誤傳耶?"余道:"星山即宗人,久齋亦有其人,石磵未知爲誰也。敢問貴鄉何處?"菽民道:"世居江蘇常州府陽湖縣,與星田同閈。"余道:"江蘇即文章淵藪,人才府庫,敢問當世名流現稱誰誰?"菽民道:"江左雖稱人文淵藪,近亦不逮古人矣。自李申耆先生去世之後,目前亦少卓然可傳者。碩學之彦,不可多覯,殊甚愧仄。"余道:"古今有异人才亦漸希衰,容或然矣,李申耆誰耶?晚生孤陋,未及聞之。"菽民道:"李申耆名兆洛,乙丑翰林,著書甚多,貴國權彝齋相公、金秋史先生、李藕船諸公均有針芥之契。"余道:"如此名輩,今始聞知,晚生之蔑識可知也。副大人即金秋史之再從也。"菽民道:"兄丰采雅望,而何自過謙如此?金秋史能作篆隸,工詩,向慕其人,今爲金副使之族云,大可慰仰也。"問:"貴國有漢唐兩朝石刻,可以拓寄者乎?"余道:"晚生見局未見,其在金秋史則漢隸秦篆無所不通,而鄙裝尚有帶來者,煩公一賞。"菽民道:"好好。"余道:"江蘇距京幾多路?"菽民道:"二千七百里。"余道:"少距東三百餘里。"菽民道:"貴邦不過三千里,尚未見東土之奇絶,殊甚可恨。"余道:"鴨江一帶,天限南北,除非因公之役,不得相通,所以作鴻溝之勢也。"菽民道:"誠然,誠然。"余道:"金奎堂大人所請柱畫,即爲其伯氏柱下相公亭壁所揭也。柱下大人少時遊上都,與翁方綱、柳邁祖諸名流頗有宿契。今年七十,爲原任大臣,將縣車釋擔。今春於屋後花園起一小亭,爲晚年休息之所,必求名書名畫,聊爲娱眼之資,副大人之必請於閣下,良有以也。"菽民道:"此紙不宜於作畫,衹可書楹帖,當另用兩紙畫好送上也。"余道:"當再求好個紙送之。"菽民道:"不必再送紙來,此間有佳紙,畫獻亦是容易也。未知畫上落何款?"余道:"落柱下相國款似好。"菽民道:"唯命。"余道:"此空聯必以先生好筆法爲柱下相國一揮,未知何如?”菽民道:“工拙不可不量,恐未洽意也。”余道:“晚生已知先生筆法,再休作謙。”正説間,星田主人自外連忙入來,見余作訊,余起身答禮,請余就坐,再不打話。仍出,現有太忙底意思。余問道:“主人翁有甚麼急幹否?”菽民道:“適有自吴會來的遠客在外堂,未得與兄討穩,囑弟代晤也。”余道:“既然遠客在座,大兄亦似不閑,請以初一日爲約。”菽民囑無誤,相與至門作别,仍還到黄樹齋家。

(正月二十八日),上使方與東平作話,東平見余歡迎,黄樹齋自内而出,揖余道:“俄者,士埜公道兄在吕太史家,回路必來訪,故正擬渴想,承兄薦顧,信意可謝。”余道:“適逢江蘇文士於書鋪,而問其寓在貴鄰,兼爲往尋而來矣。”東平携余手入後堂,坐定。余以昨夜所寫扇贈之。東平浪吟一回道:“兄真吾知己士也。世之詩詞,固非難,而知己最難,弟足爲兄不惜死也。”話未了,倪府東自外入來,連忙向余問訊。余道:“府東先生近因甚幹連日座席,便成少一之會,使晚生鄙吝萌心?”府東道:“奈窮家多事,屢負高會,心焉如結。今日則爲替探兄候裁書,來此討便,誰想吾兄先我做席。”即以一封書、一包墨帖。墨帖,即董其昌所寫華林茅氏世德半行法帖也。余謝道:“先生之惠遺晚生亦已多矣,又以稀世之寶贐之,先生可謂樂於施人也。”府東道:“向聞兄欲求董氏筆陣,弟聞而記之者,審近來行於世者,全無近似,方廣覓,適此本仿佛,故聊以奉呈。”蓋此人老實誠信如此,向於印波座上説些閑話,有此辛勤,其意可尚。余道:“先生真是有心君子也。”府東道:“兄之大作可謂曲解人情矣。弟亦有四十長古韻,須明日可以繕寫,當以中和節奉上也。”余道:“既賜深許,又計贈言,多感且悚。”府東道:“兄何如此説耶?弟有件件才,則當件件爲兄盡暴,而但恨無才,未能也。”余道:“向以百涵諸人詩文屬諸位求教,今已得樹齋先生父子寶章,而惟東平與先生未及賜評,倘或留念否?”府東道:“向見錦囊中諸大作,殊爲大家文字。弟薄學劣才,衹做贊揚之例語,與兄契深,自不能不獻醜態,亦知石湍必不見鄙也。"余道:"先生之言過矣。若然,則足爲二三子解了滿肚皮渴症,豈不快哉?"府東呵呵點頭。正言間,樹齋與上使入後堂,使印波邀余。設兩卓,東平與府東對上使卓,樹齋兄弟與余對卓,次第進食,件件佳品,連日未見者亦多。酒至數巡,子幹自外而入,見余道:"弟與兄候約,不消出他,俄因鄰知之,强邀,暫出門,倒履相迎。兄必以弟謂没信的人也。"余道:"兄休作怪,已於尊大人教語中得知,不得不暫往那裏也。"子幹道:"昨呈拙句,果已俯覽否?"余道:"謹領多感,兼爲作謝,且欲踐約而來也。"子幹道:"昨因賣參人便付送,故或慮浮沈,而有此問也。"余以題扇贈之,子幹見畢,道:"此扇足以鎮别離之懷,而菲才過獎,反涉欠事。"仍往上使卓,余則與其翁叔依舊對卓。酒未半,有一個妙妙少年,年可二十左右,飄然而入。顔如白雪,神彩丰妍,可謂入北後初見物表。余問:"是誰?"樹齋道:"是他。"余又道:"他是誰耶?"樹齋道:"他是江蘇土産。"余道:"土産是甚稱號?"樹齋道:"鄙俗以壯元謂之土産。他是東平意中人也。"兄弟呵呵而笑。余始知其爲東平之美人,佯若不知,道:"此人文章才德,果是東平敵手否?"樹齋道:"他是江蘇花壯元。"余道:"莫不是得壯元於青樓榜中者耶?"諸人皆大笑,以談紙送於東平,滿戲一場。那少年坐床頭,其容可掬。樹齋道:"兄何不要他一杯酒吃?"余道:"花酒價高,客人能堪勝耶?"樹齋道:"此是無價酒,兄勿辭他三杯酒。"余道:"吃便吃,若無長進酒曲不可。"樹齋道:"此花未解歌曲。"余道:"海棠無香亦一欠事。"余飲一杯,那少又飲一杯,指余佩刀,做甚麽數語。樹齋道:"此刀能殺人。"余笑道:"此不殺别人,可斬妖。"座中大笑,指着東平嘲謔。余道:"今日之來特爲告别,又如是盛辦,衹切不安。"樹齋道:"今來又晚,天王寺之遊,竟不得踐約,亦似有數。今年秋冬間,兄或再圖此行否?"余道:"歸期將迫,緣分淺薄,如此勝地不能再參盛會,何嘆如之?但今冬之行實不能爲期。此行歸後,無論早晚,當討便作候矣。"樹齋道:"頒曆之前,必可接到佳音,不可遲也。"余道:"冬間則固當力討信便,而如先生南歸,未能得接回音，寧不悵然乎？"樹齋道："家兒可以代先一音，而弟行雖遲，亦不過一二月，必須頒曆前爲妙也。"余道："當如約。"正説之際，猛見南壁上有郭羽可贈樹齋序，有云："樹齋復入都門，爲天下蒼生福。"余指着那句，語到："金遊觀相公方在江郊頤養。年前，趙心庵先生《自西伯遞歸贈遊觀》詩有云：'欲作山中宰相否，其於天下蒼生何？'今見羽可句，晚生則將以趙心庵句爲先生語也。"樹齋道："弟所以嶺上白雲不堪贈君也。"余道："先生欲長效陶弘景高躅耶？"樹齋道："高人不敢望，其心則未嘗不然也。"子幹又來作話，問余道："貴邦洌水見於楊雄《方言》，未知今日漢江否？"余道："然矣。"又問道："前明時朝鮮有《采風録》，見過否？"余道："所學孤陋，故姑未也。"子幹道："明時貴邦有李仁老、鄭之升，皆有名，能詩，其佳者入《采風録》也。"余道："此兩人皆是先輩，至今有傳也。杯盤既盡，上使與余將歸，倪府東、錢東平、黄子幹叔侄約餞於朝陽門外，故衹與樹齋作别。悵悒之懷，彼我一般，東平又以六字小額贈余，印波又書余之别號而贐之，余并收而歸之。日已盡矣，回還日字以初四日自禮部退定。臨歸，心緒如矢離弦，便是度日如年，而今又退定，令人發叫。一自紅參價失勢之後（今年紅參每斤受銀，以我國本價言之，每斤一兩錢，折本），滿館裹光景如戰敗之軍，鋭氣頓減，觸處貽羞，甚至於使行去就，因此躕退，誠可痛嘆。後之欲觀光北京者，若以謀利爲心，則凡係觀光，非所可論，且小不如意則亡身敗家，易如反手，覽者其鑒戒也夫。余寫馮笏廷屏幅送於星山，未及致至，笏廷寫一幅石菊并寫小序，畫頂上又有夏京①珊贊詩五言長句。

笏廷序云："石湍先生即海東名流也。訂交初，索余畫。余本不工繪，兼以忙中走筆，愈形拙劣，然因返旆匆匆，勉作此軸，聊以識异地神交。他日疥壁，幸勿睹而噀飯，即祈正之。"

京珊詩云："星山如春蘭（星山許亦有畫蘭來到至耳），石湍如秋

---

① 京，原文誤作"凉"，徑改。

菊。南北同一阮,棧雲號二陸。與我筆談時,玉屑霏盈斛。馮子好丹青,走筆圖此幅。欲移陶令籬,願植滄浤麓。是時春方孟,秋意胡滿目。爲吟五子詩,蘸墨寫清馥。屈原曾誦橘,東坡亦記升。嗟余愧古人,自笑中書秃。持此聊贈君,歸裝付書簶。豈爲訂心交?亦足供眼福。他日倘相思,展卷時一讀。"余見其詩畫皆是絶才,無以謝其意,各以一扇題五律一首答之。

贈笏廷詩云:"春帖看秋景,孤芳特傲霜。采餘陶令宅,餐剩屈原箱。陋賁何能比,寵言不敢當。從知移植處,幽馥滿東洋。"

贈京珊詩云:"西蜀江山秀,文章赫世鳴。蘇門多後學,楊宅續前經。傾蓋仍知己,拭眸便識荆。歸裝寵畫韻,叢菊爲含情。"

九五、姜時永《輶軒三録》

【解題】

《輶軒三録》二卷，姜時永撰。

咸豐三年癸丑(朝鮮哲宗四年，1853)四月，姜時永以進賀兼謝恩使團正使的身份出使中國。使行於四月二十日從漢城出發，五月十九日渡鴨緑江，六月二十一日到達北京。八月初二日離開北京，九月十九日回到漢城。《輶軒三録》即是對此行見聞的記録。癸丑年六月初四日，在羊腸河附近學堂與學究張振鏞、舉人張大中筆談；六月十二日、八月十一日，在山海關信隆棧兩次與王淳筆談；六月十三日，在撫寧縣鍾貌否家與文士單廷奎筆談；十四日，在撫寧縣鍾貌否家與單沅筆談；十七日，在豐潤縣王盛儒家宿所與舉人沈連枝筆談；二十九日，在北京花草鋪與國子助教邊鍾鄂、德興之孫筆談；七月十六日，在北京焦局與李鶴年筆談；十八日，在北京義泰局，姜時永、趙雲卿與劉錫之筆談；二十二日、二十五日、二十七日、二十九日，在北京邊鍾鄂寓所、朝鮮使館四次與邊鍾鄂筆談；二十三日，在北京温忠彦寓所與温忠彦、孫揖筆談；二十九日，在北京朝鮮使館與鄭友蘭筆談，同日，在北京焦局與温忠彦、温忠翰、温忠善筆談；八月十七日，在小黑山陳永福家與學究張振鏞、學童劉廣泉筆談；二十日，在大方身王老昌家與文士劉蕙芳筆談。

《輶軒三録》原本藏於姜氏後嗣。《燕行録全集》收録。玆以此本爲據輯録資料。

(六月)初四日,晴。

……近處學堂有童子六七人,各持新扇求書其面,又進一書:“恭請大柱國大人老夫子福安,一路辛苦。并瀆大人進都有何貴務?伏乞文翰指示,不揣鄙陋,敬獻俚言,仍進一絶曰:‘上國名卿媲禹皋,文旌西去不辭勞。遥思鳳闕朝天日,准擬承恩賜錦袍。’”下書:“晚生崔殿榮、韓昶、何廣泰、張廣泰、姬希聖等頓首拜。”

余立次曰:“經旬梅雨漲林皋,王事驅馳敢謂勞。一叠清詞承惠問,方知高義在同袍。”仍率童子往尋學堂,則學究張振鏞,字立武,號臨溪,保定府人,年今四十六,有子四人,率家眷住此二十年云。出示窗課(科工)數册,相與談論。堂之對門家扁以金字,書“歲進士”三字,其主人則姓張名大中,字子正,號午亭,家舍侈麗。門内置一輛翰林車,若朝士家樣,而適出他,未訪,歷入副房暫晤而還。

夕飯後,張振鏞率其諸弟而來,爲謝往訪也。張大中亦與其子來見,稱謝俄者欲訪之意。其子炳星年十二,容貌豐盈,方患感咳,請得清心元,故贈以數丸。仍使韓德章指示治咳藥方,約以回還時相見。終日求書者雲集,行役之餘,酬應亦難。

(癸丑六月)十二日,晴。早發,歷姜女廟。余曾飽看,近聞頹垣破壁比前尤甚,廟傍行宫亦然云,故祇令舍侄與諸裨往觀而來,余則直往八里堡中火,仍發到山海關。掌務官李應一來,言關將已來待云,故與副、三房次第入關,副、三房直往澄海樓,余則少憩於鼓樓(即第三關)前左邊第一鋪信隆棧(三字即鋪之扁名,棧與櫃字義同),即王淳叔父所居也。問王淳消息,則以爲間者遭故云,故行忙無以歷訪其家,使掌几子(下屬之稱)往邀,則王淳即爲隨到,黑色衣服與平人同,所戴帽子着銀頂子,似是已入品銜,而遭制百日後起復之儀也。余曰:“到此始聞遭制,無辭仰慰。”淳曰:“素承青睞,奈路途迢遞,未得報訃,兹蒙下詢,感甚,感甚!叩頭,叩頭。”仍具茶果一盤,曰:“匆匆聊具不腆,尚望多用一二。”余曰:“多謝珍饌,謹呈丸劑數品。”淳曰:“蘇合元與廣東所製同功否?”余曰:“此亦依古方製之者耳。”淳曰:“大人入都,有何公務?”余曰:“爲賀皇后册封而來矣。”淳曰:“座右持扇者即家叔,久仰法書,特來奉謁。兹奉粗扇面十個,俱係鄙鄉仰望大名,意欲求賜法書,如蒙俯允,祈即携至路途,以俟遣興。”余曰:“謹奉教。”淳曰:“丹泉、心泉兩家叔亦是學校中人。心泉家叔夙好臨帖,嘗爲弊鄉作楷,當以所臨數本奉呈請教。”心泉即以所臨來示,曰:“課餘所學,筆力孱弱,又無工夫,即請法家指疵。”余曰:“畫力遒勁,字態妍秀,真是筆精墨妙,非賤輩所敢及。”淳曰:“豐潤沈君歲科已中舉人,公旆過伊地時,定當訪問。”余曰:“今始聞喜,行當歷訪。”淳曰:“内地多受鴉片烟害,不知貴國亦有好之者否?”余曰:“邦禁至嚴,不敢創吸矣。”余曰:“許雲生太史文章妙天下,曾有唱和否?”淳曰:“許君係世交,而未有唱和矣。”又曰:“内地試帖詩,貴國考試亦有之耶? 如都中王楷堂家伯祖《澹香齋詩》曾見否? 兹奉一本。”余曰:“後學得覽,何等榮幸。”即爲披見,則嘉慶乙亥大興王廷紹楷堂所著,爲其諸及門所梓行,凡五千餘首,篇篇可誦,遂記數三首,《賦得獵火一山紅》曰:

野闊全圍暗,俄驚一派紅。山光騰殺氣,獵火散天風。白草霜威捲,蒼鷹夜眼空。照開雲墨墨,飛潡焰熊熊。萬木號朱雀,千峰走祝融。箭明禽左右,烟漲谷西東。撤幕沙痕外,韜旌燒影中。焚萊瞻御獮,離曜静彤弓。

《賦得帶月荷鋤歸》曰:

夜色東皋下,翛然客自歸。一肩鋤影重,數里月光微。冷露斜侵笠,流螢細逐衣。長鑱三尺柄,高樹半輪輝。憶戴晨星出,偏遲倦鳥飛。先生家栗裏,稚子候柴扉。徑許深深見,烟猶漠漠霏。琴尊清夢裏,應覺豆苗肥。

《賦得江南江北青山多》曰：

> 莽莽南徐鎮，蒼蒼北固亭。江流溯巴蜀，山色落中泠。舟問何時泊，杯休此處停。磵雲紛吐絮，嵐翠曲遮屏。一水疏神禹，千峰擘巨靈。秋涵雙岸白，天壓六朝青。眼界來空闊，眉州入杳冥。孤笻遊不遍，鄉思滿岩扃。

如嘉應宋芷灣湘、江都史望之致儼、福州陳梅修諸同年，亦皆讓其主盟，宜乎爲一代舉子之指南矣。淳指座傍曰："人曰此係敝師，姓侯，號慎五，行五矣。如可賜書一二帖，幸甚。"余遂書贈數片。淳曰："既承厚賜，無以申地誼，感愧交集，回轅時，務祈辱臨寒舍，以紆寵光。"余曰："唯唯。"淳曰："文匣中如有素紙，祈於途代作一二幅，以備增光寒舍也。"余曰："不必在途，雖此劣紙，可以刻下染呈。"遂以東紙書贈楹聯數對。淳曰"此鋪係是家叔所立"云，而氣色有若誇耀者。然蓋中國人士，無論紳民，皆以鋪貨資生，故凡市鋪之中，類多儒士，故鋪壁外面多貼捷報(即我國科舉送榜之類)，蓋鋪中儒生占得歲科於奉天省，而自試省報喜於其人者也。其例用粉紙一丈，初行書以"捷報"二字，第二行書以奉天省學政某公，歲科某人，居第幾名者，第四行下方書以送榜人之姓名，粘在外壁，所以誇示行人也。此鋪門爲四重庫，過百間，而空間積置麵子、黍米、麩子、稿草等物，不知其數。庫内所貯未知何物，而若是殷富。最深處有馬廄十許門，騾馬十餘并槽而喂，形皆絶大，肥澤無比。傍有太平車新舊諸件，所以備駕出時入御，而亦或賣貰於鄰人無馬者。且門有猛犬，形大貌獰，見面生者則嚙之，人皆畏之，如此器具，决非小小本錢所可創立者。問於其家僕隸，則以爲銀子幾爲百萬兩内外云。此似誇談，而無怪向外國人誇之也。淳曰："名菜挂麵各一包，係丹泉家叔所奉，益元散一斤、貢粉糖一包，以備路途解暑，亦係心泉家叔奉贐。"余曰："感泐之外，旋深不安。"淳曰："日已向晚，既欲起程，不敢挽駕,惟當恭送台旌耳。”遂發行,抵紅花店孫琳家宿所。是日,行四十里。

(八月)十一日,晴。早發,抵山海關信隆棧,與王淳筆談。王言其叔心泉因岳人有疾而侍之,今不在此。余曰:“爲致未面之悵。”王曰:“懷慶賊奇何如?”余曰:“京城九門亦爲戒嚴,緝[1]捕奸細,庶可無急憂,而但糧餉告乏,此爲最悶。況北京城内多有移徙回籍之人,而外面氣象晏然,此爲可恃。以吾料之,北京卒難來犯,南京卒難掃平,似當屢年不解兵矣。”王以彩箋請書,堆在一邊,余乃揮灑,未及其半,從者告以關將已來待,故即與王生及鋪中諸人叙别而起。蓋鋪中諸人亦皆文士,藻翰如飛,故見余書評論,皆鑿鑿中窾,非與我國市井輩故也。即爲出關,抵中前所邵發家宿所。

(六月)十三日,晴,極熱。……仍發,抵撫寧縣東門外鍾貌否家宿所。士人單沆即舊識,故送人相問,其子廷奎號烟樓來見,時年十九,以爲大人有故,先使來探。廷奎曰:“大人一路福安?”余曰:“戊申年貢使回時到此邑,值尊甫大人與先生二位并赴永平歲科,未得更拜,尚今茹悵,未知伊後連爲萬安否?”廷奎曰:“家先生近年丁家祖母之喪,方纔起服。”余曰:“未及聞知,唁儀闕如,甚悚且恧,足下文翰夙就,可認庭訓有素。”廷奎曰:“晚父子草茅下士,過蒙大人垂青,感之不盡矣。晚曾蒙貴國梧墅朴大人永元賜號烟樓,虚度十九歲光陰,戊申年僥幸入泮矣。”余曰:“先生所秉便面係是誰筆?”廷奎曰:“黄贊湯[2]係廬陵人。丁未年,其兄黄贊禹在敝縣知縣。彼時,伊係奉天學政莅任時,從敝地經過,蒙賜此箑。己酉,伊點江南副主考,近却不知何職。願大人書賜一箑。”余遂以一扇書七律一篇以贈。廷奎曰:“初次識荆,即蒙厚誼,抱歉於心耳。晚嘗聞家嚴誦彝齋權大人敦仁詩句,曾爲贈答之交,不知此時彝齋權大丞相、梧墅朴

---

① 緝,原文誤作“譏”,徑改。

② 湯,原文誤作“陽”,徑改。

尚書、柳西趙大人亨復、桐庵沈大人熙淳、研雲宋大人柱獻、芸香吴大人膺善并皆平安否?”余曰:“諸公并安,梧墅間已拜相,芸香未知其人爲誰矣?”廷奎曰:“晚亦未知其詳,但彼於家嚴寄來一封書候故耳。”余曰:“此地素稱多文士,歸時可以得見否?”廷奎曰:“敝地僻處乏才,大抵如今所稱文士有其名,無其實,可耻。時已二更,大人或當安息,晚敬告辭,明早家嚴必來進拜。”仍辭去,是日,行九十二里。

(六月)十四日,晴,極熱。早朝,單沅(號心水)與其子廷奎及次子童丱者來訪。余曰:“來聞遭有大故,未及進慰,罪悚罪悚!”沅曰:“先慈奄世已届三年,昨當起禮之日,故小設供品,時未暇收及,已爲尊使所睹。第以下士一生,檄榮無捧,愧仄殊深,侍下素誠,神已馳到,惟迹在啬守,故隱身俟命。”余曰:“兩位哲嗣鸞鵠停峙,未艾之福履,甚賀,甚賀。”沅曰:“豚犬輩直是猥鄙材,當不得尊獎。所懷貴國諸大人,昨已悉聆平安,大人來此又荷盼及,幸何以報? 昨聞敝州窄舍,甚汗顔,無能移榻到鄙舍一申地誼,歉仄歉仄! 容俟大人歸時,略具小酌,請移玉到舍,茶點權坐。”余曰:“盛眷至此,感甚感甚!”沅曰:“長兒日前抄寫已作回文詩卅首,紙劣字劣。明是原稿,經沅批點時,亦是哀未已時,然而真情亦可一見也,敬呈路次削正也。”余驟看,則七律三十篇,俱叙其哀慕祖母之詞,詩多可觀,仍答曰:“當帶往詳閲矣。”沅又爲携來自己所畫山水草花横軸一件以贐,即絶藝也。余亦以楹聯、筆扇之屬謝之。

(六月)十七日,晴。早發,抵榛子鎮李輝家中火,書贈便面、柱聯等,屬以塞求者。仍發,抵豐潤縣王盛儒家宿所。少憩後,與副、三房乘車由迎旭門入城往學宫(在文廟傍)。訓導俞恒淳,即戊申冬所識,間已瓜遞,新訓導未到,現有兼任,而以知縣方出,待領兵官所到處云。暫觀商鼎,日暮即還。邑人沈連枝,舊識也,聞已中舉人,故作賀詩一律,書於柬扇以送,詩曰:“人道豐城劍,龍光射斗文。生材應有用,聞捷豈無欣? 藝篤三條燭,祥儲五色雲。海東重到客,幾歲感離群。”

夕後沈舉人來訪，曰："永平一别，至今念念。"余曰："聞已發解，此尤欣忭。"連枝曰："客歲幸中，今惠詩章，榮感無已。"余曰："學業竊想邃詣，奚止刮目？"連枝曰："仍如前之淺陋，有慚青睐。今日匆匆，未得稍盡地主之誼，歉歉。再圖後會，是企是企。涄扇二柄（豐潤一名涄陽），聊表芹心。"余曰："亦有菲品，恭附謝儀。"仍以箑箋、丸扇之屬贈之。連枝曰："又惠多珍，不敢言却。"余曰："南京賊氛甚惡，賊鋒已渡黄河，將犯直隸云，近日則何如？"連枝曰："連見京報（以舉人也，故自本府連送京報以示），則將軍向榮防堵南京賊匪，閣老訥爾經額出屯大名府，防堵渡河諸賊，所恃者如此矣。"余曰："先生何時可以入仕乎？"連枝曰："現帶宣宗成皇帝《實録》編修之任。而今適休暇回家，然又當入京供仕，竣役後可以升叙候補知縣矣。"又曰："適有人求大人法書，祈賜一揮。"余曰："謹聞命。"連枝曰："恐誤晚飯，請辭。"仍歸去。是日，行八十里。

（六月）二十九日，晴。巳刻，赴鴻臚寺，行演禮。歸路歷入花草鋪，訪邊棣園鍾鄂，方以國子助教僑居於此地也。與之筆談，問："葉東卿安否？"則"方就養於其子廣東總督任所，而姑未還"云。少頃，有一年少儒生褰帷入來，向主人恭行拜揖，故問之，則乃德興孫，爲名人而爲弟子，於助教故如此。而忽又向余問曰："大人知我否？"余未能諦記。孫曰："晚於昨年夏，副敕全大人（名慶，内閣學士）東出時伴行者。貴國王三日宴餉連爲同參，余則記面，大人何爲不記？"余始思得，則其時宴餉連日以别，雲劍在御榻前，彼則在副敕座後。果於此時熟面矣，余以年衰眼眵謝之。邊曰："此儒能文善書，爲中國有名者。"余因此思之，則可認敕行從人，亦選文士以來矣。暑氣甚酷，即爲辭歸，邊書送一律曰："竊喜僑居近館垣，勞君過訪駐高軒。十年經席談槐市，三度星軺謁帝閽。書劍未酬宗慤志，毛錐空守太玄言。大凌河畔陽春曲（余之大凌河詩，俄者誦傳），已見紗籠舊墨痕。"

余即次韻書於東扇以送曰："欽君詞賦動文垣，三度來京始造軒。國子談經環壁沼(時帶助教),長秋獻表謁瑶閤(以皇后册立進賀使來)。新交差晚猶如舊,王事雖勞未敢言。最是清風詩一則,讀來瀟爽汗無痕。"

七月(十六日),晴。早朝,李太史至焦局,出見暫晤。余曰:"移玉訪陋,感幸何言?"李曰:"昨午琉璃廠之行,見甚佳物?"余曰:"昨日往别朱壽岩兩代而歷入畫鋪,并無畫像之人,可嘆。"李曰:"畫手近來亦乏佳者,本朝如惲南田花卉,王麓臺、石谷烟客山水,貴國亦有其人否?願聞之。"余曰:"鄙地亦少佳者,而余則欲得寫照,先生果有所識能手否?"李曰:"有王小亭尚可,今歸道山矣。他手描摹形似,絶非廬山真面,不敢濫舉也。"又曰:"近來廠肆書價大减,何不購取一二?"余曰:"慮其遇雨沾濕,不得多購,衹取《十三經注疏》一帙而歸矣。"李曰:"《注疏》甚好。"余曰:"昨見懷慶捷書,衹言殺賊幾人,并不言官兵陣亡,何也?豈官兵無一人受損耶?"李曰:"彼此互有殺傷,便可奏捷,聞勝保尚能打仗,餘皆退縮,可慨也。"余曰:"金陵楊秀清以外,諸處賊目無知名者,何也?況懷慶屯住之賊目又不知爲誰耶?"李曰:"中原兵燹幾及四年,尚不知賊目爲誰。有被賊裹脅伺隙逃出者,在賊中數月,總未見賊渠是何面目,萬萬怪事。此輩起自萑苻,地方官以諱盗之故,釀成此事,殊堪浩嘆。"余曰:"賽尚阿傳聞復拜直隸總督云,然否?"李曰:"直隸現有桂良署理,賽則現辦京城防堵,此公向有清正之名,然從未經軍旅,其僨事也固宜,然敗軍之將又復起用,此小臣所未識也。"余曰:"御史雷公以誠請其速用軍律,而如此收用亦异矣。"李曰:"年來宰相賦性長厚,以致朝廷有賞無罰,不止賽公一人一事也。"仍問曰:"令嗣得恩蔭否?"余曰:"年幼未及耳,家弟爲知縣,宗侄登科,今爲臺憲矣。"李曰:"郎君官貴施行焉,桀戟家聲、詩禮世澤,皆先生一人之蔭也。貴宅住居王京,抑在他處?"余曰:"住在王京城内,又有丙舍在始興縣蘭谷,上有十餘代祖塋,下有田園林泉之勝,每往來栖息,距京爲隔江一舍地矣。"李曰:"平泉緑野,不過如此,"仍又曰:"徐公憲淳現任何官?前歲來京，遣伻賜問，久未報也，希代致候，并望代陳歉懷，渠前歲即侍郎，至今尚未晉階，想貴國遷官之難。”余曰：“然矣。”李曰：“貴國幾年一考試耶？”余曰：“三年大比，科制多用前明時制矣，今日中國科制何如？”李曰：“凡貢舉之法，自童子試（即秀才試，學政爲主考）至鄉試（即省試，各布政使設行，主考官自京差送。歲在子卯午酉，以八月鄉試。歲在丑辰未戌，以三月會試。均於十九日、十二日、十有五日爲三場，而殿試以四月二十六日，傳臚以五月一日），凡試以文藝，第一場書藝三、論一；第二場經藝四、五言八韻詩一；第三場時務策一。早晚給飲食，無有不周。殿試則於丹墀設行，皇帝親定甲乙，太學士秉筆書，一甲三名，二甲七名，至内閣扃門書榜，待傳臚日頒布，乃於長安左門懸榜三日。凡賜宴於考官、知貢舉及中式諸生曰“鹿鳴燕”，又於傳臚翌日，賜讀券官及諸進士曰“恩榮燕”，凡賞賚諸生中式者，各賜冠服及白金二十兩。會試給公車費，既成進士，賜白金三十兩。一甲三名外加五十兩，第一名朝冠朝衣，二名以下表裏各一端。”仍曰：“剌剌不休，語多失檢，恕之爲幸，史館刻下有所事，不及細談。”余曰：“今日何等公幹？”李曰：“史館現輯志書，即監法志也。相見何日？”余曰：“發行前有隙，則當造辭矣。”即還館所。

（七月）十八日，陰。留館。義泰局劉錫之具酒饌來邀，故與書狀同往筆談，且書楹聯。余曰：“聞南京貴第近有書信云，然否？”劉曰：“家侄果有書矣。”持一紙細書之札，手掩其下邊（似是家間瑣細之説），祇許上邊之展見，故見之，則以南京自來城池高深，兵糧俱足，故賊氛雖漸迫，而祇恃城守之無虞，未嘗爲出避之計矣。忽被城陷，家舍焚毁，且遭搶掠，資産蕩柝，凡織錦之機械爲二十處所而盡爲灰燼，織錦之僮役爲數百餘名而并皆散亡。至於家内婦女慮其被污，先已自縊共十一人，侄亦自縊，而旋爲自解。凡三縊而三解，故意謂天其或者憐而生之，更不思自裁之圖，而旋被點兵，運樵汲水以供軍役矣。幸得乘間逾城逃走，往依於六合縣（距南京六十里）妻家矣。不久，賊鋒又犯六合，故更爲逃避於儀徵（距六合六十里），其知縣即姻親世丈,故往依之,至今留住,賴天之靈。賊若掃平,則掩葬婦女,後當漸次北上謁於叔父爲言。而書發在於三月初,而七月晦始爲傳到云。余曰:“男子所難,婦人能之。貴門節烈,誠是史牒之所罕,家法之正,甚爲欽嘆。”劉揮淚曰:“一朝覆亡如此,祇有痛哭而已。”蓋劉是南京人,其家以織錦爲業,而來住北京開設錦鋪積有年所,故我國商譯輩每稱義泰局最爲富饒,多有好錦云,而劉之北京所住家眷則得免兵禍,故猶以爲幸矣。薄暮,還館。

(七月)二十二日,乍雨乍晴。丑刻,赴神武門外,時至皇帝乘輿而出,在路左跪送,仍爲下直。凡外國使至,則皇帝於闕内引見,而不然,則必於駕出時跪送於路傍,以瞻天顔。故今番則初到時一次跪送,及其辭歸時,又爲跪送,亦定例也。歸路歷入邊棣園家,筆談而還。

(七月)二十五日,雨。留館。飯後,邊棣園來話。余曰:“先生旅寓俸禄足以自贍否?”邊曰:“國子監以養士之故,所屬田土最爲饒厚,税入優足,故郎官月俸亦爲銀子三十兩矣。”余曰:“先生官此幾年?”邊曰:“十三年矣。同官者已爲兵部侍郎,即潘中堂(閣老俗稱中堂)世恩之子曾瑩而外官已爲觀察使矣。”余曰:“人之窮通有時,先生亦豈無運通之時耶?”仍以我國甘紅露、藥果待之,邊受飲一杯,手持藥果曰:“此似中國油香。”家侄文馨在傍,邊以屢面親熟之故,顧笑曰:“中國人以先嘗神祀之膳,需謂之唇腫,東國亦有是言否?”余曰:“然矣。”蓋文馨時適有小腫在唇上故也。余曰:“孫駕航因何事左遷耶?”邊曰:“賦中用常雩祀爲大雩祀,常雩即龍見而雩,大雩乃久旱,祈雨錯用,故皇帝朱批親書曰:‘世家子弟未知如此祀典,改官内閣爲教。伊不肯用力,終日閑遊,故有此誤,像貌都雅,不愧爲世家子,而惜其未之學也。’昨日,翰林大課,賦題海棠雙鵲(《金坡遺事》:“學士院,雙鵲栖於海棠,或鳴噪,必有詔令宣召之事。”),詩題‘千里馬常有’,孫駕航詩有‘市骨陋燕丹’之句,市骨即燕昭,非燕丹人,以此傳笑,此即德超師興教習課,鄂代爲批圈,故知其詳矣。此人少年登第，意氣太盛，沉潛太不足，蓋九折肱爲良醫，渠方一折，尚欠八折耳。”余曰：“此是偶失照檢，豈或全昧市骨之非燕丹而然耶?”邊曰：“昨呈對聯一副，即鄂之族弟浴仁筆，號心巢，現官知縣，未赴任，平日以筆名。至於許尚書乃普（字滇生，刑部尚書）筆，縱使受來，恐未能佳。伊處代筆太多，當求真本以呈矣。鄂之所寫對聯，失之板拙，請指教其疵。”余曰：“真是筆精，甚盛矣。”仍辭歸。

（七月）二十七日，陰。巳刻，詣午門外領賞，内務府大臣花沙納來，須跪受妝緞一匹、緞四匹、靴韈各一雙、鞍馬一匹、銀五十兩，從人各銀五兩，鳴贊（即我國引儀）傳臚行三拜九叩頭而退，歸路歷入邊棣園家。余曰：“身上所着紗帽團領，即中華舊制，欲令先生一見，故衣此而來。”邊曰：“家藏七世祖萊蕪知縣公遺像，即前明衣制，故曾所仰認，今又奉覽盛儀，尊意可感。”余曰：“觀先生豐厚儀容，心與面俱一，真可作太平宰相，而年運未及亨，尚此郎潜矣。”邊曰：“‘月費俸錢，歲糜廩粟’，韓昌黎已言之。冬暖呼寒，年豐啼飢，庶可免乎。”余曰：“富厚之人何爲此言?”邊曰：“生平喜於用財，前隨先人任，曾有宦囊，已散去矣。人世之所好書籍、字畫、銅磁諸物，下及衣服、車馬無一不嗜，何以教我？‘寡欲’二字，亦頗領會，然見則愛不能割，奈何？昨見《化度帖》，終夜揣摩不能忘，然百金不能購，故未得買矣。”余曰：“《化度帖》願聞其詳。”邊曰：“此帖乃歐陽率更（名詢）正書，存寺中。王雍過而見之，指爲至寶。寺僧以爲石中有寶，碎而求之。不得，遂棄寺外。後再至問之，已三斷矣。以數緡易之，歸置賜書樓，争相拓印，遂碎之，此刻存者唯宋拓，而書法爲無上妙品，蓋歐字以此爲中鋒上品，柳字（名公權）以《魏公先廟》爲中鋒，顔字以《顔家廟》《金山寺》題名爲中鋒上品。蓋中鋒者乃諸家用筆，各有偏好，中國人以中鋒爲上品矣。趙松雪以韓文殘本爲上，鄂有存墨迹，係跋趙千里《仙山樓閣圖》小帙，俟日内覓出請教。”余曰：“謹聞命。”邊曰：“星翁（以星沙爲號，故稱翁，尊之也）書法，已得趙松雪三昧，拜服拜服!”余曰：“余書意造本不師古，盛教不敢當。敢問米字、董字以何爲宗?”邊曰:“米字所見者,墨迹爲《天馬賦》,現有存者,在騾馬市大街聚珍鋪中,刻帖以《渤海藏真句》七絶句爲上。董字見墨迹甚多,而未見十分佳者,細閲墨堂《天馬賦》,似雙鈎填墨者。”余曰:“鄙家亦有《天馬賦》刻本,概可見豪放不羈之態,而今此《白羽扇賦帖》(董玄宰所手書)即日前笛樓所贈,果何如?”仍展示之,邊曰:“此本尚佳,董思翁,號玄宰,‘玄’字乃廟諱,故我們尚可得其真墨(言帖末有‘玄寄’二字,‘玄’字則近世中國所諱,而此帖則不諱,故以此知其爲年久真本),但圖書少差,刻之未精,‘玄’字無力,‘宰’字太板,印色印法尚未平。輕重未均,書家所忌,且緣裱工(即我國塗背匠)手劣,斜肥無力,紙濕而復伸,則有此病矣。”余曰:“先生鑒定若是真的,頓開茅塞,真是吾們見未到處。”邊曰:“《梅花詩》(子昂)見否? 中國臨《梅花詩》者頗多矣。”余曰:“未之見。”邊曰:“《道教碑》(子昂)見否? 在齊華門外東嶽廟内,大楷書甚佳。《宸垣識略》載有東嶽廟二種寶物,一爲道教,一爲聖教。鄂往訪之,聖教無存,道教尚完好,何不一查?”余曰:“徐當一叩。”遂以雨意濃厚辭歸。

(七月)二十九日,晴。留館。午後,邊棣園來訪,叙寒暄,仍曰:“館人幾不爲通,守門皂役非貴邦人。”余曰:“以有邦禁耶?”邊曰:“通官俱係認識,前年二月,假此館中東邊一間爲會試用工計,曾早來晚去,故今亦以此得入矣。”又曰:“《畿輔詩傳》欲一寓目耶?”余曰:“何書?”邊曰:“直隸一省内詩人所著,共二百卷。自本朝太學士、尚書至於隱逸、布衣詩萬餘首,皆取其尤佳者,且人各有。傳閲之,可知鄂之先人三世俱載集中。胞叔祖中博學宏詞科。族叔祖爲徵君,弊族在册中者,凡十五六人矣。”余曰:“貴宗文學若是炳烺,奉覽則甚幸。”余曰:“鄭惕庵錫瀛之大人友蘭老人知之乎?”邊曰:“惕庵係鄂同年,又爲盟弟,安得不相知耶?”余曰:“向夜長星,其分安在?”邊曰:“人言係屬甘陝分野,未知是否,而天垂象可畏也。現在帶兵之帥非不多,皆未能實心辦事,虚報斃賊名數,且諸帥意見多不合，朝廷務仁慈，前帥（指賽尚阿、徐廣縉）失律，竟置事外，罰不重則不武，古今同此一理。”余曰：“懷慶屯賊不過四千，官軍則爲四萬，而擊斃已過數千云，則餘匪數千，何其曠日未剿？”邊曰：“現在京中住家者已去十分之七八，如年内不能剿滅，將若之何？現在餉銀已用三十餘萬，昨在廣西，潮勇聲言：‘如給二十萬銀，定可生擒永安洪逆。’而機會惜失之，然亦數省劫數不可逃。昨有星士言‘六年後，始太平云’。”余曰：“星士有曾驗否？”邊曰：“有潘公乘輿，已赴軍營，前言將星不明，又言數省有劫，故知之。”又曰：“前聞貴國檻逆賊匪數百人，想係傳聞之誤。”余曰：“初無是事矣。”邊曰：“昨日，鄂在先帝《實録》館校對，見貴國呈請，係國王大臣事，似是子孫爲祖父雪冤，而忘未盡詳，已知之否？”余曰：“庚戌年，果有奏請卞誣之舉，已蒙皇旨矣。向見一位官人在貴座，風儀秀麗，是係何人？”邊曰：“此是蔣公，號子久，亦孝廉，知縣，與鄂兒女姻親。”余曰：“熊掌既蒙盛賜，何以烹熟？”邊曰：“烹熟甚難，總須三日，《左傳》請食熊膰，因其難熟故也。”余曰：“月前見馴熊來戲者，其掌亦好耶？”邊曰：“此是狗熊，不可食，唯猪熊之掌可食矣。”余曰：“無德不報，請以白參幾兩仰助藥需矣。”邊曰：“感謝，感謝！舍侄孫崇瑄亦謝日前筆墨之賜矣。”遂告辭曰：“秋潦未捲，前程萬里，再見未卜何時，千萬自愛，時惠德音。”余送至門外。

（七月）二十三日，朝微雨，晚晴。飯後往温笛樓家。余向以盛饌相待，爲辭曰“殊非古人真率之意”云，則温今以麵餅小饌待之。少頃，有少年學士入來，温曰：“此人名楫，字駕航，即余内舅孫符卿尚書之孫也。”蓋符卿即今户部尚書（經筵日講起居注官、上書房總師傅、武英殿總裁、翰林院掌院學士，山東濟寧州人）瑞珍之字。瑞珍，故兵部尚書（太子少保體仁閣太學士，兩江總督）玉庭之次子也，奕世華胄。少年丰儀，真是可愛，十八登第，選拜翰林，藻華照映，一座動色。叙寒暄，余曰：“願聞先生近作。”孫以長篇一首、五律一首誦傳之，請聞斤教。余曰：“士當以遠大之器自任，詩可以卜其兆矣。

今長篇所賦,氣力則秀發,而險怪亦多,殊欠端委廟堂之象。五律則稍和平可貴,須以此從事焉。"孫曰:"謹聞命矣。"琴舫在傍擊節曰:"先生論詩可謂神眼,駕航月前因微事貶職爲内閣中書,此後則無礙耶。"余曰:"鄙何以知之? 但略有閲歷,故俄言偶中矣。"彼皆唯唯。余曰:"尊尚書筆翰可以奉玩否?"孫曰:"方在淀津(即天津海口,距北京二百里,江浙舟船都會處),使署檢納,南漕八十餘萬石竣還尚遠,當專伻仰稟,寫來以呈矣(翌日,即爲受來楹聯一對,筆力遒健,非七十五歲老人所書)。"孫問曰:"貴國被皇朝厚恩,當此警急,何無餉銀之優助?"余曰:"東土元非産銀之地,是以國中所用皆自中國,出來者試以敕行時,通官、家丁輩禮給銀子,見之可知其盡自北來,元無東産矣。苟有土産可用,則以我事大之誠,豈不早有捐助耶?"孫及在座諸人皆曰:"然矣。"余曰:"餉銀姑捨,苟有餉米,何難仰助?而昨秋東國最值凶荒,西邊義州等十數邑皆貿來鳳城米穀幾萬石,得以糊口,此則鳳城人所已知者。"孫即點頭,蓋孫是度支之孫,方憂軍餉,而有是問。及聞余言,領會事勢,故如此首肯,而余言既有據,庶無日後送咨請助之慮,而亦何可必知也。當此時,若以五十萬兩銀子以助軍餉,則雖爲少少,庶可爲我國出色,而無路辦此,豈不可悶?

是時邊棣園亦到,盡日叙話,歸到同文堂(册鋪扁名)少憩。自厨房送來午饌,歷入天泰局,與岑生暫話而歸。温忠翰寄别詩曰:"五年重聚首,一面抵三生。詩骨老猶健,風懷秋與清。寒燈孤館思,落日海天情。揮手送君去,蕭蕭班馬鳴。"

鄭友蘭書送八分一聯曰:"具渾金樸玉精華,有威鳳祥麟氣像。"及片茶、雜菜等屬,兼寄一律,請三使俱和,其詩曰:"春明萍水意相投,譯館比鄰隔御溝。酒薦鵝黄開甲帳,秋深鴨緑念庚郵。難留旌旆情何極,愧乏瓊瑶惠莫酬。落月屋梁照顔色,不須分被賦離愁。"

余次之曰:"傾蓋之初若漆投,隔河來往似鴻溝。求羊曳杖開三逕,杭越傳筒遞兩郵。翠竹停鸞餘慶大,閑雲野鶴雅情酬。自憐玉節東歸客,回首仙扉步步愁。"

副使次之曰:"瓊琚之錫愧瓜投,谷口馳懷隔港溝。譯館四旬留節客,水程千里計篸郵。朋情已喜由坤得,酒禮那緣更旅酬。指日回槎東去路,别人愁抵憶鄉愁。"

書狀次之曰:"拓書香菜并琚投,萍水芳鄰對玉溝。慰我離情將進酒,望君嘉命數傳郵。縱緣客夢尋歸去,衹愧詩盟負唱酬。萬里故鄉雲水地,相思何日不生愁?"

七月二十九日,晴。留館。……少頃,鄭友蘭亦來别,鄭曰:"今日小兒(即錫瀛)與舍侄入貢院考試,以國子監學正、學録缺員,故試以時文(以四書中句爲題,即八股文也)一篇、策一篇,而考取也,以此不得來會矣。"余曰:"婦女纏足始自何時?"鄭曰:"相傳始於紂之妲姬,又云始於南唐,所謂步步生金蓮也,今廣東西及浙江省尚有不纏足者,蓋纏足取媚耳。"余曰:"當十錢已行之乎?"鄭曰:"唐宋亦曾行之矣。"余曰:"婚喪用樂,此何禮也?"鄭曰:"喪用樂,敬死者,亦敬吊客也。婚本吉禮,詩云'鍾鼓樂之'。"余曰:"思嗣親,《禮》訓也,孔夫子哭則不歌,置之勿言好矣。"鄭不以爲然曰:"此皆一時之制,風俗不同,難以一概言也。"遂告别而去。

(七月二十九日,晴。留館。)……少頃,温笛樓三兄弟俱至焦局,出見筆談,蓋回發隔日,故來别也。

温忠翰袖其所作以示之,詩曰:"前身端合是逋仙,到處争看水月緣。看盡孤山千樹雪,一蓑一笠一漁船。""柴門流水石溪斜,西子湖邊處士家。我欲隨君訪琴鶴,衹愁清不到梅花。(題卞頌臣比部孤山訪隱圖小舟)""記否當時款别筵,詩如花月酒如仙。河梁去後無消息,一度秋風一惘然。(手拓古詞人贈别鏡影寄南錦里孝廉)""瀟湘雲水落,木落楚天秋。歸夢付黄鶴,浮生如白鴎。寂寥尊酒感,冷落帝鄉遊。何日重相見,挑燈話别愁。(送吴展其明經歸楚北,題《秋郊送别圖》後)""濤聲半空起,古幹走龍虬。赤日不到地,天風相與秋。偶來白雲裏,如入黄山遊(黄山多産松柏)。欲學滄洲畫,慚非顧虎頭。(寫《慈仁寺三松圖》,題於寺壁二首之一)""捫蘿來石上,掃榻理瑶琴。皓月淡如此,松風清我心。疏鍾起寒寺,長嘯達空林。極目遠天碧,夜雲深復深。(月夜與琴舫兄携琴登涵碧山,憇松下聽操《凉宵引》)""叨陪笠屐擅風流,幸逐延陵季子遊。坐客詩才清似鶴,老僧池館静於秋。黄花艶冷重陽看,古木雲深一卷收(謂拙繪《三松圖》)。最是蒼苔携茗地,夕陽松下幾句留(九日,吴展其招同詹西林、羅向齋諸君慈仁讌集,以時維九月,序屬三秋,分韻得'秋'字)。""蒼然秋色玉關來,水驛山程萬里催。一帶新霜鴉點瘦,千山落木雁聲哀。思歸每動蒓鱸興,遣悶閑斟菊酒杯。駿骨空埋燕市冷,離離衰草擁荒臺。(秋日金臺有感)""半山樓臺正斜曛,颯颯松濤耳畔聞。畢竟此鄉風味别,曉餐山色暮看雲。""昨宵微雨釀輕寒,待晚花叢幾度春。不是主人深護惜,爲留富貴到春殘。(静安書屋牡丹盛開,與同人共賦)"下書:"星沙尚書大行人以管樂之雄才,播歐蘇之雅咏,聯吟把盞,白石風高,落紙揮毫,青雲調逸。今歲使星三莅,舊雨重聯,僕幸托登龍,結苔岑於知己;空慚窺豹,學葵向以傾心。贈答頻投,知交益密,不揣淌陋,以舊作録呈雅教。海中珠璣,既聽陽春之奏;雷門布鼓,敢登大雅之堂。儻不棄菲才,賜以指謬,則他年學有進益,未始非益友之貺也。"

温忠善有别詩曰:"寥天飛鶴下晴空,南極老人矍鑠翁。玉節三持逢暑雨,星軺五度别春風。籍咸才調雕龍譽,軾轍文章倚馬雄(謂蘭圃、石雲兩君)。更羡同舟載仙李(謂李藕船行人),新詩滿護碧紗籠。""昔年折柳玉橋西,十丈红塵罥馬蹄。千里關山勞驛使,一燈風雨夢蘭溪。清狂似我猶依舊,風骨如君未易齊。最是重逢又相别,教人情緒更凄迷。"下書:"星沙節使自己酉爲忘年交,相别五載,今以癸丑夏重逢燕館,奉呈二律,即乞斧斯。"

温忠翰又以一册贐行,名曰《竹龕秋餞圖》,繼之以詩曰:"繞檐古木集昏鴉,一帶秋陰野竹斜。話别情懷深似海,凌雲詩句艶如花。爲延名士開三逕,漫詡家風繼八叉。老去鬢蘇心尚壯,何時重泛使君槎?”下書:“星沙先生將歸朝鮮,爲寫《竹龕秋餞圖》,并賦長律一章,題於册後。時别緒横生,不暇計其工拙也。”

温笛樓詩曰:“與君竹下論交久,窗外秋聲幾度聽。何事驪駒催祖道,重重雲水暗前汀(時秋霖阻道)。”“曾記春風敞别筵,青衫銀燭餞飛仙(己酉年事)。而今又唱公無渡,展卷題詞倍惘然。”“竹龕秋餞托情深,晚節相期寫素心。萬里海天好珍重,平安兩字寄知音。”“歸槎重向鴨江浮,海月蒼凉雁序秋(兼簡蘭圃、石雲兩世講)。况復同舟載仙李(謂藕船),披圖尚憶故人不?”

温忠善詩曰:“暑雨卸征車,秋風送行李。斯人又别離,相思曷能已?今日一尊酒,來朝千里行。長天望不盡,無數海雲横。秋中明月圓,旅夜凉如水。佳節漸重陽,茱萸故鄉裹。挑燈苦笋齋,新愁上蓬鬢。繞屋栽篔簹,待報平安信。”

温紹堂(笛樓之子,時年十三)詩曰:“白石知名久,頻從海上來。門留長者轍,酒奉夜光杯。舊雨竹龕集,新詩花漏催。如何重話别,飛馬躡蓬萊。萬里海天碧,星槎渡翠微。夢回人憶遠(懷南錦里世丈),秋老客思歸。元鶴似前健,征鴻相對飛(謂蘭圃、石雲兩兄)。自憐同小草,長此戴春暉。”

孫駕航題其跋曰:“己酉九月曾題鶴皋居士秋燈憶雨巷子寄贈南錦里孝廉,已五閲寒暑矣。今歲初秋,晤星沙節使,湛深經濟,矍鑠精神,欽佩久之。瀕行,鶴皋居士復寫《竹龕秋餞圖》,匪惟送遠,兼誌墨緣。余因嘆節使以海外偉人交遍海内,其國中賢士大夫,宜無不仰望風規,奉若山斗,歸見錦里,爲道相思,即以此册爲左證也可。”

孫太史駕航適在内閣直廬,不得來别,寄以贐章曰:“退思軒(温氏齋名)裏德星臨,促座聯交慶盍簪。共喜清言托毫素,竭來异地得同岑。論詩直溯和平旨,期我常持施濟心。三度入朝年七褽,果然人世鑒衡深。”“槎泛計時剛夏令,旌旋應候已秋風。雲平露冷雄關北,水闊山高大海東。樂府詞宗推白石,天臺賦筆愧興公。莫言會乍催離切,臘月重看駐使驄。”

余即次韻,書送東紙曰:“篁齋清晝駕言臨,遠客相逢雪滿簪。早識聲名出王謝,况看詩句敵高岑。風塵閲歷餘雙眼,天地彌綸在寸心。叵耐扶幸東去路,金臺回首暮雲深。”“傾蓋歡情又分袂,蟬聲益復仰高風。山河壯勢辰居北,天地歸心日出東。顧我老非青眼客,知君才是黑頭公。春明豹直違相别,祇有雲隨去馬驄。”

(八月)十七日,晴。早發,抵廣寧張老威家中火,仍發,抵中安堡王忍説家,秣馬復發,抵小黑山陳永福家宿所。學究張振鏞、學童劉廣泉并來話。張曰:“聞蒙古方助戰馬六千匹,在路多躪禾穀,至於廢農云,然否?”余曰:“傳者誤也。馬則至矣,而遵路而往,故無此患矣。”張曰:“懷慶屯賊甚猖獗,有朝夕犯京之慮,先生所見何如?”余曰:“京城果爲戒嚴,而賊在一千六百里外,直隸總督訥爾經額領四萬兵防堵,何至如是之急?”張曰:“傳説甚洶洶,今聞的奇可以降心。”余曰:“縱使賊犯京城,坐此關外,何必動一髮乎?”張曰:“不然。焉有腹心受病,而四肢晏如者乎?”余曰:“然矣。”張以夜深辭歸。是日行一百十里。

(八月)二十日,終日大雨,雷電不止。早發,冒雨抵大方身王老昌家中火。鄰人劉蕙芳來訪筆談,即桂芳之兄也。劉曰:“鄙號蘭溪,行一,請賜書一對,雙款圖印。”余遂取紙書,贈一聯,仍問曰:“帖寫何官?”劉曰:“胞弟非居官,祇係書吏,每月俸銀四兩而已,并無朔米矣。”入去時所留書傳於桂芳矣。今袖其答而來,亦有次韻二絶,曰:“拜讀佳音過瀋城,方知税駕貢都京。可憐未遂茅檐會,空負鹽梅駐旆旌。”“多蒙厚贈挂心肝,筆扇更兼妙藥丸。前好未忘情切切,愚今猶是布衣看。”覽訖,仍發。

九六、姜長焕《北轅録》

【解題】

《北轅録》，姜長焕撰。

姜長焕(1806—?)，字善之，朝鮮晉州人。咸豐五年乙卯(朝鮮哲宗六年，1855)十月，以冬至兼謝恩使團書狀官身份出使中國。此行於十月十九日從漢城出發，十一月二十四日渡鴨緑江，十二月二十四日到達北京。次年二月初二日離開北京，三月二十二日回到漢城。丙辰年(1856)二月初五日，在宋家莊與宋靄蘭、宋舒惺、宋舒恂父子筆談。

《北轅録》藏韓國高麗大學中央圖書館，《燕行録全集》收録。兹以此本爲據輯録資料。

(丙辰二月)初五日癸巳，晴。平明發行，與李匡廬諸人歷入宋家莊。大主人宋靄蘭，號蘭波，年方五十九，長子名舒惺，年三十一，次子名舒恂，年二十八，皆文士也，季子獨投筆云。入坐外堂，彩屋雕窗，極其宏杰。大小主人并出迎打話。余乃書示曰："尊門大義，天下孰不欽仰？而尤膾炙於吾東。如鄙人者，又非餘人可比。吾先祖潛隱公諱□□，當甲申歲與同志四賢遁於太白山下，自號大明處士。嘗有詩曰：'大明天下無家客，太白山中有髮僧。'貞忠高節，至今炳炳，世所稱太白五賢者也。推斯義也，雖隔在萬里之外，豈非靈犀相照者乎？"主人以欽嘆之意爲對，其人頗有文筆，人亦儒雅，雖剃髮胡服，而以其家之人，故見甚可愛。此家清初不事科宦，而近代則赴舉云。問："貢銀萬兩之由。"答曰："萬兩之説誤傳而然。"又問"歲入多小”,則“尚爲萬餘兩銀子”云。仍與主人登敵樓,樓在内堂之後,縹緲半空。歷三層雲梯至樓上,俯臨大野。樓之東南角懸一小鐘,即萬曆年間所鑄,摩挲久之,顧謂主人曰:“子有此樓此鐘,甚可貴可敬!子能知樓與鐘之爲青氈而敬重之乎?”彼答曰:“唯唯。”而果未知其心之如何也。見今荒廢不修,殆難以肯堂言之也。仍下樓遍觀别堂及書册所儲處。出至外堂,以餅麵數器備進,且盡饋諸人,得以饒飯,可幸!主人要我書替面之資,以不善書辭之,仍書示“恪遵舊義,不愆不忘”八字以勖之。彼以一片畫竹贈之,答以一箑、二清丸。仍回身進程,歷大枯樹店。

九七、申佐模《燕行雜記》

【解題】

《燕行雜記》不分卷，申佐模撰。

申佐模(1799—1877)，字佐輔，號澹人，高靈人。咸豐五年乙卯(朝鮮哲宗六年，1855)十月，以朝鮮陳慰進香兼謝恩使團書狀官身份出使中國。使行於十月初四日從漢城出發，十月二十七日渡鴨緑江，十一月二十七日到達北京。十二月二十三日離開北京，次年二月十四日回到漢城。乙卯年在小黑山與童蒙教授張振鏞筆談；同年十二月二十六日，在宋家莊與宋靄蘭、趙梅岩筆談。

《燕行雜記》爲筆寫本，《燕行録全集》收録。兹以此本爲據輯録資料。

"鄙人是朝鮮來的進香三行人，姓申，名佐模，字左輔，號澹人，敢問尊姓大名？何郡人？來此做甚？"

"鄙人姓張，名振鏞，草字立武，號臨溪。因前年上國姜時永星沙大人與在下有投縞報紵之交，今春由上國貢使金大人已帶問候之札。兹遇徐郎中慶淳，言及大人貴寓，故來叩問貴體平安，一路勞乏耳。"

"鄙人與星沙姜大人係是姻親，居又比閈，今聞與先生托契，問訊相續，天涯知己，正謂是也。緣此而至蒙光顧，白頭傾蓋，尤切感荷。鄙人不才之使，銜命馳驅，因道塗霧露，見方害病呻楚，而荷兹垂訊，若病去體，不勝僕僕。敢問曾舉鄉貢未？"

"不才駑駘之質，讀書未就，一芥功名未立，惶愧多多，敢問大人現居何爵？并詢星沙大人近時起居如何？”

“鄙人見帶弘文館侍讀學士，不才冒玷，良用發騂。星沙大人見今閑住養疴，而體節一向康謐。敢問年紀幾何？”

“虛度五十歲。”

“敢問大人春秋高壽？”

“賤齒爲五十有七。”

“敢問本居兹土麽，或自他郡來寓麽？”

“鄙人原籍京南保定府高陽縣民籍，文童見在此處，訓蒙二十有五年矣，立室始十有五載。去年春，托上國貢使星叟李大人與星沙姜大人帶去問好書信一封、紅梨一包、碼磁、鼻烟壺□□，所以報前年星沙大人所賜東筆、東扇之惠。今春又托上國貢使金大人亦帶去問安書信一封、史國公酒二瓶、落花生一包，未見星沙大人回音，不知二次書信李、金二位大人帶到否也？敢問大人霓旌何日東旋？鄙人尚有信托帶。”

“星沙許書緘問遺之帶到與否，果未聞知。來時見星沙，談間亦無提及。鄙人東還雖未預定日子，而料不出正晦二初，還當探問，如有寄音，敢不帶去？高陽距此幾里？”

“上國之高陽有二處，山簡所遊習家池似在南隸，貴鄉莫是孫老爺承宗殉節所耶？”

“鄙縣距京都三百有六十里，距此則千有餘里。孫老爺承宗乃是本城居住，係前明萬曆年間榜眼，天啓年間拜授京料大元帥，已曾鎮守遼東，因被讒致仕，至我清朝逼勒，徵召不應，殉節死。今我朝曠典優加於本城，立牌樓，立祠致祭，加謚文正。”

“孫老爺之官歷始卒，闔門死節，已於孫老爺行狀中略悉，而今聞牌樓貤謚，連施曠典，皇朝褒尚之舉，誠爲欽嘆。方其立殣，一門幼少争先赴死，今有子孫幾人？”

“其後裔正支派，每世蔭國子監太學生一人，至今未有在朝居官者，别支派僅有三四門，率皆不振。側聞上國五經兼備，惟《周易》一書無有,果然否?"

"《周易》一書不經秦火,可謂全書,鄙國亦豈無之乎?"

"鄙人亦謂云然,可見人言不足信耳。"

"敢問這位尊姓大名?"

"姓戴,名廣慶,字雲祥,在此街路南居住。"

"敢問這學生三位姓名,年各幾何? 念得何書? 各書可也。"

"姓梅,名向山,十七歲,《詩經》《書經》、古文、時文。"

"姓崔,名殿榮,十七歲,《詩經》《書經》、古文、時文。"

"姓劉,名廣泉,十七歲,《詩經》《書經》《易經》、古文、時文。"

"姓張,名廣太,二十歲,《詩經》《書經》、古文、時文。"

"雖語音不通,寸心難盡,而文字可解,一面如舊,恨桑宿即發,萍合無期,深庸頻頻,敢問貴宅距此近遠?"

"蒙大人台愛,折節下交,恨無些須贐儀申敬,俟明歲榮旋時,枉駕辱臨鄙館深談,聊慰鄙忱。鄙館離此不遠,在東邊街口草房便是。"

"大人貴體勞乏,不敢瑣瀆精神,請辭。"

"聞命矣,行當明發,無由造門申謝,悚甚,悵甚! 第於明歲軺還,先叩仙扃,罄悉衷蘊,而一夜暫話,二年爲期,尤不勝結轖之忱,更鼓未深,申請少坐,更了幾句話。"

"上國今秋豐收否?"

"大熟,五穀亦與鄙處相同,鄙邦水田種秔稻,旱田種黍稷、雜穀,今秋甌汙并熟,篝車皆滿。"

"此誠仁君賢相善政之所致,實萬民之福也。鄙國自上幾年,南隸賊氛猖獗,各省豐歉不等,雖有聖天子在上,其奈大小臣工循吏少而污吏多也。"

"鄙邦主上仁明,輔相得人,幸境内安謐,而每以上國之南匪有警爲憂悶,或傳漸就掃蕩,或傳餘孽尚熾,遠方傳聞無由消詳。今奉書示,不勝憂厲。聖明在上,臣工之致多貪污,敢問何故?"

"黄河以北,賊匪已皆掃滅,惟聞金陵被賊站據,并安徽兩廣數省,至今尚未平定。今秋鄉闈順天較往科,人少不下五六千人,還有七省停科,此時各處委官逼勒,鄉民捐輸功名,至於朝中之孰爲賢孰爲奸,鄙人不敢漫議也。"

"金陵尚爲賊據,則南隸幾省想多梗塞。上國財賦多出南隸,其何以調發軍民,掃平賊氛乎? 聞向榮、項英,文武兼備,號爲名將,朝廷果委任弗貳,而所謂賊魁洪秀泉或傳已死,信未?"

"向大人仍在金陵堵禦,不過俾賊匪不敢北擾,洪秀泉已稱帝號,側聞今歲已開科取士矣。"

"目下京師錢法甚屬不堪,買賣交易盡用荇葉小錢,并以一當十、以一當五十之大錢通用,而此處常用之制錢,不知歸於何地矣? 若二用,則洪秀泉據有幾省,而向大人又力不足以掃平,則黄河以南,其將棄之而已乎?"

"京師布若是苟艱,常用制錢不知歸宿,極可憂嘆。"

"朝中之足任軍國大事恃而無恐者,尚有幾人?"

"聞有在此之東北邊外、韃王僧格林沁見在京,封爲親王,實爲朝廷之心腹股肱,餘者不知,不敢妄言。"

"韃王僧格林沁是滿人,果有才略可恃,而漢人亦有可用人否? 并問向大人是滿人乎,漢人乎?"

"向大人在旗,在民,鄙人不知。此時可用之漢人,未聞朝廷任用,故亦未知果有可用者否也。大人身體困乏,況明晨上道,不敢久擾,請辭。素知上國之清心丸極妙,敢祈惠賜。"

"邂逅良緣,誠不易。雖奉誨達曙,實不爲疲云。敝寓久辱,誠甚,主臣不敢强挽,清心丸所存無多,見在行槖,當於明早發前以上貴所矣。令侄同敝徒往敝館去了,鄙人回去,伊即來矣。"

(乙卯十二月)二十六日,晴。早朝離發,歷漁陽橋,過翠屏山下,路傍有石像二,傳以爲安禄山、楊貴妃云。山頂有寺,從者言"寺中有禄山、貴妃塑像,禄山則以鐵索爲反接結縛樣"云。鰲山店午站即發，余以宋家莊主人有更訪之約，雖少迂，不可不踐言也，遂命車迤向。正、副使及海觀并偕行，至則主人香巒及其胤二少年欣然迎入，問："一路回安?"座有趙生，名□□，號梅岩，燕山人，主人言"此是北方韻士也"，仍與之筆談。談間書七言一截詩，即依其韻和之。

正副使及海觀請主人登後面高樓，主人之次兄引入，余則(前已一覽矣，與其長久止堂中)及趙梅岩輪筆叙話。少年又書七截以示，余又次其韻應之。余出東扇二柄，書七律一首以贈主人，又以三柄扇分贈二少年、趙生。主人出棕櫚扇名扇十把贈之，扇面書云云。一面書《春江花月詞》一篇，乃梅岩書，屬香巒者也。筆法雅麗，酷模松雪。一面畫仙蝶一雙，展翅活動，乃香巒所爲也。少年言："家君少好墨妙，至老未已。小畫數幅，欲以奉呈大人，肯收留否?"余曰："尊公畫法真妙入三昧，如蒙見惠，敢不拜受珍藏之?"少年遂入内堂，取翎毛花竹小幅四本，山水大幅一本以贐行。余又以丸劑謝之，仍問主家："故聞有藏書萬卷，果有之乎?"少年曰："有如干世傳書册，而萬卷則未也。"余曰："雖行忙，可一覽否?"少年曰："春夏則置諸書樓，冬則弆在櫃中，藏之内堂，未易搬出書樓。有若干册子耳。"遂引入樓中，架上有《册府元龜》數十匣及經史若干矣。上、副使下樓即發，余以一行已去，前站尚遠，請辭，主人出茶果待之，點訖，仍起身，主人及二少年送之門外，甚有悵戀之色矣。

九八、徐慶淳《夢經堂日史》

【解題】

《夢經堂日史》五編，徐慶淳撰。

徐慶淳（1804—1859），字公善，號海觀，朝鮮大丘人。朝鮮憲宗三年（1837）式年試式年生員三等第五十七名，曾任全羅道高山縣監。咸豐五年乙卯（朝鮮哲宗六年，1855）十月，隨其從兄陳慰進香使團正使徐憙淳出使中國。使行於十月初四日從漢城出發，十月二十七日渡鴨緑江，十一月二十七日到達北京。十二月二十三日離開北京，二月十四日回到漢城。此書記載乙卯十一月初九日，在新民屯與店主筆談；十三日，在大凌河宿所與店主之子筆談；二十日，在永平府與理藩院主事恩隆筆談；十二月初二日、十二日，在北京周棠愛莲書屋與士人周棠筆談，初九日，在周棠愛莲書屋與周棠、鈕東皋筆談；初五日、初七日，在琉璃廠、懷寧館兩次與方朔筆談；初八日、十九日、二十日，在天泰局、蘊和店三次與方朔、貢生李士棻筆談；十三日，在蘊和店與方朔、李士棻、舉人李福厚、陳實善、賀貞良、傅起岩筆談；二十六日，在宋家莊與宋舒惺、宋舒恂、宋靄蘭筆談。

《夢經堂日史》爲鈔本，原本現藏於韓國國立中央圖書館。《燕行録全集》收録。兹以此本爲據輯録資料。

（乙卯十一月）初九日戊辰，晴暄。……午飯於新民屯，屯是瀋西大都會，人民市肆之盛，儼若邑治，比遼陽等處，不啻過焉。康熙時聚民成邑，隸廣寧，北距蒙古地方四十里，兩界物貨交易於此，故市肆若是殷實，而民户殆近七十萬，禦敵之意，亦在其中矣。余問店主曰:"此處田稅幾何?"答曰:"田有六等,隨其饒瘠,各有加減,而十畝爲一日耕,稅爲銀子一兩,土沃處二兩,大概如此。"

(十一月)十三日壬申,陰。過大凌河,河冰已合,而大車卜重,猶慮河冰之未堅。……店主之子美少年,稍有文識,夜到余所,張燭筆談,語及洪承疇事,少年歔欷曰:"洪承疇降於本朝,開國規模,多有贊畫,而滿人之計口給銀,其意實在於蕩竭國財,疲弊邦本,而至今遵行,不思通變。滿人之屬於八旗者,自幼至老,不事農桑,仰賴廩調。生齒日益繁殖,經用漸至窘絀,此所以坐受其病也。朝衣中有補服(如我國胸褙),紋綉各有品制。自閣老至九品,皆以鳥獸爲文,或有綉狗,或有綉羊,此視我犬羊之意也。"忽見店主來尋其子,見此筆談,忙手扯去,投諸爐火,叱責其子曰:"汝之識字,適足爲禍。"牽臂出門,余不覺憮然。

(十一月)二十日己卯,寒,乍陰乍晴,晚風。……夕抵永平府。……還出城門,入書狀所住。知府之子與府幕一人在店裏接客,邀與筆談。其姓名恩隆,號小軒,年今二十,見任理藩院主事。其父錫麟,號仁軒,鑲黄旗,蒙古人,見爲知府。府幕姓名徐荆山。恩隆記姓名而已,荆山頗識字,而以同姓之故,另有殷勤,則竟無欣欣之意,不覺憮然。

十二月(初二日)庚寅,晴。馬頭韓時良告曰:"中國士人周少白善書畫,我東使臣暨譯員多見訪。"余與馬頭步往柴兒胡同(正陽門外)愛蓮書屋。叩其門,主人出迎,款款對坐筆談,書法精妙,文義通暢。姓周名棠,字蘭西,號少白,年五十,見居廩生。出示一幅山水障蘭竹楹聯曰:"愚生拙筆。"諦視之,乃文士之畫,其謂之工則未也。余曰:"此間有善手寫照者否? 願寫賤照。"曰:"西鄰有鈕東皋先生,當今之龍眠、虎頭也。"余曰:"另日請他來相會,如何?"值日昏,匆匆而起。城門日暮即閉,故車馬之趁限入城者,風馳波奔,使人眩轉。

(十二月)十二日庚子,晴。……晚往愛蓮書屋,叙寒暄,茶罷,少白問曰:"人參每自東來,東國何其多人參乎?"因於掌中出示紅參之如小指者曰:"此亦是東國之參,何以染色深紅至明潤乎?聞東國有山參,其色其様,何如紅參?"余曰:"東國舊産山參,而近則頗罕,祇有舊日之名。中國白頭山之陰,近聞多采參者,而私參有禁,多冒東國之名,非真東國多參也。無論山參、種參,色白而様同,然使行時賣買人參,俱以土地所種,數次蒸炮,則色自紅潤矣。大抵紅參藥力少遜於白參,故弊邦專用白參,而中國之捨白取紅,未知其意。"又問曰:"朝鮮大泉入於行橐,幸分二三十泉。"余曰:"何用?"曰:"未疫兒佩之,則俗謂善痘。"余曰:"朝鮮大泉,雖或有之,此乃祖宗時舊錢之流行未盡者。自夫丙丁以後有禁,故未嘗鑄矣。既有禁令,何可隨身入京。"少白探懷中,出示常平大錢一分曰:"此非朝鮮大泉乎。"余曰:"何以得此?"曰:"年前從馬頭求得。"余曰:"此在敝邦亦難多得,下隷輩專昧邦禁有無。視若珍寶,帶入中國,意在夸張。"少白微笑之。余歸,誦問答於三使,韓主簿在傍曰:"何不牢諱?"余曰:"我國錢未嘗不有禁,而柵門群胡之子個個腰佩常平通寶、户天等錢,渠又有一分錢,其何以當面白賴乎?"蓋朝鮮通寶,我世宗朝所鑄也。箕子時未有楷字,何以鑄此?按,宋董逌《錢譜》載海東錢凡四様,曰:三韓重寶、三韓通寶、東國重寶、東國通寶,而朝鮮通寶不載焉,以此知非久錢也。世宗朝行錢七八年,民間不便,故復用楮貨。仁祖朝再鑄,而旋鑄旋罷,皆因民不便,非畏中國也。常平通寶始行於肅廟庚申,則似不及入於清初禁條矣。今北關禁錢,因行布幣,爲其近邊也,而關西沿邊諸邑未嘗禁錢,西北之斑駁,亦從民之便否歟?且我國漂船,錢何由盡禁?此足以知東錢未必爲忌於中國也。

十二月(初五日)癸巳,晴。晚往琉璃廠文華堂册鋪,坐閲《群書目録》。問鋪主曰:"《金口訣》《青烏經》《石室録》《江注近思録》在此否?"時有一人年少體胖,容貌豐晳,手卷坐椅,問余曰:"能通天文、地理、醫藥、性理之學乎?"余曰:"能,君亦能之乎?"曰:"能。"余曰:"可與論證乎?"曰:"市肆之中,來人去人,自多擾擾。弊寓懷寧館距此不多路。再以另日會面,賤姓方名朔,號小東。家在徽州懷寧縣,赴舉秋闈，因幹留京。”余曰：“鄙姓徐名慶淳，號海觀，爲遊覽中國，隨槎入燕。偶爾見君於市肆，君其隱於市者耶?”從者從他來，喘息而告曰：“門將下鑰。”乃起揖相別。

(十二月)初七日乙未，晴。早飯乘車……適見一官員，乘四人轎，前擁後衛。少立館門外，使從者留刺於館中，熟視余而去。見其狀貌，甚是精雅端詳。蓋四人轎前有導騎一人，後有從騎四人，轎如我東之制，而以氈四圍，以流蘇覆轎，極爲輕緻。舁用四人，立必一行。舁者少疲，則從騎四人下馬交舁，疲者輒騎從後，生力輪遞，其行如飛。

下車入館，小東出門迎揖，余答揖坐定。小東曰：“今日臨枉，大是有信。”余曰：“芋仙何在?”曰：“先期證約於其友人，有違等候，另以明天置約。”余曰：“書肆邂逅，千載奇逢，天涯知己，一猶多矣。”曰：“天地之論，可畢其説乎?”余曰：“能事不須相促迫。”曰：“仁兄志氣，卓犖奇杰，非沈潛理學之像，能是不能也?”余曰：“余實闒庸儱侗者，卓犖奇杰，何嘗近似? 過情之衮，不敢當不敢當。至於理學，挾泰山以超北海之類也。”小東拊掌大笑曰：“書肆之問，情實試兄，兄既以能答。”余亦强應曰：“能，能之一字，豈非證交之左契乎?”余亦不覺失笑。小東曰：“日候劇沍，弊寓甚冷，不可久留，請兄回駕。”余曰：“道途馳驅，旅苦太多，且素患咳喘。近益添症，誠難久留，亦無以課日遠來。兄與芋兄，明日早辰聯鑣到天泰参局，弟當與同館書狀官連袂往會矣。”曰：“書狀官是三大人，而有文識乎?”曰：“三大人，中國之稱號也。書狀官，弊邦之職名也。申其姓，佐模其名，澹人其號。文章博識，能當專對之任也。”曰：“恰好恰好。”余曰：“俄者立門留刺者誰也?”曰：“花冢宰也，過其門而行忙留刺，即中州之例也。”余曰：“兄所作《金臺草》中《東使紀程》，是其人乎?”曰：“是也。”余曰：“車中英眄，可知其偉人，恨不得傾蓋相歡也。”

(十二月)初八日丙申，晴。小東、芋仙并到天泰局，小東以刺紙書小札送余曰：“弟方朔頓首：已與李芋仙兄同在天泰参局，拱候文駕,略坐即去,小飲暢談,此請辰安。申公能偕來更好。"

余見刺即起,至天泰局,兩人至門迎揖,握手鼎坐。芋仙狀貌魁梧奇偉,一見便知其爲文人杰士。余謂芋仙曰:"屬因小東仁兄聞高名,如雷灌耳,今對芝範,何喜如之?"曰:"僕處西蜀之裔,老爺居東海之濱,今兹萬里萍逢,盡覺三生業緣。"余曰:"兄爲西蜀之李,其非青蓮世家歟?"曰:"吾家太白是傍親,東坡先生是吾師也。所以自號曰'東坡弟子'也。"余曰:"幹何到京?"曰:"秋闈下第,尚此旅食。"余曰:"竊聞仁兄文詞駕軼凌雲,而乃有此渡灞之行耶?"曰:"其如命何?"余曰:"命其如唐皋,何衹可恨者?此世無閻羅包老,不必嘆自家生辰甲子之不叶吉辰也。"芋仙曰:"兄以進士出身,官何居卑?余曰:"我東科制與中國异,由進士擢殿試,始爲翰林學士,是謂及第出身。"曰:"异哉!科式也。"澹人後至,與兩人一面如舊識,甚情到款曲。因公幹,霎語回館。

兩人携余向北街,入東來館,即酒樓也。呼酒快飲,余以七律一則書贈小東:"南士北遊歲擲梭,羈窗寒燭意如何?腐心清灞經春淚,低首藍田暇日哦。卿相詩郵盟越笠,家鄉書雁阻吴戈。地涯天角俱萍迹,青眼相憐白雪歌。"小東曰:"以老杜典雅之體,兼有放翁豪健之氣,在中州亦罕其偶。"余曰:"過奬,非所望也。"

芋仙示其舊作《北闈雜感》詩四首:"英雄莽莽强爲儒,矮屋重經感嘆俱。一片秋聲過風雨,五更歸夢到江湖。太邱道廣心終苦,子野情深淚已枯。閲盡繁華嘗盡恨,欲談身世獨踟躕。""少遊梁益壯遊燕,歛歷名場鎮十年。愁向飛鴻尋爪迹,懶從騎鶴問腰纏。青衫狎主敦槃會,白社乖暌骨肉緣。剩喜闈中看明月,此番已到六回圓。""七千人似坐寒窗,各下風簾静不哤。一代科名原有數,五經條對豈無雙?神方换骨丹誰授,健筆臨文鼎可扛。我替芙蓉私地祝,莫教容易謫秋江。""一作才人便好奇,多生結習總難離。翰林詞賦貪言酒,工部文章故遜詩。得失任教心領取,窮通付與命推移。再來須及春風日,飽看瓊花萬萬枝。"余曰:"以東野不平之氣,幻奪坡仙骨髓。今世文章，非子而誰?”芋仙笑曰:“過矣過矣，余何嘗仿佛於是耶?”余即席和之曰:“藝林林立漢鴻儒，獨有芋仙學識俱。筆下騫騰掀巨嶽，胸中淵博貯清湖。詩神滕閣風先送，師道眉岑草盡枯。歲暮難逢可憐子，西風末路謾踟蹰。”“曲江旣毹數緣奇，綺麗西崑俗不離。百囀謾成春苑賦，七才相許雪樓詩。錦囊風物高軒訪，黄葉秋聲畫扇移。過眼莫愁迷五色。宫烏應借上林枝。”“磊砢嶔崎契越燕，萍逢异地便忘年。栖遑光範書空抱，痛哭金臺草已纏。傾蓋梅憐臨歲感，題襟月證此生緣。竹斜街裏黄罏散，把酒那期席再圓。”“槐葉蕭蕭打試窗，窗前鬥蟻閧無哤。拾珠難遻冰衡尺，刻燭空揞彩管雙。白雪知音嗟零落，青雲移步等擡扛。升仙題柱前期在，一路春明接錦江。”芋仙曰:“兄之謂我文章，可謂自道語也。”芋仙盡收談紙，納於懷中，擬刻一段佳話。余曰:“雖云以筆代舌，既吐肝膽，不諱時事，莫付鋟梓，宜戒金緘。”曰:“長毋相忘，亶在此紙，勿以觸忤人眼爲慮。”(談草并爲芋仙收去，不能帶回。久又遺忘，零言瑣語，十不存一。隨其記得，編之如左，酬答縱無差錯，字句或有异同，覽者辨之)又連倒十餘杯，不省下樓，倩扶歸館。

十二月十九日丁未，晴。與澹人往蘊和店。芋仙方焚香煎茗，净服掃榻而待。少焉，小東亦至，芋仙曰:“今日東坡先生生日也，兩兄不可無小像之贊。”余曰:“爲先生作贊，從古幾人? 前人之作至矣盡矣。吾輩荒陋之辭，何敢下筆乎?”芋仙固請不已，余牢拒不可得，乃書於紙曰:“千古文宗，千古忠肚。吾師吾師，可以千古。”芋仙欣聳擊節曰:“至哉! 文也;善哉! 贊也。前二句道盡先生平生，後二句兼寓景仰之思。先生英靈必當許與於泉下，今日之會亦有光於先生也。”余曰:“過矣。吾非妄人耶?”芋仙又使余題之於小像之傍，余再三堅辭，又不獲已，以細楷題之，款識曰:“朝鮮進士郎中徐海觀慶淳獲瞻先生小像，於楊梅竹斜街蘊和老店李士棻芋仙所館作贊敬題。歲丙辰十二月十九日先生生朝也。”小東問曰:“朝鮮宫闕城池皆依山而居，溪山之勝，皆坐而有之，真是好些。天子遊宴之所，不過大內之景山、五龍亭,海甸之暢春、圓明苑,皆是人造,豈若東國王宮之天作溪山取諸宮中者乎?"余曰:"日昨往見海淀,真是佳麗之地,人造反勝於天作。錢塘、臨安、洞庭、岳陽亦如此乎?"小東嘻嘻而笑曰:"錢塘、臨安苟如海甸,則有何足稱道? 采石江去吾家三百餘里,人生世間未見采石江,則可謂虛送歲月矣。"余曰:"明時詩人有'願生高麗國,一見金剛山'之句,余以爲人生世間不見金剛山,則亦可謂虛生一世。"小東曰:"聞有金剛全圖,何不示我?"余曰:"兄何不以江南全幅示之?"小東曰:"來生願爲高麗人。"余曰:"余則不願生中國。"曰:"何也?"余手脱頭上帽而投於地曰:"其於此帽何?"小東睁目揮手,急扯其紙。余曰:"中國之財竭民窮,何至此甚? 錢票、銀票、鐵泉、大泉俱拂民情。票紙及泉貨之制,衹行於皇城百里之内。棗林莊外,尚不遵行,是民不從令也。皇城之中、朝廷閭巷都無紀綱。紀綱者,治天下之第一法術,奚獨治天下爲然? 一家而有一家之紀綱,一國而有一國之紀綱。今之中國紀綱掃地,百度解紐,如是而何以治天下乎?"小東曰:"兵餉之費、築河之役,俱歸尾閭。年貢不至,歲漕多停,財何以不竭? 紀綱不立,兄何以知其然也?"余曰:"吾非覘國之行,而縱是愚智淺識,豈不及此耶? 余以已著者言之矣。克食(以食物賜三使),皇上之殊禮也,而以衹受恩頒,假飾陳奏,所賜諸種,仍歸烏有。苟非禮部之所竊,必致通事之見偷。以大國而有此,豈非心寒乎?"小東曰:"善哉覘國,善哉覘國。"余又曰:"大國之憂,不在於兵,在於此也。"小東曰:"天下之憂,海觀憂之。"余曰:"南匪何尚用兵?"曰:"南匪困於虐政,嘯聚潢池,苟且偷生之計,而升平日久,民不知兵。中外遽爾騷動,朝廷失於調度,浸浸至於尾大難掉,而今則皇上英斷多勇,將帥得人,賊勢漸縮。差過一二年,自可討平。自數年以來,便是中興也。"余曰:"今之柱石之臣,誰佩安危?"曰:"湖南總督曾國藩其人耳,本是湖南人,而年今六十。朝廷之倚重如文潞公,士林之雅望如歐陽公。"余曰:"吾見塘報中御史宗稷辰上疏,以爲曾國藩所薦十人,皆得偉才云云。以此觀之,曾公誠非虚名也。”余謂小東曰:“聞三閣老新出,皇上雖在恭默之中,良弼之得用何若是多乎?”小東曰:“宋朝自建隆元年至嘉祐四年一百四十年,宰相凡五十人。明崇禎十七年間,命相亦五十人,可以觀治亂矣。”余又謂小東曰:“武丁以夢相傅説事著於書矣,而世多疑之,夢而得賢,可也或否焉?亦將立相之歟,且其旁求以象之肖也。天下之貌相似亦多矣,使外象而内否,亦將寄以鹽梅舟楫之任歟?審如是,則叔孫之夢竪牛,漢文之夢鄧通,卒爲身名之累,夢果可憑歟?或曰非也。武丁嘗遁於荒野,而後即位,在民間已知説之賢矣。一朝欲舉,而加之臣民之上,人未必帖然而聽也,故徵之於夢焉,是聖人之神道設教也,是所謂民可使由而不可使知也。且又商之俗質而信鬼,因民之所信而導之,是聖人所以成務之幾也。《莊子》載太公之事云:文王見一丈夫釣,欲舉而授之政,而恐大臣父兄之不安也,欲終而釋之,而不忍百姓之無天也。於是朝而屬之大夫曰:‘昔者,寡人夢見良人,黑色而頩,號曰:寓而政於臧丈人,庶幾乎民有瘳乎?’遂迎臧丈人而授之政,或者之言亦有理也。然而武丁、文王之用説與望,猶田單之妄用一男子爲軍師類乎?聖人之神道設教,以幾成務,而不使民知,恐不如是也。其所云夢賚者,實帝感恭默之誠而賚之也。其性情治者,其夢寐不亂,乃可以孔子夢周公同觀,而非叔孫之踐妖,漢文之啓幸矣。鄭人夢鹿而得真鹿,心誠於得鹿也。心誠於得鹿者,非天理之公,而尚可以得鹿,況誠於求賢而有不得者乎?司馬彪《莊子音義》謂傅説生無父母。洪氏注《楚辭》謂説一朝忽然從天而下,便爲成人,無少長之漸,此兒童之言也,固不必辨。”余又曰:“以傅説、太公望言之,國之興由一臣,則國之亡亦由一臣。秦之亡由商鞅,晉之亡由王導矣。”小東曰:“王導,江左之管夷吾也。江左人物,當推第一,而今謂亡晉,何也?”曰:“王導非純臣也。世徒見晉明帝以大義滅親褒之,而實不然。逆機弑械之萌,蓋非一朝一夕之故。導不能先啓元帝,潛爲之備,及敦至石頭,導不聞有正言規之,而受其司徒之擢。君臣大義,社稷爲重。李懷光將叛,而其子璀言於德宗,君子以爲忠孝兩全。導之於敦,非父子比也,而依違其間,坐觀成敗,得爲純臣乎?敦之凶獰,勢已無可奈何,導又在帝左右,而王氏子弟布滿中外。明帝恐導携心内應,故舉春秋大義滅親之言,實以安導心,而散敦黨也。夫大義滅親,石碏是也。碏子從亂,碏手誅之,謂之滅親,可也。導之於敦,親非父子,始也不能如李璀,終也不能如石碏。謂之滅親,是欺天下後世矣。敦之反也,元帝下詔云:'敢有捨王敦姓名而稱大將軍者,軍法從事。'敦既死,導貽王含書,猶云近承大將軍困篤綿綿,或云已有不諱,故違明詔而特伸私情。此非敦反,乃導反也。導銜周伯仁,敦既得志,問導曰:'周顗、戴若思當登三司。'而導不答。敦曰:'若不三司,便應令僕。'而導又不答。敦乃曰:'若不爾,正應誅。'而導又無言。二人竟死。夫敦之用周、戴爲三司、令僕,欲使助己爲亂耳。導當正言爵在朝廷,非臣下所得專賞。及其言應誅,導當正言刑在朝廷,非臣下所得專罰可也,然導豈智不出此哉?假賊手以戕忠臣,其心不止報私怨而已。使敦謀幸成,則導能如朱全昱乎?能如司馬孚乎?吾知其不能也,君尊臣卑,如天高地下。成帝幸導宅,嘗拜導妻曹氏,而導偃然受之不辭。及侍中孔坦密表不宜,導聞之,怒曰:'王茂[①]弘駑痾耳。若卞望之岩岩,刁玄亮之察察,戴若思之峰岠,當敢爾耶?'夫濱危亡之中,而不失君臣之禮,此趙襄子之所以賞周舍也。導知君臣之義,曾不如周舍乎?其免於春秋無將之誅,幸脱漢代博陸之禍者,由江左之政不綱,而王氏族黨太盛。後世猥儒曲護議論,雖諸葛孔明、宋岳武穆猶加索瘢,而無片語疵導。誰謂公論百年而定哉?千年猶不定者有如此。"小東點頭曰:"公論今始定矣。"余曰:"今之執政者誰也?"小東欲對,芋仙奪其筆自書曰:"小東執酒之政,芋仙執詩之政。海觀何執乎?莫如執筆。"乃出束紙十幅求書。余乘醉揮灑,楷草雜錯。芋仙自題其款曰:"海東名筆徐海觀醉墨。"余謂芋仙曰:"豈可

① 茂,原文誤作"仲",徑改。

無潤筆之資耶?”芋仙欣欣而起,抽架上一帙書,置之前曰:“敬爲海觀仁兄潤筆資。”披視之,《香祖筆記》也。小東曰:“觀演戲乎?”曰:“未也,明天與澹人再會於此,共賦别語,同往觀劇,如何?”余曰:“好好。”曰:“雖大風大雪,必勿違期。”余曰:“大風也不怕,大雪也不怕。”與澹人同車,入正陽門西月城,日將暮,鑰將下矣。

十二月二十日戊申,晴。促飯,與澹人聯鑣到藴和館。芋仙設酒肴以待,兩人曰:“今日之别,難期此生再見,不禁泫然。”余曰:“何必作楚囚相對? 天若憐吾兄弟,會當再見。”小東曰:“今日痛飲酒,不必作銷魂語也。”上使丈率安、鄭兩傔過店門,聞吾輩在此,仍入見小東、芋仙兩人。筆談半晌,先即回車,兩人相顧甚喜,問余曰:“大大人所着衣冠何製?”曰:“卧龍冠、鶴氅衣。”兩人曰:“好製好製,真仙風道骨。官居何品?”曰:“輔國樞密,大冢宰,執金吾,大將軍,内閣學士。”兩人曰:“好官好官。昨承惠詩,今見風儀,頓消胸中鄙吝。”

芋仙爲赴他約,先爲言别,衹與小東同往中和堂,即戲樓也。皇城戲樓非一二處,而此是朝士遊觀之所,故朱輪華轂,填咽門巷,可知貴遊者之多至矣。樓制極宏敞,欄檻四圍如口字。中設戲場,可以倚欄而臨視。樓上間間障隔,而各設床卓椅子所以處觀劇之人,而樓下設長卓長椅,次第列坐。日已向申,戲亦過半。戲者各執刀槍,作戰鬥狀,問其名,曰:“徐中山擊鐵木也。”又有一美人凝妝盛服,與男子調戲,問其名,曰:“唐伯虎賺秋香也。”美人所謂戲場沙吾段(此是華音,而實則小段也)。此是十五六歲男子,而形貌絶佳,態度淑艷,肌膚與手勢一似女子,諦視難辨,可謂傾國之色。聞南京人備戲具,先以千金周行海内,買得小段,然後製戲器來遊北京,而男色優劣,定爲戲場高下。今此戲樓爲皇城第一,故沙吾段亦爲極品云。少頃,又唱歌闋,即《陽關三叠》也。唱畢人散,出門外,與小東相别。三人對立無語,欲語而語音不通,但相顧揮淚。於時,天茫茫雲黯黯,路傍觀者亦爲之嘆息。歸卧館寓,不禁悵懷。兩傔來慰余曰:“今日往觀綵鳥鋪,反勝於藴和店别觴。”余曰:“何如?”曰:“奇鳥异禽不啻千百,而或籠以鐵綱,或絛以木架,而其中紅鸚鵡色最鮮。南松鴨形如鸚鵡,而小能爲人語,其聲音之曲折轉舌,如數歲兒初學語。”余曰:“异哉!恨未見也。”

(十二月),初九日丁酉,晴。往赴周少白約,鈕東皋已在座,設酒肴,共談書畫。少白示余一畫障,修竹怪石之傍,立着一蕭閑清枯之像,首幅巾,手圓扇。余曰:“此非少白之七分乎?”曰:“昨年以賤齒五旬,東皋寫真作壽,一毛一髮俱是傳神。”余曰:“像雖逼真,幅巾恐不入時。”少白擲帽於地,撫光光頭,氣忿忿欲語,低首長吁,手斟一杯,勸余曰:“且樂生前一杯酒。”東皋曰:“先生醉矣。”曰:“而今之世,不醉者幾人?以吾觀之,不醉反耻。”東皋於是袖抽彩毫,對視余面三數回,霎時下筆而示余曰:“恰似清宇乎?”余曰:“似不似有難自知,而驟觀氣像,便非别人。”

(十二月)十三日辛丑,晴。……乃與書狀同車到藴和店,芋仙、小東待余已久。諸名士在座,一時齊起相揖,喜容可掬,各道姓名。李福厚,字載庵,江南句容縣人。陳寶善,字子餘,江南江寧縣人。賀良貞,字幼甫,湖北人。傅起岩,字古民,江西人。李載庵年少媚嫵,有冠玉之狀。陳子餘磊落倜儻,有奔馬之氣。賀幼甫精明安詳,秋水冰清。傅古民沈潛重厚,有堅確之意,俱以舉人爲赴春闈,留京劬工云。芋仙曰:“昨承賜詩,今蒙惠顧,榮感無量。置之懷袖中,三歲字不滅。”芋仙指壁上障子曰:“君識此像乎?”余曰:“莫是東坡先生乎?”曰:“何以謂東坡先生?”曰:“余聞唐伯虎所摹《東坡笠屐圖》行於世,今見笠屐之像,此真東坡先生耶?”芋仙曰:“東坡先生是吾師,手摹先生之像揭安壁上,朝夕拜揖,以寓景慕之誠。”余曰:“東坡先生現今在世,吾輩當作床下拜。千載之下,獲瞻真照,敢不寓敬。”乃與書狀起揖。芋仙曰:“看君風貌,似吾師東坡先生。文章筆法在坡門,可以升堂入室,如弟者敢在下風。”余曰:“兄之言何太妄也?面諛非友道也。”曰:“實實如此,自有月朝。”小東曰:“東坡之門得有如兄者,弟亦當執鞭矣。”余曰:“今日之會,專爲愚弄老我而設耶?

不勝可慨。”芋仙曰：“言實由中，切勿見外。”芋仙曰：“情到之語，有同眷屬。對君青眼，吐我赤心。”余曰：“弟以兩兄視若同胞，眷屬猶疏。”芋仙擊節嘆賞曰：“今天下有此人耶？傾心之言，刻骨不忘，幸逢知己，天涯咫尺。”芋仙曰：“弟之爲人何如？望須下筆。”余曰：“素無許劭之眼，何以論人高下？”曰：“兄弟之間猶如是耶？”余無以再辭，乃題四字曰：“光明俊偉。”芋仙喜曰：“‘光明’二字畫出愚弟胸襟。平生所爲事，無一不光明，此實無愧耳。”小東曰：“余獨向隅耶？”余曰：“何若是强所不能？”曰：“第言之。”余書曰：“小東沈深亢傲。”小東喜曰：“使我自道，亦未過此。兄覷破吾兩人，如見肺肝，歆服歆服。”余曰：“兩兄盍爲我下筆？”芋仙乃大書曰：“海觀，海東名士，爲人重厚坦直。”小東繼之曰：“卓犖淹雅。”余曰：“重厚之於卓犖，全不襯着；坦直之於淹雅，自相齟齬。兩兄之論，無或近於隔靴爬癢耶？”小東曰：“兄之自期何如？”余曰：“胸中空洞無物，即一疏放散漫之凡夫耳，何足過詡？”余謂小東曰：“采芍詞中劉娉卿，今尚在小星之列乎？”曰：“年前已葬花於青蘿山中。”余曰：“嗟乎！以娉卿之花貌蕙質、貞心芳信，豈料早年玉碎耶？”曰：“一自朝雲之死，射雉求鳳，幸得名家閨秀，姓蔣氏，年今二十二，通經史，善詞賦。因南匪避寓於山東，遊學京師。家室蒼茫，不無佳節思親之心也。”芋仙出八叠小箋《春痕閣本事詩》示余曰：“此詩何如采芍美人？”余數回吟誦，心神蕩越，如入迷魂陣，乃曰：“春痕閣主人，可以一見否？”曰：“是不難，以十五夜月三更爲期如何？”余曰：“春痕閣余已見之，其主人在余眼中。”芋仙瞠然無語。小東曰：“春閣何在？”余曰：“閣在巫山之上，洛浦之濱。畫棟照耀桂殿月，珠簾飄灑湘竹雨。其中一美人，含情佇立，其貌則漢宫之飛燕無色，其才則金谷之綠珠還慚，其姓虛，其名影。”芋仙大笑曰：“鬼神易欺，海觀難欺。羈窗無聊，述此遣懷。安知天津胡孫竟爲大耳三藏覷見？好笑好笑。”余曰：“詩體嬝娜纖濃，義山、長吉當輸一籌也。”李載庵謂余曰：“因小東昨承惠法書，感感，多愧多愧，再求大筆。”余曰：“拙筆不過是畫鴉墨猪，初無名家師授，點畫之間，專味肥瘦，聞人求書，先覺騂顔。”芋仙曰：“吾兄法書，弟甚愛重。今日筆談之字俱有天真。若與小東所書詩幅，尚是中駟，未見精妙。一二日内，伏求吾兄以箋紙數幅爲弟抄吾兄舊作，以留香火因緣耶？作書須隨意恣肆，不必求工，至祝至祝，字之大小如筆談之式。”余曰：“兩兄不欲爲弟藏拙，必使露醜，取笑於大方，千里神交果如是乎？”小東曰：“吾兄書法在中國亦爲名家，何必過謙？弟之所呈白硾紙八幅各體，即執事之文，歐陽子之文也。自家手中流出天機，濃淡之中，有妍媚之態；時俗之間，又有豪健之意。歸作寶藏，世世子孫傳之勿失也。”小東以《伴石圖》《太常仙蝶圖》《海天長嘯圖》三帖求余標題。即於座書之，醉墨淋漓，傍若無人。澹人曰：“兄之廉耻，可謂王山灘也。”余大笑擲筆。小東問澹人曰：“王山灘是何語？”澹人唯唯不答，小東再三苦請，澹人曰：“王山灘，東國善書者稱號。”小東曰：“好好。”乃書於紙曰：“海觀筆法，無愧王山灘。”渠亦大笑。以家兒相雨《送韓又醉之燕》詩示兩人，小東曰：“調高氣逸。”芋仙曰：“如讀唐人《塞下曲》。”小東又曰：“虎兒突過米顛矣(家兒以石顛爲號，故云)。”芋仙又曰：“虎兒筆力能扛鼎。”芋仙曰：“令從兄友蘭先生，竟不肯見弟耶？”余曰：“因公事未了，尚不出館門一步地，且近有病患，未及尋訪。”芋仙曰：“如此則是弟虚生一世，而令兄友蘭枉到北京一遭也。”書《北闈雜感韻和作》贈芋仙。芋仙擊節朗咏，音響瀏亮，朔風塞雪，動人慷慨，泣數行下曰：“丈夫處世，何有感意？”乃歌東坡《浪淘沙》曰：“千載之上，惟吾師東坡先生知我？”余曰：“恨無紅裙醉。”小東亂點“紅裙醉”三字，又圈批曰：“風流豪放，晚年行樂，將不減汾陽福力。”芋仙曰：“此所以春痕詩佐酒。”余舉觴聞此，失笑噴酒。一座皆拂衣而起，日已西下矣。

十二月二十六日甲寅，晴。午飯於鰲山店，取徑路入宋家莊。是明末宋姓人築塢自守處，敗堞尚存，基址甓築，周回可容百户之村。當中築一座敵樓，制若烟臺，高出城上，所以瞭望而備禦者(世傳宋家寡婦築此，故世稱寡婦城)。及清兵之入關，闔族固守不服，清祖怒之，使納罰銀歲萬兩。至康熙，嘉其守節，特蠲其銀，至今歲納七百兩云。及其門，有兩少年出而迎接。容貌端雅，衣服鮮麗。外門扁“譽著成均”，正堂扁“杏苑先鞭”，傍書乾隆年號。曾聞皇明鼎革後，宋氏家世不做舉業，今其榜楣如此，以世代之漸遠，而子孫遂赴舉歟？問兩少年姓名，則是兄弟，而兄名舒悜，弟名舒恂，俱登鄉薦，現帶廩生名，文筆俱有英妙。老主人年逾五十，儀容沈静恬簡。名靄蘭，號香巒。余曰：“家傳高節，世守清名，使藩邦之人，猶式段木之廬，可欽可敬。”悜答曰：“世守先人家範，竟爾遠播虚聲，屢承貴國光顧者久矣。”余問曰：“聞貴莊有萬卷書，今猶升閣否？”答曰：“先人手澤，豈至失落？但未必至萬卷耳。”敵樓在内堂之後，一行皆登樓，而余時病腕，無由攀躋，蹰躇於樓下。老主見病處，以白色散藥贈余曰：“調唾塗之，不至成瘇。”余稱謝萬千。聞於登樓者，樓凡五層，皆緣雲梯而上。到最上層，四望通敞，高山大野，平鋪在下。古之齊雲落星，不足比其高云。樓中可容五百兵，而恃此不屈於大兵之壓臨，其志誠壯矣。室屋排置，猶有故規之可觀，而家勢雖未及舊時富饒，然關外歲入銀尚有萬餘兩云。夕抵玉田店止宿，以藥塗腕，夜深漸覺止痛，穩睡。

九九、金直淵《燕槎日録》

【解題】

《燕槎日録》三卷，金直淵撰。

金直淵(1811—1884)，字景直，號品山，金鍾岳之子，清風人。朝鮮憲宗十二年(1846)庭試及第。咸豐八年戊午(朝鮮哲宗九年，1858)十月，以朝鮮謝恩兼冬至使團書狀官的身份出使中國。使行於十月二十六日從漢城出發，十一月二十六日渡鴨緑江，十二月二十五日到達北京。次年二月四日離開北京，三月二十日回到漢城。此書記載己未年(1859)正月二十日，在北京朝鮮使館與翁姓人筆談；二十二日，在天寧寺與一老釋筆談；二十七日，在廣盛局與觀察使葉名澧筆談；二十八日，在朝鮮使館與縣令姚涵筆談；二月初七日，在玉田縣宿所與儒學訓導吴佩芬筆談；初十日，在永平府，金直淵、金永爵與秀才袁楚卿筆談。

此書爲抄本3册，原本藏東京都立中央圖書館中山文庫，《燕行録續集》收録。兹以此爲據輯録資料。

(己未正月)二十日辛卯，晴。午往上房，適有兩人闖入，云是湖南長沙人。一曰翁姓，一曰蔡姓，爲觀會試而來。問:“會試定在何時?”曰:“三月也。”問:“上國科體聞有八股，會試則試以何體?”曰:“表、策、經藝也。”因拂衣而去，蓋以遠鄉人欲觀我人而來也。

(正月)二十二日癸巳，晴。聞天寧寺距此十里而多花卉，約副使同發。過天主堂，出宣武門，迤而西出西便門，望見石塔高起野中，即天寧寺也。……還坐客堂，老釋又進茶，問余年甲，曰:“四十九矣。”老釋熟視曰：“鬚何長也？”余笑曰：“我東人初不剃鬚也，蓋胡俗剃鬚，過五十然後不剪也。”因問：“肉食乎？”曰：“然矣。”“有妻子乎？”曰：“有矣。”“釋教果如是乎？”曰：“五戒中戒殺生而已，何嘗禁食肉乎？清净寡欲而已，何嘗禁生育乎？”

（正月）二十七日戊戌，晴。聞有朝士來，坐館外廣盛局，云是漢陽人，葉志詵之子，名名澧，號潤臣，世能文，樂與我人交，遂偕副使出見潤臣，出門迎勞，魁健有騒氣。相揖而坐，茶罷，覓紙筆，各道姓號，叙寒暄。余問：“帶何官？”曰：“以道員待缺，即觀察使也。”問：“漢陽距金陵幾何？”曰：“由大江東下，爲期甚速。”問：“生年？”曰：“今四十九歲。”余曰：“同庚也，我生十二月十七日。”潤臣曰：“鄙人五月四日生，故别號端四生。”問：“有令郎？”曰：“祇一人。”時已迫曛，仍起告别。余曰：“海左鯫生見識謏陋，不足以望大雅君子之清光，然竊慕上國人文，願遇巨人通儒質其管窺之見。今幸獲奉清範，歸當充然，但欠匆卒，未及請教。若示期日，則當趨造軒屏以聽進退之命。”潤臣曰：“先生詞旨過於謙抑，今日得瞻芝采，僕之幸也，廿九日當仍於此地候教。”因舉手長揖而去，觀其色辭，似不欲我人之來訪也。聞其兄名琛以大學士兼兩廣總督，去年春適出廣東城外，爲英夷所執，尚不知存歿，爲其弟者情蹤畏約，不敢與外國人爛熳交好，理或然矣。

（正月）二十八日己亥，晴。聞皇帝還宫，而向既辭退於圓明園，故無祗迎之禮。午有二士來訪，一老一少，皆清雅類寒士。余揖以進之，叩其姓號，曰：“姓姚，名涵，號恬庵，係甲辰孝廉，除授縣令，與李藕船至交，訂爲昆弟。藕船，又號尚迪，曾來數次，刻有詩集，敢問近耗？又有至好李石友，名時敏，近日如何？”余曰：“僕即三行人，姓金，名直淵。李藕船今行同來，現在館中。李石友則出宰外邑。”曰：“藕船今帶何官？現居何屋？”曰：“無實銜，如欲往訪，則當使人前導矣。”問：“同來那位是誰？”曰：“此係小子，名森文，秀才。”問：“縣令即時帶或前任耶？”曰：“前任山東永成令，現因母喪回來，服滿尚未赴省。”問:“服滿則例當還赴前任耶?”曰:“然矣。僕蒙東國賢士大夫不棄,多獻交遊。今日之會,天幸也,明當再爲暢談。”余曰:“僕來寓館中已匝月有餘,未逢上國賢士,悵然如有失。即拜芝宇,欣幸良深。如蒙再枉,則感戢尤當萬萬。”曰:“鄙居東四牌樓東南山街,距此不遠。”因起身請訪藕船,余使人導之,還報曰此人往拜。床下呼以哥哥,握手喜不自勝。少年拜於庭,命之升堂,然後敢進恭執禮,如事父云。藕船蓋今行首譯,尚迪其名也,有文有行,屢作燕行,未嘗有鄙瑣齷齪之事,故彼人莫不禮待之。又以詩名有刊行者,文人詩士多樂與之遊,舊友新交日來相訪云。

葉潤臣有書送,其刊印詩二首,及其子恩頣所書柱聯一對、墨蘭一本、六枝筆、四笏墨。恩頣號曰笙林,年十七云。

(二月)初七日,……玉田縣五十里止宿,通行八十五里。夜方就睡,有一胡人闖然入門,要得清心元。觀其儀貌清雅,呼紙筆書問曰:“即奉芝宇,文雅可欽,可以筆話麽?”胡人欣然就坐,把筆書之曰:“即請老大人貴姓?台甫榮升何職?”余書示姓名,因叩其姓號年紀,曰:“學生姓吴名佩芬,號稱紉秋,虚度三十四歲,祖居敝縣。”問:“爲科業否?”曰:“道光二十一年入學,二十三年舉爲優貢生,以二等儒學訓導選用,現因丁外艱起服來城,見敝縣堂翁辦文,不日即赴糧臺,聽候差遣。”問:“糧臺現在何地?差遣當在何方?”曰:“糧臺即軍營放餉處,現在天津界北,地名大沽,僧王領隊。”問:“是預備賊匪耶?”曰:“是是,風聞捻匪擾亂山東、河南,聚散無常,可南可北,直省密邇,惟恐逼近京邑,但不知何日蕩平賊氛,重沐太平之福。”余曰:“邂逅拜晤,見誨娓娓,良用感謝。未知捻匪亦土匪耶,抑金陵賊之一股耶?何以謂捻匪也?”曰:“是河南土匪,兼有舊日糧船帮青皮賊。”問:“青皮賊如所謂赤眉、黄巾之類,而此賊亦擾河南耶?”曰:“是江南福建土人,跟隨糧船拉縴者,近日糧船阻塞,該土人用度不足,故從而變賊。”問:“所謂長髮賊,似聞賊魁已死,餘黨自可指期剿滅耶?”曰:“如果如此,天佑其命,究不知天竟若何?命竟若何?奈老大人歸路經關外奉省一帶，亦遍地是賊，倘得平安以還貴國，何樂如之？”余曰：“蒙此指教，尤感尤感。遍地是賊，似謂竊發之盜耶？”曰：“是，每天在路搶劫，無論來往行人，遇着即搶。”問：“如有此患，自官府亦難追捕耶？”曰：“我清官府多是尸位素餐，不肯認真辦理，語雖傷時，勢且如此。我清皇帝皆是好皇帝，真能匹美於有商賢聖之君六七作，但臣下無面目見皇帝耳。”余曰：“三代以後，明良之際會甚難，可謂非今斯今。歷數前史賢君聖主，繼繼承承，果無如今時之盛，若如稷契之輔，則恐未易得。方今兵荒連年，國步艱虞，未知朝廷上任天下之安危，係上下之重望者，能有幾人？”曰：“元首起股肱，喜君臣交慶，亦君臣交儆，方今之世實難言矣。聞貴國清心丸甚好妙神丹，不知肯賜些兒否？”余曰：“餘儲者垂罄，雖數丸當奉副矣。今天旱甚久，未知幾月不雨耶？”曰：“去冬十二月初九日尺雪後，尚未得時雨，遍地乾旱，深約尺許。今春田苗望難蒙芽。”問：“似聞直隸省近年以蝗灾連致歉欠云，信否？”曰：“所聞屬實，已經五載，無可如何。”問：“全一省同然耶？”曰：“山東、河南亦聞有之。”問：“賊匪聚散無常，則殆乎無處無之耶？”曰：“南省迄無樂土，惟泗川、陝西數省及輦轂之下尚屬太平。老大人一路風塵，明日仍要就道，天色已晚，可趁早安息，如果有緣，他日再欽道範，復叨清誨矣。”余曰：“逢別匆遽，後會難期，誠庸悵嘆。清心、蘇合各五丸奉贈，些略可歉。”曰：“蒙賜感謝，永銘心版，匆匆拜别之愆，定必見宥於格外。”因長揖而去。

（二月）初十日辛亥，陰或霏微。未明發行，永平府六十里中火。有一少年入見副使，長揖而坐，白皙美貌，舉止端雅。即覓紙筆，書呈二首詩。前冬過此時，聞有入副房下處者。自言“江南人袁楚卿，隨其從父在本府任所，年方十七，文筆夙就云，今此來訪也”。副使及余各以筆話，能左右酬應，手不停筆，甚奇愛。而行色甚忙，和韻走草曰：“芝華曄曄士無雙，百戰詞垣判不降。道備吾身求在我，力行輕似一毛扛。”袁生亦援筆走和，其工拙雖不暇論，其敏可敵擊鉢。逢別甚速，可悵。

一〇〇、金永爵《燕臺瓊瓜録》

【解題】

《燕臺瓊瓜録》二卷，金永爵纂次。“瓊瓜”一典源出於《詩經·國風·木瓜》“投我以木瓜，報之以瓊琚。匪報也，永以爲好也”。

金永爵(1802—1868)，字德叟，號邵亭，朝鮮慶州人。咸豐八年戊午(朝鮮哲宗九年，1858)十月，以謝恩兼冬至兼冬至使副使的身份出使中國。該書卷一録金永爵與清友人李衡、陳翰、趙光、魏文翰、葉名澧、喬松年、翁學涵、程恭壽、吴受藻、袁惟寶、覲祐、吴曾鏞、管晉勛間的往來贈詩及唱和之作；卷二録金永爵與清友人間的筆談、贈文、序跋等。卷一當爲金永爵纂次，卷二則有他人補入者。己未年(1859)，在葉名澧宅與葉名澧、吴昆田、馮志沂、楊傳第、張丙炎筆談。

此書日本天理大學圖書館藏，手鈔本。兹以此本爲據輯録資料。

朝鮮使者筆談記

朝鮮使者金邵亭，以年貢來，聞葉子潤臣之賢而就見焉。言語不通，相爲筆談。知潤臣之家漢陽也，則曰：“晴川歷歷尚如舊否？黄鶴樓尚存否？”知潤臣虎坊橋之邸舍爲朱竹垞舊宅也，則曰：“子午泉如故耶？”談次問陸清獻、湯文正、王文簡諸先生後裔，并及明季劉念臺、顧亭林，因言：“萬曆朝兵部尚書潮州石公星，壬辰東援於其國，最有功其國，今尚俎豆不輟(當作東援之議，贊畫有力)。石公後孫有顯者否?”見潤臣之《敦夙好齋》詩刻,而欽誦不置焉,因自誦其《上元館中》一絶:“輶軒歲莫入京師,劍筑如今問有誰? 四海茫茫知己少,玉河空作楚囚悲。”見潤臣之子笙林(名恩頤)隸書甚佳,即乞爲其子書“道園”額。其子名宏(當作宏集),年十八,文筆夙就,亦能詩,有“雨後多情今夜月,春來如約去年花”之句。道園,其别字也。

將歸,葉子觴之於邸舍,招昆田與馮君魯川志沂、楊君汀鷺傳第、張君午橋丙炎同集。使者冠伊川巾,黑紗爲之(當作結馬騣爲之),着淡緑綢襌衣。貌清臞,微須。升堂,揖延之坐,脱屨登床,意曠如也。入席,書曰:“齒脱,不能嚼硬物,酒户亦小。”數觥請飯,飯已告飽,則書曰:“日已晚,恐阻城門,即此告辭。從此天涯地角,祇有一段相思而已。惟望年年遞信,庶無愧於湛軒、鐵橋之交契耳。”湛軒、鐵橋者,席間所談往事也。是日,魯川以事不果至。賓主五人,互相問答語甚多,撮而誌之。使者姓金名某,字邵亭,見官禮部侍郎,年五十八歲,新羅後裔,世爲卿相。高祖孝簡公,以明陵國舅有功宗社。世父敬獻公,出入將相,重宴鹿鳴,壽躋九耋。某與世齟齬,屢躓公車。四十後,徼幸一第,以世閥也,故節次推遷,滚到卿班,而宦情淡泊,終歲不訪當路。近日卜居蓉江,亦以此也。國制,使正使以大臣,副使以尚書例也。大臣不過六七人,多年衰者。每以尚書借大臣銜,侍郎借尚書銜差遣,某以侍郎借尚書銜而來。若有奏請及瀋幸時,問安使臣必以丞相實銜充也。貢使年年差遣,不得不有此權宜耳。國之大臣,有領議政、左議政、右議政,此所謂三公也。或有原任議政,則有領中樞、判中樞之稱,即古樞密之制,乃西樞散秩。今則三相外年老,原任有四人耳。今之首相,姓金名左根,乃丁巳薨逝之王太妃金氏之同胞弟也。右相趙公斗淳,號心庵,有文章,亦能書,前奉使入京與黄樹齋諸公遊者。國之考校:詩七言二十句、古賦三十句、策五、經義辨其旨義,四書疑异同者發問。初試試官三,以三品官爲上試;會試試官五,則二品尚書爲上試;殿試試官七,則大臣爲上試。初試不中,不能赴會試;會試不中,後次又赴初試。封彌易書皆有之,亦有甲乙丙科之制:甲爲一甲,乙爲二甲,丙爲三甲。登科後,初任承政院注書。承政院即通政司,注書乃記注官也。此時方行恩科,某有二子,長三十四歲,尚在韋布,其疏拙推此可知。今方應試,計已過,未聞信爲鬱。國俗喪祭一遵朱文公《家禮》,婦女不再適,但專尚世閥,名分截然,士夫世世爲士夫,庶人世世爲庶人。庶人雖有才德,無以進用。其中各有等級:有兩班焉,士夫出入東、西班之稱;有庶孽焉,士夫之賤生;有中人焉,醫官、譯官之類;有吏胥焉,有徒隸焉。階級一定,十世不得免也。譯院亦有科第,亦有品階,自一品至九品,而終身祇在譯院中進階,不得入文武班正職。所謂品階者,祇稱某大夫而已。崇善(當作資憲)、嘉善之稱,無所帶之職矣。某係先王録用,受恩罔極,惜未天假聖壽,龍髯莫攀,永懷凄慟。初,某以蔭仕爲太廟郎,值謁朝,奏對稱旨,遂蒙知遇,翼年,擢置上第。苟不然也,如某之疏於世者,此生豈有釋褐之日哉?國中各自爲婚嫁,亦各自交遊。有黨論,分爲四黨,起自中葉,世守其論如姓氏,然黨論甚熾,互相進退。老少南北之稱,以最初分黨時言之,南北以地言,老少亦伊時主論者之年紀也。譜牒家自爲之,著姓不可勝數,大約李、金、朴、鄭爲最。錢法,中外互鑄,舊制如此,近日止京司鼓鑄矣。大小之制,昔者大且完好,今則小而濫惡。推此可知,世事古今之變也。時局中外一樣,不須更問,祇可彼此繞壁旁皇而已。日本國斥洋教甚嚴,鑄一大銅板,畫耶穌像,鋪於瀕海泊船之處,有不踐者,輒殺之。以是洋夷最不得志,積憾已久。去秋,洋夷侵擾日本,大戰,其勝負未之詳也。洋夷於我國,曾有因風來泊之事,然今日局勢,不問可知,何必多言也?酒半則自書曰:"僕今日訪河督李夢韶寓舍,爲欲見其十歲兒傳書。昔年送敝友爲使,有賦章,敝友入京交夢韶,夢韶索覽東人詩文,獨取僕詩和韻以寄,由是訂交。以詩札往復三十有三年,未一謀面。夢韶以僕詩札裝潢成卷,有中朝諸名士題跋。夢韶往河工携而去。此行欲一面,而不可得,竟爾虚還,悵悒之極,令人欲涕。敝友者,洪湛軒之孫也。乾隆年間，洪湛軒大容入燕，與杭州嚴鐵橋誠、陸筱飲飛、潘秋庫庭筠交。秋庫後登科清顯，而嚴、陸歸里，更不得入燕。湛軒與嚴最密，六七千里，每歲遞信。鐵橋之歿也，置湛軒札於腹上而殯（當作取湛軒所贈墨頻頻嗅之）。其兄及子傳訃海外，湛軒爲位而哭，構祭文、封香燭及書，幾千里傳遞，乃到之日，即大祥之夕也。其兄及子與戚友之來參大祥者，以爲异事，遂以湛軒祭文讀而初獻，江南士人多載之詩文者。僕若遲幾年進尚書階，則可充正使再來，但年已向衰，恐難更作數千里走役耳。僕與夢韶通書中間，夢韶出外，轉托帥石村方蔚遞，因此與石村詩札往復七八年。今探問，石村已故，有嗣能承家學，有知之者，爲我寄意。”潤臣時以王漁洋《感舊集》中之金清陰爲問。對曰：“清陰金公尚憲有文集，漁洋所録，航海朝天時，留山東張公宅（漁洋岳丈）所作。力主清議，斥和甚力，至於囚瀋獄幾年，名節爲當時之冠，以是後裔蟬聯。王太妃金氏、今相國金公皆其後孫也。清陰之弟仙源金公尚容，江都被陷時殉難。昆季名節忠義，東國數百年來所未有也。”汀鷺叩其所學，則云：“年少愛博，迄無所成，及至老大，有意反約，而精力已耗，且世務糾纏，衹有雖悔曷追之嘆。謹約清白，世守傳家之訓。家本清貧，米鹽瑣細，不得不累心耳！”又還叩汀鷺云：“攻業在詩文耶，抑用力於學術耶？能無遊騎出太遠之譏耶？”汀鷺叩以百濟所在，答云：“百濟初都在漢陽，即今王城也；次都南漢，即丁丑圍城處也；最後都扶餘，即今忠清道地，距京三百里。”潤臣贈詩，答云：“古詩瀏亮可誦，歸揭蓬廬，應見夜夜文虹射也。”潤臣贈以《文選補遺》，答云：“常恨《昭明文選》未收梁以後唐以前，今見此目録，專收兩漢，猶未及梁後唐前也，《古文苑》未之見。歐陽詢《藝文類聚》有刊行者否？《北堂書鈔》，曾於書中引用書目見之，廠肆中未曾躬往，故未之見也。我國書籍未嘗不多，而無一携帶入京者，以於明季國初事多而有忌諱故也。啓、禎以前書亦未入中國者，敝邦恪守侯封，敬奉正朔，獨祖宗廟諱（當作廟號）本國所尊，以是不敢携帶持贈耳。”其所談如此，此二月二日之集也。

其先之談,則與潤臣獨相對也。潤臣曰:“此東海之君子也,其氣清,其容肅,其言雅,其情摯,非君子而能若是乎?”昆田因思吴季札之聘於列國也,所至必交其賢豪,如魯之叔孫穆子、衛之伯玉、史魚、齊之平仲、晉之叔向、鄭之子産之徒。或言樂,或言政,必盡其事理,而又通以款曲之情,行以直諒之意。今之使者,其近是乎?至於語及時事,則欲言而又不忍盡言,繞壁旁皇之論,有以知其中之鬱結深矣。”咸豐九年二月上浣,清河吴昆田述。

潤臣以此裝成卷子。四月間,潤臣將觀察浙江,屬恭壽跋尾,以恭壽與侍郎邵亭兄訂交也。跋語因走送潤臣,匆遽爲之,不能記憶。潤臣旋以八月二日卒於杭州,恭壽馳書告邵亭之必當南望一哭也。越歲,得讀邵亭兄《祭李夢詔河帥文》,情誼真摯,從肺腑中流出,幾於一字一淚。兄又索稼軒所述筆談,記恭壽曾屬吴擷蘅大令録出,存篋中。兹特重録以寄邵亭。我兄閲之,回憶虎坊故址,氣清容肅之語,得毋益增人琴之慟乎?十年庚申七月朔,程恭壽重書訖,并識於宣武城南之人海小隱。

一〇一、申錫愚《入燕記》

【解題】

《入燕記》，申錫愚撰。

申錫愚（1805—1865），字聖如，號海藏、頤堂，謚文貞，朝鮮平山人。1834年文科式年試丙科第三十三名及第。歷任藝文館檢閲、司諫院正言、吏曹參判、大司憲、漢城府判尹、刑曹判書、禮曹判書等。一生中兩次出使中國：道光六年（1826）隨其從叔父冬至副使申在植出使中國；咸豐十年庚申（朝鮮哲宗十一年，1860）十月，以朝鮮冬至兼謝恩使團正使身份出使中國。使行於十月二十二日從漢城出發，十一月二十六日渡鴨緑江，十二月二十四日到達北京。次年二月六日離開北京，三月二十七日回到漢城。庚申年十二月二十二日，在宋家莊與宋靄蘭、宋舒惺、宋舒恂筆談。

《入燕記》凡兩個版本：一是文集《海藏集》所收《入燕記》，藏韓國首爾大學奎章閣韓國學研究院。一是單獨成册的《入燕記》，《燕行録全集》收録。兹據後者輯録資料。

螺山店，薊州界也，南數里有宋家莊。……已遠見宋家樓竦出野際，造其門，請主人相見。老人名靄蘭，年六十三，乍出旋入，似有病也。其二子延客叙話，長名舒惺，次名舒恂。余問其先世禦亂全家事迹，以謂其"七世祖之翰，幼承太碩人慈訓，至鼎革時，年爲三十三四歲，其保家之策，實自籌畫。事迹得於聞知者居多，若家乘未能詳載，以有礙也。國初罰銀，交一千三百有零，至咸豐初年用鈔故少，猶爲七百多金。愚兄弟現忝學宫，奉祖父命，不求仕進矣。舍下虚聲遠播,蒙貴國明公光顧者屢矣”。仍問:“申澹人好在否?”曰:“澹人日賦詩健飲。”初欲書“飯”字,稍涉不韻,且念澹人此時厨烟必空,故書以“飲”字,與書狀相視而笑。余求見莊舍,二君導之入,歷前堂入其内舍,又出其北户上一樓,外築磚甓穹其中,歷梯十四級,下設板旁,穿虹門以便四望。又十四級爲中層,又上十四級爲上層,此即野際竦出者也。四周垣墻堅厚如城,多有頹圮處,樓蓋覘敵之所,而指揮一村備禦者也,如大城之有將臺炮樓也。其高甚危懔,不可久留。回到談所,余曰:“尊先世事迹,必無不載文字之理,在此雖有礙,東國之人甚重此等文字,若得携歸,當爲傳後之寶,幸賜一本於東歸之時。”曰:“謹如教。”余又曰:“祭祀尊七世祖時,必當用前代衣冠矣。”曰:“即用本朝禮儀,所謂葬以大夫,祭以士之義也。”仍曰:“先祖禦難衛家於鼎革之際,而今又當騷擾之時,無術自保,不勝憂慨。”余曰:“既承是示,當有所仰扣矣。”仍問北京聲耗,對曰:“皇上於八月八日巡幸熱河,花沙納等已與洋人立約暫和,若論大勢,尚未知伊於胡底。”蓋不知所届之□也,其談草亦不扯毁。余仍起拾曰“欲與副行人同覽”,又爲首肯,蓋副使先往午站而不入故也。留約明春更來而起。嗚呼!其時大城巨鎮納關獻門之不暇,宋氏乃能以數丈村堡,禦乘勢長驅之兵,終始自保,雖因豪富自雄,匪有出人之智略,死長之誠心,豈能辦此?闖賊自西而東,犯攻寧武,總兵周遇吉悉力拒守,力盡而死,妻劉氏登屋發瓦以擊賊亦死。自成慮前頭諸城亦皆如是,欲退還陝西,而宣府大同降書至矣,於是無所梗閼於犯京之路,而曹化淳輩開門迎降,皇帝鳴鐘集百官,而無一人至。嗚呼,尚忍言哉!若使如宋氏者守宣大之關,其偉功壯略,宗社實賴。惜乎!宋氏之自保其家,即宰相不用人之罪也。余將詳其事迹立《皇明遺民傳》。

一〇二、申錫愚《海藏集》

【解題】

《海藏集》十八卷，申錫愚撰。

《海藏集》是申錫愚的文集。其中卷十五至卷十六爲《入燕記》，收《渡江記》等記和《復命筵奏》《祭李雨帆伯衡文》《李郎中心傳家吊慰》等狀奏、祭文、譚草。咸豐十年庚申（朝鮮哲宗十一年，1860）十二月三十日，在北京李文源宅與李文源筆談；辛酉年（1861），在北京琉璃廠文華堂與翰林編修沈秉成、河南道御史謝增筆談；同年，在北京中和局與程恭壽筆談。

此文集爲筆寫本，有戊寅年（1938）尹宗儀跋，韓國首爾大學奎章閣藏。玆以此本爲據輯録資料。

李郎中心傳家吊慰

庚申除日，唁李雨帆子心傳，雨帆年前歸道山，心傳未闋制，出揭其先人像於中堂，一小本而少時所摹，一大本而老後敕賜者也。哭拜吊慰，一用東人禮，遂還奉影幀於内，遂就椅筆談，心傳立而不坐，使一人對椅，從者曰："雨帆公之弟。"余嘗認雨帆有弟，故信之不疑。先書曰："錫愚從叔父翠微先生與尊伯氏丈，證交爲世講之誼，兩家之所稔知。從叔捐世後，錫愚繼裁候書，再度付呈，一承下覆。其翌年則答書不來，秖有一對柱帖臨摹鐘鼎文而款識，聞知爲雨帆公令季氏之筆云，故尚今莊弆珍玩。邵亭入都而還，未能拜候於尊伯氏丈爲悵望矣。後聞雨帆公捐館之報，心甚愴慟。今入中國，即欲趨哭,使事爲亟,今始進唁,俯仰愴感,何以盡達?”

“久欽山斗,并獲晤談,荷蒙吊慰諄諄,殁存均感,李文源百叩。仲弟文濤,季弟文溥,季父名鈺號相圃,素摹鐘鼎,兼寫八分。”

“尊位於雨帆公屬何親眷? 高名盛算,亦願俯示。”

“李銳,係雨帆公堂弟。”

“相圃丈可得奉候否?”

“現在四川,以知府用候補。”

“方住四川而不在京中否?”

“不在都中,已於去歲到川省。”

“甚悵。”

“竊擬操文進哭於靈席前,文已就矣,但不嫻中國之禮,先爲來唁,欲於來正另揀吉日,謹具菲奠,以文告之爲計,而今日之必爲來唁,欲於此歲前一哭故也。第念今當除夕,必多酬接,吊儀已畢,敢請退。”

“先嚴已於去歲回里安葬,蒙賜誄文,俟擇吉候,先爲俯示,以便恭候。敝俗禮節,一跪三叩而已。彼時敬謹,懸像設位,貴邦係何禮節? 即請俯示,即遵教伺候。”

“來正當擇日仰報,饋奠之禮,當用東人禮,幸勿見訝,俯諒微誠。敝邦專用朱文公《家禮》,喪禮吊奠,皆《家禮》儀節。”

“竊聞雨帆公裒輯東士筆札,而以先從父書冠之帖首,願一奉覽。”

“令先叔墨翰,業已裝成册頁。”

“似欲以餅餌相對,尤所不安。此時非汗漫待客之時,請勿爲念。”

“此不過聊伸敬意。”“除夕故也。”

“相圃公亦時常有信來,實深惦念,但處時事,亦無可如何,四川距京四千餘里。”

“洋擾則似姑寢息,未知南方諸匪亦次第就剿否?”

“洋匪現在和妥，南匪尚未剿滅。”

“諸匪之中，爲渠帥者姓名爲何？”

“南匪首名張樂行。”

“竊據金陵者，即張樂行耶，抑他匪耶？”

“據金陵者，現不知姓名，係長髮匪。張樂行係捻匪，現在河南地面滋擾。”

“聞雨帆公清貧矣，近或家計稍優否？”

“近來尚可支持。”“甚幸。”

“郎中以蔭補耶？”

“源係援例，仲弟濤係恩蔭。”

“語次失矣，萱闈奉歡否？”

“尚得定省。”

“年壽想已邵矣。”

“現年五十八歲。”“俯聆翠微先生之從侄來哭靈進，伏想悲愴矣。”

“不勝感激。”

“新正何日當爲静暇？”

“明正，過初五後得暇，當即奉聞。”

“謹當待俯示，具奠操文而來矣。”

“恭候。”“令先叔墨翰現藏書笥中，已覓數處未得，容俟明正，即當奉上。”

“鄙生入都欲覽此帖，情理之不容已。幸從容檢出，待日間專伻付送，謹當盥手敬閲而還璧矣，萬勿以搜出之勞爲辭。”

“遵教。”

“此時久坐爲汗漫酬酢，極涉未安，敢退。”

“俟明正，再當恭候駕臨。”

“此紙欲携去，以爲講好於他日之計，未知盛意如何？”

“字文鄙俚，未免貽笑方家，請隨意。”

“筆妙辭簡，尤欲携去，何爲過謙？”

“荷蒙獎諭,實覺汗顔,遵命。”

“諸位保重,請卜來正,更候。”

“大筆請留敝處,以便敬摹,如此則談草不續,歸而誊留一本,原草還呈矣。”

沈謝證交

是日歸路,歷憩文華堂書肆。有二人入來,求買書種。余起揖,一人即沈秉成翰林編修,次揖一人,即謝增河南道御史。又一藐少年入來,問之,爲謝之子也。

先書示曰:“鄙人即朝鮮正使申錫愚,敢問尊姓大名?”

“沈秉成。”

“官銜、年紀、字號?”

“翰林院編修,字仲復,年三十九歲。”

“幸獲邂逅,分緣不淺,何以則可獲從容陪話否?”

“初三日造訪。”

“會同館例爲禁,呵人出入,若蒙肯訪之牢約,當借關外中和局,以伫跫音,倘不使作城南望虚之人耶?”

“如約走詣中和館。”

“中和局即會同館外近鋪。初三日,臨於該局,通於館中,當出詣矣,幸勿泛聽。敢問貴莊住於何同?”

“敝廬在宣武城南,俗名南横街南堂子胡同。”

“原係何地人氏?何年出身乎?”

“籍隸浙江湖州府歸安縣,丙辰年通籍。”

“盛銜敬覽,敢問原鄉及字號、年紀、見職。”

“謝增,字夢漁,陽州人,年五十歲。庚戌探花,翰林,現掌河南道御史。”

“今幸好風吹,獲遇兩位,沈公即許初三日委訪中和局,公亦或同臨否?”

“偕往奉訪。”

“敢問何年通籍？現年幾何？”

“賤齒五十六，甲午文科，歷翰林，今以判中樞府事充上使來。判中樞府事如宋之樞密使，賤品承乏，慚悚慚悚。事不偶然，今日相遇若有神助。令郎秀朗，可賀可賀。未知今者枉臨此中，緣何事耶？若求書種書目，可得聞乎？”

“今日買張古漁先生《通鑑筆記》一套，又取去初印殿板《前漢書》二套、《晉書》二套、《金史》一套，均非全書也。”

（沈）：“能作擘窠大字，欲求書楹帖可否？”

“素拙觚墨之工，即於談草，亦可垂諒矣。”

“當携繭紙，藉以助談何如？”

“不計工拙，衹爲遠人之筆，而欲爲收納，何敢固辭？第淹留當爲多日，更作商量未晚矣。愚亦欲奉請試腕矣。”

“鄙生素與李雨帆有世講之好，今入中國，雨帆已捐世矣。今方往吊而還，欲啜熱茶，偶然入此，得遇兩位，是天幸也。初三日聯枉之約，必勿棄之泥塗，使外國陋生陪奉一日清誨，切企。”

程少卿委訪

庚申除日，余訪程少卿不遇，與其子筆談，以不敢坐屈之故，來訪而不遇爲辭矣。辛酉正月初四日，少卿來訪於中和局，余與副、三行人同爲出見，余先書曰：“東國人士得公片字隻言，不啻若拱璧，錫愚欽仰久矣。今入中國，以金邵亭爲蟠容而進，其時適值除日，已料高駕之易致出門，然不可坐屈，故必爲往造。新正擬揀一日更候矣，獲蒙枉臨，感賀良深。申錫愚字成睿，以進士出身，歷官至一品，方擬退休，卜居於琴泉，自號琴泉退士，今年爲五十七。”

“歲除失於倒屣，悚惶之至，因屆改歲，未遑布上謝啓。豚兒乃没字碑，初見大賓，幾無所措手足。敝廬僻陋，杯茗之敬亦未備，諸多歉赧。讀手畢，尺幅中情文斐亹，仰見高誼上薄雲天。今日甫得奉謁,遲延爲罪,晤顔求教,深可欣幸。恭壽字容伯,浙江錢唐人。京師饋歲賀歲,繁文末節過於他省,是以前三日亦不能進城奉訪。昨讀手示,知副使暨書狀行人亦許不才得見顔色,今日可能到此否?先生自貴國何日起程?去秋貴國收獲想必豐稔,冬雪已見過否?沿途入關,無戒心否?内地頗不安靖,上賓過境,郡縣尚能護送無虞耶?"

"東國之士願遊上都,非專爲遊覽山川之雄深,京闕之神麗,以一見賞於大方君子爲喜。今幸得奉清誨,可謂志願滿足。第所以足償志願者,以奉聆誨諭,廣其心志也。未審下執事何以教之?副、三行人今方出來,而鄙等去年十月起程,十一月入中國界。本邦風雪全然不知,沿途所經,多有戒心,事特無所經之危。第伏聞聖駕北狩,還都尚遠,恐終無以面聖而歸,賤蹤不勝缺然,未知聖駕何時還都乎?鄙邦無异内服,誠心服事,中國有此大事,豈容外面忌諱,使遠人抱鬱耶?伏想大君子恢度坦量,不爲相外矣。"

"聖駕還都,近日頗有消息,有云二十九日啓鑾者,到京後擬住數月,再行巡幸木蘭(即熱河也),以便行宫得以乘暇修理也。不才之在中土,滄海一粟耳,何足與諸名家比?中國著作之才,今尚有人,惟在朝者少,大率隱居不仕,或解組還山耳。"

"鄙居琴泉,王城之東郊,頗具林泉之勝,與邵亭湖山之居亦不遠。暇日𥡴徠,鄙生修禊中人,咸不樂榮進,衹以書史文墨自娱。故獲聞中州有下執事,争欲一交,未能入中國者,願得公隻字,皆出於傾慕之至,未審并世文章大家,如執事爲幾公耶?公居天下勝地,名流今古輩出,以俺所聞張水屋道渥、嚴鐵橋誠、潘香祖庭筠皆江浙先賢,倘知此諸公否?"

"潘公之女,字虚白老人,亦有詩集(名"不櫛吟",訪問無此本)。"

"潘公後尚有曾孫,皆英俊出群。今杭州失陷之後,不知流落何所。嚴公之後式微,張公不知其詳。"

"二大人尊字爵秩,祈示知。京師新年有拜賀俗禮,疲於奔命,過七八日即清閑矣。擬於初十前後奉約三賢出城,至敝所少坐,可作竟日清談也。"

"仙莊俯速,敢不惟命。俄者所教中皇駕再幸木蘭,係何地方乎?潘公令愛所著詩集,坊間亦有印本耶?若無所賣,可得一本讀之乎?"

"試覓之,有無不可必。虛白老人詩,晚年更沉痛,以曾見庚子、辛丑、壬寅、癸卯間時事也。然《不櫛吟》中皆和平中正之音,傷時之作概不録入。"

"嚴鐵橋後孫名爲誰?張水屋名道渥,書畫雙絶,性倜儻,故號爲風子,亦江浙先輩文丈,若未及記認,試爲鄙生博詢於江浙從宦君子而示之也。鄙生與張公家有先誼,必欲訪問而歸耳。"

"嚴公之後不聞於時。嚴、張二先生家世,容向浙水同鄉中遍詢之,再行奉聞。前年邵亭公亦借尚書銜入都,邵亭今年六十,未知何月何日生辰,三大賢有知者否?"

"似是二月初四日,而未詳。"

"俗傳文昌二月初三日生,邵亭後一日,邵亭刻印章曰'降以東坡遊赤壁之歲',故知其爲六十也。"

"杭州失陷之報曾所聞知,而現據金陵之賊匪,姓名謂何?聞至於設科取士云,果然否?"

"金陵首惡仍是洪秀全耳。設科之説,亦傳聞有之,然前見賊中筆墨殊無文理,至各處分竄之賊所貼僞告示,間有一二處通順者。"

"現據南方而作擾者爲幾顆,而聞僧王往山東,勝公駐城外,何人禦南方諸匪耶?各處賊匪亦非一人可禦,誰某分禦耶?"

"各路將帥以兩江總督曾滌生先生、湖北巡撫胡咏芝先生二公爲最正,文臣而夙裕將略,所用多將才,所苦賊衆兵單,七八年來,將才殉難者殆盡,物力已竭,是以至今難於爲功。僧王乃鹵莽一流,并無韜略。勝帥血氣之勇,少年而恃才傲物,非大將也。庚子辛丑間,夷匪肆擾於粵東,延及江浙、福建,數年後議和罷兵,泄泄沓沓者數年。而粤西之匪起矣,己酉四月始萌芽,庚戌始盛,歷次統兵將帥皆非才,以至延及兩楚之間,直破金陵,然江以南仍晏然,近年捻匪四出,皆潁、亳、淮西一帶土人,毗連江蘇、安徽、山東、河南四省。捻匪與粤匪勾結爲患,江北、江南蹂躪幾遍。此三年中夷匪又擾沿海各省,去秋震驚京師,而禍乃大烈矣。聖駕北狩,事出倉猝,中朝達官不能扣馬而諫,以致國庭被焚,實堪髮指。向來上元,在正大光明殿筵宴,如貴國使者照例入宴,并有賞賜。遠溯先朝,尚許遠臣和詩,有和詩加賞。今上以來未見和詩者,亦緣奉旨不必和詩,仍行加賞,此不才在内廷多年所記憶者,今成往事矣。"

"自有匪擾洋驚以來,必有紀實文字,或爲俯示否?所謂《粤匪紀略》者,年前自坊流播,而不知何人所著。近年亦有似此文字否?《海國圖志》,魏源所著,魏公現住何所?《圖志》亦有續本云,果然否?魏公可得拜晤托交否?"

"《海國圖志》係林文忠公(諱則徐,號少穆,吾師也)原本。魏源字默深,爲文忠所賞識,即令編輯成書。文忠而在,今日粤匪亦不能出廣西境,早就掃除矣。默深以州牧終,其晚境甚苦,卒杭州僧舍,無以爲殮,有文人、學士爲謀後事焉,事約在咸豐七年。"

"魏公已矣,幸拜長者,得聞林公事甚幸。林公《行狀》及魏公他文字可得一讀否?"

"林公《行狀》,京中未見,以其子鏡帆翰林套情從軍,未得入京也,今鏡帆亦作古人矣。魏默深尚有《聖武記》一書,專紀本朝武功,亦原本於文忠者。今書肆中不輕見此書,有亦價昂甚,以并無續印出故也。《粤匪紀略》等作,前數年各處傳布不同,以時多忌諱,近人即有著作,皆匿不付梓。"

"敝邦自古服事中國,有同内服。凡中國有事,敝邦莫不與受其利害。今聞南匪滋擾,洋夷内侵,以至皇駕北狩,離宫遭燬,憂惋之心不以疆域之有殊少弛也。皇駕若暫避其鋒,何不以瀋陽爲移蹕之所?必以木蘭荒塞之外,爲一行再行之舉耶?大朝廷必有識見君子，既不力挽於北狩之時，又不懇請還都，心甚訝嘆。留都任事之大臣爲誰，而都下可以恃之而無恐耶？外國之使以面聖爲大，而勢將自此直還，極爲抑菀，且無以歸告朝廷，望執事詳教之。”

“乘輿北狩，七月下旬，聞内外廷臣合辭籲懇挽回，已奉明旨，不復行矣。八月八日忽而啓鑾，群臣不及遍知，所以不及即行還都者，據聞以時届嚴寒，衝途供應不及。本月春融回宫之旨，今所傳正月杪可望回鑾，亦是道聽途説，未知果否？熱河距京五日半，奉天則程途太遠，從官兵馬，地方州縣更難供備，亦或聖上體恤下情，不復作巡幸盛京之舉乎？至於夷人退出之後，京朝大臣合辭請駕，至再至三，事有非此間所能擬議者。先生所云任事大臣爲誰，不當恃之而無恐之語，已包括一切矣。不才廢棄已七年，不能詳知局中事，每憶雲山雲樹、五更風月，隨侍先皇，橐筆往來，如夢如昨，思之淚下。而先生以藩臣入京，眷戀闕廷，忠愛之誠，情見乎辭，不才不勝敬佩慚愧之至。弟於畫法，雖不解微妙，而性亦喜藏書畫。此扇枝幹之老而秀，花之疏密横斜，具有法度。暗香疏影，於無字句處得之，自是名筆。未知趙公現在貴國何處？專以畫名家耶？抑亦在朝者耶？此畫明是吾輩中筆墨，款字亦超逸絶倫，斷非畫師所能摹其萬一者。”

“趙熙龍是金秋史高足，秋史道山遊後，祇有此一人。”

“秋史先生曾於道光初年見京中友人處筆札唱和，皆稱閣部，後仕至何官？聞秋史先生以第一人及第，其詩其書則曾見之。”

“秋史以内閣學士升階至從二品，三竄嶺海，遲暮歸卧果川考終。其門人甚多，今行中亦有隨來者，當使之請教於後日矣。秋史三昆弟，二人已歸道山，獨第三弟巋存，風雅爲當今第一。”

“此是東法藥飯。”

“前年金邵亭兄曾賜食此品，兩年之别，幸何如之。”

“東法則百勝於此，此則使坊間人仿以爲之，故不及遠矣。從當以東法供待矣，不甘則無味故也。”

"稼穡作甘,甘乃五味之本,甘受和。"

"特於交道,不用甘如蜜,此亦須分别觀,上用'小人之交'四字,則甘不可矣,且甘亦并非壞處,至甘如蜜則不可矣。君子之交淡,淡之本味,斷非酸鹹辛苦也。"

"公言大合事理。以'甘'爲酒令,愚弟先題曰:其甘如薺。"

"飲此如甘露醴泉。"

"口雖蜜,腹無劍何妨?"

"先生説詩解頤,亦不棄葑菲之意云爾,腹劍於近日人情頗有譏諷,亦有所見而云然耶?"

"未必然,適因'甘'字令苟充之耳,幸勿見訝。東酒味醇,以稍大之杯行酒如何?"

"户小不勝酒力。"

"隨量。"

"冠上金圈、玉圈是否以品級分别?"

"一品環玉圈,正二品環金圈,從二品雕金圈,正三品堂上官雕玉圈,已下玳瑁黑角,隨意爲之,此在明時董越《朝鮮賦》。"

"不才閑居京師,一無知能。前年與金邵亭邂逅,承其不棄葑菲,遂成知己,且於貴國賢公卿大夫前處處説項。去年得見荷漪尚書、枕泉學士,今日又得侍教,欣幸何如。琴泉想在王都之外,抑在都城内?與邵亭兄湖園相近否?貴國士大夫乞身之後,尚有林泉之樂。中國名勝之地,處處有之,然在朝在外諸老罷官後,皆無歸田者,以大半被擾,不能首塗,或去官後無買山之資也。如敝鄉西湖頗足供遊覽,然爲江南賊蹤所隔,不能歸矣。"

"弟亦有所奉贈之物,不可造次相贈,先以東人所畫一扇,爲乘韋之先,望垂品評,當有繼呈矣。東人畫法决不入品,望垂教焉。"

"求之吾兄金邵亭侍郎者,什襲藏之,以綿永好也。"

"甚盛,甚盛!"

"不才信口,直以此獲戾,想用金人三緘之意乎?若以爲二品之職似非吾兄所望於不才者，上次來書期望殷厚，不欲不才爲苟且偷生之人，則邵亭之所見大矣。”

“此圈未知何所用耶？邵亭之贈以金圈，其意甚深，老兄亦諦此意否？”

“今日尚有他事，擬即告辭，乃聞尊意款留賜飯，何以克當？且三賢遠來，不才未伸地主之誼，而先擾郇厨，尤爲不安。”“酒已過量，不敢再飲，請賜飯。今日殽饌既精，得飲醇醪尤幸。計三賢此次在京，較往年使者爲暇，此三旬中可以時時晤聚，以後求教之處甚多也。”

“既蒙長者委枉，何可無供待侍人之禮耶？薄具不足辭，酒數巡後即當告退，以便長者行止矣。東人例以鍮匙斢飯，大杯吃酒，當此小碗小杯，不合東俗，請約大杯。幸遇君子，豈敢先退，前言戲耳。”

“各行其便，亦本色之一端也。初七、八兩日，當再專函奉訂，望擇期枉過弟寓一敘，苦無殽饌，藉圖暢談耳。三君子務必偕來，至盼至幸。現有他事，請告退。”

“鄙生等初入中國，不能無觀光上都之處，初七、八適值出遊時，初九聯進，未知如何？請先退。今日之酒，鄙生先退非禮，故更爲入來。”

“太謙。”

“談草并望下投，則當誊留一本，而原草則初九日袖呈矣。”

一〇三、嚴錫周《燕行録》

【解題】

《燕行録》四卷，嚴錫周撰。

嚴錫周(1839—?)，字景敉，號北蘭，朝鮮寧越人。蔭司果，居公洞。同治五年丙寅(朝鮮高宗三年，1866)十月，受謝恩兼冬至使團書狀官嚴世永之邀，以其伴倘的身份出使中國。此行正使李豐翼、副使李世器。使行於十月二十四日從漢城出發，十一月二十九日渡鴨緑江，十二月二十七日到達北京。次年二月初七日離開北京，三月初八日回到鴨緑江。嚴錫周《燕行録》即是對此行見聞的日記體記録。同治六年丁卯，在北京寶名齋與寶名齋主人汪某筆談；在周棠寓所與周棠多次筆談。

此燕行録爲筆寫本，藏韓國國立中央圖書館。兹據以輯録資料。

(正月)二十三日，戊寅，晴。爲訪李崇山，往寶名齋，適值出他，未得一叙。齋乃册肆，而崇山旅宦於皇都，故寄榻於此齋矣。齋多書編，整置亦甚簡便。有一人踞椅而坐，見余之來，下椅而揖，余亦答揖。主人請余坐對榻，余爲探崇山消息暫坐，而察其爲人，則料必文人雅士也。主人操紙筆先問曰："願問先生之貴姓大號。"余書示且問渠之名姓，則答云："姓汪名□□。"余曰："李崇山寄寓於貴齋云矣，今來未奉延，或移榻於他處耶？抑亦赴公耶？"旺曰："崇山即旅宦者也，本不得挈眷而連留敝齋矣，今朝爲賀友人之升秩而駕，言似當未久回來。先生若不棄敝齋之荒陋，暫或坐一坐等一等，如何？"

余曰:“僕早知貴齋在此,當朝夕承誨於榻下,以盡望洋之嘆,而既不能造次來拜,已多悚嘆。今日之來,雖爲訪崇山大兄,緣薄未叙,鄙心之悵缺無以爲喻。然既見君子,勝獲百朋,可以慰三生矣。”汪曰:“先生於貴國今居何職?”余曰:“學疏才魯,尚未及脱白出緑矣。”汪曰:“貴國之抵皇都爲幾月程? 而起行於何時耶?”余曰:“該爲三千七十餘里,而來時寒酷晷短,日行多不過百里。初冬離家,臘晦入都,雖不過數三朔之間,遠客之懷,如經數年矣。”汪曰:“安得不然也。”余曰:“僕見貴齋中所儲册子多是奇書古文矣。醫方中修身備急方一秩,可以得見乎?”汪曰:“此則敝亦尚未聞名,今承大人之教,始知其爲醫方也。敝齋中所儲醫書有《寶鑑》《本草入門》《經驗撮要》等若干而已。此册勢不得仰副,甚悚且嘆。”余曰:“雖非貴齋所儲,若廣搜於他肆,則可以得見乎否?”汪曰:“都中册鋪中所儲者,無論經傳百家、稗官諸件,自有名目之録行者。若或有彼存此無之書,必相分用。而敝閲册名多矣,未見有此者。先生既欲廣求,則不必相阻,然恐不能遂心矣。”余曰:“僕以遠方之人,從何處得買乎? 當絶念計也。”談次已久,未見崇山之回來,仍收談草而欲歸。汪也收而藏之。余亦别無可觀者,故不爲緊收。約以异日復來而還。伊後病且擾,而未能更訪崇山,可嘆。某册即崔侄景協所托,故問之汪肆,漠然難得,奈何!

(正月)二十四日,己卯。清早往周少白家。名棠號少白、蘭西,山陰人也。年年節价之來往。周棠之筆多有東出,想必擅名矣。余之此行亦多受人扁額柱聯之懇,故爲借其手而專訪。其爲魁偉,有長者之風,一見可知其文學之士。余入炕先揖,蘭西忙手答禮。問余姓名,余書示之,則亦書自家之姓名而示余。余曰:“僕飽聞先生之聲名,而各在涯角,無由一拜,尋常悵仰,今幸獲承清誨,庶解識荆之願,從兹以往,三生無恨矣。”少白曰:“窮老賤儒,何敢當盛譽! 先荷大兄之委存,已極榮幸,而又承非分之教,還用騂面。敝聞昨夜有洋人騷擾於貴邦云,果何以堪定? 願聞其詳。”余曰:“洋醜敢起無名之兵截遠寇,焉有獲勝之理耶?初敗於平壤之火攻。崔、趙兩魁(崔蘭軒、趙應峰)授首,再殲於通津之陸戰,傷其卒徒,三殄於江都之伏兵。渠帥自斃,抱頭鼠竄而歸矣。彼富吾仁,彼勇吾義,渠豈敢正眼視東耶?敝邦自來與彼無壤地逼近之地,又無貨物交易之例,則各在數萬里之外,宜無構釁之事,而渠以行教爲言,此則异端也。敝邦深蒙東漸之化,雖三尺孩提,祇知學孔誦孟而已,豈使無父無君之邪學蘖芽於其間乎?"少白曰:"古稱高麗爲禮儀之方,名果不虚矣。妖不勝德,邪不犯正,政爲貴國準備語也。"余曰:"先生既能博通古今,必知洋學之出自何時,願安承教。"少白曰:"敝亦未知其詳,大抵學魁即耶蘇,而生於漢哀帝元壽二年,乃西域大秦國人也。立教八方爲己任矣。三十遭極刑於十字街,國人憐之,敬其神爲天主,然其説未始入中國矣。至大明萬曆廿九年,西洋人利馬竇者始入中國,獻方物及天主像,伊時朝議,疑其真僞之難辨,不許通貢而令還本土。洋學之通入,蓋自此始矣。其言必曰敬天,而反歸於誣天;必曰修德,而反歸於不善。末流之害甚於佛老,誠爲世道慨然者也。"言畢即收談草而燒之,蓋中國之畏如虎故,雖斥其僞邪,亦諱之也。余不必更叩,故仍問曰:"僕飽見先生手澤之東流者,草、楷、篆、隸無不盡妙,居常欽誦而敬覽矣。今幸躬拜於椅下,先生若不吝餘墨,願得以東歸俾作珍藏之寶,不審盛意何如?"少白摇手曰:"先生差矣,篆之於李斯,楷之於蔡邕,右軍之草、鍾繇之隸,果是亘萬古名筆也。其後筆家不爲不多,而掇拾糟粕以名於世,然比之聖門,則或有具體而微者,或有僅得一體者,而至若敝之粗才膚學,不過盜其體而失其畫矣。每因貴价之歲入,自然托交之者多,爲表微衷,果不無一二奉贐之迹,然此可爲不以辭害義之意也。豈料獲播於東國諸君子之眼,以露其拙醜耶?今承先生之教,非榮伊愧,不知攸辭。"余曰:"僕披心仰愬。大人之遜謙至此,即是外僕之意也,更不敢抗顔於下風,請從此告退。"少白忙執余手曰:"敝陳實狀,先生之誨責備至,不勝悚懔,若不棄慵拙,謹當奉副矣。望先生諒前言之由中,幸勿邁邁。"余曰:“小邦自同内服,先輩之觀光上國者,其與上國之文士結契論心,皆不下於童稚故交之誼矣。僕雖不及古人之文雅,然惟望大人棄其陋而察其誠焉。”少白笑曰:“俄者先生疑敝之外先生,今來棄陋察誠之教,無乃先生之外敝耶?”余曰:“僕之言果無一毫飾辭,而先生以此爲外,可謂善償債矣。僕若有財,願爲先生之債主。”少白大笑曰:“好諧好諧。”余曰:“僕仰揣先生之才學器局,折桂登龍想易於拾芥騎馬,而尚未展志,抑亦高蹈不群,無意於進取而然歟?”少白喟然曰:“非有林下之志,而才疏學淺,屢屈荆圍,今將老且死矣。古人云‘早知窮達如斯,恨不十年讀書者’,正是先獲我心處也。”余曰:“李廣之無功,本非武勇之不如人也,乃是數奇。老當益壯,竊爲先生仰勉者矣。”少白曰:“弟視大兄之玉貌才華,决非久屈於布衣之人,未知於貴國之官歷至幾品乎?”余曰:“僕學乏詠鳳之才,勇無縛鷄之力,何由以立揚耶? 尚未免秀才也。”少白曰:“兄之言可謂過謙。然天下之事,滔滔皆是,奈何?”余見少白之筆話縱横馳草,敏捷難及,但其數奇不幸,未盡其才,老作一窮學究之樣,而家隨以清貧,接賓之節亦甚草草,爲之可矜。久坐覺飢,約以异日更來而還。飯后,三使往董翰林文焕家,余亦隨往。則其居處之侈麗,接待者之款厚,大有勝於少白。貧饒懸殊,大國亦然。少白所謂滔滔皆是之言,可爲格言也。主人與三使筆談,余則袖手觀光而已,還覺没味。夕陽乃還。

二十五日,庚辰,或雪或雨。委書於周少白,送人参五兩,簡紙二十幅,清心元十丸,真梳五個,海墨五丁,而仍懇柱聯與堂扁矣。其回,少白付送畫圖、廿四韻,而答無非名作可玩而滿紙稱謝。還切愧赧者,以其物些而謝多也。少白答書曰:“時雨帳慕,即想館祺安吉,即事多欣。又承尊紀賜到珍品五種,委書畫(六聯又一聯,堂扁十二張)領感莫名,約月底可以奉政也。刻下書前堂扁六張,楹聯一雙,先呈(凡齋件已托者)笑正。外有畫品一張,係近日漫作,請大雅削正,亦即當消閑儘字何如? 心溯道範,不能遽罄。此詢,即希荃鑒不一。少白弟棠頓,廿五日。尊老爺啓。”

二十六日,辛巳,晴。飯后往周少白家。少白見余之來,握手欣喜,忙索紙筆而先問曰:“再昨枉存,尚多感荷,而將擬躬謝。病且冗擾,未能自振,方切内誦之際,又承左顧,非慰伊悚,不知措躬之所矣。旅館况味,想多凄酸,何以堪消耶?且昨惠珍種,俱是异産奇稀之物,銘感之極,可勝百朋。而又有所不安者,客裏篋笥想無所儲,則物之顆然下惠者,得之者雖緊,授之者豈不惱乎?”余曰:“僕之托契約於老爺者,可謂畢生無再會之期矣。每欲造次承誨以恢井底蛙之見,而自多汗漫之事,未能獲遂素誠。甚用咄咄而已,何敢望惠然之適耶!客味之辛酸,轉益難耐。此亦勢之所使,亦復奈何。昨者所呈,不過表微誠,則何足挂齒。且畫品廿四首件件俱精,字字奇愛,古之所謂授瓜報瓊,正是此也。將作平生之珍玩,曷勝僕僕。”少白曰:“何敢當盛謝,甚切赧騂而已。”余曰:“僕則歸期不遠,猶以是爲懷。先生之離鄉想亦閱歷春秋者多矣,必有鄉園入夢之感。將欲治任而歸歟,抑或差遲數載以待功名遂心耶?”少白喟然曰:“敝之去鄉已過屢十春秋,而早則猶有干禄之妄想,今則鬢霜既厚,心灰已冷,有何遲待之事也。所以延拖者,家豚今爲十四齡,而若過數三稔,則庶有筮仕之望故也。且非獨爲此未來之事,更無渡江東之面矣。既不能展驥足襈於當時,則又何必效狐首於後來耶?世上事每咄咄之怪,亦非人力所可强爲者也。”余曰:“躬抱經濟之才而名湮没而不稱者,終古何恨,此所以有志之士飲恨長歸者也。貴鄉既云山陰,則無乃晉之王子猷所住之地,而今亦有剡溪之勝否?王子猷所謂‘秋冬之際,猶難爲懷’者,既過山陰,時景未知近亦有勝覽耶?”少白曰:“王子猷所居之遺址與剡溪亦依樣自在。溪之越崖有戴安道家,且有千秋觀舊墟,即唐玄宗時賀知章所居之地,敕賜鏡湖水者,即剡溪也。王子猷之難懷於秋冬之際者,風高葉脱,萬像俱空,感秋之悲不能不然也,豈有别樣之景耶?”余曰:“晉人之放達清談固其習俗,而竹林七賢者,其中最尤之人也。若使此人得以當路,則亦能有治澤之效耶？僕嘗惑於此矣。晉之閏位幾爲二百載，碩輔良佐蔑乎無聞焉，抑亦有其人而高蹈而然耶？”少白曰：“晉之人物，王導之作相，雖有可觀，遭時不幸，功烈如彼其卑也。淵明之才，庶可有爲，然終至於遯世，豈勝嘆惜？至若竹林七賢者，即一方外蹤迹，以任誕爲平生大節，以傲遊爲人間至樂。治澤之效責之於此輩，則吾未之信者也。且晉之立國亦多不正，以牛易馬之説，千古羞耻。懷愍之行杯，神人共憤。自古代閏位之國，不爲不多，未有如此之事，而上猶狃於逸安，下成習於清虚，欲求其雪憤治平，其可得乎？”余曰：“司馬懿之凶譎浮於曹操之奸雄，覬覦神器，幸人之孤寡而奪之，其後裔之如是，不亦宜乎？曹操之世，懿之職不過主夫，則操之知人，亦非不明。至於丕、叡而任用，是其不及其父處也。且魏延雖有反狀，孔明惜其勇而用之，終必除之。操亦用懿之才而後圖之，恐非不可，而乃未及於此，無乃操之不如孔明處耶？”周曰：“此則先生之見未到極處也。懿之智勇十倍魏延，操之才略不如孔明，操之不用懿者，不過七八分疑慮而已，未若孔明之的知。雖使操如孔明之用延，懿必先覺而自爲身謀矣，豈入於操之籠絡耶？且三馬同槽之夢，乃是天定，亦非人力所可强爲者也。”余曰：“懿之父子若死於上方谷，則漢祚亦可復延耶？”周曰：“此亦有未可必者。自古中興之主，未有如劉禪之荒暗而能成大業者也。魏文侯不過一諸侯之賢君，而樂羊之讒終不入，於三年得以收功於中山。假使武侯得除司馬父子而長驅中原，禪必不能使之專制於外，則武侯安能展布其才耶？懿之初敗於祁山也，縱一反間而禪之三詔返師，至有欲見尚父之説，如此而安可望興復耶？武侯之六出，豈不自知其無實效也？見其成敗利鈍，未能逆睹，鞠躬盡瘁，死而後已之表，則平生大節暴白無餘者也。姜維之九伐，雖繼武侯之志，不自量而抗强寇，亦是失着。然其忠義，則亦有可尚處，後人每以維之降賊爲譏議，以鄙見料之，姜維之失不在此也。責之以不能立朝格，非内修外攘，則亦無自明之辭，全以降賊爲罪，則維必不服矣。降賊本非真心，而終歸虚套，乃是天也。若使腹疼不發於當時,則艾、會既死之後,更無維之對手,豈無立功之實耶?其心則苦,而乃作後人之口實,恐非君子推恕之道也。”余曰:“若使先主不伐吴而伐魏,則庶有興復之效耶?趙雲、武侯之諫,看得十分義理,而先主不聽,亦一失着。猇亭之敗,不亦宜乎?且有所惑焉,猇亭之敗績已在武侯算中,至有魚伏浦之設。然若使武侯隨駕東征,則必無見困於陸遜之理。武侯之明知其敗,而不爲從軍者,何也?以若武侯之正大,必無失着之事,而僕之惑於斯滋甚矣。”周曰:“似亦有不然者。吴魏俱無武侯之對手,而吴魏之所畏,亦莫如武侯也。陸遜雖不及武侯,其將才又非先主之比,若使武侯隨征,則陸遜雖不敢用火攻之計,猶可以自守,不至於顛沛之人也。吴之降魏,本非悦服,而欲其分蜀勢也,則曹丕明知先主之敗於陸遜之手,而猶不敢舉兵向蜀,屯軍漢上,以觀蚌鷸之利者,豈其愛蜀而然也?特畏武侯之守蜀也。若知武侯之征吴,則勢必直搗漢中以襲蜀中。如此,則蜀亦無丕之對手,武侯不得不回軍救蜀,而陸遜又知武侯之回軍,則亦將得意用兵,破先主必也。首尾受敵,蜀之勢不亦危乎?事到難言之急,則雖有武侯之才略,應無善後之策,武侯之留蜀,想必爲此也。東和孫權,北拒曹操,乃是武侯素搆於中者,與吴搆釁,與魏争衡,决非得計。蜀之四十餘年綿歷,蓋從八字中出來者也。”

每於談次之際,少白熟視余抄,如有詳味者矣,仍曰:“敝見尊兄之筆法,清閑瀟灑,不有一點俗套,果是高士之風。願得一二餘草以作朝夕之敬覽,未知肯許否?”余且驚且怪,曰:“老爺之教,一何誤也!僕之筆才可謂下愚不移,‘無金玉爾音,爾有遐心’者,無乃老爺之謂耶?極切愧騂而已。”周曰:“尊兄之遜謙,何至於斯也?兄之筆謂之成家,則敝亦有欺心之辜,而今見揮毫之際排字之法,其牢落闊脱,全無苟且底意。古人曰‘心正則筆正’,推此言之吾兄,胸次之清爽無塵可知也。敝之所以仍懇者,奚但爲筆之愛玩而已,亦以作後日睹懷人之資。先生若或一味見拒,恐非不遐之情念,幸勿過辭。”

余曰："老爺若以睹物懷人爲教，則僕從當露拙奉副，而海陬小生未知何以見愛於大君子之前者如此也。畢生榮幸無逾於斯矣。"久坐困惱，又有頭疼，故欲往藥鋪而問病，仍別而起。少白起以長揖，出送門外，囑以更逢矣。

一〇四、成仁鎬《遊燕録》

【解題】

《遊燕録》一卷，成仁鎬撰。

林基中《燕行録全集》將此書作者題作“成仁浩”，當爲“成仁鎬”。成仁鎬(1815—?)，號竹澗，成大中之孫，朝鮮昌寧人。同治八年己巳(朝鮮高宗六年，1869)十月，隨朝鮮冬至兼謝恩使團出使中國。使行於十月二十二日從漢城出發，十一月二十九日渡鴨緑江，十二月二十六日到達北京。次年二月十五日離開北京，四月二日回到漢城。此書記載庚午年(1870)正月二十日，在北京王環宅成仁鎬、趙寧夏與王環、卓秉炎、馬蕃康筆談；二月初九日、十三日，在卓秉炎宅、朝鮮使館與卓秉炎、王環兄弟、馬蕃康筆談。

成仁鎬《遊燕録》現有兩個版本，一種即《燕行録全集》收録；另外一種爲日本東洋文庫藏本。兹以《燕行録全集》本爲據輯録資料。

(庚午正月)二十日，晴。食後，與惠人台往王寫蓀環家，與其兄弟及卓友蓮秉炎、馬筱谷蕃康半日筆談。薄暮醉歸，歸時寫蓀贈以《近思録》，贈王寫蓀詩曰：“萬里行人到帝城，無雙玉貌見仁兄。萍逢此地如留約，蘭契初筵已盡情。昆季荀龍能匹美，文章司馬可齊名。千金銘録兼持贈，分外吾儂荷寵榮。”

(二月)初九日，晴。食後，與嚴君往卓友蓮家矣。座有馬小谷①、王寫蓀兄弟，竟晷筆談，侵夜乃歸，醉已八九矣。

---

① 即“馬筱谷”，下同。

十三日，晴。夕飯後，王孟海、王寫蓀、馬筱谷、許小泉來訪於館中，與之筆談。侵夜乃歸，而戀戀有惜别之意，各贈以詩。《次馬筱谷贈别韻》曰："王鍾李杜并争雄，好手藝園事事通。操筆翻驚掀岳勢，竪旗自任障瀾功。帶縞論交如淡水，扇紈贈别拂清風。青萍一劍逢知己，始信人間天火同。"《次王寫蓀韻》曰："暮年膠漆與君交，握手初筵鄙吝抛。理在先天同氣應，雲龍風虎利羲爻。"其二曰："如吾謭陋濫爲儔，千里心交誼分投。可恨分疆中外异，歸人關北竟難留。"其三曰："經歲旅窗春又生，《陽關》一曲動歸程。河橋落日幾回首，雙淚龍鍾無限情。"其四曰："他鄉半載意相孚，恨不歸車與子俱。去後餘音雲雁在，高翔能遠海關途。"《次王孟海韻》曰："瑞鳳今先睹，奇才天挺豪。聲名山共重，詞賦秋争高。友道無遐邇，聖功學貶褒。知君功業大，終不讓蕭曹。"其二曰："今我逢君後，方知鄙吝消。瓊章動遠響，玉樹立清標。縱是金蘭密，其如涯角遥。河橋愁緑柳，非久返星軺。"又吟一首《贈馬筱谷》曰："吾曹邂逅盡奇哉，天下初看天下才。臭味偏深持贈扇，風流不淺共舍杯。聊知逢别如萍水，伫看功名處棘槐。薊月燕雲無限意，望君日日獨登臺。"《贈卓友蓮詩》曰："知君英淑學源深，半世高名冠藝林。昭代文章湖海氣，傳家忠孝柏松心。遠離猶恐音如玉，同志端宜利斷金。雲白山青千里外，憧憧爾思夢相尋。"《贈王寫蓀詩》曰："幸逐星槎到日邊，見君奇偉遂欣然。吾知四海皆兄弟，孰不千秋慕聖賢。半歲情深河館月，三秋夢隔薊門烟。天涯聞向同鄰此，也識此生有宿緣。"《贈王孟海詩》曰："曩遊中國得詩豪，賈傅才兼屈子騷。傳世箕裘能善繼，聖朝圭組幸相遭。洞庭七百雲胸蕩，蜀道三千露冕高。袖取瓊章添壯觀，文瀾衝起鴨江濤。"（此四首詩，觀其大勢，似是追後寄贈之詩）

一〇五、徐相鼎《庚午燕槎筆記》

【解題】

《庚午燕槎筆記》二卷，徐相鼎撰。

徐相鼎(1813—1876)，字以凝，洪州牧使徐灝淳之子，朝鮮大丘人。同治九年庚午(朝鮮高宗九年，1870)閏十月，以朝鮮冬至兼謝恩使團副使身份出使中國。使行於閏十月二十五日從漢城出發，十一月二十七日渡鴨緑江，十二月二十五日到達北京。次年二月初六日離開北京，三月二十二日回到漢城。《庚午燕槎筆記》即是對此行見聞的記載。辛未年(1871)正月十七日，在北京南横街袁保齡宅與内閣中書袁保齡、翰林侍讀汪元慶、翰林侍讀徐士鑾、工部主事曹熾昌、内閣中書高其操筆談。

此燕行録爲筆寫本，藏韓國東亞大學翰林圖書館，《燕行録續集》收録。兹以此本爲據輯録資料。

(辛未正月)十七日丁未，晴。巳刻，同正使、書狀訪袁誦芬於南横街，名紙入而主人顛倒出迎，情溢乎色，辭盡乎情，且其風流映發，久益相愛。而座有四人者：曰汪元慶，號荃孫，又號泉孫，江西樂平人，官翰林侍讀；曰徐士鑾，號沅青，天津人，亦官侍讀；曰曹熾昌，號鶴嶼，河南人，官工部主事；曰高其操，號守吾，河南人，官内閣中書。文章筆翰彪炳偉麗，放飲縱談，終日娓娓。約廿六日再會暢論，日曛而散。又有人要相面見，出而迎之，其名春愷，號藹如，贄余扇、墨、紙、筆，少話即歸。

一〇六、李冕九《隨槎録》

【解題】

《隨槎録》不分卷,李冕九撰。

李冕九(1816—1896),字聖章,朝鮮延安人。中年以後失意落魄,乃廢舉業,散迹江湖,課子務耕。朝廷聞其行誼,升繕工監監役、敦寧府都正,均不就。一生中兩次出使中國:咸豐五年乙卯(朝鮮哲宗六年,1855)十月,以朝鮮陳慰進香兼謝恩使團副使軍官前郎廳的身份出使中國;同治十年辛未(朝鮮高宗八年,1871)十月,以伴倘的身份隨從朝鮮冬至兼謝恩使團正使閔致庠出使中國。辛未使行於十月二十二日從漢城出發,十一月二十七渡鴨緑江,十二月二十六日到達北京。次年二月十一日離開北京,四月十二日回到漢城。《隨槎録》即以日記體對此行見聞作了記載。壬申年(1872)正月二十一日,在北京某册肆鋪與原光禄寺署正鈕德蔭、廩貢生朱恩誥筆談;二十六日,在史優恭宅與户部郎中史優恭、進士中書舍人李淇筆談;二月四日,在賀壽慈宅兩次與侍郎賀壽慈筆談。

此燕行録爲筆寫本,《增補燕行録叢刊》收録。兹以此本爲據輯録資料。

(壬申正月)廿一日,晴。出松竹齋,换買筆枝又入册肆。遇兩個人,一是鈕德蔭,曾經光禄寺署正,今居憂,中人;一是朱恩誥,朱文公後裔,而現係廩貢生,俱是江蘇省二千餘里人也。把筆通話,話及科第,而自童科由縣而府而院爲秀才,由秀才考列優等爲廩生,此取士進身之階,而由鄉試而中式者爲舉人,由會試而中式者爲進士,由殿試而選取者爲鼎甲、爲翰林云云。鈕則現寓韓家潭愛竹堂工部王宅,朱則現寓棉花上六條胡同,而朱則有日間歷訪之語也。

(正月)廿六日,陰風。午後往史郎中家,主人出他未還,衹有跟隨迎接。進茶燃爐,欲回來,則勤挽,謂以見誚於大人,故踞床吸茶。少頃,主人之從弟來拜打話。俄而主人來到,有一朝士隨後入來接話寒暄,是乃吏部正郎李淇,字竹泉,壬子進士,歷中書舍人,今帶該識,年四十五,居東單樓路北胡同,爲人頗俊秀。主人書示曰"吾兄進士也,又文人也,無進士作配,如我捐班,筵中減色,故迎來此人。此人善談論"云云。余曰:"子何妄言?"因把毫談話,三人輪筆書之,竹泉曰:"凡人德行爲先,學問次之,今見老爺學問優長、志行端詳,無論外國,於吾邦不易多見者也。"余曰:"過奬多愧。"其餘瑣説不可盡録。俄傾,侍人來報夕飯,主人引余及竹泉至上炕,設一高足盤、四安胡床,各坐其位。先設酒酌、西瓜子、南瓜子、暖酒,各注吸盡,連注觴不至空虛,又有猪肉楪、羊腎、蒸鹿筋、菜冬笋、蒸魚、炙鵝、卵烹、蒸鵝、蒸鷄、金橘、楂果之屬,最後進白飯一鍾,凡數十器,不可盡記。茶罷,竹泉吸鴉烟,問余:"能吸?"問:"東國人亦有吸之否?"余曰:"無有,非徒無益而又害之。"皆點頭而笑曰:"誠然矣。"主人出余所題扇示竹泉,竹泉次其七絶一首示余。安溪亦次之,余亦次之,安溪又次之。因話及中郎將東來之事,余亦隴西之李,書示友石尚書贈别詩:"隴西詩禮如相問,桂史雲仍幾謫仙。"竹泉把筆貫珠之,因叙同宗,夜分各歸之。

二月二日,晴。正使丈往赴約,會人餞飲處,余乘車獨往板章胡同賀侍郎家。主人侍接筆話,謙恭款曲,至於洋夷之事,寧欲無言,衹可憤嘆,皇上英明嚴毅,必有一番舉動,待時而已云云。問:"李瀼西安否?"聞歸山有年,愀然不樂,又問:"嗣音有無?"曰:"余與瀼西曾有往來,今不在世,悲嘆悲嘆!"又問:"丹史是誰?"余曰:"今正使丈之從子也。"曰:"有今番見書之事。"余曰:"丹史遠仰大人之德望,有此修書。"因命侍人出示書幅,趙惠人及閔丹史堂號扁額也。余則以日間携紙受書之意話及，而史郎中入來同話。日已向暮，告别而回。

（二月）四日，陰。正使丈往賀侍郎家，余則裁紙磨墨。晚後追到，見筆談紙，與余日前酬酌大略相似，而至於洋夷之事，待皇上親總萬機，必有舉動，見今可用之人退居林下云。問其誰某，則書示："彭雪琴侍郎玉麟、楊宫保載福兩人，又有陳者兼弓馬韜略，俱是南邊之人。"俄傾，設卓行酒，酒家釀云，而是甚酷烈，又進紹興府烏程酒，稍平淡。此是宴集恒用之酒，又有黄菜、黄花菜、蘆笋、山藥、猪肉、醬果、豌豆之屬，十餘器。至燕處之室，指示壁上横軸，乃瀼西丈墨迹也。披覽余詩卷，舉筆批評，顧謂史郎中曰："此詩捍好，其餘語則不解矣，請正史丈筆迹。"正史丈書隸書一楹聯，副其囑。日已向暮矣，紙墨留置而還。

一〇七、鄭健朝《北楂談草》

【解題】

《北楂談草》，鄭健朝撰。

鄭健朝(1823—1882)，字致中，號蓉山，朝鮮東萊人。同治十二年癸酉(朝鮮高宗十年，1873)十月，以朝鮮謝恩兼冬至使團正使的身份出使中國。甲戌年(1874)二月初二日，在北京萬青藜咫村書莊與禮部尚書萬青藜筆談；癸酉年在北京張世準宅與刑部主事員外郎張世準筆談。

《北楂談草》有兩個版本：一爲崇實大學圖書館藏本，《燕行録全集》收録；一爲韓國學中央研究院圖書館藏本。兹以《燕行録全集》本爲據輯録資料。

同治十二年癸酉，冬至賀節正使。

萬青藜號藕舲，見任禮部尚書。丁巳生，年今六十八歲。家在將軍教場頭條胡同，又於對巷一角門内有“咫村書莊”，即其别業也。使行以癸酉十二月二十六日到北京。二十七日，三使臣詣禮部，呈表咨文。尚書來接，禮畢後，尚書舉手以揖，三使答揖，有勞於役數語，使通官答之，回身退出。因歲時人事紛劇，未便求見。待至新年正月初七日，使首譯賫書往探，托以有事，且言有暇自當報聞，不宜頻煩來問。待至正月將盡，仍無音耗，不得已又使首譯往探，始許以二月初二日會於其第。至期，三使同詣，及至其門，使人導往咫村别業，似就閑闃也。盛備肴饌以待，筆談至晚。辭涉番情，隨書隨毁，防語泄也。歸館後，三使會坐，追記辭意，無以盡誦本文，故不類中朝人筆墨,覽者諒之。約以更會,仍稱少暇。至初十日,三使同詣禮部領宴,尚書爲押宴而來,禮畢而别。

小邦近年多事,得蒙天朝庇護。至於今,域内安靖,是皆我閣下哀愍小邦,導達上聰,仰邀鴻慈。敝邦小大之情,罔不感戴厚德。

老臣有何力焉?倒是歉愧。

小邦雖有中外之隔,而閣下到底救護之恩,罔不聞知,謙挹不居,尤所欽誦。

貴國戎政何如?兵不精煉,徒尚觀瞻,則與無兵等耳,究焉用之?中土近設神機營,亦一壯觀也。(仍發大笑,似有非笑之意)

小邦累世承平,民不見兵,猝於十年之内,再經夷擾。皇靈攸暨,保有今日,而吃驚不少,所以石坡君侯十載苦心,顓用於詰戎一事。凡係選鍊之方,靡不用極,究竟當用與否,何能預圖?專仰天朝,以必勝之道,指授方略。

貴國似有二患,東之倭,北之俄也。俄人近來驟强,虎視眈眈,侵占鄰壤,尤宜預備嚴防也。

小邦雖與俄國接壤,然聲氣不接,情形莫測,備禦昧方,已極可悶。而至於日本,敝邦自前明萬曆壬辰以後,無故受兵,舉國瘡痍,幾無遺黎,言之酸鼻。源氏復業,繼敦和好,二百餘年視同一家。忽又無端尋衅,誠意慮之所不到也。或云日本受制於西夷,政令大變,然豈可聽人之言而伐同好之國乎?然彼素習狡悍,情多叵測,終不能無憂。今各國新聞動至京師,彼之動静,想亦察知,有可見示者,幸無吝焉,以徼惠於敝邦生靈。

彼以禮來,以禮答之。不以禮來,以禮拒之,慎勿生衅也。(使臣不曉辭意,方擬設問之際,復書一紙)

洋夷之至今敬憚貴國者,即由石坡堅守斥邪之功也。海外雖絶遠,貴國動静,彼亦無不知之。聞石坡病眼,難於視物云,必有妨於酬接庶務。恐彼輩乘此機,敢生覬覦之心也。然"斥邪衛正"四字,弟於往復間未嘗稱頌者,慮或走泄,及於彼耳而生衅故也。年前石坡贈我墨笏,刻此四字,故不以示人而藏之矣。

近自十數年來,洋夷屢覘敝邦邊境。至於丙寅、辛未兩歲,乃有深入内地,陷城殺將之舉。彼蓋以通商行教爲藉口之端,而實懷侵奪人國之計。在先宣恪王嗣服之初,彼夷邪黨之凶謀畢露,始行誅討之典,非止爲崇正闢异而然也。豈意種下生種,蔓延不已?伏莽之憂,有不可測。鋤治之舉,勢不獲已。此乃彼之自取,非敝邦之失刑也。師直爲壯,彼若以此爲辭而構衅,豈得爲直?

近年洋夷之頻入貴境者無他,貴國莠民願爲鄉導而然也。固宜嚴防痛鋤,而若防之太嚴,操之太切,則雖有懷土思歸之類,自然絶望而甘爲彼之腹心,此驅我民於他邦之道也,故不可不羈縻而以柔道治之也。自來貴國生理鮮少,民不聊生,彼輩誘之以利,入於彀中,勢則然矣,豈有見利拒絶之人乎?雖以中土之大,四處邊疆,亦多此等之患,而其時守土之臣清白賙恤,則民多依附;貪虐厲民,則散而之四,亦不可不選任長吏也。

倭君變更舊制,專師洋法,而國人不服云,未知誠然否也?

果非舊時日本,便是新造洋國也,而至於變其衣服,則洋人亦笑之云矣。

聞西洋各國,常有蠻觸之争云。近則安貼而無事變之,可聞者否?

法國與越南交兵,越南勢弱,將不支云矣。

盛京等地有響馬賊横行,禁之不得,大爲邊患云。使行來時不見此類乎?(藕舲問)

從人中往往遇盗,屢經危怖而不至搶劫,亦可异也。去秋别使回還時,聞有被掠之事。(使臣答)

灣栅之間百餘里,當初廢棄,意有在焉,而今人烟相接,田野皆闢,流民屯聚,一值饑荒則難保其不爲寇盗,豈不寒心?(使臣問)

近年此患,莫能禁止,悶然悶然。

往時聞英夷之敢與中國構衅,由於鴉烟之禁。夫鴉烟之爲害忒毒,不可不嚴防者也。小邦之人尤畏此患,而今行沿路所聞,烟禁似不甚嚴,是皆莠民所爲耶?抑由緩治而然耶?

中土亦禁烟,而祇於近畿而已,外省則不問也。道光年間,禁律太嚴,馴致洋變,此林文忠公(則徐),不能深長慮之過也。

中土既廣,包藏淵藪,譬如大地之無所不容,然今容异學參錯於首善之地,能無漸染之慮也否?

中土則讀書士大夫無一染迹邪教者,彼染邪之類,不過自起自滅而已。

群聖之教,極天罔墜,昌朝之化,三古比隆,於此可徵。

海外諸國船隻之漂到貴境者,善爲救濟,諸國稱頌。是貴邦之盛德事,亦是貴邦之幸。

此是小邦遵守舊典,近年朝廷尤加意於此事。

敝職適忝禮部,故得與貴國使臣交接。若移他部,則不必相接者。朝廷亦有議論,所以尤所不敢也。

中朝之於小邦,恩眸覆燾。閣下之於石坡,義同友于,何可以不在其位而越視耶?

張世準,字叔平,號五溪,又號梅史,官刑部主事員外郎。丙戌生,年今四十九歲,家在琉璃廠傍王阮亭古宅之鄰,江南人。以雙魚瓷罌見贈,因名其齋云。與朴錦舲尚書有舊,工書善詩,兼長策論,余耳其名久矣。因訪阮亭舊宅,遂造其第。

竊有乘間請教之事,猥荷青眄,有傾蓋如故之歡,則不可謂交淺言深者矣。敝邦自三韓以來,有南、北之憂。自經萬曆壬辰、嗣後丙丁之役,可謂二憂俱忘。域内寧謐,罔非皇慈攸曁,至於南鄰交好,近三百年如同一家。自彼尋衅,敝邦之所不虞也。向於丙寅洋擾之後,伏承部咨使之調察倭情,然而隔海數千里,聲氣不接,至於今杳漠無梯。即聞客歲倭使入覲,輒以侵伐敝邦之語,達於黼座,幸蒙嚴辭拒折,而此必有醖釀而然,斷非容易可發之辭,則其意有未可測。今容西夷在京,又有新聞紙刊布之舉,仰惟尊兄必有所見聞所及,幸賜開示,以徼敝邦宗社臣民之福。

此是總理衙門慎密辦理勾當,有非外廷臣人人預聞者,則雖或有耳目所及,無异乎塗聽塗説,徒亂人意,而究無益於事。然天下之事,據理以斷,不中不遠。兄若無問其事,祇問其理,則亦有可言者,未知兄意以爲如何耶?

理長則受,此最弟所樂聞。

中國新經大亂,皇上冲年嗣服,當事之臣,鮮能十分作主。加以外間兵鈍財絀,西夷乘間而入,百般要君。凡百有位,下逮氓隸,罔不切齒。倘於是時,皇上一言及戰,則不待調兵遣將而已焚洋人之樓,殺洋人之商者矣,將不問良莠而劓殄滅之矣。然睹今天下大勢,迥异前古,皇上之不肯輕於言戰,非愛之也,又非畏之也。皇上之御天下也,中外一家,遐邇一體,其良者固當與之親之,而不良者祇當與之含垢藏疾,以待其自起自滅而已,何也?中國之人,習於禮義而不習於戰。夷則習於侵伐,詭詐百出,而亦知禮義之不可逾也。以不習之戰,齒詭詐之鋒,斷無勝理,而修我禮義以示不可逾之形,而彼將自然心服。是則仍以我之禮義治夷而已,是乃天子理天下之理也。夷今得志於中國,而又得倭君之服從,肆行無忌,樂禍無厭,殆天將以厚其毒而自斃之也。然待敵之道,要在量力度勢而處之審,無庸問人也。貴邦之與二國,吾未知其誰强誰弱,然其不習於戰,則殆將與中國同。中國與英夷交兵十餘年,竟至於斯。雖不敢謂以此爲鑒,然而修我禮義以示不可逾之形,則其理將同,故務用其長而毋遽暴其短也。據今各國之形,鄂羅斯最强,而有席捲天下之勢。是則天下各國之所畏,與中國之所憂,而貴邦之患,亦不止於洋倭而已。

捨短取長,深服尊兄高論。然敝邦小大之情,有戰無和,輕發此論,將得罪於國人矣。尊兄代我算,其以何辭解之?

國家每有大事,則紛紛議論,各執一見,各有私心,焉得合一?事未至,則膠守舊見,不論理勢之可行與否也;事既過,則攟摭罅漏,歸罪於人，總之，説便易話耳。惟當事人艱苦，有説不出者。獨不見洋人進城時，則天子蒙塵矣，卿相逃矣，百姓散矣，朝内外無人矣。若非天心繫屬，禍有不測，吾不知説便易話之人，身家尚可問耶？如今洋人通商後，事事暫如從前。天子向陽而治，卿相得保其禄位，而説便易話之人又紛紛矣。祇可憐當事之人，如内之王、外之督撫大吏，十餘年辛苦，暗暗挽回，任人笑之、謗之而不敢辭也。此近事之可鑒者，且不在古書也。

天津之事又在近之三年，時曾文正公（國藩）爲直隸總督，而人皆曰："十餘年戰功卓著，驅除洋夷，何難者？"不問其理之屈直，與處事之難易也。於是文正公以辦理不善，將府縣官議處，而人皆駡之。吾鄉人之糊塗者，則致函直譏文正公也，文正公無辭，但受之而已。據鄙意斷之，理與勢皆屈於彼也。故賢者之慮出於萬全，而不敢逞快於一時，可爲千古處難事之法也。因一言之不合，而百姓之奸猾者，竟燒其樓，淫其子女，攫其財帛，設爲挖眼之説，而又無實據，將何以折服之？伊時尚無調來之兵，豈有謀人家國之曾文正公，而冒險一試，以危及京城者，倘變生不測，誰任其罪？人皆曰："屈於洋人，是辱國也。"吾不知禍倘不測，則辱國更甚，故曰："小不忍則亂大謀。"理勝而勢不敵，尚宜忍之，况理屈耶？勾踐事吴，屈於勢也。若必與人角勝，則當日鄭處兩大國之間，無立國之術矣。故危國以勾踐爲師，弱國以子産爲法，則幾矣。

中朝之與夷和，勢容不敵，豈理屈耶？

方當創衄之後，惟以事理折辨而已。既與之和，有約條矣。遽出不意爲驅逐之謀，而爲敵所覺，則彼自有辭，豈理直耶？况被驅者，止是留京之夷若干而已，若復諸夷連師來攻，何以禦之？苟不能禦，則其辱必更甚於前日，可不慮耶？

倭人尋衅已是敝邦夢不到之事，而至於俄人，則尤所謂風馬牛不相及也。情形何如，而亦慮爲患。

此非有耳目所及與言根之所自也，亦以理勢，推之而其形如此。

古人見城惡而知陳亡,聞歌詩而知齊大。覘國之術,固亦有揣量而得者矣。俄人立國不遠,而西境與英、法二國接,東境又與日本及貴邦聯,疆域之闊,爲四十萬方里,是古今天下各國之所無也。其詳具在《海國圖志》,是殆非尋常豪杰所能致也。近聞政事修明,武備精鍊,與之接壤者自折而入,此各國之所患,而尤與日本輯睦,此所以爲貴國慮也。(此以下亦多隨書隨毁,但以行文有法,記誦稍易)

昨年六月,倭使陛見時,同覲者爲幾國使臣?而所陳侵伐敝邦等情,必有執禽之辭,其概可蒙見示?

英、法、俄、美、賀蘭五國之使同時覲見。此是皇上嗣服以後,彼人所請之辭,而朝廷輒以兩宫垂簾、未便進見拒之。迨至昨年親政之後,無辭可諉,允其所請,而所陳之辭,惟軍機大臣與總理諸員聞之,然亦不敢泄,所以外廷臣工不能知其詳耳。

聞倭使回到天津見李相,又發侵伐敝邦之語,李相復以嚴辭痛斥云。李相盛意,萬萬感激,有一言賢於萬師者矣。李相總何職務,而得與倭使接見於天津?李相盛名云何?顧以遐陋,俱所茫昧,不勝愧怍,并望見示。

李相名鴻章,屢樹戰功,勛庸茂著,位至台司,而以畿輔多事,屈爲直隸總督。曾文正公殁後,代膺此任。朝廷倚爲長城,外番亦所信服,不信晉楚之盟,而要季路一言。李相殆或近之,因此弭患,何幸如之!

倭使見李相所陳及李相酬答之辭,似係不甚慎秘,故至播於敝邦,然未得其詳,幸賜示及。

此與陛陳有异,然係是軍門機務密語,安得不秘?至於閭巷所傳,多是測度傅會,不可信也。弟未得至天津親聞,其語則雖或有入耳者,亦是閭巷所傳,何敢爲吾兄道也?

天下之事,據理以斷,不中不遠。尊兄此教,實爲至言。第以所聞酌之以理而已,雖涉謬妄,亦復何害?廣思集益,多在妄中求真耳。

閭巷所傳大不近理，豈有奉使絶域膺專對之任，而愠見於色辭者乎？弟於時深斥傳聞者之非，然而後頗得於知舊聞，因以想像，彼之蓄憤於貴邦似非一日，不可不豫爲之備，嚴爲之防也。然臨急籌策，誠爲大難。要當於暇豫時，十反其思而善處之也。（問“色辭”云云，答“不可形諸筆墨”）

洋倭協謀圖我之説，播於敝邦。以尊兄所料，當有是事否？若與協謀，則當有若干國同心，盛慮所及，幸賜開示。

各國欽差之留京者，爲十餘國。而昨年六月，與倭差同覲者五國，尤爲輯睦，俱似可憂，然此非揣量可得之事也。兵論曰：“兵可百年不用，不可一日無備，要在善備而已。”我苟有備，以戰以款，其權在我；我苟無備而聽於人，則以中國之大，尚不堪其苦。所望於貴邦者，幸以中國爲鑒，早圖有以自强也。

敝邦小大之情，若將朝夕有警，此固近於風鶴。然以愚慮之終，必有事後已。尊兄高見，有可揣其久近者否？

聲形已著，尚難揣其虚實，此豈模度所及者耶？然近聞倭國有賽工比物之會，聚集土産珍奇之物，與各國寶貨之稀有者，相與鬥奇爭勝，此仿泰西諸國衒奇會而設也。日本衹會本國人，而泰西則各國齊會。昨年美國設此會，自春徂秋至歷三時，西人詫爲盛事。今年俄國欲設此會，已約與國，至登新聞紙，業經刊佈，則似非妄傳也。倭不獨至，必結俄援。俄今營此大會，延接諸國之不暇，而何以復及干戈、連兵以圖人國乎？且法、美二國先擾貴邦，不售而歸。倭若有意東侵，則與此二國協謀，又係事理之或然者也。然今法國與越南交兵，越南不支，似當早晚講解。越南强國也，不用全力則不能服矣（近者賀蘭亦攻阿坠云，琉球前修職貢於中朝，近聞日本占據其國，執其君，幽於日本東京云。法國近世二君瀆武，俱被執於德國，幽播至死，而新君又好兵，有此事可异也）。豈能連年用兵爲鄰援而不恤其民耶？以此推之，在我當有修備攻謀之暇，然兵難遥度，况於數萬里之遠，聲形所不及者耶？

小邦偏蒙天朝庇護之力，累世承平。民不見兵，數年以來，再經夷擾，小大之情，罔不惕號？始知外患之可虞，戎事之綦重。上殫其慮，下竭其力，期欲爲守禦之計。固知新講之卒，無以齒習戰之鋒。然所幸君民同心，賢愚一辭，誓與醜夷不俱處。此因其情而善用之，勝負之算，固有在於强弱之外，然是亦愚者之慮也。兵論曰："知彼知己，百戰百勝。不知彼不知己，每戰必敗。"今彼之情形，俱屬茫昧，此不幾於必敗之數乎？因此小邦之人罔不憧憧。幸望尊兄詳述彼我長短之形，俾開茅塞，不惟尊兄廣樹陰功，亦所以贊天朝，恤小綏遠之盛心也。

吾輩白面也，何可妄論兵事？且未嘗身履戰陣，目睹戎機，則是以揣籥之見，欲已隔靴之癢，又安可得耶？然值世多故，頗嘗艱險，所以往來胸中者則有之，尚有未敢自信，幸兄裁之。自夷未入中國之前，中國之人視之如洪水猛獸也。所見所執，誠爲不謬。當是之時，拒禦之備，豈不張皇？議論峻發，何減東國？及其戰也，乃以外集精鋭，内以都城百萬之衆，一交而崩，復蹈歷代既覆之轍，爲敵人笑，受侮至今。每想到此，熱血尚沸。既僨之後，咎有所歸，悠悠之論，皆無足憑。(問云云，答：百萬之衆，祇舉都城軍民之概而言也。然守衛都城之兵爲八旗，每旗六萬，共四十八萬。吉林、遼東、黑龍江三者之兵三十萬，蒙古四十八王，各徵萬兵，其數與都城軍等，何止百萬耶？然纔一交鋒，辟易而退，夷遂進薄都城，堵九門而與之和，約條悉依夷言，言之痛心)是由徒知猛獸之可惡，而欲以徒手與猛獸格，幸哉其不爲所啖也，雖以常算，勝可必乎？此由中國之人習遵格套，憚於遠圖，敵情雖緊，一概置之度外，反使窺伺者盡得我之情形。一劫一救，皆經熟算，猝然值之，茫無所措。言之無及，胡可勝嘆。東國君子想亦聞之，深懲於此，其理自見。兵論曰："不知諸侯之謀者，不能預交(交即戰也)。"又曰："太上伐謀，其次伐交，其下用兵。用兵之事爲不得已。"然則不知敵謀，而徑與敵戰，以之取勝者，孫兵之所不能也。故曰："勝兵先勝，而後求戰，敗兵先戰，而後求勝。”此勝敗之數，賢愚之所共知也。今置賢愚所共知之數，而徼幸於一戰，至於伐謀伐交等，大經大略皆夢所未到，而動先言戰，吾未知其胸中尚有許多算計，左右周度而出者乎？亦秖據平生膠見，以快一時之談鋒乎？然則彼我長短之形，在所必知，而真欲悉其情形，又豈易辦耶？兵家之事，莫要於此，古所謂用間也，然兵論曰：“非仁義不能使間，非聖智不能得間之實。”然則有仁義之主，聖智之臣，然後此事可議也。當此造論之時，不過與鄰國構兵，而其難已如此。今距海外數萬里之遠，影響所未接之地，其事不尤綦難耶？用間之道，必盡知左右貴近，預聞軍機者，以至謁者舍人，皆所當熟，故兵論又謂興師之費，式日千金，而愛爵禄百金不知敵之情者，非人之主也，非君之將也。今欲與弟輩書生十年不調之一郎，輕議此事，而初無雅分，言語不通，欲以立談之頃，取辦於毛錐子頭，有萬一幾於理數耶？（寫至此，忽停筆大笑云：“弟狂如此。”）

尊兄既已發此大議論，弟雖不足與言，幸卒教之。

從來談兵之家，議到用間一事，如測深淵，如探虎窟，謂非後世君臣所能到也。重之以死間之説，雖有智者，莫肯爲用。雖以杜牧高見，尚有此論，仁義聖智，以爲不可幾及，而舉置之不講久矣。此伐謀伐交之策，無聞於後世也。故以韓范之自任兵略，飽經邊事，而後始知其難，丐免而歸者，誠以伐謀伐交之策，不可與議於當世而已，亦有所不敢自任也。故戰士之衆，古莫如宋，而竟得弱宋之號者，慮止於戰也。（至此又停筆不書曰：“無益之談徒惱人，意欲以好話啓懷。”）

尊兄言意俱似未盡，夫言未盡而意已見者，讀書者之樂也。論理不論事則不備者，著書者之體也，尊兄此論不但施之於今，必有所濟。倉卒走毫，言言可以不朽。尊兄軼群之才，實所創覯。幸畢其説，以爲匡時遺後之圖。

嗚呼！戰豈易言者耶？以我夫子之聖，戰則必克而尚此慎之，況餘人耶？故談兵之家，言戰者十一。言守者十九，孫武爲兵家之選,而細味其旨,皆不欲戰之辭也,戰豈可易言耶?而况前此所未遇之形,誰能驟遇而得其情?而况未遇者耶?然則輕談此策,得不爲東國君子之所笑耶?(至此又問筆良久)中國之人與夷同處,既十餘稔矣。故以弟輩淺昧,概有猜得一二、摸得八九者。然議論多歧,古今同嘆,所謂不如意事十常八九。故難於與同朝人語,而况异國耶?然貴邦之事天朝,無异内服,而天朝之與貴邦,視同一家,故至如我輩,每以傾蓋之頃,欲托肝膽之素,苟以至情相求,何可藴而不吐?况如兄者,胸有萬卷,識破千古。理到之言,如石投水。得以一言相當,亦弟之素願也。蓋自漢武求得天主之神於西域而祀之,所謂祆廟也。然則耶穌之前,已有天主之稱。然西人通使,始自洪武年間(同文館所輯書,又云漢桓帝時,印度國人始至中國),後因言辭不順,絶不與通,彼不再來者,由未得中國之形也。繼自萬曆以後,源源而來,至有假館修曆之事,然直以嚮化之夷畜之而已。道光年間,始以焚船構衅,至於交兵,連年不解,中國大困。楊洪諸匪乘弊而起,幾致燎原之不可撲,是由言事之臣輕議戰之過也。當是之時,乃有"師夷長技以攻夷"之説,又有"陰結夷敵以攻夷"之説,雖以言戰者,亦知其難爲,而又惡無説,借此而自蓋也,然則戰可廢乎?曰:"非此之謂也,無戰備而求戰功,一敗至於不可救。"歷代之事,不可勝鑒,况親睹其害耶?顧今天朝經難之後,盡許諸番各國之使,留京辦理,其事出於萬不獲已,然自是之後,彼此相安。既通遠貨,亦資异聞。各勉輯睦,無相侵亂。瘡痍甫起,仳離復集。生意物采,粗復舊觀,是又朝議毋戰之效也。此與前代引入蕃胡,以致亂華,其事不侔。此弟所謂睹今天下大勢,與前迥异者也。夷之技巧,類皆前古之所未聞,如火輪、舟車之運駛,電機、寄信之神捷,鐵路、土路之便利,火槍、火炮之精良,夷不自秘,樂以示人。至爲設廠製造,以資貿遷,是則夷之願欲不在於土地人民,而專以開通异域爲念,此又我人之所不料也。各國之人并集群處,樂聞公議不至己見。以英夷之桀驁不馴,聽斷於人,再次讓壃見稱諸夷,是知道理之當先,而不專恃其强悍。此弟所謂仍可以我禮義治夷者也。前此中朝之士,不通夷情,故止爲嚴防之計、外攘之議而已。今既與之相處,熟睹其形,并察其心,然後始知樂善好義,同得秉彝之良,羡慕中華,求觀法理,購我書籍,日夜攻習。復以各國情形,譯之以文,盡輸於我,願得我使往觀彼國,意雖在於衒奇,情亦保其無他。故皇上特允所請,以丙寅正月發使,陽月復命,十朔之頃,閱歷十有五國,往返九萬餘里,是則張騫、鄭和之所未能也(丙寅奉使者,斌春[①]也。近因天津民焚洋樓,又遣總督崇厚,至泰西謝之)。火輪舟車之利用如此,故復命上海依式製造,使之駕駛出海,以試其用。中國之商,始至長崎。因是西夷欲我通商,以事未前有,尚此靳許。然中朝所以慮夷、防夷者,又與前日不同矣。與夷并處,我之情形盡輸於夷,而夷之情形,置之膜外,經國之謀,不宜如是。故近又命置同文館數所,使之互習語言文字,以示王者無外之義,薈粹各埠新聞紙,擇其精者,月一刷印。人得以見之,各國情形,無所隱秘。庶幾無相侵亂,同歸於好,此弟所謂天子理天下之理也。然則伐謀伐交之策,不當測之深淵,探之虎穴,乃在光天化日之下,周道如砥之中,不費機巧,不涉艱險,不資費於四萬斤金,間楚君臣而後得之也。兄試思之,見今中外議臣有能講到此策者否?(至此,又停筆大笑)見今各國欽差,既容留京辦事,今春又許日本人設館,此不但彼請難拒,在於皇朝治理,不容不如此也。然則皇朝之待外夷尚猶如此,至於貴邦,何請不允?何求不得?試擇於國中名家聰俊子弟,學有基本不爲异端所移,可以北學者幾輩,因援唐朝故事,一請於朝,則中朝之士,莫不聳喜,在所亟許。誠以貴憲章文物,自歷代以來,動遵中華漢官遺儀,令人起感。在於外夷,亦所忻慕,果能授館皇城,處之稍久,不但與中朝士友,相與維持,自然習聞各國動静,因可揣知西人情形者十之五事已,莫便於此。而不妨時與西人相接,交之以文辭,示之以禮義,則彼雖殊類,

① 斌春,即"斌椿"。

不能不生敬愛之心。此心一生,而胥壤可以共處,胡越可以一家,仇怨可以立釋,和氣可以立應,毒蛇猛獸可以馴伏,而况人類乎?因是以通兩國之好,互釋從前之憾,理之宜然者十之七。今留京辦事之諸夷官,皆凌絶險遊异域,豈能無所挾而然哉?其志願之宏,執持之堅,藝術之精,固必有過人者,不可但以夷藐之也。苟有以感之,其應必捷,至於用兵,彼此不得已之事也。今運捷應之機,欲已不得已之事,豈非彼此之所甚願,而與國之所樂聞者耶?是在貴國君臣破去畦畛,不惜勞費而已,其機在我而不在彼也。然則謀與交不待伐,間不必用,而自底於無事,衹講一策,而庶可互釋静心,十之十也。從前中國之人,内懷懼障,外懷疑障,膠守舊見,不察外事,妄用不習之兵,以蹈不測之機,幾致覆國,而後始知其謬,非敢淺之。丈夫相愛之地,不無過慮,蓋爲習見。貴國之士自待甚高,好尚清議,沉機遠略,或有所遺,弟亦何以能知其然?然而竊計貴國自有夷舋,今近十稔,衹有議戰之説流入中國,而未曾有赫然新聞動遠人之聽者,因想所與議者,衹有中朝一路意見,不侔情有所格,樞密之地,莫肯告也。弟所得交貴朝名士,亦近十數人,懷此謬算,豈無一吐之願,而及此者絶少。雖或漫及,大略與中國前日之議一轍而已。或加之而貢高之色,而無虚受之意。弟之荒言無從而出,獨遇尊兄胸有定識,所慮者遠,傾蓋之地,處以肝膽,不施華采,筆筆悃愫,不識貴朝有如兄者幾輩,與聞時議,何慮此事,此弟所以不揆謬妄,樂告而不倦也。(仍書云:辭畢矣,不久當别,後會無期,撥置自家本分上事,妄談空算,與我甚干?胸中猛獸自調伏,是故异性同一家。雖設大鈴金剛杵,如其歸馬橐弓矢。擲筆大笑)

尊兄此論,非時見所能及,無一言不精切,令人茅塞頓開。雖然敝邦群議,誠如尊兄所諭,勢若至於戰而後已。則當事之臣,豈容束手無措?盛諭亦云:我苟有備,以戰以款,其權在我。然則雖至議款,不妨兼究戰略,亦守國之首務也。竊覸尊兄所藴,必長於論兵,今欲究守禦之備,何策爲良?并賜開示,以惠我人。

勢苟至於戰而後已，是非人之所能爲也，天也。雖咎人謀之不臧，然運當如是故也。以此論之，時議亦天也。雖然，勝負之算，不在天而在人。人人得而知之，無待達士而後策之也。向者中國之與英夷角也，不如者三人，人之所知也。然而不計者，時議持之也。曷謂不如者三，兵械精良不如也；師律整練不如也；屢經戰陣，出奇應變不如也。故以向時數公之壯猷，終不免於屢輸，况餘人哉？竊計貴國之兵，未必遠過中朝。時議止於一戰，而無他策，則豈非天耶？但聞貴國險阻天成，宜於堅守，此隋唐所以不能逞。若用據險清野，以佚待勞之法，如鄂羅之待英法二師，則勝算在我，是在智者能爲耳。然聞都京距海門甚淺，素飽之士，一躍可至。一帶長江，原非不能飛渡之險，城垣之制，又未盡善，而有金湯之固。以此議戰，庸非危道乎？若欲棄國就險，如俄人之爲，則又懼一棄其衆，不可復集，此李忠定綱所以挽駕願守也。當此之時，任事之臣勞神焦思，無策可施，前代之迹種種然也，故衹用一策，而有早晚之别，得失之機，决於一瞬，可懼也已，可思也已。至於民心之固結，卒乘之精繕，付托之得人，群策之畢舉，乃守國之長計，待敵之本務，所謂布在方册，人存政舉，又何待問人而始爲也？然是則當事者之憂，非人人之所能憂也。何也？天也，非人也。然待兄當事更須問我，事固有不在天而在人者，我當有以告之。（擲筆大笑）

弟亦計之熟矣，事或至於不容不戰，如古之諸葛忠武，敝邦之李忠武（名舜臣）是也。然武侯據西蜀之險，故六出而根本不撓。李公知倭人之不習水戰，而杉板船之脆而易碎也，故制龜船以衝之。當時之人，慮不出此，而獨二公辦此者，長於審己而料敵也。况以俄人之新造，當英法狃勝之鋒，而能使二君棄軍而逃，則是必有奇計异算，而非徒然也。尊兄據險清野之策，實契我心。願畢其説，使弟得以藉手，以聞於敝邦之當事者。

貴國地形誠爲可守，能守則能戰，故能爲不可勝，兵論之所詡也。誠用俄人避鋒之策，擇於國中，天設險阻，距京都數百里之遠者,分守隘要,清野以待,使敵進不能攻,退無所掠,待疲縱擊,固亦必勝之算也。故以兵仙之智略,留難於井陘口,慕容氏之雄勇,喜其逾大峴。故一曰:"得地形,兵家之頭籌也。"所以李忠定當宋朝喪師之後,猶欲徙都關中。貴國資累世熙平之業,兵丁易集,蓄積尚厚,迨今圖之,容有可辦。設令無用,留爲趙氏之晉陽,不亦善乎?雖然,以愚計之,是猶甚難何也?承平之餘,憚爲重舉,習常之論,反易動人。故盤庚之誥,至於三宣,而孟堅一賦,即止漢朝之議,則策未及施而已得浮謗,此一難也;設令此策契於當事,暫得施用,持之不堅,有始無終,始議者之免爲戎首,有未可知,是又一難也;況有隋帝汴京之設,枉費人力,而無救於敗,據實而論,不在險而在人,是又一難也;況聞西夷、東倭俱以貴朝之不通使命,蓄憤已久,有必圖之心,而忍而至今者,非欲緩之也,計將出於萬全必勝,而不欲多傷人也。費人以規利,殆非夷情之所願,而亦天道之所惡也。故曰忍而至今者,容有所待而非肯緩也。夷苟興師,必聯俄倭。萬一倭蹈南境,俄躡北界,西夷衝其腹心,則蹂躪一國而有餘矣。設令險阻有守,而邊鄙已糜爛矣。首尾不相救,而覲王之師不至,群夷聚京沮撓,而天朝之援難恃,復有莠民爲其鄉導,如皇師之與英夷戰,漢奸爲之先也。漢奸之可惡者,衹是爲利所誘,而尚猶如此,況聞貴國曾以禁律至嚴,多罹刑章,深結仇怨,樂爲夷用。苟以我之情形,悉輸於彼,有備無備,彼皆洞知,則備多力分,難於爲守,險阻之形,又未可以專恃,是又一難也。故在我之計,亦必出於萬全必勝,而不欲傷人,然後順於人心,合於天道,其氣和平,自臻於無憂。故老氏曰:"抗兵相加,哀哉勝矣。"孟子曰:"以大事小者,樂天者也;以小事大者,畏天者也。"夫以湯文太王之盛,其辱至於事夷,而千秋議者,不以此貶其爲聖也。涕出而女於吴,又不以此貶景公之爲賢也。況乎今日之議,止於先事排解,豈曰事之云乎?此弟所以效宋牼之餘論,而不懼爲子輿氏之所斥也。萬曆年間,茅元儀氏著有《武備志》一書,備載倭情(倭人之不習水戰,杉船之易碎,具詳書中)。當是時,流布未廣,有其書者絶少，而不意貴朝李公獨見而信之，故能成破倭之績。兵機之貴於早知如此，今西夷各國情形之書咸萃京師，就使有遠慮者觀之，知所擇矣，此弟所以樂爲吾兄道也。貴在悉彼我之情，决機善用，未必别有奇計异算之可求者也。

尊兄此論可謂彼此兩盡，無復餘藴。雖不敢更請，而竊計敝邦群情，終必至於戰而後已。雖以弟之戇愚狂直，捨戰而外，斷不敢措一辭效一策，何也？舉國之人，無問貴賤賢愚，誓願不與异類同處。苟與之同處而受其侮辱，則視有國有家有身，與無國無家無身同。不如肝腦塗地，早就溘然也。所謂有死之心，無生之氣，殆非樂欲之所能移，辯説之所能喻。惟知義理之爲重，而清議之不可犯也，是殆盛喻所稱天也非人也歟？然事不終窮，理亦無盡，故日有短長，月有死生，夷雖强悍，豈能張而弗弛？竊不自量妄意。天朝亦有新設神機營，陰修武備之舉，意似有在也。天不欲喪斯文也，則上天赫命，群聖默佑，必使中朝有廓清之功，而小邦獲藉皇靈，得以申大義於天下。則大地均受其福，偏邦亦與有榮，豈非古今一大快事耶？况今伏遇聖天子，道泰運昌之會，明良協贊，智勇布列，崇正蕩穢，理有捷於撥轉機關，此豈非中外之所同願，而天人可以合發者耶？萬全必勝之策，亦有求諸理而事從者。倘蒙一言更賜開示，得以與聞天朝内修之謨猷，使之保邦禦敵，則尤爲萬幸。

所諭詞高義廣，令人有距踊三百之興。然是非弟輩所能及，宜與樞密機務大臣深議而圖之耳。

附：

古客談草

明日，古客見於雙魚翁曰："昨日之譚，止於此而已乎？"曰："何爲其然也？譚有次第，詞貴變化，比之詞家，此衹做到半截之文也。"客曰："半截文，更可做乎？"曰："究不合於時，則昨譚已冗，且上半截文尚可做,下半截文不可做;上半截事尚可做,下半截事尤不可做。"客曰:"事容不可做,文豈有做不得者? 是以古之聖賢,亦多托之空言以見於後世,豈皆非耶?"曰:"否,不然也。此與垂後之文,絶不相侔,言苟洩也,則非徒無益於事,而或至於反敗其事,如此之文,可妄做耶?"客曰:"先生尚有半截之文寄在言外,忍而不吐者,淺之爲某也。然此係敝邦安危機關,某雖至瞢,其何敢洩?"曰:"非敢然也,然兄欲聞此者,意在裨於國事萬一耳,豈肯自秘坐觀成敗,以驗愚言之中否而止哉! 然則不得不以示人且聞於朝,而待舉國之有成論,雖欲勿洩,可得也耶? 雖然,兄好文詞者也,姑以作文之法爲喻,顧今天下各國相持之形,概有二種。議戰議款者是耳,然戰與款則名也,其所以戰所以款則事也。譬之作文,名即題也,事則辭也。有同一題而工拙异辭,同一名而成敗殊事,則存乎其人而已。今置其人勿論,而衹講其名,可乎? 據實而論,惟能戰者能款。苟不能戰,款亦不成,然其所以戰之事,非弟輩所能言,其名則尤非弟輩所宜居者,故留下半截文,以待兄輩做完。"

一〇八、沈履澤《燕行録》

【解題】

《燕行録》二卷，沈履澤撰。

沈履澤(1832—?)，字稚殷，朝鮮青松人。哲宗八年庭試及第。一生中兩次赴清：同治十三年甲戌(朝鮮高宗十一年，1874)十月，以朝鮮冬至兼謝恩使團副使身份出使中國。光緒八年壬午(朝鮮高宗十九年，1882)十一月，又以冬至使團正使的身份出使中國。《燕行録》爲甲戌行記録。使行於十月二十八日從漢城出發，十一月二十九日渡鴨緑江，十二月二十五日到達北京。次年二月十五日離開北京，四月二日回到漢城。甲戌年十二月十一日，在小黑山店舍與店家主人盛永福筆談；十二日，在石山站宿所與原順天府府司獄李恩綸筆談；乙亥年(1875)正月十三日，與户部侍郎陳福綬筆談；十四日，在北京朝鮮使館與翰林徐郙筆談。

沈履澤《燕行録》原本藏日本天理大學圖書館今西文庫，《燕行録續集》收録。兹以此本爲據輯録資料。

(甲戌十二月)十一日，昧爽起，日出行。……此村都是漢人，至居之清人不滿數十家，漢人或嫁女於清人，而初不娶妻於清人之女，於斯可見其意也。已而馬頭進一果楪，梨二枚、山查一掬、葡萄一叢。梨黄而皮如我東之林檎，山查大如我東之栗，葡萄大如李焉。余問："誰所進也？"通詞答告曰："主人之所進也。"復問："胡爲而進此也？"通詞又答告曰："主人是漢人也。今見我國之人喜不自勝，以數果爲進於大人。"余亦感其意，使之來前，以筆問其姓名。主人答書曰:"盛永福。"又問其年,彼答書曰:"五十五。"次問其有子女,答書曰:"二子三女。"次問其有何官,答書曰:"無有,而爲農民。"次問其居此地爲幾世及幾年,答曰:"爲數世而八十年也。"小選進夕飯,主人以鮒魚爛熟而進之,徊徨於床前,有若殷勤這意,賜清心丸二介,主人稱謝僕僕。飯後,主人又來前,以筆試問:"穀價爲幾何?"答曰:"米一斗爲十升,則其價爲小錢六吊五伯(小錢一吊之數即我東之常平錢一兩六錢。一伯,即一錢六分),而居民買於市則價爲六吊六伯。纔論米一斗價小錢十兩五錢六分,今年秋事頗稔,米價廉云耳。"余見漢女,其足如病身樣,長不滿三寸,足端甚尖如錐末,不能善步。蓋其初生數三日以布帶緊褁其足端,使不得長大,所以其尖如是,其意防其逃走也,俗尚可呵。路逢官軍數十人,向北而去,問其由,則答曰:"瀋陽老爺方爲外仕,吾們之人爲其新延而向北京也。"此地素悉響馬賊,故問諸主人,則答曰:"今年八月張大人捕數三人,即行刑以懲後患,厥後寢息。今也則可謂泰平,但於遼東間路或有之耳。"仍留宿,日行爲百里。

是日也,自夜三更乍陰乍暘,寒風陡酷,行人龜手呵凍,不能進前也。主人又來前曰:"吾之落髮爲二百餘年,每見貴們之冠衣,則多愧多愧。"余笑答曰:"俗尚也,何足爲愧也?"店舍之鄰有以蘆簞妝一高閣,閣之檐端刻鐵爲龍,而且多飾巧之物,問是喪人之廬也。

(十二月)十二日,昧爽起,平朝行。……自我義州至此,距北京爲半程也。人家頗簇立,廛舍亦宏麗焉,及就舍處有民人李恩綸,來要一見,故使之登炕,形貌頗端正,衣服不弊垢而吸竹,名曰"水烟臺",其形如小筆筒,以青犀皮衣之,以銀飾筒口,而烟盞如我東之齒牙,筒而短,又以銀自筒口抽出,如指大而内通吸烟之穴。其長爲半尺許,小曲而口吸之處,夫如我東之烟臺喙,以水置筒中,以草小許置之盞上,以紙火繩燒盞草,三吸則燒盡,即復以南草置盞上吸之,如是三次乃止,可怪可奇。方以筆談酬答,余先問貴姓,彼答曰:"賤姓李,敢請貴姓?"余答曰:"鄙姓沈,敢問貴名?"彼答曰:"恩綸,行二。”余問：“貴家在何地方？而做甚事爲？”恩綸答曰：“敝寓東廿里，村名四臺子。幼年入泮，前任京秩，去歲回籍，現居比鄰聚源客店。”余問：“貴年數幾何？而京秩是幾品官？何爲而回籍？現寓聚源客店乎？然則退官耶？”恩綸答曰：“現年卅五歲，前任順天府府司獄，微末正八品僚，因選而得此缺。因家嚴年老，回籍養親。所云客店，是自己生涯，因家務繁冗，未得出仕。小僕教茶，望大人笑領。”余曰：“盛意多謝謝。捨官歸養，盛世美事，不任欽仰，客店既是生涯，則主何賣買耶？”恩綸答曰：“前任未滿，即蒙保州分府，到籍後即宜引見就職，嗣因關東地面不净，家務又紛，是以暫理生涯以待時耳。敢請大人現居貴職、官品、貴甲子。前十年曾有貴使與愚相熟者，正愚、戴淳、建植未知安否？亦相識否？”余答曰：“鄙年四十三，官是禮曹判書，即上國之禮部尚書也。年前使行徐戴淳官至崇品，已作故人，而同朝也，豈不相識？”恩綸曰：“戴淳實姓徐，前者晤面，而今已作古人，深堪悼惜。大人風塵勞碌，猶不棄葑菲，萍水相逢，班荆而談，何幸如之？”余答曰：“僕銜命萬里，又值歲暮，客懷難裁，今得良晤，邂逅萍鄉，實非偶爾，深幸。”恩綸曰：“貴邦年景若何？地面要必安净，敝地屢受賊擾，亦有所聞乎？”余答曰：“弊邦年形稍康，民生安業，山川險固，國内寧静，而貴境賊擾，未知何賊乎？無或是響馬賊之出没村閭，掠人銀錢者乎？”恩綸答曰：“賊任意擾民，官不知戢，兵不敢捕，時世若此，良可慨也。”余曰：“上國之威何故至此也？弊邦則元無賊擾，設有逾墻鑽穴之潑皮，各其官即地捕捉，斷不容貸，故行路無滯留之嘆。”恩綸答曰：“化行俗美良宜，若近來奉天賊匪猖狂之極，而民無安枕矣。”余曰：“貴姓既是李，則果籍隴西之李乎？先世做何官乎？”恩綸曰：“原籍直隸，後遷奉天者，諸世譜是古之民，非隴西而何？”余曰：“此地多明人之居者乎？”恩綸曰：“明人即是民人，若云旗人，則清人也。”余曰：“貴姓是何人耶？”恩綸答曰：“斯民也，此房即是旗人。”余曰：“然則入仕皇都爲幾世耶？”恩綸曰：“於今三世矣。”余曰：“三世以前不仕於清朝耶？”恩綸曰：“即讀書必求上進，仰邀天恩以遂本志,非爲禄也。”余曰:“既是民人,則尤切欣慰。”恩綸曰:“貴邦衣冠古處制度詳明,居今而不异於古,深可敬也。”余曰:“弊邦本守禮義,何足稱道也。適有上品清心丸,故二丸謹呈俯領,如何?”恩綸曰:“初見即蒙惠示良劑,却而不恭,受而有愧,敬領深謝。聊備小酌,以盡地主之誼,能當納乎?”余曰:“素昧過去之人,得此良話,已足銘謝,而又何用俯饋爲也?”恩綸曰:“日之夕矣,從人勞燈下再談可乎?小遲片刻,遣僕送酌,望梧隱代呈大人。”俄而,小僕進饌四楪,即煮羊、烹豕、油菜等物,而味不適口,不堪食也。

(乙亥正月)十三日,是日也竟夕陰寒。陳福綬來訪書狀。書狀要我來接而已,上使來,相伴而進見,陳郎與之筆話,書狀備酒物以待之。余問中國科試之制,陳即答曰:“鄉試以八月初八日入首場,初十日出首場;十一日入二場,十三日出二場;十四日入三場,十六日出三場;通計九天(天者,日也)。首場四書文三篇,試帖一首,二場五經文五編,三場策文五編。會試以三月,一切俱同鄉試。鄉試中爲舉人,會試中爲貢士。四月二十一日殿試制策一篇,謂之進士。外博士鴻詞科爲特科考試者,無論已試未試,皆得與焉,例用翰林院官。自乾隆以後,不復舉行耳。”

(正月)十四日,是日也陰寒。翰林徐郙早回謝書狀,書狀要余相接而與上使伴進小叙。筆話問其帽子之制。徐郙曰:“夏用羅紗帽,極熱之時用竹絲帽。冬用皮帽,而有分三種,貂染、銀鼠、小羊皮,以隨時序分之。貂染、銀鼠惟翰苑官着之,外他帽子無貴賤,皆着之。有馬褂子,或以錦以皮。常日挂朝珠,而國喪則三年之内不挂。所謂朝珠,即僧徒之念珠也。公制,二十七日後即綴纓,綴纓者,即帽子上以紅絨絲垂覆者也。每年十一月朔起,至正月十八日止,凡翰僕科道及四品以上着貂褂。康熙年間禁貂褂,旋即弛禁。”書狀備酒饌以待之。

一〇九、李裕元《蓟槎日録》

【解題】

《蓟槎日録》一卷，李裕元撰。

李裕元(1814—1888)，字景春，號橘山、墨農，諡忠文，朝鮮慶州人。著有《嘉梧稿略》《林下筆記》等。一生中兩次赴清：道光二十五年乙巳(朝鮮憲宗十一年，1845)十月，以朝鮮謝恩兼冬至使團書狀官身份出使中國。光緒元年乙亥(朝鮮高宗十二年，1875)七月，以陳奏兼奏請使團正使的身份出使中國。《蓟槎日録》是後者的記録。使行於七月三十日從漢城出發，八月二十七日渡鴨緑江，十月一日到達北京。十一月二日離開北京，十二月十六日回到漢城。記載乙亥年十一月十九日，在瀋陽銘安宅與瀋陽將軍崇實筆談。

《蓟槎日録》原本藏日本天理大學圖書館今西文庫，《燕行録續集》收録。兹以此本爲據輯録資料。

(乙亥十一月)十九日，陰。朝，銘侍郎來訪店舍，同往銘宅，其子年十二，已受六品職，爲人絶妙，贈鼻烟壺。少焉，四人會集，兵部先至，將軍次至，同卓而食，將軍先問近日事情，故答曰："洋人則小邦視之如犬羊禽獸，不欲相通，而至於日本，三百年通好之餘，忽然變其國俗，换其衣制，小邦責諭非理，終不聽之，方在相持中也。"將軍曰："聞近來日本奉泰西諸人若神明，誠可鄙也，老兄之論極是。"余曰："上國之論如是，則萬萬欽仰。"將軍曰："日本近來直效西洋，大是可慮。舍祖宗舊制而樂法西洋，純以火炮爲恃，貴國當有防之。"余問："響馬賊賴將軍之力亦已剿滅，栅外尚有許多民已托耕食耶?"將軍曰:"現已蒙恩允,准一律升科,各遂民生,并於貴國貢道要爲安撫,不得侵越。"又曰:"此事貴邦與我東鄙均有裨益,實我朝之幸,亦兩國人民之大幸也。"申後罷歸,將軍苦挽不已,余以王命所重辭出門,見之。將軍威儀甚盛,洋槍手百名隨之,亦一觀也。余别主人,直發行二十里,白塔堡宿。

一一〇、南一祐《燕記》

【解題】

《燕記》五卷，南一祐撰。

南一祐（1837—?），初名一愚，字伯敬，一字愚堂，朝鮮宜寧人。光緒五年己卯（朝鮮高宗十六年，1879）十一月，以朝鮮謝恩兼冬至使團副使的身份出使中國。使行於十一月七日從漢城出發，十二月初一日渡鴨緑江，十二月二十六日到達北京。次年二月十五日離開北京，四月二日回到漢城。記載己卯年十二月初四日，在柵門何家莊何德溥宅與書生何德溥筆談；二十三日，在玉田縣鄒廷翰寓所與教諭鄒廷翰筆談；二十四日，在宋家莊與宋舒恂筆談；庚辰年（1880）正月十二日、二十七日、二月初九日，在北京壽昌宅、復泰局、和豐局三次與漢軍鴻臚寺卿壽昌筆談；正月十六日、二月初七日，在玉河館、壽昌宅與内務府郎中錫麟、壽昌筆談；正月十八日、二十二日、二月初二日、十二日、十四日，在王維珍宅、玉河館五次與王維珍筆談；正月二十一日，在白雲觀與廣祥、承靈筆談；二十三日，在玉河館與蒙古人諾爾桑旺佈筆談；三十日，在玉河館與李宗翰筆談；二月十七日，在玉田縣與南鴻儒筆談；三月初三日，在瀋陽與王頤勛筆談。

《燕記》原本藏日本東洋文庫，《燕行録續集》收録。兹以此本爲據輯録資料。

（己卯十二月）初四日癸卯，晴。留柵門。

……西距一里有何家莊，聞有園林之勝，與書狀、子敬偕往，使馬頭通報，何生出門前揖迎入，炕内祇有圖書。讓上座，就椅對坐，勸茶,進筆硯。何生曰:"二位大人辱臨敝宅,鄙陋之甚,實無可觀。"余呼答,書狀書之曰:"飽聞盛名,何謙之有?"何生曰:"無名無實,請問二位大人貴姓、高名并高壽,現居何識?"余書姓名,年今四十三,官禮部侍郎。書狀書姓名,年今二十九,官翰林侍講。"仍請尊姓大名并高壽,現居居何官?"何生曰:"姓何名德溥,現讀書,年二十四。"曰:"今念何書?"何生曰:"現讀孔氏《春秋》。"曰:"主《左氏傳》乎?"何生曰:"然矣,貴邦從何傳?"曰:"科試必主《左氏》。"曰:"貴邦亦與敝邦相同,貴邦亦以詩文取天下士,願聞其辭。"曰:"敝邦取士之法,四經義、四書義、詩、賦、表、策,子午卯酉年試,取進士二百人,文出身三十三人。"何生曰:"與敝邦大略相同,請問貴邦亦尊孔仲尼爲至聖先師,亦詔各州縣設學校育人材乎?"曰:"仲尼萬古師表,尊奉何有中外之殊? 人材則自賢關至於鄉黨,育養賢能以爲進用。"何生曰:"中外相同,惟字同而音不同,乃風俗然也。"曰:"然矣。"何生曰:"貴邦前有一位正使李興敏公,此人尚在否?"曰:"尚在世矣。"何生曰:"敝舍李公亦曾辱臨。"曰:"已聞知矣。"曰:"貴邦係殷商王之裔,我國尚讀其書,諒貴邦亦有之。"曰:"有之。"何生曰:"大人書法甚佳,晉王羲之帖,貴邦見否?"曰:"人多肄習矣。"何生曰:"貴邦圓領大袖然存古風,可惜敝國去質尚文。"曰:"漢儀烏可變。"何生曰:"前歲邊江正使吉和、恩麟二位大人曾睹面否?"曰:"領詔之時,遠瞻風儀矣。"侍人設空碟、象箸、畫杯,進酒糕。何生曰:"敝宅僅備水酒一杯,二位大人酣飲一場,請飲之。"曰:"素不解飲,難孤盛意,第當飲之。"何生曰:"無供可陳,不勝赧顏。"曰:"嘉且旨矣,盛念可感。"何生曰:"愧甚愧甚!"曰:"何用過謙?"何生曰:"却是實情,删削虚詞,諒稍點心。聊表微忱,復進一杯。"曰:"酒户不寬,何須更斟?"何生曰:"伊三位必係二位大人師爺,可否共飲?"曰:"當伴飲矣。"仍勸子敬進飲。何生問子敬曰:"尊姓大名,亦隨大人進京否?"子敬曰:"姓文名翼謨,爲一觀景,隨副大人進詣京師矣。"何生曰:"初次到敝邦,與副大人係親否?"子敬曰:"果是初到,而與副大人有門生之誼,兹隨來矣。”何生曰：“諒係師生。”子敬曰：“然矣。”余請啜茶，何生曰：“再稍飲一杯，以抒敝忱。”曰：“厚意雖感，已過量矣，實難更飲，多愧多愧！”仍曰：“日勢向晚，請覽園林之勝。”何生曰：“如不留量，即掇去，欲覽園林，更覺累甚，祈暫坐一時。”又煮酒。曰：“杯酌已過，即輟無妨，意在玩景，何必久住？”何生曰：“無景可觀故云。”曰：“明春復路時，當更進屏下，惟祈隨時保重。”何生曰：“幾時起程？”曰：“明曉前進矣。”何生曰：“容貌堂堂，丰儀端凝，實令人可欽。”曰：“詡奬過實，愧甚愧甚！”仍下階，何生導入内堂，四壁付玻璃、杯棬，瓶罍、鏡奩、錦綉，屏帳羅列左右，位置井井，周覽訖，仍出門相揖而歸。

（十二月）二十三日壬戌，陰，晚微雪。自榛子店離發，豐潤縣五十里午炊，玉田縣八十里止宿。

……退至墻外後堂，即教諭所居，使馬頭先通，迎入炕内，坐余於椅上。有頃，一人出，顔貌豐晢，衣帽鮮麗，進揖對坐椅上，書問：“貴姓名，到京城有何事？”曰：“賤姓南名某，以年貢副价將向皇京，爲觀上國學制兼玩古鼎彝，不較行忙，逶迤抵此，幸勿靳示。”教諭曰：“古鼎可以觀之，請少待。”曰：“鼎有一觀之許，而寶彝靳持何歟？”教諭曰：“閣下現居何官？”曰：“現帶春官尚書，仍請問貴姓大名、尊號。”教諭曰：“賤姓鄒名廷翰，號葵軒。”仍扯之。曰：“現居何銜？”葵軒曰：“小職也，官名教諭。”曰：“教諭是何品，而已成進士耶？”葵軒曰：“八品官，由舉人任此職，未成進士。”侍人奉出古銅鼎，鑄鍮銅，大如食鼎，圜腹外刻雲物，又款十七字，刓甚難辨。弇口兩耳三足，足上象牛首，下爲牛蹄，内銘籀文曰：“維甲午八月丙寅，帝若稽古，肇作宋器審厥，象作牛鼎，格於太室，從用享萬寧神休，惟帝時寶萬世其永賴。”（按《日下舊聞》，弘治間土人鰲拜得之，重五百斤，圜腹，弇口四足，足上爲牛首，下爲牛蹄，款識甚古，或以爲商時物。以今見之，重不滿百斤，又是三足，甚可疑）覽訖曰：“是三代之制耶？”葵軒曰：“俗云是禹鼎，至今相傳已久矣。”曰：“寶鼎是鑄九餘制，傳垂殆近四千載，甚盛甚盛！”葵軒曰：“貴處清心丸能賜之否乎?”曰:“清心自可奉贈,彝靳一示何歟?”葵軒曰:“非靳也。”曰:“往日我東之人多有光景者,今何如是相持?”葵軒曰:“今日相持未嘗無光景,誠以言語不通之故也。”侍者出燔磁象尊,其色青黄,鎸物形制甚古雅,厚過一寸,可容一斗。覽畢曰:“家在那裏?”葵軒曰:“天津。”曰:“敝邦或有流來拓本,而真贋莫辨,幸拓一本,明春復路時能嘉惠否?”葵軒曰:“何以拓之?”曰:“非全體拓之,前摹其制,後拓鼎銘而已。”葵軒曰:“此事非巧工人不能之,敝處未嫻此藝,不善拓之,是以不敢從命也。”曰:“銘則一小本,或有可拓之道否?爲其真本故也。”葵軒曰:“既不善此,倘若勉强拓之,必至模糊,不知請閣下自拓可也?”曰:“自拓未爲不可,行色甚忙,有此申懇耳。”葵軒曰:“是也。”曰:“小本一拓限明春,必無不善之本,諒此苦心,或可肯許否?”葵軒曰:“明春幾月幾日到此?”曰:“二月望間。”葵軒使侍人拓出,曰:“烏拓非須臾間事,待稍暖拓惠切望。”葵軒曰:“稍暖是何時?”曰:“待春和日暖可也。”葵軒曰:“今日拓之可也。”曰:“今將進發故也。”仍給二丸清心,曰:“二個清心奉呈,領情似好。”葵軒舉手稱謝。余曰:“明春當更進榻下,惟望隨時保重。”葵軒曰:“明春早來方好,若在二月望後,我亦赴京考進士,恐不能見面矣。”遂相揖告别,葵軒送之門外。

(十二月)二十四日癸亥,朝晴,晚微雪。

……西北數里有宋家莊。……與書狀迂路入觀,使馬頭先通,跟班迎入外堂,門揭我東年前别使鄭尚書致中(健朝)所書横扁,壁挂鄭兑五梅花一副,前置水仙花二盆,梅花一樹,玄琴一張,設玉磬金鍾架,雅趣頗多。須臾,一清瘦人戴紅氈蓋頭,披鴉青錦衣出,相與肅揖,對坐炕上,陳紙墨書之曰:“衡門涔寂,遠客光臨,何幸如之。僕宋氏,名舒恂,字小坡,家居碌碌,今遇佳客,多領教益多多矣。”余呼之,使書狀書之曰:“僕是朝鮮年貢副价南氏,名某,字愚堂,這位行臺李氏,名萬教,字青岩。飽聞忠義家聲,擬托末契,不較行忙,委晉榻下,獲遂荆願,喜極生平。”小坡曰:“往年貴國有李橘山相國曾相識否?”曰:“相國年高德劭,朝野想望,奚但以相識論哉?”小坡曰:“先世聲聞,後人未克丕振家聲,深愧堂構貽譏。”曰:“貴庚?”小坡曰:“光陰虚度,已五十有一年矣。”曰:“現居何官?”小坡曰:“曾任山東章邱縣佐,已解組八載矣。”曰:“曾聞歲徵罰鍰,宋氏多移寓云,近時則停免而還集歟?”小坡曰:“先世多鼎革時歸降少後,故受罰金之責,而族人流落他省不知凡幾,今罰金已久,恩免族人,未能還集者,仍復多多。”曰:“哲嗣幾位?”小坡曰:“豚兒兩個,尚幼小無知。”曰:“日已晚矣,行色甚忙,從此分張,不覺缺然,惟望隨序保重。”小坡曰:“無物敬客,小備茶果,請少嘗,何如?”曰:“如戒。”侍者進茶果。小坡書一絶曰:“琴書詩酒多生涯,隨意消閑度歲華。非是主人耽寂寞,本來清瘦似梅花。聊賦短律以誌遇合。”曰:“唱酬固知美事,上价駐車前塗,有不可遲久,留俟明春似好。”仍書示曰:“壺谷先祖奉使時過此一絶詩。”小坡曰:“如此則與君爲世交也。”仍書:“辛苦西京路,平鋪雪似銀。前途期保重,少慰遠行人。逸和前章以博一笑,而今昔盛情,感領不盡。”余要觀高樓,小坡携入内堂之北,指一處,有高樓以磚築,長可五六間,廣亦三四間。入圭竇門,從東北隅升木梯十五級,登下層,又於東南隅升木梯十五級,又於西南隅升木梯十五級,始登上層。自平地至檐角十餘丈,窗楹無存,梁上爲龕坐金佛,欄檻若城堞。樓底人家,若蟻封可矚。數百里外,樓外有古城十許間,其往時豪富推可想矣。因出内門。搜二丸清心,使跟班傳納,遂告别還出。

(庚辰正月)十二日庚辰,晴。留玉河館。

……仍西行一里,至魏家胡同壽鴻臚宅,門是朱扉緑椽,紅箋大書封印,吉日粘之,朱漆木板書履歷官階,列挂粉墻,光潤耀日。使馬頭報至,少頃,鴻臚出迎,揖讓甚恭。入其室,窗明几净,滿壁圖書,設一高足大圓床,陳楮墨圍床。椅座,鴻臚曰:“愚堂大人貴文科、鄉貫?”曰:“己未出身,鄉貫宜寧縣。”鴻臚曰:“貴縣係四都八道之内?”曰:“係慶尚道晉州牧屬縣,距王京八百餘里。”鴻臚曰:“貴國田功富學,自必照常,豐稔鄰邦,自爲慶幸。"曰:"田功殖學,莫非大邦庇覆之德也。"鴻臚曰:"請三星使多談半日,弟備有便酌,少時移步小飲,藉可快談。"曰:"款念至此,不勝感泐,而每從楊山老友久仰大名,今托末契,喜極生平。"鴻臚曰:"是否趙楊山齋?"曰:"然矣。"鴻臚曰:"楊山兄回東後,現升遷何第?"曰:"屢經樞密、京兆之銜。"仍曰:"請問春侍?"鴻臚曰:"弟慈親在堂,年七十五歲。"曰:"氣度康寧?"鴻臚曰:"春萱在堂,定康健矣。"曰:"奉賀萬萬。"鴻臚曰:"今年齒德?"曰:"虚過四十有四春秋。"鴻臚曰:"雁行幾位?"曰:"弟僅一人。"仍曰:"何歲通籍? 鴻臚清銜係是幾品?"鴻臚曰:"弟四十一歲,内廷正白旗人,於咸豐八年在直東防堵,加二品頂帶花翎,鴻臚卿係二品。"曰:"花翎是出常恩數歟?"鴻臚曰:"花翎係同治九年,直隸地方打仗出力。傍注'軍功'。仍請脱冠。"曰:"相敬之際,不可以褻服對坐。"鴻臚曰:"至好交誼,何以不可?"曰:"哲嗣在公,未接丰儀,曷任悵缺!"鴻臚曰:"小酌不堪空飲,爲表敬友寸忱。"仍連進數十器,親自斟酌。余曰:"篤好之地,不必自勞如此也。"鴻臚連斟强勸。余曰:"賓主相酬,禮也,且今者應接自多勞矣,請止之。"又曰:"貢使之行,楊山無信函否?"鴻臚曰:"將來愚堂兄還東時,弟當致函故友,以重前約。"曰:"楊山復月晦間,遭喪明之慼,萬念灰冷,今者無書,良有以也。"鴻臚曰:"楊山齋兄喪制,係何人服制?"曰:"楊山衹有一胤,年過弱冠,已成進士,陽晦不淑矣!"鴻臚曰:"東海向稱文風鼎盛,筆墨淋漓,弟今有拙筆横幅'静觀'二字,藉呈諸方家教政耳,堪爲一笑。"命侍者出示横軸,余曰:"遒勁之力,遠邁鍾、王,何等欽仰!"因視椅下,鴻臚密展貼紙曰:"弟今偶成七絶一律,敬呈匀教。"書:"星使乘槎出海東,宣勤王事敢言忠。關山雲樹遥相隔,慶喜同朝進賀逢。堪羡奇緣新聚首,相依良友樂無窮。春風雅量冰壺鑒,花月金臺教益隆。藉展管城知己厚,但憑筆墨祝私衷。"正使曰:"瓊章甚盛,可謂擲地金聲,固當即地奉酬,而非徒日力已盡,昏耗猝難構成,明當敬和專奉。"鴻臚曰:"貴國文榜以何藝中式,武榜以何取士?”曰:“文籍以賦、表、策、論、三經義、四書疑取士,武舉以弓馬試取。”鴻臚曰:“弓馬以幾力爲等第?”曰:“從射放最多之數爲等第。”鴻臚曰:“本國武以六力、十力、十二力、十三力、十五力爲準,以十三、十五力爲頭等,即中式。”曰:“力是何謂也?”鴻臚注“舉石”。仍曰:“貴國文字弟不通譯,請寫貴國幾字一看。”曰:“譯字如中朝之滿書云耶?”鴻臚曰:“同滿洲字。”余遂譯“貴國文字”以下十六字示之。鴻臚曰:“如本國行書字否?”曰:“閭巷行書,非公用文字。”鴻臚曰:“想有字彙,四書文字與本國是否相同?”曰:“每用鐵字印出,非有别本。”鴻臚曰:“作詩向以押韻爲要,弟今所押係一東韻。”曰:“中外一般矣。”仍曰:“日已西下,請告歸。”鴻臚曰:“雖夕陽在山,貴館尚不遠,請稍息略談爲幸。”曰:“餘懷雖無窮,後會有期,容俟伊日罄陳無妨。”鴻臚曰:“今日屈駕,雖未盡懷,乃承關愛,泐此奇緣,則蓬門增輝矣。”有一人在旁,問是鴻臚族侄,余曰:“請問大名,貴號?”答曰:“名文順,號質庵,都虞司八品職官。”曰:“壽幾?”質庵曰:“二十三歲。”曰:“既望當奉展,預庸慰沃,而須與質庵偕臨。”質庵曰:“是日趨教。”曰:“伴友欲覽談草,今當袖去,明將還上矣。”鴻臚曰:“自當遵命。”遂起椅相揖,鴻臚送至門外。

(正月)二十七日乙未,雨雪。留玉河館。

……卞君、伯蕃期會於復泰局,要余共飲。申初與書狀聯進,少焉,伯蕃至,相與前揖椅坐。伯蕃曰:“愚堂仁兄面啓,日前委囑寫横幅,現已寫就十張,先爲奉上,其餘四張,容日專价送呈上覆。”曰:“雨雪滂沱,沾濕勞動,諸節無損,慰頌曷已。横幅如是速就,深感深感。”伯蕃曰:“連日阻面,幸得函通,稍紓懷望。及蒙吉雲招叙,又勞閣下不避雨雪而來同室快叙,弟應早至,藉以暢談。”曰:“一會已從吉雲聞命,而今雨事如此,恐失嘉期。閣下不勞泥淖,踐此前約,其信勤,雖已行,誠難跂及,良可欽仰。”伯蕃曰:“交友取之以信,雖雨雪何敢有阻? 方稱奇聚爲快。”曰:“信之義重矣,故垂訓於鄒經,吾儕雖在天涯,已許知心,從兹以往,安得不一信字存諸中乎?”伯蕃曰:“愚堂兄在貴邦,職任名目,祈示下。”曰:“以户部侍郎猥叨使銜,今權禮部尚書。”伯蕃曰:“以小司農晉秩大司徒矣。”曰:“非晉秩,權攝。”仍曰:“哲胤近日在第休安?”伯蕃曰:“小兒今日原擬携晉走至東安門,有總管内廷大臣廣少彭兵部尚書邀至第寓,有面議事件,明早進辦理。”曰:“内府辦理頗多煩劇歟?”伯蕃曰:“小兒現係營造司掌印,是以常日在内聽候差務。”曰:“敝邦進貢將呈納内府,而苦無指揮,使事未竣,誠甚燥鬱。”伯蕃曰:“今日早小兒在内見有緞皮二,庫官已將發回,緞匹貂皮各件已經出庫,現未呈覽矣。交進御覽後,仍行發出,自有却信。”曰:“遠人情事,一日如三秋,不覺自露羈愁,歉愧歉愧。”伯蕃曰:“貢物向由禮部奏聞,内務府僅收貢品,向不能咨催部屬,而部内若有沉滯,總言内務府稽厭,其實病在外而不在内也。部爲六部,内務府係僅收發,辦理全在部院。”又曰:“向來貢物到城,自應先在禮部投文,由禮部轉咨内務府查,向辦一切,自有應届辦理之人。此次應速之,方能不至沉滯。”仍曰:“去歲貢物何時交竣?”曰:“此月内準納。”伯蕃曰:“愚堂兄賢璋嬌幾位?”曰:“并無。”進酒饌,伯蕃曰:“愚堂兄飲啖泰旺。”連勸酌。余曰:“相酬之地,安敢辭也?”伯蕃曰:“弟自四年冬月升授鴻臚,五年即拜接前星使,今歲得迎閣下及諸友,此生實不審矣。”曰:“前星使楊山即弟之密友,而自叨使銜,盛陳閣下大名,故稔知愛人以德之風,獲奉芳儀,天遂荆願,開益實多,感結肝肺。”因暴醉不省,入内炕,乍卧旋出,曰:“不勝醺氣,移席休憩,甚悚甚悚!”伯蕃曰:“知己之交,何拘形醉?”仍曰:“服綿不服皮衣?”曰:“日候稍弛,不着裘。”伯蕃曰:“愚堂、青岩二位兄台,弟敢告辭。因天雨未止,千萬免勞涉送,非在館庭,自應止禮,方爲親切。”曰:“日已昏矣,不敢强挽,塗途泥濘,惟冀穩旋,至若送轅,古人之禮,何較於在館與否?”遂送之門外,仍歸館所。

(二月)初九日丁未,晴。留玉河館。

午正,與正使、書狀、卞君元圭爲會伯蕃,往和豐局。鋪主(稱掌櫃的)桑冲漢,天津人,頗勤幹。出迎勸茶,有三柯黄毛鹿茸一對,長可六七寸，盛以琉璃匣。問是廣東所産，價銀二百五十兩云。有頃，伯蕃至，前揖對坐。伯蕃曰："今膺寵召，原擬届時趨晉。奈因小兒在大朝帶匠，尚未回寓，是以弟趨候較遲，望却宥之。"曰："今荷光顧，曷勝感頌！即日清和，文體勞動無損。"伯蕃曰："日前下枉回第，諸多晉吉，未知飲食充飽，時刻勿遲。"曰："回館時夜二漏，健飯穩寢，第今駕稍遲，事勢然矣，而哲胤世兄退公之路，倘蒙來顧否？"伯蕃曰："内廷閉殿在五點鍾時，過時自應稟覆矣。"進酒饌。伯蕃向正使曰："因自係公事未得脱手，十五後約有行期云。"余曰："公事之未得脱手，不審如何之故，而非徒歸心之如矢，返命自有定期，誠不勝悶隘萬萬。閣下須體切急之情，以賜一言之重，顒望。"伯蕃曰："自當謹承深望，敢不努力將事矣。"曰："返命差遲以違越被罪，此屬已，上縱不暇恤，至於納節方物，竣事後必算日，故不可遲緩，而今者之事較前太緩，將不知如何妥當？聞閣下與禮部恩尚書承親密罕倫，須爲弟出力，以圖式遄之方，至禱至禱。"伯蕃曰："恩露圃與弟係屬親誼，現在有何未了之件？"卞君曰："無未了事矣。"曰："賞物早已準備，因禮部之不即舉行，致此遲緩。閣下誠一緊囑於露圃，則自可不日回程。"伯蕃曰："因尚未領賞，别無他故？"余以"無他故"答之。伯蕃曰："一半日弟進内面求，後日係弟值日之期，自可面晤。"仍曰："十一日早接見恩露圃尚書，必將如何沉滯動問，有何信自當詳細報聞，如若并非尚書、侍郎之故，恐下役從中有阻，亦必趕飭辦理。"曰："事係尚書、侍郎指揮之如何，不在於部屬從中有阻耳。"伯蕃曰："十一日，弟若見禮堂官皆云趕辦，弟應先托禮部郎中綿蘭石（印善宗室）先爲一托，再與前路相商，則事有濟矣。綿公係固山貝子，綿勛（現吉）之弟，與弟世誼。"曰："盛念若是勤摯，銘感無斁，而綿公既是衙門提督，似不泛然。"伯蕃曰："你我至友，彼此同情，我皇太后向以實事求是，不可疏意遠人。弟於正月召見，面諭前席，廓爾喀來城有崇文門私拿之弊，自應嚴杜其弊，是以今日沉滯，弟深有可畏。"曰："聖朝綏遠之德，閣下庇護之誼，竊不勝感頌萬萬。"伯蕃曰："本朝若不查則弊生，弟係統屬官役之責，故有此是問。”曰：“乾隆在宥時，畫一成憲，雖愚昧，不敢容奸。近日則專由於尚書、侍郎互相推諉，致此遲緩。”伯蕃曰：“後日得晤恩露圃，有何確信，自當奉報矣。”曰：“部堂大人如有速還之念，雖一兩日之間并行頒賞設宴，仍即回程，都在閣下曲意周章耳。”伯蕃曰：“禮部尚書恩露圃也，漢尚書徐蔭軒（印桐），與弟世交，皆可言矣。”仍曰：“愚堂兄前日回館第，已將山齋兄信件携回，拜懇拜懇。”曰：“信緘已入行袋矣，豈敢忽哉？”伯蕃曰：“如有却信，隨專函報命矣。”仍曰：“昨日聞得曾少卿業經抵俄，左季皋相國已有近取伊犁之信，請慎言之。”曰：“今承俯示，始破聾聵，左相國在彼辦理，已取伊犁，曷任欣幸！誠可謂‘軍中有一韓，西人聞之心膽寒’也。”伯蕃曰：“惜伊城已取，俄人早有不約會戰之意。已得伊城後，俄人欲求兵費，現在因不允，始有此釁也。”曰：“近聞俄與倭交鋒云，信否？”伯蕃曰：“此係回八城（伊犁、羌、烏蘇、哈密、塔爾巴哈塔、庫車、烏什、阿克蘇），即本地民人與俄人私争。”曰：“八城具係俄界否？”伯蕃曰：“皆非俄界，係本朝世祖創建回城，宣宗又開四城，空爲回疆八城，此紙應勿言。”仍求我國銅錢，余以十文面交伯蕃，曰：“孩童若得貴國銅錢，如獲重寶，今幸得數枚，弟當面爲敬謝。”曰：“十葉仰副，曷足俯謝？”伯蕃曰：“公使來京，實難獲得。”曰：“祇用域内，故未嘗多數帶來。”伯蕃曰：“原國寶何不出域？爲此盛意，沕此無涯矣。”曰：“泉幣原非大邦所頒，故不敢出域外也。至於謝教，反涉岨峿也。”以摺扇、藥丸分給跟班三名。”伯蕃曰：“愚堂兄何以遇勞另賜小价丸藥、摺扇各件？弟當代爲拳謝也。”曰：“尊卑雖殊，親熱一也。故略表微物，有何拳謝也？”伯蕃曰：“同班良友，何勞優給下价也？”夜已下鼓，伯蕃告歸。送之門外，還歸館所。

（正月）十六日甲申，朝陰，晚晴。留玉河館。

巳正，内務府郎中錫麟來訪，是伯蕃之胤，號書農，出門迎接，會於正使所。余曰：“頃進失拜，尚爾耿結，今荷光臨，仰認不遐之念，感僕無比。”書農曰：“今日本當隨侍前來，因敝署差，故先爲過教。”

曰:“奉展有何早晏之殊?”書農曰:“早朝朝散後,始能彼此待拜。”仍曰:“貴大人現職何署?”曰:“禮部尚書。”仍曰:“敝邦進貢例納貴部,而使事告竣,回東遲速,專係開坐早晚,兄須諒此悶迫,必圖差早之方,至叩至叩!”書農曰:“貴國所進到貢物,向有專司辦理,麟係不得與聞。”曰:“問諸禮部,每因貴府使事致緩,今兄雖不得與聞,既係一府,則豈無周旋之道?”書農曰:“營造司恭應内廷一切工程,修造殿宇,他事無涉。”曰:“承廕後亦無礙赴舉否?”書農曰:“廕生原無一定官階,代領引見,候旨恩施。麟因未經引見,以賞郎中。”聞其語意似有未會底意,“赴舉”下添“進士”二字,書農曰:“賞差使後,不應入圍應試。”進酒饌,書農曰:“得拜芝顔,恭領雅教,何敢再領鄒厨盛饌?”曰:“旅館不腆之需,已非稱情,何庸辭爲? 藥飯悦口,子是東方時食,須一下箸。”書農曰:“上年貴國使鄭綺堂(元夏)賜食,拜領之下,齒有餘香。”曰:“願聞大號。”書農曰:“號書農。”仍曰:“未知此酒何名?”曰:“甘紅露。”書農曰:“量不如蠡,不敢多飲。”曰:“已有璋慶?”書農曰:“并無男女。”又曰:“承賜盛饌,既飽且飲,如此盛情,心感無地,因敝署有差,需當午刻到彼。已午初,故敢請告辭。”曰:“素蘊未罄,遽爾旋駕,當於早晏一晉,以叙此懷。”遂送之門外。

未初,伯蕃來訪,會於正使所,前揖椅坐,余曰:“頃晉未罄積蘊,政爾耿結,今荷光顧,曷任感篆。”伯蕃曰:“今就篋中拾得楹聯壹則,奉上祈笑納。”曰:“今者楹聯之惠,認是中心之貺,當歸作家之寶,而遒勁之氣,雖鍾、王無以加焉,感泐之中,尤庸欽服。”伯蕃曰:“學書鵠鴉,就案勉力塗成,何勞奬譽千萬?”曰:“自有定價,何如是過謙?”仍曰:“朝間哲嗣臨存,風範酷肖,動止凝重,大兄將爲無憂翁,攢賀不容口。”伯蕃曰:“稚童無識,既蒙賞見諒,必多多教益,弟亦感幸無極矣!”仍曰:“前承示楊山齋兄,現在因有孝服,弟未明,請詳教之,念念。”曰:“楊山齋遭其子胤之喪,現今情界甚慘然矣。”伯蕃曰:“山齋兄喪子,實爲慘切,古人云‘良友之子即朋友之子也’,還東時弟當致函慰問矣。”曰:“偲切之誼,安得不然,弟當入袋信傳。”伯蕃曰:

"容日自當致函,敬煩順寄矣。"曰:"謹當如戒。"伯蕃曰:"前在大朝進賀時立晤侍表官,姓氏何?"曰:"姓崔名錫永,非侍表官,是從事官。"伯蕃曰:"是否在館?"曰:"適出館外,另日當造謁矣。"伯蕃曰:"去歲出東,彭(注:即繼天)大人是否來館,同主簿彭老爺係屬叔侄輩?"曰:"侍表官果是彭知樞繼天,今方要入,而其族侄翰周,自邊外徑歸。"伯蕃曰:"是否同來?念念。"曰:"彭從事偕至栅外,適聞家故,不得已徑還。"彭君繼天入座,慮其露拙,要余代之,余曰:"現有痞悶之疾,不能久坐長談。"伯蕃曰:"現有氣悶之疾,是否服藥?請少息,另日再爲請教,并愚堂兄代達。"曰:"當造謁屏下云。"仍曰:"品頂之次,願聞其詳。"伯蕃曰:"一品至九品,文職有從,武職無。從一品用珊瑚,二品用起花珊瑚,三品亮藍,四品暗藍,五品亮白,六品暗白,七八九金頂。"時首譯因公幹入來,伯蕃問此公姓氏,曰:"姓卞,名元圭,號吉雲,另派陪臣。"伯蕃曰:"爵秩幾品?現居何任?去歲出東否?"曰:"現帶同知樞密院(切用樞字)事,秩是二品。今年始赴京。"仍曰:"經籍自經秦燔,各立門户,割裂章句,逮頒《大全詁訓》并主朱氏,至於科試亦主朱氏,布令天下,然後有陸王之論,互相攻擊,及彙纂全書,歸於一轍矣,近時則果無漢宋之辨乎?"伯蕃覽訖,遂入懷中,默然無答,其意誠未可究也。余曰:"日昨往觀辟雍,《十三經》碑林立東西長廊。大朝右文之化、嘉惠之政實邁漢唐,不勝贊頌。"又未曉旨意,模糊答之。少頃告歸,遂送之館外。

(二月)初七日乙巳,晴。留玉河館。

未初,與正使、書狀、卞君元圭至魏家胡同訪伯蕃宅,侍者報至,伯蕃迎入椅坐。余曰:"頃時寵緘遞出館外,未即仰覆,悚甚悚甚!比日啓和侍奉,文體泰旺。"伯蕃曰:"今日天氣融和,春光明媚,信可樂也。現在王事是否竣事?行期定有時日,今日敬備便酌,先爲預餞。"曰:"使事昨已告竣,行將東歸,而姑無該部知照,甚是燥菀,但一散以復,更會難期,殊切悵悒。"伯蕃曰:"行期是否已定?"曰:"回轅似不出旬二三日。"伯蕃出示擬書,"啓者:日前奉懇代致楊山齋信函,業經繕妥封固,面爲拜托,順便寄訖,有費清神,偏勞一切。原應奉備奠儀,奈因過期,是以未敢率意輕舉。况貴國慶吊禮節未諳,故而敬備空函,望祈寄上。此頌日喜,不另。愚弟壽昌頓。”余覽訖曰:“楊山齋許所去信緘,謹當入袋面交,而敝邦慶吊禮節一遵文公《家禮》而已。”伯蕃曰:“至好之交,應以何禮? 吊之所送何物?”曰:“吊禮與唁狀具載《家禮》。至若致賻,必以地産,不在多寡。”伯蕃曰:“奉求愚堂兄格外偏勞,弟備南芽茶二瓶,望祈分止,伴函寄去,更求携往否乎?”曰:“當奉以信傳矣。”仍曰:“入京之初,邂逅禁庭,聲氣之應,心肝之照,不以面貌,不料海外鯫生何以得此於中州方家? 但片楮點墨,莫形方寸。頃以不鄙之眷,致有賦寫之命,至交之誼,不敢以蕪拙辭俚句粗畫,冒騂塵覽,幸賜郢政。”出示二首詩:“塵談相對却怡然,葭玉交情喜托緣。觀樂誰能追季札,乘槎忽謾笑張騫。離懷共醉燕城月,歸夢遥縈鴨水烟。似此風流知幾度,遠遊鴻雪記今年。”“從古貴知己,相思若比鄰。欽君真國士,愧我賦行人。傾蓋惟如舊,分襟恨更新。願將珍重意,尺素寄頻頻。庚辰春,余以使命來京,始識伯蕃先生,許以知己,歷日唱酬,藐若鯫生,何以得此遊也? 然以道誼輒相敦勖,豈僅爲文字而已。行將東歸,預切依戀。遂不揆檮昧,草呈俚句,庸志素懷,幸望方家郢政。”伯蕃曰:“敬讀佳章,詞調親切,實爲至友之厚愛,自當錦裝,永爲世寶之珍也。”曰:“過蒙虚奬,尤切愧汗。”伯蕃曰:“請將閣下里貫、官銜詳細開寫,將來信簽似好。”余書示“王城北大寺胡同南侍郎家,人皆曉知”,仍曰:“哲胤與賢侄今日又不在第否?”伯蕃曰:“少時即進見。”侍者進酒饌,互相勸酬。余至十杯,氣力漸昏,切擬停杯。伯蕃曰:“彼此定交至友,盡量方妙。”曰:“終不敢辭,酒户甚窄,可悶。”更進二酌,遂沉醉。伯蕃命侍人導入傍屋,位置一如前堂,有白玉筆山,長可一尺有餘,雕刻峰巒溪澗草木鳥獸,上刻乾隆御製御筆詩一首,跗以樺榴,品制絶奇。

啜茶休憩有頃,來報書農出坐,抖擻神精,强進揖坐,曰:“軀腹已盈,酩酊不省,致此頹唐,不覺愧赧。”伯蕃曰:“知己原應盡量盡歡,方爲率真之厚意,何言愧赧?”余向書農曰:“久阻之餘,獲奉芝顔,曷勝慰幸! 比天侍奉吉旺。近者公務不至大惱否?”書農曰:“公私忙迫,一切托庇粗平。”曰:“頃時候函,似即覽諒也。”書農曰:“前承厚賜,愧領之下,感激五中。”曰:“菲薄之物,何如是謝爲也?”余向伯蕃曰:“聞諸傳説,洋人之住京者,縱云數少,占宅則必廣。其心所在,有不可知也。此誠萬古所無之局面,果無廓掃之方耶?”伯蕃曰:“所占處所,皆係民間自産,每有占買,必報明總理衙門,查驗後方準租賃。嗣後亦勿占租私賃矣。”曰:“處在咽喉,慮無所不到,實不勝漆室之憂也。”伯蕃曰:“總論甚是。所謂旁觀者清,奈通商事宜,均歸總署辦理。屢有朝諫,外臣莫聞,將來未免近患,現已慮及於此。”仍曰:“緣咸豐六年,先嚴赴天津海口,與英、法、俄、美四處定約,已定十條并未言駐京,亦無通商,僅定十年至海口一次,後因另有出使(工部侍郎旺印善、太學士桂印良),改定通商换約條款,至今始有如此較輵不請之弊也。”又曰:“如此局面,則不免舉兵。由於聖人寬懷遠仁,臣下率從,皆不以戰。現今已通檄厄守,分南洋(張樹聲)即上下江,北洋即直隸(李鴻章)、山東河南等省。關外(左宗棠)即衆兵禦之,即候曾侯(大理少卿三等果毅侯曾繼澤①,號截剛)之信,即行舉兵矣。”曰:“聖德攸暨,自可不日剿蕩,而誠切憧憧矣。”伯蕃曰:“至此不能不痛加剿辦矣。”曰:“痛剿是不可已之舉,而俄亦洋也,俄既打仗,諸洋能不隨而動兵歟?”伯蕃曰:“各國雖如是,各國各口買賣、教堂、船支不少,均未肯輕搶。此次均作局外,不肯相幫俄人。”仍曰:“貴國禁衛之兵若干數,各省道兵若干?”曰:“宿衛之兵數萬有餘,各省總計百萬。”伯蕃曰:“前見新聞紙(洋人印報),聞於前年至貴國界一次,已經國兵擊回,折船十數隻,信否?”曰:“出疆以前無是事,以後則水合,設或來泊,無交擊之所,且未見信報,有未可詳也。”

① 曾繼澤,即“曾紀澤”。

伯蕃曰:“洋人新聞紙亦多訛傳。”仍曰:“近聞洋人甚懼東國,京中傳聞有水閘之險。”曰:“西南海口水閘之險,延亘百里,雖慣熟水手有難駛入。”伯蕃曰:“海口何名?是否鴨綠江水?”曰:“南有孫石項,西有長山串,非鴨水也。”伯蕃曰:“松花江至東海是否相連?此次崇使(名厚,號地山)立新約内有此一條,今已駁,却恐有與東海地界有礙。”曰:“是否我界?”伯蕃曰:“松花江係吉林東界,非俄界也,順流而通,與東海相近。”曰:“與北鄙相近耳。”仍曰:“今日之會,真可謂傾困倒廩,喜極三生,但夜色將闌,敢請告歸,回發之前,丕擬更進屏下矣。”伯蕃曰:“十二日前,弟應趨晉恭送行旌矣。”曰:“頒賞領宴恐或相值,幸於初九午刻賁臨於和豐局,至叩至叩。”伯蕃曰:“即可定是日趨晉。”余向書農曰:“兄亦陪駕臨存,切望。”書農曰:“即當隨侍晉謁。”遂起揖,伯蕃父子送之門外,帶月歸館所。

(正月)十八日丙戌,朝微雪,晚晴。留玉河館。

書狀約會前通政司副使王蓮西維珍,午刻出往,余與正使偕焉。由正陽西門歷宣武門,至繩匠胡同蓮西宅,使馬頭報至,侍者迎入外堂,圖書滿壁,藤架交陰,其下列置花盆,頗有雅趣。少頃,蓮西出,風儀軒昂,有倜儻之氣,相揖椅坐,曰:“久仰大名,今承高範,喜極幸甚。”蓮西曰:“台字是愚堂否?”曰:“曾以‘愚’字扁居,人或以愚堂稱之。”蓮西曰:“南愚堂官印一愚?”曰:“前時賤名一愚,間因朝令,改‘愚’以‘祐’,‘愚’字仍爲揭堂。”仍問:“現居何職?品是何秩?”蓮西曰:“弟從前官至通政司副使,因先君穆宗染痔,弟諫詞太戇,疏上不稱旨,鐫秩以六品候選,弟浮雲倦眠,不求仕進,閑居已八年矣。兒子頤勛現在奉天省候補知州。”曰:“大兄諫詞,雖在海域之外,已有稔聞。直截之風,恒所欽服。”蓮西曰:“辱承奬譽,愧荷,愧荷!”曰:“敬問尊壽?”蓮西曰:“五十六歲,天津人。因家無可耕之田,以致羈留都下。”仍曰:“愚堂春秋如干,堂上具慶,膝下幾人,現居何官?”曰:“賤齒四十有四,已纏怙恃之慟,現居禮部尚書,姑未生育。”蓮西曰:“崔研農性學前年來寓,甚投契,昨承慰問,感感!不知研農現升何官?"曰:"研農姑未升遷。"蓮西曰:"去年所纂《通州志》,書内有拙作呈政。"仍出示,曰:"奉覽瓊章,可作金聲,何等質仰?"蓮西曰:"柳坡翁道範可欽,愚堂兄温和誠篤,青岩兄英姿駿發,真仰止無地也。"曰:"自顧庸陋,過蒙詡奨,不覺愧汗。"仍曰:"哲胤之齡,今幾何?"蓮西曰:"大兒在瀋陽候補知州,五品外官,年三十,次子出嗣,三子尚襁褓,姬人所生也。"曰:"弟於歷瀋之路,擬訪哲胤,以講今日之好。"蓮西曰:"現在藩陽南關居住,弟當去諭,屬令躬自負弩道傍,奉迎行旗也。"仍曰:"歸途至藩陽能作耽閣否?"曰:"王程有限,不敢暫駐。"蓮西曰:"孔憲穀號玉雙,往晤否?"曰:"擬於俟間抱刺矣。"蓮西曰:"崔研農及閔翰山(種默)兄在此曾晤潘祖蔭、徐樹銘諸君,此番有見着者乎?"曰:"均未見着。"蓮西曰:"此間善畫者甚少,文士中尤少。"曰:"繪素是文士韻致,豈其少也? 竊謂大邦應多善手。"蓮西曰:"路泥艱於行,琉璃廠開廟時曾往看否? 購得佳字畫否?"曰:"一再往看,真贋相雜,未見别品,仄聞士友之論大兄,有雲起之望,心竊欽嘆。"蓮西曰:"大略贋物最多,見一友人出廿金購得鄭板橋對聯一付,實臨寫者,見者多笑之。"又曰:"北地甚寒,都下風雪栗烈,閣下初次來,恐禁不起也。行期約在二月中旬,弟曾任禮部,尚記憶也,仍可盤桓數次。"曰:"東還遲速,惟在禮部裁處,姑未知那時旋歸,其間庶可屢遭奉教,良可慰也。"侍人進酒饌。蓮西曰:"玉趾辱臨,榮幸奚似! 倉猝,主人無以將意,愧甚。"曰:"辱荷厚眷,已極感泐,更有此教,還庸悚悚。"蓮西曰:"少飲一杯。"曰:"安敢辭爲?"蓮西曰:"此等酒出浙江紹興府,名曰紹興酒,不足以醉,非若藩陽之膏粱燒酒,性烈易醉。"曰:"旨且多矣,第當盡吸。"蓮西曰:"此地口味尚堪飲啖。否,或自帶作菜者。不知貴邦偏於何味? 貴邦居東,應用酸。"曰:"别無偏好之物。"仍曰:"甘露珍需,醉飽以德,銘感無與倫比。"蓮西曰:"簡褻自愧。"又曰:"貴邦人多帶眼鏡,近視者多,抑花眼乎?"曰:"近視亦有淺深,非此莫可視物,故不得已帶之。"蓮西曰:"閔翰山兄處擬寄信物,求帶往可乎?"曰:"當奉以信傳矣。"蓮西曰:

“廿三日尚可拱候，亦擬奉謁一談，或先飭紀綱來賜信，自當專候也。”曰：“辱臨館舍，光輝將不些，當訂日仰聞。”仍曰：“羲輪西下，靡暇罄陳衷蘊，第當另日更晉屏下。”蓮西曰：“日色尚早，仍可稍作盤桓，勿迫也。”曰：“雖有餘晷，明將赴公，不得不點檢朝衣，故有此告歸。”蓮西曰：“進正陽門可，進宣武門亦可，此巷直對宣武門。”曰：“當從捷路矣。”仍收談草。蓮西曰：“弟亂塗不成字，携去勿爲人見，恐人解渠。”曰：“爲示研農，擬將袖去矣。”蓮西曰：“兩紙有尊名號，弟留之。”曰：“日間當還上矣。”遂起揖，由宣武門還歸館所。

（正月）二十二日庚寅，晴。留玉河館。申正，王蓮西來訪，會於正使所，肅揖椅坐，蓮西曰：“昨承嘉惠多珍，實不敢當，却恐不恭，謹以叩謝。”曰：“今荷光臨，感篆無比，至於不腆土儀，有何稱謝？還庸愧汗。”蓮西曰：“吾輩文字之交不在此，既荷瓊琚之饋，感泐感泐！昨聞兄台稍患痰嗽，想已喜占勿藥矣。”曰：“水泉不服，每有此症，甚可悶。”蓮西曰：“用白术、甘草一二樣煎飲，飲可無患。《東醫寶鑒》，貴邦著名大作也，實係名手，貴邦醫學自必有高傳，此間竟乏國醫。”曰：“兩料第當煎試矣。”蓮西曰：“醫學有考試乎？”仍曰：“三位台兄如索觀拙書，另日當寫就（對聯、楣扁等件），呈求指教，不必送紙也，當以贈行。”曰：“今者之教，是不言而會，可謂情志流通，不料眷誼至此，良庸銘肺。”蓮西曰：“此間肆中所售荷包等件小物，亦可用乎？總未見兄台珮帶，想貴邦無此服飾耶？”曰：“敝邦罕有，故必資此處織造矣。”蓮西見“資”字行草曰：“孫過庭《書譜》中有此字，作‘資’（是唐人草書帖）。”曰：“東人草書恒用此法。”蓮西曰：“貴邦似乎喜用銅箸銅匙，見堯天成曾售此物。”曰：“閭巷多用之進酒饌。”蓮西曰：“愚堂兄三杯而面赬，大約量淺。”曰：“乍傾旋赬，不克宏飲。”蓮西曰：“貴地所産果品若何？”曰：“敝邦果品大略與此地相似矣。”仍曰：“弟將以屏幅、楹聯貽惱大兄，幸肯許否？”蓮西曰：“當奉贈。”曰：“盛念至斯，不勝感頌，紙本當另日仰上矣。”蓮西曰：“不必送紙。”仍曰：“日已下舂，勢須辭别，恐城門下鍵耳，另日再晉尊齋請教。”曰：

“今又倥傯,未悉衷悃,當容日趨謁以請教益也。”蓮西起,遂相揖,送之館外。

(二月)初二日庚子,晴。留玉河館。

未初,與正使、書狀出正陽西門,歷宣武門前路訪王蓮西,侍者迎入外堂。少焉,蓮西出揖椅坐。蓮西曰:“自正月以後患感冒,未獲造謁,遠蒙辱臨,悚仄之至。”曰:“既定金石之誼,何較後先? 惟以握手快談爲幸,比天𢘅和,美春康復。”蓮西曰:“日來想起居安善,此間風土恐不合宜,須加意節宣調攝爲望。”曰:“泉水不服,風火鬬肆,見方不健,苦極悶甚。”蓮西出示楹聯七對,曰:“拙書無古法,以意爲之。然既爲諸友所索,以承垂音矣。何嫌於揮灑,即多作數幅,亦當以報知已。”曰:“體裁得正,畫力遒勁。雖鍾、王之倫,猶讓一頭地,撝謙何如? 是之過也。”蓮西出示屏幅。余曰:“在春之時,圍屏已就寫完,盛誼之申勤,縱切感泐,貽惱之私心,甚是悚汗。”蓮西指鍮研曰:“此等墨盒能用否? 擬以爲贈。”曰:“今者之貺出於中心,敢不領受。”仍曰:“楹聯之霽雲,非鯫生之門親,似未及,諒燭而然矣。”蓮西曰:“霽雲是名賢,借以頌揚閣下,切南姓而已,非直謂華胄遷遷也,如頌青岩兄則曰青蓮,切姓李。頌柳坡兄則曰文章日月輝丹篆,切韓字(吏部文章、日月光、夢吞丹篆,皆韓愈事)。”曰:“閣下切字頌揚,認是期待,以孤陋之蹤,不敢當,不敢當。”蓮西曰:“從前頌閔翰山兄曾用‘侍側孝然篤’語,翰山敢不敢勝余?”曰:“閣下切字甚襯着矣。”仍曰:“拜懇匾額間或下筆否?”蓮西曰:“祇有‘忍堂’‘研經’‘一片冰心’等語,不見有‘愚堂’字。”曰:“‘忍堂’‘研經齋’‘一片冰心’三幅,又有‘春者亭’‘悠然樓’二額矣。”蓮西點頭曰:“每年貴邦來者皆代杓庭索拙書各種,惜弟書磣劣,不足當其鑒賞耳。”曰:“杓庭鑒賞高明,深知閣下擅名中外,每要人索去耳。”仍曰:“年前閣下諫詞草稿,或可示下否?”蓮西曰:“諫草前後計共十七章,除發抄者五件外,其他則皆焚之矣,不敢以告人。”仍曰:“十五日能有行期否? 弟已去信囑小兒,當於瀋陽奉迓賜教,小兒名王頤勛,號朵垣,奉天候補知州，發審局問案委員，住南門外永遠當胡同。”曰：“丕擬往叩，以續今日之會，况承勤示，曷不委訪?”仍曰：“復路似在旬間，當於伊前聯進屏下，告辭而歸矣。”蓮西曰：“近日弟有俗冗，擬於初十邊，當詣尊寓一談。”曰：“如蒙臨存，感結肝肺。”遂起揖，蓮西送之門外。

(二月)十二日庚戌，晴。留玉河館。

王蓮西狀：徽墨一匣、墨盒一圓、茶二匣、韡靰一掖、楹聯二對、摺扇一握、熊虎膏五張、信箋四匣，抵書蓮西：“伏惟春寒，道體泰旺，頂禱區區，弟使務利竣，行將復路，自多熏惱，良憐良憐！法書各件，均已拜受，又承多珍之惠，何等鐫肺，曷以鳴謝？草此仰覆，并請台諒，臨楮翹依。”舊例到京不幾日，即設下馬宴，趁頒賞後，設上馬宴，近年一日之内，輒行兩宴。今番頒賞遲緩，先行兩宴，彼人以無於例之例，莫不駭笑。禮部以我國國制未闋，停宴。午初精膳司頒羊酒卓：酒一壺，羊一肩，果餅、飴糖數十餘器。光禄寺又頒羊酒卓，饌數上同，正官、軍官各頒一卓，聞宴卓纔入館門，彼人成群攔入，攫取而去，其勢可怕云。故嚴飭馬頭毋或一人近前，彼亦自知其不敬，終不敢追入。未初，與正使、書狀出正陽西門至繩匠胡同，訪王蓮西宅，侍者迎入外堂。少頃，蓮西出，相揖椅坐。余曰：“俄者仰覆，似已塵覽。即日清和，道體旺重。法書揮下，已是感篆，伴之以珍貺，銘肺難諼。”蓮西曰：“今早遣紀送呈微物，已否賞收？小价尚詣他處，至今未旋寓也。屬寫各件，查照是符有無錯。内有崔研農兩件，可令其自行擇去。”曰：“向時美疴，果臻復常。”蓮西曰：“日來頭痛暈不耐車摇，已六日未出門矣。聞公事已竣，行期伊邇，亟思往送，藉以再紓衷曲，更蒙辱臨，悚歉尤深。”曰：“行期定在十五，而至好之交，雖紛汨之中，安得不來辭耶？所以掃萬委謁，暫紓餘蘊。”蓮西曰：“屬寫各件，有‘一片冰心’四字，係代爲换紙另寫者，尺寸不足，奈何?”曰：“‘冰心’即敝居舊號，如得方家法筆揭於楣間，擬侈措大之所。今奉惠下匾額，光輝將動四鄰，感泐莫名。”蓮西曰：“今早已送呈，收到乎？惟紙薄墨暈，太不佳。”曰：“法書業已拜領，而楮本雖薄，心畫遒健,不敢高揭,擬作錦裝,永以爲寶也。”蓮西曰:“文字之交,氣味相投,數千里外,難得有此知己,依依不忍别也。”曰:“自在敝邦,稔聞閣下大名,竊有識荆之願。近日幸奉三數造清教,盡覺浮生有緣,而告别在即,實不勝悵悒。”蓮西曰:“弟亦無他工夫,惟日省以期寡過耳,乃承過情奬譽,真赧愧無地。仁兄天才卓越,國家棟梁,有厚期焉。”曰:“鯫生猥以海外孤陋之蹤,厚蒙中州大家奬詡,榮固大矣。但樗櫟賤品,不敢承當,深增悚恧。”仍曰:“閣下直節,將垂之汗青,與天壤而不泐,是可幸也。現今降秩稍久,使民生不得蒙其澤,豈不大悶哉?惟祝指日高升。”蓮西曰:“頃有旨求才,弟應舊交中有擬薦弟出赴通商衙門(即總理各國事務衙門也)當差,再圖進取,又有薦弟出使外洋者,又有薦弟辦理洋務者,三者弟已固辭矣。以弟樗材自愧,作函答之,而如逞干戈,則珍敢前驅,如尚遊説,則珍才,焉能事鬼神耶?敢辭。”曰:“聞其風而猶可想人,况屢奉誨音,豈不諒閣下危身奉上之義也,但無意就列,是否有義諦之深者耶?”蓮西曰:“弟自揣無才,與其貽羞於鬼方,不如藏拙於斗室。家無儋石之儲,不足憂也。”曰:“今者之教,無乃弟所云義諦者歟?盛意則欽仰無比,其於拯濟何哉?”蓮西曰:“弟致閔翰山函中,年貢賓來者,韓柳坡篤温古,先輩風範也,愚堂兄精明諳練,國家柱石也,李青岩兄年壯才明,將爲大器也。此非面諛,乃弟與翰山所説耳。”曰:“過實之奬,縱出中心之愛,自顧駑質,尤不勝惕然。”蓮西曰:“弊院中有碧桃、梨花、紫白丁香、紅杏花、海棠、藤花、馬纓,自三月間開放,絡繹到端陽而惜。公軺匆匆就道,不及花下一醉,悵何如之?”曰:“古語云知己之思,相若比鄰,今吾儕雖散在域外,一片腔子何時不温存也?”蓮西曰:“相隔數千里,不料有此一聚,亦天緣也。”曰:“既無三生之緣,那得如此盛會,尤覺見晚之嘆。”蓮西曰:“頃已諭兒子頤勛矣,星軺抵瀋陽時,頤勛當來恭謁侍教。幸勿過示謙抑,勿吝誥戒爲感,本住奉天府南門外永遠胡同。聞於本月移住城内承德縣前胡同,問將軍府發審局中便知。”曰:“哲嗣莅治既在歷路,曷不造訪,况承教意者乎?

當詳探委晉,以續今日之好也。”侍者進酒饌。蓮西曰:“尊寓去敝廬太遠,奔走之勞,少進點心,菲薄自愧倉猝,主人缺如地誼也。”曰:“非在於物,貴相知心,何庸過謙也?”仍曰:“閣下官銜坊里,詳細示下,擬寫後日信簽。”蓮西曰:“如賜函,寫京都宣武門外繩匠胡同内大井洞問友,前通政司副使王名維珍收啓。”曰:“一别以後,再會難期。祇可共看明月以寓思想之懷,隨便專函以無子寧之咏,深望深望。”仍曰:“今日之退,竊有步步依戀。日已下春,且多勾檢,敢請辭歸。”蓮西曰:“無須匆迫也。”少焉,余起揖,蓮西送之門外。

(二月)十四日壬子,晴。留玉河館。

午正,王蓮西來訪,會於正使所,相揖椅坐。余曰:“天朗氣和,真可樂也。且况踐約臨存,可紓餘懷,曷任感頌!”蓮西曰:“日昨菲物,將意地主之誼缺如,更不足爲縞贈也。已自愧歉萬分,台旆臨寓,蓬蓽生輝,後送歸,乃浣誦覆翰,辱蒙譃謝多辭,復犒奴子,真抱愧五中耳,感泐感泐!”曰:“不腆之物猶可稱謝,尤况多多,珍賜之中,墨盒親製銘詩(自摹手書,愚堂尊兄鑒:玉其質,金其相,醖釀深純道大光。吾與爾潤色鴻業兮,手抉雲漢分天章。蓮西贈)左刻鯫生小字,右揭閣下大號。仰認不卑鄙之眷出常萬萬,安得不感?僕拱謝,至於貴紀致犒,亦係例也,何足道哉?”蓮西書一律:“白駒容谷此心遐,倒屣東迎我客嘉。談興未殫同捕虱(《易》云:雅意勸伸曾屈蠖),歸裝可笑載塗鴉。契聯文字交情重,夢繞雲山别路賒。三益從今開徑望,最憐分手即天涯。”仍曰:“俚句贈别,即求行削。”曰:“奉覽盛什,非徒格裁逼唐,有無限底意,何等欽服!”進酒饌。蓮西曰:“明早起程約在何刻?”曰:“當於辰刻起程。”蓮西注:“八九點鍾。”仍曰:“明朝遣僕來送詩,當可趕及?”曰:“若卯刻前抵此,可得擎奉,而有不必勞貴紀,弟當送价以圖賫來之方。”蓮西曰:“明早專候。”又曰:“前書横披中‘研經齋’墨污一塊。‘潛寓’二字,筆意粗燥不類文人筆墨,‘春者亭’三字太破碎。‘忍堂’二字太率意。弟本擬另寫再爲奉徼,徒聞公務告蒇,行期已迫,竟不獲重作矣。攜歸貴邦,見笑大方,愧甚愧甚。"曰:"既有定評,何如是過謙也?"蓮西曰:"諸幅實先不愜已意。"曰:"如有暇日,擬貽重惱,現今行期在即,無容旋之策,祇自咄咄。"蓮西曰:"俟暇日另爲寫好,臘杪貢賓莅此,托爲帶往。"曰:"盛意至此,尤庯銘胏難諼。"蓮西曰:"屢次接教,細聆語意,亦有聲音不差許多者,亦有相符者。其中不同者約十之三四,似上聲、入聲稍多乎?"曰:"原是上聲、入聲稍多,而東音傳訛相襲,難曉上去聲。"蓮西曰:"笠冠太好,如係紀綱之件,似應格外犒之,俾可另購?"曰:"此是漢儀,而敝邦獨遵遺制也。此中知己之交,莫不稱好,老仁兄亦深愛者,存那無另購之道。"時正使傔人有副件,出而進之。蓮西摩挲稱好,以二百五十文泉標報之。余曰:"張午橋丙炎、程仲立卓山、李韻松文濤、葉笙林恩頤,此四位大兄現居何官?今在那裏?"蓮西曰:"午橋出京,聞已仙去,此人能詩善書畫、精騎射,妙才也,可惜之至。程、葉兩君不知,非知名士也。韻松亦未在京。"曰:"午橋何歲不淑?"蓮西曰:"聞在陝西幫辦賑務受疫所致。"曰:"已過三霜云歟?"蓮西曰:"約在光緒三四年間。"曰:"韻松或有嗣音否?"蓮西曰:"此人容易問訊,俟間敢奉報。"曰:"此是敝友金道國(弘集)訂囑,故如是仰叩。"仍曰:"蔡梅庵壽祺詩文鳴世,而駁劾當路,近久廢處云,是否?"蓮西曰:"此人聲氣不佳,非因其彈劾也。品誼稍卑,脾氣偏僻耳。"曰:"狙擊權貴,浪得虛譽者歟?"蓮西曰:"其少人推重者,非因其彈劾,鄙其行誼耳。其人學問頗佳,而士林弗貴。"曰:"文稿之黄楊標題已極偏隘,體裁亦是戛澀。"蓮西曰:"八比文字雖係應試要着,然士林弗貴者,以爲此物無足存留也,所貴者古近體詩、古文、駢體,或字學,若有經濟書,尤貴重。祇工八比者,本過多耳。八韻試帖詩亦不重。"曰:"現今德業文章,孰爲第一等人?此行難再,而恨不得一入其門庭也。"蓮西曰:"祁雋藻有考訂《説文》諸書,品誼亦高。李鴻章事業、勛名、行誼皆可稱。譚鍾麟號文卿,現官浙江巡撫,事業行誼可貴,心存君國者,他無所知。"曰:"三公既未薰煮,不審其造詣之深淺,而以弟之所睹,大兄似不讓一頭地也。"蓮西曰:

"如弟者車載斗量,碌碌不足道也。"曰:"至交之誼,必以傾囷倒廩,大兄每存過謙,無乃有城府而然歟? 愚者之惑滋甚也。"蓮西曰:"下俚之學敢自夸大耶?"仍曰:"龐鍾璐已仙,惜哉! 夏同善、翁東龢[1]皆學問品誼可稱可敬者。"仍曰:"諸君皆人所同欽重者,弟亦結納之,致慕之。祁夫子,弟已拜爲師矣。"曰:"回轅已涓,未得摳衣於祁公之門,此生此恨,那時可已!"蓮西曰:"翁君在此,夏君指日旋東(學政),仁兄他日重來可往晤之,人亦譿抑,不與誕妄自足者,仁兄一見,當知弟非虚譽也,弟亦不妄許人。"曰:"祁公、夏翁兩先生年壽現職詳細示下。"蓮西曰:"祁年八十,已歸老田園(山西人),其哲嗣名祁世長,弟同年友也,人亦可敬。翁、夏兩君均年五十。"仍曰:"明朝判襼依依,不忍别去。然坐談終日,已就黄昏,敢辭,并謝厚擾。"曰:"顧以無聞之人,幸奉方家清教,茅塞頓開,曾未幾何,又作天涯之别,步步悵望,此懷曷慰! 當於貢賓之行,互相嗣音,無忘今者之悵,是可幸也。"蓮西曰:"鱗羽往還,暮雪春樹之思,其何以慰耶?"曰:"惟祝爲國自愛,澤利及民。"蓮西曰:"無此奢願矣。"仍曰:"昨欲薦我者皆要我去辦洋務,自顧無才,不敢冒充,日後如有薦我者不卑小官,亦當仰副尊期耳。"自注:"不卑小官,但鄙洋務。"余取打圈四字。蓮西微笑曰:"所祝一路福星,平安抵邦,即候貴府閤第均綏。"曰:"盛眷到底,良荷良荷。"蓮西遂起,面面相揖,又握余手摇之,深致惜别之意。送之門外,屢顧而揖,惓惓不已。

(正月)二十一日己丑,晴。留玉河館。

……殿下有藥王祠,祠之東炕有咿唔聲,開户而入,兩秀才方讀《論語》,退立炕下,余要筆談,一人升座,余曰:"請問貴姓大名?"答曰:"賤姓廣,名祥。"曰:"大號? 貴庚?"廣生曰:"草字雲卿,年二十六歲。"仍曰:"請問貴客大姓尊名?"曰:"姓南名某。"仍曰:"家在那裏?"廣生曰:"住在西邊苦水井路南,過道門。"曰:"治何經術? 已選

---

① 翁東龢,即"翁同龢"。

舉人?"廣生曰:"現在未曾折桂,四書五經已經讀過,其餘古文誦過數十章。"曰:"漢宋何居?"廣生曰:"此文句是在何建都,似有未曉之意。"余於"漢宋"上添書"章句旨義"。廣生曰:"此句話問得是何事?何出處? 請批之。"曰:"經傳詁訓自《永樂大全》,逮至本朝《四庫全書》頒行,莫不專朱子之學,而别有漢學之名,又有王陸之論,互相攻擊至於支離破碎,故叩問矣。"廣生曰:"所有讀過四書,皆從朱論。"曰:"近日則無王陸决裂之説乎?"廣生曰:"五經皆讀大字,注内小字皆不讀。"曰:"今做何工?"廣生曰:"書字,讀熟文。"曰:"俄聞將赴會試云,業已巍選省試耶?"廣生曰:"今年春有會科,秀才已中,尚未中舉。"曰:"中鄉試則稱舉人歟?"廣生曰:"丙子己卯科未曾中。"曰:"再赴會試而未中歟?"廣生曰:"先鄉試後會試,未中舉,即不能會試。"曰:"先舉後試歟?"廣生曰:"并非先舉後試,先鄉試,後會試。"有傍人書曰:"鄉試即舉人未中。"余問姓名、年壽,其人曰:"姓承名靈,年二十二歲。"曰:"住那處?"承生曰:"舍下東邊前細瓦廠路北。"曰:"兩兄均爲具慶。"廣生曰:"父亡母存。"承生曰:"父母皆在,并無弟兄。"曰:"做何工?"承生曰:"去歲進學,舉人未中,刑部筆政七品京官。"曰:"一爲舉人連赴會科歟?"承生曰:"鄉試舉人未中,鄉試舉人不中,不克會科。"曰:"每科參舉人後,赴會試歟?"承生曰:"是。"曰:"科試取何文字?"承生曰:"秀才兩篇四書文,一首六韻詩。"曰:"文如宋時墨義歟?"承生出示一册,是科文程式,似我東四經義,余掇取談草。承生曰:"帶走作何?"曰:"鄙俚之辭,不足爲人披閲。"承生曰:"豈不太謙耶?"曰:"實非謙也。"承生曰:"請問貴處科試用何文字?"曰:"四經義、四書疑、詩、賦、表、策、論。"承生曰:"與本國無异。"仍曰:"請問閣下居何官銜?"曰:"權禮部尚書。"承生曰:"闊哉闊哉!"余未會其意,承生自注曰:"言其位高爵尊。"曰:"位階已濫,恒切兢惕。"遂出門還歸館所。

(正月)二十三日辛卯,晴。留玉河館。

……午正,諾爾桑旺佈來訪,會於正使所,相揖椅坐。余曰:"禁垣獲奉，已是奇緣，今荷光顧，尤庸感泐。”旺佈曰：“早欲請安，未暇。”曰：“貴庚?”旺佈曰：“二十六。”曰：“現居何職，秩是幾品?”旺佈曰：“現二品。”仍曰：“蒙古地面與漢文不同。”曰：“堂上具慶?”旺佈曰：“不在。”曰：“雁行幾位，行居第幾?”旺佈曰：“弟兄五人，二人爲僧，現今弟大兄即王位，弟三兄一品額駙。”曰：“膝下有幾個寶樹?”旺佈曰：“無。”曰：“自皇城距貴境爲幾里?”旺佈曰：“即七百餘里出古北口。”曰：“貴國地方爲幾里?”旺佈曰：“周圍有二千餘里。”曰：“設官分職，何任爲最?”旺佈曰：“扎藍。”曰：“文武官爲幾員?”旺佈曰：“八十一員，本管五旗，中有兵一千(每旗二百名)。”曰：“五旗是皇都所定之額，貴邦總領之兵亦幾數?”旺佈曰：“現今兵數不足，此一千兵亦不足，衹因多年不用。”仍問：“鄭大人健朝復能來否?”曰：“齒爵俱尊，似不再來。”旺佈請書楣扁，曰：“拙筆雖不足奉覽，盛意難孤，當另日寫呈。”仍問：“大號?”旺佈曰：“敝字均堂。”仍曰：“三位大人賞寫，幾日可領?”曰：“再明天可奉副。”旺佈曰：“愚弟來時，舍下王兄即三兄俱代請安。”曰：“感荷。”旺佈曰：“貴大人貴庚?”曰：“四十有四。”仍問：“尊三兄大人年壽?”旺佈曰：“舍三兄三十有五，大兄同庚。”曰：“兩位大號?”旺佈曰：“弟大兄衡齋，三兄芝圃。”仍曰：“貴國藥性過同?”曰：“一般矣。”旺佈曰：“那時東還?”曰：“似在開月初。”仍曰：“貴邦文物可比中華，有名畫法書?”旺佈曰：“敝處亦俱好古字畫。”曰：“駐京之員，亦多善手?”旺佈曰：“駐京人多半俱好寫畫。”曰：“弟等俱有一玩之意，幸爲另圖否?”旺佈曰：“可矣。”曰：“紙本當於日間奉呈?”旺佈曰：“弟當奉呈。”曰：“二兄大人前欲寫呈扁額，意下如何?”旺佈曰：“雖然拙筆，亦當奉呈。”進酒饌。余曰：“倉卒辦具，甚不稱情，多愧多愧!”旺佈曰：“弟多稱多謝。”仍曰：“來時亦吃飯，雖然三位大人賜酒，不敢推讓。”又曰：“此京内紹興亦飲否?”曰：“已飲之矣。”旺佈曰：“貴大人之國，馬、步、箭亦習否?”曰：“俱肄習。”旺佈曰：“武員是何衣冠?”曰：“有鳳冑鱗甲，燕居别有便服。”仍問：“貴邦有文武科?”旺佈曰：“敝處亦有。”曰：“文科試何篇文字？武舉取幾技?”旺佈曰:“文武科俱至本京(本京皇城)。”曰:“王爵是世襲乎?”旺佈曰:“是,弟之一姓,俱係世襲,品不一樣。”曰:“王爵凡幾位?”旺佈曰:“弟處五旗中王爵,一位即弟之兄,餘外盡是貝勒公、貝子,及一品、二品至四品。”仍曰:“弟至貴府,多稱賜酒飯,感謝不盡,另日再至貴府請安清談。”曰:“不腆之需,何須過謝？弟等亦當容日趨候請益也。”仍曰:“日纔亭午,稍可盤桓,勿迫也。”旺佈曰:“弟由貴府到别處拜,無暇,另日奉談。”遂起揖,送之館外。

(正月)三十日戊戌,晴。留玉河館。

日出後,門將出坐開鑰,遂入西便門,由宣武門還館所。卞君進新釀,傾一杯,擁衾頹卧,神精昏眩,如經大病。崧生李宗翰請謁,强起迎接,椅坐,曰:“久仰大名,今荷辱臨,感頌無斁。”崧生曰:“請教尊姓台甫?”曰:“賤姓南名某。”崧生曰:“秋堂老伯當日與家君至契,今家君小住天津,未得親謁尊顔,特寄回信,命侄面交閣下。”曰:“擬於暇日搜來復函,今者面交可認申款。”仍問:“尊壽?”崧生曰:“廿六。”曰:“在堂具慶?”崧生曰:“父母俱在。”曰:“秋堂即弟之良朋,每於逢場,飽聞聲華,今遂荆願,喜極幸甚。”崧生曰:“諸教閣下在貴國現居何職?”曰:“以户部侍郎,現權禮部尚書。”崧生曰:“今來京已定行期否?”曰:“回期似在開月旬望間。”崧生曰:“暇時可降臨敝寓一叙否?”曰:“雖無教意,曷不委造?”崧生曰:“今日侄尚有别事,改日再來請教。”曰:“日未過午,幸賜清誨,須勿迫也。”崧生曰:“因午間在外城與友人有要約,遲則恐不及矣。”曰:“春堂尊壽幾何？現在何官?”崧生曰:“五十二歲,候選藩經廳。”曰:“大號?”崧生曰:“家君號崧山。”曰:“春堂還第在那時?”崧生曰:“須至秋間。”曰:“大兄現居何銜?”崧生曰:“八品在京,候選鹽大使。”曰:“候選何謂也?”崧生曰:“各項功名有歸選者,須每月在京,吏部投供,有歸補班者,有指省歸補班者。當日指某省須在某候補。”曰:“雁行幾位?”崧生曰:“衹侄一人。”曰:“天津是否鄉里?”崧生曰:“天津在京東南二百里外,亦係直隸省中第一繁華地方。”“鄉里”似不會,故改書“貴第”。

崧生曰:“祖籍山西,現亦在三四代矣。”“貴第”又不會,故書“貴宅在那裏”,崧生曰:“在正陽門外琉璃廠。”曰:“華衔何用寓字?”不識旨意。注:“我東羈旅之人,必稱寓。”崧生曰:“我處亦然。”曰:“秋堂許所抵覆函,入袋信傳矣。”崧生曰:“如回國晤秋堂時,祈代侄請安。”曰:“謹當如教。”崧生曰:“尊號?”曰:“愚堂。”崧生欲告歸。余曰:“略辦酒果,少俟恐好。”崧生曰:“實有要事,不敢久坐,盛意心領,謝謝。”曰:“連承要事之教,縱未得强挽,情禮則甚缺。”崧生曰:“豈敢。”遂起揖,送之門外。

(二月)十七日乙卯,晴。自邦均店離發,薊州城五十里秣馬,鼈山店三十里午炊,玉田縣五十里止宿。

……城裏南姓人來謁。余曰:“姓甚名誰?”答曰:“姓南名鴻儒。”曰:“你們之南鄉貫何處?”鴻儒曰:“五清縣籍。”曰:“五清縣係何地方?”鴻儒曰:“順天府五清縣,此時住玉田縣城裏。”曰:“自始祖爲幾代? 緣何而移住此處?”鴻儒曰:“自高祖玉田縣訓導到此落户。”曰:“高祖以上未詳歟?”鴻儒曰:“不知。”曰:“係民人乎,旗人乎?”鴻儒曰:“民人。”曰:“年幾?”鴻儒曰:“卅。”曰:“父母在堂? 兄弟幾人? 子女亦幾個?”鴻儒曰:“父不在。兄弟三個,鴻儒大、鴻義、鴻文。子女三個,長子九歲,次子三歲,女六歲。”曰:“做何業?”鴻儒曰:“種田。”曰:“城内以南爲姓者幾家?”鴻儒曰:“無有。”曰:“五清縣有幾家?”鴻儒曰:“上五清縣去尋,無有。”曰:“傳説東邦之南一人流入中國,你非其裔歟?”鴻儒曰:“不知。”仍問:“大人姓名官職?”曰:“姓南名某,官禮部尚書。”仍觀其爲人,癡蠢無知,亦不解文字,贈二丸清心送之。

(三月)初三日庚午,晴,晚陰。自永安橋離發,瀋陽三十里午炊,白塔堡二十里止宿。

……入瀋陽,使書者張鎮邦送刺於知州候補王頤勛,即蓮西之胤也。伴寄摺扇二把、清心元五丸、密篦五個、海墨五錠、詩箋紙二束。候補名帖賫書:“愚堂世伯執事大人左右:未聆麈教,先承惠頒,感激螘忱,何可言喻?少頃即擬竭誠趨謁,如蒙棨旌稍駐,則可以慰欽慕之私矣。附呈百果糕二包、壯元餅乙包、核桃酥一包,非物不足以作贄儀,伏乞哂納爲荷,并頌柳翁、青岩、研農行祺。世小侄名正具。"

三月初三日午刻,午炊後,爲其來訪,未即進發。少焉候補至,與書狀迎入鼎坐。余曰:"鯫生海外鄙人也,不足以望大雅君子之清光,而今於赴京,厚蒙春堂大人不遐之眷,進於賓階,杯酒相屬,彌日不厭,清教寵章,絡繹殷勤,心肺相照,不限區域。臨辭之時,以書諭仁兄必當面展,須報行期爲教。間因兩事,今纔抵此,行色匆忙,衹使從者納刺,曲諒事狀,有此光顧,感篆無斁。"候補曰:"愚翁世伯大人此次長途跋涉,兼之雨雪載道,辛苦之至。前接家父來諭,曾云俟世伯過經時,命當竭誠請教,一睹鴻儀,氣宇宏昂,則生平無遺憾矣。頃承惠賜,已謝過,不再叩。"曰:"路途雨雪,備嘗困苦,王事也,何敢言勞?來時拜謁春堂大人,氣力康健,爲之拱賀。"候補曰:"天涯良晤,在侄已甚慰矣,至念話別,則亦不期然而然,豈非造物之數乎?"曰:"今奉清範,如拜春堂大人,實不勝慰,幸萬萬。"候補曰:"猥蒙過譽,自顧何人,曷敢當此?老世伯不要過謙。"曰:"縱云今纔識荆,便有世好之誼,豈敢有過譽而虚謙也?"候補曰:"承教承教。"曰:"俄賜珍糕大侈歸裝,何感何感!"候補曰:"微物何足云爾?"曰:"天涯離闈,應切白雲之懷也。"候補曰:"一俟得有寸地一宇之安,即定迎家父來瀋,惟日月梭擲,徒切急急,亦無濟於事,一思至此,真欲淚墮也。"曰:"情理安得不然。"仍曰:"候補係幾品,而那當升調否?"候補曰:"係五品,今年或可署缺至補缺,俸滿推升約非四五年後,不敢計及,知念故以實陳。仍請問今日定欲行乎?"曰:"爲拜閣下,今姑駐停,少間當前進。"候補曰:"回拜萬不敢當,從此握别,後會有期也。緣侄今日尚有公事,不能旋寓,恐有失迓之宥也。"曰:"班荆數語,雖未罄素蕴,猶可云賢乎已也。但後會無期,衹自悵悒,當以鱗羽寄信,此可爲慰耳。"候補曰:"魚鴻有便,更望遠賜教言,曷勝欣祝!然侄欲作字通候，當寄至何處？并應從何處而寄也？請明以教之。”曰：“久莅此府，有受朔、歲貢之价，還朝後送函於貴宅，而弟之所住即王京信簽，書以王城北大寺洞南侍郎家是耳。”候補曰：“來往貴使務祈辱臨敝寓一行，以便寄字也。”曰：“當依戒圖之矣。”仍曰：“修程在前，今將告别，惟冀隨序安祺，指日高升。”候補曰：“攬擾半日，歉歉，侄即不多坐，刻即告辭。拜送可乎？”起揖，送之門外。

一一一、金允植《天津談草》

【解題】

《天津談草》,金允植撰。

金允植(1835—1922),字洵卿,號雲養,朝鮮清風人。光緒七年辛巳(朝鮮高宗十八年,1881)九月,作爲朝鮮領選使率學徒近百人出使中國,并常駐天津學習洋務,壬午年(1882)七月歸國。同年九月再度出使中國,與使臣趙寧夏會合,將留學學徒和工匠帶回朝鮮。

卞元圭(1837—?),字善長,一字大始,號吉雲、蛛船,朝鮮草溪人。同治四年乙丑(朝鮮高宗二年,1865)十月隨朝鮮謝恩兼冬至使團出使中國。光緒六年庚辰(朝鮮高宗十七年,1880)七月,以别賫咨官身份出使中國。光緒七年辛巳(朝鮮高宗十八年,1881)九月,作爲領選使金允植的别遣堂上率領學習軍械製造的留學生團出使中國。光緒八年壬午(朝鮮高宗十九年,1882)八月,又以賫咨官身份出使中國。光緒十年甲申(朝鮮高宗二十一年,1884)正月,以協議官身份,與吴長慶一起乘船赴清。

此書爲筆寫本,爲筆談集,載録了金允植、卞元圭與直隸總督兼北洋大臣李鴻章、署理北洋大臣張樹聲、天津海關道周馥、機器局總辦許其光等清官僚間的筆談。辛巳年(1881)十一月二十八日、三十日,十二月初一日、十九日、二十六日,壬午年(1882)二月十七日,三月初四日,十月初八日、十四日,在保定總督府(即直隸總督府)、天津北洋衙門金允植九次與北洋大臣李鴻章筆談;辛巳年(1881)十二月十一日,在天津某地與文瑞筆談;辛巳年(1881)十二月二十六日、壬午年(1882)二月初四日、十一日,五月初十日、六月初七日,在保定、天津某地、天津東局金允植寓所五次與許其光筆談；辛巳年(1881)十二月二十八日、壬午年(1882)三月初一日、十五日，四月十三日，在固安縣永定道署、天津東局金允植寓所、天津成太木廠金允植與遊智開四次筆談；壬午年(1882)正月初十日、十八日，二月十七日、二十日、二十一日、二十九日，三月二十一日，四月十二日，五月十四日、二十九日，六月十八日、十九日、二十日、二十二日、二十七日，在天津海關道署、東局寓所十五次與海關道臺周馥筆談；二月初四日、三十日，六月初一日、初七日，天津東局、某地四次與潘駿德筆談；二月二十日，在天津軍械所與劉含芳筆談；三月初四日、十三日，四月三十日、五月初一日，在天津海關道署、東局寓所四次與馬建忠筆談；三月十四日、二十二日，四月二十七日，在天津輪船招商局、東局寓所三次與招商局總辦唐廷樞筆談；三月十四日，在天津"鎮海"兵船上與陸倫華筆談；四月初三日，在天津海關道署魚允中與周馥筆談；四月二十一日、五月初十日，在天津某地、東局寓所金允植兩次與徐建寅筆談；四月二十二日、六月三十日，在天津北洋衙門、海關道署兩次與張樹聲、周馥筆談；五月二十九日，在天津南局與王德均筆談；六月十三日，在天津紫竹林與羅豐禄筆談；七月初二日，在天津開往朝鮮仁川的船上，與袁世凱筆談；十月十四日，在天津某地與穆麟德筆談。

《燕行録全集》收録。兹以此本爲據輯録資料。《天津談草》内容亦見載於金允植《陰晴史》。《陰晴史》有現代刊行本，兹以《燕行録全集》本爲底本，劉順利《王朝間的對話——〈陰晴史〉導讀》(寧夏人民出版社，2006 年)爲參校本。

辛巳十一月二十八日保定省署談草(北洋大臣李少荃中堂兼帶直隸總督冬月來駐保定府,余自北京先詣保定府,見中堂從事官尹泰駿、官弁白樂倫、别遣堂上卞元圭同入座)

(十一月)二十八日,晴。督府將於未刻請見。午刻,隨遊藏園詣督署,門外兵衛甚盛。至一空堂,亦有交椅、床、桌,鋪設整齊。各官請見時來待之所,若我東公廨之歇所廳也。候之至未正,請入中堂,交椅上,余捧咨文而入,中堂下椅而立,傳咨文於藏園,藏園受,獻中堂。置桌上,余行一跪三叩頭,主人三揖。從事、官弁、别遣以次行禮畢,分交椅而西坐①。中堂問:"國王安寧及行中安否?各人出身、年紀?"令從事、官弁先出(從事官尹泰駿、官弁白樂倫、别遣堂上卞元圭同入②),留余及别遣,仍開筆談③。問工匠、學徒年紀,對以自十六七至四十餘不等。問:"年紀何如是過多?"對以"年幼昧方,不如素所執業之人"。問:"李應浚逢於何處?"對:"逢於義州,想已達王京矣。"問:"魚允中逢於何處?"對:"夏間往遊日本,姑未復命。"問:"聞已由津回國,何以不逢?"對:"在途雖聞風傳,一路曾未相遇。"問:"魚允中官居幾品、何職?"對:"弘文應教,曾經三品。"問:"魚允中論外交事明白,頗有聲望否?"對:"有志氣,有識見人,外交情形,素能諳究,居官到處有聲。"問:"此來學習之外,更有何幹?"對:"中堂以聯美事,屢有指教,我寡君深感謀忠之德意,奈國俗創見議論不一,迄未歸正,寡君屢致意焉。"問:"機務府創於何時?"對:"自今春始設。"問:"統理者爲誰?"對:"大臣二員,一領府事李最應,今王之叔父,一左議政金炳國。"問:"既管機務,何無書於余?余與橘山相復,國王亦有咨文,大臣有何嫌疑乎?吾於貴國,視如肺腑昆季,推心置腹,尚未喻余意乎?"對:"中堂屢度勤函,苦心代籌,我寡

① "二十八日……分交椅而西坐",此部分據《陰晴史》補。

② "從事官尹泰駿……卞元圭同入",此句據《陰晴史》補。

③ "留余及别遣,仍開筆談",《陰晴史》作"留余及卞吉云筆談"。

君感謝不已，但機府新設，凡百草創，兩大臣年老[①]多病，未及上書，且未承尊命，何敢遽先往復乎？”曰：“孔子曰：‘所求乎朋友，先施之未能也。’”對：“謹聞命[②]矣。”問：“花房義質尚在否？”對：“花房義質因事還國，姑未再來，隨員副田節，領衆留館。”問：“學徒等何許人？”對：“一半少年書生，一半素習工匠。”問：“書生何爲？”對以“其年少聰明，或有可學之道耳”。問居住之限，對：“隨其成就早晚，姑無定限。”問兵丁之數，對：“都下各營軍簿，雖云三萬，除羸老外，不過什之三四。問：“一年餉銀？”對：“通計地部一年所入，以錢計之，不過數百萬。”問行中人員資斧，對：“每人日銀子或二兩、一兩不等。”問：“帶來耶？換給耶？”對：“帶來、換給，隨便措置。”問：“將由京赴津？”對：“自此直向天津，學徒等於廿七日自京離發，計今明間可達津門。”卞曰：“元圭同向天津，觀學徒奠接，留數日，由京還國。趁來春正月旬間，王世子加元服，爲參慶會耳。”中堂曰：“卞君與天津諸局員熟悉，偕往照料甚好，且曰：‘國王厚遺，不可無回禮，而此間難以備辦，送天津備送，臘中起程可否？’”對：“謹遵尊命。”

是月三十日督署談草(與别遣同入)保定總督府

（十一月）三十日，晴。督署送名帖，約明日十一點鐘赴署吃飯，且於今日三點鐘，請余及卞吉雲入見。未正，與藏園、吉雲同入外茶房候之良久，請入拜，長揖，各就椅坐如昨日[③]。

中堂先使通詞傳言，國王禮物、使臣所送不必番番有之。彼此貽弊，不如省事。此後置之爲好，仍始筆談。中堂問：“前年我與李裕元密書，何以傳播日本，刻出新聞紙？察[④]我爲貴國代謀，名正義順，何畏乎日本？但自泄情實，於貴國不利耳。”答“我寡君爲是憧

---

① 老，據《陰晴史》補。

② 命，原文誤作“各”，據《陰晴史》改。

③ “三十日……坐如昨日”，此部分據《陰晴史》補。

④ 察，此據《陰晴史》補。

憧,今夏遊歷朝士之往日本也,諭令到底發明,日人頗釋初憾”云。問:“如何登答,詳晰見告毋隱。”答“日人亦憑傳説,未嘗見原本。朝士之去,日人有問書函事。答以‘中堂書中聯美事有之,至於事涉貴國,初未曾有此,奸細之徒,欲間兩國之好,做播謊説,此《采苓》之所以作也’。日人稍解前惑,不如初頭氣色”云。問:“八月間安驥永[1]輩如何作亂,聚衆若干?”答:“同謀者近四十人,方欲募兵起事,爲徒中人所告,次第就捕得情。”問:“派往日本之趙秉鎬、李祖淵,是何官職?李祖淵係國王同族否?”答:“趙秉鎬官禮曹參判,李祖淵現任機務主事,俱係國王親信之臣,非同族也。”問:“修約議税則,底稿曾見過否?”答:“曾見過,而税則姑未敦定。信使此行,爲議定税則。”問:“趙秉鎬等已於十月廿六日由日本起程回國,擬於明年三四月奉使來津禀商外交事宜,確否?”答:”領選之行,距信使發行,不過一月之間,伊後信息,更未聞知。”問:“六月間鄭大人(藻如)[2]交李應浚帶呈密議辦法甚妥,貴國果允行否?”答:“鄭大人密議實稟中堂旨意,代籌詳密,寡君感佩無已。”中堂曰:“魚允中在津,接晤兩次。論外交等事甚詳,據云歸告國王矣。”(使臣等問:“魚允中何時抵津候謁,歸時由旱路、水路?”中堂所答如此)問(使臣問):“趙秉鎬等回國之信,何以入聞否?”答(中堂答):“頃何星使函稱,趙秉鎬等與日本議税則,不成。擬明春奉使來津,再商與美總兵議定條約税則。日本自不能獨异,甚合機宜。”問(使臣問):“蕭孚爾與書斐路爲兩人否?現在何處?明春來津否?”答(中堂答):“即是一人,自去夏來津,見示該國密旨與朝鮮結約之事。因貴國尚未定見,款留至今。若明春貴國仍無確信,彼决意回國矣。余月初由津啓程時,屬美總兵住至來春余回津時再議,該總兵唯唯。”問(中堂問):“去秋帶回毛瑟槍後,問:槍弁兵知其用法否?”答(别遣答):“頗解使用矣。”問(别遣問):

---

① 安驥永,即“安驥泳”。

② 藻如,據《陰晴史》補,指鄭藻如(1824—1894),晚清文臣。

“何大人書中云，俄事不如去歲之急，何謂耶?”答(中堂答):“俄約已定，言歸於好，故何星使謂其事稍緩，然俄使十月初自其國過津晤談，亦求與朝鮮結約，余答以緩議。不獨俄也，英使亦向余屢言之，皆以婉詞拒阻。竊見美總兵蕭孚爾，人極和平，美國又無貪求要挾之意，是以欲成此舉也。”卓子上[①]展示我國地圖，詳問通商各口要害，以紅墨點開港處。問:“各國人皆言，通商港口永興最好云，永興距德源幾里?”答:“鄰境，而永興有先寢所重，故不許開港。”問:“釜山開港，亦係新設否?”答:“釜山自壬辰以後，仍爲許和通商，但規模盡變耳。”問:“所變者何事?”答:“前日日本留館人，自嶺南輸米餽之名下納米，今皆革罷，一直賣買而已。”問:“自貴國向日本，惟有東萊一條否?”答:“湖南沿海、固城等處，皆可直向一歧、薩摩等島。”問:“對馬島今屬何國?”答:“屬日本。”問:“元時再攻日本，見敗而還，知之否?”答:“知之。”問:“仁川距王城水陸幾許里?”答:“水路迤由江華近二百里，陸路一由旬有餘。”指幸州項而問曰:“此距王城幾里?”答:“十里遠近。”問:“江水深廣如何?”答:“廣可一里，最深處數三丈，海潮出入。”驚問曰:“然則輪船無慮往來，天津港口甚淺，不過一丈水，各國兵船無難出入，況三丈之水乎?”大有憂嘆之色，曰:“輪船曾無來碇之時乎?”答:“丙寅年，法國船一隻來至此處。船樣不大，若大船則不可入矣。”問:“伊時貴國曾無騷動否?”答:“安得無騷動。”問:“國内沿海地面，曾經行歷否?”答:“未嘗行歷。”微笑曰:“讀書不曾出門。”别遣曰:“北道沿海往嘗一遭遊。”問:“俄人所在土們江，即豆滿江，距何地最近?”答:“六鎮諸邑，皆距不遠。”指會寧而問曰:“此是與中國互市處乎?”答曰:“然。”問:“中國何處人赴市?”答:“吉林、凡剌、渾春等人，或皇城商賈亦出來。”問:“中國商賈出去貴國，供給朝夕，其費皆斂於民間，果然否?”答:“果有是事。”問:“此是

① 上，此據《陰晴史》補。

弊風,可以革罷。”答:“商賈出來者,本[1]非多人,且自前已行之例,別無爲弊。”問:“罷則罷之,何難之有?其費官亦分當耶?民間全當耶?”答:“官民分當,行之已久,不必革罷。”問:“貴國多山,必産石煤。”答:“間間有之,姑未采用。”問:“何不采取?一爲民間柴薪之用,一則賣於各國來船,必獲大利。日本船石炭,何以繼用?”答:“彼國隨乏載來而用。”問:“貴國曾向日本講究采煤之法否?”答:“日本人未嘗不自請,而弊邦每事,專仰上國,擬從近送人上國,學徒采壙之法,故姑未許也。”

十二月初一日督署邀飲時使通詞傳語口談(從事官弁別遣同入,時遊藏園及布政使崇駿號鎮青、按察使方大湜號菊人,史觀察克寬號松園在座)

十二月初一日,晴。巳刻一行赴督署。外茶房候時,遊藏園及崇方伯駿、方廉訪大湜、史觀察克寬在座,皆赴中堂邀飲也。午正,請入,設三桌子。中堂一桌子,余與吉雲、鎮青、松園共一桌子在左、從事、官弁及藏園翁、菊人共一桌在右。盛設酒饌,易鼎味者凡九次。鼎俎皆象古器。自午正始,至申正乃罷[2]。

中堂使通詞問:“貴國有何土産否?”答:“土狹民貧,別無所産,惟衣食所需,僅支自給而已。”問:“人參爲貴國上貨,何不多種售[3]賣他國?”答:“人參多則價隨以賤。”問:“東國亦養蠶織帛乎?”答:“然。”問:“多種桑樹乎?”答:“然。”問:“以綿絲賣他國,則可得厚利,貴國綿絲一斤價錢幾何?”答:“銀子一兩有餘(關西山郡綿絲一斤價,至常平十餘兩云)。”問:“比中國價太高,賣買無利,棉布何如?”答:“國中衣服,皆藉於是。”問:“棉花頗賤否?”答:“然。”問:“紙屬何

① 本,原文誤作“去”,據《陰晴史》改。

② “十二月初一日……至申正乃罷”,此部分據《陰晴史》補。

③ 售,原文誤作“仇”,據《陰晴史》改。

如?”答:“三南種楮造紙。”問:“亦行賣於中國否?”答:“然。”問:“此外又有何土産否?”答:“别無。”問:“貴國所産,真個稀少,産茶葉否?”答:“全羅道沿海或産茶。”問:“國中首富資産幾何?”答:“貯銀十萬兩爲最饒之人。”問:“若此者幾?”答:“無幾。”問:“王城大小幾許?”答:“周四十里。”問:“王城周回不少矣,皇城周回不是過也?”答:“皇城有内外城,王城祇是一重[①]而已。”問:“磚築乎?”答:“石築。”問:“以大石築之乎?”答:“下用大石,上用小石。”問:“王宫大小?”答:“略七里周回。”問:“王宫亦不小矣。堂室大小與此間屋子何如?”答:“比此間稍小。”問:“多瓦屋乎?”答:“宫殿公廨覆瓦,民屋多蓋草。”曰:“此間亦然。”問:“從事官何年進士?”答:“癸酉進士。”問:“進士三年試取否?”答:“然。”問:“取幾人?”答:“及第取三十三人,進士取二百人。及第稱大科,進士稱小科。”問:“所取之人皆入仕籍乎?”答:“大科入仕,小科或仕或否。”問:“然則徒得進士之名,而無所事乎?”答:“往往有老於進士者。”問:“貴國亦有恩科乎?”答:“然。”問:“詔敕留館幾日?”答:“三日。”問:“詔敕出去時,禁士民觀光,果然否?”答:“恐致雜沓喧鬧,故設幕嚴禁,或得於窗間窺望。”問:“留館三日之際,回謝國王否?”答:“詔敕入來時,國王出迎十里外,與敕使同入宫。宣詔畢,敕使出住館舍。國王每日出見,又遣重臣,三時請安,曰:‘敕使體重矣。’”問:“迎敕時,貴國有贈遺之銀云,其數幾許?”答:“無過幾百兩,此是古例也。”指余及從事、官弁曰:“此三君將住津局,習用官話爲好。”答:“聰明衰鈍,恐不能易學。”問:“泰西諸國,皆能漢語,比諸國中最易學。”答:“謹當留意學習矣。”問:“貴國能解日本語否?”答:“亦有學習者,姑無精熟者耳。”問:“貴國公私文字用何文?”答:“純用漢文。”問:“無國書乎?”答:“有之,惟婦女常賤用之。”問:“日本國書亦解麽?”答:“此亦未有精通者。”問:“天津紫竹林,各國所會,將與各國人相從否?”答:“小邦姑未與各國相通,恐難往來。”曰:“不必相從,泰西人事欲探

① 重,據《陰晴史》補。

知他國事,朝鮮人雖不相通,彼亦不以爲怪。"别遣問①:"學徒中欲擇聰明者,習各國語學,雖不相通,亦有可學之道否?"中堂答:"東局設語學局,年少聰悟學習者甚多,不患無師也,但須二十以内者爲可,過此則不能。"别遣曰②:"二十二三歲,亦可乎?"曰:"尚可爲也,年至三十,則不可學。"茶進,撤饌而起,出至外茶房,皆呈稟帖,以謝饋食之厚,乘車還寓③。

十二月十九日再至督署談草(間還天津,伏承通詞,張洛用便内下封書有稟商傅相事,復作保定之行)

(十二月)十九日,巳初入督署,候外茶房。良久,請入,長揖就座④。李中堂以筆談問曰:"遊道(遊智開也)示貴國王書意并閲公書稿均閲悉,何以公等出境時,未先商定,不久又有此信?"允曰:"允植辭朝時,大略既承命意,以國勢民情,仰稟酌議,故向有所仰陳者矣。此次專信,想美使之尚留,今始入聞,又以俄人致書邊臣,雖姑未受,多應是求好之意,却之亦難,受之亦不無商量,故欲先妥美事者,今番亦無公文,然李應浚所賫書,以待領選使面剖,即公文也。"李曰:"前已告知,俄使十月初過津面稱,欲與朝鮮通好,頃又聞俄人擬於明年夏間,派兵船前往。届時恐有他國隨之而去。可惜李應浚賫書到時,貴國未能遽定立議,立遣員來津,與美使商議,已失機會。昨聞美使蕭孚爾奉到國書,已赴北京,諒駐京各國使臣,必共聞知,將來議約,恐不易就範耳。允曰:"俄人事,頃於席間陪話時,既已聞命,敝邦不及聞知矣。若於夏間來到,則伊前先與美使議約,恐不爲晚,但美使之遽奉其國書赴京,聲張起來,實有將來議約不能如意之慮,機會易失,可惜之甚。"李曰:"向來各國議約,必有全權大臣,憑

① 别遣問,《陰晴史》作"卞問"。

② 别遣曰,《陰晴史》作"卞曰"。

③ "茶進……乘車還寓",此句據《陰晴史》補。

④ "十九日,巳初入督署……長揖就座",此部分據《陰晴史》補。

據朝命，互相看閱，始允商辦。閣下既未奉公文，是無此憑據，美使未必與商。"允曰："敝邦事勢，雖不得不聯美，事成之前，不欲露出公文，顯示國人以邀來之意。寡君之意，則鄭玉軒（玉軒即鄭藻如）書中所言。自此酌議，派員出送，則寡君預爲密飭於沿海守臣。勿大驚小怪，船到近港，委員會議，一邊彈壓，一邊修睦，無所不可。允植既未奉全權之命，雖美使請與會商，義所不敢。"李曰："玉軒書原請朝鮮派官來華，與蕭面商，則本大臣可居間調停，較易操縱。若朝鮮無人與美使議論，竟是中國一面之事。美使既不見信，亦有難於指詞之處。尊示顯示國人以邀來之意，實未明萬國交涉公法。凡不願通商，則壹意堅拒。既可議約，則必各派全權大臣；若議不成，雖一兩年再三往復，自無妨也。"允曰："若依各國之規，必派全權可以議約，則須令急發一函，奏達於寡君，但恐國中事勢，不能如意，是可悶也。"李曰："昨接薛斐爾（即蕭孚爾）本月初四日來書，彼擬西曆五月初一日，乘兵船赴朝鮮（中曆三月）。貴國如尚遲疑，不早派全權來華，本大臣實亦無法阻美使之行。"允曰："若兵船一到，雖云匪寇昏媾，不免事多阻礙。允今將歸津，即發急使，願明示方便，海關道（即周馥也）或遊藏園（即遊智開），以此意致書敝邦政府，録送美使書一通，囑令派員來商，帶有全權字樣，事乃可成云云，則[1]允亦將備達此意，以俟寡君處分矣。"李曰："薛書請即照鈔，密速寄去。津海關道台於[2]貴國政府尚未通問，恐未便多瀆，藏園則未知何如？"允曰："謹當如教，而敝邦自來不諳外交情形，果以目前横議爲難，若美國兵船出去云，則一邊議論，必有'坐而待之，兵到後議和未晚'云，則全失機會，爲之奈何？即欲以此意專報敝邦，而若派全權，則事涉張大，以敝人心之嚚嚚，恐難趁期來議，反貽他邦之羞。允雖未承全權之命，先於此處與美使一面，以示傾往之意。開春後，任其東出，即當

---

① 則，此據《陰晴史》補。

② 於，《陰晴史》作"與"。

議約,便是邀來之意,未如可否?”李曰:“昨已緘復薛使,請其來保定一商。據關道報稱,薛使業於十七日起程進京,未知其果由京赴保定否?如來此,可就與閣下會面。道達貴國目下人心囂囂之情勢,及傾慕友邦之誠,本大臣再相機開導,勸其少留津門,以待貴國後命,但聞薛使與關道密談,欲照日本條規成式,則事殊不妥,且若聯合俄、英諸國偕往,更慮激成事變,倘薛使即來,執事式遵貴國王密札,變通權宜,另擬全權密旨一道給與閱看,以堅其信。在此將約稿議有頭緒,較在津各國交訌,已僻静多矣。”允曰:“權宜另擬,在他國或有是例否?敝邦則行不得,此何等事而允植敢擬全權密旨乎?若與美使在此一會,道達情意,以緩其東出之事,則盡好;一邊飛奏本國,須奉有全權之旨,然後事面正大耳。美使之欲照日本條規者,指税則而言耶?税則尚未歸正,未知所照何事否?”李曰:“彼所謂日本條規,想係初訂之約,税則尚未定議,何從援照?薛使人尚公平,吾勸其增訂税則。”允曰:“以若公平之見,欲照日本條規者,豈緣敝邦?以此事延擱,故少變其好意耶?”李曰:“嚮在津會晤時,未曾談及和約如何議辦,衹説要公平耳。今彼既奉全權之命,未有不欲見好本國者,其云照日本國條約之言,不得不爾,吾嘗設法勸導之,但慮貴邦既多延擱,各國互相交通,停留長智,事未可知。此事須趁機會,占先着也。”允曰:“今欲急發一函,期於正月晦内或二月旬前,得奉回旨。尚未過晚否?美使或當來此,允植姑留,俟一面爲可耶?并乞明教。”李曰:“即可照辦,若貴國另派全權來津,仍作爲照料學生,臨時相機辦理較妥,外間不至張揚。”允曰:“謹遵尊命,以此意專達於寡君矣,談草乞暫借,欲歸寓謄出,以爲遠外信迹。李曰:“謄就,望即將原稿封還。此來帶有幾人,能分派回國,開寫名條,即繕給護票。”允曰:“此來所帶者,通詞外,奴子二人、伴倘一人、伴倘奴子一人而已,自此急發一使,則卞君想離京不遠,可以追及。”李曰:“請轉達貴國王暨政府,如即派全權於二月初旬到津,吾必從旁爲力,俟議約稍有眉目,奏明派員,同美使前往近港,再行畫押定議,若遲逾期限，衹好聽美使自去矣。”允曰：“請便，告退還寓，裁函速發專足以及卞君之行。自此至山海關以内，雖無憑票，庶可無礙，但恐不能速馳耳。”李曰：“明春開河較早計，正月廿外營口即通輪船，來使就赴營口，搭船到津，僅二三日，尚可以速補遲。”允曰：“但速派使，不患不及，謹當力奏，無失此期。因揖辭而出。”

是月二十六日督署談草

（十二月）二十六日，朝，省署巡捕來言，中堂於十點鐘請見，遂於巳刻乘車詣省署。二品官入見，還出者爲三人。少頃請入，始筆談[①]。中堂問：“卞元圭何時由京起程？”對：“初擬於今月十九或二十日起程云矣。姑未聞到京信息，未知果能如期登程否？”問：“貴國派有生徒往日本學習何事？”對：“未有派送學生於日本之事。日人方留住王京，故使兵弁往學技藝。”問：“送去兵弁若干已否？前往學[②]何項技藝？”對：“春間選送八十名，八月又聞有加選之命。所學者先習步法，次習槍炮。教師姓堀本，而所學不甚精微云。”問：“余知日本步兵仿法國操法，聞尚整齊，貴國派人往學，甚好。”對：“彼既屢懇，難拒好意（中堂傍書曰：“是好意”），且彼方留館無事，故就遣學習，然友誼數則斯疏，寡君常欲邀上國教師數人，授兵弁技藝，勝似請學於日人。”中堂曰：“似無不可。”對：“請學於上國，面勢也好，寡君期欲圖之。”問：“派往日本學習之兵弁，交何人管帶？用何器械？”對：“所選兵弁，原屬武衛營，現今武衛都統使閔尚書台鎬，帶往學習者韓聖根、尹雄烈，器械則允未嘗目擊，似是日人所用槍炮矣。問：“貴國舊器械全屬無用，既學西洋兵法，即新式槍炮斷不可少，稍有儲備否？”對：“西洋槍炮未易多得，自國中雖有仿造，試可而已，恐不中用，稍稍振作，然後乃可言儲備耳。”問：“昨接美使薛斐爾自京城復函云，如遽赴

① “二十六日……始筆談”，此部分據《陰晴史》補。

② “學”，此據《陰晴史》補。

保,不免動人聽聞,種種不便,約俟回津面談。是閣下可先回津,專候來春貴國朝命,如何?"對:"美使做事縝密,可喜。第欲一面者,爲彼此通犀而已,今已略相照領,奚遽相接,允即當還津,以俟敝邦回音。"允曰:"此事無論差早差晚,想究竟乃已納條,宜豫爲講究停當。謹賫議稿三本(一李中堂所送,一黄參贊遵憲所送,一機務府參謀官李東仁擬呈本),及日本修好條規眷本,或可塵覽否?"中堂曰:"望見示。"允曰:"玆有在寓荒眷之本,敢呈。"中堂曰:"李東仁所擬稿本,語意頗爲簡括,但美使未必盡允。第七款派駐官員通商章程,俟五年再議,尤恐難行。約内似須添一條,大意云:'朝鮮久爲中國屬邦,而外交、内政事宜均得自主,他國未便過問。'方覺不觸不背,尊意以爲何如?"對:"雖有擬稿,敝邦原無閱歷,未諳便否,故以此仰稟商酌,無致异日深悔,此寡君之意也。派駐及通商事,彼若堅執,亦非例外之事,恐難終拒,但與日本修好時,係是創行創聞,不免事事相持,今則稍异於前。然日本公使駐京一款,至今在未許中,彼自托事來留耳。未知開春敝邦派送何員?來時承朝廷命意如何?俱未敢質對,惟敝邦在中國爲屬國,在各國爲自主,名正言順,事理兩便。條約中此一款添入,似爲極好。"問:"余所以預料美使必不允五年後再派駐通商者,緣薛使在關道處已言,須仿日本約稿,將來縱不能事事仿照,但日本久經派駐通商,美人豈甘獨後,且恐貽各大國笑柄也,即第十款之不立教堂、十一款悉照萬國通例,亦有難行。美國耶蘇教向不滋事,中日訂約皆未能照萬國通例,豈獨讓於朝鮮耶?至另款聲明中國屬邦,前已與魚允中商定,彼必回奏耳。英使前詢及朝鮮議約,亦與泛論及此,渠亦謂應如是。"對:"擬稿雖如此,派駐通商之限以五年者,彼未必允。敝邦亦有日本前例,惟當仿行而已。惟不立教堂一款,不容不力言,他日聞見漸廣,胸次稍豁,則未可知也,惟今則實難許立。且敝邦之望於美國者,以其和平無乖僻之性,欲保始終友誼,而若以[①]教堂先失民心,實爲可惜。雖

① 若以,原文誤作"以若",據《陰晴史》乙。

云耶蘇教本不滋事,愚民安知天主、耶蘇之分耶?悉照萬國通例者,欲得公平之分耳,若未得公平之分,則又安有衣裳議和之本意乎?末段事,外面與裏許均爲極妥。竊想寡君入聞,稱善感謝也。"問:"不立教堂一節,言極有理。竊就貴國時事揆之,實多不便。余必與美使力言之,前説係默揣其意耳,但能堅拒,或不因此節誤約事。萬國通例,通商口岸及内地,無論何國人民寄居,皆歸本國地方官管理。東西刑律、風俗、禮教未可强同,是以地方官未能兼管他國人民。日本現欲與各國議,變通舊約無成者,職是故耳。此一節,各國必不能行。"對:"黄參贊已以此有所論,著於擬稿中。竊念西國通例,他國寄居人民,歸本國地方官管理,惟中、東不然,西人謂之不公。然抑其事勢然也,况敝邦素昧外情,雖使兼管他民,實多難便之端。若日本改約,中國亦改前規,則敝邦固當隨而改之,約條中先依黄參贊所擬立言似宜。教堂事伏望另設方便,務回彼意,實爲敝邦之萬幸。"中堂曰:"黄參贊原擬第四款'暫許美國領事官管轄'較虚活。第十款'查照歐美公例,定立關章'較着實(又書其傍曰:"此二款甚合情理,立言亦得體")。將來議約,可即用此兩條改擬之。第一款太覺渾融,美使恐難允行,教堂一節,貴國使臣必應詳切辨阻,余亦當從旁道達國人疑畏之意。"對:"謹已領會。"問:"閣下還津,照料學生。余於正杪,想可抵津,届時看美使動静若何,再行奉告。"對:"既在此無幹,即今已天晚,明曉即程歸津,恭俟節旋進謁。"

譯《美國出使朝鮮大臣總兵薛斐爾洋函》

太子太傅文華殿太學士直隸制府李中堂爵前。

敬啓者:

十二月十四日保定所發鈞旨,頃在都門奉到。據周道台之意,以本大臣急於晉京,不能在津守待鈞函之至爲歉。然朝鮮議約一事,以秘密爲先,本大臣如遽赴保,不既動人聽聞,由都赴保,尤爲未便。想貴爵中堂必以鄙意爲然也。如貴爵中堂適有朝鮮議約要務相示,不能待至回津面談,尚乞即日示知,以便登程赴保。

本大臣敬禮鈞函之意,朝鮮議約一事,自當秘而不宣,以杜他國妒之。計美國國家既付本大臣以重任,貴爵中堂復示本大臣以盛情,本大臣斷不敢稍有孟浪,貽覆餗之譏。日後和約有成,實爲貴爵中堂謀國之宏謨,本大臣不過添附末光而已。

肅此奉覆,虔頌爵祺。

薛斐爾頓首。

十二月二十五日到。

筆談罷。中堂使通詞舌問曰:"貴國産茶否?"對曰:"全羅道沿海往往産茶,而國人不嗜茶,故無以茶爲業者。"又問:"養蠶否?"對曰:"養蠶。"中堂曰:"泰西不能種茶與養蠶,多種桑茶,可獲大利,速達貴國王,傳諭國中,多種桑茶爲好。"又問:"畜羊否?"對曰:"犧牲供用之外,别無所畜。"中堂曰:"貴國多山,牧羊極易,貴國之民,何其鈍於趨利也?日本近買羊於中國及洋國數萬頭畜之。"余問曰:"敝邦蠶絲脆劣,恐不能售於他國。"中堂曰:"無傷也,中國關東、山東等處蠶絲亦劣,不能織造錦緞,洋人亦争買之,爲其入用於毯氈之屬,且轉買於各國也。"①

附録《鈔上談草封書》。

臣竊伏念,美使既以全權出使,奉其國命,早晚議約,勢所難已,約條不可不豫爲構定,而有難懸空説去。故下送議稿三件,合謄一册,指示某某所擬,并日本修好條規謄本,出示李中堂,請商酌可否。中堂一番披覽後,不診自己所擬,但於黄、李二稿,先説李東仁所擬頗爲管括,而第七款派駐官員及通商章程五年後議定,尤恐難行,此在問答中,而臣伏念派駐官員一事,往在與日本議約時,我國以此相持,然此是各國之例,議約後最先務也。若不派官互駐,情意一向不

① "譯《美國出使朝鮮大臣總兵薛斐爾洋函》……且轉買於各國也",此部分據《陰晴史》補。

熟，與不和同，我雖不往，寧能禁彼之來駐乎？曾於日本，雖堅執不許，而日本則來駐自如。今於約美之後，恐難更申前説，徒傷事體。通商章程一事，各國議約，專爲通商一款，若待五年議定，其間憑何法例，我國於日本議約之時，不知裏許，不定税則，六年之間所失不尠，已爲各國之所竊笑，豈可再蹈前轍乎？此事非徒彼所不肯，在我自謀，恐不當如是，不如初頭議立公平章程，如有未盡，更則照他國例，限年追改，未爲不可。此二款李中堂所云難行者，似非謬見。又曰，第十款"不立教堂"之難便，臣既以書以談，力言不可，中堂亦以爲然，當從旁力勸云，具在談草中。又曰第十一款"悉照萬國通例"亦有難行，中東訂約，皆未能照萬國通例，豈獨讓朝鮮耶？臣之所答，具在談草中，而中國、日本用兵後議約，故事未洽，今番以好意修約，何獨不得萬國之例乎？不過爲弱小，不能優占地分耳。然在我不無可言之端，縱未能件件滿意，恐不宜與用兵後議約同例也，但我國所得見者，惟中國與各國相通之條規而已，不知萬國通例之如何。衹以税則一事言之，泰西諸國，則似用值百抽十，或二三十之法，而中國、日本則至今用值百抽五之制，此其用兵後議約之害也，今次不必照其例也。又論黄遵憲所擬第四款"暫許美國領事管轄"較虚活，第十款"查照歐美公例定立關章"較着實，已上亦在談草中，而虚活者，外樣甚好，而裏許則從其事勢之便也；着實者，緊着而有實利也。於此二款，大加稱嘆，連稱好好，加圈於傍，蓋美其深中機宜也。以此觀之，查照歐美公例，定立關章云者，即與實照萬國通例者，何以异焉？中堂所以斥彼而扶此者，以泛稱萬國通例，驟看甚大，而汗漫無實，不如黄議之較緊也，故云將來議約，可即用此。兩條改議之改者，改李東仁所擬稿之謂也，又曰第一款，大覺渾融，美使恐難允行，此指黄稿第一款"朝鮮奉中國政府命"云云。若如是，則美國亦渾入於中國命令之中，故彼必難允者也。臣謂此條立言，非徒美使難允，在我亦既自主之權，恐難仍用。又曰約内似須添一條大意云，"朝鮮久爲中國屬邦，而外交、内政事宜，均得自主，他國未便過問"，方覺不觸不背,臣之所答,亦具在談草中。此亦黄氏所擬奉中國命之意,然特其立言不侔耳。我國之爲中國屬邦,天下之所共知也。常患中國無着實擔當之意,以若我國孤弱之勢,若無大邦之作保,則實難特立。今李中堂,即中國掌兵大臣也,幸而擔去我國之重,毅然自任,既已聲明於各國,大書於約條,异日我國有事,若不竭力救之,必貽天下人之笑,天下人見中國之擔任我國,則各國輕我之心,亦從而小阻,且於其下,以均得自主繼之,是則與各國相交無害,用平等之權矣。不觸失權之忌,不背事大之義,可謂兩得。中堂此論,大有益於吾邦,故屢屢稱謝,伏未知何如。右所論諸條,皆係約條之大者,其餘均屬例言,别無可論,兹敢附録,以備乙覽,恭候聖裁。明春或有派使之舉,須奉有成命,庶幾臨事無礙,竊伏念議約大節,不可隨意專斷,又遠外取稟,臣不任豫,切憧憧。

是月十七日天津北洋衙門談草(與首堂李應浚同入)

(二月)十七日,風寒。早朝王筱雲來訪。少頃,李君應浚及通事鄭麟興自東局來。雇四人轎,共向中堂衙門,候於外茶房。馬眉叔、羅稷臣在焉。九點鐘入見中堂,是歲後初見。行一拜三叩頭禮畢,分坐叙話①。中堂問:"李應浚幾時離王城?"應浚曰:"去年至月廿七離京。"中堂問:"間以何事入京?"浚曰:"爲見年貢使臣。"中堂曰:"年貢使官幾品?"浚曰:"判府事正一品大臣,猶中國之中堂也。"中堂曰:"然則出疆逾年,相府事務盡爲廢曠否?"允植曰:"議政府備三事,雖一人出疆,無曠務之理,自古奉使中國,必遣一品大臣,例也。"中堂問李應浚曰:"年貢使臣,應知美約事。浚曰:"不知。"中堂曰:"他不曾問過否?"浚曰:"不曾問,亦未敢説。"中堂曰:"爾國事何其秘密也? 你是小官也,國家大事豈有小官知之,而大官不知之理乎? 觀其辭色,似是認年貢使方在政府,而不知國家邊務,深爲疑

① "十七日,風寒……分坐叙話",此部分據《陰晴史》補。

惑。"余對曰:"年貢使臣,不曾過三事之任。每年進貢時,相臣無幾人,故就列卿中加銜奉使,亦自古有例。"中堂曰:"然則今之年貢使,現居何官?"允曰:"前任工曹判書。"中堂曰:"今已解任否?"允曰:"今已解任,特奉使命而來。"中堂曰:"何不早言如是?使我疑惑不定。"中堂問:"向日專人送函,有回信否?"允曰:"姑没有。"中堂變色曰:"是何説也?"(以上口談,使通詞傳言,此以下筆談)中堂問李應浚曰:"汝奉國王面諭,是何事?"浚曰:"寡君以國論未定,諭浚仰禀中堂,善圖方便也。"中堂曰:"此次亦有貴國王手札否?可呈閲。"因使李應浚移椅,來就允植之傍,漸看其辭氣峻厲。允曰:"此次亦有宸札,而在東局,未曾奉來。"中堂曰:"國王手札,不曾來示面商,可見執事之將命不誠也。"允曰:"不敏甚悚,然君臣間私札,不便呈覽,所以不敢奉到也。"中堂曰:"書中若有他言,不必過問,若祇爲聯美事,則何不便之有乎?"允曰:"下書中别無他事,但寡君函諭中,未承呈覽於中堂之教,允私自呈獻,分所不敢,既承鈞命,此與私意擅呈有异,謹當送人奉到呈覽矣。"中堂曰:"貴國王書函既不來示,則但憑一介行人之三寸舌,可乎?"允曰:"但念自下難便之義,見識原不到此。惟望教其不逮,以示益國便民之道。"中堂曰:"貴國事,常如欲吐不吐,如是而事可做乎,派員之來不來,非吾所知,而吾歷年忠告,貴國尚不知利害乎?"允曰:"中堂之爲敝邦,悉心代籌,寡君深感無已,前已仰達。允在①承教,不止一二,豈敢曰專昧利害之分乎?但敝邦國論,尚未寧静,寡君之意,寧小失時於交際,不欲大拂吾民之情,使臣在外,惟有奉承君命而已,雖有粗知利害,豈敢擅便乎?"中堂曰:"美使雖欲勿去,不可得也。貴國有解洋語洋文者乎?若無則難以辦事。"允曰:"敝邦素無外交,安有解洋文洋語者乎?通情之際,須藉華人,庶不致齟齬之弊,不知美使何日發船?李應浚急宜先送,以達美使之奇。中堂曰:"此次中國亦不必派員,由他自去。"允

① 在,《陰晴史》作"在此"。

曰:"李應浚來時,奉到宸札,是在專函奏達之前,早晚苦奉專函回信,又未知如何,派員之不必來亦出臆料;縱或不來,美船自應依期東出。東出後無幫辦之人,敝邦初接素昧之遠人,當如何應接?願加三思,矜其不能,而無至僨誤。允不敏之罪,恭俟譴何?"中堂曰:"李應浚似宜候至廿五日乃發,何如?"允曰:"美使若不待敝邦回音而出去,則李應浚急宜先還,不可稽留,若待敝邦回音,而爲進退,則李應浚之少留幾日,似爲無妨。"中堂曰:"自津乘輪船至營口回國,廿日内外,可抵王京否?"允曰:"假量廿二三日可達。"中堂屈指,顧左右云云,似問洋曆日子也,乃曰:"美使三月望前乘船,七八日可抵仁川。李應浚留至廿五,如有不及之慮,自此專給官火輪船一隻,自能速達,未知可否?"允曰:"專撥輪船,極爲感悚,然爲敝邦事,眷念周至,期欲速達。在美使之前,唯命是依,不敢飾讓。"臨别,以歲時賞給學徒等銀子,及近日加造東局朝鮮館宇事致謝。中堂又口囑曰:"貴國王手札,須於今天封寄,如有專函回信,立刻示知爲可。"對:"謹如命。"

初四日北洋大臣衙門談草(尹石汀及周玉山、馬眉叔觀察建忠同在座)

(三月)初四日,晴。……與周玉山、馬眉叔同往中堂衙門筆譚。出示與美使議約底稿凡十五款。美使方在烟台,擬於今廿日發船,一日夜可達仁川云。中堂使李相庵先乘鎮海兵船發行還奏。相庵行期以初六日爲定。譚筆後,共至海關署,與馬眉叔商議東出後我國迎接之節。主人饋晚飯,秉燭還東局,聞李中堂老太太病重,請假一月,將往湖北。兩廣總督張樹聲暫交視務,須五月交代云①。李中堂問:"魚、李兩人尚無來信否?"余曰:"姑未來到。"李曰:"想至營口候船,故此耽延。"余曰:"候船不遇,則必由旱路。"李曰:"李相之官

① "初四日,晴。……須五月交代云",此部分據《陰晴史》補。

職、姓名、别字、年紀，可書示（以上口談）。”余書對：“現官領敦寧府事，興寅君，原任議政，李最應，號山響，年六十六。”李曰：“興寅君是否封爵？有信與卿等否？”余曰：“興寅君係是宗親府封爵，書函想付魚、李之行。”李曰：“現與美使已有成議，美使已赴烟台取齊，剋期東駛，而魚、李等不知何日可到，將若之何？”余曰：“誠極悶鬱，雖云旱路，從今似不過三四天可到，亦未可確知。”李曰：“魚、李等到遲，於此事却無甚關係，愚意可遣李應浚乘輪船先回，我即復山響一函，將本大臣與美使議定約稿賫去，報知貴國王，以免遲誤，何如？”余曰：“帶約稿，急先報知，極爲便好，而未知魚、李之行奉有旨意何如？若所議約稿，均屬妥愜於敝邦之望，雖先去，亦似無妨於事，惟在中堂裁處。”李曰：“約稿副本可先奉覽，本大臣與周道、馬道等會商美使，辨論廿餘日，始能辦到如此地步，諒能愜貴國之望，將來美使到後，另派大員與[1]之議辦，或可小有更易，大致必無甚出入，否則美使決不從命也。”余曰：“第一款、第五款，已於昨冬在保省承教，亦已轉達於寡君。其餘各款均洽素望。惟禁米穀一事，最礙通商，而奈敝邦民情以滲穀爲大患，與日人相持多年，尚未許[2]開，今若於平年開禁，明載約條，未知敝邦朝議當如何耳？”李曰：“朝鮮與日本初次約本，第六則載明‘糧米雜穀得出入’。出者，出口之謂也。殊欠分明，故日人力持不得嚴禁。此次亦與美使辯駁數日，使謂‘永禁斷不能行，祇可聲明，因有事故，暫禁出口’。在我尚可有酌辦之權，將來到貴國議約時，不妨再與爭論，若争之不可，似未便因一事而敗和局也。”余曰：“日人議約時，米穀出入云者，即萊館居留日人之糧米也。遣辭欠明，以致日人之藉口，然此事本非可禁，但有礙國人之情，通商稍久，庶可自知。昨年，趙、李二人在日本，與何太史商論此事，似應歸奏於寡君，方苦企魚、李之來，正爲此事憧憧故耳。”李曰：“魚、李

① 與，原文誤作“爲”，據《陰晴史》改。

② 許，原文誤作“知”，據《陰晴史》改。

來,與敝處議此,亦屬無益。祇有俟美使入境,再與斟酌。"余曰:"李應浚之去,謹當以此先奏寡君。此稿實出代籌密妥,想敝朝廷不輕删增也。"又曰:"美船方在烟台,將由彼使獨往否?敝邦不諳交際事務,又無解洋文洋語之人,若不自中國派員同去,則竊恐事多窒礙,然允植不敢煩請。"李曰:"卿等如必欲余派員前往襄助,成人之美,所不敢辭。擬即派馬道台坐中國兵船,同美使前去,并有水師提督丁大人偕行,使中國與貴國聲勢一振。馬道名建忠,號眉叔,曾遊學西洋各國,精通英法語言文字,熟諳萬國交際公法,介紹其間,必能通達兩國情好,我將奏明大皇帝派往。"余曰:"爲敝邦事,到底眷庇至勞,馬公遠涉滄溟,不勝感謝。"李曰:"李應浚擬於何日起程?我前已告知鎮海船主預備,但魚、李二君來遲,再由陸路回國,恐趕不及美使入境議約之期,此間别無輪船可送矣。"余曰:"美船當於何日起碇否?李應浚之行,恐不得緩,伏望指日爲教。"李曰:"美使薛斐爾訂於三月廿日由烟台開駛,一日夜可至仁川港。李應浚似應三日内啓行,至貴國後,籌備一切方妥。"余曰:"不謂若是迅速,李應浚之行,恐不宜過三日以外,擬於初六發程,望前抵王京,可無後時之患矣。"李曰:"本大臣向來用兵謀國,皆是謀定仗動,今日特召兩君來商,即欲立地定議也。"余曰:"敝邦於此事,惟仰成於中堂,若謀之臧,即敝邦之福、中堂之惠也。"李曰:"約稿定本末由鄙人鈐印,美使畫押爲憑,擬封寄興仁君,副本即交兩君持去。將來第一款,美國家若不肯添入,貴國須照此款大意,於定約後,另備照會美國外部存案爲要。"余曰:"謹當一遵鈞命,此次議稿,事事妥協,以敝邦之弱小,何以得此一副妥約於外國之[1]交耶?寡君聞之,必深喜且感。"李曰:"請問美使兵船一隻、中國兵船二隻,徑入仁川港,抑泊釜山,再轉仁川耶?"余曰:"若自烟台,一日夜可達仁川,必無迤從釜山之理。敝邦學徒有故當還者爲八九人,而道遠難致,此次付送船便,未知可

① 之,此據《陰晴史》補。

否?”李曰:“鎮海船已議泊鴨緑江口,李君就便登岸,隨行若干人,開名單送周道知照。”

北洋大臣衙門筆談事情及海關談略

(三月)初四日,海關道周馥以李中堂之意相邀,當日申時量與首堂李應浚即往海關署,同周馥、馬建忠詣北洋大臣衙門筆談,定李應浚行期。中堂辭色平和,不似曩時峻厲,爲言與美使議定約稿之事,蓋知我國雖有派員,亦未有全權之使。美使議定[①]行期漸迫,不容遲延,故先議約稿,賫送李應浚還奏也,仍出示約稿凡十五款,詳細奉閲。

第一款特書中國屬邦,末係中國年號,似礙自主之權,日本人見之,必爲藉口。而中堂之意,自初確定以此一款,爲我國之大關鍵,嗣後各國若侵侮我國,即是侵侮中國,同聲相應,一氣相貫,使各國不敢侮視,即中堂之主意也。我國方服事中國,若以有礙自主爲言,則便疑我國有自尊各立之心,故不敢發口。議約時,美使以第一款須禀問於彼國,然後乃可妥定。電報已久,當無回信,想美國亦以此條議論未定。電報回後,彼若不從,中堂使我國另備照會於美國外部存案云。可見以此一款預爲聲明於天下,他日我國或被各國侵凌,中國理宜幫助,各國不得以交涉他國例言之也。

第三款互派秉權大臣駐京,此一款,曾所不許於日人者,今乃許之,亦有异同之嫌,然此是萬國通例也。若日本則猶得以前日相交之例争之,其他各國,無辭可拒,誠爲難處。

第九款米穀事。通商之禁米穀,本是拙法。中堂特爲我國物情,屢與美使相持,終不順從,不得已,以如有事故,暫禁米糧出口爲言,使他日或開或禁,其權尚在我國,若猶不合於國論,則在港口議約時,更爲争論無妨云云。

---

① 議定,此據《陰晴史》補。

紅參亦爲我國物情,以禁出口載物約,而此間議論,皆云紅參不必禁,多種廣售,厚收其税,其利斯博。近年潛參多於官參,日人賣於廣東、福建、上海等地,北京參價爲之頓低。以此觀之,非徒中國地方爲然,必滲布於各國。許多漏税之弊,實爲可惜。

教堂一款,初不舉論於約條中,他日彼若有言,當以條約之所不載争之矣。教堂,彼國之所重,中堂似必難於措辭,恐傷和局,故置之耳。此外,税則之値百抽十,章程之酌照通例,諸般約條,比中、日向時立約受屈於西人者,反爲大勝。此中人所謂爲貴國可慶,正指此等。

十月初八日再至天津北洋衙門談略(時李少荃起復視事,余與從事官金明均同入,周玉山、馬眉叔、王筱雲、潘梅園在座)

(十月)初八日,十點鐘與金菀居詣北洋大臣衙門,憩於外堂。王筱雲、潘梅園先已來坐。少頃,問候官李載德謁傳相出,周玉山、馬眉叔自署出,邀余等入。余奉咨文入署,行禮訖就座,周、馬、王、潘亦在①。

中堂書問我國事,無實心實政,不能振作之②故,余對以國王憂勤求治,緣輔佐乏人,不能振作。中堂慨嘆不已,言言太息。言留兵事、用洋元事,俱如所議,撤還學徒事、購買器械設局事,亦如議。栅門銀税事,使之備文詳請③,以便咨查。

國王接見中國諸將儀節,答以欽差宜用平等禮。其餘哨官等,亦非所屬,應以客禮待之。但不必數見,亦無用回謝。日人議定税則事,答以德人穆麟德今冬出往貴國,宜使日人來會商定,國旗事,可依所定,而北洋與禮部合有咨明。

---

① “初八日,……周、馬、王、潘亦在”,此部分據《陰晴史》補。

② 之,此據《陰晴史》補。

③ 詳情,原文誤作“請詳”,此據《陰晴史》乙。

十四日北洋衙門談草(周玉山同在座)

(十月)十四日,風寒。九點鐘進城,詣中堂衙門,周玉山在焉①。

中堂曰:“幾日發行?”余曰:“十六日,乘民船出大沽。十七日附搭泰安船回去。”李曰:“機器事,與潘、王兩道商議否?”余曰:“昨見潘道,以爲此事須經一手乃穩,不可兩局分辦。”李曰:“良是,須一人酌辦。”適王筱雲來,中堂使筱雲管其事。李曰:“東局一年所用銀子多少,君知之否?”余曰:“該用六十萬兩云。”李曰:“貴國能設局如東局否?”余曰:“非所可議。”中堂呵呵大笑。李曰:“南局所用幾許,君知之否?”余曰:“未詳其數,大約東局之半。”李曰:“不及半。一年所用,不過十餘萬兩,通貴國之力,可以及此否?”余曰:“此亦不可跂及。”李曰:“初頭不必張大,祇設小局,假量一年,該用萬餘兩,稍稍增設爲可。明春揀善手工匠數人,出送貴國教習,何如?”余曰:“如此甚好。李曰:“薪水亦不多。”余問王筱雲:“教習人來敝邦,一月薪水當給幾何?”王曰:“隨其才藝高下,大約十兩以上方可。”李曰:“貴國制器練兵,是不可已之事,中國向被洋患。天津失守,北京亦危,伊時無器械可敵,故洋人無難闖入,吾是以始設機器局於天津、上海、福建、廣東等處。今則洋人不敢窺窬,去年與俄羅斯失和,俄國兵舶來天津,見機器防守之盛,不敢近港而歸。若如貴國之無備,俄人何憚而不入乎?”余曰:“中堂創設製造局之事,讀向時疏本而知之。敝邦今日創設小局,不知何時做得一分樣子。”李曰:“穆麟德見過否?”余曰:“日前相面於海關道署。”李曰:“此人公平正直,諳交涉等事,通各國言語文字,吾特薦之。”余曰:“見其面,已知其人之淳實,協妥敝邦交涉事務,誠爲萬幸。”李曰:“到貴邦,即奏賜一官銜,無論二三四品,皆可。但做貴國之官,辦貴國事無礙,各國人不得以局外干涉爲言。向來李裕元、金宏集與日人議約時,若有如穆麟德

---

① “十四日……周玉山在焉”,此部分據《陰晴史》補。

者代辦,日人不敢要挾過當。”余曰:“鈞教甚當,穆麟德出來後,國王當即引見否?”李曰:“甚好。”余曰:“接見儀節,當如何?”李曰:“外國人本無跪拜之禮,雖進見皇上,亦衹脱帽而已,姑任其俗可也。”余曰:“一次引見之後,或有大公事,可以引見否? 每月一兩次,時常接見否乎?”李曰:“非有大公事,不必數接,如有面議事,可令政府相議。”李又曰:“貴國尚疑畏外國人乎?”余曰:“民間耳目,尚未習熟,故皆有疑懼之心。”李曰:“於日本人何如?”余曰:“日本人亦未相熟,疾之如仇。”李曰:“日本修好已久,尚亦如此,況外國乎? 萬一穆麟德出去後,或有被害見辱之事,將奈何?”余曰:“不無是慮,當歸奏國王,派員保護,不至有他。”李曰:“此人吾所力勸而出送,專爲貴國地也。若遭意外之患,於吾面上大不好,須十分防護是望。”余曰:“當極爲保護。”李曰:“購器銀子,何時來到乎?”余曰:“俄見公文,今年柵税之得免,甚幸。但往返之間,自費數月,大約歲内可以到津。”李曰:“到津後將如何?”余曰:“屬從事官,即報海關道及東南局,商議購買之事。”李謂王筱雲曰:“銀子來到之前,可以先事講究。”筱雲①曰:“雇人製器,先須給價若干,三分一工價,敝局當先給,使之趕緊製造。”李曰:“從事官金明均當住何處?”余曰:“學徒撤還後,不必仍住東局,現備銀千兩,托東局鑼水工頭唐明義②買一區屋子安頓。周玉山曰:“千兩買屋,不成公館貌樣。津城紫竹林之間有僧舍,可給千兩,修理館宇,較爲寬廠,此間公館,多於僧舍爲之,尊意如何?”余曰:“甚好,甚好。”李曰:“此計好矣。”周曰:“然則送價銀於敝處,吾當派員往看,一切代辦。”余曰:“甚感且幸。”李曰:“卿見任江華留守,不曾到官否?”余曰:“公事忙,未得到官。江華距京城百餘里,民事通判主之,軍事中軍主之,有大事,來決於留守。”李曰:“常在機務處議事否?”余曰:“雖忝在機務,愧乏涓埃之報。”李曰:“經變以後,

① 雲,此據《陰晴史》補。

② 唐明義,《陰晴史》一作“唐明儀”。

國王認真國治否?"余曰:"勵精圖治,講究日新之效。"李曰:"有實效之可言否?"余曰:"干謁苞苴之風,比前寢息,廣開言路,破格用人,方行保舉取士之法,減省冗官冗費,汰老弱之兵,團丁練習,庶事草創,姑無成效之可言,而民有拭目之望矣。"李曰:"盡好,好。吾所望者,惟在貴國君臣協心同德,政治日有起色。"余曰:"鈞教甚感,謹當歸奏國王。"李曰:"聞自貴國來者,皆云貴國兵丁,非徒不習於洋槍,并本國所用之鳥槍,不會慣用,是何故也?"余曰:"升平無事,京營兵驕惰遊逸,與兵器相疏。或有峽村獵户能命中之人,然不曾束於隊伍之制,亦不可用也。"李曰:"穆麟德在其國官高,不宜慢待,待之不可與日本人同也,日本人最畏德國,又忌穆麟德。吾最憎日本人之侮貴國,故出送穆麟德而制之,日人必不敢如前恣横也。"余曰:"如此牽制,深爲萬幸。"余曰:"允歸國後,本國事宜屬從事官稟商,奉有國王諭旨,或有公文呈請之事,無可據之印信,所有領選使印,姑屬從事官,何如?"李曰:"可也。嗣後有事,與周道商議。余請告辭。"李曰:"善輔國王,今日貴國聲聞通於萬國,與向日貴國大不同。善則有百世令名,不善則貽羞四海,不亦可慎乎? 余起立稱謝。"李曰:"卿今年貴庚幾何?"余曰:"四十八歲。"李曰:"早白矣。"周玉山曰:"今年盡白矣。"李曰:"嗣後如有大事,閣下當來津。不然,則祇好在國辦事。"余曰:"謹當唯命。"李曰:"此去代請國王安好。"余拱手稱諾,拜辭而退①。

(十二月十一日),午後二點鐘,訪文芝軒(瑞)。芝軒爲言語學生教率之事,復辛勤懇篤。且曰:"吾所專管者,水雷、語學。然各廠事亦爲提調。貴寓一夜須用及建造房屋,無所不管。凡有難便,皆來告我。我旗人,性直而快,不事外面,不必拘於俗嫌,有事必須相告。"

且曰:"我先長白人,與貴國鄰境,自入中州,猶不忘本。"

且示水雷局學堂職員姓名,曰:"此人等相面爲好。委員李少

① "拜辭而退",此句據《陰晴史》補。

卿、印樹棠、刑部員外郎司事王星甫、印文煌秀才、回南司事袁仲甫、印承緒從九品司事(照料各生飲食、起居、寒暖、疾病各事),漢文教習二位邵亦芳、印宗瑞(秀才),梅薌生、印映桂,秀才洋教習二位曾子安、印盤,五品銜回南鄭杏村、印宇澄,五品銜學良左萬。"

又書示曰:"本堂學規,年逾十八,一概不准拈收。今朴永祚之年雖已十八,面貌聰秀,可望有成,亦可收留。各生起居、飲食,雖有司事照料,弟亦查看。雖功課甚嚴,看待各生,如同子侄。即貴國學生到敝學堂讀書,弟亦不敢存畛域之見也。"①

(十二月)二十六日……夕,許涑文來話。涑文在此過年,明年旬間還津云。(保定)

許觀察去後,訪對門楊廟里楊善元,即椒山祀孫也。與學究冉姓人同居,爲人貿貿,幾齒於皁隸,可嘆。余曰:"《椒山先生遺集》如有副本,可得見否?"答以:"有,有。"以一匣四册見贈,板本極弊劣,余以錢十千五百、人參二兩、清心丸四個酬之。初似以好意自給,乃反少之,亦可笑也②。

(壬午二月)初四日……與委員李樹棠少卿相晤,轉訪許涑文。許、潘兩人往迎李傅相於二百里外,昨日纔還云。與涑文談次,涑文出示《申報》,論我國昨年逆獄事,及我國托造槍炮二萬桿於日本,中國亦托造於日本。語多爽實。余書示曰:"《申報》未知何人主筆?纔得風便登欹劂,每多失實,不足爲據。"涑文曰:"語涉中國人事,其人必有致責,故不敢妄書。若貴國,當何法處之?"余曰:"處之無法。"相與大笑③。

① "午後二點鐘……畛域之見也",此部分據《陰晴史》補。

② "二十六日……亦可笑也",此部分據《陰晴史》補。

③ "初四日……相與大笑",此部分據《陰晴史》補。

壬午二月十一日與許涑文談草略(涑文名其光，登科入翰林，今調機器總辦，駐東局，年五十餘)

(壬午二月)十一日，晴。往晤許涑文觀察。少頃，水師提督丁汝昌入來，相與晤談。丁汝昌，號禹鼎，年四十七，安徽廬江縣人，有勇力。粤匪、捻匪之亂，屢立戰功。現今統帶北洋水師。相貌魁偉，胸襟樂易，談笑任真，有赳赳之意。丁卯去後，與主人筆談①。

涑文問："自海關道有信來否?"答："姑無信。"主人曰："想一半天有信來，聞中堂已接見美使。"答："早晚必有信。"主人曰："貴國民心，亦惡日本之人否?"答："小民無端切齒，常恐生釁。"主人曰："日本可伐(時主人半醉，面有紅潮，故放言)。"又曰："中國若伐日本，貴國能出兵相助否?"答："元時遣將伐倭，敝邦金方慶亦率兵隨征，前明時敝邦被倭患，明朝傾天下之力以救之，上國若有致討之舉，豈敢顧友誼乎? 但患力不足耳。"主人笑曰："戲談耳，大抵日本兵力、財力，不足深慮。"答："日人最可憤者，輕侮中國，近與敝邦外若情好甚篤，然其實欲攬東洋大權，跨中國之上也。"主人曰："美國在泰西諸國，兵力最弱，且爲人和平，雖與貴國通商，斷不致生事。"答："近來事惟視强弱，不在公法。然小邦自守之道，惟在謹守公法，無失言於他邦爲可也，而敝邦人視公法如邪學，不欲挂眼。"主人曰："《萬國公法》亦非諸國會議定法，乃參量時勢，如六國時合從之説。假使孔、孟復起，不得不②因時制宜，但辦法遠勝蘇、張耳。"答："看來日人所爲，多不滿意，悦洋人之道，盡化其鬚髮、衣冠、典章、法制，但恨不能目深鼻高耳。且百年以來，頗尚文風。今則掃除文字，專習洋文，是秦政復起也。東洋山川亦有神祇，必不樂此舉措也。"主人曰："彼國亦有文士，能言其非，彼稱仿趙武靈胡服之義，以琉球爲中山而滅

① "十一日……與主人筆談"，此部分據《陰晴史》補。

② "不"字原文闕，此據《陰晴史》補。

之。”答:“日本滅琉之舉,天下尚無公是非[①]乎?”主人曰:“往年美國伯理璽天德遊歷至日本,語琉君復國事,終不見答。由此言之,日人之不憚美國,亦可知乎?”答:“日人之悍然滅琉者,恃其諂事西國,彌縫多口也,然則《萬國公法》亦不足講[②]也。”主人曰:“楚人縣陳,究亦復之。”答:“蹊田奪牛,久假不歸,安知非真有之乎?”主人曰:“魯、衛在春秋時,最稱弱小,而享祚過於齊、晉。貴國雖偏小,惟勤撫其民,訓兵務農,通工惠商,無害於歷年之久遠,孟子之告滕文公曰‘與民守之’,又曰‘勤爲善’而已,保邦之道,諒不外是。”答曰:“孟子之言,亦出於無奈之辭耳。譬如禀賦羸弱之人,節省慎攝,其享年多於强壯之人,此理信有之,然畏寒怕風,何時當舒氣擡頭?”問:“丁提督外貌已是魁偉,可知赳赳干城之材,習於水師,未將陸軍否?”主人曰:“向帶陸軍,最稱驍勇,水師於前年初帶,曾赴德國,駕駛新製磁快船[③]來津。”“與劉銘傳、周盛波諸人何如?”主人曰:“劉、周固宿將,而名位已貴,駕馭殊難,此君尚無氣習,易於驅使。近日中朝用兵節制,仿佛前明。文臣統制武師,聽其指使,事面最好。”主人曰:“文臣素無服衆之望,亦可駕馭乎?”“見今曾公國荃及李、左兩人中堂,亦無服衆之望乎?”主人曰:“此三公迭掌兵權,宿將多出其麾下,今曾公告病閑養,左公年逾七十,惟李公尚强壯。”客曰:“李公亦已滿六旬,筋力豈能常健?繼此而有可屬代者乎?”主人曰:“川督丁寶禎[④]、督張樹聲可繼也。”客曰:“曾聞駐美公使鄭玉軒有器局,此人何如?”主人曰:“姑未經試。”客曰:“近見《淮軍平捻記》,李傅相指揮諸帥,持重決策,不減趙營平。”主人曰:“傅相常自言,平捻之功,專賴劉銘傳。然防河圈地之策,始終不變,實傅相之力也。”客曰:“牽制流寇之策,莫善於此。前明時若用此法,豈至蹂躪天下乎?但明時委任

---

① 是非,《陰晴史》作“是”。

② 講,《陰晴史》作“稱”。

③ 磁快船,原本作“碰快船”,據《陰晴史》改。

④ 即“丁寶楨”。

不專,雖有良策,無所展施。以此觀之,不第傅相之功,實[①]朝廷之任人不貳,處置得宜耳。"主人曰:"七八年之間,凡兵餉、防攻之策,言無不從,宜傅相之成其功也。"客曰:"傅相之勞苦功高如此,緣何民心尚多不服?僕來時過邦均店,見壁上所題詩,以傅相之通洋和俄至比秦檜,不亦過乎?僕嘗戲次其韻,因録示次韻詩:'古來車戰轉爲馬,國富今惟數海航。能讀書宜知合變,急投劑豈已膏肓。老成方略還持重,遵養王師且晦光。白面坐談天下事,聽之盈耳盡洋洋。'"主人見之,大笑曰:"足爲傅相禦侮。"亦録示己詩,其意專在於日、俄,詩曰:"滚滚中原聽鼓鼙,駸駸六國勢連鷄。才名似餅都能説,秘計如糕不敢題。伺隙卞莊工刺虎,失時温嶠忌然犀(言不可明白,亦"秘計如糕不敢題"之意)。晶瑩三尺昆吾劍,南面還須手自提(言方今主少,未敢用兵,异日自有聲討之時也)。"客曰:"他日皇上春秋鼎盛,亦須觀勢觀釁,俟時不得已而動,未必牽於浮議,輕試昆吾之劍。"主人曰:"尊論誠然,遠人不服,修文德以來之。未聞黷武漢患匈奴,而呼韓之朝,不因兵革。"客曰:"亦由武帝屢創,而凶奴運衰之故。"主人曰:"摧枯者易爲力。"客曰:"今若[②]聲討日本,必有師名,爲琉球問罪耶?"主人曰:"琉君尚在日本,其臣來此,久爲包胥之哭,此須有究竟。"客曰:"向聞琉使或死或還,今尚在否?"主人曰"琉使一人,今在上海,春間復來津"云。客曰:"其情甚悶迫,中朝亦極難處。"客又曰:"向見《申報》大書中國欲伐日本之事,無乃使日人見之而知畏邪,何其不慎樞機也?"主人曰:"《申報》本多張謊,彼亦見之,亦不準信。"

同日向夕許涑文來訪談草

(五月)初十日向夕,許涑文來訪筆談[③]。

---

① 實,《陰晴史》作"實由"。

② 今若,原本闕"若"字,據《陰晴史》補。

③ "向夕,許涑文來訪筆談",此句據《陰晴史》補。

許曰:“《申報》所刊貴國與美國訂定和約,甚爲合法。”余曰:“此由上國字小之惠,傅相代籌之力,感謝不盡。約稿十五款,美使以第一款相持,竟至電報伊本國,及到港議約之時,不用第一款,以第二款爲第一款,共十四款。第一款之意,另爲照會彼國存案。《申報》所刊,乃其底稿也。”許曰:“美國既有定章,其他各國當束書加於牲上耶?”余曰:“英國既遵前稿,無异束書加牲,俄國亦云當遵,但俄人或有陸路通商之説,事面自應不同。惟德使不欲用前稿者,爲四款。張制軍堅執不許,德亦勉從,未知議約時又復何如耳。法國求好而已,姑未議約。”許曰:“法國商務素稀德國,向無東顧之意,准販洋藥一節,固不可解,然折以大義,當以無辭,惟各國税則,約内所定頗爲得法,似應查照,急爲實訂。”余曰:“善始者貴善終。以敝邦之弱少,得此善約,實出分外。惟善後之策甚難。嗣後亦惟事事取法,件件請益。至十年、二十年之久,或當有頭緒否?”許曰:“貴國風氣如魯一變可以至道,非若西方急功近利,猶齊變始至魯也。”余曰:“敝邦雖蕞爾小國,亦四千年衣冠古邦也。其弊[①]也若人之羸老,猝難振作,若如外國土藩向未開荒之域,風氣纔開,自當烝烝日上矣。蓋自强至弱易,自弱至强難,但聞齊一變至於魯,未聞魯一變至於齊也。”許曰:“强弱不在兵戎,魯國不易變齊,亦有不必變齊之理,現在各國與貴邦訂約,所以能如此者,惟其文弱,故不爲其所忌也。”余曰:“盛教亦深中彼機,但向後事不可以此常情[②]恃,恃强猶不可,况恃弱乎?恃陋恃僻,鮮能保國,惟有自强而已。”許曰:“鄙人嘗有論云‘勿求自强,但求自治’。”余曰:“自治便是自强,更復何求?如人之一身,臟腑調和,則四肢自然康强,外邪不能侵,如人不能節食遠色,臟腑受傷,精血日耗,乃欲救之於手足之末,日試針灸,蚤夜按摩,曰‘我自强’,誰其信之?”許曰:“自强之弊,其中易虛,自治係從根脚做起,紀

① 弊,原文誤作“邦”,此據《陰晴史》改。

② 情,此據《陰晴史》補。

綱法度，皆有精神氣脉以運之，譬如人之一身，以元氣爲主，其本原必由清心寡欲，所謂人貴自立也。”余批貫“清心寡欲”四字曰：“清心寡欲，所以濟大欲，此有國、有家、有身之至寶也。近日日本緣務自强，其中則虚，然上下節省，惟以富民爲主，其進尚未艾也。泰西各國議起於下，在上者無成心，故鮮有敗事，惟我東洋，不可純用此法。”許曰：“泰西無成心者，美而已。英尚能持其故步，法則簒弑相仍，俄、德屢仇其上，皆不可爲訓，竊謂其國必有更易之勢，日本、美加多未嘗非英武之略，第求治太速，未聞大道，似亦論治者所未慊。”余曰：“歷評諸國，均切其病。”余又曰：“似聞西國無兄弟一倫，信否？”許曰：“近日稍知倫紀，殆亦漸染華風。每見西人，以父母照像懸諸廳事，朝夕瞻仰，亦可取也。”余曰：“大抵西人聞墨子之風者（尚鬼，兼愛，尚技巧）。”許曰：“然。”余曰：“敝邦電機學徒趙漢根與宋景和，願往大沽看習水雷之法，向托劉薌林觀察書屬大沽羅鎮軍隨事指導，已於昨日坐小輪船前往，回局遲早，姑未可知。鏹水學徒金台善、黄貴成兩人，學習數月，苦無可試之器，頃蒙造給手器，俾便歸試，竊深感幸。火藥廠學徒二人，其一人有病回國，現有一人，今欲將兩人移隸火藥廠，使之一同學習，未知可否？非謂兩人盡得鏹水之妙，緣彼廠事閑，優遊日多，虚抛光陰，爲可惜故耳。”許曰：“均已聞命，當歸與梅園説知矣。”

六月初七日許涑文談略

（六月）初七日，陰，向晚蒸熱。午後訪許其光觀察，使通事傳語口談①。

許曰：“貴國有宰相一人丁憂，果然否？”余思必指芸楣台之謂也，答曰：“内閣學士閔泳翊，新遭其本生内艱，似是此人，而閣下何由聞之？”許曰：“向於《申報》見之，其人官居幾品？”余曰：“二品，此

① “初七日……使通事傳語口談”，此部分據《陰晴史》補。

人年雖少,公忠體國,寡君深器重之。”許曰:“貴國有如此賢臣,社稷之福。”許又曰:“聞貴國請日本教師學習練兵,有之否?”余曰:“日本人堀本禮助隨其公使來留,故派兵丁往習步法耳。”許曰:“聞其人造詣不甚精妙,恐不如中國之人。”余曰:“因其來駐而權請教習,非請來也。”余曰:“向與潘梅園議敝邦購器之事,間已入聞否?”許曰:“已聞之矣,此事甚好。日前略探制軍之意,前後門槍各五百杆,似不必論價,惟槍子則須買去耳。”余曰:“何敢? 然極爲不安。”許曰:“此是李[1]傅相之意,毋庸不安。”又曰:“此姑未然之事,吾以意度之耳。”許又曰:“貴國工匠宋景和手法精良,新造銅冒手器數件,無一參差,可喜可喜。”余曰:“宋景和勤實做去,始終無間,以其用心,故能如此耳。”許曰:“惟勤實,則百事可做。”又曰:“聞貴國山多,必多礦處,向無開礦之議否?”余曰:“雖有礦處,開采不能如法,則徒勞無益,苟欲如法,開采費財浩多,是以難之。”許曰:“貴國不嫺礦務,實難自辦,中國人衆極多,生利不敷,如有以此等事雇往,必多樂赴之人。貴國生財之源不外於此,何不亟圖之?”余曰:“姑未知敝邦物議如何,而此事亦須待傅相回津,稟商妥定耳。”許曰:“待傅相妥議,甚好。”許又曰:“購器事亦係重大,必以奉貴國王命之意,書送公文一張存案,我等轉稟制軍,得其批許,然後資以代辦,於事面爲好。余竊念銀子入來之前,先行公文,事涉輕遽,然既以購器事,議及於兩局,則事難中止,不係乎公文有無。”故答以“當依教書呈矣”。

是月二十八日永定道署談草(遊藏園名智開,現任永定河道)

(十二月)二十八日,晴。寅正發行,新橋六十里打點,有生員周適觀,字少卿,居天津東門外,略能識字,筆談數紙。六十里固安縣,申初得抵龍勝店。凡三次來宿,今日塵沙尤甚,不辨路徑。夜入見遊道臺,略設酒肴待之。亥初辭還寓。藏園送鵝、猪及茶食餑餑二

---

① 李,此據《陰晴史》補。

櫃、茶二封與寓店。領來人給錢十千，送名帖以謝之。今日行一百二十里①。

主人曰："兩奉保定所寄手書，具悉。和議總於明春在天津定妥爲是。加以全權，自是正大。廿六日稟辭傅相，當又有一番籌畫，願聞其略。"客曰："玆有談草及美使書呈覽，此行業欲仰議玆事，暢聆高論。"主人良久觀閱，再三反覆。書示曰："不立教堂，此條宜堅拒之。在中朝爲屬國，與各國言之則爲自主。此條説得極爲得體，其餘均可相機行之，閣下此行，已得其要矣。"客曰："中堂所教一條大意爲頭腦，黄參贊所擬兩條爲肯綮。不立教堂一款，爲弊邦目下最先要務，其餘猶可照例立約。未知敝邦朝議，更當何如耳？"主人曰："所可慮者，通商事國人皆曰不可。竊意此等大事務，須明明白白，反反覆覆，愷切開導，俾上下大小臣民咸曉然於時勢之不可拘執。如盤庚遷殷之煞費苦心，則得矣。"客曰："我寡君用心之苦，不減盤庚，但小民狃於故常，大難變化，今古一轍，若議和而無通商之利，則是慕虚名而受實害也，是切憧憧。"主人曰："務必大誥於國，方能内振朝綱，外禦强敵，古未有上下不同心同德而能立國者，此事自在執事之力言於貴國王耳。"客曰："允職卑人劣，不足有無，我寡君恢弘聽受之量，不拒芻蕘，但此事不待力奏，而蚤已往來於宵旰憂念之中，方以誠意開導，不大聲色，終必有歲計之效耳。"主人曰："貴國王乃大有爲之君，智開所言，諒必不以爲妄，惟仰求鑒區區之忱而已。"客曰："閣下之爲敝邦謀忠至矣，敢不拜嘉，談草見借，謹當專函啓達矣。"主人應諾，祇給自己談草。客曰："遠人當此歲暮，舉目無親，如梁燕戀主，不厭百回飛來，此次又迤路歷拜，亹亹聆教，至見燭跋，深用不安，請祈新年鴻禧。"主人曰："爲王驅馳，客中度歲，諸凡望自保衛。"

① "二十八日，晴。寅正發行……今日行一百二十里"，此據《陰晴史》補。

三月初一日遊藏園談草

(壬午)三月初一日,晴,風[①]。是日遊藏園早朝來訪,余未及巾櫛,倒屣出迎,握手甚歡。自言二月廿八日自固安離發,昨到天津謁傅相,明日緣河道有事,匆匆還發云。余傳致卞吉雲書,仍書示曰:“明天返旆,未得數奉大教,甚悵。敝邦回信,今纔承聞。魚、李兩人方由營口入來,未知何日當到津。昨拜傅相,想有敝邦議約底稿等説話,可得聞其概否?”遊曰:“明日回署[②],不過數日,恐又有天津之役也。昨見傅相及周玉山并幕府,皆言俟美國電報回時,魚、李二君將到,務必將此事勾當也,傅相本欲於數日内往永定河收驗工程,因通商事在即,故不往永定河矣。仍問:“李橘山尚在巨濟否?”余曰:“間已蒙恩典賜環矣。”遊喜動於色曰:“幸甚,幸甚。”仍於片紙書去歲在保定傅相座中,自己口占絶句三首,其一曰:“連朝對客籌東海,過耳歸鴉噪晚天。宫燭兩行燒又盡,相公猶手草苔箋。”其二曰:“輿圖歷歷指朝鮮,俄北俄東界并連。看到橘山遷謫處,不禁却立意凄然。”其三曰:“使臣紗帽倚華筵,深曉時艱計萬全。我亦觀棋當局定,斂襟危坐聳危肩。”余曰:“大作久已諷誦,而今蒙書示,更讀一回,當日帽檐燭影,如在眼前(遊蓋緣李相事,而書示其詩也)。”臨别,余使通事爲道悵悵之意。遊曰:“但貴體保重,少别不須悵也。”余書示:“君其愛玉體,俱享黄髮期。”遊曰:“好,好。”復書示曰:“努力崇明德,皓首以爲期。”遂揖别。

十五日遊藏園來訪談草

(三月)十五日,晴。遊藏園來訪,言爲李中堂來天津,因歷訪

---

① “三月初一日,晴,風”,此句據《陰晴史》補。

② 署,原文誤作“書”,此據《陰晴史》改。

也。其二郎及孫亦陪來。遊任生即藏園長子之子也。談次①,余問:“李中堂丁憂,向見諭旨,以時事多難,慰留鄭重,想不能終守己志。”遊答曰:“昨已具疏懇辭矣。必定終制,此事斷不能説,通權達變,以非辦軍務故也。”余曰:“傅相若去官,想中國海防一切事宜或有所更易,敝邦羈旅之蹤尤無所依仰。”遊曰:“後任張振帥,必能曹守蕭規,後事無容過慮。”遊問曰:“聞閔内翰有致我中堂書,其略可得聞否?”余答曰:“想魚、李二人帶來也。”遊曰:“魚、李兩人何尚未到耶?”余曰:“路中不知有何事故,尚不來到,甚爲憧憧,文丈何以知閔内翰之有書耶?”遊曰:“向見吉雲書知之。”遊曰:“前蒙贈詩,久未奉復,心實歉然。未知近日又有佳章否?”余曰:“自來此以後,熏心事多,不吟一字。行中諸人,或有投贈之作,亦絶不酬和,負債如山。昨冬過永平時,有次壁上六言詩韻,兹供覆瓿。”因出示五言②四首。遊亦録《昨過丁字沽口占》一絶以示之,詩曰:“烟繞横塘水繞隄,柳陰時聽好禽啼。阿誰丁字沽前路,纔過紅橋東復西。”余書示曰:“春日途上,光景如畫。”遊問曰:“聞貴國學徒亦有聰穎可望成就者有數人,且聞學徒已先歸國者多,何也?”余曰:“有遭故者、有親病者、身病者、無才者、在此無益者,先遣歸國。”因曰:“敝邦學徒不慣遠遊久客,今未幾朔,因事故而歸者已過十餘人。愚意欲得其緊要梗概,從速撤回,設小局於敝邦,以爲製造之始。向與潘梅園議到此事,梅園亦印可。未知文丈意如何?”遊曰:“極好,極好,然須奏明貴國王,且禀我中堂乃可。”余曰:“欲爛商於諸大人,然後奏達於寡君,往返承命,又費幾月。今雖如此留意,歸期須在秋冬之間。”遊曰:“自應如此。”余曰:“須預以此意,代禀過中堂是仰。”遊曰:“諾。”因辭起曰:“四月爲奉别傅相來,伊時暢飲會話於海光寺樓上。”余曰:“甚好。”梅園去後,余即雇覓一輪車,往天津城西成太木廠,即遊翁寓館也,

① “十五日,晴。游藏園來訪……談次”,此部分據《陰晴史》補。

② 五言,《陰晴史》作“六言”。

就與話別。遊曰:"須屬不必相送,何遽遠枉?"余曰:"情不能已,送以賤軀。"主人饋茶果少話,日色已暮,揖別向南局石汀寓館,吃晚飯①。

(四月十三日),聞游藏園自固安來,轉向成太木廠。藏園出迎甚歡,問美使出去後事,對以所聞。游曰:"向日中國於兵亂中議約,事或見絀,無假争辨。今貴國,定約於無事之日,理宜從容隨意,不可吃虧。且問民心,皆欲通商否?"余曰:"民心尚不以爲然。"游曰:"宜明切開諭,使知不得已、不可已之故也。"又問:"近有安南事,聞之否?"余曰:"略聞而未得其詳。向聞法人攻破東京,未知嗣後兵形如何。"游曰:"聞王都已見破,姑未詳知。安南亦係屬國,而路遠無以救之,可悶。近來頗聞其國政不修,今果有此事。"談畢辭起,與石汀、一齋,相別,還東局。②

壬午正月初十日天津海關道署談草(與首堂李應浚同入)

(壬午正月)初十日,陰寒,有雪意。午刻,與李應浚往海關道訪周玉山筆談,未末還③。

周問:"李君年幾何?何號?現定何職?幾時由京至此?卞君幾時啓程回國?"李答:"卑職今年五十,號桐庵,官居鴻臚寺四品,去年臘月二十八日到北京,今初八日到此,卞君昨臘二十五日,在小凌河相逢。"周問:"閣下去年與大家分先後行耶?抑到北京,復回本國而又來耶?在津能常駐否?"李答:"早分先後而行也,今月底回本國,再來津常住耳。"周問:"去歲十二月廿三日,聞有人回國,今正月李礩④等又去,大約二月底,當有的信來。"金答:"想二月必有回信。今次李君之來,又奉到寡君手札,辭旨與前無异,大略敝邦物情,斷

① "梅園去後……吃晚飯",此部分據《陰晴史》補。
② "聞游藏園自固安來,……還東局",此部分據《陰晴史》補。
③ "初十日,陰寒……未末還",此句據《陰晴史》補。
④ 礩,原文誤作"瓆",此據《陰晴史》改。

不可先派員來，由美船自去爲好，另有録呈，可賜覽否?”周曰:“謹將此意及來册寄保定。俄國有書來，不宜屢拒，以好辭答復而已。日本性狡，此時但其力不足耳，然貴國與中國一氣，彼自不敢輕動。”金曰:“俄書之四次退却，亦已過矣。此後來書①飭令受上，但恐俄人托以既通書札，不時來泊，遽欲議修好通商等情事，或有窘迫未能妥善之慮耳。日人之性如婦女，難遠難近，此次數條語，甚覺憤惋。”周曰:“昨保省有書來，言中堂正月尾到津，但未定準何日。請李公不必往保定，候中堂到此，見過兩面，略得端倪，再回國不遲。貴國若許美船到仁川港口，甚善。惟慮議約一節，彼此意見相去太遠，而中國又無人在仁川幫忙。約成或亦吃虧;約不成，更多後慮。愚見就金公在此，或二月有貴國人來②，在此密議(大約派全權大臣到此一節，想貴國難行)，大概使美使胸中有幾分可成打算，再聽其乘船而往仁川也，似於事機更順。不見日本乎？日本與各國所定之約，并不甚好，即貴國去年與日議修而未成之約稿，亦覺不甚周到。惟此事宜，機密遲則恐漏，毋論貴國二月有無全權大臣來天津密商此事，至多不得過一月工夫。”金曰:“李君行止固當依教爲定，册子所録，幸望因便速達，亦望大人傾助。若遂寡君之意，則甚幸甚幸。總之，敝邦不便先派議約之使，即敝邦物情，實難强拂故耳。”

是月十八日周玉山談草

(正月)十八日，晴。海關道周玉山來到③。周曰:“美使乘船到仁川，勢所必然耳。所慮不妥，中國昔年用兵所訂之約，大爲吃虧，現觀日人與各國，貴國與日人，及此次日人，貴國欲改議約稿，皆不妥當。前年本國與巴西换約，從前日人與本國换約，即非用兵時所

---

① 此後來書，《陰晴史》作“此次來書”。

② 或二月，《陰晴史》作“或一二月”。

③ “十八日，晴。海關道周玉山來到”，此句據《陰晴史》補。

議,大概可知也。現美使意中所必求者幾件,貴國所必不能允者①幾件,須見面問過,方可代籌,否則不必空言也。貴國與中國一氣,將來邦基鞏固,外人自不敢輕視,且貴國與他邦議約,本朝應得與聞,若援昔與日議約并未與聞爲例,或他國將欲繼日人接踵而至,一概按日人已成之約,後患何可勝言?此時本朝以主少,一切未敢輕動,然日日講求,安知十年、廿年之間,氣像不迴异耶?倘聽日人之謀,是認賊爲子,本朝何利於貴國而有壞心待之耶?中堂何曾勸美使不往,何曾要彼此定在天津議,亦因邦交情誼故耳。竊見前日説帖有獨立半主之語,故放言及之,請察。"允曰:"大人於敝邦事情,終有所未盡諒察矣。敝邦自古慕華慕義,仰庇上國,如幈幪覆幬,况今委弱已甚,諸國窺覦之時,敢以自尊特立爲計,有是理乎?是不爲也,亦不能也。往者與日人議和時,船泊港口,事急無暇仰聞,故伊時事過之後,即發飛咨,據實轉奏。今次美國事,即敝邦通洋之創例也,爲國論,携貳縱不能止彼之行,實難派使迎來。既經許好之後,議約通商諸般事務,一聽中朝處分,奚止望聞而已乎?向者"獨立""半主"等語,即日人構間之計,敝邦原不以此動心,豈不見諒耶?若美船自出,知議約之誠,恐未妥。此所以縷縷仰祈方便設法,俾無受屈者也。"周曰:"本無不見諒,竊細繹前説帖,似以議約難辦之爲輕,而爲乘船通好易行之事爲急,若此間故留美使者(語意未暢),是以傾吐,勿以爲實話。"又曰:"議約在用兵後與未用兵前,本迥然不同,然東西之勢,頗不易説。"又曰:"魚允中幾時回國?想李應浚來時,當見過矣。"允曰:"魚允中自天津由上海還走長崎島,與信使同爲復命。在應浚已發之後,故不得見過耳。"周曰:"魚允中前在此,請本朝開海禁與貴國通商,本是因時制宜辦法,然必貴國先奏,或咨請總署及北洋大臣代奏,方可議准。能先奏否?有所聞否?當今之時,外來生客日多,防維不易,與舊相識之人更要親切,方於事體

① 不能允者,原本闕"允"字,據《陰晴史》補。

有益也。此言譬得中理否？日人在貴國恣肆，聞者無不切齒，因衹有兩家，若有他人幫説，不至如此。如人入市中，不能説大無禮話，以人多故也。”允曰：“開海禁事，謹當隨便奏達，諒敝朝廷必無异議，此豈爲中國商民之地耶？古人云‘數見顔面情重’，昔時大小邦相孚之義，日以益親，此敝邦之所願聞也。市中不敢恣話之教，譬喻切當，東諺云‘無虎洞中，狸作虎’，政類於此。”周曰：“先開海禁，有中國官商在貴國暗中幫忙，庶免外人許多猜嫌耳。”又曰：“此間諸人有送貴國王禮物，一月後可到，望趁便雇車，與信使同路發，特此先聞。”

（二月十七日），與周玉山、王筱雲、馬眉叔、羅稷臣同至海關署吃飲。周玉山録示：“馬眉叔觀察，印建忠，江南丹徒人。精法國文學，兼通各國交際事宜。游學西方，西人奉爲師友。志氣超然，非庸庸仕路者所可比擬。羅稷臣（山。自云候補知府）刺史，福建閩縣人。印豐禄，年三十三。精英美各國文字，尤善今古文詞。游學西方，練習兵船之藝甚精。操履謹篤，爲我輩佩服。二公可諦交。於公家之事身心之學，皆有益也。”（玉山所示止此）

二人外貌俱清秀精明。羅稷山襟懷冲澹，動止端凝。與余坐近，問東國科制，且言顧亭林、胡朏明皆有用之學。余曰：“亭林先生《日知録》，僕嘗得見過。胡先生所著，僕固陋，未之得見。”稷山曰：“僕游歷英、法、德三國，見西國良法，多合於顧、胡二先生之言，以是知二先生之學，非徒資考據而已也。”余曰：“西人之善處，必不出於先聖之範圍。二先生之言，無怪見施於西國也，亦可曰暗合古人。”問：“游歷環瀛幾年？何時東還？”羅曰：“尊論甚是。僕前游英、法、德三國，計三年有餘。”余曰：“壯觀非徒山川之助，博察天下郡國利病之源，足以繼亭林之志，甚盛甚盛。”羅曰：“豈敢豈敢。”遂辭别諸人，以起還東局寓所①。

① “與周玉山……以起還東局寓所”，此部分據《陰晴史》補。

是月二十日海關署談草(周玉山,名馥,現任天津海關道)

(二月)二十日,晴。海關道見請。十二點,赴道署晤談。馬眉叔、羅稷山在座[①]。周曰:"尚無貴國回信否?"余曰:"今天亦無回使,道遠便闊,最苦待人。"周曰:"美船出去貴國,守海口弁兵得無驚動開炮之慮否?"余曰:"蒙中堂先期告知敝邦,非倉猝遇之,安有驚動之理乎?"周曰:"貴國海港淺深,無由知得,如有貴國人指導,更好。既到近港,須有地方官接應,方不齟齬。竊念國人指導一節,勢似難便,然此非美船之獨去,中國大員奉敕同往,則亦不可以勢難指導爲答,故但模糊以答云,受書以後,自可如禮接應,斷無齟齬之弊。"周展《朝鮮地圖》(日人所畫)一幅,問:"海路?"余曰:"前明崇禎時,貢使由敝邦平安道海口達於登、萊州,伊後海道復閉,不講淺深,若由上海歷日本海口而來,則海程似必較遠。"周與馬、羅兩人諦觀地圖[②],指點海路自中國山東省,不歷平安、黄海兩道海口,由大洋[③]直達仁川之路,曰:"輪船之程不過四五日。"馬眉叔遊歷各國,悉諳海程險易,似於我國海港亦已有領略者,故知"濟物浦"之名。又指仁川、南陽之間石礁,曰"此不必礙舟者"云。周又問:"潮長落淺深?"允曰:"敝邦雖居海中,非素業海利者,不知其詳,但聞京城近海《潮候歌》'三兔三龍水,三蛇一馬嘶,羊三猿亦二,月黑復如斯'之語,各處潮候,正自不同。"周曰:"江華亦可泊船否?"余曰:"江華前洋,亦可泊船,而江華之口,有孫石項甚狹,潮滿則可過,潮落則不可過。"周曰:"潮落則水深幾許?"余曰:"潮落後深淺,允未嘗測量,不敢臆對,往時日本船來泊江華時,亦乘潮過往。"周問:"漢江口亦可泊船否?"余曰:"以天津紫竹林觀之,深不過一二丈,而大小輪船無難往來。敝邦漢江之深闊,非紫竹林之比,而天津河流湲漫,無拳石之

① "二十日……在座",此部分據《陰晴史》補。

② 圖,原文誤作"道",此據《陰晴史》改。

③ 大洋,《陰晴史》作"天津"。

礁，漢江水急多礁，有淺有深，輪船恐難駛行。”周曰：“貴國地圖一本，可見惠否？”余曰：“苦無善本，允携有一本，絶大而粗，如欲考閲，當奉贈。”余曰：“馬、羅兩公此次偕往敝邦否？”周曰：“此姑未定，須中堂奏明派員，然後乃可知耳。”

二十一日海關署談草

（二月）二十一日，訪南局總辦王筱雲及龔魯卿。與石汀偕訪海關道周玉山，晤談。午刻起身，訪馬眉叔、羅稷山，皆不遇。與石汀别，還本局。北京付書回便，見年貢上使洪臺書，今十六日回程云。又李應浚爲銀子事，專人回便來，不免狼狽，可悶[①]。余曰：“向日蒙中堂示諭，使李應浚乘火輪官船先歸奏達，極知感悚。然昨夜與從事尹君商議，敝邦之尚無回信，却不知何故。李應浚若從水路而行，與陸路[②]回信相違，則更多難便。愚意候至廿五日，自此乘輪船至營口，二日可到，自營口到栅門，三四日可抵，自栅門至義州爲一日程，義州至王京有飛遞，二三日可達，總不過一旬之工。中路若遇回信，還與俱來；若不遇，則直達京城，預講接應之道，亦不爲晚，未知盛意如何？向日所云，旱路廿二三日[③]可達，以常時之程計耳，倍道晝夜趲行，必不逾十日。”“議約大事，貴國王必願趁早入聞，必不願晚後得聞。李應浚之行，雖先美使十日抵京，講究停當，尚云太迫，況由旱路，更費多少日子，得無誤了事機乎？中堂特念貴國王懸企之情，專撥輪船，俾便歸奏。今更違中堂之命，倘誤事機，竊爲不取。”余曰：“美使當於何日發船？周曰：“西曆五月初二日，即中曆三月十四日。”余曰：“十四日發船，則何日可抵仁川？”周曰：“念内可抵。”余曰：“然則李應浚雖於今晦間由旱路發程，可先美使十日之前。輪船一動，爲弊甚大，由陸似好耳。”周曰：“中堂方與美使爲貴國議約，稍

---

① “二十一日……可悶”，此部分據《陰晴史》補。

② 陸路，原本闕“路”字，據《陰晴史》補。

③ 日，原本闕此字，據《陰晴史》補。

有眉目,奏聞皇上。李應浚出去時,奉約條底稿及中堂公文,乘船前去,此不可暫緩。”余與從事尹友相視而議曰:“似此,則從旱從陸,更非吾輩可擅當,奈何?”遂書曰:“既有公文所重,中堂所送,允何敢干預? 請勿復敢言。”周曰:“貴國有解[①]洋文、洋語者乎? 議約緊要之務,惟在傳譯。”余曰:“敝邦素無解洋語之人,已於日前稟知中堂矣。願得一通曉洋語及交際事務之人,偕往幫辦,深爲萬幸。”周曰:“日間閣下進院時,面請於中堂可也,此次又必奏派大員,乘兵船前去。此非幫美國也,專幫貴國也。”余曰:“通曉洋語之人,久欲仰請,而近日緣敝邦之無回信,滿心惶蹙,不敢更煩他事,日間如得進院陪話,當依戒仰請矣。”周曰:“中堂現方議和約底稿,日本之所不允者,皆欲允之,又有貴國所未想到者,亦爲補入,此實爲貴國也,爲閣下也。”余曰:“允庸昧蔑裂,將命不善,中堂不以使臣之不敏移咎於國,悉心代籌,俾和約無虧,敝邦君臣暨一國之民,同受其賜,豈獨使臣乎? 但愧不能奉副其至意耳。”余又曰:“與美使議約時,彼倘無不肯順從處否?”周曰:“豈得無之? 多有缺裂處耳。”余曰:“何者爲肯從,何者爲不肯從乎?”周曰:“議約數日可定,伊時必有邀議,今未大定耳。”

二十九日海關談草

(二月)二十九日,晴。飯後與首堂李應浚訪海關道周玉山。玉山往中堂衙門未返。俟至良久乃還,傳領敦丈之抵李中堂書及卞吉雲之抵玉山書,仍筆談數紙而起[②]。玉山問:“貴國有回信否?”余曰:“有信。魚允中侍讀、李祖淵主事以考選入來,通事一人,先來傳信。”周曰:“魚、李兩君何日到津否?”余曰:“聞於本月十七日到灣府,二十日可抵邊門,廿五日由營口搭船,候船遲速,未可量也。”仍

① 解,原本闕此字,據《陰晴史》補。

② “二十九日……仍筆談數紙而起”,此部分據《陰晴史》補。

傳兩度書函,周曰:"李山響是李裕元之族否?"余曰:"非也,寡君之叔父。"周曰:"當代獻於中堂矣。"又曰:"兩人是全權否?"余曰:"未聞奉有全權之命,爲共商議定約也。"周曰:"若然,則船到貴國後,當再派。"余曰:"自應有迎接之儀。"周曰:"當派送何官迎接乎?"余曰:"與日本人議約時,派一品大臣,此次宜無异同。"李應浚曰:"美船果於何日起程否? 日前肅緘,尚未奉答,甚鬱。"周曰:"此事須面禀中堂可也(日前首堂送書,玉山以自此乘輪船至仁川港口,則海路未經測過,殊涉危疑,願至龍川三道浪,由義州陸走爲便)。美使定以三月十四起程,方以議約,有幾條相持。彼以電信報其國,如有回信,行期乃定。"余曰:"自此至美國近四萬里,電報往復,假量幾時?"周曰:"一半天可以往返。"又曰:"中堂爲貴國議約,比他國最爲妥善,爲貴國可慶。"余曰:"不勝感謝。"周曰:"查貴國與日本議税則,既云米穀進口免税,又趙秉鎬與日人言,又云米穀禁出口,日人不應①允准,平時則勿禁。如遇年荒,禁止出口,何如?"余曰:"此事最難妥定,敝邦絶無厚生之資,惟土産米穀爲民命之源,若許出口,或恐滲泄價踊,害歸於民,故國論以此爲大防。自日人言之,敝邦米穀以外,亦無可藉而通商者,故屢回争執,其勢實難究竟,待考選官來到後,更當商議仰報矣。"

二十一日海關署談草

(三月)二十一日,晴。海關道周玉山書來,以李中堂之意,邀余來談。十一點鐘,赴海關署,吃午飯,還本局②。

周曰:"魚、李兩人尚未來到,却是何故?"余曰:"誠甚未曉,想二人中一人必臨行疾作,不能登途,路遠便闊,事故難知,甚鬱甚鬱。"周曰:"向來賫書來之,通事與魚、李二人同時啓程否?"余曰:"魚、李

① 不應,《陰晴史》作"不能"。

② "二十一日……還本局",此部分據《陰晴史》補。

行有定期,而姑未起身,先遣通事報信。”余又曰:“傅相寢啖諸節不至大損否?”周曰:“勉抑哀思,料理各務。”余曰:“頃伏見兩度諭旨,慰留懇惻,且以時局見之,傅相去就恐難任情。”周曰:“現決意奔喪回籍,國家有大事,必就咨訪,且凡傅相經手之事必承傅相之命而行。”周曰:“昨英國公使威妥瑪請見傅相,傅相辭以有喪不便接客,威使力請,不得已見之。威使曰:‘聞美使前往朝鮮議約,我國亦派水師提督前往該國,請傅相函致此意。’傅相曰:‘美使纔已出去,不可并往。’威曰:‘然則俟美使回,即欲出去。’傅相曰:‘美國與朝鮮議約現有成稿,未知貴國將何如?’威曰:‘我亦依美人所約一字不改(中堂與威妥瑪酬酌止此)。’英船之去,既難阻住。與美國所約,一例妥成,實爲萬幸,須密速奏報。”余曰:“以敝邦物情,异舶相繼來泊,必致[1]大驚動。傅相亦難阻住,誠爲悶慮,然若不至滋事,則猶可幸也。明日業欲送官弁白君回國,謹當以此事奏達,而營口輪船,苦難覓得。適有挂帆商船前往營口者,乘此而行水路,遲速難必,恐有差晚之慮。”周曰:“一月之内,可以抵王京否?”余曰:“若遇順風,抵營口,不至一月,請給護照。”周曰:“貴國學徒,半已出去,何其多也?”余曰:“各有事故而然,頃與許、潘諸公論及敝邦學習事,敝邦之人不慣遠遊,離家半年,已多生病回國。若過幾年,必空群乃已。不如擇緊要之務,從便學習,速圖撤回,設小局於國中,以爲製造之始。諸公俱已印可,未知高見如何?”周曰:“設局於貴國,招雇中國工師,令子弟就近學習,此爲善法。”余曰:“鄙意雖如此,須奉我寡君之命,又轉禀於傅相,乃可施行,非使臣之[2]所敢專斷。”余又曰:“此次威妥瑪當出去否?”周曰:“威乃駐京公使,伊不自往,派送在津之水師提督。”余曰:“水師提督姓名云何?”周曰:“伊長在船上,弟亦不曾接面,不記其名。”

---

① 致,此據《陰晴史》補。

② 之,此據《陰晴史》補。

十二日海關署談草

(四月)十二日,清風。余以領選使帶率學徒、工匠來住天津東局。從事官石汀分往南局,學習機械。余有病,有故官弁以下工徒等,先送還國。外東局現有伴倘(朴泳鈺)、譯官(崔性學)、醫員(柳鍾翕)、學徒(李熙民、高喆永、趙漢根、金臺善)、工匠(河致淡、宋景和、金興龍、黄貴成、安應龍、金德洪、崔志亨)、語學(朴永祚)、通事(鄭麟興)。余所帶奴子(順得、仁石、學甫)、各房奴子不盡録。義州追入通事金明述姑留南局,則伴倘(尹泰駉)、學徒(安浚、趙臺源、安昱相)、工匠(金臺賢、金元榮、韓得浚、崔同順、金聖元、朴奎成)、通事(崔志華)、奴子(興福、元熙)等。此外,問議官魚一齋(允中)、李浣西(祖淵)去月二十八日入來,住南局。浣西於今月初五先還。惟一齋與伴倘李福焕、通事金性孫等四五人留。聞李少荃中堂將於再明起程回合肥。雇一兩車,入津城,訪海關道臺周玉山晤談①。

周曰:"接馬眉叔初四日由仁川發來信,貴國議約大臣申櫶、金宏集其約稿内,但添仁川一港不准米糧出口,已與美使説定訂初六日换約。申、金二人何官?曾辦交涉之事否?"余曰:"昨日轉聞鎮海兵船之還,未得其詳,且今聞傅相將於明日啓駕,下懷悵缺,專來拜探耳。議約既依稿妥定,甚幸甚幸。仁川一港之不准米糧出口,自前朝議如此,敝邦之事勢然耳。申櫶,正一品輔國階,曾任兵曹判書,丙子與日本議約時大官也。金宏集,二品階嘉善,曾任禮曹參判,現官機務衙門經理使,往年曾使日本。"余又問:"馬觀察何時回津否?"周曰:"聞初六换約,初八進王京,初九日回仁川,初十里西發,但英使初十可到,不知復留襄事否?"余曰:"英使向云,待美使回繼出矣,今日何處遽發乎?然則德國亦有動意云矣,姑無動静否?"周曰:"英船在烟台,陸參將自仁川回,初八日過烟台時見英船。英

---

① "十二日……訪海關道臺周玉山晤談",此部分據《陰晴史》補。

使已聞貴國議定之説，想已出去矣。英使名韋力士也，德使尚無起行之期，其意似欲删改原約。李浣西到烟台，適泰安兵船赴關東海關道，方有民觀察，屬其搭英商之船，到營口矣。”余曰：“若路由營口，則恐不及於英使之議約矣。德使亦有修好之言於傅相否？美與英俱遵一約，德使何獨立异？其所欲删改者在何款耶？”周曰：“德使亦曾以修好事言於傅相矣。不知所欲删改者在何款也？德使現往長江之漢口，聞一月後始回天津，現留譯官阿恩德在此，欲與張制軍商訂約稿耳。”余曰：“張制軍於前約之稿，必不欲增删大概。與德人議約，豈有頓异前約之理乎？”周曰：“制軍意固①如此也。”周又曰：“馬眉叔不能常在貴國，而貴國議約事，將來不少，非雇解洋語者，不足襄助。解洋語，尤必先識漢文，此人若由中國聘請而去，恐非一月三五百金，不肯應聘，凡一切交涉及教習學徒，議訂税則關章，皆於此人是賴耳。”余曰：“大教誠然，謹當以此意詳達本國矣。”

五月十四日海關署口談節録

(五月)十四日，晴熱。飯後雇車往南局訪魚一齋，共論通事入來之事。午後四點鐘，往海關道訪周玉山，邀坐書房，左右貯書數千本，皆經籍典故及時務關切之書也。使鄭麟興傳語：“今日不必筆談。”②

余曰：“敝邦昨送通事來，又有另送咨文，由陸路遞來，蓋不知馬、丁兩公之復東出，而恐德、法船之來，無人辦事。復請派兩公來辦也。且英約一遵美約，十四款外，另爲照會，更添三條，兹并呈覽。”周看畢曰：“我已聞之矣，英使韋力士本不甚③慣於交涉之務。今此三條，雖不另添，自宜照行，何必多事照會也？此皆通商之國自然之例，無甚關係. 如有難從之請，我爲貴國豈不先事周防乎？”余

① 固，此據《陰晴史》補。
② “十四日……今日不必筆談”，此部分據《陰晴史》補。
③ 甚，此據《陰晴史》補。

曰:"我亦意以爲無甚關係,然既有約外三條,不可不使大人知之。"周曰:"好,好,昨天魚一齋來話,聞之否?"余曰:"從一齋略聞之,通商事,既有函商李傅相之旨,自應妥成,駐使事,似未蒙允准。"周曰:"現雖時局大變,貴國與泰西諸國有异,且各國之設公使,專爲保護商民,通兩國之情。貴國與中國,誼同一室,不必照他邦之例。既設公使,則公法體例,與總理大臣抗禮,現今總理大臣,皇上之伯也,與貴國王同等。貴使未便相抗,若不用平等禮,則於各國有礙。總之,數百年舊規,有難一朝遽變。北道開市革罷事,此係兩地之民以有無互易,亦古例也。現今不曾通商處,亦許通商,况係自古互市之地乎?俄人欲於陸路通商,亦安能禁阻乎?不通好則已,既通好,則無論水陸,原無禁通商之公法,鄰國之患,不在通商,開擴商路,以信守之,其益滋多。貴國宜專設一官,管理商務,招徠流民,以固邊圉,雖百俄奈貴國何?若不然,而但禁通商,則非徒無此公法,反爲啓釁之端。"余曰:"魚一齋往年見過中堂時,以此數件事禀商,及今春奉命而來,適值傅相回籍,未免蹤迹䠐䠐,事面唐突,蓋駐使事,本非敢瀆請之事,若傅相在位,必有從容善處之道,北市革罷事,實爲杜俄人之陸路通商起見,亦拙計也,非敢苦中國之互市也。"周曰:"咨文中,倘以貢使仍留在北①京以省往來之弊爲辭,則或可無礙於事體否?直云駐京公使,則恐不可。北道互市時供億之弊,尚可裁革,凡事宜爛商,徐徐而圖之,不可急切。"余曰:"一齋既奉咨文而來,呈文禮部,退俟天津而已。未嘗急切求成,惟在中外諸大人之議奏,遲早豈可惟意乎?"周曰:"一齋此來奉有全權之旨乎?與中國通商約條一事,可以獨辦否?閣下亦當共議否?"余曰:"一齋雖奉咨而來,共濟國事,豈敢曰不知乎?但敝邦本無全權之使,况陸路通商係是創有,豈可不禀本國,在此專斷乎?尹石汀之回,已托歸報本國,條陳便否,早晚當有回信也。"周曰:"一齋云會寧、義州舊係互市之地,不必

① 北,此據《陰晴史》補。

論税,此言不可。既云通商,則當用通商之例,豈可與各國商民异例乎?陸路通商亦與水路大同小异,税則亦不甚相遠,但應多加幾款耳。"余曰:"既用新法,則恐難异同,不知俄使何時東出否?"周曰:"俄使向欲與貴國議約,制軍答以俟貴國回信更議,以此姑遲之,若有貴國回信,俄即出去矣。"余曰:"德使已出去否?"周曰:"德使先馬道出去,想已换約矣。"余曰:"德約已成,俄、法該未出去。馬道不應[①]久住,似應回船,伊後俄、法東出,敝邦欲報上國,復請馬道來辦,則陸遞三千餘里,緩不及事,此次奉有宸札,以此深以爲憂,如何是好?"周曰:"馬道雖暫回來,俄、法出去時,自應知之。馬道復出襄辦無妨,惟俄、法則然,若以後諸國或有續來者,馬道不能長留以待,宜雇往翻譯官一人爲好。但五個國以外諸國,更不打緊,當一律照辦。"余曰:"馬道之屢涉滄溟,雖切感幸,實深不安,翻譯官事,石汀回時亦已詳達本國矣。"周曰:"早晚貴國有回信,須同魚君來,面商制軍爲可。"余曰:"當共來聽教。"談畢,還東[②]。

(五月二十九日)……話畢辭起,訪龔魯卿,傳尹石汀書。魯卿指案上數部書曰:"此業欲奉贈石汀者也。内有《星軺指掌》《公法便覽》及《地球全圖》各兩部,其一部奉贈閣下。"余屢辭不獲,遂帶歸,復訪馬眉叔,不遇,訪周玉山[③],王筱雲先已在座,蓋會商爲我國購器事也。玉山曰:"聞貴國欲購買小手器械,深喜且幸。"余曰:"此寡君之意,爲敝邦製造之始,銀子現雖未到,宜先事商酌,故仰布耳。"玉山曰:"銅冒、機器、小手器及壓藥之具最[④]是緊務,係是草創,不可一時張大。"余曰:"所持者狹,安望所求之奢乎?"玉山笑曰:"好,好。此係買諸外國,半年可到,須趁早酌定。"余曰:"酌量可否?代籌妥當,惟在諸大人盛算,但目下姑無現銀,未敢遽請遠購。"王筱雲曰:

① 不應,《陰晴史》作"不能"。

② "談畢,還東",此部分據《陰晴史》補。

③ "話畢辭起……訪周玉山",此部分據《陰晴史》補。

④ 最,此據《陰晴史》補。

"暫無現銀,不妨先算。"余曰:"事貴豫立,先算甚幸。"玉山曰:"王筱雲深於器械,遠勝於東局諸公。公[①]既許代籌,願信之勿疑。"余曰:"王丈之深於器械,已所捻悉,業經浼托,豈敢有疑?"玉山曰:"招商局銀子,間已如約所用否?"余曰:"已經多少入用,若來月晦間敝邦有信,均可清帳,不必踐冬初之約矣。"玉山曰:"甚慰。"喜動於色,蓋非爲銀子而喜也。常慮我國不能踐言,貽笑於人。今聞先期清賬之言,爲我國甚喜也。

語次,馬眉叔亦來,道兩次不遇之悵,眉叔稱謝。余曰:"俄人之陸路通商,拒之甚善,但未知[②]聽從否?"馬曰:"事理所在,彼亦無以詰駁。余曰:"俄使今在何處? 何時當東出乎?"馬曰:"方在北京。向日,制軍以貴國咨文之意函致總署,尚未有回信,待回信來到,俄使去就,亦可知耳。"主人出茶果勸之。馬眉叔指余謂主人曰:"此次他升品。"主人舉手曰:"恭喜,恭喜!"余辭不敢當,因日暮,辭起,還寓。見有騎馬隨來者,問諸鄭麟興,以爲海關署送衙役,寄信於東局總辦者也。蓋亦議爲我國購器事也[③]。

十八日海關署談草

(六月)十八日,雨餘清凉。自海關又送北洋大臣咨文。蓋英、德議約後,我國備由移咨,此其回咨也。即送鄭麟興於紫竹林,付送首堂回便。回言首堂已於今曉子刻發船云。酉刻,海關署有專伻送書信:"今見日本駐京黎星使電報云,本月初九日,貴國亂黨將花房公使館人打死一名,傷數名,花房逃去仁川。貴國復派兵圍阻,花房上英舶,到長崎。日本已派兵船三號前往説禮云云。究不知此亂黨是何人? 爲侍讀駕過面談爲盼。"見來不勝驚動,即雇車往海關署。已舉燭矣。有候補通判朱姓人,浙江杭州人,自日本領事官取來,余

---

① 公,此據《陰晴史》補。

② 知,此據《陰晴史》補。

③ "主人出茶果勸之。……蓋亦議爲我國購器事也",此部分據《陰晴史》補。

問其詳。朱云:“電音管略未得詳知,大略貴國人三百餘名突入日本公使館,驅出花房公使以下至仁川,載之貴國船,推送中流,任其所之。遇英國船,附搭還國云。想來兩處電報皆同,斷非虛言。不知何許亂黨弄出事來。”半晌精神索然。十八日,海關署談草。日本黎公使初次電報,略言本國軍變事。即訪玉山筆談①。

周曰:“逐送日本公使是貴國王之意耶?此事如何究竟?願聞高論。”余曰:“逐使挑釁,萬萬非寡君之意,想不逞喜亂之徒妄生禍釁,日本人亦必知,非出於敝朝廷之意也。若自敝邦查捕亂首,明正典刑以謝日人,庶幾釋其愠意,而遠外事未可臆料也。”周曰:“高論近是,未知亂者爲誰?日本或有藉端要挾之慮,此時中國亦難設法。”余曰:“藉端要挾,不無是慮,然日本初通各國之時,亦屢經此變,未聞西人藉端要挾也。亂者之爲誰?在此無緣知得,姑未知敝邦事情如何?日人動静如何?中國亦難懸度設法,恨隔海無一條電綫,不得續聞音信,憂鬱憧憧。”見主人方請客談讌,即辭起,約以明日再來會商。歸東局寓館,憂慮萬端,不能成睡②。

十九日海關署談草

(六月)十九日,晴凉。九點鐘,復往海關道,與魚一齋來會,與主人筆談③。

余曰:“昨還敝寓,終夜思量,又與魚侍讀相議,逐使之舉,出於亂黨。昨年安驥泳之黨,亦有伐倭之謀。由此言之,亂黨之心,不止逐使而已。若内憂滋蔓,不能即定,日本人乘便下岸,名曰‘替我定亂’,嗣後要挾,將無所不至矣。與其借手於日本,不如自中國主持扶護調停,事面正大,宜急派人往探敝邦事機。若亂黨即散,次第就捕,則幸矣;若不然,乞即派兵船幾隻,載陸軍千名,星夜東駛,毋在

① “十八日……即訪玉山筆談”,此部分據《陰晴史》補。

② “見主人方請客談讌……不能成睡”,此部分據《陰晴史》補。

③ “十九日……與主人筆談”,此部分據《陰晴史》補。

日人之後，機會甚急，恐不可緩。”周曰：“水陸并進事，大不可輕議，丁軍門方有東巡之行，俟廿一總署回信，即當起碇，現方在大沽矣。請派一人，附搭而往，到鴨緑江邊，探知回來，何如？”余曰：“派人附搭丁軍門之船，謹當如教，而陸軍載於水艦，不必分行水陸。今宜一面送探，一面戒嚴。待探事回來，即便起碇，若少遲，則恐機失。一着之誤，貽悔無窮，望加深思。”周曰：“總在探知回來，更議方便耳。”因辭起，與一齋同還南局①。

二十日海關署談草(與魚一齋同往)

(六月)二十日，清凉。午後四點鐘，與一齋又往海關道②。

周曰：“今日馬眉叔到滬，寄電報云：‘花房藉端鬧事回國，如無賴人之所爲耳。’貴國静以鎮之，可無他事，此言誠然否？”余曰：“想像敝邦事，内憂深於外患。若祗有日本船來加嘖言，則我既有失矣，死傷者之助恤、往來之糜費、什物之傷失，自應照例賠給，此外有他要挾之端，斷不可從，但不嫻此等外務，接應甚難。”周曰：“捕亂、賠給二者外，更無可要挾之事。亂黨須嚴懲，然後可無後患，亂黨凡有幾人？”余曰：“未可詳知。”周曰：“此黨若逐使以後，轉圖不軌之事，滋蔓難制，中國當一舉滅之，祈放心。”余曰：“慮無所不到，亦不能逆睹，日夜憂焦，不遑寢食，今聞此教，不勝感泣之至。”周曰：“魚一齋將附輪船往探耶？”余曰：“然，雖今日欲先往大沽以待矣。”周曰：“總署回信，明日當有，待此信回，起身無妨。”余曰：“船到鴨緑江邊，去義州不遠，然義州距漢城稍遠，恐探事未真。若得直往仁川，則甚好，而巡海公事，不敢相妨。欲專雇一船，往探於仁川，如何？”周曰：“誰將輪船專雇往仁川耶？明日有總署信，當奉告矣。”遂辭還東局，修本國書信③。

---

① “因辭起……還南局”，此部分據《陰晴史》補。
② “二十日……又往海關道”，此部分據《陰晴史》補。
③ “遂辭還東局，修本國書信”，此部分據《陰晴史》補。

二十二日海關署談草(昨得日本再次電報,知亂黨犯闕,玉山問亂起之由)

(六月)二十二日,料理行計。……午後,海關署又有書來,問亂起之由。余答以遠外不可詳知。今將進拜,面陳多少。一齋先往紫竹林候丁禹廷(汝昌)。余則向海關署,主人不在,遂向紫竹林新關碼頭,一齋已與丁禹亭乘小輪發行矣。回到海關署俟之。移時,主人自西庫點檢兵器回來①。

余書示②曰:"頃詢敝邦亂起之由,雖難臆料,以去年事見之,可以推知。去年安驥泳等之謀不軌也。亂黨私立'三號',一天字號,犯闕行廢立之事也;其二地字號,芟除國王信臣,干涉外務等事也;其三蜂字號,即伐倭逐使也。彼時事泄不遂,今聞亂黨已犯宫闕,驅逐鄰使,與去年賊供一一符合。此係其餘黨所爲明白無疑,不知嗣後事更何如?天涯孤臣忽聞此報,不能奮飛,此何人斯?我寡君踐祚以來,憂國勤民,失德未有暢聞,惟以國勢微弱、天下之時局大變,若孤立寡助,宗社難保,故禀中朝之命,與各國議約,實爲保存宗社、生靈之計。而彼不逞之徒,以外交召寇爲寡君之罪,鼓扇謗言,驚惑民心,釀成今日之變,姑未知犯宫以後事機如何。若亂黨得志,或遂廢立之法③,則必即遣使奏請廢立之由,構捏成文,歸我君於不仁不孝之科。念到於此,尤切痛心,伏望大人預陳此意於憲台,轉致於總署,以明寡君之無罪,受奸黨之謗也。"玉山曰:"派兵須用幾人?"余曰:"彼雖得志,人心姑應未附,中國仗順討逆,誰敢攖鋒?愚意不過步兵千人,足以辦事。"玉山曰:"彼黨或與日本人陰和而陽絶,外若逐使,其實召兵來劫。若如此,則中國欲剿滅賊黨,得無有礙乎?"余曰:"無是理也,逆黨素無遠志,惟知眼前事而已。寡君深惟大計,用

---

① "二十二日……主人自西庫點檢兵器回來",此部分據《陰晴史》補。

② 書示,此據《陰晴史》補。

③ 之法,《陰晴史》作"之謀"。

心外交。於日本人亦善待之，逆黨方藉此爲罪，膽敢舉事，何暇與日人陰謀乎？雖然彼亦有些小權術，既藉名舉事，乃更媚結鄰好，以固其勢，亦未可知也。”玉山曰：“今日黎星使電報言，見日本井上馨爲言：朝鮮亂黨事，現雖派兵，自有權利，非欲打仗，辭氣平正云。然彼既派陸軍，其計固未可①測也。”余曰：“日本人亦必無怨寡君之心，然既有此釁，豈肯袖手而觀乎？”玉山曰：“日本兵船想已到貴國，其間果剿除亂黨否？或無干預廢置等事否？”余曰：“竊料亂黨得志，初頭必無乞和之理，一再交仗，日人必當上岸，便不可復制矣。亂黨既已鼠竄，日人之干預國事又未可知，此所以欲中國速兵派②先出，毋在日人之後也。若中國兵出，不至打仗，自有善處之道，他國則不能也。”玉山曰：“俟師船探信回，當密陳於制軍，照此意妥行也。”余曰：“雖以賠給言之，敝邦人不慣外務，必多吃虧，嗣後兵船出去時，邀一個解識此等事之人辦理調停爲好，此則雖洋人亦無妨。”玉山曰：“此次馬眉叔又出去③。”余曰：“馬公往安徽，何以能東出？”玉山曰：“因④制軍電報飭令眉叔會丁軍門同出。眉叔方在上海，將赴烟台候丁同去也。”因出示制軍⑤公文，余看畢起立，稱謝無數。玉山曰：“已派兵船十號，其三號，此次丁雨亭帶去，其餘分在烟台等處準備以待。”余曰：“如此，則更無調發之遲，不勝幸甚。”玉山曰“請回局安心”云云⑥，“無庸兒女之悲”。天已昏黑，遂辭還東局⑦。

二十七日海關署談略

（六月）二十七日，陰。玉山有書來言，請今日九點鐘到署，與筱

---

① 可，此據《陰晴史》補。
② 兵派，《陰晴史》作“派兵”。
③ 去，此據《陰晴史》補。
④ 因，此據《陰晴史》補。
⑤ 制軍，此據《陰晴史》補。
⑥ 云云，此據《陰晴史》補。
⑦ “天已昏黑，遂辭還東局”，此部分據《陰晴史》補。

軒軍門一談。筱軒軍門將奉旨帶陸兵四千,即赴仁川。筱軒軍門在紫竹林上"泰安"兵輪船。筱軒本名家子,身歷戰場廿年,現官廣東實缺提督,駐兵山東登州,滿腹經濟,祈速一見,相約隨往也。催飯即往,與主人筆談良久。吳軍門來會,年可六十内外,名長慶,號小軒,家在安徽合肥,現統六營兵,駐山東登川府,韶顔笑容,有儒將之風,絶無赳赳之氣,觀筆談紙畢,復舉筆,略論數處①。

余問:"吳軍門今晚當發否?兵船合爲幾隻?兵丁共幾人?"主人曰:"大兵船三隻,丁軍門先已帶出,現有烟台、旅順口等處及南洋調來之船十隻,合十三隻,陸兵四千,悉歸吳小軒統轄。明日十點鐘發船,見今魚允中先出,若執事又去,則此中無可與議貴國之事。愚意俟師船回信去就,亦不爲晚,不必明日同發。"余曰:"如弟者,去留俱無益,惟看事機爲之耳。"

(二月初四日),又訪潘梅園。托李熙民化學事及金光煉付銅冒廠及鏹水手器、濕電藥三種購買小試之事,梅園云:"化學極精微,不易學。中國化學亦少。此間委員承霖學之十年,僅得梗概。其書方購之上海,姑不來到。所須器械不可不備置者,購諸上海,不下二百兩銀子。李熙民既願學,則當托承静雨,悉心指教。銅冒廠手器,方有神機營兵丁來學者,自昨年始之,限三年學習,未知畢竟成效如何。貴國如欲專學,則工匠恨太少。濕電藥如欲少試,不必購買,當分送少許矣。"因出示乾濕電三具曰"電種不一,此外又有許多"云。日暮,匆匆辭歸②。

三十日東局談草(潘梅園,名駿德,東局器械局總辦)

(二月)三十日,晴。訪許涑文、潘梅園兩人③。鏹水廠有小手器

---

① "二十七日,陰……略論數處",此部分據《陰晴史》補。

② "又訪潘梅園……匆匆辭歸",此部分據《陰晴史》補。

③ "三十日,晴。訪許涑文、潘梅園兩人",此句據《陰晴史》補。

械，費銀子五十兩可以購造，久[①]托潘梅園，飭本廠代造，當照數償費。梅園諾而不踐，又火藥學徒金興龍等，尚在燒炭所，不移煮硝、合藥等房。屢請移送，而終不見聽。今日見梅園，復言之。梅園云："此事俱屬不忙。"余曰："學之有漸，深造自得，非不知教習之良法，但諸廠事，均非一二三年可期，敝邦學徒遠來，不能久住幾年。此次本國信來，學徒中有遭故者、有親病者，亦有身病者，將來各人事故，又不可知，愚意現在分廠工徒，學習到一年內外，購買小手器械及緊要有實益而可得於敝邦者，卷回本局，設小局於國中，從便學習，來此工徒等，雖未能透得三分，猶賢於不曾目擊之人，又須延請中國良工，隨事教習，方爲妥當。雖未奉有本國旨意，思量敝邦工徒學造一款，終不出於這般勾當，未知盛意如何？"潘曰："甚好！甚好！此間設廠十餘年，所費五千萬銀子，初頭募洋工十七人教習，今則中國工匠稍稍傳習，猶有洋工數人，時時質問，其學習之難如此，貴國設小國於國內，延師教習，誠爲良籌。"余曰："主意如此，則工徒之學造，教以捷徑簡要之法。未宜同此中工匠由漸盈科，期以五年十年之久。先造鏹水手器，以習手試之法，銅冒手器，亦宜購買，火藥廠工徒，亦宜遍習諸房之事，不必滯於燒炭一所而已。機器廠亦望教以緊要先務，俾有把握。"潘曰："向不知貴意如此，故欲令漫漫學習，務須浹洽明白，不責速效，今既聞命，當另圖捷法矣。化學雖十年[②]亦難盡通，而就其切要近務，若製鏹水等法，不可不先教。銅冒既有手器，則不難打造。惟語學非五年不可。貴國既與外國通商，若無解洋文洋語之人，何以通情？中國初與各國通商時，以不解洋文之故，見欺受害甚多，貴國亦應如是。惟此一學，務要精通，不宜半途而廢，以成無用之工。假使貴國工徒并使臣撤還，惟此語學生幾人，獨留無妨，期於成就還國爲好。余曰："大教明白切要，現在語學生不

① 久，此據《陰晴史》補。

② 雖，《陰晴史》作"數"。

過兩人,觀其來頭造詣,必不令輕爲去就也。”潘曰:“貴國有解照像法者否?”余曰:“没有解者。”潘曰:“此甚易學,購買機械不過費一百五十兩銀子,銷一月工夫便可學得。此亦從化學中出來,弟曾講化學,無所成就,惟通照像一法,自謂不讓於人,如有傳習之意,備器械送人學習可也。”余曰:“此亦敝邦所無,學之甚好,而煩請指教,心所慊仄。”潘曰:“不必然。”出示自己照像一片。余曰:“請依教圖之。”

(六月)初一日,晴熱。飯後訪本局許、潘兩人。許不在,衹見潘。語及我國購器之事,潘曰:“要買銅冒全分器械,非三萬兩銀子不可。”余曰:“建造草創,勢難張大。此次所買,但欲具體而微而已。貴局代神機營造手器所費銀子幾何?”潘曰:“萬兩以外。”余曰:“現今敝邦所需,不在於銅冒一事,如槍炮、火藥、修理器機、水龍舉重及諸般藥物等,不可偏廢,實難專力於銅冒。擇緊切先買,逐漸增補,擴充爲好耳。”潘曰:“弟當商酌價值,日間開單奉呈矣。”余稱謝而起①。

(六月初七日),轉訪潘駿德。梅園亦稱宋景和之能,贊譽不已,曰:“此是狠好的手,爲貴國頭等工匠,宜另加賞銀,以示激勵②之意。”余曰:“宋景和之用心精學,誠爲可尚,但同來數千里外,一視撫綏,亦甚不易。今若偏賞宋景和,他工匠必多解體,有腹誹脣,反之慮矣。不如歸奏國王,以俟處分。”潘點頭曰:“良是。此中局内工匠,則隨其勤慢能否而定給銀子,多寡不等,故欲貴國亦用此法,今聞公言,亦爲有理。”余曰:“若設局於敝邦,則亦不得不用此法耳。”潘曰:“趙漢根亦用心人也,有聰明。”余曰:“此人亦切願學之心。”潘曰:“購器銀子來到否?”余曰:“似於今晦間來到,遠外事,亦難指定。”潘曰:“向見王筱雲論及貴國所買前後門槍千杆外,槍子宜多買去,銅冒則以手器製用,此外,須買一件小汽焗爐,以運車床、刨床、

① “初一日,晴熱……余稱謝而起”,此部分據《陰晴史》補。

② 勵,原文誤作“覿”,此據《陰晴史》改。

鑽床。若無此三者，則凡百器械，無以修改。”余曰：“弟亦存此心久矣，但汽爐無大小，其安爐、設筒、運用之法，非人人所能，故不敢生意耳。”潘曰：“此是小小樣子，價不過幾百兩，具體而微，堇足以運三床之力，雖然在貴國爲初見，欲令國人開廣聞見之意也。”余曰：“甚好，甚好，此等汽機①爲幾匹馬力耶？”潘曰：“八匹馬力，自上海買來。”余曰：“槍子買去，則手器置之爲可耶？無乃有闕耶？”潘曰：“槍子手器，亦不下數千兩銀子，且以手器製造槍子，費力甚多，而得不補失，不如買用之爲便也。”余曰：“舉重器，亦不可無一具，價銀幾何？”潘曰：“稍大者，價千兩，小亦不下五百兩。”

是日軍械所與劉薌林談草（薌林名含芳，天津軍械所總辦）

（二月二十日），劉曰：“貴國國史，能購一部否？”余曰：“敝邦前朝史刊行已久，板本均屬廢缺。本朝史現無刊行，惟代有《實録》，藏之名山石室，外間不得購買。”劉曰：“貴國自前明立國之後爲《實録》，抑近代歟？前史刊至何時？乞示。”余曰：“《實録》自康獻王以後，世有修述。前史有《三國史》《高麗史》二部。”劉曰：“《三國史》《高麗史》各始自何年，終於何年？”余曰：“新羅立國在漢初，高句麗、百濟亦先後立國，總在西漢之時。高句麗、百濟之亡，在唐高宗時。新羅之亡，在五季後唐之時。高麗始於後唐末後晉天福時，屋社在前明二十五年。”劉曰：“西漢以前，上溯箕聖，有史書否？”余曰：“猶中華書契以前，不可詳考；箕聖東來之前，檀君都平壤，與堯并立；在夏禹時，送其子扶婁，往赴塗山之會；伊後世派，更不得詳。敝邦權近號陽村，嘗入朝，前明太祖高皇帝以檀君爲題，命近作詩。云：“傳世不知幾，歷年曾過千。”太祖亟稱其老實。箕聖東來，設八條之教，一變夷俗，班史稱仁賢之化，然亦無本國史乘。其後世都平壤，四十二代孫箕準爲燕人衛滿所逐，避地南徙，稱馬韓。同時，又有秦人避

① 汽機，《陰晴史》作“汽器”。

亂來者，自成聚落，稱辰韓。又有弁韓之稱，是爲三韓。其後稱爲三國，所有自三國始有史，然亦疏略無可考。高麗并有三國，其史始詳備。"劉曰："中國史書，貴國修藏之家多乎？"余曰："歷代史鈔若少微《通鑑》、曾銑之《史略》等書，均爲童蒙初讀，雖下鄉小塾亦有之；餘外史書，藏書家多有之，能藏全史者甚少。"劉曰："王宫以内，藏書多乎？"余曰："比外間爲多。"劉曰："此間周馥、王德均諸公欲往省覓二十四全史呈貴國王，可乎？"余曰："諸公向我寡君用意到底忠厚，使臣何敢稱謝？"劉曰："貴國王年富英明，日本王不及也。奮其有爲，英斷果敢，日人莫敢逞矣。"余曰："寡君明達局勢，早已照破日人之心，而彼自用倭變洋，專事逞强，寡君方欲以柔道禦之，若以强制强，反恐有缺折之患。"劉曰："自治之道，在教養之政，日修禦侮之資，則在强柔相濟。"余曰："高論均可佩服。"劉曰："日王之可鄙者，是在變洋太過。見事勇爲，勤習教民之政，亦有可取，捨短取長，不改衣冠正朔亦可。"余曰："日本之人善變化，其國與敝邦慶尚道相鄰，其人文之開，由我嶠南儒林之風，嗣後購買中華經籍，彬彬多文學之士，及聞洋夷之風，又突然盡變，可謂下喬木而入幽谷者也。"劉曰："日本内地之民，未變者尚多，將來日王之失，亦在此也。"余曰："非徒法制，衣冠正朔之改，并掃文字，日本亦東方文明之區，其師老①宿儒潦倒田間者，必多憤鬱之志，雖云富强，未可謂得民和也。"劉曰："日本之富，國債盈千萬；日本之强，捨王京之兵，皆離心離德，所謂富强者，乃自誇，亦自解也。"余曰："日人諂事西國，西國亦從而亟稱之，以自壯於東洋。"劉曰："西國之有識者，皆稱日人曰猴。蓋猴之性，見人爲亦爲之，而莫知其所以耳。"余曰："日人之善學人爲，誠如西人所云，然若不變其衣冠正朔，何至自取侮辱乎？日人之納侮，亦東洋之耻也。"劉曰："貴國御用磁器、錫器佳否？"余曰："多用銀器或錫器，而磁器則自司饔院有造進者，較中國磁器笨重。"劉曰："國中官

① 師老，《陰晴史》作"老師"。

民，皆能用磁器否？”余曰：“官民所用，均多土製之器，品劣色劣，亦多用錫器。”劉曰：“錫器，天熱甚不相宜。”余曰：“果有銅腥，雖勤溉濯，尚不甚宜口。”劉曰：“貴國所産之茶多乎？”余曰：“敝邦不尚啜茶，故不知有茶。近世丁若鏞學士，博識有奇才，因事謫康津，見所寓之傍有茗樹，始采取，教焙用之法，自是始知有茶。今全羅道沿海山野間處處有之，然以素不尚茶之故，土民不知售利，任自生自長，惟王京朝士家，時托土人采來，然亦不能如法焙製。”劉曰：“若將種采焙製之法，令民間習成，亦可售諸外洋，爲民興利，亦一端也。”余曰：“若民知售賣之利，則雖不勸，亦將興行。種采焙製之法，不可不教也。”劉曰：“萬國治生之要皆不外乎‘種植造作’四字，此後貴國宜留意焉。”余曰：“豈不好哉？但敝邦民俗愉惰，恐難盡興作之利，是可悶也。”劉曰：“舉善而教，不能則勸。民之趨利如水走下，是在上之鼓舞也。”余曰：“化民成俗，惟在導率之如何，謹當奏達於寡君矣。”劉曰：“貴國濟州孤懸海外，其地之廣有若干里，屯兵幾何？居民幾何？乞示。”余曰：“濟州地方，周不過五百里，古之耽羅國，元時以濟州在房星分野，置牧官養馬，入敝邦，置三縣，居民不過一萬五千户，升平日久，軍制有名無實，固無常屯之兵。環島多有險礁，小小商船，亦不便往來。”劉曰：“一朝有事，此處可危，假使敵人得之，則反客爲主，驅之甚難。”余曰：“此猶中國之台灣，其勢誠如所喻。劉含芳所言，周、王諸人將欲購買全史進呈，其意誠爲可感。”劉又云：“欲購得我國史書一部，其意亦難恝然。我國前史，惟金富軾所撰《三國史》、鄭麟趾所撰《高麗史》二部，爲東方可徵之文獻，而《高麗史》卷帙頗多，又無原板，見行於世者，不過三數件，而壞污已成廢紙，不可與人，俞棨所撰《麗史提綱》二部，似宜多印幾帙，贈送諸人，以酬厚意爲可。《高麗史》，我國之良史也。《四庫全書目録》亦稱其體裁得宜，而刊本無幾，原板不存，若過幾年，將至闕然無徵，實爲可惜。種茶售利之説，去年在保定筆談時，李中堂屢屢爲言，至勸自上布諭民間。今劉含芳所言，亦以種茶售賣力勸，余見中國經用，不專藉正供之賦,收税之最大者,鹽政也。其次茶也,洋人近亦種茶。終不如國土宜,故争買之,我國土宜,與中國南方相同,種茶采焙如法,必獲大利,不在人参之下,故其言如是。"

(三月初四日),酉時量辭出,共至海關署,主人設飯待之。馬眉叔曰:"仁川有城市否?"余曰:"小去處,無城市。"馬曰:"我到仁川後,豫於岸上定一居住之所,以便與美使相會商議。"余曰:"自當有接待之節,不勞過慮。"馬曰:"我等食費,自有銀子辦買給用,不煩貴國用慮。"余曰:"敝邦爲主之道,豈容疏慢?"馬與周屢屢稱不必費心。余問:"此次寡君如或邀見兩位大人,則美使亦難异同。日本使臣到敝邦,以臣禮見君,美使亦應用日本之[1]例,而同時行禮,大人以客禮見,美使以臣禮見,得無礙乎?"馬曰:"此次美使爲通好而來,不應面君。他日公使奉國書而來,則時有延見之禮耳。此次并不宜入城。"余曰:"若大人見寡君時,其禮當何如?"周曰:"雖兩位似不必入至京城,如或貴國王邀見,不必見於公堂,見於便殿,衹用一揖爲好,雖失禮,亦無大妨。此次雖奏明派員體例,與詔使有异,若過爲隆崇,與美使迥殊,則美使必懷猜恨之心,惟在貴國深諒處之。竊念李中堂之特派文武大員,乘兵船二隻,提幾百水師,同美使出去,不惜許多浮費,爲此張大之舉者,蓋欲爲我國大振形勢,聲明於各國也。丁、馬兩人係是一、二品大官,因中堂奏明派送,事體不爲不重。在我國待之宜極優厚,而周、馬二人之言,不必與美使過有厚薄,亦深慮之言,似宜外面一體優待,裏面則另致殷勤於二人,以示尊親中國之意。至於當施於美使者,亦詢於馬建忠,務歸停妥。至於派全權議約之事,各國之例,皆用當朝頭等大臣,中國與日本議約時,李中堂爲全權大臣,不如是,不能見重於各國。況有中國大員,其迎接之道,恐不可疏薄。"

---

[1] 之,此據《陰晴史》補。

三月十三日馬觀察談略(名建忠,號眉叔,在海關署共談)

(三月)十三日,大風。與從事官、官弁入天津城,送挂幛於李中堂。挂幛者,此間唁慰,買綾緞之屬,金字書亡人職銜、靈位,下書吊慰人職銜、姓名。上左偏書"福壽全歸"四字。答書黄紙。昨日書聞周玉山:"吾輩何日當吊李中堂?"玉山傳中堂意云:"不必來吊,以書問亦可云,故仍在海關署。"主人有事晚到,石汀、兼山先回南局。夜張燈,馬觀察建忠、容閎、唐觀察廷樞、羅刺史豐禄、吴知府熾昌俱會。主人盛備酒食以待之,馬眉叔明日當發船,間烟台留三四日,仍同美使向仁川,請余寄送家信,余應諾。酒罷,辭歸東局,已過亥正矣①。

馬曰:"貴國港口、海道,從來②經諳。"余曰:"敝邦人雖居海濱,亦不慣海道。若輪船一番行過,自能測知,勝於居民眼目。"馬曰:"初到之處,若無海圖,則緩輪測量而行,便成熟路矣。"余曰:"爲敝邦事,辛苦良多,極爲不安。"馬曰:"本道曾遊地球十數萬里,此次爲大局起見,前往貴國,何敢憚勞乎?"余曰:"有志四方,不憚險易,不勝欽服,但仁川荒僻之地,接待之節,雖不期疏慢,自多草率,幸望隨事包容。"馬曰:"此次前往貴國,諸凡供應之節,一切捐棄,已以此意上稟中堂矣。"余曰:"此是顧恤小邦,爲省弊之意。在小邦,豈能安於心乎?"余又問曰:"中堂以派員東出事,陳請間已蒙回諭否?奏稿及諭旨可得見否?"馬曰:"中堂以密奏陳情,既得旨,又以密咨送貴國王。本道雖已領咨,未知其詳。"余曰:"雖係密奏,其大約不可得聞乎?"馬曰:"奏稿甚長,大約此次貴國與美國連和事,中堂既未能阻住,能③更爲極力代籌,主持方便之道,奏明派員幫辦妥議,以禦外侮也。"馬又問曰:"貴國鄭麟趾所撰《高麗志》,在仁川可得購買否?"

---

① "十三日……已過亥正矣",此部分據《陰晴史》補。

② 從來,《陰晴史》作"從未"。

③ 能,此據《陰晴史》補。

余曰:“仁川小邑,本無書肆,且《高麗史》刊行已久,今無幾本現存。”余又曰:“丁提督明將偕行否?”馬曰:“丁提督已發船,在烟台相候。”余曰:“大人明往烟台,自烟台[1]何日發船否?”馬曰:“自此至烟台一日程,留烟台三四日起碇,一日可達仁川。”余曰:“將與美使同發否?”馬曰:“同發亦可,似當觀勢,或一日半日先發。”余曰:“美國電報,間有回信否?”馬曰:“電報回信,直往烟台,此間無由得知。”余曰:“閣下行中幾人?”馬曰:“本道及幕賓二人,從此數人,總不過五六人,其他船上兵丁不必盡計。”余曰:“丁大人行中幾人?”馬曰:“丁大人坐兵船上,兵船人衆頗多,亦不必相干。”周玉山曰:“唐觀察現管招商局務,昨年,魚允中與中堂談及貴國開海禁與中國通商[2]之意,想已歸達於貴國王。唐觀察此次派五人(皆解商務者)往貴國看察商務。幸寄書於仁川所親之人,引接此去人,周覽諸處(意謂若中原港口之處處有市肆、都會人物湊集之所而去),及詳示物價高低,以便後次往彼貿易也。此人等將占住房屋,爲久住買賣之計,須爲之先容爲好。”余曰:“審如是,則自此大小國情誼愈孚,聲氣尤近,誠爲敝邦之深幸,而敝邦港口庶事草創,極目蕭條,恐不足以來四方之商也。當以此意,備陳於書中矣。”

四月三十日馬眉叔談草

(四月)三十日,晴而陰。乍雷灑雨,旋止而風。七點鐘,與石汀共訪馬眉叔。主人在内尚眠。見西壁下有《大典會通》《通文館志》《禮記》等書。東壁下有畫屏三坐,皆我國物也。東偏房儲洋書數千本,左右列置椅桌,皆洋物也。眉叔久遊西國,故書册、椅桌多洋物也。良久,主人出來,相勞叙話[3]。

余曰:“久屈僻陋,勞苦備至,想敝邦儐接之節,必多疏慢,概蒙

① 自烟台,此據《陰晴史》補。

② 通商,此據《陰晴史》補。

③ “三十日……相勞叙話”,此部分據《陰晴史》補。

恕諒，不勝感謝。”馬曰：“蒙優禮相待，主客相安，别無所苦。”余曰：“伏聞此次進見寡君，通款曲之意，尤切喜幸。”馬曰：“貴國王英明果斷，力排群議，克成和事。厚蒙延接，心切銘感。”余曰：“美、英兩約，已臻妥協。大人此行，造敝邦生靈之福，未知英約亦遵前稿無所增删否？”馬曰：“奉有諭旨及傅相籌畫，僕但效奔走之役而已，何勞之有？英約照美人約稿，不改一字耳。”余曰：“似聞德國將近出，而欲改約稿數款，俄人則欲於陸路通商，他約則均在港口，宜用通例，惟陸路之約，則雖有中、俄約條，地方形情不同，不可全仿，自敝邦詳詢，知北道風土之人講究便否？惟在大人酌度代籌。”馬曰：“德使見張制軍，欲改約條四款，制軍堅執不許，并云不欲紹介，彼亦唯唯聽命，然洋人多狡，在貴國議約時，請先折其心，無俾肆其所欲，俄約，僕當設法代辦，與金道園商議妥定。”余曰：“道園，明白人。周旋之際，想必有心照矣。”馬曰：“道翁胸中雪亮，議事自能易易。”余曰：“從事徐秋堂見過否？”馬曰：“這是好人，惜鬢髪已白。”余曰：“秋堂亦有心人，雖老志氣不衰。”余又問[①]曰：“向聞法人亦出去，尚未有聞否？”馬曰：“祇通好而已。”余曰：“聞此次大人及丁軍門之行，敝邦民心洽然，無不瞻仰歡欣，可見中外一家氣像。”馬曰：“過荷貴國人厚遇，實不敢當。”余曰：“李應浚既奉咨文進京矣，不知大人何時啓旆？”馬曰：“僕擬於初二乘船，至大沽坐輪船，由烟台買辦食物，計當於初七日十二點鍾可抵仁川。”余曰：“滄溟一涉爲難，一旬之内，往而復來，自奉使以來，未之有也。”馬曰：“人臣分内之事，何敢辭勞？”余曰：“仁川埠頭，形便如何？”馬曰：“甚佳，但不便登岸。”余曰：“英人欲於江華注文島開港云，果有此言否？（此時不知巨文之爲三島，華音“注”與“巨”相近，故擬爲江華之注文島，而有此言也）馬曰：“以仁川月尾島不便登岸，有移設於南陽之議。英人所言巨文島，考貴國地圖，乃楸島（即子島）在濟州之間，僕已駁辨罷議。”馬曰：“請尹

① 又問，此據《陰晴史》補。

公初一日先往大沽相待。僕於初二往會,共坐輪船東還,何如?”石汀曰:“已奉制軍諭,方欲附驥,猥同仙舟,昕夕暢聆至教,實爲平生之幸。”馬曰:“周玉山擬於明日邀兩位一談,僕亦往會,未知有信否?”余曰:“有信,玥天再會海關署晤談爲佳。”余指西壁下書帙曰:“此是購買否?”馬曰:“是貴國王所賜。”談畢,復還南局,今日身氣尤不佳。夜,入見王筱雲①。

五月初一日海關署與馬眉叔談草(尹石汀與眉叔東渡,周玉山邀余二人及眉叔會飯叙别)

五月初一日,風。昨日,周玉山有與石汀來飯叙别之約。石汀今日將發,乘小船至大沽,附搭火輪船,偕馬眉叔同向仁川。昨夜,張制軍送御前咨文及抵興寅文書函,屬石汀帶回。朝日泊舟館門前,先載衣包箱籠及回禮物種,往待於紫竹林下流。十點鐘,余與石汀往海關署,主人出外,坐花園。移時,馬眉叔來,相與筆談②。

石汀曰:“昨奉張制軍所送咨文及信函,謹書歸呈,而書中辭意概可得聞否?”馬曰:“衹言俄事,信函亦一樣。”馬又曰:“僕在仁川時,令從氏奉貴國王命來見。”余曰:“舍從已知僕於大人托契有素,宜無不滿心欣仰,而奈言語不通,衹是脉脉相看而已。”馬曰:“以筆代舌,足以達意,且交情貴在知心,不在言語。”余曰:“王世子見過否?”馬曰:“見過。歧嶷夙成,動容中禮,爲貴國可賀。”余曰:“敝邦素是僻陋,室屋街衢,在在湫隘,况海曲荒村,極目蕭條,雖云開港通商,不知何時粗成貌樣。”馬曰:“貴國土地肥沃,民心馴良,若開擴商務,導率得宜,不出十年,必成富庶之國。”余曰:“敝邦在羅、麗之時,疆埸多事,干戈日尋,尚有富强之實。今升平日久,不知何故漸成貧弱,莫可振作。”馬曰:“不患寡而患不均,不患貧而患不安,均安之

---

① “談畢……入見王筱雲”,此部分據《陰晴史》補。

② “五月初一日……相與筆談”,此部分據《陰晴史》補。

道，在王者秉公無私，大臣體國精白，爲民興一利、除一害，如救焚拯溺，則民生自然均安，均安則富庶，未有民富而國貧者也。方今地球各國惟以富民爲事，國家自然享利。”余曰：“招商局五人出去者，何時還來？想敝邦無可貿遷之物。”馬曰：“招商局友已於去月十五日回津，尚未看察明白。”石汀曰：“僕今將先往大沽，候臺駕同發，庶得朝夕奉聆至教，深幸深幸。”馬曰：“亦僕之幸也。”少頃，主人至，共飯。飯罷，話别而起①。

（三月）十四日晴……轉往招商局，訪唐景星觀察。招商局管各處商務，兼管開平礦務。廨舍雄深宏麗。唐道出迎爲言：“馬道今乘小輪船，先往大沽（距天津百餘里海口，過此則大洋），留俟大船將發。自此有明日往會之人，傳書不難。”余遂交付書函。唐屢問：“魚校理何時來否？”余曰：“閣下與魚侍讀有一面否？”唐曰：“昨年魚侍讀來此時，實留敝處。三見中堂，皆與鄙人偕行。又同乘輪船，送至上海。”余曰：“鄙人亦天天等他。不知途中有甚事故，甚爲關念。”壁上挂亞細亞地圖。余問：“此中可得賣買這畫否？”唐曰：“買於上海，價不多，當隨便購送一件矣。”余悔問買，辭謝不安。主人亦致謝殷勤。余問：“令郎幾？”唐曰：“七人。”其長子年二十一，與家兒同庚。吴熾昌亦在招商局，而出外未遇，與主人辭别②。

二十二日唐景星來訪談草（景星，名廷樞，廣東人，識商務，現任招商局總辦）

（三月）二十二日……唐觀察廷樞來訪晤談③。

余曰：“今日風沙撲面，枉駕不易。”唐曰：“久擬一拜，適自海口還，歷貴寓暫晤。”余曰：“向來商賈幾人往敝邦，俱係何地人？”唐曰：“一人居烟台，二人居上海，一人居廣東，共四人。”余曰：“四人俱是

---

① “少頃……話别而起”，此部分據《陰晴史》補。

② “十四日晴……與主人辭别”，此部分據《陰晴史》補。

③ “唐觀察廷樞來訪晤談”，此據《陰晴史》補。

富商乎?”唐曰:“非也,此人等均曉賣買事、物價高下。往貴國看察商務,幫勸他商往賣也。此四人素識貴國參貨賣買。”唐曰:“本月初八日,法國攻破安南東京。”余曰:“頃見傅相奏本,有‘安南垂危’‘琉球未復’之語,指此事而言歟?安南之被攻,抑有事端否?”唐曰:“法國自得安南八省之後,久有意全吞越國。”余曰:“曾聞泰西諸國,惟俄外不貪人土地,此説亦妄。”唐曰:“大約各國無不貪土地,如人無不貪銀錢。”余曰:“安南雖小,向稱頗能自强,現今不如前日耶?或有啓釁於法國者否?法人攻戰幾月,至破其東京乎?東京乃安南王之所都乎?”唐曰:“安南近年總爲法國掣肘,去年自辦軍火一單爲法扣留,旋問越王辦軍火何意?王推諉於大將軍劉永福,法去伐劉,而[①]爲劉所敗,今春添兵而來,劉避入深山。法乘勢取東京,東京其舊都,與廣西相近,乃劉鎮守之處。越王係住順化,與東京相去五六百里。”余曰:“安南係是中國屬藩,法人何故管攝他事?現今四海各國皆修武備,互相勸教,何獨於安南禁辦軍火乎?既係中國屬藩,地又相近,恐煩廟堂之慮。”唐曰:“前八年,法取安南八省,取之無理,當時因中國有事(捻匪之亂),故未暇辯論,安南自失八省之後,大有修武備報復之心。法人知之,故有强留軍火一事。”余曰:“既破東京,則兵勢當止於此乎?其意欲盡吞乃已乎?安南所餘地方兵力尚可以支吾否?安南王何姓?劉永福是安南倚仗之人乎?”唐曰:“法雖有意盡吞,此時亦不敢進兵矣。王姓李,劉永福是王倚仗之人。除永福一枝兵外,餘皆不可恃。”余曰:“然則法人何憚而不進兵乎?畏中國之威歟?畏天下之公議乎?緬甸、暹羅,比安南頗能自强禦侮否?”唐曰:“曾侯(曾國潘[②]之子),現在法國争論,彼不敢進,是其一端也;其二,越王無得罪於法,法之取東京,以攻劉永福,雪其前恨爲名也。暹羅比安南略强,惟緬甸不如也,大約緬甸亦將爲英國所

---

① 而,此據《陰晴史》補。

② 曾國潘,即“曾國藩”。

奪。余曰:“西勢如此猖獗,蠶食東洋,爲之一嘆。”唐曰:“盡然。”余曰:“閣下兼管開平礦務,開平距此幾里?是煤礦耶?又有銅、鐵礦耶?”唐曰:“距此旱路二百餘里,水路亦不過二日程,專爲采煤,又有産銅、鐵處,不在一礦。”余曰:“采煤幾許?”唐曰:“今則一日所采可值銀千兩,稍過幾月,一日所采可值五千兩銀子。”余曰:“然則此局所用,多貿日本之煤,却是何故?”唐曰:“往時姑未多采,故貿用於外國,自今不必買用。”余曰:“以機器掘采否?”唐曰:“然。”余曰:“閣下何時當往看察否?”唐曰:“擬於四月,一遭往看。”余曰:“若由船行,則弟欲附驥往看,何如?”唐曰:“甚好。”

(四月二十七日),午後起身,歷紫竹林,訪唐景星於招商局。主人方以風氣呻吟。

我國素無銀貨,每於冬行,帶包參换銀以用。自正月以後,領選一行飯銀,擬貸用於北京玉河館傍和豐局。討義州監税官李應憲及卞吉雲之書,付諸和豐局。局主柔姓人,還在保定本家,以非時不欲貸給。以是行中日夕窘困,四面乞債,零瑣以救目前。且自昨冬以來,有出送之學徒,有入來之人員,其往來盤費,亦皆臨時得債,以苟且彌縫。向與魚一齋相議,欲得債一萬兩於招商局,先與周玉山議定。一齋赴北京時,與吾共書,立字一紙及抵唐景星書,留托以去。昨聞玉山之言,玉山間已轉誦於唐景星云,故往見景星。詳陳其由,且出示立字,傳一齋書,景星慨然應諾。

余曰:“非欲貸公銀,願以私貸,依例賠息。”景星曰:“吾輩以好意相貸,豈可區區言利乎?且夜諸公所用,皆係清白公事,豈可使以此受困於客地乎?”遂出給摺子曰:“欲用若干時,但送摺子爲信,自可隨求奉應。每須擇送信實人,持此摺子,往轉於天津東門外三岔河華裕銀號,領取銀子。待用之恰,備所貸之數,摺子見還。”余稱謝再三,以年終償完爲限。遂辭起,還向東局①。

① “午後起身……還向東局”,此部分據《陰晴史》補。

(三月十四日)……聞陸倫華還,訪於"鎮海"兵船,叙勞苦之意。因問:"何時到鴨水?"陸曰:"初六起碇,初八早朝到大東溝。李應浚一行雇小船,送至三道浪。回路遇大風,留泊數日,今始來到。再明又將起碇,出貴國矣。"余曰:"丁提督、馬觀察并閣下三大人,乘兩隻兵船同出否?"陸曰:"中國輪船三隻、美船一隻,并四隻東出。"余曰:"但聞中國船二隻,何至三隻耶?"陸曰:"似是中堂之意,爲貴國張聲勢耀威武也。"余曰:"閣下爲敝邦勞苦殊甚,感謝不盡。"陸曰:"中國與貴國一家,何謝之有?"遂致保重往來之意①。

(四月)初三日,風。十點鐘往海關署。魚、李二人自南局先已來會。以開海禁、通商、駐使事,移時筆談。周玉山云:"現欽憲王文韶,係是軍機大臣。見皇上、皇太后,奏達諸事。貴國如有不便事,可乘此傅相及欽憲在時,録陳議詳爲可。"魚友復申北道兩市及敕行支供節,别行往來之費。周云:"他事皆可代禀。年貢一款,事體不輕,從便徐議。第録一通寄送,當轉禀矣。"又曰:"安南與西國議約時,不曾明言中國屬邦。現今爲法人所欺,弱不可支。中國欲與之争論,彼以不相干涉爲詞。此次貴國與美國人條約底稿中,首係'屬國'字樣,非要虚體面也,正防他日之慮也,智者當自知之。"諸人皆稱謝。主人設便飯待之,飯罷辭出②。

二十一日徐仲虎談草(徐仲虎,名建寅,南局會辦,遊歷西國,深識時務,善化學,多所著述)

(四月)二十一日,晴。巳刻,一齋發行,鄭麟興隨往,將呈咨禮部也。與尹石汀共訪王筱雲、徐仲虎。仲虎示所著,議論曉暢時務,所以馳名遠近也③。余曰:"敝邦新通各國,須得通曉交際事宜及西人言語文字、通商之務者,延致襄辦,想中國之士,已多遊歷外洋,舉

① "聞陸倫華還……往來之意",此部分據《陰晴史》補。
② "初三日,風……飯罷辭出",此部分據《陰晴史》補。
③ "二十一日……所以馳名遠近也",此部分據《陰晴史》補。

一人。”徐曰:“中國人雖多遊歷學習,終不如洋人,且自幼入西學習者,其心反附洋侮華,心術不正,反不如公正洋人,不可用也。”余曰:“近閱《申報》,學生之自西還來者,華官冷待,洋人多爲之稱冤,豈非此故耶?”徐曰:“是也,幼無根基,但學洋文,所學者不過一二淺技,便生侮華之心,且不識事體,斷不可用,故此等人最難保舉。以弟所見,惟羅豐禄一人而已。”余曰:“羅公現在中朝器使,豈可屈處僻陋?更思其次。”徐曰:“羅刺史誠難延往,此外恐無其人,不如聘得一公正洋人,凡係交際通商,倚以辦事,必得其益,遠勝於羅豐禄,且月銀不過百兩,亦可應募。此人等每應聘,看他國事,其用心與己國毫無异同,現今中國亦倚洋人辦事,未嘗受欺,各國人於港口事亦不能欺,所以不吃虧也。”余曰:“雖知如此,敝邦通洋,出於不得已,非大同之民情也。斷不可遽募洋人,易致滋事,惟擇聘華人爲宜。”徐曰:“雖聘洋人,但在港口辦事,不必入城。且此人於職掌之外,毫無干涉,必無滋事之慮。”余曰:“我民初見洋人,但見其外,不知其中,華人雖不及洋人,我民之所稔熟,故不如延致華人。”徐曰:“此最緊要之務,甚難甚難。”

初十日徐仲虎談草

(五月)初十日,晴風。天氣甚佳。聞張制軍今日早七點到本局,津城中及東南局官員皆來會,余亦於昨日與文芝軒約共往拜。今日早起訪文,見許涑文公館前,四人轎及鞍馬簇立,坐芝軒所良久。又聞張制軍忽發肚疼,不能來云。鄭總兵國魁來訪,芝軒與余相見,問我國戒備、兵丁多少。且曰:“貴國狎鄰强敵,宜留心備之。”鄭總兵辭去,余亦還寓。午刻,南局會辦徐建寅仲虎歷訪而去①。

余曰:“向讀大著,論外國事情甚暢晰,竊欲謄置一通,尚肯見許否?”徐曰:“謬蒙賞許,甚願呈政,容俟飭胥抄録送上也。”余曰:“敢

① “初十日……歷訪而去”,此部分據《陰晴史》補。

問大兄所翻譯者爲幾種書？書名可得聞否?”徐曰:“歷年所譯,已刻印者約有十二三種,尚有未刻印者,大小約二十種。已刻印各書:《水師操練》《輪船布陳》《運規約指》《器象顯真》《汽機必以》《汽機新制》《聲學》《電學》《藝器記珠》《化學分原》《鎔煉鋼鐵》《德國議院章程》《伏耳鏗合股章程》。未刻印各書:《造船大全》、《造炮要法》、《鐵甲全論》、《汽機大全》、《水雷要略》、《景彈速率器説》(小本)、《量火藥漲力器説》(小本)、《兵卒支餉簿格式》(小本)、《造營壘法》、《西國大事記要》。其餘一時未能盡,詳載《格致彙編》中。”余曰:“翻書自是難事,翻此許多種書,開人耳目,可見留心時務,扶濟民國,甚盛甚盛。請問何時遊歷西國?”徐曰:“同治元年,弟年方十七歲,蒙曾文正公調往安慶大營,隨同家父試造中國第一輪船。告竣,與洋人所製無异。六年,往上海,初譯西書。年二十二歲,因化學、機器等事,中國絶無其書,一切名目、字意皆非素有,盡心揣摩年餘,始有頭緒,而髮則脱去太半,且留者半變爲白。至光緒元年,奏派總辦山東機器局,不用洋人,自創一局,亦爲中國從來未有之事。五年,經手事竣,欽奉特旨着來京引見,又奉寄諭,飭令迅速前往德國。於是未及進京,即出外洋,於十月下旬到德。七年八月,奉曾侯委送俄國,新換和約回華,十二月到京,八年二月,遵旨赴部引見。奉特旨,發往直隸委用,三月初五日到津。”余曰:“大兄經歷真不負桑蓬之志,勛猷炳蔚,令人欽佩,李公善蘭亦善化學,未知造詣何如?”徐曰:“我中國地方之廣、人才之衆不可數計,如弟者車載斗量,不足爲重也。李公係父執,算學甚精,惟化學非所習,亦各專一門耳。”余曰:“承静雨何如?”徐曰:“承公化學頗精,亦後起之英。其學術由家父及弟所譯之書中得之。”

二十二日北洋衙門會周玉山談草(與首堂李應浚同入)

(四月)二十二日,陰。昨日周玉山有書,約於今十點鐘,會督署面談。早起吃飯,與李知事同往津城,詣督署,周玉山先在門房待焉。共入見張制軍,言請留馬道事①。張曰:“德、法兩國姑未出去,馬道不可久留,宜先回來。貴國須延致解洋語及交際之務者襄辦諸事,此不容少緩,宜速奏知貴國。”余曰:“向聞周大人之言,非不知切緊急務,而此須奏報本國,候回信,乃可議定延往矣。德、法雖姑未出,其行止倏忽,馬道既回,洋船入港,則敝邦之人倀倀如無相之瞽,必致誤事,煩乞留馬道代辦,以完終始,幸甚。”張回顧周道,語云云。周道書示曰:“貴國事勢既如是,則馬道衹可留辦德、法兩約,嗣後何國繼來,又不可留俟,宜速延請翻譯官一人,或物色求之爲好。”余曰:“當以此意,速便奏知。而辦事之人,在中原求之亦難,況敝邦何以物色?并望留神訪求焉。”周曰:“俟貴國有回信,再當奉告矣。”余曰:“急切無信,便欲送從事官,帶領病匠三人回國,奏知請給護照。”周曰:“護照當奉寄,而病工出去者,何其②多也?究竟閣下一人將獨留耶?”余曰:“水土爲祟,疾病漸生,現病工三人,或狂、或痢、或淋,俱係非輕,不可不出送,從事官亦常不健,暫回調理,再來亦好。”周曰:“貴國有巨文島否?”余曰:“未詳之也,何以問之?”周曰:“英人言,貴國巨文島最合開港。”余曰:“當還寓,細思而更告矣(巨文島,興陽三島也,巨文者,日本人所名,故國人不知)。制軍曰:“李君何日進北京?”李曰:“數日後欲進京。”張曰:“先呈禮部咨文,然後本衙門乃可轉奏,須作速起行也。”李曰:“然則行期當進定於明日爲可。”遂辭起,共至海關署吃飯,暫往南局訪尹友,即還本局。中路遇雨,沾濕而歸③。

三十日北洋衙門張制軍談草(與周玉山同入)

(六月)三十日,陰雨廉纖。九點鐘往海關署,同詣憲臺衙門。

---

① “二十二日……言請留馬道事”,此部分據《陰晴史》補。

② 其,此據《陰晴史》補。

③ “遂辭起……沾濕而歸”,此部分據《陰晴史》補。

改着官服,入見制軍①。

張制軍曰:"久未相見,誰知貴國時事一變至此,浩嘆浩嘆!已從海關道多聞足下之論,而現承大皇帝命,已派水陸大兵,未知足下高見如何?"余曰:"敝邦國事不幸至此。上貽皇上之軫念,重勤大人之憂,勞師遠撫,不勝感泣之至。允一介書生,受寡君之恩,雖赴湯蹈火,亦所甘心。至於戎事,素所不閑,昨蒙差委鄉導之任,亦惧不堪,實無以仰塞明問。"張曰:"雖有嘉賓,若無賢主人,亦難爲力。貴國朝廷有素負重望、可以整頓頹綱者否?"余曰:"有申尚書應朝,博學有清介之操,爲世所推,然年逾七旬,退老郊莊。洪相公淳穆,亦清儉有雅望,此兩公足以鎮物。其子英植與閔泳翊、金宏集力贊外交之議,久爲亂黨所惡,此次想俱不免。"張曰:"云亡殄瘁之嘆②,自古同然。當此屯艱之時,匡濟之責不在足下與魚允中乎?"余曰:"魚允中爲人慷慨,能直前擔事,倍勝於允植。允植則何敢擬議?且素乏重望,不足鎮物。"張曰:"當仁不讓,不必過謙。日本黎公使電報適到,言'日本人以中國不合派兵,請再思'云云。"制軍示余曰:"日人以敝邦自主之國,中國不合代爲辦理。外面似然,而今敝邦已背盟絶約,何可以公法論乎?"張曰:"日本欲藉端而干預貴國事,若中國兵出,恐有不便故耳。其間日人動静如何?若已登岸,反與亂黨陰合,則更爲利害。"余曰:"亂黨自無遠見,藐視他國,若一經炮火,驚倒散走。嗣後日人誘以禍福,亦不無陰合之慮。所以欲中國派兵速出,恐失其機也。語日人則曰'彈壓亂黨',語亂黨則曰'調停日人',名正言順,俱合於理。彼心雖不樂,非中國之損體也。"張曰:"此兩句(彈壓、調停兩句)甚合機宜,大軍若直入都城,或無驚動生變之慮否?"余曰:"此事甚屬可慮,不如以婉辭先請接談,彼不肯來,

---

① "三十日……入見制軍",此部分據《陰晴史》補。

② 嘆,原文誤作"難",此據《陰晴史》改。

宜[①]連用好言撫之，諭以勿驚，節節進兵，逼住城外，更防四門走路。彼方見困於日人，不得不來附中國，庶得保全寡君也。”張曰：“高論極是。”談畢辭起，與玉山共至海關署用飯。

玉山又書問多少事情，纖悉無遺，臨別書示曰：“軍事不可懸度，願君與一齋，同設擊楫之誓，毋徒下新亭之淚也。”余曰：“微軀何足惜而至於下淚乎？一則保存吾君，一則欲無礙於吾君面上，此事甚難周全[②]，余憂懼[③]在心，不遑顧他，反覆思之，惟以宗社爲重耳。”方欲別之際，有人寄書於玉山，玉山看畢，傳示於余。乃此處人論中國出兵援護朝鮮事宜，詳陳數十百言。料我國事如指掌，可見中州養才之地，多出奇士。問諸玉山，玉山曰：“此人名福成，年四十餘，有謀略，不願仕，信奇士也。弟以貴國事問之，其答如是。”蓋玉山於我國事終始苦心，至於此次出兵，籌餉、制勝、善後之宜，晝夜精思，禀於制軍而行之，或慮己謀之不逮，又廣詢智謀之士，其用心之苦、謀忠之勤，誠可感也，誠不可及也。玉山又言：“魏温觀察等大軍糧餉，此次當與執事同舟。兹有書托温云。船上事，與温云，相議可也。臨行望暫見過。”余曰：“諾。”遂辭起還東。

五月二十九日南局王筱雲談草

（五月）二十九日，陰，雨意甚濃。飯後入天津城，訪馬眉叔，不遇，轉往南局訪王筱雲，傳尹石汀書，即馬眉叔回津時帶來者也。自上有送王筱雲厚紙二百卷，及筱雲所托貿來紙三百卷，尚在大沽未到，故尚遲傳書。見此月盡，不可久淹書信，故先來傳函，仍與談話[④]。

余曰：“此次馬觀察之來，自敝邦有信，六月晦内專送一人，帶銀

① 宜，此據《陰晴史》補。
② 全，此據《陰晴史》補。
③ 懼，原文誤作“俱”，此據《陰晴史》改。
④ “二十九日……仍與談話”，此部分據《陰晴史》補。

子一萬五六千兩,要買零碎器械,爲國中設廠製器之始。竊念此事極不易辦,專來拜叩,惟閣下之商籌指導是仰。”筱曰:“甚好。”余曰:“諸器緩急,莫先於槍炮,而槍炮皆須火藥,惟火藥精製之具,非汽輪大機器,無以合法。火藥諸廠,機器極多,恐難購買,如何是好?”筱曰:“容悉心細籌,分别緩急定購,現有銀萬數千兩,莫妙於先買後門槍五百杆、前門槍五百杆,約須六七千兩,製火藥,不必如東局大機器,仍用人力舂法,僅買壓水櫃一具,亦用人力造成之,尚可與外洋所製不大懸殊,再擇應用各種小機器,酌買數千兩,亦可敷衍目前,以後逐年添辦,事無不成。”余曰:“諸般總乞從長酌辦,弟則原無成見,惟指教之是從矣。大炮幾坐及炮架,亦宜購買。炮子則敝邦工匠,或可仿造歟? 尚須買幾個而去。此外銅片、鋼鐵、鉛片等,及應用手器,并諸藥物,亦須商買。并望深諒代籌,極煩費心,不安,不安。”筱曰:“暫無多款,大炮恐難猝辦,炮之大小,上下懸殊,有數百斤者、有數萬斤者暨十數萬斤者(大炮有價至銀子萬餘兩者)。中國現購極大之炮,衹有數萬斤者,小炮①尚可自造,大炮則不能也,若炮子頗可自造,俟酌買機器後,所有應用物料,自當酌購若干以爲始基。”余曰:“數萬斤之炮,非可遽議。雖數百斤之炮,尚須幾個先買,威敵之器,莫先於炮,但未知小炮亦有後門,亦有開花炮子否?”筱曰:“我想貴國山多道險,雖有②大炮,不便輸運。過山炮不過用一馬馱之,亦用小車載之,亦有後門,亦有開花子,能及千步之遠,此最合用。”余曰:“此炮最宜於目下先試之用③,若大而無當,反不中也。”筱曰:“請托潘梅園代貴國造做小銅冒手器數具,作價亦可聞。現代神機營所造手器甚好。既有現成木樣,多造甚易。”余曰:“此誠甚好,然若云局内之物不論價,則未便開口,尚可代造作價否?”筱曰:“代

① 炮,原文誤作“破”,此據《陰晴史》改。
② 有,此據《陰晴史》補。
③ 先試之用,《陰晴史》作“先試用之”。

吉林造手器，亦作價也。”余曰：“銅冒手器，當懇梅園代造，而此外器機[①]、翻沙等諸廠手器，亦須略略購買，方好歸試。”筱曰：“弟等自當妥慎代籌。”此下接書轉訪周玉山於海關署。

十三日羅刺史談草

(六月)十三日，晴熱。聞馬眉叔將往安徽謁李傅相。飯後往天津訪馬道，不遇，周玉山亦不在，轉往南局，訪魚一齋。入局内，欲見王筱雲，方卧病，不得見。晤龔魯卿，仍看諸廠工徒。還南館，酉刻，復訪周玉山，尚未還。往紫竹林，訪馬眉叔於水師營前公館，已於未刻還天津云。聞羅豐禄在此，即入見筆談。時已昏黑，上燈筆談數三紙而還，東局月色滿庭[②]。

余曰：“聞馬眉叔將有安徽之行，專來拜餞，不遇，甚悵。”羅曰：“馬眉叔爲貴國事，欲往安徽稟商於傅相，知之否？”余曰：“未知也，可得略聞否？”羅曰：“爲貴國通商以後，富强自立之道也。”余曰：“眉翁再涉東溟，備經勞苦，又此爲我代籌，冒炎遠駕，不勝銘感，但現今敝邦富强之道，當以何者爲先？”羅曰：“急則治其標，緩則治其本，興學敦化，是其本也；理財治兵，是其標也。”余曰：“理財治兵，誠爲當今之急務，而治兵亦有財然後事也。敝邦絶無[③]生財之方，雖欲治標，豈可易言乎？”羅曰：“貴國財源甚多，但不講究之耳。”余曰：“敝邦財源，惟在山川自然之産，然開采不以其法，則亦徒勞無益，苟欲如法開采，則費用必巨，是以難辦也。”羅曰：“若爲礦山，籌款自是易易，不與他款相同。”余曰：“聞他國或有借款之事，而敝邦惟自守舊規之國，姑未敢生意。”羅曰：“開礦一事，衹可由貴國自籌款項，須不必借貸，其借貸開礦[④]，必須確有把握，萬不至虧折，方可辦理，斷不

---

① 器機，《陰晴史》作“機器”。

② “十三日……東局月色滿庭”，此部分據《陰晴史》補。

③ 無，此據《陰晴史》補。

④ “須不必借貸，其借貸開礦”，《陰晴史》作“不可必借貸開礦”。

可孟浪從事也。”余曰:“大教誠然,此有國之興替關頭,不可不慎。”羅曰:“弟在英國倫敦一年,讀過西人理財書,其言深根據,有國者不可不知,非王安石、劉晏之比也。”余曰:“西人理財必以富民爲先。民富則國隨而爲富,乃至他國亦使富饒,而後可以利吾民之通商,不爲一人一己之私起見①,故其利甚博。今欲遽效其法,頗似迂緩,然掌財之人不可不務存此心。”羅曰:“百姓足,君孰與不足,故古之人藏富於民,不與民争利,其利愈久愈大。此理甚明,不止廑存此心。”余曰:“眉公未得面别,甚悵,乞代致鄙忱。”羅曰:“明晨眉翁來過,當代悉一是。”

七月初二日袁慰廷談草(時余隨軍東出,遇慰廷於日新船中,名世凱,年二十四,河南亳縣人,官中書舍人,現帶吴營軍行司馬,其父、叔皆顯官,爲人樂易英俊,有壯志。自言少不喜讀書,留心兵事。僕從數十人,皆武藝精熟,謹受節制論我國事亦通達無礙,令人驚嘆)

(七月)初二日,陰,微雨。……九點鐘,往别周玉山,袁子久觀察亦在座,言此次其從侄名世凱亦從軍云。玉山裁書招商局黄老爺處及丁軍門付余,蓋抵以余乘船事也。臨别叮囑殷勤。遂起向紫竹林,招商局唐景星病不能見,黄老爺不在,有李四爺者亦管商務,替主人相接。送人碼頭,導余乘船,船名“日新”,即商船也。長五十五步,廣七步,方載竹木、葦席二萬領,他皆稱是。又載磚極多如山積,未知何用。又載銀子不少,似是餉銀也。余及朴甥、柳醫、安趙兩生、鄭麟興、奴子三名共坐船。東南局學徒來辭而去。

夕,袁世凱來登船,與茅延年對榻起居。邀余共會,張燈叙話②。(袁世凱,號慰廷,年二十四,河南亳縣人,官中書舍人,現帶吴營行

① 見,原文誤作“身”,此據《陰晴史》改。

② “初二日,陰,微雨……邀余共會,張燈叙話”,此部分據《陰晴史》補。

軍司馬，其父叔皆顯官。爲人樂易英俊，有壯志，自言少不喜讀書，留心兵事。僕從數十人皆武藝精熟，謹受節制。論我國事亦通達無礙，令人驚嘆）

袁書示曰："吾欲提勁旅數百直入京城，何如?"余曰："未爲不可，到仁川後，觀機酌行，恐好。"見其頭髮半白，問其故。答曰："弟少孤，有志四方，遊歷天下，偶得失血之症，以致早白。"余曰："正當鄧畫麟閣之年，已有潘毛彪斑之嘆，髮短心長，壯氣不磨，正復早白何傷？猶願隨時保嗇，爲國自愛。"袁稱謝。茅延年，號少笙，年三十三年，順天府大興縣人，即北京人也。官四品銜，補用通判，爲人不羈，動止簡伉。與之言，亦曉時務軍機，隨軍東出者也。亥刻，唐景星觀察來見而去，送饋酒飯，余已吃飯。袁、茅二人亦不能吃，但啗果而已。余所住房子甚湫隘，袁君挽與同宿，遂宿右邊耳房，精潔堪睡①。（自是與同起居。回國以後，四五年之間，無日不晤，口談筆説不可勝收，而并闕日記，故談草無一見存者，祇録初見時數語，以存其概）

同日穆麟德口談略（穆麟德，德國人，我國欲雇襄辦交涉之人，人李中堂薦，穆麟德此次將與之東出，故先見叙談）。

（十月）十四日……訪穆麟德，禮數殷勤，與中國人無异，善中國話。使鄭麟興傳語，亹亹可聽，録其要語②。

余曰："穆公枉居敝邦，居處食飲，甚是不便，好經辛楚。"穆曰："不要緊，吾往貴國爲辦公事，不在於居處食飲。聞貴國木石不貴，庇身之所可以建造，其他隨身之具可以搬出，屋宇又不必高大，祇容膝而已，且不住一處，貴國開港三處皆爲七八日程云。來往看驗，何暇安居耶?"仍論礦山事務③，穆曰："白頭山以北，爲滿洲地，多出煤礦，以南爲貴國界。以此觀之，咸鏡道必多産煤之山。"余曰："非徒

① "茅延年……精潔堪睡"，此部分據《陰晴史》補。

② "訪穆麟德……録其要語"，此部分據《陰晴史》補。

③ 務，此據《陰晴史》補。

咸鏡道,敝邦多山,南邊沿海之地亦多産煤。”穆指定我國地圖①嶺南海邊處曰:“此等處若産煤,則中國人不買煤於日本,而經買於貴國矣。”余曰:“煤礦近海則可以開采,若在高山深峽,無輸運之路,采之無益。敝邦山川險阻,雖多産煤,不可盡采。”穆曰:“不然,近海之煤可以運買,而深山煤礦之處又必有金銀銅鐵之礦。金銀銅鐵,非煤炭②則無以開辦,故深山煤礦,亦不可棄也。中國開平煤礦亦産銅鐵,而皇上以損陵脉禁開,我西國初無是見,中國風水③之説,惑人甚多。”余曰:“敝邦亦多風水之説。”穆曰:“小民雖有此説,惟國王不信,然後乃可以成。年前,中國設電綫時,小民嘩然,以爲損地精。獨李中堂確然,以爲無是理也,民不敢言,今果何如耶?此等虚言,掃除方可。”余曰:“聞此次帶中國學徒東出,果然否?”穆曰:“出洋學徒六人,吾將帶出,先教貴國學生等習西語、西文,分送開港三處,一處各二人,交涉商務等事,必大有益。就中梁敦彦,見在電報學堂,此中人甚惜,不欲捨。吾期與之俱出,仍出示學徒六人姓名(頭批出洋學生蔡紹基,在水師營務處;頭批出洋學生梁敦彦,在電報學堂;二批出洋學生吴仲賢,在機器東局;二批④出洋學生林沛泉,在津海新關;三批出洋學生周長齡,在津海新關;三批出洋學生梁如浩,在南局)。三人此次同往,其餘明春來會。”余曰:“甚好,好。”

---

① 圖,原文誤作“道”,此據《陰晴史》改。

② 煤炭,《陰晴史》作“煤礦”。

③ 水,此據《陰晴史》補。

④ “二批”,《陰晴史》作“三批”。

一一二、佚名《朝鮮外交關係書翰集》

【解題】

《朝鮮外交關係書翰集》,編者不詳。

此書收録朝鮮"壬午兵變"後,清朝官員寫與金允植的書信和金允植與吴長慶間的筆談。第 1 册收録李鴻章與朝鮮國王書 1 封,張樹聲與李最應書 1 封以及金允植與吴長慶筆談 1 篇。第 2 册收録唐紹儀與金允植書 1 封,吴長慶與金允植書 3 封,丁汝昌與金允植書 1 封,吴兆有與金允植書 1 封,周馥與金允植書 5 封,張謇與金允植書 2 封,沈朝宗、張謇與金允植書 2 封,游智開與金允植書 1 封,袁世凱與金允植書 5 封。第 3 册收録袁世凱與金允植書 6 封。此書資料均未被其他書籍載録,是研究晚清時中朝關係的重要材料。本書輯録金允植與吴長慶於光緒九年癸未(朝鮮高宗二十年,1883)筆談資料。

此書爲筆寫本,藏韓國首爾大學奎章閣。兹以此本爲據輯録資料。

筱帥談草誊本

數日前,接南洋來信。因海防緊急,奏調鄙人往南洋之崇明縣駐紥,以扼外夷由海入江之路,事關南北洋大局。

朝廷必當准行。兼之兩粤張振帥及浙撫劉仲帥等皆欲鄙人回南,先後具疏奏請。恐明年正月間必有調往南洋之上諭。此間屏蔽陪京,關係雖重,事有輕重緩急,不得不移緩就急,好在向來私得北洋主持。

“昨日國王拜領大人法書,非徒寶墨之是敬,所書諸幅均係古人良箴,今日藥石,深爲感嘆。俟病有間,即來鳴謝。命臣允植先達此意。”

“國王病體甫痊,不可以風,不敢勞駕。妄論未免激切,實出於心之不自已,惟願君臣交儆,一睹中興之盛業。韓民安,則朝廷無東顧之憂,此使臣所以日夕跂望耳。國家恤官,即所以恤民,官足以自給,方可言廉,天下亦無飢寒交迫之循吏也。”

“敝邦官俸,惟外官稍優於内,然計一年之俸,銅錢百萬文爲厚,其餘不過幾十萬錢。近日沽名者或割此薄俸以施少惠,殊可憫也。敝邦學政久廢,養才是急,書院章程正宜講究,但經亂之餘,經費愈絀,欲有小小施措,輒多礙難。現欲開興學政,宜先少試於京城,漸次擴充,伫見一國興仁,未知卓見以爲何如?願聞明教。”

“鄙意士爲四民之首,宜有以培養之。月給膏火,一士與一兵相埒,亦不爲優。若少練一營兵,以養二三百寒士,費亦相等,而士林之被澤者多矣。此培補元氣之舉,亦鼓勵人才之道,似不可緩。”

“癸酉年,蒙恩簡授陝甘學政,馳驅三年,不遑休息。陝西三原之宏道書院、涇陽之味經書院皆歸學政經理,兩書院經費支絀,均爲設法籌足。”

曰:“已飭匠造水車二具及扇風動機之物,俟成即送往,以便仿造。敝軍即有遷動,所留之左營吴大人熟悉農務,仍可就近咨商。此事無論敝軍在此與否,要之總爲貴國當務之急,似宜廣爲勸導,以收實效。其需用農器,除水車外,無論何具,皆可由營飭匠製造,無需向江南購寄。農桑兼重,貴國山地最宜栽桑,敝軍熟習之人甚多,亦可試辦,桑於貴國地土,想必相宜。”

允曰:“由南洋至仁川,似不過兩三天,至全羅道似不過一兩天,全羅道爲較近,但旱路稍遠。向聞丁雨亭軍門欲巡看敝邦沿海,想有法粤事,不遑來此否?”

筱曰:“雨亭巡海有其言,而未聞行其實也。南洋來,似亦可走忠清道，則旱路較近。”

允曰：“南洋水原一帶直接忠清道，沿海平澤、沔川、舒川、瑞山、泰安等地，近者旱路僅二百里，遠不過三四百里。”

談罷，允口詢農器事，周彦升書示。

“貴國一隅之地，孤懸海中，安能恃而無恐？此鄙人所以沾沾過慮者也。”

允曰：“西夷以利爲義，誰肯以心腹相信，特逼於勢耳。敝邦久享升平，惜戲！已甚狡焉，伺其便者必在蚤晚。”

“大人此慮不是過也。”

筱曰：“將來由南洋至貴國，宜以何道爲便，似須豫爲探明，至於北洋則黄海、忠清，想皆一水可達也。此外南洋來，尚有何處可以泊船進口，請詳示之。將來鄙人往南洋之後，即當派人同貴國隨在南洋之人來此二道探測水路，以爲日後迅赴事機之地。凡事豫則立，鄙人所以爲此過慮者，正以越南口岸現已漸形阻滯，此即貴國前車之鑒，故欲先事豫防。至於法雖一國，似不足憂。然須知西夷通商立約，諸國皆不足恃，甚且狼狽爲奸。中國通商數十年，信義著於天下，而法人一朝甘爲戎首，棄好尋仇，彼於中國猶然，況已過望。今海防事緊，移緩就急，實保國家安危。廟算已定，不可變移。”

“回轅之日，東民雖望塵惆悵，如失乳哺，亦復何哉？況留後調度，逢應聲援，存心保護，曲爲周全，舉國感戴，何以仰報？至帶兵往學之事，前已屢承明教，此是敝邦急務，誰敢憚勞？謹將盛意禀知國王。”

筱曰：“鄙人既在南洋，貴國一介之使有事往來，弟即可。閣下及石汀、浣西數人統率之輪流更替，往南洋練習軍務。一切軍費皆由鄙人籌備，無須貴國籌款，庶以完鄙人爲貴國備豫之心，想事亦可行。若能爲此，則與閣下前在天津時練習機器情形又不同矣。”

允曰：“大人爲國於誠，天下視以輕重，體皇上字小之仁，檢綏藩服，久駐旌節，期此間道，此原是未雨綢繆，不妨爲此過慮。蓋由陸路來,則緩不赴機,而三口要隘,敵有一二兵船即可堵塞不通也。”

允曰:“濟州雖距南洋稍近,四面淺礁,泊船不便,且由濟州至全羅道境水路四百里,至漢城復有陸路千里,恐緩不及時。竊念敝邦三面環海,隨處可泊,敵不能遍堵各口,由仁川以西,黄海道一帶以南,忠清道一帶均可赴急登岸。”

筱曰:“敵不能遍堵各口,誠如尊論,黄海、忠清既各有可通之口岸,爲東道之主,一切較有照應,其帶往之人固須有心時務者,亦須廉明公正之士,庶將來可資得力。此在貴國王臨時酌派,鄙人不便攙越其議。明年二月初,往北洋謁見傅相,當擬爲貴國請增二三營以厚兵力。萬一有事,三口固須設防,即黄海道一帶亦須有兵船駐紮,以杜敵人窺伺之心。至於鄙人在南洋,萬一須赴貴國之急,擬以輪船至濟州登陸,迅赴事機,較爲便捷。彼處情形未審何如?若萬一有事,敵必以兵船堵截三口,故思貴國防務,今鄙人既往南洋,則又可聯絡南北洋聲援,較之往日僅恃北洋者尤爲可靠。若諭旨果來,此間擬留中左後三營,以袁慰廷主持。貴國防務仍與鄙人在此無异,且得鄙人在南洋遥爲聲援,接濟軍火,防務愈形周密,實屬萬幸之事。鄙人若果南征,擬商之貴國王,挈帶貴國兵勇數十人,及士大夫之留心時務者數人以……”①

① 此筆談爲殘文,後闕文字不詳。

一一三、李承五《燕槎日記》

【解題】

《燕槎日記》四卷,李承五撰。

李承五(1837—?),字奎瑞,號三隱,朝鮮韓山人。朝鮮哲宗九年(1858)庭試丙科,文科及第。歷任成均館大司成、吏曹參議、司諫院大司諫、漢城府判尹、藝文館提學、奎章閣卿兼王太子宫日講官等職。朝鮮高宗三十四年(1897),因“乙未事變”,被判終身流配。著有《觀華誌》。光緒十三年丁亥(朝鮮高宗二十四年,1887)四月,以朝鮮進賀使團正使的身份出使中國。使行於四月二十二日從漢城出發,閏四月二十七日渡鴨緑江,五月二十六日到達北京。八月初八日離開北京,九月二十九日回到漢城。《燕槎日記》即是對此行見聞的記録。丁亥年五月十二日,在石山站附近與劉憲曾筆談;二十二日,在豐潤縣宿所與沈長庚、馮啓華、魯廷賢、魏燕賓筆談;六月初九日,在北京徐樹銘宅與徐樹銘筆談;二十五日,在朝鮮使館與徐懋立、陳寶彝筆談;七月初八日,在壽昌宅與清人侍郎壽昌筆談。

《燕行録全集》收録。兹以此本爲據輯録資料。

(丁亥五月)十二日戊辰,晴熱。閭陽驛四十里中火,石山站四十里宿。

未後抵石山,對閈有甲第,饒貨財,且有發解者云。少焉,第主劉憲曾三兄弟來見筆話,力請偕往其舍,遂與之行,墻垣周遭,第宅宏敞,劉之父名椿,年今四十九,有七十一歲偏母,内外偕老。三子業文,其一參榜,又有兒孫,可謂福人。請書柱聯,時日已曛,僅得揮灑以副其責而還。夜,劉又來見,“善殖貨,家財八百萬金”云。

(五月)二十二日戊寅,晴熱。榛子鎮五十里中火,豐潤縣五十里宿。

豐潤士夫之鄉也,多鴻匠巨儒,亦有發解者,夜邀四儒筆話而去,臨行索清心元,各給數丸。沈長庚號友伯,馮啓華號蘭亭,魯廷賢號瑞芝,魏燕賓號廉坡。

(六月)初九日乙未,晴,暮灑雨。

飯後與古農往宣武門外鐵門路東徐都御史家。主人肅客而入,貌秀而神清,豪爽慷慨,善笑語,雜以諧謔,自叙云:“名樹銘,字壽衡,别字香王山樵人,南州孺子公裔孫。元末自江西遷長沙,寓居湘山,歷明迄今五百年。明世仕至外臺,學術經藝登志乘,至國朝未仕,潜隱百數十年。道光時,海内人士承乾嘉諸老,風教日開,吏事廢弛,慨然興懷此萬萬蒼生,决然有救世之意,族人萬家相從應仕舉。僕叔父卿芸渠先生應乙未舉,辛丑翰林。僕生甲申六月初五日,甲辰鄉舉,丁未進士,館選,壬子大考遷擢,甲寅晉内閣學士、禮部侍郎,時年三十耳。四持使節,一薦海内名士凡十八人左右,疑海内人才無此衆也。排擠鐫秩,左遷四品,逶迤九卿署,凡向所未歷,靡廨不到,然僕於政事,亦正賴以多考證,塞翁失馬之福,聊以解嘲,而海内人士友朋乃愛我,若一日不可無,抑何清福?今六十有四矣,頭童齒豁,何當世用,行將訪赤松、從黄石以樂野趣耶?”因笑而示之,筆翰如流,詞學贍敏。有二子,長曰慗立,年二十九,今兵部庫司主事,二品,廪生。次曰敬立,年二十一,方授經,皆清秀有文華。又有舍親,上舍陳所詹,名寶彝,長沙人,工詩書畫篆,年三十二,客於其家。筆話良久,盛設食品,優禮以待。蓮實熟,尤好爲之加餐。主人笑曰:“藕作仙根,花通佛性,重蒙嘉賞,宜命曰賓嘉果,爲藝苑增一重韻事也。”余曰:“啖情嚼肺,既醉且飽,珍感萬萬,宜乎命賓嘉果。”主人曰:“名荷錫嘉賓,則褻客,主臣主臣!”又大噓,語入秋堂(徐台相雨之號)蘭沼(沈台相學之號),娓娓不已。因出二挂鏡示之，指而大笑曰："此二公也，鏡中像即秋蘭所拓之影也。"因問余曰："願聞世德，將欲載之《停雲譜録》（主人所輯，取陶詞中"停雲"以名之也）。"余略書以示之曰："先祖稼亭先生中元朝制科第二甲，授翰林國史院檢閲官，歷典簿中書郎中，而國子助教莆田陳旅有《送稼亭序》，同年牛壯元又有送别詩。稼亭公生牧隱先生，以朝官子補國子監生員，在學三年，得受中國淵源之學，尤邃於性理之書，擢制科第二甲，讀卷官參知政事杜秉彝等大加稱賞，敕授應奉翰林文字同知制誥兼國史院編修官，見稱於圭齋歐陽玄（玄去下畫，從其國俗，蓋以聖祖御諱故也，亦孟子入境問大禁之意）。一日，歐戲公曰：'獸蹄鳥迹之道交於中國。'公應聲曰：'鷄鳴狗吠之聲達於四境。'一日又吟云：'持杯入海知多海。'公即對曰：'坐井觀天曰小天。'歐公嘆賞深服，有'吾道東矣'之語。其後明行人太僕少卿祝孟獻見公集，嘆服無已，因賦詩以表景仰。在傍者請序以冠卷。祝君曰：'吾豈敢爲，當還朝請於縉紳之能文者。'其後乃送國子助教陳璉所撰誌銘，以是天下皆知東國有韓山之李。高祖三山公嘗以行臺朝京，不挈伴倘矣。後爲平安監司時，當敕行入境問道伯爲誰，或以公對。敕使曰：'此是不挈伴倘之李某耶？'先父曾於咸豐庚戌，以皇帝登極進賀正使朝京，又於同治甲子，以告訃請謚兼承襲奏請正使朝京矣，弟又以進賀正使赴京，弟家之世世燕行，似有天緣而然也。"又書以示曰："先祖既與圭齋相善，是孔文舉所謂百世通家也。若或有後裔之通籍立朝者，竊欲一見講好，未知可否？"侍郎答曰："今中書舍人歐陽中鵠，字節吾，官内閣者，是其支派也，能詩古文詞，善書，現寓龍祭酒宅，在前門外板章胡同路北，如欲相見，當爲一晤言耳。"侍郎因問："公子幾輩？公孫幾輩？"答以有二子，俱幼稚。又問年紀。答以一則十二，一則五歲。主人曰："金環蠟鳳之選。"適有客來，日且向晚，主人似有他駕之意，遂告别而起，請屏畫於所詹，受諾而來，主人亦以"香王山樵""留春書塢"二額見托，唯唯還。

（六月）二十五日辛亥，晴。午後徐仲阮與陳所詹來訪館所，寒

暄茶罷後,問於仲阮曰:"中國臺榭、怪石、方池,皆用石灰塗黏石作層,池不漏,其法可聞否?"仲阮曰:"大約百斤石灰,用麻末二斤半或二斤糯米汁(多則六七升,少則四五升),先將石灰煮熟後,加入麻末及米汁(麻即苘어서서),而麻乾且細又鬆,故入灰能交融,敗麻不拘長短,須先曝乾,令其鬆,然後入灰也。"又問出青色之法,答曰:"用煤水煮灰也。"余曾作一間亭,塗灰覆蓋矣,龜坼滲漏,改覆瓦子,恒嘆未解委折。今於燕行,多見屋蓋塗灰成石不漏,故詳問和灰之法,而仲阮如是詳録示之,乃知和灰有法,而我國不知妙理,故詳細記之。

(七月)初八日癸亥,早雨,晚晴。

午後與古農將赴伯蕃侍郎之約,取館東路東入便門,由東華門外歷神武門後,北上門前,又折以北往侍郎家,通刺即爲迎入,少坐延賓之室,其中文房諸品,多珍奇可玩,壁上所揭横軸"福壽"二字者三板,其二即慈禧皇太后御筆,其一即穆宗皇帝御筆賜尚書臣崇綸者也,崇綸者,侍郎之父也。侍郎出,貌甚清癯,爲人簡靖安詳,字伯蕃,年四十八,儼若五旬以上,人有二子,長年三十。侍郎言今遭凄慘,明則百日拙豚,明日除服,廿日後即出當差。現官掌内廷關防郎中,正黄旗驍騎參領之職,問:"卜姓與否?"答以"弟有小妾一人,未便議卜姓之舉"。侍郎問:"貴國天時是否如是大熱,今歲國都之南直隸潮白河復没,以致水患甚寬。"答以"敝邦别無水患,入此後雨澤姑未得聞耳"。從者設卓進饌餅、果、蔬菜、粉面、饅頭等屬,酒則隨時添盞。余辭以"過麥田大醉",侍郎笑曰:"南台一祐,年前過敝舍泥醉,夜深始舁以歸食已。"少話,余指帽上所插翠尾而問曰:"聞有軍功者插翠云,果有軍功否?"答以"洪秀全①之亂有微功"云。鎮邦入言家眷盡往出殯之寺,車爲十七輛,侍郎亦將往赴,即爲起身,侍郎送之門外。鎮邦又言"殯寺日給銀四兩百,日所給已爲不些,九月

① 全,原文誤作"天",徑改。

始葬”云，則所費夥然矣。即往太液池，有大石橋，長可數百間，廣可容五輛車，左右設玉欄干，東西有二牌樓，東曰玉蝀，西曰金鰲。池中芙蕖殘花送香，宫姬月夜蕩船采蓮，近因皇太后、皇帝時時遊幸，外人不敢深入。

一一四、金弘集《修信使日記》

【解題】

《修信使日記》不分卷，金弘集撰。

金弘集(1842—1896)，初名宏集，字敬能，號道園、以政學齋，金永爵子，朝鮮末年總理大臣。朝鮮高宗四年(1867)庭試文科及第。朝鮮慶州人。光緒六年庚辰(朝鮮高宗十七年，1880)六月，以朝鮮修信使的身份出使日本。光緒八年壬午(朝鮮高宗十九年，1882)九月，以朝鮮陳奏使團副使的身份出使中國。庚辰日本使行，金弘集及隨行人員六月二十五日從釜山港出發，七月初六日到達江户。八月初四日離開江户，八月十一日回到釜山。此行使團期望與日本洽談有關外交的問題，以及無關税條約條款的修改等問題，但日本政府無誠意，使團未能取得相應的外交成果。停留江户約一個月的時間，金弘集搜集了關於世界列强的情報，并且與清朝大清欽使何如璋、參贊官黄遵憲進行了筆談交流等。其回國後，向朝鮮國王進行了彙報。《修信使日記》即是對上述内容的記録。庚辰年七月十五日、八月初二日，在日本兩次與黄遵憲筆談；同年七月十六日，在日本大清公署與黄遵憲、何如璋筆談；同年七月十八日、二十一日，八月初三日，在日本何如璋寓所、大清公署三次與何如璋筆談。

《修信使日記》出自《金弘集遺稿》(韓國高麗大學出版部，1976年)，其内容包括“修信使金弘集復命書”“修信使金弘集入侍筵説”“答書契眷本”“朝鮮策略”“大清欽使筆談”。兹以此本爲據輯録資料。

(庚辰)七月十五日,大清欽使參贊官黄遵憲、楊樞來。

憲曰:“海程遥遠,王事馳驅,賢勞可敬。得接閣下大名於四月中。有釜山遞來消息,既如雷灌。及盼旌麾早臨,得以略論時事,飾一切悃忱。今日初見,春風藹然,使人起敬。第不知滯留此間爲多少日?欽使何公亟欲圖晤,從容半日,暢彼此懷抱,不審何日乃得暇,使僕敬請命。”

宏曰:“今蒙兩先生辱臨,甚愜宿願。欽使何公業擬即謁請教。速有冗擾,又值家忌,迄此遲滯,悚甚。明當進候。”

憲曰:“朝廷與貴國休戚相關,憂樂與共。近來時勢,泰西諸國日見凌逼,我兩國尤宜益加親密。僕輩居東三年,與异類相酬酢,今得高軒之來,真不啻他鄉逢故人,快慰莫可言。”

宏曰:“敝邦於中朝,義同内服。近日外事紛云,蘄望更切,他鄉故人之諭,實獲我心。”

憲曰:“以僕鄙意,若得閣下常住東京,必於國事大有裨益。方今大勢,實爲四千年來之所未有,堯舜禹湯之所未及料。執古人之方以藥今日之疾,未見其可。以閣下聰明,聞見日拓,將來主持國是,必能爲亞細亞造福也。”

宏曰:“此行約於數旬間竣事即還,不可常駐。宇内大勢,高論誠然。敝國僻在一隅,從古不與外國毗連。今則海舶迭來,應接戛戛,而國小力弱,未易使彼知畏而退,甚切憂悶,然所恃者,惟中朝庇護之力。”

憲曰:“請此數語,足見忠愛之忱溢於言表。朝廷之於貴國,恩義甚固,爲天下萬國之所無,然思所以保此恩義,使萬世無疆者,今日之急務在力圖自强而已。”

宏曰:“‘自强’二字,至矣盡矣,敢不敬服。”

憲曰:“聞高論,使人豁然開朗,又使人肅拜,亦乞波及。”

憲曰:“明日何時枉顧,歸當禀告,必應掃徑拱候也。天晚,敢告辭,筆談數紙,乞以見惠,感甚,感甚!”

宏曰:“明日拜聖廟仍轉晉,計似稍晚也。”

(八月初二日,黄參贊來)

憲曰:“行程之發有日,特來一話,能稍假容圖,幸甚。”

宏曰:“行期此迫,悵甚。午後邇有幹,伊前可以拜誨。”

憲曰:“聞花房公使同行,信否?將附三菱商社輪船往耶,别乘何船耶?”

宏曰:“花房行期尚未聞,歸時當乘三菱社船爲計。”

憲曰:“僕平素與何公使商略貴國急務,非一朝一夕,今輒以其意見書之於策,凡數千言。知閣下行期逼促,恐一二見面不達其意,故邇來費數日之力草,雖謹冒瀆尊嚴上呈,其中過激之言,千萬乞恕,鑒其愚而憐其誠是禱。”

宏曰:“見示册子,萬萬感銘,勝似逢場筆話多矣。得暇奉閲,仍當携歸,俾我國人咸知上國諸公之眷念如是厚且摯矣。”

憲曰:“乞於暇時,再熟覽而深思之,第其中所未及,有近日商量之禁輸出米、定税則二事。何公使尚有一二意見,徐陳大概,敢問此二事既議妥否?”

宏曰:“防米、定税向與外務公幹,兩言不相合,且非委任,實難擅行,姑俟歸後再行議妥。彼謂我全昧商務,而遽爾重税,必滋葛藤,非渠堅執云。本國從未識外國事情,此等處極是難辦,甚悶甚悶。”

憲曰:“何公使每見日人,常勸其事事務持大體,且告之曰:‘既欲兩國之交以防俄,而多所要挾,益滋朝鮮疑懼,恐大局亦壞。’彼亦深以爲然,故不甚堅執也。第輸米一事,查日本全國産米甚富,所仰給於朝鮮者,惟對馬島耳,輸出亦不足爲大患。且我有所輸出,彼亦有所輸入。若遇饑饉,亦有利益。若欲防其輸出太多,則惟有税則由我之一法,加税而防之,則操縱皆自我矣。前所送日本約稿,今縱不必防其值三十之重,俱與之聲明,税則由我自定之一語,則事事不掣肘也。”

宏曰:"指教明晰,甚感。輸米事,彼亦曰:'重其税而抑之,又限石數而節之,何害於國?'我又詰其轉售他國,則曰'在《公法》,萬國穀價常欲均平'云。第俟定税時,另立重税,却好。税尚未定,而米税之自我先言,恐無濟於事。"

憲曰:"《萬國公法》不禁輸米,若遇凶年,亦何以禁?英、德之米麥常仰於俄,而今年不熟,亦禁輸他國,亦不得有後言。故曰不如聲明税則由我自主之一語爲善也。僕料禁輸之事,彼不難應命,蓋此事於彼無關大要也。特爲朝鮮本國計,與其一切禁輸,致礙他日凶年之輸入,不如加税防之之由我自主也。"

宏曰:"今觀日人動静,袛以我未識外事,代爲悶查,苟得交情益固,似不以從前得失挂心。此果出於其情,而無可疑否?"

憲曰:"今日情勢,日本萬萬不能圖朝鮮,僕策中既詳言之矣。其望朝鮮强,欲與朝鮮聯衡,實出於真情,特其國人好勝貪利,不甚闊達,故時時有所礙難耳。朝鮮急圖外交,於一切通弊了然於胸,彼自不能多此要求也。税則一事,以彼近事爲言,所謂以矛陷盾,極爲妙事。"

宏曰:"往在丙丁,弊土奇荒,彼輸米到釜港出售,南民多得此粒食,始不出於好意。"

憲曰:"從前輸米一事,彼非有别心,極欲望朝鮮之締交,而爲是而市歡心也。其所以如此者,僕策中詳述之,而日本舊日收税,收米不收金,是皆政府之所儲販之,又可以圖利耳。"

憲曰:"收税之法,有一極妙策,但使我定一值百抽多少之立意。如欲值百抽十,則於貿物到關時,由税吏占量時價,貨值一百則取其十。彼商人不願,則官吏受而購之。既與時價等,轉賣之人亦不至虧,彼商人無怨言。此日本税則中所不將事事物物逐一臚列者,即用此法也。此萬國通行之例,能知此,無難事耳。"

宏曰:"此策果絶妙,僕亦來此聞之,欲爲此,則税關得其人,且有財,然後可行。"

憲曰:“此事究可行,關吏能知物價,人爲之足矣。受賣貨物,不必國有財,蓋明值百之貨,結以九十,則不吃虧。總之,此刻貴國講論税事,尚無關大得失。惟切記切記與他人立約,必聲明細則由我自主之一語,以待他日。不然,則如日本需十數年乃能議改,而尚未定矣。日本新擬約稿本係法文,由法譯英文,由英譯漢文,故其文義頗未明顯,其中用意甚深,措辭極微,即花房公使所謂考求十數年而後有此也。恨爲日無多,不及與閣下述其故,然後閣下解人,細觀之,必知其情,但能師其大意,爲益多矣。”

宏曰:“節節精到,税入多寡不足計,遲速不足論,惟自不被人牽制,爲今日最急切之要務,敢不敬服。”

憲曰:“税之多寡,於國關係不重,惟輸出之金銀多於輸入,則民生窘而國計危矣。財爲生人養命之源,拱手而致之他人,民貧而亂作矣。日本通十數年,輸出金銀至於十二千萬之多,朝野上下半不聊生。此税則由他人商定之害也。苟能重課進口貨,則外貨米源不多,即金銀輸出不多,何至於此?故税則自定之語,一乃全國安危之所係,不可以不謹也。”

宏曰:“輸出價值多於輸入,則通商有利,安見其害?弊處輸入想亦不多,而輸出則國貧無産,尤當少少矣。輸入之物,非公然與人,不失我之錢耶?欲救其弊,不得不師彼之所爲。務農興商,使我之出品亦足以取人之金錢而後可耶。弊國朝野秖有凛遵成憲,安於儉嗇而已,萬不可議此也。”

憲曰:“去年一歲,朝鮮輸出之貨多於輸入價值七萬有餘。今日通商尚無害,他日須設法防之,籌策救之耳。朝鮮苟終能閉關,未始非樂國,特無如,不能何也?噫。”

宏曰:“通商雖無顯害,日後應接極難,以是爲苦,閉關亦不足無上善策。我國讀書人皆以通商爲不可,此論於時務何如?竊想中朝亦多有主持正大之論者矣。”

憲曰:“今日尚欲閉關,可謂不達時務之甚。僕策中既詳及之,請歸而與當局有力者力主持之，扶危正傾，是在君子。”

又曰：“歸國之後，他日欲通音訊，當從何處寄乃不付浮沈？”

宏曰：“惠函由釜山領事官轉寄似好，或由北京永平遊太守遞送，如何？”

憲曰：“由北京轉寄時日，由釜山寄，又慮萬一爲人偷視。若得釜山商人住趾，收到（此間□商人寄去）交東萊府伯，乃妥善耳。”

宏曰：“弊土無商業可信者，釜山有辦察官常住。若此處商人到釜交伊，可免浮沈。”

憲曰：“僕意所慮偷視，按日本郵便規則，本無慮，特慮萬一有急報，不得不密耳。尋常書函由釜山領事官交府伯，必無阻礙否？”

宏曰：“尋常書函由領事交府伯無礙，密綫苦未易。”

憲曰：“機事務密，萬萬如此，惟今日形勢，萬國皆無所諱，在有心人求之耳。”

宏曰：“當更深思，明晤時再告。”

憲曰：“明日再晤，僕有一團扇在院西手，乞賜書數字。明日見還，又有何公使之友人代購朝鮮碑帖一紙，請歸國後，擇其都市通行，每樣購二三分，其遠道難致者，則不必也，費神感甚。”

宏曰：“僕筆甚劣，恐徒污扇面，然吾輩相與，恐工拙亦不須計，當如戒。碑帖，歸後廣求副教。東人罕嗜金石，得之未易，多少不敢預告也。”

憲曰：“都市中有者購之足矣，瑣事不足介意，他日或有，由釜山寄來亦可。”

憲曰：“今日承麈教，悵慰莫甚，天涯相聚，可謂奇緣。未知何日再得良晤耳？”

宏曰：“天涯相逢，又當相别，此恨何堪！未知欽使何當復命，若得復見？閣下於金臺之上，何幸何幸！”

憲曰：“本係三年任滿，即爲瓜代之期，但代者未聞其人，恐在此再駐耳。若得相見於北京，幸甚幸甚！”

(七月十六,往大清公署)

宏曰:“旌節久駐海外,聲□遠播天下,引領東望,常切傾慕。今也萍緣幸湊,荆願獲遂,但叩謁此庭,是爲悚仄。”

璋曰:“過譽,猥不敢當。閣下冒暑遠役,此行良苦。昨日敝署黄參贊上謁,荷延接周至,謝謝。今日又承枉顧,得親雅教,快甚。”

宏曰:“賜接款洽,極爲逾分,愧甚悚甚。”

璋曰:“旌節已來,希在此多住幾日,得以從容過從,暢聆大教,尤爲快事。”

宏曰:“在此時,敢不源源拜誨。”

璋曰:“我朝與貴國義同一家,今日海外相逢,尤爲親密,彼此均不拘形迹。容日僕當趨晤暢談也。”

宏曰:“盛教更爲親切然,敬恭。”

又曰:“使節之來,聞有大事三,不知既與日本外務言之否?唐突敢問。”

宏曰:“使事概爲報聘,書契中有定税一事而已。”

憲曰:“欽使何公於商務能悉其利弊,於日本事,能知其情僞。有所疑難,望一切與商。我兩國如同一家,閣下必能鑒此。”

宏曰:“僕來此,大小事專仰欽使指導,而形迹亦不能存嫌,所以稍遲遲,庶諒此意。”

憲曰:“貴國與日本所締條約,僕未見漢文稿,能飭人鈔惠一分,感謝不已。”

宏曰:“謹當如教。僕向請大著《日本雜事詩》,仰重大名久矣。又《日本志》未及見,敢問卷帙可將幾許?”

憲曰:“今日承雅教,歡慰之極。僕著《日本雜事詩》,近遊戲之心,不知閣下何處見之?然既承青覽,他日過訪,再當敬呈數部乞正。《日本志》,僕與何公同爲之,卷帙浩博,可爲三十卷,姑未清草。”

宏曰:“《雜事詩》見惠之教,多感。《日本志》异日入,視同一家,感刻何極！寵臨之命，猥不敢當。”

璋曰：“此間天氣較貴國何如？月來酷暑逼人，想閣下行裝甫卸，酬應紛紛，亦苦勞頓否？閣下精神志氣正是英發之時，雖天氣稍暑，不勞也。”

宏曰：“此間晚暑與敝處一般，涉海之餘，不應無憊也。”

璋曰：“此間官府諸事均極整理。閣下有暇，不妨約宫本先生到如處一覽。”

宏曰：“指教可見相愛之至，纔已偕宫本公歷覽一處而來。”

璋曰：“敝□□□先生是我國最通時務之人，今年逾六旬，神明猶如四十許人，亦异禀也。”

宏曰：“近讀《《萬國公法》》序文，先生藴抱，早已仰悉。年高德邵，神明益旺，尤可敬也。”

璋曰：“承高軒枉過，謝謝。改日走謁，暢聆大教。”

（七月十八日，大清欽使何如璋、副使張斯桂來）

璋曰：“前日承惠顧，得領大誨，欣慰之至。今日特偕張君親來趨謝，并暢談一切也。”

宏曰：“即蒙兩位大人光臨，感不可言。”

璋曰：“此寺頗寬，道園（金弘集别號）先生及諸公寓此，想俱安適。日間閣下須謁見日皇帝定期否？所商事如何？”

宏曰：“日主引見，姑無定期。所商事，因日來始歷訪太政官各部卿，未暇更探。”

璋曰：“從前貴國與此間所换條規及此次送商之件，有鈔稿否？如有所檢出，一分借覽，將爲荷。”

宏曰：“條規及此次送商之件，本擬鑒正，方飭人繕寫，明當送納。”

璋曰：“近日，此間方擬與泰西各國議改條約，其議改之意，在管理寓商及通商税則各事。其稿極詳細，亦極公平，大略係西洋各國通行之章程。若各國通商均照此行，固無所損也。”

宏曰:"昨日已送草案矣。若早拜誨,可矣掣礙,因存嫌,不克先事稟頁,悵悵。或説米穀不得禁,則重其税。其餘出口貨并不頁税,進口貨亦於洋貨重税,而日本零碎産物,特免其税爲佳云,此説未知何如?"

璋曰:"此説弊端極大,切不可行。閣下第觀議改之稿自知之。若答應添開口岸,極好。俟其來議,將趁此與之議立,妥善章程,彼自不能不答應也。"

宏曰:"領悉,敝邦全不諳商務利害,極悶悶。"

璋曰:"此間自通商以來,於各國交涉情形及辦理通商善法,均已知其曲折本末,俟取其議改約稿細閲之便悉。《中庸》云'以人治人',亦一法也。"

宏曰:"承示感深。其議改約稿已入刻,可得一閲否?如可覓惠,尤幸。"

璋曰:"先生所見極是,僕當爲先生圖之。第事須秘密爲要,又敝意此間情形,總須貴國有人久駐此,徐徐審察之,自然容易辦理,卓見以爲然否?"

宏曰:"秘密之教,愚見亦然。此間情形,久駐深察,爲敝邦籌畫至矣。第本國尚如中朝三十年以前,士大夫未悉外國事情,辦此極不易,是爲憂憫。"

璋曰:"尊論一切,此事真無如何。第目前事情較前時尤急,不特此間之爲難。若固守舊習,恐非長策,且刻下有機可乘,圖之尚易,過此則時會難逢,更爲費手矣。"

宏曰:"見教鄭重,敢不服膺。"

璋曰:"頃俄人在貴國北界圖們江口一帶經營布置,究竟情形如何?聞貴國民往彼處者。閣下詳悉其事,請以見告。"

宏曰:"俄土近雖接壤,從未嘗通,經營布置者矣,無由聞知。北民之逃入彼地,時或入聞,亦未如之何,切悶。向後接應,如何方得其宜,更乞詳教。"

璋曰:“近日西洋各國有均勢之法。若一國與强國鄰,懼有後患,則聯各國以圖章制,此亦自前不得已應接之一法。”

宏曰:“‘均勢’二字,近始從《公法》中見之,然本國凛守舊規,視外國如洪水猛獸,自來斥异教甚峻故也。大教如此,第當歸告朝廷。”

璋曰:“便與張公擬治茗,閣下及諸先生到館一叙,閣下何日得暇,請示知,以便其具帖相邀也。”

宏曰:“盛眷來謝,念後當如戒。”

(七月二十一日,往大清公署)

璋曰:“今日承道園先生及諸先生見過,溯慰下懷。”

宏曰:“今蒙盛速,謹偕諸君上謁,穩奉大誨,而爲榮實多,三生之幸。”

璋曰:“進謁日皇之期,曾已定否? 前呈之件係此間由英文詳書者,其中所言頗公平詳悉,尊覽以爲如何?”

宏曰:“日主當於廿五日引見云矣。抄惠册乍閱,未及詳究,然其言殊爲公允。”

璋曰:“西例通商,惟欲已國有益,故兩國往來,税則無論出入口,均由本國自定。凡進口税,則以值百抽三十爲率,更有所謂保護税,則不欲此貨進,令便加重税以沮之。至出口之貨,則或輕或重,均由自已酌定,告知通商之國照行。如此,貨欲其多出口,即免税,以便本國商民,亦無不可。總之,權由自主,則利益自歸本國,不致爲他國占盡便宜。故與萬國通商,亦有益無損之事。若祇論税,而不分别出進之貨,或税則自己不能定,而爲通商之國把持,則有損無益矣。前日所譯之稿,彼便是言明細,税則之輕重,由本國主持一語。”

宏曰:“開諭至此纖悉,雖甚魯愚,豈不曉得?”

璋曰:“條約施行一節,尚無定期,經駐東京各國公使寄呈政府察核矣。”

宏曰:"聞諸花房改約,可於明年妥定云,中國税則,何尚未行此法乎? 敢問。"

璋曰:"尊問可謂留心之至。我亞洲各國以前均未悉此種情形,故受損實多。此間因近日始知,故欲與西人議改。鄙見欲貴國乘機會先一爲之,此難得之事也。"

宏曰:"敬悉。"

璋曰:"閱昨日送來鈔件,貴國與此間所締之約并未言及税則,趁此時議開他港之時,與之定税則,且即以其向西人議改之法行之,彼自然不敢力駁,所謂第一好機會也,卓見以爲何如?"

宏曰:"昨見花房,談及此事,欲待改約事定,我亦準此行之。彼頗持難,故我以爲貴國早行此日,必無十年議改之難,是非我争利害,獨未準他國例,則有礙體面,彼亦不能更詰。"

璋曰:"尊論極爲明暢,足以折之,請到席小酌再談。"

宏曰:"僕未曾遊莊,常以爲嫌,今於海外,獲見中邦酌杯之盛,又飽以德,感幸莫言。"

璋曰:"貴國負山濱海,宇内所需之物産,類皆有之,今日時變如此,計不如開港通往來,與各國并馳大洋也。"

宏曰:"我國家典章似成周,士夫趨向似趙宋,民俗儉嗇有唐風遺意。今日時變雖如此,實無以與各國來往,勢則然耳。"

璋曰:"有一語相詢,現西人競言功利,而俄又横暴,如戰國虎狼之秦。聞其近年於圖們江口一帶極意經營,且本年又增設水師於東海,此事大爲可慮,遲則變生。我朝與貴國誼同手足一家,殊難漠然也。"

宏曰:"俄事最爲目下急切之憂,未知伊黎一事如何究竟?"

璋曰:"中土西邊之事,以近情揣之,與俄人不致構隙,但觀其兵船絡繹東來,悉泊於圖們江口,恐其心懷叵測也。去歲李伯相寄書貴國,亦以近日情形切迫,而不知貴國公論何如? 昨言均勢之法亦萬不得已之事。"

宏曰："去歲李伯相寄書，備述近日情形狀，爲小邦多費籌畫，舉國成頌，然朝野風氣，如上所陳，衹知守經之爲正，所以不能一朝開擴，奈何？往伯相書中，再舉閣下來信爲諭，述及東洋動静。敝邦之荷閣下廑注久矣，感之次戢，敬謝。"

璋曰："俄人近日有來元山津，議開口通商之説，果否？又，美國兵船近日赴釜山口通信。聞近日又再去釜山口，現貴國如何應付，先生知之否？"

宏曰："俄人春間到此地，欲與通好，邊臣直斥之。美船向抵釜山，欲納書不達而去，嗣又日本外務代爲紹介。我國以其書勝國國號，且直呈至尊，爲違式而徼還，僕所知者，衹此而已。"

璋曰："愚見俄事頗急，現海内各國，惟美係民主之國，又國勢富實，其與列國通好，尚講信義，不甚圖占便宜。此時彼來善求通商，若能仿此間議改之約稿，與之締立條規，彼必欣願。如此，則他國欲來通商者，亦必照美國之約，不能獨賣，則一切通商之權利均操在我。雖與萬國交涉，亦有益無損之事，此萬世一時之機會，不可失也。若不必欲深閉固拒，致他日别生波瀾。事急時所結條規，必受虧損無類，卓見以爲然否？"

宏曰："俄美情形，披示無隱。如此，敝國事勢未可遽議交涉，然盛念豈不知感？日昨伊藤博文亦言與一國立善約，則他國皆遵之，交萬國與一國無异云。又聞美國不欲以西洋自居，其意欲伴於東洋而然否？"

璋曰："先生所述伊藤之言自是實話。頃日人議改之約，美國已允許之，即此一節，亦徵其厚於東方之意，僕頃所云云正是此意。又，不相往來之舉，今日屈指數之，宇内已無幾國，此事有决難終拒之勢，固不如先一着爲之。"

宏曰："日人情態，瞭如指掌，尤爲感服。彼言中國現亦不禁米穀，未知果否？"

璋曰："日本米穀出口不禁，中國歲仰給安南之米數百萬石，雖不禁,亦無出口,但禁出口自是舊章,我國固未明言開禁。"

宏曰:"此間新聞紙有爲弊國論説者,以爲朝鮮不欲日使之駐京。若今於開港處常駐,遇有可議,以時赴京辦理爲妥,此説未知何如?"

璋曰:"使臣駐京無關緊要之事,近得通商與交涉利害,全在約條税則之善否而已,善則内地通商亦無害,否則開一港,便是漏卮,爲患不淺矣。"

宏曰:"所教切當,閣下大著《使東述略》,敢乞多惠幾部①,欲以歸布弊國也。"

璋曰:"拙著已無存矣,無以副盛意,慚愧!他日再請尊寓暢談一切也,今日簡慢,不怪。"

(八月初三日,往大清公署)

宏曰:"明當乘船,卒卒無暇,今纔撥忙,特來告辭。"

璋曰:"日來閣下酬應紛紜,想不疲乏。聞明日即挂歸帆,將來順道至大使各處仍有淹留否?又同來諸君一同歸去,抑有人在後始歸耶?"

宏曰:"到神户换船直去,不須迂入大阪。諸人一同携去,無一留者,國規則然。"

璋曰:"花房公使同去否?税則各節,日間更有談及否?此不妨從容商辦。又仁川開港一節,亦不關緊要,且此時各國通商情形,其口岸須近都會爲宜,以都會稍爲繁盛,一切可以全力維持也。若僻遠之區,則恐照料不周矣。昨日黄君所呈係揣度今日情形,如此,慮閣下恐其狂直而辱教之。"

宏曰:"花房仍未聞其出。税事竟未定,俟再行議妥。昨日黄公見惠册子,忙未一披,容得暇細讀而揣度籌畫矣。所不用其極,萬萬感服,敢不存心。"

---

① 部,原文誤作"布",徑改。

璋曰:“現此間知近日情形危迫,欲與貴邦聯脣齒之交,以維持東洋大局,殆其實也。又議稅事,他日不必遽議加第,與言明稅,由本國自酌,則操縱之權在我,自無後弊。又近日,俄兵船來圖們江口者,已增至十餘號,又派一大員來,督辦已申情形頗急,不知其有何詭謀。愚見如隨後有俄人來議通好,似不宜力拒,恐其猝然生事也。”

宏曰:“纔見井上馨,爲言俄兵船將由敝國東南海轉向山東省海岸云,大爲關慮。”

璋曰:“前有新聞云,俄兵船由山東烟台,此言不確。其在圖們江口者,陸續來長崎,運煤至琿春海口,其舉動究未知如何。現中國與之相議伊犁事,此事幾分可了。若此事已了,則其兵船在貴邦之北者,恐以請通商爲辭,藉生事端。”

宏曰:“伊犁事果了,則弊邦亦蒙其福。然藉通商而生事,固必至之勢,未知如何應之,可爲保國之策否?”

璋曰:“今日情形危迫,不如先與美國加結,藉以牽制之,亦急則治之法也。若此事未能行,則萬一俄人扣關請議通商,不如勉强許之。第俄人素横,與之結約,恐多周抗也。”

璋曰:“將來彼此通信,如何?方所達且有機密事,又當如何?請告我。”

宏曰:“昨與黄公議此,夜來思之,苦無妙算。此間有對馬人鹽田真,向我國事,不泛,頗可托。其人主還有商社,釜山有支店。由此交送辦察官,却不妨。”

璋曰:“此間有郵便,寄至釜山自易。惟鹽田究係日人,有妨否?若有貴國商店在釜山,尤妥。閣下若寄使館,於外封可書‘寄横濱口永昌華和商店收’,拆其内封,令其轉送弊署,自無不達。”

宏曰:“敝邦本無商店,如此間會社之規,所以苦無可托之處,奈何?僕欲先寄信,當如教,轉交横濱華商處。”

璋曰:“鹽田真釜山支店係何名,即是還有二字否?其在横濱有支店否？交送辦察官，屬其轉呈閣下，仍須另封否？”

宏曰：“釜山支店想亦號還有，横濱又有支店，未及聞，當更問後録告。交送辦察，因另封，自不妨。”

璋曰：“近日情形甚急，如閣下歸國，衆論稍通，請飛函告我，當相謀一善法也。”

宏曰：“謹當留心。”

璋曰：“明日何時乘車？當至鐵路關送别。”

宏曰：“鐵路枉别，萬萬未安，且臨歧匆匆，筆談也不得，究何益焉？請即此告别。”

一一五、任應準《澹齋談草》

【解題】

《澹齋談草》五卷，任應準撰。

任應準(1816—1883)，字在田，號澹齋，朝鮮豐川人。歷任大司諫、兵曹參判、吏曹參判、漢城府判尹等。著有《未信録》《北關事迹》等。光緒六年庚辰(朝鮮高宗十七年，1880)十一月，以朝鮮進賀兼冬至謝恩正使身份出使中國。據任應準《未信録》，使行於十一月初七日從漢城出發，十二月初一日渡鴨緑江，十二月二十七日到達北京。次年二月十七日離開北京，四月初八日回到漢城。《澹齋談草》是任應準、洪鍾永等停留北京期間，與清朝閣僚的筆談草本。約辛巳年(1881)，在北京任應準、洪鍾永、鄭稷朝以及朝鮮白姓人分别與張世準、徐郙、李恩綸、姚凱元、姚開元等清文士筆談。

此書藏韓國首爾大學奎章閣，爲筆寫本，《燕行録續集》收録。兹以此本爲據輯録資料。

談草(宫)

任公，諱應準，字在田，號澹齋。文科，官從一品，判中樞府事，工曹判書，藝文館提學。高宗庚辰，以冬至進賀兼謝恩正使赴燕京時，與中朝閣僚筆談草本，歧堂尹教興追記。歲之乙丑仲秋。

任應準與清人筆談

此書筆法，或見於古鼎彝刻劃耶？

鼎彝古文字,僕未嘗見。劣腕真奴書耳,愧客見也。

奉教,竊慰馳仰,多幸多幸。僕與令弟别以廿四年,未嘗去懷。今年正旦,於殿前一見風采,并聞上姓,欲至問而不敢也。

元日聞使者任姓,即喜躍欲通款語而未果。

僕行年五十有二,而鬚鬢如此。不審尊齒幾何矣?敢請示下。令弟别時,似齒少於僕。

今入海,灝計甚安穩,詩篇纏綿往復,殆稱歡樂。

鄙人弇陋不學,幸勿獎借。

令弟高人,勝塵海中客多矣。其詩海氣客語,令人感淑。

入直侍旨。六經諸史外無他事。選兼領國學,今日到官,故得早退。

已拜賜矣,珍感不盡。

大風得無寒焉?

吾輩意氣相合,不在幣交,何如?

劣□拙醜,貽笑大雅。若不棄,當塗抹請教。

兹作小幅奉呈。□命亦有數幅,乞公書之,以爲珍□,□儕□矣。後會何日?留此鴻雪一段嘉話也。

肯辱雄篇,兄所欣企,但未能追攀,奈何?

僕每日儤直,寅入酉出以爲常,如得早退,必當話謝。

□飯□堪食否?以書代面,亦甚佳,未識行旌何日當發?

十幅儘可落墨,苦不佳耳。

使事已畢否,回咨似有定期?

未定。

大家,吾輩數人耳。

中朝無姚侍郎。董研秋由翰林外轉道員,今作古人矣。研秋,僕同年友也。每日申後,必入署,話文書,或接賓客,即少暇奉教,亦無餘長。□□乞鑒此意,勿作此語,恐以俗客視我矣。

今日歡聚,不免酸態,幸恕之。彝珍如此,無地自容。閣下真與金秋史、李藕船相頡頏，敬服敬服！

令弟是母弟否？

先公曩未拜謁，而僕之兄子曾源却蒙賜見，甚惓惓也。曾源養病歸里。又一侄芝鶴者，下世久矣，貫江蘇蘇州常熟縣。草具對客，慚悚慚悚。

騶從訪拜，如意甚好。

副使幾人，通官能作此間語否？并請問貴籍是平壤否？

口語勝不如心語，韓公《雙鳥詩》是也。薄肴，肯少坐否？

辱愛過深，清樽筆語，無所爲勞，敢請少留。

□□□□□，晚未能趨前耳？

初六日，尚乞寬坐，談至黄昏。□友多在外城，日落則去，惟奉陪難。其人明日當於申酉間奉訪例前。

敬謝惠過。

謹悉，草館請少停。异日粗具蔬酒，更邀一顧。

肯來則竟定初六日。囑暮不具簡，不用肴烝，或請一二客奉陪也。

僕無子女，以兄兒爲後，今死矣，遺兩孫尚幼。拙荆死去，鄙人□□□□。有一妾相隨，無所生。貴籍在何府？膝下幾人？德門多慶，可賀。

適有客在座，請暫留，頃再奉讀。

定當奉訪，特不能久坐。初六日，必可奉□言笑。

并擬不約它客，兩人相對之樂，不減商山。略綽一檢再呈，何如？

談草秘之，幸甚。尊書敬收篋衍也。

尊朱、陸則薄蘇，宗蘇者往往不能窺洛學。至朱、陸又不免鑿柄矣。此閣下所習聞，無煩贅及。科場真材，十居八九，功令極森嚴也。黄公、李公、毛公、潘公皆在朝，徐詹事亦供奉南齋，賀公在位矣。古刻是漢唐刻石否？更僕難□□於漢。先生詩文多考據，似非宋學淵源。

不敢外交,人臣之義也。彼數君子,豈不欲見?徒以功令未能過從耳。鄙人若非與令弟有舊,何緣之面耶?六曹長官與庶僚异,庶僚散秩,六曹則有職掌。若僕又忝職内廷,例不得屢請休沐。唐宋近職,蓋已如此。

詩箑承教,珍荷感切,容當攀和耳。隔宿起居安否?昨歸,恐冒寒也。詩格澹遠,有道之言。宫中慈體,日漸康復,敬聞。

僕職事稍繁,鷄再鳴即起。而孱軀多病,上燈後便里卧。文書填委,尚須就燈前一檢閲也。

廿年不遇,西泠置之,勿復道矣。翁、阮一輩人物□□,然僅爲名流,非弇陋所能。

□因潘子記問□詩。張君之洞氣誼風節,文章皆浩然,曾一見否?

兩君皆僕之友,然亦能政。

日已暮,告退。

初六日當專人奉請,於未間見過,并約比鄰二客奉陪。

不佞侍親來輦下後,遂服官於朝,義不敢懷鄉里。今兩親隕背,不佞兩兄亦嘗持節出撫皖楚,今惟不佞在耳。思□恩捐糜難報。江南雖好,徒□□□耳。三年中以扶護而還鄉,云之凄斷。

薄酌暢談,甚慰平生,顧萬里之别,不須惆悵。惜别此懷同之。迫於公事,無由屢訪,幸鑒。

茶味濃如春酒,不佞南人也,頗喜飲此。

談草謹携歸,以爲榮觀,多謝多謝。

東國鐘鼎文字,當有中州所未見有摹拓本,須兄寄札來得多見。前所呈《三陟碑》,□□□名臣字亦在焉。

談草(商)

任應準與清人筆談

公等由陸道來,平路耶,抑有崎嶇耶?

從陸道來,多平路,少崎嶇。

此會雖是離筵,正須暢飲,自持酒。主人已傳饌速來,勿致過留相語也。

向未敢奉謁,今日之晤,實獲我心。

小顧惟□□字□□□□□□□□□□,頌閣專□□□□。

頌閣畫甚清,已得一扇之畫矣。

日晷已西,束裝匆遽,惜此寸陰矣。是日如此,雖延幾日,首咨亦傳致焉。

塵海中久無詩酒之樂。僕尤多病,廢人事也。索及拙書,實亦龍戲珠。

貴壽不至六旬,何若是衰而耶?似心有所鬱結,故敢問。蒲柳姿、秋裝應嘗得無寒乎?须爐火否?

春氣移和,不須火爐。亦恐太□,□凍不寒餒。

餘醒未解。托張叔平携肴饌而來,增我愧怍。

僕夙有汗病,一汗即不更數。

啓一室少坐,以叙别懷。

少使鄙體占得一室。俟其來,拙當能於留座矣。

□則使事□要,亦不復辭□早,謹當望成以呈耳。

翁易揮灑之法,能如頌閣否?禮南則一刻掃盡。尊屬文軸,何辭之有?

出欲愧死。

書法奇妙,飛舞揮灑何難?特不肯對客書耳。

固然,倘况大巫之前不敢張袖。

撥冗肯來,雖吾話有先矣,欣幸耳。

兩日初見,如平生歡。

閣下若不遐棄,則僕當没世不忘也。

同之。

《鶴銘》,或云顧况,或云陶宏景。

斷石在焦山,山在揚子江,與金山對峙。

僕夢不到風山、黄海,奈何?

昨日多種厚惠,經宵銘感。□《鶴銘》□□第,但恨"月明星稀,烏鵲南飛。繞梁三匝,無枝可依"。三賢皆是難得之寶,又得諸公題墨,真可奇詭。

頌閣畫,禮南篆,誠可重。册尾拙題,當割去之,毋留此惡詩也。得叔平題墨,尤重此卷。

諒矣,日夕稍凉。白□□之。

藕梅,朴也。問:"徐字如何音二?"頌閣,學厚。

任應準與張世準筆談

高軒賁臨,光我蓬蓽,惜許中書有事不來。

厨備甚劣,不堪下箸。慚憐藥飯是東國風味。

已一飽矣。

話及輿臺,尤感。

叔平是先生之字也,願聞先生之號。

僕字叔平,無號。先生是墨翰主人,豈無别號可稱耶?

古人皆以表德,僕何足稱耶?曰平者與賤名相副,自勉而已。

伊川先生無號,學者因其居地號焉,先生亦當以……

久羨聲光之餘,故敢涉唐突,不勝感激。

倉猝恐不足應教。

叔平已飭价去圖章矣。

叔平詩興甚佳,蓋惡之?

小華出差清要之職。

貴邦官制，於古今有更易否？似判某官、判中樞等，今罕見何也？

敝邦有日講官、侍讀官、侍講官。

前日談草數篇，諸公携去。所示尊銜，亦無尋處。僕記憶寫出，唯忘閣下大名兩字耳，乞示及。

烘洪紅弘鄭。

任應準與清人筆談

蘭陵女史。

張曜孫姊姊。

此間主人似不解事，何不聯轡同往，稍覺清暇。

諸公感念，不敢孤負，而省程前蜃樓，可以未裝，此亦諒之。

僕等久慕高風，今接拜，不勝榮幸。

鄭公洪公久仰，得見甚幸。

此屋塵蕪，意移駕至徐公處一談，何如？

稍遠且日晚，來往恐非便。

江南亦多禮法之士。雖古名流多出江南，近來亦不衰也。見諸公可知。

僕非其人，讓於沈、許二公耶。

澹齋先生許書小幅，一諾千金矣。明早遣人索取何如？

明早當得鄙作也。

幸矣！更勞綱紀，尤爲銘感。

請留，容少坐。

客久看，請坐談。

井田遺制尚在耶？

舊址尚在平壤，而制法已無溯矣。

江南浮艷，不如東國樸誠。此雖近譽，故計亦有可取者，禮法則或有可稱耳。

一兄雖杰,恐不及叔平事先生也。

信然。焉敢面諛禮官耶?不復談,請更端。

第一次來京耶?

然矣。

王都是漢陽否?

果如教命矣。豐川距王京三四日。

東國是箕子舊封,而《史記》稱衛滿據其地,絶不承説箕子事。不識箕子之緒絶於何時?諸公桑梓之邦,尚有遺聞可考耶?

周武王九年封箕子於朝鮮,傳至四十一世孫箕準,爲衛滿所追滅,後有馬、辰韓。箕子東來敝邦,留居平壤城,武王仍尊爲傍係,而無後文,以無□□,不得詳考。

貴地夏月亦着此冠耶?中土夏月衣冠何如?

我鄉已登孝廉,候銓儒學訓導也,小朝庭試春官。

從陸而來之于□□也。海路則甚遠而險也。

西宫皇太后患目疾求醫,快復耶?

慈體已安,□□□□。

明日果成行耶?

明早當發。

帶來宣紙一小幅,即求法書行草。賜款禮南俗大名,自署請書朝鮮某某而加賢弟之稱。

閣下年長,臣不敢當,且愚弟掌乃中丞,時俗之稱,書家題款故不盡用。閣下來自遠方,尤以不違爲樸雅也,然否?

雖俗無妨,此謙尊之詞矣,不必且斷不敢當。勿吝珠玉,亦以志萍水之聚,竟作客氣也。

弟之筆法老拙,不敢當。兄之就憐且愧矣,此則戲也,因我老。

諸公奬譽,愧不敢當,纔聚即别,頗爲悵悵也。

弟正甚老矣,此行不再,不勝情黯,請竟晷談語,以叙别懷。

閣下神采矍鑠,後會之期尚長。令弟先生與翁尚書舊相識耶?

往在丁巳，先親以副价入燕時，舍仲慶準號達齋者證交。

叔平情款，戍客何敢？

禮南以善文華風儀，尚此應舉不中，豈非前進之過耶？

禮南終當騫舉，君謂登科者皆通人耶？

佳話。

明日早行否？

爾間當發行耳。

驪駒在門，獲此良晤，極可珍重。

談草(角)

任應準與徐郙筆談

崇荆史奉職無狀，幾至誤事，幸曾襲侯力争，刻下和議已定。供渠兵費四百餘萬，伊犁故土重歸我國，亦目前幸事也。咸豐朝回匪作亂，甘肅省幾至淪陷，玉門關以外至伊犁幾二萬里，皆爲回匪所踞。俄人來，便攫取已二十餘年。幸左爵相奉點軍門，經棠力戰恢復，長驅邊外十載之久，甫發成功。文正之子，曰西宫節營，現報奬補之。□漸剿平。

余曰：公爲兄，弟長驅爲將。曾侯幸駐法蘭西使臣。□□□。火輪車至俄三萬餘里，七日而至。東國密邇日人，與俄國接壤，誠是隱憂。

曰：見今，各國互相往來，□處皆然。

徐曰：與各國通商是目下救急之上策。臣不敢抗論，國政尤不敢刺聽，職分所應爲。非侄明哲自保也。(言其言云珍重回塗耳)

此言雖佳，敝邦便日内始作，或無同。

吾兩人既結義兄弟，當輸肝傾膽，故有此言。豈相視等閑者耶？

尊言極是，當鑄金事之。未詳。

去歲，有東國使臣至天津機器局學習，今已回國否？

敝邦大通官李容肅頃往天津,日前已還矣。

此吉酪乎?馬齒墜落十五枚,不能大嚼,惟餘門牙十餘枚耳。

此羊肉甚肥美,亦嗜之否?

甚軟可食。

兄亦無此慮,□□□□□□也,尤喜尤感。

團扇望寫此詩文矣。

大不安矣。既有約矣,更不必煩伻,得當依約往拜矣。

明日亦出城,倘有之命乎之件,早日討下。許周兩君皆□書,較弟爲勝。

弟偶臨小畫,尚有可餞者,日内當以團扇奉教三公。不能潑墨作巨幀,小品偶一爲之,初學耳。曾爲趙紱庭、李鳳藻畫扇,奉贐可也,不必購之。

刻須出城矣,十一日,當遣人恭迓,轉乞□懸照。

任應準與李恩倫筆談

初八日有要事,奈何?十六日得暇,十七早當首塗,十六枉穩無妨。

十六早當詣譚片刻,即以話别。館中行李多多,祈勿再備酒果,轉抱不安。

衹設茶酒而已。

頃因叔平所請,以捎筆録舊詩三律贈之。此扇即其次韻也。

叔平散直後,擬過訪,然與叔平屢次往復而辭云,未相來訪。晚來以有事出城外,無以來會,是得聞知否?

臘月十選外官□□。

李恩倫,麟字……

貴姓誰也,有官職否?

賤姓李,前任小京官,敢請大人貴姓大名。

賤姓任,以冬至正使朝京城。

兄之勁筆者，奇妙不忍釋手矣。有團扇一把，書以數句詩，則歸東後時時拂看，以替萬里之面，未知尊意如何？甚悚甚悚。

跂望作書，非中土所習，未曾試過，不敢漫請。援澹齋先生例，携歸後，明早奉繳何如？

然則尚有數日之聚也。

科考何其嫌晚也？

已過强壯之年，尚爲未釋褐甚傷心。

向聞禮部試人文薈萃，戰勝爲難耳。

此八日詳二公雅意，聊以侑談，不至勞費，先生勿辭也。

盛意極感。

洪鍾永與徐郙筆談

雲南省之東南，距京師九千里。此茶每用少許，和生薑一片、椒并飲之，凡不服水土者，作瀉者，服之輒已。

客中不便。

禮官所掌，亦有蕃部之清樂。回部準噶爾，乃侍衛也，其名皆呼以國語。

今年甫轉外傅，日能識八字。第三兒最□□□，□甚可嘉。□□□□□□，須購之市上。

大臣官至一品，得禁城騎馬，二品者，年逾六十，亦可得此。

姚凱元見居何官？有文墨之才否？（但惡此二字，餘皆記之）

洪鍾永，年四十三，字膺受。

官職之謂耶？尊銜但學士兩字否？

學士云者是文科出身之俗稱，非銜也。當下正三品弘文修撰，此是侍講官。

徐：此是類中國官耶？

敝邦尚重入侍。

中朝則婦女家塾學習，師甚□□□□□□。

請詳示也。

士大夫家,往往延師授經,及笄後亦輟,當事須課女紅也。村野之家,耕織爲急,亦少習文史者。

老者耕館,惟樂篤之。向□請拜。

□行期迫近,更不得逢晤□談。

後日得暇,當偕峨卿奉訪何如?

甚好。甚□□□□爲約□□。

峨倘見及,□□□聯駕去何□?

十四巳午間,有出城之便。當偕峨卿同往許君□□□□。

王公、貝勒(王之子)、貝子得戴三眼雙眼翎支。

近日惟左、李二相國以軍功賞雙眼翎。

貝勒、貝子其義何也?

中朝制度十一月朔日起,一品至四品大員及翰林御史諸官,衣帽皆服貂皮,至正月十□日止。是五日,皇上宴蒙古王公於西廠子,服補□不御貂,□□□□披肩乃用□□□。

任應準與徐郙筆談

此名桂花木耳,產於隴中,以有木犀齋味。

非惟靈犀相通,此正木犀照情也。

白摽兄曾知面否?

亦未相識。

詹事是東宫官,屬勝朝,職掌綦重耳。本朝自高廟後不立諸掌,詹事府遂爲沈員,不過翰林升轉之階耳。

兄何年登第?果爲狀元及第入翰林編修乎?

叔平以糖霜製□□橘餅,極佳,價止二文,可以致遠。

□□茶果足矣,何必□□如此耳?東國飯顆山□此種梅也,以糧菹之。

鴨緑江即浿水耶?浿水之稱爲二乎?稱鴨水(此稱即鴨緑矣),

或稱大同江水。

叔平餉客甚豪，殊難繼武。

以氈爲覓，外□以布、以貯烟壺，洋表，芽物，嗅之能解寒去穢。

是市沽耶？

勢不待已沽矣。

昔年與耕石對飲極歡。匆匆已七年矣。耕石與鳳藻日過敝寓談讌，尚有姜古歡，飲興尤豪，今無恙乎？

耕石、鳳藻俱是樂安。姜古歡者不知面，未詳其安否也。名諱亦未能知也。

稠叠拜惠，何以克當？今日午後擬赴友人城外之約，侵曉奉訪作半日談。

行期定於何日？春間親朋飲宴之局頗多，明日亦須出城，惟十一、十二兩日在舍。倘可惠臨，當作竟日之聚。望偕副、三价同往聚。張學士與翁尚書同直，每日寅入申退，不如僕數直之早也。

講筵行走（學階）三人，翁尚書爲首。孫侍郎家鼐及張君五經將完，現讀《禮記》。

皇上天資聰靈，嗜學不倦。寅時即起，申酉間過朝後，仍自課讀，皆聞之翁尚書。初九日與徐郙談草。

鴿即俗名鵓鴿，蓋鳩類也。

□鄉是還矣，久官浙江，□□□守夜西□。

閣下嘗有舊否？

昨年弟之發行，有友人曾與貴族□□□□□居處。弟請捎其書，後以□□□。

此□金橘又名盧橘□等，閩省江南□□□，□□能平肝……

貴地文字之音亦分四聲乎？入聲、去聲、平聲、上聲而與中國音不同，何也？

舒鳧之卵與鳧□□□。

有鄉貢法乎？

鄉試,三年一開科,中試者爲舉人,并應會試。鄉試主試者爲主考官,别有督學,於各府縣諸生中拔其尤者,貢入國學。有拔貢、優、廩、恩、歲、例貢、副貢之目。

請□□其目之義。

此子於五歲後,患足疾三年,今始愈。峨卿兄弟爲孿生。兄桐侯貌極相似,亦舉孝廉矣。大小宋佳話乃復見於今日。

可比機、雲,而恨不得接面也。

主人當介紹也。

方之古賢,無乃奬飾過甚。家兄曾前數年亦留都門,與貴地曹公荷江相識□□。

朝鮮白姓人與徐郙筆談

十一日巳午間,當備粗肴數三,奉迓三君子,作竟日談。兼邀許中書賡颺、周峨卿孝廉同坐,幸早臨也。

盛邀若是,鄭重且慇懃,在弟等烏敢更辭也?

謹當與上使伊日依教早進府下矣。

火炕暖甚。僕江南人,雖宦京華。此録載尚未諳習。

寅入辰歸。

幸勿重費,轉抱不安。

前日在叔平席上,賓主皆陶然矣。

舍下無長大木榻,十一日即於方桌談讌,習之否?

昨朝試畫團扇,欲以就教。三公尚未署款,故遲送上。殊愧拙劣,奈何?

中朝多白姓人,主胡乎?雖未仕進,有文翰者乎?

所聞居官者,頗有一二人,皆未相識。敝鄉近地少此姓者也。方文翰之士或有,未及知也。

任應準與徐郙筆談

既在主公處,客何辭焉?酒必備也。行中持來者似勝於俄連者也。

吾三人都不解飲,弟亦不能多飲。許、周兩君酒中大户也,十一日請觀之。諸人善飲,望之如仙,而恨不能效矣。

非薄之具,不堪進於大人之前。

歡對此分,何敢辭也?

牛肉脯明日當在第漬作乎?

當以屏風書贈皆溪,乃外更曾未見許、周之筆,但知亦老之名筆,不必代人耳。

副、三价亦有便面一書之懇。諒之諒之。從此以往,吾三人無托者矣。因使日便臨書遠携,此是證交之意也。

辛辣之味最能損肺昏目。

菘蛋乃是也。

騎馬諸公所戴,馬鬃所成,似是葛巾。其冬夏用之耶?

四时同眉,名曰宕巾。以馬鬃織□也。

大人本説無肴,故敢奉教。何又不符,如何能安?未免有欺人之談矣。

一笑。此是厨房所辦,非買辦,可也。

任應準與李恩綸筆談

請貴壽幾何?北京官未知何官?其幾品?何居?本以何科出身耶?既閲貴姓矣,更請爲名。

敝名恩綸,殘年四十矣。前任也係順天府理刑之職,由秀才出身。

前禮部尚書萬藕翁耶?

愚之老師也。

敢問大人之名,現居何職?

□名應準,曾任工部尚書,現居判中樞府事,年今六十五矣。

既聞尊是萬藕翁門人,爲之欣然。此老爺現在何處?年齡幾何?筋力康健否?

前任京職順天府兼尹、禮部尚書萬青藜,即爲愚之老師耳。此祇現因物議,辭兼尹,仍居禮部。

身體之健否?

愚因去職家居十來歲矣,未之知耳。

愚前在都之時,萬大人已五旬餘矣。

言之過當。

行館湫陋,守者之過也,愧之。

沿途係縣官供給,抑係自備?

敝邦千里皆有官供豐足。渡江以後,厨房辦供耳?

敢問皇太后患節漸有平復之道乎?

曾侯無回還之期,而各處撤兵,何時爲之計?

曾侯仍回法國矣。各處防兵,除海防,仍嚴行守備。外如東三省諸處,撤防約在夏秋間。

聞此間和議之成,而尚不能解兵何也?

洋人性情靡常,現在陝甘總督左相國已到京,約在四月可旋徵矣。

談草(徵)

鄭稷朝與清人筆談

敢問焉。

即副使禮部尚書鄭稷朝。

原在江蘇,則來住京城何處何事?

去春到京會試,後於同鄉處就館,離此間三里許耳。

與聖人公者或可語耶?

本朝經學考據皆遠勝前代,自湯文正、陸清獻以理學提掖後進,宋學昌明,學者趨向無歧,尚無門户之見。

舊□□□□□□漢人□□□□得。

既酸且鈍。

主公之賜大矣。

主公詹事係何部官? 職任何掌?

由翰林出身者,外任詹事不能得侍郎、尚書。

□□比尤壬戌科成進士,殿試一甲一名,授修撰,一甲二名三名,則授編修。

修撰居編修之右耶?

階六品,編修七品。

非糯米爲飯,以白米爲飯耳。

任應準與姚凱元筆談

昨呈詩畫入鑒閣内乎?

公有石坡公交誼之禮,知不撰猥居唐突,仲愬未知,賢閣有鑒,賦衷平和,悚悚。

仰蒙惠綢又惠詩,不勝歡抃。詩句之清新雅秀,真令人佩服。自當什襲藏之,作爲家寶,每檢出一讀,如對故人,地角天涯,恍出一室。

趨答稽遲,罪甚。仰承厚貺多珍,無可爲報,尤懷尤愧。

聞明晨星軺即發。會少離多,益增悵惘耳。

昨呈四幀八分,想蒙垂覽矣。

兒各幾何?

子十七,女廿。已遣縣矣。

頃者在傍者屬令郎耶?

子名貴思,女嫁李氏,係習舉業者。胞兄名覲元,字彦士,年五十八歲,現官粵東藩司。

拜納石坡公傳送,盛意也。筆意高妙,尤可珍。

可醜可醜。

閱患尚未續復耶?

卧床未起,頭風二年矣。

年齡幾何?素茫何名。

號心田也,已逾五旬,現在館參。

令郎令媛幾人?

子女各一。

子湘以何科出身?已經何官?并詳示。

十次應舉而未第,十科患第。僕由帶水師營軍功,保薦出拜署正耳。此官名。

此官屬武乎?

文職,在光禄寺。

既未第,則似是蔭補耶?

日後寄信時,外封書宅號,當何如?

姓禹名文亮。京所梁家園東夾道姚宅即可,書子湘二字亦可。本館有禹文亮一名,禮部當差之吏,極熟。即給此人轉送不誤。

子湘可謂三復白圭之人也。廿四談草。

閣下首途在即,故不敢多求,僅此小幅。且僕承索書,未敢藏拙,抛磚引玉。先生其未可却也。

謙辭過重矣。

即上一書横幅,無論字多少也。

使弟不能遺芳而必遺臭,則辱及吾兄,幸恕諒焉。

如禮南之大材,何不奬用於朝耶?

此爲名患不貴耳。中朝近春明通榜,才如禮南抑屈者,不知凡幾,可嘆可嘆。

此必是閣畫也,君既欲送於石坡公,則何惜一幀乎?

此乃文昌像，係宫中小兒日事所供奉者。或另書則可否？

石坡公扁，弟已有賀件，要往矣。

久仰大名，幸承感霽，榮幸萬分。

此物能化銅，若貴小兒誤呑銅錢，多服自化。

入仕後乃曰士子，則冠。

不熟《爾雅》，遇此珍餅亦不知味也。

華人不嗜牛肉，何也？或食驢肉、馬肉流乎？

此名地栗，俗呼爲荸薺。

甘蔗之類乎？

庶乎田間薯、菱、茨之類。

此是鳧卵乎？

弟酒性甚拙，少飲輒醉，便却之。

所謂美酒數斯疏，可呵。弟去歲日友人會飲，或勸□□□因病□□。

東人自某多食此品，或云多服久服，能積大腸之火，然偶一試之，則極光火。此是極熱之藥，多服則生眼眚，患頭風。

牛肉厚味，噉之者少，若驢馬肉，或市人餐之，不登盤俎。

劉郎所不敢題字，留於何書？

劉郎以此字不典，故不敢題此。

是後人意造，未及深考。

頃言略，未詳析也。

督學所取諸生，其高第者給廩膳，謂之廩生，每府縣額數不齊，約以十數。每三年取廩生中第一人，貢入國學，此歲貢也。若歲貢適逢恩詔開科之年，謂之恩。古學歲貢名异而實同也。恩、歲貢生及廩生、諸生俱應鄉試，其中式，舉人之謂。別有副榜，即謂之副貢，其撥京。優貢，則督學於試士時別考。優貢亦三年一考，拔貢則須十二年一考。此二者不待中舉，人即可到京朝考，考後以次授官，拔□□。

重以頂子,官則叙第一品寶石,第二品珊瑚,(□□□)□□□□□。

第一品、第二品皆是珊瑚,以美玉有差爲别。三品藍寶石,四品青金石,五品水晶,六品車磲石,七品以下皆金常服,石用玉。抹額畫孔雀、豹、老虎。無論文武有功者,蒙賜畫之耳。

胸褶制度請問。

名曰補服,一品鶴,二品錦鷄,三品孔雀,四品雲雁,五品白鷳,六品鴛鴦,七品鸂鶒,八品鵪鶉,九品練雀。武則以獸爲别,一品麒麟,二品獅子,餘不能盡記矣。

□□□□□□□□□□□□□□書石坡二字,□□□□□□□此輩者更爲□□□□□□□。

實係病臂并風痹之病,不能下床,敢□□□□,壁上所挂□□以爲可即□□,賤弟筆書數行,及可報石坡公矣。□□□□□□□此係五甸所畫題迹否□□□□□□□□□□。

石坡公忻感□□□。

仰承獎許,愧愧。但此四幅係拙荆所畫,容俟病愈,當即振筆塗抹。趁明春貴槎來行,寄呈以副垂愛也。

初認□□,閨白所畫,而王甸題評矣。□承□□□□□□□□□□□□□。

□□□志金石之契也。□□□□□□□□□□□兵耶?

此□□□□□若□,此事□,雖□□□□上,其畏不死,蒙外□□九□内有左相□豈供惟□□□□□□□□,□□□□□□□□□□□□□□□□□□□□。

表此憂慮。

兄不必以此收□□□耳。

尊論極是，但國政持柄，自有大臣，卑職實不敢妄談，恐越俎遭罪耳。弟嘗患□殊久，未復□□□□爲民□□。

既服補劑，大可回天，從此康安，天下幸甚。

□見兄有感，□恐欲人坐冷炕，且行事□□，從此辭别，□□□□□□人□囑弟付□□□□□□□□命。

任應準與姚開元筆談

此□□如。

大人喜愛，即以有贈，幸可□歸獻石坡公。惟是拙荆之筆，恐不當耳。拙荆姓左，名惜蕙，陽湖人也。

此教亦多感，但若以報命於石坡公，甚榮。

大人歸對右坡公説已與弟當面約定，俟拙荆病愈，即以報命，萬不有誤。且待來年□□四月，□□節卞吉雲帶畫入都，即囑□□，尤不誤也。

教……器局之差一些。

前來信，放心爲要。今行代選他人往來天津。（……緣先要到禮部投文，方能赴津），卞君之更來。□□□知也。業已遣□面訊也。李菊人得悉。

頌閣先生，銜字郮，字音何？

禮南兄，銜字保字璋，字音何？

“松下問童子，言師采藥去。祇在此山中，雲深不知處。”請以吟哦出之。

黑毛何獸耶？

其呼爲紫貓，皮亦未見。此物何狀？

寒士何以重裘耶？

此亦中華風氣習慣，非重裘不暖也。

士子何以着靴耶？

中朝制度如此，士子未仕者不穿補服，爲□耳。

此乃糯米粉造成者。

徐士鑾係貴族,而今居何職,亦爲何官,願聞焉。

亦有一二人□。

此是大姓,豈獨一二人乎?

尚有蒸羊未至。

中土之俗,四十外留鬚,五旬外方留髯。

十餘日不剃髮則眼赤,我輩一日不梳沐,則癢不可忍。

康熙朝所設在乾清宫側,特選翰林官數員侍直,恭代御書頒賜各省匾額各件及撰擬經進文字。

談草(羽)

渡江以後,初得名士,聞此高論,日夕而不知疲倦。

勿遽歸,少留,談話甚好。因學於先生,方知歸養。一日語,可知所特高明,願聞緒論。

方今海内爲俄人所困,至有海口防戍之舉。近日所聞,間何如也?

俄人違和,貪求無已。由於防兵已動百萬,觀此大局,奈難預定。前有張之萬先生奏書,痛陳利弊,不知大人見否?

奏書未之聞知。

願詳道也。俄人所請十八處,張大人遂言其諸條不可與之敝。又云事體歸於直督李一人云,責無旁貸。計無中變,可戰而不可和,此大概情形也。

戰與和否書,未知何居。而相議之戰者多乎,和者多乎?

張大人一書已竟主戰,此時宿將重兵分布海關,事多在戰。

敢請蘇和丸幾粒,可乎?

鄭公元有允,持來清心元三介,兹奉呈耳。

聞□□□防戍各海口爲不奇云。廥料將何以辦給,□或經奉持久,則□爲艱支之端。

相議間何如云耶?

養親家居,竭力菽水,朝廷事概不預聞。今因與明公筆談,初陳大概,至於底細,非草野人所敢妄議耳。

食德飲和,又蒙見賜清心丸,何勝心感,謝謝。

孝子之情,不勝欽嘉。

第問朝議非一時過客所能涉也。

既以使事朝京,則不得不轉聞此事。且以此事有往復之端。

知事者,不必諱之,故有所仰叩耳。

此事先以防爲大主意,未則不得不戰耳。

至於朝議所苦者,在於軍糧之不足耳。

見今俄人之勢,天下居强,屬虎狼之秦也。雖戰,未必能勝,况安居不出,布張夸勢。所以東國之端,此豈非難處乎?至於張大人之論間出堂之□,朝議未必同然。雖近日同然,久則必變。

自古守正之謁,每患不行,以是爲慮。

竊覸明公雅居清儀,足以論此,故少是猥及,幸休咎勿隱俄人之事。

其曲在彼,朝廷畏之乃民。

任應準與李恩綸筆談

尊之在都,今爲幾年?

前任七品小京官,後保升理事府,歸於承德府候補,因親老歸養,所以在此耳。

敢問親齡幾何,筋力康寧耶?未知世居此土,家財足以養親否?

家慈、家嚴同庚,俱七旬有八矣。家居東望廿里,村曰四台子,此處有小生意處,故來此以遊耳。

貴兄弟子孫爲幾人?

弟兄嫡庶八人,家侄十九歲,現習舉子業。

萬尚書現在禮部尚書,言議風采果爲相邦矜式耶?

萬大人前居禮部尚書，兼管順天府，故名兼尹。去歲，因御史物議云老先生有把持順屬升調之事，幸聖眷高深，未之深究，而大人自辭，兼尹不居耳。

其文章學識與其論筆爲海内所推，然耶？

品望兼優，蓋有年矣，豈止海内所推許耳。

然則何故遭彈於御史，而未得見用於世耶？

順屬十四州縣升調參革，爲公主之。失意者能無來謗聲乎？瑕不掩瑜，於公何損？

尊兄既學於萬公矣，所存可得聞歟？

□□□□□□□□□側，更非身不及政者，所難逆料也。

此事豈不知應作何預備，奈空言無補，何益□時？

今蒙名公下問，不得稍陳大概耳。

一言之得，生之幸。日之晚矣，敢告歸矣。

既得聖人，不當深居，而聞公是萬尚書門人，故如是覼縷，所謂傾蓋如舊者耳。

何遽告歸耶？

此寓係□居家，外人在坐不得便。聞更鼓已動，故言歸耳。

雖不得便，□□□□□□□，回路如復拜訪，行幸此處，爲回程久行之□，□□□訪，□□□於房主人便知□，當掃榻以待。

貴第距此幾步，宅號云何？三使同行，勢難獨訪貴第。

如後來臨，可以繼談耳。

貴地生疏，於地不識巷里，有礙訪人。本明春歸來，恐□□□。

老先生之學品，故非我可得而測。

因學於先生，方知歸養耳。

傾蓋而談，事非偶然，日夕君勞，可以息矣。明春歸來，以爲永好可乎？

俗冗紛亂，偷得半日閑，與良朋會晤，欣慰實深，薄暮甫歸。

南書房三字，是何友諱稱號耶？

中朝縉紳之制以四季分載，隨時更改，家中雖有舊者，其人均非現任。

《縉紳録》，固已得見，所聞者乃是文武相見時□□也，在簡端。

士子初試於本省學宫，爲秀才，繼試於省闈，三年一舉，特簡京朝官往試之，合式者爲舉人。再試禮闈，爲進士。次殿試，次朝考，入選者爲翰林，餘則以主事、中書、縣令歸部銓選。中朝制度，舉子未成進士，雖任七品官，仍可應試。許君以貲爲中書，納粟助軍，吉語爲峨卿發兆。

（峨卿），周友字乎？

是。

不能詳述，大約法蘭西習耶？

蘇英美□習天主，彼國自有區别，局外則未悉也。

朝鮮白姓人與清佚名筆談

内閣侍讀學士名桓，户部主事名椝，均通州人，亦香山裔也。

敝邦多白姓，將修譜，欲知其始祖，要此轉探，故有是問。

通州白氏爲海内巨族，白君名恒，是小山尚書之孫，現寓上斜街□。

謂魚脯。畏寒露□□□□□。

請借小爐以熏足耳。

何餅也？

來自山東，乃柑也，非橘也。

此即《楚辭》蜜餌，味如柿餅。

何名也？

汾地謂之□□。

老而胃敗，故也□□不敢。

柿能温胃歟？

是也。

文昌神有二義,一是天上星名,即《史記・天官書》所稱"斗魁戴匡,曰文昌宫"。一是唐以來相傳爲張仲孝友之化身,沿襲至今,今未能臆定。

許中書賡颺,文章翰墨傾絶流輩,年已五十餘,尚應禮部試。去年與貴邦崔研農往來甚密,今日適有他約,遲一二日,當邀同奉訪。

漢人好爲奇説,持其□□□□□□,有不可及者,即乃屑□爲水服之,云可補血虚症。華人亦有仿之而效者,至得人一身血液,煉之可成洋槍之病。

此實奇怪之談,亘古所未聞者。

此間與之雜處,□多瞽者,非惟技藝。

能無染學者乎?

漢人能格物性,以奇害平也。

然以靈機治病瞽皆有也。

不外陰陽二氣相感耳。

西方諸國中,其欲傳教者爲幾國?

其中天主耶穌殊塗相□。……

……亦能必悟披之以舊羊皮或□之服。久□□,便成糖霜。

試之輒驗,不解何以悟此。

復不得大科,則付之蔭途。内爲郎,署外爲知縣而已。

伯氏入仕耶?

亦尚應會試,未入仕也。

不言之中,情誼自在。

言語不盡荷,筆談終嫌未□,甚□爲恨。

略備薄酒殘肴,請稍留叙别。

謹謝之,緣尚有事他往,已吃過飯矣。

衹是數杯,亦無肴,不必却之。

吾儕既托契,迥异情誼,自别洛京,得一杯酒相勸,豈不挾歡於此耶?

當如教，何不請李菊人先生同來一談乎？

弟酒量本低下，不能再飲矣，謹謝。

即須到菊人先生齋中一談，請告别，并拜送行旌。

往見東國畫本多是設色，弟祇能以墨渲染，未諳設色之法所用，愧之。

敝邦畫法未得妙法，祇設色以掩人耳，豈敢比擬於潑墨筆意乎？

東國以糯米爲飯。

弟時苦積滯□□。尊惠清心丸，可以服之否？

經尚得餘，覓上矣。

十四□□□□□□□□□□□□來話，企仰。

東國官制及取士之法可略聞乎，仕途皆由科仕進身乎？

大科稱及第，中科稱進士。大科後翰林，待制弘文館□□次第直□選士。

《中庸》"萬物并育而不相害，道并行而不相悖"，僕曾聞。

貴地傳本作"吾道并行"，比中朝本多一"吾"字，信乎？

東國經書印板皆自中朝，□有□□句中。《中庸》原無，乃逸字□□□。

此滇南普洱茶，服之能消積滯。

滇是南境乎？

此即頃惠之茶乎？

味佳。一碗二碗，額上發汗，平生不平氣，盡向毛孔散。

拜惠多多矣，請尊銜。

靈犀相照貴在知心，若不遐棄吾，但願迹遠情孰耳。

第二子，十二歲，頑劣。

貴友李鳴萬昨有書來，欲至舍下一談，不知今日在館否，别號何字？

拙書惡劣，恐污目耳。

渠來書云在旅館之側，故敢問也。

眉宇清秀,宜乎早達之係也。

第此寥寥之中,辱承奬飾,殊增愧耳。

似是光禄寺署正。

此間便服貴賤無别?

敝邦貴賤之服晝殊。昔年改冠結頂,以青紅爲别,今亦紊矣。

恕不恭。昨晚承教,意謂迫昏枉臨。今幸早臨也。

兩兄東行久矣。

俗務了,遂趨送。

滿壁書都是御賜?

皆是。

貴近居止也。

□□産,不易致。

侯相如殘,奈何,可嘆。

此能言鴨之舌也。

豐川是鄙任之貫,非居生之地,距國都五百里。

豐川隸黄海道耶?

然矣。

朝鮮佚名與清佚名筆談

尊齡磯階,諸般記節,已承於任判府矣。不須更圖探承,而今亦似退公。未審諸節樂安否?而公職階學業,僕亦得之任公矣。

衰朽不足道,甚慚甚慚。

君獨有傾蓋之意,實心相對,豈處餘讓?即如談草後書,已爲敬服,乞即賜一揮。

驪駒在門,實屬不情之請。

此范文正公《岳陽樓記》也。後幅已署,故未題名。

禮南亦不耐火坑。未見許君,甚悵。

請聞其名、其號、其年、其文、其筆。

名賡颺，號鶴巢，年五十餘，工駢體文。字學顔平原，亦江南人者。老而不第，士論惜之。

座下有何辭之有？終是情淺也。但盛情使弟如何得安於心？况明日即别，不能奉請餞别，如何是好，愧悚愧悚。不如即是爲教也。

得瞻鈞霽，快慰萬分。

明晨旌旆遄發，不及趨送爲罪。即此告别，尚有俗冗他赴，不克多陪。天寒，諸希金玉，鄭重爲請。

尚有事至李菊人先生處，即此拜謝，萬請仁兄勿遠送。

猝然枉臨，未及去迎，則歉甚悚。

昨承復教，兼奉三對惠筆，至感實多。而但未得畫幅，可歉！嗣後謹寄，斷不食言。雖以此相念，當得便寄信。

□□惠三對楹聯，奉玩可珍。

一一六、金昌熙《東廟迎接録》

【解題】

《東廟迎接録》不分卷，金昌熙等撰，李王職實録編纂會編。

金昌熙(1844—1890)，字壽敬，號石菱、鈍齋，朝鮮慶州人。同治四年乙丑(朝鮮高宗二年，1865)十月，以朝鮮謝恩兼冬至使書狀官身份出使中國。有《石菱集》《譚屑》等存世。光緒八年壬午(朝鮮高宗十九年，1882)七月，朝鮮"壬午兵亂"時，吴長慶率軍入朝，金昌熙任朝鮮迎接使，與吴長慶、袁世凱、張謇等人交往頻繁。《東廟迎接録》即記録了他們間的交流内容。始於壬午年七月二十三日，至八月二十九日。其中多有筆談的載録。七月二十三日、二十五日、二十八日，在朝鮮金昌熙與吴長慶、袁世凱筆談；七月二十六日，八月初十日，兩次與張謇筆談；八月初八日、十二日、十三日、十八日、二十日、二十一日、二十二日、二十四日、二十五日、二十八日，十次與袁世凱筆談；八月十四日，與李延祜筆談；八月十七日、二十九日，與袁世凱、李延祜筆談。

此書爲筆寫本，韓國成均館大學韓國學圖書館藏。兹以此本爲據輯録資料。

壬午七月二十三日。

議政府草記。大陣迎接官差下。二十四日，見吴大帥(名長慶，號筱軒，廣東水師提督)。

吴曰："頃在津上已仰大名，更從雲養(雲養，領選使金允植號)詢聞詳悉，相見之晚耳。"

我曰："大陣向駐屯子山，距畿伯營治甚近，畿伯爲迎接官矣。昨日我大王以大陣移駐有日，畿伯職務相妨，另差下官專意迎接之事。"

吴曰："貴國王約今日未刻赴殿庭，可俟，刻到即赴。仍饋飯，飯畢告退。有袁世凱(號慰廷，辦理各軍營務)共飯，携至所住之房。"

我曰："下官徒藉門地早竊科第，滚到宰判，未嘗有一半事裨補國計民事。自上國視之，直一極不肖之陪臣耳。以下官輩不肖之故，以致上貽，皇上軫念。諸公遠涉，下官慚愧，不知生世之爲樂。猥承迎接之命，尤爲無面可顯。"

袁曰："夙知閣下忠肝義膽，本擬趨訪，奈有諸多不便耳，亦未嘗不慷慨神往。既得光臨，幸何如之？貴邦之事，竊料非一二忠貞所可挽回。此亦天也，命也。惟祝及時早爲振作，以期久安耳。近聞新政有不尚門地之論，然否？"

我曰："亦有大懲貪墨之教矣。"

袁曰："此數論，恐觀美一時而止耳。新拜上將軍任商準、御營大將金箕錫皆何等人？"

我曰："敝邦久不見兵革，雖不習韜略。苟知撫恤人皆可爲升平之。頗、牧此二將臣皆是曾經該營，姑可諉以宿研。"

(壬午七月)二十五日。

我出示文迹曰："此大僚呈覽之文迹也。"

吴熟覽良久，使袁書之曰："此何事也？"

我曰："當亂卒之作變也。我坤殿急避闕外僻静處，當日舉哀出於處變也。文迹今始頒布，驚喜慶幸。"

(壬午七月)二十八日。

我曰："聞大帥以敝邦軍民尚未集安，揭榜無效，日夜貽惱，寢食不暇云。弟心甚不安，且未盡諳。敝邦俗習，徒爲無蓋之憂耳。敝邦民俗，凡事在上者，勸之則不從，禁之則愈犯。若自大陣任其驚動，示不介意，則還可不日息定。若屢屢榜諭，勸其集安，則其疑愈滋,無异揚湯止沸。請代白大帥寬心,勿過慮,徐觀幾日,更思道理恐好。”

袁曰:“已稔知有日,然大帥生平在心之事,終身莫解。閣下厚意,當爲代白,或可冰釋。我前晤雲養,勸其急於煉兵,以制全局,以懾外侮,而竟歸淡漠,如何可也?何不趁我軍在此,擇送精卒,由我軍訓煉幾月,再授以自統。原非大難事,何不先試煉一營五百人,以觀後效。能有勁旅三千人,政可行,侮可捍。然將才不易也,如值中邦一朝有事,或恐不暇顧及,何不圖自立以爲長久之計?”

我曰:“下官短見,惟望天兵常留。”

袁曰:“我士卒恐不能久留,且恐大帥亦不願久留。中土之人誰無身家?久居無事,且恐不易支持,如换他人,恐不好與共事耳。大帥實心爲民,不涉傲詐。此外諸帥,如大帥者計不可得。若來此邦,縱兵肆行,恐民無噍類,以大帥節制無二,尚有小事滋擾,况他帥乎?”

我曰:“敝邦要致富强,其實不難。其奈有君無臣,古今共嘆。歷數朝著,實難急切。簡選至於將才,尤所難得。”

袁曰:“貴邦産五金、人參、牛皮、絲麻、材木。得人以理,指日可富,且地多荒蕪,宜急種桑。開闢疆土,使民勤苦耐勞,煉之一年不難,大理每年能籌數十萬銀餉,可養精兵三四千,多不過一萬,足可使日人永不敢啓鯨吞之心,何也?山林險固易守,洋人利於火器而最不利於伏兵也。山林之中多設伏兵,不難一舉而殲之。泰西各邦視貴邦甚貧,圖之不力,如鷄助,然食之無味。日人如失利於貴國,泰西必不肯爲至小至貧之貴邦而動干戈也。泰西助人攻人者,必求利於败者耳,如貴邦何利之有?日人之兵甚弱於陸戰,我今日所部各軍可盡日人所來之多少而殺之,特有所未必耳。各洋可畏者惟俄,他不足慮也。貴邦陸通中邦,衹守一面水路,易事也。中邦四面受夷,故患更甚於貴邦耳。大帥對吾輩深詡閣下爲忠厚長者,今治飯請閣下。”

我見吴曰:“我東宫今九齡矣。有出天之孝,六月變後多有受損。坤殿奉迎還宫時日爲急,而日昨荷遣兵隊護迎,中外大小感頌無已。”

吴曰:“聞東宫天生聰明,六月變後,孺慕情傷,亦大人不失赤子之心。王妃中朝之所休,命貴國大小臣工迎之,固至敬而有禮,過軍營前,早飭豫備,插旗放炮,勇丁在營站隊伺候。

我曰:“慶幸之際,承教鄭重,尤切感頌。”

(壬午七月)二十六日。

見張季直(貢生,名謇),共談。

張曰:“海参威去此一千二百里否?琿春似少遠,然否?”

我指案上《東輿》曰:“何不取考?”

張曰:“不全。貴國關北財賦未嘗輸京。其非重賦,可知邊民何苦日越俄境。”

我曰:“財賦之本不輸京,即我祖宗朝,暮民奠邊之盛德遠規也。挽近武倅不知撫民保境,王化又難遠覃,誠極寒心。”

張曰:“貴國事千言萬語,要引用人才方能有爲。家世之弊,最當先破今日國小民貧。介於俄日,非有人才,何以自强?深爲進慮。拘泥古書,自不通時措,專事洋務,亦觸戾人情。此中斟酌,實難其人。前日貴國王破格求才,閣下藻鑒亦多,有可薦者否?”

我曰:“寡君求治甚切,寤寐英賢,而其奈人才眇然。莫今時若急切,何處多得來乎?有君無臣,古今共嘆,且卑微之人,各安世業,初無分外志事,驟聞破格,倉卒衒能,豈遽信用哉?是必力破,幾年而後,始可搜得也。見今無异臨渴掘井,恨不於數十年前已有此論。”

我曰:“《萬國公法》未嘗有不戰而使給兵費者。吴大帥、馬觀察何不一争於花房乎,且其數何其夥多也?”

張曰:“閣下所見極明,熟看公法者,祇知有例中照據,未曉無例可,勿論花房此次張大聲勢,即恐喝之伎倆耳。馬眉叔未免有錯,大帥退謂其不然,已函告中朝,説此邦不堪重累,眉叔亦少變其説,勸花房減之,愚見當初衹十萬爲可。"

我曰:"不給則已,給則十萬似少。"

張曰:"今已諾五十萬,乃覺十萬爲少。如大副官不怕恐喝,持重而發,又急先捕其殺,使之仇,則何至如是夥多?所給瘞資,亦不過各人三四百金恤賞足矣。事已有緒,無益遂悔然。眉叔勸花房可減十萬,亦足少紓民困否?"

我曰:"黄遵憲《朝鮮策略》曾讀過否?其人何如?"

張曰:"曾覽悉,大意固好,亦聞其人有志時務者,其素行不知耳。結日本云云,以其身在該國,議論雖不能不如此,亦有未可盡信者。貴國交鄰之道,如事鬼神,可敬而不可親也,但不激變生事可矣。

(八月)初十日。

我曰:"大陣軍情雖嚴秘,諸允見弟,必以雅戲妙謔爲遣日接客之資,無一語涉軍情者,然弟已默默揣得於不言不問之中者久矣。此次辦理事宜,未必盡如大帥本來意向,再明徑歸,恐或未必還也。天下事瞞不得有心人,弟既有心,大兄勿秘。"

張曰:"大帥此行,蓋亦有難言之處。弟以大帥相遇之厚,不得不同來往,大約月杪可還,然事亦未定,吾料此間若不内修自强,亟圖善後之方,後將復有事故。既與日人通商,顧其勢,吾不怪引來泰西各邦以制日人要挾,然主和之事亦須斟酌。古今較量彼我,此後必馬眉叔來,此人有時才而心地不光明,乃急迫功名之士,爲辦理此間,必違古而迎時失衆,而敗事却不可不慎。且貴邦人必與相投,爲其所愚,衹藉交涉和好鄰邦而已,不顧本原,終昧政體。其於内拂人心,何事可做?誠爲可慮耳。李傅相專喜談洋務,大帥雖其世好姻親而意見不相融洽。眉叔爲人能投李相之好者,弟於李相之來,眉叔之去,一一數其迎合之事,興我軍牽掣之狀。昨丁公來,乃無不吻合。故弟申勸乞退之意於大帥,此行還否不可定耳。如貴國有事,李相坐視，必無出師之理，但使眉叔輩誤其事機而已。此次之師賴李相不在，張公得以出力，貴邦人何能知之？此次之師徒爲日人捕仇賠款而止。前日大帥論功之時，我堅辭不受，大帥耻憤幾成疾。此行來否，不可定。弟以此爲貴邦代籌《善後六策》，本欲臨别相贈，而陣中擾冗，尚未脱稿，若不來，則尋便奉寄閣下。”

（壬午）八月初八日。

袁曰：“金雲養在何處？須以大帥意請來商事，大帥擬今十二日扶痛赴津，乞歸。”

我曰：“有何緊故扶痛赴津耶？”

袁曰：“貴國之事如治瘡，然交涉之人挾日本以自重。交涉之人一日不死，則瘡不可爲也。大帥因此欲見李中堂乞歸。”

我曰：“聞甚驚嘆，請概示破鬱。”

袁曰：“交涉之人挾日本、朝鮮以自重。弟非駡貴邦人，乃駡中朝人耳。中朝無人。”

（八月）十二日夜。

袁曰：“我爲大王心已竭，力已竭。今不能爲力，惟以一醉爲報盡大王而歸耳。”

我曰：“大兄以中邦人尚欲以一醉爲報我大王，况如弟此邦世禄者乎？”

袁曰：“我亦中邦世家耳。今日心力豈但爲大王計，實爲我大皇帝計也。我軍捲旗以去，將貴邦事委之交涉人，交涉人衹知挾夷，安知朝鮮爲中朝第一大門。大門既失，房門不已危乎？貴邦脱有不測，東北震動，彼亦非不知，惟爲功名欲好於北洋，不暇爲長久計耳。我軍如久居此，而北洋仍委交涉人將數月，必有啓釁者，我軍又無從措手，徒惹天下後世駡詈，豈不可慮？故大帥急於要西渡耳。大帥本提督廣東水師、山東陸軍并辦海防。其或赴廣東，或在山東，或憤而歸田，均未可知。不但大帥，即弟亦將賦歸去之曲。”

我曰：“大兄家何處？”

袁曰:“秣陵耳。前日皇上命添軍駐此,已籌十餘軍爲貴邦永保疆土。捏日懾俄已屢見上諭,而北洋持議,不必防守。皇上待貴邦誠不爲不厚,而無如北洋壅其間耳。張振帥亦深爲貴邦計,獨交涉各人淡漠於貴邦,求好於外夷。我軍如去,眉叔必來,太半爲日人,將來貴邦之罪人,即此人也。貴邦之去亂黨,如去暴病,至調養以復元氣,尚未措手也。北洋專以通商議和爲務,如引虎入室,然吴大帥猶欲雄鎮貴邦,力求富强,可爲中邦屏,而意見至近日益不甚合,恐久在此,不能爲貴邦立見實效,徒滋外夷反爲天下笑,故力乞退歸耳。如不與交涉人共事,而皇上假以重任,大王專心相信,將一年可强,三年可富。此非但爲貴邦計,實仍爲中邦計耳。設我軍捲旗盡渡,徒來也一二交涉人,則禍可立待。如分數軍暫留於此,而又無信心得力分將,故大帥欲赴津商於北洋,或由北洋另派數軍,或仍由大帥分派數軍,將聽於朝命。如鬱鬱於此,專爲好夷引和,萬不能一朝留也。今自中邦論之,此間須派六七千兵,方能捍日懾俄,爲貴邦力除積弊。以中邦之力養六七千兵,以固東北數省屏藩原爲易事,而北洋惟知目下之安,不知抱大措之積薪下,其禍在朝夕也。如眉叔輩,惟挾日本以見重於貴邦,又挾日本、貴邦以見重於北洋,而貴邦迎時躁競之士,從而趨附,内拂民情,外受夷侮。我輩去後,必共視此局爲一名利之大藪矣。抑知來日之禍,豈有已耶?貴邦亂民非不精捍,而惟不曾見兵革耳。如與我兵相處,既久俱悉强弱虚實,且眉叔之來帶人必不多,恐我兵反受其禍也。我時勸雲養,急請煉兵,我去之後仍望閣下時不忘武備也。趁我軍在此,不急修武,我軍去後,亂將接踵矣。我至九月初必行,前雲養來求煉兵教師數人,我計爲日太少,將士俱有五日京兆之心,安肯代人創始也?我見閣下忠貞發憤一説,若與不知天下形勢者言之,恐祇益貴邦人心之驚動疑慮耳。”

我曰:“此談紙當歸寓細讀,明早還呈矣。”

袁曰:“聞領相忠賢,曾有袖摺時弊諸條,未及施行而遽有亂軍之變云,信否?”

我曰:“洪公忠愛,發爲文章,果有袖劄事。”

袁曰:“可得一看否?”

我曰:“弟僅得一見草本,而恐於呈徹之後,洪公不爲留稿耳。”

袁曰:“入貴邦先探大臣賢否,又以意斟酌,得其爲人老成持重矣。其無建白,乃相權積輕之故,非洪公之咎也。”

我曰:“然矣。洪公平日且篤事大之誠,今適秉軸大帥與諸公,每事可以相爲倚重耳。”

(八月)十三日。

袁曰:“大皇帝屢有論旨,飭吴大帥在此辦善後事。惟大帥决意乞退,不能與丁、馬爲伍也。丁曾爲匪類,即反臣賊子。曾領萬人犯江南,投降得赦。馬亦匪類之餘,大帥乃世家耳,且其先人曾死於節,爲匪所殺,如何肯與二人爲伍耶?眉叔雖來,亦不留仍去。所謂留者必其兄也,其爲人比眉叔更劣。

我曰:“既皇飭屢頒大帥,苟在此辦善後事,丁、馬亦何能爲哉?何故讓與二人而歸乎?”

袁曰:“北洋不能相容,不如退而讓之。且此邦君臣亦未必真能十分相信。諺有云:‘負石登山,勞爲不智。’大帥何爲耶?我何爲耶?”

我曰:“此何言也?敝邦君臣於大帥,未必十分相信,則更十分信何人耶?今亂雖稍息,人心未定,大兄亟亟馳書勸大帥還留,以圖善後。”

(八月)十八日。

自大内下瓊玉膏二缸,中使領來,袁不受。

我曰:“昨日弟固饒舌對中使言,今悔已無及,然兄若不受,則弟以何顔謁我大王乎?且我大王以進御熟藥賜兄,比於漢高推食,食我之感,尤爲萬悟。兄雖非我邦臣子,亦不當如是恝然也。兄雖欲保廉名,此受既非傷廉之事,且設或傷廉,試思名與禮孰重哉?”

袁對中使曰:"金侍郎好説話,使鄙衷大有不安者。"中使去。

袁曰:"大王待我如此甚厚,弟何敢當,欲執之何以耶?"

我曰:"報有三等。大兄馳書大帥還留,其上也。筱帥雖去,大兄留此,其中也。大兄歸後,遍告當道諸公。若此邦有事,不憚頻出東授之師,以固中邦屏蔽,其下也。"

袁曰:"弟亦非不願留此報效,且此間實非武夫所能理者,而弟實難與共事,惟筱帥以國士遇我,我亦不能負耳,決意西渡。筱帥亦欲留我,而我力辭耳。前日送太公,誅亂黨,捍日人,俱弟日夜奔馳,風雨不止,衣冠盡濕,猶能勉力從事,夜不能寐者。七日夜行,赴公者五矣。前日風疾微有發作,故告於閣下不久將病,弟亦深自知耳。"

我曰:"此膏必奏效矣。且今中外一家,大兄如欲爲大皇帝黨,莫如先爲我大王黨也。大王黨即大皇黨也。大兄如欲久留此間,飲食起居亦自有方便之道耳。上而大王愛黨,下而弟輩愛黨,豈不爲大兄深思久安之計也。"

袁曰:"題目儘好。大皇視此邦甚重,誠與大王同黨,然弟有所不能留耳。筱帥雖帥,能讀經史,亦文章之士。如朱、黄留此,一字不識,并與奏陳之職而無能爲力,不過在北洋前饒舌而已,寄書天津亦不能明白説事耳。"

(八月)二十日。

袁曰:"大王待我如此,敢不稍布腹心。吴帥,熟腸人也。事上、待友、馭下以至誠,無欺爲主,其廉介比我更堅十倍。如米價,逼我送呈大王,大王不收,無以安其心耳。統軍二十載,他人皆富,有數千萬,獨一貧如洗。皇上信其操守,令其來此,其平日常爲朋友事,無不盡心,誓以身殉。如大王欲振起善後各事以及煉兵者,中邦更無如大帥實心爲人謀者。如朱、黄裨將耳,一字不識,惟知縱其欲,酒色之徒,犬馬力耳,安能爲貴邦分勞也?如大帥能遲至明春西渡,則盡四個月之力,弟又推挽其間,似有裨益。弟俟大帥從中陳説,如肯留即留,不肯留亦無法也。"

(八月)二十一日。

袁曰:"亂黨間又捉得幾名否?"

我曰:"弟久在此間,城内消息,全不聞知。然大軍出後,多有逃散外方,則誠不知何樣?禍機伏在何地?關慮甚深耳。"

袁曰:"前日攻枉尋里利泰厚院時,出於過仁,不能斬草除根。若再有剿滅,必用火器,使其聚處一掃平地,將人畜家舍霎時灰燼,始可知畏耳。我料六月餘黨,以爲迨今太公赴津之際,又舉事,則中邦必謂六月之變,不干太公事,太公可早歸云矣,特怕吾軍在此耳。"

(八月)二十二日。

我曰:"皇上不准大帥之回,則大帥何能不留此間。"

袁曰:"乞病耳。大帥去後,如分將駐,此非黄則朱,朱、黄之誰優誰劣,閣下欲知否?"

我曰:"總之,大帥不留,弟已寒心,更何較朱黄優劣哉?亦不欲詳聞耳。"

袁曰:"我已請其再來,十八日具信送馬山矣。來後,我當從中極力勸留,臨時亦有大王之懇留或可耳。"

(八月)二十四日。

我曰:"今日庭鞫罪人八名,將結業正法。金雲養俄有報,使弟説與大兄知之。"

袁曰:"好,大快事,我頃又捉得一逃兵在馬山者,尚未解來,擬亦正法耳。"

我曰:"敝邦亂軍隨捉即殺,宜也。此陣犯法者須從寬典可耳。"

袁曰:"逃兵我自有軍法。貴邦亂黨事,當煉兵以懾其勢,修政以固其心也,徒殺無益。"

我曰:"亂黨尚多未捕,人心未定,大兄須久留善後爲望。"

袁曰:"我留何用?殺人亦無益也。惟求二三老成因時制宜,急固人心耳。雖此民懾於我兵,而至今太半仍思太公也。脱能東渡,誠無善者生於世矣。初我兵登岸,我與丁軍門赤足先登,問之土人,莫不美揚太公。我來此後,有兩來投書者,盛言太公好,大王不好,我乞大王隨時防不測之虞,方會鄙望。”

我曰:“投書之事,弟亦微聞驚惋,此是失志怨國者之所爲也。其凶肚逆腸,大帥宜無不燭,然其譎言悖説,安知不流入中邦乎?大兄來此既久,宜深知我大王慈仁恭勤,爲此邦之聖主也。”

袁曰:“悖説不要緊,我且有定算。”

(八月)二十五日。

我曰:“大帥不留以我邦事,任一不識字之武夫,何能善後而有振起哉?”

袁曰:“朱多嗜欲。”

我曰:“國雖貧,一將之嗜欲,何難充也?但其無見識才智,何哉?竊恐中邦亦未免見笑於各國人,取譏於亂黨輩耳。”

袁曰:“事已出於無可如何,且非此等人不肯留也。”

我曰:“大帥之所以决歸,弟知之矣。必以敝邦事爲不可爲,如扁鵲倉公望而走也,然殊不知此邦事亦多可爲也。我列聖深仁厚澤,固結民心,大王今又勵精求治,翕受好言。大帥若久留,以振起各事相勸,大王必從善如流,次第施行,中邦之屏蔽永固矣。大兄須思挽留之道,切祝。”

袁曰:“中邦事亦甚繁,大帥亦中邦不可少之人。在此不過偏安之局,在中邦可握全局,故决歸耳。如大王執意欲留之,可瀝陳情形於内廷,且於大帥好言堅留之,似亦有望耳。大帥回,我當面商,再告閣下。”

我曰:“向者凶徒投書大帥,曾覽否?其説大概云何?”

袁曰:“其書,巡捕來呈我,我即交季直一閲,嗣後亦於大帥前微談其事,大帥亦知其謬謊,我欲收而殺之,細想或恐太公至親所使,有所難處,故未動耳。”

我曰:“太公至親亦大王至親,豈敢做此乎?此必昨秋安驥泳餘黨所爲也。此後如又有此等凶書，必交我呈大内一查也。見其辭意與筆迹，不難譏詗捉得也。”

袁曰：“安驥泳餘黨，何不殄滅無遺？”

我曰：“我大王性寬大，甚不欲窮治此等獄事，其厚於渠輩至矣，而渠輩尚不知化，真戾氣所鍾耳。”

（八月）二十八日。

袁曰：“大帥今二十四日登輪船，歷過登州，耽擱兩日，至明後日可抵馬山浦，暫不能即回。”

我曰：“皇旨使之仍留乎？”

袁曰：“然矣。此廟無以避寒，大帥回後，擬移住南别宫耳。”

（壬午八月）十四日，我見李瀚臣（花翎同知，名延祐）。

李曰：“貴國如欲行富强之術，有能開礦取煤采鐵，煉水師、陸軍，造輪船者，賞授何職？各事弟均在中國辦過。”

我曰：“自有其官耳。欲强先富，欲富必先煤礦，造船其次耳。非無可試之地，但未諳其事，大兄請以礦煤之法教我。”

李曰：“先擇山，次驗煤苗，再校出産之煤多寡，然後集資製取煤之器，招挖煤之人，所以山礦煤旺。日前從馬山來，見各山旺氣，知有煤鐵之苗。”

我曰：“礦煤之法，請細細教我。雖至千言，必忘勞詳録，以示爲望。”

（壬午八月）十七日。

袁曰：“貴邦人多服瓊玉膏，或有製賣，可得買一劑或半劑以奉病母乎？閣下可爲我代賣否？”

我曰：“此藥雖多服，必待有病而後製服，無賣處耳。”

袁曰：“閣下是大王黨也。”

我曰：“大兄真發前人所未發。今日始覺，古來忠賢在中邦爲帝黨，在敝邦爲王黨，古今天下未嘗有一無黨之人也。大兄爲敝邦事勞心，即我大王黨，亦弟黨也。”

袁曰:“然今見北洋來信,馬眉叔亦似未必來也。”

我曰:“何故?”

袁曰:“内廷不悦,日本賠償之多,馬亦不得意,故未必來也。皇上有旨,令大帥在此辦善後事,特大帥不肯,還耳。大帥此行與北洋相商,必另派人來矣。太公已經廷訊,言大王任用閔謙鎬,激變士卒,與他毫無干涉,詞頗不曲。在保定府禁守,即使不曲,我輩豈肯甘心乎廷議?必不負我輩,亦不使大王復失大權也,此業終不可翻也。”

我見李瀚臣共談。

李曰:“貴邦各山種茶,且種桑養蚕否?中國海口通商外洋,運國之貨惟絲茶之種,每年售出不下數百萬銀。”

我曰:“敝邦不甚業茶,其得啜者皆爲購來中邦,然所無者廣植之,將來亦可多得也。蚕絲,平安道最盛,他道亦有之。”

李曰:“種茶之法亦需中土人教之,方合西洋之味耳。弟向在李中堂淮軍幕中十餘年,剿滅長髮賊、東西捻股,轉戰七省,均在前敵。同治十三年,江南長江監炮臺六十四座。光緒二年,福建欽差船政大臣調弟在局監造火輪兵船七艘,監制大炮、洋槍、水雷,兼訓煉水師兵勇,往台灣巡閱生蕃,往暹羅國辦造船木料。六年,吴軍門調來治水軍。今來貴邦,貴邦之事大可有爲也。今之治國非昔之可比,先理財,次强兵,方可處西洋。然日本效法西洋,外實中空。弟於西洋各事留心十餘年,擇善行之,皆經手辦過矣。貴邦膏腴之地未耕者亦多,招來開墾,行屯田法,亦寓兵於農,又何懼日本、西洋諸國哉?昔西洋英國祇三島,猶足且强富,甲諸國之上。今日貴邦開通海口,必就此自强,方可禦外侮。若仍守成法,非中國之所厚望也。此外凡有利益之事,弟皆可爲力,或有一二知而未經歷者,弟之友人甚多,亦可約來相幫。弟擬得暇周遊八道山川,審驗物産,未知可乎?昨閣下以煤鐵爲問略,録而呈覽耳。(本稿誊下)

(壬午八月)二十九日。

我曰:“大帥向來决歸,今將回陣善後,皇恩如天,感頌無已。”

袁曰:“大帥與我輩皆爲大王事不憚久留。凡事將聽命於大王,大王能深信我輩否?”

我曰:“我大王素恪事大之誠。至近日,尤感諸公勤勞,大兄其猶未盡知乎?”

袁曰:“大王雖信我輩,貴廷臣未必樂我軍久留也。”

我曰:“廷臣之心,即大王之心也。”

袁曰:“不然,不然。雲養如赴江華,我輩又將依誰而久客於此乎?”

我曰:“雲養雖赴任,必當速還。且我大王亦必思諸公方便之道也,不必爲慮。”

我見李瀚臣問李中堂之爲人。

李曰:“李中堂廣收人才,講求自强之道,海疆賴以無事。昔日淮軍爲天下勁旅,槍炮精緻,亦與西洋并駕齊驅,此自强之實效。次則天津炮臺、炮隊亦爲西人佩服,現又開平煤礦大興,台灣鷄籠煤礦已興辦矣。弟本爲中堂留在天津辦旅順口炮臺船廠各事,近爲吴帥留在幕中,明春將仍往中堂處治水師耳。向見閣下,聞煤礦事,深感留心時務,欲强且富,煤礦可先而各事可做者,亦皆可知也。”

我曰:“願大兄試爲我概述各事有益富强者,著爲一通文字以與弟,弟當獻我大王也。”

李曰:“弟其試爲之也。實爲閣下酬報地,非關毛遂之薦,閣下諒之。”

戎幕十議

竊聞經世之道,衛民必先於富國,保富莫要於强兵。國不致富,圖治無所成其功;兵不自强,制遠無所争其勝,理固然也。今按八道之地,沃野數千里,生齒蕃滋,風俗文樸,苟揆時勢以導利,固有大可爲者。試陳治概,厥有十焉:

一曰:籌商務以收利益也。泰西各邦以通商爲本務,納貨税以養兵,故富强日臻,實寓餉於賈也。若聽其以貨物來,易金錢去,我財漸竭,彼貨無窮,何以反其權?可興我利者,莫若開礦乘,冶煤鐵,墾山,廣植桑茶,繅絲、製茶,必須取法乎上。此四者,各國製造,服食尤爲所需。彼此互市,權税日增,故不特國課可裕,而民財亦可阜矣。

二曰:開礦井以裕財用也。夫天生五金,原以利人,查海西、嶺南間産佳鐵,其煤旺可知,而關北開西所産五金,急宜并采。雖金鏹爲世所寶,貴在流通,冶銅鑄鈔,尤便民用。宜聘礦師,廣驗礦苗,或由官采民售,或集商資合辦,近礦設爐,就煤鎔煉,專用開礦機器,事半功倍。其次山産硫磺、獐腦、水銀以及樹木草藥均可搛采,但經理得人,成效可以立見。上致國家之富强,下資民生之利益,誠圖治濟時之先務也。

三曰:立口岸以通經商也。查八道出産之富足,興利源。今海口開通,正可涉洋貿易,乘時利導,設埠招商,籌款制船,任載貨物分賈於中國、日本,以迄英、法、美、普各邦。市易日廣,輪舶日多,不獨分西商之利,充我餉需,亦且增水師之船,護商遊歷。其有羨贏,再購鐵甲,廣儲軍械,添築炮臺,既固我圉,然後争雄海上。强富相因,計無逾於此者。

四曰:清田畝以興屯墾也。蓋國之賦税出於民,民之供億出於土地,此古今不易之論。若地有膏腴,曠而不墾,田已種植,科畝不清,實國計民生之大關係也。最上,丈量成熟之田,清釐賦額,使正供取足,户有宿糧,再國邊地行屯田之法。官爲經紀,招徠農夫,興修水利,量置營伍,營五百人,人各授田二十畝,有事則徵調立集,無事則自食有餘。不數年生聚訓煉,野無曠土,市無遊民,從此則上下之積儲,賴以饒裕矣。

五曰:整營伍以資戰守也。嘗聞天下無不可練之兵,但擇治軍之將,然後詳立營制,汰弱選强,易其陣法,專習洋操,槍炮必用精良,隊伍尤須整肅,嚴明賞罰,優給餉糈。雖平時摻演行陣,儼臨敵軍,一朝交峰,心嫺手熟。陸地以騎步争長,海上則舟師制勝。能戰不必用之以守,能守不妨用之以戰。勁旅既成,則又專將乎將矣。

六曰:購軍械以備訓煉也。今昔戰事不同,器械宜因時製。近來泰西所造槍炮,不惜工本,精益求精。今既簡練,士卒尤宜講求。軍械如兵槍之毛瑟、哈乞克司、林明敦、馬梯呢,馬槍之呍啫士得,均後膛進子,速而且準。炮以德國克虜伯,後膛鋼質堅利爲最。其次阿蒙士、唐瓦瓦司、安士得龍,亦炮之佳者,至於火藥始用六角七星。今以棉花鏹水爲製,其性尤烈,均宜購備,所謂善其事者必先利其器也。

七曰:置輪船以練水師也。今欲整頓時局,捍衛海防,是必有輪船,方足以固疆圉而禦外侮。然設廠仿製,經費甚巨,莫若簡熟諳造船之員,向中國或外洋購造大輪兵船數艘,察我海口之廣狹,以定船式之短長。務取船身堅固,鍋爐省煤,輪機靈捷,炮械精緻,再選精於駕駛之人,畀與管帶以及大二三副、正二三管輪等,并炮勇、水手各四五十人,舵工升火各六七人,均以頭目領之。另揀聰穎之童隨船練習風濤沙綫、炮械汽機。其船分泊各口,逐日勤操,有事折衝。海上與陸軍表裏相資,外洋又有鐵衝船、鐵甲船,尤利攻敵蚊子船,巨炮可恃守險,此又將來不可不籌備者也。

八曰:築炮臺以固海防也。從來用兵據形勢者勝。今沿海口隘不先設防,則天生險阻,反以資敵。是必於駐兵之地分築炮臺,既興水師聲勢相聯,固守亦有所恃。然築臺之法,以三夾土爲墻,砌石爲基,下廣上鋭,外濠内池,火藥密藏,炮伍分布臺前。臨海必有礁砂繞護,臺後山林必有轉運捷徑,因地制宜,又存乎作者?然有臺須設克敵之炮,有炮須駐精練之兵,一朝有警,更於各口暗置水雷,遥排火筏、蔴索、木簰亦可攔阻敵船,庶海濱有長城之固,敵人泯覬覦之心矣。

九曰:測海道以察形勢也。昔人據方輿而言天下險易,今則輪船縱横,海畺倆重,故練水師者須習知水道,議海防者必詳考海圖。查東、西、南三面濱臨大洋,港汊分歧,島嶼羅列,其漢江、大同江、釜山浦各口尤爲要隘,亟宜按度測量,密繪詳注,庶明石、暗礁,我可據地利以守。淺砂急溜,彼莫能停泊以攻,或陸軍設伏以搗虚,或舟師誘敵而陷險。凡此非圖莫知,故善用兵者必知己知彼而後制勝於人也。

十曰:設學院以儲人材也。今夫立自强之道者尤重在儲才,欲制勝於人者必知其成法。若於科選之條,推廣洋學,分設塾院,遴選讀書聰俊幼童,延師教之格致,如算學、力學、化學、光學、金石之類。陸軍如兵法、戰陣、地輿、火箭、武藝之類。水師如駕駛、輪機、海道、槍炮、水雷、語言、洋文之類。技藝如汽機、電報、采礦、陶沼、製造之類,量材肄業,務使有成,考選優劣,分授職事,或有才識超群者,破格擢用,故國家欲作人材,必先教育。況今日通商伊始,可不講求洋務哉?或曰:"此事獲成,洵有利矣。"經營之始,款巨不貲,不知欲圖大事者,豈惜小費?成大功者,必先理財。何如汰冗祛浮,實用足濟成效,既著利益。自興兵則可使争勝,重洋財則可以灌輸本國,何不舉而試之哉?又或者謂事恐牽掣,莫能竟效,奈何?不知古人有言:"衆人可與樂成,難與圖始。"又曰:"疑事無功,疑行無名。"然今日立通商之約,實啓自强之機,在上者誠志乎此,必延他邦才識之人,專行治法,簡國中廉能之士相輔,事權務使無扞格之虞,泯异同之見。毋希速效,毋狃目前。如是則有必成之功,無不成之理矣。余壯投筆,歷行閩海域十餘年,時務習聞,心焉默識。今秋東來,金石菱吏部時屢過從,訪及政事,知其爲有心人也。公餘之暇,筆述若干,彙贈同志,不以妄議而教之,則幸甚。光緒八年,古皖江李延祜拜稿。

附:

開煤鐵金礦議

竊聞八道之地,叢山合沓,華實上腴,及時治之,足致强富。然生財之道，開礦宜先，利源之興，無過煤鐵，而以沿海諸山驗之，煤苗甚旺。煤所産處，實與鐵緣。二者之生，蓋鍾地氣，氣熱盛爲鐵，鐵則尤精之煤；熱不盛爲煤，煤則未成之鐵。故論者取煤，必兼采鐵也。左右誠志於此，宜聘精於礦學之師，擇各山先驗煤苗之旺弱，以計産煤之多寡。試煉煤質佳者，質堅油潤，火力鋭而耐久，即今之英煤，最合煉器之用。次則如東煤，質重油足，雖夾雜石屑，尚適用於汽爐、輪舶。至於劣者，質鬆油膩，經火即燼，亦可代薪爲炊也。煤質既辨，再籌款設局，置機器，開礦井，井内挖以人力，出井運以鐵機。每礦一井，日出煤可三十萬斤。煤分等次，價定低昂。若盡用機器，尤爲工捷，息蓄如是，礦拓寖廣，就煤冶鐵，事半功倍，五金更可推而行之。況今日通商海口，以煤鐵爲重利，各國所需亦煤鐵爲大宗。取天地自然之財，充軍國度支之用。從此海添輪艦，岸築炮臺，精製軍械，訓煉士卒，無所往而不可也。至於金礦，衹得皮毛，即可詳查矣。夫采金有兩種，其從沙中淘沙，此水中之金。其從礦中者，則銀、鉛、銅、錫兼有之。須用外洋藥水入冶爐，分而出之。至采法，亦先采金苗，次采礦砂，再煉如法。但興利不如煤鐵，而工本稍多。於煤鐵礦也，惟高明采擇之。

一一七、李延祐《皖友譚草》

【解題】

《皖友譚草》不分卷，李延祐撰。

李延祐，生卒年不詳，慶軍駐朝將領。金昌熙《東廟迎接録》載云："李瀚臣，花翎同知，名延祐。"又，金允植《陰晴史》載："李瀚臣，即延祐，安徽寧國府人。"朝鮮發生"壬午(1882)軍亂"後，李延祐隨從吴長慶赴朝。在朝期間，與金昌熙多有筆談。

此書雖爲中國人輯録，但屬域外漢籍，爲筆寫本，藏首爾大學奎章閣。兹以此本爲據輯録資料。

蓋聞衛民必先於富國，保邦莫要於强兵。昔管子治齊，興銅鐵鹽之財，創軌里連邦之規制，百費俱舉，霸業卒成，名山府海。今按八道之地，沃野數千里，生齒蕃滋，風俗文樸，苟揆時勢以導利，固大可有爲者。然斡旋全局，有治法貴有治人。近日所最要者，約有八焉，試爲陳之，以備采擇：

一曰：籌商務以收利益也。西國以經商爲本務，納貨税以養兵，故富强日臻，實寓餉於賈也。今既與之通商立約，從此各商雲集於國中，設百貨暢銷，將見源源而至，必致民財外溢，莫塞卮漏，若僅恃關榷，收什一之税，雖仿英國進口之貨，税倍出口，以利計之，終恐無盈有絀。既開海禁，必求裨益，此不得不亟思因變達權，以興互市之利。如煤、鐵、絲、茶爲西人需用大宗，急宜教民講求采製。此外，八道土産皆可互相貿易，再仿中國招商局章程，合商凑股，每股百金爲一票。每人或一股，數十股、百餘股均可入夥。創始之年，集資六十萬,以十萬在漢江口、釜山浦設局立埠,再以十萬在和約之國相近處先立口岸,餘四十萬購造機器商船四號,船長二十餘丈,艙深可載千餘噸,分泊漢江、釜山,凡本國貨物往來運販,以後逐年添股,開埠增船,東賈日本之長崎、横濱、大坂、神户箱館,南賈中國之天津、烟台、上海、寧波,及於閩粤,遠及新加坡、新舊金山,以迄英美法德諸邦。市易日廣,商舶日多,其有羨赢,以充軍實,有事載兵轉糧,供應自便。惟重在熟諳商務之員,乘時籌畫,内求實事,外睦鄰交,豈非因變計而收補救之效乎?

二曰:開礦井以裕財用也。查海西、嶺南向出良鐵,其煤旺之處,實與鐵緣。而關北關西金之所産,采於礦者,雜白鑞、銅鋁之類,出産最多。淘於沙者爲金砂,所得較寡,須五金并采,利可兼收。專聘請諳礦師,廣驗礦苗,另延煤司、鐵司、機司,用開礦機器入山取采。由官督民售,或集商資合辦,近礦設爐,就煤鎔煉,煉鐵先提鐵中之鋼,鋼多則鐵質精,最宜製造。鋼有純脆,鐵有熟生,值亦因之增減。試煤則驗煤中水幾分、氣幾分、硫與灰各幾分。煤質若干,以定佳劣。如金辨赤黄,銅分四色,凡此類推詳察,價可居奇。再闢餘地,廣植茶桑,茶宜山土,避風就陰,穀雨節前采苗爲茶最上品,節後收葉色味乃下。西人喜飲紅茶、緑茶,如中國徽閩兩省采製之法,是宜仿效。植桑宜於平原,惡濕喜肥,疏栽低護。春初采葉以飼蠶,蠶長繅絲,白絲爲上,黄色次之。中國湖州,無論婦孺皆勤其業,故蠶桑之利甲於天下,其法不可不知也。其次山産硫磺、樟腦、水銀、雲母石,樹木、草藥均可探采,與礦利并興,但經理得人,成效可以立見。裕國利民,計無逾於此者。

三曰:清田畝以興屯墾也。蓋國之賦税出於民,民之供億出於土地,此古今不易之論。若地有膏腴,曠而不墾,田已播種,科畝不清,實國計之大關係也。最上丈量公田,清釐賦額,凡阡陌餘土,許農自墾,量給籽種、耕牛以助其力,待成熟升科,酌減半賦。若爲新田,使其子孫世佃,仍課其勤惰,予以賞罰,似此正供取足,户有宿糧。再查與俄接壤吉州以北數百里荒廢之地，行屯田之法。官爲經紀，招徠農夫，興修水利，量置營伍，營五百人，人各授田二十畝，有警則微調立集，無事則自食有餘。凡沿海各島，有樹木蕃息可耕殖之區，皆宜次第募佃，墾闢荒蕪。數年生聚，而數年訓練之，庶野無曠土，國無遊民，不獨上下之積儲，賴以饒裕，而防邊有捍衛之固，强鄰杜覬覦之心矣。

四曰：通銀鈔以便市廛也。考朝鮮圖籍所載，初民間交市以貨互易，雖有銀瓶之制，旋用旋停，迨户曹鑄常平錢，與貨并行，嗣後數十年，始一開爐分鑄，雖本國之用，或且有慮其支絀者，况今商務始通，首重利用，且各國商賈向以白鏹、洋錢交易貨物。或銀洋不敷，以金錢濟之，故萬里通行，利權在握。將來朝鮮開五金之礦，尤貴流通，酌古準今，是宜及時變計。若於通衢設錢局，專鑄白銀，以五十兩爲寶，十兩爲錠，三五兩亦可，金亦如之。另於局旁設公估鋪，凡市中金銀洋錢出入，歸其估看成色，加蓋戳記，以憑交易。再設一鈔局，專鑄銅錢，源源相濟，平其準式，一律重輕。另立收兑鋪，存儲所鑄之錢，按市上生意長消，以定錢價低昂，逐日懸牌，注明數目。無論民商，以金銀易鈔者，或以鈔易金銀者，平戥劃一，均照本日定價兑之，并嚴禁私鑄以及民間蓄聚，庶責有專歸。興利必先除弊，從此推廣八道，賦税固可與銀錢并納，布穀亦可仿局鋪行商，誠利國便民之大計，不特於通商僅有裨益也。

五曰：置輪船以練水師也。今欲整頓時局，捍衛海防，非兵船不足以固疆圉而禦外侮，然設廠仿製，經費甚巨，莫若簡熟諳造船之員，向中國或外洋購造暗輪卧機楢木兵船數號。察本國海口之廣狹，以定船式之短長。務取船身之堅固，鍋爐省煤，輪機靈捷，炮械精緻，再選精於駕駛之人，畀予管帶。定制每船管駕官一員，大二三、副正二三、管輪等六，并炮勇、水手各四五十人，舵工升火各七八人，均以頭目管之。另揀精壯聰穎之童，隨船練習風濤沙綫，器械汽機。其船分駐漢江、大同江、釜山各口，逐日勤操。炮勇在船練手法步伐，登岸演陣法，入水放水雷，槍則按旬一次打靶，炮按月一次打靶，務在取準命中。水手則登高跕桅，泅水探物。風帆、繩纜、舢板、槓具均使操之。優者記奬，劣者示懲，必使技藝嫻熟，心膽俱壯。有事折衝海上，雖火彈紛飛，人無却懼，此亦在乎爲將者。又考外洋有鐵板衝船、鐵甲戰船，尤利摧堅。鐵殼蚊船、浮水炮臺可恃守險。其船頭各配巨炮一尊，彈子重有七百英磅，以至千二百磅者，洵爲攻敵利器，是將來亦宜籌備者也。

六曰：簡營伍以資戰守也。嘗聞天下自古無不可練之兵，但求效法何如。況今昔戰事不同，是宜因時變制。中國自募湘、淮軍以來，一洗緑營積習。按步營之制，五百人爲一營，以營官將之，幫帶官配之。營分五哨，各以哨官管之，哨長副之。每哨分八隊，各以什長領之，每隊正勇十人，專用洋槍。臨陣時，勇視什長隊旗，什長視哨官哨旗，哨官聽營官號令，營官又聽統帥號令。進退起伏，悉聽鼓號。馬隊之制，二百五十人爲一營，營分五哨，每哨分五隊，各隊連什長十人，人各一馬，共二百五十匹，專用馬槍。其營哨各官與步隊同數，惟摧鋒逐北，則騎隊獨擅其長，伏隱臨高，則步兵佐以制勝，此騎、步不可偏廢也。朝鮮帶甲十數萬，若一律變通古法，仿立營制，汰弱選强，擇將練成勁旅，尤須嚴明賞罰，軍械精良。近來泰西所造槍炮，精益求精，如兵槍之毛瑟、哈乞克司、林明敵、馬梯呢，馬槍之呍啫士得，均後膛進子，速而且準。炮以德國克虜伯，後膛鋼質堅利爲最，其次阿蒙士、唐瓦瓦司、安士得龍，亦炮之佳者。至於火藥，始用六角七星，繼以棉花强水爲製。其性尤烈，所謂欲善其事，必先利其器也，是宜講求置備，以資操演。然爲將之道貴識形勢、料敵情，雖戰陣瞬息之間，妙用千變。且西國全恃火器，不在鬥勇，重在鬥智，此今之用兵所以异於古也。

七曰：據形勢以固海防也。昔人據方輿而言天下險易，今則輪舶縱横，海疆偏重，故練水師者，須習知水道；議海防者，必詳考海圖。查朝鮮東西南三面濱臨大洋，港汊分歧，島嶼羅列，其間要隘，如漢江口二百里直達京畿,乃王城門户。先事預防,於此爲重。至於釜山浦,逼近對馬島,亦東道藩籬,今并爲通商之處,扼要控制,是不可疏。其西北大同江,連接貢使之道,近山礦産最多,將來轉運舟車,不可不先爲之備。再巨文島、鬱陵島,孤懸海邊,皆周回二百餘里,或爲避風泊船之地,或爲樹木蕃盛之區,亦宜布置經營,以收地利。凡此數口,分築炮臺,訓練水師,戰艦聲勢相聯,永爲重鎮。然築臺之法,以三夾土爲墻,砌石爲基,下廣上鋭,外濠内池,子藥之庫暗藏於臺後,駐兵之房圍在墻中。巨炮獨中要害,群炮密布爲援。臺前臨海,有急溜礁砂,背倚山林,有轉運捷徑,踞高恃遠攻之勢,對岸收夾擊之功,因地制宜,又存乎作者。一旦有警,更於各口暗置水雷,遥排火筏、木簰、蔴索,皆可攔阻敵船。然有臺須設克敵之炮,有炮須駐精練之兵。每大炮一尊,分十二人爲一隊,以四隊輪替操之。小炮一尊,分七人爲一隊,以二隊循環操之。於海中設木爲標,離臺近約千碼,或二千碼,遠則四五千碼,每月一演炮,準比校尺表,測算度數,命中必由正切之綫,不得左右過差,神而明之,熟能生巧。至於扼守隘口,設伏山林,則用輪車小炮以及十管格林炮、四管神機炮。或野戰,以馬車載炮,皆取其便捷隨放,亦可隨行,此又備行軍簡便之大概也。

八曰:設學院以儲人材也。今夫立自强之道者,尤重在儲才,欲制勝於人者,必知其成法。若於科選之條,推廣新學,遴選幼童讀書已有知解。自十二歲至於十八歲,相其資質,考其文字,先取最聰俊者約百六十名,分設四塾,延名師教之。如水師學院,教以駕駛、輪機、海道、槍炮、水雷、語言、洋文之類;格致學院,教以算學、天元、力學、化學、光學、金石之類;武軍學院,教以兵法、戰陣、地輿、火箭、武藝之類;技藝學院,教以汽機、電報、采礦、陶冶、製造之類。每日餘暇,傍及經史兵書,使其易於明理。俟入學三月,小考一次,分爲三等,上等酌給膏火,中等給半,下等無給。周年期滿,大考一次,定其升降。此後按月一考,優等賞以花紅,劣等示以薄罰,迨至三年學成者，優給薪費，使其隨師遊歷各邦，以廣見識，定兩年回國。如才藝超群者，破格擢用，明練時務者，稍假事權，其餘量材分授職事。仍定例每年各院招考新童，入塾肄業，無論士民子弟，均令赴選。或道路遥遠無力之家，許其報明地方官，造册按給口糧，送其入院投考。人數雖有限制，取材不妨其多，經費雖由官籌，亦許商民捐助。或收額已滿，有願自備資斧入學者亦聽。故國家欲儲人材，必先教育，況今日通商伊始，可不講求時務也哉？或曰此事獲成，洵有利矣。經營之始，款巨不貲，不知欲圖大事者，豈惜小費？成大功者，必先理財。何如汰冗祛浮，實用足濟成效，既著利益。自興兵則可使争勝，重洋財則可以灌輸本國，所以今日立通商之約，實啓自强之機。何不舉而試之哉？夫歐洲各邦，其始皆島國也。彼君臣騁其心力，尚能稱雄海外，况朝鮮文物之邦，根本篤厚，得人治之，謂不駕乎其上者，有是理哉？一得之愚，謹當芻蕘以獻。皖懷李延祜上。

竊聞八道之地，南北三千里，東西千餘里，叢山合沓，華實上腴，及時治之，足致强富。然生財之道，開礦宜先，利源之興，無過煤鐵。以沿海諸山驗之，煤苗甚旺。煤所産處，實與鐵緣。二者之生，蓋鍾地氣，氣熱盛爲鐵，鐵則尤精之煤；熱不盛爲煤，煤則未成之鐵。故論者取煤，必兼采鐵也。左右誠志乎此，宜聘精於礦學之師，擇各山先驗煤苗之旺弱，以計産煤之多寡。試煉煤質佳者，質堅油潤，火力鋭而耐久，即今之英煤，最合煉器之用。次則如東煤，質重油足，雖夾雜石屑，尚適用於汽爐、輪舶。至於劣者，質鬆油膩，經火即燼，亦可代薪爲炊也。煤質既辨，再籌款設局，置機器，開礦井，井内挖以人力，出井運以鐵機。每礦一井，日出煤可三十萬斤。以佳煤約值白鏹百兩。煤分等次，價定低昂。若盡用機器，尤爲工捷息蕃，如是礦拓寖廣，就煤冶鐵，事半功倍，五金更可推而行之。況今日通商海口，以煤鐵爲重利，各國所需，亦煤鐵爲大宗。取天地自然之財，充軍國度支之用。從此海添輪艦，岸築炮臺，精製軍械，訓煉士卒，所謂能守方可使戰，國富然後兵强，得治人以行治法，則有必成之功，無不成之理也。惟高明采擇之。

船身長二百尺,寬三十二尺,吃水深十三四尺,輪機馬力一百五十四。鍋爐每日燒煤廿三噸,每噸一千六百八十斤。每一點鐘,行海里十咪,每咪三里三。上配大頭炮一尊,炮口徑十一寸,彈子重一百四十磅,每磅十三兩。兩旁各配四十磅子邊炮三尊,船桅二枝,約價銀十八萬左右,此乃木身中等兵輪船。

船艙三層,上廣,高七尺,二層同,三層最下,高一丈。

此船應管帶官一員,管駕一員,大副一員,二副、三副各一員。管隊一人,水手頭目一人,炮手頭目正副各一人,炮手八十人。水手四十人,練兵五十人,舵工八人。又,正管輪一員,二三管輪二人,升火八人,文案、帳房、醫生共三人。

此等兵輪船,若造恐不能成。蓋一船之成,先設造船廠,非百餘萬不可。若貴邦需兵輪船,先察海口水之淺深,再定船之大小,不若請精造船者在中國船廠定造,較此自造相去何止霄壤?不然在西洋英德國派人定購亦可。

弟昔日在閩船政時,凡水利、海防、保甲、詞訟,不下數十事。自侵晨至於午夜,指揮如意,欽差無一事挑剔。今在此陣,終日閉堂著書如書呆子,所謂冷眼看他世上人,故欲借貴國礦事發揮胸中鬱悶。又復如此,豈非運之不佳?同袍數十人營蠅,皆弟昔日一身之事。弟來此陣,乃老帥爲練水軍三千人,委弟訓練,成之以備俄人,且奏明奉旨,尚且不成,然弟非達人,頗知自命。今欲將前議八事作罷論者,不平語也。《集杜甫句次日本中田雪莊感懷元韻》:“萬里蒼茫外,誰憐醉後歌。敢論才見忌,亦恐歲蹉跎。近鬓看烏帽,因風想玉珂。青山意不盡,回首白雲多。”

日前有貴邦處士朴允聖見訪,即席贈一絶句:“一覽江山發浩嘆,三韓名士古今多。文章半是憂時淚,灑向西風海不波。”

如事力能到者任之,不能任者,盡可與慰廷言之,不可口應之,終不能速行,恐非慰廷之意。弟向來能行者,雖百事必任之,如不可到者，雖些小之事，亦直言辭之，恐日後功未成而咎先歸，甚懼也。

前月帥云足下與弟所述十議，索稿再三，於本月廿日，弟改議八條，其中改易十分之五。所有制度均詳細，并入“通銀鈔以便市廛”一則。其“購軍械”并入“練兵”中，“察海道”并入“炮臺”内。帥閲之甚以爲然，屬眷清摺置案。

廿四日，帥向弟云：八條議已函交尹君轉呈矣。弟與兄事，不便再述，唯唯而已。

不若先查海道能有進輪船之路，俟乘船，再閲各港能泊船否。設一縣令治其地，徙民開墾。非經費不行，俟興煤鐵後，再議墾田事，無不成。若□□□，既不能久持，恐創始若僅以農先耕田，反引日人據占之端。

請查鬱陵，如有港汊能泊大船，纔可駐兵，無兵衹徙民種田，終爲日人覬覦。今該島孤懸海中，若但派兵守口，終不能自立，必藉舟師兼護，戰勝可進，返戰北可爲援，兼可調對岸之兵，今弟勝算。擬少領大王款項，多招中國商資湊股，俾可大興功效。然有煤礦，必先籌銷路，即賣煤生利。有商人相合，彼即可暢銷。煤路財源流轉，日見利效，此最要先，爲利也。趙恐不知，然衹顧開煤礦，不思出路。巨款用去盡換煤鐵，從此款日見少，煤日見多，必致停工待款矣。此大弊也，宜奏王知。

先至上海，約人看山定計，再合股舉辦。然招商必得有大王文憑，與弟更妙。

此友皆大商家，銀貨往來，皆百萬也。弟專辦煤鐵，至於五金乃餘事。

趙來既有巨款，復有馬、穆相助，始必速，又有李中堂遥爲聲援。若弟既未奉王諭，復未定議款費，必須聘師約友集資興工。且吳帥明春回國，雖弟知其詳，而獨木難支，不免遲遲。使趙君得首功，弟有後效，終爲第二流矣。故先於馬、穆相合，創始并兄，然後分道揚鑣，各競大效，而商資亦易招徠。且此重大事件，非大王咨明老帥，約定弟相辦,方好招友聘師。

正合弟意,然弟招商合股,其始必得弟親往上海約人。若憑一紙書,恐往返稽遲有誤。捨煤鐵大利不舉,而求金礦,此失勝算。

弟意未興辦之前,衹籌款聘師看山,設局各大事,其餘再次第議之。此時可不必預言。凡事有先難者,在大處著筆,後易者,在微細處自可主之。足下亦不必過言與趙相分,以及馬、穆諸人不合。蓋恐王疑之也。

此事,趙還後,大王先咨老帥,議弟助辦煤鐵。俟帥見後,弟□定再領大王文憑赴上海也。

非有他意,不過欲望好耳。

大王既有此心,必俟趙來議定辦法。

足下時時探之,俾弟擇善而行。

弟暫去,得暇再來。

前弟所談之事,得便可奏聞,使大王知。弟欲分者,爲公也,非私也。

弟弱冠出山,周遊中國十六省,一至暹羅國,再奉差台灣,環歷内山,深入番社,於時事稍留心焉,而不敢論利弊,恐言之有過,於事無益耳。今兄下問,衹可算筆談可也。

弟章程已定廿餘條,内一條亦防土人結怨。凡作工者,即就本處招募,以小利與土人,則聞風興起。凡承辦此事者,一事無成,久留何益?杜宇聲聲,不如歸去。

久不請漸卿,聞其注《左傳》甚忙。昨有芠南記室來晤,弟擬五日當與一談也,藉可告辭南還。今日越南戰事方興,正英雄得志之時,弟雖不能如班定遠投筆,亦不甘雌伏耳。聞該國與法人一戰而勝,戕其元戎,圍海内城。其用兵甚合鬥智之法,不爲無人,可知將來中國之人從事疆埸者衆矣。聞該國頗思自强,得一劉永福而能用之,故能以興也。從此廣羅人才,又何患積弱不振,亦在乎能得人與不得人,而能用才不能用才之定成敗耳。

先生册頁已倩同人題贈，弟已書二律敢示塵正：“樓船橫海奠三韓，笳鼓聲中獨倚欄。舉目河山千古感，放懷天地一尊寬。從來東國居形勝，賴有先生策治安。傍晚朔風吹雪墮，滿腔熱血不知寒。”“逢君悔後十年遊，多少翩翩共爲裘。豪氣尚留長劍在，閑情都付一秤收。風塵磊落垂青眼，湖海論交幾白頭。擊砵唾壺慨激烈，男兒怎肯負千秋。”

弟意非欲先陳、唐舉辦耳。因數月以來，不見動静。上海友人以爲疑，况始事人皆樂從，久無消息則怠，且巨款豈可虚懸？故必得一實在言語，以好復友人書，聽其計校。弟三月定隨内渡，老帥有南洋之行。弟治水師乃素願，又肯捨近圖遠爲貴國煤礦，又恐諸公以弟《八議》皆紙上空譚。

筱帥斷無薦弟貴邦之事，何也？筱帥乃水師之官。今日又有江海防重任之保奏，將來東南海防，彼必肩任。弟從事水師多年，且海中情形略知大概，萬無捨弟之他，且傅相招弟，尚不允行。今弟議礦務，因此在半年不願需此一行，欲急之定有成説，以托友人承當，雖緩有一二年舉辦，自有友人在矣。弟若内渡，亦不能再至，而友人欲辦，貴邦恐不見信，或貴邦欲辦，而不知友人誰何，終成畫餅矣。

此事之始，弟初無承辦之心，迨帥讀弟《八議》，深以富强之道盡於此矣，故親書連《八議》致大王，且盡言弟所言者，皆經歷有效也。且願弟代籌之心亦可略見。

但以筱帥所致《八議》，經大王與諸公欲辦，俟唐、陳舉行後，再約弟議之，特先告筱帥聞之，看帥如何對答。如允弟日後在貴邦仿袁慰廷法代議，此又在今冬明春事矣。如不然，弟即復與友人作罷論。

友人處，亦以遲緩爲復。彼願行好在絲茶，不過一春之收辰，如不願待舉行，另作良圖，不過遲之又緩矣。

與帥言，祇説弟未知此事，然後帥與弟議時，俾可進退，至占唐、陳一着先。恐傅相未必允。蓋唐招商局之人，此次來議，須三百萬方可辦事。弟意數十萬以試其端,以開風氣,與彼已相逕庭,但與帥前一議,再作打算,所以與帥議者以定弟去留,非欲定事之緩急也。唐之辦事非四五年不可以言成效。若俟唐始,弟當在中國候信。俟辦事,須大王行文與帥,弟方可來也。

今日與帥言定,正爲日後計也。

賣煤論噸,每一噸重,十六兩秤,一千六百八十斤。上等約一噸價銀七兩,中五兩,下等四兩,所以取煤必須兼采鐵,始可合算。蓋煤利微,而出産多鐵利重,然采煉難。然煤鐵并興,必先難後易,先下本而後求重利。

此不能預定,蓋離水近,則搬運費省;礦在山下,采取亦易,此成本利輕利重。然又有一事,先挖礦之上層,煤質大半不佳,售價不大。挖至下層,煤最精,價高利又重矣。

此次回軍非有他意,來則乃直隸張制軍奏請督師而來平亂黨爲主。今欲去,亦須北洋大臣與張制軍奏調而去。蓋貴邦善後各事,主持專在國王,敝軍衹可協助。至於通商各軍,乃欽派公使來貴邦,會同與各國籌議也。如貴邦需辦理洋務人員,或函請北洋大臣撥派,或逕指名留軍中人員相助。以中國官員爲貴邦之效用亦無不可,若授貴邦官職或不合例。

尚未定議,大約派總理各國事務衙門之員。

若貴邦留中國人員援以中國領事官,歸公使轄,專管中國商民與各邦交涉事件,仍食中國俸,與貴邦間可輔助。若授貴邦海口領事官,查《萬國公法》,聘他國人員代辦亦合例。

嘗考泰西,如土耳其、波斯兩國皆因借他國之債所困,蓋借國債必先指海關税爲本息憑據,從此利權爲人所執。迨此款方還,忽一波又起,勢必再借,如此數次,國困民窮,雖名爲自主之國,實操縱由人,危乎殆哉!此萬不可不筌。

金礦有利有弊,且取生金,再加藥水鎔練,皆需巨資爲母,然後得子。設圖始不先去弊,吾恐所得不償所費。查古來開金礦得者幾何!

日前弟致上海友人書已作罷論。令其將巨款另圖茶絲利,勿爲此間礦事耽擱。至於弟之去留,前帥意不欲弟在此,欲弟同内渡,治水師各事也。弟本擬三月返皖定省,再遊日本。如帥有水師事,或不他往也。至貴國礦事,弟亦不願多此一番經手,想唐、陳二君必可料理矣。足下晤帥時,不可提及礦事本事。現在弟之歸思頗切,且内地可謀之事均不願從其間。如兄謁大王時,祇言弟内渡,已决計不預他事也。

恐未必然,蓋聞此五十萬金,皆招商局□衆商之資,借以興礦,若不先舉辦礦事,欲先借現銀,恐惠人再去亦未必然也,此弟揣之時勢耳。

足下速打聽馬、穆年内興辦礦事否,緣弟致書友人處,均言此地煤礦之争,將來興辦,托其廣爲銷路,然銷路最關緊要,不使滯資本。

向言俟馬、穆動静者,原意彼一到,即定礦事,年内履勘耳。今既不往,則明春定否未知,設使彼先。

先生且緩奏聞,先探馬、穆年内是否往勘礦事。弟差唐、陳二君來爲通商事。兄先探定馬、穆如何,再作商議。唐乃招商局總辦,爲設埠往來商船貿易事,陳向充美國總領事官,今來亦爲商人交涉事。

金未煉是爲生金,不能通市,必得藥水分煉而後用。弟欲詢於兄者,正爲此事。

弟意先得大王書,與筱帥祇言前經尊處,附來直牧李某某《八議》,内有煤礦事,欲托麾下轉詢李某,能糾合商股興辦否云云。此乃緩弟遠行之計。

弟意非欲速以見好,然煤鐵事,非人與財二宗不可以成功。前弟致書兄後,即糾合友人籌款議事,并須聘人。若遲之又久,恐失信於友,或將巨款另他用,豈前功盡棄?在弟無關礙,不過有辜大王盛意及先生用心耳。且吴軍門屢促弟遊日本暨越南,爲明三月計也。弟借故推脱者,欲俟王一言以定行止,且吴軍門定明三月先返山東,偕弟同返矣。然此礦事不定,弟返後,其勢不便再履貴國,然弟之心先生知之。煤礦事,大王既無資本,若不早圖,終恐不成。

慰廷是有五百人,與彼練之。然礦山何在,與弟何事?况慰廷練兵,大王咨文與帥,轉呈傅相存案。且馬、穆尚在天津也。故弟事雖與慰廷不同,實情理則一。弟本淮軍中人。此是最後事,反先言之,大費解。

弟從事外務二十年,原擬展志中國。今年未四旬,原可從事貴國數年再反鄉奉母。或中外有事之秋,無論何者,何患不可爲也?

得此書於筱帥後,筱帥必詢弟始末,弟再書於王,俟大王閲,稍待馬、穆事體如何,讓彼先箸。或俟馬等先行金礦,然後咨明。筱帥言屬弟專辦煤鐵,一面咨請傅相。此事宜緩,待弟有著手處再辦。其文中意思亦須弟措詞,以合傅相意也。

十月中,我欲回鄉定省。你買胡文忠、曾文正、林文忠,沈文肅諸公大集當寄來。不知多寡,俟後再算。

年内衹剩三個月,兼之風雪戒途,恐王辦善後各事,未能一一舉,亦不無冬令可行之事。冬令可行之事,如聘礦師驗煤鐵苗。海口各道兼圖練兵,清量田畝,前所議十則乃大略耳。

雖奉大王命,亦不敢招怨於人也,此亦勿議。

銀錢一層,前上《八議》中已詳言之,或更有疑議,當再陳一説可也。

蔡濟舟向遊幕,登瀛洲兵船。今朱世翁請來診恙,濟爲岐黄最精,係沈文肅公之戚,今同弟過訪小坐片刻,即行返營有要事。

辦事可,做官不可。若辦事乃固兩國一家,無分畛域,且此次隨軍來此,亦爲辦事起見,此爲公也。若先謀做官,乃一身之利,豈非私也?况弟祸,意欲留日後名於貴國,不欲留眼前官於貴國也。

此有待也,不必急此。昨夕已言礦事矣。

譬如久病之人,身弱不能受攻伐之劑,衹可用温補徐徐進之,然後能服大劑補藥,則攻伐之疾即除矣。

今年外人當不致生事,恐大軍凱撤,則不免也。弟意先籌端倪,則大軍可緩緩歸，俟見自强之效，或大軍去，亦可自立矣。

今日正爲赴約，閔公既前日在陣晤過，俟三日再晤可也。若銀錢變通一事、歸議一説，書來可當面叙。

帥未向我言明，豈已諾爲據乎？

言日人與我陣中交涉所留，并云在津有公事，尚須函知我赴津也。今弟留此是爲日人所留，非爲貴國留也。

須先與帥言明，再咨傅相留弟，然後勘明礦山諸事集方可談。集商資，何求其本，而齊其末耶？

然此事微妙處甚多，雖老於外洋或經營其事者，不留心不考察，仍爲門外漢耳。

縱大王欲留，帥若允之，弟終須返皖省親。蓋久役思歸，至於弟若獨留，且無事可辦，此一也。况嫌終不免禍。弟未慎於始，故一團熱意，即今思之，未免越俎。且慰廷與弟不同，彼操兵既不需巨款，又成功且速。如弟者，始費經營，再圖成效，藉他人財力爲大王坐高成利，與弟不過得一微名而已。設或事有掣肘，則他人巨款歸於何有？此弟之懼也，故不願多事矣。乞亮之。

弟覆友人書，屬其將巨款另作他計，不必以前言等待，恐成畫餅。若大王果相留，則巨款難籌，再向敝友言之，必質疑翻覆，將失信於友，終於事無濟，故不能再奉事貴邦，此也。人以信爲寶，弟前言屢作罷論，忽又起波瀾，集人豈信乎？徒費舌脣無益。弟既不願留此，日後又何能從中華乘經手事件，再爲貴邦謀乎？故决計作罷論矣。

即足下不言，弟亦知事終不成，斷不使友人巨款空閑，今之不願再干預者。弟一返鄉國，非從事水師，必作服官直粤，豈能一身充二役乎？况今在幕，身閑半載，尚聚訟無定，日後捨近圖遠，斷不能期之必成。今不决斷，恐致日後未完，敢以此辭，幸原之。弟熱心已寒，一恐事不成，失信於友，又招物議，弟故不願空譚。俟貴國舉行時，弟自有成竹也。

已過之事作廢紙,何須細看,徒亂人意。雖有巨款亦無坐利處,若春間則不然,以絲茶故也。三月弟已決計内渡,不願再預他事。

有友人請兄書楹聯數幅,由弟撰句送上,須二十日要。

閔公若遽談公事,恐不免不在其位不謀其政之誚耳。所云六事,自宜先其所急,所以去秋弟已詳言,亦爲未雨綢繆之計。今若臨渴掘井,未免棘手。

是否隨大王入營,與葵堂兄同一戎服?

承詢六事,均非細小,倉促不可一言決之,然大概如去歲。

敝友之資,弟已復書作罷論,兄亦知之,今何提此事?致於虛懸,不過利息事小,若久謀不成,使弟失信於人事大,故不得不作罷論。今果欲興礦煤,須另集商資亦易事,但恐成畫餅耳。且唐、陳二君尚未興辦,何以不待其先舉耶?此弟所疑,不敢造次。唐、陳二君係奉傅相之命而來,進退必稟陳而行。若弟再議煤事,無非紙上空譚,仍不能言後即行。況集資,亦須此事決計舉辦,先定礦地,再取煤質,然後集商議之,擬聚服銀幾十萬,再製機器。人人皆知,此事必行,則銀不費力,可集巨款。今百分中無一二分定計,雖議之,無益於事也。請暫緩論。

關埠既經馬、洪二君看勢形,弟何能越俎?

但於心無愧,又何懼人是非?古人不錯節盤根,不成大名。弟於"性理"二字甚看眀,遇不遂意事,衹作得意看,得意時衹作失意想。況今日足下非失意,乃卸責於他人,更不必疑慮。弟非誑人者,且我輩進退皆有數焉,人何能爲也?

總之,治國必有條理。若雜亂無章,如取用於民,省力者依然飽暖,小民無告,窮迫不可聞問,此明末所以失天下也。民爲國之本,本不固,豈能立國?今國事如人患病,病雖重,體氣尚强。

爲人極正極厚,所欠者,時務耳。雖聞近事,不大見解,故得弟《八議》深諱之。以交王閱,如得大王書,則弟與兄事,得可帥助亦分矣。

傅相本欲調弟赴津，筱帥勸留，義不容辭。今若貴邦之煤事成，傅相必欣然允也。其餘坐井之輩，何足道哉？

非先生不足彼意，即弟談時務不洽彼情，不過因帥意所向，不敢短長耳。

譬如蘭蕙生於空谷，亦有荆棘。目前帥向沈公子談，足下爲貴邦文學中正人，屬其拜謁。至於鐵枰一事，近日嚴君掣肘勝於足下，合陣人皆知鑄錢之不足，非兄故有意也。弟《八議》中有"銀錢"一則，亦明兄前事斬换也。同陣中談弟稿深爲嘆，且老帥誦至此議，亦談足下之任過也。

弟意二則，一欲弟邀友集服，必須明命，方可造次。雖緩辦礦事，必先籌資與聘礦師。空一條未定者，如大王許一道界之，則留守必須得人，如一邑界之，則監令得人。如兄所云，弟早在章程之内矣。

一一八、魚允中《魚允中全集》

【解題】

《魚允中全集》，魚允中撰。

魚允中(1848—1896)，字聖執，號一齋，朝鮮咸從人。參與製定了朝鮮與美國、英國、德國、日本等國的通商修好條約。光緒八年壬午(朝鮮高宗十九年，1882)二月，以朝鮮考選官的身份出使中國，六月回到朝鮮。同年八月，又以朝鮮問議官的身份出使中國。

全書不分卷，由《東萊御史書啓》《隨聞録》《財政聞見》《横濱税關慣行方法》《日本大藏省職制事務章程》《西征記》《經略使與中國委員晤談草》《經略使往中江與東邊兵備道陳本植晤談》《經略使與陳本植晤談草》《簡牘要抄》《從政年表》等組成。《晤談》三篇是魚允中以西北經略使身份前往清朝，與清官員張錫鑾、陳本植交涉的筆談記録。癸未年(1883)二月，在中江附近與通化縣知縣張錫鑾筆談；同年二月二十五日、二月二十六日，在中江、雪柳館與東邊兵備道陳本植晤談。

此書被收入《韓國近代思想叢書》，由韓國學文獻研究所編，韓國亞細亞文化社1978年刊行。兹以此本爲據輯録資料。

張曰："中東語言不同，字義亦間有异，此次奏明於中江交易，准其兩國邊民隨時往來。執事當日在天津，條議經北洋大臣核定，章程第五條内原有'俟會商踏勘籌議是宜'。本其奉省原奏與北洋章程互參變通，酌爲商議。并接條議，如不由官員主持，不設商務委員等，見當待面商，并無固執，總期妥善，期垂久遠也。"因出示議稿。

魚曰:"第一條'不由官員主持'云云,罷除向日馬市之例外,不設商務委員,聽邊民隨時往來交易,務令便商也。邊界互市與海關有异,設關卡之外,更不設官也。示議'不由官員'一節,無容删去。第二條'兩國邊界'云云,兩國邊界之民往來貿易之處也,非指九連城爲朝鮮邊界也,不必删去。又'審斷'一節,'罪犯等案可仍由地方官辦理,且仍由地方官'云云,欲按照舊例辦理,不欲更立新章也。示議另不置官,中國安東知縣、朝鮮義州府尹時與會商辦理之文,無容删去。第三條'守口'二字,雖易爲'關卡',不悖本意,而'不設商務委員'則不可易以'商務委員'字樣。第四條'應征税課'云云,中國則已有《海關章程》可以遵行,朝鮮則未設海關,姑難一律辦理。第五條'給予執照一節','擬將守口官吏易爲商務委員'云云,不置商務委員則自歸勿論,守口官吏指安東知縣義州府尹也。給照一事,非關卡之吏所能爲也。第六條'無庸畫押'云云,'與柵門口易爲關卡'云云,可易曰'税關不當并舉關卡'。第七條:'口岸'云云,指通商海關也,如營口天津是也,無所礙難。第八條'金銀貨等免税'一節,此乃萬國公例,自中國已許曰'俄曰英者以中國體恤之意',豈後於他人乎? 不當删去。第九條'列入'一節,亦可添入而奉省等地,外國人不曾遊易乎? 第十條'税則未載者一節',《天津章程》雖已核備,物品不同,有難不舉此等字樣,此議定税則之通例,不必爲構。第十五條'采辦官魚'云云,可申前禁中國官魚之地,何敢舉議,當設法另禁。另録二紙'柵門''義州'二處,踏勘已載章程矣,不難踏勘。然九連城至近則亦宜有此行,彼止之論。'春秋互市'一節,原定章程已有均宜變通,及官員主持每多窒礙,聽便民隨時往來交易之文,非不許交易,使兩國邊民隨時交易,使官員不得干預也。物多則民可多行交易,物少則亦可少行交易也。二月已是向例之定期也,今當變通之際,合有一番議定,可使邊民任便交易。時價售賣,無或有限制也。"

張曰:"不由官員勒行賣買,蓋恐蹈從前流弊,今擬易歸商務委員照料。”

魚曰:“‘不由官員主持’云云,不設商務委員,祇使設關徵税置卡稽察,不欲襲外國人設領事之例也。”

汪曰:“兩國邊民互市,是由賣買人自賣自買,不由官員限制乎?”

魚曰:“第一條所云‘不由官員主持’云云,是不由官員限制也。使民自賣自買,不行勒行賣買也。”

張曰:“興利必先除弊,此等交易事,若無官稽查弊曷勝言,另須斟酌字樣。”

魚曰:“不由官員主持,是不帶商民勒行賣買也,且不設商務委員也。如設關收税置卡稽察,令地方官辦理罪犯等事,豈可不行?”

張曰:“慎始乃可圖終。此事不設委員必有流弊,委員易爲税官。”

魚曰:“天津議定章程時,特將邊界互市一事於第五款聲明者,以示不同於海關通商也,此意請爲照察。”

茶畢,請踏勘義州貿易處,乃議定於義州西門外西湖洞距城門約一里。

(二月二十五日)

陳曰:“此次奉派踏勘設立關卡,邊民交易之處,當以勘定界址爲先,再議續後章程。”

魚曰:“向與三位通判踏勘地址矣。大人亦已勘定否?”

陳曰:“日前,委員會勘係在九連城之後,本處商民僉稱不便,現踩定九連城之前,背山面水,地勢坦平,不特便於交易,而且易於稽查,請即先往一視,并擬約日赴義州覆勘,藉以答拜。”

魚曰:“中國地面當由中國指定,曾不説便否?現踩定地址,允合形便,安敢有异義州?則若賜示期日,謹當恭候,會商詳細,章程亦宜於今日議定大意,再行酌辦爲要。”

陳曰:“勘界既爲首務,不應過遲,明日即往何如?”

魚曰:“當如戒歸而等候矣。”

陳曰:“再章程一節,非筆談頃刻可盡。現擬酌議,大致抄録奉寄。”

魚曰:“當候賜寄,有以奉覆,而大致與口岸通商宜有不同處,一以便商省弊爲的耳。”

陳曰:“邊界交易,原係天朝體恤屬國,自較各國爲優。天津原議已詳言之也,但興利必須除弊,開辦之始不能不慎益加慎耳。”

魚曰:“凡事宜慎於始,有不便處自可隨時咨會,務求妥當耳。”

陳曰:“今日且先看中國地界,餘另妥議。”

乃與張錫鑾耆齡、汪栗更爲踏勘九連城之東南三江之上,還至中江與陳道譯語而罷。

(二月二十六日)

寒暄畢,陳曰:“今此邊界通商,執事之曾與李中堂議定,實爲便民裕國起見,會商一切,當務求妥當。”

魚曰:“公言及此,感甚幸甚。今各國已與本邦締約,口岸已開,獨與中國尚守舊,禁必令他人隴斷我兩國之商利,所以先開海禁,後行邊界互市也,且實邊裕民,亦莫如通商故耳。”

陳曰:“邊界互市與海關通商不同,此處交易惟我兩國主持,不當與他國共之。”

魚曰:“大人之言極是,前此有擬定章程之録送者,已蒙鑒正否?”

陳曰:“有所抄録,而今欲携來,緣誊寫未完而未果,明當送呈矣。”

魚曰:“今此會商,當各陳所見,各有不當於意者,可兩相駁正也。”

陳曰:“是是,今此議定不必太煩,若已奏定而有不便者,變通爲難,可略定大節,細目則可令地方官時與會商,免有窒礙爲要。”

魚曰:“公之言即鄙人之意也。”

陳曰:"向來栅門交易商弊亦多,兩國東主不得相與往來,爲居間和買者所欺蔽,可痛,禁此習,使商利漸旺也。"

魚曰:"聞知有此弊,而此由於不能互相往來也,從此可以漸革此弊矣。"

陳曰:"既定開市之處,可先勸商民開棧居貨以便售賣。"

魚曰:"兩國邊民一水爲限,可以朝往暮來。"

陳曰:"往來雖可朝暮無常,貨物宜有收藏之地,可預爲商量。"

乃與往審西湖洞前定開市處,歸館供茶果而罷。

一一九、南廷哲《北洋衙門談草》

【解題】

《北洋衙門談草》，南廷哲編。

南廷哲（1840—1916），朝鮮後期文臣，字稚祥，號霞山，宜寧人。光緒十年甲申（朝鮮高宗二十一年，1884）二月，被朝鮮任命爲天津駐紮督理通商事務，代替久病的金善根，四月赴任天津，八月歸國。同年十一月，又以朝鮮冬至使團副使的身份出使中國。該書包括三種筆談：甲申年南廷哲、李用浚在天津與李鴻章筆談。同年五月十六日在天津與海關道盛宣懷筆談。五月二十二日於天津與額勒精額筆談。

此書爲筆寫本，成均館大學藏書閣藏本。玆據此本輯録資料。

今十九日，率賫奏官李用浚往北洋衙門，奉傳咨文二度、御札壹函後，各就椅，中堂問國王好。

用浚起答曰："泰平。"

中堂曰："搭何船西渡，賫奏咨幾件，何日赴京？"

用浚曰："附泰安船而來，奉有奏文及咨禮部文，赴京遲速，惟命是遵。"

李曰："俄使韋貝意固在陸路通商，意大里祇欲如英、美、德條約，想皆已抵漢城矣。俄使前在津時，鄙人曾言其二十里之内不足爲通商，實是水路通商也。朝鮮似不當應允，彼以爲朝鮮若不肯，則不欲强爲之。若貴國諸臣堅持防塞，似可因此而止。未知貴國當派何員辦理，穆仍可用事否？鄙人曾與穆深好，但恐穆陰爲之出力耳。”

南曰:“此次李君之來,祗受御札,寡君有命矣。俄使若果有陸路通商之議,則當令任事諸臣設辭阻之,設不得已爲之。使之祗先立約,嗣後派員勘定講定細章矣。俄使今尚在津,以此詳告中堂,須先婉辭導之,能防之於未然,之前尤似允當。

寡君之教如此,而俄使已東,正恨其晚不及事,今承此教,乃知閣下先事代謀至於此極。

寡君當倍欣感,幸甚幸甚。至於訂約時外務督辦及諸協辦,自當辦理,穆則祗可幫助而已,何出力之有耶?”

南曰:“職之此來,不專爲商務而已。敝邦之於中朝,猶其有藩衛也。雖往昔無事之時,尚且小大相維,輔車相依,矧今宇内多事,迥异前日,必須一氣相聯,同心共濟,然後可保無虞。哲竊伏睹我中堂閣下内固疆圉,外鎮撫四夷,以維持大局,使中外蒼生得保安全之樂。凡在輿情,孰不攢頌?若敝邦荷恩孔厚,感結益深。今兹所以命哲來駐,實惟鈞旨是遵,而哲之所以依庇而仰賴者,亦惟是閣下一人耳。夫异室而謀,親戚或爲路人;同舟而濟,楚越即是心腹。居今之時,所以利益。敝邦者亦所以衛護上國也,豈獨敝邦爲之汲汲,抑亦閣下所宜樂聞而深助之者也?各國領事之於閣下,體制爲先,固不敢以不時見。若弊邦則中朝視之若一室,然哲亦一室之内之人,也不當援比他邦,拘礙常例,以自疏外,須隨時趨謁,有懷必陳,然後庶可以副閣下平日眷顧敝邦之苦心至意,而不敢唐突,先此仰稟。”

李曰:“有機密要話,可隨時進見筆談。其無甚機密事件,即屬津海關道轉陳。”

南曰:“挈裘者,先提其領;張網者,先舉其綱。即無論事巨細難易,須先坦然開懷,相信無疑,然後自餘事務可次第而行。昔周鄭交質,而左氏非之,曰:‘信不由中,質無益也。明恕而行,誰能間之?’哲請先陳其大者,而後及其小者,伏惟垂察焉。向日,周觀察屢以敝邦聲明一款爲言,似若以此有疑於敝邦者,然此實萬萬有不然者。

敝邦之服事上國，殆三百年矣。蓋自聖祖仁皇帝以後，蠲歲貢滌，史誣凡所干籲，無不曲遂，所以優待而利益之者，史不絶書。試看古乘以屬邦而得此於上國者，果有幾乎哉？其始也，以不忍背前明之故，誠有忼慨之論，及其稍久而相安也。時移事往，撫我爲后。敝邦君臣上下固已恩浹肥髓，澤流苗裔，唯知無貳之爲義。又況壬午之變，勞六營之旅，糜巨萬之財，命將東援。連歲暴露民志，以靖國本，以固德至厚也，恩至渥也。苟粗具彝性者，孰敢有异議於其間哉？此其義理之必不然者也。敝邦僻處海隅，誠信立國，衹知有事大之禮而已，不知有外交。至若日本，鄰邦也，匪不知其反覆難恃，特不欲其生釁也，故不得不與之構好，然亦童蒙之求我，而匪我之求童蒙也。美與英、德，舟車之所未嘗通，人力之所未嘗至，所謂君處北海，寡人處南海，風馬牛不相及者也。因閣下於年前，睠顧大局，默運神機，派輪東出，爲敝邦代籌妥襄，我於是乎有年前之約。暨夫上年改訂之日，伊既迫冬而來，固欲未冰而還，稟議難期於時日，催督有甚於星火，且其所欲改者，匪有大段關係，所以先約而後咨者，其勢然耳。美使之還也，以好意請使，故難拂其意，於是乎有上年之使此敝邦，外交顛末而上國之所已洞悉者也。敝邦近日果不無一二歧議，横東縱西，然亦自起自消而已。寡君則堅於事大，斷無聽施之理。我朝廷元老宿德，若左議政金炳國、右議政金炳德、左贊成閔台鎬、外務前督辦閔泳穆、今督辦金炳始及外務協辦金允植、尹泰駿、閔泳翊、李祖淵、金宏集、洪英植，内務協辦魚允中、閔應植諸人亦皆專心内附，决不爲浮言所動，況萬萬無此理乎，此又事勢之必不然者也。以義則既如彼，以勢則又如此，敝邦又何恃而出於此百無一益，萬無一成之計乎？所以有此説者，其故可知也。敝邦自軍變以來，不逞之徒猶有所未盡鋤治者，出没中東，乘釁伺隙，指白爲黑，變陰爲陽，必欲碁間爲逞憾之計云云之説，必此輩爲之也。以中朝無遠不燭之明，閣下炳幾折萠之智，當不待贅陳而自有所洞然見諒者，然而此係中東兩國大關棙大肯綮處，故不避支煩覼縷。至此，苟有一毫差爽，哲雖代國受責,萬無悔恨。明天在上,白日在彼,焉敢誣,焉敢誣也?再向日上國人周家禄投詩於敝邦迎接使,語多訕譏。詩人汗漫吟咏,不欲呶呶争辯,以傷忠厚。其曰:‘陰謀捨周者,誠萬萬屈抑,願有以諒之。’”

李:“來函具悉,鄙人前勸與泰西各國立約通商,原欲牽制日本,使不能壟斷吞并。今諸國訂約,日人妄念漸息,不意貴國有新黨一輩,被人嗾使,横議岐出,陽托自主爲名高,陰實離間其事大,故局外無知者,有捨周之譏,關係甚大。願國王暨三數元老宿德誠心服事,勿惑浮言而已(來函即指今番御札而言也)。”

南:“敝邦商務之有其名而無其實,閣下之所知也。所貴乎通商者,爲足以富國也。乃今利奪於鄰邦,民困於國中,效未睹而害先至,二三執政所以日夕講究,思所以挽回振作者,意非不勤而習俗既痼,又之器械絶無人造之物可以銷售者。無賴刁徒祇以販穀爲能,是以港口爲洩穀之尾閭而已,奈之何?其民不窮且餓也,而東方諸人未有曉習商務者,不得不與外人議之,其中利害實所難知,知亦難言,反不如局外之人猶能公觀而詳察之也。向承一西人貽害非淺之教,雖猥越是懼,不敢詳細請教,祇願略承其裏許,使敝邦曉然,知其所以然之故,幸甚。哲當從容啓達,以爲操縱之方也。再若有商務規例方略之可以裨益敝邦者,幸賜指教。又若有此樣成書之可以旁照而仿行之者,亦蒙投示,幸甚。三、哲亦未曉商務中一人耳,然而問其官,則曰商務也。既在其官,不思所以舉其職者,亦非所以對揚朝命之道也。未知在此辦理,當以何事爲先耶?似聞朝鮮人或有冒處中土販賣僞參,因以欺負華人造訛興訕云,似係不可不禁,竊擬報本國政府及外務衙門。自今非有老實商民,勿許入送,其入送者,必自外衙給憑,其憑文必須呈驗公館,經署發給,然後始准販商或遊歷,仍將此由照會海關,自海關遍行知照各省各港。如有朝鮮閑雜人之無憑而往來者,并拿交公館,解送本國,以清弊源。此來所帶從人五人,自非購買食物及日用所須,初不許出館門外一步地矣。其出門時，亦欲作一木牌，使之帶往作憑。姑先行此，以造端北始，未知如何？四、哲又欲時時來往於此間税務司及海關等處，得見中國商務、税務之如何措置，如何徵收，又時歷他港察看夷洋情形，歸達寡君，試之於國，此又未知如何？但此兩處公務恒繁，未知閑人來遊能否相容，然亦斷不敢令公務毫有相妨，并加體燭，幸甚。”

李：“商務條陳，無不可允，隨時與海關盛道商辦。”

南：“敝邦國太公一事，誠敝邦之大不幸也。其前後詳細事實，有難遽陳，哲之所以痛心疾首，憤冤不欲生者，即寡君之枉被誣衊而無以暴白於天下耳。此間往往有言此事者，或不知裏許，直以理外之説加之於寡君，寧不痛冤？蓋太公保定之行，即中朝所以深謀遠猷，准情酌理，爲此權而得中之舉也。寡君情事雖甚悶迫，亦如之何哉？據情陳籲者，再遣使問候者六，銀子及藥餌之奉，相續於道，寡君於子道何缺焉？向日周家禄詩至引衛輒爲言，此豈有萬分一近似者耶？東邦臣子所以沫血飲泣，必辨乃已者，正在於此耳。”

南曰：“向見去月《申報》，以爲近日朝鮮註言太公將有赦回之舉，而亂黨有復起之漸，民情以此騷擾，一見此報，心竊疑訝。及聞本國所報，則果有十月赦回之説，傳播國中，民情皇皇，便經一番騷劫云。蓋亂逆餘黨，既未能於年前草剃禽獮（都監兵四千餘名分竄於嶺南、關東等地，往往作梗）。若因風打動，或不無死灰復燃之慮。若爾，則非但縉紳數十家之必破乃已，雖寡君恐難全保。到此地頭，豈不重貽我皇上東顧之憂，而爲傅相無限軫念處耶？言之痛哭而已。”

李曰：“大院釋回與否，鄙處可有此權。十月之説自係謠傳，惟國王與政府須勵精圖治，王妃云云。”

南曰：“勿引以下九字，兢懔之極，冤抑之至，非爲臣子者所敢承聞也。用人係朝廷公議。經費之絀，國小民貧故耳。又其中間二字，東俗原自不然，况於至尊之地乎？這般云云，必皆朞間者所傳也，願加深諒焉。”

南曰:"日前見本國所報,上年冬,京中有崔宅英命案一事,而博文局主事誤聽傳説,認華兵爲犯,遽登《旬報》,至煩下詢云。命案何等重大,而不審至此,代切愧悚。"

李曰:"此小事,現飭通商陳道、袁中書訪緝矣。"

南曰:"敝館門匾願徼閣下之惠,以爲敝館之榮。倘蒙俯許,當以紙地仰呈耳。"

李曰:"可送紙來。"

再曰:"今日筆談緊要語已盡爲之矣。"(時顔色甚和)

海關道盛宣懷初次來館談草(五月十六日下午七點鐘)

盛:"前日三點鐘,因左中堂來,故未能候晤(昨有往見之約,因此止)。周道台述知台駕到津後,彼此甚爲相契。弟今日幸與閣下握晤,嗣後如有公事,可以常圖良覿也。"

南:"弟於到津後,慣承高名,無緣拜晤。昨聞台駕到署,正擬先趨納刺,乃蒙先屈,且欣且悚。弟與玉山道台一見,便如舊識,事事相議。今則恃兄亦如玉山矣,倘許肯納否?"

盛:"有事時,當盡力。"

南:"閣下纔已接任矣,事務得無轇轕,各國領事已盡訪見否?"

盛:"到任之初,案牘必須從頭閱理,故覺稍忙。尚幸法越大局已定,通商交涉不致轇轕,各國領事均已於今日晤面矣。"

盛:"昨聞意國公使已赴貴國議約,俄公使亦已到烟台,數日内亦赴貴國議約,閣下知之否?"

南:"此事已從周玉山聞之矣,但未知其所議約無甚難處事情否也。閣下想詳悉其裏,許望以實狀相告。"

盛:"意使過津時,曾一見之,大約悉照英國條約,而意國未必有商人前往,故目前亦未必有領事去。俄則與貴國昆連立約,尤宜留意,聞欲商議朝俄陸路通商,鄙意斷不可允,以嚴防微杜漸之意。閣下以爲何如?向閱中俄約載,朝俄陸路有二十里接壤,所以求陸路通商者，恐意不在此，有心者試審思之。”

南：“向以此事有所報達於敝朝廷者矣。日前聞本國所報，則敝邦朝議亦然，將欲設辭阻之云，未知其竟當如何措處，正切憧憧已耳。”

南：“天旱如此，得無以民事爲憂否？”（三月以後無點雨）

盛：“據東南兩路已報得雨，惟近處未溥甘霖，守斯土者頗切杞憂，貴國則雨暘何若？”

南：“福星所臨之地，自當有隨車之雨，始旱不害，爲勃興之兆，況閣下杞憂一念足以當旱天云霓乎？聞敝邦連得甘霔，農民無不洽望，直欲作喜雨詩，恨無宰相才耳。”

盛：“閣下文章典贍，讀書必多，署中所携典墳多否？”

南：“何過奬乃爾？似屬情外，殊用歉仄。來時匆匆，都無書籍帶來。來此後略有購置者，然亦閣之案上，無暇披閲矣。此間或有多藏書可以䚋見處耶？”

盛：“幼有書癖，家藏萬卷，行篋中亦携數十種。俟稍閑暇，當擇有裨經世之學者呈質文几。”

南：“盛念至此，感荷無量。”

盛：“朝鮮文物之邦，古今典籍凡我中華所未睹者，以何書爲最？”

南：“敝邦文獻之盛，固自古所稱。先賢著述汗牛充棟，都不别開門徑，家尸户祝，惟紫陽夫子一人而已，似可謂之粹然一出於正。若訓詁圖章之學，縱横馳鶩之言，絶無聞焉。至於詩文專尚温雅，不事鈎棘，故或不無大羹之淡而無味者，然亦有不至有大病矣。其書種名目今不可一一言之，然小中華之於大中華，其廣狹偏全不啻霄壤，豈有中華人所未睹之書可以稱謂者耶？”

額勒精額來館談草（五月二十二日上午十點鐘時）

（其論議异凡，絶無此間人習氣。第此録上而言言純實，人亦甚好）

額:“日前因事出門,有失迎迓,邇來納福。”

南:“伊日後擬欲更進,姑未果耳。”

額:“各國通商事一誤再誤,可以心領,不可言傳。人言貴國因陋就簡,正是守我之法,厚我之氣,以待時耳。總在二三大臣堅力圖之。”

南:“久未承誨,鄙吝自萠,復聞格論,欽佩無斁。”

額:“貴國閑曠之土,自多當先治之,莫爲他人算去。至於鐵路、兵輪學之,是自蹙其生計。”

南:“田疇之不闢,固司民牧者所當致意,現今敝朝廷設司農官,以勸導之。至若鐵路、兵輪,非但不必學,力亦不及,雖欲學之,實未能焉耳。但未知閑曠處何以盡闢,或有好個方法、別樣耕具之可以利益吾民者耶?”

額:“貴國人烟不爲不稠密,督勸之可耳。一用機器,則爲他人收去。”

南:“中國或有水車之可以便利於旱天灌溉者耶?敝邦本不知車制,至於灌車尤不解製,所有者無不事倍功半,勞極而效寡。此或有能吸一二石水,又能簡便而致遠者耶?欲仿其制行之於國中耳。”

額:“有利於民生者,當亟亟爲之。中國尚有名天車者,借水力衝動,終日流水不盡,有名龍骨車者,此亦稍補天時之不足矣。”

南:“此兩車在官衙者耶,或散在民間者耶?願各購一車以去,何以則可以購得耶?所需多寡固不計耳。”

額:“僕本四川體防人,見民間處處用之。此地多兵勇而少作農者,未見有此車。天車用竹木爲之,費本不多,其勢圓大,江浙地亦有之,當代爲物色之。”

南:“車制承代爲物色之教,感荷,感荷!”

額:“貴國今年天時何如?愚意宜大興蠶桑種茶之利,其他不必學洋。學洋則利權爲彼所奪,我先自困。至於器具,雖稱適用,然一物之費多至十倍,究非日用必不少之物。中國亦受其害,至今禍猶未艾，令人浩嘆。”

南：“敝邦朝議亦然，方設農桑司勸民課蠶，今春購中國桑秧十餘萬株以去，未知其能活與否。若茶則本國非無佳品，民不知爲業，朝議亦將次第勸采云耳。”

額：“貴國人民能不染邪教否？”

南：“此固敝邦之一大禁令也，民亦無傳染者矣。”

額：“此乃將來大有爲之地，但僕前在京都見貴國人買吸鴉烟。惜乎！其傳染此毒也，不知能設法禁之否？”

南：“敝邦姑無此弊，惟灣上一帶無賴往來之人或有之，兄之所見者當是此輩。若有之，敝朝自當設禁耳。”

額：“洋人用心可謂毒極。無病之人，能使之病。將莫大利權暗中算去，天道必有以報之耳。”

南：“病人以利已，天安得不厭之也？但吸之者自取病耳，何可專咎洋人耶？可嘆！”

額：“蟲不生木，而木自生之，侮毁莫不自取，言之切齒。”

南：“適有一大扇子（内下四十矢大扇）之新從敝邦來者，引風甚多，欲奉與大兄，以助揚仁風。”

額：“屢承厚賜（間以六種送之），頗爲不安，地主之道有缺多矣，愧愧！”（端午日又以綢二匹、土綢二匹及尾扇、丸藥送之。向送六種後，額以六種謝之，而中有粗紗二匹，故以綢及土綢答之，額又送一卓）

南：“弟亦受賜也多矣，尚切不安於中也。”

南：“適有薄醪，請吃一盞兒。”（向日各國領事接待時用餘三板、酒一小瓶，故以如干果子待之，時談久日晏故也）

額：“此乃洋酒，價亦昂。世人囿於時尚，真正之味多未領之，可笑，可嘆。凡彼一切窮奢極欲，我輩當力爲戒之，閣下不知以此言爲然否？我行我法是亦勝彼一算也。”（仍固辭不飲酒，衹嚼果子而已。）

額:"貴朝保得此心,能爲將來之基者,凡有幾公?"

南:"左贊成閔台鎬,尚書閔泳穆、金允植,侍郎尹泰駿、閔應植、李祖淵、魚允中皆其人也。此外尚有幾公,今不可盡述,皆因時局,雖不得已爲通商交涉等事,乃其中自有定見之不可奪者矣(額摺此片插袵而去曰"願爲後日考"云)。"

一二〇、南廷哲《乙酉正月北洋大臣衙門筆談》

【解題】

《乙酉正月北洋大臣衙門筆談》二卷，南廷哲編。

韓國成均館大學韓國學圖書館將此書編者誤作“魚允中”，當爲南廷哲。光緒十年甲申(1884)十月，冬至兼謝恩正使行判書爲金晚植，副使户參爲南廷哲，書狀僕正爲尹命植。此書爲筆寫本的筆談集。封面題“乙酉正月北洋大臣衙門筆談”，正文前題“乙酉正月廿四日北洋大臣衙門筆談”。卷一爲乙酉年(1885)正月二十四日，在天津北洋大臣衙門，南廷哲與李鴻章筆談；卷二爲乙酉年(1885)正月，在天津海關道署，南廷哲兩次與天津海關道台周馥筆談。

原件藏成均館大學藏書閣，兹以此爲據輯録資料。

乙酉正月廿四日北洋大臣衙門筆談

違奉隆誨，倏已經年，雖緣使命未能即還，區區卑忱，未嘗一日不在津門。伏惟神明所佑，中堂大人閣下勻候康寧，戎務稍簡，不任慕祝之至。竊職於去年七月回國，始擬暫覲君親，仍即赴津。八月杪，又承副价之命，准於十月二十日起程，乃遭十七日之變，國内倉皇，日不暇給，而寡君有命曰：“國一日猶存，臣節不可一日不修。雖此擾攘之中，使行須即發。”哲等承命促裝，十一月六日始起身，廑以十二月二十七日至京師，恭行應行典禮。今廿一日來津，又將往保定問候，在津雖無商務可辦，然而經年曠職，實屬悚悶。敝邦之去年逆變，是亘古所未有。不意五百年從事禮義之邦，又有此事，慚愧忿嘆,無以復對天下之人。况敝職雖無肖似,嘗厠在大夫之列矣,既不能先事防患,至於以辱遺君,又未能湔刃賊凶①,以雪國耻。爲臣若此,將焉用彼?徒貽我皇上東顧之憂,使諸營將士暴露多月,且感且怍,如何盡達?當日倉皇之狀,今不須説。賴吴、袁兩君戮力向前,盡心救衛,宗社之保有今日,皆是力也。功績偉茂,智勇卓絶,繼又有欽使吴公東來鎮撫,以暗折日人之心,此莫非我皇上眷顧字恤之恩,出尋常萬萬,而亦由我中堂大人另念庇護,默運神算,以靖惠我邦家也。之恩之德,非恒沙可數,萬世千秋如何能忘?

(李)去年亂時,南大人在何處,作何事爲?

爲臣無狀,臨亂不能有所爲,以紓國急,愧甚。

(李)聞亂時,大官皆不在,然否?

非然也,爲日人所阻,皆在宫門外矣。

(李)飾辭也。聞吴星使言,南大人、金允植則不走耳。

非但哲也,朝中諸臣皆在宫門外耳。此次變亂所由起,想傅相閣下容有所未及悉燭者。敝邦不幸,與日本爲鄰,知其反覆難恃,不欲生釁,恒羈縻之而已。年前,因閣下勸敝邦與英美立約通和以牽制日人,日人於是乎有不平之心。及夫壬午之變,天師先至,日人又不能從中兜攬,以遂其欲,愈懷憤怏而不敢言,然而竊聞日人之於天朝,常有不順之心,其徵於言,見於事者屢矣,特忍而不發耳。去年秋,竹添至自日本,忽云蠲除賠款,朝廷固疑之,既而微聞竹添之來,受謀伊國政府,務欲開釁,亦無形可執。竹添於宴會,面嘲尹泰駿曰:"公清流也。"(隱語,清,指大清之清)又曰:"公與金尚書允植一輩諸公,皆袁世凱之忠臣。"(朝中若兩人與駐防諸營甚款熟,待日人自不能,然日人亦常悒悒)尹正色曰:"吾知吾君而已,公使何妄發乃爾?"竹添又以譖語侵陳茇南。茇南適不聞尹與金力卞之。彼猶放言肆氣,舉止殊异前□。十月杪。閔贊成台鎬從容謂哲曰:"日人與

① 凶,原文誤作"胸",徑改。

金玉均、洪英植輩日夜綢繆，形迹閃秘，必召亂乃已，將若之何?”彼之言曰:“日人將與西洋、峨羅諸國合兵，從事於中朝。朝鮮若先背之，事成之日，當共分其利。”此無他，欲使我絶援於上國以自孤，然後圖我故耳。余驚怖其言，嚴辭而痛斥之，亦復陳説榻前，祈勿柄用此輩矣。事關大局，亟宜奏聞天陛，然而衹憑一二人口傳孟浪之説，遽登諸文字，亦涉徑庭。須於抵津之日，從容仰達於中堂閣下，講究豫防之策，恐合事宜。未幾而亂作，諸公之俱被慘禍，良以是耳。以愚見言之，此次變亂雖作於敝邦，而其意乃在於上國也。雖起於七賊，而其實竹添使之也。雖出於倉卒，而其謀則醞釀之已久者也。現今所謂和局，非永遠可恃之和，乃其心必不須臾忘上國也。況四賊之在東洋者，有國難奔，有家難投，其勢不得不爲索性小人出於反噬之計，所以日夜慫慂於日人者，容有極哉? 今須統籌全局，亟備陰雨，務使中東一氣相聯，緩急相資，然後庶可以少折其覬覦之心。伏祈留神，毋使狡人逞志，幸甚。

(李)所論利害甚明，而所以袪害取利之策，尚望貴政府悉心講究。

吴星使大人既已内渡，倘不可少留以慰東人之望耶? 日人若一朝蠢動，駐防諸營兵力，尚患單弱。固知神算，自有布置，然不能不憧憧耳。此次敝邦之於日人，毫無有失，且彼戮我大臣六人，而我乃不敢言，而又出賠款以謝之。一磯林之死，有何大段關係? 而彼乃限日責犯。雖曰國小力弱，天下之憤，豈有以加於此者耶? 彼既責殺九磯林之犯，則夫當日迫脅君父謀移宗社，矯召外兵，戕殺大臣之玉均、泳孝輩。何不限日拿送耶? 蔽一言，此輩皆是禍根也，除惡務絶其本，倘可送言於各國公使領事等處，皆以公議，恐動日人，即使之拿交諸賊，未知若何? 天下之惡一也，使各國聞之，當無不憤，知各國公議之有在，則日人似亦不敢不聽矣。

(李)金宏集與井上議時，不能力索玉均輩，而草草定約，今乃欲索之於事後耶? 此等事，各國不便過問也。保定府用度常患之艱，貴國王何漠然不知乎?

自壬午九月至今年正月前後寄送銀子,至爲一萬三千兩之多,當無不足之慮,而其所以不足者,誠莫曉其故也。

(李)自中國亦於每月送五十兩銀矣,貴國王何可不爲之優送乎?從今須從優寄送之意,告於貴國王可也。

當歸告寡君,圖所以從優入送,而此次又送五百兩銀子矣。寡君以中江互市一事有關國計,亦係民瘼,命哲兼副价以行曰:“須躬行察看情形,詳達於中堂,講究撟救之方可也。若中堂幸許通變,當繼之以咨請也。”哲謹遵國命,留義州十日,多歧采聽,果然有窒礙難行者。義州商民數百聯名控訴,訴牒現已帶來。倘蒙賜覽,想必俯燭。渡江至九連城,現有十數新開之棧,使通詞詳問市事利害便否,則又皆以爲不便。其言曰:“舍栅門宿趼之所,就荒城草創之地。戀舊憚更難於遷徙,不便一也。義州物貨,本不□采辦。曾前按季開市,市有定期,故朝鮮八路之商豫先畜貨,趁期來會,一時交易而退。今則市無定期,來者絶少。雖云開棧,生意衰淡,不便二也。義州固無可欲之貨,若一渡江貿易,便有新徵之税,不便三也。”今雖已有若干開棧之費,倘令還入栅門,依前開市,當鼓舞以去云。夫當初此地設市,豈不欲使兩界商民同利而俱便哉?今兩界之民皆曰不便,此係民瘼之不可不念者也。敝邦每於貢使行時,有所謂官參者,官參云者,先納其税於國,發給官憑,使之采蒸而出售者也。今也,并官參而抽十五之税,在商民不但有叠徵之冤,自然就國中所納之税,減去此十五之數,是以本國之税移納於上國也。夫此區區税額,在上國豈足有無?於本邦經用,大關利害。若積以歲年,其害當如何哉?此又國計之不可不念者也。其關係國計民瘼如此,安得不據實仰陳,以冀閣下之垂察耶?且其收税之際,自三使臣外,凡押物正官俱不免一場猖披,握袪搜身,無復顧藉,以至所被恩賞緞匹,概行抽徵。中朝之於敝邦,所以優待而利益之者垂三百年。厚往薄來,恩不責報。凡係□貨出入,概與蠲征。自列聖朝以來,敕諭屢降,不啻諄複。雖時局一變,商務所在不得不然,然中朝之於敝邦,似不可以一概論。今若置官參税一則,一以遵列朝遺意,一以紓本國經用。衹税出口貨物,以合時務,仍於栅門按季開市,以復舊規,以便兩界之民,似可并行而不悖。倘蒙鈞察,不以爲不可,謹當歸告寡君,即行咨請耳。

(李)九連城開棧,係奉天將軍奏定,新章斷難更改復舊。至貢使、隨從官役搜索一節,似可由國王援引列聖恩諭,委婉奏懇,蠲征或蒙旨允,或勘議施行。

參税之爲百十五,原係重税,商民病之。全章雖不敢請改,衹減三分之二,亦可以少救其弊矣。

(李)減税事亦可奏懇。漢城開棧一事亦係定章,不當更事云云。第以京城十里之内,勢有不容,弊亦難言。蓋定章上雖明明載有不在各與國均霑之文,各國則必欲援以爲例,有非言説所可解。往年英約時,屢日争執,而竟不聽。曰人則已多有開棧者,後弊誠不可勝言。向日閣下之以此事移咨也。

寡君以爲傅相於我邦,無所不用其極。此事雖目見其爲害,何可强拂?第姑行之,徐將利害詳陳酌改可也。所以於伊時覆咨,初不言其爲弊者也。哲之來也,政府撰私議一道,説盡利病所在,謹已帶來,倘垂一覽,庶蒙諒燭,而非敢望全改定章,衹添注幾個字樣於原文之下,使商民稍退其棧於距京城不滿十里之地,可以塞許多弊端矣。

(李)此係定章,不可改。

敝邦風氣柔弱,從前不勤遠略,惟廑廑自守而已。雖寸地尺壤,寧敢以窺封疆之外哉?於與國猶然,又况上國地界乎?第查康熙朝穆總管克登奉旨查邊,立碑分水嶺上,以土門以南以北分中東界,勒石爲記。衹因小邦過於謹慎,慮有滋事,空土門以南幾十里地,禁民不得入居,後人不知也,反認豆滿爲界分處。上年,至有敦化知縣刷逐農民之舉,是敝邦無故而失豆滿以北也。此雖幾百年空虚不毛之地,然而係康熙朝奉旨所劃之界,則實先皇帝所賜我先君履者也。夫受地於先皇,而先君之所世守,何可因敦化知縣之一告示,遽爾棄之哉?况因境界不明,兩邊之民年年占墾,遂成爭哄者不止一再。此不可不一番查明,以清弊源。兹有地圖一本、分水嶺碑文墨拓一本及照會敦化縣公文二稿、敝邦北兵使上政府録紙一摺,幸賜俯鑒,即行派員前往,與敝邦該地方官會同踏勘,更立新碑,明定界限,以還舊地,以息邊擾,幸甚。此事倘蒙俯許,此次使行,擬先呈文於禮部及總理各國事務衙門,伏候勻裁。

(李)禮部呈文似可行。

海關道署筆談

各西國京都俱准有約异國商人開棧,惟中國北京不在通商之列。朝鮮商民至北京貿易,乃歷來舊章。西國未嘗引而相爭,當日訂《中國朝鮮通商章程》載漢城開棧一條,即本此意。不然朝鮮商可至北京,而華商不能至漢城,此何説也?今欲改在城外之地,不惟有背前章,恐亦大拂商願。聞城外楊花津等處,市面甚寥落也。若謂租棧,如北京賣參故事似與開棧無甚分别。聞王京民房甚小,難做棧房,恐《章程》難於更改,各國公使皆言朝鮮現惟王京略有買賣。若改此一條,各國亦未必願居。今日而談往例,恐如井田封建不能盡行矣。(以上答漢城開棧事)

各國諸市皆以隨時互易爲便。義州向分春秋冬三季,驟改舊章,屯販不便,自是商情,然不便因此而改隨時互易之章也。如商人公議每年某日一聚買某貨,賣某貨,仿直隸各小市集日之意,亦聽該處商民,爲之官自不禁,何用改章爲也?冰合水淺,岐道少徑,匪類出没,此係彼此地方之責,應申禁。倘舊例有應議者,可另議也,與貿易章程不相干。凡各國入境出境之貨,無不收税。參在朝鮮境,朝鮮自應收税,初入中國界,中國自應收税。免税一層大與《章程》不符,亦各國未有之辦法。至所稱不按參貨上、中、下三等,概照百抽十五，似與原訂之意不合。若城捐廟，捐名目更在定章之外，可稟北洋衙門定奪。兩國商民在彼此海關進出，概照通行則例，是華商之赴仁川者交税多，而朝鮮商之赴天津、上海者納税少。以朝鮮與美德交易，税則乃北洋代訂取，其有益朝鮮。今義州陸路商税，概照中國海關輕例值百抽五，亦體恤商民之道，惟紅參乃貴重之物，按值百抽十五。揆之各處情形，并不爲多。若欲改輕勢，恐不易，且一年三次使臣出入，歷代有准帶貨免徵之文，現仍照常并不加徵。《章程》首云典禮所關，均有定制，毋庸更議，即指此種。若謂開關隨時互易，反以病民，似覺不實，其小有誤會之處，可稟請北洋核定，咨商酌改。

又關署談草

(周)中國衣制之變已久矣，惟貴國獨見漢官威儀。弟平時讀書，閲古衣制圖，欲深究其曲折，而不身親見之。貴國朝服一襲，可爲我購致否？欲留之以資博古，價銀當自辦。

敝邦衣制雖古，他事皆不如故，可嘆。不必論價，回國後，當以一襲得呈耳。

(周)感極。

中江事，回國後，寡君似當即行奏咨，望須周全。

(周)參税請減。國王盡可奏懇旨，必飭議。

愚見雖不能減三分之二，如閣下所言，總可稍減。若止稍減而已，則初不如不爲奏聞。雖不能全減，須蠲三分之二，然後商情可紓，望須另圖。

(周)奏過必飭，北洋更議，弟可議減。

貢使隨從回貨濫税許免一節係干恩典，不便自下遽請，祇欲據實奏明，以聽中朝處分也。

(周)如向有此例，可引諭請，仍免。

康乾時有旨免税，所以通商章程仍舊，而奉天將軍有每人准帶若干斤之文，此乃與魚一齋所議，弟亦不知此中原委，如有難處，亦可奏懇。魚一齋訂章時,偶未及察到此地,今則爲弊甚大,不得不奏懇耳。

(周)全減,萬無此禮,且北洋未便奏,以此章乃彼此官員共議,須咨禮部代奏可,貴國王自奏亦可。分水嶺一事,依中堂旨,到京當先呈文,呈文後寄一函仰告而去也。

(周)領教。

一二一、李重夏《勘界誊録》

【解題】

《勘界誊録》不分卷，李重夏編。

李重夏(1846—1917)，字厚卿，號圭堂、坦齋，朝鮮全州人。光緒十一年乙酉(朝鮮高宗二十二年，1885)七月，被任命爲土們勘界使。同年九月會同清朝官員秦瑛、德玉等勘定和談判中朝東段邊界事宜。光緒十三年丁亥(朝鮮高宗二十四年，1887)正月，李重夏再度膺任勘界使，二月抵達會寧，會同清官員秦煐、德玉、方朗談判邊界事宜。同年四月初七日，在會寧李重夏與清秦煐、德玉、方朗筆談；同年五月十五日，在會寧與秦煐筆談，五月十六日，在會寧與方朗筆談。

此書爲筆寫本，藏日本東洋文庫。兹以此本爲據輯録資料。

丁亥四月初七日談草

一、勘界一事，往年既已縷陳情由，而敝邦本意初何嘗務求展土哉？職緣民情之惆迫，一番指證碑界，以明無隱之心，然後標界安民，惟俟皇朝寬恩而已。粤自乙酉，總理各國事務衙門奏稿内有曰："恭查《欽定皇朝通典·邊防門》《欽定皇帝四裔考》均載明吉林、朝鮮以圖們爲界。"又曰："《一統輿圖》《會典·地圖》載在職方者，圖們、鴨緑二江爲東、西兩界，標劃分明。"又曰："白頭山在中國朝鮮之界，白頭乃長白之异名。豆滿爲圖們之轉音，方言互殊，實爲一水，均經濵奉在案。"及於上年春以勘界圖繪咨奏。後總理各國事務衙門咨移内有曰:"吉林、朝鮮界址。自朝境茂山府以東,會寧、鍾城、穩城、慶源、慶興五府,東至鹿屯島海口,自有圖們江,天然界限,爲之劃分,毫無疑義。自茂山以西,上距分水嶺穆克登勒石立碑之地,有應辯晰者、應考證者,是以請旨飭下。吉林即行派員會勘,敝邦初緣民情起見,有所論卞,前後所奉總署議奏是鄭重。圖們、豆滿乃是一水,而圖們天限載在《圖典》,則敝邦亦何敢專事强辨,久煩上國乎?惟求碑堆之與圖們相照應,考證卞晰,仍舊遵守,務盡事大之義,且爲了事之方也。今聞貴督理所論,乃欲定界於紅丹水之上,此誠夢外之言也。紅丹水在小白山以南,原屬敝邦内地,初無相關於論界,況茂山之長坡等地方在其外,寧有是理乎?總理衙門向來覆奏後,亦以分水嶺穆克登勒石立碑之地,卞晰考證之意。既有咨會,則今此貴我覆勘之道,惟當更審圖們江舊界與穆總管立碑之限。照《皇清地圖》務求沕合,以爲勘完之地可矣。貴督理泛指紅丹、西豆者,今人愕然,莫曉所以也。長白諸山、大小圖們江及西邊之鴨緑江,繪劃注明均載於《皇清一統地圖》,則夫豈有他言哉?向來貴督理之論乃稱圖們上源各派中,以直而長者爲源云。以最長者言之,乃西豆水,而此則《輿圖》中注明'魚潤河'者也。'紅丹水'則《輿圖》注明'洪丹河三池'者也。今欲捨明白注明之大小圖們,而别求他水於敝邦之内地,則今此勘界,豈有清完之日,而亦豈皇朝所命覆勘之義哉?黄河之水,其源不一,而必崑崙山所出,然後方可稱'黄河'。圖們之水,自有載籍以來,皆以長白山發源爲圖們。此在往年貴督理所論亦曰'准以發源長白之圖們江爲界'云云,今忽指小白山以下之水源者,萬萬意想之所不到也。初不當縷縷更論也,一一示答,早定辦公之道爲妥。"

五月十五日往見秦員。

我曰:"長白山水,今已遍勘而回,界限相論亦三朔之久矣。貴意則大圖們江定指何水爲可耶?"

秦員曰:"大圖們江無以詳知,俟繪本具成,更當商定矣。"

我曰:"以《皇朝輿圖》考之,則大圖們江不難指證,而貴意終不以《輿圖》爲據耶?"

秦曰:"《皇朝輿圖》未可憑信。"

我曰:"年前土門下論時,貴局處前後照會筆談中,必以《皇朝輿圖》爲開卷第一義確據矣。至於今日,敝使欲指證《輿圖》,則貴局處每曰《輿圖》不足據,何此故也?"

秦曰:"前日則貴國争海蘭何故?我以《輿圖》指證,而今日則事异於前日,故不可以爲證也。"

我曰:"如是説去,則無須再辨,我則日間回程矣。"

秦曰:"俟繪成後,再商爲好。"

我曰:"主意既不合,則繪本亦必不合矣,何必俟繪成耶?"

秦曰:"繪本若不相合,則彼此照會而回程爲可。"

我曰:"然則當少留矣。"

五月十六日往見方員。

我曰:"閲月論界終不相合,我則行將回程矣。第念大小國自是一家,至於近日,尤非往昔之比,張皇論界已極不可,而況再次會勘又未定界云者,是不可使聞於鄰也。"

方曰:"貴論甚是,甚是。若以乭水爲定,則長坡亦不失,而府使之一向堅執,抑何故也?"

我曰:"乭水距紅土水之間,不過幾里,非人民所居,非田野所耕也。即杉木溝壑千年無用之地,此何足較得失,而國家疆土尺寸甚重,紅土水明明是舊限也,我何可擅定於他水乎?"

方曰:"疆土之重,彼此一般矣。"

一二二、金東浩《甲午燕行録》

【解題】

《甲午燕行録》不分卷，金東浩撰。

金東浩(1860—1921)，字振宗，號荷一，朝鮮安東人。光緒二十年甲午(朝鮮高宗三十一年，1894)六月，以進賀兼謝恩使團禮房兼兵房軍官的身份出使中國。此次使行正使是李承純，副使爲閔泳喆，書狀官爲李裕宰。使行於六月初十日從漢城出發，七月十九日渡鴨緑江，八月初六日到達山海關，换乘火車前往天津；八月初七日到達天津；八月九日離開天津；八月十五日到達北京。在北京停留八個多月，次年四月十七日離開北京，發向通州乘船前往天津；四月二十日到達天津；四月二十五日乘清軍船“鎮海號”出港；五月初二日到達仁川濟物港口，五月初三日回到漢城。由於甲午戰争的爆發，此次使行的路綫與以往燕行使團行進路綫有所不同，也是清代朝鮮赴清使團中時間最長的一次出使。《甲午燕行録》即是此次使行見聞的記載。甲午年七月十六日，在朝鮮灣府與魏家麒筆談；十月二十三日，在北京朝鮮使館與兩員量館廳大人筆談。

《甲午燕行録》爲筆寫本，《燕行録續集》收録。兹以此本爲據輯録資料。

(甲午七月)十六日，朝陰晚晴，日候更熱。以宣川事依使爺之命往於灣府，則時府尹與上使、書狀官小設酒肴於二宜亭，臨亭四望，府中城外無不昭詳。爽氣自來，斗覺西山之臨也。旋到聚勝亭，此亭即宣廟祖移駕留幸所也。清人魏家麒留連旬餘，相握寒温，同榻吃茶，又與筆談。魏君言曰："昨暮信報自平壤來，清兵與倭兵交戰有大捷，倭兵退陣三十里，我亦有公事。明曉發向平壤云耳。"

（十月）二十三日，晴。未時，量館廳大人兩員依李中堂、禮部尚書鴻藻奉教而來，三使以冒帶并坐交接，以筆談相酬。三使言内使事已竣，覲王爲急，而水旱路梗不得歸去之意詳陳。答曰："具禀已悉。本部中堂大人仰體皇上懷柔之意，欲去欲留均由自廷，不必拘定禮節也。"又云："如欲暫住，至冬至使雖無表文、貢物，照例行禮。如刻下急欲回國，當禀明禮部堂憲，趕即辦理，筵宴頒賞事，事畢即可起程。"又云："現在既因水旱不通，難以回國，即在館中居住，不必外移。我皇必要格外優恤，一俟路途通時再行回國。今館至於客店，出住非似所宜。"又云："去留既不敢自擅，當將此意轉禀本部中堂大人，代爲設法定奪，以何之處，聽候回信，再爲辦理，當將各帖帶去回禀。"

一二三、李承熙《大溪集》

【解題】

《大溪集》,李承熙撰。

李承熙(1847—1916),一名大夏,字啓道,號大溪、剛齋、韓溪。李震相之孫。朝鮮星山人。純宗二年(1908)與李相卨、柳麟錫等人開展獨立運動,亡命于符拉迪沃斯托克。有《大溪集》存世。

此集有刻本,星州三峰書堂1927年版。卷二十八收録有《北京筆話》,時在甲寅(1914)年。玆以此本爲據輯録資料。

周熊濤筆話,名嵩年,桂林人。甲寅二月十七日

熊濤曰:"拜讀大著,如五德五倫諸教科尚矣。《進行論》尤剴切詳明。蓋平日體之有素,故能言之成體也。尚望康旺,將來見諸實事,不負同人期望。"

答:"拙著無足道,例加推借甚悚。吾輩俱老衰,如鄙人又一漂客,何望實施?苟天有心,其在中華諸公乎。"

熊濤曰:"先生所冠何名?"

答:"此緇布冠,詳《儀禮·緇冠》鄭注。"

熊濤曰:"近欲考古制爲冠禮之冠,此有可購處否?"

答:"今無所購,但製之甚易,當先詳其制。"(乃出示余《冠服説》)

熊濤曰:"冠服之制,見之先哲考訂多矣,大略考書不如看圖,尤莫佳於得一現制之式。"

答:"所諭誠是,苟要依此式,可以鄙着相借。"

熊濤曰:“甚幸！龍積之回京,當於孔道會中,大爲提倡古禮服,先生以爲何如?”

答:“敬聞命。”

徐花農筆話,名琪,浙江人。甲寅二月十八日

花農曰:“先生道德高尚,欽佩實深,稍暇當設一筵奉邀。”

答:“褊陬漂流之蹤,恐不足污中州貴公之筵。”

花農曰:“聖者避世,其次避地,先生可謂避世避地之賢者。如鄙人在市之小隱也,得親雅教,忻幸何如。”

答:“亡國賤士,無足短長,願中華諸公勿外加推借,務弘大道,以俯教之。”

花農曰:“往者中原無人,遂致唇亡齒寒,已往衹好不談。天道有時而消融,吾人心理固宜獨有千古也。”

答:“往事之誤,誠有中邦志士之感。然在鄙國,衹自亡耳,更誰怨哉？天理尚在,或有他日,願與諸公共勖之。”

花農曰:“此讀史者所謂廢書三嘆,願先生益爲世道自愛。”

袁峻筆話,河間府人。甲寅立春

袁峻曰:“中華自戊戌大唱維新,而中華至今鼎沸,抑王道無近功,必須讓耶和華大破壞乾坤而再整之歟？抑康梁諸公純盜虛聲,欺我四萬萬人耶？鄙人想全球九萬里,斷無兩理。先生理學傳家,與西人和戰,必有一定之見,且於康梁師生之説,有所折衷而斷其是非者,願賜剖示,以開發蒙陋之胸。”

答:“鄙人僻陬陋學,無經世之用,到今又一漂梗耳,安敢開口論大道？但今西潮一翻,天下鼎沸,貴國亦岌岌矣。如有聖人作,恐當大明古聖綱常道德而實行之,使邪説不得作。至於器械政法,亦可隨時損益,并取而兼用之,以通天下之務矣。或恐時賢議論,緣於時機,每多混同黑白,扭合東西,大本不立,綱紀不張,終無以自立矣。”

袁峻曰:"大論極正。當今康梁師生已假斧柯,先生與之周旋其間,大展經綸,既可爲貴國雪恥,且將我弊國民命救活。"

答:"鄙人與康梁無雅交,且梁今貴顯,已有泥雲之别。康公宅憂不出,參商相隔,況自己胸中元無可展經綸者乎?"

袁峻曰:"中華之學,以綱常道德爲重,誠天地之大經也。彼西洋之學宗主耶蘇,都不言綱常,而其國日富强,以至凌駕中華,未知勝負之數,專在富强,而不在於綱常道德歟?"

答:"勝負之數固在於富强貧弱,然綱常道德,果得正則亦何患不富强耶?"

袁峻曰:"綱常正而能富强,今何西之富强,而中華之反不富强也?"

答:"孟子曰'五穀之不熟,不如稊稗之有秋',此可以知今日東西之形。"

袁峻曰:"然今祇大明綱常,則可富强否?"

答:"富强固自有其政,固難執一,然綱常苟大明,則爲臣子者,皆勤於職事,以奉君父,其爲富强之根本已立矣,如何不富强?"

袁峻起揖曰:"誠如所教。"

龍積之筆話,名澤厚,廣西臨桂人。甲寅立春

積之曰:"大作教科論,發明孔門教法,真吾道嫡傳也,即當通告,各孔教學校用之。今北京孔教諸會,皆非真孔門宗旨,惟有真傳在大悲院中,請别作孔教會,以先生居首,少弟等從其後可乎?"

答:"鄙人何敢當此意,但願諸公交相講明,闡發大道。"

積之曰:"先生教科論,吾國中在北京者,未有此人。白日出則星光螢火乃滅,方知有陽光之真火也。大道有賴,不必謙讓。"

答:"竊恐大兄急於獎人,偶失鑑衡,幸勿以言語相然諾。惟密切評正,庶幾無謬於大望至訓,以期實施於履踐。"

積之曰:"少弟雖愚劣,不敢虚譽人也。願先生作一書於康南海

以相通也。兩賢之意相孚，庶孔教之實施有方也，少弟亦當從中作道理。”

答：“南海公果欲一見，以遂平生之願，今不可期也，且依盛指作一書，大兄可導以達之。”

積之曰：“謹惟命。”

積之曰：“聖廟既立崇聖祠祀聖父，有議請祀孟母者，此禮何如？”

答：“聖父崇祀，尚或譏以繁文，祀孟母，尤恐多未安。”

積之曰：“鄙意亦以爲難。”

積之曰：“中國道學之替久矣，禮教尤無興行者。今欲與同志倡禮學，而識解未確，未知古禮可盡行於今日否？”正月六日。

答：“三代之盛，惟周公儀禮爲大備，而朱子家禮已有所酌損。今風俗世尚比朱子之時又大异矣，竊恐聖王有作，又不能無損益。”

積之曰：“是則誠然，人家常行，惟冠、昏、喪、祭四禮爲要，而中國二百餘年，禮壞爲極，若冠禮則全無矣。今欲先自冠禮倡之，近有徐氏子將昏，勸其行冠禮，朋友多會，司法總長梁君亦赴之，頗屬勝會。如此推行，庶有實效。”

答：“首倡冠禮之意固甚善，可見救世之苦心，然中國之無冠禮亦勢也。蓋薙編之後，冠童無分，無事於冠禮，今則又從以髡之，將尤無憑依，有難實行矣。但力行古禮，知先王冠服之爲重，庶爲復華制之前導。”

積之曰：“貴國禮教不廢，冠禮皆三加否？”

答：“鄙邦禮俗亦墮，鮮能實行三加。至於昏禮，又或不備六禮，吾先君子著《四禮輯要》，定行古禮，鄙人嫁女娶子，冠必三加，婚皆親迎，謹遵而不敢失也。”

積之曰：“家學之懿，不勝嘆仰。嘗見《朱子大全》有《字説》，先生冠子，作字説否？先集中似亦有之。”

答：“鄙人冠子，迎友人爲賓，使作字辭，或有自爲後生作者，然不足道，家集中有數篇。”

積之曰:"鄙人欲通録朱子以後字説名作,滿百篇,則將印行之。願録示尊先子字説及盛著幾篇,且爲作《字説百選序》以弁之,庶有所藉。"

答:"此意亦好,但家集及鄙作不能背記,或可從後命家人抄付耶。弁文則有不敢爲佛頭之污也。"

積之曰:"此亦勸導一世之一端,先生幸不憚措辭,無容飾謙。"

積之曰:"少弟方欲作香港行,欲見康更生,然尚遲幾日。先生既居是院,韓人會者亦多請先生設韓人孔教會,講明教科之意,少弟請參講席,且爲中國後生前導。"二月初二日。

答:"鄙人本無實學,無以答此意,且無幾日將往曲阜,豈暇設講課也?"

積之曰:"且先設講幾日,待先生自曲阜回,鄙人亦從香港還,因復開席,恐無不可。"

答:"此等未可遽然作撤,待大兄還後,可徐議也。"

積之曰:"先公大著三書,可公付北京圖書館,以普惠中國學者。"十六日。

答:"現持册子未多,俟後可依兄説付之。"

李南彬筆話,文治,雲南人。甲寅二月十四日,報有女喪,故往唁叙寒暄,進茶果,仍開筆話,節略

南彬曰:"讀尊先人宏著,每日鑽研,如獲奇寶,正擬趨候領教,今夕承臨,正出希冀之外。"

答:"鄙先人纂輯是書之意,前已書達,蒙大兄鑑賞,此書可賴而傳,其間見處,莫無异同。"

南彬曰:"竊以管見窺之,此書全編以一'理'字爲主腦,貫串六經四子及濂洛關閩之精義,將紫陽夫子中晚异同訂證確鑿,於姚江所傳,亦集長棄短。鄙意吾道自有此書以後,除程朱正派以外,無有敵黨矣。"

答:“大兄眼精心恢,蓋已盡得其中真詮矣,實鄙先君之後子雲也。不肖感鐫,何可既乎?願卒惠一語發揮之。”

南彬曰:“鄙人拙於文,且淺於學,何能贊辭,俟讀竟,將自揣再議之,篇中所言李子係貴邦何如人,主理是倡自李公否?”

答:“鄙國先賢退溪李先生滉,實鄙邦性理學之宗師。其言實主理,鄙先人闡發其旨,故特著之。”

南彬曰:“此外尚有他人,尚發明其理否?”

答:“鄙邦性理之學皆宗程朱,作者甚多,然無與退溪比者。又或有主氣之弊,卒卒不能盡述。大略先乎退溪而爲退溪所宗仰者,有金寒暄堂宏弼、趙静菴光祖、李晦齋彦迪。退溪之後,淵源所及甚廣,得其踐履規模,則推鄭寒岡逑,傳其性理旨訣,則有李大山象靖,又有李栗谷珥,自開一宗,其傳甚大,占鄙邦學界大部,極有氣力,但性理宗旨與退溪异。”

南彬曰:“蕭隱公河南人,前日主席,所著有《大學講義》,分與會員,其宗旨既不遵朱,亦不盡遵陸,於《朱子補傳》尤極彈駁,亦可供吾黨研究。”

答:“貴邦儒論大抵多不宗朱旨,甚惶恐,極宜研究。近日王陽明格物説,亦前人所未有,大兄以爲何如?”

南彬曰:“先生以爲然乎,否乎?”

答:“未敢質言,所以仰問。”

南彬曰:“鄙人無所知,但今日學界,如厭布帛菽粟而求珍异之味,且不識孔孟而輕議孔孟,不議程朱而輕毁程朱,實不解今世賢豪果高過孔孟程朱而競出新説。鄙人近來以爲聖賢儘多,發不盡之藴,不必立异論。先生以爲何如?”

答:“高論可作世範,縱不可盲尊所聞,又絶不可輕習新經,願堅持正論,以幸今日學界。中韓,同室也。敢問今中華時局何如?”

南彬曰:“鄙人偶厠身國會,妄議政事,實闇昧無宏議。况今論界,一國不知,分若干局,一日之内,一人之言,可以朝夕异,惟捨而不言,從吾所好而已。觀時政人心可危也,仍望高明一言。"

答:"近閲新紙,有默揣焉。杞天之憂,切有不能已者,蓋天下無中華,則吾道亦亡,不獨同室之情爲急也。今中華將成不救之症,及其未深,尚可爲也,應有正見,可略聞否?"

南彬曰:"先生言及其未深,將爲當事者言之乎?近日幾天高不聞,若謂全體人言,則手無斧柯,爲之奈何?"

答:"天高不聞,果無醫矣,姑不説,且就事理言之,以共和名而實專制,固病矣。未知民主共和可適於今中華乎?"

南彬曰:"此事弟亦欲商諸海内高識。去年四川廖季平主張舊學甚力,以'共和'二字爲非,弟問'中華民國'四字名義不能易,則國會亦不可不存在,彼亦不能。"

答:"今日此問題始終不能解决,竟成一非鹿非馬現狀,由阿媚者多,亦非一人之意也。亦有謂此時政體乃合孔孟宗旨,不知然乎?看斯時政局中,惟有保己禄位,思想與堯舜孔孟心理大不相似。"

答:"鄙人嘗有妄見,帝家家天下,固易致專制之暴,民主共和無綱常,又將亂天下萬古君臣大法,當以堯舜爲正。竊謂孔孟之意正如此。若今日則既以共和立國,主權者雖欲自居以堯舜,不可矣,然苟能選一世之第一人,與國人共定之,使處堯舜之位,亦恐無不可行者,未知不大妄否?"

南彬曰:"先生之言真絶大眼光,絶大識力。此時須將前兩種鄙説闢去,方得孔孟正旨。"

答:"鄙人有妄作一文字,可賜覽否?"(文字見常草,因自袖出示之。南彬次第晝行看過,連道"好好",讀畢揖道"好好")

答:"此是一空言,然亦有理論,既一看矣,願指其中疵病,以豁陋見。"

南彬曰:"先生此篇,從根本處着手,孟子所謂惟大人能格非心者。近時機務處恐無此等議論文字,但此等文亦須有體驗者,方能領略,若藐然視之,將空負進言者。"

答:“謬蒙印可,極悚,但平生所見,袛以堯舜孔孟爲極,故其言如此,不知此可以出而進之否?”

南彬曰:“言論之權,儘可自由。”

答:“秘書院多掩置此等説,如此則無由得進。”

南彬曰:“或借報紙登之,然無論登報與上於當事均似不宜,須先達意於强力人,以爲先入之言,然後此文得以寓目。”

答:“有何强有力者,能達此意。”

南彬曰:“有則借途,無則宣之,仍以上之爲是,不宜秘之。鄙人今日弩之末矣,不能達,然先生之宏言四條,今後遇有心國家者,當共弘斯旨,以冀得達也。先生此文閎深肅括,閲之得想見生平之藴,當事者苟毅然從事,則中華四萬萬人民之幸也。”

答:“鄙人數日後欲走曲阜,其還遲速未可知。”

南彬曰:“先生是行何速也? 此二日内,須具薄茗,再罄所懷,肯一來否?”

答:“大兄亦客寓,恐不可費力爲禮,願勿煩,且鄙人必復入此中。”

南彬曰:“先生再來更如此,此次之心自如此。後日五點鐘,請到米市胡同便益坊,弟與小婿陸勛臣拱候。”杜工部夢李白詩首二句。

答:“厚意良感,敢不敬赴。”

南彬曰:“書未閲竟,愧悚無以自處。”

答:“書卷已奉獻,永作案實,但願發揮此主理之旨於大邦學界,以幸此道。”

南彬曰:“極願,敢不自靖。”

南彬曰:“鄙人不曾詳考拜禮。辛亥後拜禮全廢,雖於父母、祖父母,亦袛鞠躬。近日諸朋友欲講古禮,但三跪九叩之禮,仍是清代所制。貴國行古拜禮否? 願詳教。”

答:“鄙人何足知古禮? 竊考古人,概以兩手至地,兩膝齊跪爲拜,手至地而頭在手上,爲頓首。兩手對開,首至地良久曰稽顙。共和立國,古禮遂廢,至不拜父祖,講求復古誠急矣。三跪九叩,誠是滿俗,古人衹一拜,於君父師尊長,乃有再拜,後世尊君特甚,乃有四拜,鄙國亦然。且祀孔子以王禮,故亦行四拜,非禮之正也,頃於孔祀,不敢隨人行三跪九叩,衹行再拜,未知無違俗之罪否?”南彬起揖。

南彬曰:“今人以曲身爲揖。未知古人揖衹如此否?”

答:“考周禮,揖有三:一曰天揖,舉兩手稍向上也,用之尊者;二曰時揖,舉手平衡也,用之平等;三曰土揖,舉手稍低也,用之卑者。揖是舉手之名,然揖則必俯身而致敬也。其舉手也,先張拱而引之向内曰厭,用之迎客;先供手當胸,推而向外曰揖,用之送客,然通而名言則皆揖也。又因所揖,揖右則右其手,揖左則左其手,亦各有當也。”

南彬曰:“古人一揖之禮,其纖悉如此,人今瞢然行之,可嘆也。”

南彬曰:“貴國先輩或主氣者,亦是陽明派否?”

答:“雖主氣,亦斥陽明,但不自知其同歸爾。”

南彬曰:“日本學者多崇拜陽明,程朱學派未聞。”

答:“日本大抵主王學,或有程朱學派。聞舊有玉水先生最崇拜鄙國退溪之學。”

南彬曰:“貴國注《易》最著者何人?”

答:“鄙邦《易》學最鮮,間有作者,而不可揭指一人。鄙先人著《易學管窺》,主先天之學。”

南彬曰:“貴國金君起漢是否同邑?其人似慷慨能文,其師淵源亦是主理之派。”

答:“儘有學問,又慷慨有志士也。其師柳麟錫乃李華西恒老門人。華西之學主理,其心理説與鄙先人同,故視如一室。問清代學派,以誰爲宗?”

南彬曰:“鄙人數十年多在政界,學識全瞢,不敢爲説。於清世,最重張楊園(履祥)、陸稼書(隴其)、曾(國藩)、羅(澤南)之學。”

問:“曾文正學識勛業真足名世。貴邦諸人或以滿奴詬之,此説何以哉?”

南彬曰:“曾公所處,時勢使然,似不足論,惟恢復漢室,南海亦不主此義,至今猶疑之。”

問:“此謂南海不主恢復明室耶?”

南彬曰:“南海主張保皇,蓋不取種族主義,其大同學説使然。其意以爲不推倒清室,政治不至如今日之壞。”

答:“曾公討洪,恐不是祇緣時勢,又不是不扶漢族,祇是闢异大義,其實乃不背於扶華之義,但終始爲滿洲盡忠,亦低了。”

南彬曰:“先生到京,儘可通知,小寓雖褊,客廳亦可容二三人,乃致别尋旅館,心甚不安。”三月八日。

答:“入京之夕,馳進金君起漢所住,使兒仁歷謁,值兄已就寢,旋馳出旅店,以不得相接爲慊。今蒙枉顧,欣感何極!”

南彬曰:“近日鄉人來者傳去年臘月被匪醜佔據搶劫。小兒現任中學校長,匪執械入校,教習學生被害者七八人。兒因衣服樸拙,不徑意遂得脱離,念之不忘。”

答:“服儉之效,至於免禍,可敬也。義方有教,雖處亂世,可釋慮也。”

南彬曰:“先生所上總統書,從根本上着筆,所列四條復切中事實,弟處有閲者,皆極欽佩,惜未能廣布。李明庶與同志會往來甚款,可令子剛送交明庶似可。”

答:“萬一有概於世論,亦或一道耶?”

南彬曰:“《綜要》一書,紫陽而後不可少之作。終日閲之,見其析理入微,開諸家之黑幕。主理之説,真千古授受之真源也。”

答:“從古聖賢,元無不主理之人,爲异端者,元無不主氣之人,可知主理二字爲宗訣。大兄可作一文字,爲中華學界媒。”

南彬曰:“容再過幾閲,勉爲之,恐不能贊其高深也。”

“觀大著(南彬以所著《慎愉齋初稿》請余檢評)《大學格物論》,格字屢易其解,可認用力之深。”初十日。

南彬曰:“知之與物二者,就天地言之,知即神明也,物則品彙也。就聖人言之,知則心也,物則矩也,本無内外。若就學者言之,知屬於此,不致之則不往;物屬於彼,不格之則不來。此往彼來,則在知非此,在物非彼,而内外合矣,故曰致知在格物。在者通來往之路,達彼此之間者。如此解何如?”

答:“合内外之意極當,但説來往,似因鄭注訓‘格’爲‘來’之意,然亦頗費力。夫事物之理,即吾心之理。事物既明,吾心亦自明,不是物來到心,又非心去至物。内外本自一理,故通則自無二致耳。且物即矩三字,又似太汩,矩乃物之則,亦屬理。”

南彬曰:“鄙爲是説,并未深思。先生言之實獲我心。”

南彬曰:“昨晚寫保單去警所云:‘此留韓人李韓溪,因彼此爲孔教會員,志同道合,相約到舍,講求并無他事。如有行爲不正之弊,情願擔保,唯文治是問。’自後巡警不來跕門外,貴邦同志來訪,可照常自由。”十一日。

答:“如此呈保,庶幾自安,然能保僕無不正行動耶?甚悚。”

南彬曰:“不正行動有普通與精微兩種,先生所甚悚者,得非就充類至義之盡處言耶?竊觀先生之學,想已達耳順從心之境,何有於不正,况世俗所謂不正行爲乎?”

答:“學不在年,兄何不擇而發?古人云惟聖罔念作狂,况吾輩何敢自信其無不正耶?但兄既擔保,弟當倍小心,庶不累兄。”

南彬曰:“鄙人近日有懷疑未决者,欲歸滇中,則鄉無好朋友講磨之樂,餘又無足爲況。留京中,又上下無援,則别無所事,願先生代爲籌决。”

答:“此如飲水,冷暖惟自知。鄙人又無長算,但滇中如此寂寂,亦憫了。京中是士友都會,足資講貫之樂。且大兄是有用之器,時至事會,安知無展步之路?直到更無可下手處,徐作料理恐宜。”

南彬曰:“飲水冷暖,譬喻最精。此事果非局外所能代謀,但先生示我之言甚切中事理。”

“聖廟前學堂養士之制急宜請復,而無人提倡,可嘆。”

南彬曰:“學堂養士固急,然在廢經廢祀之後,其請復事更急,此重遠意也。”三月十六日。

答:“愚意此當一時都説去。世人以爲今學校可在孔學之外,故廢其經,罷其養士,其廢祀亦應例也。今力請復祀不過欲優崇孔子。雖黽勉請從,然依舊以爲孔教不學亦可也。若必開孔廟爲學校,則經自不罷,祀自不廢矣。况今秖復祀而已,則其崇孔子,乃不過道佛寺觀而已。其尊孔亦虛禮也。”

南彬曰:“國學養士之制與今日學校之制有古法、歐法之异。若欲復古,勢必一反。今學校之規,此是大題目,當在憲法規定須合學制,全局商訂,乃教育部一種規制,非儘聖廟前堂一端可該攝。”

答:“此承所以説當立孔教教科也。若分立五德、五倫、六藝、四科諸目,今學校所教諸條都括在其中。歐法之有補於世用,如物理、化學、算數之類,仍之何害? 秖就中正其綱倫,去其乖繆而已。如是立教,則雖欲外此而爲學校,亦不可得矣,何必反今學校之規耶? 使京外聖廟所在皆設此學校,則國教不待請而自定。如或教育部不認,通國學校皆合於孔廟,吾自請復舊日之所固有,自設吾所服之教,則言正而理得矣。苟實行此法,則天下學校皆自入於此彀矣。”

南彬曰:“治未曾深思也。重遠還後,當急相議耳。”

南彬曰:“先生流離多歲,心切故宫黍離之感,與鄙國辛亥光復以前,感戀漢官之意相同。”三月二十八日。

答:“情境蓋相同,但大兄信以爲中國辛亥事真光復否?”

南彬曰:“中華之族沈淪异種二百六十餘年,得收復舊物,豈非光復乎?”

答:“所謂光復者,以一姓言,則如周宣漢光武恢復舊業,其典章道德,皆如舊物。以中華言,則如皇明之皆復中華舊章是也。今辛亥事祇是一輸一贏。以道理言,則滿猶尊崇孔教,其倫理猶不大悖。辛亥民國肇建,遂盡滅綱常,廢棄堯舜孔孟之道,直使神聖種族化作西歐之民而已,何有光復?”

南彬曰:“先生解‘光復’二字,誠如所言。第有一語請質,假令前清能行先聖制度,可謂直接帝統否?又民國今日既失前聖制度,不得爲光復,則與其爲今日之民國不如前此之清國否?所謂光復毫不涉種族意味否?”

答:“假使前清盡棄胡俗,一遵中國聖王之制,則亦中華而已,何不可直接帝統乎?孔子曰‘夷而進於中國’,則中國之今江蘇乃楚也,亦孔子時所謂蠻,陝西爲秦,亦西戎。假使楚莊、秦穆能行文武之政,則孔子豈得絶之於繼周之統哉?滿洲,今東三省也,本與中華接壤,今則已同中華之人也,何遽异於彼時之秦楚哉?使民國而永不復先聖制度,直從西俗而已,則政孔子所謂中國而入於夷狄,則夷狄之者也,以其地則晉末五胡皆胡也,以其種則如泰伯、仲雍之後,亦蠻而已。安得自據以中華哉?所謂種族主義,本亦狹隘,况中國之族,亦非盡一人之種。稍廣之,則滿洲亦一黄種,本非相絶者乎?‘光復’二字,斷當以義理定,未可獨主種族也。”

南彬曰:“今有一書香世第,傳至子孫,流爲游惰。忽有人攫入其家,善讀書習勤儉,則即可謂恢復元有之家乎,抑其人已非不能不動祖宗之思想乎?”

答:“家主血統、國主義統,本不可相比。設以第宅比之,如家主果游惰破家,雖有子孫已認覆亡,何可曰光復?况復猝發狂疾,不父其父,不祖其祖,迎其仇賊,入據舊第,而父師之,奚啻亡也?直賊而已,如何而曰光復乎?若他人之入室者,可比諸代興,不可説恢復與否也。梓里之感、黍離之嘆,自是人情之常,然文武新興,微箕斂手,則王統有歸也。使滿清而儘勤儉書香家也,誰能易之?”

南彬曰:“滿清入關已二百六十年,然明室之亡,宛然昨日事也。辛亥光復,固不料今日之毫無建設也。然驅逐滿清使,中華稍伸主權，未必不爲將來昌明炎運之道，似亦不可不謂光復之起點也。"

答："辛亥之事亦滿洲自取也。彼自别於華種，自异於華俗，使華人自生種族關係也。在辛亥之人，直倡之以中華大義，如明祖北征之詔，從之以盡復堯舜文武之制，則此千載之洪烈也。彼當日諸人沈醉西潮，不識大道，首廢孔子之教，盡反綱常之倫，直驅華人以從歐俗，是屈中華之權以奴隸於人，日趨於黑暗潰亂之域也，何光復之可言？今幸有大總統尚維持舊想，尚可爲光復之起點，然白日東照，方可言光，陽雷下升，方可爲復，是則方拭目而側耳焉。"

南彬曰："今日所以至爲歐人奴隸者，亦由當日奴隸於滿清之貽之戚也。今不咎前此服從滿清之失，轉謂與其服從歐洲，不如服從滿洲，未免爲倒退説話也。奴隸於歐洲，則雖推倒滿清，猶堪痛哭，然不能直接奴隸於歐洲，附屬於滿清之下，爲奴隸之奴隸，當更何如？故歐之奴隸，固當深戒，然不爲滿之奴隸，自是當然之事，斷不可因民國柔弱難立，轉恨前此革命之非計。"

答："前此服從滿制固可恨，今日服從歐俗尤可恨。前日權利革命固快活，從而吾之道德受革命，尤可痛哭。今不光復我道德，革命終亦非幸。"

南彬曰："鄙説主張種族固涉過激，不過害我者，即爲他族之意，非近世所言種族主義之云也。先生乃以光復先聖制度爲光復，設使先聖制度中斷無國亡，不許恢復之理，苟能恢復境土，亦爲光復之初階。我國辛亥以後，稍足雪前明甲申之耻，但不盡復先聖制度綱常，不足盡光復全量耳。"

答："鄙國肅宗王當明亡之後，築大報壇於宮苑，祀明太祖、神宗、毅宗。有詩曰'明年太歲又涒灘'，痛甲申事也。承熙生長其邦，豈不以中國諸公雪甲申之耻爲當哉？但既奪還於前清，而更奴隸於歐，豈非痛哭者乎？境土之復，固亦復矣。其爲復尚小，維綱常制度之復方爲光復。愚見切於此，所以苦辨。今兄言固有理矣。"

南彬曰："今日磋商乃大事也。我國所以足重於地球者，以其有周孔之道也。周孔之所以爲吾人所寶愛者,以其爲本國之粹也。天下爲公,所以爲仁,各私其種族,以成其公,所以爲義。使余爲英國人或美國人,則亦必先寶貴耶蘇之教,以其關係於國家也。舍己從人是更進一步之語,若自破其種族界國界,則未有不失於文弱者。家爲血統,國爲義統,道理誠是,但余謂盡天下萬國皆屬血統,惟有親疏之别。孟子曰'人人親其親長其長,而天下平',余亦曰人人種其種族其族,而地球平。家國元無二理,故程子曰'公而以人體之,謂之仁'。鄙人極推崇理不雜氣之説,然其不雜也,原在不離之中。若捨種族而言聖道,則孤懸無著,如離氣而談理,必與身己不相干。貴邦當此時運,正宜於提倡聖道之中,深勸人以種族思想,則無理氣隔斷之失,慎勿過爲高論。僕以爲歐化足以興國,亦當采取,但内外之辨,則不可不嚴也。幸不以爲大妄否?"

答:"人之所以自立於天地之間者,以道理也,所謂種族、國家、天下皆形氣也。道理者,對此種族國家天下之方也。苟不論此道理,即種族、國家、天下親疏遠近,何以别之?何以曰人?何以曰中華?何以曰堯舜周孔也?均是人也,曰中華者,明此道理也;均之爲中華也,曰堯舜周孔者,盡此道理也。此理之所以不離乎氣,而又能不雜也。堯舜周孔之教人也,主道理也,故在種族主種族之和睦,人人親其親長其長,以及乎人之親人之長,而天下平矣。兄所謂種其種族其族而天下平,亦此義也,但欠以及人之種族一段。此乃有欠於公,必若聖人所言老吾老以及人之老,然後方括盡。在國家,則主國家之治平,君其君民其民,以及乎人國之君若民而天下平矣。設使人國,有不君不民者討之,亦不過誅其有罪而保其無辜,是公也,是可以公於天下者也。今西之人不主乎理,而主形氣,即於至親之父子,已有别矣。所謂種族主義者,祇爲形氣之利害,即以種族之别而相屠殺也。今則稍進於此,知殊族相殺之爲害也,摭其界爲國家主義,凡异國則必欲殄其類焉。天下之亂尤大矣。大兄試思之,人人各私其種族而不通之以理,何以成其公也?雖以中國言之,華苗相屠，秦越相殺，不成其爲國，况如俄國之許多民族，能成一國耶？設有一種能國者，國皆以利相争，則天下争殺無已時矣，何以成其公而爲仁乎？噫！鴉烟之争，欲利於英而欲無中華之種也。教堂之争，必利於法而欲并滅中華之性也。其餘商港鐵路之争，皆將學中華之種而爲非洲之黑、美洲之紅也。仁人君子所惻怛而傷心者，今乃欲效所利，求利於吾國耶？况進於此，謂生於英美，則贊耶蘇之教。彼英美之人世於其地，不識吾大公之道，或無怪矣。若大兄以今日之心，衹爲利國，而背周孔之教而從之，則是喪其性也。假使西歐政化有當於理，固可采取矣。苟不問其當否，而衹取興國之利，則將無所不從矣。其曰内外之辨，不可不嚴者，又何義也？是必有真見其不合於道理也。由是綜之，其曰必贊耶蘇者，乃一時形氣之所激發也。此之曰不可不嚴者，乃天理之本然也。以愚之所聞於父師者言之，天下之莫重而不可少違者，父母之命也。然果大違理，則或不當從也。天下之最欲利者，莫先於身也。然果違理，則寧殺身而有不爲，况國之爲緩於此乎？且此衹論心法也。古今天下，無不合理之利，堯舜周孔之道行，則中華安樂，天下自平，不患國不興，身之不利也。不行堯舜周孔之道，則國不足爲國，人不能爲人。天下相賊，種族不暇保矣。今且就種族主義言之，當堯舜之世，生爲黄種，當舉國服於堯舜，不然則不但違道理，其種族亦不利矣。如今蠻峒之族當歸化中華，否則道理既違，亦將不能保其種矣。使滿清之主中國，果能實服堯孔之教，不自立種族之界限，通其婚姻，同其官任，已與中華之人無種族之分。雖欲故分種族而復之，亦不可得矣。不止此也，雖今西歐之人，果能行周孔之教，是亦中華而已，何苦而必别之也。且所謂種族之别，自屬幼稚時代之窒論。推諸道理，實無足斤斤矣。自天地而觀之，凡生於此兩間者，皆吾與人也，則實同胞也。張子之論，非過高也。苟知爲一父母之子，則何種族之可别？惟道理不同，則泰伯、虞仲可避，管、蔡可誅，安在以種族而捨道理也？今人每説種族主義不明，國家主義不立，則必致文弱，然實有不然。夫無理之强,譬如横决之泉流,雖甚奔放,然其源易斷,不可久也。若夫道理之强,如日月之經於天,江河之行於地,莫之能禦也。其强孰甚焉?今日之當復有大於堯孔之教者乎?承熙敢曰辛亥之復中華非復也,實滅之也。今不反其路,而徒切切於形氣之利害,則亦末矣。此係今日義理之大頭,故敢盡鄙説,幸大兄從容熟思之。鄙言有理,則大兄必悟矣。兄思之,終不悟,則是鄙見必未盡矣。"

南彬曰:"今治之衹以種族爲説,果涉形氣之私,而先生主義理爲言正矣。鄙所謂必贊耶蘇,亦衹主彼此之形迹,亦妄矣。然若衹主義理,則當國家迭興之際,都無種與國之界乎?"

答:"種與國之别,亦何可無也?春秋之法尤惡滅同姓。庭堅不祀,君子惜之,且以周武之應天順人,箕子尚守罔僕之節,此皆種與國之别也。但以天下之公共而言,則種與國却輕,如周之伐殷,其士女篚厥玄黄,昭周見休,乃其義理之爲大也。"

南彬曰:"是固然矣。治之所言,乃爲弊邦之甲申以後。貴國之今日不倡種族主義,遂至泯滅不振而止,誠不無激發者。"

答:"此等非但有種族之别,又有義理之大界。復讎大義乃天地之大經,何獨種族主義之爲足倡動乎?"

南彬曰:"先生之言真正大矣。如是爲説,則可謂兩盡而無缺矣。"

孟子貞筆話,名昭章,泰安人,孟子七十一世孫。甲寅三月十四日

子貞曰:"因龍積之及薛正清諸公稱道,久仰高風。昨蒙不棄,令郎子剛君枉顧,甚感激。"

答:"鄙人亦因兩君稔聽高風。昨聞御者戾京,謹遣迷息奉候,今蒙臨顧,實出望外。敢問閣下係亞聖幾代孫?"

子貞曰:"係七十一代。自周來,主鬯六十七代,分爲支,故宗子慶實字澤南,尚住鄒縣南關。"

答:“積之君曾示閣下往復書,中言禮學處,尤足欽仰。”

子貞曰:“昭章於禮學,無甚探討,特感目下時局,非如帝王時代可以爵賞刑罰御世。提倡道德,又無把握計,唯有從禮教下手,如冠昏喪祭,都製一定準則,俾自總統以下皆遵守之,或可挽回萬一,然昭章學文淺,不足語此。聞先生長於程朱之學,務請賜教至盼。”

答:“提倡禮教果似救時之對劑。閣下奉承世範,富有學問,正宜擔負此百二十斤。承熙僻邦陋見,何足上下?鄙先人嘗留意禮學,作《四禮輯要》一書,但多入僻邦議論,恐不合大邦眼目。”

子貞曰:“請賜一閲爲幸。”命基仁進册,次第覽畢。曰:“拜讀尊公大著,知先生學有淵源,欽佩無量。愚見以爲,禮之爲教,長處在固人筋骸,俾不入於邪,其短處在繁文縟節,不善學之,必至於弱。前積之兄甚主重冠禮,極爲欽佩,以爲提倡禮教,對症下藥,莫要於此。同志中有劉宗國賓儒,亦甚然之,然未知終有效果否。先生閲世久經患多,所以衛道强國之理,當素有研究,務請詳以告我。今日倉卒,後當以書箋代話。”

答:“屬意甚隆,而淺劣無足當,且傾蓋之歡,無足盡情,日來庶躬追爲謝。”

子貞曰:“聞爲龍積之君著《字説》甚好,請賜閲。”余出示之,且拈《孔道會演講説》,使一看。三月十七日。

答:“此等文字,恐未足塵一鑑,且演講説中所陳議論,無大謬否?”

子貞曰:“心者主翁,形者宅舍,氣者輿衛,誠者主翁之實力云云,精確之至如此。必以存誠,爲着手處矣。鄙人愚陋,嘗有志於不欺之學,然種種失之愚拘,及讀王陽明先生書,有曰‘良知是主人翁’,因此思朱子注慎獨,謂獨者人所不知,而己所獨知之處,極有意思。以爲不欺者,即不欺其良知之謂也。雖自謂不無所見,而學之未能有恒,是以至今,仍未免爲鄉人。”

答:“蒙開示平生入頭下手處,足認正大心法,其觸處透悟,又深有獨詣之妙,其有以自信以爲守,其虚心進德,常自不足之意,俱極欽佩,但所引王、朱立言之意,微各有别。竊意主人翁者,即此理也。良知乃主翁之識見,獨者主翁之境界,慎者主翁之工夫,不欺是工夫之方法,而誠之道也,尤以内不自欺,爲緊切着手地。以爲不欺吾良知,固甚好,然苟硬説著,則或不活,聖人衹曰'毋自欺',自即此心之自也,衹是言心不自欺,直是平鋪自在。如知有一毫未實,即是知上自欺,行有一毫未實,即是行上自欺,言有一毫末實,即是言上自欺,皆是此心自欺也。未知如此分辨,無害否?"

子貞曰:"所論甚是,俟后又當詳思。"

答:"講理極須精細,吾輩雖屬晚暮,亦不可少懈,但承晚始相遇,今且分飛,此樂又不可永矣,爲之嘆息。亞聖後裔還多少有名德,幾位相講磨?"

子貞曰:"在鄒約有五千户,散居一東直隸者,無縣無之。讀書樂道者,以所知鄒縣有孟燾綸、孟慶輝。"

李明庶筆話,名時品,四川人。甲寅三月二十一日

"俄附中華時務私議,已經覽否?"

明庶曰:"謹一閲矣。擬送滬,入雜誌如何?"

答:"梁任公方任幣制,又爲教員,可一經其眼否?"

明庶曰:"當代達之,但任公自入宦途,頗有暮氣,非當年比。"

答:"任公亦爲勢利所移耶,可嘆! 鄙人所設學校事,必欲以孔教之意,作教科,合新學而一之。蓋如此,然後新學之士可知綱常仁義,孔教之士可有實用,國教可不争而自定。否則孔教爲新學徒反對,必格而難行矣。"

明庶曰:"此事正在經營中。"

答:"重遠還後,即大合衆議,請京外聖廟學堂依舊養士,覓還其學田而贍之。廣集通儒,講立孔教之科,爲教士之法,然後國教可張,士習可一矣。"

明庶曰："當另圖矣。"

金子順筆話，貫連山，京城人。甲寅三月十四日

"學生原籍，朝鮮京城紫霞洞。年甫十二，離鄉赴日本東京遊學，二十西渡此地，迄十五載。祖國言語幾乎忘却。聞先生遥臨，因賤軀有病，今始拜謁，自覺怠慢，望乞涵容。"

答："見所示，一似潯陽江上聞琵琶聲，令人下淚。鄙人本末無足言，昨偶閲《北京日報》論説對辭，作一書付李子明行，其還聞尊銜而驚喜之，未知座下是其主筆耶？"

子順曰："學生在《北京日報》充筆政者九年。本以國破家亡，身無所歸，故匿迹燕市，静觀世界大勢，無奈大局益趨不平，竊欲改定方針，將投身他界，謀一種事業。向報社請暇，現罹疾静養一月，不往報館矣。"

答："世事身計，俱堪嘆息。報館别有主筆，則鄙人既作書，可傳致。"

子順曰："學生冲年離國，耳聞韓國之淪亡，而未嘗目睹。老夫子目睹荆棘銅駝之慘，其感激何如？其原因果何在？果遂陸沉而無復望耶？願老夫子教之。"

答："國必自亡，然後人亡之。賊臣蠹於中，狡鄰乘於外，一木而兩斧矣，何足復言哉？吾輩老朽且死矣，但得青年諸公之心不死矣，實心相愛，實心做業，天其憐之。"

子順曰："鴻儒碩學，國之精華，假使我韓有崇尚道德，素懷忠貞之士，居三分之一，豈至亡哉？所幸今尚有如我老夫子之明德。竊謂韓雖亡，國魂未亡。"

答："所論甚正，但如鄙人亦目擊其亡，而無策以救之，何德之明？往者已矣，惟望後生之能自謀，以存種族，此道將何以。"

子順曰："我韓二千萬衣冠之族，將消滅自己精神於不知之中，其爲牛馬奴隸而不自知。爲今之計，惟使韓人不忘自國歷史，庶有

望於十年百年之後。學生自幼負笈海外,不尚舊學,然自信保存國魂,非此莫可。"

答:"使韓人不忘舊魂,果如明喻。鄙人今來承認韓人孔教會,竊欲因此稍稍教之以吾邦之舊粹。然殊方新寓,無以爲基,或得一通路於東督,稍假調護之力則庶有成,而此無階矣。"

子順曰:"今我人移東省者頗衆,及今早教喻之,庶有望。中政府對此得宜,則必爲中國利。學生嘗擬具一篇,而尚未實行。老夫子此來,一切籌辦,敢不竭力。"

答:"識見端確可喜。鄙人秖有空心,實無一算,今得座下,似天贊也。此中措置,幸詳籌而教之。鄙人有《上總統書》一本,竟無聞矣,可一看而評之。"(余仍入帳内,子取看一過)

子順曰:"此書有漢儒董仲舒之風。基仁曰此書有碍,何妨一言訂確?"

子順曰:"我華韓諸邦,自古爲儒教國,雖億萬年,治國者必以之爲基礎。吾輩新人物心目中,惟有現世實用之新科學,以謀進步之急,難免有危險。老成則不然,自顧己國固有歷史,把持穩當主義,其所以謀進步者,萬無危險。無論何國,新舊二者經緯相應,方可見績。今觀老夫子之書,所陳政策洵出自舊學,洵有閱歷有經綸之金言,誠爲欽佩。"

《薛正清筆話》,陝西韓城人。甲寅正月初四日

正清曰:"朱子解格物爲窮理,疑過於高遠,而有躐等之弊。王陽明正物之訓何如?"

答:"陽明以正訓格,所以明知行合一也。知行果一否?"

正清曰:"知行合一固可疑,但解作正物似勝於訓至之秖爲知物。陽明之辨亦似有理。"

答:"以格爲至,則必上加一'窮'字,下加'之理'二字,然後乃足,陽明之辨似然,但解作正物,則必須知行合一,却大害理。"

正清曰:“先生以理氣爲二物否?”

答:“衹信朱説。”

正清曰:“正清亦信理氣二物,然至於理生氣之説,驗之物理,未得明證。先生體驗有素,明以教之。”

答:“天地未生,已有此天地之理。此理動而生陽,静而生陰,即理生氣也。就見在言有可喜底理,則自然發出喜氣,有可怒底理,則自然發出怒氣,是亦理生氣也。”

正清曰:“孟子浩然之氣亦生於理乎?”

答:“集得義理久後,生浩然之氣,故孟子云‘集義所生’。”

正清曰:“義理正時,此氣因此理而正,豈可曰生?”

答:“義理未正時,所有之氣衹是死底氣,實無此浩然之氣;義理正時,乃有此浩然之氣,非浩氣生於理乎?”

正清曰:“終難實見,請俟更質。”

正清曰:“先生與諸君在此講論何書?”廿九日。

答:“衹閑話度日,别無講論之樂耳。曾論理生氣,每屬耿耿。夫理無形之物,氣是有形之物,理之生氣,原無可見之迹,如母生子之有形也,衹是自然如此而已。如集義之時,自然有浩然之氣,義屈處,浩然者自然死去。所謂理生氣者衹如此。未知盛意如何?”

正清曰:“無可見之迹,誠如尊論。竊思氣聚成形,然形潰之後,即成糟粕,不能復盡化而爲氣。是天地之氣恒有所消耗減少,倘無生氣之母,則乾坤或幾乎息矣。以此推之,氣必有生之者矣。”

答:“天地亦一物,畢竟有盡時。舊氣消盡,新氣自生。舊氣者,新氣之母也,即與母生子一般,此則可謂氣生氣也。然這個氣,非無理而自生,理既如此,自然生生不息,是所謂理生氣也。蓋此理動後陽乃生,此理静後陰乃生也。”

正清曰:“高論敬悉,但既氣生氣,則循環不窮,既循環則天何得盡,天者氣而已矣,仍請指示。”

答:“通看則循環不窮,折看則舊氣盡時即是盡,不是將既死之氣,還來作生氣也。"

正清曰:"所論甚是。佛書説自無而有,程子闢之。然竊想《易》説,易有太極,是生兩儀,既説易有,則是有矣,如何且易有太極,是生兩儀之生字,即可認爲理生氣乎?"

答:"易有太極,是真有矣。佛言自無而有者,無是真無也,是正相反。太極生陰陽,正是理生氣也。周子言動而生陽,静而生陰,蓋指此。"

正清曰:"現在西洋説多與聖賢舊説相反,如中言遜讓,西尚競争,中嚴天澤,西尚平等,如此等類甚多。祈先生暇時,列一表式,先詳列中西同异之處,然後加以辨語云,當是如何?或云語雖不同,理實相須。方今真我不明,是非混亂,此亦吾人一大講究事也。"

答:"今西洋學説如洪水之懷襄,最是'平等'二字,是亡滅中華之單方。中華之人又從而傅會之,以取苟合,爲之嘆息。足下爲是之憂極可欽尚。鄙人嘗欲作一篇文字以示後人,而無真學識,又無閑時分,未暇覼縷。"

正清曰:"現在世道之憂、國家之戚令人憮然。先生學問涵養,京師之大,無第二人。此實在語,非面譽也。竊願此後先生不鄙,常加示教爲荷。竊擬常以書信往來,辨論如何?"

答:"謬蒙推奬,恐不敢承當也。書信講論,深願深願。"

正清曰:"先生所言進行之法,正協鄙意。擬於孔道會開會後,擬定學校章程呈教育部,切實舉辨,但論教科書一事,前敝會主文中曾言之,教育部置之不理,擬即自辨。將來開辨,當請先生主持筆政。"二月初六日。

答:"此事甚好,但鄙人何敢當主持?願諸公力辨之,使鄙人得傍觀甚幸。"

孔少霑筆話,名祥霖,山東曲阜人。甲寅二月二十三日

問:"聖府藏書篇目及舊藏聖人冠衣履舄遺制,可第次得見否?"

少霑曰:"聖府藏書無多,又無篇目。聖祖遺迹,已往屢代劫火,無一存者。至如衣冠履舃之著於圖本者,亦出於後人之手,皆無足見者。"

答:"竊意聖府有大書室,盡儲天下圖書,今見所示,不免落莫。今閣下方與群公提倡聖教,竊謂宜因此時通告遠近,創一圖書館,必多有自願寄付之人,庶不勞而事集,足以成天下絶大偉觀。"

少霑曰:"此地久擬設圖書館一所,與敝宗子商量,不能成本會,又毫無的款,不能放手治事,安敢望推擴乎?"

問:"聖府所屬土田幾何?"

少霑曰:"紀朗夫作書,原聖府土田萬有餘畝,其收少不下五萬元,見入民國,盡屬革罷。今總統所優給聖府經費通計萬餘元。"

答:"聖廟土田爲民國所收,豈非吾道敗衰之大現狀耶?恐當自此中倡議,通一國教會,聯名呈議於國務會,請以原屬土田付教,設立一學校,爲昌明聖學之地。苟得實施,優爲立師養士之資,將見大有起發,還勝從前衹屬府中儀文之費。"

少霑曰:"所論正大中肯,聯名陳議,亦是正辦,但此事别有原因,敝宗子已經自具呈,聽收成命,尚無回批,且聽下文。且目下政府之意,限制教會,更不願吾教之發達端倪,已見康南海之將適异國,蓋有見於此,噫吁悲哉!"仍出示山東民政長訓令中總統所批政治院呈否認國教事,使余詳觀。曰:"余今六十有四,少先生四歲,然精力衰頹,每日强起周旋不過三數時辰,更有何心高談世事,所謂一息尚存,此志不容稍懈者,思之良愧恧也。"

答:"中央所批准政治部書,蓋非但不認國教,又欲將取消教會。未知主政者,或未察而例批耶,抑由媚外之想,而變其本象歟?風勢所驅,或至於此。今吾道腐敗已極,奄奄氣死。即如中邦國勢,民氣先死,自招外國壓迫。今欲保中邦,當先振起民氣;欲保吾道,當先振起士氣。今彼之抑壓孔教,揆之理論,率皆違反。夫既曰共和之治,主多數矣,中邦之主孔教者,宜居多數,何以少數抑多數?又曰信教自由,則亦當一體保護之。今收其原有之祀田,廢其原立之廟宇,是孔教財産不得自由也,況復欲消罷教會,是集會言論,亦不得自由也。何他教之能自由,而孔教不自由也?噫!彼輩狂醉於無君棄父之教,必欲滅孔教,以自快於其心,視中華士氣之先死,謂此可棄也。夫氣卒徒也,志帥也,苟此志不死,則此氣自生。今欲爲孔教倡,當自此中,及此時毅然一起,爬同志幾人,結國内名德,通函約期,聯名陳議,敷説正理,雖至十反,期得其直。一邊各因其地方教會,講究學事,就原立之聖廟,索還舊屬之財産,立師教士,必以實事,分立教科,如鄙人五德、五倫、六藝、四科之目,依教規而進行之,使之無待他教而完成世用,則吾之士氣自然日壯。彼爲狂惑之説者,亦當知所自戢。孔教可興,中華可保矣。"二十四日。

少霑曰:"曾有信於南海,未知有成見否?"

答:"是應有成竹,然必實行教法,然後方可。祇争教會亦不濟事。"

少霑曰:"實然,但國教事,必不准認,不至取銷教會亦幸矣。現教育部學部皆極端靳持。"

答:"士論到極端激烈處,彼亦當退步。蓋彼既無理,我當以直爲壯,直則事必伸。"

少霑曰:"陳重遠幾時回京?曾有信而未見復,祈爲致意。伊見理既真,文筆亦壯,如有聯名抗議,僕必附名,龍積之亦應抗議,且既見南海,必有籌定。"

答:"此事恐須全仗盛籌,不可推諉。"

少霑曰:"先生所呈總統書正大光明,切中時病,甚庸敬服。今欲畚之雜誌,可留一本,且今來告聖墓諸文,并當入之雜誌。"

答:"拙搆恐不足當諸公費意。"

紀朗夫筆話,武昌人,孔少霑門下。甲寅二月二十六日

朗夫曰:"《曲禮》《内則》二傳,儘是挽救世道之寶笈,恐當刊行。"

答:“恐未必如此,且無力刊頒。”

朗夫曰:“此中條分縷析,刊誤删衍之處極正大,可名刊正。”

答:“正字恐未敢。”

朗夫曰:“秦火後殘缺散秩,後儒僞經極多,名曰刊正,恐即所以衛道。”

答:“此意甚倖。鄙人於此二篇,竊費心力,妄欲少補於世教,然尚未敢直謂無謬。苟蒙詳細勘正,甚幸。”

朗夫曰:“竊見此篇,極精完無可替,幸留此中,庶隨力圖刊,四書條文錯雜不少,若又如此剖析,甚幸。”

答:“此非大眼大力難辨。”

朗夫曰:“先公所著三書當藏於何所?”

答:“此間無藏書大觀,甚缺。竊謂宜自總會事務所,講定本所書館,廣告一世,通集書籍,必能成天下大書館。少霑公主此事,不患難成。此正大事業,幸商議。”

朗夫曰:“此事必須辦。前月有信南海,候有覆可始辦。且請余付二書於少霑主人,余許之。”

一二四、安孝鎮《華行日記》

【解題】

《華行日記》不分卷，安孝鎮撰。

安孝鎮，生卒年不詳，朝鮮後期文士，號芝山，高麗中後期儒學領袖安珦之裔孫。其祖先一生醉於儒學，宗慕孔子、朱子。他自身亦欲與孔子後人、中華碩儒等相切磋，故於民國六年丁巳(1917)二月十四日從朝鮮前往中國曲阜，以實現夙願。丁巳年閏二月六日，在山东曲阜附近安孝鎮與土人筆談；初七日、十五日，在山東曲阜衍聖公府、孔瑞年宅與孔瑞年筆談；十日，在曲阜曲阜孔祥霖宅與孔令侃筆談；十一日，在曲阜孔祥霖宅安孝鎮、尹憲燮與孔祥霖筆談。

此書有多種刻本。韓國國立中央圖書館存有 1937 年在咸陽刊刻的木活字本，又有 1937 年盧孝植刊編的後期木活字本。《燕行録全集》又收録有另外一種刻本，出處不詳，且字迹多處較爲模糊。兹以韓國國立中央圖書館藏 1937 年咸陽木活字本爲據輯録資料。

(丁巳閏二月)六日己巳，近午將發間，飯價於棧主，主曰："一人一宿一圓。"即出三圓以給之。又棧童以朝夕供茶索錢，出一圓金分給三童，童招人力車使到站，站即東行車之驛也。"買曲阜票登車，暮到黄河，河横乎千里野央而築橋於河上，若鴨緑江橋而高據半空，亦一壯觀也。以筆話問："河由於?"土人答曰："河今變名以'大清河'，其變名者以其變路也。"余聞而訝然曰："河之變路容或然矣，而名亦隨變，何哉? 古傳云'黄河清而聖人出'，抑有聖人出而以安天下耶?"賦一絶曰："黄河曾耳識，今日見黄河。塵愁滿吾腹，試滌借渠何?”行到泰安站,站後嶄岩,即所謂泰山也。看無草木,秖積以岩石叠叠而屹然崒然矣。問於土人曰:“山之全體皆濯濯若彼乎?”土人曰:“入其深則嘉木蔚然,奇草交秀,鹿獐狐狸窟焉,而彼今所見之濯濯者,以其邊於郊而斧斤日尋也。”余曰:“此其吾夫子昔日所登者乎?”土人曰:“然。”感賦曰:“泰山雖云高,豈似夫子高。夫子一登後,泰山天下高。”

(閏二月)九日戊申,求馬車,使承一先往衍聖府傳達室,獻六書(《孔子編年》《朱子年譜》《安子年譜》與《實記》,請銘、請序)與八幣(赤皮一領、人參三封、暵紙一封、大壯紙一封,苔文紙一封、大簡紙一封、粉團紙一封、厚白紙一封)。該掌招待員孔瑞年慶錩受幣,幣留於案,書納於聖公。公按單歇,秖點暵紙一封曰:“幣貴禮,禮貴廉也,而幣甚殷,受之傷廉,餘皆讓焉。”承一以是回報。余與薌友同車御以館主行到聖府,有上下兩大門,而上門書“闕里古宅”,牢閉不開,立碑於下門外而書“下馬”,遂下車入下門,凡過五大門而至傳達室。瑞年下階揖迎,余亦答揖而入室,室中設一巨床,床上備有硯筆紙墨。瑞年坐於東,余坐於西,薌友坐於北,以筆代話,叙初見禮。瑞年乃聖公之族親而年行六旬,善文善書,看有道氣。問聖公讓幣之由,瑞年以聖公向語語之。余曰:“幣貴禮,禮貴誠也,而幣是東儒之致誠也,有何傷廉?”瑞年入中堂,有頃而出報曰:“聖公有足病,不能動作,難以接賓,禮疏多悚。至於幣儀太殷傷廉,固辭不允。”余囑瑞翁,使之更禀以納,帶昏而還館。

十日己酉,早朝,瑞年臨館,報聖公之言曰:“病劇不接遠賓,甚悚。至於徵文不在幣豐,秖在禮尚,則一種且宜。八品泰侈,不可依領。”余曰:“八猶薄約,况一乎? 讓固聖公謙德,然萬里輸悃,亦不可不念也。請先生善禀。”瑞翁唯唯而去。

十五日甲寅,承一全身生瘢若疹證,必是水土不服之所致也。以余所帶衾重覆之,使温治。夕後,與尋玉庚步行到孔瑞年家,奉呈《晦軒實記》一帙,瑞翁謝甚,款焉對話。有頃,余謂瑞翁曰:“余來萬里,而至願是得謁衍聖公。”瑞翁曰:“吾今以私禮,使遂兄願。”仍携余至聖公寢室,使余立於門外,瑞翁先入。留小頃,而出迎余偕入。聖公卧床强起,瑞翁取筆,寫聖公語以照余曰:“貴賓來,而病不能禮待,愧悚愧悚。”仍曰:“乍按晦軒先生《實記》,倡聖道於東方,大令起敬。”使瑞年勸醽甚款。聖公之粹儀弘道,實所興感。雖然聖公頗有困勞底樣子,故不能倒困以陪晤,衹展謁而還。

十六日乙卯,承一瘷肆仍添浮,故欲用防風通聖散。取一圓銀給玉庚,使之製來,適令侃自内而出,見玉庚所指,問其由,玉庚以實告。令侃取銀還給余曰:“賓病用賓錢,大壞主人也。”即使玉庚依本方製來。蓋製法個個作丸,丸如黍米,遠看如散也。服之再三,度頗有差效。蓋主家之朝夕饋節極隆,至於出入,必備以車馬,實所未安,且承一病卧,故苦請以還店。令侃曰:“出店乃薄吾也。又親教不許,不可從命。”乃兹仍留。

(二月十日己酉),朝晚,又使承一先詣孔少霱公家,獻五書七幣,其讓幣亦如聖公,而霱公之讓甚於聖公,承一走還備報。余與薌友同車如前日而往霱公家。家之峻杰,縱不及聖府,亦可爲大夫所居。霱公方有疾不風,命其第五子令侃迎接於外西室,筆以替話,敏達出倫。以二十七妙年,其風儀才藝實所興。敬叙話畢,令侃曰:“家君有命曰:《禮》雖云乎‘玉帛不在乎豐’,豐則妨禮,不可收。”七品衹受暎紙一封,而六封皆退。余以更禀意囑令侃,遂欲還館。令侃曰家君命渠曰:“萬里來賓,使處於旅店,大非爲主人者道理,况以文字相尋者乎?使之留連於此可也。”余以穩語辭之,令侃固執不許,又以店留行橐辭之。

十二日辛亥,擬謁聖廟聖林(中華謂墓爲林),請令侃使循禮,侃曰:“我當陪行。方侍疾於伯母,不可離闈。”邀其鄰友劉藜青文燦(禮官)以偕之。

(二月)十一日庚戌,朝晚,霱翁强疾出來,十餘跟從前護後扶,至外西室門外。余與薌友、承一出門以待。乍縱而觀焉,則雖褻服垢面，其粹儀清表，殊有導氣。霑翁揖余使先入，余揖讓而後焉，如是凡三次，而霑翁遂先入坐於椅上。余三人欲拜，翁使勿拜，曰："主人病不能禮賓，而賓拜之亦不必回禮也。"余遂并坐，翁以款顔歷看吾三人，因取筆代話曰："僉位遠涉，問余老物，感不容言。"薌友曰："早仰山斗，今兹瞻範，實償所願。"翁曰："乍按《晦軒實記》與《年譜》，則實東方晦庵也。萬里隔遠，倡道實迹，今始認得，斯恨斯幸！至於道統祠之創設，如非晦軒之化國，以文教而義銘記於心，澤浹於髓，惡能然乎？所問序文，我雖蹇劣，其於仰慕賢迹，俯感盛舉，當傾微悃。至於幣品，甚殷傷廉，不可盡受。"余曰："謁文而有幣，亦古禮也。韓文公、朱夫子之惠人文字非止一二，而未聞其讓幣也。"翁曰："禮貴儉，不貴豐，豐故敢辭耳。"余曰："所謂七幣不足爲儀，而其誠則萬里所輸也，若剛辭而欲之，則勢將輸歸萬里也，是使困人耳。困人恐非君子所當爲也，請更思之。"翁曰："芝友誠善辭者也。以困人責之，吾寧傷廉矣。"仍批余詩曰："峻逸古雅，可誦可誦。"余謝曰："叙實而不得，乃止於俚下耳，不足照乎大方家眼藏，而今蒙謬奬，還不任愧仄册談（筆談）。"有頃，翁頗有困勞樣子，請以"明天更晤"，翁曰："諾。"

引用書目

B

《葆真堂燕行日記》，蘇巡撰，《燕行録全集》第 3 册，尚書院，2008 年

《北楂談草》，鄭健朝撰，《燕行録全集》第 78 册

《北洋衙門談草》，韓國成均館大學校藏書閣藏本

《北遊日記》，姜瑋撰，《燕行録續集》第 144 册，韓國東國大學校出版部，2001 年

《北轅録》，姜長焕撰，《燕行録全集》第 77 册

《北轅録》，李商鳳撰，《燕行録選集補遺》，東亞細亞學術院、大東文化研究院，2008 年

《丙戌燕行日記》，郭弘址撰，林基中編《燕行録續集》第 107 册

《丙寅燕行日乘》，吴道一撰，林基中編《燕行録全集》第 29 册

C

《朝京日録》，金堉撰，《潛谷遺稿》，《韓國文集叢刊》第 86 册

《朝天記》，許篈撰，林基中編《燕行録全集》第 6 册

《朝天録》，丁焕撰，林基中編《燕行録全集》第 3 册

《朝天録》，金中清撰，林基中編《燕行録全集》第 12 册

《朝天録》，李恒福撰，《白沙集》，《韓國文集叢刊》第 62 册

《朝天録》，許震童撰，林基中編《燕行録全集》第 3 册

《朝天日記》，趙憲撰，《重峰集》，《韓國文集叢刊》第 54 册

《朝鮮外交關係書翰集》，韓國首爾大學校奎章閣藏本

《乘槎録》,崔斗燦撰,《燕行録全集》第 68 册

D

《大溪集》,李承熙撰,星州三峰書堂,1927 年
《澹齋談草》,任應準撰,林基中編《燕行録續集》第 147 册
《丁巳燕行日記》,李喆輔撰,《燕行録全集》第 37 册
《東華筆話集》,私人藏本
《東廟迎接録》,韓國成均館大學藏書閣藏本
《冬至使申在植의會友録——筆談》,申在植撰,保景文化社,1980 年

F

《赴燕日記》,李在洽撰,《燕行録全集》第 85 册

G

《縞紵集》,朴長馣編,《楚亭全書》本,朴齊家撰,李佑成編,首爾亞細亞文化社,1992 年
《庚辰燕行録》,徐命臣撰,《燕行録全集》第 62 册
《庚午燕槎筆記》,徐相鼎撰,《燕行録續集》第 143 册
《庚子燕行雜識》,李宜顯撰,《燕行録全集》第 35 册
《觀燕録》,金善民撰,美國國會圖書館藏
《癸亥朝天録》,李民宬撰,《敬亭續集》,《韓國文集叢刊》第 76 册
《癸卯燕行録》,黄晸撰,《燕行録全集》第 37 册

H

《海藏集》,申錫愚撰,韓國首爾大學奎章閣藏
《花浦先生朝天航海録》,洪翼漢撰,《燕行録全集》第 17 册

《華行日記》,安孝鎮撰,韓國國立中央圖書館藏 1937 年咸陽木活字本

J

《薊槎日録》,李裕元撰,《燕行録續集》第 143 册

《薊山紀程》,李海應撰,《燕行録全集》第 66 册

《薊山紀程》,朴思浩撰,《燕行録全集》第 85—86 册

《甲午燕行録》,佚名撰,《燕行録續集》第 148 册

《簡山北遊録》,佚名撰,《燕行録續集》第 127 册

《椒蔗續編》,南泰齊撰,《燕行録續集》第 116 册

《椒蔗續編》,南履翼撰,《燕行録續集》第 128 册

《金正喜와 韓中墨緣》,韓國果川文化館編,2009 年

《經略使與中國委員晤談草》,《魚允中全集》,亞細亞出版社,1978 年

《錦溪日記》,魯認撰,羅州牧鄉土文化研究會影印,1999 年

《鏡浯遊燕日録》,任百淵撰,《燕行録續集》第 134 册

《菊壺筆話》,李肇源撰,中國國家圖書館藏

K

《勘界謄録》,日本東洋文庫藏本

《控于録》,柳思瑗撰,《燕行録續集》第 102 册

《癸卯燕行録》,黄晸撰,《燕行録全集》第 37 册

L

《老峰燕行記》,閔鼎重撰,《燕行録全集》第 22 册

《老稼齋燕行日記》,金昌業撰,《燕行録全集》第 32—33 册

《梨川相公使行日記》,李弘胄撰,《燕行録全集》第 10 册

《李鴻章全集》,李鴻章撰,安徽教育出版社,2008 年

《李尚書燕行日記》,《燕行録續集》第 127 册
《熱河紀行詩注》,柳得恭撰,《燕行録續集》第 120 册
《灤陽録》,柳得恭撰,《燕行録續集》第 120 册

M

《夢經堂日史》,徐慶淳撰,《燕行録全集》第 94 册
《夢遊燕行録》,李遇駿撰,《燕行録全集》第 77 册
《明臯全集》,徐瀅修撰,《韓國文集叢刊》第 261 册,民族文化推進會,2001 年

N

《農隱入瀋記》,李田秀撰,《燕行録全集》第 30 册

P

《漂海録》,崔溥撰,韓國成均館大學藏書閣本

Q

《青莊館全書》,李德懋撰,《韓國文集叢刊》第 257—259 册,民族文化推進會,2000 年
《慶尚道漆谷石田村李進士海澈燕行録》,李海澈撰,《燕行録續集》第 108 册

R

《熱河日記》,朴趾源撰,朱瑞平校點,上海書店出版社,1997 年
《壬寅朝天録》,李民宬撰,《燕行録全集》第 15 册
《壬子燕行雜識》,李宜顯撰,《燕行録全集》第 35 册
《入燕記》,李德懋撰,《燕行録全集》第 57 册
《入燕記》,申錫愚撰,《燕行録全集》第 77 册

S

《桑蓬録》,姜浩溥撰,《燕行録續集》第 112—114 册

《瀋槎日記》,朴來謙撰,《燕行録全集》第 69 册

《石塘公燕行録》,權悏撰,《燕行録全集》第 5 册

《石湍燕記》,權時亨撰,《燕行録全集》第 90—91 册

《隨槎録》,韓弼教撰,《燕行録續集》第 131 册

《隨槎録》,李冕九撰,《增補燕行録叢刊》本

《隨槎録》,盧以漸撰,《燕行録全集》第 41 册

《隨槎日録》,朝鮮佚名,《燕行録續集》第 128 册

《隨槎閑筆》,權復仁撰,《燕行録續集》第 128 册

T

《譚草》,《海藏集》申錫愚撰,韓國首爾大學奎章閣藏本

《〈譚屑〉拾餘——晚清駐朝鮮使臣叢札及詩文稿》,丁小明編纂,國家圖書館出版社,2014 年

《天津談草》,金允植撰,《燕行録全集》第 93 册

《同文彙考》,大韓民國文教部、國史編纂委員會編,翰進印刷公社,1978 年

W

《晚窩公燕行交友帖》,漱芳齋藏,韓國國立中央圖書館藏本

《皖友譚草》,韓國首爾大學奎章閣藏本

《王朝間的對話:朝鮮領選使天津來往日記導讀》(《陰晴史》),劉順利著,寧夏人民出版社,2006 年

《五洲衍文長箋散稿》,李圭景撰,東國文化社影印本,1959 年

《戊午燕行録》,徐有聞撰,《燕行録全集》第 62 册

《戊子燕行日記》,李垺撰,《燕行録續集》第 108 册

X

《西溪燕録》,朴世堂撰,《燕行録全集》第 23 册
《西行録》,尹程撰,《燕行録續集》第 137 册
《寫本陽坡燕行録》,鄭太和撰,《燕行録續集》第 108 册
《辛丑北征日記》,金貞益,《燕行録續集》第 135 册
《修信使日記》,金弘集著,《修信使記録》,國朝編纂委員會編,1971 年
《雪汀先生朝天日記》,李忔撰,《燕行録全集》第 13 册
《雪岫外史》,李喜經撰,李佑成編,亞細亞文化社,1986 年

Y

《燕槎録》,鄭元容撰,《燕行録續集》第 131 册
《燕槎日記》,李承五撰,《燕行録全集》第 86 册
《燕槎日録》,金直淵撰,《燕行録續集》第 142 册
《燕薊紀程》,朴思浩撰,韓國首爾大學奎章閣藏本
《燕薊紀略》,趙鳳夏撰,《燕行録續集》第 136 册
《燕臺瓊瓜録》,金永爵等纂次,日本天理大學圖書館藏本
《燕臺再遊録》,柳得恭撰,《燕行録全集》第 60 册
《燕行記》,南一祐撰,《燕行録續集》第 145—146 册
《燕行記》,徐浩修撰,《燕行録全集》第 51 册
《燕行録》,崔德中撰,《燕行録全集》第 40 册
《燕行録》,洪命夏撰,《燕行録全集》第 20 册
《燕行録》,金正中撰,《燕行録全集》第 75 册
《燕行録》,李永得撰,《燕行録全集》第 79 册
《燕行録》,閔鎮遠撰,《燕行録全集》第 34 册
《燕行録》,沈履澤撰,《燕行録續集》第 144 册
《燕行録》,徐有素撰,《燕行録全集》第 79—81 册

《燕行録》,嚴璹撰,《燕行録全集》第 40 册
《燕行録》,嚴錫周撰,韓國國立中央圖書館藏本
《燕行録》,俞拓基撰,《燕行録全集》第 38 册
《燕行録》,趙濈撰,《燕行録全集》第 12 册
《燕行日乘》,沈樂洙撰,《燕行録全集》第 57 册
《燕行日記》,成以性撰,《燕行録全集》第 18 册
《燕行日記》,李基憲撰,《燕行録全集》第 65 册
《燕行日記》,任權撰,《燕行録續集》第 121 册
《燕行日記》,吴載紹撰,《燕行録續集》第 121 册
《燕行日記》,趙文命撰,《燕行録續集》第 112 册
《燕行日録》,權喜學撰,《燕行録續集》第 109 册
《燕行日録》,趙榮福撰,《燕行録全集》第 36 册
《燕行雜記》,申佐模撰,《燕行録全集》第 75 册
《燕中聞見》,崔鳴吉撰,《增補燕行録叢刊》,NURIMEDIA
《一庵燕記》,李器之撰,《燕行録續集》第 110—111 册
《乙酉正月北洋大臣衙門筆談》,成均館大學藏書閣藏本
《銀槎日録》,黄汝一撰,《海月集》,《韓國文集叢刊續》第 10 册
《飲冰行程曆》,李基敬撰,《燕行録續集》第 116 册
《輶軒三録》,姜時永撰,《燕行録全集》第 73 册
《輶軒續録》,姜時永撰,《燕行録全集》第 73 册
《遊燕録》,成仁浩撰,《燕行録全集》第 78 册
《遊燕録》,李鼎受撰,《燕行録續集》第 124—126 册
《魚允中全集》,魚允中撰,韓國亞細亞文化社,1978 年

Z

《湛軒燕記》,洪大容撰,《韓國文集叢刊》第 248 册,民族文化推進會,2000 年
《湛軒燕記》,洪大容撰,《燕行録全集》第 42 册

《正祖實録》,韓國首爾大學校奎章閣藏本
《芝汀燕記》,元在明撰,《燕行録選集補遺》本
《中州偶録》,佚名撰,《燕行録續集》第 122 册